中国质量协会六西格玛黑带注册考试指定辅导教材

六西格玛管理

（第三版）

中国质量协会组织编写

何　桢◎主编

中国人民大学出版社

·北京·

中国质量协会质量专业人员注册考试丛书

中国质量协会质量专业人员注册考试丛书序

2012年2月6日，国务院发布《质量发展纲要（2011—2020年）》，对我国今后一个时期的质量工作做出了总体部署。该纲要将“质量素质提升”列在质量提升工程之首，把质量知识的普及与质量专业人才的培养作为提高质量的重要举措，显示了国家对质量人才队伍培养的高度重视。人才是经济社会发展的第一资源，2009年《全国工业企业质量管理现状调查》① 表明，现阶段人员素质是制约我国企业质量水平提升的最重要因素之一，企业对各类质量专业人才的需求迫切。建立完善的质量专业人员培养和职业发展机制，培养满足企业发展需要的高水平质量专业人才，是建设质量强国的必然选择。

目前，国家正积极探索和鼓励人才培养的新机制，《国家中长期人才发展规划纲要（2010—2020年）》中提出，要建立和完善与国际接轨的工程师认证认可制度，提高工程技术人才职业化、国际化水平。要完善以市场和出资人认可为核心的企业经营管理人才评价体系，建立社会化的职业经理人资质评价制度。从美国、德国和日本等国家质量人才培养的经验看，专业化和职业化方式是比单纯学校教育更为普遍的做法。从2004年起，中国质量协会在多年跟踪、研究发达国家质量专业人才培养机制和知识体系的基础上，在国家人力资源和社会保障部、中国企业联合会的支持下，采用国际通用模式陆续建立起六西格玛绿带、六西格玛黑带、质量经理、可靠性工程师等质量专业人员考试注册制度。截至2013年，参加各项考试注册的质量专业人员已超过2万人，为企业选拔和培养了一大批具有专业能力、符合实践要求的质量管理人才。

中国质量协会组织开展的注册考试呈现如下显著特点：第一，知识大纲与国际接轨，既保证了知识体系的先进性、适用性，又结合国内现实需求。每一种注册考试都设有专业委员会，聘请该

① 工业和信息化部2009年委托中国质量协会开展了部分工业行业的质量管理现状调查，调查结果受到政府有关部门的高度重视。

领域产、学、研结合的专家队伍对知识大纲、教材及考试内容把关。第二，知识考核与专业技能确认缺一不可。要取得中国质量协会质量专业人员注册资格，不仅必须参加全国统考，取得合格成绩，还需要通过专业的面试或者提交书面专业报告，以验证考生的专业实践能力。第三，考试流程规范，确保公平公正。为保证注册考试的公正性，中国质量协会设立了专门的注册考试管理部门，实施规范的专业化考试注册流程。考试办公室组织编写公开的考试大纲和相应教材，举办教师资格认证，但不参与考前培训辅导活动。第四，紧密结合企业质量人才的现实需求。每年组织注册考试专项研究，完善知识大纲，与企业、学术界进行充分的交流，确保注册资格考试的水平，满足企业实践对各类质量人才知识能力的要求。

为推广先进的质量管理理念、方法和工具，并为准备参加资格考试的学员提供与相应的知识大纲一致的资料和信息，中国质量协会组织国内优秀专家团队编写了这套注册考试系列丛书。例如《六西格玛管理》，这是一本系统介绍六西格玛管理理论和实践的专业图书，是六西格玛黑带必备的工具书。这套丛书虽然是注册考试的辅导教材，但其用途可以更加广泛。该丛书自出版以来受到了社会各界的关注和广大质量工作者的欢迎。

中国质量协会始终以提升组织竞争力和质量人员专业能力为己任，着力推进质量专业人员知识体系的开发和选拔、培养、职业发展机制的建立，不断地推出满足企业和质量从业人员需要的产品和服务。希望该套丛书能在帮助国内企业增强竞争力以及提升质量人员专业能力方面发挥作用。

中国质量协会

第三版前言

自摩托罗拉公司于20世纪80年代中期开始推进六西格玛，距今已近30年的历史。六西格玛自诞生之日起，就有很多质疑的声音。在六西格玛诞生之初，争论的一个核心问题是“六西格玛到底是什么?”随着90年代通用电气、联合信号、福特、卡特彼勒、道化学、杜邦、ABB、三星等将六西格玛演绎成为提升核心竞争力的经营战略，六西格玛在业界得到广泛认可的同时，也受到学术界的关注，有关六西格玛的著作和论文大量出现，也有人担心六西格玛是否只是昙花一现。时至今日，六西格玛的热潮依然不减，其应用范围从制造业到服务业、从政府机构到军事部门，越来越多的企业和机构在尝试它，越来越多的企业家、管理学者在关注它、研究它。成功实施六西格玛的企业在业界，尤其是供应链上所起的示范作用则带动了更多的企业对六西格玛管理跃跃欲试。

六西格玛的生命力源于两个方面：一是它能创造实实在在的效益，这是六西格玛生存发展之本；二是六西格玛本身的发展是与时俱进的，无论是管理理念、方法工具还是实施模式，今天的六西格玛与20世纪80年代中期摩托罗拉所实施的六西格玛有了根本的不同，虽然我们依然保留六西格玛这个名词。

六西格玛管理的发展可以用三个关键词来描述：战略、整合和创新。所谓战略，是指实施六西格玛的高层管理者把六西格玛管理作为建立持续改进模式的战略。更多高层领导意识到实施六西格玛的根本目的是帮助组织建立一个长期可持续发展的管理模型，形成组织的核心竞争力。所谓整合，是指六西格玛管理可以与精益生产、质量管理体系、卓越绩效模式、供应链管理、约束理论等很多管理理论和方法整合。现在，越来越多的企业实施精益六西格玛，实际上，六西格玛在发展中早就整合了精益的理念和方法，本书所讲的六西格玛与精益六西格玛，除了名称以外，没有本质的差别。所谓创新，是指六西格玛管理作为一种企业管理创新和业务流程持续改进的模式和方法体系，有两个最为显著的特点：一是从管理模式上，六西格玛将战略管理和战略执行力有效结合，通过高层领导的参与和一套六西格玛的推进基础架构实现战略展开与实施、流程优化、持续改进、组织学习与知识管理、供应链管理等多方面的效果；二是从方法本身来讲，将已有的管理思想、方法和工具有效集成并提供了可操作的技术路线，本身就属于集成创新。

虽然六西格玛的概念是舶来品，但六西格玛管理在中国一直秉承服务中国企业，走符合中国特色的发展之路。为此，全国六西格玛管理推进工作委员会做了大量的工作，包括成功举办一年一度的全国六西格玛大会、制定六西格玛黑带和绿带知识大纲、建立六西格玛黑带和绿带考试注册制度、举办六西格玛黑带和绿带全国统一考试、举办六西格玛教师资格培训班和六西格玛管理标杆学习活动，以及出版、修订《六西格玛管理评价准则》(中国标准出版社)，编辑出版《六西格玛管理》教材等。所有这些对我国六西格玛管理的推进工作起到了关键的支撑作用。

《六西格玛管理》(2004 年第一版）出版后，社会反响很好，出版社多次印刷。由于第一版在编写过程中时间紧张，内容上有许多不完善的地方。2007 年，在广泛征求企业界、学术界和广大读者意见的基础上，完成了《六西格玛管理》(第二版）的修订，出版后受到广大读者的青睐，出版社又多次印刷。近年来，六西格玛管理的发展出现许多新的特点，如六西格玛与精益的融合更加成熟、六西格玛在服务业的应用日益增加、推广六西格玛设计更加迫切等，所有这些都要求对本教材进行修订。

第三版的修订主要体现在以下方面：第一，为了实现精益生产与六西格玛的有机融合，不再单独设“精益生产”一章，而是把精益生产的不同工具融合在 DMAIC 的各个阶段。第二，针对六西格玛管理在服务业应用的特点，增加了有关服务管理、服务质量的内容。第三，针对有些读者对高级统计知识的需求，增加了部分统计学的内容，包括变异源分析、离散数据分析方法等。

像前两版一样，本书使用的统计分析软件是 MINITAB。为了方便读者，我们把需要使用 MINITAB 的例题数据文件整理后放在网上，读者可以登录人大经管图书在线(www. crup. com. cn）下载。

本书由中国质量协会组织编写，何桢担任主编。参加编著工作的有何桢、马逢时、龚晓明、马义中、孙静、杨跃进、邵家骏、张彦玲、顾青峰等，段一泓、王丽林、赵建坤、徐雪梅等参加了本书的修订讨论和编写工作。徐雪梅、邓钰佳、杨晓曦、王志琼、侯雪君、冯玮琛、徐亚辉、郭琳等参加了部分的审稿工作，全书最终由何桢审校定稿。

本书在编写过程中得到了原中国质量协会副会长、全国六西格玛管理推进工作委员会主任弋辉的大力支持和关注，全国六西格玛管理推进工作委员会的成员单位，如海尔、宝钢、太钢、中航工业集团公司等多家企业为本书提供了大量建设性的意见。

本书是在前两版的基础上修订完成的，除本书作者外，王金德、彭娟、牛占文等参加了前两版的部分编写工作，在此对他们表示诚挚的感谢。

本书的部分内容也是作者们长期从事六西格玛管理研究的体会和总结，长期以来，六西格玛管理的研究得到了国家自然科学基金的支持，包括国家自然科学基金项目“实施六西格玛质量改进的关键技术研究（编号：70372062)”、“制造业六西格玛设计方法和应用研究（编号：70572044)”、“基于 RSM 的多响应稳健性参数设计方法研究（编号：70871087)”、“质量管理与质量工程（编号：71225006)”的资助，在此表示感谢。

最后，我们要特别感谢中国人民大学出版社对本书给予的高度重视和支持。

由于时间和水平所限，书中难免存在疏漏和错误，恳请读者批评指正，具体意见可发送至 6sigma@caq. org. cn。借本书出版之际，向广大读者表示最衷心的感谢。

《六西格玛管理》编委会

中国质量协会六西格玛管理推进工作委员会

加印说明

《六西格玛管理（第三版）》出版后，得到企业界和学术界的广泛好评，迄今为止已经加印 20 次。为了方便广大读者学习六西格玛管理的统计知识和质量管理工具，经过与中国人民大学出版社沟通，本次加印增加了数据文件和针对基于 Minitab 的软件操作简介（含 8 个 PDF 和对应的数据文件），以帮助读者熟悉掌握基础统计知识以及统计和质量管理方法在 Minitab 中的具体应用。本书提供的 Minitab 的软件操作简介只是导入性的内容，未覆盖本书中 Minitab 的所有操作。读者可以通过扫描本书封底的二维码下载相关学习资料。天津理工大学管理学院的王志琼副教授为 Minitab 软件操作简介做了具体的制作，中国人民大学出版社的王伟娟老师也为此做了大量的沟通和辅助工作，在此表示衷心的感谢！也欢迎读者朋友对本书多提宝贵意见。

何 桢

2023. 9. 5 于天津

附：Minitab 软件操作简介

专题一：Minitab 软件基础

Minitab 简介

Minitab 工作表的处理（生成子表、拆分表格、合并数据表格、数据列的堆积和拆分、数据表格转置、排序、排秩、删除行、删除变量）

Minitab 的计算功能（计算器、列统计量、行统计量、标准化、随机数据、概率分布）

Minitab 的统计分析功能（概述）

Minitab 的图表分析功能（概述）

专题二：基于 Minitab 的质量管理基本工具使用

质量管理的（老）七种工具介绍，包括检查表、分层法、排列图、因果图、直方图和控制图；

基于 Minitab 的排列图、因果图、直方图和控制图绘制。

专题三：基于 Minitab 的总体均值检验

假设检验的基本原理及步骤；

总体均值的假设检验；

单样本 z 检验、单样本 t 检验、双样本 t 检验和配对 t 检验的 Minitab 实现

专题四：基于 Minitab 的多变异分析

常见的三种变异来源；

基于 Minitab 的交叉关系多变异分析；

基于 Minitab 的嵌套关系多变异分析；

专题五：基于 Minitab 的测量系统分析

测量系统分析概述；

基于 Minitab 的计量型数据测量系统分析；

基于 Minitab 的计数型数据测量系统；

基于 Minitab 的破坏性测量的测量系统分析。

专题六：基于 Minitab 的控制图绘制

控制图基础理论；

基于 Minitab 的计量值数据控制图（Xbar-R 图、Xbar-S 图和单值移动极差控制图）；

基于 Minitab 的计数数据控制图（p 控制图、np 控制图、c 控制图和 u 控制图）。

专题七：基于 Minitab 的过程能力分析

过程能力及过程能力指数；

基于 Minitab 的计量值过程能力分析；

基于 Minitab 的计数值过程能力分析。

专题八：基于 Minitab 的试验设计

试验设计基础；

基于 Minitab 的单因子试验设计；

基于 Minitab 的全因子试验设计。

目 录

第 1 篇 总 论 …… 1

第 *1* 章 六西格玛管理概论 …… 3

1.1 六西格玛管理的发展 …… 3

1.2 六西格玛的概念和作用 …… 13

1.3 六西格玛管理的领导、文化和战略 …… 20

1.4 六西格玛管理的组织和推进 …… 30

1.5 六西格玛管理方法论 …… 36

1.6 精益六西格玛 …… 40

第 *2* 章 六西格玛与过程管理 …… 48

2.1 过程管理基础 …… 48

2.2 过程绩效度量指标 …… 54

2.3 顾客驱动与顾客满意 …… 58

2.4 水平对比 …… 61

2.5 财务收益 …… 65

第 *3* 章 六西格玛项目管理 …… 75

3.1 六西格玛项目选择 …… 75

3.2 六西格玛项目立项表和计划 …… 80

3.3 六西格玛项目团队建设 …… 85

3.4 六西格玛项目监控与促进变革 …… 92

3.5 六西格玛项目管理与策划工具 …… 97

3.6 六西格玛项目总结与成果评审 …… 107

第 2 篇 DMAIC 流程 …… 111

第 *4* 章 界 定 …… 113

4.1 顾客需求分析 …… 113
4.2 界定项目范围 …… 118
4.3 确定项目测量指标 …… 124
4.4 编制和完善项目立项表 …… 126
第5章 测 量 …… 133
5.1 过程分析及文档 …… 133
5.2 概率与数理统计基础 …… 139
5.3 数据的收集和整理 …… 162
5.4 测量系统分析 …… 177
5.5 过程能力分析 …… 201
5.6 服务过程测量 …… 219
第6章 分 析 …… 228
6.1 过程分析概述 …… 228
6.2 探索性数据分析 …… 231
6.3 假设检验 …… 243
6.4 方差分析 …… 266
6.5 列联表 …… 278
6.6 非参数检验 …… 285
6.7 相关分析与回归分析 …… 301
6.8 变异源分析 …… 317
6.9 离散型数据分析方法 …… 329
6.10 精益分析工具 …… 342
6.11 服务过程分析 …… 359
第7章 改 进 …… 365
7.1 创造性思维方法 …… 366
7.2 试验设计基础 …… 368
7.3 单因子试验设计与分析 …… 378
7.4 全因子试验设计与分析 …… 384
7.5 部分因子试验 …… 404
7.6 响应曲面设计与分析 …… 422
7.7 混料设计与分析 …… 436
7.8 调优运算 …… 445
7.9 常用的精益改进工具 …… 446
7.10 约束理论 …… 453
7.11 方案的评价、验证与实施 …… 455
第8章 控 制 …… 461
8.1 控制阶段概述 …… 461
8.2 常规控制图 …… 463
8.3 特殊的控制图 …… 482

8.4　精益控制工具 …… 489
8.5　六西格玛项目总结和成果评审 …… 492

第3篇　六西格玛设计 …… 497

第9章　六西格玛设计 …… 499
9.1　六西格玛设计概述 …… 499
9.2　质量功能展开 …… 510
9.3　系统设计 …… 523
9.4　稳健参数设计 …… 537
9.5　容差设计 …… 552
9.6　FMEA分析 …… 567
9.7　面向X的设计 …… 582
9.8　服务设计概述 …… 592

附　表 …… 600

常用六西格玛中英文名词索引 …… 623
参考文献 …… 635
中国质量协会注册六西格玛黑带知识大纲（2014版） …… 639
中国质量协会注册六西格玛黑带考试样题 …… 649

第1篇

总 论

σ

第 1 章　六西格玛管理概论
第 2 章　六西格玛与过程管理
第 3 章　六西格玛项目管理

第 1 章

六西格玛管理概论

1.1 六西格玛管理的发展

1.1.1 质量概念的演进和质量管理的发展

人类社会的质量活动可以追溯到远古时代，而现代意义上的质量管理活动则是从 20 世纪初开始的。从此，人类跨入了以加工机械化、经营规模化、资本垄断化为特征的工业化时代。

质量管理历经百年发展，各种方法风生水起、纷至沓来。六西格玛管理是质量管理在 20 世纪末最具魅力的新发展之一。六西格玛管理的起源、发展，正是在质量概念演进和质量管理发展的大背景下进行的。

1. 质量概念的演进

人类对质量认识的历史可以说和人类的历史一样久远，在远古时代，物物交换的实质是使用价值或质量的交换。正如时间和空间这样普通的概念一样，人们对质量的概念似乎并不陌生，但是要给出一个所谓严谨、科学的概念也并非易事。随着人们对质量认识的不断发展，质量的概念也在逐渐地拓展、深化和完善。统计质量管理的先驱休哈特（W. A. Shewhart）博士将质量定义为“产品好的程度（goodness of a product）”，但是缺乏对如何定义“好”和谁来界定产品好坏的深入探讨。著名质量管理专家朱兰博士从顾客角度出发，将质量定义为“适用性（fitness for use）”，建立了顾客驱动的质量理念。国际标准化组织（International Organization for Standardization）在 ISO 9000:2000 标准中将质量定义为“一组固有特性满足要求的程度”。

(1) 质量概念中的主体的演进。质量概念中的主体指的是“什么的质量”，依照演进的顺序，可表达为：

- 产品的质量。包括性能、可信性等实物质量。
- 产品和服务的质量。扩展到包括准时交付、周期时间等服务质量。
- 产品、服务和过程的质量。其中过程质量（也称工作质量）涉及 5M1E（人、机、料、法、环、测），这时的质量已是体现 Q（实物质量），C（成本），D（交付），E（环境），S（安全）等的综合质量。
- 产品、服务、过程和体系的质量。这里的体系的质量即管理系统的质量，或称管理质量、经营质量，可以是一个组织的经营管理质量，甚至可以是一个跨组织共同体的运作质量（如与顾客和供应商的伙伴关系质量、社区经济运行质量）。

显然，这是一个质量概念的范围由小至大的演进过程。

（2）质量概念中的客体的演进。质量概念中的客体指的是“满足什么要求的质量”，依照演进的顺序，可表达为：

- 符合性质量。满足标准或规范要求即合格，反之则不合格。
- 适用性质量。质量就是满足顾客要求的程度，质量好不好关键看对顾客是否适用。
- 顾客及相关方综合满意的质量。此时的质量已经是产品、服务、过程和体系的“大质量”综合满足顾客、股东、员工、供应商及合作伙伴、社会等利益相关方的程度。

质量管理大师朱兰在《朱兰质量手册》（第5版）中写道：20世纪80年代，“大质量”的概念逐渐为人们所接受，且成为不可逆转的趋势。正是在这样一个质量概念剧烈演变的年代，六西格玛管理诞生了，因此六西格玛管理被深深地打上了“大质量”概念的烙印。21世纪是质量的世纪，亦即“大质量”的世纪。在这样一个“大质量”的时代，六西格玛管理恰逢盛世，在世界各地蓬勃发展。

2. 质量管理及持续改进理论的发展

伴随着质量概念的演进，现代质量管理也在演进。从全球工业发达国家的情况看，质量管理历经质量检验、统计质量控制和全面质量管理三大历史阶段：第二次世界大战以前可以看作第一阶段，通常称为质量检验阶段；20世纪四五十年代为第二阶段，通常称为统计质量控制阶段；第三阶段为从20世纪60年代开始的全面质量管理阶段。时至今日，现代质量管理更加强调基于顾客满意的持续改进。持续改进的逻辑非常简单，因为顾客的需求是动态和持续提升的，所以一个组织必须不断地、持续地在质量、周期、成本、服务、品种等方面持续改进，才能获得和保持竞争优势。持续改进的模式有多种，以日本丰田汽车公司为代表的提案制、质量管理小组（QCC）活动和Kaizen（即持续改进）、福特汽车公司推行的8D活动、零缺陷管理等都是持续改进的具体实践。六西格玛管理则是持续改进理论方法的集成和升华，进一步发展了持续改进理论和方法。

（1）质量检验阶段。质量检验源远流长，在家庭作坊制生产条件下，生产职能和检验职能没有分开。20世纪初，随着机器化大生产的出现，检验职能从生产职能中单独分离出来。这一阶段主要是通过检验的方式来控制和保证产出或转入下道工序的产品质量，主要特点是事后把关。其演进历程为：工人自检、工长监督检查、检验员专检。其倡导者是被称为科学管理之父的泰勒（F. W. Taylor），他提出了科学管理方法和职能化组织理论，要求按职能的不同进行合理的分工，首次将质量检验作为一种管理职能从生产过程中分离出来，倡导建立独立的检查部门和专职检验制度。同时，基于大批量生产的产品技术标准的建立和公差界限的规定，也为质量检验奠定了基础。

但是，质量检验存在两个主要问题：一是事后检验，无法在生产过程中进行预防和控制，而且属于非增值活动，是低质量的代价，因此人们称之为“死后验尸”；二是全数检验，成本太高，在破坏性检验条件下更是无法进行。由此导致统计质量控制理论的诞生。

（2）统计质量控制阶段。统计质量控制（statistical quality control，SQC）阶段酝酿于20世纪二三十年代，形成于四五十年代。这一阶段的特征是数理统计方法与质量管理的结合，从单纯依靠质量检验事后把关发展到过程控制，形成质量的预防性控制与事后检验相结合的管理方式。

在生产的推动下，统计学的应用有了很大进展。20 世纪 20 年代，英国数学家费希尔（R. A. Fisher）结合农业实验提出方差分析与试验设计等理论，为近代数理统计学奠定了基础。与此同时，美国贝尔实验室成立了两个课题研究组：一个是过程控制组，负责人是休哈特，他创建了统计过程控制（statistical process control，SPC）理论，实现了应用统计技术对生产过程的监控；另一个是产品控制组，负责人是道奇（H. F. Dodge），他和同事罗米格（H. G. Romig）进行了抽样检验的探索，在 1929 年发表了《抽样检验方法》，并设计了实用的抽样检验表，解决了全数检验和破坏性检验在应用中的困难。

在 20 世纪二三十年代提出过程控制理论与抽样检验理论之际，恰逢西方发达国家处于经济萧条时期，所以这些新理论乏人问津；直到第二次世界大战期间，由于国防工业迫切需要保证军火质量，这些理论才得以广泛应用。上述理论的实际应用效果显著，得到了广泛的承认，战后风行全世界。

统计方法的应用减少了不合格品，降低了生产费用。但统计质量控制过分强调统计方法，使人们误认为质量管理就是统计方法，而且在缺乏计算机和数理统计软件支持的情况下，许多人感到难度很大。随着现代化大规模生产的演进，影响产品质量的因素越来越多，单纯依靠统计方法不可能解决一切质量问题，质量管理由此走向系统工程的道路。

（3）全面质量管理阶段。20 世纪 60 年代以来，随着科学技术和工业生产的发展，对质量的要求越来越高，这就需要人们运用系统工程的概念，把质量问题作为一个有机整体加以综合分析研究，实施全员、全过程、全企业的管理。美国通用电气公司的费根堡姆（Feigenbaum）首先提出了全面质量管理（total quality control，TQC）的概念，1961 在其《全面质量管理》一书中指出："全面质量管理是为了能够在最经济的水平上并考虑到充分满足顾客需求的条件下进行市场研究、设计、生产和服务，把企业各部门的研制质量、维持质量和提高质量的活动构成一体的有效体系。"

日本在 20 世纪 50 年代引进美国的质量管理方法后，对其进行了发展和创新，提出了全公司质量管理（company-wide quality control，CWQC），首创了质量管理小组（quality control circle，QCC）方法、田口方法（Taguchi method）、5S 管理（日文 Seiri，Seiton，Seisou，Seiketsu，Sitsuke，即整理、整顿、清洁、清扫和素养）、全面生产维护（total productive maintenance，TPM）、质量功能展开（quality function deployment，QFD）和丰田生产方式（Toyota production system，TPS）等，归纳了"老七种"、"新七种"工具并普遍用于质量改进和质量控制，给全面质量管理充实了大量新的内容。质量管理的手段不再局限于数理统计，而是全面运用各种管理技术和方法。日本企业应用全面质量管理获得了极大的成功，引起了世界各国的关注。全面质量管理的观念在全球范围内得到广泛传播，各国结合各自的国情及实践皆有所创新与发展。

1979 年，美国质量管理专家克劳斯比（Crosby）出版了他的开山之作《质量免费——确定质量的艺术》，确立了"第一次就把事情做对"和"零缺陷"的理论。"零缺陷"的四项基本原则是：明确需求、做好预防、一次做对、科学衡量。

1987 年是质量管理发展史上最重要的一年：国际标准化组织发布了其第一套管理标准——ISO 9000 系列标准，适应全球化贸易的质量体系认证由此拉开帷幕。摩托罗拉公司在总结 70 年代竞争失利的基础上提出六西格玛方法并在公司正式实施，取得了显著的成效。1987 年美国国会通过了 100-107 号公共法案《马尔科姆·波多里奇国家质量改进法》，决定启动波多里奇国家质量奖评审，这是自 20 世纪 80 年代美国重新审视和借鉴日本的发展，将 TQC 发展到全面质量管理（TQM）的一个里程碑，为 TQM 建立了一个从过程到结果的卓越绩效评价框架。

由 TQC 向 TQM 的演进，实质上是质量概念由“产品和服务质量满足顾客需要”向“大质量综合满足顾客及相关方需要”、质量管理由“全面的质量管理”向“全面质量的管理”的演进。国际标准化组织在 ISO 8402:1994 中将 TQM 定义为“一个组织以质量为中心，以全员参与为基础，目的在于通过让顾客满意和本组织所有成员及社会受益而达到长期成功的管理途径”，视其为一种卓越经营的哲学和方法。但如何构建组织的 TQM？如何评估 TQM 做到什么程度，成效如何？如何识别经营管理的优势和改进机会，并推动持续改进和创新，不断提高管理的水平？于是卓越绩效（质量奖）模式应运而生。几乎所有经济发达和强劲发展的国家和地区均建立了各自的卓越绩效（质量奖）模式，以推动所在国家、地区的经营管理进步和核心竞争力提升。最经典的卓越绩效模式是三大质量奖：美国波多里奇国家质量奖、欧洲质量奖和日本戴明奖。其中，波多里奇国家质量奖在使美国经济恢复活力以及提高美国国家竞争力和生活质量等方面起到了重要作用，影响最为广泛。

为了适应我国市场经济发展的形势，应对加入世界贸易组织后激烈竞争的挑战，在学习借鉴美国波多里奇国家质量奖和日本戴明奖成功经验的基础上，中国质量协会于 2001 年启动了全国质量奖评审工作。目前采用 2012 版国家标准 GB/T 19580《卓越绩效评价准则》和 GB/Z 19579《卓越绩效评价准则实施指南》（其框架如图 1—1 所示）。

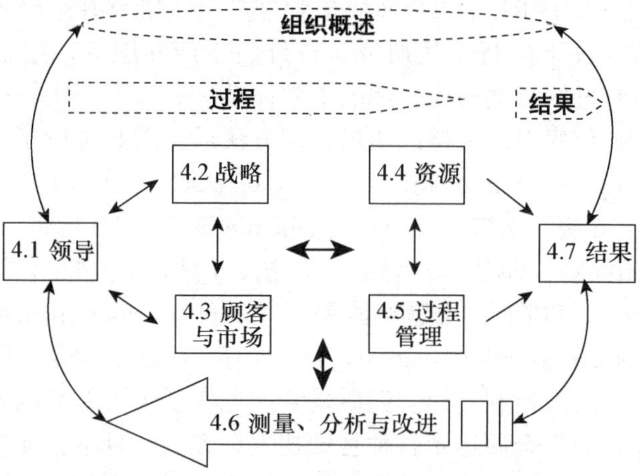

图 1—1　GB/T 19580 和 GB/Z 19579 框架图

今天，卓越绩效模式已成为现代 TQM 的实施框架和评价准则，成为组织经营管理事实上的国际标准。正如朱兰博士所言，卓越绩效模式的广泛传播，使其“成为关于 TQM 内容的最广为接受的定义”。

3. 质量大师的贡献

在质量管理发展过程中出现了许多质量管理大师，如美国的休哈特、戴明、朱兰、费根堡姆、克劳斯比，瑞典的桑德霍姆，日本的石川馨、田口玄一等，他们使人们对质量及质量管理有了进一步的认识，对质量管理的发展和进步起了巨大的推动作用，这里简要介绍其中最重要的几位。

（1）W. A. 休哈特（1891—1967 年）。沃特·阿曼德·休哈特（W. A. Shewhart）出生于美国伊利诺伊州的新坎顿，1917 年获得加州大学伯克利分校的物理学博士学位，1918—1924 年在西方电气公司（Western Electric）任工程师，1925—1956 年任贝尔试验室研究员，其间先后在伦敦大学、史蒂文理工学院、美国农业部研究生院和印度讲学。

休哈特博士基于对西方电气公司所制造产品的特性变异的关注和对抽样结果的研究，创立了统计过程控制（SPC）理论。1924 年 5 月 16 日他绘出了世界上第一张控制图，1931 年发表经典著作《制成品质量的经济控制》，并将控制图应用在西方电气公司霍桑工厂的保险丝、加热控制和电站装置的生产上。

休哈特博士在研究中观测到，自然界以及工业产品中的所有事物都会发生变异，研究这些变异并减少变异是质量改进的主要手段。虽然不存在完全相同的两个事物，但大量的观测会形成可预测的形态。他总结出两条重要的原理：1）变异是不可避免的；2）单一的观测几乎不能构成客观决策的依据。为了判断观测值的形态，可以将观测值以若干方式描绘出来：一种是将观测值绘制成直方图，这可以展示出观测值的分布情况；另一种方式是按照观测值的顺序在图上打点，这样便形成线状图，这对于观察数据的趋势和周期非常有用。休哈特主张用链状图来观测数据，他进一步指出存在两类引起变异的原因：其一是偶然原因，是指只会引起数据的很小波动的那些因素，其影响较小，但会大量聚集呈现某种形态，根据中心极限定理和观测经验，推断它们通常近似服从正态分布；变异的另一种原因是系统性原因，是导致数据显著偏离偶然原因所形成的分布形态的变异根源。休哈特控制图基于偶然原因所形成的正态分布的 3σ 原则建立了一组控制界限，任何落在这些界限之外的或者呈某种异常趋势的观测值都表明可能存在系统性原因。由于观测数据是按所发生顺序描点的，所以若存在趋势或异常形态，很容易观测出来。因此，控制图是对过程所产生的统计量的变异的一种图示描述，运用控制图进行生产过程监控，可以及早发现不合格的萌芽，并采取措施予以预防和控制。

休哈特的 PDCA（计划—执行—检查—处置）循环的观点被戴明等人广泛应用，至今仍然是质量管理最经典的持续改进管理模式和思维方式。

（2）W. E. 戴明（1900—1993 年）。威廉·爱德华兹·戴明（W. E. Deming）于 1921 年获得怀俄明大学工程学士学位，1925 年在科罗拉多大学深造并获数学及物理学硕士学位，1928 年获耶鲁大学物理学博士学位。

1950 年开始，戴明应日本科学技术联盟邀请多次访问日本，讲授质量管理课程。戴明帮助听众理解统计质量控制（SQC）在制造业中的重要性，对统计质量控制在日本的发展和深化起了巨大的推动作用。他强调，引起效率低下和不良质量的原因中有 85%在于企业的管理系统，而只有 15%是由员工造成的。戴明质量战略的核心就是使用统计质量控制来识别变异的特殊原因和偶然原因。为了促进日本质量管理的发展，纪念戴明对日本的友好和贡献，日本于 1951 年设立了戴明奖。直到 1980 年 6 月，美国国家广播公司（NBC）作了题为“如果日本可以，为什么我们不能?”的报道之后，戴明才在美国名声大震。

戴明的主要思想理念体现在他提出的质量管理 14 要点中：

- 制定改进产品和服务的目标和实施计划，致力于超过竞争对手。

- 采用新的质量管理思想。
- 停止依靠大量检验来提高质量。
- 不要仅凭价格选择供应商，要以总成本最低为目标。
- 发现问题并致力于改进工作体制。
- 采用现代的在岗培训方法。
- 提升领导能力，采用新的领导方式。
- 消除员工的畏惧感。
- 打破部门封锁，倡导产品设计、销售、生产等部门团队合作。
- 取消那些要求员工达到零缺陷及高生产力水准的口号、劝诫及目标，低质量和低生产率是制度造成的而不是员工的问题。
- 取消工作定额，代之以领导职能强化。
- 消除各种影响员工为自己的工作质量而自豪的障碍。
- 设立生动活泼的教育和自我提高计划。
- 建立使高层管理者推动每个员工按上述 13 条努力工作的机制。

(3) J. M. 朱兰（1904—2008 年）。约瑟夫·M·朱兰（Joseph M. Juran）于 1924 年获得明尼苏达大学电子工程专业学士学位，并就职于芝加哥西方电气公司霍桑工厂（Hawthorne Works）检验部。1926 年，一个来自贝尔实验室的团队（其中包括休哈特和道奇）参观了该工厂，并推行贝尔实验室开发的工具和方法。朱兰是被选中的 20 个受训者之一，且作为最终入选的两个工程师之一，到新创建的检验统计部工作。

1928 年，朱兰撰写了他的第一部关于质量的著作，一本名为“生产问题的统计方法应用”的小册子。1937 年，朱兰将帕累托原理概念化并应用于质量改进。1945 年，朱兰离开华盛顿和西方电气公司，作为独立的咨询师开展工作。1951 年，《朱兰质量控制手册》出版，为他赢得了国际威望。

朱兰认为质量来源于顾客的要求，在他的《朱兰质量手册》（第 5 版）中对质量的定义是：

- “质量”意味着能够满足顾客的需要从而使顾客感到满意的那些产品特性；
- “质量”意味着免于不良，即没有那些需要重复工作（返工）或会导致现场失效、顾客不满、顾客投诉等的差错。

朱兰认为要获得质量，最好从建立组织的愿景以及方针和目标开始，目标向成果的转化（使质量得以实现）是通过管理过程来进行的。他认为在质量管理活动中频繁应用的三个过程是：质量策划、质量控制和质量改进，即著名的朱兰质量管理三部曲。他将人的因素加入到质量管理过程中，使质量管理超越了过去的统计学。

1954 年，朱兰博士应日本科学技术联盟的邀请，到日本为中高层管理人员讲授质量管理课程。1979 年，朱兰建立了朱兰学院，如今它已成为世界上领先的质量管理咨询公司。半个多世纪以来，朱兰的质量管理理念和方法对整个质量管理学界产生了巨大的影响。

特别要说明的是，朱兰提出的质量管理三部曲和质量改进的步骤与六西格玛改进活动是非常接近的。

(4) 石川馨（1915—1989 年）。石川馨（Kaoru Ishikawa）1939 年毕业于东京大学工程系，1960 年获工程博士学位。他的《质量控制》一书获戴明奖、日本 Keizai 新闻奖和工业标准化奖。1971 年，其质量控制教育项目获美国质量协会“格兰特奖章”。1968 年，石川馨出版了《质量控制指南》。他是因果图的发明者，质量管理小组（QCC）的奠基人之一，是将国外先进质量管理理论和方法与日本实践相结合的专家。

石川馨认为，全面质量管理（TQC）在日本就是全公司质量管理（CWQC），具体内容包括：

- 所有部门都参加的质量管理，即企业所有部门的人员都学习、参与质量管理；
- 全员参加的质量管理，即企业的经理、董事、部课长、职能人员、工班长、操作人员、推销人员等全体人员都参加，进而延伸到供应商、代理商；
- 综合性质量管理，即以质量管理为中心，同时推进成本管理（利润、价格管理）、数量管理（产量、销量、存量管理）、交货期管理。

(5) 田口玄一（1924—2012 年）。田口玄一（Genichi Taguchi）博士是数理统计应用技术方面的著名学者，“田口方法”的创始人，戴明奖获得者。

田口方法包含四大技术：线外质量控制、线内质量控制、计量管理技术和试验设计技术。田口方法提出了质量损失函数（QLF）的概念，把质量和经济两个范畴的概念统一起来，为质量波动的定量统计分析奠定了基础。他还提出了信噪比（SNR）的概念，给试验设计技术充实了新的内容，为解决产品或生产过程的动态性、稳健性以及测量误差等问题开辟了新途径。

田口方法提出了在新产品开发过程中进行三阶段设计的思想，即系统设计、参数设计、容差设计。也就是系统地考虑问题，选择参数的最优水平组合，以及最恰当的容差。

田口方法既重视经济效益，又不等同于经济学；既运用数理统计方法，又不完全以统计观点来研究质量管理。它以工程学和技术观点研究质量管理理论和方法，具有通用性和边缘性的特点，因此又被称为“质量工程学”。田口方法在日本工业界得到了广泛的应用，并带来了巨大的经济效益，目前世界上越来越多的国家在使用田口方法。尽管田口试验设计方法本身存在一些不足之处，但这丝毫不影响田口玄一成为 20 世纪著名的质量管理专家。

此外，田口的损失函数与六西格玛减少波动的理念不谋而合。

1.1.2 六西格玛管理的起源和发展

1. 六西格玛管理的起源

在戴明、朱兰的帮助下，以及费根堡姆 TQC 概念和理论的引导下，日本人结合其国情对质量管理进行了大量的实践和创新。20 世纪七八十年代，经过 20 多年的持续改进，日本产品的质量显著提高，占领了大部分美国市场，而美国企业的产品则逐步失去自己的市场，许多美国企业面临生死存亡的问题。

摩托罗拉公司同样面临生死存亡的考验。20 世纪 70 年代初期，摩托罗拉已经成为全球无线通信产品的领导者，并与得克萨斯仪器公司以及英特尔公司一起争夺半导体产品的最大销售商的位置。1974 年，8 个最大的半导体厂商中有 5 个来自美国，3 个来自欧洲。但很快半导体市场的竞争变得异常激烈起来，仅仅在 5 年后的 1979 年，8 个最大的芯片生产商中就有 2 个来自日本。摩托罗拉在 1974 年将电视机业务卖给日本松下，1980 年在日本竞争者面前又失去了音响市场。日本人也对摩托罗拉在美国寻呼机市场的领导地位构成了威胁。于是摩托罗拉公司开始反思自己的问题，认识到提高产品质量实质上会降低成本，而不是当时绝大部分美国公司所认为的提高质量会多花美元。于是摩托罗拉公司决定认真实施质量战略，开始了其质量改进之路。在首席执行官鲍勃·高尔文（Bob Galvin）的领导下，一个特别工作组开始为摩托罗拉的创新和业务增长制定计划。这项工作因阿特·萨恩德赖（Art Sundry）而得到加速发展，因为他得到了摩托罗拉通信产品顾客和用户的意见反馈，并大声疾呼“我们的质量糟糕透了”。高尔文的工作组和萨恩德赖的研究使一个四点计划产生并于 1980 年实施，其目的在于确保摩托罗拉在全球的领导地位。

（1）全球竞争力。通过与竞争对手进行水平对比，设计面向全球市场的产品，确保优胜地位。

（2）参与式管理。吸取全面质量管理之精华，将 QCC 的原则和方法引入摩托罗拉的企业文化，在全公司广泛推进顾客完全满意（total customer satisfaction，TCS）小组活动。

（3）质量改进。将改进目标定为 5 年内改进 10 倍，将质量改进目标与所有管理人员的奖励计划挂钩——这个创意播下了六西格玛理念的种子。

（4）摩托罗拉培训与教育中心。形成摩托罗拉大学的雏形，主要任务是通过培训使员工的能力适应质量流程与管理方式的巨大变化。

经过几年的实践和酝酿，摩托罗拉在 1987 年全面推行六西格玛，点燃了六西格玛管理的火种。迈克尔·哈瑞（Mikel Harry）、比尔·史密斯（Bill Smith）和理查德·施罗德（Richard Schroeder）等是六西格玛方法最重要的创始人。在当时的首席执行官鲍勃·高尔文的大力支持下，六西格玛在全公司范围内得到了广泛施行和推广。六西格玛产生的强大动力使得摩托罗拉制定了以前看上去几乎是不可能实现的目标：20 世纪 80 年代早期的目标是每 5 年改进 10 倍，后来改为每 2 年改进 10 倍，到 1992 年产品和服务质量达到六西格玛质量水平。由于实施六西格玛，公司于 1988 年获得美国波多里奇国家质量奖，从开始实施的 1987 年到 1997 年 10 年间，销售额增长了 5 倍，利润每年增加 20%，实施六西格玛管理所带来的收益累计达 140 亿美元，股票价格平均每年上涨 21.3%，效果十分显著。

2. 六西格玛管理的推广

不论走到哪里，高尔文总要提到六西格玛的目标和成功的故事。在他的听众中就有拉里·博西迪（Larry Bossidy），原通用电气公司副总裁，通用电气首席执行官（CEO）杰克·韦尔奇（Jack Welch）的助手与最要好的朋友。1991 年，博西迪结束他在通用电气的任职，接手了刚刚由若干个公司合并而成的联合信号公司（Allied Signal），出任 CEO。从通用电气这样一个“言出必践”的公司来到联合信号，博西迪吃惊地发现，表面上看起来，联合信号和通用电气有着相似的核心业务和管理流程，但在联合信号，这些流程大都只是一些空洞的形式，没有实际效果或效率很低。人们很少关注提高生产力、扩大市场份额、提高产品质量等具体问题。尽管拥有很多聪明和勤奋的员工，但是在计划和行动之间存在很大的差距。更糟糕的是，企业的人员、战略和运行都采用了各自为政的方式，每个业务部门都强调自己的文化，不肯融入联合信号之中。博西迪面临的最重要的问题是如何将联合信号真正集结成一个整体，并且快速地改变公司的“执行”能力和“执行”文化。

听了摩托罗拉的故事，他马上意识到，六西格玛正是他想要的可以将联合信号塑造成他心目中企业的方法。

1992 年，博西迪将六西格玛引入联合信号公司。“我们不但要给人们提出目标，还要提供合适的工具和方法。”联合信号的管理层这样说。人们从各地赶来，学习六西格玛方法，然后回到自己的岗位上，将所学的用于解决实际问题。事实上，对联合信号来说，不仅需要改进质量，更需要变革人们做事的方式。不论人们来自哪个公司，具有什么样的企业文化背景，在联合信号就要形成统一的语言和文化。为了使六西格玛更好地适合联合信号公司，在博西迪的带领下，许多被称为“软工具”的内容补充到六西格玛方法中，其中包括大量关于组织变革、领导力提升和变革企业文化方面的内容。

博西迪成功了。六西格玛改变了联合信号的经营与运作方式。公司的业绩出现快速增长的势头，销售额和利润持续实现每年两位数的增长。公司的收益从 1991 年的 3.42 亿美元增长到 1997 年的 11.7 亿美元，在短短的 6 年内几乎翻了两番，而且连续 31 个季度保持每股利润 13%以上的增长，公司的股价增长了 8 倍。正是因为博西迪和联合信号，华尔街第一次听说了六西格玛。此后，得克萨斯仪器等一批公司相继引入了六西格玛，同样取得了令人瞩目的成功。

美国通用电气公司在 20 世纪 70—90 年代制定的战略计划取得了成功，这使得通用电气适应了公司规模和经营多样化的发展，因而给公司带来了巨大利益。在这个时期，通用电气重点关注的是业务的高速增长、提高效率，而将质量问题排在后面，产品质量大约为 3～4 个西格玛水平。随着业务的高速增长，质量问题越来越不容乐观，杰克·韦尔奇在其自传中回忆说：1995 年 4 月在通用电气内部员工调查中发现，质量问题已经为许多员工所担忧。

1995 年夏，杰克·韦尔奇见到了他的朋友博西迪，他们谈到了联合信号成功的原因。这次谈话给韦尔奇留下了深刻的印象。自上任以来，韦尔奇对通用电气进行了一系列大刀阔斧的变革，使通用电气在其所有业务领域几乎都是数一数二的。但韦尔奇希望通用电气这个百年老店能够永远成功。韦尔奇意识到，把通用电气公司打造成为六西格玛企业，将是他 2001 年退休时给通用电气留下的最宝贵的遗产。

在韦尔奇的带领下，通用电气公司开始了它的六西格玛之旅。但是，在韦尔奇眼中，此时的六西格玛已经不是彼时的六西格玛。它不仅仅是关于统计学的，尽管它需要统计技术；它也不仅仅是关于改进质量的，尽管它最终使质量大幅提升。韦尔奇要将六西格玛提升到打造通用电气公司核心竞争力的战略层次。在 1996 年 1 月通用电气高层会议上，他将六西格玛称为通用电气前所未有的最雄心勃勃的工作，他说：“质量可以真正地使通用电气从最了不起的公司之一这个位置，上升为全球商界绝对最了不起的公司。这个房间里的所有人都必须抓质量，这个问题是没有投机可言的，摩托罗拉用 10 年时间办到的，我们必须在 5 年内实现——不是通过走捷径，而是通过学习他人。”

韦尔奇认为六西格玛的含义远远超出了质量和统计学，它通过提供对付难题的方法，驱使领导层把工作做得更好。六西格玛的核心是使一个公司彻底转变。在他看来，六西格玛是通用电气公司从来没有经历过的最重要的发展战略。1995 年底，随着 200 个六西格玛项目的实施，这种管理方法在通用电气大规模开展起来。1997 年，这样的项目超过了 6 000 个。根据通用电气 2000 年度的报告：1999 年通用电气公司的利润为 107 亿美元，比

1998年增长了15%。其中，实施六西格玛获得的收益就达到了15亿美元。到21世纪初，这个数字达到了50亿美元。而2000年，在通用电气获得绿带认证的员工达到90%以上，公司中层以上的经理中有过六西格玛黑带经历的人员达15%。

在通用电气，六西格玛方法演变为一个管理系统。六西格玛被作为公司四大战略（全球化、服务、六西格玛和电子商务）之一来实施；公司建立了从“倡导者”（champion）、“资深黑带”（master black belt，MBB）、“黑带”（black belt，BB）到“绿带”（green belt，GB）的六西格玛组织结构；六西格玛实施结果与管理人员的晋升和奖金挂钩。

韦尔奇领导通用电气公司的20年时间里，通用电气的股票市值增长了30多倍，达到4 500亿美元，排名从世界第10位提升到第2位，在他的带领下，这个“百年老店”焕发了前所未有的青春活力。

在通用电气公司应用六西格玛取得巨大成功之后，六西格玛为全世界企业，特别是许多《财富》世界500强企业所关注、认识并接受。很多企业发现六西格玛同样可以对自己产生深远而重大的影响，它们也开始大力推行六西格玛，包括福特、卡特彼勒、道化学、杜邦、ABB、3M、东芝、惠而浦、三星、LG、西门子、爱立信、洛克希德-马丁、庞巴迪、花旗银行、J. P. 摩根、美国运通、英特尔、微软等跨国公司。今天，六西格玛的应用已经从摩托罗拉、通用电气走向全世界，从西方走向东方，从世界500强跨国公司走向普通企业乃至中小企业，从电子、机械、化工、冶金等制造业走向银行、保险、航空、电子商务等服务业。

六西格玛走过近30年的发展历程，其理论和方法体系在不断地发展和完善。六西格玛已经由原来的质量目标发展成为一种管理模式；六西格玛的应用由原来主要解决质量问题扩展为组织整体业务流程的优化设计和系统改进；六西格玛方法由重视统计技术发展为与精益生产、平衡计分卡、并行工程等理论和方法的整合。

3. 六西格玛管理的新发展

六西格玛诞生于全面质量管理蓬勃发展的20世纪80年代中期，是对全面质量管理特别是对质量改进理论的继承和发展。作为一种减少缺陷的方法，它在实践中得到不断充实和发展。六西格玛不再仅是一种质量改进的方法，而是发展成为可以使组织持续改进、增强综合领导能力、不断提高顾客满意度及经营绩效并带来巨大利润的一整套管理理念和系统方法。2000年之后，摩托罗拉提出了“新六西格玛”方法：一种由沟通、培训、领导艺术、团队合作、度量和以顾客为中心等价值观驱动的变革方法，旨在提高组织竞争力和变革组织文化。

传统的六西格玛广泛地用于改善产品的质量，尤其适用于生产制造业，以降低缺陷和减少变异为核心。而新六西格玛是一个领导力管理程序，是关于总体业务改进的方法，它解决了管理人员所面临的两难问题：一方面要通过快速的业务改进项目达到短期的财务目标；另一方面要在关键人才和核心流程方面为未来的发展积蓄能力。

将平衡计分卡、业务流程再造、高效率团队、对核心业务流程进行持续不断的监控等工具和六西格玛改善流程整合起来，新六西格玛方法提供了一套实用的方法和切实可行的工具，以便管理人员在业务实施过程中达到平衡。表1—1所列出的是新六西格玛方法的领导力原则。

表 1—1　　新六西格玛方法的领导力原则

核心领导力原则	解释
整合（align）	● 用卓越绩效模式（以波多里奇质量奖标准为依据）将顾客的需求与业务战略以及核心业务流程相结合。 ● 确定战略实施目标，制定具有挑战性的具体目标和恰当的衡量标准。目的是提出持续不断的、可衡量的、最基本的经营结果要求，以便推动经营总目标的实现。
调动（mobilize）	● 向团队授权，通过高层经理人员选择的项目，利用项目管理方法和六西格玛方法达到改进的目标。 ● 用项目立项表、成功准则和严格的评估等方法将团队组织起来。 ● 向团队提供及时的培训服务并鼓励他们付诸行动。
加速（accelerate）	● 采用学以致用（action learning）的方法，将系统的培训与实际的项目工作和指导结合起来，迅速消除由学习到实践的差距。让员工行动起来的激励性措施很容易失去效果，但是，为了及时达到项目的目标，激励性措施又是必不可少的。
控制（govern）	● 对绩效计分卡模型进行控制，促进战略的实施。系统的流程审核包括对结果控制卡（dashboard）的审核，以及在必要时审核流程和项目的细节。当领导们分享最佳实践经验时，障碍就可以消除。

六西格玛发展的另外三个重要特征：一是六西格玛与精益生产的融合——精益六西格玛。在这方面已经有很多理论研究成果，也有很多企业成功实施了精益六西格玛。精益技术对于六西格玛黑带人员非常重要，企业中不少黑带、绿带或黄带项目都采用了精益的工具。除在本章第 6 节专门介绍精益六西格玛外，本书将精益的知识点融于六西格玛过程改进的各个阶段，不再区分六西格玛和精益六西格玛，因为本书中所指的六西格玛已经融合了精益生产的内容。二是六西格玛设计的成熟化。TRIZ、三次设计等创新设计方法和技术被融入六西格玛设计流程。本书第 9 章强化了六西格玛设计的方法和技术。三是六西格玛在服务业的广泛推行。本书在各相关章节中基于服务业的特点增加了与服务业相关的六西格玛管理的内容。

1.2 六西格玛的概念和作用

1.2.1 六西格玛的概念

六西格玛是一套系统的、集成的业务改进方法体系，是旨在持续改进组织业务流程，实现顾客满意的管理方法。它通过系统地、集成地采用业务改进流程，实现无缺陷的六西格玛设计（design for six sigma，DFSS），并对现有过程进行过程界定（define）、测量（measure）、分析（analyze）、改进（improve）、控制（control）——简称 DMAIC 流程，消除过程缺陷和无价值作业，从而提高质量和服务、降低成本、缩短运转周期，达到顾客完全满意，增强组织竞争力。

1. 六西格玛的统计含义

σ 是一个希腊字母，读作“西格玛”，在数理统计中表示标准差，是用来表征任意一组数据或过程输出结果的离散程度的指标，是一种评估产品和生产过程特性波动大小的参数。

西格玛质量水平则是将过程输出的平均值、标准差与质量要求的目标值、规格限联系起来进行比较，是对过程满足质量要求能力的一种度量。西格玛水平越高，过程满足质量要求的能力就越强；反之，西格玛水平越低，过程满足质量要求的能力就越低。六西格玛质量水平意味着 100 万次出错机会中不超过 3.4 个缺陷。

在图 1—2 所示的正态分布中，当上下规格限之差为 $12\sigma(\pm 6\sigma)$，且过程无漂移，即实际分布中心与规格中心重合时，低于下规格限 LSL 和高于上规格限 USL 的面积（概率）均为 0.001ppm，总缺陷概率为十亿分之二。图中，μ 为正态分布的中心值，M 为规格中心，σ 为标准差。

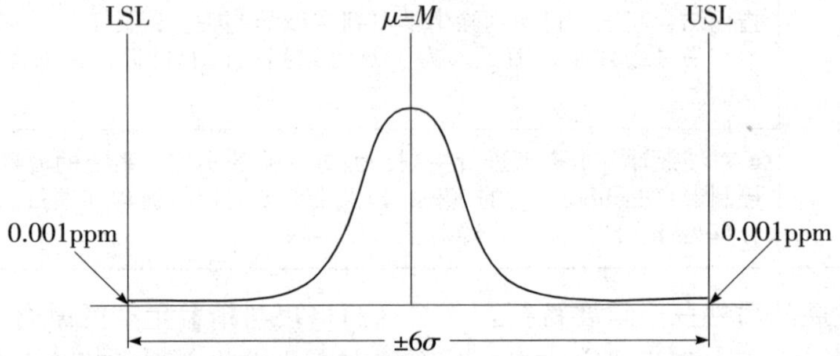

图 1—2 过程输出特性正态分布图（无漂移）

但实际上，过程输出质量特性的分布中心与规格中心重合的可能性很小，对于典型的制造过程，由于影响过程输出的基本质量因素（人、机、料、法、环、测）的动态变化，过程输出的均值出现漂移是正常的，如图 1—3 所示。在计算过程长期运行中出现缺陷的概率时，一般考虑将上述正态分布的中心向左或向右偏移 1.5σ，此时一侧的缺陷为 3.4ppm，另一侧因数量级极小可忽略不计，总缺陷概率为百万分之 3.4，即百万机会缺陷数（defects per million opportunities，DPMO）为 3.4，如图 1—4 所示。

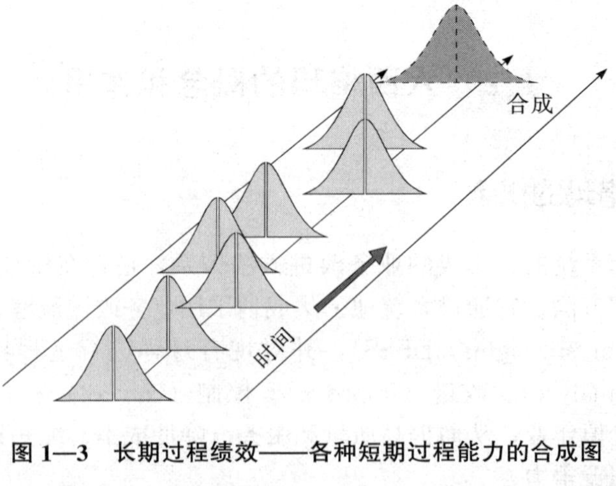

图 1—3 长期过程绩效——各种短期过程能力的合成图

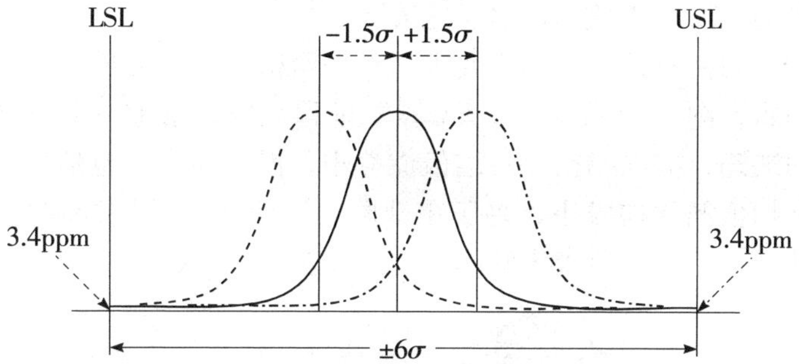

图 1—4　过程输出特性正态分布图（±1.5σ 漂移）

因此，通常所说的六西格玛质量水平代表 3.4DPMO，是考虑了过程在长期运行中，分布中心相对规格中心漂移±1.5σ 后出现缺陷的概率。表 1—2 显示了不同西格玛水平时的 DPMO。

表 1—2　　西格玛水平与百万机会缺陷数（DPMO）的关系（分布中心漂移±1.5σ）

西格玛水平	百万机会缺陷数（DPMO）
1.0	691 462.5
2.0	308 537.5
3.0	66 807.2
4.0	6 209.7
5.0	232.6
6.0	3.4

2. 六西格玛的管理含义

从六西格玛的统计含义我们知道：σ 是一希腊字母，在数理统计中表示标准差；西格玛水平用于衡量产品、服务和过程的缺陷水平；六西格玛水平是指 100 万次出错机会中不超过 3.4 个缺陷。

今天，六西格玛已经远远超出其统计含义，成为一种顾客驱动下的持续改进的管理模式。组织也不仅仅把六西格玛（3.4DPMO）作为一种目标或指标。六西格玛还有更为深刻的多重管理含义，包括：

（1）获取竞争优势的战略。战略管理的目的是获取竞争优势或核心竞争力。许多世界级组织的成功经验表明，通过管理创新可以获得竞争对手难以复制的核心竞争优势。组织的高层领导要认识到，六西格玛的本质是通过管理创新和技术创新构建组织的核心竞争力。首先，六西格玛的推进不能仅仅停留在方法层面，必须与组织的战略相结合，使得六西格玛能够支撑组织战略目标的达成，提升组织战略执行力，促进组织完成使命，实现其愿景和战略目标。其次，要从战略层面定位六西格玛，通过实施六西格玛实现管理和技术创新，打造组织的核心竞争力。因此，组织要从战略层面推进六西格玛管理，制定六西格玛管理战略实施规划。通过实施六西格玛管理，实现技术创新、管理创新、组织文化建设、人力资源开发和培养。

（2）持续改进的活动。从过程方法角度来看，过程管理就是管控过程的输入要素和输出结果。六西格玛的本质是要研究影响过程输出的关键因素，实现过程的输出趋于目标值或理想值并减少波动，追求零缺陷，追求完美。

实际上，实施六西格玛并不是一定要求达到六西格玛水平的质量，而在于对过程进行突破性的改进和创新。图1—5显示了“飞镖”过程：精而不准——波动小，但均值漂移大，造成了较多的缺陷；准而不精——均值漂移小，但波动大，也造成了较多的缺陷；又精又准——波动和均值漂移均极小，趋于零缺陷。六西格玛的目标就是“又精又准”：使过程趋于目标值并减少波动，追求零缺陷，追求完美。

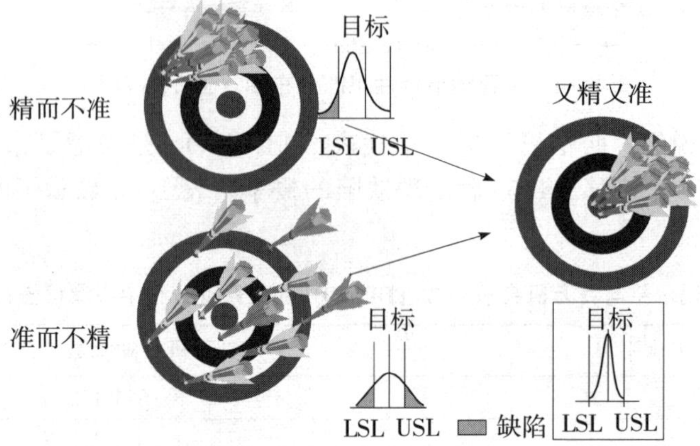

图1—5　六西格玛目标：又精又准

（3）科学的问题解决方法体系。六西格玛在方法层面强调系统集成与创新，这里特别要指出，六西格玛绝非仅仅应用统计技术解决问题。它是一套系统的业务改进方法体系，其工具和方法包括现代质量管理技术、应用统计技术、工业工程和现代管理技术、信息技术等。

（4）六西格玛管理文化。组织文化是一个组织拥有的核心理念和价值观，是组织发展的软环境。再好的工具和方法如果脱离了其赖以生存的环境和文化，也不可能产生任何效果。组织实施六西格玛管理，需要打造顾客导向、持续改进、勇于变革、用数据说话的六西格玛管理文化，并与组织的具体特点相结合，形成独特的组织文化。

1.2.2　六西格玛管理的作用

实施六西格玛是“一箭多雕”、多赢的战略选择。实施六西格玛的好处多种多样，包括降低成本、提高生产力、增加市场份额、留住顾客、缩短运作周期、减少错误、改变组织文化、改进产品和服务等。本节将实施六西格玛的作用归纳为以下四个方面：

- 问题解决和成本降低。解决困扰公司的重要而复杂的难题，降低不良质量成本。
- 文化变革。建立持续改进和创新的组织文化，消除沟通壁垒。
- 战略实施。全面提升公司的核心竞争力和经营管理成熟度。
- 员工发展。培养下一代领导者，促进员工职业生涯发展。

1. 解决困扰公司的重要而复杂的难题，降低不良质量成本

一个有志于成功、追求卓越的公司首先要明确自己的定位、未来的发展愿景以及行为准则，即确立公司的使命、愿景和核心价值观。其次要基于使命、愿景和核心价值观，确定自己的战略目标和战略方案。最后要设立驱动战略目标实现、监测战略规划的关键绩效

指标（KPI），并将关键绩效指标横向分解到相关职能部门和过程，纵向层层分解到团队和员工。

这些关键绩效指标对公司应对动态的竞争环境、取得长期的成功至关重要。然而，要达成关键绩效指标常常是富有挑战性的，有些还涉及困扰公司多年、导致外部及内部顾客不满意的复杂问题，包括：

- 产品和服务质量问题；
- 运营成本问题；
- 生产率、流程周期问题；
- 市场和顾客流失问题；
- 环境和安全问题。

这些问题如果不彻底加以解决，势必会影响公司战略的实施。而要解决这些难题，必须由高层领导自上而下地推进。必须由一些具有很强的问题解决能力和技巧的人员，通过科学的流程，应用精确的数理统计技术和其他管理工具来解决这些问题。

这些问题的解决需要更多的投入吗？当谈到六西格玛管理时，常常会听到人们这样说："要达到那么高的质量，企业是否要花费巨资？""我们的质量水平与六西格玛差得太多了。要实现六西格玛，公司就得花费大量资金来更新设备或改进技术，这样做企业是否划算？"其实，这是对六西格玛管理的一种误解。成功的六西格玛管理为企业带来的是实实在在的经济效益。这一点已为摩托罗拉、联合信号、通用电气等世界级企业的实践所证明。

下面，我们从不良质量成本（cost of poor quality，COPQ）的角度谈谈为什么六西格玛管理能给企业带来如此显著的回报。大多数公司的质量水平为 3～4 西格玛水平，其不良质量成本可占到销售额的 20%～40%，而六西格玛企业的不良质量成本仅占销售额的 1%～5%。通用电气认为，公司从 3～4 西格玛水平提高到六西格玛水平，其减少的不良质量成本每年可达 80 亿～120 亿美元。

这些成本损失来自哪里呢？不良质量成本可以分为直观的和隐含的两大类，就像冰山一样，露在水面上的是我们通常统计的那些由于产品或服务不良而造成的损失，也就是传统质量成本统计中通常作为内部与外部故障成本的那部分。对于大多数企业来说，这些成本损失占销售额的 4%～5%。但冰山还有隐藏在海面下的部分，这是我们通常不去统计或不为人们重视但又实实在在存在于企业中的成本损失，这些隐藏的成本要比露出的部分大得多，高达销售额的 16%～35%。这些直观的和隐藏的不良质量成本已经远远超过了销售利润。根据美国著名管理咨询公司 Imberman & Deforest 在 20 世纪 90 年代初所做的调查，一般企业的平均利润水平仅占销售额的 1%～4%。

六西格玛管理就是要通过业务过程的改进和优化，降低这些直观的和隐含的成本损失，把"冰山"变为"金山"，使更高的质量、更低的成本、更短的开发与生产周期、更好地满足顾客的要求变为现实。

通用电气公司将六西格玛管理应用于企业经营管理活动的各个方面，并取得了巨大的收益。比如，人力资源部用六西格玛管理方法改进人员的配置；财务部用其提高付款的及时性与准确性；工程部改进产品设计的可靠性和减少图纸缺陷；制造部减少制造缺陷并且缩短生产周期；服务部缩短服务响应时间和维修时间；信息部提高信息系统的效率，等等。其中，一个六西格玛项目小组完成了缩短产品交付周期的项目。他们了解到，顾客希望其产品交付期不超过 10 天，而实际上他们的产品交付期平均为 33 天。通过运用六西格玛方法，小组将交付期缩短为平均 2.3 天，仅此一个项目每年为企业创造的直接经济效益达 50 万美元。通用电气通信部门通过六西格玛管理项目，将其拥有的 12 颗卫星的利用率从 63%提高到 97%，每年增加收入 130 万美元。在通用电气公司中，这样的案例数不胜数。这也就是六西格玛为通用电气公司带来如此之高的收益和增长速度的一个重要原因。

统计资料表明：如果一个 3 西格玛水平的企业组织其所有资源改进过程，大约每年可以提高一个西格玛水平，直至达到 4.7 西格玛水平，其投入主要是培训及咨询费用，而无须大的资本投入。这期间，利润率的提高十分显著。而当达到 4.8 西格玛水平时，要再提高西格玛水平，则需要对过程进行重新设计，增加资金投入，此时产品/服务竞争力、市场占有率将得到明显提高。对一个 3 西格玛水平的企业来说，提高一个西格玛水平可获得下述收益：

- 利润率增长 20%；
- 产出能力提高 12%～18%；
- 减少劳动力 12%；
- 资本投入减少 10%～30%。

美国质量协会指出："六西格玛方法要求在一个合理的时间内得到显著的回报"是其成功的十大因素之一。因此，成功的六西格玛管理为企业带来的将是实实在在的经济效益。

2. 建立持续改进和创新的组织文化，消除沟通壁垒

对组织文化完整的定义是：组织在长期的生存和发展中形成的，为本组织所特有的，且为组织多数成员共同遵循的宗旨（使命）、最高目标（愿景）、价值标准、基本信念和行为规范（价值观）等的总和及其在组织活动中的反映。

组织文化具有精神层、制度层和物质层三个层次，如图 1—6 所示。

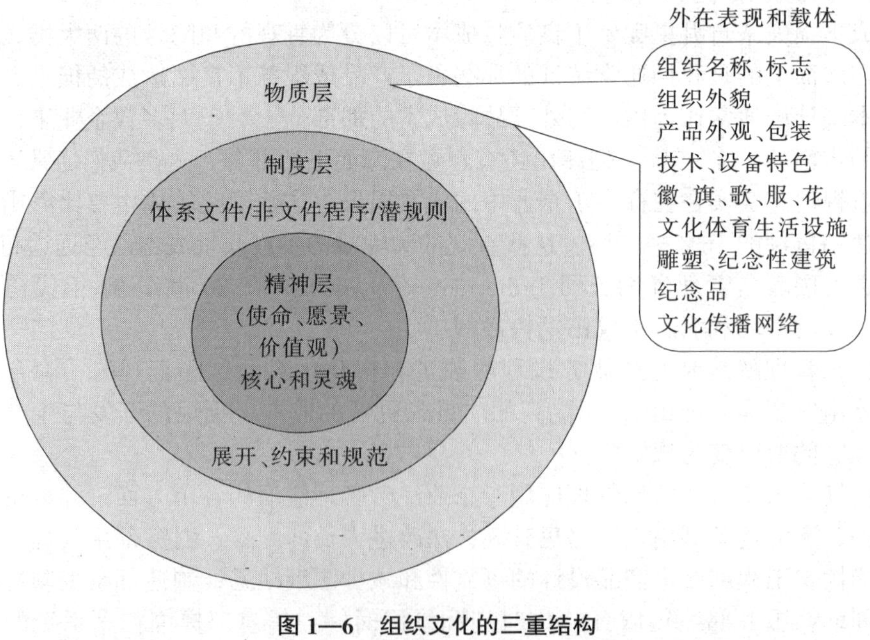

图 1—6　组织文化的三重结构

通俗地说，组织文化是组织中独特的做事的方式方法。影响组织文化的主要因素是组织高层领导。不论组织领导个人的言行举止有多好或多糟，都会被组织员工放大，形成组织整体的工作风气和行为准则。

六西格玛不仅是一个解决问题的技术方法，同时也是一种处世和处事的哲学，它的标准就是“完美”，在更广泛的意义上讲是一种文化，一种持续改进和创新的文化。它在不断转变人们的工作方式。随着六西格玛的推进，组织文化也会得到不断的完善，会形成一种同心协力克服障碍，人人积极关注、参与改进和创新的文化氛围。

组织的核心业务流程就像一条横向流淌的河，而现有的职能式组织结构犹如纵向的大坝，部门之间由于业务目标的差异导致了沟通壁垒，这种沟通壁垒又大大影响了流程运行的效率和效果。实施六西格玛还有助于消除沟通壁垒，增进无边界合作的文化。六西格玛扩展了跨职能合作的机会，消除了部门及上下级间的障碍，促进了组织内部横向和纵向的合作。六西格玛项目往往是跨职能的。在六西格玛跨职能团队中，成员有着共同的使命和目标，能意识到自己的职责与组织的使命、愿景、战略目标和关键绩效指标的关系，意识到业务流程各部分的相互依赖性，并且能够创造出一种真正支持团队合作的管理结构和环境。而这种无边界合作的纽带正是有着强大使命感的黑带，黑带要想成功，就必须打破部门之间的障碍。

六西格玛的无边界文化是通用电气成功的秘诀之一，韦尔奇致力于消除部门及上下级间的障碍，促进组织内部横向和纵向的合作，改善了过去仅仅是由于彼此间的隔阂和部门间的竞争而损失大量金钱的状况。这种做法增进了组织内部的合作，使组织获得了许多受益机会。

3. 全面提升公司的核心竞争力和经营管理成熟度

六西格玛还可以是一种战略，一种全面提升公司竞争力和经营管理成熟度的战略。六西格玛作为公司战略，主要通过以下作用来实现公司的战略目标：

（1）提高顾客满意度，留住顾客，增加市场份额。随着各个行业竞争的日趋激烈以及顾客要求的不断提高，仅仅提供好的或合格的产品和服务已经不能保证组织的成功。六西格玛以顾客为真正的关注中心，这就意味着要学会辨析哪些价值对顾客是有意义的，计划如何给顾客提供这些价值，同时又能盈利。顾客决定市场，而顾客的选择标准是产品质量，因此六西格玛质量具有强劲的市场竞争力。

（2）减少缺陷错误，降低风险和成本。所有的缺陷错误都包含风险，但风险不一定体现在缺陷错误上。六西格玛的目的在于降低风险，而不是仅仅降低由缺陷引起的不合格率。六西格玛强调基于事实和数据，通过数据分析寻找问题并分析原因，这不仅可以降低顾客购买产品时要承担的风险，还可以降低提供产品的企业的风险。六西格玛还通过有效的方法查找不良质量成本，消除“隐蔽工厂”，从而降低风险和成本。

（3）改进产品及服务，使组织获得持续的成功。六西格玛是能够给组织提供不断创新的技巧和文化的方法，通过不断地革新、开发新产品、开拓新市场及改进组织结构，使价值最大化，提高顾客满意度，最终达到提高生产力、增加市场竞争力的目的，从而使组织得到持续的发展。

（4）加快改进的速度。摩托罗拉1987—1991年“4年改进100倍”的成效归功于六西格玛的实施。顾客的需求是动态变化的，随着现代社会生活节奏的加快，人们对产品性能改进的需求越来越强烈，改进速度最快的组织将在竞争中得到持续发展。六西格玛通过借鉴其他学科的工具和思维，帮助组织在改进绩效的同时加速改进流程。

4. 培养下一代领导者，促进员工职业生涯发展

通用电气将六西格玛管理与人力资源管理密切结合。1997 年 3 月 22 日，韦尔奇专门向通用电气全球的管理人员发了一份传真，明确规定管理人员的晋升将直接与六西格玛挂钩；1997 年 5 月 22 日，韦尔奇与他的两位副董事长联合签发了一则关于将六西格玛培训结果与晋升机会相联系的命令；1998 年 1 月 1 日，通用电气新版本的管理人员晋升制度正式生效：从即日起，基层管理人员必须事先通过六西格玛绿带或黑带的培训，才能获得晋升中级管理职位或高级管理职位的资格。从此，六西格玛管理成为通用电气未来领导人的摇篮，一大批训练有素、擅长基于数据与事实解决问题和进行决策的人员走上了通用电气各层次的管理岗位，为通用电气的强劲发展奠定了良好的人力资源基础。

六西格玛认为员工是组织获取竞争优势的根本，六西格玛管理的推行能够有效地提高员工的素质，促进员工的职业生涯发展。“学习型组织”这个很多人感兴趣但很难付诸行动的概念产生于 20 世纪 90 年代，联合信号的领导层对此评价说：“每个人都在谈论学习，但很少有人能把它贯穿于大多数员工的日常生活中。”而六西格玛正是一种可以在组织内增强和加速新思维的发展和分享的方法。

六西格玛带给员工的是解决问题的方法。员工不仅通过培训学到知识，而且要将所学知识应用到实践中，通过实践完全掌握解决问题的科学方法，为组织带来丰厚的回报，同时提高个人能力。通过员工个人行为的改变，促进学习和相互指导，提高人员素质，进而改变组织整体的文化氛围，使企业成为一个学习型组织。

六西格玛管理为组织实施持续、突破性的改进和创新提供了必需的管理工具和操作技巧，也为组织培养了具备组织能力、激励能力、项目管理技术和数理统计诊断能力的领导者，这些人才是组织推进变革和应对竞争的核心力量，使组织减少质量缺陷和服务偏差并保持效益，促进组织快速实现突破性绩效，进而实现战略目标。

1.3 六西格玛管理的领导、文化和战略

1.3.1 高层领导在六西格玛管理中的作用

1. 高层领导在组织发展中的作用

一个组织的成功固然需要全体成员的共同努力，但不可否认，高层领导是决定其兴衰成败的关键，古今中外概莫能外。

如果把组织比作一艘舰船，高层领导就是舵手，要领导组织驶向光明的彼岸。高层领导最基本的职能定位和作用就是设立一个组织未来的发展方向和绩效期望，即确定组织的使命、愿景和核心价值观，在组织中营造一种氛围，一种促使人们为了实现目标而全力以赴的组织文化氛围。

使命（mission）是指组织的角色、任务或总体功能，反映了一个组织存在的理由或价值。任何组织都有其目的或使命，如工商企业的使命是向社会提供有经济价值的产品或

服务。任何一个组织只有明确自己独特的使命，才能着力去“做正确的事”。具体组织的使命是对其存在的规定，应有其独特性，决定了它就是它而不是任何别的机构。惠普公司创始人之一戴维·帕卡特在1960年给惠普员工所做的演讲中指出，组织的使命触及的是一种除了赚钱之外的更深层次的组织存在的理由，是做一些有价值的事。组织是为了包括股东、顾客、员工、供方和合作伙伴、社会在内的五大利益相关方而存在的，因此从宏观的角度讲，组织应当为所有的利益相关方创造平衡的价值。

愿景（vision）是指组织所渴望的未来图景和境界，是一个组织的整体发展方向和所追求的目标。高层领导应当具备远见卓识，经过深思熟虑制定一个现实、可信、诱人、远大且需要花五年甚至十几年来实现的远景目标，并向人们明确地指出，这种目标建立在当前条件基础之上，只要努力就会实现。一旦人们确定这种愿景，就会产生巨大动力，组织可以通过凝聚各方技能、才干和资源推动人们奔向未来。愿景应当是组织全体成员的共同心愿，也应反映各利益相关方对组织的绩效期望。

价值观（values）是指期望组织及其员工如何运作的指导原则或行为准则。价值观反映和增强组织所渴望的文化。价值观以适当的方式支持和指引每一位员工做决定，帮助组织完成其使命，达成其愿景。价值观是一个组织所拥护和信奉的东西，是一个组织最重要的、最永恒的信条，是一小部分不随时间和环境的变化而改变的原则，经得住时间的考验。它有别于组织的经营战略和经营活动等应当随着经营环境的变化而改变的东西。价值观决定了组织对于好与坏、对与错、赞赏或是不屑等问题的判断。价值观不是一种功利性的选择，而是一个组织的信仰。价值观必须以高层领导的行动和行为作为支撑，否则它的发布只会导致人们的冷嘲热讽。成功的价值观应当体现在组织全体员工的言行举止中，融入组织的骨骼、血液和经络系统，成为组织成功的遗传基因密码，并通过价值链影响组织的相关方。

高层领导确立了组织的使命、愿景和核心价值观，为组织的未来确定了发展方向和宏伟愿景之后，最重要的就是通过战略规划勾画出通往愿景的路径，将愿景转化为可行动的规划。

2. 高层领导在六西格玛推进过程中的承诺和关键角色

六西格玛不仅仅是一种改进方法，还是一种文化和战略。组织实施六西格玛，可以促进组织文化的变革和战略目标的实现，最终促进组织使命的实现和愿景的达成。而高层领导在六西格玛管理中扮演着关键的角色。实施六西格玛的组织以及六西格玛专家经过多年的实践，在总结六西格玛成功实施的关键要素时，不约而同地把领导层的支持和参与作为成功的第一个关键要素。

成功推行六西格玛管理并获得丰硕成果的组织都拥有来自高层的高度重视与卓越领导，拥有一批精力充沛、直言不讳、知识丰富的管理者，更重要的是，他们能参与到六西格玛管理中。他们的管理风格可能各有千秋，诸如通用电气公司杰克·韦尔奇的活力，联合信号公司拉里·博西迪的严谨，摩托罗拉公司鲍勃·高尔文的无所不在，但他们都认识到支持和积极参与是六西格玛管理成功的关键。六西格玛管理是自上而下推行的，最终要变革组织的文化，因此，必须获得高层领导的认同。高层领导要指导制定六西格玛推行的计划，选择倡导者，分派使用资源，安排政策支持六西格玛行动，并把六西格玛管理与组织不断发展的战略目标相结合。

具体来讲，最高管理层的作用包括：

(1) 制定3～5年的六西格玛战略目标。这些目标必须针对公司具体情况制定，并且由公司战略来驱动。这里的关键是，这些目标必须反映出只有从六西格玛中才能获得的收益，而不是从公司现有体系中即可得到的收获。下面是几个典型的目标：

- 将毛利润提高5%～10%；
- 将投资回报率增加5%～15%；
- 每年收入增加10%；
- 削减20%的生产管理费用和质量成本；
- 市场份额每年增长4%。

这些目标看似简单，但会给所有公司带来巨大的挑战。这样做的目的是清楚地扩展组织的思想，并将目标和财务绩效的关键驱动力联系起来。

持续推进六西格玛管理的组织还要进一步明确六西格玛推进的使命、愿景和价值观。

(2) 授权一个推进小组。六西格玛开始实施时会影响到组织的方方面面。领导层要承担这样的责任：定义并管理六西格玛在组织中的形象，将其要求和利益传达给他人。在大多数情况下，最高管理者将这些责任授权给推进小组，这个小组负责制定详细的计划并实施。

推进的整体目标就是确立目标和预算以及制定政策和基础架构，以确保与最高管理层的战略相吻合。根据公司规模大小以及整个组织的复杂程度，推进小组需要不断对计划进行修改，在2个星期至3个月之间，推进小组应该能够初步制定一个推进方案。

(3) 制定推进方案。推进小组由最高管理层负责管理（一般由倡导者担任组长），其职责包括：

- 确定组织现有绩效和预期绩效之间的差距；
- 判定如何实施六西格玛才能缩短这一差距；
- 为实施六西格玛制定一个方案。

最初的差距分析可以做得很复杂，也可以做得很简单，这取决于组织的需要。在分析之前应获得现有绩效的可靠数据，尽管得到可靠的数据要花费一些力气。预期绩效从长期目标中得出。明确现有绩效与预期绩效之间的差距很重要，这使组织领导层能认识到变革的必要性。

一旦推进小组完成了差距分析，就要制定一个初步的方案，方案应该包括：

- 六西格玛组织结构和人员需求；
- 实施目标和计划（启动的时机、所需的人员数量和培训类型等）；
- 财务衡量标准及目标（成本和利润）。

项目的初步计划将确保高层领导理解六西格玛，以及它为公司产生的经营和财务利益。此时需要有足够深度的分析，使高层领导和董事会理解必要的投资和涉及的风险。

(4) 领导层亲身参与。六西格玛管理推行成功最关键的因素是领导重视。领导重视不仅体现在投入的资源上，还表现在其亲身参与上，如以各种行动带头营造六西格玛氛围，包括通过邮件、讲话、网络等各种方式表达自己对六西格玛的态度。在有些组织中，有的高层领导甚至亲自参与或指导六西格玛项目。

1.3.2 六西格玛的核心理念与组织文化

1. 六西格玛的核心理念

六西格玛的核心理念亦即六西格玛的价值观、哲学，是组织推进六西格玛管理的指导原则和行为准则。六西格玛管理评价准则建立在以下相互关联的核心理念基础之上：

- 高层领导的作用
- 顾客驱动与顾客满意
- 组织和员工的学习
- 基于数据和事实的管理
- 无边界合作与突破性过程改进
- 注重结果和价值创造

(1) 高层领导的作用。组织的高层领导应当具有远见卓识，确立面向未来的愿景和价值观并与员工沟通，营造组织文化，引领组织追求零缺陷、追求卓越。

六西格玛管理是一项自上而下的管理活动，高层领导的支持和参与程度直接决定六西格玛管理实施的成败。组织的高层领导团队对六西格玛管理应有统一的认识，将六西格玛价值观融入组织文化，创建鼓励创新和变革、容忍失败的文化环境。高层领导应从组织的战略和利益相关方的需求出发，制定与组织战略协调一致的六西格玛战略和战略目标并层层展开。高层领导应为六西格玛的实施建立基础架构和提供资源保证，明确组织的改进机会，组织、鼓励员工参与六西格玛项目以及六西格玛项目评审并对组织实施六西格玛的整体状况进行评估，协调六西格玛的整体推进并排除障碍。

高层领导对六西格玛管理的支持是通过其具体参与六西格玛管理活动体现的。高层领导通过营造氛围、制定规划、倡导项目和亲自参与六西格玛管理的实施，可以起到表率作用，并能积极推进六西格玛管理的实施。

(2) 顾客驱动与顾客满意。顾客驱动与顾客满意是六西格玛管理最基本的价值观，也是现代组织管理理论和实践的基本原则。

组织依存于顾客，获得高水平的顾客满意度和忠诚度是组织所追求的主要目标。然而，顾客只有在其需求和期望得到充分理解并获得满足后，才会感到满意并体现忠诚。组织应当深入了解顾客当前和未来的需求和期望，并关注其动态变化，以此驱动质量改进，消除缺陷，为顾客解决问题，满足顾客需求并争取超越顾客期望，从而建立良好的顾客关系，不断增进顾客满意和忠诚。

在六西格玛管理中，以顾客（包括内部顾客）为中心是最优先的事情，强调倾听顾客的声音，倾听顾客的需求、期望和偏好，倾听顾客的满意和不满意。六西格玛管理从倾听顾客的声音开始，基于顾客需求选择项目、驱动改进并评价改进成果，即一切以顾客满意和为顾客创造价值为中心。

(3) 组织和员工的学习。六西格玛管理能够有效地推进组织和个人的学习，是构建学习型组织的有效方式。六西格玛管理强调学以致用，将系统的培训体系和六西格玛改进项目结合起来，将个人学习、绩效改进和组织学习有效融合。组织通过六西格玛项目将学习活动和成果植根于组织的业务过程改进。六西格玛项目成果的共享平台进一步促进了六西格玛知识在组织内的传播和渗透。

实施六西格玛管理的组织应建立系统的、面向组织不同层次需求的培训体系，激励员工积极参与六西格玛项目，促进个人职业发展、能力提升和组织业务绩效指标改进。

(4) 基于数据和事实的管理。基于数据和事实的管理是现代管理与传统经验管理的分水岭。

越来越多的组织开始重视信息系统建设和知识管理，但所做的许多经营决策仍然基于感觉和经验。六西格玛管理把基于数据和事实的管理的理念和实践提到一个更高的层次。六西格玛管理建立在数据和信息管理的基础之上，其最大特点之一就是强调一切用数据和事实说话，一开始就界定和测量过程输出的关键绩效指标及其基线值，然后应用统计方法进行数据分析和考察，确定显著影响关键绩效指标的过程因素，并通过改进获得优化的结果。

(5) 无边界合作与突破性过程改进。六西格玛管理提倡通过无边界合作建立跨职能、跨层级乃至跨组织的项目团队，实现突破性过程改进。

六西格玛管理建立在无边界沟通和合作的基础之上，能够构建和营造出一种真正支持团队合作的管理结构和环境。联结这种无边界合作的纽带就是那些有着强烈使命感的黑带。要想获得成功，就必须由黑带率领其团队打破沟通壁垒，通过无边界合作完成六西格玛项目。

六西格玛管理面向业务过程，聚焦于过程的突破性改进。组织向社会提供产品或服务是通过一系列过程实现的，过程存在的波动、非增值作业导致质量下降、成本增加和运营周期延长等，影响顾客的满意。通过六西格玛管理对核心过程和关键支持过程进行设计或改进，可以使过程绩效取得突破性的提升，为顾客和相关方创造价值，建立竞争优势。

(6) 注重结果和价值创造。六西格玛管理注重结果，包括顾客满意度成果、财务成果、人力资源成果、业务过程指标改进成果、供应链绩效改进成果和组织文化与管理变革成果。这些成果反映了组织通过实施六西格玛管理，为顾客、股东、员工、供方和合作伙伴以及社会等利益相关方创造的价值。这些价值应是平衡、和谐、相互促进、良性循环的，体现六西格玛管理对组织整体经营管理成熟度，即组织绩效的贡献。

2. 六西格玛核心理念的融入与组织文化变革

组织文化最核心的部分是其价值观。将六西格玛核心理念融入到组织原有的价值观中，就是一场组织文化的变革。

高层领导具有确立价值观、营造组织文化的职责。当组织推行六西格玛时，高层领导应当将六西格玛的核心理念融入到组织原有的价值观中，变革组织文化和基因密码，使员工的信念、态度和期望与六西格玛管理同步；高层领导要对六西格玛的实施高度负责，并将这种精神渗透到整个组织中去；高层领导要有一种紧迫感，必须意识到要解决那些降低组织的获利和顾客满意度的问题，就要与关键人员一起参与到执行六西格玛的活动中来；高层领导要将新六西格玛方法的领导力原则（见表1—1）付诸实施，不断提升和优化组织六西格玛管理的领导力。

六西格玛卓越的核心理念可以强化组织好的文化，变革不利于组织发展的风气。如六西格玛强调通过运用严谨的科学方法和工具对数据和事实进行分析，为决策提供依据，而不是“拍脑袋”。当六西格玛成为组织一种通用的语言时，将从根本上消除组织会议和决策争论中产生的“对人还是对事”的矛盾。它要求不断地质疑组织的信条和传统的工作方法，勇于尝试，在追求完美的同时容忍失败，能够接受和处理偶然的挫折。

这种文化的变革也是六西格玛管理取得成功所必需的。组织文化是一个组织长期形成、沉淀下来为大家所共识并遵循的做事方式。试想，没有做事方式的改变，哪来经营业绩的持久改进？当你试图改变人们的做事方式时，文化便显示出巨大的阻力。因为当战略与文化冲突时，文化恒胜；当组织文化与变革的精神不相容时，变革的努力将遭到失败。

六西格玛管理主要是关于组织经营业绩的改进，但最终要变革组织的文化。那些成功地实施了六西格玛管理的组织不仅在运行层面（包括过程、管理活动、系统和技术等）推动变革，而且在更深的层次（涉及整个组织意识形态的变化）推动变革。六西格玛给组织带来的不仅是工作过程或经营业绩的改善，更重要的是改变组织各个层面人们的工作方式——怎样确定他们的工作目标，怎样测量他们的工作业绩，他们的工作内容如何构成；如何处理组织内部的关系，怎样处理与顾客、供应商的关系等。这些变革涉及组织中的每个人、每个部门。组织要实施六西格玛管理，就意味着必须改变人们的工作方式，这就是组织面临的挑战：组织文化的变革。

1.3.3 六西格玛管理与企业战略

1. 企业战略的制定和部署

战略是指组织为适应未来环境的变化，追求长期生存和发展而进行的整体谋划和决策。战略是达成愿景、实现使命的手段，反映了组织自身能力同外界环境中所孕育的机会与威胁的一种现实的结合，确定了诸如价格、价值、技术、市场占有率和组织文化等关键成功因素。它使竞争优势达到最大，竞争劣势减到最小。

（1）战略制定。战略制定一般采用 SWOT 分析，SWOT 是优势（strengths）、劣势（weaknesses）、机会（opportunities）、威胁（threats）的首字母缩写，其中优势、劣势分析主要着眼于组织自身的实力及其与竞争对手的比较，而机会与威胁分析注重外部环境的变化及其对组织可能产生的影响。多年的实践证明，SWOT 分析是战略策划中使用最广泛、最持久的分析工具。SWOT 分析不仅要找出公司的核心竞争力，即找到所拥有的资源和能力以及运用它们的独到的妙方，而且要找出由于缺乏资源当前还不能利用的机会，以及对劣势和威胁的改进、规避或遏制方法。总之，要找到内部的优势、劣势与外部的机会、威胁之间的战略匹配。战略制定一般包括以下步骤：

1）评估当前绩效：

a. 用投资收益率、盈利性等评估当前绩效；

b. 评估组织当前的战略态势，包括使命、愿景、战略、方针。

2）评价组织治理。评价组织高层领导（包括董事会和高层管理者）的绩效。

3）分析外部环境。寻找显示出机会（O）和威胁（T）的战略因素。

4）分析内部环境。寻找决定优势（S）与劣势（W）的战略因素。

5）进行 SWOT 战略因素综合分析，形成、确定战略方案和战略目标。

“知己知彼，百战不殆”。组织在开始制定战略之时，要全方位、多方法地收集大量的内外部数据和信息，并通过对数据和信息的分析研究，分析外部环境以发现已存在的或可预见的机会与威胁，分析内部环境以找到促进组织成长的优势和制约发展的劣势。

环境分析就是监测、评价、分析来自外部和内部环境的信息，发现所有可能对组织成败产生强烈影响的关键战略因素，以使组织战略能够充分、周密地考虑内外部的环境变化，确保在环境需求与组织供给、组织需求与环境供给之间具有良好的战略适配，形成竞争优势，避免战略意外，促进和谐发展，获取长期成功。图 1—7 显示了环境分析的主要方面和因素。

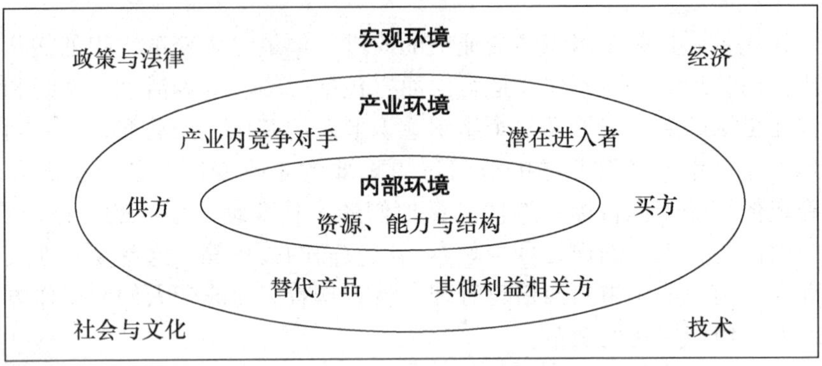

图 1—7　环境分析的主要方面和因素

在环境分析中，情景策划是一种用来设想将来可能会遇到的一系列问题的方法。为了确立将来的趋势和走向，通过情景策划可构造一系列情节和情景，包括好的未来、差的未来和不可预测的状况，使组织像“照镜子”一样，看到从未看到过的自己，从而帮助组织纠正决策过程中过度自信和视野狭窄导致的常见错误，做出应对的行动计划。

在完成了外部和内部两方面的环境分析后，可以使用 SWOT 方法对外部、内部战略因素进行综合归纳，以确定战略目标、形成战略方案。

（2）战略部署。组织的战略目标和战略方案制定后，最重要的就是战略部署，使战略方案具体化，制定在战略规划长短期内各职能战略的详细规划，包括行动计划及关键绩效指标、预算和相关新程序等，沿管理层级、时间区间两个维度展开，并予以资源配置。

《孙子兵法》中提到“上下同欲者胜”。组织要做到“上下同欲”，一是仰仗强有力的组织文化，二是有赖于以关键绩效指标系统为经络的战略部署过程。战略部署过程是一个复杂的系统工程，需要通过科学、系统而有序的方法，将组织的战略目标和战略方案落实到每个层级、每个过程和每个时间段，确保组织上下左右的协调一致、融合互补。

平衡计分卡（balanced scorecard，BSC）是战略部署的典型方法。

1992 年，美国哈佛商学院的罗伯特·卡普兰和复兴方案公司总裁戴维·诺顿在《哈佛商业评论》杂志发表的一篇绩效管理系统的论文中提出了平衡计分卡的概念，认为任何单一的绩效指标都难以反映组织的绩效全貌，必须用一个平衡的指标体系来要求组织才能使之健康地发展。此后，平衡计分卡由绩效考核阶段发展到战略考核和管理阶段。今天，平衡计分卡作为一种战略执行和绩效管理工具，在全世界广泛应用。

如图 1—8 所示，这个平衡的指标体系包括四套指标：财务、顾客、内部过程及学习和成长，源自组织的愿景和战略，力图平衡财务和非财务目标，平衡股东、顾客、员工等利益相关方的价值，平衡短期和长期目标，平衡领先性和滞后性指标，并层层展开，层层制定行动计划，形成各部门、团队和员工个人的平衡计分卡。

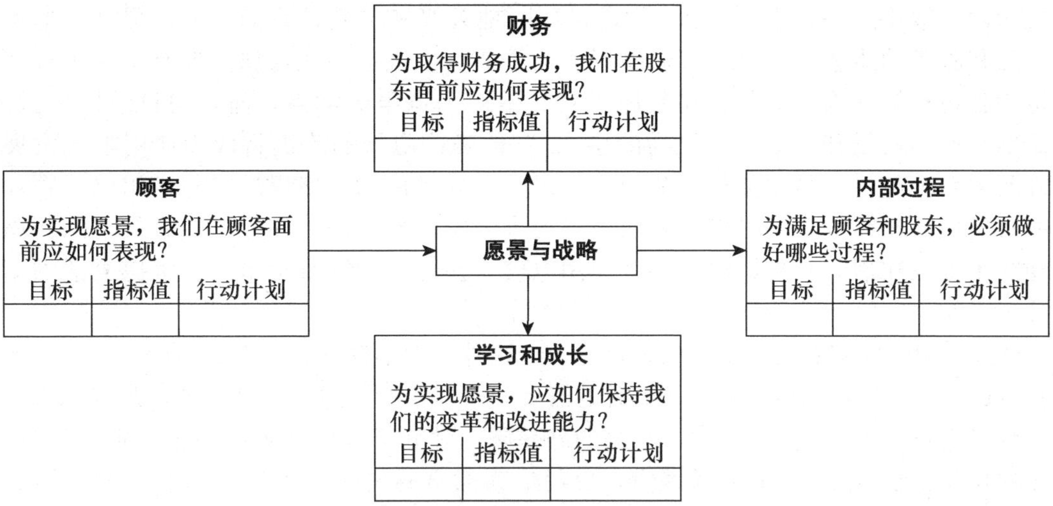

图 1—8　平衡计分卡示意图

其中，“学习和成长”维度指组织和员工两方面的学习与成长，主要涉及培养员工能力、优化组织文化以及改善信息获取环境等，包括人力资源、组织文化、信息和知识、管理体系以及创新与改进等方面的关键绩效指标。

一般地，“学习和成长”维度的指标是战略基础和最领先的指标，驱动着“内部过程”指标；而“内部过程”指标又驱动着“顾客”指标；“顾客”指标驱动着最滞后的“财务”指标。领先性（驱动性）指标体现了组织获得未来成功的竞争力。

平衡计分卡与传统的目标管理相比，更加强调平衡和战略，强调组织各职能的目标和行动要平衡各相关方的利益、平衡长期目标和短期目标、平衡领先性指标和滞后性指标，都要置于组织总体愿景和战略的指导之下。

（3）关键绩效指标测量系统。组织运用平衡计分卡方法进行战略部署的层层分解后，关键绩效指标就已经确定了。建立完善的关键绩效指标测量系统，有利于监测战略的部署，通过六西格玛等方法分析和改进战略绩效，对战略实施情况进行评估和控制。

完整的关键绩效指标测量系统应包括以下 5W1H 要素：

- 为什么测量（why）：是关键的指标，能够反映组织的核心竞争力。
- 测量什么（what）：除了测量指标名称、指标值，还包括指标定义和计算公式，以避免出现歧义、争议。
- 如何测量（how）：即测量方法，包括数据来源（来自现场、信息系统或其他统计渠道）、获取方法（如检验、统计、抽样调查、审核评价等）以及测量规程等。
- 何时测量（when）：即测量时间或频次，如按周、月、季、半年或年测量。
- 在何处测量（where）：即测量点所在地点、部门或过程。
- 谁测量（who）：包括负责数据测量及整合的责任部门或责任人。

2. 六西格玛：作为一种企业战略

在过去的许多年里，六西格玛仅仅被视作一个统计学上的概念或是一种过程改进工具，用来帮助企业改进制造过程，减少产品缺陷。而在通用电气公司，六西格玛已经演变为一种应对动态的竞争环境、提升企业竞争力、取得长期成功的企业战略，成为公司发展的四大战略之一。韦尔奇说："通过不断地升级和更新，我们大大地提高了通用电气产品和服务的质量。但是，我们做得远远不够，也远远不能与那些拥有世界顶级产品质量的公司相提并论。这些公司超越了与其他对手竞争的境界，而是向自己提出挑战，从而推动产品质量到达更新、更高的层次。"他确信质量的改进将成为通用电气发展战略方面的新突破，于是动员整个公司全力以赴，并且使六西格玛战略与通用电气正在实施的其他战略相结合，同时借助六西格玛促进公司的群策群力和无边界合作。六西格玛管理终于像熊熊烈火一样燃烧着整个通用电气，使之成为富有竞争力、敏捷灵活的卓越的公司。

今天，组织面临着前所未有的经营压力，这种压力不仅来自降低成本的需要，也来自经营增长、加速创新和生产力持续提升的需要，来自市场竞争、全球化、信息技术以及经营变革步伐的加快。对组织而言，产品的高品质、对市场的快速反应、缩短周期、供应链运作的高效、建立持久的顾客关系等，已经成为竞争的关键，这不仅是为了组织的成功，更是为了组织的生存。在巨大的压力面前，组织需要不断提高经营绩效，寻找改进经营业绩的机会。六西格玛作为一种突破性企业战略的意义就在于，以其严格的科学方法和对经营绩效的突破性改进模式，将一个组织的所有组成要素紧密地联系起来，集中资源实现底线结果（波动、生产率、周期、成本等）和顶线结果（顾客满意、市场份额、营业收入等），帮助组织实现经营绩效的突破，最终成为组织持久的绩效改进基因，提供一种战略方案、一个有助于追求卓越和走向成功的阶梯。

3. 六西格玛：作为战略绩效改进的方法

六西格玛具有双重战略意义，既是一种企业战略，也是一种战略绩效改进方法。

如果将六西格玛作为一种战略是推行六西格玛管理最有吸引力的选择，那么，将六西格玛作为一种战略绩效改进方法，将六西格玛项目与组织目标密切联系，则是推行六西格玛管理所必需的。

六西格玛项目与组织目标的连接，意味着六西格玛项目来源于组织的关键绩效指标系统，以确保六西格玛能够支持企业战略的实现。通过关键绩效分析、评审，可以识别六西格玛的改进机会，以战略目标和关键绩效指标驱动六西格玛的实施。

关键绩效评审是在战略实施过程中，高层领导掌控公司战略实施和运作状况，寻求改进决策点的重要手段：基于对绩效的分析和预测，评审组织的绩效和应变能力，包括组织的成就、与竞争对手和标杆绩效的比较以及长短期目标的进展，明确组织的竞争地位，确定改进关键业务的优先次序，并识别创新的机会。可以从以下四个方面进行评审：

（1）评审组织绩效的当前水平；

（2）评审组织绩效的趋势；

（3）对比竞争绩效和标杆绩效；

（4）评审绩效结果是否达到关键的绩效要求。

一般地，六西格玛管理应着重解决那些与公司战略相关的重要而复杂的、需要突破性改进的难题，而那些员工身边存在的一般性问题，可以通过 QCC 等方法加以解决。

4. 六西格玛管理战略风险分析

风险的定义是：目前所采取的行动在未来没有达到预期结果（失败）的可能性。其大小可用失败的概率和失败的后果两个变量来标识。

六西格玛管理战略风险分析指对组织推行六西格玛战略的风险的分析。组织可以通过情景策划、SWOT分析，对推行六西格玛战略的内部能力、资源和文化等方面的优势和劣势以及外部环境的机会和威胁进行分析和归纳，并针对所识别的内部劣势、外部威胁等潜在风险，采取各种措施来缓解、规避或监控。

一般地，六西格玛管理战略风险包括：

（1）六西格玛战略与组织其他战略的协调性。六西格玛战略的实施必须与组织其他战略保持良好的协调性，有效地促进组织其他战略的达成。例如在通用电气，六西格玛战略与全球化、服务和电子商务战略密切结合，四大战略齐头并进、相得益彰。

如果六西格玛战略不能很好地与组织其他战略协调，所选择的六西格玛项目不能有效地支持战略目标的达成，就无法通过推行六西格玛管理提升组织的核心竞争力，也很难获得高层领导的整体认同和支持，进而使得六西格玛管理无法持续下去。

（2）六西格玛管理给组织文化带来的挑战。文化是水，战略是舟；水既能载舟，亦能覆舟。六西格玛管理是对业务运作过程的变革，当组织文化与变革的精神不相容时，变革的努力将遭到失败。有些组织忽略了通过六西格玛创建持续改进的质量文化，没有获得高层领导的承诺和全体员工的共识，习惯于原来的做法而不愿意改变，相关部门之间不易协调，仅仅是把六西格玛活动当作一场运动，轰轰烈烈推进一阵子，然后又回到从前的老样子。

（3）六西格玛在管理和技术方面的阻力。在管理方面的阻力包括：

- 缺乏科学合理的项目实施规划。有些组织推行六西格玛，认为只要选派几个人参加六西格玛学习班，拿到六西格玛黑带/绿带证书就可以了。离开六西格玛项目实施，任何组织的六西格玛黑带/绿带证书都是废纸一张。
- 机械地模仿。有些在大公司获得黑带（甚至资深黑带）的人往往以六西格玛专家自居，倾向于把大公司的做法强加给一些中小企业，不考虑企业的具体实际而机械地模仿。任何一种管理模式，其科学性的理论和实践可以学习借鉴，但在具体应用上要从组织自身实际出发，照抄照搬注定是要失败的。
- 错误地认为六西格玛管理仅仅是做项目，没有建立六西格玛组织结构，未能通过有效的培训形成包括六西格玛倡导者、资深黑带、黑带和绿带的关键群体，忽视团队建设，不能有效地传递六西格玛领导力和促进六西格玛在公司的广泛实施。
- 没有建立包括项目选择、立项、跟踪和总结全过程的六西格玛管理程序，以及项目成果发布、分享、认可和奖励制度，激励力量不足；人力、时间、资金等方面的资源配置不当或不足；与现行管理模式冲突，管理系统、方法之间不能协调、整合。这些都将给六西格玛的有效实施带来风险。

在技术方面的阻力主要是缺乏六西格玛管理的专业培训和咨询。有些人错误地认为六西格玛就是统计方法在组织中的应用。统计方法固然非常重要，但是要完成组织中的实际项目往往需要多种分析方法和工具。如果缺乏正确、有效的培训和咨询指导，生搬硬套地应用统计方法，其结果往往是统计方法的误用。

（4）六西格玛管理对组织实际情况的适应性。从原理上讲，六西格玛的管理模式适用于所有类型的组织，但是如果组织的基础管理薄弱，基础数据不完善甚至是空白，那么这样的组织操之过急地推广六西格玛管理可能难以达到预期结果。

1.4 六西格玛管理的组织和推进

1.4.1 六西格玛管理的组织结构

组织实施六西格玛活动的首要关键任务是创建一个致力于流程改进的专家团队，并确定团队内的各种角色及其责任，形成六西格玛组织体系。这是实施六西格玛管理的基本条件和必备资源。以黑带团队为基础的六西格玛组织是实现六西格玛突破性改进的成功保证。图 1—9 为六西格玛管理的组织结构示意图。

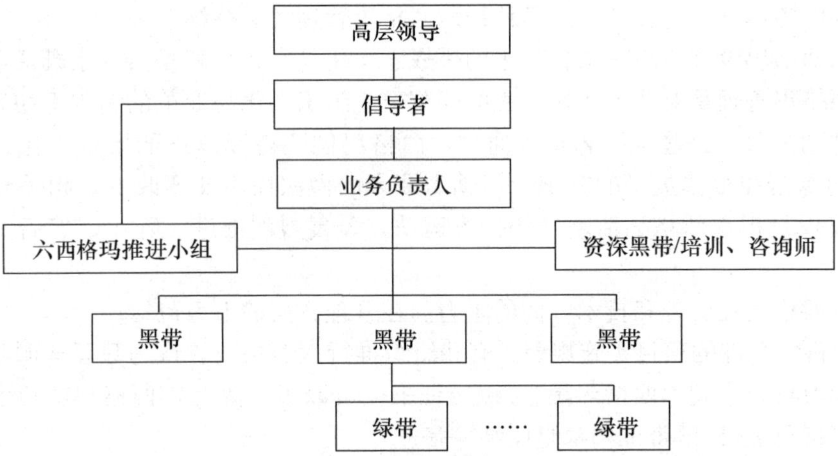

图 1—9　六西格玛管理的组织结构示意图

六西格玛组织由高层领导、倡导者、资深黑带、黑带、绿带等构成。他们的职责与权限如下。

1. 高层领导

高层领导是成功推行六西格玛管理的关键因素。成功推行六西格玛管理并获得丰硕成果的组织都拥有来自高层的高度认同、支持参与和卓越领导。

2. 倡导者

倡导者发起和支持黑带项目，是六西格玛管理的关键角色。倡导者通常是组织推行六西格玛领导小组的成员，或者是中层以上的管理人员，其工作通常是以战略视角对六西格玛管理进行全面的战略部署、项目策划及目标确定、资源分配与过程监控，最终对六西格玛活动整体负责。其核心任务包括：

- 充分认识变革，为六西格玛确定前进方向；
- 确认和支持六西格玛管理全面推行，制定战略性的项目规划；
- 决定该做什么，确定任务的实施优先顺序；
- 合理分配资源，提供必要的支持；
- 消除障碍；
- 检查进度，确保按时、按质完成既定目标；

- 了解六西格玛管理工具和技术的应用；
- 管理及领导资深黑带和黑带。

倡导者在六西格玛组织中起着承上启下的作用，黑带应积极争取倡导者的支持。

3. 资深黑带

资深黑带的职责在不同的组织有不同的规定。例如，在通用电气公司，更多地强调其管理和监督作用；在霍尼韦尔（Honeywell）公司，资深黑带主要起协调作用，负责日程调整、项目领导和指导工具的运用。两者都很有效。

在一些组织中，资深黑带更多的是扮演组织变革的代言人角色，其工作更加具有管理性质，因为他们经常负责在全公司或特定领域、部门开展六西格玛管理工作；他们是六西格玛管理的高参兼专家，是运用六西格玛管理工具的高手。六西格玛资深黑带的主要职责为：

- 担任公司高层领导和倡导者的六西格玛管理高级参谋，具体协调、推进六西格玛管理在全公司或特定领域、部门的开展，持续改进公司的运作绩效。
- 担任培训师，为黑带学员培训六西格玛管理及统计方面的知识。
- 帮助倡导者、管理者选择合适的人员，协助筛选最能获得潜在利润的项目。
- 为参加项目的黑带提供指导和咨询。
- 作为指导者，保证黑带及其团队在正确的轨道上，能够顺利地完成他们的工作。
- 具体指导和协助黑带及其团队在六西格玛项目过程中完成每个步骤的关键任务。
- 在收集数据、进行统计分析、设计试验及与关键管理人员沟通等方面为团队提供意见和帮助。

4. 黑带

黑带是六西格玛管理中最为重要的一个角色，他们专职（或兼职，但专职是最佳选择）从事六西格玛改进项目，是成功完成六西格玛项目的技术骨干，是六西格玛组织的核心力量。他们的努力程度决定着六西格玛管理的成败。黑带的主要任务是：

- 领导。在倡导者及资深黑带的指导下，界定六西格玛项目，带领团队运用六西格玛方法完成项目。
- 策划。决定项目每一个步骤需要完成的任务，包括组织跨职能的工作。
- 培训。为项目团队成员提供新的战略和最有效的工具及技术应用的专门培训。
- 辅导。为组员提供一对一的支持，带领绿带队友快速有效地达到改进的目标。
- 传递。在各种形式的培训、案例研究、工作座谈会和交流活动中，将新的战略和新的工具方法传递给团队的其他成员。
- 发现。在内部或外部（如供应商和顾客等）找出新战略和新工具方法运用的机会，与资深黑带一起确定有价值的项目，解决一些有关资源的问题。
- 确认。通过与其他组织的合作，发现新的商业机会。
- 影响。拥有良好的人际关系和组织技巧，令团队始终保持高昂的士气与稳定的情绪。
- 沟通。项目完成后向最高管理层提供项目报告。

在六西格玛项目中，黑带组织、管理、激励、指导一支特定的六西格玛项目团队开展工作，负责团队运作的启动，管理团队的进展，并最终使项目获得成功。在推行六西格玛管理的组织里，如果没有一些具有实力且不怕辛苦的黑带，六西格玛项目通常不会取得最佳效果。

除掌握有关六西格玛的专业知识外，作为一名黑带还必须拥有以下多项技能：

● 管理和领导能力。黑带必须能够运用权力和职责来指导项目的执行，能够综合运用自己的管理能力和领导才能，并且能够熟练运用项目管理的方法和技巧。

● 决策制定。在六西格玛项目中，黑带可能要做无数次的决策。为制定可靠、及时的决策，黑带必须随时掌握并了解项目的每一个方面，能够平衡成本、时间和效果。

● 沟通。将项目活动内容和结果及时与相关人员（团队成员、上层管理者、项目倡导者和组织的关键利益相关方等）沟通。

● 团队建设和谈判。黑带必须能够与不同的人建立持久的联系，如管理层、顾客、团队成员、项目倡导者及供应商等，这是受到上级认同的特权。一个优秀的黑带必须能够经常与上级领导沟通和谈判，使六西格玛项目获得优先权。

● 项目管理能力。与其他项目管理活动相同，六西格玛项目管理包括目标建立、项目细化、绘制工作流程、任务调度、成本预算、协调团队、组员沟通等活动。黑带必须进行有效的策划，采取高效的行动，平衡项目规划和进度安排，这些是项目成功的关键。

● 关注全局。一个成功的黑带要能够回顾和预见项目任务的所有方面，对项目细节的过分专注，可能会导致失去对项目整体上的判断。

● 人际交往能力。作为项目领导，黑带必须具有一定的人格魅力：诚实、有能力、可信赖、有包容心；与项目倡导者和组织的关键利益相关方建立良好的关系；将具有不同背景的人员组成一个统一的团队。

5. 绿带

绿带是黑带项目团队的成员或较小项目的团队负责人，他们接受六西格玛技术培训的项目与黑带类似，但内容层次略低。一些实施六西格玛的组织，有很大比例的员工都接受过绿带培训，他们的作用是把六西格玛的新概念和工具带到组织的日常活动中去。

在六西格玛管理中，绿带是人数最多，也是最基本的力量。他们的职责是：

● 提供相关过程的专业知识。

● 建立绿带项目团队，并与非团队的同事进行沟通。

● 促进团队观念转变。

● 把时间集中在项目上。

● 执行改进计划以降低成本。

● 与黑带讨论项目的执行情况及今后的项目。

● 保持高昂的士气。

当绿带作为项目团队负责人完成绿带项目时，也应具有黑带在项目团队负责人方面的职责、权限和技能。

6. 业务负责人

除了选择、培养项目负责人——黑带之外，成功的六西格玛项目还需要相关业务部门负责人（过程管理者）的支持和配合，没有他们的协调和帮助，六西格玛很难取得丰硕的成果。业务负责人不需要独立完成项目，他们在六西格玛管理中的职责是：

- 达成对六西格玛的共识。
- 协助选择黑带、绿带。
- 为黑带、绿带提供资源支持。
- 关注黑带、绿带的项目实施过程。
- 协调所管辖范围内的黑带、绿带项目，保持与业务方向的一致性。
- 确保过程改进能够落实，保持改进成果。

此外，组织通常还需要为六西格玛项目配置财务代表，负责从项目潜在收益评估、解决方案成本收益分析到项目成果收益测算的全过程财务评审。

六西格玛团队建设是六西格玛组织工作的关键环节，具体内容详见第3章。

1.4.2 六西格玛管理的推进步骤

如图1—10所示，组织推行六西格玛一般可分为四个阶段，即导入期、加速期、成长期和成熟期，可用4～5年甚至更长的时间完成从导入期到成熟期的全过程。

在六西格玛推进的过程中，每一阶段都会遇到三类阻力：技术阻力（对方法的恐惧、技术力量的不足等）、管理阻力（部门间的沟通壁垒、激励机制和资源缺乏等）和文化阻力（观念上不认同、靠经验和感觉做决策、变革动力缺失等）。当推进的动力难以抵御这三方面阻力的合力时，就会出现如图1—10所示的关键转折点。如果不能有效地增进动力、降低阻力，六西格玛管理就会在某一阶段“夭折”。而如果成功地越过这些转折点，六西格玛就能在组织内部深入、持久地开展下去，为组织创造越来越多的效益，使组织拥有越来越强劲的成功的能力。

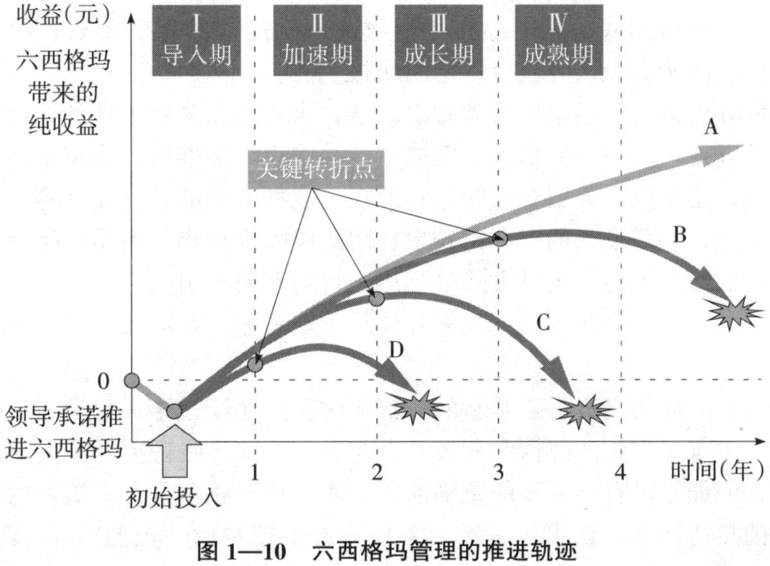

图1—10 六西格玛管理的推进轨迹

资料来源：Dick Smith and Jerry Blakeslee with Richard Koonce，Strategic Six Sigma，Best Practices From The Executive Suite，Wiley，2002.

1. 导入期

导入期又可分为起步、培训与改进实践、坚持不懈和获得成功等步骤。

(1) 起步。当组织决定要实施六西格玛时，会打破看似平静的现状。这时需要：

- 组织高层领导（首席执行官、总裁）支持六西格玛，是六西格玛的信仰者；
- 组织高层中的成员作为六西格玛倡导者制定实施六西格玛的规划和战略目标；
- 组织配备必要的资源；
- 组织确定首批项目和黑带或绿带学员，制定初期投入的财务预算。

(2) 培训与改进实践。六西格玛管理的培训与改进实践是嵌套式的、融为一体的。一般是先培训第一批黑带，再由这些黑带负责培训绿带、黄带。有的企业可以从培养绿带学员和选择绿带项目开始导入六西格玛。相关培训的内容和目的如表 1—3 所示。

表 1—3　六西格玛管理培训

类别	内容	目的
高层领导	六西格玛的理念	了解六西格玛的理念和作用，统一高层的思想
倡导者	六西格玛领导与推进、团队合作、项目选择	熟悉如何选择和确定六西格玛项目，如何推进六西格玛
黑带	系统的六西格玛课程	掌握实施六西格玛项目的方法、工具和技术
绿带	简版的六西格玛课程，包括各阶段常用工具和技术	熟悉实施六西格玛项目的常用方法、工具和技术
黄带	六西格玛的基础知识和简单工具	了解六西格玛的基础知识和简单工具
全体员工	六西格玛普及知识	了解六西格玛的理念和基础知识

(3) 坚持不懈和获得成功。六西格玛培训和项目工作是交叉并行的，在首批黑带培训或绿带培训完成后，也许有的项目已经完成，有些项目正在进行中。在这一时段内，贵在坚持和恒心。只要坚持到底，就能够在年内收获一批成功的果实。只要初期投入不是太大，都能在年内收回所有投入并获得一定的回报。

如果高层领导尚未对六西格玛管理做出承诺，企业难以采用上述的全面导入方式，可以采用局部驱动方式，即在一些部门、区域或产品中小范围推行，为将来的全面展开积累经验、做出示范，用其成果说服企业中的其他人。这种方式的特点是：容易起步，仅需要有限的管理层关注，所需投入的资源比较少，因此风险也较小，但是由于缺乏高层领导的有效支持，成功的概率不高。这种方式只是用于将六西格玛引入企业，只有及时在全公司范围内充分展开，六西格玛管理才能枝繁叶茂、硕果累累，并取得长期的成功。

2. 加速期

第一年导入期的成功之日，正是新的转折之时。虽然经过第一轮项目工作，组织获得了初步的结果，也有了实施的热情和积极的参与者，一些冷眼观望乃至反对的人也开始转变原有的观念，但如果没有下一步的正确部署，六西格玛就会是一个短期的流行并走向失败，一旦人们的热情冷却，就犹如一盘“冷饭”，今后要再次“蒸熟”，难度会更大。在这一转折点上应当引入加速实施过程，使六西格玛从试验性实施向企业的一项长期管理活动过渡。

要实现这一转折，企业应当：

- 制定六西格玛财务预算、核算和审计办法，使财务人员介入六西格玛活动。
- 建立项目成果发布、分享、认可和奖励制度，激励六西格玛团队。

● 加大培训力度，形成六西格玛倡导者、资深黑带、黑带、绿带这一关键群体，以传递六西格玛领导力，促进六西格玛在公司的广泛实施。

● 建立六西格玛管理程序和制度，包括六西格玛组织结构以及项目选择、立项、跟踪和总结的全过程管理程序。

● 加强管理层与带级人员之间、六西格玛项目团队之间、六西格玛项目团队与基层员工之间的沟通，使基层员工越来越多地参与六西格玛项目实施过程。

3. 成长期

一个导入六西格玛管理并成功实施约两年后的组织，仍然会出现六西格玛管理“断流”的趋势。所有实施六西格玛的组织都会遇到这样的困难，其中最重要的一个原因是经营环境总在不断变化，总有新技术、新方法和新政策等出现。为了获得持续发展，需要不断将六西格玛工作拓展到组织的所有方面，包括用六西格玛促进新技术的应用，促进创新和新市场的开发。要成功地在这一点上实现转换，组织必须完善其支持基础：

● 完善六西格玛管理的组织结构，充分展开对六西格玛的管理职能，强化最高管理层对六西格玛管理的系统、定期评审，并使已关闭的项目持续产生效益。

● 拓展六西格玛的实施领域，如加大六西格玛管理方法在非制造领域的应用，用六西格玛设计促进创新和开发工作，将六西格玛管理沿供应链向供应商和顾客延伸，并形成参与组织外部沟通共享的机制。

● 完善六西格玛培训体系，扩大培训范围，加大黑带、绿带占员工总数的比例，并形成结合组织实际的系列培训教材，不断提高自主培训和项目辅导的比例。

● 使六西格玛管理与企业战略策划、部署和经营过程相结合，强化六西格玛与顾客要求和市场拓展趋势的结合。

● 完善基于信息化的基础数据测量、整合和分析系统，开发网络化的六西格玛信息管理平台，支撑六西格玛项目的选项、管理以及网上培训和知识共享。

4. 成熟期

最后一个转折也许是最困难的。将六西格玛融入组织，使其成为人们的一种工作和思维方式，成为组织文化的一个重要组成部分，确实很难用时间表来预计。实际上，前面几个阶段的努力都是在为这个阶段打基础。这个转折的关键是将六西格玛与公司其他管理活动有效地整合，进一步强化经营管理过程，建立完善的绩效改进体系，强化人们观念和行为方式的改变。要实现这一转折，公司应当：

● 确立组织的六西格玛使命、愿景和核心理念，并与组织的使命、愿景和核心价值观高度融合，强化人们观念和行为方式的改变。

● 将六西格玛与组织其他管理战略、管理体系和改进方法相整合，基于供应链建立高度整合的全面质量管理或卓越绩效管理体系，建立高度整合的持续改进、创新和知识分享体系。

● 建立成熟的六西格玛培训管理体系，并融入组织整体的培训管理体系，进行学以致用的有效性评价和持续改进。

● 使六西格玛成为日常工作的一部分。

1.5 六西格玛管理方法论

1.5.1 六西格玛改进的模式——DMAIC

前面讲到，六西格玛自 20 世纪 80 年代诞生于摩托罗拉公司以来，经过近 30 年的发展，现在已经演变成为一套行之有效的解决问题和提高组织绩效的系统的方法论，其具体实施模式为 DMAIC。

DMAIC 代表六西格玛改进活动的五个阶段：

- 界定阶段（define）
- 测量阶段（measure）
- 分析阶段（analyze）
- 改进阶段（improve）
- 控制阶段（control）

在六西格玛项目选定之后，团队成员一起合作，依照这个过程的五个阶段可以有效地实现六西格玛突破性改进。团队的工作从一个问题的陈述到执行解决方案，中间包括许多活动，通过 DMAIC 过程活动，团队成员可最有效地发挥作用，完成项目使命。

DMAIC 是一个逻辑严密的过程循环，它是在总结全面质量管理几十年来的发展及实践经验的基础上产生的，是由项目管理技术、统计分析技术、现代管理方法等综合而成的系统方法。DMAIC 强调以顾客（外部和内部）为关注焦点，并将持续改进与顾客满意以及组织经营目标紧密联系起来；它强调以数据的语言来描述产品或过程绩效，依据数据进行管理，并充分运用定量分析和统计思想；它追求的是打破旧习惯、有真正变化的结果和创新的问题解决方案，以适应持续改进的需要；它强调面向过程，并通过减少过程的变异或缺陷实现降低风险和成本与缩短周期等目的。

1. DMAIC 过程活动

DMAIC 过程共分五个阶段实施，每个阶段的工作内容如下：

- 界定阶段。确认顾客的关键需求并识别需要改进的产品或流程，组成项目团队，制定项目计划，确定要进行测量、分析、改进和控制的关键质量特性（CTQ），将改进项目界定在合理的范围内。
- 测量阶段。通过对现有过程的测量和评估，制定期望达到的目标及绩效衡量标准，识别影响过程输出 y 的输入 x_S，并验证测量系统的有效性，确定过程基线。
- 分析阶段。通过数据分析确定影响输出 y 的关键 x_S，即确定过程的关键影响因素。
- 改进阶段。寻找最优改进方案，优化过程输出 y 并消除或减少关键 x_S 的影响，使过程的缺陷或变异降至最低。
- 控制阶段。对改进成果进行固化，通过修订文件等方法使成功经验制度化，通过有效的监测方法维持过程改进的成果，并寻求进一步提高改进效果的持续改进方法。

2. DMAIC 过程活动的要点及工具

各阶段使用的工具和技术如表 1—4 所示。

表 1—4　　DMAIC 过程活动的要点及工具

阶段	活动要点	常用工具和技术	
D（界定阶段）	明确问题 确定 y（关键质量特性/关键过程特性）	头脑风暴法 亲和图 树图 流程图 SIPOC 图 平衡计分卡	力场图 因果图 顾客的声音 质量功能展开（QFD） 不良质量成本 项目管理
M（测量阶段）	确定基准 测量 y，x_S	排列图 因果图 散布图 流程图 测量系统分析 失效模式与效应分析（FMEA） 过程能力指数	不良质量成本 水平对比法 直方图 趋势图 检查表 抽样计划
A（分析阶段）	确定要因 确定 $y=f(x)$	头脑风暴法 因果图 FMEA 水平对比法 方差分析 浪费分析* 价值流图* 流程程序分析*	试验设计 抽样计划 假设检验 多变异分析 回归分析 作业时间分析* 价值工程* 全面生产维护*
I（改进阶段）	消除要因 优化 $y=f(x)$	试验设计 响应曲面法 调优运算（EVOP） 目视管理* 5S 管理* 定置管理* “5W1H”提问技术和“ECRS”原则*	FMEA 测量系统分析 过程改进 看板* 快速换型* 设备布局改进* 约束理论（TOC）*
C（控制阶段）	保持成果 更新 $y=f(x)$	控制图 统计过程控制 防差错措施* 过程能力指数	标准化作业及标准操作程序（SOP）* 过程文件控制

* 融入六西格玛改进各阶段的精益工具。

1.5.2　六西格玛设计的模式

DMAIC 流程对产品的质量优化而言仍具有局限性。众所周知，产品的质量、成本和周期都是由设计决定的。实践表明，至少 80%的产品质量是在早期设计阶段决定的，所以没有六西格玛设计，仅采用 DMAIC 流程来提高产品质量，其成效是有限的。若想真正实现六西格玛的质量水准，就必须考虑六西格玛管理战略实施的另一种途径——六西格玛设计（DFSS），DFSS 是一种实现无缺陷的产品和过程设计的方法。它基于并行工程和 DFX (design for x) 的思想，面向组织系统或产品的全生命周期，采用系统的解决问题的方法，把关键顾客需求融入到产品、过程设计中，从而确保产品的开发速度和质量，降低产品生命周期成本，为组织解决产品和过程设计问题提供有效的方法。

与六西格玛改进中的DMAIC流程一样，DFSS也有自己的流程，但目前还没有统一的模式。迄今，研究者提出的DFSS流程有多种，如DMADV流程，即界定、测量、分析、设计和验证；DMADOV流程，在DMADV流程的基础上增加了优化环节；IDDOV流程，即识别、界定、开发、优化和验证；还有DCCDI流程，即界定、识别顾客需求、概念设计、产品和过程设计、实现；DMEDI流程，即界定、测量、调查、开发和实现。此外还有其他的六西格玛设计流程，如DMCDOV，DOCV，DMADIC，RCI等，虽然这些流程的表述不同，但内容大同小异，这里就不逐一介绍了。

下面我们重点以DMADOV流程为例简单介绍六西格玛设计，表1—5给出了DMADOV各阶段的活动要点、常用的六西格玛设计相关工具和技术。

表1—5　　DMADOV过程活动的要点及工具

阶段	活动要点	常用工具和技术 （不含与产品/过程设计相关的专业技术）	
D（界定阶段）	界定设计的产品或过程	顾客需求分析 市场调查 问题/目标陈述 亲和图 KANO分析 质量功能展开（QFD）	系统FMEA 设计FMEA 水平对比（benchmarking） 项目管理 可行性分析
M（测量阶段）	识别和确定与产品/过程设计相关的基准和测量项	关系矩阵 树图 排列图 因果图 散布图 流程图 测量系统分析 FMEA	过程能力分析 不良质量成本 水平对比 直方图 趋势图 检查表 抽样计划 价值流图
A（分析阶段）	确定影响产品/关键过程特性的因素和影响关系	头脑风暴法 因果图 FMEA 水平对比法 方差分析 试验设计	抽样计划 假设检验 多变异分析 回归分析 流程分析 其他工业工程分析技术
D（设计阶段）	设计新的产品/过程	TRIZ 公理化设计 反向工程	模拟技术 创造性思维工具 其他设计技术
O（优化阶段）	优化设计参数	试验设计 响应曲面模型 稳健性设计技术	田口方法 其他优化技术

续前表

阶段	活动要点	常用工具和技术 (不含与产品/过程设计相关的专业技术)	
V(验证阶段)	验证产品/过程设计方案的有效性	模拟技术 过程能力分析	假设检验 试验验证

在业界广泛应用的还有由美国质量管理专家乔杜里(Subir Chowdhury)提出的IDDOV流程，即识别(identify)、界定(define)、开发(develop)、优化(optimize)和验证(verify)。

(1)识别。DFSS在识别阶段的主要任务是收集和确定待开发产品的顾客需求，并论证即将开展的DFSS项目的可行性。DFSS的特点之一在于产品设计之初就充分考虑顾客的需求，聆听顾客的声音，利用一些评价工具对顾客需求进行识别和优先级排序，以保证设计出的产品满足顾客的需要。在此基础上系统地考虑外部环境、市场和企业内部满足该项目开发所需的资源等，如市场上竞争对手的产品状况，企业的工艺水平、人员情况、开发费用等，以确定项目的可行性。这一阶段对整个DFSS项目是非常重要的，所谓“差之毫厘，谬以千里”，若此阶段不能充分了解和分析顾客的需求，客观评价项目的可行性，将给项目带来致命的打击。此阶段的成果一般包括顾客的需求分析报告、项目的成本分析及可行性报告、产品的功能要求等资料。

(2)界定。界定阶段是DFSS实施的核心过程，此阶段的任务是进一步细化展开“顾客的声音”(voice of the custom，VOC)，利用一些模糊信息处理技术将海量的、具有模糊性和不确定性甚至矛盾的VOC转化为准确的VOC，再通过质量功能展开将VOC逐层展开为设计要求、工艺要求、生产要求，并提炼出顾客的关键需求，准确地识别、量化顾客需求和期望，针对这些需求和期望进行产品设计，最后生成产品的设计方案和工艺要求说明书。

(3)开发。在DFSS的开发阶段，所做的工作是对新产品进行详细的局部设计，在前期工作给定的解决方案框架以及关键质量特性(critical to quality，CTQ)和关键过程特性(critical to process，CTP)尺度之内进行新产品的设计，即可以把设计过程看作满足一定功能约束与设计约束的优化过程。本阶段结束后应完成样品的设计，并为采购、生产和售后服务提供一定的参考标准供后阶段讨论，如原材料和产品的验收准则，规定安全和正常使用所必需的产品特性以及初步的售后质保体系等。

(4)优化。此阶段是对产品和过程设计参数的优化，目标是在质量、成本和交付时间允许的基础上达到企业利益的最大化。首先，设计应该是稳健的，在DFSS中强调预防和稳健性。其次，设计应尽量消除产品或服务失效的潜在可能，通过失效模式与效应分析(failure mode and effects analysis，FMEA)分析潜在的失效模式和功能变异性，从而在设计阶段就尽量减少产品和过程失效的可能。此阶段结束后应有详细的产品生产流程图，对生产的各环节有相应的生产要求标准，还要有完善的售后质保体系。

(5)验证。DFSS验证阶段的任务是对产品设计是否满足顾客要求、是否达到期望的质量水平予以确认。通过试生产等手段营造一个仿真的生产环境，测试设计的能力、稳健性和可靠性。最后提交设计的验证报告和DFSS项目的总报告。

以上是DFSS实施阶段的简要介绍，需要说明的是，虽然DFSS有固定的流程可以遵循，但在实施的过程中不可拘泥于流程或工具的运用，而要从DFSS的本质上去把握其精髓，根据产品和流程的差异有选择地应用DFSS中的工具。此外，在产品设计的过程中还必须考虑并行的产品和过程设计，利用并行工程的思想并行设计产品和过程，每个阶段的工作都要充分考虑其后续阶段，在相邻的阶段之间需要有一定的交叉。有关DFSS的支撑工具将在第9章详细阐述。

1.6 精益六西格玛

精益生产（lean production）源于日本丰田汽车公司所创造的丰田生产方式，是继单件小批量和福特大批量流水线生产方式之后诞生的生产方式。它的基本理念是在产品设计、制造、销售以及零部件库存等各个环节消除一切不必要的浪费。它提出的准时化生产（just in time）和自働化（jidoka）等思想改变了日本企业的经营方式，极大地促进了日本制造业的飞速发展，被称为“改变世界的机器”。

1.6.1 精益生产的起源及发展

精益生产起源于日本丰田汽车公司的丰田生产方式。第二次世界大战后，日本重新开始发展汽车工业。战后的日本经济萧条，缺少资金和外汇，怎样建立日本的汽车工业？是照搬美国的大量生产方式，还是按照日本的国情另谋出路？丰田选择了后者，以大野耐一为代表的丰田人进行了一系列的探索和实验，根据日本的国情，经过30多年的努力，终于形成了完整的丰田生产方式，并使日本的汽车工业赶上并超过了美国。

为揭开日本汽车工业成功之谜，1985年美国麻省理工学院确立了一个名为“国际汽车计划”的研究项目，组织53名专家、学者，历时5年对14个国家的近90个汽车制造厂进行考察，并对西方的大量生产方式与日本的丰田生产方式进行对比分析，最后作为研究结果，于1990年出版了《改变世界的机器》一书，第一次把丰田生产方式称为lean production，即精益生产方式。“lean”的原意是“瘦”，因为与大量生产方式相比，该生产方式的一切投入都大为减少。“精益生产”概念的出现，在世界范围内掀起了一股研究先进制造模式的浪潮。

20世纪90年代，美国进行了一系列针对精益生产的研究和实践，其中包括美国军方1993年出台的美国国防制造企业战略、精益航空计划（Lean Aerospace Initiative）等政府指令性活动。除了汽车行业，有更多的美国企业，如波音、洛克希德-马丁、普惠等投入到实施精益生产的实践中来。在这个过程中，日本人提供了基本的思考方法，用出色的实践证明了精益生产的强大生命力。实际应用和研究表明，精益思想反映了在现代竞争条件下企业对多品种、小批量、高质量、快交货、低成本要求下制造管理模式的先进理念。尽管它源于日本，但实际上反映的是几十年来人们对现代制造业所面临的新环境所作的管理变革。精益生产在世界范围内的广泛应用，证明了精益思想的普遍意义，并升华为新一代的生产哲理。1990年，由詹姆斯·沃麦克、丹尼尔·琼斯、丹尼尔·鲁斯合著的《改变世界的机器》首次介绍了精益生产方式的产生和发展，预示精益生产方式将对世界政治和经济局势产生深远的影响。1996年，詹姆斯·沃麦克和丹尼尔·琼斯所著的《精益思想》进一步系统介绍了精益思维方式。

今天，精益思想跨出了它的诞生地——制造业，作为一种普遍的管理哲理在各个行业传播和应用，先后出现了精益建筑（lean construction）、精益服务（lean services）、精益物流（lean logistics）、精益医疗（lean healthcare）、精益编程（lean programming）和精益政府（lean government）等概念，精益思想的应用取得了飞跃式的发展。

近年来，我国有越来越多的企业正在实施或准备实施精益生产。由于我国企业面临消耗严重、资源短缺的现状，精益思想日益得到社会的认可和接受。严格来讲，精益生产与六西格玛管理都是旨在实现持续改进的活动，都强调顾客满意和系统集成。六西格玛的出发点是减少变异，精益生产的核心是消除一切不必要的浪费，消除变异的过程本身也消除浪费。两者目标的一致性、工具的互补性、管理模式上的相互借鉴和补充使得精益和六西格玛的结合成为必然。

1.6.2 精益生产的核心理念

1. *以消除浪费为核心思想*

精益生产和浪费（muda）直接对立。浪费包括很多类型，如闲置的库存、不必要的工序、不必要的运输、超过需求的生产、人员的不必要动作、各种等待等，所有这些日常生产中很少为人们所注意但却大量存在的活动（在很多制造流程中甚至超过了90%），不仅不能为企业创造价值，反而增加了成本，都是精益生产反对和致力消除的。从企业获取订单到生产过程，再到最后的销售，消除浪费的思想贯穿始终。

沃麦克和琼斯把企业内部的浪费分为两种：(1) 生产中不创造价值，但在现有技术与生产条件下不可避免的作业内容，称为Ⅰ型muda，如必要的在线检验、物料运输等。(2) 不创造价值且可以立即去掉的作业内容，称为Ⅱ型muda，如不必要的等待、多余的动作、不必要的审批等。精益生产审查生产特定产品的所有活动，首先努力消除Ⅱ型muda，降低成本，然后使产品在整个流程中流动起来。通过连续流动，进一步消灭Ⅰ型muda，优化流程。流动越快，所暴露出的浪费会越多，越有利于精简流程和降低成本。

2. *暴露问题，解决问题*

精益生产是一个企业实现业务流程持续改进的过程，与六西格玛实现持续改进类似，这个过程也需要发现企业流程中存在的问题。在发现问题方面，精益思想特别强调暴露问题，找到引起该问题的根本原因，才能彻底地解决问题。如在很多企业里，过多的库存量非常普遍，究其原因，可能是由于供应商供货不及时或时间不确定、机器需要较长时间的换模或换线、某台设备机器经常出故障等。为了保证整个生产表面上的顺畅，企业不得不增加库存以备不测，即使采用统计分析或经济批量模型求得最佳的批量从而控制库存，也只是治标而不是治本。从精益思想的角度看，库存不仅占用资金和消耗库存管理成本，更重要的是，库存掩盖了一些问题，使这些问题成为企业的顽疾。因此，精益生产要求尽量减少库存，暴露出这些问题，然后调动团队，确定改进项目，找到根本原因，解决问题，实现持续改进。

1.6.3 精益思想的五项基本原则

沃麦克和琼斯在《精益思想》中，从丰田开创的精益生产方式中总结出五项基本原则，成为所有踏上精益道路的组织不厌其烦地理解和实行的基本原则。这些原则是：

1. 正确地确定价值

（1）精益生产中经常使用“价值”的概念，这里的价值是从顾客的角度定义的，所谓有价值的活动是能为顾客增加效用、顾客承认它的必要性并愿意为其付款的活动。正确地确定价值就是以顾客的观点来确定企业从设计到生产到交付的全部过程，实现顾客需求的最大满足。

（2）以顾客的观点确定价值还要求将生产全过程的多余消耗减至最少，不将额外的花销转嫁给顾客。

（3）精益价值观将生产方、顾客和供应商的利益统一起来，而不是过去那种对立的观点。

（4）利用以顾客为中心的价值观来审视企业的产品设计、制造过程、服务项目，会发现有太多的浪费，从不满足顾客需求到过度的功能和多余的非增值消耗。当然，消灭这些浪费的直接受益者既是顾客也是生产方。

2. 识别价值流（value stream mapping）

价值流是指从原材料转变为成品并给它赋予价值的全部活动。这些活动包括：从概念设计到产品设计、工艺设计，再到投产的技术过程，从订单处理、计划，到送货的信息过程，从原材料到产品的物质转换过程，以及产品全生命周期的支持和服务过程。识别价值流的含义是在价值流中找到哪些是真正增值的活动，哪些是可以立即去掉的不增值的活动。精益思想将所有业务过程中消耗了资源而不增值的活动叫做浪费。识别价值流就是发现浪费和消灭浪费。识别价值流的方法是价值流图分析（value stream map analysis）——首先以产品族为单位画出当前的价值流图，再从顾客的观点分析每一个活动的必要性。价值流图分析成为实施精益思想最重要的工具。

价值流并不是从自己组织的内部开始的，多数价值流向前延伸到供应商，向后延伸到向顾客交付的活动。应按照最终用户的观点全面地考察价值流，寻求全过程的整体最佳。

3. 流动（flow）

如果正确地确定价值是精益思想的基本观点，识别价值流是精益思想的准备和入门活动的话，“流动”（flow）和“拉动”（pull）则是精益思想实现价值的中坚。精益思想要求创造价值的各个活动（步骤）流动起来，强调的是不间断地流动。价值流本身的含义就是“动”的，但是根深蒂固的传统观念和做法，如部门的分工（部门间交接和转移时的等待）、大批量生产（机床旁边等待的在制品）等阻断了本应动起来的价值流。精益将所有的停滞视为企业的浪费，号召“所有人都必须和部门化的、批量生产的思想做斗争”，用持续改进、准时化生产（JIT）、单件流（one-piece flow）等方法在任何批量生产条件下实现价值流的连续流动。

当然，使价值流流动起来，必须具备必要的环境条件。这些条件是：

- 由于过失、废品和返工都会造成过程的中断、回流，因此，实现连续的流动要求每个过程和每个产品都是正确的。

● 环境、设备的完好性是流动的保证。3P（production，preparation，process）、5S、全面生产维护（total productive maintenance，TPM）都是价值流动的前提条件。

● 系统地进行流程设计和能力规划，避免瓶颈造成的阻塞。

4. 拉动（pull）

“拉动”就是按顾客的需求投入和产出，使顾客精确地在他们需要的时间得到需要的东西。实行拉动以后，用户或制造的下游就像在超市货架上取到他们所需要的东西一样得到产品，而不是把用户不太想要的产品强行推给他们。拉动原则由于将生产和需求直接对应，消除了过早、过量的投入，因此减少了大量的库存和现场在制品，大幅压缩了提前期。拉动原则更深远的意义在于，企业具备了用户一旦需要，就能立即进行设计、计划和制造出用户真正需要的产品的能力，最后抛开预测，直接按用户的实际需要进行生产。

实现拉动的方法是实行 JIT 生产和顺畅生产。当然，实现 JIT 和顺畅生产最好采用单元布置，对原有的制造流程进行改造。应用实践表明，流动和拉动一般可以使产品开发时间减少 50%、订货周期缩短 75%、生产周期缩短 90%。

5. 尽善尽美（perfection）

奇迹的出现是上述四个原则相互作用的结果。改进的结果必然是价值流动速度显著加快。这就要求不断用价值流图分析方法找出更隐蔽的浪费，做进一步的改进。这样的良性循环成为趋于尽善尽美的过程。沃麦克反复阐述了精益生产的目标：“通过尽善尽美的价值创造过程（包括设计、制造和对产品或服务整个生命周期的支持）为用户提供尽善尽美的价值。”

尽善尽美是难以达到的，但对尽善尽美的持续追求，将造就一个永远充满活力、不断进步的企业。

1.6.4 精益生产的技术体系概述

企业追求精益实质上就是一个持续改进的过程，而且是一个长期的过程、一场没有终点的比赛。改善过程需要综合应用现场管理、设施布置与优化、人因工程、作业研究、质量控制与保证、流程管理与控制、现代制造技术等一系列方法与工具，因此，精益生产是一个包含多种制造技术和管理技术的综合技术体系。实际上，精益生产就是工业工程技术在企业中的具体应用。图 1—11 显示了精益生产的体系构造，同时表明了该体系的目标以及实现目标的各种技术、手段和方法及其相互间的关系。

要实现“消除浪费，增加利润”这一基本目标，就必须彻底杜绝过量生产以及由此产生的在制品过量和人员过剩等各种直接浪费和间接浪费。如果生产系统具有足够的柔性，能够适应市场需求的不断变化，在必要的时刻生产必要数量的必要产品或零部件，这种生产系统就能够从经济性和适应性两个方面来保证公司整体利润的不断提高。此外，这种生产系统具有一种内在的动态自我完善机制，即在 JIT 的激发下，通过不断地缩小加工批量和减少在制品储备，使生产系统中的问题不断暴露出来，使生产系统本身得到不断的完善，从而保证精益生产的顺利进行。

1.6.5 精益生产与六西格玛的融合

精益生产与六西格玛虽然起源不同，解决问题的方法也有一定的差异，但在核心理念

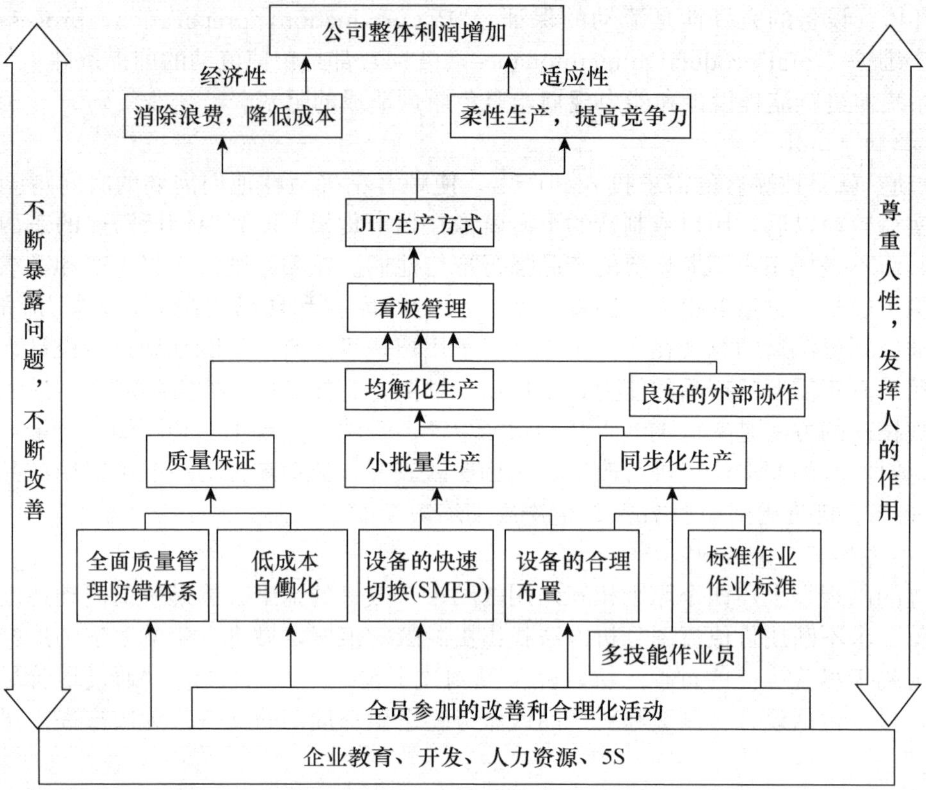

图 1—11　精益生产体系

上两者都强调基于顾客满意的持续改进。表 1—6 给出了两种方法的比较。

表 1—6　　六西格玛管理与精益生产的比较

名称	精益生产	六西格玛管理
假定	● 消除浪费可以改善绩效 ● 大量的小改进更有利于组织成长	● 问题总是存在的 ● 测量是重要的 ● 随着变异减少，系统产出得到改进
文化基础	东方以人为本的文化和管理思想	西方的制度、工具化的文化和管理思想
直接目标	● 消除一切浪费，降低成本 ● 缩短流程周期，增强响应能力 ● 多品种小批量生产，增加柔性	● 消除变异，优化流程 ● 提高质量，增加价值
关注焦点	价值流	问题
工具方法	5S 管理、准时生产、快速换模、防错、看板、并行工程、视觉控制、自働化、平顺化、TPM、约束理论、Kaizen（持续改进）、DFM/A（面向可制造性/可装配性设计）、价值工程和标准化作业等	分层法、散布图、排列图、因果图、关联图、系统图、亲和图、矩阵图、矩阵数据分析法、过程决策程序图、SIPOC 图、QFD、FMEA、DOE、SPC、水平对比、测量系统分析、方差分析、响应曲面方法和平衡计分卡等

续前表

名称	精益生产	六西格玛管理
实施步骤	● 精确地确定价值 ● 识别价值流 ● 流动 ● 拉动 ● 尽善尽美	● 界定 ● 测量 ● 分析 ● 改进 ● 控制
共同点	● 关注顾客满意、顾客驱动 ● 关注财务成果 ● 注重持续的系统整体改进 ● 重视改变思想观念和行为方式（注：精益要求把“部门”和“成批排队”思想转换成“团队”和“连续流动”概念） ● 全员参与，团队相互合作与协调 ● 管理层的大力支持与参与 ● 注重人、系统和技术集成	
特点	● 工具软性，但很有效 ● 注重柔性、灵活性、迅速机动 ● 强调节流	● 工具精良，功能强大 ● 注重系统性、规范化 ● 强调开源与节流
实施方式	自下而上推动	自上而下推动
主要效果	● 减少一切浪费（库存等） ● 优化流程，缩短交货期 ● 提高生产率 ● 降低成本，改善资本投入	● 减少变异，统一产出 ● 消除缺陷，改进质量 ● 增加顾客价值，提高利润 ● 顾客满意与忠诚
优势	● 持续的全面创新和变革 ● 强调连续流动和拉动 ● 与相关利益主体的全面合作关系 ● 整体优化，追求尽善尽美 ● 见效快	● 应用大量统计工具，精确界定问题 ● 彻底改进和设计流程 ● 追求完美和精益求精（持续改进）
不足	● 过多依赖经验管理，缺乏定量分析 ● 对波动处理不力，难以“精益” ● 疏于人员培训和系统方法整合 ● 急功近利，出现“非精益化”反弹	● 流程增值性分析着力不够 ● 过于强调量化和统计工具
精益六西格玛的优势	通过持续快速改进，消除浪费与缺陷，低成本地快速满足顾客需求，获得竞争优势	

通过对六西格玛管理与精益生产的优势与不足的分析，可以看出，二者具有很强的互补性。六西格玛管理是解决问题的方法论，有一个非常好的解决问题的框架。它以数据分析为基础，旨在通过消除过程变异、持续改进获得近乎完美的质量，进而实现顾客完全满意和忠诚。六西格玛关注质量和价值，其核心目的是增加价值、满足顾客。精益生产是一种消除浪费、优化流程、准时生产的方法，它可把任何地方作为改善起点，其最终目的是用尽善尽美的流程为顾客创造尽善尽美的价值。精益生产关注成本和速度，其核心是降低成本、提高效率。如果能够把精益生产和六西格玛方法进行整合，就可以同时获得二者的优势，摒弃它们的不足。

精益六西格玛是精益生产与六西格玛管理的有机融合。作为一种先进的管理模式，精益六西格玛不仅能通过六西格玛管理大幅提升产品质量、增加顾客价值，同时能通过精益生产减少资本投入、提高效率和市场响应能力。实际上，目前许多组织在推进六西格玛的过程中已经将精益生产的一些思想和工具应用于六西格玛项目，不管名称是六西格玛还是精益六西格玛，精益和六西格玛的结合是六西格玛管理应用于系统的业务流程改进的必然。组织需要将精益和六西格玛结合以完成的项目很多，如

- 减少原材料和零部件采购成本；
- 减少备品备件采购成本；
- 缩短新产品开发周期；
- 缩短产品线换型时间；
- 减少在制品占用；
- 提高设备利用率；
- 改善设备布局；
- 改善生产系统的物流。

另外，需要指出，许多服务业组织在推进六西格玛的过程中，也特别注意引入精益的思想和方法。不难看出，与六西格玛一样，精益的思想在服务业也是大有作为的。

为了实现六西格玛与精益生产的有机融合，本书将精益工具融入六西格玛改进的DMAIC各个阶段，有助于读者在DMAIC技术路线下，根据项目的需要，集成采用精益六西格玛工具解决问题。

组织在生存和发展过程中会遇到各种各样的问题，为了解决发生在不同层次、影响程度和难度各异的问题，应由各层次员工参与，有针对性地应用适宜的方法进行持续改进，如合理化建议、QC小组活动、业务流程再造、精益生产和六西格玛管理等。因此，组织应当建立集成化的持续改进和创新框架，精益生产、六西格玛管理或者融合的精益六西格玛管理，都应当被整合到其持续改进的系统框架中，成为组织持续改进框架中最重要的方法论。

本章小结

本章从质量概念的演进和质量管理的发展开始，让读者了解六西格玛管理的起源和发展，理解六西格玛的概念和作用，理解六西格玛管理与精益生产的整合，掌握六西格玛管理的实施方法，包括六西格玛管理的领导、文化和战略，六西格玛管理的组织和推进，以及六西格玛改进和设计模式。六西格玛管理以其严谨的科学方法和对经营绩效的突破性改进模式，帮助组织获得和保持持续的竞争优势。它提供了一种战略方案，一个有助于追求卓越和走向成功的阶梯。

推荐阅读

1. ［美］约瑟夫·M·朱兰，布兰顿·戈弗雷主编，焦叔斌等译．朱兰质量手册（第五版）．北京：中国人民大学出版社，2003

2. ［瑞典］谢尔·麦格纳森等著，刘伟等译．六西格玛：卓越经营之道（第二版）．北京：中国标准出版社，2004

3. [美] 詹姆斯·沃麦克，丹尼尔·琼斯等著，沈希瑾等译. 改变世界的机器. 北京：商务印书馆，1999

4. [美] 詹姆斯·沃麦克，丹尼尔·琼斯著，沈希瑾等译. 精益思想. 北京：机械工业出版社，2011

5. 杨跃进等编著. 六西格玛管理：成功导入的“路线图”. 北京：中国计量出版社，2003

6. 全国六西格玛管理推进工作委员会等编著. 六西格玛管理评价准则. 北京：中国标准出版社，2007

第2章

六西格玛与过程管理

2.1 过程管理基础

过程是现代管理最基本的概念之一，过程管理也是现代管理最基本的方式之一。从组织的使命、愿景、价值观，到战略目标和战略规划，都要通过过程管理来落实；所有的改进和创新也都是通过过程改进实施的。现代管理重在结果和创造价值，但结果和价值都是通过过程取得的，因此它必须面向过程。对于一个追求卓越的组织而言，过程是因，结果是有因之果，应当通过卓越的过程取得卓越的结果。

六西格玛的核心理念之一就是无边界合作与突破性过程改进，面向业务过程，聚焦于过程的突破性改进，减少或消除过程变异。六西格玛管理不应该是一系列相互割裂的项目组合，任何改进的努力都要与企业发展战略、顾客和其他利益相关方的需求相结合。而战略的实施和顾客及其他相关方需求的满足都要通过过程来落实。因此，六西格玛管理应当基于组织的业务过程和业务系统，聚焦于过程和系统的整体改进。

2.1.1 过程的定义

1. 过程的定义

在 ISO 9000:2000《质量管理体系：基础和术语》中，将过程定义为：一组将输入转化为输出的相互关联或相互作用的活动。

在过程示意图（图 2—1）中：

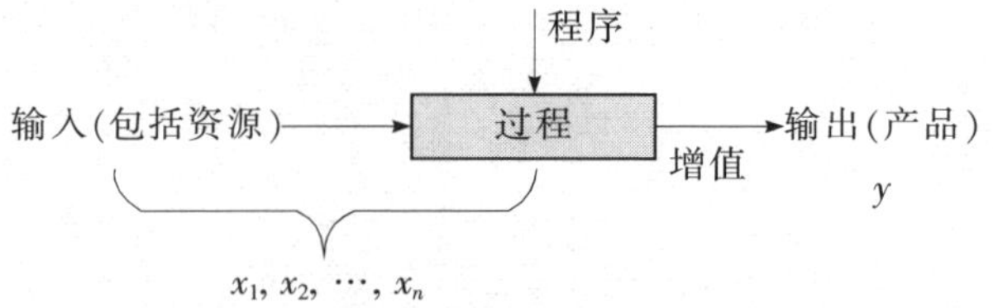

图 2—1 过程示意图

● 过程的任务在于将输入转化为输出，而输出就是过程的产品（包括服务），输入、输出以及过程特性应是可测量的。输入和预期的输出可以是有形的（如设备、材料和元器件），也可以是无形的（如能量或信息）。输出也可能是非预期的，如废料或污染。

● 对形成的产品是否合格不易或不能经济地进行验证的过程，通常称为“特殊过程”。

● 增值是对过程的期望，即每一个过程均应该是增值的过程，否则应进行改进或删除。

● 为了使过程增值，组织应当对过程进行策划，即识别过程及其要求，进行过程设计并形成程序，建立过程绩效测量和过程控制方法。过程程序的实施能够使组织稳定受控地获得增值，但为了使过程具有更强的增值能力，组织还应当对过程进行持续改进和创新。

● 将输入转化为输出的动因是活动，而且是一组相互关联或相互作用的活动。

● 过程具有伸展性：一个过程可以分解成若干更小的子过程；若干小过程可集成为一个较大的过程。

● 根据所含活动的多少、大小，过程可以是一个大过程（如产品实现过程），也可以是一个小过程（如某个冲裁生产过程）。

过程输入可以是人力、设备设施和材料，或者是决策和信息等。输入包括可控因素，也包括噪声因素，即那些被认为不可控制、不期望控制或控制费用昂贵的因素。实用而简单的过程概念模型是：y 是 x 的函数，即

$$y=f(x_1, x_2, \cdots, x_n)$$

式中，y 代表结果变量；x 代表输入变量或过程变量。x 是自变量，是独立因素；y 是因变量，是非独立因素。上式表达的信息是，通过选取不同的 x 值，能够改进过程输出 y 的值。其中，关键过程输入变量和关键过程输出变量分别称为 KPIV（key process input variable）和 KPOV（key process output variable）。

2. 过程链和过程网络

过程链是指组织内或组织间一个个首尾串接的由过程构成的链条，过程网络则是由多个过程串接、并接而构成的网络，如图 2—2 所示。

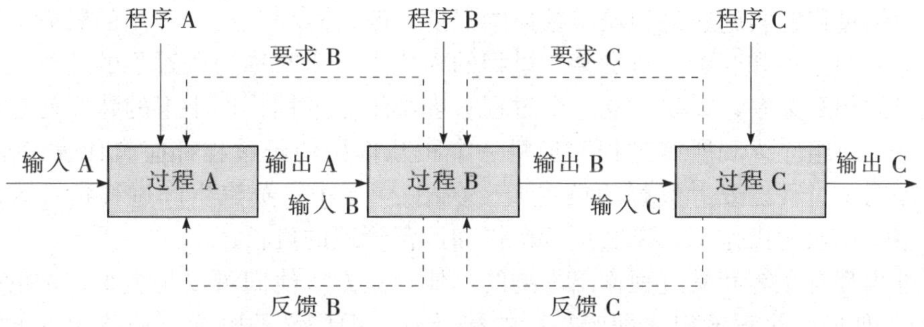

图 2—2 过程链示意图

● 前过程的输出就是后续过程的输入，由此过程之间首尾串接形成过程链，也称为流程。过程之间是相互关联、相互作用的。

● 前过程应当主动识别和确定后续过程的要求。

● 后续过程应当向前过程提出要求，并向前反馈过程输入质量等相关信息，前过程据此进行过程设计、控制和改进。

● 如果过程链反映的是组织之间的大过程链接，该过程链就是链接供应商（过程 A）、组织（过程 B）和顾客（过程 C）的供应链，如图 2—3 所示。

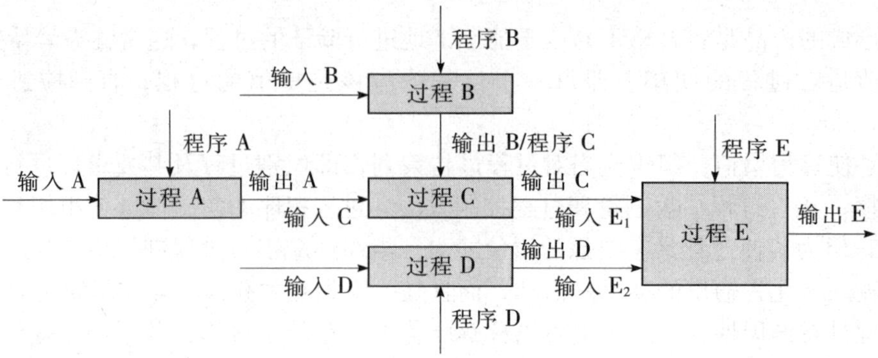

图 2—3　过程网络示意图

● 事实上，过程之间的链接既包括串联链接，也包括并联链接（若两个过程同时进行，则其输出均为后一过程的输入）。

● 一个过程会有多个输入，同时也会产生多个输出。

● 过程的混联链接很常见。例如图 2—3 的过程 B 是一个过程策划的过程（如工艺设计过程），其输出就成为过程 C 的程序（如工艺规程或作业指导书），而过程 C 和 D 是并联的，其输出同时是过程 E 的输入。

● 过程网络构成所谓的“系统”或“体系”。通过建立和理解过程及其相互作用形成的网络，把过程作为一个系统进行管理，通常称为管理的系统方法。系统有大小之分，例如一个班组、车间的系统，一个公司的系统，跨公司的系统。

● 系统是过程的集成，系统的目标通过过程的实施完成。

● 在过程网络中起主导作用的过程称为关键过程。

2.1.2　过程负责人和相关方

为了确保过程的实施、过程输出结果的保持，改进过程及过程之间的联系，管理层应当规定每个人的作用和职责。负责某一过程的人或团队通常称为该过程的负责人。为了管理过程之间的相互关系，需要建立一个过程管理小组。过程管理小组的建立对过程改进很有帮助，这个小组应纵观所有过程，且每一个相互作用的子过程都应有代表参加。此时，该小组就是这个过程链或者流程的负责人。在图 2—4 中，蒸汽生产过程负责人就包括负责加热、燃烧作业的操作工，以及负责操作和运营管理的班长、车间主任。

每个过程都有顾客和受过程输出影响的其他相关方（他们可以是组织内部的，也可以是外部的），他们是过程输出（即产品）的接受者，即广义的顾客。利益相关方指组织的行动和成功所影响的所有群体，关键的利益相关方通常包括顾客、股东、供应商及合作伙伴、员工以及社区等。在图 2—4 中，蒸汽生产过程的利益相关方包括预期产品过热蒸汽、热水的蒸汽用户，非预期产品烟尘、废气、废渣和热量的影响者社区（环境），过程信息输出（报表、记录）和过程绩效（产值、成本、效率）的影响者股东及受股东委托管理公司的管理层，过程安全健康的影响者员工，还包括过程输入的外部供应商水厂、煤矿和内部供应商空压站、计划部、技术部、财务部、人力资源部等。

分析利益相关方对过程的改进是非常重要的，有关项目利益相关方分析的详细内容见第 4 章。

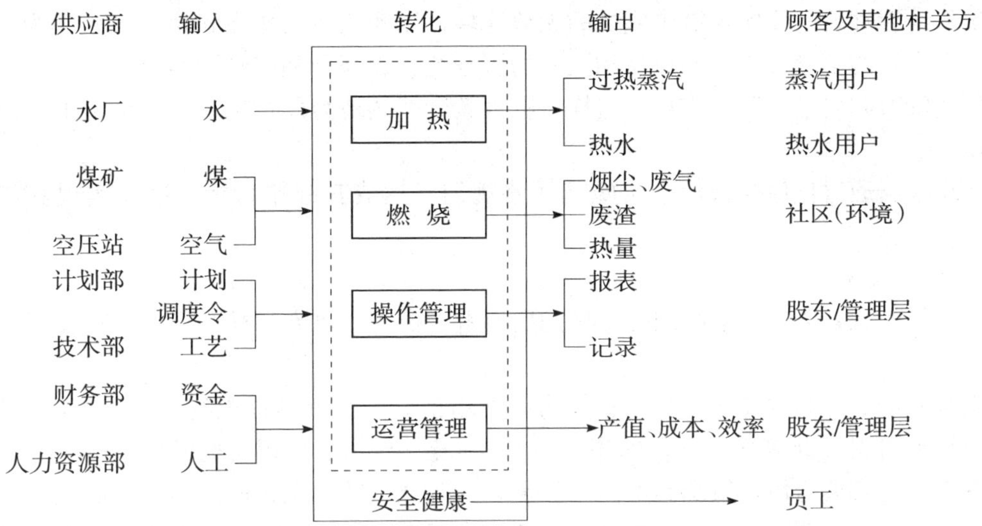

图 2—4　过程要素分析

2.1.3　价值链与过程类别

1. 价值链

组织的生存和发展依赖于顾客，而顾客希望从购买的产品或服务中获得某种价值，所以组织必须提供能够吸引和保持顾客的价值。

那么，价值是如何提供给顾客的呢？是通过将原材料和其他要素转变为顾客在特定时间、特定地点，以特定方式需要的产品或服务来实现的。这些将原材料和其他要素转变为顾客需要的价值以及顾客愿意为此付钱的过程看似简单，却包括了一大串由许多不同参与者（供方、员工、顾客）参与的过程，也就是前面所述的过程链、过程网络。从增值的角度看，其中具有增值作用的过程链（网络）构成了价值链。广而言之，价值链就是在产品实现全过程（对于制造业来说，就是从原材料加工到产成品并送达最终顾客）中，由所有增值步骤组成的有组织、有内在联系的一系列活动。完整的价值链包括从供方的供方到顾客的顾客的所有部分。

迈克尔·波特在 1985 年出版的《竞争优势：创造和保持卓越绩效》中提出了价值链的概念，把公司（组织）描述成“设计、营销、配送和支持产品等一系列活动的集合体”。他想让经理理解为顾客创造价值的组织活动的序列，并强调经理必须理解他们的组织是怎样适应行业的整个价值创造活动的。价值链概念的三个特性最终把“核心过程”转变为企业管理人士关注的焦点：

● 价值链增强了业务活动内部的关键联系，也增大了组织成功的可能性。不同的职能部门在组织的基本目标中起着不同的作用：向顾客传递某种独特的价值，价值链的任何一个链条中断或弱化（不同职能部门之间的不协调，不增值的活动）都会影响价值传递过程。

● 价值链确定了职能部门的贡献率。当每个职能部门都贡献价值时，其中一些起主导作用，另一些起次要作用。核心过程的贡献率比较显著。

● 价值链被细化到公司的操作单位层面。

价值链管理就是要实现链中成员的无缝连接，以团队的工作方式增值，表现为：快速反应、更准确的信息、更快的速度和更好的服务等，以满足和超越顾客的需求和期望，为顾客创造价值并促进顾客的成功。这样，顾客就会持续地为此付出，为价值链上的成员创造财富。

组织应当通过价值链管理来实施其战略规划，达成其战略目标，进而实现其使命和愿景。

2. 过程类别

组织在为顾客创造价值的同时，也为所有者、员工、供方和社会等其他利益相关方创造价值。

组织的增值分为两类：一类是直接为顾客增值，即为顾客提供有价值的产品或服务；另一类是为组织自身增值，即不断增强自己应对竞争环境、取得长期成功的核心竞争力。

基于上述两类增值，组织的增值过程也分为两类，即为顾客增值的产品实现过程和为组织自身增值的经营过程。这些增值过程就构成了组织的价值链，其中增值最大、最显著的称为“核心过程”，也称为“关键价值创造过程”，典型的如研发设计、采购供应、生产制造、销售服务，以及技术研究、市场品牌管理等过程。

在组织的过程链、过程网络中，除了上述直接创造价值的过程外，还有一类过程虽然不直接创造价值，但却对价值创造过程的实施和组织日常运作起支持、保证作用，我们称之为“支持过程”。其中非常重要和关键的称为“关键支持过程”，典型的如人力资源、财务、基础设施、信息技术管理等过程。

六西格玛管理聚焦于过程改进，特别是核心过程的改进，也包括对关键支持过程的改进。

2.1.4 过程与职能、项目的关系

1. 过程与职能的关系

组织结构是组织中正式确定的使工作任务得以分解、组合和协调的框架体系。最典型、传统的组织结构是职能型结构，即将相似或相关职业的员工组合在一起，形成职能部门。其优点是分工明确，有利于专业化和知识共享，并减少资源的重复配置，节约成本。其缺点是专业化的发展使得各部门容易过分强调本部门的重要性和利益，追求职能目标而忽视整体目标，部门之间相互隔离导致看不到整体利益，形成“隧道视野”，难以横向协调和沟通。

图 2—5 是职能制组织结构图与流程图的组合，阴影部分为一个业务流程图。业务流程、过程是横向的，就像一条横向流淌的河，而职能部门、职能犹如纵向的大坝，部门之间由于业务目标的差异导致了沟通壁垒，这种沟通壁垒又大大影响了流程运行的效率和效果。

传统的职能制组织结构已不能适应动态和复杂的环境，现代组织的领导者试图寻找创造性的办法来构建和安排组织的工作，建立过程导向的组织结构，打破部门之间的封锁。六西格玛项目是靠跨职能团队完成的，六西格玛团队要从整体流程出发，以顾客需求和企业战略为导向，解决影响流程顺利执行的关键环节中的问题，优化整体流程，实现持续改进。

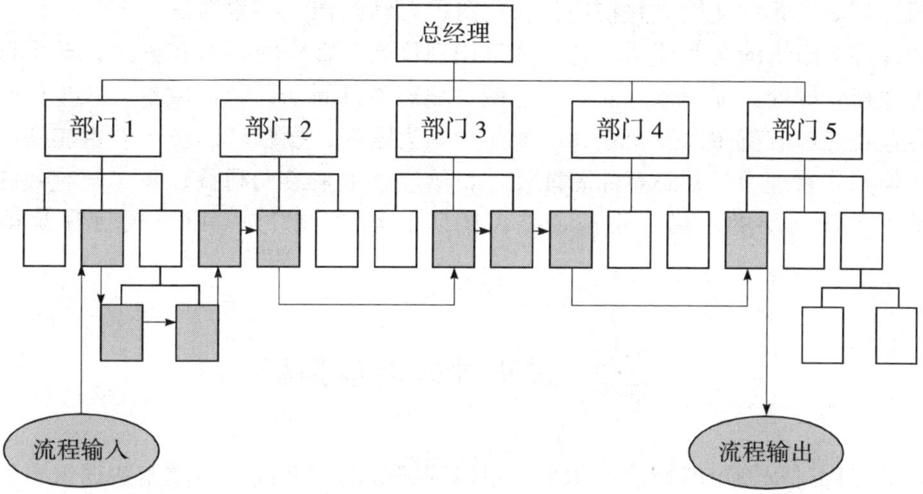

图 2—5　组织结构图与流程图的组合

2. 过程与项目的关系

职能制组织结构的缺点并不是新发现，早在 20 世纪 20 年代，通用汽车公司就建立了部门间关系委员会来减少生产线与其他部门之间以及公司分支机构内部不同职能部门之间的摩擦。通过流程再造、结构重建等措施，试图打破组织内部沟通的障碍的例子在现代工商业史上不胜枚举，直到今天仍在继续。

当组织开始理解过程和职能之间的差异，并跨越不同职能部门的界限来描述过程时，实现部门间真正合作的关键要素就出现了。越来越多的组织开始导入基于团队的结构、矩阵制结构、无边界组织和学习型组织等现代组织结构模式，建立了越来越多的与业务流程方向一致的跨职能团队，以打破不同部门之间的沟通壁垒，提高过程的效率、效果和敏捷性。

今天，业务流程改进早已超越自发的、非正式的组织形式，采取了有组织的逐个项目改进的方式。建立六西格玛、QCC、技术攻关等跨职能的项目团队，通过项目管理来实施业务流程改进是一条有效的路径。

项目是指"由一组有起止时间的、相互协调的受控活动组成的独特过程，该过程要达到符合包括时间、成本和资源的约束条件在内的规定要求的目标"（ISO 9000）。单个项目可作为一个较大项目的组成部分，其结果可以是一种或几种产品。项目基于过程和 PDCA 循环，是通过一组经过策划和相互配合的过程（包括启动、规划、实施、监控和收尾等五大过程）来实现的，但项目与一般的过程不同，是一种有时间限定的、临时性的独特过程，项目团队也是临时性组织，在项目生命周期内存在。

美国项目管理协会（PMI）在《项目管理知识体系指南》中指出：项目管理就是把各种知识、技能、手段和技术应用于项目之中，以达到项目的要求。项目管理是通过应用和综合诸如启动、规划、实施、监控和收尾等项目管理过程来进行的。项目经理是负责实现项目目标的个人。

在项目管理过程中，应建立有关时间、成本和范围等的过程和产品质量指标，即项目管理关键绩效测量指标，以监测、控制和评审项目管理过程与结果；应建立包括项目章程、项目计划等一系列文档，并在项目收尾阶段总结归档，积累知识。

国内外许多组织的实践证明，有效地采用现代项目管理的技术和方法，至少可以在以下几个方面得到好处：促进顾客满意和忠诚，缩短项目周期，降低成本，减少风险，提高员工的专业技能和成就感以及企业的应变能力，为顾客、投资者、员工、供应商和社会创造价值。但是，管理项目并不意味着能使项目给经营带来最大利益，要实施有效的项目管理，有赖于企业高层的承诺和授权、项目团队的素质和努力，以及项目利益相关方的协同。

2.2 过程绩效度量指标

过程绩效即过程输出的绩效，用来度量过程绩效的数据包括离散型数据（也称计数值数据或属性值数据）和连续型数据（也称计量值数据）。

2.2.1 离散型数据度量指标

六西格玛管理中常用的过程绩效离散型数据度量指标有单位缺陷数、机会缺陷率和百万机会缺陷数等计点值指标，以及过程最终合格率、一次合格率、流通合格率等计件值指标。

这里，先介绍以下基本概念：

- 单位（unit）：过程加工的单位个体，或传递给顾客的一个产品及一次服务。
- 缺陷（defect）：产品（或服务）没有满足顾客的要求或规格标准。
- 缺陷机会：单位产品上可能出现缺陷的位置或机会（缺陷机会与缺陷的度量应保持一致）。一般在确定缺陷机会数时分三步：列出可能出现的缺陷类型的清单；判定哪一种缺陷是顾客特别关心的、真实发生的；用其他标准来复核缺陷机会的数目。

（1）单位缺陷数（defects per unit，DPU）。单位产品的平均缺陷个数。它由以下公式计算：

$$DPU=\frac{\text{检测发现的缺陷数}}{\text{抽取的单位产品数}}$$

例 2—1

抽取 100 块电路板，检查出 5 个缺陷，则

$$DPU=\frac{5}{100}=0.05$$

（2）机会缺陷率（defects per opportunity，DPO）。每次机会中出现缺陷的比率，表示样本中缺陷数占全部机会数的比例。它由以下公式计算：

$$DPO=\frac{\text{缺陷数}}{\text{产品数}\times\text{单位产品的平均缺陷机会数}}$$

例 2—2

假定这100块电路板中，每一块电路板都有100个缺陷机会，若在制造这100块电路板时共发现21个缺陷，则

$$DPO=\frac{21}{100\times100}=0.002\,1=0.21\%$$

(3) 百万机会缺陷数（defects per million opportunity，DPMO）。DPMO常以百万机会的缺陷数表示，即

$$DPMO=DPO\times10^6$$

例 2—3

上例中，0.002 1的 *DPO* 即为2 100的 *DPMO*。

例 2—4

某物料清单（BOM）可能会发生四种错误，即四个机会，它们是：有多余项目、缺少项目、项目选错、参数写错，则

$$DPMO=\frac{\text{总的缺陷数}}{\text{抽取的单位产品数}\times4}\times10^6$$

假如在1 376张BOM上发现41个缺陷，则

$$DPMO=\frac{41}{1\,376\times4}\times10^6=7\,449$$

即每百万个机会中有7 449个缺陷。

(4) 过程最终合格率（process final yield，PFY）。过程最终合格率通常是指通过检验的最终合格单位数占过程全部投产单位数的比率。但是，这种质量评价方法不能计算该过程的输出在通过最终检验前发生的返工、返修的损失。这里我们把返工等叫做"隐蔽工厂"（hidden factory）。隐蔽工厂不仅出现在制造过程中，同时也出现在服务过程中。

(5) 一次合格率（first time yield，FTY）。第一次就把事情做对，由没有经返工、返修便通过检验的过程输出单位数而计算出的合格率。

(6) 流通合格率（rolled throughput yield，RTY）。对于一个串行生产过程，假定各过程彼此独立，则其流通合格率为每个子过程的 *FTY* 的乘积，表明由这些子过程串联构成的大过程的一次合格率。

$$RTY=FTY_1\times FTY_2\times\cdots\times FTY_n$$

式中，FTY_i 是各子过程的一次合格率；n 是子过程的个数。

例 2—5

某产品的生产过程有三道工序：首先是下料，一次合格率为 95.5%；其次是车削，一次合格率为 97%；第三是钻孔，一次合格率为 94.4%。请计算该过程的流通合格率。

$$RTY = FTY_1 \times FTY_2 \times \cdots \times FTY_n = FTY_1 \times FTY_2 \times FTY_3$$
$$= 95.5\% \times 97\% \times 94.4\% = 87.4\%$$

计算流通合格率是一种能够找出隐蔽工厂的地点和数量的方法。

最终合格率与流通合格率的区别是，流通合格率充分考虑了过程中子过程的存在，即隐蔽工厂的因素。若过程有 n 个子过程，而子过程的合格率分别为 y_1，y_2，…，y_n，则 $RTY = y_1 y_2 \cdots y_n = \prod_{i=1}^{n} y_i$，这样就充分考虑了过程中各子过程的因素，能比较客观地反映过程运作的实际情况。而最终合格率没有考虑过程的返修，因而掩盖了隐蔽工厂，从而掩盖了质量问题。但是在实际生产过程中，不少企业计算的合格率是最终合格率，并没有统计流通合格率，这是需要改进的地方。

在图 2—6 的左边，我们发现通过每一个子过程的单位数自 1 000 逐渐递减至 920，754，633，519，直至 493 单位。当把 1 000 单位投入第一个子过程时，只有 920 单位一次合格。在图的右边，我们可以看到另外 80 单位的去向：40 单位成为废品，40 单位需要返工并重新回到生产循环。在第一个子过程中，共 920 单位一次合格而直接进入第二个子过程，其一次合格率为 82%，得到 754 个一次合格的在制品。如此继续运作，直到完成所有五个子过程，得到 493 个全过程均不需返工的合格品，其 RTY 为 49.3%。

图 2—6 的右边则说明如何计算 PFY。经过第一个子过程，原 1 000 个投入单位减少为 960，因为其中 40 单位成为废品无法返工。可返工的 40 单位合格后（为简化起见，我们假定所有返工的产品都能通过检验），投入第二个子过程继续加工，这样第一子过程的 PFY 为 96%。类推至第五个子过程，过程的最终合格率降为 70.9%。

本例中，两种方法计算的合格率分别为 70.9%与 49.3%，企业的会计制度通常不能显示返工损失，返工部分往往被一般企业所忽略，因此称为隐蔽工厂。

这里需要指出的是，在实际生产过程中，还存在子过程的并联。如果要计算一个混联过程的流通合格率，则需要先计算并联过程的一次合格率，然后视其为一个子过程的 FTY，采用上述方法计算过程总的 RTY。并联过程一次合格率的计算包括：

- 如果是组成产品的 n 个零部件的并联生产过程，且各零部件的生产相互独立，则并联过程的一次合格率是各个零件一次合格率的乘积。
- 如果是相同产品在不同生产线上的并联生产过程，则并联过程的一次合格率为各并联子过程的一次合格率按产量加权算术平均，或直接用总的一次合格品数除以总的投产数。

2.2.2 连续型数据度量指标

六西格玛管理中常用的过程绩效连续型数据度量指标有过程输出（产品）关键特性的过程能力指数（C_p，C_{pk}）、过程绩效指数（P_p，P_{pk}）（参见第 5 章）。

例 2—6

某生产过程投产 1 000 单位产品，包含五个子过程，每个子过程都有独立的合格率 y_i （$i=1, 2, \cdots, 5$），分别计算 *PFY* 和 *RTY*（见图 2—6）。

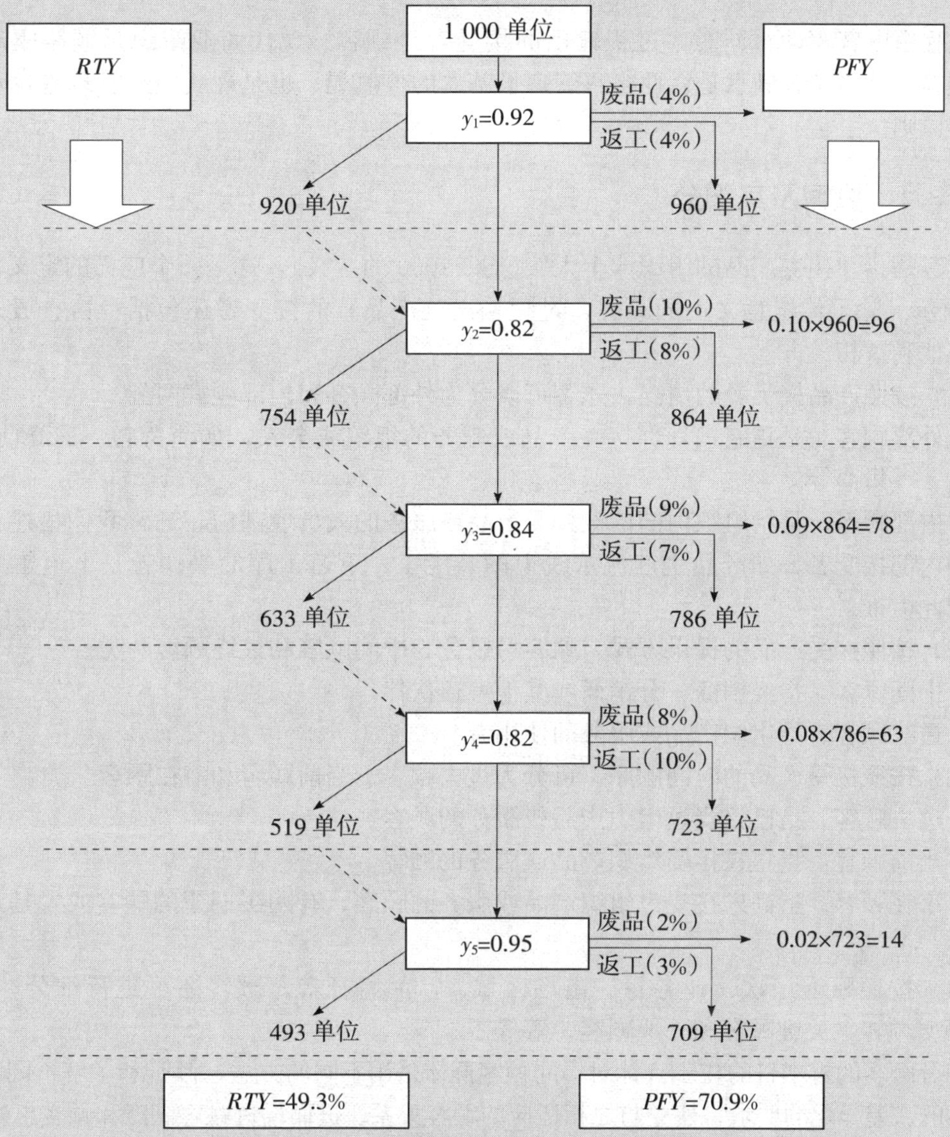

图 2—6　流通合格率（RTY）计算实例

RTY 也可以这样计算：

$$RTY = y_1 y_2 y_3 y_4 y_5$$
$$= 0.92 \times 0.82 \times 0.84 \times 0.82 \times 0.95 = 0.493 = 49.3\%$$

无论是离散型数据还是连续型数据，都可以采用 DPMO 与西格玛水平来度量过程绩效（参见第 5 章）。

2.3 顾客驱动与顾客满意

过程由顾客驱动，同时，过程输出的接受者是顾客。现代商业组织是顾客驱动的组织，顾客驱动与顾客满意是六西格玛管理最基本的价值观，也是现代组织管理理论和实践的基本原则。

2.3.1 顾客及其细分

顾客是指“接受产品的组织或个人”（ISO 9000 的定义），这是一个广义的定义，如图 2—4 所示。除了传统意义上的顾客，过程输出（产品）的接受者还包括社区、股东、员工等其他利益相关方。

（1）按照产品接受者的情况，顾客可以分为外部顾客和内部顾客两类。

● 外部顾客。是指组织外部接受产品或服务的组织或个人，如消费者、最终使用者、委托人、零售商等。

● 内部顾客。是指组织内部依次接受产品或服务的人员或部门，通常我们描述为过程输出的内部接受者，如产品生产流水线上的装配工，下道工序的操作者是上道工序的顾客，依此类推。

（2）按照接受产品的提供方式，顾客可以分为中间顾客和最终顾客两类。

● 中间顾客。指经销商、分销商或其他渠道伙伴。

● 最终顾客。指组织产品或服务的使用者。

（3）按照接受产品的时间顺序，可分为过去顾客、当前顾客和潜在顾客三类。

● 过去顾客。指已接受过组织产品或服务的顾客。

● 当前顾客。指正在接受组织产品或服务的顾客。

● 潜在顾客。指尚未接受过组织产品或服务的顾客，有购买期望的顾客或者是竞争者的顾客。

（4）按照顾客层次、业务量、市场区域、产品特征等，顾客还可进行细分，如大、中、小型顾客，关键顾客和一般顾客，等等。

细分顾客的根本目的在于：针对不同顾客群体采用不同的方法，倾听和了解不同顾客群的具体的、差异化的要求，建立与之相适应的顾客关系，进而增进顾客满意和顾客忠诚。

2.3.2 倾听顾客的声音

在六西格玛管理中，以顾客（包括内部顾客）为中心是最优先的事情，强调倾听顾客的声音，包括顾客的需求、期望和偏好，顾客的满意和不满意等。倾听顾客的声音包括收集和综合各类顾客数据，例如调查数据、重点顾客小组调查结果、网络评论、保修数据、投诉数据以及影响顾客购买和契合的顾客数据等。六西格玛管理从倾听顾客的声音开始，基于顾客需求选择项目、驱动改进并评价改进成果，即一切以顾客满意和为顾客创造价值为中心。

顾客要求是指顾客“明示的、通常隐含的或必须履行的需求和期望”(ISO 9000 的定义),是一种特定的要求,由明示的或者是不言而喻的惯例及一般做法所考虑的顾客需求或期望组成,其潜在的动态变化的特点使得顾客要求越来越复杂且多变。

企业应建立一套系统的、动态的顾客需求信息收集、整理和分析体系,定期与关键顾客访谈,进行潜在顾客需求分析,运用质量功能展开等工具对顾客的关键要求进行多层次演绎分析,将其转化为产品的技术特性、设计要求等。数据采集过程涉及竞争对手的顾客、失去的顾客及其他潜在顾客,并通过建立预测模型预测顾客的未来需求。

企业应当通过内部顾客链向外部顾客提供适用的产品和服务,同时对关键质量特性进行有效的控制以确保顾客需求得到满足,并基于不同顾客群的差异化需求和期望,建立差异化的顾客关系,及时有效地解决顾客不满或抱怨,采取系统性的改进措施防止类似问题发生,进而赢得顾客满意和忠诚。

2.3.3 顾客满意与顾客忠诚

1. 顾客满意

顾客满意是指“顾客对其要求已被满足的程度的感受”(ISO 9000 的定义)。顾客抱怨是一种满足程度低的最常见的表达方式,但顾客不抱怨并不一定表明顾客很满意。即使达到顾客规定的要求,也不一定确保顾客很满意。

顾客满意的程度取决于顾客的价值观和期望值(认知质量)与所接受的产品或服务状况的比较。顾客的价值观决定了顾客的期望值,而组织提供的产品或服务(过程的输出)形成顾客的感知的效果(感知质量),两者的符合程度决定了顾客是否满意。

由于顾客满意是顾客将一个产品(或一项服务)的感知的效果(感知质量)与他的期望(认知质量)比较后所形成的感觉状态,因此,满意水平是感知的效果和期望值之间差异的函数。顾客可以经历三种不同感觉状态中的一种。如果感知的效果低于期望,期望得不到满足,则顾客不满意;如果感知的效果与期望相匹配,期望得到满足,顾客就满意;如果感知的效果超过期望,顾客就会惊喜,直至产生忠诚(如图 2—7 所示)。

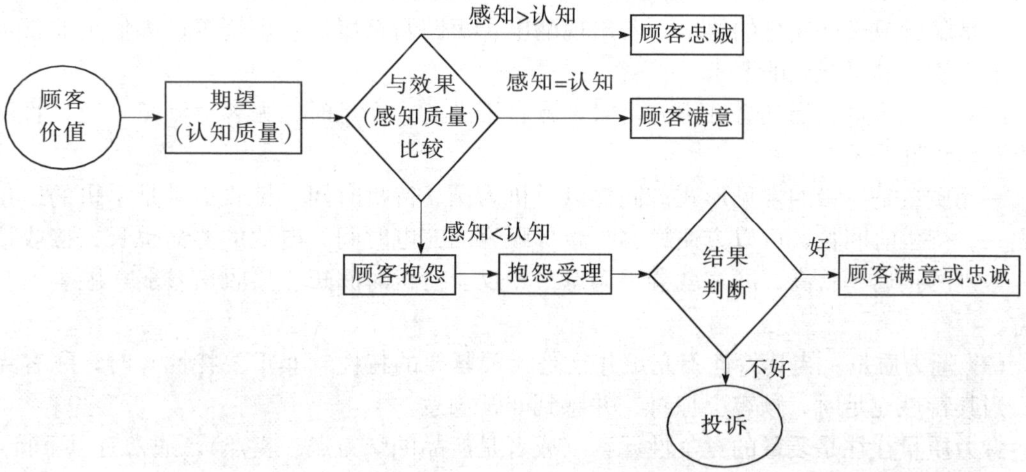

图 2—7 顾客满意示意图

一般来说，顾客的要求是变化的，反映产品的质量特性也会随着变化，企业不仅要考虑顾客当前的要求，还应考虑顾客未来的要求，以适应顾客不断变化的要求。顾客的要求必须包括明示的、通常隐含的或必须履行的三个方面。由于顾客根据感受来理解产品或服务质量，所以很难提出准确的、量化的需求指标，这就需要组织主动了解顾客的期望，确定其真正的需求，从而定义自己的产品或服务质量。

2. 卡诺（Kano）质量模型

日本质量专家狩野纪昭依照顾客的感受及满足顾客要求的程度把质量分成三种：基本质量、一元质量和魅力质量，如图 2—8 所示。

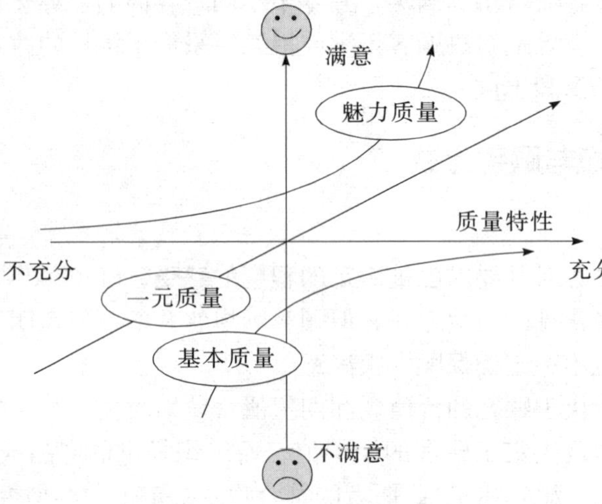

图 2—8　卡诺质量模型

（1）基本质量。当其特性不充足（不满足顾客要求）时，顾客很不满意；当其特性充足（满足顾客要求）时，顾客认为是应该的，充其量也就是不抱怨。

基本质量是基线质量要求。以手机为例，若手机不能通话，顾客肯定会很不满意，因为通话是手机最基本的质量，否则就不能称之为手机。同样，安全也是手机最基本的质量，这是隐含或必须履行的要求，若出现漏电、短路乃至爆炸、燃烧等，人们会非常不满意，因为安全是最起码的要求。

（2）一元质量。当其特性不充足时，顾客不满意；充足时，顾客就满意。充足程度与满意度呈线性关系。

一元质量是质量的常见形式。同样以手机为例，待机时间、接收信号是手机的质量特性之一。待机时间长，可以方便顾客，减少顾客的充电时间，电池的寿命也长；接收信号强，手机的接通率就高，顾客就会很满意。相反，待机时间短、接收信号弱，顾客就会不满意。

（3）魅力质量。当其特性不充足并且是无关紧要的特性（非重要特性）时，顾客无所谓。当其特性充足时，顾客会惊奇，并感到非常满意。

魅力质量往往是质量的竞争性元素（或者是产品的魅力点、卖点），通常有以下特点：

- 具有全新的功能；
- 性能极大提高；

● 引进新机制、服务新政策等，顾客忠诚度得到极大提高；
● 具有非常新颖的风格。

手机在有较强通话、照相等功能的同时，还具有二维码扫描、智能共享等功能。假如没有这些功能，无关紧要，顾客无所谓，但有了这些功能，就能为顾客提供一些意想不到的方便。一机多能，顾客就会喜欢，感到十分满意。因此，魅力质量是产品或服务具有竞争力（卖点）的保证。

但是，三种质量会相互转化，当魅力质量失去其特点和竞争性时，就开始变为一元质量，甚至最后会变为基本质量。

卡诺模型的三种质量划分为六西格玛改进提供了方向。如果是基本质量，就要保证基本质量特性符合规格（标准），满足顾客的基本要求，项目团队应该将注意力集中在如何降低故障率上；如果是一元质量，项目团队关心的就不是质量特性是否符合规格（标准），而是怎样提高规格（标准）本身，不断改进质量特性，促进顾客满意度的提升；如果是魅力质量，则需要满足顾客的潜在需求，使产品或服务达到令顾客意想不到的新质量。项目团队应关注的是如何在维持前两个质量的基础上，挖掘顾客潜在需求，创造新产品和意想不到的新质量。

3. 顾客忠诚

顾客忠诚是指顾客在对某一产品或服务的满意度不断提高的基础上，重复购买该产品或服务，以及积极向他人推荐该产品或服务的表现。忠诚的顾客对组织及其产品或服务有明显的情感倾向性，能承受组织有限的涨价和抵制竞争者的降价或倾销价。

市场营销调查研究表明，保留现有顾客的成本比赢得新顾客的成本要低得多（1 比 6）。顾客忠诚度越高，意味着销售成本的大幅降低、营业收入和利润的稳定增长，也就意味着能够给企业带来更好的财务绩效。提高顾客忠诚度对企业的稳定和发展有着重要的意义，主要体现在：

● 忠诚的顾客重复购买和推荐购买，能够带来更多的营业收入和利润；
● 忠诚的顾客能够更积极地参与企业的产品、服务和管理的改进，或提出建议；
● 忠诚的顾客会主动宣传企业的品牌和形象，有利于市场的拓展；
● 借助于忠诚的顾客的影响，企业可以减少不满意顾客的投诉或抱怨。

2.4 水平对比

2.4.1 水平对比的概念、目的、作用及应用范围

1. 什么是水平对比

水平对比（benchmarking）就是人们通常说的标杆管理，是一个利用量化标准寻找行业内部或外部同类活动的最佳实践，即将过程、产品和服务质量与公认的处于领先地位的过程、产品和服务质量进行比较，从而认清目标，据此指引自己的改进以达到最佳绩效水平的系统化过程。

水平对比活动的基本原理如下：

（1）了解自身。评估优势和劣势所在。这涉及明确所使用的关键绩效指标，以及对工作过程步骤和行事方式的文件化。

（2）了解行业领先者和竞争对手。只有清楚领先者的优势和劣势，才知道如何改进自身的能力。

（3）吸纳最佳实践以实现卓越。引进、消化、吸收最佳实践并有所创新、超越，以取得领先地位。

2. 为什么要进行水平对比

当今，技术和商业竞争十分激烈，没有公司能够以孤立、浪费成本的方式运作还能够获得利润。客户需要的是反应及时、高效率、高质量的产品和服务。行业内的竞争使得企业只有做到最好，才能长久地生存与发展。事实证明，水平对比法的作用是寻找最佳水平，并与企业实际对照，找出差距，促进质量改进，使企业在竞争中立于不败之地，甚至成为同行之冠。水平对比法是一种非常有效的提升企业竞争力的方法。施乐公司率先在美国运用标杆对比，分析、学习和借鉴日本复印机企业的生产效率，结果大幅提升其绩效。在实施六西格玛的过程中，许多企业通过水平对比发现自身存在的改进机会，为六西格玛项目确定方向。

3. 水平对比的作用和好处

水平对比超越了单纯竞争的含义，其目的不仅在于显示竞争地位本身，“比”完还得“学”，更重要的是去发现、探索最佳绩效背后的最佳实践，用以借鉴和学习，为重大的、突破性的改进和创新以及战略环境分析提供支持，最终实现“赶”和“超”的目的。运用水平对比可以获得以下好处：

- 通过与先进企业的对比，明确改进机会；
- 利用外部资源确立有效的行动目标；
- 引入最好的行为方式；
- 制定正确的绩效测量方法；
- 激励和激发团队；
- 减少变革的障碍；
- 使组织变得更有竞争力；
- 使组织可以更好地满足最终顾客的需求。

4. 水平对比的主要应用范围

（1）公司战略。水平对比成为一个公司整体运作的战略指导。水平对比的结果有助于公司的战略投资、市场运营、质量管理及技术战略制定，通过水平对比可以指导公司进行战略策划，制定和调整战略目标及关键绩效指标。水平对比在大型、中型或是部门的项目中均可应用，范围很广。

（2）顾客需求。在产品和服务中满足客户的关键需求至关重要。选择哪一方面去做水平对比，取决于一个企业的关键成功因素（即一个企业成功的主要决定因素）。对关键成功因素的理解是：顾客为什么要选择我们的产品？他们为什么要信任我们？主要原因是我们是所有竞争者中最好的，或者我们力争达到这一点。因此，顾客所关注的关键需求也是水平对比的重点。

2.4.2 水平对比的类型、一般模型和步骤

1. 水平对比的类型

根据对象不同，水平对比通常可分为五类。

（1）内部水平对比。水平对比的对象是组织内部其他单位或部门。由于不涉及商业秘密和其他利益冲突等问题，容易取得配合，简单易行，同时还可以促进内部沟通，形成学习氛围。其缺点在于视野狭隘，不易找到最佳实践，很难实现创新性突破。

（2）竞争性水平对比。水平对比的对象是行业内部直接竞争对手。由于同行业竞争者之间的产品结构和产品流程相似，面临的市场机会相当，竞争对手的作业方式会直接影响企业的目标市场，因此竞争对手的信息对于企业进行策略分析及市场定位有很大的帮助，收集的资料具有高度相关性和可比性。但正因为是直接竞争对手，信息具有高度商业敏感性，难以取得竞争对手的配合，难以获得真正有用或是准确的资料，不易取得有效成果。

（3）非竞争性水平对比。水平对比的对象是同行业非直接竞争对手，即那些由于地理位置不同等原因虽处同一行业但不存在直接竞争关系的企业。非竞争性水平对比在一定程度上克服了竞争性水平对比资料收集和合作困难的弊端，继承了竞争性水平对比信息相关性强和可比性强的优点，但可能由于地理位置等原因而造成资料收集成本增加。

（4）职能或过程的水平对比。水平对比的对象是处于不同行业但具有相同或相似职能、过程的企业。其理论基础是任何行业均存在一些相同或相似的职能或流程，如物流、人力资源管理、营销手段等。因为跨行业，双方没有直接的利害冲突，更容易取得对方的配合。另外，企业可以摆脱行业的约束，开阔视野，随时掌握最新经营方式，成为强中之强。但是这种方式投入较大，信息相关性较差，最佳实践需要较为复杂的调整、转换过程，实施较为困难。

（5）通用性水平对比。水平对比的对象是处于不同行业具有不同职能、流程的组织，即看起来完全不同的组织。其理论基础是：即使行业完全不同，职能、流程也会具有相同或相似的核心思想和共通之处。如多米诺比萨饼公司通过考察研究某医院的急救室来寻求提高送货人员的流动性和工作效率，以及提高员工的应急能力的途径。向完全不同的组织学习和借鉴会最大限度地开阔视野，突破创新，从而使企业绩效实现跳跃式的增长，大幅提高企业的竞争力，这是最具创造性的学习。但其信息相关性较差，企业需要更加复杂的学习、调整和转换过程才能在本企业成功实施学到的最佳实践。

2. 水平对比的一般模型和步骤

水平对比的一般模型如图 2—9 所示。

<table>
<tr><td colspan="2">我　们</td></tr>
<tr><td>1. 对比什么？</td><td>2. 我们是如何做的？</td></tr>
<tr><td>3. 谁是最好的？</td><td>4. 他们是如何做的？</td></tr>
<tr><td colspan="2">他　们</td></tr>
</table>

图 2—9　水平对比的一般模型

水平对比一般具有 5 个基本阶段、11 个步骤。

（1）阶段1：计划。

步骤1：决定水平对比的内容。所有组织都有其产品或输出，这些产品或输出是寻求绩效改进机会的优先候选对象。

步骤2：辨识水平对比的对象。世界级的领先公司或具有最佳实践的职能领域，无论存在于何处，都是适合的比较对象。

步骤3：确定数据收集方法。收集绩效数据，调查最佳实践。

（2）阶段2：分析。

步骤4：了解自身的绩效状况，找到当前绩效差距。

步骤5：预测未来的绩效水平，并进行持续的跟踪。

（3）阶段3：整合。

步骤6：交流水平对比活动的调查结果，并获得高层管理者的认可。

步骤7：设置改进目标，并且根据需要随时更新。

（4）阶段4：行动。

步骤8：制定行动计划，实施最佳实践。

步骤9：监控水平对比进展状况。

步骤10：重新设定绩效水平。

（5）阶段5：完成。

步骤11：确定获得了领先地位，将最佳实践纳入标准化。

2.4.3 水平对比在六西格玛管理中的应用

首先，水平对比是黑带学员必须了解并基本掌握的一套理论和方法，它在六西格玛管理中有广泛的应用，主要体现在以下方面。

（1）用于六西格玛管理的导入。组织首先应了解和学习业界以及世界上导入六西格玛管理最成功的企业（如通用电气公司等）的做法，然后再决定自己如何做，主要从以下几点思考：

- 我们为什么要导入六西格玛管理？
- 业界标杆企业为什么要导入六西格玛管理？
- 它们是在什么背景下导入六西格玛管理的？
- 它们是以什么方式导入六西格玛管理的？
- 它们如何实施六西格玛管理？
- 六西格玛管理给它们带来的绩效如何？
- 它们的成功经验是什么？
- 哪些值得我们借鉴？
- 根据我们的现状，我们应该如何做？

（2）用于六西格玛项目的选择。六西格玛项目主要来源于企业的发展战略、顾客的需求、内部流程中存在的问题、竞争对手的比较等方面，因此，需要在行业内外以及组织内部进行水平对比，找出突出的问题，确定改进方向和具体的六西格玛项目（详见第3，4章）。

（3）用于确定和达成六西格玛项目的目标。一个项目目标是否正确、科学是影响项目成功的关键因素，因此，要使项目的目标科学合理，可从以下几个方面考虑：

- 这个项目/问题目前可量化的绩效水平如何？
- 本组织内部不同业务区域之间这方面的现状如何？差异有多大？
- 是什么原因导致内部不同业务区域之间的差异？
- 对于此项目/问题，业界的最佳水平是多少？
- 我们处在业界的什么水平？
- 为什么我们与业界有差异？可能的原因是什么？
- 标杆企业在这方面的做法如何？
- 我们目前的六西格玛项目目标应定在什么水平才合适？
- 近几年将如何努力？
- 什么时间能达到业界的最佳水平？

2.5 财务收益

2.5.1 经济性——六西格玛的核心特征

目前的经营环境要求我们增进对大质量的理解，使企业的质量活动同时为顾客、员工、所有者和整个公司创造价值和经济利益。六西格玛正是这样一种管理实践，它注重质量的经济性。当我们投资改进有缺陷的过程时，不但降低了不良质量成本，而且上升的顾客满意度又可以挽回部分原来失望的顾客。同样，这又会促进顾客对产品的购买，从而带来企业年收入的增加。

因此，六西格玛管理的核心特征是：高顾客满意度和低资源成本。ISO/TR 10014《质量经济性指南》给出了质量经济性管理的两个基本要素：提高顾客满意度和降低资源成本。而这恰恰是六西格玛管理的基本原则和核心特征（见图 2—10）。

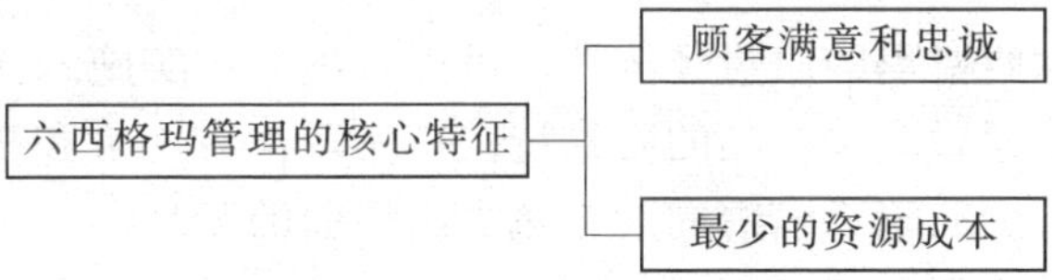

图 2—10　六西格玛管理的核心特征

降低资源成本是六西格玛管理的一个重要原则。六西格玛追求零缺陷，其最终目的在于降低风险，一方面降低顾客购买产品或服务的风险，另一方面降低产品或服务提供者的风险。换言之，应用六西格玛来降低风险意味着绩效的提高，如质量、能力、周期、库存以及其他关键因素。这样在客观上降低了企业为纠正缺陷和防范风险所需的成本，实现了真正意义上的低资源成本。

2.5.2 六西格玛管理与财务收益

通过六西格玛管理，顾客和企业可以同时获得满意。对顾客而言，以最低可接受的价格及时获得最好的产品；对企业而言，则是以最小的成本和最短的周期实现最大利润。当这些全部实现时，“质量”这一词汇才对企业有了真正的意义。

1. 增加收益

从增加收益方面看，实施六西格玛管理对顾客而言，可以减少费用、改进适用性；对企业而言，可以提高利润和市场占有率。实现途径如下：

● 开发新的、特有的产品和服务，或改进现有的产品和服务，并缩短进入市场的时间。

● 开拓现有产品或服务的市场，提高顾客满意度和忠诚度，赢得信誉，增加市场份额。

● 缩短周期，加快资金周转（应收款、库存）。

● 提高准时交付率。

2. 降低成本

从降低成本方面看，实施六西格玛管理对顾客而言，可以减少购置费、运行费、保养费、停机损失和修理费以及可能的处置费用；对企业而言，可以减少产品生命周期全过程的缺陷，包括不满意的产品返工、返修、更换、生产损失、担保和现场修理等发生的费用，以及承担产品责任和索赔风险。实现途径如下：

● 降低符合性成本。重新设计以获得更高的过程能力，提高现有过程能力和技能等。

● 降低非符合性成本。减少浪费，减少废品和返工返修，减少停工损失，降低保修成本，减少污染和顾客退货等。

下面列出在降低成本方面的计算方法：

● 降低成本。

$$\text{项目收益}=\text{产量}\times\text{单位成本降低额}$$

● 降低不合格率。

$$\text{项目收益}=\text{产量}\times(\text{改进后}\,RTY-\text{改进前}\,RTY)\times\text{单位成本}$$

图 2—11 显示了六西格玛的质量经济性，可以看出通过实施六西格玛取得六西格玛质量效益分两方面：一是通过改善产品的质量特性、实现优质优价和扩大市场份额，获得更高的收益；二是通过减少缺陷，缩短周期，减少出厂前的废品和返工返修品以及出厂后的担保成本，进而降低总成本。

在测算六西格玛效益时，存在硬效益和软效益两类。硬效益能够用货币表示，如运营成本、生产成本、销售费用、管理费用、人事成本的减少，由于产量增加导致的收入增加等；而软效益往往难以用货币表示，如员工满意度和顾客满意度的增加，环境保护、职业健康和安全的改进，法律法规的符合等。

2.5.3 基本财务模型

由于投资可以获得升值，因此财务理论认为货币有时间价值。货币时间价值是财务决策理论的基础，对应于今天可用的一定金额的钱就是“现值”（PV），在未来可收回或可支付的一定金额的钱就是“终值”（FV）。

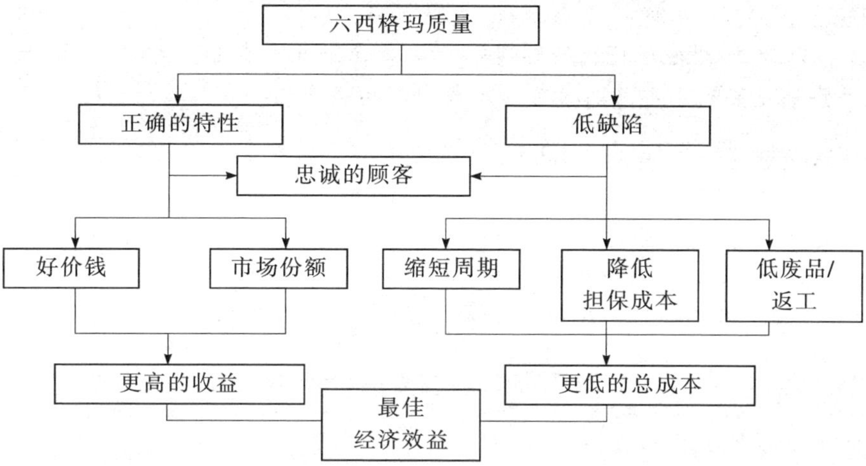

图 2—11　六西格玛质量与财务结果

1. 终值与现值

六西格玛管理可以提高企业经济效益，实际上六西格玛项目也是投资，当然也有回报，即终值与现值的差额。

$$FV = PV \times (1+i)^n$$

式中，i 为利率；n 为有效（计息）期。

2. 净现值

评价六西格玛项目时，成本和收益通常以现金流的方式产生，而不是一下子全部出现。一般现金流不是均匀的，每次现金流的金额可能都不相等。净现值（NPV）是指将投资项目在有效期内或寿命期内的净现金流量按一定的折现率全部折算到零期的累计现值之和，其表达式为：

$$NPV = \sum_{t=0}^{n} (CI_t - CO_t)(1+i_0)^{-t}$$

式中，CI_t 为第 t 期的现金流入（收入）；CO_t 为第 t 期的现金流出（支出）；$(CI_t - CO_t)$ 为第 t 期的净现金流量；i_0 为项目的收益率。

如果净现值大于零，则六西格玛项目在经济上是可行的。净现值越大，六西格玛项目的回报就越大。净现值小于零，则该项目的经济性不好，不可行。

3. 内部收益率

内部收益率（IRR）是考虑货币时间价值的财务分析评价方法，它是根据方案的现金流量计算出的方案本身的投资报酬率，是使未来现金流入量现值等于未来现金流出量现值的贴现率，或者说是使投资方案净现值为零的贴现率。通常需要使用插值法：首先估计一个贴现率，用它来计算方案的净现值。如果净现值为正数，说明方案本身的报酬率超过估计的贴现率，应提高贴现率后进一步测试；如果净现值为负数，说明方案本身的报酬率低于估计的贴现率，应降低贴现率后进一步测试，直至找出使净现值接近零的贴现率，即方案本身的内部收益率。

例 2—7

如果某团队改进方案用 18%的贴现率计算，财务净现值为－499 元；用 16%的贴现率计算，财务净现值为 9 元，则项目的财务内部收益率为：

$$16\%+\{(18\%-16\%)\times[9/(9+499)]\}=16.04\%$$

4. 投资收益率或回报率

$$\text{投资收益率或回报率}（ROI）=\frac{\text{项目预计收益}}{\text{项目预计成本}}\times 100\%$$

例 2—8

某团队项目效果核算如表 2—1 所示。

表 2—1　某项目六西格玛改进效果核算表（减少不合格品的收益）

年产量	10 000 件
单件成本	1 200 元
不合格率降低	由原来的 10%降到 2%
报废的单件产品价值（按回收废品处理）	100 元
年节约额	8%×10 000×(1 200－100)＝880 000 元
项目改进成本（第一年的咨询、培训和夹具制作等）	20 000 元
第 1 年 *ROI*	(880 000/20 000) ×100%＝4 400%

2.5.4　质量成本和不良质量成本

1. 质量成本概念的演进

质量成本的概念是 20 世纪 50 年代由美国质量管理专家朱兰、费根堡姆等人首先提出的。其定义是：为了确保满意的质量而发生的费用以及没有达到满意的质量所造成的损失。它是企业生产总成本的一个组成部分。

传统的质量成本由以下四部分构成：

(1) 预防成本。指为了预防故障所支付的费用，一般包括：质量策划费用、过程控制费用、顾客调查费用、产品设计评审和鉴定费用、体系研究和管理费用、供应商评价费用、培训费用以及其他预防费用。

(2) 鉴定成本。指为评定质量要求是否满足而进行试验、检验和检查所支付的费用，一般包括：检验和试验费用、计量服务费用、质量审核费用以及顾客满意度调查等其他鉴定费用。

(3) 内部故障（损失）成本。指产品在交付前不能满足质量要求所造成的损失，一般包括：报废损失、返工返修损失、降级损失、停工损失、质量事故处理费用、纠正措施费用以及其他内部故障费用。

(4) 外部故障（损失）成本。指产品在交付后不能满足质量要求所造成的损失，一般包括：产品售后服务及保修费用、顾客投诉处理费用、产品责任费用等外部故障费用。

传统的质量成本在故障成本方面的收集范围过窄，而且忽视了三个方面的“隐藏成本”：一是工作和过程质量（特别是非生产过程的工作和过程质量）故障损失；二是尽管生产合格产品但过程低效率的损失，这种低效率来自过大的资源消耗和非增值的过程步骤等；三是由不良质量所导致的销售损失，包括因质量问题以及产能不足而导致的顾客流失损失等。

这导致人们对故障成本的过低估计，以至于认为在低于100%合格水平的某处存在一个适宜的质量成本。当我们将三个方面的“隐藏成本”分别纳入内部、外部故障成本后，可以得出如图2—12所示的现代质量成本模型。

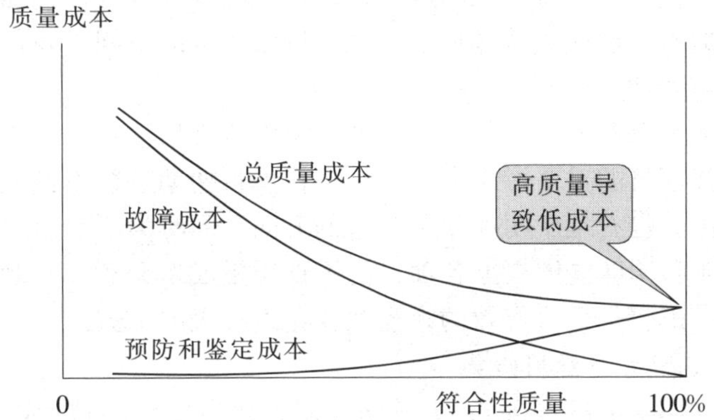

图2—12　现代质量成本模型

资料来源：朱兰：《朱兰质量手册》（第五版），北京，中国人民大学出版社，2003。

组织在推行质量成本管理的初期，注重通过增加预防和鉴定成本来降低内外部故障成本，随着质量水平和经营管理成熟度的提升，组织将着力于通过增加预防成本以降低鉴定成本和故障成本。完美无缺无疑是我们对未来的向往，从长远和总体的角度看，质量水平越高，质量成本越低，即所谓“质量是免费的”。

2. 符合性质量成本、非符合性质量成本与不良质量成本

质量成本根据其性质又可分为符合性质量成本和非符合性质量成本。符合性质量成本（cost of conformity）是指在现行过程无故障的情况下满足所有顾客需求所支付的费用；非符合性质量成本（cost of nonconformity）是由于现行过程的故障而造成的损失。符合性质量成本包括预防成本和鉴定成本（预先检验预防的不增值的部分）；非符合性质量成本包括鉴定成本（分析故障原因）和故障成本（内部和外部损失）。

六西格玛管理要求降低经营资源成本，就是要降低非符合性质量成本和符合性质量成本。非符合性质量成本是不增值的，而符合性质量成本由增值和不增值两个部分组成。要通过有效的手段，找出不增值的部分加以改进，即消灭所谓的隐蔽工厂，从而降低成本。于是人们又确立了不良质量成本的概念（见表2—2），即

不良质量成本＝预防成本和鉴定成本中的不增值部分＋非符合性质量成本

表 2—2　　不良质量成本的构成

不良质量成本	符合性质量成本	预防成本（不增值的部分）
		鉴定成本（预先检验预防的不增值的部分）
	非符合性质量成本	鉴定成本（分析故障原因）
		故障成本（内部和外部损失）

这一概念已经广泛地用于六西格玛管理，是指由于质量不良而造成的成本损失，或者说是由于我们没有第一次就把事情做对、做好而额外付出的成本。由于质量不良而造成的成本损失十分惊人，遗憾的是，这部分成本往往不为人们所知。

我们已经讨论过这样的问题：六西格玛值得推行吗？问题的反面是：假定不推行六西格玛，代价如何？维持现状，不作改进的成本又如何？对组织而言，维持现状或许是正确的选择。但组织应该先比较维持现状的成本与改进现状的成本，才能做出正确的决定。因此，即使是符合性成本，也应该认真加以研究，探索改进的空间。我们应该同时考虑对效率（efficiency）和有效性（effectiveness）的改进。

不良质量成本的观念有助于我们挑选或者界定六西格玛项目，因为在成本节省方面是否有潜力是我们选择项目的重要考虑事项之一。在项目初期进行不良质量成本测算，可以作为项目选择的依据，也有利于明确项目改进的方向，同时为项目总结时评估项目财务效益奠定基础。如果项目团队能够根据各项目的不良质量成本金额大小制作排列图，然后确定改进的优先顺序，那将是十分有效的，当然要花费很大的工夫。

3. 不良质量成本科目与费用归集

（1）预防成本（不增值的部分）。为预防故障发生所支付的费用，其中一部分由于不增值或者效果不理想，可计入不良质量成本。常见的预防成本科目有：

● 质量策划费用。有关部门或人员用于策划所需的时间。例如，规划质量体系的具体细节所需的时间；根据产品设计和顾客对质量的要求，确定和编制用于材料、工序和产品质量控制的方法、程序、指导书等所需的时间。质量策划费用还包括从事其他质量策划工作所需的时间，如可靠性研究，试生产质量分析，为编制试验、检验和工序控制的指导书等所需的时间。

● 过程控制费用。包括为控制质量和改进现有过程能力而研究和分析制造过程（包括供应商的制造工序）所需全部时间；为有效实施或执行质量规划而为车间工作人员提供技术指导所需的费用支出；在生产操作过程中自始至终进行控制所支出的费用。

● 顾客调查费用。为了掌握顾客的需求所开展的相关调查研究和分析所花的费用。

● 质量培训以及提高工作能力的费用。用于改进和提高质量水平所花的相关费用（不包括指导员工达到标准熟练程度的训练费）。

● 产品设计鉴定/生产前预评审费用。为了鉴定设计的质量、可靠性和安全性而评价试制产品、审批产品规范所支出的费用。此外，还包括生产前预评审费。

● 质量管理体系研究和管理费用。用于整个质量管理体系的设计和管理的费用，以及辅助费用。

● 供应商评价费用。为实施供应链管理而对供方进行评价的活动费用。

● 其他预防费用。包括质量及可靠性组织机构的行政管理费用，以及零缺陷计划、厂房设备维护等预防性措施费用。

(2) 鉴定成本（不增值的部分）。为评审质量是否满足要求而进行试验、检验和检查所支付的费用，其中相当大的部分不增值，应计入不良质量成本（强制性标准规定的以及顾客明确要求并愿意付钱的检验、试验成本，可视作增值的鉴定成本）。常见的鉴定成本科目有：

● 外购材料的检验和试验费用。包括检验、试验单位评价外购材料质量的费用，以及有关管理人员及办公室人员可能支出的任何费用，还包括检验人员到供货厂评价所购材料时支出的差旅费。

● 计量服务费用。计量仪器的校准和维修等费用。

● 检验费用。检验人员评价厂内产品技术性能时支出的费用，以及管理人员和办公室人员可能支出的有关费用。

● 试验费用。试验人员评价厂内产品技术性能时支出的费用，以及管理人员和办公室人员可能支出的有关费用。

● 检查工作费用。包括以下工作所需时间——操作人员按照质量计划的要求检验自己的工作质量；在制造过程中按要求自检产品和工序是否合格；挑选废品、次品；进行加工过程中的产品质量评价等。

● 试验、检验装置的调整费用。有关人员为了进行性能试验而调整有关设备所需的时间。

● 试验、检验消耗及小型质量设备费用。试验、检验设备的动力消耗，例如蒸汽、油以及在进行破坏性试验（如寿命试验或拆卸检查）时消耗的材料和物品；列为非固定资产的小型质量设备费用。

● 质量审核费用。产品、过程和体系审核费，包括内审和第三方评审。

● 外部担保费用。包括外部实验室的酬金、保险检查费等。

● 顾客满意度调查费用。为了解顾客（包括内部）满意度而进行相关调查分析的费用。

● 产品出厂复核费用。在发货装运之前再次审查试验和检验数据所支出的费用。

● 现场试验费用。在顾客指定的场所试验产品时所造成的损失，包括有关差旅费。

● 其他鉴定费用。

(3) 内部故障（损失）成本。由于产品或服务在交付前不能满足质量要求所造成的损失，均可计入不良质量成本。常见的内部故障成本科目有：

● 报废损失费用。因产成品、半成品、在制品达不到质量要求且无法修复或在经济上不值得修复而报废所造成的损失，以及外购元器件、零部件和原材料在采购、运输、仓储、筛选等过程中因质量问题所造成的损失（不包括由于其他原因而废弃的材料）。

● 返工返修损失费用。为修复不合格品使之达到质量要求或预期使用要求所支付的费用（包括重新投入运行前的再次检验费用）。

● 降级损失费用。因产品质量达不到规定的质量等级而降级或让步所造成的损失。

● 停工损失费用。因质量问题导致停工所造成的损失。

● 产品质量事故处理费用。因处理内部产品质量事故所支出的费用，如重复检验或重新筛选等支出的费用。

● 内审、外审等的纠正措施费用。解决内审和外审过程中发现的管理和产品质量问题所支出的费用，包括防止问题再次发生的相关费用。

● 其他内部故障费用。包括工作和过程质量损失、过程低效率损失、资源闲置等方面的费用。

(4) 外部故障（损失）成本。由于产品或服务在交付后未满足质量要求所造成的损失，均可计入不良质量成本。常见的外部故障成本科目有：

● 顾客投诉处理费用。在保单约定范围内，对顾客投诉的调查研究、修理或更换等所支出的费用，或在保单期满之后用于顾客特殊投诉的调查处理所支出的费用。

● 产品售后服务及保修费用。直接用于校正误差或特殊试验、保修产品或零件以及用于纠正非投诉范围内的故障和缺陷等所支出的一切费用（不包括安装服务费及合同规定的维修费用）。

● 产品责任费用。因产品质量故障而造成的有关赔偿损失费用（含退货、法律诉讼、仲裁等）。

● 其他外部损失费用。包括由失误引起的服务及付款延迟、坏账、库存损失，由顾客不满意引起的成交机会丧失、顾客流失损失，以及由顾客评审导致的纠正措施等费用。

4. 六西格玛项目不良质量成本的归集、计算与分析

例 2—9

某电器控制设备制造企业针对非标产品在项目设计过程中的物料清单（bill of material，BOM）准确率较低的问题，选择、确定了“提高非标系统产品物料清单（BOM）的准确性”的六西格玛改进项目。该项目团队在界定阶段进行了项目质量成本的归集和计算，以及项目质量成本和不良质量成本的分析（见表 2—3 和表 2—4）。

表 2—3　　六西格玛项目质量成本计算表

项目名称：提高非标系统产品物料清单（BOM）的准确性

过程：系统产品设计、自制/外协/外购件确定、BOM 编制/修改、下订单

类型	内容描述	计算方法/公式
预防成本	BOM 编制培训	共 10 位工程技术人员，每人全年参加 8 小时的培训，成本总计：30.63 元/小时×10 人×8 小时＝2 450 元
	合计	2 450 元
鉴定成本	BOM 互审	每个 BOM，机械、电控各互审 1 小时，共计 2 小时，一年 105 套，BOM 互审时间为：105×2＝210 小时，总成本为：30.63 元/小时×210 小时＝6 432 元
	合计	6 432 元
内部故障成本	常用物料（如标准件、电路接头等）的年备货 3 000 元	考虑到公司年资金运转次数为 6，盈利能力为 20%，故年平均备货 3 000 元所带来的故障成本为：3 000 元×6×20%＝3 600 元
	BOM 审核后的修改	每个非标产品 BOM 审核后的修改时间约为 0.5 小时，去年共计 105 套非标产品，总成本为：30.63 元/小时×105 套×0.5 小时/套＝1 608 元
	合计	5 208 元

外部故障成本	停工待料 392 小时	30 元/小时×392 小时 ＝11 760 元
	错误物料采购	5 000 元
	推迟交货期所带来的直接损失	运费增加约 3 000 元
	推迟交货期所带来的间接损失（信誉）	约 30 000 元
	合计	49 760 元

注：上述统计的时间段为 2001/1/1—2001/12/31。

填表人：________　　　　项目主管：________

日　期：________　　　　日　　期：________

表 2—4　　六西格玛项目质量成本与不良质量成本分析报告

项目名称：提高非标系统产品物料清单（BOM）的准确性

过程：系统产品设计、自制/外协/外购件确定、BOM 编制/修改、下订单

	内容	金额（元）		内容	金额（元）
预防成本	BOM 编制培训	2 450	不增值的符合性成本		
	小计	2 450			
鉴定成本	BOM 互审	6 432		BOM 互审	6 432
	小计	6 432		小计	6 432
内部故障成本	常用物料（含标准件）的年备货	3 600	非符合性成本	常用物料（含标准件）的年备货	3 600
	BOM 审核后的修改	1 608		BOM 审核后的修改	1 608
	小计	5 208		小计	5 208
外部故障成本	停工待料	11 760		停工待料	11 760
	错误物料采购	5 000		错误物料采购	5 000
	推迟交货期所带来的直接损失	约 3 000		推迟交货期所带来的直接损失	约 3 000
	推迟交货期所带来的间接损失（信誉）	约 30 000		推迟交货期所带来的间接损失（信誉）	约 30 000
	小计	49 760		小计	49 760
质量成本合计		63 850	不良质量成本合计		61 400

本章小结

六西格玛管理以过程管理为基础，聚焦于过程改进，追求完美的过程和财务绩效结果。本章介绍了过程管理基础、过程绩效度量指标、顾客驱动与顾客满意、水平对比和财务结果以及成本分析等与六西格玛管理相关的基础知识；阐明了过程的定义，过程负责人和相关方，价值链与过程类别，过程和职能与项目的关系；详细讨论了过程绩效的各种度量指标，水平对比法及其应用，以及六西格玛项目财务收益的测算方法。

推荐阅读

1. ［美］约瑟夫·M·朱兰，布兰顿·戈弗雷主编，焦叔斌等译．朱兰质量手册（第

五版). 北京：中国人民大学出版社，2003

2. 中国质量协会编著. 质量经理手册. 北京：中国人民大学出版社，2010

3. [美] 罗伯特·C·坎普著，徐济超等译. 水平比较法——追求企业卓越绩效的最佳实践. 北京：中国标准出版社，2007

第3章

六西格玛项目管理

项目管理包括启动、规划、实施、监控和收尾五大过程。在六西格玛项目管理中，启动过程包括六西格玛项目选择和六西格玛项目立项表制定，规划过程即六西格玛项目计划制定，实施和监控过程包括六西格玛项目团队建设、六西格玛改进 DMAIC 或六西格玛设计的具体实施和监控，收尾过程则包括六西格玛项目总结、成果评审与分享。六西格玛项目管理是黑带成长过程中的必经之路。

3.1 六西格玛项目选择

实施六西格玛是一项复杂的系统工程，关键是对六西格玛项目的管理，而不是具体的六西格玛方法和技术。企业从战略角度出发选择改进机会并确定改进项目，保证六西格玛项目能够取得突破性改进。六西格玛项目要能够解决组织流程中的关键问题，有跨职能的组织方式，有可量化的预期成果，项目本身有一定的复杂度，项目执行过程中要进行定期评审。六西格玛项目的选择对于六西格玛项目的成败影响很大，项目选择要求自上而下，因此要有管理层的参与。

3.1.1 六西格玛项目选择原则

1. 六西格玛项目的定义

六西格玛项目指由职责明确的团队通过运用六西格玛方法（DMAIC 或 DFSS），在规定时间内寻找最佳方案并实现预定目标的特定过程。

2. 六西格玛项目的选择原则

一般来说，六西格玛项目的选择遵从以下原则。

（1）有意义、有价值（meaningful）。六西格玛项目的意义和价值体现在以下几个方面：

● 六西格玛项目要支持顾客满意度的改善。以顾客为中心是六西格玛的价值观之一。六西格玛有两个基本点：一是产品或服务让顾客满意直至忠诚；二是减少缺陷直至彻底消除缺陷。因此，必须对顾客需求、顾客反馈等信息进行分析，找出顾客真正关心的问题，在此基础上确定关键质量特性。

● 六西格玛项目要支持企业战略目标的实现。六西格玛管理是企业实现战略目标的有效手段，每一个六西格玛项目都应支持企业战略的实现。也就是说，通过六西格玛项目为企业架设实现未来战略目标的桥梁，促进企业战略目标的实现。

● 六西格玛项目的目标要有挑战性。一般来说，六西格玛项目都要将缺陷显著降低，只有这样，才能实现过程绩效的突破性改进。

● 六西格玛项目要强调过程的改进。聚焦于过程改进也是六西格玛的价值观之一，六西格玛通过应用过程方法来实现过程绩效的突破性改进。

● 六西格玛项目要给企业带来较大的经济效益。六西格玛管理要用财务的语言阐述现状水平和改进后的绩效，用财务指标将绩效转化成财务效益。

（2）可管理（manageable）。每个六西格玛项目都应是可管理的，也就是说，六西格玛项目欲解决的问题应清晰且可测量。六西格玛改进不仅关注产品质量，而且关注缩短制造或服务周期、缩短服务或交付的响应时间、提高生产能力、提高产品开发过程能力、提高效率、降低不良质量成本等。无论对哪种问题，都必须先定义缺陷，换句话说，就是先定义评判“好”、“坏”的标准及其测量方法，然后才能评估欲解决问题的现状水平。

六西格玛项目的范围应清晰可控。每个项目都有一个明确要解决的问题，每个问题的范围应界定清楚并且适当，一般来说，项目应在4～6个月甚至更短的时间内完成。但在许多情况下，一个问题的解决会涉及多个方面，比如，缩短产品的交付时间可能会涉及制造过程的质量，也可能涉及原材料采购周期、产品运输周期、运输质量等一系列问题，这时，可分解成几个小项目，在相对小的可控范围内解决，以便于管理。

六西格玛项目只有得到管理层的支持和批准，才能获得适当的资源（人、财、物等）支持。

3.1.2 六西格玛项目选择流程

六西格玛项目选择流程，也就是通过分析确定六西格玛项目的过程。一般来说，项目选择需要经过四个步骤，具体包括：

步骤一：确定项目的大方向——项目的Y；

步骤二：将Y分解为若干y，如y_1，y_2，…，y_n，并确定本项目针对哪个方面进行改进；

步骤三：针对选定的需要改进的y，明确顾客关注的关键质量特性（CTQ）；

步骤四：根据CTQ确定项目课题——具体项目名称。

六西格玛项目的选择流程如图3—1所示。

1. *确定项目的大方向Y*

确定项目的大方向，就如同在大海中找到指明航向的灯塔。有了正确的项目方向，我们才能在正确的方向上做正确的事——实施项目。那么，如何确定项目的大方向呢？一般来说，可以从以下几个方面进行考虑：

（1）根据卓越绩效评价中发现的改进机会确定项目的方向；

（2）根据公司或部门的平衡计分卡中的指标弱项确定项目的改进方向；

（3）通过竞争对比和水平对比，找到存在的显著差距；

（4）根据对内外部顾客的声音（顾客高度关注的关键需求和期望）的分析，确定主要的改进方向。

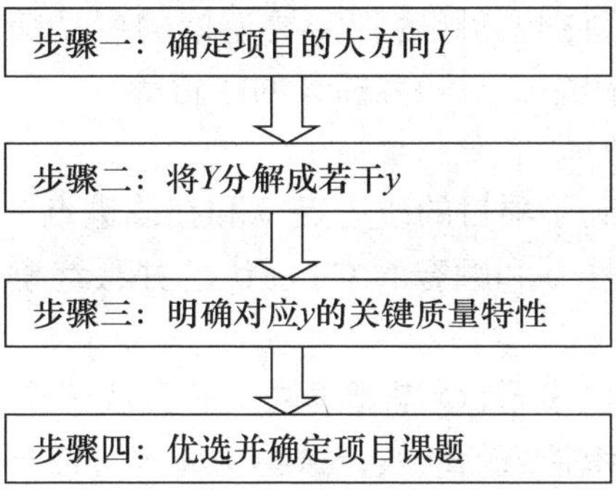

图 3—1　六西格玛项目选择流程

就一些研究和企业的实践来看，从以下八个要点导入六西格玛项目，成功的把握会增大：

- 战略实施的关键点；
- 目标展开的问题点；
- 顾客关注或投诉的热点；
- 统计数据的异常点；
- 部门间的矛盾点；
- 长期困扰企业的难点；
- 财务效益的增长点；
- 与竞争对手比较的薄弱点。

项目的大方向 Y 一般表现为公司级的指标，如企业的顾客满意度、生产效率等。为了进一步明确问题，应对影响 Y 的方面进行分解。

2. 将 Y 分解成若干 y

在确定了项目的大方向（用 Y 表示）后，基于 Y 是综合因素的反映并且涉及的方面较广等原因，一般难以针对 Y 直接进行改进。为此，需要分析影响 Y 的主要方面，通过逐层分解确定要改进的主要方面（用 y 表示）。如 Y 表示顾客满意度，某企业对某产品的顾客满意度调查结果显示，顾客的满意度较低。顾客满意度（Y）指标是由顾客对产品质量（y_1）、交货期（y_2）、服务（y_3）、返修品处理周期（y_4）等多方面的满意水平决定的。根据范围及影响度的不同，一般 y 需要跨部门解决的，可界定为黑带（BB）项目；在部门内或一定可控范围内可以解决的，往往可作为绿带（GB）项目；范围可控、难度较小的不需要高级统计工具来分析解决的项目（用老七种工具或新七种工具等就能分析解决的问题），可界定为一般项目，通过 QCC 或现场改进小组等方式实施。例如，造成顾客满意度低的一个主要原因是返修品处理周期（y_4）太长，对返修品的处理涉及市场部、质量部、技术部、制造部和车间，问题的解决需要一个跨职能的团队，因此可界定为黑带或绿带项目。

3. 明确对应 y 的关键质量特性

在选定了 y 以后，需要确定顾客对 y 的真实需求，明确对应 y 的关键质量特性。前面已经说过，六西格玛的核心理念之一是顾客驱动与顾客满意，因此需要针对 y 去倾听顾客的心声，调查并了解顾客对 y 的需求，从而确定顾客最关心的 CTQ。对于返修品处理周期长的问题，顾客关注的 CTQ 包括顾客把需要返修的产品交付给企业到接到问题处理结果为止的时间，以及问题解决率、对顾客损失的赔付等。

4. 优选并确定项目课题

通过上面三个步骤，明确了项目的改进点 y 和在改进点 y 上顾客最关心或最关注的是什么特性。在第四步，就特性 y 和顾客的 CTQ 优选并最终确定项目课题。在确定项目课题时通常要考虑以下问题：

（1）优选项目。如果有很多 CTQ 需要改进，而且改进资源有限，则应根据组织的战略发展需要和改进项目给组织带来的绩效，选择优先改进的项目。可采用帕累托优先级指数（Pareto priority index，PPI）进行优先级排序：对六西格玛项目带来的收益或节约的费用、成功的概率、项目需投入的成本和项目完成时间等方面进行综合考虑，用计算项目 PPI 的方法来优选项目。项目 PPI 的计算公式如下：

$$PPI=\frac{\text{项目节约的费用}\times\text{项目成功的概率}}{\text{项目需投入的成本}\times\text{项目完成时间（年）}}$$

例 3—1

根据项目带来的收益或节约的费用、成功的概率、项目需投入的成本和项目完成时间对四个项目的 PPI 分析如表 3—1 所示。

表 3—1　六西格玛项目帕累托优先级指数（PPI）排序表

项目	收益（千元）	成功的概率	需投入的成本（千元）	完成时间（年）	项目 PPI
项目 1	175	0.70	50	0.33	7.4
项目 2	200	0.90	20	0.50	18.0
项目 3	185	0.75	50	0.50	5.6
项目 4	250	0.90	70	0.58	5.5

根据项目 PPI 的计算结果，项目 2 应作为优先选择的项目。

（2）确定项目。确定项目的方式有两种：一是直接将顾客的 CTQ 确定为改进项目，例如，将缩短返修品处理时间作为改进项目；二是通过矩阵图找出影响顾客 CTQ 的相关流程，确定一个或几个流程的改善为改进项目。

（3）进行完整的问题陈述。言简意赅地界定问题并使之量化。

（4）确定项目名称。

（5）描述项目目标，做到 SMART：

Specific　具体的

Measurable　可测的

Attainable　可行的

Relevant　相关的（与企业战略或顾客的关键需求相关）

Time Bound　有时间限制的

SMART 原则是对六西格玛项目进行评估的重要依据。第一，项目目标必须具体。比如，降低库存量就不是一个具体的目标，因为没有指出是什么类型的库存，是在制品、原材料还是产成品，不同类型库存的成因是不同的，不能一概而论。第二，项目目标必须可以测量，能够量化。有的项目目标可能比较容易量化，有的就比较困难，如顾客满意本身就是一个难以量化的指标，现在一般采用问卷调查和统计分析工具把它量化出来。项目目标不能量化，就难以考核目标是否达成。第三，项目目标必须是可行的，通过项目组的努力可以达到，既要有挑战性，又要有可行性。一般在制定目标时，要考虑历史上本流程的最佳水平以及与同行最佳水平比较的结果。第四，项目目标必须与企业的战略相联系，与战略的大方向保持一致或者能够支持企业战略目标的实现。最后，项目目标的实现要给出时间节点，如果总目标下有分目标，则要给出实现分目标的具体时间节点。

3.1.3 六西格玛项目选择方法

根据平衡计分卡和 KPI 分解，确定改进机会，以及项目主要和次要的业务绩效指标，是六西格玛项目选择的常用方法。

1. 平衡计分卡与项目选择

平衡计分卡（参见第 1 章）是战略部署的典型方法。在六西格玛项目选择中应用平衡计分卡，四个维度中的每一个维度指标都可以作为项目选择的大方向，这就保证了六西格玛项目与组织的当期目标及未来的发展相一致。四个维度中较弱的维度指标应作为项目选择的大方向，这样就保证了企业的平衡发展。但需要注意的是，在确定项目具体指标时需考虑四个维度的平衡，避免一种指标的改进可能导致另一种指标结果不良。

图 3—2 是某企业的平衡计分卡指标。

财务	**顾客**
● 库存水平 ● 管理成本 ● 生产成本 ● 不良质量成本（COPQ）	● 顾客满意度 ● 准时交付率 ● 产品质量特性或关键过程输出变量（KPOV）
内部过程	**学习和成长**
● 缺陷 ● 百万机会缺陷数（DPMO）、西格玛水平 ● 流通合格率（RTY） ● 过程周期 ● 关键过程输入变量（KPIV）	● 员工满意度 ● 培训时间 ● 离职率 ● 管理层与员工的沟通时间 ● 企业文化认同度

图 3—2　某企业的平衡计分卡指标

2. 关键绩效指标与项目选择

关键绩效指标（key performance indicator，KPI）是衡量组织战略实施效果的关键指标。它是用于衡量组织各层级绩效表现的量化指标，是绩效计划的重要组成部分，是为对组织目标起到增值作用而设定的指标。基于关键绩效指标确定组织改进机会，可以保证真正对组织有益处的工作得到改善。

组织的绩效指标较多，而根据“二八原理”（20％的组织关键行为能产出 80％的组织经营效果)，并不是所有的绩效指标都能对组织的战略形成支持。因此，我们往往需要从众多绩效指标中提取出符合组织自身发展需要的关键绩效指标。根据关键绩效指标体现出来的组织实际战略实施中的弱项，确定组织的改进机会，选择六西格玛项目。

3.1.4 六西格玛项目选择需注意的问题

在项目选择过程中，应注意避免下述常见问题和错误：

(1) 项目欲解决的问题与企业发展重点或关键顾客需求等没有联系，因此体现不出项目价值，无法得到管理层的支持和承诺。

(2) 项目改进内容不是针对顾客的 CTQ，项目实施后看不到对 Y 的改善，不见成效。

(3) 没有针对 Y 进行分析、分解，直接将 Y 作为改进项目，造成因素太多，项目太大，抓不住重点，项目难以达成目标。应该将 Y 分解成若干个具体的六西格玛项目。

(4) 欲解决的问题其原因已经明确，行动措施已经初步确定，应该立即采取行动，而不需要再选作六西格玛项目，避免走过场，搞形式主义。

(5) 项目衡量指标不明确或项目目标没有挑战性，此类问题会浪费资源且无意义。

(6) 项目难度太大，超出项目团队的能力或授权。

(7) 项目改进空间太小，预期收益太低，企业得不到适当的回报。

总的来说，好的开始是成功的一半，选择好的项目是企业六西格玛管理成功的关键。初次导入六西格玛管理的企业在考虑选择什么项目时，可能不是那么顺利，会占用一些时间，甚至会有一些反复的过程，然而，这却是六西格玛管理活动中必不可少的一项重要工作，多花一些时间是很必要的。

3.2 六西格玛项目立项表和计划

3.2.1 项目立项表和计划概述

在按照六西格玛项目选择的原则选出项目后，就要制定项目立项表和计划，委派项目组长，组成项目团队，明确项目的目标和各种环境因素以及总体进度等，指明团队努力的方向，为项目的成功实施奠定基础。

1. 项目立项表概述

项目立项表是正式批准项目的文件，该文件授权六西格玛项目组长（黑带或绿带）在项目活动中动用组织的资源。项目立项表包括以下要素：

- 项目名称；
- 项目背景及选择理由；
- 问题/机会陈述；
- 目标陈述；
- 项目团队组成及职责分工；
- 项目涉及的过程及职能范围、约束和假定；
- 项目利益相关方及其影响；

- 总体里程碑进度表（阶段性任务及时间安排）；
- 倡导者的批准和授权。

项目立项表的制定是一个商议的过程，一般由项目组长组织项目成员一起讨论、分析，制定出初稿，报送企业负责六西格玛协调、推进的资深黑带或承担类似职责的主管领导审议，最后报送发起该项目的倡导者批准。

项目立项表的完善是一个动态的过程：在六西格玛项目的界定阶段，应进一步明确和更新项目立项表的要素；测量阶段结束后，如果项目过程绩效基线数据与界定阶段不同，则应对问题或改进机会以及目标陈述予以必要的更新和完善；总结项目时，基于项目立项表评价项目目标的完成情况等。

2. 项目计划概述

实施项目还必须有计划，这个计划为项目提供了一个指导框架，以此协调团队的活动和资源的使用。六西格玛团队应基于总体里程碑进度表，制定细化的项目计划。六西格玛项目计划一般以进度计划为主，必要时，可制定成本费用、人力资源、沟通、风险管理等专项计划。

无论怎么做计划，有一点是肯定的：项目计划与实际情况不会完全一致。但项目计划仍是必需的框架性文件，能为项目组织和协调提供有效的指导；同时，随着项目的进展必须不断对项目计划进行更新。也就是说，在制定项目计划时必须采取以目标为导向的策略，项目计划必须与目标紧密结合。

切实可行的计划是实现项目目标的重要保证。在制定项目计划的过程中最重要的是团队成员的参与并达成一致意见。目前，在企业里以团队的形式开展工作、解决问题的实践越来越普遍。每个人都负责一个甚至多个项目，项目计划制定的工作往往落在团队负责人的肩上。这种项目计划制定的方式一般存在两方面的问题：一是计划考虑得不够全面；二是执行过程中团队成员的不认同与执行不到位。因此，最终的结果是计划不能得到有效的实施，即便实施了也无法达到预期的项目目标。因此，团队成员参与项目计划的制定就变得尤为重要。

在制定项目计划时，团队成员可以参照以下步骤完成：

（1）任务分解（work breakdown structure，WBS）。就是将为达成项目目标而需要完成的DMAIC或六西格玛设计的阶段性工作分解为可执行、可跟踪的工作单元（任务、活动或关键阶段），为进一步明确、区分各工作单元，还可以制定工作任务分解表（见表3—2）。

表3—2　　工作任务分解表

WBS编号	任务名称	工作内容	输入	输出	标准	责任人

（2）估算任务时间并确定任务之间的关系。明确了各个工作单元之后，就要估计每个

单元所需的时间及彼此之间的先后关系，明确相关责任人。估算时间的方法很多，这里只介绍其中一种：三点法。

$$E=(O+4M+P)/6$$

式中，E 为工作单元的期望时间；O 为乐观估计时间；M 为正常估计时间；P 为悲观估计时间。

各工作单元之间关系的确定主要是考虑各项任务之间的衔接，如哪项工作应该在哪项工作完成后才能开始等。

(3) 编制项目工作计划。为了使六西格玛项目有效实施，团队在界定项目时，应该注意项目计划的编制。依照六西格玛改进的五个阶段，可以相应地确定项目计划完成时间，制定项目计划工作表（见表 3—3）。然后按照各阶段任务分解（WBS）得出的工作任务，采用甘特图（Gantt chart）等方法把计划加以细化，便于团队活动。制定计划时，应让团队成员共同参与。由团队共同参与并听取成员的反馈意见有助于增进团队的向心力。

表 3—3　　项目计划工作表

项目名称：			项目组长：
活动里程碑	责任团队成员	目标完成日期	实际完成日期
D 界定阶段			
M 测量阶段			
A 分析阶段			
I 改进阶段			
C 控制阶段			

3.2.2 项目规划工具

有很多工具和技术可以协助项目团队制定项目时间表，按时间分配资源，在项目计划的实施过程中跟踪项目的进展。下面介绍最常用的两种：甘特图和网络计划技术（即通常所称的网络图、箭条图或矢线图）。

1. 甘特图

甘特图显示了随着时间的推移，项目任务之间的关系。甘特图的横轴是时间单元（天、周、月等）。纵轴是需要完成的活动。条形显示了各个活动的估计开始时间和持续时间。表 3—4 是某企业六西格玛项目界定阶段的甘特图。

甘特图可以增强一些功能，如增加里程碑事件的标志、项目进展图示、任务负责人等。

甘特图是在 20 世纪早期发展起来的经典的计划制定工具，具有形象、直观、简明、易懂、作图简单等优点，至今仍是行之有效的一种制定计划的方法。用甘特图制定项目计划时，必须清楚任务之间的相互关系，即哪些任务在其他任务开始之前必须完成，哪些任务可以同时进行。传统甘特图的主要缺点之一，是不能在图上清晰和严密地显示各项任务之间相互关联、互为条件、互为因果的依存关系，以及时间上先行和后续的衔接关系。因此，如果一项任务被延误，其他哪些任务会受到影响就不能明显地表示出来。不过，大多数项目管理软件包（如 Microsoft Project）能够提供通过运用连接箭头表示任务间相互依存关系的甘特图。

表 3—4　　　　六西格玛项目计划甘特图

项目界定阶段	周（5月7—31日）			
任　务	第1周 5月7—14日	第2周 5月14—21日	第3周 5月21—28日	第4周 5月28—31日
评价项目立项表和确定项目				
确定顾客需求的关键质量特性（CTQ）				
确认关键过程输出变量（KPOV）				
界定不良质量成本（COPQ）				
估算σ水平，评价现有数据				
完成界定阶段，着手测量计划				

2. 网络计划技术

甘特图除了有上面谈及的缺点，还存在不能找出关键活动和路径、不易对周期的缩短和资源的利用进行优化等缺点，包括：(1) 难以给出极其详细的计划；(2) 在计划阶段不便于反复推敲与思考；(3) 进入实施阶段后的情况变化与计划变更难以处理；(4) 不能获得有关某项作业迟滞对整个计划影响的正确信息；(5) 设计规模稍大即难以掌握计划全貌；(6) 难以判断进度上的重点。

对于较大、较复杂的项目，可能需要使用更科学的工具协助项目的计划、日程安排和进行大量相关活动的协调工作，因此要求有一种新的、更好的编制计划的方法和计划的表达方式。

20世纪50年代以来，很多人都在探索如何制定一种新的计划方法。1956年，美国杜邦公司（DuPont）在制定协调企业不同业务部门的系统规划时，运用网络方法制定出第一套网络计划。这种计划借助网络表示各项工作及其所需的时间，并显示各项工作之间的关系，从而展示出编制与执行计划的关键路径，所以把这种方法称为“关键路径法”(critical path method)，简称CPM。1957年，杜邦公司将CPM应用于一个大型化工厂的建设计划与控制，第一年就节约100万美元，相当于该公司用于研究开发CPM方法费用的五倍。1958年，美国海军武器局在制定北极星导弹计划时，同样应用了网络方法和网络形式，但它注重对各项任务安排的评价和审查，所以把这种方法称为“计划评审技术”(program evaluation & review technique)，简称PERT。由于应用了PERT，工程工期由原来计划的10年缩短为8年。实践再一次证明网络计划方法是一种行之有效的科学管理方法，因此得到管理界的广泛认可和采用。这两种方法通常统称为网络计划技术，即通常所称的网络图、箭条图或矢线图，在我国也称为统筹法。

使用网络计划技术进行项目安排包括四个基本阶段：规划、日程安排、改进和监控。

● 规划阶段需要应用WBS树图将项目分解为具体的可执行、可工作的任务或活动，然后估计这些活动的开始时间和完成这些活动所需的时间，每个活动用一个箭头来表示，构造项目的网络图。

● 日程安排阶段需要构造出标有每个活动的起止时间以及与其他活动之间关系的时间图。同时必须识别出关键活动，也就是那些必须按时完成，否则会延误整个项目进度的活动。关键活动构成了关键路径。

● 改进阶段需要着手对关键路径、关键活动进行改进。项目团队不应当仅仅只是接受项目的日程安排，同样可以改进项目的日程安排。可以应用帕累托分析来识别影响关键活动周期的关键因素，通过改进以显著缩短整个项目的完成时间。成本数据可用于对时间数据进行补充，可用帕累托分析对成本数据进行分析。

● 监控阶段需要使用网络图进行周期性的评估和控制，包括密切注意关键路径上的每个活动；根据项目的实际进展，对网络图进行动态的修订，特别关注关键路径的可能变迁；针对突发事件准备应急计划。

网络计划技术可用于：

- 辅助项目规划和监控；
- 确定在预定日期前完工的可行性；
- 识别项目实施中最可能出现瓶颈的环节；
- 估计项目需求或日程安排的变化对项目的影响；
- 估计偏离日程安排对项目的影响；
- 估计调走部分资源或增加资源对项目的影响。

网络图的构造和应用参见本章 3.5 节。

3.2.3 项目文档

作为六西格玛项目管理的一部分，规范一致的项目文档是必需的。这些规范的文档对于持续改进活动及知识的积累会起到很好的作用。在项目实施过程中，应有专人负责对这些文档进行动态的归集、管理和维护，进行阶段性的审查，并在项目完成后交由六西格玛管理机构或档案管理部门存档。随着信息化时代的到来，使用电子文档来存储项目全寿命周期的信息越来越普遍。

不同的企业会确定不同的六西格玛项目文档的模板及记录要求，但通常包含以下内容：

（1）项目立项表及其更新；

（2）WBS、项目计划（甘特图、网络图等）及其更新；

（3）不良质量成本测算报告；

（4）项目收益预测与资源需求预算；

（5）团队规则；

（6）会议纪要、电子邮件及学习笔记等；

（7）项目状态分析资料、报告及演讲材料；

（8）项目效果测评（包括成本—收益分析）和确认；

（9）行之有效的措施的标准化（程序、图纸等的更改）；

（10）项目总结报告（包括经验教训）、成果发布和分享材料。

一般来说，推行六西格玛管理的企业都要建立六西格玛项目的审批流程及项目管理制度，其中应规定管理项目文档的具体要求。

3.3 六西格玛项目团队建设

3.3.1 团队的组建和授权

1. 团队组成要素

拥有高度热忱的团队成员与拥有受过专业训练的团队领导人同样重要。团队应做好准备工作，对团队目标达成共识，然后决定如何实现这一目标。表3—5列出了团队成员必须确定的内容。

表3—5　六西格玛团队组成要素

要素	要求
使命	团队成立或存在的目的
基础	团队的使命如何与企业目标或计划配套
目标	对现状及绩效的挑战
角色	团队成员（黑带、绿带）
职责	根据项目分配给每位成员的职责和任务
主要里程碑	项目活动时间表、项目报告日期
授权	获得管理层的授权和支持

2. 选择团队成员

六西格玛团队通常由以下人员组成：

(1) 团队领导/组长。由黑带或绿带担任，对整个项目负责。为了使团队领导/组长履行其职责，保证项目顺利开展，在项目启动前，需要做好相应的准备工作，表3—6和表3—7列出了可供团队领导/组长参考的准备工作的注意事项和活动建议。

表3—6　团队领导/组长核查表：六西格玛项目团队首次会议前准备工作

- ☐ 与业务负责人及发起人一起起草项目立项表
- ☐ 如需要，挑选小组成员
- ☐ 联系并欢迎成员加入
- ☐ 起草首次会议日程
- ☐ 安排会议后勤事项
- ☐ 选择一个启动会议时调节气氛的小技巧
- ☐ 与过程负责人建立联系，并让其了解项目的整体方向
- ☐ 作相关方分析
- ☐ 开始罗列小组所需外部支持人员的名单等

表 3—7　　项目小组首次会议

与会人员：[名单]		
日期：	时间：	地点：
会议目的：[六西格玛项目名称] 启动会		
日程安排： ● 致欢迎辞 ● 介绍小组成员 ● 讨论小组成员的目标、期望及角色，团队活动规则、章程等 ● 审核项目立项表 ● 列出主要相关方名单 ● 根据小组成员提出的疑问、项目立项表及下次会议所需准备工作，列出行动事项 ● 确定下次会议时间和议程 ● 评估会议效果 ● 结束会议		

(2) 核心成员。核心成员是团队领导/组长选择来实施项目计划的人员，一般由绿带担任，他们对团队领导/组长负责，全程参与项目。

(3) 扩展成员。扩展成员即根据项目的需要，只需部分参与项目的成员，如团队中的财务核算人员、供应商代表、个别技术专家等。

(4) 业务负责人。业务负责人是项目所在部门的负责人和过程的管理者。

(5) 倡导者。他们有时也直接参与团队活动。

(6) 项目指导人或教练。他们是为团队成员提供六西格玛方法、工具指导的人员，一般由资深黑带或咨询顾问担任。其职责包括：

1) 根据项目各阶段的需要提供六西格玛方法、工具培训；

2) 指导项目按六西格玛方法、思路推进；

3) 为团队成员正确合理地应用六西格玛方法、工具提供指导。

有关团队领导和成员的具体职责请参见第 1 章 1.4 节。

3.3.2　团队发展阶段

随着团队成员共同工作，团队逐步进入成长和成熟阶段。理解这些发展阶段对有效管理团队过程很有价值。这些阶段可能表现出不同的强度和持续期，这取决于团队的类型、团队工作环境以及构成团队的个体。达克曼描述了团队发展阶段的一般模型（见图 3—3）。

阶段 1：形成期。团队首次聚在一起。每个团队都是一个新的经历，对那些以前参加过团队的成员来说也是如此。每个人都小心谨慎地进入这个环境，他们在这个新的经历中对角色和绩效感到忐忑不安。因此，在形成阶段，团队通常要阐明其目的，确定每个成员的角色，进行团队培训，制定可接受的行为准则。

阶段 2：震荡期。在此期间，团队成员对团队任务的真实情况已完全了解，但团队成员仍首先作为个体来思考，往往根据自己的经历做出决定，而不是与其他成员协商或广泛听取建议。随着团队工作的展开，他们对于实现项目目标的最佳方法存在分歧，甚至对项目的总体目标也可能存在分歧。大家还会发现每个人在项目中的工作方法不同，这些分歧

图 3—3　项目团队发展的四个阶段

可能引起团队内的争论甚至矛盾。对于团队来讲，如果不能处理好这一阶段的问题，很可能会导致项目最终失败。对此，团队领导/组长应该事先估计到这是团队组建过程中必然产生的正常现象。团队领导/组长可以通过与团队成员个别沟通、重申团队的目标、鼓励成员发表解决问题的意见等方式，排除障碍，带领团队跨越这一阶段，必要时可以请业务负责人或倡导者出面支持。

阶段 3：规范期。在此阶段，团队成员从关心个人问题转变为关注实现团队目标，个人已融入团队中。团队成员间会达到一定程度的彼此适应。团队成员开始就各种问题达成一致，并愿意为了团队而协商和消除分歧，因而在这个阶段团队有了更多的协商和对话。团队领导/组长应予以支持并给予认可。

阶段 4：执行期。在此阶段，团队已经成为一个具有高度凝聚力的整体。团队成员对他人的优缺点以及他们如何完成使命了如指掌，并能够一起解决问题。在此期间，团队在实现目标上取得重大进展，团队领导/组长可给予更多的授权。

虽然发展的四个阶段表明了时间的逻辑结果，但每个团队的实际发展过程千差万别。例如，前进到阶段 3 或阶段 4 的团队可能退回到阶段 1 或阶段 2。如果他们认识到之前的假设并不成立，他们用于决策的信息并不确切，或是由于工作的调动而改变团队的成员关系，这种情况就可能发生。一些团队可能在原阶段停滞不前，但项目的时间有限，必须在动态中及时调整、解决团队的问题。

3.3.3　团队动力与绩效

1. 建立团队的技巧

团队领导/组长负责组建团队，并对项目目标负责。一个跨部门的团队通常由 4～7 名核心成员及其他必要的扩展成员组成。以下是选择核心成员时除了专业知识及背景外还要考虑的因素：

● 具有团队精神；

● 具有团队工作经验；

● 具有良好的沟通能力；

● 愿意接受挑战；

● 勇于揭露潜在的问题。

一个成功的团队应该是一个高度团结、独立自主的团队。这些不仅是在选择团队成员时要注意的，也是一个团队在开展工作的过程中应该努力实现的。当然，其中团队领导/组长要承担主要的职责。通常团队建设的步骤如下：

（1）仔细分析任务，确定所需的技能组合和工作风格，以形成互相补充、互相促进的组合；

（2）向每一位团队成员讲述团队的愿景、目标以及对个人的任务要求；

（3）提供必要的技能培训以及必要的处理工具（软件、硬件等）；

（4）共同建立团队规则（见图3—4），包括团队的例会制度、问题的沟通解决机制、编制项目立项表等；

（5）监控进度，保证团队凝聚力，并不断向目标迈进；

（6）注意团队工作中的成绩，并给予祝贺。

六西格玛团队规则

我们一致同意从团队自己做起，最有效地利用时间。我们承诺遵守以下行为准则：

1. 会议准时开始和结束。
2. 如果有人不能参加会议，要至少提前1天通知组长。
3. 每次会议的内容都要提前通知：做一个议程，或在会前加以讨论。
4. 准时完成所分派的工作。如果做不到，则要至少提前1天通知组长。
5. 对任务坚持不懈。
6. 会议仅通知那些需要参加的人。
7. 会议以开放式论坛的方式进行。我们彼此挑战，坦诚相见。
8. 如有可能，利用午饭时间开会。

图3—4 团队规则举例

2. 指导团队的技巧

面对六西格玛管理的挑战，六西格玛团队必须讲求团队技巧。人们希望努力工作去争取成就，但个人的成就总是有限的，团队的绩效要优于个人成就。前面已经提到黑带不仅必须具备使用统计方法的能力，同时必须拥有卓越的领导力与亲和力，使六西格玛团队成员互相依存、互相帮助，项目才能取得真正的成功。那么黑带如何领导团队取得成功呢？这需要一些方法和技巧。

（1）团队激励。作为团队的负责人，欲使其成员共同对项目负责，激励技巧十分重要，这里有一种务实的团队激励办法可供参考，即TARGET，具体如下：

● T（truth，事实）。团队成员必须知道事实真相，黑带应与团队成员坦诚沟通，分享经验，这有助于营造“勇于面对事实真相”的工作环境。

● A（accountable，负责）。团队成员应该对自己的绩效负责。黑带可以通过诸如审查项目计划及定期检查项目实施情况并予以指导等，增强团队成员的责任感。

● R（respect，尊重）。团队成员应该本着正直与坦诚的原则，互相学习，交流心得。可以直接提出问题，然后制定一个了解问题、探索问题的解决方案。

● G（growth，成长）。团队成员及团队本身都必须能够经由学习而成长，以便有能力挑战更困难的工作任务。黑带可以协助团队成员认识通过六西格玛活动而成长的重要性，让团队成员愿意经由学习而成长。

● E（empowered，授权）。成功的群体仍需个别的行动，尤其是在专业技术背景方面。黑带应协调业务负责人或倡导者，让团队成员取得授权，落实个别具体行动，发挥个人的特长。

● T（trust，信任）。作为一个有效的群体，六西格玛团队成员之间应该相互信任，并且同心协力完成指定的任务。黑带可以协助团队成员增进彼此间的信任。

有了上述保证，六西格玛团队就可以表现出下列高效六西格玛团队的共同特征：

● 跨职能团队。团队成员应来自不同的职能领域，同时拥有互助互补的技术能力。跨职能团队的多数成员仍需兼顾自己部门的工作。

● 挑战性绩效。更有挑战意义的绩效改进将激励团队士气。在根据内外部顾客需求制定的挑战性目标的指导下，团队成员之间充分沟通，团队成功机会将大幅增加。

● 有意义的目标。团队的每一位成员都必须认同团队存在的价值及其对组织整体的贡献，成功的团队必须共享目标，并得到所有成员的认可。

● 清晰的方法。团队必须使用共同语言，每位成员都必须了解并接受每一个问题的解决办法。每位成员都必须彻底认识其负责的过程作业。

● 开放的沟通。团队成员间开放、诚实和经常的沟通是一个基本要求。六西格玛的价值观之一是无边界合作，这建立在广泛沟通的基础之上。

● 公正的回报。为了发挥团队的激励作用，对工作卓越的团队或成员给予表彰和激励，使其辛勤付出有相应公正的回报。

(2) 团队培训。六西格玛团队组建之后，必须结合项目的情况实施专题培训，教导“为何”（why），指导“如何”（how）。培训是六西格玛项目推行的核心，重点对象是团队成员，特别是绿带。团队培训任务一般由资深黑带和黑带担任。

3. 团队绩效评估

在项目团队的发展过程中，应当不断对项目团队的绩效进行评估，及时发现团队发展中的问题。同时，团队绩效评估也是向管理层反馈团队在实现目标过程中的进展情况的一种有效手段，它对项目团队获得管理层的支持十分重要。

在项目实施的过程中，除了跟踪项目目标的实现情况，并由此评价项目团队的绩效外，也可以采用内部导向的测量指标，如团队会议的出勤率、团队成员的满意度，以及其他表征团队动力的因素来评价。项目团队应当进行自我评价，并向倡导者和业务负责人报告这些评价指标的测评结果。

团队进行自我评价的一种方式是制定基于有效团队的指南或编制团队行为规范一览表。每次团队会议结束后，对团队的表现做出评价。评价标准可以随着时间的推移进行修订。

3.3.4 团队工具

1. 头脑风暴法

头脑风暴法是团队工作中经常运用的方法。头脑风暴法一般可以分为三个阶段：第一阶段关注的是小组创造出的点子的数量。第二阶段需要审视这些点子，剔除与实现目标无关的点子。第三阶段对筛选下来的点子做进一步的审视，并按照小组的意见对这些点子进行优先排序。

头脑风暴是团队为解决已知问题产生多个想法的一种简单方法。一般的头脑风暴会议过程如下：

(1) 头脑风暴的主题被小组接受，用清晰的语句，以小组成员都能看到的方式写出来。

(2) 组织者向小组成员征求想法。

(3) 成员写下每个想法，不讨论、分析或批评。

(4) 这个过程延续到没有新的想法为止。

再次审视想法表，保证每个人都理解它，然后将类似的想法合并，形成可用于投票的想法表。

头脑风暴也可以更加结构化，如轮回法：要求小组的每个成员每次提出一个想法，如果没有想法则直接跳过，询问下一个人的想法，然后是再下一个，依此类推，当最后一圈每个人都没有新的想法时，头脑风暴会议完成。也可以使用类似的过程，把几张纸贴在房间的四周，在每张纸的顶端写上特定的主题或问题，小组成员从一张纸走到另一张纸，把自己的想法写下来。在桌旁围坐的小组同样可以用传递纸片的方法来完成类似的过程。

头脑风暴还有一种特别的方法可用于以下场合：所讨论的是特别敏感的主题，或小组成员间还没有建立高度的信任。这个方法叫做 Crawford 纸片法，即请每个人制作列有他自己想法的纸片，接着递给一个可信赖的人（例如，团队负责人），这个人将其编辑成单一的列表。这种方法的匿名性可以使人们自由提出他们的想法，在小组中经常会发现几个人有着相同的想法，自此开始搭建共同的平台。

2. 名义组技术

处理头脑风暴所产生想法的一般方法是名义组技术（nominal group technique）。应用这个技术可以帮助团队从他们提出的想法中选出少数重要的想法。名义组技术由下列步骤构成：

(1) 对想法列表进行整理并简化/合并，使想法列表完整、清晰，且不重复。

(2) 请每个参加者给各个想法按顺序标出等级（例如，1 表示最好，2 表示次好，依此类推）。

(3) 在每项旁边记录全部参加者评出的等级。

(4) 对每项等级评分求和。那些总分最低的项目是人们乐意接受的选择。

表 3—8 是名义组技术应用的一个简单案例。案例中某小组成员要决定他们的改进方案。通过头脑风暴他们提出了四个可供选择的方案：方案一、方案二、方案三和方案四。小组组长请每个人为这四个选项打分，按最佳选择至最末选择用 1～4 评分，将每个人的评分填入下表中。

表 3—8　　名义组技术应用举例

方案	个人与排序					
	组员 A	组员 B	组员 C	组员 D	组员 E	合计
一	4	4	4	4	3	19
二	3	3	3	3	4	16
三	1	2	1	2	1	7
四	2	1	2	1	2	8

在四个选择中，方案三总分最低（优先级最高），成为首选。

3. *多重投票法*

多重投票法是使团队成员将他们的想法统一起来的另一种方法。首先，将团队成员的所有想法列表。然后，要求他们投票选出他们认为最适宜的想法，通常允许每人投的票数是总数的一半左右。在全部参加者都做出投票选择之后，项目负责人逐项进行统计。按照帕累托多数原则，保留得票较多的，将没有得票或得票很少的挑出并从列表中剔除。投票过程重复进行，直至达到预期的项目数量。

下面仍以某小组成员要决定他们的改进方案为例，第一次每人可以有三个选择；第二次每人可以有两个选择；第三次每人可以有一个选择（见表 3—9）。

表 3—9　　多重投票法举例

方案	投票		
	第一次投票	第二次投票	第三次投票
一	1		
二	3		
三	3		
四	4	3	
五	5	4	
六	6	6	2
七	8	7	8

通过三轮投票，最终大家确定选择方案七。

4. *力场分析*

力场分析是库尔特·莱文（Kurt Lewin）提出的一种方法，用于考察各种关系及影响其变化的因素。采用这个概念，一个组织中各种事情的目前状态被看成是一种平衡状态，维持这种平衡状态的是相反方向上作用的两组力：驱动力（推动、促进）推动变化，阻止力（阻碍、妨碍）阻碍变化。一项变革不可能在阻止力大过驱动力时发生。增加驱动力无疑会促进变革的发生，但减少阻止力可能会取得更好的效果。

我们以企业整体推进六西格玛为例介绍力场分析的应用（见图 3—5）。

第一步：把影响六西格玛实施的所有因素尽可能全面地罗列出来，如管理层的认识和支持程度、员工的认识程度、企业的战略、管理现状等。

第二步：对已列出的因素一一进行分析，判断其对推行六西格玛管理整个过程是有利还是不利。比如，六西格玛对企业竞争力和管理水平的提升有帮助，这些有利于六西格玛项目的开展。而管理层支持力度不够、员工害怕项目失败等属于不利因素。

第三步：对有利因素和不利因素的"力量"大小进行估计，了解驱动力与阻止力的力量对比。通常，力量的大小可在 0～10 之间取值。将有利因素的力量累加即为驱动力的大小，把不利因素的力量累加即为阻止力的大小。当驱动力明显弱于阻止力时，六西格玛不妨暂缓推行，待时机成熟再行实施；当驱动力大于阻止力时，六西格玛可以比较顺利地推行。

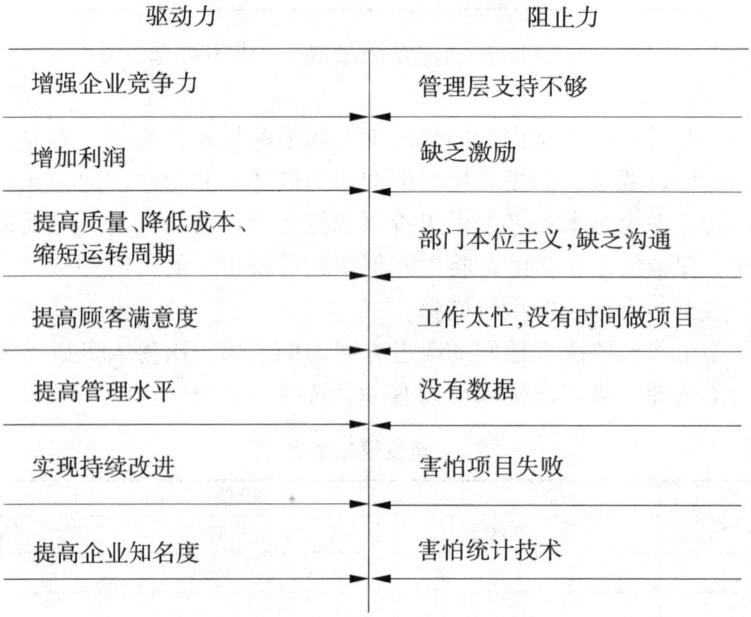

图 3—5　企业实施六西格玛力场分析图

力场分析可以帮助团队选择实施变革或新措施的时机，它有助于管理者明确阻止力的来源，做好有针对性的工作。如上例中，如果是由于管理层支持不够，企业就应当首先加强管理层的六西格玛培训，组织高层管理者参观六西格玛管理的先进企业等。

3.4　六西格玛项目监控与促进变革

3.4.1　项目跟踪和监控

1. 项目跟踪和监控原则

在项目开始阶段，团队往往会投入较多的时间、精力来界定项目，编制项目立项表和计划。一旦项目立项表和计划被批准，就需要采取一系列措施，应用甘特图和网络计划技术等跟踪、监督和控制项目的实施状况，包括监测项目进程，预测、发现并解决问题以及更新计划，以使项目恢复正常运作。

项目监控的目的是使项目在预算内按时完成。在项目进行过程中，肯定会出现与计划不一致的情况，对此，团队需要快速识别问题，解决问题，尽快地使项目恢复正常。如何对项目进行有效的监控？图 3—6 是项目监控的常用流程。

图 3—6　项目监控流程

项目目标是在制定项目计划时产生的。在制定项目计划时，为了便于以后的跟踪控制，项目计划中应该有里程碑（milestone）计划，对每一项工作应该有明确的输出要求。实际测量是指团队通过一些手段来明确项目目前的进展状况。这些手段可以是向业务负责人或倡导者报告、团队会议、甘特图检查等。了解了目前项目的进展状况，就可以与项目计划中的标准进行对比，找出差距，有效解决存在的问题。

2. 项目监控工具和方法

（1）项目柔性分析。项目监控的目的是使项目在预算内按时完成。但事实上，在规定的时间和预算内完成预定任务的项目并不多。这样，项目控制就涉及项目的调整问题。是调整项目的时间、预算还是工作范围？为了使项目得到有效控制，建议在制定项目计划时，对项目柔性进行分析，根据分析结果有针对性地调整项目（见表 3—10）。

表 3—10　　某项目的柔性分析结果

不具有柔性	中等柔性	柔性最大
项目实施时间 项目目标	项目工作范围	项目所需资源 团队构成 培训

在以上分析结果中，柔性最大的是资源，最小的是项目实施时间。也就是说，当项目遇到问题需要调整时，团队首先考虑的是增加资源，确保项目在预定时间内完成。

（2）风险管理计划。项目不可能完全按照预期的那样顺利进行，一些意外情况的发生会给项目带来很大的影响，甚至会导致项目失败。这就要求提前识别风险并有效管理风险。因为团队无法预测未来，所以最好的做法就是在制定项目计划时，以已知信息为基础制定风险管理计划。风险管理计划的制定可以按照风险识别、风险评估、风险管理三个步骤完成。

1）风险识别。一般地，项目风险来源于两个方面，一是项目本身的，二是项目外部的，如企业战略的调整、行业政策的变化等，团队可以运用头脑风暴法从以上两个方面去识别项目风险。

2）风险评估。团队对于已经识别的风险进行评估，评估每项风险对项目威胁的大小，针对可能对项目造成较大威胁的风险制定预防及应急计划，进行风险管理。一般对风险的评估从三个方面进行：后果的严重性、风险发生的概率、及时发现风险的难易程度（见表 3—11）。

表 3—11　　对某风险的评估

风险	后果的严重性	发生的概率	及时发现风险的难易程度	总体威胁
1. 订单量激增	M	H	L	L
2. 订单量严重不足	H	M	L	M
3. 熟练员工大量流失	H	L	H	M
4. 工时统计不及时	H	M	L	H
5. 新产品推出慢	H	H	L	M
6. 订单模式的变化大	M	H	M	M
7. 工艺的重大变化	M	M	H	M

说明：H代表高；M代表中等；L代表低。

总体威胁表明了风险管理的优先顺序，对于总体威胁中等及总体威胁大的，要制定风险预防计划。

3）风险管理。主要从三个方面考虑制定风险预防计划，包括预防措施、应急措施、风险发生的临界定义，最好指定一名风险负责人（见表 3—12）。

表 3—12　　对某风险的预防

风险	预防措施	应急措施	临界定义	责任人
2. 订单量严重不足	培养一岗多能的弹性用工	优化生产安排	任务量低于 2 000 台	王小明
4. 工时统计不及时	专人负责统计	由生产处经理主管监督	连续两次发现有损失工时不报的情况	周大海
5. 新产品推出慢	在试生产阶段做好工程准备	调整项目计划	新品试生产上线一周后，效率达不到正常水平	赵明
6. 订单模式的变化大	研究批次、每批任务量与效率之间的关系	调整项目计划	小批次特配订单任务量超过 50%	孙峰
7. 工艺的重大变化	加强对质量问题的监控	调整工艺及人员	批次性质量问题，加严测试	王小明

（3）建立阶段或里程碑汇报制度。建立 DMAIC 五个阶段的项目进展汇报机制，根据项目计划工作表，通过对各阶段目标达成情况的回顾和评估，使问题在过程中被发现，及时调整资源和计划，保证项目目标的达成，这是所有组织的惯常做法，也是最有效的项目监控措施。

3.4.2 促进变革

1. 变革管理

六西格玛项目的实施是一个流程变革、系统变革和文化变革的过程。项目的负责人要带领团队迎接变革，倡导变革。项目管理是一门复杂的科学，其成败取决于很多因素，项目管理中的沟通与变革管理关系到项目成败。成功的六西格玛项目不仅仅是一项技术工作，也是一项变革管理任务。

变革管理的根本目的是取得项目实施成功所必需的利益相关者的支持与承诺，同时促使企业全体员工接受并适应新的系统与业务流程。

具体而言，变革管理必须实现以下目标：项目团队与业务部门领导、公司决策层之间能进行开诚布公、及时有效的沟通，从而获得他们的支持、参与和推动；项目团队内部能进行高效的沟通，以保证项目团队成员的工作协调一致，按时、保质、保量实现预期的目标，并得到认同。

为使整个组织能清楚地理解项目实施的目的、影响与进度，应做到所有员工都理解项目实施的原因、意义及其对整个组织及组织内每个部门或个人的影响；广大员工能看到公司高层领导通过实际行动所表现出来的对于项目实施的支持与承诺；保证组织合理安排员工的工作职责和角色转换，以及可能发生的组织结构调整。

对项目所涉及的人员要进行必要的教育与培训，使其以积极主动的心态迎接可能的变革，并具有相应的技能来适应这种变革；加强内外部的宣传与沟通，为项目顺利推进营造一个适宜的组织氛围。

变革管理工作的核心是沟通。沟通是获得那些会受到变革影响的人的支持的基础。这种支持只有在关键决策者认识到变革的作用并推动变革时才会获得。所以项目负责人不仅是变革的倡导者，还应该具有良好的沟通能力及影响力。

2. 项目成功的障碍

在推进六西格玛项目的过程中，会遇到各种影响项目成功的障碍，包括：

- 敌意/冲突——对新事物的敌意；
- 退却——知难而退，害怕承担责任；
- 各自为政——意见不一致，各行其是；
- 不适当、不完整的运用——不能做到学以致用；
- 宿命论——没信心，认为“这不可能成功”；
- 路径依赖——对现有规则的过分遵从或强调。

3. 谈判与解决冲突的技巧

项目的进展不会是一帆风顺，团队总会面临一些问题及各种障碍，甚至是一些冲突。这时对项目负责人而言不仅要有管理与控制项目的能力，还要有消除障碍、解决冲突及谈判的技巧。项目面临的冲突可能来自团队内部，也可能来自团队外部。无论来自哪里，项目负责人的主要任务是对各种冲突持积极主动的态度，正视冲突，认真构思冲突解决方案，在必要的时候甚至有意识引导冲突来达到自己的目的。也就是说，通过调控自己在冲突中的角色和地位来驾驭冲突，而不是消极地对待冲突。

项目负责人解决冲突时首先要求对冲突持积极主动的态度。也就是说，当冲突发生时，要敢于正视冲突，而不能消极地回避冲突。作为整个项目的负责人，如果不能正视冲突、勇敢面对冲突，就会导致团队成员对自己不信任，甚至会导致冲突升级直至无法处理。因此，勇敢面对冲突是项目负责人首先要做的。接下来就要冷静地分析冲突产生的根源。冲突是因为人际技巧的缺乏造成的？是因为团队成员间彼此关系不平等造成的？还是因为项目需求变化造成的？只有找到了冲突产生的根源，才能采取有效的解决方案。

最后，要恰当地对冲突做出反应，有效解决冲突。解决冲突的方式有很多，最好的方法是沟通谈判，使冲突双方尽可能达成一致。而谈判的技巧又有很多，在六西格玛团队中很重要的一条就是，团队成员要有妥协的精神。

4. 激励技巧

关于激励的传统观点是马斯洛（Maslow）的需求层次理论，即人具有五个基本需求：

● 生存

● 安全

● 归属感

● 尊重

● 成就或自我实现

人们最初的激励来自最低层次的需求。然而，当需求被满足后，这个需求的重要性就降低，人们的激励便来自高一层次的需求。现在许多人在工作中首先要满足的不再是归属感需求，这种需求已经通过工作得到满足。他们追求的是尊重和成就需求。这在知识型员工中尤为突出，由此得到五个新的激励因素：

● 目的。人们相信他们的工作是重要的，而且有助于组织的发展。因此，在现阶段矩阵型组织中，明确项目目的可以消除双重报告的不确定性。

● 积极主动。人们希望管理自己的事业发展，而不是呆板服从。通过目标管理向下放权，让团队成员按计划自主地管理个人发展，可以进一步激发团队成员的内在动力。人们常说，内因是决定因素。当然，项目负责人也要注意对团队成员工作计划的过程监控。

● 分享收获。鼓励员工主动分析问题、解决问题。表扬和鼓励团队成员，并在团队中营造分享收获的氛围，让团队成员将他们在分析问题、解决问题方面的经验进行充分的交流，可以使员工获得成就感，同时让其他成员学习借鉴他人的经验，避免走弯路。

● 个人发展。在马斯洛需求层次顶端的人具有较高的自我实现需求，他们重视学习的机会，让他们参加新项目就是增加他们学习新经验的机会，以增加受尊重感和自我成就感，因此项目负责人要给成员多创造一些施展才能的机会。

● 专业上的认可。另一个成就感的度量是专业上的认可。项目负责人应该在带领团队成员推进项目的同时，提高团队成员的六西格玛专业水平和能力，多给他们一些锻炼和展现自己六西格玛专业水平的机会，以获得广大员工和领导的认可。

5. 沟通

对于一个项目团队而言，良好的沟通很有必要，但同时又很困难。项目负责人要对项目结果负责，在项目推进过程中，带领团队营造一个良好的沟通环境是非常重要的。

● 什么时候沟通？是不是出了问题才沟通？当然不是。成功的团队应该随时保持良好的沟通。立项时团队要充分地沟通，确保每个团队成员都能够认同项目的意义，愿意为团队的成功贡献自己的智慧。确定项目目标、计划时需要沟通，让每个团队成员都认可项目的目标与计划，才能保证大家努力的方向一致，项目按计划推进。出现问题后要沟通，迅速消除大家心中的隔阂，找到问题的解决方案。项目成功后也要沟通，使大家一起分享荣誉，增进团队归属感。

● 在什么地点沟通？良好的沟通不是只有在会议室才能进行。一个轻松的环境有助于团队的沟通取得更好的效果，所以餐桌上、茶水间、运动场等都是团队沟通的场所，“沟通无处不在”。

● 以什么方式沟通？开会并不是最好的沟通方式。大多数团队习惯于以开会的形式来沟通。其实沟通的方式有很多，并且有些方式的效果比开会还要好。不同的团队可以根据团队成员的特点，采用不同的沟通方法。由于每个人对沟通的需要不同，每个人的沟通习惯不同，作为项目负责人，需要了解每个人的沟通特点并采取有针对性的沟通方式。有的人属于外向型，喜欢与别人讨论，对于这样的人可以采取面对面的沟通；有的人属于内向型，喜欢思考，对于这样的人采取邮件沟通方式可能会更有效。

沟通的目的是使团队统一思想，采取正确的行动。因此，无论何时、何地，以何种方式，双向互动式的沟通都非常重要。这种交互式的沟通需要双方的投入。项目负责人和团队成员采用可以理解的方式明白无误地传递信息。团队成员应积极处理信息。如果交流中某一个环节出现偏差，沟通双方应该意识到这一点，迅速要求对方给出反馈，或使用其他方法来确定哪些信息没被理解。为了确保高效和交互式的沟通，项目负责人必须：

- 以身作则，做一个沟通模范；
- 肯定员工中优秀的沟通技巧；
- 建立团队的沟通制度；
- 不断进行培训和训练，提高沟通技巧；
- 提供面对面的、电子的以及其他形式的沟通途径，鼓励频繁的、坦诚的沟通；
- 提供充分的非正式交流机会，培养合作关系。

3.5 六西格玛项目管理与策划工具

20世纪70年代以来，日本的一些质量学者提出要转向“思考性的全面质量管理”，而思考性的全面质量管理要求在开展全面质量管理时注意进行多元分析、多元评价，要树立从一开始就不应该失败的信念。这就对质量管理的方法提出了新的要求：有助于充实计划的内容，有利于团队协作，有助于整理语言文字等。在这样的背景下，产生了新七种工具：亲和图、关联图、树图、矩阵图、矩阵数据分析法、PDPC法、网络图。与老七种工具强调数据分析不同，新七种工具更注重对文字资料的整理，更加面向经营管理和策划活动，是团队使用的重要工具。由于矩阵数据分析法以因素分析和主成分分析为基础，对统计方法的依赖使得这种方法成为常规情况下非统计人员无法使用的工具，所以后来人们选用优先矩阵图代替它作为新七种管理和策划工具之一。

在使用新七种工具时，最需要注意的是尊重团队成员的意见，以团队的形式来分析。这也是与老七种工具最大的差异。

3.5.1 亲和图

亲和图（affinity diagram）是由日本学者川喜田二郎（Kawakita Jiko）于1970年前后研究开发并加以推广的一种质量管理方法，又称为KJ法。所谓亲和图法，就是针对某一问题，充分收集各种经验、知识、想法和意见等语言、文字资料，通过图表进行汇总，并按其相互间的亲和性归纳整理这些资料，使问题得以明确，统一认识和协调工作，以利于问题的解决。

亲和图的主要用途包括：

（1）归纳思想、认识事物。对未知的事物或领域，广泛收集实际资料，并从杂乱无章的资料中整理出事物的相互关系和脉络，就某件事情达成共识。

（2）打破现状和可能的束缚。通过集思广益产生新的想法，并加以归纳整理。

（3）参谋筹划。不同观点的人集中在一起，很难统一意见。最好能由相互理解的人组成计划小组。为着共同的目标，小组成员提出自己的经验、意见和想法，然后将这些资料编成卡片并进行整理。

（4）贯彻方针。向下级贯彻管理人员的想法和方针。靠强迫命令不会取得好的效果。亲和图可以帮助人们进行讨论，集思广益，从而将方针自然地贯彻下去。

亲和图的本质是对不同的想法、观点进行整理和归类。这种方法通常用在头脑风暴法之后，对罗列出的想法进行组织。可以首先创建分类，然后将想法按分类组合，或首先将所有的想法按相似性分组，在组合完之后给分组命名。这个过程可以借助写卡片完成，每个想法写一张卡片，小组成员移动卡片进行组合，直到小组全体成员对组合满意为止。确实需要时，一些条目可以放在多个组中。

亲和图的主要优点是建立了每个人参与讨论各种想法的平台，所产生的图表是小组成员联合建立的所分析问题的概念模型。图 3—7 是改善团队行为方法的亲和图的例子。

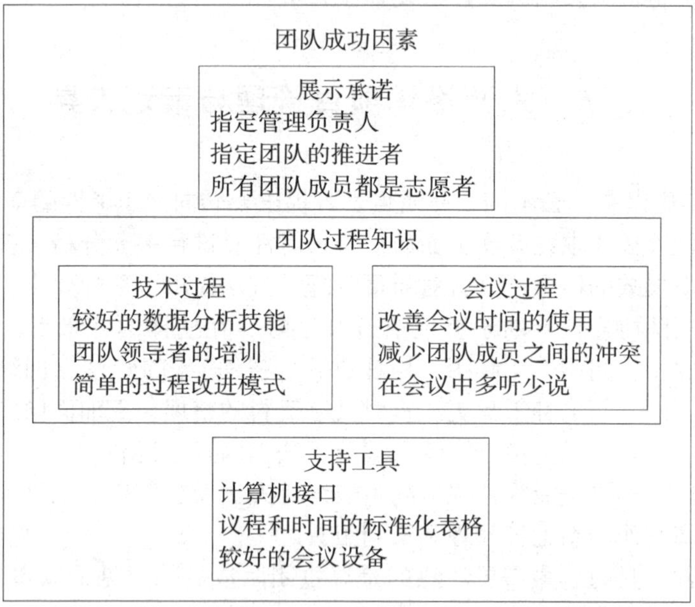

图 3—7　改善团队行为方法的亲和图

在亲和图法的使用过程中，资料的收集是至关重要的一环。语言、文字资料收集的方法随亲和图的用途与目的不同而异。

3.5.2　关联图

关联图（interrelationship diagram）也称关系图（见图 3—8），是将关系纷繁复杂的因素（因素与因素或因素与问题之间互相缠绕）按原因—结果或目的—手段有逻辑地连接起来，理清复杂问题，整理语言、文字资料的一种图形方法。关联图主要用于：

- 界定六西格玛项目的范围和边界；
- 原因分析：因素之间相互缠绕，或者一个因素同时影响两个及两个以上问题；
- 确认关键影响因素；
- 拟定制造过程中预防不良品的措施；
- 提出解决市场问题的措施；
- 改进企业的日常管理活动。

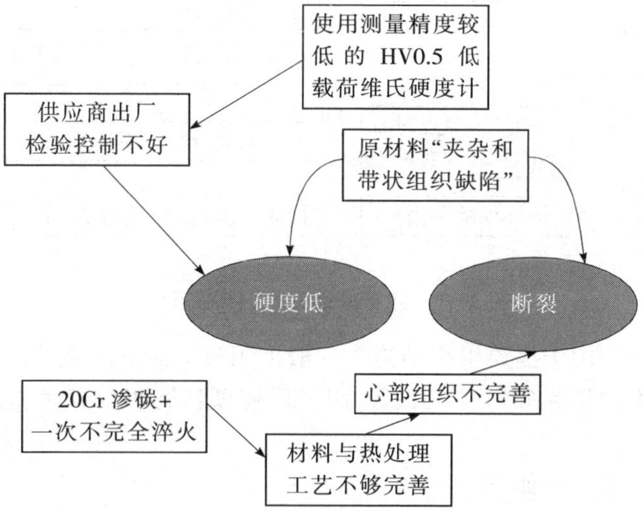

图3—8　硬度低与断裂的原因分析关联图

关联图的应用步骤一般如下：

(1) 确认存在的问题，用图形圈起来；

(2) 小组成员自由提出导致存在问题的有关因素（包括原因、理由、个人看法等）；

(3) 用明确的语言标示出问题和因素的名称，用图形圈起来；

(4) 确定问题和各种因素间的因果关系，并用箭头线连接起来；

(5) 根据图形进行分析讨论，检查有无不够确切或遗漏之处，复核和认可上述各种因素之间的逻辑关系；

(6) 将重要问题或重要因素用双线或粗线醒目地标示出来，并确定从何处入手解决问题。

3.5.3　树图

树图（tree diagram）又称系统图。它按照主题—主要类别—组成要素—子要素的顺序，将主题分解或者分层，以不断增加细节内容，旨在使笼统的主题分解成较小的部分，使之更易于理解和解决。树图可以自左而右或自上而下地展开。

树图有以下几种类型及用途：

(1) 目标—手段类别的树图。将欲实现的目标与需要采取的措施或手段系统地展开，以寻求最佳手段或措施。采用自左而右展开的较多。

（2）问题—原因类别的树图。用于分析质量问题与其影响因素之间的因果关系，以寻求根本原因和对策措施。采用自左而右展开的较多，实际上是因果图的另一种表现方式，如图 3—9 所示 。

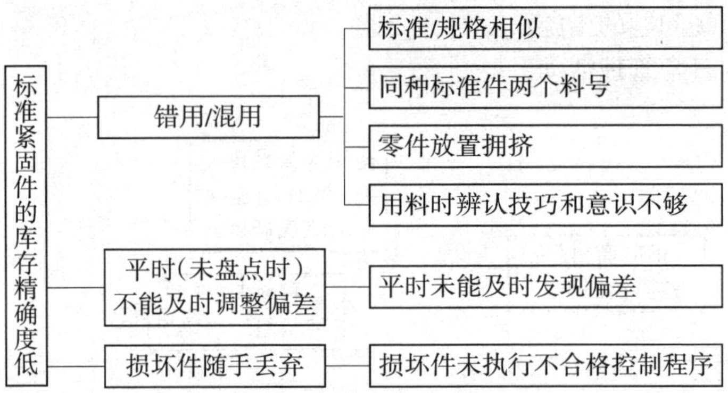

图 3—9　用于原因分析的树图示例

（3）组织结构图。用于描绘组织结构，一般采用自上而下的展开形式。

（4）项目管理中的任务分解（WBS)。用于分解项目管理的任务范围，一般采用自上而下的展开形式。

绘制系统图的一般步骤如下：

（1）简明扼要地讲述清楚要研究的主题（目标、问题等)。

（2）确定该主题的主要类别，即主要的层次。这时可以利用亲和图中的主卡片，也可以利用头脑风暴法中确定的主要层次来确定。

（3）构造树图。把主题放在最左侧或上侧的开始框内，把主要类别放在右面或下面的框内。

（4）针对这个主要类别确定其组成要素和子要素，并依次画出。

（5）评审画出的树图，确保无论在顺序上还是逻辑上均没有差错和空当。

在实施六西格玛的过程中，树图可以用来将复杂的改进机会分解，从而确定具体的六西格玛项目。如某企业针对提高顾客满意度进行分解得到如图 3—10 所示的树图，根据顾客满意度调查数据发现对售后服务的抱怨最多，而且绝大部分的抱怨是缺陷品的处理周期过长，最后确定将缩短缺陷产品处理周期作为六西格玛项目。

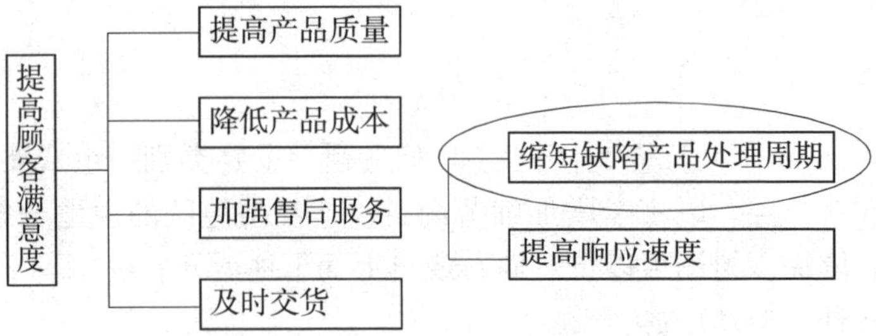

图 3—10　利用树图选择六西格玛项目

3.5.4 矩阵图

所谓矩阵图（matrix diagrams），就是从问题的各种关系中找出成对要素，并按数学上矩阵的形式，把问题及与其有对应关系的各个因素按行和列排成图，并在其交点处标出两者之间的关系，从中确定关键点的方法。

在寻求问题的解决方法时，若目的（或结果）能够展开为一元性手段（或原因），则可用树图法。然而，若有两种以上的目的（或结果），则其展开用矩阵图法较为合适。

在分析质量问题的原因、整理用户需求、分解质量目标时，将问题、用户需求、质量目标（设为F）放在矩阵图的左边，将问题的原因、由用户需求转化而来的质量目标或针对质量目标提出的质量措施（设为R）列在矩阵图的上方，用不同的符号表示它们之间关系的强弱，一般称L型矩阵图。

矩阵图，尤其是因果矩阵，在六西格玛实施中得到大量应用。在六西格玛项目选择过程中，一般用矩阵图进行项目选择和排序，如表3—13所示。

表3—13　　矩阵图在六西格玛项目选择中的应用

	对质量的影响	对运转周期的影响	对成本的影响	对管理水平的影响	项目排序
项目1	◎	○	◎	△	1
项目2	○	◎	○	○	2
项目3	○		△	◎	3
项目4		○	○	△	4

◎——强相关；○——较强相关；△——弱相关。

除此以外，矩阵图还可用于：

（1）设定系统产品开发或改进的着眼点；

（2）产品的质量展开以及其他展开，广泛用于质量功能展开（QFD）；

（3）系统核实产品的质量与各项操作和管理活动之间的关系，从而便于全面地对工作质量进行管理；

（4）发现制造过程中产生不良品的原因；

（5）了解市场与产品的关联性，制定产品发展战略；

（6）明确一系列项目与相关技术之间的关系；

（7）探讨应用现有材料、元器件、技术的新领域。

3.5.5 优先矩阵图

区分优先次序是指按照重要性的不同进行安排或者处理。优先矩阵图（prioritization matrices）是树图和矩阵图的结合，它可以帮助决策者确定所考虑的活动或者目标的重要程度。描绘优先矩阵图的目的是促使团队重点关注对组织最重要的关键事项，帮助成员在有着不同收益的多种选择间进行优选。每个行动方案的相对优点和相关影响构成一张复杂的图，很难在一个人的头脑中完成优选。例如，一个人在两辆汽车之间进行选择，其中一辆提供了平均油耗、属于四轮驱动且配有车窗及座椅控制的全自动装置；而另一辆有优越的音响系统、乘坐平稳并且有较好的燃料经济性，他将如何选择？对于一个驾驶者来说，四轮驱动可能是在其他所有考虑之上的首要选择；但对于另一个驾驶者来说，可能认为燃料经济性在其他选择之上。

优先矩阵图的建立和使用遵循以下步骤：

(1) 建立一个矩阵图，将树图的末端项目列为评价项目，并作为行和列的表头标题，然后比较相互之间的重要性，计算每一项目的权重得分（行的相对百分比），如表 3—14 所示。

表 3—14　　优先矩阵——评价项目的相关重要度

	便于操作	加速性	舒适性	价格	行和	行%
便于操作		1	10	5	16.0	42.3
加速性	1		10	5	16.0	42.3
舒适性	1/10	1/10		1/5	0.4	1.1
价格	1/5	1/5	5		5.4	14.3

10——非常重要
5——重要
1——相当
1/5——不太重要
1/10——非常不重要

(2) 给出评价项目的权重后，对所有可能的选择（指参与选择的项目）对照每一项目进行评分。这时需要建立新的矩阵，用来基于每一项目对各个选择进行评估（例如，表 3—15 基于四个评价项目之一的“加速性”，对各个选择进行了评价）。

表 3—15　　优先矩阵——基于同一评价项目（加速性）

	第一辆车	第二辆车	第三辆车	第四辆车	行和	行%
第一辆车		5	1/10	1/10	5.2	10.2
第二辆车	1/5		1/5	1/10	0.5	1.0
第三辆车	10	5		1/10	15.1	29.7
第四辆车	10	10	10		30	59.1

10——非常好
5——比较好
1——相同
1/5——有点不好
1/10——非常不好

(3) 最终的矩阵将要作比较的各个选择放在左边的表头，评价项目放在顶部表头。将来自上述矩阵的权重得分（行的相对百分比值）填入并相乘，对每个选择的得分进行加总，并求得其相对百分比，得分最高的被认为是最好的选择，如表 3—16 所示。

表 3—16　　优先矩阵——汇总表

	便于操作	加速性	舒适性	价格	行总和	行%
第一辆车	（项目的行百分比×选择的行百分比）	(42.3×10.2)=431				
第二辆车		(42.3×1.0)=42				
第三辆车		(42.3×29.7)=1 256				
第四辆车		(42.3×59.1)=2 500				

优先矩阵能够增加决策的客观性（相对于情绪化的决策）。当存在众多可能性并具有多种复杂的选择和评价项目时，这个工具可供团队系统地讨论、识别，优选出对做出决策最具影响的评价项目，并评估所有可能性，同时他们能够将全貌时时保持在头脑中。

3.5.6 过程决策程序图

在质量管理活动中，要达到目标或解决问题，人们总是希望按计划推进原定的各实施步骤。但是，随着各方面情况的变化，当初拟定的计划不一定行得通，往往需要临时改变计划。特别是解决困难的问题时，修改计划的情况更是屡屡发生。为应付这种意外事件，提出了一种有助于使事态朝理想方向发展的解决问题的方法——PDPC 法。

PDPC 法（process decision program chart）也称为过程决策程序图法，其工具就是 PDPC。PDPC 法于 1976 年由日本学者提出，是运筹学中的一种方法。所谓 PDPC 法，是为了完成某个任务或达到某个目标，在制定行动计划或进行方案设计时，预测可能出现的障碍和结果，相应地提出多种应变计划的一种方法。这样在计划执行过程中遇到不利情况时，仍能按第二、第三或其他计划方案进行，以便达到预定的计划目标。如图 3—11 所示，当 A 方案在 A2 步骤遇到困难时，可改用 B 方案；当工作刚开始时（A0），A1 就受到严重阻碍，只有使用 C 方案，而在 C3 步骤很有可能受阻，这时可实施 D 方案，也许能够实现理想目的 Z。

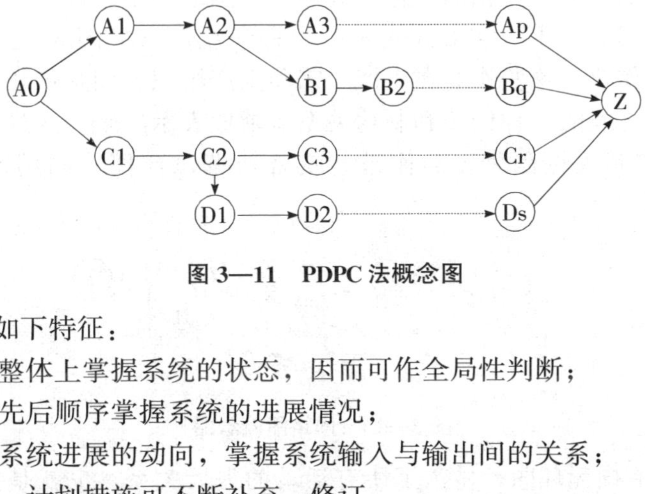

图 3—11　PDPC 法概念图

PDPC 法具有如下特征：

（1）从全局、整体上掌握系统的状态，因而可作全局性判断；

（2）可按时间先后顺序掌握系统的进展情况；

（3）密切注意系统进展的动向，掌握系统输入与输出间的关系；

（4）情报及时，计划措施可不断补充、修订。

使用 PDPC 法的基本步骤如下：

（1）召集有关人员讨论所要解决的课题；

（2）在自由讨论中提出达到理想状态的手段、措施；

（3）对提出的措施，列举出预测的结果及遇到困难时应采取的措施和方案；

（4）将各措施按紧迫程度、所需工时、实施的可能性及难易程度予以分类；

（5）决定各项措施实施的先后顺序，并用箭条将理想状态方向连接起来；

（6）落实实施负责人及实施期限；

（7）不断修订 PDPC 图。

图 3—12 是某设备维修改进团队应用 PDPC 法进行设备维修计划安排。

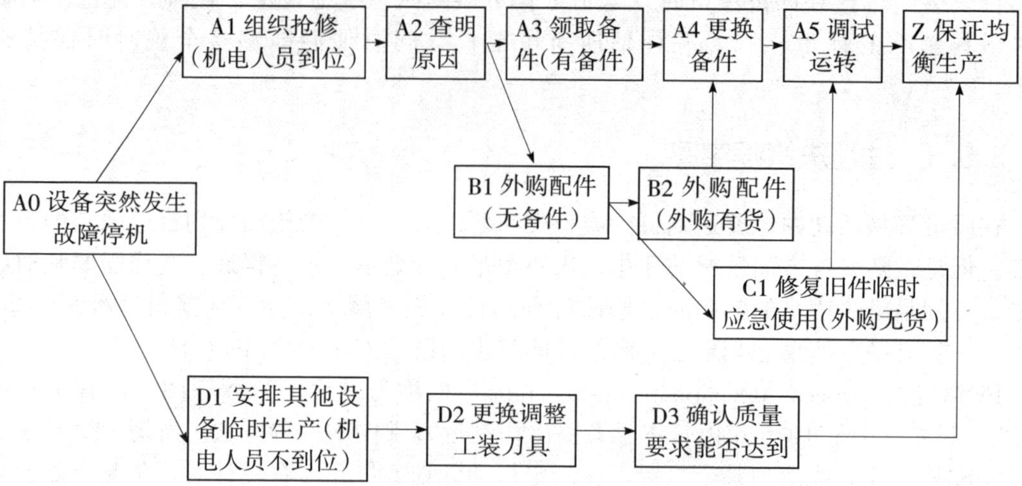

图 3—12　某设备维修改进团队 PDPC 法应用示例

3.5.7　网络图

网络图（network planning）也称箭条图或矢线图，利用网络图进行计划安排和优化的方法称为网络计划技术，在我国也称为统筹法。网络图是把推进计划所必需的各项工作按时间顺序和从属关系用网络形式表示的一种矢线图（见图 3—13）。一项任务或工程可以分解为许多作业，这些作业在生产工艺和生产组织上相互依赖、相互制约，网络图可以把各项作业之间的这种依赖和制约关系清晰地表示出来。通过网络图能找出影响工程进度的关键和非关键因素，从而进行统筹协调，合理地利用资源，提高效率与效益。

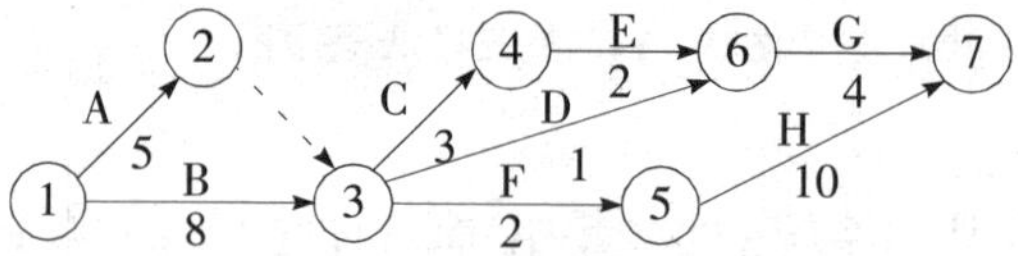

图 3—13　网络图概念图

网络图是一张有向无环图，显示了所有活动的先后关系，也就是任务完成的先后顺序。其中节点表示事件（如 1，2，3，…），箭头表示活动（如 A，B，C，…），箭头边上的权值表示活动持续时间（如 5，6，9，…）。在网络图中，路径最长（权重数值之和最大，一般用粗线或双线表示）的称为关键路径，它的长度代表完成整个工程的最短时间，称为总工期。由于只有通过压缩关键路径上的活动时间才能使整个工期缩短，因此关键路径上的活动是影响整个工程的主要因素，这就是“关键”一词的由来。

关键路径是网络图中一个极其重要的概念。关键路径又称主要矛盾线，其周期决定了整个作业进度的周期。关键路径上的延迟或提前，将直接导致整个项目总工期的拖延或提前。关键路径上的作业称关键作业。关键作业在时间上没有回旋的余地。因此，要缩短总工期，必须抓住关键路径上的薄弱环节，采取措施，挖掘潜力，以压缩工期。关键路径能使管理者对工程做到心中有数、明确重点。

如图 3—14 所示，如果事件 1 是事件 2 的紧前事件，则箭头由事件 1 指向事件 2。事件 2 可能存在若干个紧前事件。有时虽然两个事件之间没有活动存在，但事件 2 必须等待事件 1 完成才可以开始，则用虚线箭头连接，虚线箭头代表一个虚活动。完成虚活动不需要时间，它仅仅用来表示时间发生的先后顺序。

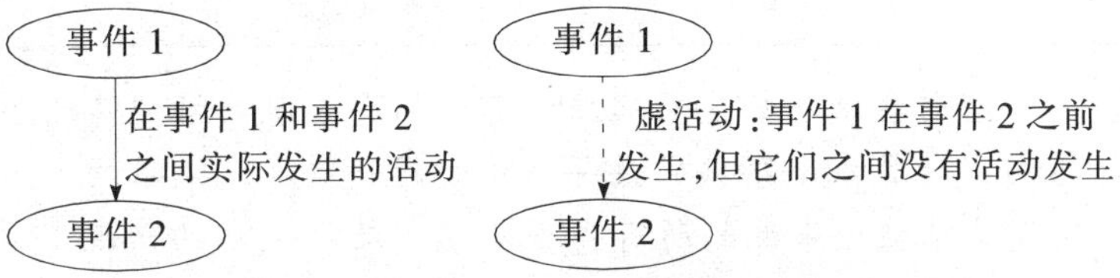

图 3—14　网络图相关术语和作图规范

所有活动都指向的那个节点标志着项目的最后完成，称为网络图的交汇点。

构造网络图时应遵循下列规则：

（1）规则 1：网络图中每个活动都由一个箭头表示，且只有一个箭头。一个活动在网络图中不能出现两次，但是，一个活动可以分解为多个部分。

（2）规则 2：不能有两个活动从同一个事件指向同样的另一个事件。正确的做法是引入虚事件和虚活动（见图 3—15）。

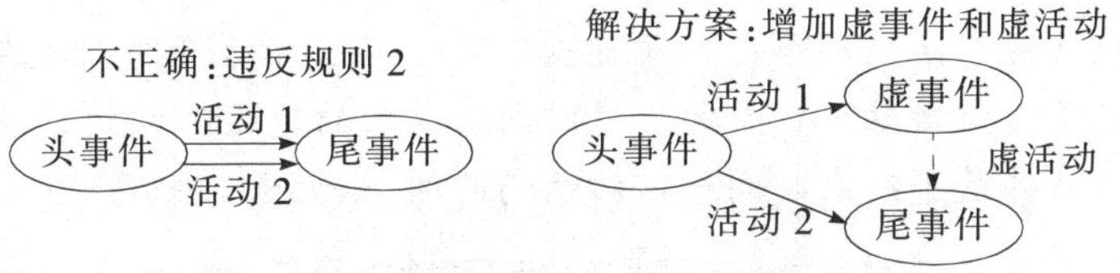

图 3—15　平行活动在网络图中的表示方法

（3）规则 3：为了保证网络图中事件和活动的先后关系正确，每添加一个活动时都应先回答下列问题：

- 该活动开始前必须完成哪些活动？
- 哪些活动是该活动的直接后继活动？
- 哪些活动必须和该活动同时发生？

例 3—2

某房屋建造工程中的活动如表 3—17 所示，试构造其网络图。

表 3—17　房屋建造工程中的活动

活动	完成所需的天数	活动	完成所需的天数
开挖	2	筑墙	10
打地基	4	电线铺设	7

续前表

活动	完成所需的天数	活动	完成所需的天数
外部管道	4	内部装修	6
内部管道	5	屋顶	6
墙板	8	外墙	7
地板	4	外部粉刷	9
内部粉刷	5	外部装修	2

(1) 首先，要弄清这些活动的先后次序，例如只有先筑好墙才能建屋顶。

(2) 描绘网络图，计算每个事件的最早结束时间和最晚结束时间。

● 最早结束时间是指在该事件的所有先驱活动都及早完成的情况下，出现该事件的最早时间。从第一个事件开始，从前往后，依次计算每个事件发生的最早时间，要求紧前事件在最早时间发生。

● 最晚结束时间是指在不影响整个项目完工时间的情况下，出现该事件的最晚时间。从最后一个事件开始，从后往前，依次计算每个事件的最晚时间，要求紧后事件在最晚结束时间发生。

(3) 计算事件的延迟时间。事件的延迟时间是事件的最晚结束时间和最早结束时间的差值，意味着在其他的活动和事件都按日程安排正常进行的条件下，在不影响整个项目完工时间的情况下，该事件可容忍的拖延时间。

(4) 计算活动的延迟时间。活动的延迟时间是活动的最晚结束时间和最早结束时间的差值，意味着在其他的活动和事件都按日程安排正常进行的条件下，在不影响整个项目完工时间的情况下，该活动可容忍的拖延时间。活动的延迟时间＝紧后事件的最晚结束时间－（紧前事件的最早结束时间＋该活动的时间）（见表3—18）。

表3—18　房屋建造工程中活动延迟时间的计算

活动	延迟时间	活动	延迟时间
开挖（1，2）	2－(0＋2)＝0	地板（9，11）	38－(33＋4)＝1
打地基（2，3）	6－(2＋4)＝0	内部粉刷（9，12）	38－(33＋5)＝0
筑墙（3，4）	16－(6＋10)＝0	内部装修（12，13）	44－(38＋6)＝0
电线铺设（4，7）	25－(16＋7)＝2	屋顶（4，6）	26－(16＋6)＝4
外部管道（4，5）	20－(16＋4)＝0	外墙（6，8）	33－(22＋7)＝4
内部管道（5，7）	25－(20＋5)＝0	外部粉刷（8，10）	42－(29＋9)＝4
墙板（7，9）	33－(25＋8)＝0	外部装修（10，13）	44－(38＋2)＝4

(5) 寻找关键路径。项目的关键路径就是网络图上延迟时间为零的活动组成的路线（见图3—16由粗箭头组成的路线），这些活动就是关键活动，其时间总和就是项目完成的总时间。

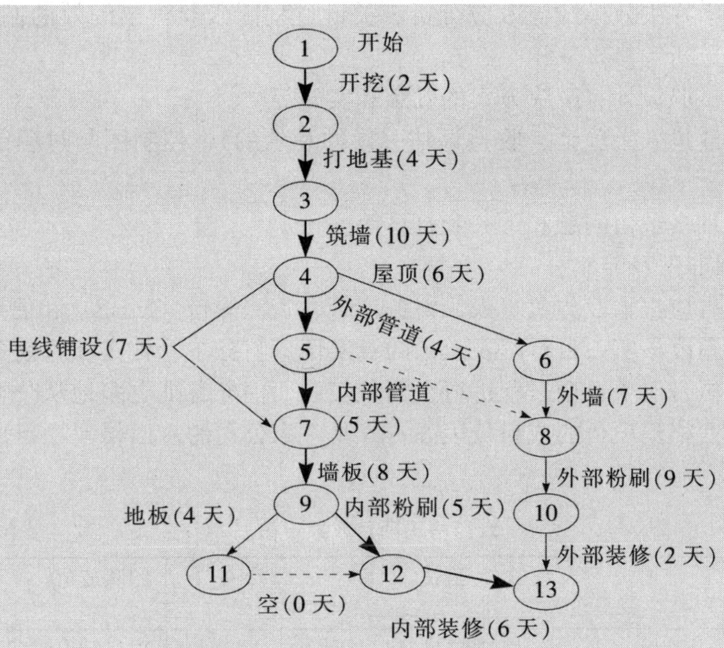

图 3—16 房屋建造工程的网络图

3.6 六西格玛项目总结与成果评审

项目管理的最后一个过程是项目收尾，包括行政收尾和合同收尾。对于六西格玛项目而言，主要包括六西格玛项目总结、项目成果评审与分享。

项目总结、评审和分享的过程是六西格玛项目管理 PDCA 循环的 A 阶段，也是实现闭环评价和知识管理的过程，即通过对达到目标的项目进行文件化并予以闭环评价，对获得的实践经验和教训进行管理，以便识别新的机会，包括与其他相关部门、类似过程以及顾客、供应商、社会等利益相关方分享项目的知识成果，进而使项目的成果倍增，实现六西格玛项目知识资产的确认、积累和分享。

3.6.1 六西格玛项目总结

1. 项目总结报告的编写

为交流和认可成果，推进六西格玛项目持续开展，项目团队应基于项目立项表和项目文档，对活动记录进行整理归纳，撰写成果报告书，要求文字精练，条理清楚，尽量选用图表表示。一般可包括以下内容：

（1）前言。

（2）界定。项目背景、项目目标、项目计划、项目团队、流程分析等。

（3）测量。过程输出绩效的测量、过程因素分析、过程因素测量、测量系统分析等。

(4) 分析。潜在失效模式与效应分析、关键过程因素与输出绩效的回归和相关分析、假设检验、方差分析等。

(5) 改进。试验设计、解决方案的确定和实施等。

(6) 控制。改进效果验证、收益评估（硬的和软的)、控制图与过程能力分析、标准化等。

(7) 经验教训、遗留问题和下一步打算等。

2. 项目总结报告的审核

项目总结报告应报请业务负责人、财务主管、资深黑带（MBB）和倡导者审核。业务负责人从过程的角度核实项目过程及效果的真实性；财务主管核实项目财务收益的计算方法和结果；资深黑带对项目全过程进行全面核实；而倡导者则更多地从公司文化和战略的宏观视角审核六西格玛项目的成果。表 3—19 是一家公司的六西格玛项目成果审核表，可供参考。

表 3—19　　六西格玛项目成果审核表

<table>
<tr><td colspan="2">项目名称：</td><td colspan="2">组长：</td><td colspan="2">团队成员：</td></tr>
<tr><td colspan="2">项目目标：</td><td colspan="2">项目启动时间：</td><td colspan="2">项目结束时间：</td></tr>
<tr><td>改进前后状况及数据</td><td colspan="3">改进内容及涉及文件</td><td colspan="2" rowspan="3">过程负责人审核

年　月　日</td></tr>
<tr><td>改进前：</td><td colspan="3" rowspan="2"></td></tr>
<tr><td>改进后：</td></tr>
<tr><td colspan="6">潜在年收益计算：
实际收益计算：
财务审核：
年　月　日</td></tr>
<tr><td colspan="3">资深黑带审核

年　月　日</td><td colspan="3">倡导者审核

年　月　日</td></tr>
</table>

3. 项目移交

在项目成果得到审核确认后，项目团队应将之移交给过程所有部门或区域，由后者对项目成果进行日常监测和控制。同时，做好项目文档的最终归档（移交给公司档案管理部门或六西格玛管理归口部门)。

3.6.2　六西格玛项目成果评审与分享

企业应当对六西格玛项目成果进行科学、全面的评价，制定符合企业自身特点的激励政策，使改进活动步入良性循环。

1. 成果发布、评审与分享

企业应根据六西格玛管理的推进情况，定期举行六西格玛项目成果发布、评审与分享会，参加者包括评审人员、项目团队成员以及各相关过程、部门的人员。

企业可建立由倡导者、资深黑带以及与项目相关的业务负责人等组成的六西格玛项目评审委员会，对参与发布的成果进行无记名评分，对各评委的评分进行平均，必要时可进行现场核实。评价应鼓励和突出互相学习与交流，注重活动过程的有效性，倡导有特色的成果，兼顾经济、环境与社会效益。对项目成果的评价一是要科学，采用科学的评价方案，要实事求是，不能夸大项目的成果；二是要全方位地评价，不要局限于经济效益方面的成果，也要指出不足之处。项目评审一般包括以下几方面的内容：

（1）项目选择的合理性。

● 项目是否有意义、有价值；

● 项目目标是否具有挑战性且符合 SMART 原则，是否达成目标。

（2）应用六西格玛理念方法和统计技能。

● 是否正确运用六西格玛的思路、方法解决问题；

● 是否正确、合理运用统计工具和技能推进问题的解决；

● 发布的资料是否完整并具有较高的质量。

（3）项目收益。

● 项目收益计算是否合理、正确，公司是否取得可观的项目收益或显著的管理效果。

（4）项目范围和推广应用前景。

● 在项目涉及的范围方面，团队成员是否与项目本身所涉及的职能部门一致，并承担适宜的项目工作，是否体现跨职能合作；

● 项目是否有推广应用价值。

（5）发布人的思辨、表达、沟通、组织协调、回答问题等软性技能表现。

● 表述是否清晰；

● 时间掌握是否恰当；

● 回答问题是否正确；

● 团队负责人是否具备组织、领导项目组的能力。

除了在企业内部进行发布、分享外，在不泄露公司的商业机密的前提下，还可以向顾客、供应商和合作伙伴，以及在行业内外发布或分享（如参加全国或地区、行业的六西格玛成果发布会和六西格玛优秀项目评选，编写资料或书籍等），促进社会进步和发展。分享的目的在于进一步扩大改进和创新的效应，在更广泛的意义上降低改进的成本和提高改进的效率，扩大收益区域，为利益相关方创造更多的价值。

2. 成果激励

六西格玛成果是追求卓越绩效的体现，值得公开认可和奖赏，以增强参与员工的自尊和成就感。企业需要根据所在行业的特点以及自己的条件，制定多样化的激励方式和手段，包括物质的和精神的激励。

企业可依据项目评审的结果，设立优秀六西格玛项目、六西格玛成就奖、明星黑带和绿带等各种奖项，授予项目团队和成员。

（1）物质激励。可包括：

● 奖金；

● 奖品；

● 晋升与调薪。

要基于个人贡献的大小来评价团队成员在六西格玛团队中的绩效，进行奖金分配。

（2）精神激励。可包括：

- 让项目黑带或绿带有机会登台发布成果，可邀请其亲属、朋友参加；
- 高层领导签署表彰令，亲自参与成果发布会议、成果表彰仪式或宴会，授予奖状、奖章或奖牌（可刻上项目名称和黑带等团队成员姓名）；
- 将项目报告及团队成员照片刊登在公司的新闻媒介上；
- 完成六西格玛管理培训也是一种成果，因此可以给完成课程的人员授予证书、徽章等。

3. 黑带与绿带认证

黑带与绿带认证也是一种激励，是一种对员工职业生涯发展的激励。企业可以自行认证，也可以鼓励员工参加权威的第三方机构（如中国质量协会）组织的资格考试、项目评审和注册。

企业内部的黑带和绿带认证应具备以下条件：

- 完成黑带知识课程培训，项目组长应至少完成两个项目，取得显著收益，并通过企业内部项目成果评审。
- 完成绿带知识课程培训，组织完成两个绿带项目或作为核心成员参与完成若干个黑带项目，收益显著，并通过企业内部项目成果评审。

本章小结

本章从项目管理整体过程的角度，重点介绍了六西格玛项目选择、项目立项表和计划、项目团队建设、项目监控和促进变革、项目管理和策划工具，以及项目总结与成果评审。企业通过有组织、有计划地实施六西格玛项目实现其经济效益。对一个企业来讲，通过六西格玛项目的实施可以促进人们观念和行为方式的转变；同时，六西格玛项目又是黑带、绿带成长过程中的必经之路，黑带、绿带除了学习一系列知识、方法、工具，还必须经受六西格玛项目从寻找改进机会到启动、规划、实施、监控、收尾全过程的锻炼。因此，六西格玛项目的实施在变革企业文化、培养统计技术方面的专家、促进企业持续改善及获得实际经济效益等方面有着十分重要的意义。特别是在企业导入六西格玛管理的初期，六西格玛项目成功与否还关系到企业能否以较小的阻力引入这种新的管理方法并持久地进行下去。可以说六西格玛项目的选择与实施，是六西格玛管理的一个关键环节。

推荐阅读

1. 美国项目管理协会著，卢有杰等译. 项目管理知识体系指南（第3版）. 北京：电子工业出版社，2005

2. 托马斯·派兹德克等著，吴秀云等译. 六西格玛手册. 北京：清华大学出版社，2011

3. 南希·R·泰戈著，何桢等译. 质量工具箱（第2版）. 北京：中国标准出版社，2007

第2篇

DMAIC流程

σ

第4章 界 定
第5章 测 量
第6章 分 析
第7章 改 进
第8章 控 制

第4章

界　定

界定（define）是六西格玛DMAIC方法的第一个步骤，也是非常重要的一步。六西格玛项目是从界定阶段开始的，一般说来，在初选项目时，对欲解决的问题往往仅有比较宏观的考虑。项目团队需要通过界定阶段的工作，明确问题或者流程输出Y及其测量，确定Y的标准。项目团队还需要明确项目的关注领域和主要流程，将项目界定在一个比较合理的、团队可以把握的范围之内。通过界定阶段的工作，项目团队要明确项目的目标，测算项目预期收益，确定项目核心团队成员等。一些质量工具和方法将帮助黑带及团队完成上述工作。常用的有顾客需求分析、卡诺模型、SIPOC分析、相关方分析、排列图等。所有这些工作的结果，将纳入项目立项表或称为特许任务书的文件，并得到主管领导以及倡导者的批准。

4.1 顾客需求分析

4.1.1 六西格玛项目的顾客

对于一个六西格玛项目而言，项目所关注的产品或服务的接受者就是项目的顾客。

首先，应当识别特定项目的顾客，包括内部顾客和外部顾客，并根据项目关注的过程的实际输出和顾客要求的差异程度进行进一步的细分，从中确定出关键的细分顾客群。例如，如果要实施一个改进蒸汽生产过程的六西格玛项目，基于第2章中的图2—4，可以识别出该项目的顾客包括蒸汽用户、热水用户、股东和管理层、社区、员工。

其次，分析在项目中各种顾客的需求是什么，有哪些影响因素，哪些是关键需求，如何将顾客的需求转化为项目关注的关键问题等。

4.1.2 顾客数据的收集与分析

要真正把握顾客要求，首先要建立顾客反馈系统，倾听和了解顾客的声音。这是了解顾客要求的关键一步，必须给予充分的重视。应注意顾客的声音中的“顾客”是一个广义的概念。除了产品的使用者和潜在使用者，必要时还应包括分销商、产品维修人员等在产品生命周期内关系密切的外部及内部的组织和人员。对于大型复杂产品的开发而言，顾客的声音将来自更多方面。另外，由于环境法规、安全标准等国家和行业的法令、法规和标准、规范构成了产品开发的约束条件，也应列入顾客要求的范畴。从企业的长远利益考虑，还必须深入挖掘顾客的潜在需求，制定产品的更新换代规划、企业的发展方向和战略等。

1. 顾客数据的收集

可以从不同的顾客那里收集反馈的数据和信息，包括：当前感到满意的顾客；当前感到不满意的顾客（包括那些抱怨和没有抱怨的顾客）；流失的顾客；竞争对手的顾客；潜在的顾客等。

收集顾客的声音的方法包括：

● 顾客调查。通过调查表、顾客代表座谈会等形式了解和归纳顾客对未来产品的要求。

● 顾客抱怨和投诉的处理。积极主动地收集顾客的抱怨和投诉，通过及时有效的处理，增进顾客满意和忠诚，改进产品、服务和管理，并了解顾客的真实要求。

● 同类产品质量跟踪和售后服务信息分析。了解现有产品中令顾客满意或抱怨的质量特性，以顾客要求的形式表述。

● 将有关的政策法规等纳入顾客要求或作为产品开发的约束条件。

● 分析公司的战略和策略在产品开发中的贯彻方式，提炼出必要的顾客要求。

● 产品发展现状与趋势分析。通过媒体及专业杂志等手段收集信息，分析处理，从全局上把握产品发展方向，结合 QFD 小组的头脑风暴会议，对上述方式得出的顾客要求进行筛选和补充。

下面介绍几种常用的顾客调查方法。

（1）书面邮件调查。最常用的调查方法是邮寄书面问卷进行顾客满意度调查。许多公司定期寄出调查问卷，把结果制成表格，为组织的所有领域提供反馈。有些组织按年度进行满意度调查，另一些组织则每月随机抽取顾客发送问卷。

邮件调查比电话调查和专人访问花费的时间更长，但在所有的调查技术中这是强迫性最小的技术，因为回答者可以自己选择时间完成调查。邮件调查比专人访问费用低，通常也比电话访问费用低。返回率低是邮件调查的主要问题。预先通知，撰写良好的介绍信，追踪调查在问卷中没有回答的问题，是提高返回率的有效技巧。在满意度调查中，一般可以达到 30％～50％的返回率。

这种调查成本低，有助于统计分析。邮件调查中既可以包括定量提问，也可以包括定性提问。但开放式定性提问数据的质量不如电话调查或专人访问，因为在邮件调查中，没有访问人员对不完整的回答或模糊的回答提出质疑或做出澄清。

为提高效率，书面邮件调查必须比较简短，以便降低接受调查者放弃调查的可能性，但这限制了提问的数量。书面邮件调查的回应不是随机的，因为最满意的和最不满意的顾客比没有强烈感受的人做出回应的概率更大。为了克服这个问题，公司可以通过电话与随机抽取的顾客联系，测量和纠正书面调查结果中的偏差。

（2）电话调查。许多公司利用电话调查补充或替代书面调查。电话调查对于收集有关公司整体的信息，或关于销售和服务这样的职能领域的信息特别有效。访问人员打电话给客户，识别需求并了解公司在满足顾客需求方面做得如何。电话调查便于管理，并且调查结果可以很快得到利用。与邮件调查相比，由于返回率较高，电话调查更准确。样本量可以较小，公司可以确切地知道回答调查问题的人。电话调查比书面调查有更大的灵活性，因为有经验的调查员可以偏离准备好的访问指南，涉足顾客特别感兴趣的领域。如果有经过适当培训的访问者，还可以保证开放式评论数据有较好的质量。电话调查中需要注意的事情是，确保所有的访问人员按照一致的方式实施调查，以减少由于访问人员的影响所产生的偏差。

电话调查也存在一些问题。比如，通过电话请受访者评价复杂的概念比较困难。电话访问有时间限制，顾客一般不会接听长时间的电话。电话调查比执行良好的书面调查费用高，但比专人访问费用低。电话访问注定会打扰被访问者，并且阻力日益增加，特别是来自消费者的阻力。因此，广泛地采用有声邮件和录音电话成为必需，需要通过多种努力以获得合理的回收率。在某些消费品市场上，顾客可能没有列出电话号码或没有电话。然而，即使在这种不利条件下，电话调查仍越来越普遍，成为销售和顾客服务质量改进过程中出色的输入来源。

(3) 专人访问。专人访问或面对面访问是最强有力的信息收集技术之一。它可用于识别对顾客而言最重要的事项，以便在书面或电话调查中强调这些事项。专人访问还是一种收集定性信息的高效方法。一个训练有素的访问者可以迅速地提取顾客的关键信息。访问人员可以追寻最重要的领域，探究细节，讨论新见解和方法。无论是从内部顾客还是外部顾客那里获得信息，专人访问都是一种有效的工具。

专人访问的优点还有：如果进行了足够数量的调查，定量的结果就可以明确地反映被调查人群的意见。与焦点小组调查方法不同的是，被调查人的回答表明了他自己的意见，而不以任何方式受小组多数意见或占支配地位的参与者的影响。

实施大量的专人访问成本很高，当公司拥有大量顾客或顾客分布较分散时更是这样，因为需要出差，所以导致大量的成本和时间付出。专人访问要求使用训练有素的、没有偏见的访问人员。这意味着通常需要利用公司以外的人员。

(4) 焦点小组。焦点小组讨论是定性的小组讨论，通常有8～10个参与者，一般按照一定的细分准则筛选，如产品使用的层面、年龄、收入、性别等。讨论之前准备好问题提纲作为讨论指南。各个问题由焦点小组主持人提出并予以推动。焦点小组可以识别出重要的、反复发生的主题。这些主题与顾客对产品或服务的满意度、关键顾客需求以及绩效改进的机会有关。

焦点小组的好处是回答每个问题的成本较低。焦点小组通常作为书面或电话调查的第一步，也单独用于获得顾客对销售和营销计划的反馈。内部顾客焦点小组可以为业务改进、制造、开发、行政管理甚至销售过程提供输入。

(5) 网络调查。随着互联网的普及，网络调查日益成为顾客调查的重要方式。网络调查是把设计好的问卷放在门户网站或企业网站上，顾客可以很方便地在网上填写问卷。网络调查的主要优点是成本低、时间短，采集的数据为电子数据格式，数据分析和处理非常方便。但是网络调查也有一些问题，如被调查对象不容易控制，数据的真实性很难校验，在一些门户网站调查中，调查对象与填写问卷的人群结构不吻合（青年网民较多，但是某类产品或服务的消费人群多为中老年顾客）。

(6) 网络信息反馈。网络时代，几乎每个企业都有自己的网站，企业在自己的网站上提供顾客注册服务成为一种趋势。这不仅是为顾客提供售后服务，也是了解顾客反馈信息的重要方式。顾客可以通过互联网将其对产品或服务的反馈信息发给企业，企业客服部门或售后服务部门要及时整理顾客的反馈信息，了解顾客在使用产品或享用服务过程中存在的问题。虽然这不是一种系统的顾客调查方式，但对于了解顾客需求非常重要。

此外，企业还要有专门人员及时了解顾客在一些门户网站的贴吧、微博、微信上发布的有关本企业产品或服务、竞争企业产品或服务、相关产品或服务等方面的信息，及时捕捉顾客需求。

2. 顾客数据的分析

收集顾客数据只是第一步，接下来还需要分析顾客数据。如何分析顾客反馈的数据？顾客的声音提供了原始的顾客需求，应加以规范化，进行分解、归并、筛选，并予以确认和分级。通过调查分析，确定顾客需求的重要程度。

对顾客需求的表述有一定要求，主要包括：

(1) 用语简洁，无歧义；

(2) 一项顾客需求只表达一个特定的意思；

(3) 不把对应的工程技术解决方案纳入顾客需求；

(4) 便于工程人员理解；

(5) 同一级别的顾客需求彼此独立，内容无覆盖及交叉。

为了便于工程人员理解，应对用语进行规范化处理，使工程人员可据此提出相应的解决方案。

为了建立顾客需求间的层次关系，亲和图法是一个形象而有效的手段，具体步骤如下：

(1) 把每项顾客需求分别填在一张小纸条上，去掉内容重复的纸条，再把所有纸条排列起来；

(2) 把内容相近的纸条聚为一堆，起一个可以概括其内容的名字，作为高一级的顾客需求，写在另一张纸条上；

(3) 如有必要，继续上一过程，直到顾客需求被系统、有层次地组织起来。

对于复杂一些的产品，为了深入细致地分析顾客对产品的需求，可能需要确立多级顾客需求，将它们填入需求质量展开表中（见表4—1）。

表4—1　某无线电远距操纵装置的需求质量展开表

1次	2次
1操作方便	1.1携带方便
	1.2操作中不感觉疲劳
	1.3操作易于理解
	1.4能轻松愉快地操作
	1.5能处理复杂问题
⋮	⋮
5安全	5.1无误动作
⋮	⋮

对收集、整理的顾客数据，可采用图表、统计方法、定性的工具来分析和理解顾客的需求。

3. 关键顾客需求的转化

应用质量功能展开（QFD），对顾客（用户、使用方）的产品需求进行多层次的演绎分析，利用量化评估方法识别关键顾客需求（critical customer requirement，CCR），并逐层地转化为产品的设计要求、零部件特性、工艺要求、生产要求，以指导产品的设计和保证产品的质量（详见第10章）。

4.1.3 确认关键顾客需求

确认关键顾客需求，是六西格玛项目工作中重要的一步。整个项目工作是在这个步骤的基础上展开的。因此，在六西格玛项目工作的界定阶段，需要特别关注这一点。顾客（内部和外部）只有在其需求得到充分理解并获得满足后，才会感到满意和忠诚。如何准确地定义顾客的需求及要求，是黑带及其团队的职责。当顾客的需求被正确理解并被恰当地转换为过程输出的关键质量特性时，项目才具备展开的基础。

许多情况下，需要在顾客调查的基础上，将顾客需求进一步展开，以便转化为具体可测量的要求，并细化到团队可以把握的层次，便于项目工作的开展。本书前面介绍了应用亲和图法归纳整理不同层次的顾客需求，形成多级展开的顾客需求表的方法，并给出了顾客需求展开表的例子。图4—1所展示的是某服务过程的顾客需求的树图，它是顾客需求展开的另一个例子。

采用树图展开顾客需求是十分必要的，它可以帮助团队将顾客需求逐层展开，逐步细化并使其可测量。在此基础上，结合顾客调查等结果，可以确定关键顾客需求，据此开展六西格玛项目。

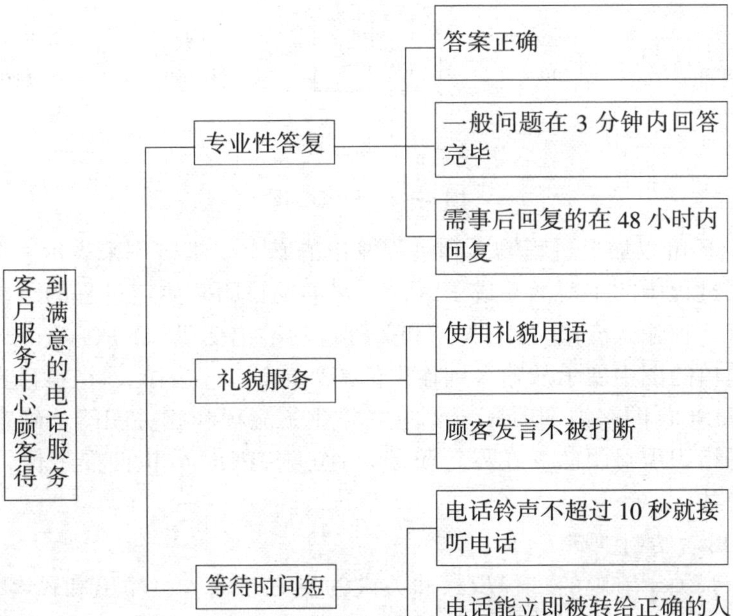

图4—1 顾客需求的树图

4.2 界定项目范围

4.2.1 过程的 SIPOC 分析

在项目的界定阶段，需要将内部流程与关键顾客需求联系起来，识别项目重点关注的内部流程。这个识别过程首先从宏观的流程分析（也称为高阶流程分析）开始。SIPOC 分析方法是通常使用的宏观流程分析方法。

1. SIPOC 图的构成

SIPOC 图也称高端程序图（见图 4—2），名字来自供方、输入、过程、输出和顾客的首字母缩写。其中：

供方（supplier）。提供输入的组织和个人，在六西格玛项目管理中，专指向过程提供关键信息、材料或其他资源的个人和组织，供方可以是内部的或外部的。

输入（input）。供方提供的信息和资源，包括人员、机器、材料、方法、环境等。

过程（process）。将输入转化为输出的活动。过程是使输入发生改变的一组步骤，理论上，这个过程（由这些步骤组成的过程）将增加输入的价值。

输出（output）。过程的结果。

顾客（customer）。接受输出的人、组织或过程。

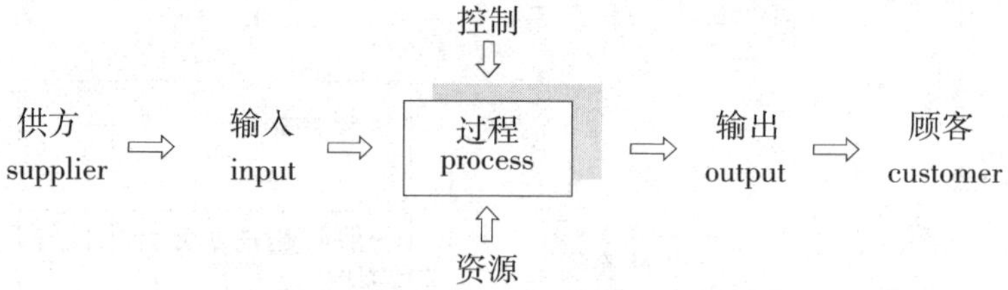

图 4—2 SIPOC 图

SIPOC 图上还可以加上过程输入和过程输出的基本要求，用来表示一个业务流程或产品（服务）实现过程中的主要活动或子过程，帮助项目团队界定过程的范围和过程的关键因素，确定关键过程输入变量（KPIV）和关键过程输出变量（KPOV）。SIPOC 图的优点是：能在一张简单的图中展示从输入到输出的跨职能活动。因此，在项目界定阶段应使用 SIPOC 分析和 SIPOC 图来识别项目涉及的主要业务流程和相关职能，确定项目范围，识别项目相关方并组织项目团队。在界定阶段，通过 SIPOC 分析使黑带保持对流程的宏观认识是非常重要的。

2. SIPOC 图的绘制步骤

为了提供一张关于宏观的过程步骤和关键的供方、输入、输出和顾客关联关系的 SIPOC 图表（见表 4—2），需要确定项目所关注的过程起点和终点，在此基础上，确定相应的供方和输入，以及输出和顾客（包括组织内部或者外部的顾客）。

表 4—2 **SIPOC 工作表**

供方	输入	过程	输出	顾客

西蒙（Simon）建议，采用下述方法带领团队绘制 SIPOC 图：

（1）用一块足够大的墙面或白板，供团队成员用小纸条来讨论和列出供方、输入、过程、输出和顾客，直到最后确定下来。

（2）过程的步骤不宜写得过细，用 4～5 个关键宏观步骤来表示从输入到输出的核心业务流程。

（3）团队先讨论过程的输出是什么，过程有哪些结果（产品或服务）产生，应该包括哪些内容，过程的输出点或结束点应该在什么地方。

（4）列出过程输出的顾客。谁是过程结果的用户/使用者？

（5）列出过程的输入。过程的输入来自何处？

（6）列出提供输入的供方。谁是关键的供方？

（7）顾客的主要需求是什么？这一部分要在项目的测量阶段进一步验证。

（8）与团队的负责人、流程主管、倡导者以及其他相关方一起确认项目的 SIPOC 图。

表 4—3 是一个设备租赁过程的 SIPOC 工作表的例子。

表 4—3 **SIPOC 工作表（样例）**

供方 S	输入 I	过程 P	输出 O	顾客 C
申请人	租赁申请	（见下）	批准的申请表	申请人
信用调查部门	资质证明		出租的设备	
	信用证明		随机文件	
	信用报告		服务信息	

过程 P

顾客信用调查	⇨	设备确认与准备	⇨	随机文件的准备	⇨	收抵押金	⇨	交付

3. SIPOC 图的检查

为了保持 SIPOC 图的正确性，可采取下面一些检验活动：

（1）如果在 SIPOC 图的“P”中，步骤数量超过 7～8 个，项目团队对过程的考虑可能过于详细。在项目界定阶段，需要在比较宏观的层面上把握项目范围，审视项目需要关注的流程，以宏观视角将包括在项目工作中的相关过程识别出来。过细的流程图可能会导致团队的视角变窄，忽略应该在项目中考虑的跨职能合作的问题。

（2）如果 SIPOC 图显示出需要对项目涉及的步骤、输出或输入进行重新确定，则意味着需要调整项目的范围。

4.2.2 关键过程输出变量的确定——排列图法

在前述过程的基础上，项目团队应当进一步确定项目应关注的关键过程输出变量

(KPOV)(或称为关键质量特性(CTQ))。

1. 关键过程输出变量

对符合顾客需求极为重要的过程输出项目，称为 KPOV。需要根据对顾客要求的分析，依照过程输出特性对顾客要求的影响程度确定项目关注的输出变量和项目的优先顺序。

通过前面介绍的 SIPOC 图的分析，可以识别出过程的所有输出，以及对输出的测量，即过程的输出变量，如顾客满意度、交货周期、产品的合格率以及缺陷数等。通过收集数据，可以观察这些输出变量的变化及其对顾客的影响，进一步确定项目应关注的过程的关键输出变量。

在六西格玛管理中，经常把结果或输出变量记为 Y，把输入变量记为 X。X 对 Y 的影响以及它们之间的相关关系可以用下述函数来描绘，即

$$Y=f(X_1, X_2, \cdots, X_n)$$

有时，可直接用 Y 表示 KPOV。

2. 用排列图确定过程的关键输出变量

排列图是确定过程的关键输出变量 Y 的常用方法。排列图建立在帕累托原则基础之上，即 80%的结果源于 20%的原因。排列图的目的是比较不同的缺陷类型所导致的结果或对顾客的影响，以便找出最重要的需要优先关注的问题；设置优先权并定义问题/机会；确定关键输出变量。

(1) 排列图作图步骤。通常采用的作图步骤如下：

步骤 1：收集过程输出在某时间段内的数据，并确定过程输出中有哪些不符合顾客要求的缺陷项。

步骤 2：将各项缺陷发生的频数按从大到小的顺序排列，计算各自占总缺陷数的比例(%)和累计比例(%)。

步骤 3：在横坐标上按从大到小的顺序，依次列出各个缺陷项。

步骤 4：以左侧纵坐标为缺陷发生频数，右侧纵坐标为比例(%)。

步骤 5：在横坐标上的每个缺陷项处，画出与其发生频数对应的矩形。

步骤 6：由左至右累加每个缺陷项的比例，画出累积频率曲线。

表 4—4 是某顾客服务过程输出缺陷的排列图计算表。

表 4—4　　某顾客服务过程输出缺陷的排列图计算表

缺陷类型	发生频数(2005 年 1—10 月)	累计缺陷数	比例(%)	累计比例(%)
A：顾客等待时间长	51	51	51	51
B：迟于规定时间回复	25	76	25	76
C：回复不准确	13	89	13	89
D：遗漏顾客信息	7	96	7	96
E：账单错误	2	98	2	98
F：收费错误	2	100	2	100
合计	100		100	

图 4—3 是根据上述计算表画出的排列图。

从排列图上可以看出，占发生频数总数 80%左右的缺陷是 A 类缺陷和 B 类缺陷，即顾客等待时间长和迟于规定时间回复。因此，项目需要改善的过程的关键输出变量应该

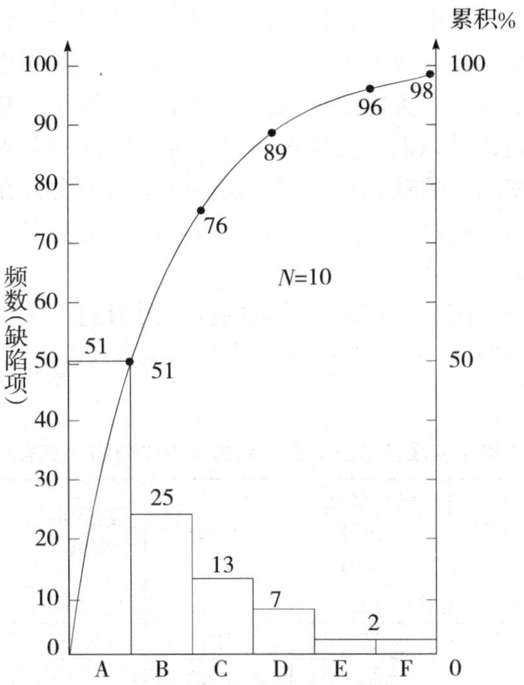

图 4—3　某顾客服务过程输出缺陷的排列图

是：顾客等待时间；回复时间。

采用计算机作排列图时，作图步骤将大大简化。图 4—4 所示的是用 MINITAB 软件作出的某过程输出缺陷的排列图。从这张排列图上可以看出，项目应当关注的 KPOV 或项目的 Y 应当是气孔和夹渣，这两种缺陷占过程输出总缺陷数的 82%。

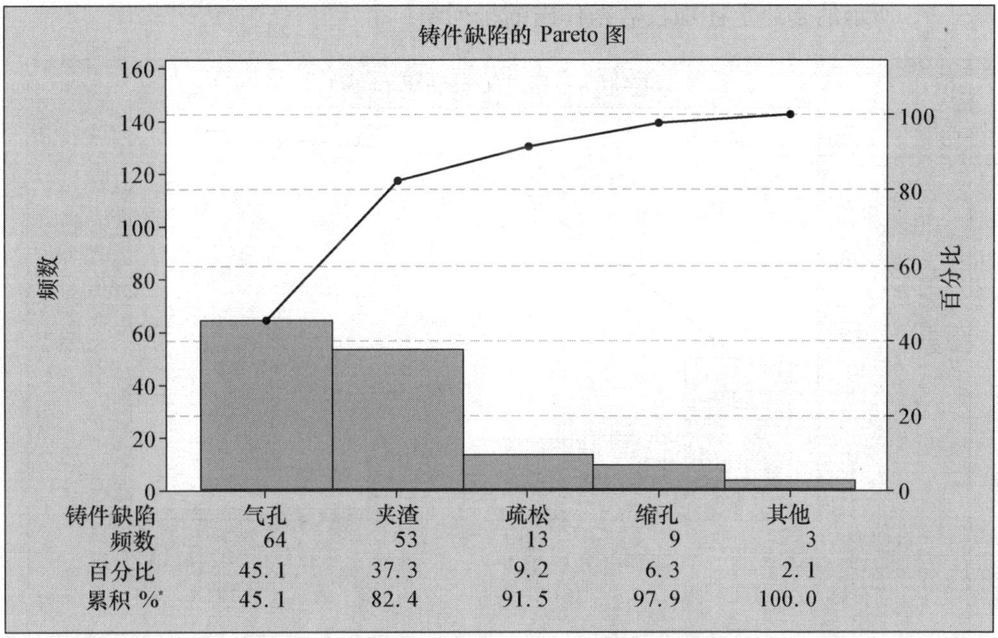

铸件缺陷	气孔	夹渣	疏松	缩孔	其他
频数	64	53	13	9	3
百分比	45.1	37.3	9.2	6.3	2.1
累积 %*	45.1	82.4	91.5	97.9	100.0

图 4—4　某铸造过程输出缺陷的排列图分析

* 因四舍五入，数据有误差。

(2) 关于加权排列图。排列图在帮助团队识别项目需要关注和解决的重点问题或过程的关键输出变量方面，是非常有效的工具。在前面介绍的排列图作图与分析过程中，我们是按照缺陷发生的频数来识别“关键的少数”和“非关键的大多数”的。但是，在一些情况下，仅就缺陷发生的频数来识别“关键”与“非关键”并不合理。比如，对那些“一旦发生将造成顾客极端不满意”的缺陷与“即便发生顾客也不会太在意”的缺陷，按它们发生的频数进行排列来识别改进机会，则是非常不合理的甚至会误导项目改进的大方向。在这种情况下，可以采用加权排列图来识别改进机会。

仍以前面提到的某顾客服务过程输出缺陷的排列图为例。这里为各种输出缺陷类型对顾客不满意的影响设置权重，考虑权重之后的加权缺陷数、比例和累计比例如表4—5所示。

表4—5　　某顾客服务过程输出缺陷的加权排列图计算表

缺陷类型	权重	发生频数（2005年1—10月）	加权频数	累计加权缺陷数	比例（%）	累计比例*（%）
A：顾客等待时间长	5	51	255	255	41.7	41.7
B：迟于规定时间回复	5	25	125	380	20.4	62.1
C：回复不准确	10	13	130	510	21.2	83.3
D：遗漏顾客信息	10	7	70	580	11.4	94.8
E：账单错误	8	2	16	596	2.6	97.4
F：收费错误	8	2	16	612	2.6	100
合计		100	612			

*因四舍五入，数据有误差。

图4—5所示的是用上述加权数据作出的排列图。

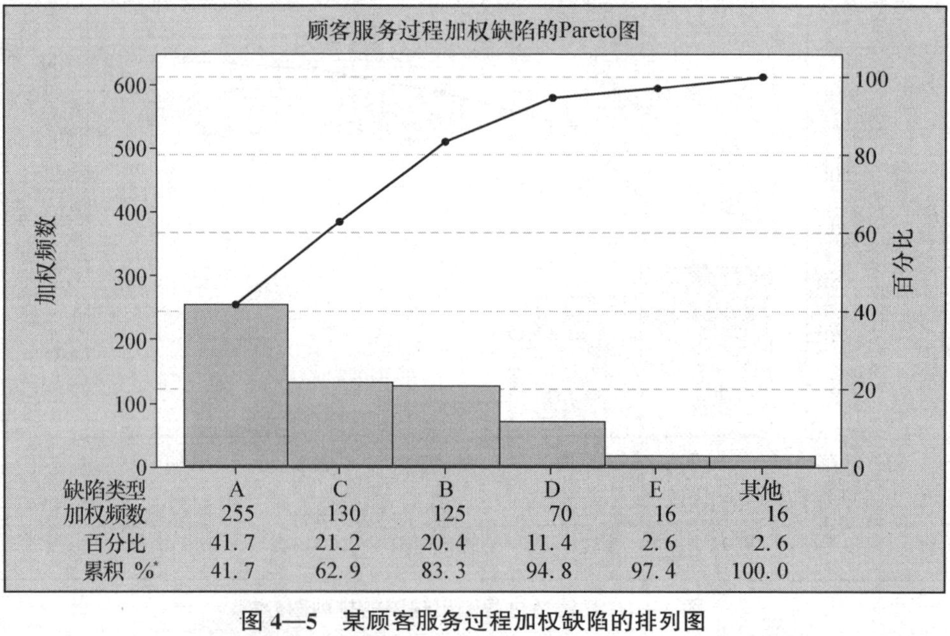

图4—5　某顾客服务过程加权缺陷的排列图

*因四舍五入，数据有误差。

从图中可以看出，对顾客满意影响最大的关键缺陷类型有：A——顾客等待时间长，C——回复不准确以及B——迟于规定时间回复。由此可以确定，项目应当关注的KPOV或Y应当是：顾客等待时间；回复的准确性；回复时间。

观察排列图时，需要确定是不是“关键的少数”引起了问题的绝大部分。如果没发现帕累托效应，则需要寻找或采用其他分析模式。

4.2.3 项目的利益相关方分析

每一个过程都有顾客和受过程输出影响的其他相关方，他们可以是组织内部的，也可以是组织外部的。利益相关方指受组织的行动以及成功与否影响的所有群体，关键的利益相关方（stakeholder）通常包括顾客、股东、供应商、合作伙伴以及社区等，在组织内部，过程的相关方还包括管理者和员工等。

六西格玛项目团队常常需要跨职能开展工作，确保团队活动的有效开展及项目的顺利进行，对项目的利益相关方进行确认和分析。项目的利益相关方就是与项目有着密切关系和相互关联的部门或人员，通常包括：

- 受项目结果影响的部门或人员；
- 影响项目结果的部门或人员；
- 有决定权的人员；
- 提供资源的部门或人员；
- 流程的相关专家；
- 为项目提供数据/信息的部门或人员。

为确保六西格玛项目顺利进行，识别上述利益相关方，让他们对六西格玛项目产生正确的认识，并提供有效的支持是十分重要的。

拉思和斯特朗（Rath & Strong）以及贝克哈德和哈里斯（Beckhard & Harris）都提出了识别项目利益相关方并制定项目沟通和影响策略的方法。表4—6是项目利益相关方分析的一个示例。

表4—6　　项目利益相关方分析表

承诺水平	销售	管理	员工	顾客A	供应商A
支持		×○			
顺从	○		○		○
无关紧要				×○	
不合作			×		
反对	×				
敌对					×
不需要					

注：×表示当前的承诺水平；○表示需要达到的承诺水平。

在此基础上，团队应当制定减小或消除阻力的项目相关方的沟通与影响策略，以使所有项目相关方的承诺水平达到期望的水平。比如，上表中表明，销售部门对该项目持反对态度，而该项目的成功实施需要销售部门的承诺从反对至少转变为顺从，因此项目团队需要制定相关的沟通与影响策略，消除来自销售部门的阻力，使其态度得到相应的转变，并达到期望的承诺水平。同理，项目团队应当完成其他相关方的分析并制定相应的策略。

4.3 确定项目测量指标

4.3.1 关键质量特性树图的展开

界定阶段常常使用树图分析技术将关键质量特性（CTQ）适当地展开。CTQ 树图将帮助项目团队选择出与顾客满意密切相关的关键变量及其测量。一个 CTQ 展开的树图可以将最初的顾客要求转化成可量化的产品或服务的要求。而这些可量化的变量可以视为过程的输出 Y 的关键测量项。

一个 CTQ 树图从一般的顾客需求开始逐层展开至具体的过程输出要求，或者说从难以测量的特性逐步展开至容易测量的特性。一般来说，将一般需求展开到过程的关键质量特性需要经过 2～3 个层次。

构建 CTQ 树图的步骤如下：

- 识别顾客；
- 识别顾客需求；
- 识别第一层顾客需求；
- 逐层细化到适当的层次；
- 确认这些需求，以确保 CTQ 树图反映顾客需求。

例 4—1

某快餐店的顾客是那些希望方便快捷地解决吃饭问题的消费者。他们的主要需求是方便快捷地订餐。CTQ 树图的展开如图 4—6 所示。

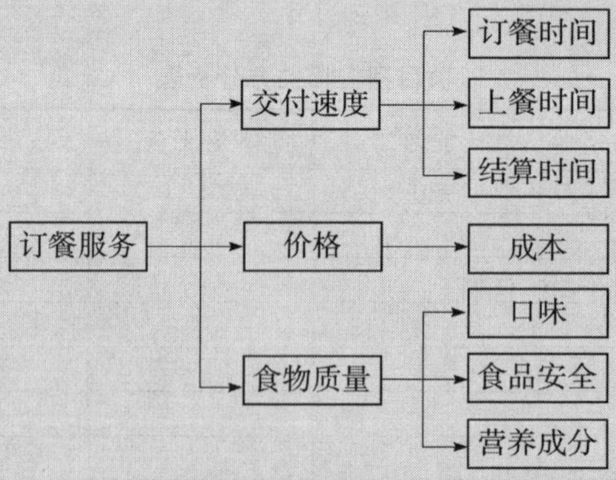

图 4—6 快餐店 CTQ 树图展开示例

4.3.2 建立测量指标

在 CTQ 树图展开的基础上，团队需要针对项目关注的 CTQ 选择适当的测量指标，以便确定标准、定义缺陷。可以按下述步骤选择出适用的Y的测量指标。

1. 选出要测量什么

在界定阶段，团队确认了DMAIC项目要解决的主要问题，以及关键顾客需求。这时要通过测量来了解问题的严重程度及出现频率，以及顾客需求的满足程度。在选择测量指标时，应注意测量指标对问题分析的价值，以及收集数据的可行性和难易程度。表4—7是选择测量指标时的一些参考建议。

表4—7　测量指标选择时的一些参考建议

可用性/测量指标的价值	可行性/难易程度
● 与重要的顾客需求有关	● 是否有历史数据供分析使用
● 能准确表示顾客需求的满足程度	● 测量周期是否很长
● 易于暴露问题与改进机会	● 测量是否复杂
● 可以作为与其他组织进行对比的标杆	● 是否与其他测量指标冲突
● 可以持续测量并提供有价值的信息	● 是否可以重复和再现

2. 用CTQ树图来确认测量

通过CTQ树图展开，Y的测量会进一步明确。可以通过CTQ树图进一步明确项目的测量。例如图4—6，对快餐店的顾客来说，顾客需求的一个重要方面是交付速度，这也是团队重点要解决的问题。这样，团队选择的测量指标可以是：(1) 订餐时间；(2) 上餐时间；(3) 结算时间。团队可以考察这些测量指标的可用性和可行性，以便确认它们是不是合适的测量指标。

3. 测量指标的细化及测量评估

更加详细的测量指标以及数据收集方法的确定，对整个项目的实施会非常有帮助。但是，在项目界定阶段，关于测量指标的选择可以在比较高阶的层面展开。更加详细的测量指标以及数据收集方法将在测量阶段展开，这里不再赘述。

4.3.3 测算项目的西格玛水平

选择了适当的测量指标之后，就可以在此基础上计算项目所关注的过程、产品和服务的基线西格玛水平。这个基线西格玛水平可以作为基准，据此制定项目目标和评价改进效果。计算基线西格玛水平的过程由三个基本步骤构成。

(1) 确定“单位”及“缺陷”和“缺陷机会”。

关于“单位”、“缺陷”和“缺陷机会”的概念，在第2章中已经做了阐述，这里强调如下：

1) 单位。是指被处理的项目或提供给内部顾客与外部顾客的产品或服务。例如，一个产品、一个零配件、一项贷款、一个电脑平台、一次医疗诊断、宾馆的一夜住宿或一次信用卡服务等。

2) 缺陷。凡未达到顾客要求或过程输出绩效标准之处，均为缺陷。例如，拙劣的烤漆、贷款手续延迟、错误的处方、预订错误或订单出错等。

3) 缺陷机会。产品或服务未达顾客要求或绩效标准的机会。

在这些用语中，缺陷机会最难分辨，但却是计算西格玛水平的重要变量。计算缺陷机会的优点在于可以让我们比较复杂度不同的过程。

(2) 收集历史数据，按照确定的单位、缺陷和缺陷机会计算 DPU，FTY，DPO，DPMO 等。关于计算 DPU，FTY，DPO 和 DPMO 的方法，请参考第 2 章。

(3) 计算过程的西格玛水平。可以根据计算出的过程的 DPMO 查表或计算出过程对应的西格玛水平。相关内容请参见本书第 5 章“过程能力分析”一节。

4.4 编制和完善项目立项表

项目立项表或项目特许任务书是界定阶段工作的主要输出。项目立项表表述项目的范围，阐明团队使命，陈述问题和机会，明确项目的目标和预期收益，并且帮助团队沟通他们的分工和计划。立项表是项目工作第一个并且通常是最重要的里程碑，团队开始实施项目之前，立项表必须先由倡导者等领导批准。

作为界定阶段团队活动的标志性成果，立项表直接反映了项目团队活动的质量，直接关系到项目的进展和 DMAIC 过程的实施。

4.4.1 项目背景

在选择六西格玛项目时，黑带和倡导者首先要回答这样一个问题：为什么要实施这个六西格玛项目？为了进一步取得管理部门和团队成员的共识，有必要在项目立项表中对此做出明确的书面陈述，说明企业的经营情况，阐述项目对企业发展战略的意义，从而说明为什么要做这个六西格玛项目。

例 4—2

某企业的立项表是这样阐述其项目背景的：进入新一代数码仪产品国际市场是企业“十一五”计划期间重要的战略增长点。2005 年，首批进入国际市场的 SM300 系列产品遇到了较激烈的市场竞争。竞争压力主要来自交付周期。主要竞争对手的交付周期达到 10 天，而本企业 SM300 的交付周期平均 18 天，由此带来的直接市场损失为 2 600 万美元/年。

在阐述项目背景或业务经营情况时，需要回答以下几个问题：

- 什么是本企业或经营战略所关注的问题？为了达到企业的战略目标，当前遇到的首要问题是什么？
- 为什么这是值得关注的问题？
- 如果业务流程或经营情况不改变的话，将会产生什么后果？企业会遭受什么经营损失？

4.4.2 问题/机会和目标的陈述

在立项表中，问题/机会和目标的陈述主要是阐明：本项目要解决的问题是什么？项目的目的是什么？团队的使命是什么？预期达到怎样的目标？

1. 问题/机会的陈述

(1) 陈述准则。一个有效的问题/机会的陈述必须遵守以下几个准则：

● 具体的。明确地说明问题是什么。

● 客观的。描述问题/机会可见的迹象，问题发生在哪里。

● 可测量的。这问题有多严重？产生了什么影响？用量化的语言来回答这些问题。

● 可控的。阐述的问题是否在本企业的职能范围内？能否在规定的时间内（一般为4～6个月）解决？如果一个问题太大，应该将其分解成若干个较小的可控的项目。

例4—3

(续例4—2) 某企业的六西格玛项目立项表中的问题/机会陈述是这样的：统计数据表明2005年6—12月，SM300数码仪的平均交付周期为18天，且波动较大。最快的交付批其交付周期可以达到8天，但最迟的交付批达到32天。如果以交付周期不超过12天为标准，则大约有82%的交付批超过了这个标准。

这个陈述是：

● 具体的。指明SM300系列产品，且关注的问题是交付周期。

● 客观的。从内部的报告和交付记录中可获得有关数据和事实。

● 可测量的。以交付时间（即从订货到发货的天数）来测量。

● 可控的。交付周期问题在本企业的职能范围内。

(2) 陈述的注意事项。下列问题应引起团队注意：

● 陈述观点时，不应包含造成缺陷的原因。项目团队经过相应阶段的工作，再对问题产生的原因做出客观准确的判断。预先形成的有关原因的想法可能是不准确、不完全或者是错误的，并且可能误导团队。

● 不应提出一个改进方案。在不清楚根本原因的情况下，制定的解决方案是主观的，不是基于数据和事实的决策。

● 陈述问题时，不应对相关责任人员加以指责。项目工作的目的是改进流程，通过流程的优化达到解决问题的目的，而不是追究相关人员的责任。六西格玛项目应当是“对事不对人”。

● 不要将几个问题集中在一个问题的陈述中，不同的问题应当由不同的项目来解决。

2. 目标陈述

目标陈述将明确团队努力的方向，以及通过六西格玛项目将取得什么样的成效。项目的目标陈述与问题的陈述应当对应。项目目标必须符合SMART原则，有关SMART原则的内容详见第3章。

例4—4

(续例4—3) 该项目立项表中的目标陈述为：以交付周期不超过12天为标准，到2006年底，将SM300系列产品的交付周期超过12天的比例（缺陷率）从82%降到25%。

问题是以 SM300 的交付周期超过标准的比例（相当于流程的缺陷率）来表述的，目标也是以这个比例来表述的，与问题陈述相对应。目标具体、可测，而且基于流程分析和历史最佳水平，是可以实现的。

3. 目标的度量

项目目标的度量可分为缺陷率、周期、成本三种类型，通常采用的度量指标如表 4—8 所示。

表 4—8　　六西格玛项目的目标类型与典型的度量指标

目标类型	度量指标
缺陷率	● 百万机会缺陷数（DPMO）
	● 流通合格率/直通率（RTY）
	● 单位缺陷数（DPU）
	● 过程能力指数（C_p，C_{pk}，P_p，P_{pk}）
	西格玛水平
周期	交付周期
	周转时间
	提前期
	准时交付率
成本	单件成本
	不良质量成本（COPQ）

4.4.3 项目范围、项目约束和团队任务

1. 项目范围

项目团队要对项目范围有一个清晰的定义。项目范围的确定可借助于 SIPOC 分析方法，通过对项目的“S——供方；I——输入；P——过程；O——输出；C——顾客”的分析，识别项目涉及的范围并加以确定。

2. 项目约束

项目的约束和假定必须清楚。在确定约束和假定条件时，可通过回答下列问题加以考虑：

- 项目计划能够接受的时间有多长？最后期限是什么时候？
- 团队有多少工作时间能够投入到项目计划中？
- 团队能使用的资源有多少？
- 团队能否吸引企业内部的其他人参加项目？企业外部呢？
- 设备、设施的使用是否满足项目实施的要求？

完成项目工作的时间取决于分配给它的资源，作为项目团队的领导，黑带应该解决资源分配的问题，且应该得到倡导者和过程管理者或部门负责人的支持和配合。

3. 团队任务

任务与目标是不同的概念。目标是一种想要的结果状态，任务是为达到最终目的所进行的行动。决定必须进行什么任务或行动以达到一个目标，要把解决问题的过程与制定的

目标分开。

黑带可与团队成员一起通过回答下面的问题来确定团队的任务：

● 问题陈述是否明确指出了项目欲解决的问题？

● 问题陈述描述了哪些缺陷和现象？

● 问题陈述是否暗示了原因、提出改进方法或赋予责任人员以一定的责任？

● 用什么措施来保证团队的职责与项目范围相适应？

● 团队成员是否来自项目涉及的相关部门？（若没有，应建议团队组织作怎样的改变？）

● 项目是可控的吗？

● 项目目标是否符合 SMART 原则？

● 如何测量（用通用术语描述团队如何测量）？

4.4.4 项目计划和绩效指标

为了使六西格玛项目有效地实施，在团队界定项目时，就应该注意项目计划的制定。依照六西格玛改进的 DMAIC 五个阶段，可以相应地确定项目完成时间。采用甘特图等方法对计划加以细化，以便于团队活动。制定计划时，应让团队成员共同参与。由团队共同参与并听取成员的反馈意见有助于增进团队的向心力。表 4—9 是用甘特图表示的项目计划的示例。

表 4—9　　项目计划表（甘特图）示例

项目任务		责任人	2009年6月				2009年7月				2009年8月				2009年9月				2009年10月					2009年11月			
阶段	任务		48周	49周	50周	51周	1周	2周	3周	4周	5周	6周	7周	8周	9周	10周	11周	12周	13周	14周	15周	16周	17周	18周	19周	20周	21周
D	项目梳理	孟玉柱	■																								
	确定 CTQ			■																							
	问题陈述				■																						
	界定项目范围				■																						
	确定项目目标				■																						
	组建团队					■																					
	立项表审核					■																					
M	数据收集计划						■																				
	MSA 分析						■																				
	过程能力分析							■																			
	流程图分析							■																			
	FMEA 分析								■																		
	快赢改善									■																	
	DM 阶段评审									■																	
A	数据收集										■	■															
	关键因子分析												■														
	A 阶段评审													■													

续前表

项目任务		责任人	2009年6月				2009年7月				2009年8月				2009年9月				2009年10月					2009年11月			
阶段	任务		48周	49周	50周	51周	1周	2周	3周	4周	5周	6周	7周	8周	9周	10周	11周	12周	13周	14周	15周	16周	17周	18周	19周	20周	21周
I	改善方案设计	孟玉柱																									
	改善方案试验																										
	改善方案实施																										
	改善效果确认																										
	I阶段评审																										
C	制定控制计划																										
	标准化/固化																										
	财务收益核算																										
	项目总评验收																										

在制定项目计划时，团队还应考虑在项目进行的各个阶段期望达到的过程改进的阶段性目标及其测量指标是什么，这些目标和测量指标与项目各阶段工作内容和计划相匹配。例如，某六西格玛黑带项目的目标是把某生产过程的流通合格率（RTY）从目前的80%提高到95%，团队期望通过对测量系统的改进以及识别出一些快赢改善机会，使项目在测量阶段即获得一定的成果，使RTY在测量阶段结束后能够达到83%；通过分析阶段对根本原因进行深入分析，然后立即对其进行适当的控制，使项目在分析阶段结束后RTY能达到88%；在改进阶段通过对生产过程进行突破性改进，使RTY达到95%；在控制阶段通过控制措施的落实，使生产过程的RTY稳定在95%。通过按阶段对项目目标进行分解，使团队对各阶段的目标有比较明确的认知，同时也使项目相关方了解到随项目的展开逐步产生的改进效果，并给予支持和保障。随着项目的进展，可对项目各阶段产生的绩效进行监测，图4—7是项目各阶段绩效目标和实际结果的测量的示例。

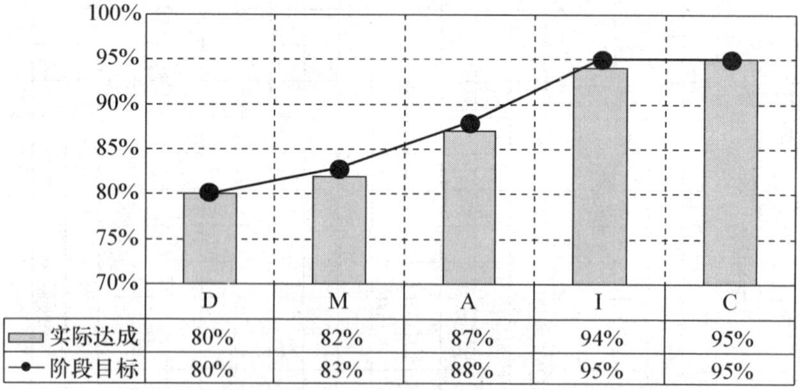

图4—7　流通合格率提升的阶段目标与阶段目标的达成

4.4.5　项目立项表样例

项目立项表也称为团队宪章，是界定阶段的主要输出，主要包括六部分的内容：选题背景、改进机会、项目目标、项目范围、项目计划和团队构成。表4—10展示的是某项目立项表的样例。

表 4—10　　某六西格玛项目立项表样例

<table>
<tr><td colspan="4">DMAIC 项目立项表</td></tr>
<tr><td colspan="4">项目名称：缩短 SM300 系列出口产品交付周期，提高市场竞争力</td></tr>
<tr><td colspan="2">项目领导：李向阳</td><td colspan="2" rowspan="2">团队成员：
李向阳：项目负责人（黑带）
于一周：生产计划部　副部长（绿带）
孙代红：供配部　成品采购组组长（绿带）
张成雨：装配车间　主任（绿带）
王德西：成品总库　副主任（绿带）
李　红：工程部　副总工程师（绿带）
章法强：质量保证部　SM300 经理（绿带）
强　为：财务部　业务经理</td></tr>
<tr><td colspan="2">选题背景：
进入新一代数码仪产品国际市场是企业“十一五”计划期间重要的战略增长点。2005 年，首批进入国际市场的 SM300 系列产品遇到了较激烈的市场竞争。竞争压力主要来自交付周期。主要竞争对手的交付周期达到 10 天，而本企业 SM300 的交付周期平均 18 天，由此带来的直接市场损失为 2 600 万美元/年。</td></tr>
<tr><td colspan="2">问题/机会陈述：
统计数据表明 2005 年 6—12 月，SM300 数码仪的平均交付周期为 18 天，且波动较大。最快的交付批其交付周期可以达到 8 天，但最迟的交付批达到 32 天。如果以交付周期不超过 12 天为标准，则大约有 82%的交付批超过了这个标准。</td><td colspan="2">目标陈述：
以交付周期不超过 12 天为标准，到 2006 年底，将 SM300 系列产品的交付周期超过 12 天的比例（缺陷率）从 82%降到 25%。</td></tr>
<tr><td colspan="2">项目范围：
本项目范围是从生产计划、采购/配套、装配调试到包装发运的业务流程。</td><td colspan="2">相关部门：
生产计划部、供配部、装配车间、成品总库、工程部、质量保证部</td></tr>
<tr><td>预期计划</td><td>目标日期</td><td>实际日期</td><td>评审</td></tr>
<tr><td>开始日期</td><td></td><td></td><td rowspan="7"></td></tr>
<tr><td>界定（Define）</td><td>3 月 28 日</td><td></td></tr>
<tr><td>测量（Measure）</td><td>4 月 15 日</td><td></td></tr>
<tr><td>分析（Analyze）</td><td>5 月 15 日</td><td></td></tr>
<tr><td>改进（Improve）</td><td>6 月 15 日</td><td></td></tr>
<tr><td>控制（Control）</td><td>7 月 15 日</td><td></td></tr>
<tr><td>完成日期</td><td>8 月 30 日</td><td></td></tr>
</table>

项目主管：李向阳　　业务主管：洪　常　　倡导者：王广昌
日　　期：2006-3-28　　日　　期：2006-3-30　　日　期：2006-4-1

本章小结

界定阶段的主要工作是识别顾客需求，明确要解决的问题，明确过程输出变量的测量和标准，确定项目涉及的内部流程，从而确定项目责任、项目目标和项目实施关键步骤或里程碑。在此基础上，组织六西格玛项目团队，发挥六西格玛组织体系的作用，使六西格玛项目实现其预期目标。

界定阶段的成果应该包括：清晰完备的问题陈述，符合 SMART 原则的改进目标，适当的项目范围，职责明确的项目团队和填写完备的项目立项表。

界定阶段的主要输出是项目立项表。通过项目立项表来全面回答以下问题：

● 为什么企业需要关注本项目提出的问题？它与企业战略目标和顾客满意的关系

如何？

- 如果这个问题不改变，会产生什么后果？给企业带来的损失是什么？
- 项目欲解决问题的陈述是否明确？
- 问题陈述描述了哪些缺陷和现象？
- 项目目标陈述是否符合 SMART 原则？
- 项目团队的职责是否与项目范围相适应？
- 团队成员是否来自项目涉及的相关部门？
- 项目是可控的吗？
- 如何测量（用通用术语描述团队如何测量）？

在界定阶段，常见的相关工具有：顾客需求分析、卡诺模型、SIPOC 分析、相关方分析、排列图、甘特图、项目计划、项目立项表和沟通计划等。

推荐阅读

1. 托马斯·派兹德克等著，吴秀云等译. 六西格玛手册. 北京：清华大学出版社，2011

2. 上海质量管理科学研究院. 六西格玛实施技巧（绿带读本）. 北京：中国标准出版社，2003

3. ［美］约瑟夫·M·朱兰，布兰顿·戈弗雷主编，焦叔斌等译. 朱兰质量手册（第五版）. 北京：中国人民大学出版社，2003

4. 中国质量协会编著. 质量经理手册. 北京：中国人民大学出版社，2010

5. 杨跃进主编. 六西格玛管理 DMAIC 方法操作实务. 北京：国防工业出版社，2011

6. Mikel Harry，Richard Schroeder. Six Sigma：The Breakthrough Management Strategy Revolutionizing the World's Top Corporations. Currency & Doubleday，2005

7. Michael L. George. Lean Six Sigma：Combining Six Sigma Quality with Lean Production Speed. McGraw-Hill Professional，2002

第 5 章

测　量

测量阶段是 DMAIC 过程的第二个阶段，它既是界定阶段的后续活动，也是连接分析阶段的桥梁。测量是项目工作的关键环节，是以事实和数据驱动管理的具体体现。

从测量阶段起就要开始收集数据，并着手对数据进行分析。通过测量阶段的数据收集和评估工作，可以获得对问题和改进机会的定量认识，并在此基础上获得项目实施方面的信息。

正如前面所指出的，任何过程的输入与输出的关系可以表达为：

$$Y=f(X)$$

式中，Y 为过程的输出结果；X 为影响 Y 的过程输入。正是那些关键的输入变量 X 决定了输出变量 Y。六西格玛项目的实施就是不断地揭示两者之间关系的过程。

测量阶段的工作重点是在界定阶段工作的基础上，进一步明确 Y 的测量，并通过收集 X 和 Y 的测量数据，定量地描述 Y。特别是通过过程分析，认识 Y 的波动规律，揭示过程改进的机会，识别实现项目目标的可能途径和改进方向。

在这个阶段，需要大量的工具和方法帮助项目团队完成上述工作。比如，各种过程分析工具，文档和图形分析工具以及过程能力分析方法等。为了保证测量数据准确可靠，项目团队还需要对测量系统的能力作出评估。

本章主要包括六个方面的内容：过程分析及文档、概率与数理统计基础、数据的收集和整理、测量系统分析、过程能力分析和服务过程测量。

5.1　过程分析及文档

过程分析是六西格玛管理活动中的重要内容，也是测量阶段的重要工作。测量阶段正是从过程分析开始的。

在前面的章节中，我们已经讨论了什么是过程以及关注过程的重要性。正像前面介绍的那样，过程是一组将输入转化为输出的相互关联或相互作用的活动。如果展开来说的话，过程具有这样一些特征：过程将输入转化为输出；过程是一组相互关联的活动，它将一个概念、一项要求或一个订单转化为一种可交付的产品或服务；过程是一个或一组活动，它接受输入并增加价值，然后向内部或外部顾客提供输出。

不管是生产活动还是服务或管理活动，都可以视为由一系列过程构成。正是基于这一点，DMAIC 方法可以广泛地应用于制造过程、服务过程，以及各种经营和管理过程。从过程的观点来看，产品与服务的质量、生产效率、经营管理活动的绩效等都是过程的输出，它们的好坏取决于过程方法。而改善过程输出的最有效的途径，就是改善产生这些输出的过程方法。

在测量阶段，需要对准备改善的过程进行分析，考察这些过程的构成和步骤，目的是：

- 使项目团队对准备改善的过程达成统一的认识；
- 对产生问题或缺陷的区域进行定位；
- 识别非增值步骤，以便加以改进；
- 将过程步骤的现状记录下来并形成文档，以便与改善后的状况进行对比。

下面列出的是用于理解和分析过程的一些基本工具及常用文档。

5.1.1 流程图

流程图（flow chart 或 flow diagram）是展现过程步骤和决策点顺序的图形文档，是将一个过程的步骤用图的形式表示出来的一种图示技术。图 5—1 给出的就是一个流程图的例子。

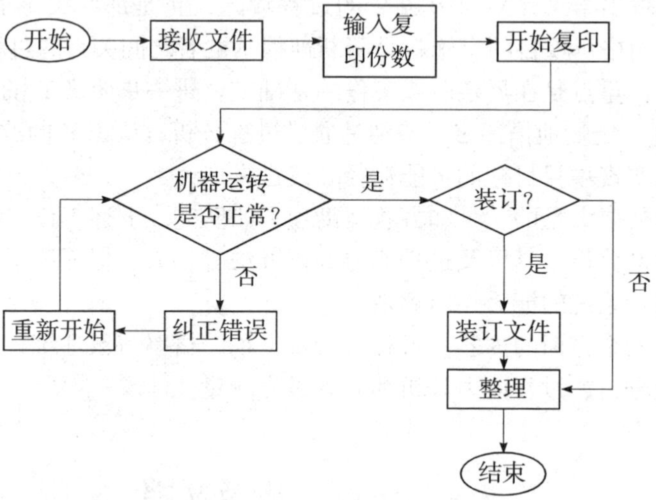

图 5—1 流程图示例

在流程图中，用矩形显示流程中的活动或事件；用菱形显示决策点，表明需做出的判断，以及根据判断结果采取的不同路径；用椭圆显示流程的起点和终点；用带有箭头的线条连接流程的各个步骤，表明流程中各个步骤发生的顺序。绘制流程图时应使用规范的符号，常用符号见表 5—1。

表 5—1 绘制流程图的常用符号

符号名称	符号形状	符号的意义
操作、阶段或步骤	矩形▭	显示各步骤采取的活动或描述各阶段的活动或事件
决策点	菱形◇	显示可能的分支途径

续前表

符号名称	符号形状	符号的意义
端点	椭圆◯	指示阅读者进入或退出流程
流程线	带箭头线条→	显示阅读流程图的方向
连接点	小圆○	显示流程线的转换

一般来说，绘制流程图应遵从以下步骤：

（1）判定过程的开始点和结束点；

（2）观察从开始到结束的整个过程；

（3）识别过程中的步骤（包括主要活动、判断和决策点等），以及各个步骤或活动的流向和相互关系；

（4）将上述步骤绘制出来，形成流程图的草图；

（5）团队成员就这张草图进行充分沟通并达成一致；

（6）形成正式文档。

除提供基本信息外，根据项目的不同目的，还可以在流程图中附加周期或责任者等信息，我们称之为跨职能流程图。图5—2是将过程中所涉及的职能部门加以标注的跨职能流程图，它可以对涉及不同职能部门的比较复杂的过程进行说明。

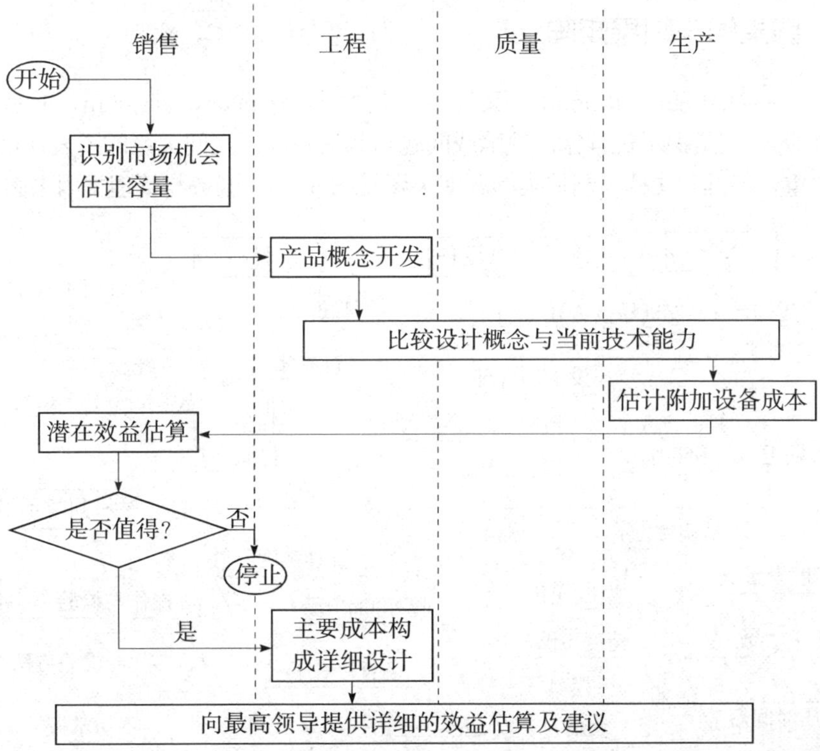

图5—2 跨职能流程图示例

对于项目团队而言，可以将讨论并绘制过程的流程图作为开端，它可以帮助团队成员对过程涉及的方方面面有一个共同的理解。每一个团队成员基于自己的工作角色，对过程都有自己的认识，而对整个过程往往了解不够全面。因此，应充分利用绘制流程图的过程，在团队成员中进行充分的沟通，以便对所改进的过程达成共同的理解，使所有团队成员能更有效地参与到项目工作中来。

项目团队在绘制完流程图之后，应对流程图进行充分的分析，应重点关注以下几个方面：

（1）产生过程输出缺陷或问题的重点关注区域在哪些环节或步骤上。

（2）流程中的非增值步骤或环节在何处，如返工/返修环节或步骤等。

（3）流程中是否有“瓶颈”存在。这里的“瓶颈”是指某点的工作负荷大大超过此处的处理能力，从而延缓了整个工作进度。“瓶颈”现象也指准时把产品或服务按足够的数量传递给顾客的薄弱环节。

（4）流程中是否有缺失、冗余或者错误的步骤等。

在绘制流程图的过程中，应避免闭门造车、想当然绘制过程的流程图，事实上，对过程分析来说，最重要的是根据过程的实际情况绘制流程图。这样的流程图有助于识别问题领域和关键影响因素产生的环节，有助于对问题的测量、分析和改进。在许多情况下，无法找到问题产生的原因，是因为团队未能对过程的实际流程取得一致的认识，使后续工作失去了重要的基础。

流程图在DMAIC项目工作的各个阶段都将用到。它是过程分析的重要工具，也是项目工作中产生的重要文档。流程图的类型很多，如宏观流程图、详细流程图等。

5.1.2 因果图与因果矩阵

因果图（cause and effect diagram）又称为石川馨图（Ishikawa diagram）或鱼刺图（fishbone diagram）等。它是揭示过程输出缺陷或问题与其潜在原因之间关系的图表，也是表达和分析因果关系的重要工具和文档。制造类问题因果图见图5—3，服务与管理类因果图见图5—4。

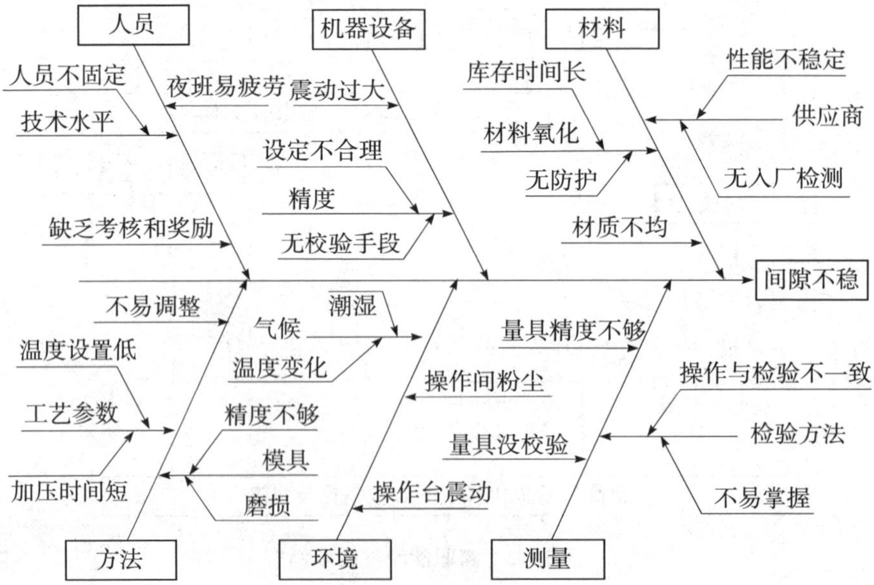

图5—3 制造类因果图示例

在因果图中，问题（结果）填在图右侧的方框中，也就是通常所说的“鱼头”位置。造成结果的可能原因填在各个主分类线周围，它们构成了“鱼刺”。因果图的主要作用是分析和表达存在的问题与原因之间的因果关系，这是项目团队在揭示问题的根本原因的过程中需要完成的重要工作。绘制因果图的过程需要项目团队成员的积极参与，因此通常需要采用头脑风暴法将团队成员的认识和想法全部收集上来，并用因果图将它们展示出来。

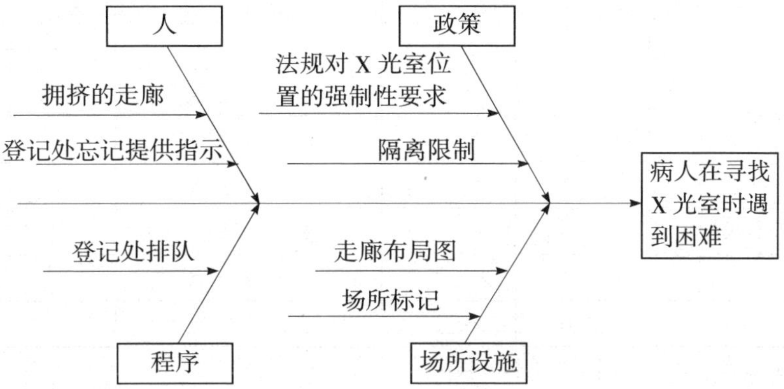

图5—4 服务与管理类因果图示例

一般来说，绘制因果图应遵从以下步骤：

(1) 简明扼要地阐明要解决的问题，并将其填入因果图右侧的方框——“鱼头”中。

(2) 确定可能原因的主要类别，画出因果图的各个主枝。一般来说，对制造类问题，可以采用的典型分类方法是：人员、机器设备、材料、方法、测量和环境，即5M1E分类法。对服务类或管理类问题，经常使用的分类方法是：人、政策、程序和场所设施，即4P分类法。

(3) 采用头脑风暴法，将问题的所有可能原因按不同的分类填入各个主枝中。根据需要，可在各个主枝上继续展开分枝。位于各个分枝上的，是下一层次的原因。

(4) 检查并整理因果图，调整阐述含糊的内容，合并重复的内容等。

(5) 团队成员对可能的原因进行充分讨论，确定少数可能性较大的原因，作为下一步调查和收集数据的重点。

当预期解决的问题比较复杂，有多种缺陷形式且它们的影响因素相互关联，无法分开考察和解决时，因果矩阵（cause and effect matrix）是一种有效的分析工具。因果矩阵可以帮助项目团队选择重点关注的过程输入或影响因素，以便有针对性地收集数据进行分析。因果矩阵还可以与其他过程分析工具结合，用于对具有多个输出特性的过程进行分析和改进（见图5—5）。

在绘制因果矩阵时，一般应遵从以下步骤：

(1) 在矩阵图的上方填入过程输出缺陷的形式或关键过程输出变量。

(2) 确定每一输出特性或缺陷形式的重要度，并给定权重数（1～10，10代表的重要度最高）。

(3) 在矩阵图的左侧列出输入变量或所有可能的影响因素。

(4) 评价每一输入变量或影响因素与各个输出变量或缺陷的相关关系，矩阵图中的单元格用于表明该行对应的输入变量与该列对应的输出变量的相关程度。一般将这种相关程度分为四类，并分别赋予0，1，3，9或0，1，3，5的分值，以表明不同的相关程度。

重要度	5	8	10	5	3	输入重要度排序
输出 / 输入	绝缘强度低	耐电压击穿	功率大	转速低	启动性能差	
绝缘漆浓度低	◎	○				69
预供时间短		○	○			54
定子性能差			◎	◎	◎	162
转子缺陷	○		◎	◎		150
风叶不配套			○		○	39
风叶角度与电机不匹配			◎		△	93
轴承不合格		△	△	○	△	36
精加工精度差	◎	△		○		68

注：◎为 9 分，○为 3 分，△为 1 分，空格为 0 分。

图 5—5 因果矩阵示例

（5）评价过程输入变量或影响因素的重要程度。将每一单元的相关程度的分值乘以该列对应的输出变量的权重数，然后将每一行的乘积加起来，这个结果代表了该输入变量或影响因素的权重。

（6）考察每个输入变量或影响因素的权重数，权重较高的将是项目重点关注的对象。

因果图或因果矩阵为后续的测量以及收集数据工作奠定了基础，它是过程分析的重要工具，也是项目工作中产生的重要文档之一。

5.1.3 其他过程分析工具与文档

除了上述用于过程分析的基本工具与文档，还有一些常用于过程分析的工具，如失效模式与效应分析（FMEA）、价值流图（VSM）等，有关失效模式与效应分析方面的详细介绍，请参见本书第 9 章的内容；有关价值流图方面的详细介绍，请参见本书第 6 章第 10 节的内容。

在 DMAIC 项目中，有一些有助于过程分析的文档。从测量阶段开始，应善于应用这些文档。这些文档包括：

● 程序文件。通过 ISO 9000 标准认证的组织都建立了这样的文件体系，用以规范生产、服务和管理活动。

● 检查单。用来显示过程的每一步或检查的每一项内容等。例如，飞行员使用的检查单，建筑作业需要的材料检查单，用来确保每一间客房准备就绪的酒店清洁检查单等。

● 照片。显示产品或服务在过程的关键阶段的外观性状。例如，显示电信装置中带有色标的导线在塑封前的终端位置的照片，装配操作工作站布局的照片，零件组装的照片等。

● 图表。用来显示多个部件之间的关系。例如，一个部件展开或安装图表显示了各个部件是如何安装成一个更大组件的。

● 录像。用来显示过程的某一阶段的操作过程。

● 计算机数据库。操作者在工作站用来“提取”工作所需的图纸、程序/作业指导书和规范。

● 交互的计算机程序。在工作现场的计算机终端，允许操作者直接输入数据或从过程中接收数据等。

5.2 概率与数理统计基础

5.2.1 概率论的基础知识

许多决策涉及对不确定性问题的处理，例如，过程能否满足要求？用于过程控制的标准度量是否准确？是否具有可重复性？接收到的一批产品的质量是否满足合同的质量要求？利用统计方法可以回答这些问题。本节先讨论一些基本的概率概念，它们是常用统计方法的基础。

1. 随机事件

随机事件是概率论中的一个基本概念。为了说明随机事件，先看看什么是试验，什么是事件。在同一组条件下，对某事物或现象所进行的观察或实验叫试验，观察或实验的结果叫事件。

抛掷一枚质地均匀的骰子就是一次试验，骰子落地，可能出现1点，2点，…，6点，或为奇数点或为偶数点，点数大于3，等等，这些就是一个个事件。这些事件在一次试验中可能出现也可能不出现。与此不同，还有两种事件，如“点数大于6”，在每次抛掷骰子时一定不会出现，而“点数小于7”，在每次抛掷骰子时一定会出现。于是，应该明确下面三个概念：

● 随机事件。在同一组条件下，每次试验可能出现也可能不出现的事件。

● 必然事件。在同一组条件下，每次试验一定出现的事件。

● 不可能事件。在同一组条件下，每次试验一定不出现的事件。

必然事件和不可能事件可以作为两种极端的随机事件来看待。随机事件用大写字母A，B，C等表示，必然事件用Ω表示，不可能事件用Φ表示。如果一个事件不能分解成两个或更多的事件，则称为基本事件或简单事件。如“点数为1”，“点数为2”，…，“点数为6”是抛掷骰子这个试验的6个基本事件，又可记为$\{1\}$，$\{2\}$，…，$\{6\}$，其中，1，2，…，6称为样本点。试验中一切可能的样本点构成样本空间，记为Ω。抛掷骰子试验中，$\Omega=\{1, 2, 3, 4, 5, 6\}$。

2. 事件间的关系与运算

设A，B表示两个随机事件，下面给出随机事件间的关系与运算。

(1) 事件的包含与相等。如果事件A出现，一定会导致事件B出现，则称事件A包含于事件B，用记号$A \subset B$表示（见图5—6）。例如，“电话交换台一分钟内接到的电话呼叫恰为指定次数”是一个随机事件，可能是0次，1次，2次，…。“接到呼叫2次”和“接到呼叫不超过5次”这两个事件有明显的关系，前者发生，后者一定发生，前者包含于后者，或者说后者包含了前者。

如果$A\subset B$同时$B\subset A$，则称事件A与事件B相等，用记号$A=B$表示。

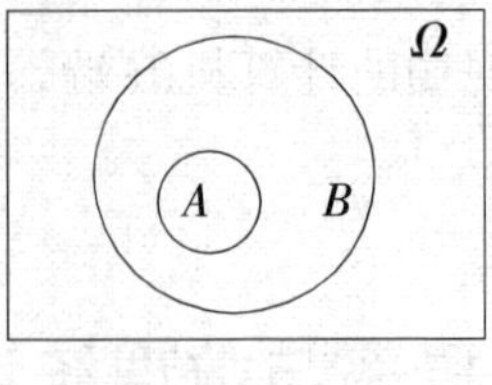

图 5—6　$A\subset B$

（2）事件不相容。事件A与事件B没有共同的样本点，则称事件A与事件B不相容，或称事件A与事件B是互斥事件（见图 5—7）。例如，抛掷硬币时，正面朝上和背面朝上的结果不可能同时出现，即"正面朝上"和"背面朝上"是互斥事件。检查一批产品，"恰有 1 件不合格品"和"恰有 2 件不合格品"是互斥事件。

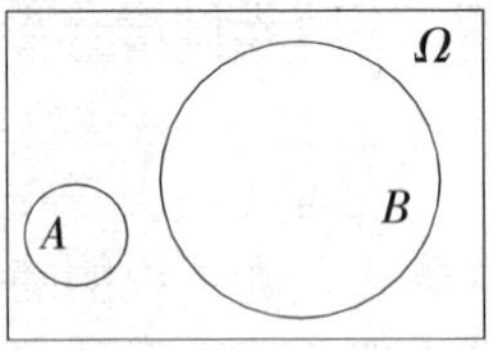

图 5—7　A 与 B 不相容

（3）事件的并。由事件A与事件B中所有样本点组成的新事件称为事件A与事件B的并，记为$A\cup B$（见图 5—8），是逻辑上"或"的关系。例如，电话交换台，$A=$"接到呼叫 1 次"，$B=$"接到呼叫 2 次"，则$A\cup B=$"接到呼叫 1 次或 2 次"。

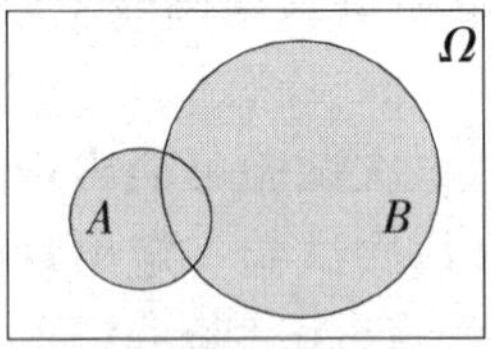

图 5—8　A 与 B 的并

（4）事件的交。由事件A与事件B中公共的样本点组成的新事件称为事件A与事件B的交，记为$A\cap B$或AB（见图 5—9），是逻辑上"与"的关系。例如，电话交换台，$A=$"接到呼叫多于 3 次"，$B=$"接到呼叫少于 5 次"，则$A\cap B=$"接到呼叫 4 次"。

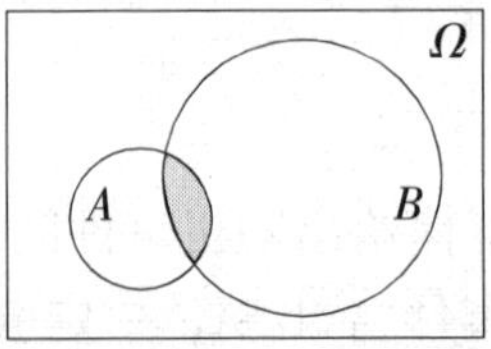

图 5—9　A 与 B 的交

（5）事件的差。由在事件A中而不在事件B中的样本点组成的新事件称为事件A对事件B的差，记为$A-B$（见图 5—10）。例如，电话交换台，$A=$"接到呼叫多于 3 次"，

B ＝“接到呼叫少于 5 次”，则 $A-B$＝“接到呼叫多于 4 次”，$B-A$＝“接到呼叫少于 4 次”（见图 5—11）。

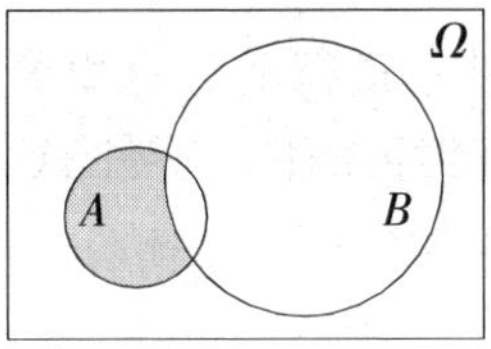

图 5—10　A－B

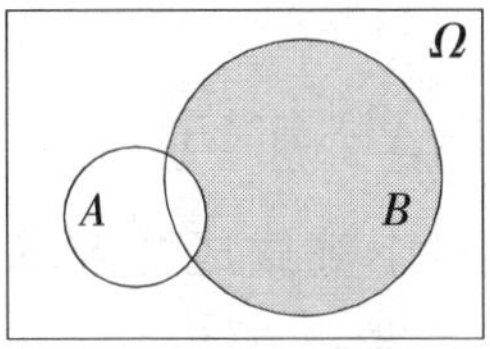

图 5—11　B－A

（6）对立事件。由在 Ω 中而不在事件 A 中的样本点组成的事件称为事件 A 的对立事件，记为 $\overline{A}$（见图 5—12 ）。例如，检查布匹时，事件“至少有 1 个疵点”的对立事件是“没有疵点”。

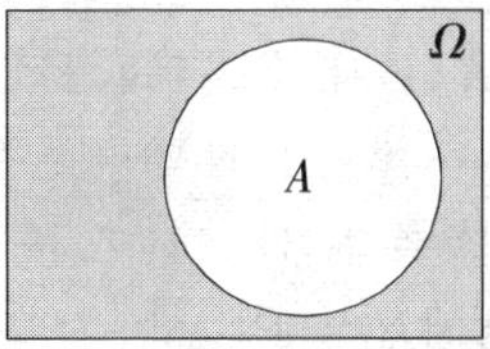

图 5—12　A 的对立事件 $\overline{A}$

3. 概率

事件 A 的概率是对事件 A 在试验中出现的可能性大小的一种度量，表示事件 A 出现可能性的数值 $P(A)$ 称为事件 A 的概率。抛掷一枚质地均匀的硬币，“正面朝上”与“背面朝上”的可能性各为 1/2。抛掷骰子时，“恰为 6 点”的可能性为 1/6。概率是一个介于 0～1 之间的数。概率越大，事件发生的可能性越大；概率越小，事件发生的可能性越小。不可能事件的概率为 0，必然事件的概率为 1。

4. 概率的性质和运算法则

概率具有以下基本性质：

性质 1：对任一随机事件 A，有 $0 \leqslant P(A) \leqslant 1$。

不可能事件的概率为 0，必然事件的概率为 1，$P(\Phi)=0$，$P(\Omega)=1$。

性质 2：事件 A 的对立事件为 $\overline{A}$，有 $P(A)+P(\overline{A})=1$。

性质 3：若 $A \supset B$，则 $P(A-B)=P(A)-P(B)$。

性质 4：加法法则。

事件 A 与事件 B 的并的概率为 $P(A \cup B)=P(A)+P(B)-P(AB)$。

当事件 A 与事件 B 不相容时，$P(AB)=0$，则 $P(A \cup B)=P(A)+P(B)$。

此性质可推广到多个两两互不相容的随机事件 A_1，A_2，…，A_n，则

$$P(A_1 \cup A_2 \cup \cdots \cup A_n)=P(A_1)+P(A_2)+\cdots+P(A_n)$$

性质 5：乘法法则。

每一个随机试验都是在一定条件下进行的，这里要讨论的条件概率，是当试验结果的部分信息已知时，如果某一事件 B 已经发生，事件 A 发生的概率，称这种概率为事件 B 发生条件下事件 A 发生的条件概率，记为 $P(A \mid B)$。计算公式为：

$$P(A|B)=\frac{P(AB)}{P(B)},P(B)>0$$

对任意两个事件 A 与 B，有

$$P(AB)=P(B|A)P(A)=P(A|B)P(B)$$

这就是概率的乘法法则。其中，第一个等式成立要求 $P(A)>0$，第二个等式成立要求 $P(B)>0$。

当两个事件中不论哪一个事件发生与否都不影响另一个事件发生的概率时，则称这两个事件相互独立，即 $P(A \mid B)=P(A)$，$P(B \mid A)=P(B)$。其乘法法则简化为：

$$P(AB)=P(A)P(B)$$

例 5—1

某地有甲、乙两种著名的报纸，该地的成年人有 20%读甲报，有 16%读乙报，8%两种报纸都读，问成年人中至少读一种报纸的概率是多少？

解：设事件 A 为"读甲报"，事件 B 为"读乙报"，事件"至少读一种报纸"可以用事件 $A \cup B$ 表示，其概率为 $P(A \cup B)=P(A)+P(B)-P(AB)$。

由题意知，$P(A)=0.2$，$P(B)=0.16$，$P(AB)=0.08$，则

$$P(A \cup B)=0.2+0.16-0.08=0.28$$

故有 28%的成年人至少读一种报纸。

例 5—2

100 件产品中有 80 件正品，20 件次品；而 80 件正品中一等品 50 件，二等品 30 件。现从 100 件产品中任取一件，问：

(1) 取到正品的概率是多少？

(2) 取到一等品的概率是多少？

(3) 如果取到的是正品，那么，恰好是一等品的概率是多少？

解：设事件 A 为"取到正品"，事件 B 为"取到一等品"。

(1) 取到正品的概率：$P(A)=\frac{80}{100}=0.8$。

(2) 取到一等品的概率：$P(B)=\frac{50}{100}=0.5$。

(3) 由于$A \supset B$，故$P(AB)=P(BA)=P(B)$。利用条件概率的计算公式可知，如果取到的是正品，恰为一等品的概率是：

$$P(B \mid A)=\frac{P(BA)}{P(A)}=\frac{P(B)}{P(A)}=\frac{5}{8}$$

同样，也可以根据题意直接得到，如果取到的是正品，恰好是一等品的概率是：

$$P(B \mid A)=\frac{50}{80}=\frac{5}{8}$$

例 5—3

10 件产品中有 8 件正品，2 件次品。问：

(1) 某检验员从 10 件产品中依次抽取了 2 件，2 件都是次品的概率是多少？

(2) 甲、乙两位实习检验员各自独立从这 10 件产品中抽取 1 件产品进行检测，且抽取后皆放回。两位实习检验员都抽到次品的概率是多少？

解：设事件A_1为“某检验员第 1 次抽到的是次品”，事件A_2为“某检验员第 2 次抽到的是次品”，事件B_1为“甲实习检验员抽到的是次品”，事件B_2为“乙实习检验员抽到的是次品”。

(1) $P(A_1)=\frac{2}{10}=0.2$，$P(A_2 \mid A_1)=\frac{1}{9}$，故都是次品的概率为：

$$P(A_1A_2)=P(A_1)\ P(A_2 \mid A_1)=0.2\times\frac{1}{9}\approx 0.022$$

(2) $P(B_1)=\frac{2}{10}=0.2$，因为甲、乙两位检验员抽取产品彼此独立，故

$$P(B_2 \mid B_1)=P(B_2)=\frac{2}{10}=0.2$$

都抽到次品的概率为：

$$P(B_1B_2)=P(B_1)P(B_2)=0.2\times 0.2=0.04$$

5.2.2 随机变量及分布

1. 随机变量

先看一个熟悉的例子：抛掷一枚质地均匀的硬币，有两种可能的结果。若用ω_0表示正面朝上，用ω_1表示背面朝上，则所有可能出现的结果组成样本空间$\Omega=\{\omega_0, \omega_1\}$。引入变量$X$，将可能出现的结果数量化，令

$$X=X(\omega)=\begin{cases}0, & \omega=\omega_0\\ 1, & \omega=\omega_1\end{cases}$$

X是定义在样本空间Ω上的函数。对于每个可能的结果，都有一个不同的实数$X(\omega)$与之对应。而每次抛硬币之前，结果是无法预料的。换言之，X取 0 还是 1 是随机的，故

称 X 为随机变量，并且，随机变量 X 以确定的概率取不同的结果：

$$P(X=0)=0.5$$
$$P(X=1)=0.5$$

随机变量通常用大写字母 X，Y，Z 等表示，随机变量的取值常用小写字母 x，y，z 等表示。通常，我们只研究两类随机变量：连续型随机变量（continuous random variable）和离散型随机变量（discrete random variable）。例如：

（1）设 X 为某铸件上的缺陷数，则 X 是离散型随机变量，可取 0，1，2，…可列个可能值，用随机变量 X 的取值来表示事件。如“$X=0$”表示事件“铸件无缺陷”，“$X=2$”表示事件“铸件有两个缺陷”，“$X>2$”表示事件“铸件缺陷多于两个”。这些事件可能发生，也可能不发生。X 取 0，1，2，…值是随机的，但 X 以确定的概率取不同的值。

类似地，玻璃单位面积上的气泡数、布匹上的疵点数、车床一天内发生的故障数等都是取值为 {0，1，2，3，…} 的离散型随机变量。

（2）设 X 为某电视机的寿命（单位：小时），则 X 是在 $[0, \infty)$ 上取值的连续型随机变量。“$X=0$”表示事件“电视机开箱即发生故障”，“$X<10\,000$”表示事件“电视机寿命小于 10 000 小时”，“$X>40\,000$”表示事件“电视机寿命超过 40 000 小时”。

类似地，测厚仪测量所得的涂料厚度、某超市一天内售出的鸡蛋重量等都是在 $[0, \infty)$ 上取值的连续型随机变量。

（3）设 X 为产品检测的结果，可能是合格品，也可能是不合格品。若用“$X=0$”表示合格品，“$X=1$”表示不合格品，则 X 是只能取 0 或 1 的随机变量。

2. 离散型随机变量和分布

如果随机变量 X 只取有限个或可列个可能值：x_1，x_2，x_3，…，且 $P(X=x_i)=p_i(i=1,2,3,\cdots)$，则称 X 为离散型随机变量，其中，$P(X=x_i)=p_i$ 为离散型随机变量 X 的概率函数。可用分布列表如下：

$X=x_i$	x_1	x_2	…	x_n	…
$P(X=x_i)=p_i$	p_1	p_2	…	p_n	…

显然，有 $p_i \geqslant 0$，$p_1+p_2+\cdots+p_i+\cdots=1$。这就提供了离散型随机变量 X 的概率分布。

例 5—4

一批产品分为一、二、三级，其中一级品率为 50%，二级品率为 35%，三级品率为 15%。从这批产品中随机抽取一件，观察其级别。

设 X 表示“随机抽取一件产品，所观察到的产品级别”，显然，有

$$P(X=1)=0.5$$
$$P(X=2)=0.35$$
$$P(X=3)=0.15$$

可用分布列表如下：

$X=x_i$	1	2	3
$P(X=x_i)=p_i$	0.5	0.35	0.15

例 5—5

抛掷一枚质地均匀的骰子，观察其结果。

设 X 表示“抛掷骰子的结果”，则 X 是取值为 1，2，…，6 的离散型随机变量。它的分布为：

X	1	2	3	4	5	6
$P(X=x_i)=p_i$	1/6	1/6	1/6	1/6	1/6	1/6

3. 连续型随机变量和分布

我们将在本章后面部分介绍直方图，图 5—13 是一个根据一批样本数据绘制频率直方图的示例。得到的频率直方图如图 5—13（a）所示。当数据个数很多、组距很小、组数很多时，连接直方图中每个矩形上边中点的折线就接近一条光滑的曲线，图 5—13（b）给出了粗略近似的描述。随着数据不断增加，频率趋于稳定，频率的稳定值就是概率，单位长度上的概率简称概率密度，这条曲线的函数即概率密度函数（probability density function，PDF），如图 5—13（c）所示。

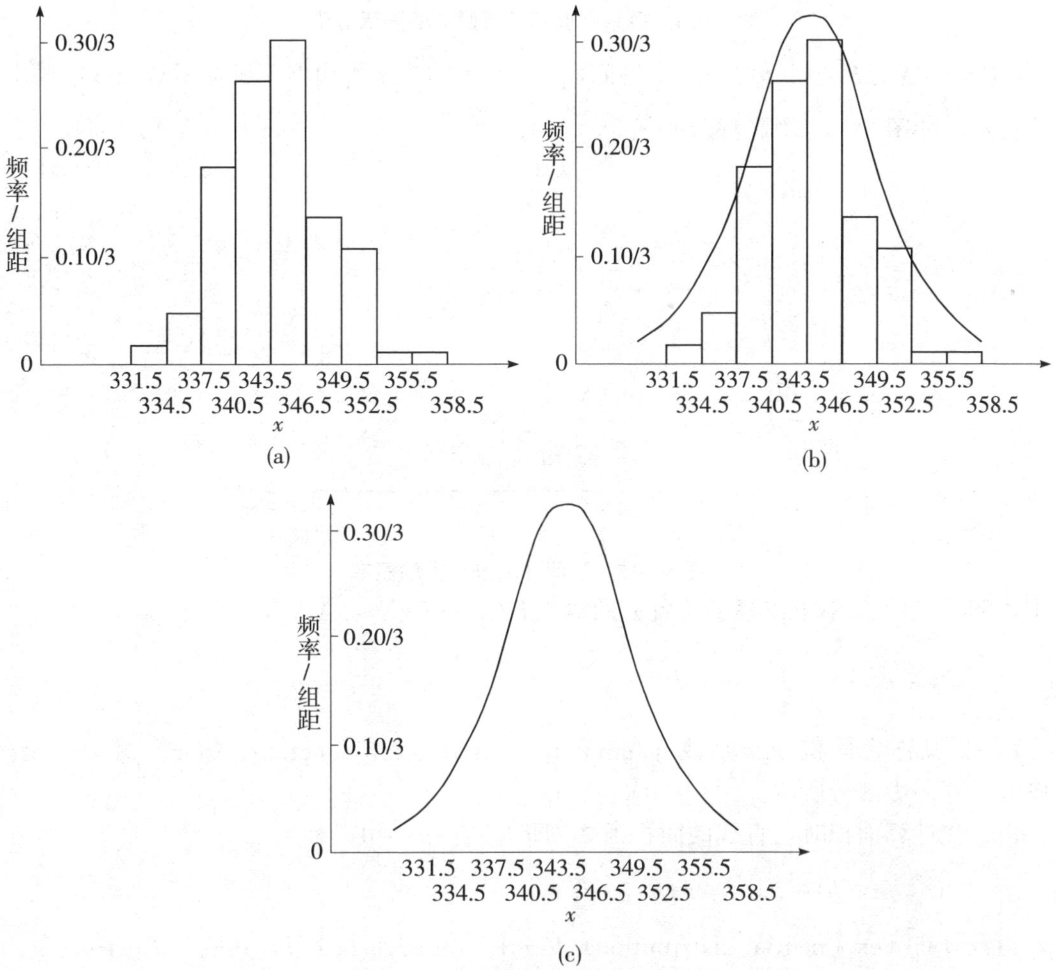

图 5—13　概率密度函数曲线的解释

概率密度函数是描述连续型随机变量分布的最重要和最基本的工具。令 $p(x)$ 为连续型随机变量 X 的概率密度函数，则 $p(x)$ 满足：

- $p(x)\geqslant 0$，概率密度函数为非负函数。
- $\int_{-\infty}^{+\infty} p(x)\mathrm{d}x = 1$，概率密度函数曲线与实数轴所围成的面积为 1，如图 5—14 所示。

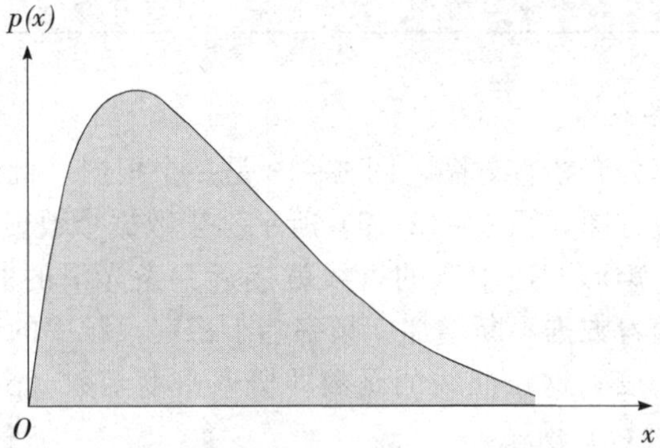

图 5—14　概率密度函数所围成的面积等于 1

- $P(a\leqslant X\leqslant b)=\int_a^b p(x)\mathrm{d}x$，区间 $[a, b]$ 上的概率可由概率密度函数在该区间上求积分得到，如图 5—15 阴影部分所示。

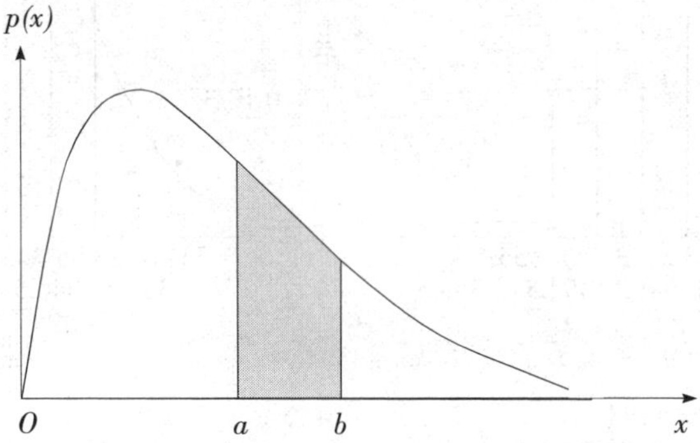

图 5—15　区间 [a，b] 上的概率

其中，随机变量 X 小于或等于实数 x 的概率 $F(x)=P(X\leqslant x)$，有

$$P(X\leqslant x)=\int_{-\infty}^{x} p(t)\mathrm{d}t$$

$F(x)$ 又称为累积分布函数（cumulative distribution function，CDF）或分布函数，如图 5—16 阴影部分所示。

由于在计算面积时，直线的面积为 0，即 $P(X=a)=0$，有

$$P(a\leqslant X\leqslant b)=F(b)-F(a)$$

指数分布（exponential distribution）是一种常见的连续分布，其概率密度函数为：

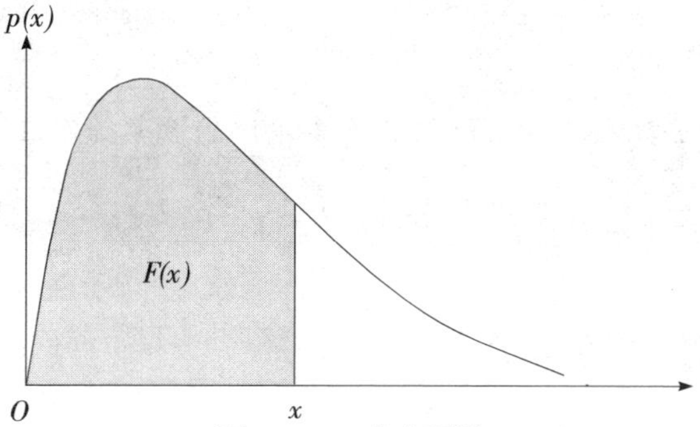

图 5—16 分布函数

$$P(x)=\begin{cases}\lambda e^{-\lambda x}, & x\geqslant 0\\ 0, & x<0\end{cases}$$

记为 $E(\lambda)$，式中，$\lambda>0$ 为参数。实际工作生活中，不少产品首次发生故障的时间，或发生故障后需要维修的时间都服从指数分布。

例 5—6

某厂生产的推土机首次发生故障的时间 T（单位：小时）服从指数分布$E(0.002)$，概率密度函数如图 5—17 所示。

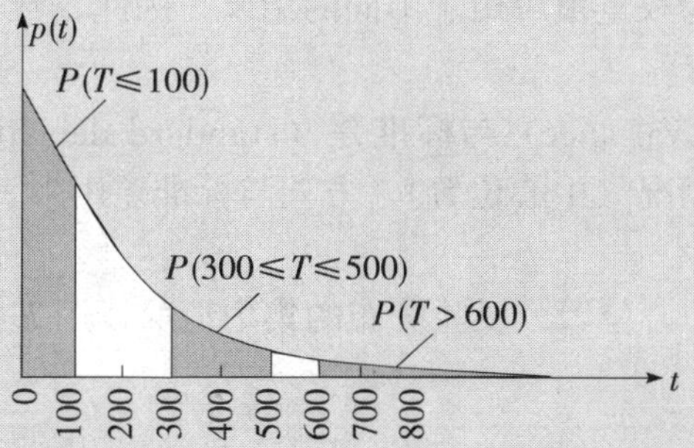

图 5—17 指数分布 $E(0.002)$ 的概率密度曲线

$$p(t)=\begin{cases}0.002e^{-0.002t}, & t\geqslant 0\\ 0, & t<0\end{cases}$$

问：(1) 该厂生产的推土机在 100 小时内需要维修的概率是多少？

(2) 该厂生产的推土机在 300～500 小时内需要维修的概率是多少？

(3) 该厂生产的推土机在 600 小时以后需要维修的概率是多少？

解：(1) 该厂生产的推土机在 100 小时内需要维修的概率如图 5—17 左侧阴影所示，可用积分计算：

$$P(T\leqslant 100)=\int_0^{100}0.002e^{-0.002t}\,dt=-e^{-0.002t}\Big|_0^{100}=1-e^{-0.2}=0.183$$

(2) 该厂生产的推土机在 300～500 小时内需要维修的概率如图 5—17 中间阴影所示。

$$P(300 \leqslant T \leqslant 500) = \int_{300}^{500} 0.002\mathrm{e}^{-0.002t}\,\mathrm{d}t = 0.180\,9$$

(3) 该厂生产的推土机在 600 小时以后需要维修的概率如图 5—17 右侧阴影所示。

$$P(T > 600) = \int_{600}^{+\infty} 0.002\mathrm{e}^{-0.002t}\,\mathrm{d}t = 0.301\,2$$

5.2.3 数学期望、均值与方差

1. 数学期望

租赁公司规定租赁某种昂贵的建筑设备，顾客必须至少提前三天预订。租赁费是 500 元。如果下雨，顾客将无法使用该设备，但是，顾客仍要支付 500 元。如果没有下雨，顾客使用建筑设备完成工作可获得收入 1 000 元。若降雨的概率是 20%，租赁设备获得收益的期望（expectation）值是多少？

使用下面的方程式：

$$E=(1/5)\times(-500)+(4/5)\times 1\,000=700$$

顾客可以期望获得收入 700 元。注意，实际上，如果只租赁一天，则获利 700 元是不可能发生的，租赁人要么失去 500 元，要么获得 1 000 元。期望值给出了顾客长期租赁可获利的平均水平，概率作为权重被应用于不同的结果。因此，数学期望可看作各种可能结果的加权平均。

均值（mean）、方差（variance）与标准差（standard deviation）都是重要的期望值。均值用来表示分布的集中情况（中心位置），方差与标准差用来表示分布的散布情况。

2. 均值、方差与标准差

● 均值。表示分布的中心位置，反映分布的集中情况，用 $E(X)$ 表示。均值的计算公式为：

$$E(X) = \begin{cases} \sum_i x_i p_i, & X \text{ 为离散型随机变量} \\ \int_{-\infty}^{\infty} x p(x)\mathrm{d}x, & X \text{ 为连续型随机变量} \end{cases}$$

式中，x_i，p_i 和 $p(x)$ 的含义参见 5.2.2 中离散型随机变量和连续型随机变量的介绍。

● 方差。可用来表示分布的波动大小，用 $var(X)$ 表示。方差大，意味着分布的散布较宽、较分散；方差小，意味着分布的散布较窄、较集中。方差的计算公式为：

$$var(X) = \begin{cases} \sum_i [x_i - E(X)]^2 p_i, & X \text{ 为离散型随机变量} \\ \int_{-\infty}^{\infty} [x - E(X)]^2 p(x)\mathrm{d}x, & X \text{ 为连续型随机变量} \end{cases}$$

● 标准差。为使表示分布波动情况的量与 X 具有相同的单位，常对方差求开方，记正平方根为 σ，称为标准差：

$$\sigma=\sigma(X)=\sqrt{var(X)}$$

由于σ与X的单位相同，实际工作中，常使用标准差来表示分布的散布大小，但标准差要通过计算方差来获得。

例 5—7

计算例 5—5 中分布的均值、方差和标准差。

设X表示“抛掷骰子的结果”，则X是以确定的概率 1/6 取观测值为 1，2，…，6 的离散型随机变量。它的均值、方差和标准差为：

$$\begin{aligned}E(X)&=1\times\frac{1}{6}+2\times\frac{1}{6}+3\times\frac{1}{6}+4\times\frac{1}{6}+5\times\frac{1}{6}+6\times\frac{1}{6}\\&=(1+2+3+4+5+6)/6=3.5\end{aligned}$$

$$\begin{aligned}var(X)&=(1-3.5)^2\times\frac{1}{6}+(2-3.5)^2\times\frac{1}{6}+\cdots+(6-3.5)^2\times\frac{1}{6}\\&=(2.5^2+1.5^2+0.5^2+0.5^2+1.5^2+2.5^2)/6=2.92\end{aligned}$$

$$\sigma(X)=\sqrt{var(X)}=\sqrt{2.92}=1.71$$

例 5—8

计算例 5—6 中分布的均值。

设T表示“推土机首次发生故障的时间”，服从指数分布E（0.002)。其概率密度函数为：

$$p(t)=\begin{cases}0.002e^{-0.002t}, & t\geqslant 0\\0, & t<0\end{cases}$$

它的均值为：

$$E(T)=\int_{-\infty}^{\infty}tp(t)\mathrm{d}t=\int_{0}^{\infty}0.002te^{-0.002t}\mathrm{d}t=(0.002)^{-1}=500$$

这表明推土机首次发生故障的平均时间是 500 小时。可以证明，对于指数分布，其均值与标准差是相等的，即T的标准差$\sigma=500$小时。

3. 均值与方差的性质

均值与方差具有下列性质：

- 设X为随机变量，a与b为任意实数，则有

$$E(aX+b)=aE(X)+b$$
$$var(aX+b)=a^2var(X)$$

- 对任意两个随机变量X_1和X_2，有

$$E(X_1+X_2)=E(X_1)+E(X_2)$$

这个性质可以推广到三个或更多个随机变量的场合。

● 设随机变量 X_1 和 X_2 独立（即 X_1 的取值不影响 X_2 的取值，相当于两个试验独立），则有

$$var(X_1 \pm X_2) = var(X_1) + var(X_2)$$

这个性质也可以推广到三个或更多个相互独立随机变量的场合。

5.2.4 常用的离散分布

常见的离散分布有：

- 0—1 分布（0-1 distribution）
- 二项分布（binomial distribution）
- 泊松分布（Poisson distribution）
- 超几何分布（hypergeometric distribution）

1. 0—1 分布

例 5—9

抽取某产品，检验其是否合格，若检验合格记为 0，不合格记为 1，且知该产品的合格率为 95%。问检验结果如何？

设 X 表示"抽检产品的结果"，则 $P(X=0)=0.95$，$P(X=1)=0.05$。可用分布列表如下：

X	0	1
$P(X=x_i)=p_i$	0.95	0.05

若每次试验中，只有两种可能的结果，例如，正面朝上与背面朝上，产品合格与不合格，检验通过与不通过，目标命中与不命中，具备某特性与不具备某特性等，或是只关注试验的两种不同结果，例如，手机月话费是否高于 100 元，布匹疵点数是否多于 5 个等，可以将这两种结果称为成功与失败。若成功的概率为 p。则失败的概率为 $1-p$。设随机变量 X 表示"试验的结果"，则 X 服从两点分布。若把成功记为 1，失败记为 0，则称 X 服从 0—1 分布，记为 $X \sim B(1, p)$。

X	0	1
$P(X=x_i)=p_i$	$1-p$	p

0—1 分布的均值、方差与标准差为：

$$E(X)=p,\ var(X)=p(1-p),\ \sigma(X)=\sqrt{p(1-p)}$$

2. 二项分布

例 5—10

从一批产品中随机抽取进行检测，根据历史数据知道，产品的不合格率为 10%。假设要求产品检测人员每抽取一件产品检测完毕后要放回到这批产品中（又称为有放回抽

样）。检验人员共检测了6件产品。问检测到的不合格品数分别为0，1，2，…，6的概率是多少？

设随机变量X表示“6件检测产品中不合格品的个数”，显然，X可能的取值为：0，1，2，…，6，取这些值的概率为：

$$P(X=x)=C_6^x\,0.1^x\,(1-0.1)^{6-x},\ x=0,1,2,\cdots,6$$

称X服从二项分布，记为$X\sim B(6, 0.1)$。

没有不合格品的概率为：

$$P(X=0)=C_6^0\,0.1^0\,(1-0.1)^{6-0}=\frac{6!}{0!\,(6-0)!}0.9^6\approx0.5314$$

式中，“！”称为阶乘：$6!=1\times2\times3\times4\times5\times6$，$0!=1$，$C_6^0=\frac{6!}{0!\,(6-0)!}=1$。

恰有1件不合格品的概率为：

$$P(X=1)=C_6^1\,0.1^1\,(1-0.1)^{6-1}=\frac{6!}{1!\,(6-1)!}\times0.1\times0.9^5\approx0.3543$$

类似地，可计算有2，3，4，5，6件不合格品的概率，分布列表如下：

X	0	1	2	3	4	5	6
P	0.531 4	0.354 3	0.098 4	0.014 6	0.001 2	0.000 1	0.000 0

这里，$P(X=6)\approx0.000001$，取前四位小数为有效数字，故为0.000 0。

下面仔细分析二项分布应满足的条件：考察由n次随机试验组成的随机现象。

（1）试验次数固定为n，即重复进行n次随机试验。譬如，连续抛掷一枚质地均匀的硬币n次，检查n件产品的质量，对一个目标连续射击n次等。

（2）n次试验间相互独立，即一次试验的结果不能对其他各次试验的结果产生影响。

（3）每次试验仅有两种可能的结果：成功与失败，好与坏等。

（4）每次试验中成功的概率均为p，失败的概率均为$1-p$。

在上述四个条件下，设X表示“n次独立重复试验中成功的次数”，显然X是可以取0，1，…，n等$n+1$个数值的离散型随机变量，而且取这些数值的概率为：

$$P(X=x)=C_n^x p^x\,(1-p)^{n-x},\ x=0,1,\cdots,n$$

称X服从二项分布，记为$X\sim B(n, p)$。

二项分布的均值、方差与标准差分别为：

$$E(X)=np,\ var(X)=np(1-p),\ \sigma(X)=\sqrt{np(1-p)}$$

二项分布除了作为连续生产过程中不合格品数的精确分布，当样本量小于批量的10%时，二项分布还可以作为超几何分布的近似分布。

3. 泊松分布

质量控制中常遇到这样的情况：不仅要关注不合格品，而且要关注每件不合格品所包含的不合格项的情况。例如，全面检查生产的计算机总会发现一些不合格项，即使有些不合格项不重要（如仪表贴纸不整齐等）。此时所关注的不再是产品合格与否的问题，而是产品出现的不合格项。设 X 表示“产品不合格项的个数”，显然，X 的取值为可列个可能值：0，1，2，…，取这些值的概率为：

$$P(X=x)=\frac{\lambda^x}{x!}e^{-\lambda},\ x=0,\ 1,\ 2,\ \cdots$$

称 X 服从泊松分布，记为 $X\sim P(\lambda)$。式中，e= 2.718 281 8；λ 是泊松分布的重要参数，它给出了产品的平均不合格项数。

泊松分布的均值与方差相等，均为 λ。有

$$E(X)=\lambda,\ var(X)=\lambda,\ \sigma(X)=\sqrt{\lambda}$$

泊松分布应用广泛，可用来描述不少随机变量的分布，如

- 一定时间内接错电话的次数；
- 一定时间内某操作系统发生的故障数；
- 一只铸件上的缺陷数；
- 一平方米玻璃上的气泡数；
- 一件产品擦伤留下的痕迹数；
- 一页书上的错字数。

例 5—11

有一条生产导弹的流水线，每枚导弹制造完成时，要通过一个空气动力模型进行检查，对照设计要求把各处不合格记录下来。任何严重的不合格项都可能成为拒绝接受的理由。军方还要求对次要的不合格项进行控制，像模糊的文字、小毛刺等问题在审核时都要求明确记录下来。历史数据显示，每枚导弹平均有三个次要的不合格项。问生产的导弹没有次要不合格项的概率是多少？

设 X 表示“导弹次要不合格项的个数”，由题意知，$\lambda=3$，则生产的导弹没有次要不合格项的概率是：

$$P(X=0)=\frac{3^0e^{-3}}{0!}=\frac{1\times e^{-3}}{1}\approx 0.05=5\%$$

换言之，100%－5%＝95%的导弹至少有一处次要不合格项。

4. 超几何分布

例 5—12

某批发商提供了一批产品，共 12 件，其中 3 件有轻微碰撞的痕迹。现用户取出 4 件使用。问 4 件全部完好无损的可能性有多大？

首先，注意这里涉及无放回抽样，即从这批产品中随机取出一件，再从剩余产品中选出另一件。而且，这批产品只有 12 件，抽取 4 件产品占了总量的 33%左右。

设 X 表示“4 件产品中不合格品的个数”，则 X 服从超几何分布。可以用下列公式来计算其概率：

$$P(X=x)=\frac{C_{N-M}^{n-x}C_M^x}{C_N^n}，x=0，1，2，\cdots，\min(M，n)$$

式中，N 是批量；M 是该批产品中的不合格品数；n 是样本量；x 是样本中不合格品的个数；$P(X=x)$ 是在样本中恰好有 x 件不合格品的概率，记为 $X\sim H(n，N，M)$。

由题意知，$N=12$，$M=3$，$n=4$，则全部完好无损的概率为：

$$P(X=0)=\frac{C_{12-3}^{4-0}C_3^0}{C_{12}^4}=\frac{126\times 1}{495}\approx 0.255$$

故用户取出的 4 件产品全部完好无损的可能性为 25.5%。

超几何分布的均值、方差分别为：

$$E(X)=\frac{nM}{N}，var(X)=\frac{n(N-n)}{N-1}\cdot\frac{M}{N}\left(1-\frac{M}{N}\right)$$

当样本量小于批量的 10%时，二项分布可作为超几何分布的近似分布。

5.2.5 常用的连续分布

常见的连续分布有：

- 正态分布（normal distribution）
- 均匀分布（uniform distribution）
- 指数分布（exponential distribution）
- 对数正态分布（logarithmic normal distribution）
- 威布尔分布（Weibull distribution）

1. 正态分布

质量管理中最常遇到的连续分布是正态分布，能描述很多质量特性 X 随机取值的统计规律性。正态分布的概率密度函数为：

$$p(x)=\frac{1}{\sigma\sqrt{2\pi}}e^{-(x-\mu)^2/2\sigma^2}，-\infty<x<+\infty$$

如图 5—18 所示，概率密度函数曲线可形象地描述为“中间高、两边低、左右对称、延伸到无穷”的钟形曲线。正态分布又称高斯分布，记为 $X\sim N(\mu，\sigma^2)$。式中，μ 和 σ^2 为正态分布的参数；μ 是正态分布的均值，给出了正态分布的中心；X 在 μ 附近取值的机会较大；σ^2 是正态分布的方差，$\sigma(\sigma>0)$ 是正态分布的标准差。

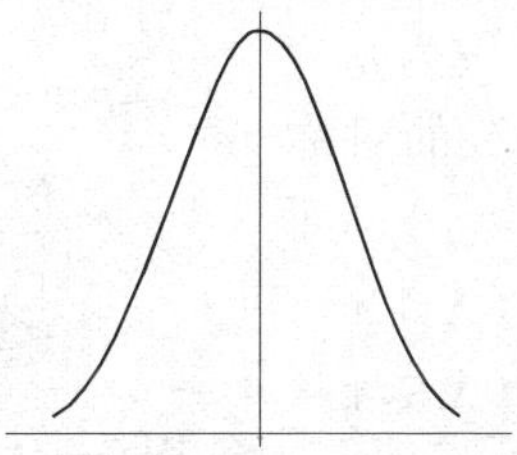

图 5—18　正态分布的概率密度函数曲线

图 5—19（a）给出了相同的标准差σ、不同的均值μ（$\mu<\mu'$）时的情况，钟形曲线的中心由μ向右移动到μ'，而分布的形状不变。图 5—19（b）给出了相同的均值μ、不同的标准差σ时的情况，钟形曲线的中心不变。σ越大，分布越分散；σ越小，分布越集中。正态分布的两个参数均值μ与标准差σ无关，μ的变化不会影响到分布形状，σ的变化也不会影响到分布中心。一般称μ为位置参数，σ为形状参数。

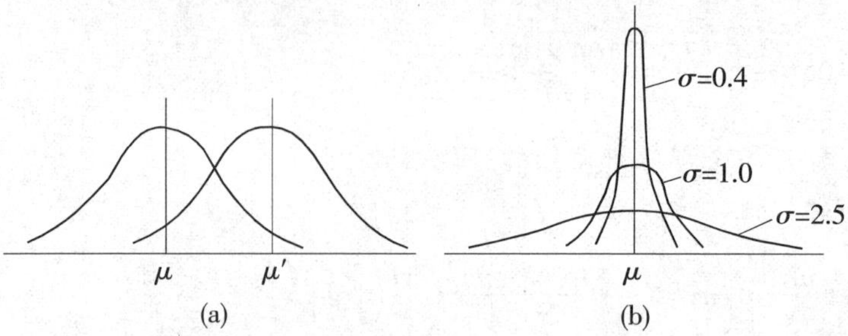

图 5—19　均值 μ 与标准差 σ 对分布的影响

$\mu=0$且$\sigma=1$的特殊正态分布称为标准正态分布（standard normal distribution），记为$N(0，1)$。设$X\sim N(\mu，\sigma^2)$，则$\frac{X-\mu}{\sigma}\sim N(0，1)$。式中，$\frac{X-\mu}{\sigma}$常被称为标准变换。经过标准变换，正态分布都可以转化为均值为 0、标准差为 1 的标准正态分布。利用标准正态分布函数表（如附表 1 所示），可以得到$P(X\leqslant x)$的概率值，如图 5—20 所示的阴影面积。

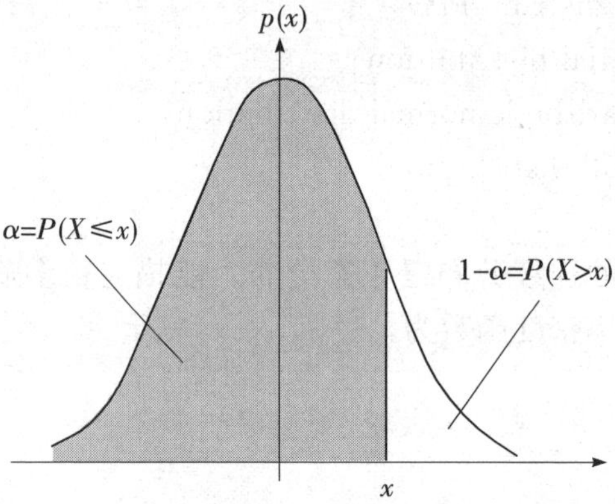

图 5—20　$P(X\leqslant x)$ 与 $P(X>x)$

设$P(X\leqslant x)=\alpha$，则概率密度函数与实数轴之间的面积 1 被数值x分割为两部分，左侧阴影面积为$\alpha=P(X\leqslant x)$，右侧面积为$1-\alpha=P(X>x)$。故x又记为z_α，称为α分位数。另外，标准正态概率密度曲线的对称特征决定了$P(X\leqslant -x)=P(X\geqslant x)$，而$P(X=x)=0$，故$P(X\leqslant -x)=P(X>x)$，进而，$P(X\leqslant -x)=1-\alpha=1-P(X\leqslant x)$，如图 5—21 所示。

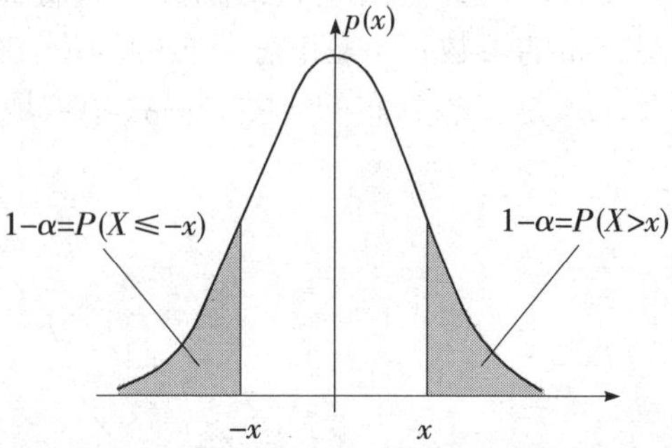

图 5—21　$P(X\leqslant -x)=1-\alpha=1-P(X\leqslant x)$

例 5—13

检查微电路生产中关键线路黏合过程的阻断力。过程平均力度是 19，标准差为 4。过程力度服从正态分布。如果工程规格下限为 13，则过程力度低于规格下限的比例为多少？

设 X 表示过程力度，$X \sim N(19, 4^2)$，则 $\frac{X-19}{4} \sim N(0, 1)$。考虑过程力度低于规格下限的概率，首先，进行标准变换 $\frac{13-19}{4}=-1.5$，然后，查标准正态分布函数表，得到 6.68%，即

$$P(X \leqslant 13)=P\left(\frac{X-19}{4} \leqslant \frac{13-19}{4}\right)=P\left(\frac{X-19}{4} \leqslant -1.5\right)=6.68\%$$

故 6.68%的阻断力低于规格下限 13。质量控制通常要求均值距离规格界限至少 3 倍标准差。为了实现这个目标，需要改进过程，要么提高阻断力的均值，要么减小过程的标准差，或者同时改进这两个方面。

2. 均匀分布

设连续型随机变量 X 具有概率密度函数：

$$p(x)=\begin{cases}\frac{1}{b-a}, & a<x<b \\ 0, & \text{其他}\end{cases}$$

则称 X 在区间 (a, b) 上服从均匀分布，记为 $X \sim U(a, b)$，如图 5—22 所示。

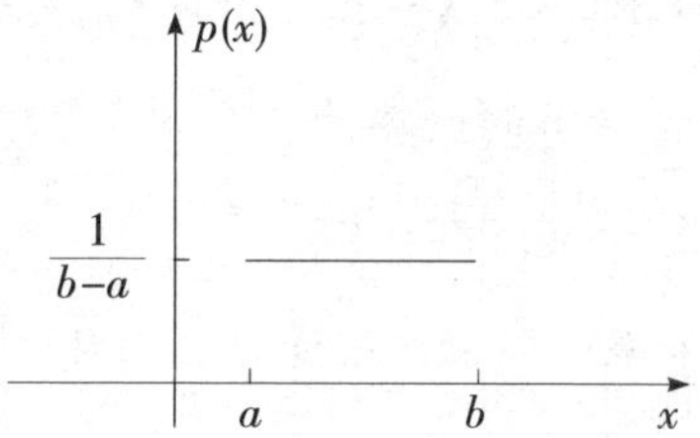

图 5—22 均匀分布的概率密度函数和分布函数

在区间 (a, b) 上服从均匀分布的随机变量，意味着 X 落在区间 (a, b) 中任意等长度的子区间内的可能性相同。换言之，X 落在子区间内的概率只依赖于子区间的长度而与子区间的位置无关。对任一长度 l 的子区间 $(c, c+l)$，$a \leqslant c < c+l \leqslant b$，有

$$p(c < X \leqslant c+l)=\int_c^{c+l} p(x)\mathrm{d}x=\frac{l}{b-a}$$

均匀分布 $U(a, b)$ 的均值、方差与标准差分别为：

$$E(X)=\frac{a+b}{2},\ var(X)=\frac{(b-a)^2}{12},\ \sigma(X)=\sqrt{\frac{(b-a)^2}{12}}$$

3. 指数分布

指数分布是一种常见的连续分布，其概率密度函数为：

$$p(x)=\begin{cases}\lambda e^{-\lambda x}, & x\geqslant 0\\ 0, & x<0\end{cases}$$

记为 $X\sim E(\lambda)$，式中，$\lambda>0$ 为参数。实际工作生活中，不少产品首次发生故障的时间或发生故障后需要维修的时间都服从指数分布。

指数分布的分布函数为：

$$F(x)=P(X\leqslant x)=\begin{cases}1-e^{-\lambda x}, & x\geqslant 0\\ 0, & x<0\end{cases}$$

指数分布的均值、方差和标准差分别为：

$$E(X)=\frac{1}{\lambda},\ var(X)=\frac{1}{\lambda^2},\ \sigma(X)=\frac{1}{\lambda}$$

例 5—14

一家城市水资源管理公司平均每年发生 500 次泄漏。假定两次泄漏的间隔时间服从指数分布。问周末（从周五晚上 6 点至周一早上 6 点）工作人员没有接到报修电话的概率是多少？

这里给出的是每年平均泄漏次数，需要转化为两次泄漏之间的平均间隔时间。每年 365 天，每天 24 小时，即 8 760 小时。两次泄漏之间的平均间隔时间（MTBF）为 8 760/500=17.52 小时。设 X 表示两次泄漏的间隔时间，则 X 服从均值为 17.52 小时的指数分布，故 $\lambda=\frac{1}{17.52}=0.057$，即 $X\sim E(0.057)$。周五晚 6 点至周一早 6 点之间共有 60 个小时，这 60 小时内发生泄漏的概率为：

$$P(X\leqslant 60)=1-e^{-60/17.52}\approx 0.967=96.7\%$$

因此，这 60 小时没有发生泄漏，即工作人员周末空闲的概率仅为 1−96.7% = 3.3%。

4. 对数正态分布

在地质勘探中，岩石的某种化学成分的对数服从正态分布，故得名对数正态分布。对数正态分布出现在很多领域，如针刺麻醉的阵痛效果、英语单词的长度、流行病的蔓延时间、某些电器的寿命、化学反应时间、绝缘材料被击穿时间、产品维修时间等。

设 X 是取值为正数的随机变量。若 $\ln X\sim N(\mu, \sigma^2)$，则称 X 服从对数正态分布，记为 $X\sim LN(\mu, \sigma^2)$。X 的大量取值在左侧，长尾在右侧，并且很分散，这样的分布称为右偏分布（见图 5—23）。如机床维修中，大量机床在短时间内都可修理好，只有少量机床需要长时间维修，个别机床可能需要更长的修理时间。

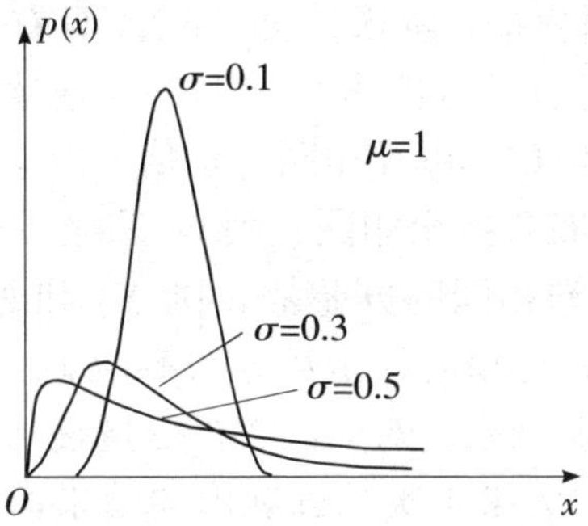

图 5—23　对数正态分布的概率密度函数曲线（$\mu=1$，σ不同）

对数正态分布的均值和方差为：

$$E(X)=e^{\mu+\frac{\sigma^2}{2}}，var(X)=e^{2\mu+\sigma^2}(e^{\sigma^2}-1)$$

5. 威布尔分布

威布尔分布是寿命试验和可靠性理论的基础，它是瑞典科学家威布尔于 1939 年首先提出的。

威布尔分布的概率密度函数为：

$$p(x)=\begin{cases}\dfrac{\alpha}{\beta}(x-\gamma)^{\alpha-1}e^{-\frac{(x-\gamma)^\alpha}{\beta}}, & x\geqslant\gamma\\ 0, & x<\gamma\end{cases}$$

式中，$\alpha>0$ 称为形状参数；$\gamma\geqslant0$ 称为位置参数；$\beta>0$ 称为尺度参数，记为 $X\sim W(\alpha,\beta,\gamma)$。当 $\gamma=0$，$\alpha=1$ 时，$p(x)$ 简化为：

$$p(x)=\begin{cases}\dfrac{1}{\beta}e^{-\frac{x}{\beta}}, & x\geqslant0\\ 0, & x<0\end{cases}$$

令 $\lambda=\dfrac{1}{\beta}$，则

$$p(x)=\begin{cases}\lambda e^{-\lambda x}, & x\geqslant0\\ 0, & x<0\end{cases}$$

这是大家熟悉的指数分布。

威布尔分布的形状参数 α 往往与失效机理相联系。例如，工作寿命分布，常将 $\alpha<1$ 的情况称为“早期失效期”，$\alpha=1$ 为“偶然失效期”，$\alpha>1$ 为“耗损失效期”。尺度参数 β 起到放大与缩小比例常数的作用。位置参数 γ 是一个平移参数，有时又称为最小保证寿命。产品在 γ 以前不会失效，即失效的概率为零。

5.2.6　中心极限定理

1. 随机变量独立同分布的概念

随机变量 X_1 和 X_2 独立，是指 X_1 的取值不影响 X_2 的取值，X_2 的取值也不影响 X_1

的取值。随机变量 X_1 和 X_2 同分布，意味着 X_1 和 X_2 具有相同的分布形状和相同的分布参数，对离散型随机变量而言具有相同的概率函数，对连续型随机变量而言具有相同的概率密度函数，有着相同的分布函数，以及相同的均值、方差与标准差。反之，若随机变量 X_1 和 X_2 是同类型分布，且分布参数全相同，则 X_1 和 X_2 一定同分布。如 X_1 和 X_2 同为正态分布，且有相同的均值 μ 和相同的方差 σ^2，则 X_1 和 X_2 具有相同的分布。如 X_1 和 X_2 同指数分布，则 X_1 和 X_2 具有相同的指数分布参数 λ。一般来说，在相同条件下，进行两次独立试验，则这两次试验结果所对应的随机变量是独立同分布的。比如，将一枚质地均匀的硬币抛掷两次，设 X_1 为第 1 次抛掷硬币的结果，X_2 为第 2 次抛掷硬币的结果。显然，第 1 次抛掷硬币的结果对第 2 次的结果没有影响，反之亦然，故 X_1 和 X_2 相互独立。同时，X_1 和 X_2 都只有两种试验结果：正面朝上和背面朝上，以 0 代表正面朝上，1 代表背面朝上，则

$$P(X_1=0)=P(X_2=0)=0.5,\ P(X_1=1)=P(X_2=1)=0.5$$

故 X_1 和 X_2 是独立同分布的随机变量。

随机变量独立同分布的特性可以推广到三个或更多个随机变量。

2. 独立同正态分布随机变量的重要性质

定理 1 设 X_1，X_2，…，X_n 是 n 个独立同正态分布的随机变量，$X_i \sim N(\mu,\sigma^2)$（$i=1,2,\cdots,n$），则

$$\overline{X}=\frac{X_1+X_2+\cdots+X_n}{n}=\frac{1}{n}\sum_{i=1}^{n}X_i$$

仍为正态分布，其均值不变，仍为 μ，其方差缩小至原来的 $1/n$，若把 $\overline{X}$ 的方差记为 $\sigma_{\overline{X}}^2$，则 $\sigma_{\overline{X}}^2=\sigma^2/n$，有 $\overline{X}\sim N\left(\mu,\frac{\sigma^2}{n}\right)$。

如果设 X_1，X_2，…，X_9 是 9 个独立同分布的随机变量，且 $X_i\sim N(10, 25)$，则

$$\overline{X}=\frac{X_1+X_2+\cdots+X_9}{9}\sim N\left(10,\frac{25}{9}\right)$$

这表明：$\overline{X}$ 的均值为 10，$\overline{X}$ 的方差为 $25/9=2.78$，$\overline{X}$ 的标准差为 $\sigma_{\overline{X}}=\sqrt{25/9}=5/3$。

3. 中心极限定理

定理 2（中心极限定理） 设 X_1，X_2，…，X_n 是 n 个独立同分布的随机变量，且有有限的数学期望和方差，分布均值为 μ，方差为 σ^2，则当 n 较大时，有

(1) $X_1+X_2+\cdots+X_n=\sum\limits_{i=1}^{n}X_i$ 近似服从均值为 $n\mu$、方差为 $n\sigma^2$ 的正态分布 $N(n\mu, n\sigma^2)$；

(2) $\overline{X}=\dfrac{X_1+X_2+\cdots+X_n}{n}=\dfrac{1}{n}\sum\limits_{i=1}^{n}X_i$ 近似服从均值为 μ、方差为 σ^2/n 的正态分布 $N\left(\mu,\frac{\sigma^2}{n}\right)$。

当 X_i 的分布对称时，只要 $n\geqslant 5$，近似效果就比较理想；当 X_i 的分布不对称时，要求 n 值较大，一般 $n\geqslant 30$ 时近似效果较理想。

这个定理表明：无论随机变量服从何种分布，可能是离散分布，也可能是连续分布，连续分布可能是正态分布，也可能是非正态分布，只要独立同分布随机变量的个数 n 较大，那么，随机变量之和的分布、随机变量均值 $\overline{X}$ 的分布都可近似为正态分布。这一结论意义深远。

统计学中把均值 $\overline{X}$ 的标准差称为均值的标准误，记为 $\sigma_{\overline{X}}$ 或 SEM（standard error of the mean)，无论是正态还是非正态，均值 $\overline{X}$ 的标准误都有

$$\sigma_{\overline{X}}=\frac{\sigma}{\sqrt{n}}$$

SEM 随着 n 的增加而减少。

人们常常对一个零件的质量特性只观测一次，就用该观测结果去估计过程输出的质量特性。这里建议采用一种简单有效的减少测量系统误差的方法。对同一个零件的质量特性作两次或更多次重复测量，用其观测结果的平均值去估计过程输出的质量特性，就可以减少标准差。当然，这不是回避使用更精密量具的理由，而是一种提高现有量具精度的简易方法，多次测量值的平均值要比单次测量值更精确。

5.2.7 统计量与抽样分布

1. 总体与样本

研究对象的全体称为总体（population)，构成总体的每个基本单位称为个体。例如，在研究某厂生产的灯泡寿命时，该厂生产的全部灯泡的寿命就是总体，每只灯泡的寿命就是个体。研究该厂某天生产的灯泡寿命时，总体是该天生产的全部灯泡的寿命。研究某高中男生身高时，该校全体男生的身高是总体。研究高三男生身高时，总体是全部高三男生的身高。

总体依其包含的个体数分为有限总体和无限总体。例如，研究某厂生产的灯泡寿命时，总体是该厂生产的全部灯泡的寿命，这包括过去生产的灯泡的寿命、正在生产的灯泡的寿命和今后将要生产的灯泡的寿命，这是一个无限总体。研究某天生产的灯泡寿命时，总体是该天生产的全部灯泡的寿命，由于个体数是有限的，因此这是一个有限总体。

总体可以用随机变量 X 表示，随机变量 X 的分布就是总体分布，不同的总体可用不同的分布去描述。如果可以对总体中每一个体进行观察，当然可以了解该总体，但是，许多情况下这是不可能的或是没有必要的。因此，常常从总体中抽取若干个体，对这些个体进行观察，利用观察结果对总体进行推断。

从总体中抽取一部分个体进行观察，被抽到的个体组成总体的一个样本。若总体中的每一个体都有相同的机会被抽到，那么，这样得到的样本称为简单随机样本，简称样本(sample)，本书讨论的样本都是简单随机样本。

样本中所含的个体又称为样品，样品的个数称为样本容量或样本量，常用 n 表示。容量为 n 的样本记为 X_1，X_2，…，X_n。有理由认为 X_1，X_2，…，X_n 是独立且与总体具有相同分布的随机变量。样本的观测值用 x_1，x_2，…，x_n 表示。

2. 常见的统计量

样本来自总体，样本中包含丰富的总体信息，但这些信息是分散的，为了把分散的信

息集中起来以反映总体的特征，就需要对样本进行加工。一种有效的办法就是构造样本的函数，不同的函数反映总体的不同特征。不含未知参数的样本函数称为统计量（statistic），统计量的分布称为抽样分布。

（1）描述中心位置的统计量。设 X_1，X_2，…，X_n 是来自总体的一个样本，则

● 样本均值（sample mean）：$\overline{X}=\dfrac{1}{n}\sum\limits_{i=1}^{n}X_i$

● 样本中位数（sample median）：$\widetilde{X}=\begin{cases}X_{(\frac{n+1}{2})}, & n\text{ 为奇数}\\ \dfrac{1}{2}\left[X_{(\frac{n}{2})}+X_{(\frac{n}{2}+1)}\right], & n\text{ 为偶数}\end{cases}$

式中，$X_{(1)}$，$X_{(2)}$，…，$X_{(n)}$ 为 X_1，X_2，…，X_n 按照从小到大顺序排列的有序样本（又称为次序统计量（order statistic））。

（2）描述波动情况的统计量。

● 样本极差（sample range）：$R=X_{(n)}-X_{(1)}$

式中，$X_{(1)}$，$X_{(2)}$，…，$X_{(n)}$ 为 X_1，X_2，…，X_n 按照从小到大顺序排列的有序样本。

● 样本方差（sample variance）：$s^2=\dfrac{1}{n-1}\sum\limits_{i=1}^{n}(X_i-\overline{X})^2$

● 样本标准差（sample standard deviation）：$s=\sqrt{s^2}$

● 变异系数（coefficient of variation）：$CV=\dfrac{s}{\overline{X}}$

上述描述波动情况的统计量中，样本极差 R 计算最简便，但对信息的利用较少；样本方差 s^2 和样本标准差 s 能充分利用样本所提供的信息，应用广泛；样本标准差 s 可保持计量单位的一致性；变异系数 CV 常用于不同数据的离散程度的比较。

3. 抽样分布

抽样分布是区间估计、假设检验的理论基础。

（1）样本均值的分布。设 X_1，X_2，…，X_n 是来自正态总体 $N(\mu,\sigma^2)$ 的一个样本，则

● 方差 σ^2 已知时，有 $\dfrac{\overline{X}-\mu}{\sigma/\sqrt{n}}\sim N(0,1)$；

● 方差 σ^2 未知时，有 $\dfrac{\overline{X}-\mu}{s/\sqrt{n}}\sim t(n-1)$，即服从自由度为 $n-1$ 的 t 分布。图 5—24 为 t 分布。

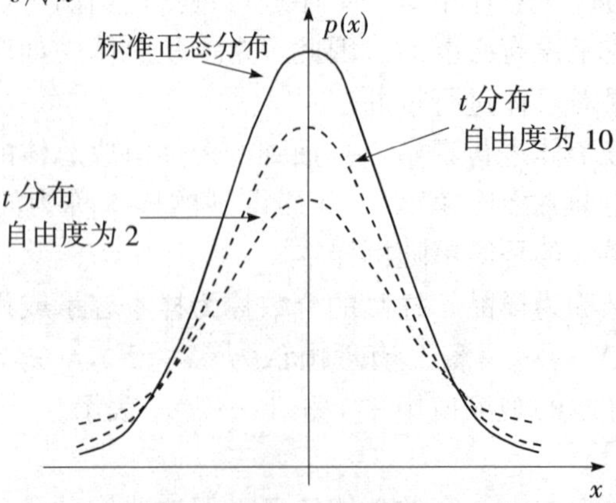

图 5—24　t 分布

t 分布的形状同正态分布很像，具有“中间高、两边低、左右对称、延伸到无穷”的特点。t 分布受自由度的影响，自由度越大，t 分布越接近标准正态分布。当自由度大于30时，二者差别不大。

(2) 正态样本方差 s^2 的分布—— χ^2 分布（χ^2 distribution）。设 X_1，X_2，…，X_n 是来自正态总体 $N(\mu, \sigma^2)$ 的一个样本，则

$$\frac{(n-1)S^2}{\sigma^2} = \sum_{i=1}^{n} (X_i - \overline{X})^2/\sigma^2 \sim \chi^2(n-1)$$

χ^2 分布的形状如图 5—25 所示。可见，χ^2 分布同样受自由度的影响，自由度越大，图形越向右移。

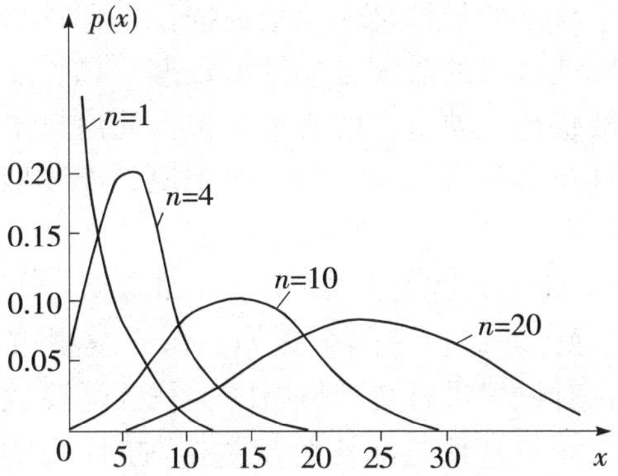

图 5—25　χ^2 分布

(3) 两个独立的正态样本方差之比的分布—— F 分布（F distribution）。设有两个独立的正态总体 $N(\mu_1, \sigma^2)$ 和 $N(\mu_2, \sigma^2)$，它们的方差相等。X_1，X_2，…，X_n 是来自 $N(\mu_1, \sigma^2)$ 的一个样本，Y_1，Y_2，…，Y_m 是来自 $N(\mu_2, \sigma^2)$ 的一个样本，而且这两个样本相互独立，则它们的样本方差之比为：

$$\frac{s_1^2}{s_2^2} \sim F(n-1, m-1)$$

式中，$n-1$ 称为分子自由度；$m-1$ 称为分母自由度。F 分布的形状如图 5—26 所示。

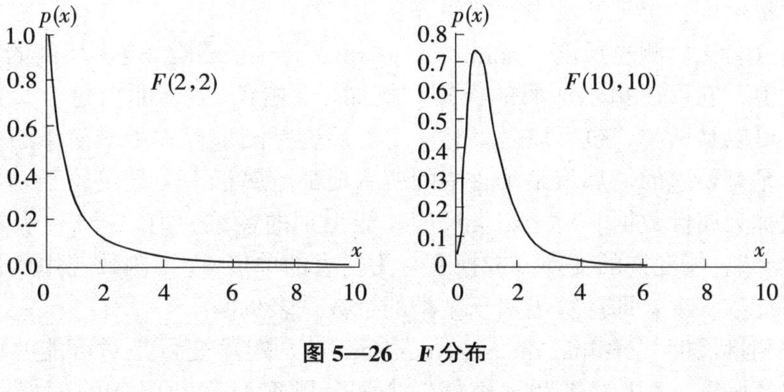

图 5—26　F 分布

5.3 数据的收集和整理

5.3.1 数据类型与测量尺度

1. 数据的类型

在六西格玛项目的实施过程中，需要不断地与数据打交道，不断地依据数据作出决策，还要处理形形色色的数据。但是从统计的角度来说，这些测量数据可以分为两种基本类型，即连续型数据和非连续或离散型数据。

用连续坐标进行测量并得出的数据是连续型数据，也称计量值数据。或者说，用测量仪器或量具测量出的可以连续取值的数据是连续型数据，如长度、温度和湿度等。连续型数据的特点是，可以比较敏感地反映过程的变化，包含的信息丰富。在对过程进行统计分析时，可以用较少的样本量获得分析结论。但一般来说，连续型数据对测量手段的要求较高，或测量成本较高。

非连续型数据或离散型数据，也称计数数据，如合格/不合格、通过/失败、是/否、接受/不接受、出席/缺席、好/坏以及缺陷个数等。非连续型数据在反映过程变化方面不如连续型数据那样敏感。在对过程进行统计分析时，往往需要较大的样本量或较长的测量周期才能得出分析结论。但一般来说，非连续型数据对测量手段和测量精度的要求不高，测量成本也比较低。

在测量时，区分连续型数据还是离散型数据是十分重要的。项目团队应根据项目的具体情况确定采用适当的数据类型。一般来说，在收集测量数据时，应尽可能采用连续型数据，以便提供尽可能多的可用于过程改进的信息。

2. 测量尺度

测量是按照某种规则，用数据来描述观察到的现象，即对事物作出量化描述。测量是对非量化事物的量化过程。

数据包含多少信息取决于测量所使用的尺度。测量的尺度决定了研究这些数据时应使用什么类型的统计分析方法。选定了相应的测量尺度，便确定了所产生的数据类型，也就确定了在项目实施过程中可使用的统计分析方法。

有四类测量尺度：定类、定序、定距和定比。

(1) 定类（名义）测量尺度（nominal measurement scale）。定类尺度的数据是一些数字形式的名义值。它可以指示所属的类别，例如 0＝白色，1＝非白色；又如，白色、黑色、其余色。可以是两类，也可以是多类。定类尺度是测量形式中最简单的一种。定类尺度中类别划分是有要求的，那就是集合中的所有项都应属于一类且仅属于一类。以定类尺度收集的数据称为属性数据。对于定类尺度，能识别的关系只有“＝”（表示物体具有某属性）或者“≠”。能允许的变换（或换算）为任意的单值 0—1 函数。用属性数据所做的统计工作只有计数一项，即计算出属于某类的个数是多少。

(2) 定序测量尺度（ordinal measurement scale）。定序变量是对可能的取值进行的排序。例如，以“好”、“更好”和“极好”来划分顾客对某种服务的偏好；将降雨量按

“旱”、“偏少”、“中等”、“偏多”、“涝”分为五类；按某项业绩给各单位排名次等。定序变量能识别的关系有“＝”（相等）、“≠”（不等）、“＞”（多于）和“＜”（少于）。能允许的变换（或换算）为任意的单调函数。用定序数据所做的统计工作有计数和排序两项，由于没有距离的概念，因而不能对定序数据（包括名次）进行算术平均。

在质量管理中，有时为了简化而把定序数据转变成定类数据，然后用二项分布模型或泊松分布模型进行分析。例如，用差—好—很好的次序把零件分类，然后绘制出属于“差”这一类零件的不合格率 p 图，但这样做将损失某些信息，因此应尽量选用更细致的分析方法。

（3）定距测量尺度（interval measurement scale）。通常我们测量所得到的数据都是连续型数据。但要细致分析，仍然需分为两类。第一种是定距尺度数据。例如温度（摄氏或华氏）、记录事件发生的日期及时间等。这种数据中，“0”是没有意义的，因而没有倍数的概念。0℃以水结冰为标志，它只有相对意义，我们不能说“60℃是20℃的3倍”。定距变量能识别的关系有“＝”、“≠”、“＞”和“＜”，还能识别差距的大小，如“60℃与20℃的差距比40℃与10℃的差距大”，“60℃与30℃的差距和40℃与10℃的差距是相等的”等。用定距数据所做的统计分析可以使用算术平均，因而可以使用各种统计量，但没有“比值”、“比率”的概念。

对定距数据，能允许的变换（换算）只能为线性函数 $y=ax+b(a>0)$。例如，摄氏度与华氏度间可以换算：℉＝32＋9/5(℃)，其中 $a=9/5$，$b=32$。换算前后得到的统计结论一定是相同的，不会受变换的影响。

（4）定比测量尺度（ratio measurement scale）。连续型数据的第二种是定比尺度数据，这比定距尺度数据高了一个层次。例如，绝对温度、长度、质量、电流强度、压力、断裂强度、亮度、能量等。这种数据中，“0”是有意义的。同一个事物的两个不同测量结果之间的比值是有意义的，可以讨论它们的比值。例如，说“分子运动能量在绝对温度为10°K时是2°K时的5倍”，“电流强度6安培是电流强度2安培的3倍”是有意义的。定比尺度数据不但能识别差距的大小，而且可以识别和比较比值的大小。用定比测量尺度数据所做的统计工作不但可以进行算术平均、使用各种统计量，而且可以用除法求出倍数。对定比数据，能允许的变换（换算）只能为正比函数 $y=ax(a>0)$。例如，长度可以以mm也可以以英寸（inch）为单位，它们之间可以换算：1英寸＝25.4毫米，其中 $a=25.4$。换算前后得到的统计结论一定是相同的，不会受变换的影响。只要使用适当的转换方法，不管采用何种定比尺度，基于数据的统计分析结果都是一样的。

5.3.2 收集数据的方法

有许多收集数据的方法，最典型的是使用检查表。检查表是收集过程数据时最常用的工具，常常用于DMAIC改进方法的测量阶段。

检查表有各种形式。针对不同的测量对象，需要使用不同的检查表。要有针对性地设计检查表，以便能够按照项目团队的意图，将重要的数据收集上来。在检查表上要注明被测变量，同时还应注明由谁来收集数据以及采用的测量间隔。

表5—2是一个最终装配过程的缺陷检查表，从该例中可以看出油漆是最常发生的缺陷。这张检查表为减少缺陷提供了改进的基础。

表 5—2　　　　　某最终装配过程的缺陷检查表（示例）

	套管	高压开关	漏油	油量	油漆	低压开关	RP架	罐	活栓开关	活栓开关架	帽	机壳	高压仪表盘	压力试验	电镀RMU架	BOM	图纸	销售	零件材料
1				/															
2																/			
3																			
4					/							/							
5																			
6																		/	
7					/														
8	/																		
9									/										
⋮																			
28																			
29																			
30																			
合计	4	0	0	1	9	0	0	1	1	0	0	2	0	0	0	1	3	2	0

表 5—3 是检查表的另一个示例。该检查表既记录了抽样数量和检测到的不合格品的数量，又记录了各种缺陷发生的频次。

表 5—3　　　　　某成品抽样检验及外观不合格项目检查表（示例）

批次	产品号	成品量（箱）	抽样数（支）	不合格品数（支）	批不合格率（%）	外观不合格项目								
						切口	贴口	空松	短烟	过紧	钢印	油点	软腰	表面
1	烤烟型	10	500	3	0.6	1					1			1
2	烤烟型	10	500	8	1.6			2	1					
3	烤烟型	10	500	4	0.8		1					1		
4	烤烟型	10	500	3	0.6		2			1				
5	烤烟型	10	500	5	1.0	1		1						1
⋮														
250	烤烟型	10	500	6	1.2			1		1				
合计		2 500	125 000	990	0.8	80	297	458	35	28	10	15	12	55

在应用检查表时，可将这些检查表存入计算机，这样数据就能直接保存到适当的数据库中，节省大量的时间和资源。

在评价过程改进潜力时，时间周期和过程波动的历史数据常常是有用的。历史数据能够很好地表明改进潜力，这是在 DMAIC 改进方法中重视测量阶段的一个主要原因。

5.3.3　抽样方法

为了确保数据的准确性和代表性，能从样本中正确推断总体，必须采用适当的抽样方法，常用的有简单随机抽样、分层抽样等方法。

1. 简单随机抽样

随机抽样也就是简单随机抽样，是按随机原则直接从总体中抽取样本，构造统计量，并对总体相应的指标做出统计推断。

简单随机抽样必须满足两个基本条件：

● 等可能性。是指总体中的每一个体有同等机会被抽到。若总体有 N 个个体，每一个体被抽到的概率为$\frac{1}{N}$。

● 独立性。是指每次抽样是相互独立的。

常用的随机抽样方法有：

(1) 抽签法。给总体每个个体编上序号（1，2，…，N），并把号码写在结构均匀的签上，掺和拌匀后从中抽取，若有 N 个个体，就要有 N 个签。

(2) 滚球法。也就是人们熟悉的摇奖方法。

(3) 计算机模拟法。大中型计算机一般都带有随机数字发生器。

(4) 随机数表法。这种方法需要利用随机数表，该表上数字的出现及其排列是随机的。0，1，2，…，9 这 10 个数字的概率各约为 1/10，而且由表上数字组成的各种多位数(如二位数，三位数，…)，也大体有相同的机会出现。

2. 分层抽样

分层抽样，又称为类型抽样或分类抽样。这种抽样形式是先将总体按一定的标识加以分层，例如按不同的设备、材料、供应商、班次、年龄组等分层。然后在各层中按简单随机抽样抽取若干个样本，再由各层的样本组成一个总体样本。设总体含有 N 个样本，将总体划分为 k 层，每层总体样本为 $N_i(i=1，2，…，k)$，则有 $\sum_{i=1}^{k} N_i = N$，从各层总体 N_i 中随机抽取 n_i 个样本，则样本 $n = \sum_{i=1}^{k} n_i$ 。

根据不同要求，对于样本量 n，可以有三种不同的分配方法。

(1) 比例分配法。样本数可按各层总体数的后续比例分配，即$\frac{n_1}{N_1}=\frac{n_2}{N_2}=\cdots=\frac{n_k}{N_k}=\frac{n}{N}$，则各层的样本数为：

$$n_i=n\frac{N_i}{N}，i=1，2，\cdots，k$$

(2) 适度分配法。比例分配法显然没有考虑波动程度的差异，适度分配法则考虑到波动程度较大的层应该多取样，而波动程度小的层应少取样，这样可以减少抽样误差，记 $\sigma_i(i=1，2，…，k)$为第 i 层的标准差。适度分配法要求各层样本数 n_i 和各层总体与各层标准差乘积的比例相等，即

$$\frac{n_1}{N_1\sigma_1}=\frac{n_2}{N_2\sigma_2}=\cdots=\frac{n_k}{N_k\sigma_k}=\frac{n}{\sum_{i=1}^{k} N_i\sigma_i}$$

则各层的样本数为：

$$n_i = n\frac{N_i\sigma_i}{\sum_{i=1}^{k} N_i\sigma_i}，i=1，2，\cdots，k$$

(3) 经济分配法。经济分配法是指抽样费用较高的层相对取样少一些，而费用较低的

层则可以多取样，记 C_1，C_2，…，C_k 为各层的抽样费用。由于样本数与费用的平方根成反比例关系，应该使下列比例保持相等，以达到在抽样费用一定的情况下抽样误差最小，或在抽样误差一定的情况下抽样费用最少，即

$$\frac{n_1}{N_1\sigma_1/\sqrt{c_1}}=\frac{n_2}{N_2\sigma_2/\sqrt{c_2}}=\cdots=\frac{n_k}{N_k\sigma_k/\sqrt{c_k}}=\frac{n}{\sum_{i=1}^{k}N_i\sigma_i/\sqrt{c_i}}$$

则各层的样本数应为：

$$n_i=n\cdot\frac{N_i\sigma_i/\sqrt{c_i}}{\sum_{i=1}^{k}N_i\sigma_i/\sqrt{c_i}},\ i=1,2,\cdots,k$$

5.3.4 描述性统计方法

项目团队从过程中抽样并获得样本数据后，需要对数据分布情况有基本的了解。比如，分布的位置或者中心趋势、散布程度以及形状等。描述性统计方法就是用来描述分布的这些特性的。表 5—4 给出了常见的描述性统计方法。

表 5—4　　常见的描述性统计方法

样本统计量	说明	公式/记号
分布的位置或者中心趋势的度量		
样本均值	取自分布的样本的重心或质心	$\bar{x}=\frac{1}{n}\sum_{i=1}^{n}x_i$，其中：$x_i$ 是观测值；n 是样本量
中位数	有序样本中，排在中间位置的数据。数据集中的一半数据高于中位数，一半低于中位数	$\tilde{x}=\begin{cases}x_{(\frac{n+1}{2})}, & n\text{ 为奇数}\\ \frac{1}{2}\left[x_{(\frac{n}{2})}+x_{(\frac{n}{2}+1)}\right], & n\text{ 为偶数}\end{cases}$ $x_{(1)}$，$x_{(2)}$，…，$x_{(i)}$，…，$x_{(n)}$ 为有序样本
众数	出现最频繁的数值。如果将数据分组，则众数是频数最大的组	Mode
散布程度的度量		
极差（全距）	样本极值之间的距离	R＝最大值－最小值
样本方差	对围绕均值波动的度量	$s^2=\sum_{i=1}^{n}\frac{(x_i-\bar{x})^2}{n-1}$
样本标准差	对围绕均值波动的度量	$s=\sqrt{s^2}$
形状的度量		
偏度	对称性分布的 β_3 为零，若 $\beta_3>0$，表示右偏态；若 $\beta_3<0$，表示左偏态	$\beta_3=\frac{n}{(n-1)(n-2)}\sum_{i=1}^{n}(x_i-\bar{x})^3/s^3$
峰度	峰度是对分布平坦程度的度量。正态分布的峰度为 $\beta_4=0$	$\beta_4=\frac{n(n+1)}{(n-1)(n-2)(n-3)}\cdot\frac{\sum_{i=1}^{n}(x_i-\bar{x})^4}{s^4}-\frac{3(n-1)^2}{(n-2)(n-3)}$

例 5—15

为了解某地区成年人的心脏健康状况，项目小组对该地区的成年人进行了随机抽样，并且测量了评价心脏健康水平的若干项指标。表 5—5 是小组测量的脉搏（次数/分）数据。从这组数据中可以获得以下信息。

表 5—5　　小组测量的脉搏数据表

序号	脉搏	性别	序号	脉搏	性别	序号	脉搏	性别
1	64	男	16	82	女	31	82	男
2	96	女	17	84	男	32	61	女
3	78	女	18	68	男	33	64	女
4	58	男	19	62	男	34	74	男
5	62	男	20	76	男	35	68	男
6	66	男	21	100	女	36	94	女
7	96	女	22	68	女	37	60	女
8	62	女	23	88	女	38	64	男
9	78	女	24	70	男	39	90	男
10	82	女	25	62	女	40	92	男
11	64	男	26	74	男	41	60	男
12	74	男	27	66	男	42	84	女
13	78	女	28	70	男	43	72	女
14	68	女	29	80	女	44	66	女
15	72	女	30	54	男	45	80	女

使用 MINITAB 软件可以得到全体人员、男性和女性的三张计算结果示意图（见图 5—27、图 5—28 和图 5—29）。

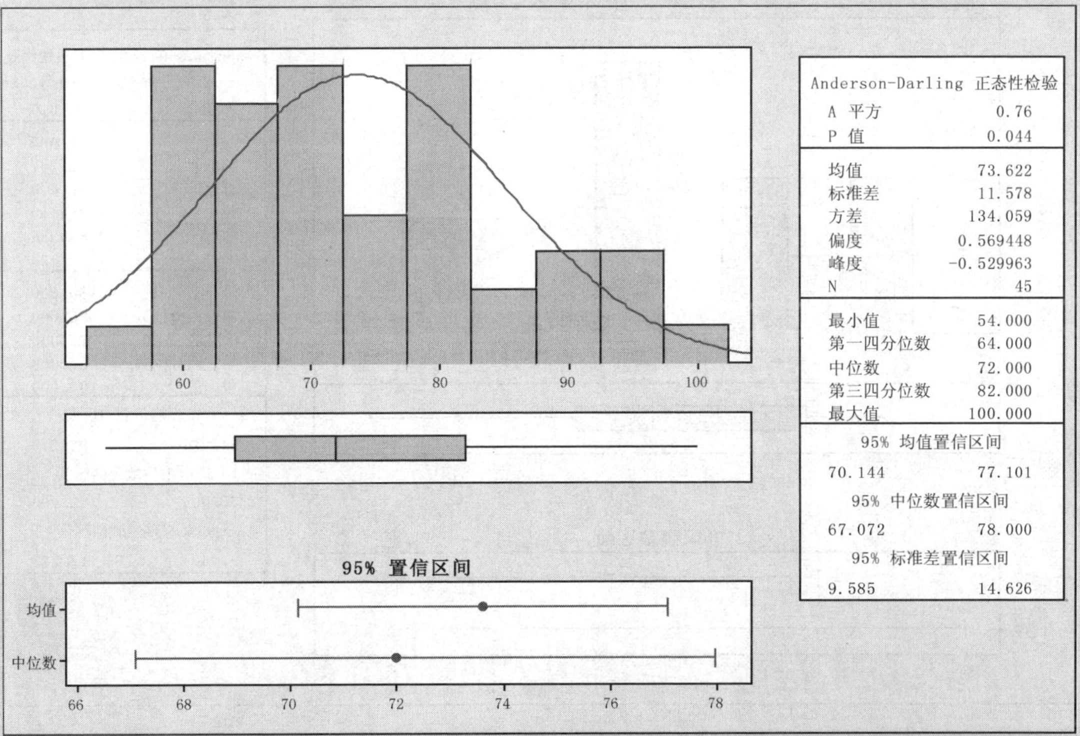

图 5—27　描述性统计

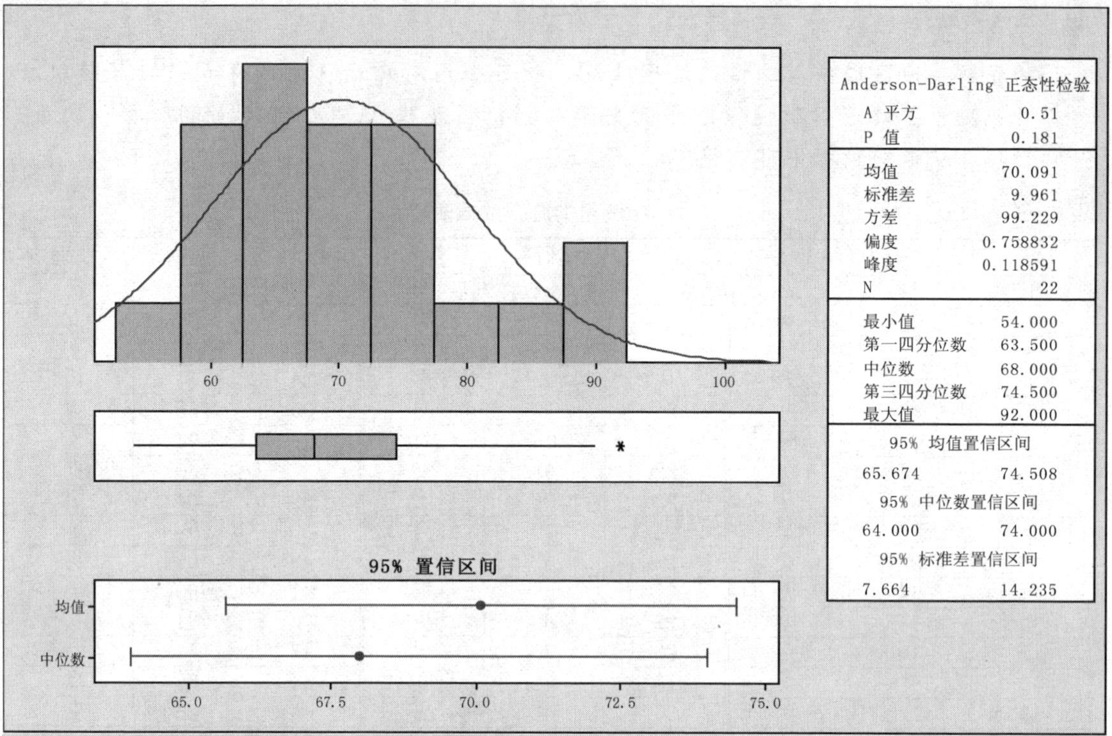

图 5—28　描述性统计（男）

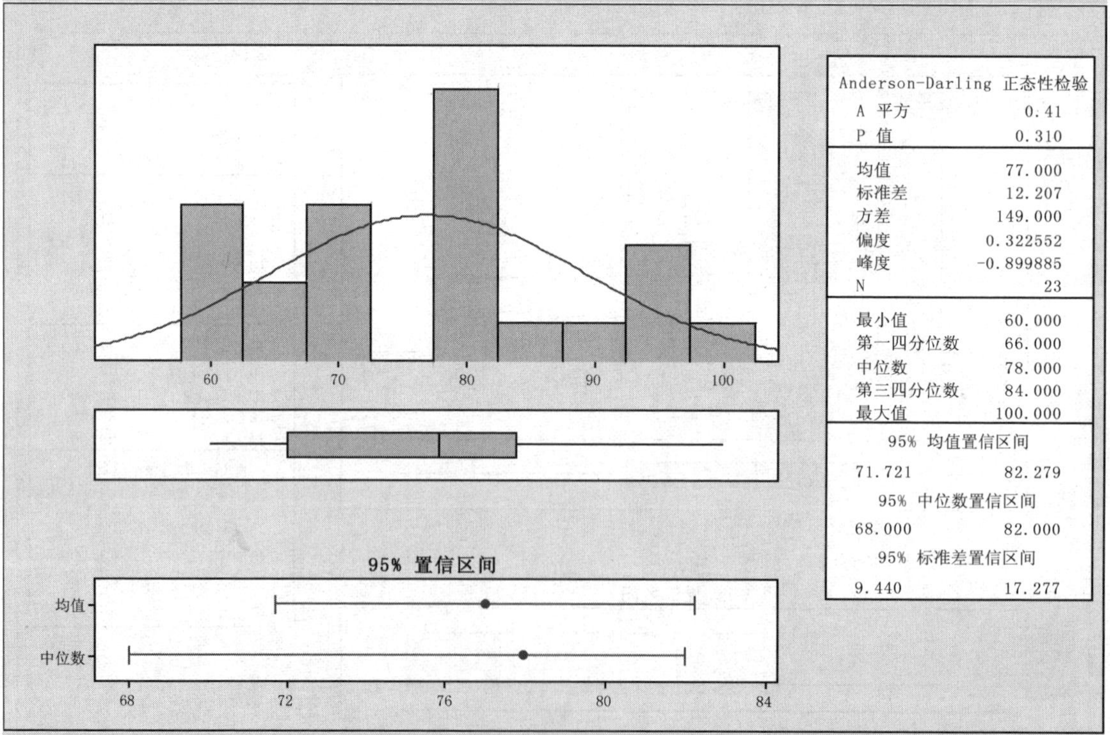

图 5—29　描述性统计（女）

(1) 分布的位置或中心趋势。

样本均值$\bar{x}$=73.62 (次/分)，其中：男性$\bar{x}$=70.09 (次/分)，女性$\bar{x}$=77.00 (次/分)。

样本中位数$\tilde{x}$=72 (次/分)。

(2) 分布的分散程度。

样本极差R=100−54=46 (次/分)，其中：男性R=92−54=38 (次/分)，女性R=100−60=40 (次/分)。

样本方差s^2=134.06，其中：男性s^2=99.23，女性s^2=149.00。

样本标准差s=11.58 (次/分)，其中：男性s=9.96 (次/分)，女性s=12.21 (次/分)。

(3) 分布的形状。

偏度β_3=0.57，其中：男性β_3=0.76，女性β_3=0.32。

峰度β_4=−0.53，其中：男性β_4=0.12，女性β_4=−0.90。

5.3.5 数据的图示方法

1. 直方图

直方图（histogram）常用于了解数据的分布情况，是一组数据的图形表示。这种展示数据的方法使我们较容易看到数据的分散程度和中心趋势，并与要求的分布进行比较。

直方图的构造一般由计算机自动进行，详细步骤及要求如下：

(1) 从n个样本中找出最大值$a_{(n)}=\max\limits_{1\leqslant i\leqslant n} x_i$和最小值$a_{(1)}=\min\limits_{1\leqslant i\leqslant n} x_i$，并计算极差。

(2) 对样本进行分组，决定组数k和组距d。一般将样本分为7～15组为宜。具体组数可根据样本量n的大小而定，通常可参考表5—6选择组数。组距用极差R与组数k来确定，$d=R/k$。通常还要把d近似为一个方便的数值。

表5—6　　组数k的参照表

样本量（n）	组数（k）
40～99	5～8
100～200	8～10
201～500	9～11
501～1 000	10～13
1 000以上	12～15

(3) 调整确定各组的区间端点a_1，$a_1+d=a_2$，$a_1+2d=a_3$，…，形成如下区间：

$$[a_1, a_2], (a_2, a_3], \cdots, (a_{n-1}, a_n]$$

(4) 统计样本落在每个区间中的频数n_i及频率$f_i=n_i/n$。

(5) 画出频率直方图。以样本x为横坐标，以频率/组距为纵坐标，在每个小区间上竖起长条矩形。它们相连形成一张频率直方图。纵轴的单位也可以用频率来表示，这里之所以用频率除以组距来表示，是为了保证这些矩形面积之和为1。

例 5—16

图 5—30 是根据表 5—7 构建的一个生产过程的频率直方图。特别注意的是，该直方图中每个条形的高度与该区间内落入的点数成正比。

表 5—7　　分组的频数频率分布表

组号	区间	组中值	频数统计	频数	频率
1	(331.5，334.5)	333	一	1	0.01
2	(334.5，337.5)	336	正	4	0.04
3	(337.5，340.5)	339	正正正丅	17	0.17
4	(340.5，343.5)	342	正正正正正丅	27	0.27
5	(343.5，346.5)	345	正正正正正正	30	0.30
6	(346.5，349.5)	348	正正丅	12	0.12
7	(349.5，352.5)	351	正丅	7	0.07
8	(352.5，355.5)	354	一	1	0.01
9	(355.5，358.5)	357	一	1	0.01
合计				100	1.00

从这张频数频率分布表上可以看出，两头的区间频数少，中间的区间频数高。从频率这一列可看出：大约有 74%的数据集中在（337.5，346.5）之间。

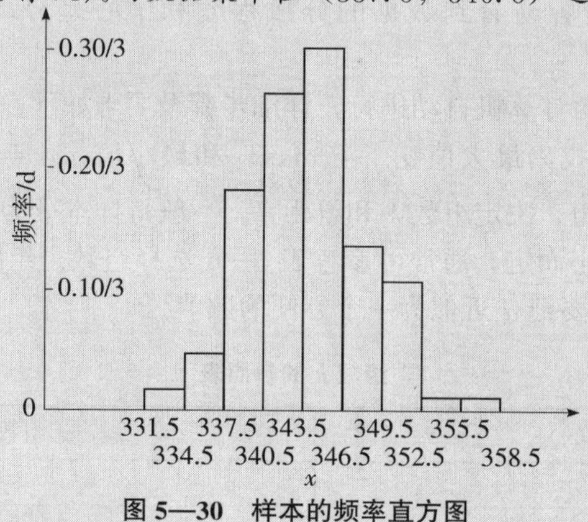

图 5—30　样本的频率直方图

使用直方图应注意的问题：

（1）如果直方图上画有规格限，那么直方图可用来比较过程与要求。要达到这一目标，应确认直方图具有合适的比例。

（2）直方图最好能与其他图，如趋势图或控制图结合使用。这是因为直方图的数据不是按时间顺序给出的，无法反映过程随时间变化的情况。

（3）根据数据来源的不同，应对数据分层，分别绘制直方图。

2. 茎叶图

茎叶图（stem-and-leaf plots）是直方图的变种，适用于较小的数据集（$n<200$）。和直方图相比，茎叶图的一个主要优点是全部或者部分地保留了原始数据的信息，从而可以使我们掌握有关总体的更多信息。

在画茎叶图时，要把一个数据分成两个部分：高位部分称为“茎”，低位部分称为“叶”。下面通过一个例子来说明茎叶图的画法。

例 5—17

对某型号的 20 辆汽车记录了每加仑汽油各自行驶的里程数：

29.8	27.5	28.3	28.7	27.9	29.9	30.1	28.0	28.7	27.9
28.5	29.5	27.2	25.9	28.4	27.9	28.0	30.0	29.5	29.1

由于数据基本在 25～31 之间，因此对数据作如下划分，以第一个数据为例：

数据	分开	茎与叶
29.8	29 | 8	29 与 8

在画茎叶图时，先将茎依照从小到大的顺序写在一条竖线的左边，然后将每个数据的叶写在竖线的右边，并将它们按从小到大的顺序排列，再给出叶的单位，这便构成一张茎叶图（见图 5—31）。

茎叶图（n=20，叶的单位=0.10）

频数	茎	叶
1	25	9
5	27	25999
7	28	0034577
5	29	15589
2	30	01

图 5—31　每加仑汽油汽车行驶里程数的茎叶图

用 MINITAB 软件从图形→茎叶图入口，确定间距为 1，则可得到图 5—32（注：带括号的组表示中位数所在组）。

茎叶图显示：里程

茎叶图里程　N=20

叶单位=0.10

1	25	9
1	26	
6	27	25999
(7)	28	0034577
7	29	15589
2	30	01

图 5—32　MINITAB 运行结果

我们若将上述茎叶图按逆时针方向旋转 90°，则可将之看成组距为 1 的直方图。同样从图上可以看出中间一组数据较多，左右基本对称，具有正态分布的特征。除此以外，由于图上还标有具体数据，所以从中还可以了解数据细节。例如，该组数据的最小值是 25.9，最大值是 30.1，中位数位于右边数第三组，在第 10 名与第 11 名之间，因而中位数为 (28.4+28.5)/2=28.45。

茎与叶的分割应该视具体数据而定。若数据最小单位是 1，将数据分割时，可将百位数、十位数看成是茎，个位数为叶；也可将百位数作为茎，十位数作为叶，忽略个位数。这样有时很方便，但会损失一些信息。

3. 箱线图

箱线图（box-and-whisker plots）可用于归纳数据分布的信息。箱线图并不是绘制实际的数值，而是显示出分布的统计概况。箱线图是利用数据的五个统计量——最小值、第一四分位数、中位数、第三四分位数和最大值来描述数据的一种图示方法。利用它可以粗略地看出数据是否具有对称性、分布的分散程度等。

所谓第一四分位数是指最小值与中位数之间的数据的中位数，用 Q_1 表示；第三四分位数是指最大值与中位数之间的数据的中位数，用 Q_3 表示；在箱线图中，方块中的水平线代表中位数，方块的下边界是 Q_1，方块的上边界是 Q_3。方块的长度对应着四分位间距，它是 Q_3 与 Q_1 之间的差值（Q_3-Q_1）。除箱体外，箱线图中还有两条直线，这些直线也称为须触线（whisker）。这些须触线从箱体出发，上下须触线的尾端由上下限的计算公式给出：

$$下限=Q_1-1.5(Q_3-Q_1)$$

$$上限=Q_3+1.5(Q_3-Q_1)$$

若此公式的计算结果超出观测值的极端值，则须触线的终点分别到极端观测值为止；若上下限的计算结果未超出观测值的极端值，箱线图上就会出现一些游离点，这些点是数据中超出上下限的观测值，有异常值的嫌疑。箱线图的构成如图 5—33 所示。

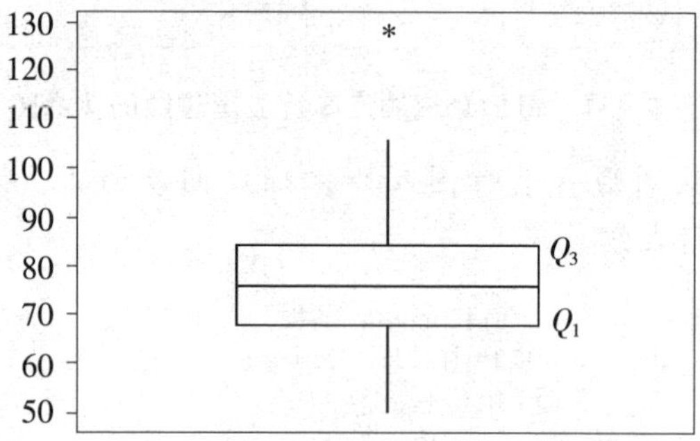

图 5—33　箱线图

尽管箱线图比较简单，但它还是包含了大量的信息。根据中位数可以确定中心趋势或者位置；根据方块的长度可以确定观测值的散布程度。如果中位数不在方块的中心，说明此分布是有偏的（即偏度不为 0）。

对同一指标的多组数据在同一坐标下分别作箱线图，可以直观地对多组数据进行比较。

例 5—18

某物质在化学处理前后分别被抽取一组样本以测定其含脂率：

处理前 0.19　0.18　0.21　0.30　0.42　0.08　0.12　0.30　0.27

处理后 0.15　0.13　0.00　0.07　0.24　0.19　0.04　0.08　0.20　0.12

将处理前后的两个样本数据的箱线图画在同一张图上，如图 5—34 所示。

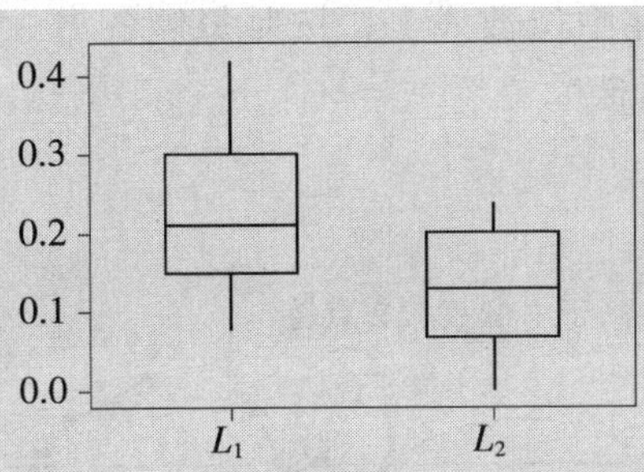

图 5—34　处理前后含脂率的箱线图

图中 L_1 代表处理前，L_2 代表处理后，可以看出处理前后的含脂率都较为对称，但是处理前的含脂率数据的分散性比处理后的稍大一些，而处理后的含脂率稍低于处理前。至于能否得出上述结论，要进行统计检验。这部分内容将在第 6 章介绍。

4. 链图

链图（run chart）也称为趋势图，是一种特殊的散布图。它是显示任何测量特性随时间变化的图表。分析链图的目的是确认所出现的波动模式是由普通因素引起的，还是由特殊因素引起的。链图可用于任何按时间序列组织的、以连续尺度测量的数据的图形分析。

链图的绘制方法如下：

（1）依时间顺序画出数据的折线图。

（2）找到数据的中位数，画一条水平线穿过该图，给这条线打上“中位数”或者“$\widetilde{X}$”的标记。图 5—35 所示的就是一个链图的例子。

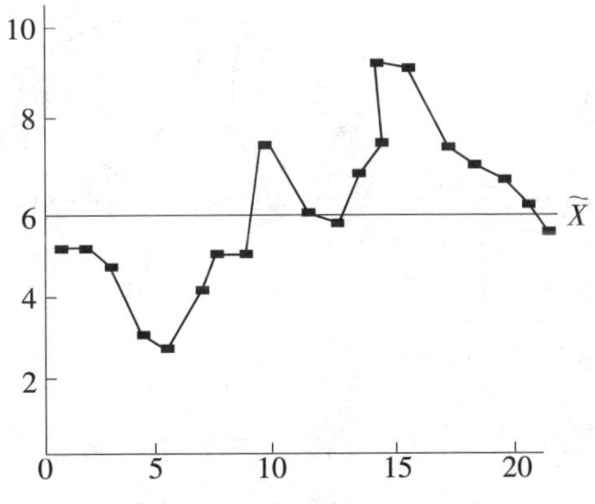

图 5—35　链图示例

可以用链图判断过程是否受到特殊因素的影响。判断的方法有以下几种：

（1）链的长度。链的长度是指位于中位数同一侧的连续点数目。除非过程受到异常因素的影响，否则不太可能出现一长串连续点落在中位数的同一侧。因此，检查链的长度就成为检验特殊波动因素的一种方法。然而，有些数值正好和中位数相等。如果只有一个点正好落在中位数线上，则忽略这个点。如果有奇数个数据点，通常至少有一个数据等于中位数。如果有多于一个点落在中位数线上，按照每侧各占 50%把这些点分配到两侧。图 5—36 中显示了链的长度的概念。

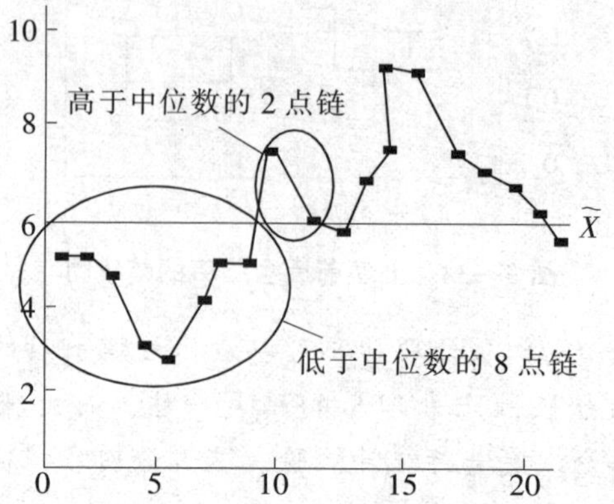

图 5—36　链的长度的概念

如果最长链的长度较长，则这个过程很有可能受到特殊波动原因的影响。应通过统计检验判断链的长度是否异常，检验方法详见第 6 章的介绍。在图 5—36 中，有 20 个数据点，其中最长链的长度是 8。

(2) 链的数目。位于中位数同一侧的连续点的序列构成一条链。从链图上得到链的数目比较容易，只要数一下就能得到，如图 5—37 中有 5 条链。一个受控过程中期望得到的链的数目同样可以用数学方法来确定。一个没有受特殊因素影响的过程，链不会太多也不会太少。应通过统计检验判断链的数目是否异常。检验方法详见第 6 章的介绍。

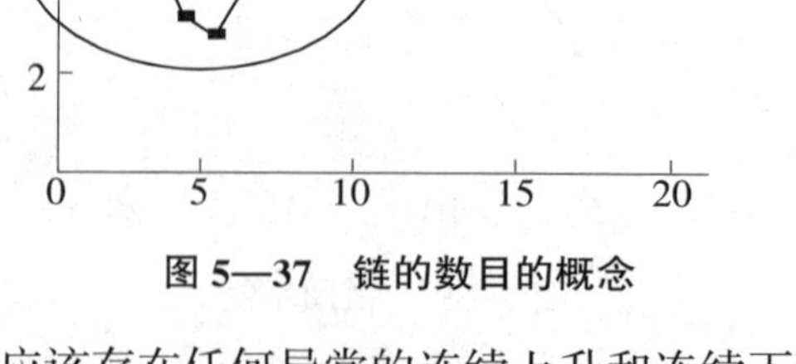

图 5—37　链的数目的概念

(3) 趋势。链图中不应该存在任何异常的连续上升和连续下降的序列。如果出现这种情况，则暗示存在某种异常趋势。如果连续升高或连续降低的点数较多，那么，有可能存在特殊因素引起的过程的偏移，需通过统计检验判断链图中的趋势是否异常。比如，图 5—38 中连续降低点的最大值为 7。

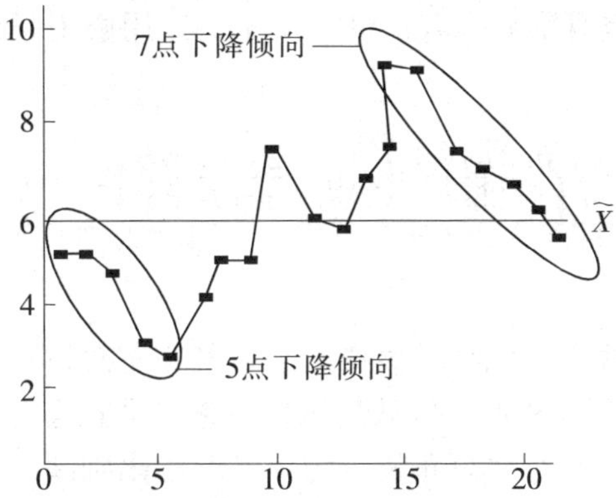

图 5—38 趋势的长度的概念

5. 正态概率图

在介绍正态概率图之前，我们先介绍一下正态概率坐标纸。正态概率纸（见图 5—39）是一种特殊的坐标纸，其横坐标是等间隔的，纵坐标是按标准正态分布的累积概率 $F(x)=P(U\leqslant x)$标示的。在这张纸上，任一正态分布的累积概率呈直线状，而非正态分布则呈各种形式的曲线状。

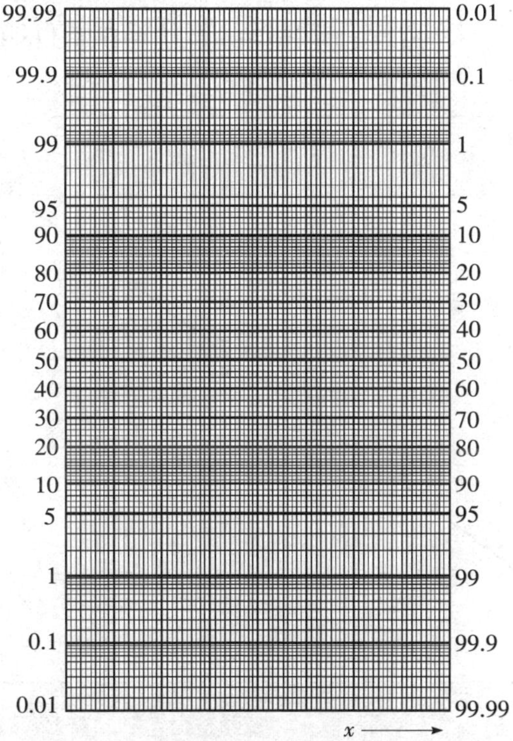

图 5—39 正态概率纸

现在计算机正态概率纸可用来检验一组数据（即样本）x_1，x_2，…，x_n是否来自正态分布。具体操作如下：

（1）把样本排序：$x_{(1)}\leqslant x_{(2)}\leqslant\cdots\leqslant x_{(n)}$。

(2) 在点 $x_{(k)}$ 处的累积概率 $F(x_{(k)})=P(x\leqslant x_{(k)})$ 用修正频率$\dfrac{k-3/8}{n+1/4}$（或$\dfrac{k}{n+1}$）来估计，计算这些估计值。

(3) 把 n 个点$\left(x_{(1)},\dfrac{1-0.375}{n+0.25}\right)$，$\left(x_{(2)},\dfrac{2-0.375}{n+0.25}\right)$，…，$\left(x_{(n)},\dfrac{n-0.375}{n+0.25}\right)$逐一标在正态概率纸上。

(4) 用目测去判断：

若 n 个点近似在一直线上，则认为该样本来自某正态总体；

若 n 个点明显有弯曲或呈 S 形，则认为该样本来自非正态总体。

现在计算机已经可以自动对“分布是否为正态”给出判断。

例 5—19

随机抽取 10 个零件，测得其直径与标准尺寸的偏差如下（单位：0.01mm）：

100.5　90.0　100.7　97.0　99.0　105.0　95.0　85.0　91.7　83.0

现在检验这组数据是否来自正态总体。

使用 MINITAB 软件很容易得到正态概率图。从统计→基本统计量→正态性检验入口，可以直接得到图 5—40。在图的右下角有一项“P 值”，用于判断是否为正态分布。详细理由将在第 6 章中介绍。我们所要检验的原假设是“分布为正态”，当 P 值小于 0.05 时，拒绝原假设，即应认为分布非正态；当 P 值大于 0.05 时，无法拒绝原假设，即可以认为分布为正态。

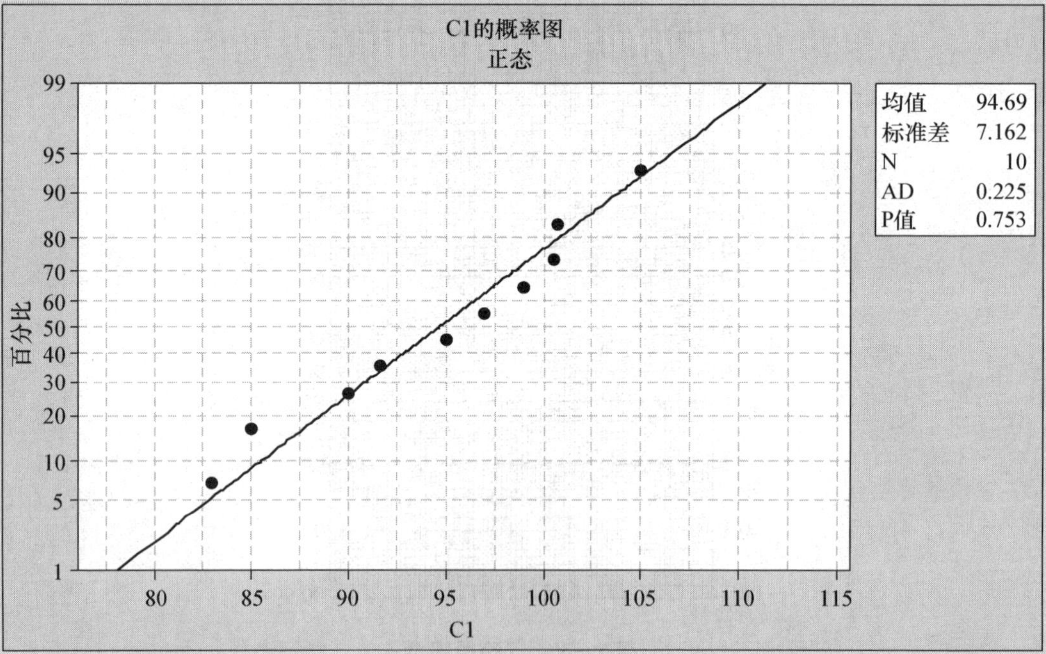

图 5—40　正态概率图

非正态分布在正态概率纸上不是呈直线状，而是呈曲线状。常见的曲线状有如图 5—41 所示的几种情况：

(1) 右偏态分布（偏度为正）。在正态概率纸上的曲线呈上凸状。

(2) 左偏态分布（偏度为负）。在正态概率纸上的曲线呈下凸状。

(3) 平顶分布。在正态概率纸上的曲线呈反S形，即先上凸，后下凸，中间是一段直线。

图 5—41 所示分别为正态、右偏、左偏和平顶分布。

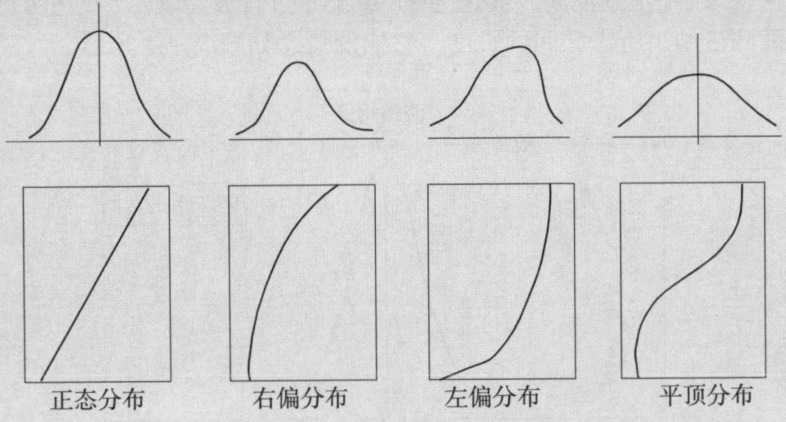

图 5—41　典型非正态分布在正态概率纸上的曲线

5.4　测量系统分析

DMAIC 是一套基于数据的过程绩效改进方法。项目工作的每一个阶段都离不开数据，都需要对数据进行分析和基于数据作出决策。从这个角度来说，数据本身的质量在很大程度上决定了项目的成败。

数据是测量的结果，而测量是指“以确定实体或系统的量值大小为目标的一整套作业”。这“一整套作业”就是给具体事物（实体或系统）赋值的过程。这个过程的输入有人（操作者）、机（量具及必要的设备和软件）、料（实体或系统）、法（操作方法）、环（测量环境），这个过程的输出就是测量结果。这个由人、量具、测量方法和测量对象构成的过程的整体就是测量系统。测量系统是项目团队必须考虑的关键过程影响因素之一。事实上，许多过程输出的问题是由测量系统造成的。比如，由于测量系统波动过大而将合格的拒收或将不合格的接收下来，给企业或顾客造成了较大的损失。另外，在实施六西格玛改进项目时，在分析阶段要进行多项显著性检验，如果测量系统波动过大，容易误将显著效应当成不显著效应而失去改进的机会，这将使后续工作难以完成。因此，在开始测量并收集数据之前，必须对测量系统做出评价，对测量系统的问题进行分析和纠正，以保证测量数据的质量。

5.4.1　基本概念

所谓测量系统分析，是指用统计学的方法来了解测量系统中的各个波动源，以及它们对测量结果的影响，最后给出该测量系统是否合乎使用要求的明确判断。

测量系统必须具有良好的准确性（accuracy）和精确性（precision）。它们通常由偏倚

(bias) 和波动 (variation) 等统计指标来表征。偏倚用来表示多次测量结果的平均值与被测质量特性基准值之差，其中基准值是已知的参考值（如在测量重量时将 50 克的砝码作为测量对象，则 50 克就是参考值）或可通过更高级别的测量设备进行若干次测量，取其平均值。波动表示在相同的条件下进行多次重复测量的测量结果分布的分散程度，常用测量结果的标准差 σ_{ms}（在不致混淆时简记为 σ）或测量过程波动表示。这里的测量过程波动是指 99.73%的测量结果所占区间的长度。它们的概念如图 5—42 所示。

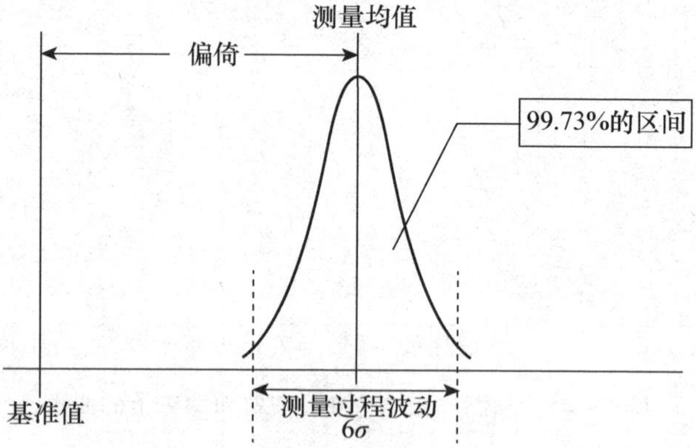

图 5—42 测量系统偏倚与波动的概念

通常，测量结果服从正态分布 $N(\mu, \sigma^2)$，于是正态分布下有

$$P(|x-\mu|<3\sigma)=0.997\,3$$

因此，99.73%的测量结果所占区间 $(\mu-3\sigma, \mu+3\sigma)$ 的长度为 6σ。

测量数据质量高，既要求偏倚小，又要求波动小。只要偏差和波动中有一项大，就不能说测量数据质量高（见图 5—43）。

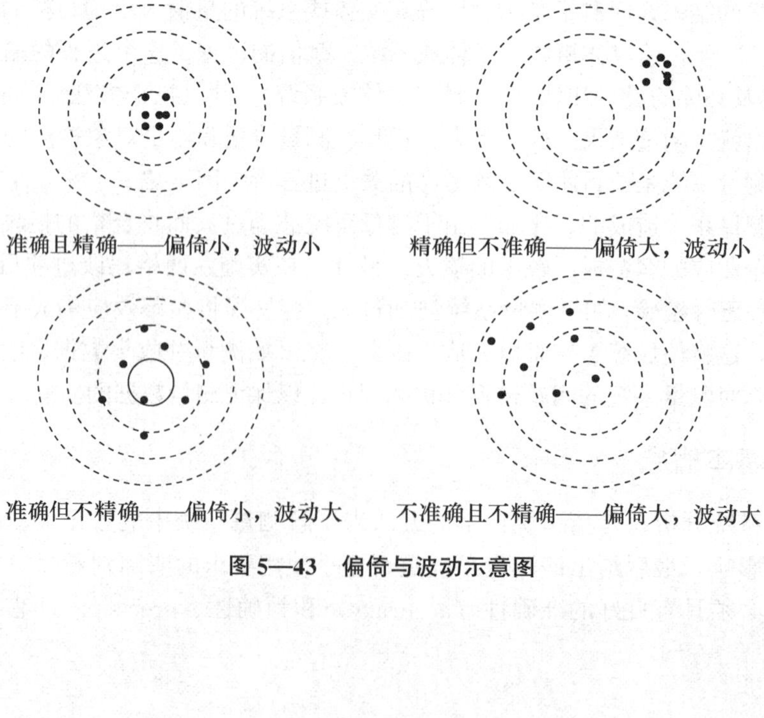

图 5—43 偏倚与波动示意图

事实上，我们观测到的总波动包含过程本身的波动和测量过程的波动。可以通过测量系统分析，控制测量系统的偏倚和波动，以便获得准确且精确的测量数据。

我们通常用分辨力、偏倚、稳定性、线性、重复性和再现性等评价测量系统的优劣，并用它们控制测量系统的偏倚和波动，以使测量获得的数据准确可靠。

5.4.2 测量系统的分辨力

测量系统的分辨力（discrimination ratio）是指测量系统识别并反映被测量的最微小变化的能力。测量系统的分辨力不够高，就无法正确识别过程的波动，进而影响对测量结果的定量描述。

由于经济上或物理上的限制，测量系统不可能无限制地识别或区分被测量的任意微小的变化。它们总是将被测特性区分或识别为若干数据组别。例如，某一被测特性的真实值为 2.308 4，用千分表测量为 2.308，用百分表测量则为 2.31。因此，在使用千分表时，它的测量值将属于 2.308 这个数据组别；在使用百分表时，它的测量值将属于 2.31 这个数据组别。故称千分表的分辨力为 0.001，百分表的分辨力为 0.01，一般称测量结果的最小间距为其分辨力。

如果测量系统的分辨力不够，则测量数据在用于过程分析或控制时可能会导致不正确的结果。因此，测量系统首先必须有足够的分辨力。

在测量系统分析中，对于连续型测量数据，常直接用测量结果的最小间距作为其分辨力，从而判断系统是否有足够的分辨力。另外还有一种方法，那就是利用在统计分析后由测量系统所得出的两个标准差而确定的可分辨的数据组数，来评价测量系统是否有足够的分辨力。数据组数可从下面的公式中得到：

$$数据组数=\left\lfloor \frac{\sigma_p}{\sigma_{ms}}\times 1.41 \right\rfloor$$

式中，σ_p 是测量对象波动的标准差；σ_{ms} 是测量系统波动的标准差；$\lfloor\ \rfloor$表示取下整。

一般来说，如果数据组数小于 2，那么用这样的测量系统控制或分析过程是无价值的。数据组数应大于等于 5，这时测量系统才有足够的分辨力，使测量得到的数据能够较好地用于分析和控制过程。表 5—8 显示了由数据组数代表的测量系统分辨力对过程分析和控制的影响。

表 5—8　　测量系统分辨力对过程分析和控制的影响

数据组数与过程的分布	测量数据对分析和控制的影响
1 个数据组 	不能用于估计过程的参数或计算过程能力指数，仅能表明过程的输出是否合格。

续前表

数据组数与过程的分布	测量数据对分析和控制的影响
2～4 个数据组 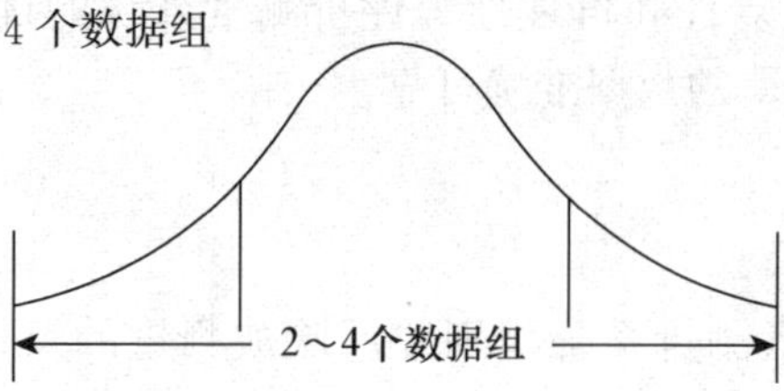	仅能提供粗糙的估计值，一般来说不能用于估计过程的参数或计算过程能力指数。
5 个或以上数据组 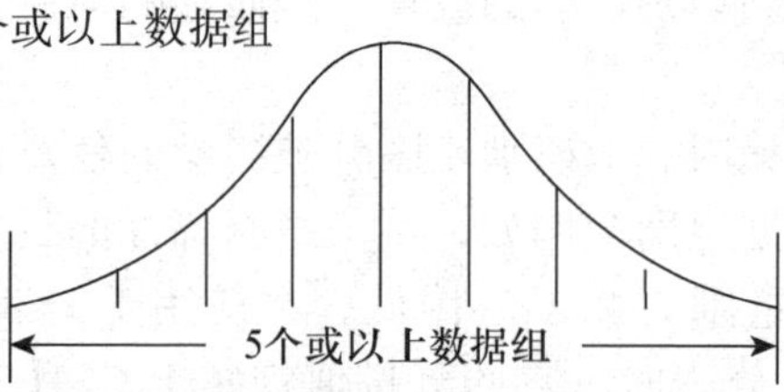	能够用于过程参数估计，以及各种类型的控制图。可以表明测量系统是否具有足够的分辨力。

如果测量系统的分辨力不足，那么在控制图上将表现为，极差图上只有几个不同的极差值，图形较粗糙，无法获得更多的过程波动的信息。关于控制图的内容，详见本书第 8 章的介绍。

当测量系统的分辨力不足时，一般应考虑更换量具或选用更好的测量技术。

例 5—20

下面是同样的数据（见表 5—9）用具有不同分辨力的测量系统在绘制极差控制图时得出的不同结果。图 5—44（a）是用最小测量单位为 0.001cm 的测量系统测得的数据绘制的极差控制图。图上能分辨出的极差值较多。因此，测量系统有足够的分辨力。而图 5—44（b）是用最小测量单位为 0.02cm 的测量系统得到的，图上只有 4 个“数据台阶”，此时控制图十分粗糙。不仅如此，在控制图上还出现失控点。显然，这是由于测量系统的分辨力不足而造成的。

表 5—9　　例 5—20 的数据表　　单位：cm

样本序号	测量值			样本序号	测量值		
1	6.018	5.993	6.000	13	6.014	5.986	6.008
2	6.014	5.994	6.008	14	6.002	5.988	6.008
3	6.002	5.983	6.014	15	6.012	5.982	6.036
4	6.012	5.982	6.036	16	6.010	5.998	6.000
5	6.014	5.992	5.998	17	6.016	5.992	6.004
6	6.022	5.998	6.008	18	6.014	5.992	5.998
7	6.014	5.991	6.000	19	6.022	5.998	6.008
8	5.988	5.990	6.004	20	6.014	5.994	6.008
9	6.012	5.998	5.982	21	6.008	6.008	6.014
10	6.008	6.002	5.984	22	6.000	6.002	6.008
11	5.988	6.006	6.008	23	6.016	5.988	6.004
12	6.014	6.000	6.008	24	6.010	5.998	6.000

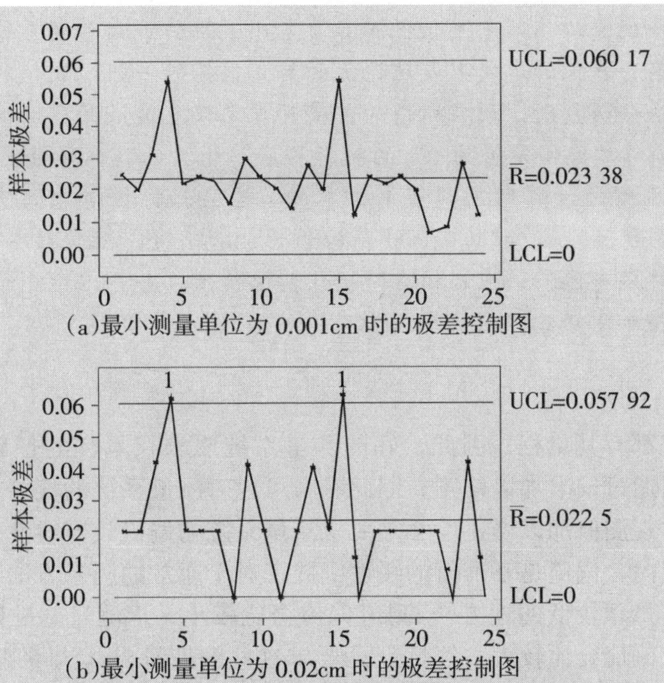

(a)最小测量单位为 0.001cm 时的极差控制图

(b)最小测量单位为 0.02cm 时的极差控制图

图 5—44 不同最小测量单位时的极差控制图

5.4.3 测量系统的偏倚、线性和稳定性

1. 测量系统的偏倚

测量系统的偏倚是指对同一测量对象进行多次测量的平均值与该测量对象的基准值或标准值之差。其中，标准值可通过使用更高级别的测量设备进行若干次测量取其平均值来确定。通常，通过校准来确定是否存在偏倚。

例 5—21

某测量员对基准值为 $L=20.00$mm 的块规重复测量了 12 次，得到了下述测量结果(见表 5—10)。

表 5—10 测量数据 单位：mm

序号	1	2	3	4	5	6	7	8	9	10	11	12
测量值	19.97	20.00	19.99	19.97	20.01	20.00	19.98	19.99	20.00	19.99	19.98	20.00

测量数据的平均值为：

$$\bar{x}=\frac{1}{12}\sum_{i=1}^{12}x_i=\frac{239.88}{12}=19.99$$

此时，测量系统的偏倚为：

$$偏倚=\bar{x}-L=19.99-20.00=-0.01$$

这表明，测量的平均值比基准值低了 0.01mm。但由于测量误差普遍存在，偏倚值在任何时候都会有，我们的偏倚只是理论上的真正偏倚的一组观测值的平均数而已。因此，要用统计方法分析判断，现在所得的偏倚究竟是误差造成的表面现象，还是确实存在偏倚？对此必须作“偏倚是否为 0”的统计检验。检验的具体方法将在第 6 章详细介绍，这里只给出本例的计算结果：用单样本的 t 检验，将拒绝“偏倚为 0”的原假设（$t=-2.71$，p 值为 0.02），即断言，在基准值为 20mm 处，确实存在−0.01 的偏倚。

如果测量系统确有偏倚，应在校准时确认其偏倚值，并在以后测量时，对在此特定基准值处的观测值加以修正。

2. 测量系统的线性

每个测量系统都有其量程，因此，好的测量系统要求在量程的任何一处都不存在偏倚。由于偏倚可以通过校准加以修正，因此有时可以对测量系统的偏倚放宽要求，但为了在任何一处都能对观测值加以修正，必须要求测量系统的偏倚具有线性。测量系统的线性是指在其量程范围内，偏倚是基准值的线性函数。对于通常的测量方法，一般来说，当测量基准值较小时（量程较低的地方），测量偏倚会比较小；当测量基准值较大（量程较高的地方）时，测量偏倚会比较大。线性就是要求这些偏倚量与其测量基准值呈线性关系。我们用下面的例子对测量系统的线性加以说明。

例 5—22

由同一测量员用同一台千分尺对长度分别为 10mm，20mm，50mm 及 100mm 的块规各进行 5 次测量，测量的基准值及偏倚如表 5—11 所示，图 5—45 是该测量系统的偏倚与测量基准值的散点图，可以看出，图上各点在一条直线附近。

表 5—11　　千分尺测量的基准值与偏倚　　单位：mm

	10	20	50	100
1	2	1	3	5
2	1	3	5	6
3	2	−1	2	4
4	−1	2	4	8
5	−2	1	3	4

进一步，设此直线的方程为 $y=a+bx$，我们要进行线性回归分析。回归分析的一般步骤将在第 6 章介绍。这里只列出有关公式和计算结果。利用最小二乘估计法可得：

$$b=\frac{L_{xy}}{L_{xx}}=\frac{\sum x_iy_i-(\sum x_i)(\sum y_i)/n}{\sum x_i^2-(\sum x_i)^2/n}=0.054\,59$$

$$a=\bar{y}-b\bar{x}=0.418\,4$$

所以该测量系统的偏倚方程为：

$$y=0.418\,4+0.054\,59x$$

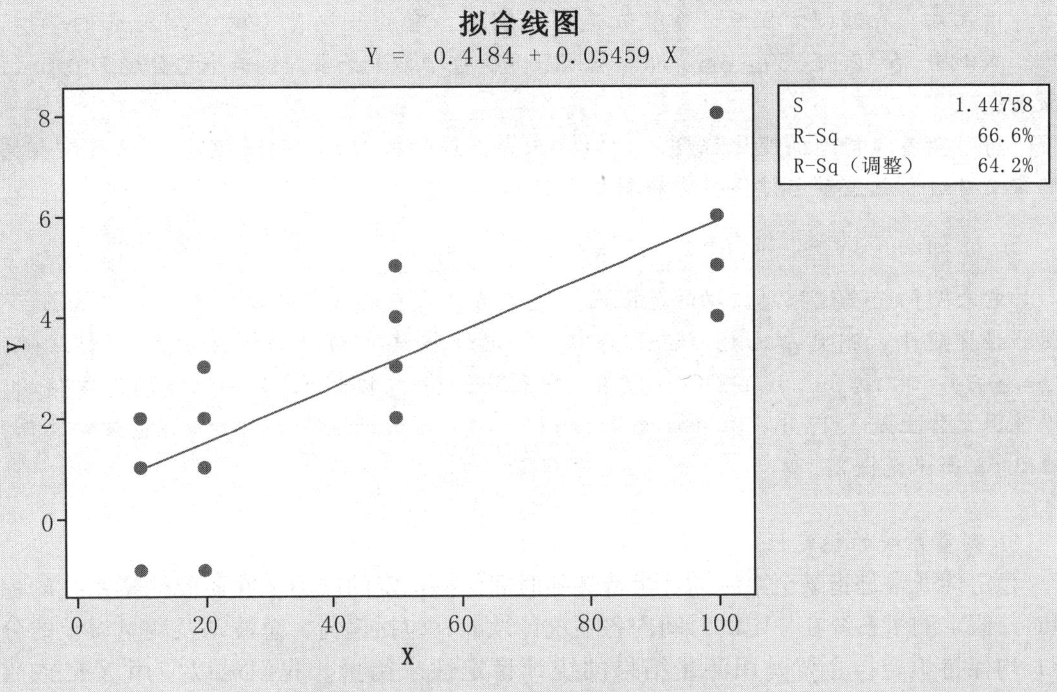

图 5—45 偏倚 y 与基准值 x 的散点图

另外，还可以计算其相关系数：

$$r=\frac{L_{xy}}{\sqrt{L_{xx}L_{yy}}}=0.816$$

这说明偏倚 y 与基准值 x 之间有良好的线性关系。

用 MINITAB 软件计算，将数据整理好后，从统计→回归→拟合线图入口，填好各变量名称后，选定线性回归（“线性”），则可以直接得到下列计算结果：

回归分析：Y 与 X

回归方程为
Y = 0.4184 + 0.05459 X

S = 1.44758　R-Sq = 66.6%　R-Sq（调整）= 64.2%

方差分析

来源	自由度	SS	MS	F	P
回归	1	58.4133	58.4133	27.88	0.000
误差	14	29.3367	2.0955		
合计	15	87.7500			

$R^2=0.666$，故 $R=0.816$，而且经检验，$p=0.000$，因此确认回归效果是显著的。

请注意，在回归方程中，系数 b 是有量纲的，它的量纲是 y 的量纲与 x 的量纲之比。本例中，$b=0.054\,59\mu/\text{mm}$，即表明，基准值每增加 1 毫米，偏倚平均会增加 0.054 59 微米。

为了衡量偏倚总的变化程度，我们引入线性度的概念，它的量纲与 Y 的量纲相同。其定义是过程总波动与该线性方程斜率的绝对值的乘积。

$$Linearity=|\text{斜率 } b|\times\text{过程总波动}$$

它表明的是在过程总波动的范围内，测量值偏倚波动（不是偏倚本身）的范围。当然线性度越小，测量系统越好。上例中，假定过程总波动$=6\hat{\sigma}=1.098$，则其线性度 $Linearity=0.054\,59\times1.098=0.059\,9$。它表明，整个过程中，需要测量的基准值的波动范围大体上是 1.1mm（准确地说是 1.098mm），在此范围内，测量值偏倚波动总保持在 0.06 微米范围内。

3. 测量系统的稳定性

稳定性通常是指某个系统的计量特性随时间保持恒定的能力。在研究测量系统的稳定性时，假定测量系统在一定的时间内各项统计性能（包括偏倚、总波动及测量误差的分布等）均保持恒定。主要是用测量结果的统计稳定性来衡量。我们可以使用 $\bar{X}$-R 或 $\bar{X}$-S 控制图来分析和确认测量系统的统计稳定性。可以定期对测量标准器（量具）或标准件进行重复测量，并绘制测量值的控制图。从控制图上可以判断测量系统是否统计稳定，并且针对引起不稳定的原因进行分析和纠正。例如，控制图上出现失控信号时，可能表明需要对测量系统进行全面的统计分析。关于控制图的内容，请参见本书第 8 章的相关内容。

5.4.4　测量系统的重复性与再现性

测量系统的重复性和再现性，是测量系统分析的重要内容。上节所讨论的测量系统的准确性（即考虑其偏倚）当然是重要的，但测量系统的精确性（即考虑其波动）更重要。讨论测量系统的重复性和再现性的目的就是定量地给出测量系统的波动大小（即给出精确度），以确认测量系统是否合格；当测量系统不合格时，识别波动源并指出改进方向。因此，测量系统的重复性与再现性研究在测量系统分析中占有最重要的位置。

1. 重复性

重复性（repeatability）是指在尽可能相同的测量条件下，对同一测量对象进行多次重复测量所产生的波动。重复性波动主要反映量具本身的波动，记为 EV。这里在“尽可能相同的测量条件”下进行测量是指同一个操作员将同一个测量对象的同一部位放在测量仪器中的同一位置，在较短的时间间隔内进行多次测量。换句话说，就是在尽可能恒定不变的条件下进行重复测量。这时，重复性误差只能由测量仪器本身的固有波动引起。因此，重复性常作为考察量具固有波动大小的度量。

合格的测量系统应具有良好的重复性，也就是其重复测量的波动要小。一般来说，重复性的研究遵从以下步骤：

（1）考察测量过程是否稳定，即测量过程是否处于统计控制状态。为此选择若干测量对象，每个测量对象都重复测量相同的次数，绘制 R 图，观察其是否受控。若 R 图上有失控现象，要分析失控原因并加以纠正。

（2）计算其重复性：

$$EV=6\sigma_e$$

式中，σ_e 是测量过程中由于重复测量而引起的标准差。最好能安排专门的估计 σ_e 的测量过程，即让同一个操作员对同一个标准的测量对象，采用完全相同的操作规程，在较短的时间间隔内进行多次测量，由这些测量结果可以直接估计出 σ_e。但如果专门估计 σ_e 的测量有困难，则可以直接使用评估测量系统的通用方法，让多个操作员对多个测量对象同时测量，但同一个操作员对同一个标准的测量对象至少要重复测量两次以上。这时可以使用下列简捷估计公式：

$$\hat{\sigma}_e=\frac{\bar{R}}{d_2^*}$$

式中，$\bar{R}$ 是重复测量同一个零件的极差的平均值；d_2^* 的值依赖于两个量——m 及 g，这里，m 是重复测量次数，g 是操作者人数 k 与测量对象个数 n 的乘积。可通过表 5—12 查得 d_2^*。

表 5—12　　$d_2^*=d_2^*(m, g)$ 的数值表

g	m														
	2	3	4	5	6	7	8	9	10	11	12	13	14	15	20
1	1.41	1.91	2.24	2.48	2.67	2.83	2.95	3.08	3.18	3.27	3.35	3.42	3.49	3.55	3.81
2	1.28	1.81	2.15	2.40	2.50	2.77	2.91	3.02	3.13	3.22	3.30	3.38	3.45	3.51	3.77
3	1.23	1.77	2.12	2.38	2.58	2.75	2.89	3.01	3.11	3.21	3.29	3.37	3.43	3.50	3.76
4	1.21	1.75	2.11	2.37	2.57	2.74	2.88	3.00	3.10	3.20	3.28	3.35	3.43	3.49	3.75
5	1.19	1.74	2.10	2.35	2.55	2.73	2.87	2.99	3.10	3.19	3.28	3.35	3.42	3.49	3.75
6	1.18	1.73	2.09	2.35	2.55	2.73	2.87	2.99	3.10	3.19	3.27	3.35	3.42	3.49	3.75
7	1.17	1.73	2.09	2.35	2.55	2.72	2.87	2.99	3.09	3.19	3.27	3.35	3.42	3.48	3.75
8	1.17	1.72	2.08	2.35	2.55	2.72	2.87	2.98	3.09	3.19	3.27	3.35	3.42	3.48	3.74
9	1.15	1.72	2.08	2.34	2.55	2.72	2.86	2.98	3.09	3.18	3.27	3.35	3.42	3.48	3.74
10	1.15	1.72	2.08	2.34	2.55	2.72	2.86	2.98	3.09	3.18	3.27	3.34	3.42	3.48	3.74
11	1.15	1.71	2.08	2.34	2.55	2.72	2.86	2.98	3.09	3.18	3.27	3.34	3.41	3.48	3.74
12	1.15	1.71	2.07	2.34	2.55	2.72	2.86	2.98	3.09	3.18	3.27	3.34	3.41	3.48	3.74
13	1.15	1.71	2.07	2.34	2.55	2.71	2.86	2.98	3.09	3.18	3.27	3.34	3.41	3.48	3.74
14	1.15	1.71	2.07	2.34	2.54	2.71	2.86	2.98	3.08	3.18	3.27	3.34	3.41	3.48	3.74
15	1.15	1.71	2.07	2.34	2.54	2.71	2.86	2.98	3.08	3.18	3.25	3.34	3.41	3.48	3.74
16	1.15	1.71	2.07	2.34	2.54	2.71	2.86	2.98	3.08	3.18	3.26	3.34	3.41	3.48	3.74
20	1.41	1.70	2.07	2.33	2.54	2.71	2.85	2.98	3.08	3.18	3.26	3.34	3.41	3.48	3.74
⩾30	1.128	1.693	2.059	2.326	2.534	2.704	2.847	2.970	3.078	3.173	3.258	3.336	3.407	3.472	3.735

例 5—23

某六西格玛项目小组在进行测量系统分析时，选择了 3 个操作者，对 20 个零件各测量了 2 次，测量结果见表 5—13。

表 5—13　　例 5—23 的测量值及有关计算

零件号	第 1 操作者 测量值				第 2 操作者 测量值				第 3 操作者 测量值				零件均值
	1	2	$\bar{x}$	R	1	2	$\bar{x}$	R	1	2	$\bar{x}$	R	
1	21	20	20.5	1	20	20	20.0	0	19	21	20.0	2	20.2
2	24	23	23.5	1	24	24	24.0	0	23	24	23.5	1	23.7
3	20	21	20.5	1	19	21	20.0	2	20	22	21.0	2	20.5
4	27	27	27.0	0	28	26	27.0	2	27	28	27.5	1	27.2
5	19	18	18.5	1	19	18	18.5	1	18	21	19.5	3	18.8
6	23	21	22.0	2	24	21	22.5	3	23	22	22.5	1	22.3
7	22	21	21.5	1	22	24	23.0	2	22	20	21.0	2	21.8
8	19	17	18.0	2	18	20	19.0	2	19	18	18.5	1	18.5
9	24	23	23.5	1	25	23	24.0	2	24	24	24.0	0	23.8
10	25	23	24.0	2	25	26	25.5	1	24	25	24.5	1	24.7
11	21	20	20.5	1	20	20	20.0	0	21	20	20.5	1	20.3
12	18	19	18.5	1	17	19	18.0	2	18	19	18.5	1	18.3
13	23	25	24.0	2	25	25	25.0	0	25	25	25.0	0	24.7
14	24	24	24.0	0	23	25	24.0	2	24	25	24.5	1	24.2
15	29	30	29.5	1	30	28	29.0	2	31	30	30.5	1	29.7
16	25	25	25.0	0	25	26	25.5	1	25	27	26.0	2	25.5
17	20	20	20.0	0	19	20	19.5	1	20	20	20.0	0	19.8
18	19	21	20.0	2	19	19	19.0	0	21	23	22.0	2	20.3
19	25	26	25.5	1	25	24	24.5	1	25	25	25.0	0	25.0
20	19	19	19.0	0	18	17	17.5	1	19	17	18.0	2	18.2
	$\bar{\bar{x}}^{(1)}=22.25$ $\bar{R}_1=1.00$				$\bar{\bar{x}}^{(2)}=22.28$ $\bar{R}_2=1.25$				$\bar{\bar{x}}^{(3)}=22.60$ $\bar{R}_3=1.20$				$R_p=11.5$

该例中，有 3 名操作者，对 20 个零件各测量 2 次，则 $m=2$，$g=3\times20=60$。

从表 5—12 中查得

$$d_2^*=d_2^*(2,60)=1.128$$

则测量系统的重复性为：

$$\bar{R}=\frac{1}{3}(\bar{R}_1+\bar{R}_2+\bar{R}_3)=\frac{1}{3}(1.00+1.25+1.20)=1.15$$

$$\hat{\sigma}_e=\frac{\bar{R}}{d_2^*}=\frac{1.15}{1.128}=1.02 \qquad EV=6\hat{\sigma}_e=6\times1.02=6.12$$

2. 再现性

再现性（reproducibility），也称为复现性或重现性，是指不同的操作者使用相同的量具，对相同的零件进行多次测量而产生的波动。再现性主要是度量不同操作者在测量过程中所产生的波动，记为 AV。测量过程中可变的测量条件包括改变操作者、操作方法，改变测量中的夹具、卡具，改变零件放置位置，改变测量地点、使用条件，以及在不同时间进行测量等，其中，最普遍的重要的再现性，即操作人员的差异对测量系统一致性的影响，也就是由不同的操作人员用相同的测量仪器，对同一测量对象进行测量时产生的波动。

好的测量系统应具有良好的再现性，特别是由不同的人员使用同样的测量仪器对同一测量对象测量时的波动要小。一般来说，再现性的研究遵从以下步骤：

（1）假设有 k 名操作者，测量 n 个测量对象，要求每名操作者对每个测量对象重复测量 m 次。第 i 名操作者的测量数据见表5—14。

表5—14　　第 i 名操作者的测量数据

零件号 / 重复号	1	2	…	n	
1	x_{11}	x_{21}	…	x_{n1}	
2	x_{12}	x_{22}	…	x_{n2}	
⋮	⋮	⋮		⋮	
m	x_{1m}	x_{2m}	…	x_{nm}	
均值	$\bar{x}_1$	$\bar{x}_2$	…	$\bar{x}_n$	总平均 $\bar{\bar{x}}^{(i)}$

把第 i 名操作者所得的 nm 个测量值的总平均记为 $\bar{\bar{x}}^{(i)}$，这样就得到 k 个总平均：

$$\bar{\bar{x}}^{(1)},\ \bar{\bar{x}}^{(2)},\ \cdots,\ \bar{\bar{x}}^{(k)}$$

（2）计算操作者间的极差 R_o 与标准差：

$$R_o=\bar{\bar{x}}_{\max}-\bar{\bar{x}}_{\min}$$

$$\hat{\sigma}_o=R_o/d_2^*$$

式中，d_2^* 可查表5—12，$d_2^*=d_2^*(m,g)$，因为只有一个极差 R_o 参与计算，故 $g=1$，$m=k$。

（3）由于上述标准差 $\hat{\sigma}_o$ 还包含每名操作者重复测量引起的波动，故需要对标准差 $\hat{\sigma}_o$ 作出修正，这种修正要针对相应的方差进行，因为在独立场合方差具有可加性，而标准差不具有可加性。

若记重复性的方差为 $\hat{\sigma}_e^2$，由于每个操作者各测量 nm 次，故方差要缩小至原来的 $1/nm$，即实际重复性的方差为 $\hat{\sigma}_e^2/nm$。从上述方差中扣除这个重复性的方差，即得再现性的方差校正值：

$$\hat{\sigma}'^2_o=\hat{\sigma}_o^2-\hat{\sigma}_e^2/nm$$

$$\hat{\sigma}'_o=(\hat{\sigma}_o^2-\hat{\sigma}_e^2/nm)^{1/2}$$

（4）最后计算再现性：

$$AV=6\hat{\sigma}'_o=[(6\hat{\sigma}_o)^2-(6\hat{\sigma}_e)^2/nm]^{1/2}$$

例 5—24

在上例中，由表 5—13 可计算得到：$\overline{\overline{X}}^{(1)}=22.25$，$\overline{\overline{X}}^{(2)}=22.28$，$\overline{\overline{X}}^{(3)}=22.60$，因此，$R_o=0.35$。又查表 5—12 得 $d_2^*(3, 1)=1.91$，则测量系统的再现性为：

$$\hat{\sigma}_o=\frac{R_o}{d_2^*}=\frac{0.35}{1.91}=0.183$$

$$\hat{\sigma}'_o=(\hat{\sigma}_o^2-\hat{\sigma}_e^2/nm)^{1/2}=(0.183^2-1.02^2/40)^{1/2}=0.0865$$

$$AV=6\hat{\sigma}'_o=0.52$$

3. 测量对象间的波动

测量对象之间总是存在差异。如果测量 n 个不同的对象，就可得到 n 个测量值 x_1，x_2，…，x_n。测量对象间的波动亦可用重复测试的数据计算。如果有 n 个测量对象，k 个测量者，每个测量者对每个对象均重复测量 m 次，那么，针对这些测量对象可计算得到 n 个均值，即 $\overline{x}_1$，$\overline{x}_2$，…，$\overline{x}_n$，然后计算其极差：

$$R_p=\overline{x}_{\max}-\overline{x}_{\min}$$

测量对象间的标准差为：

$$\hat{\sigma}_p=R_p/d_2^*(m, g)$$

测量对象间的波动 PV 为：

$$PV=6\hat{\sigma}_p$$

式中，d_2^* 可查表 5—12，$d_2^*=d_2^*(m, g)$，因为只有一个极差 R_p 参与计算，故 $g=1$，$m=n$。

例 5—25

计算例 5—23 的测量对象间的波动。这里有 3 名操作者对 20 个零件各重复测量 2 次。这样每个零件被测 6 次，它们的均值见表 5—13，其极差为：

$$R_p=29.7-18.2=11.5$$

标准差为：

$$\hat{\sigma}_p=\frac{R_p}{d_2^*(20, 1)}=\frac{11.5}{3.81}=3.02$$

测量对象间的波动 PV 为：

$$PV=6\hat{\sigma}_p=6\times3.02=18.12$$

用 MINITAB 软件计算，将数据整理好后，从统计→质量工具→量具研究→量具 R&R 研究（交叉）入口，填好各变量名称后，关键是要在选择项“分析方法”中圈定“Xbar 和 R”而不要圈定“方差分析”，可以直接得到下列计算结果：

来源	标准差 (SD)	研究变异 (6 * SD)	%研究变异 (%SV)
合计量具 R&R	1.02286	6.1372	32.06
重复性	1.01916	6.1150	31.94
再现性	0.08693	0.5216	2.72
部件间	3.02205	18.1323	94.72
合计变异	3.19045	19.1427	100.00

将计算机计算的结果与例 5—23、例 5—24、例 5—25 的结果比较，可以看出，手工计算的结果与计算机计算的结果只有微小的舍入误差。但实际上，由于这种均值极差法只在操作员与零件间没有交互作用（关于交互作用将在第 6 章详细介绍）时有效，因此该方法只在手工计算中使用。在计算机计算中多采用 ANOVA 方法。

4. 总波动的分解和测量系统能力的评价准则

为了在测量系统分析的研究中估计试验设计模型中的方差组成，许多学者应用二因素随机效应模型描述测量过程的重复性和再现性。

$$X_{ijk}=\mu+O_i+P_j+(OP)_{ij}+R_{k(ij)}$$
$$(i=1,2,\cdots,I;\ j=1,2,\cdots,J;\ k=1,2,\cdots,K)$$

式中，X_{ijk} 为第 i 个操作者对第 j 个零件进行的第 k 次测量；μ 是未知常数（总均值）；O_i，P_j，$(OP)_{ij}$，$R_{k(ij)}$ 分别为操作者、零件、操作者与零件的交互作用和重复测量效应的随机变量，且假设 $O_i\sim N(0,\sigma_o^2)$，$P_j\sim N(0,\sigma_p^2)$，$(OP)_{ij}\sim N(0,\sigma_{op}^2)$，$R_{k(ij)}\sim N(0,\sigma_e^2)$，其中，$O_i$，$P_j$，$(OP)_{ij}$，$R_{k(ij)}$ 相互独立。

在二因素随机效应模型中，观测值 X_{ijk} 的总波动（方差）等于各随机波动（方差）之和：

$$\sigma_T^2=\sigma_o^2+\sigma_p^2+\sigma_{op}^2+\sigma_e^2 \tag{5—1}$$

过程输出值的总波动包括过程的实际波动和测量系统的波动。测量数据的总方差 σ_T^2 由测量对象的方差 σ_p^2 与测量系统的方差 σ_{ms}^2 组成，而测量系统的方差又由测量者的方差和量具的方差构成，即

$$\sigma_{ms}^2=\sigma_o^2+\sigma_{op}^2+\sigma_e^2 \tag{5—2}$$

式中，σ_{op}^2 是操作员与零件的交互作用的方差，所以

$$\sigma_T^2=\sigma_p^2+\sigma_{ms}^2=\sigma_p^2+\sigma_o^2+\sigma_{op}^2+\sigma_e^2$$

上式两端各乘以 $(6)^2$，则

$$(TV)^2=(PV)^2+(AV)^2+(EV)^2 \tag{5—3}$$

式中，TV 称为总波动；PV 为测量对象间的波动；$(AV)^2+(EV)^2$ 称为量具重复性和再现性波动的平方，有时也直观地记为 $(R\&R)^2$，因此有公式：

$$R\&R=\sqrt{(EV)^2+(AV)^2} \tag{5—4}$$

通常先算出 PV，再由式（5—3）算出 TV。如果过程总波动 TV 已知，那么测量对象间的波动 PV 可以由下式求得：

$$PV=\sqrt{(TV)^2-(R\&R)^2} \tag{5—5}$$

测量过程是否有能力准确可靠地反映被测对象的波动，是测量系统分析所关注的主要问题。因此，需要对测量系统的能力作出评价。评价测量系统能力的方法通常有两种：

（1）用测量系统的波动 $R\&R$ 与总波动之比来度量，通常记为 P/TV，即

$$P/TV=\frac{R\&R}{TV}\times 100\% \tag{5—6}$$

（2）用测量系统的波动 $R\&R$ 与被测对象质量特性的容差之比来度量，通常记为 P/T，即

$$P/T=\frac{R\&R}{USL-LSL}\times 100\%=\frac{6\hat{\sigma}_{ms}}{USL-LSL}\times 100\% \tag{5—7}$$

若仅有单侧上规格限：

$$P/T=\frac{3\hat{\sigma}_{ms}}{USL-\mu}\times 100\%$$

若仅有单侧下规格限：

$$P/T=\frac{3\hat{\sigma}_{ms}}{\mu-LSL}\times 100\%$$

评价测量系统的性能时，通常采用的标准如表 5—15 所示。

表 5—15　　测量系统能力判别准则

测量系统能力	说明
(P/TV 或 P/T)≤10%	测量系统能力很好
10%<(P/TV 或 P/T)≤30%	测量系统能力处于临界状态
(P/TV 或 P/T)>30%	测量系统能力不足，必须加以改进

根据这一准则，当 P/TV 或 P/T≤10%时，表明测量系统能力很好。当 10%<P/TV 或 P/T≤30%时，测量系统能力处于临界状态。这时，若测量对象是重要变量，则此测量系统不能使用；若测量对象是非重要变量且立即更换测量系统暂时无法实现，则此测量系统可以勉强使用。当 P/TV 或 P/T>30%时，说明测量系统本身的波动过大，由这样的测量系统得到的数据是不可靠的，测量系统必须改进。在最后这种情况下，必须研究测量系统的各种波动源，如果重复性误差比率较小，则说明问题出在再现性上，应有针对性地采取措施减小波动；如果采取措施后仍不能满足要求，或重复性误差本身比较大，那就要更换量具，采用新的测量系统。

5. 重复性与再现性分析实例

重复性与再现性分析是测量系统分析中的重要内容，是分析测量系统波动大小以及考察测量系统波动源的重要手段。测量系统分析的结果，决定了通过该系统获得的数据是否真实可靠，是否可以用于分析和控制。

一般来说，可以通过均值极差法和方差分析法（方差分析法见第 6 章）进行测量系统

的重复性和再现性分析。其典型步骤是：

（1）随机选 10～20 个零件，将其编号，且编号不让操作员看到。

（2）随机选 2 个以上操作员（无操作员差别的测量系统换成其他不同测量条件）。

（3）让每个操作员按随机顺序对全部零件测量一遍，让他们按另种随机顺序再测量一遍或多遍。

（4）将所有记录按固定顺序整理好，对整个测量系统进行分析。

这里，我们通过一个典型的例子来介绍如何应用它们进行分析。

例 5—26

六西格玛项目小组在对某制造过程进行分析时，首先对测量系统进行了评价。他们选择了 5 个样件（注：这里为了简化，只有 5 个样件，在实际生产中，最好多取一些零件，一般在 20 个左右，而且零件本身的波动能够代表工序的波动范围），由 2 个检验员测量，每个检验员对每个样件各测量 2 次，得到的数据如表 5—16 所示。该制造过程的容差范围为 1mm。

表 5—16　　例 5—26 的测量数据　　单位：mm

样件编号	第一次测量结果	第二次测量结果	均值	极差
	检验员 1			
1	1.00	1.05	1.025	0.05
2	0.95	0.90	0.925	0.05
3	0.75	0.70	0.725	0.05
4	1.00	0.95	0.975	0.05
5	0.55	0.50	0.525	0.05
	检验员 2			
1	1.00	1.05	1.025	0.05
2	0.95	0.95	0.950	0.00
3	0.80	0.80	0.800	0.00
4	1.05	1.05	1.050	0.00
5	0.85	0.80	0.825	0.05

（1）均值极差法。可以用 MINITAB 软件计算，将数据整理好后，从统计→质量工具→量具研究→量具 R&R 研究（交叉）入口，填好各变量名称后，关键是要在选择项“分析方法”中圈定“Xbar 和 R”而不要圈定“方差分析”，可以直接得到下列计算结果：

量具 R&R 研究-XBar/R 法

来源	方差分量	方差分量贡献率
合计量具 R&R	0.0053588	21.20
重复性	0.0009104	3.60
再现性	0.0044485	17.60
部件间	0.0199174	78.80
合计变异	0.0252763	100.00

来源	标准差（SD）	研究变异（6 * SD）	%研究变异（%SV）
合计量具 R&R	0.073204	0.439225	46.04
重复性	0.030172	0.181034	18.98
再现性	0.066697	0.400181	41.95
部件间	0.141129	0.846774	88.77
合计变异	0.158985	0.953910	100.00

可区分的类别数=2

由 MINITAB 的计算结果可以得出，该测量系统的 $P/TV=46.04\%$，$P/T=43.92\%$，均大于 30%。根据测量系统能力判别准则，该测量系统的波动是不可接受的。又因为分组数为 2<5，所以该测量系统的分辨力不足。因此，必须首先对该测量系统进行改进。

（2）方差分析法。测量系统的重复性和再现性分析还可以采用方差分析法（ANOVA）。这里量具波动的影响以及操作者的影响构成了双因素方差分析中的两个因变量。关于方差分析的内容，请参考本书第 6 章的介绍。下面仅结合 MINITAB 软件介绍方差分析法在测量系统的重复性与再现性分析中的一些具体应用。

当用 MINITAB 软件计算时，将数据整理好后，从统计→质量工具→量具研究→量具 R&R 研究（交叉）入口，填好各变量名称后，在选择项“分析方法”中圈定“方差分析”，可以直接得到下列计算结果：

量具 R&R

来源	方差分量	方差分量贡献率
合计量具 R&R	0.0106250	33.73
重复性	0.0008750	2.78
再现性	0.0097500	30.95
操作者	0.0030937	9.82
操作者 * 零件	0.0066562	21.13
部件间	0.0208750	66.27
合计变异	0.0315000	100.00

来源	标准差（SD）	研究变异（6 * SD）	%研究变异（%SV）
合计量具 R&R	0.103078	0.61847	58.08
重复性	0.029580	0.17748	16.67
再现性	0.098742	0.59245	55.63
操作者	0.055621	0.33373	31.34
操作者 * 零件	0.081586	0.48952	45.97
部件间	0.144482	0.86689	81.41

合计变异　0.177 482　1.06 489　100.00

可区分的类别数=1

由 MINITAB 的计算结果可以得出，该测量系统的 $P/TV=58.08\%$，$P/T=61.85\%$，均大于 30%。根据测量系统能力判别准则，该测量系统的波动是不可接受的。又因为分组数为 1<5，所以该测量系统的分辨力不足。因此，必须首先对该测量系统进行改进。

5.4.5 破坏性试验的测量系统分析

在一些情况下，在测取数据的同时，样件将遭到破坏，比如强度试验或湿度试验等。在这种情况下，对样件多次重复测试是不可能的，因此，需要采取其他补救办法进行测量系统分析。常使用的方法是，认为同批次内样件间的差异小到可以忽略不计，将同一批次的多个样件当作单个样件来用。比如，一般情况下，我们选择 10 个样件，3 个操作者，每个操作者重复测试 2 次的方法来评价测量系统的波动，共进行 60 次测量操作。在破坏性试验的情况下，类似地，我们选取 10 个批次（这些过程输出结果是在相同的条件下产生的），从每批中选取 6 个样件，用这些样件来代替在非破坏性试验下的那 3 个样件的作用。下面结合例 5—27 来说明破坏性试验测量系统分析的方法。

例 5—27

表 5—17 所示的是某材料黏度试验的测试结果。考虑到黏度试验样本无法重复使用，所以从同一批次中抽取 2 个样本，用同样的方法（人员与量具）测取数据。

表 5—17　　黏度试验的测试结果　　单位：cps

批次	1	2	3	4	5	6	7
样本 1	20.48	19.37	20.35	19.87	20.36	19.32	20.58
样本 2	20.43	19.23	20.39	19.93	20.34	19.30	20.68

1. 计算测量系统的波动 $\hat{\sigma}_{ms}$

由于同一批次中的 2 个样本是用同样的方法（人员与量具）测取数据的，因此我们可以认为这两个测量数据的差异主要是由测量误差造成的。表 5—18 将上述数据进行了整理，每批样本构成一个子组，并计算了每个组的极差。图 5—46 所示的是由上述数据绘制的极差控制图。从图中可以看到，这些极差均在控制界限内，没有失控现象。关于均值—极差控制图，请参见本书第 8 章的内容。

表 5—18　　黏度试验的测试结果——用于极差控制图　　单位：cps

批次	1	2	3	4	5	6	7	
样本 1	20.48	19.37	20.35	19.87	20.36	19.32	20.58	
样本 2	20.43	19.23	20.39	19.93	20.34	19.30	20.68	
极差	0.05	0.14	0.04	0.06	0.02	0.02	0.10	$\bar{R}=0.0614$

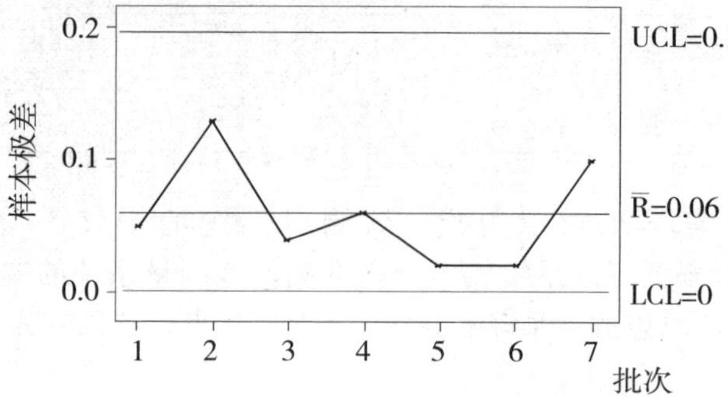

图 5—46　破坏性试验样本极差控制图

可以用下式估算 $\hat{\sigma}_e$：

$$\hat{\sigma}_e=\frac{\overline{R}}{d_2} \tag{5—8}$$

式中，d_2 可查控制图系数表（附表 6）得到，它与样本量 n 有关。在本例中，$n=2$，$d_2=1.128$。

由表 5—18 和式（5—8）可以得到：

$$\hat{\sigma}_{ms}=\hat{\sigma}_e=\frac{\overline{R}}{d_2}=\frac{0.0614}{1.128}=0.054$$

2. 计算批次间的波动 $\hat{\sigma}_p$

上面计算的极差反映的是各批次内样本测量值的波动。在计算批次间的波动时，不应使用这样的极差值，而应使用各批次样本均值—移动极差。表 5—19 是将样本数据按单值—移动极差整理后得到的数据表。图 5—47 所示的是单值—移动极差控制图。从控制图上可以看出，过程是稳定的。关于单值—移动极差控制图，请参见本书第 8 章的内容。

表 5—19　黏度试验的测试结果——用于单值—移动极差控制图　单位：cps

批次	1	2	3	4	5	6	7	
样本 1	20.48	19.37	20.35	19.87	20.36	19.32	20.58	
样本 2	20.43	19.23	20.39	19.93	20.34	19.30	20.68	
$\overline{x}$	20.455	19.300	20.370	19.900	20.350	19.310	20.630	$\overline{\overline{x}}=20.04$
移动极差		1.155	1.07	0.47	0.45	1.04	1.32	$\overline{R}=0.9175$

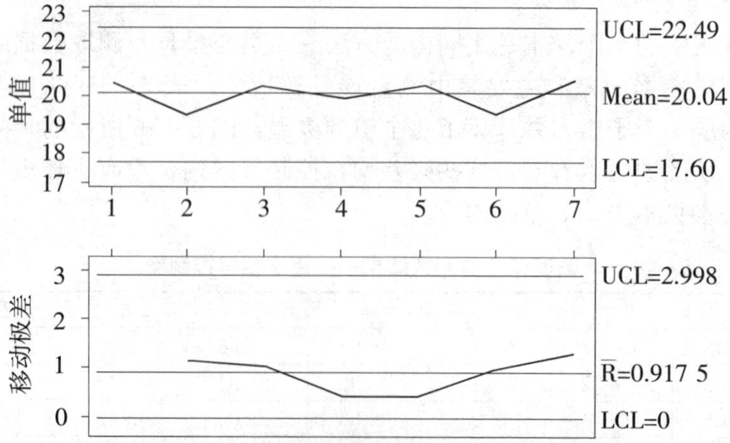

图 5—47　破坏性试验样本单值—移动极差控制图

这里，极差控制图和单值—移动极差控制图都是需要的。从极差控制图上，我们可以考察测量过程的一致性，而单值—移动极差控制图揭示的是生产过程的一致性。由于单值—移动极差控制图是稳定的，所以可用下式估算 $\hat{\sigma}_p$：

$$\hat{\sigma}_p=\frac{\bar{R}}{d_2} \tag{5—9}$$

式中，$\bar{R}$ 是移动极差的均值；d_2 可查控制图系数表得到，它与样本量 n 有关。对移动极差来说，$n=2$，所以 $d_2=1.128$。

由表 5—19 和式（5—9）可以得到：

$$\hat{\sigma}_P=\frac{\bar{R}}{d_2}=\frac{0.917\,5}{1.128}=0.813$$

有了 $\hat{\sigma}_{ms}$ 和 $\hat{\sigma}_p$，就可估算 $\hat{\sigma}_T$，进而计算测量系统的 P/TV 和 P/T 以及考察测量系统是否有足够的分辨力等。

5.4.6 属性值数据的测量系统分析

有时，测量结果是属性值或计数型数据。计数型测量最常见的结果往往是通过/不通过，或是不同的级别等。计数型数据不能量化零件的好坏程度。当过程输出特性为计数型数据时，应针对这些计数型数据的测量系统进行分析。我们在前面介绍的是针对计量型数据的测量系统分析，如计量型数据的测量系统重复性与再现性分析等。类似地，我们也要对计数型数据的测量系统进行分析，以保证测量数据的一致性。

1. 属性值测量数据的获得

一般选取 20 个或 20 个以上的零件（合格品及不合格品约各占一半），在从事日常检验活动的人员中选择至少 2 个测量者，每个测量者对每个零件重复测量至少两次，以决定该零件是否可以接受。显然，重复性是指同一测量者对同一零件实施不同测量轮数时的一致程度；再现性则是不同测量者对同一零件测量时的一致性。如果已知测量对象的属性，还可以分析不同测量者相对于标准的吻合程度。

例 5—28

用塞规检查橡胶管内径（通过/不通过）。选择两位测量者对 20 个橡胶管进行测试，每人测两轮，并假设通过更高水平的测试可以测出 20 个橡胶管的实际质量水平（通过或不通过）。测试结果见表 5—20。

表 5—20　计数型测量系统的研究

零件号	测量者 A			测量者 B			已知属性或标准	AB 的一致性	整体与标准的一致性
	第一次	第二次	A 的一致性	第一次	第二次	B 的一致性			
1	过	过	√	过	过	√	过	√	√
2	过	过	√	过	过	√	过	√	√
3	不过	过	×	过	过	√	过	×	×
4	不过	不过	√	不过	不过	√	不过	√	√
5	过	过	√	过	过	√	过	√	√
6	过	过	√	过	过	√	过	√	√
7	不过	不过	√	不过	不过	√	不过	√	√

续前表

零件号	测量者 A			测量者 B			已知属性或标准	AB 的一致性	整体与标准的一致性
	第一次	第二次	A 的一致性	第一次	第二次	B 的一致性			
8	不过	不过	√	过	过	√	不过	×	×
9	过	过	√	过	过	√	过	√	√
10	过	过	√	过	过	√	过	√	√
11	不过	不过	√	不过	不过	√	不过	√	√
12	过	过	√	过	过	√	过	√	√
13	过	不过	×	过	过	√	过	×	×
14	不过	不过	√	不过	不过	√	不过	√	√
15	过	过	√	过	过	√	过	√	√
16	过	过	√	过	过	√	过	√	√
17	过	过	√	过	过	√	过	√	√
18	过	过	√	过	过	√	不过	√	×
19	过	过	√	过	过	√	过	√	√
20	不过	不过	√	不过	不过	√	不过	√	√

2. 属性值数据的测量系统一致性分析

(1) 操作者各自的一致性分析（重复性）。如表 5—20 所示，操作者 A 测量 20 个零件 2 次，其中有 2 次不一致，一致性比率为 18/20＝90%；而操作者 B 则全部一致，一致性比率为 100%。下面是 MINITAB 给出的分析结果：

检验员自身

评估一致性

	#检验数	#相符数	百分比	95%置信区间
检验员				
1	20	18	90.00	(68.30，98.77)
2	20	20	100.00	(86.09，100.00)

#相符数：检验员在多个试验之间，他/她自身标准一致。

(2) 每个操作者与标准的一致性。操作者 A 的 20 次测量中，有 3 次与标准不一致，一致性比率为 17/20＝85%；而操作者 B 的 20 次测量中，有 2 次与标准不一致，一致性比率为 18/20＝90%，下面是 MINITAB 给出的分析结果：

每个检验员与标准

评估一致性

检验员	#检验数	#相符数	百分比	95%置信区间
1	20	17	85.00	(62.11，96.79)
2	20	18	90.00	(68.30，98.77)

#相符数：检验员在多次试验中的评估与已知标准一致。

(3) 操作者之间的一致性分析（再现性）。在 20 次测量中，A，B 两者完全一致的有 17 次，一致性比率为 17/20＝85%。下面是 MINITAB 给出的分析结果：

检验员之间

评估一致性

＃检　＃相
验数　符数　百分比　　95%置信区间
20　　　17　85.00　(62.11，96.79)
＃相符数：所有检验员的评估一致。

(4) 所有测量者与标准的整体比较。从表5—20的最后一列可以看出，在20次测量过程中，只有16次与标准一致，一致性比率为16/20=80%。MINITAB给出的分析结果如下：

所有检验员与标准
评估一致性
＃检　＃相
验数　符数　百分比　　95%置信区间
20　　　16　80.00　(56.34，94.27)
＃相符数：所有检验员的评估与已知的标准一致。

注：在MINITAB的结果中，不仅给出了一致性比率，还给出了95%的置信区间。

至于一致性比率的标准，一般要求整体一致性比率在85%以上。

3. 通用方法

计数型数据测量系统的分析还可以从有效性、漏判率、误判率这三个方面进行。

● 有效性。分为测量者的有效性和系统有效性。若测量者针对同一被测零件的所有测量结果一致，且与基准一致，则称为有效。测量者的有效性是指有效零件数目与被测零件数目之比。若所有测量者针对同一被测零件的所有测量结果一致，且与基准一致，则称为系统有效。系统有效性是指系统有效的零件数目与被测零件数目之比。

● 漏判率。对每个测量者，将基准为不可接受的零件漏判为可接受的机会百分率。此评价值可为测量者的改进提供机会。

● 误判率。对每个测量者，将基准为可接受的零件误判为不可接受的机会百分率。此评价值可为测量者的改进提供机会。

计数型数据测量系统的判断标准见表5—21。

表5—21　　计数型数据测量系统的判断标准

判断	有效性	漏判率	误判率
可接受	≥90%	≤2%	≤5%
接受—需要改进	80%～90%	2%～5%	5%～10%
不可接受	≤80%	≥5%	≥10%

例5—29

某公司为了验证外观检查的测量系统是否可靠，特设计了一个实验方案，一共挑选了10个产品，其中4个可接受，6个不可接受，此经过评定的产品作为验证测量系统的基准件。测量者为日常从事外观检验的三名检验人员。按照随机原则，每个检验人员分别对每个产品重复测量3次，测量结果见表5—22，其中1表示可接受，0表示不可接受，试评价该测量系统。(注：由于本例中检验的产品数太少，仅供参考。)

表 5—22　　计数型测量系统的数据记录

零件	测量者 A			测量者 B			测量者 C			基准
	第一次	第二次	第三次	第一次	第二次	第三次	第一次	第二次	第三次	
1	0	0	0	0	0	0	0	0	0	0
2	1	1	1	1	1	1	1	1	1	1
3	1	0	0	0	0	0	0	0	0	0
4	0	0	0	0	0	0	0	1	1	0
5	1	1	1	1	0	1	1	1	0	1
6	0	0	0	0	0	0	0	0	0	0
7	1	1	1	1	1	1	1	1	1	1
8	1	0	0	0	0	1	0	0	0	0
9	1	1	1	1	1	1	1	1	1	1
10	0	0	0	0	0	0	0	0	0	0

判断结果见表 5—23。

表 5—23　　判断结果

判断	有效性	漏判率	误判率
A	80%	11.11%	0.00%
B	80%	5.56%	8.33%
C	80%	11.11%	8.33%
系统	60%		

以 A 为例，正确判断的零件为：1，2，4，5，6，7，9，10，故 A 的有效性为 8/10=80%。系统有效性是指 A，B，C 的判断结果完全一致，而且符合基准值的零件数占测量零件数的比率，系统有效性判断中正确的零件数为：1，2，6，7，9，10，故系统有效性为 6/10=60%。

漏判机会数为：3×6=18；因为基准值为 0 的共有 6 个产品，而每个人评价 3 次，所以漏判机会数为 18，而 A 将 0 判为 1 共有 2 次，B 有 1 次，C 有 2 次，故漏判率分别为：11.11%，5.56%，11.11%。

误判机会数为：3×4=12；因为基准值为 1 的共有 4 个产品，而每个人评价 3 次，所以误判机会数为 12，而 A 将 1 判为 0 共有 0 次，B 有 1 次，C 有 1 次，故误判率分别为：0.00%，8.33%，8.33%。

5.4.7　测量仪器的校准和检定

单独或连同辅助设备一起用以进行测量的器具称为测量仪器，又称为计量器具。对测量仪器或计量器具的控制是保证测量数据准确可靠的基本环节。

1. 量值的溯源、校准和检定

量值的溯源是指通过一条对不确定度有明确规定的不间断的比较链，使测量结果或测量标准的值能够与规定的参考标准（通常是国家计量基准或国际计量基准）联系起来，也称其为量值溯源性。这种特性使所有的同种量值都可以按这条比较链通过校准向源头追溯，也就是溯源到同一个计量基准（国家基准或国际基准），从而使测量的准确性和一致性得到技术保证；否则，量值出于多源或多头，必然会在技术上和管理上造成混乱。

实现量值溯源最主要的技术手段是校准和检定。

测量仪器的校准是指在规定的条件下，为确定测量仪器所指示的量值，或实物量具所代表的量值，与对应的由其测量标准所复现量值之间关系的一组操作。校准的主要含义为：在规定的条件下，用参考测量标准给包括实物量具在内的测量仪器的特性赋值，并确定其示值误差，以及将测量仪器所指示或代表的量值，按照比较链或校准链，将其溯源到测量标准所复现的量值上。

校准的依据是校准规范或校准方法，对其通常应做统一规定，特殊情况下也可自行规定。校准的结果可记录在校准证书或校准报告中，也可用校准因数或校准曲线等形式表示。

测量仪器的检定是指查明和确认测量仪器是否符合法定要求的程序，包括检查、加标记和（或）出具检定证书。

检定具有法制性，其对象是法制管理范围内的测量仪器。一台检定合格的测量仪器，也就是一台被授予法制特性的测量仪器。鉴于各国管理体制不同，法制计量管理的范围也不同。根据检定的必要程度和我国对其依法管理的形式，可将检定分为强制检定和非强制检定两类。

强制检定是指由政府行政主管部门所属的法定计量检定机构或授权的计量检定机构，对某些测量仪器实行的定点定期检定。强制检定的特点是，由政府计量行政部门主管，指定的法定或授权技术机构具体执行，固定检定关系，定点送检；检定周期由执行强制检定的技术机构按照计量检定规程，结合实际使用情况确定。

非强制检定是指由使用单位自己或委托具有社会公用计量标准或授权的计量检定机构，对强制检定以外的其他测量仪器依法进行的一种定期检定。其特点是使用单位自主管理，自由送检，自求溯源，自行确定检定周期。

强制检定和非强制检定均属于法制检定，是我国对测量仪器依法管理的两种形式，都要受到法律的约束。不按规定进行周期检定的，要负法律责任。检定的依据是按照法定程序审批公布的计量检定规程。我国《计量法》规定："计量检定必须按照国家计量检定系统表进行。国家计量检定系统表由国务院计量行政部门制定。计量检定必须执行计量检定规程。国家计量检定规程由国务院计量行政部门制定。没有国家计量检定规程的，由国务院有关主管部门和省、自治区、直辖市人民政府计量行政部门分别制定部门计量检定规程和地方计量检定规程，并向国务院计量行政部门备案。"因此，任何企业和其他实体无权制定检定规程。

在检定结果中，必须有合格与否的结论，并出具证书或加盖印记。从事检定工作的人员必须经考核合格，并持有有关计量行政部门颁发的检定员证。

随着改革开放和经济的发展，在强化检定法制性的同时，对大量非强制检定的测量仪器，为达到统一量值的目的，应以校准为主。过去，一直没有把校准作为实现单位统一和量值准确可靠的主要方式，而常用检定取而代之。这一观念正在改变，校准在量值溯源中的位置已逐步确定。

2. 测量仪器的计量特性

测量仪器的计量特性是指其影响测量结果的一些明显特征，其中包括测量范围、偏倚、重复性、稳定性、分辨力、鉴别力（阈）和示值误差等。为了达到测量的预定要求，测量仪器必须具有符合规定要求的计量特性。

（1）标称范围、量程和测量范围。测量仪器的操纵器件调到特定位置时可得到的示值范围，称为标称范围。此时的示值范围是与测量仪器的整体相联系的，是指标尺所指示的被测量值的范围。标称范围通常以被测量的单位表示，而不管标尺上所标的单位是什么。例如，一台万用表，把操纵器件调到×10一挡，其标尺上下限的数码为0～10，则其标称范围为（0～100）V。标称范围一般用上限和下限说明，例如，（100～200）℃。当下限（即最小值）为零时，标称范围一般只用其上限（即最大值）来表示，例如，（0～100）V的电压表，其标称范围可表示为100V。

标称范围的上限与下限之差的绝对值，称为量程。例如，某温度计的标称范围为（－30～80）℃，则其量程为｜80－（－30）｜℃＝110℃；某电压表的标称范围为100V，则其量程为｜100－0｜V＝100V。

测量范围，也称工作范围，是指测量仪器的误差处于规定的极限范围内的被测量的示值范围。在这一规定的测量范围内使用，测量仪器的误差必定处在允许极限范围内；而若超出测量范围使用，示值误差就可能超出允许极限。换言之，测量范围就是在正常工作条件下，确保测量仪器规定准确度的被测量值的范围。

有些测量仪器的测量范围与其标称范围相同。例如，体温表、电流表、压力表、密度计等。而有的测量仪器处在下限时测量误差会急剧增大，例如地秤，这时应规定一个能确保其示值误差处在规定极限内的示值范围作为测量范围。

应正确区分和掌握示值范围、标称范围、测量范围和量程的概念。示值范围是指测量仪器标尺或显示装置所能指示的范围，可用标在标尺或显示器上的单位表示；标称范围是针对测量仪器而言的，通常用被测量的单位表示；测量范围是指能保证规定的准确度、使误差处于规定极限内的量值范围；量程则是指标称范围上下限之差的绝对值。

（2）额定操作条件、极限条件和参考条件。额定操作条件是指测量仪器的正常工作条件，也就是使测量仪器的规定计量特性处于给定极限内的使用条件。在这些条件中，一般包括被测量的范围或额定值，只有在规定的范围或额定值下使用，测量仪器才能达到规定的计量特性或规定的示值允许误差。例如，工作压力表测量范围的上限为10MPa，则压力的最大值只能加到10MPa；额定电流为10A的电流表，其输入电流不能超过10A。在使用测量仪器时，识别额定操作条件十分重要，它们是保证测量结果准确可靠的基本条件。

测量仪器的规定计量特性不受损也不降低，其后仍可以在额定条件下运行所能承受的极端条件，称为极限条件。

参考条件是指测量仪器在性能试验或进行检定、校准、对比时的使用条件，即标准工作条件，这些条件一般应对作用于测量仪器的影响量的参考值或参考范围作出明确规定，以真正反映测量仪器的计量性能和保证测量结果的可比性。

应注意正确区分和掌握额定操作条件、极限条件和参考条件。前者是测量仪器正常使用的条件，后者是确定测量仪器本身计量性能所规定的标准条件，中者则是计量仪器不受损坏和不降低准确度所允许的极端条件。在这三者中，参考条件的要求最严，额定操作条件则较宽，而极限条件的范围和额定值最大。

（3）示值误差和最大允许误差。示值就是由测量仪器所指示的被测量值。测量仪器的示值误差是测量仪器示值与对应的输入量的真值之差，它是测量仪器最主要的计量特性之一，反映了测量仪器准确度的大小。

示值误差是相对于真值而言的。由于真值不能确定，实际上使用的是约定真值或实际值。为确定测量仪器的示值误差，当接受高等级的测量标准对其进行检定或校准时，该测量仪器复现的量值即为约定真值，通常称为实际值、校准值或标准值。所以，指示式测量仪器的示值误差＝示值－实际值，实物量具的示值误差＝标称值－实际值。例如，被检测电流表的示值 I 为 40A 时，用标准电流表检定，其电流实际值为 $I_0=39$A，则电流表的示值误差 Δ 为：

$$\Delta=I-I_0=(40-39)\text{A}=1\text{A}$$

又如，某工作玻璃量具的容量的标称值 V 为 1 000ml，经标准玻璃量具检定，其容量实际值 V_0 为 1 005ml，则量具的示值误差 Δ 为：

$$\Delta=V-V_0=(1\,000-1\,005)\text{ml}=-5\text{ml}$$

即该工作量具的标称值比其约定真值小 5ml。

测量仪器的示值误差，通常简称为测量仪器的误差，可用绝对误差形式表示，也可以用相对误差形式表示。确定测量仪器示值误差的大小，是为了判定测量仪器是否合格，并获得其示值的修正值。

对给定的测量仪器，由规范、规程等所允许的误差极限值，称为测量仪器的最大允许误差，有时也称为测量仪器的允许误差限，可简写为 mpe。

应正确理解和区别测量仪器的示值误差和最大允许误差之间的关系。示值误差和最大允许误差均是对测量仪器本身而言的：最大允许误差是指技术规范（如标准、检定规程、校准规范）所规定的允许的误差极限值，用于判定测量仪器合格与否；而示值误差则是指测量仪器某一示值的误差的实际大小，它是通过检定、校准所得到的一个或一组值，用以评价测量仪器是否满足最大允许误差的要求，从而判断其是否合格，或者根据实际需要提供修正值，以提高测量结果的准确度。

5.5 过程能力分析

5.5.1 过程统计控制状态

任何一个过程都受到两类因素的影响，一类是人们无法控制或难以控制的随机因素（random cause），也称偶然因素。在随机因素的作用下，导致过程输出的波动，称为随机波动。这种波动的变化幅度较小，工程上是可以接受的。但即使是这种较小的随机波动，我们也不希望它存在，因为它毕竟会对最终产品的质量产生一定的影响。但是，我们又不能从根本上消除它，因此不得不承认它存在的合理性。也就是说，随机因素存在于任何过程中是一种正常现象，从这个意义上讲，随机因素为固有因素或通常因素（common cause）。由此，我们称仅有随机因素影响的过程为正常的过程。在随机因素影响过程的同时，有时还存在另一类非随机因素作用于过程，制约着过程的输出结果，这类相对稳定的因素称为系统因素（system cause）。正是由于这两类因素的共同作用，使得过程输出的结果呈现出内在的统计规律性。通过过程输出结果的规律性，可以探测过程是否处于控制状态，即系统因素是否发生变异。一旦系统因素发生变异，过程输出结果的规律将遭到破坏，从而导致过程失控，因此，这类因素又称为异常因素（special cause）。

统计控制状态（statistically in control）是指所观察到的输出结果的波动可归因于只有随机因素影响的状态，而这种随机因素影响的结果通常表现为犹如来自同一总体的简单随机样本。受控过程或稳定过程（process in control，stable process）是指其每一质量特性值（如产品和服务质量特性值的平均值和方差，不合格率或平均不合格数）均处于统计控制状态的过程。

当我们说过程处于统计控制状态时，是指过程不存在异常因素。图 5—48 显示的是过程处于不受控和受控状态时的情况。

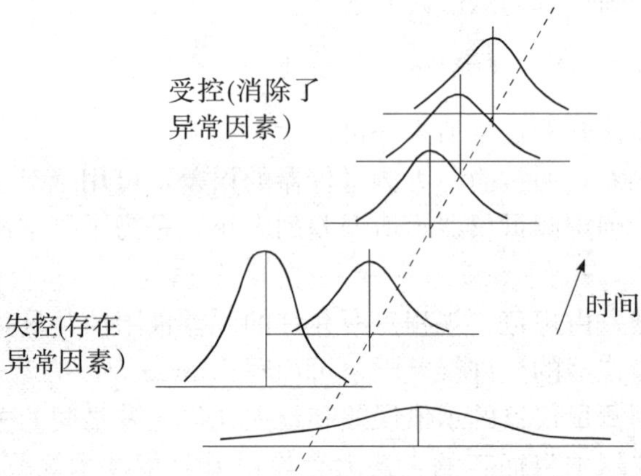

图 5—48　过程控制

只有当过程处于统计控制状态时，对过程能力进行分析才是有意义的。如何判断过程处于统计控制状态，可参见第 8 章。

一个过程在统计意义上是受控的，并不保证生产出的产品满足规范要求，如图 5—49 所示。出现这种情况的原因是过程的均值过度偏离目标值，或者是过程的波动过大。我们可以通过研究过程绩效来解释这种现象。

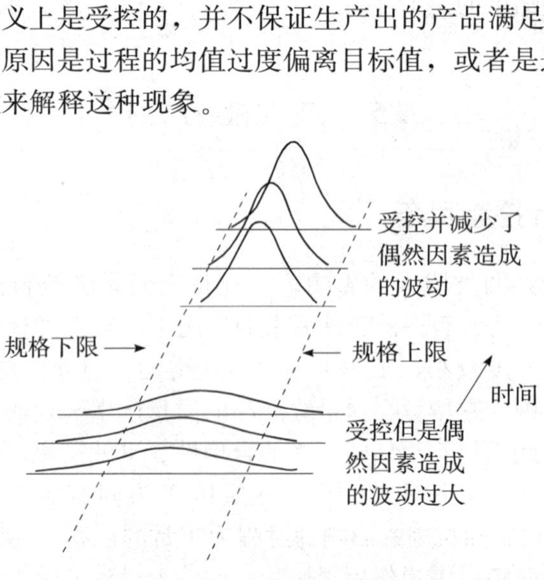

图 5—49　过程能力

5.5.2 过程能力和过程绩效

过程能力和过程绩效分析是评价过程满足预期要求的能力及其表现的方法。过程能力分析在DMAIC项目中十分重要，它是评价过程基线及改进方向和目标的重要工具。因此，过程能力分析是测量阶段的一项重要工作。

在着手进行过程能力分析时，必须明确如下要素：

(1) 过程输出特性。这是项目工作在界定阶段就已明确的。

(2) 对过程输出特性的要求。在进行过程能力分析时，必须识别并明确顾客（内部的或外部的）对过程输出特性的要求，包括目标值和规格限或容限。通常将规格上、下限记为USL和LSL。对制造过程来说，识别目标值和规格限比较容易，因为工程上对此一般都有明确的规定。但对非制造类的过程来说，需要项目团队投入精力识别并明确这些要求。

(3) 抽样方案。不同的抽样方案反映了过程的不同情况和状态。比如，在研究过程的短期能力时，抽取的样本应尽可能仅受到随机因素的影响。

(4) 过程是否稳定或具有可预测的分布。过程能力分析的假设前提是输出服从正态分布，因此，过程应是稳定或统计受控的。对那些非正态分布的情况，应进行适当的坐标变换，将其转换为正态分布的情况。

过程能力分析是在确认上述要素的基础上，运用统计工具展开的。为此，我们定义下述概念：

- 过程短期波动（inherent process variation）。也称样本内的波动，是仅由短期内随机因素影响而产生的过程波动。可以通过计算样本内部的极差 R_i 或标准差 s_i，进一步求出平均的极差 $\overline{R}$ 或综合标准差（pooled standard deviation）s，利用 $\overline{R}/d_2$ 或 s/c_4 估计过程短期波动的标准差 σ_{within}。
- 过程的总波动。是由随机因素和系统因素影响而产生的波动。可以由所有样本标准差 s 估计长期的总波动的标准差 $\sigma_{overall}$。这里 $s=\sqrt{\sum_{i=1}^{n}(x_i-\overline{x})^2/(n-1)}$，$x_i$ 是各单个测量值，$\overline{x}$ 是所有测量值的均值，n 是测量值的总个数。
- 过程能力（process capability，PC）。是过程固有波动的 $6\sigma_{within}$ 范围。
- 过程绩效（process performance，PP）。是过程总波动的 $6\sigma_{overall}$ 范围。

5.5.3 过程能力指数 C_p 与 C_{pk}

1. 过程能力指数 C_p 的意义与计算

假定过程输出特性 $Y\sim N(\mu,\sigma^2)$，且过程输出均值 μ 与规格中心重合。考察正态分布上的三个典型的区间 $[\mu-\sigma,\mu+\sigma]$，$[\mu-2\sigma,\mu+2\sigma]$，$[\mu-3\sigma,\mu+3\sigma]$，它们有这样一些特点（见图5—50）。

过程输出特性 Y 落入上述三个区间的概率分别为：

$$P(\mu-\sigma\leqslant Y\leqslant\mu+\sigma)=68.26\%$$
$$P(\mu-2\sigma\leqslant Y\leqslant\mu+2\sigma)=95.44\%$$
$$P(\mu-3\sigma\leqslant Y\leqslant\mu+3\sigma)=99.73\%$$

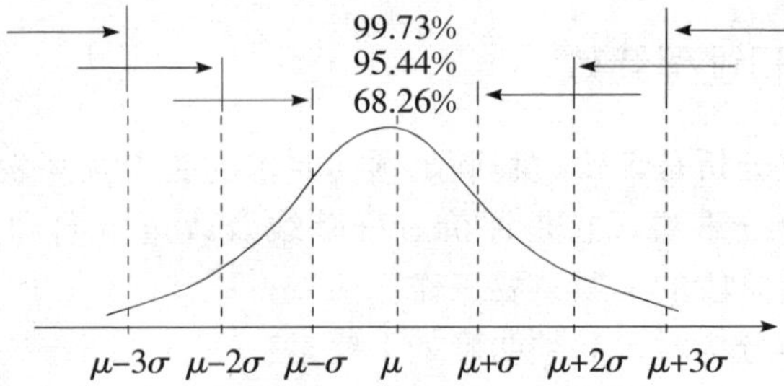

图 5—50　正态概率分布的特点

也就是说，过程输出特性落到 $[\mu-3\sigma, \mu+3\sigma]$ 区间之外的概率仅为 0.27%，是小概率事件。因此，我们将 6σ 范围视为过程的自然波动范围。为了把过程的自然输出能力与要求的容差进行比较，著名质量专家朱兰引入了能力比的概念，即第一代的过程能力指数 C_p。

如图 5—51 所示，若过程输出 Y 服从正态分布，即 $Y \sim N(\mu, \sigma^2)$，其中，μ，σ 分别为 y 的均值和标准差，当过程处于统计控制状态时，定义过程能力指数 C_p 为容差与过程波动范围之比。

$$C_p=\frac{\text{容差}}{\text{过程能力}}=\frac{USL-LSL}{6\sigma}=\frac{T}{6\sigma} \tag{5—10}$$

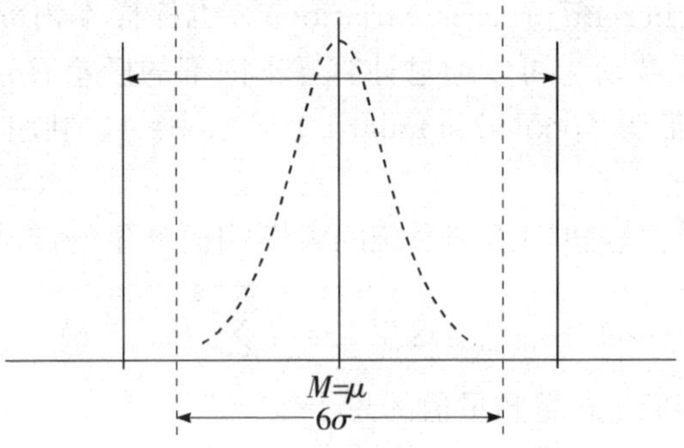

图 5—51　过程能力指数 C_p 示意图

式中，USL，LSL 分别是质量特性的上、下规格限。$M=\frac{1}{2}(LSL+USL)$ 称为规格中心。容差 $T=USL-LSL$ 反映了对过程的要求。在这个定义中，容差 T 一般不能轻易改变，因此，σ 越小，C_p 值越大。

C_p 是我们描述过程能力的最重要的指标。过去我们通常称 $C_p<1$ 时，过程能力不足；$1\leqslant C_p<1.33$ 时，过程能力尚可；$1.33\leqslant C_p<1.67$ 时，过程能力充足。但在经济繁荣、产品数量急剧增长、高科技蓬勃发展的今天，原来的质量标准已不能适应当前的需求。若过程质量水平达到六西格玛，就是要求过程能力指数 $C_p=2$，即要求 $USL-LSL=12\sigma$。

需要注意的是，C_p 的计算与过程输出的均值无关，它是假定过程输出的均值与规格中心重合时的过程能力之比。因此，C_p 指数只是反映了过程的潜在能力，当我们设法把过程输出均值逐渐移向规格中心时，这种潜力便会得到充分体现。所以在一般场合下，C_p

指数称为潜在过程能力指数。当 $\mu \neq M$ 时，过程输出的不合格品率将增加。这就造成了尽管 C_p 值较大，但不合格品率仍很高的情况，因此要引入另一个过程能力指数 C_{pk}。

2. 过程能力指数 C_{pk} 的意义与计算

大多数情况下，过程输出的均值 μ 不会恰与规格中心重合。因此，在进行过程能力分析时，应当将均值 μ 的影响考虑进来，引入过程能力指数 C_{pk} 就是为了解决这个问题。由于过程中心 μ 通常在规格限（LSL，USL）之间，因此，用过程中心 μ 与两个规格限最近的距离 $\min\{USL-\mu, \mu-LSL\}$ 与 3σ 之比作为过程能力指数，记为 C_{pk}，如图 5—52 所示。

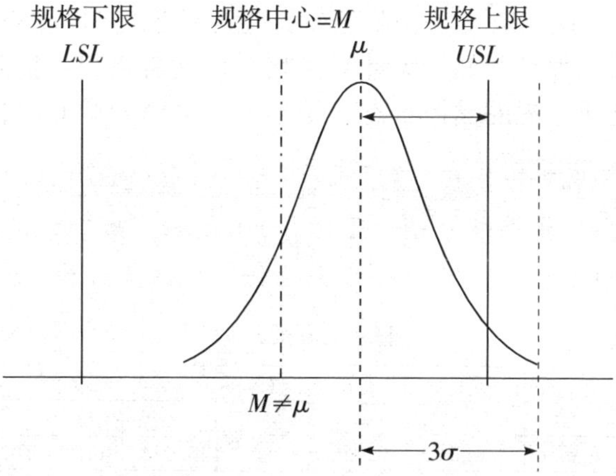

图 5—52 过程能力指数 C_{pk} 示意图

其计算公式为：

$$
\begin{aligned}
C_{pk} &= \min\left\{\frac{USL-\mu}{3\sigma}, \frac{\mu-LSL}{3\sigma}\right\} \\
&= \min(C_{pu}, C_{pl})
\end{aligned}
\tag{5—11}
$$

式中，$C_{pu}=\dfrac{USL-\mu}{3\sigma}$ 称为单侧上限过程能力指数，仅有上规格限的场合即可使用；$C_{pl}=\dfrac{\mu-LSL}{3\sigma}$ 称为单侧下限过程能力指数，仅有下规格限的场合即可使用。

由 C_{pk} 的上述表达式可看出，当 $\mu=M$ 时，$C_p=C_{pk}$；当 $\mu\neq M$ 时，$C_{pk}<C_p$。只要双侧规格限都给定，C_p 有意义，就应同时考虑 C_p 及 C_{pk} 两个指数，以便对整个过程的状况有较全面的了解。例如，当 C_p 及 C_{pk} 都较小而二者差别不大时（比如 $C_p=0.72$，$C_{pk}=0.69$），说明过程的主要问题是 σ 太大，改进过程应首先着眼于降低过程的波动。若 C_p 较大，而 C_{pk} 很小（比如 $C_p=1.43$，$C_{pk}=0.72$），二者差别较大，说明过程的主要问题是 μ 偏离 M 太多，改进过程应首先着眼于移动 μ 值，使之更接近 M。如果 C_p 本身不够好，C_{pk} 更小（比如 $C_p=0.84$，$C_{pk}=0.35$），而且二者差别较大，说明过程的 σ 及 μ 都有问题，通常改进过程应首先移动 μ 值，使之更接近 M，然后设法降低过程的波动。总之，不要单独使用这两个过程能力指数之中的一个。

当 C_p 值一定时，C_{pk} 将随着过程中心 μ 与规格中心 M 偏离的增大而减小。事实上，利用 $T=USL-LSL$，$M=\dfrac{USL+LSL}{2}$，C_{pk} 可表示为另一种形式：

$$C_{pk}=\frac{T}{6\sigma}-\frac{|M-\mu|}{3\sigma} \tag{5—12}$$

若对上式第二项的分子、分母分别乘以$\frac{T}{2}$，可得到C_{pk}的第三种形式：

$$C_{pk}=(1-K)C_p，K=\frac{|M-\mu|}{\frac{T}{2}}=\frac{2|M-\mu|}{T} \tag{5—13}$$

式中，$K>0$称为偏离度。

需要特别强调的是，C_p和C_{pk}是由处于统计受控状态的过程波动的大小和均值偏离决定的，因而首先要判明过程是否处于统计受控状态，这需要利用控制图等统计工具。关于如何应用控制图分析判断过程的受控状态，请参见本书第8章的内容。

例5—30

某产品的关键加工尺寸要求为$\Phi=6.00\pm0.02$mm。为了分析该加工过程的过程能力，项目团队跟踪收集了一些数据（见表5—24）。试估算该加工过程的C_p和C_{pk}。

表5—24　例5—30的数据　单位：mm

样本序号	测量值			$\bar{x}$	R	样本序号	测量值			$\bar{x}$	R
	x_1	x_2	x_3				x_1	x_2	x_3		
1	6.028	6.003	6.020	6.017 00	0.025	13	6.034	6.006	6.028	6.022 67	0.028
2	6.014	5.994	6.008	6.005 33	0.020	14	6.002	5.988	6.008	5.999 33	0.020
3	6.002	5.983	6.014	5.999 67	0.031	15	6.012	5.982	6.036	6.010 00	0.054
4	6.012	5.982	6.036	6.010 00	0.054	16	5.990	5.978	5.980	5.982 67	0.012
5	6.024	6.002	6.008	6.011 33	0.022	17	6.016	5.992	6.004	6.004 00	0.024
6	6.022	5.998	6.008	6.009 33	0.024	18	6.014	5.992	5.998	6.001 33	0.022
7	6.014	5.991	6.000	6.001 67	0.023	19	6.032	6.008	6.018	6.019 33	0.024
8	5.978	5.980	5.994	5.984 00	0.016	20	6.014	5.994	6.008	6.005 33	0.020
9	6.012	5.998	5.982	5.997 33	0.030	21	5.988	5.988	5.994	5.990 00	0.006
10	6.008	6.002	5.984	5.998 00	0.024	22	6.000	6.002	6.008	6.003 33	0.008
11	5.968	5.986	5.988	5.980 67	0.020	23	6.036	6.008	6.024	6.022 67	0.028
12	6.014	6.000	6.008	6.007 33	0.014	24	6.010	5.998	6.000	6.002 67	0.012
									$\bar{\bar{x}}$	6.003 5	
									$\bar{R}$	0.023 375	

(1) 过程能力指数C_p的计算。根据表5—24的数据可作均值—极差控制图，判断过程是否统计受控。本例的均值—极差控制图显示该过程处于统计受控状态（分析过程略，关于均值—极差控制图请参见本书第8章的内容）。因此，过程固有波动的σ可由下式估计：

$$\hat{\sigma}=\frac{\bar{R}}{d_2}=\frac{0.023\,375}{1.693}=0.013\,8$$

式中，d_2是控制图系数，与样本组的容量n有关。在本例中，$n=3$，查附表6得$d_2=1.693$。将$\hat{\sigma}$代入式（5—10）可得：

$$C_p=\frac{USL-LSL}{6\sigma}=\frac{T}{6\sigma}=\frac{0.04}{6\times0.013\,8}=0.48$$

(2) 过程能力指数 C_{pk} 的计算。此时过程输出的均值 $\bar{x}=6.003\,5$，由式（5—11）可得：

$$C_{pk}=\frac{\min(USL-\mu,\ \mu-LSL)}{3\sigma}$$

$$=\frac{\min(6.02-6.003\,5,\ 6.003\,5-5.98)}{3\times0.013\,8}$$

$$=\frac{0.016\,5}{3\times0.013\,8}=0.40$$

利用 MINITAB 软件，在用控制图验证了过程统计受控且数据服从正态分布后，可以计算各项过程能力指数。从统计→质量工具→能力分析（正态）入口，填入变量名称，指明 3 个数据为一组，填写 USL 及 LSL 并在选项中填写目标值后即可得到图 5—53 中的结果。

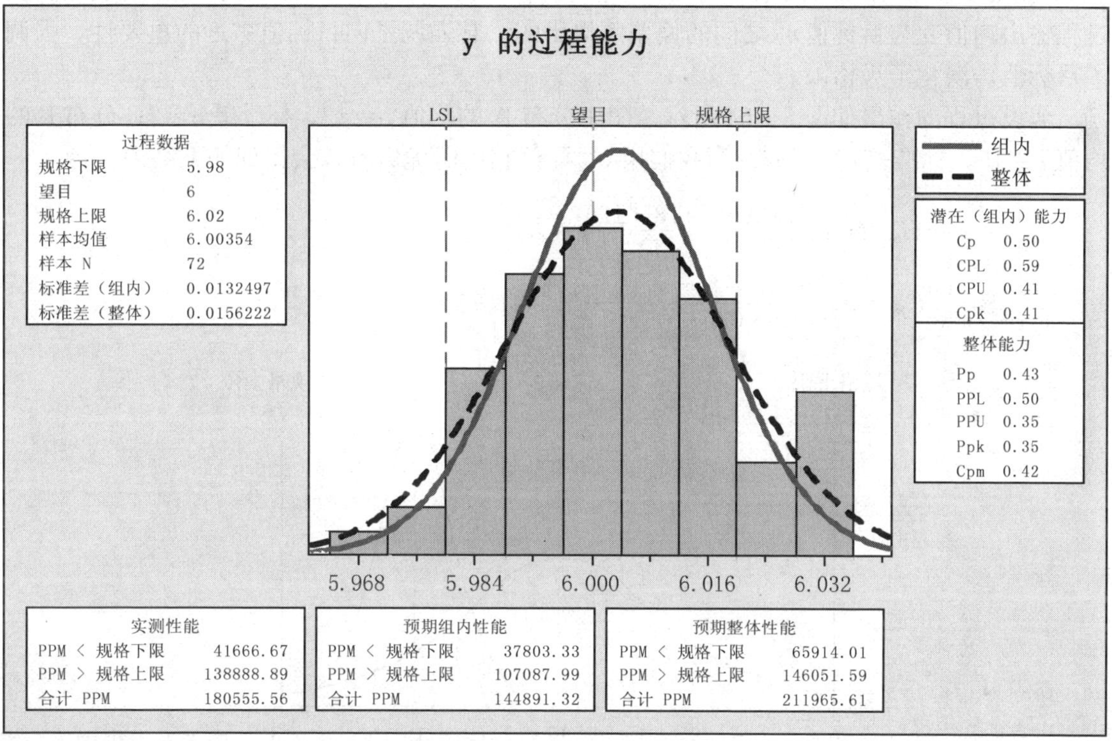

图 5—53　过程能力分析

5.5.4　过程能力指数 C_{pm} 和 C_{pmk}

为了强调质量特性偏离目标值造成的质量损失，当把目标值 m 引入到过程能力指数中时，就得到两个新的过程能力指数 C_{pm} 和 C_{pmk}。

$$C_{pm}=\frac{USL-LSL}{6\sigma'} \tag{5—14}$$

式中，$\sigma'^2=E[y-m]^2=\sigma^2+(\mu-m)^2$。

$$C_{pmk}=\frac{C_{pk}}{\sqrt{1+(\frac{\mu-m}{\sigma})^2}} \tag{5—15}$$

式中，$\sigma^2=var(y)$；$\mu=E(y)$；m 为质量特性的目标值。

质量特性 Y 偏离其目标值 m 而导致的损失，通常被认为近似于对称的平方误差损失函数，即质量损失函数。由式（5—15）可知，当 $\mu=m$ 且 m 与规格中心重合时，$C_{pm}=C_p$。因此，C_{pm} 指数可以看作 C_p 指数的推广。同时，使用 C_p 及 C_{pm} 可以更全面地分析过程的能力。有时也称 C_{pm} 为第二代过程能力指数。C_{pm} 指数反映了过程输出 μ 和目标值 m 之间的偏差，主要用于反映过程的期望损失，与田口的质量观相一致，体现了田口的质量损失函数的理念，而且在目标值并不恰好为公差限中点时，能比 C_{pk} 更好地体现过程输出 μ 和目标值 m（而不是公差限中点 M）之间的偏差。

C_{pmk} 也称为混合能力指数，它是在 C_{pk}，C_{pm} 能力指数的基础上，为了更加灵敏地反映过程输出均值 μ 与目标值 m 之间的偏差而提出的。它强调了向目标值靠近的重要性，强调了目标值，淡化了规格限。

假设过程的输出如图 5—54 所示，图中分布 A 的均值 $\mu=12$，标准差 $\sigma=2$；分布 B 的均值 $\mu=15$，标准差 $\sigma=0.57$。当我们用 C_{pk} 评价它们的优劣时，会得到如下结果：

A：$C_{pk}=\min\left\{\frac{12-6}{3\times2},\ \frac{18-12}{3\times2}\right\}=1.00$

B：$C_{pk}=\min\left\{\frac{18-15}{3\times0.57},\ \frac{15-6}{3\times0.57}\right\}=1.75$

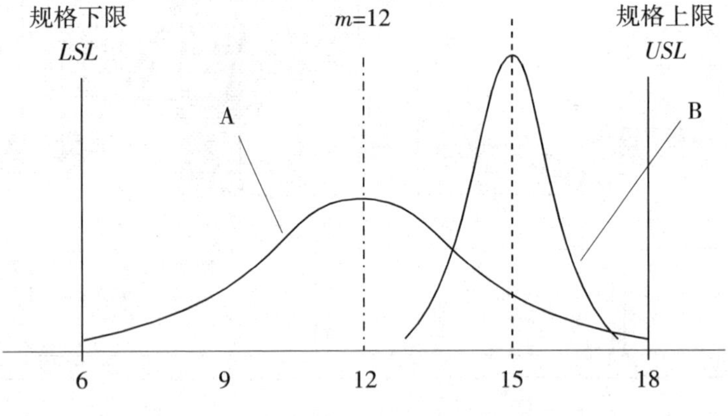

图 5—54　对两种不同输出的过程能力评价

显然，B 比 A 要好，因为 B 的 C_{pk} 要高于 A 的 C_{pk}，B 的合格品率要高于 A。但事实上，A 的优等品率比 B 多，因为大多数 A 的输出在目标值 m 附近。因此对 A 满意的顾客要比对 B 满意的顾客多。如果用 C_{pm} 来评价的话，可以得到这样的结论：

A：$C_{pm}=\frac{18-6}{6\times\sqrt{2^2+(12-12)^2}}=1.00$

B: $C_{pm}=\frac{18-6}{6\times\sqrt{0.57^2+(15-12)^2}}=0.65$

因此，A达到目标值的能力比B高。关心合格品率的企业，无疑会认为过程B的能力较好，而注重达到目标值的企业，则会认为过程A的能力较好。值得注意的是，在市场竞争日益激烈的今天，企业越来越关注顾客要求的目标值，关注提高优等品率，而 C_{pm} 和 C_{pmk} 的评价方法更能反映他们的要求。

5.5.5 过程绩效指数 P_p 与 P_{pk}

过程绩效指数是从过程总波动的角度考察过程输出满足顾客要求的能力，有时也称为长期过程能力指数。在过程输出的总波动中，既包含过程固有波动，也包含过程受到其他因素影响而产生的波动。考察过程绩效时，不要求过程稳定，即不要求过程输出的质量特性 Y 一定服从某个正态分布，因为过程在较长时期内产生的数据很难保证具有正态性。很多波动源在短期观察中可能不会出现或很少出现。而长期收集到的数据则会包含它们。例如，机器性能的漂移或老化、不同操作者之间的技术差异、设备的调整、仪表的校准、材料批次的更换或供应商的变动、环境因素的变化等。

计算过程绩效指数 P_p 和 P_{pk} 的方法与计算 C_p 和 C_{pk} 的方法类似。不同的是，它们是规格限与过程总波动的比值。这里，过程总波动通常由标准差 s 来估计，而标准差 $s=\sqrt{\sum_{i=1}^{n}(x_i-\overline{x})^2/(n-1)}$，$x_i$ 是各单个测量值，$\overline{x}$ 是所有测量值的均值，n 是测量值的总个数。对照过程能力指数 C_p 和 C_{pk}，它们是通过样本组内波动来估算 σ 的，通常取 $\hat{\sigma}=\overline{R}/d_2$。图5—55所示的是这两种不同波动的意义。

过程绩效指数也有多种。它们分别与过程能力指数对应，差别仅在标准差 σ 上。它们的计算公式是：

- 潜在过程绩效指数：

$$\hat{P}_p=\frac{USL-LSL}{6s/c_4} \tag{5—16}$$

- 单侧上限过程绩效指数：

$$\hat{P}_{pu}=\frac{USL-\overline{x}}{3s/c_4} \tag{5—17}$$

- 单侧下限过程绩效指数：

$$\hat{P}_{pl}=\frac{\overline{x}-LSL}{3s/c_4} \tag{5—18}$$

式（5—16）至式（5—18）中，s/c_4 是数据总体标准差的无偏估计，若各组样本量之和较大，如超过30，c_4 近似为1，可以直接用 s 作为总体标准差的估计。

- 实际过程绩效指数：

$$\hat{P}_{pk}=\min\{\hat{P}_{pu},\ \hat{P}_{pl}\} \tag{5—19}$$

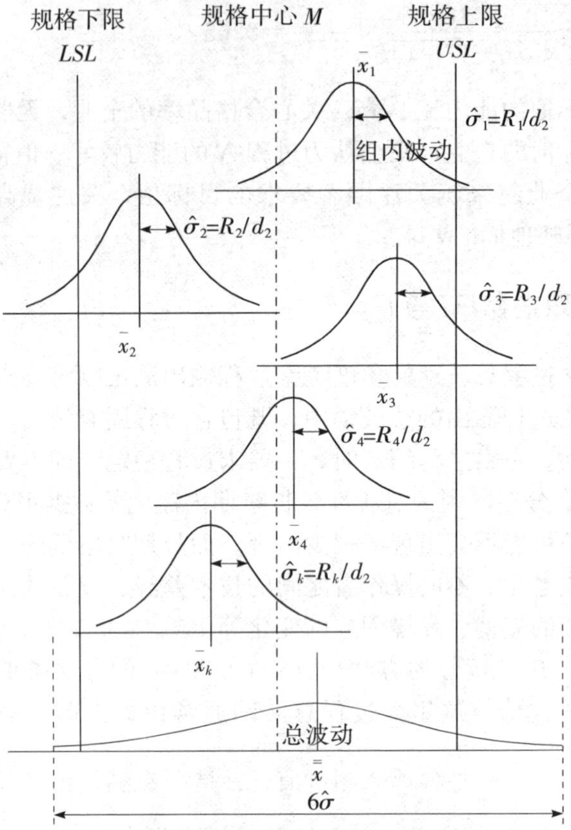

图 5—55　总波动与样本组内波动示意图

例 5—31

对于例 5—30 的过程，数据如表 5—24 所示，计算其过程绩效指数 P_p 和 P_{pk}。

（1）过程绩效指数 P_p 的计算。

对表 5—24 的所有数据求均值和标准差，可得到以下结果：

$$\bar{\bar{x}}=6.0035$$

$$s=\sqrt{\sum(x_i-\bar{\bar{x}})^2/(n-1)}=0.015622$$

将上述结果代入式（5—16），得到：

$$\hat{P}_p=\frac{USL-LSL}{6s}=\frac{0.04}{6\times0.015622}=0.43$$

（2）过程绩效指数 P_{pk} 的计算。

由式（5—17）、式（5—18）、式（5—19）可得到：

$$\hat{P}_{pu}=\frac{USL-\bar{\bar{x}}}{3s}=\frac{6.02-6.0035}{3\times0.015622}=0.35$$

$$\hat{P}_{pl}=\frac{\bar{\bar{x}}-LSL}{3s}=\frac{6.0035-5.98}{3\times0.015622}=0.50$$

$\hat{P}_{pk}=\min\{\hat{P}_{pu}, \hat{P}_{pl}\}=\min\{0.35, 0.50\}=0.35$

一般来说，过程绩效指数值要比相应的过程能力指数值小。

5.5.6 过程能力指数与缺陷率的关系

当受控过程的质量特性 y 服从正态分布 $N(\mu, \sigma^2)$ 时，其不合格品率为：

$$p(d)=P_L+P_U=P(y<LSL)+P(y>USL)$$
$$=\Phi\left(\frac{LSL-\mu}{\sigma}\right)+\left[1-\Phi\left(\frac{USL-\mu}{\sigma}\right)\right] \tag{5—20}$$

式中，Φ 为标准正态分布的概率分布函数。

假如过程中心 μ 位于规格中心 M 与规格上限 USL 之间，即 $M\leqslant\mu\leqslant USL$，则

$$C_{pk}=C_{pu}=\frac{USL-\mu}{3\sigma}$$

另外，

$$\frac{LSL-\mu}{3\sigma}=\frac{(USL-\mu)-(USL-LSL)}{3\sigma}=C_{pk}-2C_p$$

把以上两式代入不合格品率 p 的表达式，可得：

$$p(d)=\Phi[3(C_{pk}-2C_p)]+1-\Phi(3C_{pk})$$
$$=\Phi[-3(2C_p-C_{pk})]+\Phi(-3C_{pk}) \tag{5—21}$$

当 $LSL\leqslant\mu\leqslant M$ 时，可类似推得：

$$p(d)=\Phi[-3(1+K)C_p]+\Phi[-3(1-K)C_p] \tag{5—22}$$

由上式可见，仅有 C_{pk} 还不足以确定不合格品率 $p(d)$。事实上，假设一个过程输出中心 μ 位于规格中心，即 $\mu=\frac{USL+LSL}{2}$，且 $\sigma=\frac{USL-LSL}{8}$，则 $C_{pk}=1.333$，在正态分布下，每百万个零件的不合格品数 $DPMO=53$ppm；而另一个过程中，$\sigma=\frac{USL-LSL}{9}$，$\mu=\frac{USL+LSL}{2}+0.5\frac{USL-LSL}{9}$，在这种情况下，过程输出中心并不在规格中心，而是有 0.5σ 的偏差，同样得到 $C_{pk}=1.333$，但在正态分布下，每百万个零件的不合格品数 $DPMO=32$ppm。从这个例子中我们可以看到：两个过程具有相同的 C_{pk} 值，但却有不同的不合格品数，由 C_{pk} 可以确定不合格品率 $p(d)$ 的范围：

$$\Phi(-3C_{pk})\leqslant p\leqslant 2\Phi(-3C_{pk}) \tag{5—23}$$

例 5—32

若某过程的 $C_{pk}=1$，则知不合格品率 $p(d)$ 介于 $\Phi(-3)$ 和 $2\Phi(-3)$ 之间，而 $\Phi(-3)=0.001\,35$，所以 $0.001\,35\leqslant p(d)\leqslant 0.002\,7$，若又知 $C_p=1.1$，则

$$p(d)=\Phi[-3(2\times1.1-1)]+\Phi(-3)=\Phi(-3.6)+\Phi(-3)$$
$$=0.000\,16+0.001\,35=0.001\,51$$

在六西格玛管理活动中，除了使用上述过程能力的评价和表达方式外，为了和属性值数据进行横向比较，可以使用西格玛水平 Z_{bench} 来评价过程能力。西格玛水平 Z_{bench} 就是从过程均值到技术规格界限的距离内所含的标准差的数目。应用西格玛水平 Z_{bench} 来评价过程能力的优点是，它与过程的不合格品率 $p(d)$ 或 $DPMO$ 是一一对应的。一般所说的西格玛水平考虑了过程的长期波动，西格玛水平等于 $1.5+Z_{bench}$。西格玛水平 Z_{bench} 有以下一些表达方式：

- 仅有单侧规格上限时：

$$Z_{bench}=\frac{USL-\mu}{\sigma} \tag{5—24}$$

- 仅有单侧规格下限时：

$$Z_{bench}=\frac{\mu-LSL}{\sigma} \tag{5—25}$$

- 有双侧规格限时：

$$Z_{USL}=\frac{USL-\mu}{\sigma},\ Z_{LSL}=\frac{\mu-LSL}{\sigma} \tag{5—26}$$

此时，在双侧规格限下，综合的西格玛水平 Z_{bench} 还需通过总缺陷率进行折算。

Z 是标准正态分布中的对应分位点，如图 5—56 所示。通过查标准正态分布表，可以得到此 Z 变量下的合格率或缺陷率。

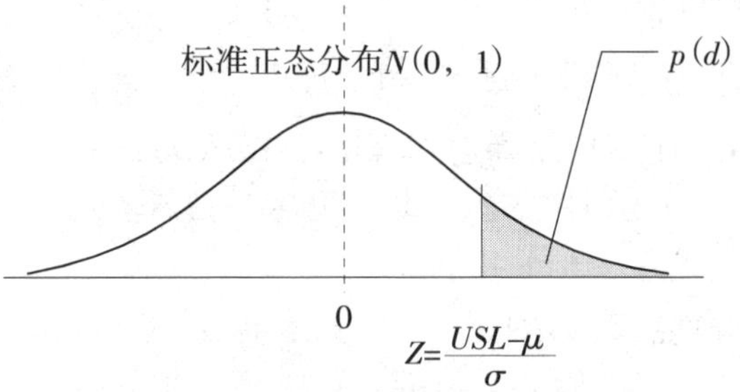

图 5—56　Z 变量与缺陷率一一对应

例 5—33

对于例 5—30 的过程，数据如表 5—24 所示，计算其变量 Z_{USL} 和 Z_{LSL}，以及对应的总缺陷率，并计算 Z_{bench} 和西格玛水平。

(1) 计算 Z_{USL} 和 Z_{LSL}。

根据式（5—26）可得：

$$Z_{USL}=\frac{USL-\mu}{\sigma}=\frac{6.02-6.003\,5}{0.013\,8}=1.196$$

$$Z_{LSL}=\frac{\mu-LSL}{\sigma}=\frac{6.003\,5-5.98}{0.013\,8}=1.702$$

（2）计算总缺陷率。

$$ppm_{USL}=[1-\Phi(Z_{USL})]\times10^6=0.115\,070\times10^6=115\,070$$

$$ppm_{LSL}=\Phi(Z_{LSL})\times10^6=0.044\,565\times10^6=44\,565$$

$$ppm_{Total}=115\,070+44\,565=159\,635$$

（3）$Z_{bench}=\Phi^{-1}(1-159\,635\times10^{-6})=\Phi^{-1}(0.840\,4)=0.996$

上式中 Φ^{-1} 表示正态分布的反函数，通过反查正态分布表可以得到，或在 MINITAB 的“计算”菜单选择概率分布中的正态分布，如图 5—57 所示，选择“逆累积概率”，在“输入常量”中输入 0.840 4。

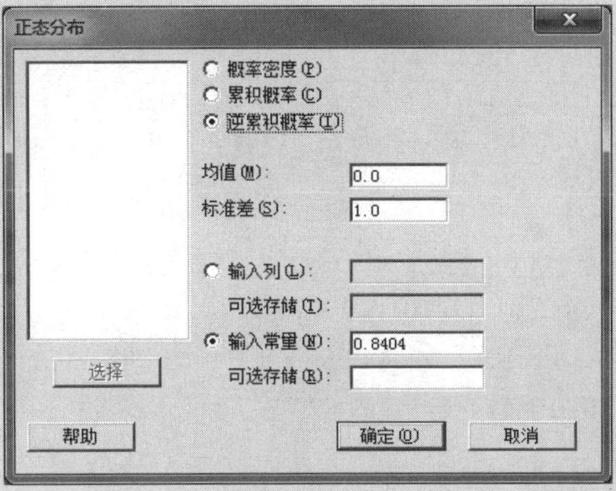

图 5—57　根据正态分布累积概率计算 Z 值

得到结果如下：

正态分布，平均值=0 和标准差=1

P(X<=x)	x
0.8404	0.996103

（4）计算西格玛水平。

该过程的西格玛水平 $=Z_{bench}+1.5=0.996+1.5=2.496$

5.5.7　长期能力与短期能力

过程的短期能力是指过程仅受到随机因素的影响时，过程输出波动的大小，它是过程的固有能力。而长期能力是指过程在较长的时期内所表现出的过程输出波动的大小，过程不仅受到随机因素的影响，而且受到其他因素的影响。由于短期能力仅受到随机因素的影响，所以短期标准差 σ_{within} 较小；而长期能力不仅受到随机因素的影响，还可能受到异常因素的影响，所以长期标准差 $\sigma_{overall}$ 较大。

在许多情况下，通过对过程的长期与短期能力进行具体分析和测算，可以获得更准确和有效的信息。有许多计算和分析过程的长期能力和短期能力的方法，这里仅结合下例做一简单介绍。

例 5—34

对于例 5—30 的过程，数据如表 5—24 所示，计算其长期能力与短期能力。

(1) 计算该过程短期的总缺陷率 ppm_{st}。一般来说，过程能力指数 C_p 和 C_{pk} 表示的是过程的短期能力指数，因为估计过程能力指数 C_p 和 C_{pk} 时，要求过程是稳定的，只受到随机因素的影响。

在前面关于 C_p 与 C_{pk} 的计算中，我们已经求得 $\hat{\sigma}_{within}$：

$$\hat{\sigma}_{within}=\bar{R}/d_2=\frac{0.023\ 375}{1.693}=0.013\ 8$$

根据式（5—26）可得：

$$Z_{USL}=\frac{USL-\mu}{\hat{\sigma}_{within}}=\frac{6.02-6.003\ 5}{0.013\ 8}=1.196$$

$$Z_{LSL}=\frac{LSL-\mu}{\hat{\sigma}_{within}}=\frac{5.98-6.003\ 5}{0.013\ 8}=-1.702$$

分别计算缺陷率：

$$ppm_{USL}=[1-\Phi(Z_{USL})]\times 10^6=0.115\ 070\times 10^6=115\ 070$$

$$ppm_{LSL}=\Phi(Z_{LSL})\times 10^6=0.044\ 565\times 10^6=44\ 565$$

$$ppm_{Total}=115\ 070+44\ 565=159\ 635$$

所以该过程的总缺陷率为：

$$ppm_{st}=115\ 070+44\ 565=159\ 635$$

(2) 计算该过程长期的总缺陷率 ppm_{lt}。与过程的绩效指数 P_p 和 P_{pk} 对应的是过程的长期能力。在前面关于 P_p 与 P_{pk} 的计算中，我们得到 $\hat{\sigma}_{overall}$：

$$\hat{\sigma}_{overall}=s=\sqrt{\sum(x_i-\bar{\bar{x}})^2/(n-1)}=0.015\ 622$$

所以，根据式（5—26）可得：

$$Z_{USL}=\frac{USL-\mu}{\hat{\sigma}_{overall}}=\frac{6.02-6.003\ 5}{0.015\ 622}=1.056$$

$$Z_{LSL}=\frac{\mu-LSL}{\hat{\sigma}_{overall}}=\frac{6.003\ 5-5.98}{0.015\ 622}=1.504$$

分别计算缺陷率：

$$ppm_{USL}=[1-\Phi(Z_{USL})]\times 10^6=0.146\ 859\times 10^6=146\ 859$$

$$ppm_{LSL}=\Phi(Z_{LSL})\times 10^6=0.066\ 827\times 10^6=66\ 827$$

$$ppm_{Total}=146\ 859+66\ 827=213\ 686$$

所以该过程的总缺陷率为：

$$ppm_{lt}=146\ 859+66\ 827=213\ 686$$

5.5.8 非正态数据的变换

1. 偏态分布及其产生的原因

对许多过程来说，总体分布呈现出不对称形态，这种不对称性无论表现为左偏态还是表现为右偏态（见图 5—58），都是常见的。出现偏态分布的原因有多方面，当出现偏态时，通常采用各种变换将其转换成近似正态分布。

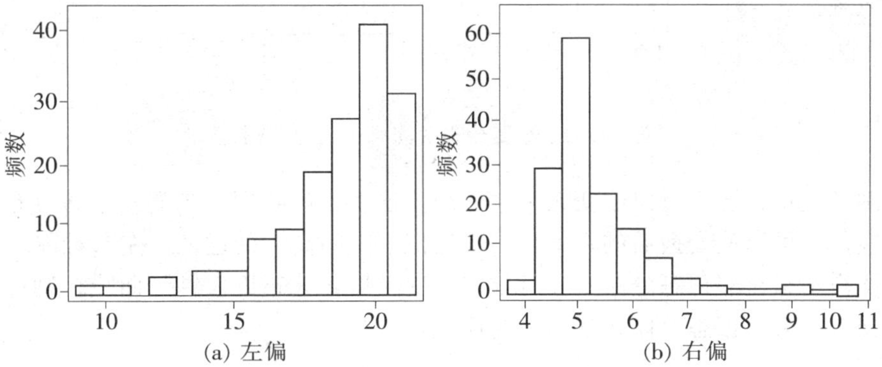

图 5—58　分布的尾部在左边（右边）称为左（右）偏

2. 数据变换

对数据作变换会改变直方图的形状，这意味着，通过适当的变换可使偏态分布转化为正态分布。

例 5—35

元素铍的照射会引起动物的细胞分裂，从而引发身体损伤。细胞分裂时间（IDT）是重要指标，现记录 40 个细胞的分裂时间 IDT（见表 5—25），由这些数据构建的频率直方图如图 5—59（a）所示，从图上看是偏态分布。若对每个 IDT 取对数（见表 5—25）再作直方图，则新的直方图近似正态分布（见图 5—59（b））。

表 5—25　细胞分裂 IDT 及其对数

序号	IDT	Log10(IDT)	序号	IDT	Log10(IDT)	序号	IDT	Log10(IDT)
1	28.1	1.45	15	50.1	1.78	29	21.0	1.32
2	31.2	1.49	16	23.7	1.37	30	22.3	1.35
3	13.7	1.14	17	18.5	1.27	31	15.5	1.19
4	45.0	1.55	18	21.4	1.33	32	35.3	1.55
5	25.8	1.41	19	25.5	1.42	33	19.1	1.28
6	15.8	1.23	20	25.2	1.42	34	38.4	1.58
7	34.8	1.54	21	32.0	1.51	35	72.8	1.85
8	52.3	1.79	22	43.5	1.54	36	48.9	1.59
9	28.0	1.45	23	17.4	1.24	37	21.4	1.33
10	17.9	1.25	24	38.8	1.59	38	20.7	1.32
11	19.5	1.29	25	30.5	1.49	39	57.3	1.75
12	21.1	1.32	26	55.5	1.75	40	40.9	1.51
13	31.9	1.50	27	25.5	1.41			
14	28.9	1.45	28	52.1	1.72			

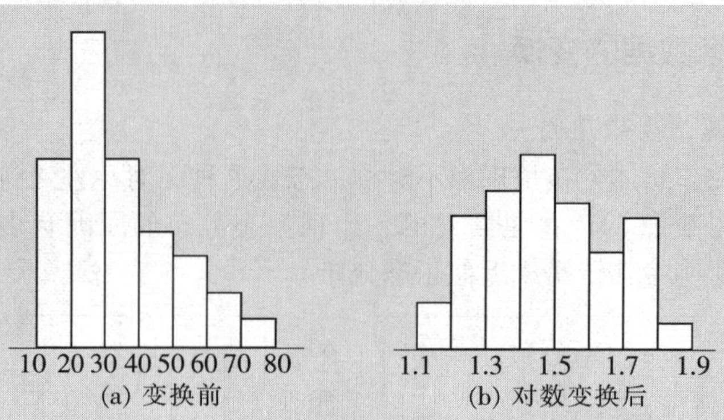

图 5—59　细胞分裂时间（IDT）直方图

这个例子显示，变换可以改变频率直方图。这就告诉我们，当遇到偏态分布时，通过适当的变换，就可以使变换后的频率直方图近似于中间高、两边低、左右对称。

在确认样本来自非正态分布后，对数据作变换后若分布近似钟形曲线，则可以认为变换后的数据来自某一正态总体，常用的变换有：

$y=\ln x$，$y=x^{-1}$，$y=x^2$，$y=\sqrt{x}$

变换后的数据服从正态分布，可利用前边各节公式估计其过程能力指数和不合格品率。

例 5—36

从一个总体中抽取了 50 个样本（见表 5—26），给定规格上限为 100，求 C_{pk}。

绘制直方图（见图 5—60(a)）。我们知道，平方根变换能够把右偏的量转化为正态，然而，该分布是高度右偏的，经过平方根变换后仍表现为右偏。事实上，应该采用 $y=x^{\frac{1}{r}}$（$r>2$）变换，但为了方便和准确，我们采用了 $y=x^{\frac{1}{4}}$ 变换。图 5—60（b）给出了数据变换后的直方图。变换后的直方图接近单峰、钟形曲线，意味着是一个近似的正态分布。

表 5—26　　抽取的 50 个样本及变换后的数值

序号	观测值	$X^{1/4}$	序号	观测值	$X^{1/4}$
1	18	2.059 8	12	75	2.942 8
2	1	1.000 0	13	29	2.320 5
3	19	2.087 8	14	4	1.414 2
4	32	2.378 4	15	11	1.821 2
5	28	2.300 3	16	30	2.340 3
6	8	1.581 8	17	32	2.378 4
7	4	1.414 2	18	15	1.958 0
8	27	2.279 5	19	29	2.320 5
9	72	2.913 0	20	10	1.778 3
10	8	1.581 8	21	25	2.235 1
11	41	2.530 4	22	4	1.414 2

续前表

序号	观测值	$X^{1/4}$	序号	观测值	$X^{1/4}$
23	10	1.778 3	37	5	1.555 1
24	20	2.114 7	38	7	1.525 5
25	19	2.087 8	39	107	3.215 2
26	13	1.898 8	40	29	2.320 5
27	4	1.414 2	41	4	1.414 2
28	54	2.828 4	42	35	2.449 5
29	11	1.821 2	43	1	1.000 0
30	12	1.851 2	44	20	2.114 7
31	2	1.189 2	45	23	2.189 9
32	21	2.140 7	46	28	2.300 3
33	34	2.414 7	47	24	2.213 4
34	15	1.958 0	48	55	2.723 3
35	19	2.087 8	49	7	1.525 5
36	10	1.778 3	50	3	1.315 1

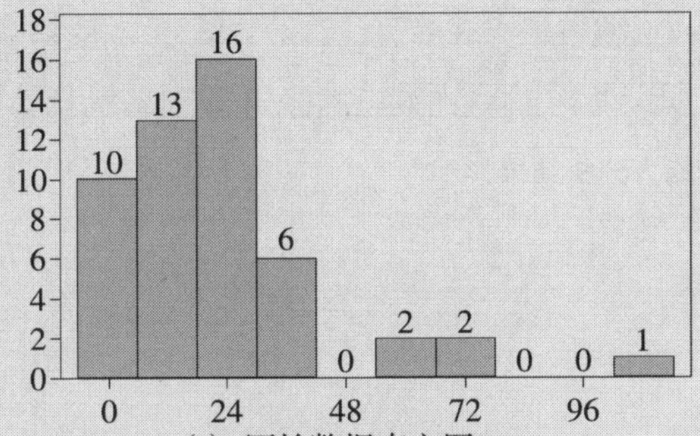

(a) 原始数据直方图

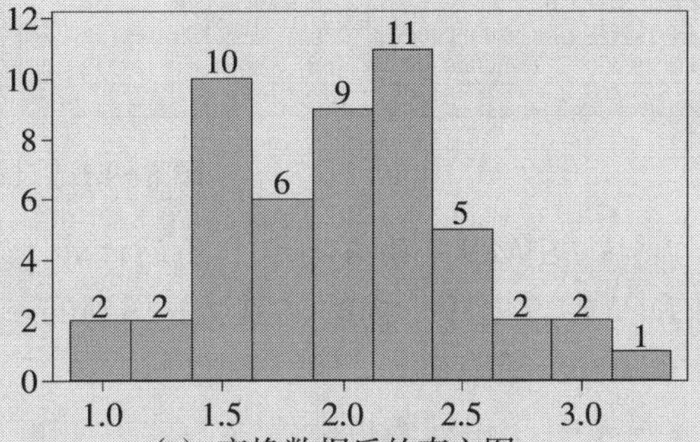

(b) 变换数据后的直方图

图 5—60　直方图

对变换后的数据计算过程能力指数时，应将原来的规格限也进行同样的变换。在本例中，原 $USL=100$，变换后，新 $USL^*=3.162$，代入公式即可得到最终结果。用 MINITAB 软件可得如图 5—61 所示的结果。

其实，在 MINITAB 软件计算中，只要确定了变换的方幂为 0.25，不用手工计算新规格限，计算机就可以直接得到最终结果。

5.5.9　非连续型数据的西格玛水平估算

前面介绍的均是过程输出特性为连续型数据的情况。对那些输出特性为非连续型数据的过程，也需要进行过程能力分析，测算它们的西格玛水平 Z，评价它们的长期能力和短期能力。针对非连续型数据的情况，有两类重要的测量指标，即 $DPMO$ 和 DPU（请参见第 2 章的内容）。它们所对应的过程能力的估算方法有所不同。

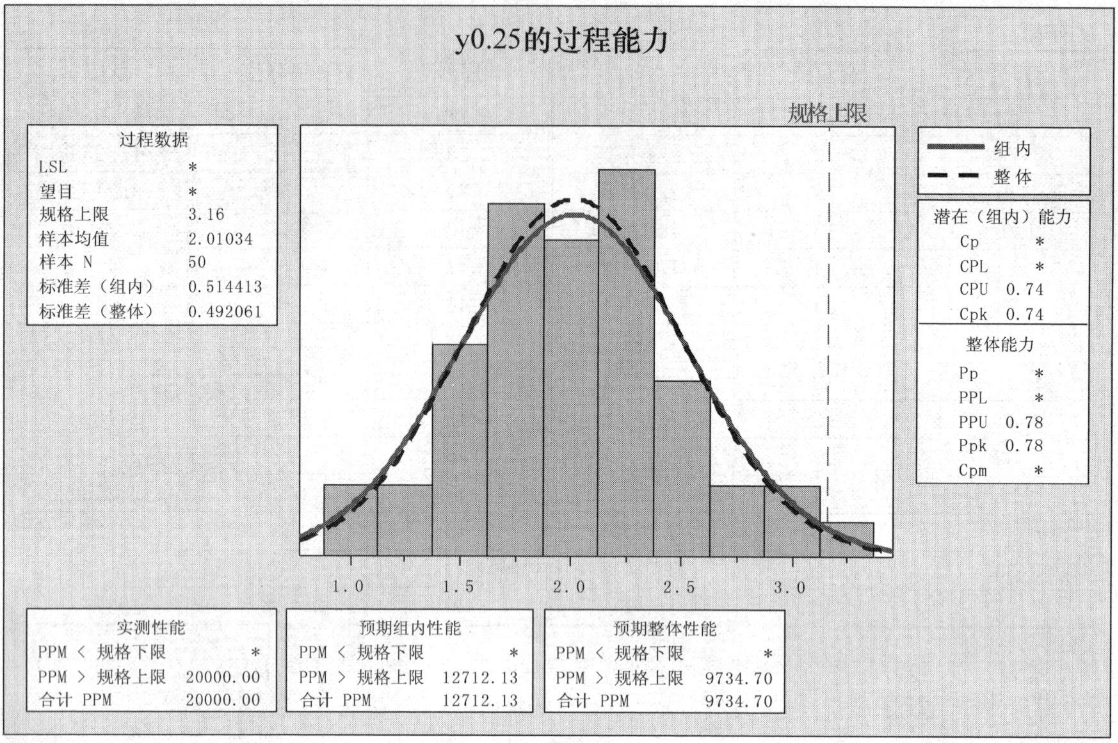

图 5—61 过程能力分析结果

1. 从 *DPMO* 到西格玛水平 *Z* 的计算

DPMO 是基于下面的参数计算得到的：

（1）D＝缺陷数

（2）O＝单位缺陷机会

（3）U＝单位数

（4）$DPMO=\dfrac{D}{U\times O}\times 10^6$（$ppm$）

在计算得到 *DPMO* 后，可通过查标准正态分布表找到对应的 Z_{bench}，然后令

$$Z=Z_{bench}+1.5$$

即为其对应的西格玛水平 *Z*。

例 5—37

某公司一个月共开出 2 500 张单据，每张各有 10 处需要填写的栏，其中，共有 8 处出现错误。请计算该过程的 *DPMO* 和西格玛水平 *Z*。

（1）计算该过程的 *DPMO*。

$$DPMO=\frac{D}{U\times O}\times 10^6=\frac{8}{2\,500\times 10}\times 10^6=320$$

（2）计算该过程的西格玛水平 *Z*。

由$DPMO$查标准正态分布表中的$1-DPMO\times10^{-6}$值，可得到$Z_{bench}=3.41$，因此，得到西格玛水平

$$Z=Z_{bench}+1.5=3.41+1.5=4.91$$

2. 从DPU到西格玛水平Z的计算

DPU是基于下面的参数计算得到的：

(1) $D=$ 缺陷数

(2) $U=$ 单位数

(3) $Y=$ 一次合格率

(4) $DPU=\dfrac{D}{U}$

由泊松分布可得到：

$$Y=P(x=0)=\frac{e^{-\lambda}\lambda^{x}}{x!}=e^{-\lambda}=e^{-DPU} \qquad (5\text{—}27)$$

在计算得到Y后，可通过查标准正态分布表找到对应的Z_{bench}，然后令

$$Z=Z_{bench}+1.5$$

即为其对应的西格玛水平Z。

例 5—38

某公司一个月共开出10 000张单据，其中共有105处填写错误。请计算该过程的DPU和西格玛水平Z。

(1) 计算该过程的DPU。

$$DPU=\frac{D}{U}=\frac{105}{10\,000}=0.010\,5$$

(2) 计算该过程的西格玛水平Z。

由式（5—27）可得

$$Y=e^{-DPU}=e^{-0.010\,5}=90\%$$

由Y反查标准正态分布表，可得到$Z_{bench}=1.3$，因此，得到西格玛水平

$$Z=Z_{bench}+1.5=1.3+1.5=2.8$$

5.6 服务过程测量

5.6.1 服务质量

1. 服务的概念

随着中国经济的发展和转型，服务业在经济活动中所占的比例越来越大，其重要性也

日益突出，相应的管理研究也越来越科学和完善，已经成为企业建立竞争优势的重要工具。

对服务概念的理解主要有两类：第一类主要是通过服务具有的性质进行定义，即服务是具有无形性、实时性、易逝性、顾客参与性、质量差异性等特点的交易品。对服务概念的第二种理解主要是从产业分类角度进行归类，把独立于工业和农业外的产业都归为服务。在服务管理和服务营销领域，更倾向于第一种关于服务的概念。

目前，并没有确切的关于服务的定义，但随着对服务的研究和认识的深入，不少研究机构和学者尝试对服务进行明确的定义，主要有：

(1) 美国市场营销协会（AMA，1960）的定义。服务是一种消费者从有偿的活动或所购买的商品中获得利益和满足感的经济活动。

(2) 里根（Regan，1963）的定义。服务是顾客购买商品或其他服务时获得的无形满足感或有形商品与无形满足结果相结合的活动。

(3) 美国著名营销学家科特勒（Kotler，1983）的定义。服务通常是一种由一方向另一方提供的无形的、不涉及所有权改变的活动或利益，服务的生产可以与有形的商品相关，也可以不相关。

(4) 谷默森（Gummesson，1987）的定义。服务是一种可以购买和出售，但却无形的物品。

(5) 格朗鲁斯（Gronroos，2000）的定义。服务是由一系列或多或少具有无形特征的活动所构成的一种过程，这种过程是在顾客与员工、有形资源的互动关系中进行的，这些有形资源（实体商品或系统）是作为顾客的解决方案提供给顾客的。

(6) 菲茨西蒙斯（Fitzsimmons，2001）的定义。服务是一种顾客作为生产共同参与者、随时间消逝、无形的活动经历。

在众多对服务的界定中，格朗鲁斯和菲茨西蒙斯的定义得到更广泛的认同。

2. 服务的特点

服务过程与有形产品的制造具有明显的区别特征，这些特征概括起来有几个方面：无形性、实时性、易逝性、顾客参与性和质量差异性。

(1) 无形性。制造业的实物生产往往是一种有形的过程，最终的产出也是实物形式。而服务过程基本上是无形的。哪怕在服务提供或实现的过程中会用到一些实体设备或工具，其最终产出也都是伴随着服务过程的一种无形的体验和感知。

鉴于服务的无形性，客户在接受服务之前，往往无法先看实物再决定是否购买，而只能在接受服务的过程中判断是否满足要求。对于服务的提供者来说，只有提供良好的服务体验，才能让客户满意。

(2) 实时性。服务的诸多过程是暴露在客户面前实时提供的，也就是说，服务的提供和消费是同时进行的。以最简单的银行存款服务来说，客户从在网点柜台提出申请开始，会全程关注整个存款过程，直至最后完成。

因此，与制造业的产品在工厂中完成、可通过事后检查弥补质量缺陷有很大的不同，在服务过程中，如果出现问题或者差错，会即刻受到客户的投诉和抱怨，而且服务提供过程中客户的情绪反应又会影响到其他客户，因此对服务过程中的质量和即刻处理能力的要求是非常高的。

(3) 易逝性。易逝性是指服务产品既不能在时间上储存下来以备未来使用，也不能在空间上转移到其他地方。易逝性使得服务如果不能及时消费就会造成损失。

(4) 顾客参与性。服务过程的一个重要特点就是服务人员与顾客之间的沟通、交流和交互，服务就是通过这种交互完成的。在一些顾客参与度高的行业，顾客不但要同服务人员进行交互，也有可能与其他顾客产生联系，最典型的就是二手房的中介服务，买方不仅与房屋中介人员进行交互，还要与卖方进行联系。

(5) 质量差异性。服务的另一个重要的特征是服务提供过程中会有比较大的差异。一方面，服务对象的个体差异比较大，不同的客户会有不同的需求和对服务体验的主观理解，因此其对服务质量的期望以及对服务效果的评价也会有所不同；另一方面，许多服务是由服务人员提供的，而不同人员的服务技能、服务态度都可能会有差异，从而会产生不同的服务效果。

尽管许多服务行业通过各种方式引入工业化生产手段，采取标准化甚至自动化的方法，尽量减少服务过程及产出的差异，但无法像制造业的产品一样做到完全客观的量化和评估，仍存在较大的差异。

3. 服务质量的概念及要素

(1) 服务质量的概念。随着服务业的发展，对服务质量的研究越来越受到重视，但是由于服务本身具有无形性、实时性、易逝性、质量差异性等特点，致使很难对服务的质量进行定义、衡量和控制。

对于服务质量的概念，有认为它是指服务结果符合既定标准，也有认为其好坏是由消费者主观判断而不是客观评估的，但格朗鲁斯提出的感知服务质量的概念得到广泛认可。感知服务质量认为服务质量是顾客对期望的服务与实际感知的服务比较的结果，它的核心是服务质量必须建立在顾客需求和期望的基础之上，而不是由管理者或服务提供者来决定。美国服务管理研究组合帕拉苏拉曼（Parasuraman）、泽丝曼尔（Zeithaml）和贝瑞（Berry）（简称 PZB）在格朗鲁斯的基础上对感知服务质量进行了更加深入的研究，他们提出顾客对服务质量的感知不是一维的，而是多维的，不仅仅是服务本身，还包含服务过程，并利用顾客服务前的期望与服务后的实际感知的差距来定义服务质量，同样称为感知服务质量。而科尔特（Kolter）更是把服务质量定义为提供高于顾客期望的服务。因此，从感知服务质量的概念看：当顾客的感知超过期望时，服务具有很好的质量，会让人感到欣喜和惊讶；当感知没有达到期望时，服务质量是不可接受的；当感知和期望一致时，服务质量是令人满意的。

(2) 服务质量要素。PZB 在感知服务质量的基础上，对不同的服务行业进行了充分的研究，从五个维度对服务质量要素进行了概括，这五个要素按顾客评价的重要性排列为：可靠性、响应性、保证性、移情性和有形性。

1) 可靠性（reliability）。可靠性是指企业可靠地、准确地履行服务承诺的能力，这要求企业以相同的方式、无差错地准时完成承诺的服务。如果顾客选择银行代缴水电费服务，那就要求银行每月能准时、准确地自动缴纳相关费用。而饱受国内旅客非议的航班延误，就是因为不能准时地把旅客送至目的地。

2) 响应性（responsiveness）。响应性是指企业帮助顾客并迅速提供服务的愿望。它要求企业能快速及时地提供服务，如在业务高峰时增加服务人员以减少顾客的排队时间可以让顾客感受到服务企业的态度，让顾客无原因地等候会对服务质量感知造成不必要的消极影响。当服务出现差错时，能迅速解决问题会给服务质量感知带来积极的影响，如餐厅在顾客等候时提供精美礼品可使顾客可能的不良感受转化为美好的印象。

3）保证性（assurance）。保证性是指员工具备的知识、态度和能力使顾客感到信任和放心。保证性主要指服务人员具备如下特点：拥有胜任服务所需的知识和技能，与顾客接触时表现出礼貌、尊重并有效地沟通，将顾客最关心的事情放在心上。

4）移情性（empathy）。移情性是指能换位思考，设身处地地为顾客着想并给予特别的关注。移情性主要有以下特点：服务人员接近顾客的能力，努力和有效地理解顾客需求并给予满足。如海底捞员工在顾客等候时会多次主动与顾客沟通并提供各种消遣活动，使整个服务过程非常有人情味，让顾客难以忘怀。

5）有形性（tangibles）。有形性是指服务企业提供有形的设施、设备、环境布置、人员和各种指示标记等。服务是无形的，但有形的环境条件是服务企业给予顾客细致关怀和照顾的表现，直接影响顾客对服务质量的感知。

4. 服务质量模型

为了更好地测量服务质量，众多学者进行了深入的研究，提出了多种服务质量模型，其中感知服务质量模型以及在此基础上发展起来的SERVQUAL服务质量模型是被广泛应用的模型。

（1）感知服务质量模型。1982年格朗鲁斯提出了感知服务质量的概念，认为总体服务质量由企业形象、技术质量和功能质量构成，在此基础上于1984年提出了感知服务质量模型（见图5—62），在这个模型中，顾客的感知服务质量主要取决于顾客期望的服务质量和体验到的服务质量之间的差距。顾客期望的服务质量由自身形象、广告、口碑等促成，而顾客体验到的服务质量由技术质量和功能质量组成。技术质量是指服务过程的产出，也即顾客从服务过程中得到的东西；功能质量是指顾客如何得到这些东西，更多的是指顾客的客观感受。企业形象对技术质量和功能质量有一定的过滤作用，企业形象好，即使服务出现一些小失误，顾客也会谅解；反之，企业形象不佳，那么服务过程中的失误会影响顾客的体验。

（2）SERVQUAL模型。在格朗鲁斯研究的基础上，PZB基于差距理论提出了PZB顾客感知服务质量模型，并在此基础上提出了著名的SERVQUAL模型。

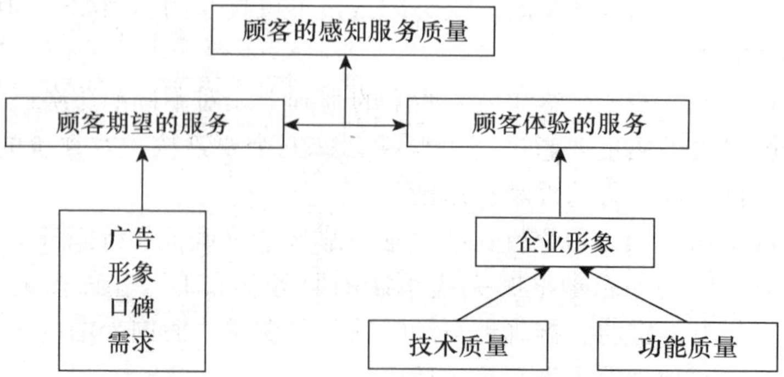

图5—62　格朗鲁斯的感知服务质量模型

在PZB的顾客感知服务质量模型（见图5—63）中，服务质量从有形性、响应性、保证性、移情性和可靠性等五个维度进行评价，并通过计算顾客“期望服务（ES)”和“感知服务（PS)”之间的差值（gap score，简称G）来衡量，即G＝PS－ES，而期望服务会受口碑、顾客个人需要及其过去的经验的影响。当PS＞ES时，G值为正数，感知质量超过期望质量，顾客感受到较高质量的服务，G越大，顾客的感知服务质量越好；当PS＝ES时，G值为零，感知质量等于期望质量，服务质量尚可；当PS＜ES时，G值为负数，感知质量低于期望质量，服务质量差，G越小，顾客的感知服务质量越差。

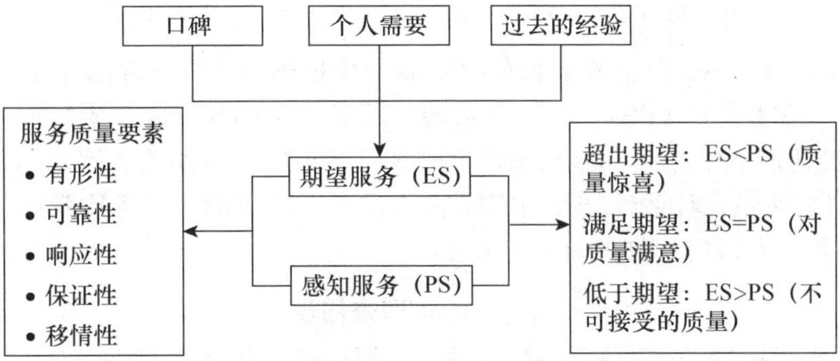

图5—63 PZB的顾客感知服务质量模型

资料来源：A. Parasuraman, V. A. Zeithaml, and L. L. Berry, “A Conceptual Model of Service Quality and Its Implications for Future Research,” *Journal of Marketing* 49, Fall 1985, p. 48.

SERVQUAL模型的核心是PZB顾客感知服务质量模型和服务质量差距模型。SERVQUAL模型从有形性、响应性、保证性、移情性和可靠性等5个维度采用22个题项进行测量，形成了SERVQUAL模型量表（见表5—27）。

表5—27　　SERVQUAL模型量表

维度	定义	题项
有形性（tangibles）	服务中的实体部分，包括服务设施和人员的外表	1. 有先进的服务设施 2. 服务设施具有吸引力 3. 员工仪表整洁 4. 公司设施与所提供的服务相匹配
可靠性（reliability）	可靠、准确地提供所承诺服务的能力	5. 能及时履行对顾客的服务承诺 6. 顾客有困难时，能表现出关心并提供帮助 7. 公司是可信赖的 8. 能准时提供所承诺的服务 9. 正确记录相关的服务
响应性（responsiveness）	乐于帮助顾客并提供及时的服务	10. 确实告知顾客各项服务的时间 11. 及时提供服务 12. 员工总是乐于帮助顾客 13. 员工不会因太忙而无法提供服务
保证性（assurance）	知识、能力和态度使顾客信任、放心	14. 员工是值得信任的 15. 在从事交易时顾客应感到放心 16. 员工有礼貌 17. 员工可从公司得到适当的支持，以提供更好的服务

续前表

维度	定义	题项
移情性 (empathy)	关心顾客并为顾客提供个性化服务	18. 公司针对不同客户提供个性化服务 19. 员工给予顾客个性化的关怀 20. 了解顾客特殊需求 21. 重视顾客利益 22. 公司的营业时间便利所有顾客

资料来源：A. Parasuraman，V. A. Zeithaml，and L. L. Berry，"SERVQUAL：A Mutiple-Item Scale for Measuring Consumer Perceptions of Service Quality，" *Journal of Retailing*，1988，64（1），pp. 12-40.

在应用 SERVQUAL 模型测量服务质量时，会根据 SERVQUAL 量表设计"期望服务（ES）"和"感知服务（PS）"两部分问卷，每部分均有基于服务质量五个维度设计的 22 个问题。期望部分由 22 个问题项来评价顾客对某类服务的期望，感知部分由相匹配的 22 个问题项来反映顾客对某类服务的实际感知（见表 5—28），服务质量可通过计算问卷中每一项顾客期望与顾客感知的差值 G 得到。

表 5—28　　SERVQUAL 调查问卷

说明：这份调查问卷的目的是收集您对××服务的看法，以及您对每一题的顾客期望和顾客感知的打分。为了解您认为提供这种服务的公司在多大程度上符合下述所描述的特征，在每个问题后面我们设计了 1～7 这 7 个分数供您选择。完全同意，就选择 7；完全不同意，就选择 1；如果您的期望在这两者之间，就根据您的支持程度选择其中的某个数字。回答没有对错，我们所关心的是，这些回答最能表达您对企业服务工作的期望和实际感知。

维度	题项	顾客期望	顾客感知
有型性 (tangibles)	1. 有先进的服务设施 2. 服务设施具有吸引力 3. 员工仪表整洁 4. 公司设施与所提供的服务相匹配		
可靠性 (reliability)	5. 能及时履行对顾客的服务承诺 6. 顾客有困难时，能表现出关心并提供帮助 7. 公司是可信赖的 8. 能准时提供所承诺的服务 9. 正确记录相关的服务		
响应性 (responsiveness)	10. 确实告知顾客各项服务的时间 11. 及时提供服务 12. 员工总是乐于帮助顾客 13. 员工不会因太忙而无法提供服务		
保证性 (assurance)	14. 员工是值得信任的 15. 在从事交易时顾客应感到放心 16. 员工有礼貌 17. 员工可从公司得到适当的支持，以提供更好的服务		
移情性 (empathy)	18. 公司针对不同客户提供个性化服务 19. 员工给予顾客个性化的关怀 20. 了解顾客特殊需求 21. 重视顾客利益 22. 公司的营业时间便利所有顾客		

SERVQUAL 模型有多种用途，主要功能是通过定期的顾客调查来跟踪服务质量变化趋势。企业管理者可以通过这个模型判断是否有些部门的服务质量较差（得分低），还可进一步挖掘造成顾客不良印象的原因，并提出改进措施。

5.6.2 顾客满意度分析

顾客满意度是反映服务质量的一个很重要的指标，它反映的是顾客在获取服务后喜欢或不喜欢的程度，对研究服务质量有很大帮助。顾客满意是顾客实际感受的质量与其期望质量之间的差异。实际上，SERVQUAL 模型为研究顾客满意提供了一个基本的框架。六西格玛强调顾客满意与顾客驱动，一个组织应该定期进行顾客满意度调查并根据顾客满意的结果选定六西格玛项目，从而形成持续改进的机制和文化。本书第 4 章第 1 节详细介绍了收集顾客数据的方法，这里不再赘述。

针对顾客满意度调查，需要设计顾客满意度调查问卷。为了收集到充分、真实可信的顾客反馈，所设计的问卷既要把问题准确无误地传达给被调研者，又要让被调查顾客愿意接受，并且乐于回答、便于回答。一个好的调查问卷应该具备以下特点：

（1）主题鲜明，针对性强。问卷中设置的问题应该紧紧围绕调查的主题，目的明确，针对性强，泛泛的“请问您对银行业发展趋势有什么看法”之类的问题会使收集的反馈空洞而多样。

（2）问题有逻辑性，定义清楚，易于回答。调查问卷的问题的顺序一般应符合被调查者的思维习惯，具有一定的逻辑性。问题尽量先易后难，先简单后复杂，先普通再敏感。而且，问题应让顾客一看便明白，不会引起歧义，无须过多思考，易于回答。

（3）题量适当，便于处理。问卷中的问题数量要适当控制，过多的问题会让被调查顾客产生厌烦情绪，降低调查质量。同时，对问卷中的答案尽可能用数字编码，方便后续录入和分析。

（4）避免诱导性问题及产生不同理解的措辞。要避免问题带有趋势性、暗示性，显露出调查者的想法。同时，也要避免产生不同理解的措辞，以免信息失效。

一份科学合理的问卷的设计一般会经过以下几个步骤：

（1）确定问卷需要收集的信息。根据调查目标，明确问卷需要收集的具体信息。

（2）确定数据收集形式。不同的调查方法对问卷设计形式都有影响。电话调查要简单明了，不能使用太复杂的语言；面对面调查的问卷中可以设计一些产品展示、图片等；网上调查更方便展示图片和设计逻辑关系。

（3）确定问题形式。一般来说，问题形式有三种类型。第一种是开放式问题，不设计问题答案，由顾客自由回答。这类问题适合在企业对顾客的可能答案不了解的情况下，获得顾客的直接反馈。第二种是封闭式问题，即顾客在一系列答案中选择一个或几个，这类问题适合企业已经了解顾客的可能答案，但不了解选择不同答案的顾客比例的情况。第三种是量表式问题，可以捕捉到顾客对每个因素的感受，答案更加精细，但耗费客户的时间较长。例 5—39 中的问题 A，B 和 C 分别代表了三种不同的问题形式。

例 5—39

A. 请问，您选择本银行的信用卡产品的主要原因是什么？

B. 请问，您选择本银行的信用卡产品的主要原因是以下哪个？

1. 营销活动吸引人 2. 额度高 3. 服务好 4. 卡片的主题和设计吸引我 5. 其他（请注明________）

C. 请问，您在选择本银行的信用卡产品时，以下各方面对您的吸引力如何？请用5分制评价，5分代表非常有吸引力，1分代表根本没有吸引力。

	5	4	3	2	1
1. 营销活动吸引人					
2. 额度高					
3. 服务好					
4. 卡片的主题和设计吸引我					
其他（请注明________）					

（4）决定问题的措辞。问卷中的问题要准确清晰，如在询问顾客的网银使用习惯时，“请问您使用过本行的网银吗？”这个问题的措辞没有明确时间，顾客难以回忆清楚，可改为“请问您在过去三个月内使用过本行的网银吗？”问题的措辞还应该中立，避免以倾向性的问题引导客户。

（5）确定问卷的流程和问题顺序。问卷每个部分的安排及问题顺序要有逻辑性，先易后难、先简后繁。表5—29展示了问卷流程的一般原则。

表5—29 问卷的流程和顺序

位置	问题类型	示例	目的
正式问卷之前	过滤性问题	您在过去三个月内使用过本行的网银吗？	找到目标客户，对使用过网银的客户进行调查
“热身”问题	顾客行为的问题	您使用网银办理什么业务？	易于回答，让顾客感觉调查简单，最好能引起顾客的兴趣
前1/3的问题	顾客态度的问题	您对本行网银的满意程度如何？	与调研目的相关，需要客户思考才能回答
中间1/3的问题	具体属性的评价	您对本行网银的以下方面的满意度如何，网页美观、菜单方便、响应及时？	难以回答的复杂问题
最后1/3的问题	个人信息等敏感问题	请问您的职业是什么？	即使顾客不愿回答，也不会对问卷主体产生影响

（6）评估问卷，获得相关各方认可。需要再次评估问题是否必要、过长，是否提供了研究目标需要的信息。将评估后的问卷发给各利益相关方，确认各方需求的信息是否得到满足。

（7）预测试问卷，实施调研。由调研员向目标顾客进行问卷的预测试，看问卷中是否存在容易引起误解、不合理的地方等。如果第一次问卷预测试后改动较大，应进行第二次预测试。

问卷设计好后，需要进行问卷的发放、问卷的收集、有效性验证和问卷的统计分析。特别要提醒的是，问卷收集时要考虑所获得的数据是否有偏。如在餐馆里，服务生在顾客吃完饭后恳请顾客填写满意度问卷，满意顾客往往比不满意顾客更愿意填写问卷。因为满意的顾客希望餐馆能够改进，下一次也许还会光顾；不满意的顾客决定下次不再来了，他们已经不关心餐馆是否改进，因此不会浪费自己的时间配合餐馆填写问卷。完全消除偏倚在顾客满意度调查中是很困难的，为了做到调查的随机性，往往需要顾客的配合，争取顾客的理解，尤其需要对服务过程中出现的差错进行及时补救。

问卷数据收集好后，还要进行数据的有效性验证和深入的统计分析，一些多元统计分析的工具、结构方程是非常有用的，鉴于篇幅有限，本书不再详细阐述，有兴趣的读者可以参考推荐阅读的书目。

服务质量和满意度计算都是从整体层面对企业的服务质量和满意度作定性和定量的测量。针对具体的服务流程，可以从周期、差错等方面进行测量，很多统计工具和方法仍然是适用的。以个人开银行卡流程来说，假如顾客希望在5分钟内完成，我们可以收集某段时间的一定样本的作业时间，进行过程能力分析，但是由于标准是单边的（只有上限），而且收集到的数据可能是非正态的，因此需要进行转换处理。

本章小结

测量阶段是六西格玛项目工作中一个非常重要的阶段。没有测量，也就没有改进。通过测量阶段的数据收集和评估工作，可以获得对问题和改进机会的定量认识，并在此基础上获得项目实施方向的信息。

本章主要介绍测量阶段所涉及的以下主要知识：关于过程分析和文档的知识，包括流程图的绘制和分析方法、因果图和因果矩阵分析方法等；关于概率与统计学的基础知识，这些知识是数据分析的基础；关于数据的收集和整理的方法，黑带应能正确应用这些方法，将实际问题转化为可测量和定量描述的问题；关于测量系统分析的基本概念和方法，这些方法是保证获得可靠的测量数据所不可缺少的；过程能力分析的工具和方法，过程能力分析是测量阶段重要的工作内容，也是测量阶段产生的输出结果。本章还介绍了服务过程测量的基础知识，包括服务质量的概念及要素，服务质量模型及其量表，获取反映服务质量的重要指标——顾客满意度的工具和方法。

推荐阅读

1. Thomas McCarty，Lorraine Daniels，Michael Bremer，Praveen Gupta. Six Sigma Black Belt Handbook（Six Sigma Operational Methods）. The McGraw-Hill Companies，Inc.，2005

2. Samuel Kotz and Norman L. Johnson. Process capability indices. Chapman & Hall，1993

3. ［美］詹姆斯·A·菲茨西蒙斯，莫娜·J·菲茨西蒙斯. 张金成，范秀成等译. 服务管理：运作、战略与信息技术. 北京：机械工业出版社，2007

4. 温碧燕. 服务质量管理. 广州：暨南大学出版社，2010

5. 苏秦. 服务质量、关系质量与顾客满意——模型、方法及应用. 北京：科学出版社，2010

6. 邓绩. 顾客满意的测量分析与改进. 北京：中国标准出版社，2009

第 6 章

分　析

分析阶段是DMAIC各个阶段中最难以预测的阶段。项目团队使用何种方法在很大程度上取决于所涉及问题与数据的特点。在这个阶段，DMAIC团队应详细研究资料，增强对过程和问题的理解，进而识别问题的原因，使用各分析步骤来寻找“问题根源”。

有时，原因是显而易见的，此时，团队能很快通过分析找到；有时，影响问题的原因很多，而且非常复杂，许多人都根据他们习惯的方法去工作，而没有考虑和证明其合理性。当这种情况发生时，团队可能要花几周或更长的时间，使用各种工具和试用各种不同的观点去分析，才能得出正确的结果。

DMAIC团队用循环分析方法来实现他们对原因的探索。这个循环从数据的测量开始，通过对过程的分析，提出对原因的初始推测或者假设；接着收集和关注更多数据和其他看得见的证据，对这些推测或者假设做出进一步的判断；分析循环继续进行，各种假定不断地被确认或被拒绝，直到真正的问题根源通过严谨的数据分析明确识别出来。分析步骤中最大的挑战之一是正确地使用工具，如果能够用简单工具找到根本原因，就不使用复杂工具。有时原因是深藏而不易识别的，有时问题与其他较多因素相关联而纠缠混杂在一起，这时就需要用到更高级的统计技术或其他管理技术来确定和验证根本原因。本章介绍的统计方法有助于团队除了使用常用的图示工具，还通过运用统计推断、假设检验、方差分析和回归分析等方法来确定项目问题的根本原因，确定和验证 $Y=f(X_s)$ 的关系，为改进找到有效的方向。这里需要说明两点，一是尽管本章介绍了很多统计分析工具，但六西格玛的分析工具并不仅仅指这些工具，六西格玛的工具箱是开放性的，任何适用于实际项目的分析工具都可以加以整合和应用，作为一名六西格玛黑带或绿带，要善于持续学习。二是分析和测量两个阶段之间有很多交叉，在对某个原因进行深入分析时，有可能发现已有的测量数据远远不够，需要补充测量大量数据。

6.1　过程分析概述

在六西格玛团队组成后，一定要很清醒地认识到，不是团队所有成员对整个过程都非常熟悉。即使他们自认为对所负责的过程非常了解，借助详细的流程图或过程映射图(process mapping)，通过系统的过程分析，他们也会非常吃惊地发现有很多自己不知道的事。这里提供的过程分析工具和方法将会帮助团队全体成员对过程的认识达成一致，并且通过集体讨论指出过程中可能引起问题的疑点和波动。

1. 过程分析的第一阶段：推测

在项目的界定阶段，团队可能提出一个用于界定项目过程边界的高端（或称宏观）流程图（SIPOC 图），SIPOC 图着重分析宏观流程，比较粗糙，许多过程中出现的细节问题在 SIPOC 图中都找不到。因此，在分析阶段，团队必须更细致地去分析过程中的各个细节部分，以便能够引导你发现某些隐藏的 X 变量（原因）。为此，我们要绘制详细流程图并加以证实。

（1）绘制详细流程图。本书第 5 章已经讨论了流程图的绘制，这里不再赘述。只是从过程分析的角度要特别指出，详细的过程流程分析或过程映射对问题分析至关重要。当然流程图绘制的详细程度取决于项目的目标和问题本身，如对一个生产线而言，如果进行工作地（work station）安排，只要将生产过程所需的作业及其前后关系描述清楚就可以了；而对于如何降低生产线的节拍，则可能需要将工人的动作都描述出来，如绘制工人双手作业程序图。一个详尽的过程流程图的绘制本身，对团队成员而言就是一个有意义的经历，在这个过程中他们慢慢认识到别人的工作，意识到本流程中所使用的方法其实可以有很多的变动，尤其是服务行业。

该阶段另一个有用的工具是跨职能流程图（见图 5—2），即在通常的流程表中增加具体的职能部门，在图上标明哪个部门负责完成哪个环节。如果一个业务流程需要多个部门参与（许多行业尤其是服务行业都是这样的），那么跨职能流程图将非常有用。

（2）核实流程图。一旦团队完成了一张详尽的流程图，就应该花时间去证实图上反映的内容是否就是实际中真实发生的，因为有时候它们只是团队成员头脑中的产物。为了证实这些，还要花几天时间去跟踪某些典型的产品或服务小组的处理过程。应该使用一张过程检查单来进行这项工作，务必以足够的细节来描述过程以获取每个重要步骤，补充流程图并证实流程图的真实性。

2. 过程分析的第二阶段：提出关于原因的假设

团队成员在绘制过程流程图中，潜在的问题就会自然而然提出来。如果三个人负责处理同一过程的某一步骤，但他们对如何完成该步骤不能达成一致，那么实际上就找出了潜在的原因。当然，还需要证实这种混乱的确是过程中发生缺陷的一个重要原因。如果有人处理程序的顺序是 A，B，C，另一个人是 B，A，C，那就要看这种顺序的不同是否会对产品或服务产生影响。

本阶段的分析可以细分为两层，先要识别过程中明显存在的问题，再进行量化增值分析。

（1）第一层分析：识别过程中明显存在的问题。过程流程图一旦确定下来就可能成为团队会议的焦点，队员可以用手中的记号笔来标记如下一些问题。讨论时要记住，我们是在寻找那些经常发生的过程中的典型性问题：

脱节：过程处理中存在于轮班之间、顾客和供应商之间或者经理和员工之间的使信息交流中断的步骤。

瓶颈：过程中某个步骤的工作量超过了其本身原设定的容量，此步骤就会减慢整个进程的流动。如果某项工作必须等待张三休假回来后才能再进行，你就看到了瓶颈。

冗余：不同过程中的不同步骤提出了相同的活动和结果。例如，两个步骤中提出了相同的信息并且带着相同的信息进入相同的地方。

返工循环：过程中某步骤的输出产品有缺陷，必须送回其上游步骤，或另设修复步骤直到必需的工作完成为止。检查步骤往往是返工循环的起始点。

决定点/检查点：这是过程中的一个步骤，在那里进行一系列的检查和评估工作：对于合格产品进入正常程序的下一步；对不合格产品进入另设的修复阶段或进入返工循环。对于质量水平高的过程，这样的检查点是很少的；而在缺陷严重的过程中，有大量这样的检查点。由于每一种类型的问题都可能成为在过程中导致缺陷的一个潜在的原因，为了减少缺陷产品送到顾客手中的可能性，必然要设立很多检查点。但是从顾客的角度看，由于检查步骤没有任何有价值的输出，反而延长了产品和服务送达顾客的时间，对生产的进行造成了阻碍，而这些增加的成本时常会通过某种形式转嫁到顾客的头上，顾客当然希望这种检查点越少越好。

（2）第二层分析：量化增值分析。当过程较复杂时，人们往往会关注过程本身的顺利进行而忽略了顾客为什么会花钱买你的产品。在高度发达的商业社会中，任何一个单独的集团为市场和社会提供的价值总是微不足道的，但它确实为顾客提供了某种价值。因此，价值分析作为一种途径，它通过外部顾客的视角重新审视工作流程并再三强调识别顾客需求。在量化增值分析的过程中，我们将每个步骤分成三种类型：

1）顾客增值（customer value added）：这些任务或活动在外部的顾客看来是有价值的。这很重要，因为几乎任何步骤在某些操作员的眼里都可以被证明是有理的。“老板要我们做，我们就做”并不意味着这项工作对顾客而言是增加价值的。

对顾客而言，增加价值的三个标准是：

- 顾客关心。顾客承认它的价值并愿意付钱给我们。
- 改进提供的服务和提高产品质量。显然，货物运输只移动物体位置，并不增加价值。
- 顾客希望一次做对。要注意：修补、返工、替换等只是改正以前造成的缺陷，并不增加价值。

顾客增值步骤必须同时满足上述三项标准。

2）运行增值（或过程增值）（operational value added）：有时我们采取的一些活动，没有同时满足顾客增值步骤的三个标准，但是具备潜在的增值可能。比如对于在流水线上为每件产品贴上编号条码，顾客不会因为我们贴了条码而愿意多付钱。不过贴条码可以使生产过程的管理效率大大提高，这也使运行（或过程）达到增值。对于员工的培训也是这样，有效的培训可以提高员工的意识和技能，在适当的时机，可能开发出新的产品和新的服务。因此称这些活动是运行增值或潜在增值的步骤。

3）不增值（non-value added）。在许多过程里都存在大量的不增值步骤。属于这种类型的活动包括返工、延迟、检查、回顾、安装和准备、传输（从一个地点或过程中的一个步骤传到下一个地点或步骤）、内部报告和内部调整等。不增值类型的判定看起来相当残忍，但仔细研究会发现，许多组织所干的大部分事情在顾客眼里确实并没有增加价值。如组织内部流程中大量的审批、报告，生产过程中大量的设备调整、检验、返修、维护等，诸如此类的事还有很多，你的顾客会愿意为这些步骤多支付金钱吗？

上述分析是把过程的步骤分成三种与价值相关的类型，可以帮助你识别出哪个步骤从价值的角度对顾客而言是最具重要性的。与此类似的是，把过程的步骤分成三种与时间相关的类型，就是时间分析法。

过程的时间分析可能会给你另一个震惊：业务过程中往往有许多时间是空闲的，并不是人闲坐在那里，而是该做的事情衔接不上。如果一个六西格玛项目的内容是减少流程的周期，过程分析和时间研究技术是非常有用的工具。时间分析的巨大作用使得整个过程耗时由月削减到天、由天削减到小时。在过去的15年里，在全世界范围内，基于时间的竞争给人们留下了深刻的印象，但是直到现在，仍然有很多过程尚未触及，因而还隐藏着巨大的潜力，特别是一些服务和管理流程中时间的改进。

过程的时间由两部分组成：

- 工作时间：实际花费的用于生产产品或向顾客提供服务的时间。
- 等待时间（或称排队时间或堆栈时间）：产品或服务为等待某些事情发生而花费的时间，想象一下，有一批零部件，有一堆的请求，或者一车皮的产品都等在那里，等着有人来处理它们或者移动它们，这是多大的浪费！本书在后续章节中会介绍消除浪费的方法。

3. 过程分析的第三阶段：证实或排除原因

一般说来，从过程分析中辨认并查实原因并不困难，要比从数据分析中辨认并查实容易些，为什么呢？因为过程分析的判断准则很简单，即任何非增值过程步骤，任何增加耗时但并不增加价值的步骤都是在浪费时间，应尽量删减。

但是，你将不得不做更多的调查工作，因为有些缺陷对顾客而言既重要又很容易被他们注意到，而你并不明白在过程步骤中存在的疑惑或变数是否真的会导致那些缺陷，你就必须分析清楚并得出结论。如果在物流运输过程中，张三总是将航班标签贴在箱子的正中，而李四总是将它们贴在右下角，那结果会怎样呢？他们对运输效率是否有影响？只要这种状况实际存在于运输过程之中，它就可能成为一种影响运输效率的原因。

为了证实导致问题的原因，可以从以下几个方面考虑。

（1）使用因果关系的逻辑，确认导致一个结果的可能性的原因。

（2）详细观察与细化流程。详细观察与记录流程，必要时将流程录制下来，深入分析流程的细节，分析某种因素是否存在及其对结果的影响。

（3）定点测试中的“试验”是另一种验证过程的缺陷是否确实带来影响的好方法。在过程中，人为“试验”发生一个预定的波动（波动规模当然要小些），然后观察或测量波动造成的影响，就可以断定此缺陷是否为真正的原因。例如，你认为物流部门在操作员总是把标签贴在不同位置的情况下完成任务的速度会不同，故意设计不同的标签位置来测试一两个星期，看过程时间与固定位置相比是否有显著变化。

当然，最终目的是完全去除那些在顾客眼里不能增加价值的任何步骤，包括花费时间去返工和检查等。去除许多上面列举的不增加价值的步骤，你将很可能缩短整个过程循环的时间以增加利润，这也会令你的顾客感到高兴。六西格玛团队常常可能去除掉70%～80%的在顾客看来是花费在返工上和其他不增加价值的步骤上的时间。同时在过程分析的基础上，进行更深入的数据分析往往能够揭示问题的根本原因。

6.2 探索性数据分析

一个六西格玛团队应该在现场收集足够多的各种形式的数据，然后才能分析出究竟什么是引起缺陷的真正原因。需要注意的是，绝不应该接受表面上的假设，必须证明确实是此原因造成了所研究的问题。有时寻找原因需要经历一个过程，这个星期得出的结论可能会被下一星期的数据推翻；再一个星期收集的新数据可能又暗示了一个新的问题，直到团队成员能够用数据真正证实某个假设，捕获到真正的原因。

探索性数据分析和过程分析都是调查缺陷原因的有力工具，与过程分析不同，探索性数据分析利用测量值和有关数据（已经收集的数据或在分析阶段收集的新数据）来发现、建议、支持或排除缺陷原因的模式、趋势和其他异常，分辨问题模式、问题趋势或其他一些有关因素，这些因素可以是推测出来的，也可以是已证实或未证实的可能因素。

大多数团队在项目的分析阶段同时使用这两类工具。一般先做探索性数据分析，也可以先使用过程分析工具，还可以把团队分成两组，同时进行数据分析和过程分析。不论团队采用以上哪种模式，如上所述，缺陷原因的分析一般有推测、提出关于原因的假设、证实或排除原因三个阶段。

6.2.1 探索性数据分析

1. 数据分析的第一阶段：推测

为了能进行有效的推测，我们首先要学习数据分析的原则，然后学习一些简单的分析工具，了解建立推测或假设的方法。

（1）数据分析的原则。要时刻牢记以下三个原则，这会帮助你理清思路并有效地进行数据分析。

1）明确要深入了解的方向。众所周知，在工作中存在大量数据，它们很容易让你觉得无从下手。正确的做法是经常重新翻看项目任务书和问题陈述，时刻牢记团队的目标。只有这样才能牢牢抓住分析的大方向。

2）不断提出假设。有很多方法可以分析数据，如果不当心的话，六西格玛团队很有可能在摸索方法上浪费很多时间。较好的方法是，先结合团队任务做出一个假设，这会帮助你决定如何分析数据。举例如下：

假设：餐馆的顾客抱怨增多源于新的、不熟练的服务生。

分析方法：把顾客抱怨数据分成两组——来自新服务生招待的顾客和来自有经验服务生招待的顾客，寻找两组数据的系统差别。

注意：要充分接受“假设是有缺陷的”这种可能性，不能对那些与假设不符的数据视而不见。有经验的数据收集者知道，事实上，在最开始阶段，他们绝大多数的假设都是有缺陷的。但是，正是认识到要注意不断改进缺陷，才帮助他们最终确定出正确的假设。

3）注意关于事件发生的频率、影响程度以及与问题缺陷症状相关的问题。如果把调查局限于一个假设或一个问题，你甚至都不敢肯定是否抓住了正确的问题。较好的方法是提出更多问题，通过分析找到其中最重要的问题。以下是上述餐馆六西格玛团队可能提出的一些问题：

新服务生招待的顾客是否比其他顾客抱怨得更多？（问题频率）

新服务生招待的顾客抱怨什么？与有经验服务生招待的顾客抱怨相比，有何不同？（观察到的问题）

如果新服务生招待的顾客抱怨得更多，是否意味着这些顾客将不太可能再次光顾？

（问题的影响）

团队需要对问题有深入的了解，以便合理地决定究竟应该把时间花在哪里，解决方案在哪里，如何实施解决方案；否则，你很有可能浪费三个月时间解决一个不常出现或对顾客没什么影响的问题。

运用这些原则将帮助你使团队的数据收集工作紧紧围绕如何发现问题的根本原因来进行。你可以依据这些原则来利用你在测量阶段识别和收集到的分层数据。例如，刚才提到的餐馆六西格玛团队，需要把关于抱怨的数据分为新服务生和有经验的服务生，以开展分析。

上述原则其实都包括在一个称为逻辑原因分析的过程中，只是人们可能平时对此没有特别留心。任何曾经试图修理某种家电故障（如面包烤箱）的人都会熟悉此过程的一些基本构成。

例如，厨房里的面包烤箱一直正常运转，但是今天早晨你却发现不能把面包塞进去了，更别说烤面包了。假设“可能是断电了”，但是“数据”马上把这个假设推翻了，烤炉连着电源，炉侧的红灯亮着，表明有电流通过。然后，再假设“里面的电线松了”，于是拿起一把螺丝刀，将线头螺丝拧紧（当然，不要忘记拔电源），再进行测试。逻辑原因分析的道理很简单：当你的数据不支持你的假设时，你的假设很可能是有缺陷的，你就接着提出下一个假设。

尽管对于复杂的设备或者过程，分析可能要复杂得多，步骤可能几十个，但基本概念还是同样简单的，问一些问题，这些问题能帮助你识别过程、材料、方法或人员在有故障或无故障之间的差异。我的烤箱与新的相比有什么不同？它旧了，里面掉进了面包屑？还是线头松动？或者电线被烧断了？六西格玛问题解决方法就是要通过逻辑原因分析层层剖析，直至找到根本原因。

下面是一些有用的逻辑问题，帮助分析问题产生的原因：

● 这些缺陷属于同一类吗？缺陷在人员/方法/过程步骤方面有哪些不同？

● 这些问题是否在某处更容易出现？这些出现故障的地方有哪些不同之处？如果你的产品在上海的门店平均销售额要比深圳低，你需要确定上海这个城市有什么不同，而不是仅仅看到销售额的不同。销售人员、店面设计、过程或顾客等因素有哪些不同？有什么想法吗？你要仔细寻找问题或过程之间潜在的不同之处。

● 是否在某个时间段内这些缺陷是非常普遍的？这个时间段与平常比有什么不同？比如烤箱经常在前一天晚上还正常运转，第二天早晨却不能使用，是什么原因？

● 当缺陷出现或数据发生波动时，是否有其他事物或者变量也发生波动？我们正在寻找一种相关性，一种绝非出于偶然的联系。例如，A市每月销售额是否与季节有关？同样的关系也存在于B市吗？

思考这些问题能帮助我们提出假设并检验假设，逐个排除，直到一个或几个假设被证明站得住脚为止。

（2）初步数据分析。团队可以使用许多不同的方法和工具来初步分析数据。但通常，以下几种简单工具能帮助大家分析数据：

1）排列图：一种由大到小排列好的柱状图，帮助团队关注有最大影响的问题组成部分，适用于离散型或属性数据。

2）趋势图：一种以时间作为横轴表明某指标变化状况的工具，帮助团队观察随时间发展所关心的指标数值是否呈现一定的模式，适用于连续型数据。

3）直方图（频率图）：表示所关心的指标其数值在各组间分布的状况。适用于连续型数据或属性数据。

以上三种方法的内容已于第 4 章和第 5 章中具体介绍过，此处不再赘述。

（3）多变异图。多变异图（multi-vari chart）也称变异源分析，它是可以直观地提供与过程有关的多个因素如何对过程输出响应变量产生影响的图形。六西格玛团队在研究多个变量时，可使用多变异图形象地描述因素间的关系。通常，多变异图应该在方差分析等定量的数值分析之前做。团队可以通过对数据做简单的定性分析，获得初步的了解，提出变异产生原因的假设，然后进一步做定量分析。关于多变异分析的详细内容，参见第 6.8 节变异源分析部分。下面通过一个简单的例子说明多变异图在建立假设中的应用。

例 6—1

项目团队研究三种材料在不同的通电时间下其超导强度的变化状况。数据是在通电 0.5 分钟、1.0 分钟、1.5 分钟内分别测量三种类型材料（材料 1、材料 2 和材料 3）的三个样品得到的（见表 6—1）。项目团队希望考察材料类型及通电时间长度两个因子对超导强度是否有显著影响。

表 6—1　　超导强度数据表

A 通电时间长度	B 材料类型	超导强度
0.5	1	23
0.5	1	20
0.5	1	21
0.5	2	22
0.5	2	19
0.5	2	20
0.5	3	19
0.5	3	18
0.5	3	21
1.0	1	22
1.0	1	20
1.0	1	19
1.0	2	24
1.0	2	25
1.0	2	22
1.0	3	20
1.0	3	19
1.0	3	22
1.5	1	18
1.5	1	18
1.5	1	16
1.5	2	21
1.5	2	23
1.5	2	20
1.5	3	20
1.5	3	22
1.5	3	24

利用MINITAB软件，从统计→质量工具→多变异图入口，可以绘出多变异图（见图6—1）。

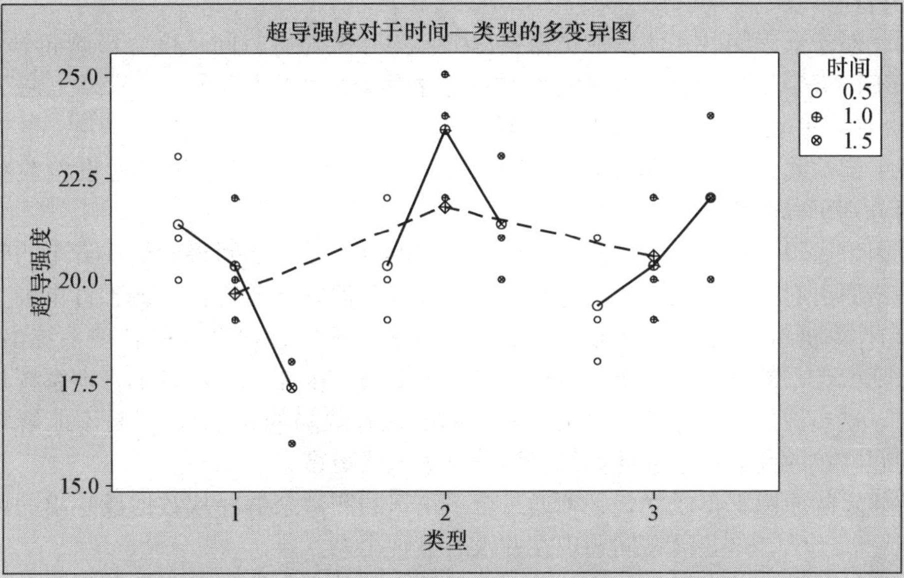

图6—1　超导强度多变异图

在输出的多变异图中，每一种材料上都有连接三个点的线段，这三个点表示在对应的材料类型中，各种通电时间长度下超导强度的平均值，反映了各个材料类型组内误差的信息，图中虚线连线上的各个点分别代表三种材料超导强度的平均值，反映了各个材料组间的差别。从此图来看，组间虽有差别，但并不严重。但是，同种材料内不同通电时间长度（分别为0.5分钟、1.0分钟、1.5分钟）的超导强度差异较大，而且不同材料对应三个通电时间的图像形状差别很大，说明材料的种类与通电时间可能还有交互作用。

因此，我们可以建立以下推测：

（1）通电时间长度对超导强度有影响。

（2）通电时间长度对超导强度的影响规律与材料类型有关。

2. 数据分析的第二阶段：提出关于原因的假设

（1）寻找有效解决方案的秘诀。必须精确地知道正在试图解决的是什么问题。这个任务可不简单。在很多企业，问题往往是一而再再而三地出现，提出的许多解决方案治标而不治本，究其原因，是没有真正找到问题的根源。

（2）发现问题潜在原因的秘诀。必须透过问题的表象进行深入研究，找出问题的真正潜在原因。在你完成分析过程的推测之前，你的团队已经对何时、何地、问题如何暴露出来等有了一定的了解，同时对潜在原因也有了许多想法，以便以后能真正找到解决办法。

在寻找原因的这一阶段，最常用的两大工具是因果图和关系图。它们为找到真正的原因提供了关键链接。使用这些工具时有两点要注意：

一是它们仅能帮助团队进行系统的思考并发现导致问题的潜在原因，仍需收集数据才能证实究竟什么才是问题的真正原因。

二是它们的有效性直接与你思考的创造性和深度有关。这就是为什么这些工具在团队中使用时最有效，即需要许多人同时进行头脑风暴，经过认真讨论列出一张广泛深入的潜在原因分析检查表。

比如，对于上述问题，团队成员需要思考：为什么通电时间长度会影响超导强度？为什么对于不同类型的材料，通电时间长度对超导强度的影响不同？

3. 数据分析的第三阶段：证实或排除原因

验证引起缺陷的原因，可以通过三种途径：因果逻辑分析、统计假设检验和试验验证。下面分别予以介绍。

(1) 因果逻辑分析。假定团队认为许多弄错的订单是由于销售人员在订单的管理过程中出了差错而引起的，这也许能解释部分出错订单，但它不能解释不熟悉订单细节的顾客（小商户和计算机新个人用户）会出现更多差错这一现象。如果订单管理系统出了问题，你应该想到所带来的影响对于所有顾客都是差不多的。因此，假定订单管理系统是引起问题的原因，这或许能解释那些可见的问题（如出现有缺陷的订单），但是不能解释那些不可见的问题：小的商业订单和计算机新用户订单差错更多。

要使假定的原因真正成立，必须通过合乎逻辑的测试来解释从数据反映出的可见问题和潜在问题，当然，这些潜在问题现在并没有显现出来。

(2) 统计假设检验。用来分析并确定因果关系的最常用统计方法是散点图（或称散布图）和相关分析。判断原因 X 和结果 Y 之间的相关程度，通常可从散点图获得一个大概的印象，然后再用精确的计算来进行回归分析和相关分析以获得确定的统计模型。当然也可能最后判明这两者间完全无关，没有任何模型。散点图提供了验证因果假设的一种途径，以若干成对数据来验证自变量 X 与因变量 Y 之间是否存在相关关系。成对数据顾名思义，是指 X，Y 来自同一个观测个体，成对本身就反映了两个变量间的关系，它们可能只是表面上相关，也可能是一种潜在的因果关系。例如在某项目中要构建一个体系，体系的复杂度（X 为变量或潜在的原因）与构建该体系所花时间（Y 为输出或结果）之间潜藏着一种因果关系。一般情况下，将一批成对数据（X，Y）绘成平面坐标系内的点，可以构成散点图。图中能显示其相关性，如图 6—2 所示。

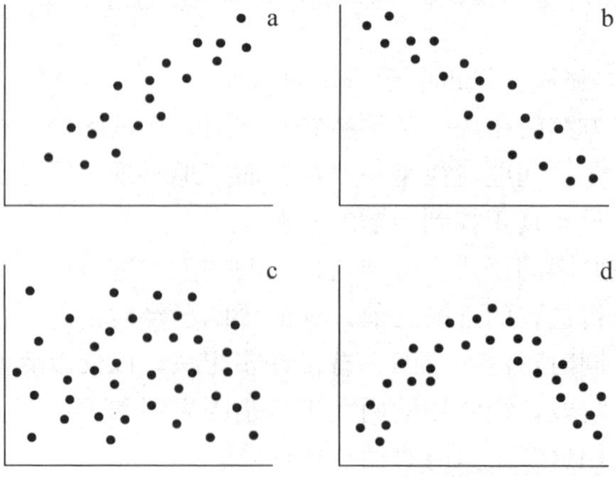

图 6—2　散点图

如果数据点分布的形式是从左下往右上以一定的角度展开（图6—2a），表示自变量X和因变量Y是一种正相关关系。简单而言，这种走向表示“随X的增大，Y有增大的趋势”。其他类型则是负相关（图6—2b）、无关（图6—2c），或者更复杂的相关性（该例是抛物线形，见图6—2d）。

散点图显示出的很强的正相关性并不能百分之百地保证X的增加一定会引起Y的增加，但确实表明它们以某种方式互相关联着并且不是完全随机地同时发生的。请特别注意：在任何时候都不能从“X与Y高度相关”得出“二者有因果关系”的结论。例如，商店中“雨伞日销售量”与“当日道路交通事故次数”高度相关，但二者间并无因果关系，其高度相关的真正原因是当日在下雨，这导致雨伞日销售量和当日道路交通事故次数同时增加。因此，团队在用散点图来说明相关性时要小心，但有时也确实会找到某些因果关系，故这种方法还是很有用的。若考虑到的变量不止两个，则相关分析可能会很复杂，这时，可以对变量分组，进行两两组合，得到多个散点图来验证猜测的正确性，也可以将所有变量的两两数据散点图画在同一张矩阵散点图（matrix scatter plot）上，同时进行分析。

画散点图时还可以先对数据进行整理加工和分类，对同一个问题画出不同种类、不同层次的散点图。通过分层进行分析，团队常常会得出一个很有价值的结论：并非所有缺陷都是同一个背景原因造成的，测量阶段找到的分类因素在确定因果模型的过程中都可能是有用的。

当团队某个队员对所收集的数据提出假设时，其他成员也要协助他再仔细分析一下，找出那些有助于验证或否定该假设的更细致的分层或分类信息，从而得出更准确的判断。

（3）试验验证。在某些情况下，想要收集到现存数据以证实导致失误的准确原因是很困难甚至是不切实际的。此时，一个可行的方法是做一些小的试验，先稍稍改变过程以消除可疑的原因，并且监测结果，最终判断这个原因是否为过程出现缺陷的真正原因。当然，做这样的试验不能光凭个人意愿去改变！只有把这种改变看成一次常规的局部检测，试验才能起作用，要注意做到如下几点：

- 明确改变的内容和方法；
- 清楚改变的目的；
- 先在小范围内进行试点；
- 仔细考虑潜在的副作用并制定应对措施。

6.2.2 点估计和区间估计

统计学的应用非常广泛，但概括起来，统计推断无非是估计与检验两大类。由于检验在六西格玛管理中有更多的应用，因此从6.3开始，我们将对其进行系统的讨论。本节将简要地介绍有关估计方面的知识：先介绍点估计，即对总体未知参数用一个数字来估计；再介绍区间估计，即对总体未知参数用一个区间来估计。这两种估计方法都很有用。

1. 点估计

在正态分布中，均值μ、方差σ^2、标准差σ等，都称为总体的参数（parameter）。在实际问题中，这些参数都是未知的，常常需要选用适当的统计量作为未知参数的估计。用于估计未知参数的统计量称为点估计量，简称点估计或估计（estimator）。

同一个未知参数的估计量可以有很多个，一般选用其中常用的一两个作为参数的估计量，选取的标准之一是无偏性。

设θ为未知参数，$\hat{\theta}=\hat{\theta}(x_1, x_2, \cdots, x_n)$是$\theta$的估计量，若$E(\hat{\theta})=\theta$，则称$\hat{\theta}$是参数$\theta$的无偏估计，即从长期大量的情况来看，用这种方法进行估计之平均值与真正的参数值是一致的，既不偏高也不偏低。这里无偏估计的条件$E(\hat{\theta})=\theta$等价于$E(\hat{\theta}-\theta)=0$，其中$\hat{\theta}-\theta$是估计量$\hat{\theta}$与真值θ的偏差。由于样本是随机的，因此这类偏差也是随机的，可大可小，可正可负，所以无偏估计的含义也可以解释为，每次使用$\hat{\theta}$去估计θ都可能有偏差，但是多次使用它，偏差平均是0。

(1) 正态均值μ的无偏估计。设$x_1, x_2, \cdots, x_n$是来自正态总体$N(\mu, \sigma^2)$的一个样本，其中参数μ, σ^2都未知。正态总体均值μ常用的无偏估计有两个，一是样本均值$\bar{x}$；一是样本中位数$\tilde{x}$，即

$$\bar{x}=\frac{1}{n}\sum_{i=1}^{n}x_i$$

$$\tilde{x}=\begin{cases}x_{\left(\frac{n+1}{2}\right)}, & n\text{为奇数}\\ \frac{1}{2}\left[x_{\left(\frac{n}{2}\right)}+x_{\left(\frac{n}{2}+1\right)}\right], & n\text{为偶数}\end{cases}$$

式中，$x_{(1)}\leqslant x_{(2)}\leqslant\cdots\leqslant x_{(n)}$，是有序样本。

当样本量n为1或2时，这两个无偏估计相同，但是当$n\geqslant 3$时，$\bar{x}$优于$\tilde{x}$，这是因为样本中位数$\tilde{x}$仅使用了样本的部分信息，而样本均值$\bar{x}$使用了样本的全部信息，所以在实际中，应该优先选用样本均值$\bar{x}$作为μ的估计。有时在现场，为了简便快捷，当$n<10$时，也可选用样本中位数$\tilde{x}$作为μ的估计。另外，当样本中的某些观测值受到较大的特殊影响，远远偏离了原正态分布时（常把这种值称为异常值），样本均值依然会受到其影响进而对它们太“敏感”，而中位数则更具有稳健（robust）特性，所以两种估计都是很有用的。二者通常相差不多，一旦发现二者相差悬殊，则提示我们分布可能偏斜得非常厉害，或者样本中有异常值出现。

在第8章的控制图中，$\bar{x}$图与$\tilde{x}$图便是它们的应用。

(2) 正态方差σ^2的无偏估计。正态方差σ^2常用的无偏估计就是样本方差s^2，即

$$s^2=\frac{1}{n-1}\sum_{i=1}^{n}(x_i-\bar{x})^2$$

理论研究表明，它是σ^2的所有无偏估计中最好的。

(3) 正态分布标准差σ的无偏估计。人们常常认为，既然在正态分布中s^2是σ^2所有无偏估计中最好的，那么s就应该是σ最好的估计。其实不然，如果用s来估计σ，则通常会偏小，它并不是无偏的，必须对它稍加修偏才行。对于用极差来估计标准差，则更需要考虑到样本量对极差的影响。因此，估计标准差σ常用的无偏估计有两个，一个是将样本极差除以一个与n有关的常数而得到；另一个是对样本标准差进行修偏得到：

$$\hat{\sigma}_R=R/d_2,\ R=x_{(n)}-x_{(1)}$$

$$\hat{\sigma}_s=s/c_4,\ s=\sqrt{s^2}$$

式中，系数d_2与修偏系数c_4是与样本本身无关而仅与样本容量n有关的常数，其数值列在

附表6中。

当$n=2$时，上述两个估计相同；当$n\geqslant3$时，它们是不同的。理论研究表明，$\hat{\sigma}_s$优于$\hat{\sigma}_R$，因为$\hat{\sigma}_s$与$\hat{\sigma}_R$相比波动较小，所以在实际中应该优先选用$\hat{\sigma}_s$。但由于$\hat{\sigma}_R$的计算简便快捷，所以在现场，当$n<10$时，也可选用$\hat{\sigma}_R$。

当n较大（如$n>30$）时，修偏系数c_4近似为1，因此在样本量较大时，无须修正，可以将样本标准差s直接作为σ的估计。

在第8章的控制图中，s图与R图便是它们的应用。

例6—2

零件DF的间隙是一个重要特性，经过正态检验，间隙服从正态分布$N(\mu,\sigma^2)$。现从生产线上随机取5个零件DF测量其间隙，得数据如下：

0.77　　0.72　　0.67　　0.72　　0.62

试给出参数μ，σ^2，σ的无偏估计。

用样本均值$\bar{x}$估计μ，用样本方差s^2估计σ^2：

$$\hat{\mu}=\bar{x}=(0.77+0.72+0.67+0.72+0.62)/5=0.70$$

$$\hat{\sigma}^2=s^2=\frac{1}{5-1}(0.07^2+0.02^2+0.03^2+0.02^2+0.08^2)=0.003\ 25$$

标准差的估计，可以选用$\hat{\sigma}_s$，由于$n=5$，从附表6查得$c_4=0.940$，则

$$\hat{\sigma}_s=\frac{s}{c_4}=\frac{\sqrt{0.003\ 25}}{0.940}=0.061$$

由于$n=5$，也可以选用$\hat{\sigma}_R$，从附表6查得$d_2=2.326$，则

$$\hat{\sigma}_R=R/d_2=(0.77-0.62)/2.326=0.064$$

这里两者相差不大。

注解：本例仅供显示计算方法使用。在实际工作中，为了估计均值，样本量n应大于15；为了估计标准差或方差，样本量n应大于30，否则波动太大，相应置信区间范围太宽。

2. 区间估计

当获得一个具体的样本后，上面叙述的点估计仅仅给出参数一个具体的估计值，并没有给出估计的精度，为此又提出了参数估计的另一种形式，即区间估计。

设θ是总体的一个待估参数，其一切可能取值组成的参数空间为Θ，从总体中获得容量为n的样本是x_1，x_2，…，x_n，对给定的$\alpha(0<\alpha<1)$，确定两个统计量，即估计量下界$\theta_L=\theta_L(x_1,x_2,\cdots,x_n)$与估计量上界$\theta_U=\theta_U(x_1,x_2,\cdots,x_n)$。若对任意$\theta\in\Theta$有$P(\theta_L\leqslant\theta\leqslant\theta_U)\geqslant1-\alpha$，即该区间有大于或等于$1-\alpha$的概率包含真正的待估参数，则称随机区间（$\theta_L$，$\theta_U$）是$\theta$的置信水平（confidence level）为$1-\alpha$的置信区间（confidence interval），也简称（θ_L，θ_U）是θ的$1-\alpha$置信区间，θ_L与θ_U分别称为$1-\alpha$的置信下限与置信上限。

$1-\alpha$ 置信区间的含义是所构造的多个随机区间（θ_L，θ_U）中有（$100(1-\alpha)$）%的区间包含未知参数 θ 的真值。这个随机区间会随样本观察值的不同而不同，它有时盖住了参数 θ，有时没有盖住 θ，但是用这种方法作区间估计时，平均说来，100 次中大约有 $100(1-\alpha)$ 次置信区间能盖住未知参数 θ。如果 $P(\theta<\theta_L)=P(\theta>\theta_U)=\alpha/2$，则称这种置信区间为等尾置信区间。

有时在总体参数的估计中，我们关心的只是其中的单侧问题，例如，钢筋的平均抗拉强度，我们只关心它的下限是多少，这就是单侧置信区间。

只有下侧置信限的是

$$P(\theta_L\leqslant\theta)\geqslant1-\alpha$$

只有上侧置信限的是

$$P(\theta\leqslant\theta_U)\geqslant1-\alpha$$

（1）正态总体参数的 $1-\alpha$ 置信区间。下面给出单个正态总体均值、方差、标准差的 $1-\alpha$ 的置信区间。

设分布为 $N(\mu,\sigma^2)$，从总体中抽取的样本为 x_1，x_2，…，x_n，样本均值为 $\bar{x}$，样本方差为 s^2，样本标准差为 s。

1）总体均值 μ 的置信区间的求法。μ 的估计一般用样本均值 $\bar{x}$，从 $\bar{x}$ 的分布来构造置信区间。

（i）当总体标准差 σ 已知时，由正态分布的性质可知：

$$Z=\frac{\bar{x}-\mu}{\frac{\sigma}{\sqrt{n}}}\sim N(0,1)$$

由此可得 μ 的 $1-\alpha$ 置信区间为：

$$\bar{x}-Z_{1-\alpha/2}\sigma/\sqrt{n}\leqslant\mu\leqslant\bar{x}+Z_{1-\alpha/2}\sigma/\sqrt{n}$$

记为 $\bar{x}\pm Z_{1-\alpha/2}\frac{\sigma}{\sqrt{n}}$。式中，$Z_{1-\alpha/2}$ 是标准正态分布的 $1-\alpha/2$ 分位数。

（ii）当总体标准差 σ 未知时，将 σ 用其估计 s 代替，由 t 分布性质可得：

$$t=\frac{\bar{x}-\mu}{\frac{s}{\sqrt{n}}}\sim t(n-1)$$

故可以得到 μ 的 $1-\alpha$ 置信区间为 $\bar{x}\pm t_{1-\alpha/2}(n-1)\frac{s}{\sqrt{n}}$。式中，$t_{1-\alpha/2}(n-1)$ 表示自由度是 $n-1$ 的 t 分布的 $1-\alpha/2$ 分位数。

当样本量大于 30 时，t 分布已与正态分布近似相等，因而可得 μ 的 $1-\alpha$ 置信区间为：

$$\bar{x}-Z_{1-\alpha/2}s/\sqrt{n}\leqslant\mu\leqslant\bar{x}+Z_{1-\alpha/2}s/\sqrt{n}$$

记为 $\bar{x}\pm Z_{1-\alpha/2}\frac{s}{\sqrt{n}}$。式中，$Z_{1-\alpha/2}$ 是标准正态分布的 $1-\alpha/2$ 分位数。

2）总体方差 σ^2 与标准差 σ 的置信区间的求法。

（i）当总体均值 μ 已知时，利用 $\chi^2(n)$ 分布性质，可知：

$$\frac{1}{\sigma^2}\sum_{i=1}^{n}(x_i-\mu)^2 \sim \chi^2(n)$$

故可以得到 σ^2 的 $1-\alpha$ 置信区间为：

$$\left[\frac{\sum_{i=1}^{n}(x_i-\mu)^2}{\chi^2_{1-\alpha/2}(n)}, \frac{\sum_{i=1}^{n}(x_i-\mu)^2}{\chi^2_{\alpha/2}(n)}\right]$$

式中，$\chi^2_{\alpha/2}(n)$ 与 $\chi^2_{1-\alpha/2}(n)$ 分别是 $\chi^2(n)$ 分布的 $\alpha/2$ 分位数与 $1-\alpha/2$ 分位数。两边开方，可得 σ 的 $1-\alpha$ 置信区间为：

$$\left[\frac{\sqrt{\sum_{i=1}^{n}(x_i-\mu)^2}}{\sqrt{\chi^2_{1-\alpha/2}(n)}}, \frac{\sqrt{\sum_{i=1}^{n}(x_i-\mu)^2}}{\sqrt{\chi^2_{\alpha/2}(n)}}\right]$$

（ii）当总体均值 μ 未知时，σ^2 的估计常用样本方差 s^2，因此从 s^2 的分布来构造置信区间。利用 $\chi^2(n-1)$ 分布可以得到 σ^2 的 $1-\alpha$ 置信区间为：

$$\left[\frac{(n-1)s^2}{\chi^2_{1-\alpha/2}(n-1)}, \frac{(n-1)s^2}{\chi^2_{\alpha/2}(n-1)}\right]$$

式中，$\chi^2_{\alpha/2}(n-1)$ 与 $\chi^2_{1-\alpha/2}(n-1)$ 分别是 $\chi^2(n-1)$ 分布的 $\alpha/2$ 分位数与 $1-\alpha/2$ 分位数。两边开方，可得 σ 的 $1-\alpha$ 置信区间为：

$$\left[\frac{s\sqrt{n-1}}{\sqrt{\chi^2_{1-\alpha/2}(n-1)}}, \frac{s\sqrt{n-1}}{\sqrt{\chi^2_{\alpha/2}(n-1)}}\right]$$

以上讨论总结在表6—2中，可供选用。

表6—2　　　　单个正态总体均值、方差、标准差的 $1-\alpha$ 置信区间

参数	条件	$1-\alpha$ 置信区间
μ	σ^2 已知	$\bar{x}\pm Z_{1-\alpha/2}\frac{\sigma}{\sqrt{n}}$
μ	σ^2 未知	$\bar{x}\pm t_{1-\alpha/2}(n-1)\frac{s}{\sqrt{n}}$
σ^2	μ 已知	$\left[\frac{\sum_{i=1}^{n}(x_i-\mu)^2}{\chi^2_{1-\alpha/2}(n)}, \frac{\sum_{i=1}^{n}(x_i-\mu)^2}{\chi^2_{\alpha/2}(n)}\right]$
σ	μ 已知	$\left[\frac{\sqrt{\sum_{i=1}^{n}(x_i-\mu)^2}}{\sqrt{\chi^2_{1-\alpha/2}(n)}}, \frac{\sqrt{\sum_{i=1}^{n}(x_i-\mu)^2}}{\sqrt{\chi^2_{\alpha/2}(n)}}\right]$
σ^2	μ 未知	$\left[\frac{(n-1)s^2}{\chi^2_{1-\alpha/2}(n-1)}, \frac{(n-1)s^2}{\chi^2_{\alpha/2}(n-1)}\right]$
σ	μ 未知	$\left[\frac{s\sqrt{n-1}}{\sqrt{\chi^2_{1-\alpha/2}(n-1)}}, \frac{s\sqrt{n-1}}{\sqrt{\chi^2_{\alpha/2}(n-1)}}\right]$

例 6—3

有一种可用于培训从事设备维修员工的计算机辅助软件，团队对其进行研究，希望了解使用这种计算机辅助软件后，能缩短多少培训维修员工的时间。为此，团队首先要估计这种计算机辅助程序所需培训时间的均值。

假定对 15 位员工用这种计算机辅助程序方法进行培训，样本中每名员工所需培训时间列于表 6—3 中。假设培训时间总体是正态分布，要求培训时间均值的 95% 置信水平的区间估计。

表 6—3　　　　员工培训时间

员工	天数	员工	天数	员工	天数
1	52	6	59	11	54
2	44	7	50	12	58
3	55	8	54	13	60
4	44	9	62	14	62
5	45	10	46	15	63

图 6—3 是利用 MINITAB 软件运算的结果。从统计→基本统计量→图形化汇总入口，只要填写上变量名称，计算机会自动计算出下列结果。

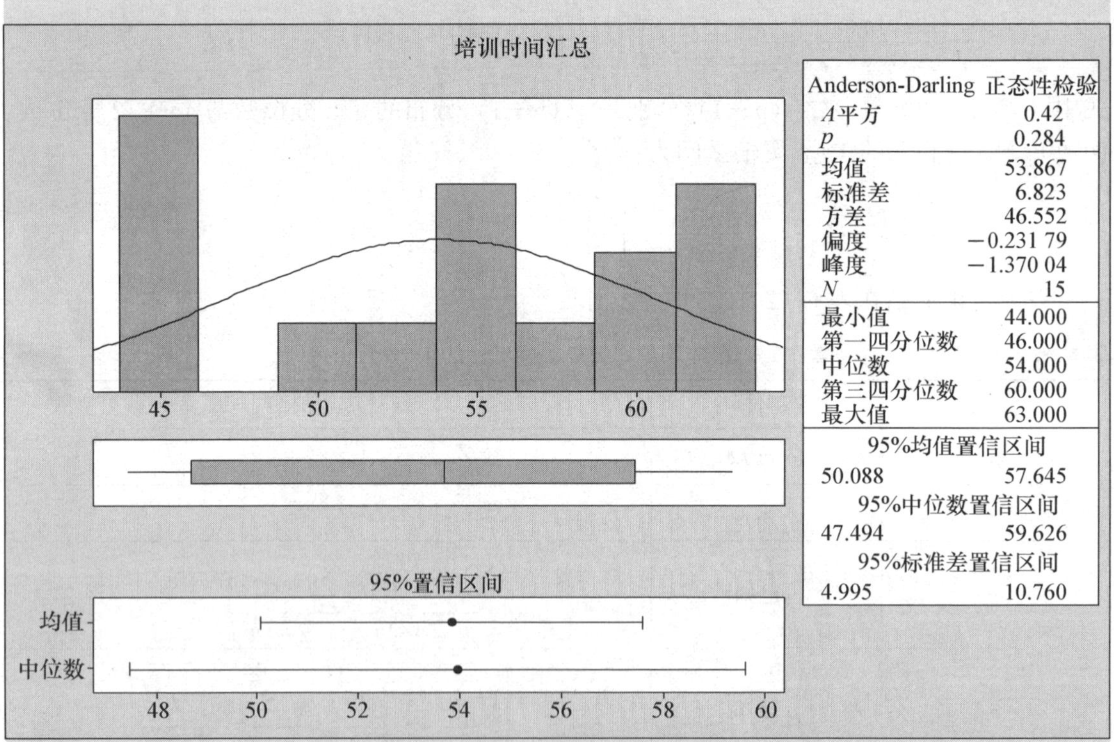

图 6—3　员工培训时间的分布分析

从图 6—3 的右侧区域内，可以看到描述性统计量的结果：样本均值为 53.867 天，样本标准差为 6.823 天，均值的 95% 置信区间为（50.088，57.645），标准差的 95% 置信区间为（4.995，10.760）。

(2) 比率 p 的置信区间。设总体 $X \sim b(1, p)$，样本为 x_1，x_2，…，x_n，样本之和为 k，样本均值为 $\bar{x}=k/n$，这便是 p 的点估计，在样本容量 n 较大（至少要 $np \geqslant 5$）时，由于 $\bar{x}$ 的分布可以近似看成正态分布 $N(p, p(1-p)/n)$，因此 p 的 $1-\alpha$ 置信区间为：

$$\bar{x} \pm Z_{1-\alpha/2}\sqrt{\bar{x}(1-\bar{x})/n}$$

式中，$Z_{1-\alpha/2}$ 是标准正态分布的 $1-\alpha/2$ 分位数。

例 6—4

在某产品使用率情况的顾客调查中，调查了 400 人，其中 100 人使用了该产品，试对该产品使用率 p 作置信水平为 0.95 的区间估计。$n=400$，$\bar{x}=100/400=0.25$，在 $\alpha=0.05$ 时，$Z_{0.975}=1.96$，由此得 p 的置信水平为 0.95 的置信区间为：

$$\bar{x} \pm Z_{0.975}\sqrt{\bar{x}(1-\bar{x})/n}=0.25 \pm 1.96 \times \sqrt{0.25(1-0.25)/400}=0.25 \pm 0.0424$$

即 (0.207 6，0.292 4)。

用 MINITAB 软件，从统计→基本统计量→单比率入口，在选项中选择使用基于正态分布的检验和区间，软件默认选定的双侧检验不予修改，则可以直接得到下列结果：

样本	X	N	样本 p	95% 置信区间
1	100	400	0.250 000	(0.207 566，0.292 434)

即 p 的 95%置信区间为 (0.207 6，0.292 4)。

注意：上述置信区间的估计是基于正态分布计算的，称为近似算法。当不满足 $np \geqslant 5$ 或需要精确算法时，不选择选项中的“使用基于正态分布的检验和区间”即可。关于基于二项式分布的精确算法，比较烦琐，这里不再介绍，在实际生产中，为了得到 p 值的较为准确的估计，一般要求 $np \geqslant 5$。

在 MINITAB 软件中，有一个操作很简单却非常有用的窗口，它可以提供一个图文并茂的计算结果，这就是统计→基本统计量→图形化汇总。此窗口不但有直方图、箱线图，还有重要的描述统计量的计算结果，以及总体均值及标准差的置信区间等。在本书 5.3 节“数据的收集和整理”中，对相关功能已经作了介绍，这里不再重复。

6.3 假设检验

假设检验是六西格玛团队项目中应用最多的统计工具，用于判断下列结论是否正确：“新员工比老员工得到更多的投诉”，“改进工作后平均产量有所提高”，“加工温度为 180℃时比 160℃时垫圈断裂强度要高”等。由于我们观测到的数据总会带有误差，因此不能从简单的样本统计量的结果下定论，必须使用严格的统计假设检验方法才能得出准确的判断结论。本节着重介绍有关假设检验的基本概念和简单的检验方法，这是我们今后几章讲解统计方法的理论基础，必须理解掌握。

6.3.1　假设检验的基本概念

1. 假设检验问题

参数估计和假设检验是统计推断的两个重要方面。参数估计是以“数”为其输出结果，而假设检验以“判断”为其输出结果。为了说明其基本想法，我们先看一个例子。

例 6—5

原来的冷拉钢筋生产线上的钢筋平均抗拉强度为 2 000kg，标准差为 300kg。希望经过调整参数后，钢筋平均抗拉强度能有所提高。项目团队实施改进后抽取了 25 根钢筋，测得钢筋平均抗拉强度为 2 150kg。试问能否断言钢筋平均抗拉强度确有提高？

用 μ 代表总体的钢筋抗拉强度的平均值，这个值我们是不知道的。我们从抽样中得到的只是样本均值，而统计学的目的就是要用样本去推断总体。对于这个问题，我们知道，若总体均值 $\mu>2\,000$，则认为平均抗拉强度有提高；若均值 $\mu\leqslant 2\,000$，则认为没有提高。为此可以建立两个命题，在假设检验中称它们为假设（hypothesis)，一个为原假设（或零假设，null hypothesis)，记为 H_0；另一个为备择假设（或对立假设，alternative hypothesis)，记为 H_1，即

$$H_0: \mu\leqslant 2\,000, H_1: \mu>2\,000$$

问题就是要根据样本的观测值去判断 H_0 是否为真。通常我们总是选取要证明的命题为备择假设，而把正常情况下成立的、一般是无须证明而且是不证自明的作为原假设。在对某个参数进行检验时，我们把要证明的、不相等的、有差别的结论作为备择假设；相等的、无差别的、等号成立的结论作为原假设。因而在对于参数的检验问题中，备择假设中永远不会包含等号，常见的是“大于”、“小于”或“不等于”这三种情况之一。

2. 基本概念与步骤

可以把假设检验的步骤归纳为以下几点：

(1) 建立假设。假设检验的第一步便是建立假设，通常需要建立两个假设：原假设 H_0 和备择假设 H_1。

在对总体均值进行检验时，有三类假设：

$$H_0: \mu=\mu_0(\text{或 } \mu\leqslant\mu_0), H_1: \mu>\mu_0$$
$$H_0: \mu=\mu_0(\text{或 } \mu\geqslant\mu_0), H_1: \mu<\mu_0$$
$$H_0: \mu=\mu_0, H_1: \mu\neq\mu_0$$

前两个称为单边假设检验，后一个称为双边假设检验。

在例 6—5 中用的是单边检验 H_0：$\mu \leqslant 2\,000$，H_1：$\mu > 2\,000$。

假设检验的任务是根据样本 x_1，x_2，…，x_n 来判断原假设是否为真。

(2) 选择检验统计量，确定拒绝域的形式。若对总体的均值进行检验，那么我们将用样本均值 $\bar{x}$ 引出检验统计量；若对正态总体的方差进行检验，我们将用样本方差 s^2 引出检验统计量。

根据统计量的值把整个样本空间分成两个部分：拒绝域 W 与非拒绝域 A。当样本统计量的值落在拒绝域中就拒绝原假设，否则就无法拒绝原假设。所以在假设检验中我们必须找出拒绝域。

根据备择假设的不同，拒绝域可以是双边的，也可以是单边的。在确定了拒绝域的类型后，还要确定临界值 c，这应根据允许犯错误的概率来确定。

(3) 给出检验中的显著性水平 α。在对原假设是否成立进行判断时，由于样本的随机性，判断可能产生两类错误，其示意列在表 6—4 中。第一类错误是当原假设为真时，由于样本的随机性，使样本观测值落在拒绝域 W 中，从而做出拒绝原假设的决定，这类错误称为第一类错误，其发生的概率称为犯第一类错误的概率，也称为弃真概率，记为 α，即 $P_{H_0}(W)=\alpha$。第二类错误是当原假设为假时，由于样本的随机性，使样本观测值落在非拒绝域 A 中，从而做出无法拒绝原假设的决定，这类错误称为第二类错误，其发生的概率称为犯第二类错误的概率，也称为取伪概率，记为 β，即 $P_{H_1}(A)=\beta$。

表 6—4　　假设检验中两类错误

判断结论＼总体情况	H_0 是真的	H_1 是真的
接受 H_0	结论正确	第二类错误
拒绝 H_0	第一类错误	结论正确

若要求犯第一类错误的概率不超过 α，由此给出的检验称为水平为 α 的检验，称 α 为显著性水平，常取 α 为 0.05，有时也可能取 0.10 等。

以例 6—5 为例，因为要求检验钢筋平均抗拉强度是否超过 2 000kg，因此 H_0 的要求就是“钢筋平均抗拉强度未提高”。如果 H_0：$\mu \leqslant 2\,000$ 被拒绝，则表明钢筋平均抗拉强度比原来的 2 000kg 确实有提高。为了真正理解假设检验结论的含义，我们应该具体地理解犯两类错误的实际意义。

1) 关于第一类错误的说明：如果钢筋平均抗拉强度为 $\mu \leqslant 2\,000$，平均抗拉强度并未提高，但我们拒绝了它，即把“未提高”当作“有提高”。一般来说，当 H_0 成立时，我们却拒绝了 H_0，这就是第一类错误。犯第一类错误的概率我们用 α 来表示，通常我们取 $\alpha=0.05$。

2) 关于第二类错误的说明：如果钢筋平均抗拉强度比原来有所提高，这时钢筋平均抗拉强度已经不是原来的 2 000kg，但我们没有拒绝 H_0，误认为没有提高，即把“已提高”误认为“未提高”。一般来说，当 H_0 不成立时，我们却没有拒绝 H_0，这就是第二类错误。犯第二类错误的概率我们用 β 来表示，通常取 $\beta=0.10$。

(4) 给出临界值，确定拒绝域。有了显著性水平 α 后，可以根据给定的检验统计量的分布，查表得到临界值，从而确定具体的拒绝域。在不同的备择假设下，拒绝域、临界值与显著性水平 α 的关系是不同的（见图 6—4）。

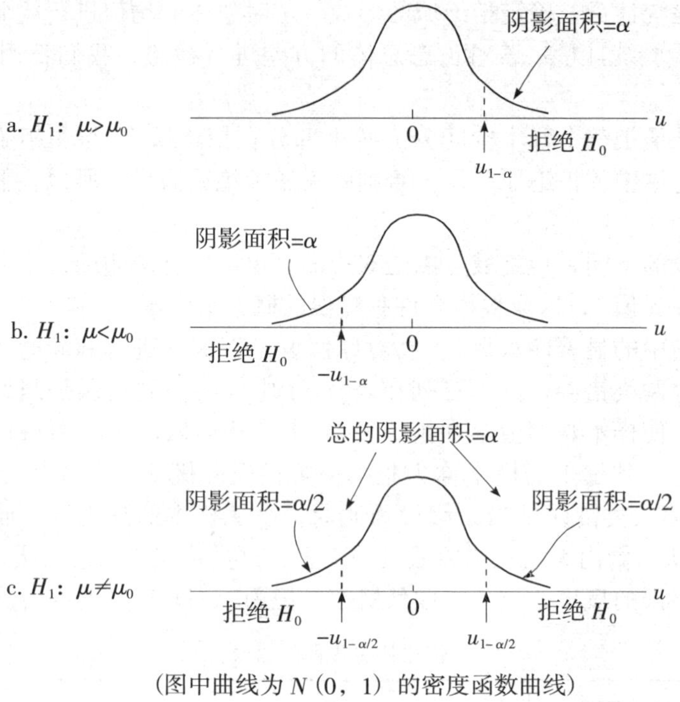

图 6—4　备择假设、拒绝域和显著性水平

（5）根据样本观测值，计算检验统计量的值。收集样本数据，计算检验统计量的值。

（6）根据检验统计量的值是否落在拒绝域中做出判断。

1）将检验统计量的值与拒绝域的临界值相比较，当它落在拒绝域中就得出拒绝原假设的结论，否则就得出不能拒绝原假设的结论。

2）由检验统计量计算 p 值。所谓 p 值，就是当原假设成立时，出现目前状况的概率（严格说是当原假设成立时，出现目前状况或对原假设更不利状况，即对备择假设更有利状况的概率，也可以说是在出现了目前的情况下拒绝原假设所可能犯的第一类错误概率）。当这个概率很小时（例如小于 0.05），这个结果在原假设成立的条件下就不该在一次试验中出现；但现在它确实出现了，因此我们有理由认为“原假设成立”这个前提是错的，因而应该拒绝原假设，接受备择假设。因此可以有个最一般的规则：如果 $p<\alpha$，则拒绝原假设。目前大多数统计软件都提供了与假设检验对应的 p 值，不必再查统计表确定拒绝域就可以根据 p 值得出判断结论。

3）根据样本观测值可以得到总体参数的置信区间，如果原假设的参数值未落入此置信区间，就得出拒绝原假设的结论，否则就得出保留原假设的结论。目前大多数统计软件都提供了相应的置信区间，不必自己计算，因此用这个方法判断也很方便。

续例 6—5

设立原假设和备择假设。

$$H_0: \mu \leqslant \mu_0 = 2\,000,\ H_1: \mu > 2\,000$$

由于钢筋平均抗拉强度 X 服从正态分布，故 $\bar{x}$ 也服从正态分布，且标准差已知，检验统计量为：

$$Z = \frac{\bar{x} - \mu_0}{\sigma/\sqrt{n}}$$

Z 服从标准正态分布，当总体均值 μ 大于 μ_0 时，Z 有变大的趋势，拒绝域应该取右侧，即当样本值代入后计算出的 Z 值太大时应该拒绝原假设。取显著性水平 $\alpha = 0.05$ 时，由于 Z 的右侧 α 分位数，也即是 Z 的左侧 $1-\alpha$ 分位数是 $Z_{1-\alpha} = Z_{0.95} = 1.645$，因此，检验统计 Z 的拒绝域为 $Z \geqslant Z_{1-\alpha}$，也就是说，如果 $Z \geqslant 1.645$，则拒绝 H_0。

计算检验统计量：

$$Z = \frac{\bar{x} - \mu_0}{\sigma/\sqrt{n}} = \frac{2\,150 - 2\,000}{300/\sqrt{25}} = 2.5$$

由于 $Z = 2.5 > 1.645$，故拒绝 H_0。

用 MINITAB 软件，从统计→基本统计量→单样本 Z 入口，填写变量名后，要特别注意在“选项”窗口，选择单侧检验“大于”，可以得到下述结果。

单样本 Z 检验：强度

mu=2 000 与>2 000 的检验

假定标准差=300

变量	N	均值	标准差	均值标准误	95%下限	Z	p
强度	25	2 150.0	291.0	60.0	2 051.3	2.50	0.006

对于 MINITAB 输出的结果必须解释清楚，这里首先给出样本量为 25，样本均值 $\bar{x}$ 为 2 150，总体标准差 σ 为 300，样本标准差 s 为 291，均值的标准误$\left(\text{即}\frac{\sigma}{\sqrt{n}}\right)$为 60。此外，这里还提供了三处可以直接判断原假设是否成立的计算结果。

(1) $Z = 2.50 > Z_{1-\alpha}$，应该拒绝原假设。前面对此已经作了分析。

(2) $p = 0.006$。判断法则是当 p 值小于给定的显著性水平 α 时，则拒绝原假设。本例 p 值比 0.05 小，故应该拒绝原假设。

(3) 置信区间。在本例中，样本均值为 2 150，我们以 95%的把握断言，总体的均值应大于 2 051.3（即 95%置信下限），由于原假设的均值 2 000 并未落入此置信区间内，因此应该拒绝原假设。

这三处的结论当然是一致的，但它们有不同的侧重点。p 值着眼于考虑这个事件出现“多么不寻常”，以此来拒绝原假设；置信区间则着重于考虑原假设的参数值“离我们

的 $1-\alpha$ 的置信区间有多远”，以此来拒绝原假设。出发点略有不同，而结论是殊途同归的。我们分析问题时，应全面掌握这些信息，以更好地理解所得到的结论。

6.3.2 均值、方差和比率的假设检验

1. 单个正态总体均值、方差的显著性水平为 α 的检验

设总体分布为 $N(\mu, \sigma^2)$，从总体中抽取的样本为 x_1，x_2，…，x_n，样本均值为 $\bar{x}$，样本的方差为 s^2，样本标准差为 s。

(1) 关于 μ 的显著性水平为 α 的检验。

1) 当 σ 已知时　关于正态均值 μ 常用的三对假设为：

$$\left.\begin{array}{l} H_0: \mu \leqslant \mu_0,\ H_1: \mu > \mu_0 \\ H_0: \mu \geqslant \mu_0,\ H_1: \mu < \mu_0 \end{array}\right\} \text{单边假设检验问题}$$

$$\left. H_0: \mu = \mu_0,\ H_1: \mu \neq \mu_0 \right\} \text{双边假设检验问题}$$

检验统计量都用统计量

$$Z=\frac{\bar{x}-\mu_0}{\sigma/\sqrt{n}}$$

在 H_0 成立，即 $\mu=\mu_0$ 时，$Z \sim N(0, 1)$。

给出显著性水平 α，定出拒绝域 W：

$$W=\{Z \geqslant Z_{1-\alpha}\},\ W=\{Z \leqslant Z_\alpha\},\ W=\{|Z| \geqslant Z_{1-\alpha/2}\}$$

2) 当 σ 未知时，可以用 σ 的估计 s 代替，大样本（$n \geqslant 30$）时，采用检验统计量

$$Z=\frac{\bar{x}-\mu_0}{s/\sqrt{n}}$$

拒绝域为 $W=\{Z \geqslant Z_{1-\alpha}\}$，$W=\{Z \leqslant Z_\alpha\}$，$W=\{|Z| \geqslant Z_{1-\alpha/2}\}$

小样本（$n<30$）时，采用检验统计量

$$t=\frac{\bar{x}-\mu_0}{s/\sqrt{n}}$$

在 H_0 成立条件下，$t \sim t(n-1)$。相应于上述三个检验问题的拒绝域改用 t 分布获得，分别为：

$$W=\{t \geqslant t_{1-\alpha}(n-1)\},\ W=\{t \leqslant t_\alpha(n-1)\},\ W=\{|t| \geqslant t_{1-\alpha/2}(n-1)\}$$

式中，$t_{1-\alpha/2}(n-1)$ 是自由度为 $n-1$ 的 t 分布的 $1-\alpha/2$ 分位数，其他意义相同。

(2) 关于 σ^2 的显著性水平为 α 的检验。可以采用检验统计量

$$\chi^2=\frac{(n-1)s^2}{\sigma_0^2}$$

在不同的检验问题中拒绝域按如下方法确定：

若原假设与备择假设为：H_0：$\sigma^2 \leqslant \sigma_0^2$（或 $\sigma^2 = \sigma_0^2$），H_1：$\sigma^2 > \sigma_0^2$，那么拒绝域为$\{\chi^2 \geqslant \chi^2_{1-\alpha}(n-1)\}$。

若原假设与备择假设为：H_0：$\sigma^2 \geqslant \sigma_0^2$（或 $\sigma^2 = \sigma_0^2$），H_1：$\sigma^2 < \sigma_0^2$，那么拒绝域为$\{\chi^2 \leqslant \chi^2_{\alpha}(n-1)\}$。

若原假设与备择假设为：H_0：$\sigma^2 = \sigma_0^2$，H_1：$\sigma^2 \neq \sigma_0^2$，那么拒绝域为$\{\chi^2 \leqslant \chi^2_{\alpha/2}(n-1)$ 或 $\chi^2 \geqslant \chi^2_{1-\alpha/2}(n-1)\}$，这里 $\chi^2_{\alpha/2}(n-1)$ 是自由度为 $n-1$ 的 χ^2 分布的 $\alpha/2$ 分位数，其他意义相同。

我们将上述结果列在表6—5中以便查用，通常将用 Z，t，χ^2 作检验统计量的检验称为 Z，t，χ^2 检验。

表6—5　　单个正态总体均值、方差的显著性水平为 α 的检验

检验法	条件	H_0	H_1	检验统计量	拒绝域
Z 检验	σ 已知	$\mu \leqslant \mu_0$ $\mu \geqslant \mu_0$ $\mu = \mu_0$	$\mu > \mu_0$ $\mu < \mu_0$ $\mu \neq \mu_0$	$Z=\dfrac{\bar{x}-\mu_0}{\sigma/\sqrt{n}}$	$\{Z \geqslant Z_{1-\alpha}\}$ $\{Z \leqslant Z_{\alpha}\}$ $\{\lvert Z\rvert \geqslant Z_{1-\alpha/2}\}$
Z 检验	σ 未知 大样本 $n \geqslant 30$	$\mu \leqslant \mu_0$ $\mu \geqslant \mu_0$ $\mu = \mu_0$	$\mu > \mu_0$ $\mu < \mu_0$ $\mu \neq \mu_0$	$Z=\dfrac{\bar{x}-\mu_0}{s/\sqrt{n}}$	$\{Z \geqslant Z_{1-\alpha}\}$ $\{Z \leqslant Z_{\alpha}\}$ $\{\lvert Z\rvert \geqslant Z_{1-\alpha/2}\}$
t 检验	σ 未知 小样本 $n < 30$	$\mu \leqslant \mu_0$ $\mu \geqslant \mu_0$ $\mu = \mu_0$	$\mu > \mu_0$ $\mu < \mu_0$ $\mu \neq \mu_0$	$t=\dfrac{\bar{x}-\mu_0}{s/\sqrt{n}}$	$\{t \geqslant t_{1-\alpha}(n-1)\}$ $\{t \leqslant t_{\alpha}(n-1)\}$ $\{\lvert t\rvert \geqslant t_{1-\alpha/2}(n-1)\}$
χ^2 检验	μ 未知	$\sigma^2 \leqslant \sigma_0^2$ $\sigma^2 \geqslant \sigma_0^2$ $\sigma^2 = \sigma_0^2$	$\sigma^2 > \sigma_0^2$ $\sigma^2 < \sigma_0^2$ $\sigma^2 \neq \sigma_0^2$	$\chi^2=\dfrac{(n-1)s^2}{\sigma_0^2}$	$\{\chi^2 \geqslant \chi^2_{1-\alpha}(n-1)\}$ $\{\chi^2 \leqslant \chi^2_{\alpha}(n-1)\}$ $\left\{\begin{matrix}\chi^2 \leqslant \chi^2_{\alpha/2}(n-1) \text{ 或} \\ \chi^2 \geqslant \chi^2_{1-\alpha/2}(n-1)\end{matrix}\right\}$

例6—6

某零件，其厚度在正常生产下服从 $N(0.13, 0.015^2)$。某日在生产的产品中抽查了10次，其观测值为0.112，0.130，0.129，0.152，0.138，0.118，0.151，0.128，0.158，0.142。发现平均厚度为0.136，已稍有变化，如果标准差不变，试问生产是否正常？（取 $\alpha=0.05$）

（1）建立假设：H_0：$\mu=0.13$，H_1：$\mu \neq 0.13$。

（2）由于 σ 已知，故选用 Z 检验。

（3）根据显著性水平 $\alpha=0.05$ 及备择假设知拒绝域为：

$$\{\lvert Z\rvert \geqslant Z_{1-\alpha/2}\}=\{\lvert Z\rvert \geqslant 1.96\}$$

（4）由样本观测值，求得：

$$Z=\frac{\bar{x}-0.13}{0.015/\sqrt{10}}=\frac{0.136-0.13}{0.015/\sqrt{10}}=1.22$$

由于样本观测值未落在拒绝域中，因此不能拒绝原假设，可以认为该天生产正常。

由 MINITAB 计算，从统计→基本统计量→单样本 Z 入口，填写变量名后，要特别注意在“选项”窗口选择双侧检验“不等于”，得到结果如下：

mu＝0.13 与≠0.13 的检验

假定标准差＝0.015

变量	N	均值	标准差	均值标准误	95%置信区间	Z	p
厚度	10	0.135 80	0.015 11	0.004 74	(0.126 50，0.145 10)	1.22	0.221

由于 $p=0.221>0.05$，因此无法拒绝 H_0，即认为平均厚度变化到 0.136 与原 0.13 并无显著差别，即这批产品平均厚度合格。由于观测的样本均值是 0.136，置信区间显示，以 95%的把握断言，总体均值肯定落在（0.127，0.145），$\mu=0.13$ 落入此置信区间，因此以 0.05 的显著性水平无法拒绝原假设。MINITAB 还给出非常直观的图形（见图 6—5）帮助判断：当 H_0 所对应的均值未落入均值的置信区间时，则拒绝原假设；否则不能拒绝原假设。本例的结论是：不能拒绝原假设 H_0，即平均厚度与 0.13 无显著差别。

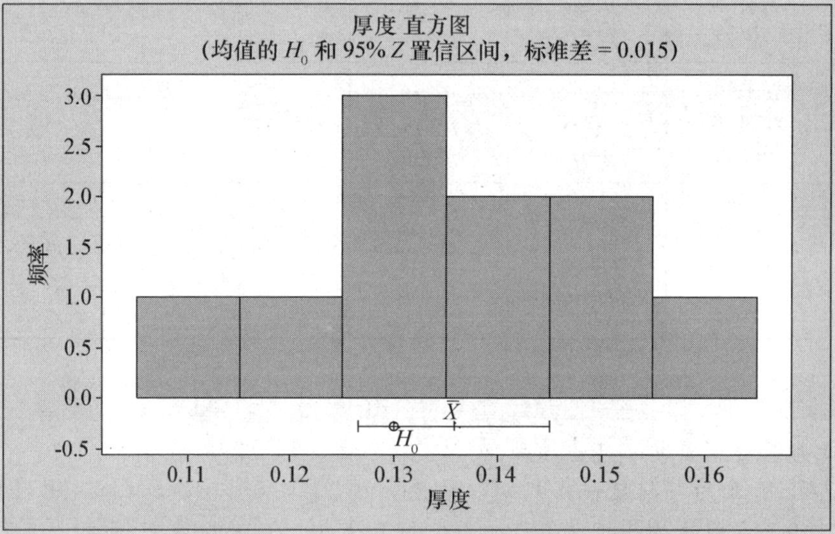

图 6—5　假设检验用的直方图和置信区间

例 6—7

某宾馆六西格玛团队，评定某项服务的等级，最大可能的级别为 10。团队规定服务等级的总体均值“达到 7”的服务项目可以接受，总体均值“超过 7”的认为有提高。随机调查 12 位顾客，要求他们对此项服务评定等级，得到 12 个级别数据为：7，8，10，8，6，9，6，7，7，8，9 和 8。假使总体级别近似服从正态分布，在显著性水平 $\alpha=0.05$ 的情况下，问服务项目确实比规定可接受标准有提高吗？

建立假设：

H_0：$\mu=7$，H_1：$\mu>7$

如果拒绝 H_0，则可以认为服务项目确实比规定标准有提高。由于是小样本，并且 σ 未知，故选用单样本 t 检验。

下面是 MINITAB 软件计算的结果：

单样本 t 检验：等级

mu=7 与 ＞ 7 的检验

变量	N	均值	标准差	均值标准误	95%下限	t	p
等级	12	7.750	1.215	0.351	7.120	2.14	0.028

计算结果显示：$\bar{x}=7.750$，$s=1.215$，$t=2.14$，而 $t_{1-\alpha}(n-1)=t_{0.95}(11)=1.796$（$t$ 分布分位数表），由于 $t=2.14>1.796$，故拒绝 H_0，可以认定服务项目确实比规定标准有提高。

同样，因为 $p=0.028<0.05$，则拒绝 H_0，获得同样结论。

例 6—8

某种导线的电阻服从 $N(\mu, \sigma^2)$，μ 未知，但要求千米长导线电阻的标准差不得超过 0.005Ω。现随机抽取了 9 根千米长导线，测得其电阻数据为：

10.010 0，9.997 7，9.989 8，10.000 8，10.002 4，10.004 8，9.999 6，10.007 8，9.993 2

测得样本的标准差为 $s=0.006\ 54$，试问在 $\alpha=0.05$ 的显著性水平上能否认为该批导线电阻标准差发生变化？

（1）建立假设。

H_0：$\sigma=0.005$，H_1：$\sigma\neq0.005$

（2）由于 μ 未知，故选用 χ^2 检验。

（3）根据显著性水平 $\alpha=0.05$ 及备择假设知拒绝域为：

$$\{\chi^2\leqslant\chi^2_{\frac{\alpha}{2}}(n-1)\}\text{或}\{\chi^2\geqslant\chi^2_{1-\frac{\alpha}{2}}(n-1)\}=\{\chi^2\leqslant2.18\}\text{或}\{\chi^2\geqslant17.53\}$$

（4）由样本观测值，求得

$$\chi^2=\frac{8\times0.006\ 54^2}{0.005^2}=13.69$$

由于样本统计量的值未落在拒绝域中，因此不能拒绝原假设，认为该批导线电阻标准差无显著变化。

在用 MINITAB 软件计算时，我们可以借用统计→基本统计量→单方差，得到检验的结果（只看最后一段检验那两行）：

变量	方法	计量	自由度	p
电阻	卡方	13.68	8	0.181

$p=0.181>0.05$，因此无法拒绝原假设，即认为标准差与设定值 0.005 无显著差别。

另外，对于这种单样本标准差的双侧检验也可以从统计→基本统计量→图形化汇总中求出标准差的 95%双侧置信区间为（0.004，0.013），而 0.005 落入此置信区间，因此不能拒绝原假设，也可以认为该批导线电阻标准差合格。

一般地说，估计总体均值大约 $n=15$ 就够了，而估计标准差大约要 $n=30$ 才能估计得比较好。本例 $n=9$，对于估计样本均值已经不够，当然对于估计标准差就更不够了，所以才导致最终结果中其双侧置信区间太宽了。

2. 两个总体均值、方差的显著性水平为 α 的检验

设有两个独立总体，$X\sim N(\mu_1, \sigma_1^2)$，$Y\sim N(\mu_2, \sigma_2^2)$，从总体 X 中抽取的样本 x_1，x_2，…，x_n，样本均值为 $\bar{x}$，样本方差为 s_x^2，样本标准差为 s_x，从总体 Y 中抽取的样本为 y_1，y_2，…，y_m，样本均值为 $\bar{y}$，样本方差为 s_y^2，样本标准差为 s_y。

（1）关于两个正态总体均值的显著性水平为 α 的检验。

1）当 σ_1，σ_2 已知时，可以采用检验统计量 $Z=\dfrac{\bar{x}-\bar{y}}{\sqrt{\dfrac{\sigma_1^2}{n}+\dfrac{\sigma_2^2}{m}}}$。

对检验问题 H_0：$\mu_1\leqslant\mu_2$（或 $\mu_1=\mu_2$），H_1：$\mu_1>\mu_2$，拒绝域为 $\{Z\geqslant Z_{1-\alpha}\}$。

对检验问题 H_0：$\mu_1\geqslant\mu_2$（或 $\mu_1=\mu_2$），H_1：$\mu_1<\mu_2$，拒绝域为 $\{Z\leqslant Z_\alpha\}$。

对检验问题 H_0：$\mu_1=\mu_2$，H_1：$\mu_1\neq\mu_2$，拒绝域为 $\{|Z|\geqslant Z_{1-\alpha/2}\}$。

2）当 σ_1，σ_2 未知，但 $\sigma_1=\sigma_2$ 时，可以采用检验统计量 $t=\dfrac{\bar{x}-\bar{y}}{s_w\sqrt{\dfrac{1}{n}+\dfrac{1}{m}}}$，式中，$s_w^2=\dfrac{(n-1)s_x^2+(m-1)s_y^2}{n+m-2}$。

对上述三个检验问题的拒绝域可以用 t 分布的分位数得到，它们分别是：$\{t\geqslant t_{1-\alpha}(n+m-2)\}$，$\{t\leqslant t_\alpha(n+m-2)\}$，$\{|t|\geqslant t_{1-\alpha/2}(n+m-2)\}$。

3）当 σ_1，σ_2 未知，但 n 与 m 都较大时，可以采用检验统计量 $Z=\dfrac{\bar{x}-\bar{y}}{\sqrt{\dfrac{s_x^2}{n}+\dfrac{s_y^2}{m}}}$，对上述三个检验问题的拒绝域仍可以用 $N(0, 1)$ 分布的分位数获得，它们分别是：$\{Z\geqslant Z_{1-\alpha}\}$，$\{Z\leqslant Z_\alpha\}$，$\{|Z|\geqslant Z_{1-\alpha/2}\}$。

注意：在上述 3 种情况中，只有 2）应用最多，计算机软件也都是采用此种方法计算的。

（2）关于两个正态总体方差的显著性水平为 α 的检验，可以采用检验统计量 $F=\dfrac{s_x^2}{s_y^2}$。

1）检验问题为：H_0：$\sigma_1^2=\sigma_2^2$，H_1：$\sigma_1^2\neq\sigma_2^2$。

拒绝域为：$\{F\leqslant F_{\alpha/2}(n-1, m-1)$ 或 $F\geqslant F_{1-\alpha/2}(n-1, m-1)\}$。

2）检验问题为：H_0：$\sigma_1^2\leqslant\sigma_2^2$（或 $\sigma_1^2=\sigma_2^2$），H_1：$\sigma_1^2>\sigma_2^2$。

拒绝域为：$\{F\geqslant F_{1-\alpha}(n-1, m-1)\}$。

3）检验问题为：H_0：$\sigma_1^2\geqslant\sigma_2^2$（或 $\sigma_1^2=\sigma_2^2$），H_1：$\sigma_1^2<\sigma_2^2$。

拒绝域为：$\{F\leqslant F_\alpha(n-1, m-1)\}$。

将上述关于两个总体均值、方差的显著性水平为 α 的检验列在表6—6中，同样用检验统计量 Z，t，F 的检验分别称为 Z，t，F 检验。

表6—6　两正态总体均值、方差的显著性水平为 α 的检验

检验法	条件	H_0	H_1	检验统计量	拒绝域
Z 检验	σ_1，σ_2 已知	$\mu_1\leqslant\mu_2$ $\mu_1\geqslant\mu_2$ $\mu_1=\mu_2$	$\mu_1>\mu_2$ $\mu_1<\mu_2$ $\mu_1\neq\mu_2$	$Z=\dfrac{\bar{x}-\bar{y}}{\sqrt{\dfrac{\sigma_1^2}{n}+\dfrac{\sigma_2^2}{m}}}$	$\{Z\geqslant Z_{1-\alpha}\}$ $\{Z\leqslant Z_\alpha\}$ $\{\lvert Z\rvert\geqslant Z_{1-\alpha/2}\}$
t 检验	$\sigma_1=\sigma_2$ 未知	$\mu_1\leqslant\mu_2$ $\mu_1\geqslant\mu_2$ $\mu_1=\mu_2$	$\mu_1>\mu_2$ $\mu_1<\mu_2$ $\mu_1\neq\mu_2$	$t=\dfrac{\bar{x}-\bar{y}}{s_w\sqrt{\dfrac{1}{n}+\dfrac{1}{m}}}$	$\{t\geqslant t_{1-\alpha}(n+m-2)\}$ $\{t\leqslant t_\alpha(n+m-2)\}$ $\{\lvert t\rvert\geqslant t_{1-\alpha/2}(n+m-2)\}$
近似 Z 检验	σ_1，σ_2 未知 m，n 大样本	$\mu_1\leqslant\mu_2$ $\mu_1\geqslant\mu_2$ $\mu_1=\mu_2$	$\mu_1>\mu_2$ $\mu_1<\mu_2$ $\mu_1\neq\mu_2$	$Z=\dfrac{\bar{x}-\bar{y}}{\sqrt{\dfrac{s_x^2}{n}+\dfrac{s_y^2}{m}}}$	$\{Z\geqslant Z_{1-\alpha}\}$ $\{Z\leqslant Z_\alpha\}$ $\{\lvert Z\rvert\geqslant Z_{1-\alpha/2}\}$
F 检验	μ_1，μ_2 未知	$\sigma_1^2\leqslant\sigma_2^2$ $\sigma_1^2\geqslant\sigma_2^2$ $\sigma_1^2=\sigma_2^2$	$\sigma_1^2>\sigma_2^2$ $\sigma_1^2<\sigma_2^2$ $\sigma_1^2\neq\sigma_2^2$	$F=\dfrac{s_x^2}{s_y^2}$	$\{F\geqslant F_{1-\alpha}(n-1,m-1)\}$ $\{F\leqslant F_\alpha(n-1,m-1)\}$ $\left\{\begin{array}{l}F\leqslant F_{\alpha/2}(n-1,m-1)\\ \text{或 } F\geqslant F_{1-\alpha/2}(n-1,m-1)\end{array}\right\}$

例6—9

在改进工艺前后，各测量了若干钢条的抗剪强度，数据如下：

改进后：525，531，518，533，546，524，521，533，545，540

改进前：521，525，533，525，517，514，526，519

试问可以认为改进工艺后钢条的平均抗剪强度有所提高吗？

设在改进后钢条的抗剪强度 $X\sim N(\mu_1,\sigma_1^2)$，改进前钢条的抗剪强度 $Y\sim N(\mu_2,\sigma_2^2)$。从两组产品中随机抽取 $n=10$，$m=8$ 个样品，测得其抗剪强度的均值和方差分别为：

$$\bar{x}=531.60,\ s_x^2=(9.78)^2$$

$$\bar{y}=522.50,\ s_y^2=(6)^2$$

首先在 $\alpha=0.05$ 水平上检验改进前后的方差是否相等，若可以认为相等的话，再在 $\alpha=0.05$ 水平上进一步检验改进后均值是否增大。

(1) 首先检验方差是否相等。

1) 设 H_0：$\sigma_1^2=\sigma_2^2$，H_1：$\sigma_1^2\neq\sigma_2^2$。

2) 用 F 检验。

3) 据显著性水平 $\alpha=0.05$ 及备择假设可知拒绝域为：

$$\{F\leqslant F_{\alpha/2}(n-1,m-1)\text{或}F\geqslant F_{1-\alpha/2}(n-1,m-1)\}=\{F\leqslant 1/4.20\text{ 或 }F\geqslant 4.82\}$$

4) 由样本观测值，求得：

$$F=\frac{s_x^2}{s_y^2}=\frac{(9.78)^2}{(6)^2}=2.66$$

由于样本观测值未落在拒绝域中，因此不能拒绝原假设，可以认为改进前后的方差相等。

(2) 再检验均值是否有所提高。

1) 设 H_0：$\mu_1=\mu_2$，H_1：$\mu_1>\mu_2$。

2) 由于两总体方差相等，但未知，故选用 t 检验。

3) 据显著性水平 $\alpha=0.05$ 及备择假设知拒绝域为：

$$\{t\geqslant t_{1-\alpha}(n+m-2)\}=\{t\geqslant 1.746\}$$

4) 由样本观测值知：

$$\bar{x}-\bar{y}=531.45-522.44=9.01$$

$$s_w=\sqrt{\frac{(n-1)s_x^2+(m-1)s_y^2}{n+m-2}}=\sqrt{\frac{9\times(9.84)^2+7\times(5.88)^2}{10+8-2}}=8.34$$

$$t=\frac{\bar{x}-\bar{y}}{s_w\sqrt{\frac{1}{n}+\frac{1}{m}}}=\frac{9.01}{8.338\times\sqrt{1/10+1/8}}=2.28$$

由于统计量的值落在拒绝域中，应拒绝 H_0，即可认为改革后的钢条的平均抗剪强度确有所提高。

用 MINITAB 软件，先检验方差相等性，从统计→基本统计量→双方差入口，即可得下列结果：

检验方法	$DF1$	$DF2$	检验统计量	p
F 检验（正态）	9	7	2.66	0.211
Levene 检验（任何连续分布）	1	16	2.02	0.174

F 检验的 p 值为 0.211，没有充足的证据判定两总体方差不等，因此可认为两总体方差相等。如果输出各自的箱线图（见图 6—6），则可以直观地看出虽然改进后波动略显增大，但两个总体的方差总的来说相差不大（此图对于波动的大小判断只能给出直观状况，但不可当作判断依据）。

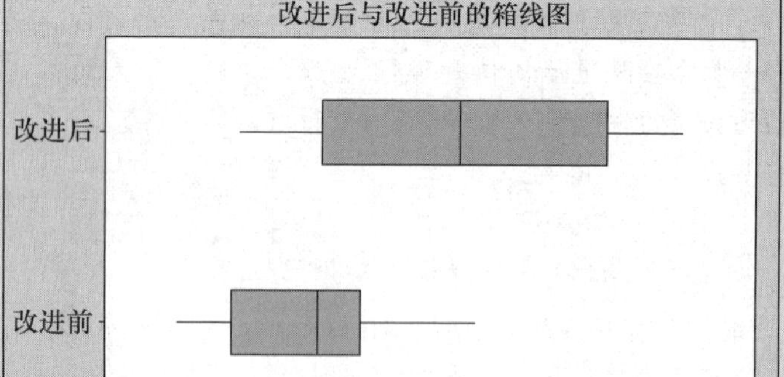

图 6—6 两总体方差相等性检验的箱线图

再检验均值，从统计→基本统计量→双样本 t 入口，选定“假定等方差（E）”，要特别注意在“选项”窗口选择单侧检验“大于”作为备择假设，即可得到下列结果：

双样本 t 检验和置信区间：改进后，改进前

改进后与改进前的双样本 t

	N	均值	标准差	均值标准误
改进后	10	531.60	9.78	
改进前	8	522.50	6.00	

差值＝mu（改进后）－mu（改进前）

差值估计值：9.10

差值的 95% 置信下限：2.19

差值＝0（与 ＞）的 t 检验：$t=2.30$，$p=0.018$，自由度＝16

两者都使用合并标准差＝8.338 2

双样本 t 检验的结果中 p 值为 $0.018<0.05$，因此应该拒绝均值相等的原假设，即说明二者的均值间确实有显著差异。

其检验结果的示意图如图 6—7 所示。

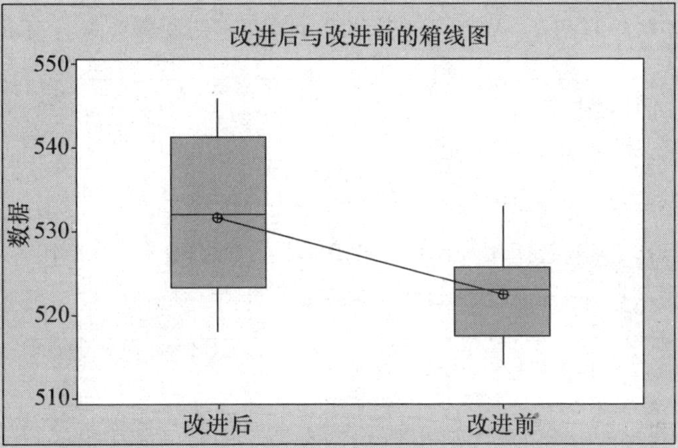

图 6—7　改进工艺前后钢条的抗剪强度比较图

3. 比率 p 的假设检验

(1) 单个比率 p 的检验。设样本 x_1，x_2，…，x_n 来自二点分布总体 X，$X \sim b(1, p)$，在小样本场合只能使用精确的二项分布计算（计算机软件一般都可以给出结果）；在大样本场合可以用近似的 Z 检验。关于参数 p 检验的近似正态统计量为 $Z=\dfrac{\bar{x}-p_0}{\sqrt{p_0(1-p_0)/n}}$，显著性水平为 α 的拒绝域如表 6—7 所示。

表 6—7　　单个比率 p 的显著性水平为 α 的检验

检验法	H_0	H_1	检验统计量	拒绝域
Z 检验	$p\leqslant p_0$ $p\geqslant p_0$ $p=p_0$	$p>p_0$ $p<p_0$ $p\neq p_0$	$Z=\dfrac{\bar{x}-p_0}{\sqrt{p_0\ (1-p_0)\ /n}}$	$\{Z\geqslant Z_{1-\alpha}\}$ $\{Z\leqslant Z_\alpha\}$ $\{\lvert Z\rvert\geqslant Z_{1-\alpha/2}\}$

例 6—10

某厂规定产品必须经过检验合格后才能出厂，其不合格品率 p_0 不得超过 3% 。现从一批产品中随机抽取 200 个进行检验，发现有 10 个不合格品，问该批产品能否出厂？(取 $\alpha=0.05$)

(1) 建立假设：H_0：$p\leqslant 0.03$，H_1：$p>0.03$。

(2) 采用近似算法，选用近似 z 检验。

(3) 根据显著性水平 $\alpha=0.05$ 及备择假设知拒绝域为 $\{Z\geqslant Z_{1-\alpha}\}=\{Z\geqslant 1.645\}$。

(4) 由样本观测值，求得

$$Z=\frac{10/200-0.03}{\sqrt{0.03\times 0.97/200}}=1.66$$

由于统计量的值落在拒绝域中，因此拒绝原假设，不允许这批产品出厂。

用 MINITAB 软件计算，从统计→基本统计量→单比率入口，可得下列结果：

单比率检验和置信区间

$p=0.03$ 与 $p>0.03$ 的检验

样本	X	N	样本 p	95%下限	Z	p
1	10	200	0.050 000	0.024 651	1.66	0.049

使用正态近似

(2) 两个比率的检验。设样本 x_1，x_2，…，x_n 来自二点分布总体 X，$X\sim b(1,\ p_1)$，样本 y_1，y_2，…，y_m 来自二点分布总体 Y，$Y\sim b(1,\ p_2)$，两样本独立，要对参数 p_1 与 p_2 进行比较，记 $\hat{p}_1=\bar{x}$，$\hat{p}_2=\bar{y}$，$\hat{p}=\dfrac{n\hat{p}_1+m\hat{p}_2}{n+m}$。在小样本情况下，只能借助于计算机使用精确检验方法；在大样本情况下，可以使用检验的近似正态方法，其统计量为：

$$Z=\frac{\hat{p}_1-\hat{p}_2}{\sqrt{\left(\frac{1}{n}+\frac{1}{m}\right)\hat{p}\,(1-\hat{p})}}$$

在不同的假设下，显著性水平为 α 的拒绝域如表 6—8 所示。

表 6—8　两个比率的显著性水平为 α 的检验

检验法	H_0	H_1	检验统计量	拒绝域
Z检验	$p_1 \leqslant p_2$ $p_1 \geqslant p_2$ $p_1 = p_2$	$p_1 > p_2$ $p_1 < p_2$ $p_1 \neq p_2$	$Z=\dfrac{\hat{p}_1-\hat{p}_2}{\sqrt{\left(\dfrac{1}{n}+\dfrac{1}{m}\right)\hat{p}\ (1-\hat{p})}}$	$\{Z \geqslant Z_{1-\alpha}\}$ $\{Z \leqslant Z_{\alpha}\}$ $\{\lvert Z\rvert \geqslant Z_{1-\alpha/2}\}$

例 6—11

用A与B两种不同的方法制造某种零件，从各自制造的零件中分别随机抽取100个，其中A的有10个不合格品，B的有6个不合格品。在 $\alpha=0.05$ 水平上，能否认为不合格率与方法有关？

设A的不合格率为 p_1，B的不合格率为 p_2，此时要检验的假设为：

$$H_0: p_1=p_2,\ H_1: p_1 \neq p_2$$

由所给出的备择假设，利用大样本的正态近似性，得出在 $\alpha=0.05$ 水平上的拒绝域为 $\{\lvert Z\rvert \geqslant 1.96\}$。

由样本数据知 $n=100$，$m=100$，$\hat{p}_1=\dfrac{10}{100}=0.10$，$\hat{p}_2=\dfrac{6}{100}=0.06$，$\hat{p}=\dfrac{10+6}{100+100}=0.08$，则得

$$Z=\frac{\hat{p}_1-\hat{p}_2}{\sqrt{\left(\dfrac{1}{n}+\dfrac{1}{m}\right)\hat{p}(1-\hat{p})}}=\frac{0.10-0.06}{\sqrt{(1/100+1/100)\times 0.08\times(1-0.08)}}$$
$$=1.04<1.96$$

未落在拒绝域中，所以在 $\alpha=0.05$ 水平上认为不合格率与制造方法无关。

用MINITAB软件，从统计→基本统计量→双比率入口，可得到下列结果：

双比率检验和置信区间

样本	X	N	样本 p
1	10	100	0.100 000
2	6	100	0.060 000

差值 $=p(1)-p(2)$

差值估计值：0.04

差值的95%置信区间：(−0.034 992 6，0.114 993)

差值=0（与 ≠ 0）的检验：$Z=1.05$，$p=0.296$

Fisher 精确检验：$p=0.435$

这里 p 值为 0.296，大于给定的 $\alpha=0.05$，因此无法拒绝原假设，得到同样的结论：两种方法间无显著差异。这就给我们很大的启示，表面上看，10%当然比 6%要大，但是在样本量较小时竟然得不到有显著差别的结论。统计工作者不相信简单的百分数，6‰与 60‰是不同的。如果上例的总件数与不良品数都扩大 10 倍，则二者的差别就是显著的了。

双比率检验和置信区间

样本	X	N	样本 p
1	100	1 000	0.100 000
2	60	1 000	0.060 000

差值$=p(1)-p(2)$

差值估计值：0.04

差值的 95%置信区间：(0.016 285 2，0.063 714 8)

差值=0（与 ≠ 0）的检验：$Z=3.31$，$p=0.001$

Fisher 精确检验：$p=0.001$

6.3.3 配对数据检验

x_i 和 y_i 是分别来自 $N(\mu_1, \sigma_1^2)$ 与 $N(\mu_2, \sigma_2^2)$ 的样本观测值，需要检验这两个分布的均值是否一致。比如，某团队对测量矿石中二氧化锰含量的两种分析方法进行对比，随机从过程产品中抽样，将同一个样品用两种实验分析方法分别测量二氧化锰含量各一次。如果我们将此问题当作两总体的均值检验问题，很容易得到“差别不显著”的结论，这是因为矿石间有很大差异，两组的方差都很大，而这差别又不是由测量误差造成的。鉴定测量方法差别的最好方法是将同一块矿石的两个结果之差求出来，看此差值的均值是否为零。

我们采用如下方法处理：

令 $d_i=x_i-y_i(i=1, 2, \cdots, n)$，那么可以把它们看做来自如下正态总体的样本的观察值：

$$D=X-Y\sim N(\mu_1-\mu_2, \sigma_1^2+\sigma_2^2)=N(\mu, \sigma^2)$$

则检验 μ_1 与 μ_2 是否相等的问题就转化为检验如下假设：

$$H_0: \mu=0, \quad H_1: \mu\neq 0$$

这是单个正态总体均值是否为 0 的检验问题。

由于 σ 未知，因此对此问题用 t 检验，检验统计量变成：

$$t=\frac{\overline{d}}{s_d/\sqrt{n}}$$

因此，在 $\alpha=0.05$ 水平上拒绝域为 $\{|t|\geqslant t_{1-\alpha/2}(n-1)\}$。

例 6—12

某团队对测量矿石中二氧化锰含量的两种分析方法进行对比，随机地从过程产品中抽样，将同一个样品用两种实验分析方法分别测量二氧化锰含量各一次。表 6—9 是测量的记录，试问两种分析方法的结果在 $\alpha=0.05$ 水平上有无显著差异？

表 6—9　　二氧化锰含量测量的记录

序号 i	x_i(实验方法 A)	y_i(实验方法 B)	$d_i=x_i-y_i$
1	7.2	6.6	0.6
2	2.6	2.4	0.2
3	9.4	9.6	−0.2
4	15.4	15.0	0.4
5	6.7	7.0	−0.3
6	7.3	7.3	0.0
7	5.2	4.9	0.3
8	7.9	7.4	0.5
9	1.3	1.0	0.3
10	9.7	9.6	0.1
11	11.1	10.7	0.4
均值	$\bar{x}=7.62$	$\bar{y}=7.409\,5$	$\bar{d}=0.209\,1$
标准差	$s_x=3.90$	$s_y=3.897\,7$	$s_d=0.284\,4$

这里的数据属于配对数据，每次测定的结果不仅与实验方法有关，还与该产品中的二氧化锰含量有关，x_i-y_i（$i=1, 2, \cdots, n$）便是两种分析方法的差异，$n=11$，在 $\alpha=0.05$ 时的拒绝域是：

$$\{|t|\geqslant t_{1-\alpha/2}(n-1)\}=\{|t|\geqslant 2.228\}$$

由于 $n=11$，$\bar{d}=0.209\,1$，$s_d=0.284\,4$，可求得 $t=\dfrac{\bar{d}}{s_d/\sqrt{n}}=\dfrac{0.209\,1}{0.284\,4/\sqrt{11}}=2.44$，样本落在拒绝域中，所以可以认为两种分析方法测定的结果有显著的差异。

用 MINITAB 软件，从统计→基本统计量→单样本 t 入口，对于差值进行单样本均值是否为 0 的检验，得到下列结果：

单样本 t 检验：$D=A-B$

mu=0 与 ≠ 0 的检验

变量	N	均值	标准差	均值标准误	95% 置信区间	t	p
$D=A-B$	11	0.209 1	0.284 4	0.085 8	(0.018 0, 0.400 2)	2.44	0.035

如果将此问题误认为是普通的两样本均值检验，我们可以使用 MINITAB 软件直接用双样本 t 方法，从统计→基本统计量→双样本 t 入口，得到下列结果：

双样本 t 检验和置信区间：A，B

	N	均值	标准差	均值标准误
A	11	7.62	3.90	1.2
B	11	7.41	3.89	1.2

差值＝mu(A)－mu(B)

差值估计值：0.21

差值的 95% 置信区间：(－3.26，3.68)

差值＝0（与 ≠）的 t 检验：t＝0.13，p＝0.901，自由度＝20

两者都使用合并标准差＝3.896 7

p 值高达 0.901，不能拒绝原假设，即不能认为测量结果有显著差异。可见对于确实是配对观测数据如果按配对数据方法来分析，可以得到较为精确的结论；误将其认为普通两样本数据来分析，则容易犯第二类错误而得不到正确结论。

6.3.4 样本量的计算

1. 对单总体均值进行假设检验时样本容量的确定

我们知道，在假设检验过程中，由于我们是用样本来推断总体，总是会发生两类错误的。这两类错误的风险与损失是不同的，二者的地位也不是对称的。为了保证统计检验在拒绝原假设时有足够的说服力，我们通常事先指定显著性水平（例如常选为 0.05），要求发生第一类错误的概率 α 要小于显著性水平 0.05，这样一来，就表明我们在拒绝原假设时发生错误的概率小于 5%，因此判断是有说服力的。但这时通常无法控制犯第二类错误的概率。只有问题特殊化为检验：H_0：$\mu=\mu_0$，H_1：$\mu=\mu_1>\mu_0$（这里 μ_1 是比 μ_0 大的某个常数），才能具体计算犯第二类错误的概率。

在假设检验中还常用到一个名词：功效（power），管理类书籍有时也称为检出力，它的定义就是 $1-\beta$，相当于“在对立假设成立时不犯第二类错误”的概率，或说“在备择假设成立时拒绝原假设”的概率。

下面以例 6—5 作为代表，阐述样本量与两类错误概率间的关系与具体计算。

我们把这个问题的检验图形详细地展示出来（见图 6—8），图形的横坐标是样本均值 $\bar{y}$，左方的正态曲线是原假设成立时的分布，右方的正态曲线是对立假设成立时的分布，原假设的标准差为 $\sigma=300$，两曲线的标准差都是总体均值的标准误差 $\left(\frac{\sigma}{\sqrt{n}}=60\right)$。容易看出，$\Delta=|\mu_1-\mu_0|$。如果当样本量 n 给定时，对立假设的均值 μ_1 越大，即两个总体的均值之差越大，则犯两类错误的概率就越小。

统计学的理论可以证明，对于均值的单侧假设检验中，当对立假设的均值为 μ_1 时，如果要求犯两类错误分别为 α 及 β，所需要的最小样本量为：

$$n=\left[\frac{(Z_{1-\alpha}+Z_{1-\beta})^2\cdot\sigma^2}{(\mu_0-\mu_1)^2}\right]=\left[(Z_{1-\alpha}+Z_{1-\beta})^2\left(\frac{\sigma}{\Delta}\right)^2\right]$$

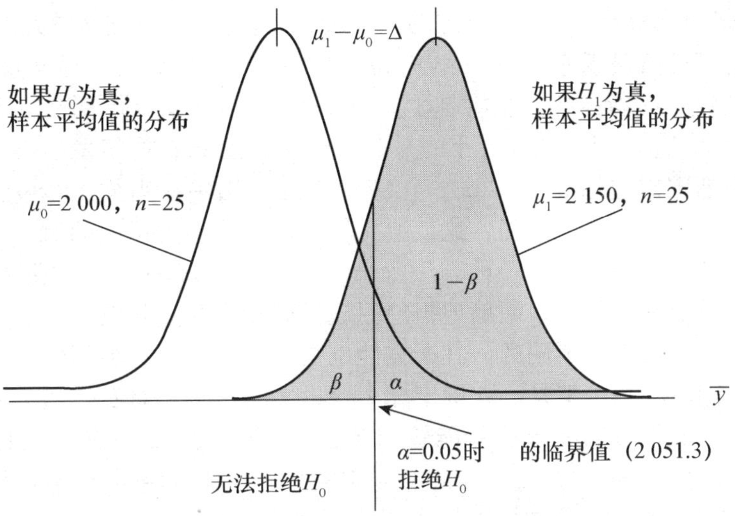

图 6—8 均值单侧检验的两类错误与样本量的计算图

式中，$Z_{1-\alpha}$为标准正态分布的$1-\alpha$分位数；$Z_{1-\beta}$为标准正态分布的$1-\beta$分位数；σ为总体的标准差；μ_0为原假设总体的均值；μ_1为对立假设总体的均值；$\Delta=|\mu_1-\mu_0|$是均值差。记号［A］是取大于或等于A值的最小整数，例如［3.9］=4，［4.1］=5，［4］=4等。注意：在总体均值的双边假设检验中，只需以$Z_{1-\alpha/2}$代替$Z_{1-\alpha}$即可。

在上述计算样本量公式中，表达式是在犯两类错误的概率α及β，Δ与σ之比都给定的情况下，可以计算出样本量n，但实际上此式是α及β，Δ与σ之比及样本量n之间的关系式，换言之，上述几个量中当只有一个量是未知时，此量可以从此公式中解出来。

在例6—5中，我们可以先讨论两类错误概率的问题。这里α已给定，Δ与σ之比及样本量n也给定，在此情况下，可以求出β（或求检验功效$1-\beta$）。在使用MINITAB计算时，其功能是当α，β和Δ与σ之比及样本容量n三者中有两者已知时，即可计算得到第三者。由于在一般情况下，对立假设的均值μ_1是未知的，我们可以假定此值就是已抽取的样本均值。本例$n=25$，$\mu_1=2\ 150$，调用MINITAB程序，可得直接得到下列结果：

功效和样本数量

单样本Z检验

检验均值＝零（与＞零）
计算功效的均值＝零＋差值
α=0.05，假定标准差＝300

差值	样本数量	功效
150	25	0.803 765

这时的功效为0.803 765，也就是说，此时犯第二类错误的概率大约为0.2。

我们再仔细分析一下α及β，Δ与σ之比及样本量n之间的关系。从上述计算样本量的公式及使用软件计算结果中很容易看出：对于给定的总体均值差Δ及给定的显著性水平

α，增大样本容量将会减小β；对于给定的样本量n，减小α将会使β增大，增大α将会使β减小。对于给定两类错误概率α及β，当总体均值差Δ越小时所需样本量将越大；反之，当总体均值差Δ越大时所需样本量将越小。当样本容量n给定时，我们不能毫无必要地选择太小的显著性水平α，因为选择较小的显著性水平α意味着将使发生第二类错误的风险增大，通常我们都固定选取α为0.05。在统计学的应用中，当样本量n给定，α也取定时，两种检验方法如何比较优劣呢？这就要比较它们犯第二类错误的概率。所谓一种方法比另一种方法灵敏，指的就是前一种方法犯第二类错误的概率β小，或说检出力$1-\beta$较高，即当对立假设成立时能够很明确地拒绝原假设而接受对立假设。

两类错误造成的损失是不同的，其严重性也是不同的，因此不同的人可能会对两类错误的概率做出不同的限制。但是，在确定样本容量之前，必须对发生两类错误所允许的概率做出明确规定。通常我们要求检验能够达到$\alpha=0.05$，$\beta=0.10$。利用标准正态概率分布，我们得到$Z_{0.95}=1.645$，$Z_{0.90}=1.28$。对于例6—5，我们可以讨论，如果要求检验能够达到$\alpha=0.05$，$\beta=0.10$，这时样本量为多少？已知$\mu_0=2\,000$，$\mu_1=2\,150$，总体标准差$\sigma=300$。因此，在限定$\alpha=0.05$，$\beta=0.10$的条件下，我们使用的样本容量最小为：

$$n=\frac{(1.645+1.28)^2\times 300^2}{(2\,150-2\,000)^2}=34.2$$

取整后，样本容量为35。可见，这个问题的检验结果可以保证犯第二类错误的概率β在0.10以下。

用MINITAB软件可以从统计→功效和样本数量→单样本Z入口，直接得到上述结果(注意在计算中不输入β，而是输入功效$1-\beta$)。

功效和样本数量

单样本Z检验

检验均值＝零（与＞零）

计算功效的均值＝零＋差值

$\alpha=0.05$，假定标准差＝300

差值	样本数量	目标功效	实际功效
150	35	0.9	0.905 440

这里得到的最小样本量也是35。功效的目标是0.9，但由于我们对样本量34.2向上取了整，增大到了35，因此实际检验功效为0.905 440，稍高于设定目标（即犯第二类错误概率稍小于0.1）。

上述讨论都是在假定总体标准差σ已知的情况下进行的。如果总体标准差未知，我们将使用同样的方法来讨论，只不过计算要复杂得多，常常需要逐步调试。好在现在有计算机，上述计算过程的细节大家不用深究，只要知道如何使用就够了。具体例题也不再给出。

2. 对双总体均值进行假设检验时样本容量的确定

对于双样本均值相等性的t检验，同样可以计算样本量。当两总体的抽样量相同时，两者样本量相等时具有最大的功效（假定两样本抽样的总样本量给定）。下面，我们只讨论这一情况。例如，当两总体的标准差都相等且都为1时，如果给定抽样量为20，当两总体均值差分别为0.6，0.8及1时，求相应检验的功效。从MINITAB软件中的统计→功效和样本数量→双样本 t 入口，得到下列结果：

功效和样本数量

双样本 t 检验

检验均值1=均值2（与≠）

计算均值1的功效=均值2+差值

α=0.05，假定标准差=1

差值	样本数量	功效
0.6	20	0.456 034
0.8	20	0.693 404
1.0	20	0.868 953

样本数量是指每个组的

容易看出，当两总体均值差越小时，同样的样本量将导致功效越低，即犯第二类错误的概率越大。当差值只有0.6时，功效只有0.456，即犯第二类错误概率将达到0.544。

3．单比率检验时样本容量的确定

比率检验的样本量计算方法与上面完全相同。例如，原来不良率为0.03，经过努力已经降为0.02，问需要抽多少样本才能使验证这样的改进之检验的两类错误达到 α=0.05，β=0.10。

从MINITAB软件中的统计→功效和样本数量→单比率入口，得到下列结果：

单比率检验

正在检验 p=0.03（与<0.03）

α=0.05

比较 p	样本数量	目标功效	实际功效
0.02	1 588	0.80	0.800 158
0.02	2 117	0.90	0.900 126
0.02	2 610	0.95	0.950 008

这样的样本量计算结果让人吃惊。例如，希望验证不良率由0.03降到0.02，为保证功效达到0.9，需要的样本量为2 117。此结果说明，对于比率这种离散型数据其精密程度比连续型变量要差很多，要证实确有改进需要很大的样本量。因此在测量产品性能指标时，如果能得到连续型观测值（例如芯片厚度），也能得到离散型数据（例如芯片厚度不

合格的比率)，作为管理者而言，即使获得连续型数据比获得离散型数据需要多付出代价，总体来说，用连续型数据来进行推断还是比用离散型数据更合算。

对于样本量的计算还有很多内容，例如泊松比率的检验、试验设计中的样本量计算等，其原理与方法和上面的叙述大同小异，这里不再详细介绍。

6.3.5 拟合优度检验

1. 离散分布的拟合优度检验问题

我们考虑某种离散分布，例如市面上有五种品牌的电脑，几年来各种品牌的市场占有率已有固定份额，今年似乎情况有变，需要判断现在的市场份额是否真的有了变化。这相当于总体中的每个个体被分配到几个类别中的一个，且仅被分配到一个类别中。这样的总体称作多项总体。多项概率分布可看做二项分布三个及三个以上类别情形的推广，在每次多项试验中，有且仅有一个结果发生。我们假定每次试验为独立的，而且每次试验中落入各类别的概率不变。这里最简单情况是均匀分布，复杂些的是一般的离散型分布。下面分别给出两个例子。

例 6—13

B 市医疗机构统计了心脏病病人猝死的情况。我们把每天分为清晨（0:00—6:00）、上午（6:00—12:00）、下午（12:00—18:00）和晚上（18:00—24:00）4 段。这 4 个时段猝死的心脏病病人数分别为 89，117，68 和 76。请问可以认为心脏病人在各个时段猝死的概率是相同的吗?

例 6—14

市场调查公司研究各型号产品的市场份额，在过去的多年中，型号 A 的市场份额稳定为 30%，型号 B 为 50%，型号 C 为 20%。今年，三种产品的销售额分别为 48，98，54，试判定今年的销售额是否使市场份额发生了改变。

此类问题的一般情况应概括为下列形式：

H_0：$p_i=p_{i0} \leftrightarrow H_a$：$p_i \neq p_{i0}$ 至少一项成立，$i=1, 2, \cdots, k$

使用的拟合优度的检验统计量为：

$$\chi^2 = \sum_{i=1}^{k} \frac{(o_i - e_i)^2}{e_i}$$

式中，o_i 为类别 i 的观测频数；e_i 为假设 H_0 为真时，类别 i 的期望频数；k 为类别总数。e_i 的计算公式为 $e_i=np_{i0}$，式中，$n=\sum o_i$。

统计学家早在 100 多年前就得到下列结果：当观测样本足够多时，检验统计量近似服从自由度为 $k-1$ 的 χ^2 分布。当然这里要求所有种类的期望频数均大于或等于 5 时，才能认为观测样本足够多。容易看出，实际观测数据与期望数据偏差较大时，检验统计量 χ^2 会变大，因此当检验统计量超过 χ^2 分布上侧 α 分位数时，拒绝原假设。在拒绝原假设后，还可以分析 χ^2 统计量的构成，我们将第 i 项计算结果 $\frac{(o_i-e_i)^2}{e_i}$ 称为第 i 项的卡方贡献量。找出卡方贡献量较大的若干项，则可以肯定它们是使拟合不佳的“罪魁祸首”。

2. 离散分布的拟合优度检验问题的计算

先来看例 6—13 的计算，将计算过程列为表 6—10。

表 6—10　　心脏病猝死时间 χ^2 检验统计量的计算过程

类别	假设比例 (p_{i0})	观测频数 (o_i)	期望频数 (e_i)	差 (o_i-e_i)	差的平方 $(o_i-e_i)^2$	卡方贡献量 $(o_i-e_i)^2/e_i$
清晨	0.25	89	90	−1	1	0.01
上午	0.25	117	90	27	729	8.10
下午	0.25	68	90	−22	484	5.38
晚上	0.25	86	90	−4	16	1.78
总计		360				13.67

本例中，待检验总体是一个多项总体；每个心脏病病人的猝死时间被分为 4 类，于是，我们有了一个具有 4 个类别的多项总体。每个总体出现的概率都是 0.25。

$$H_0：p_i=0.25，H_1：p_i\neq 0.25 \text{ 中至少一项不成立}，i=1，2，3，4$$

如果样本结果导致拒绝 H_0，则医疗机构调查结果表明心脏病病人在各个不同时段中猝死的概率不同。

统计拟合检验中，χ^2 检验统计量的计算过程如表 6—10 所示，我们得到检验统计量的值为 $\chi^2=13.67$。假设显著性水平为 $\alpha=0.05$，自由度为 $k-1=4-1=3$，查 χ^2 分布表，得到相应的 $\chi^2_{0.95}(3)=7.81$。因为 χ^2 检验统计量 $13.67>7.81$，所以拒绝 H_0，即我们得出结论认为心脏病病人猝死在 4 个时段发生概率确有不同。

得出拒绝原假设的结论后，可以进一步分析，造成原假设不成立的主要原因是哪项。从表 6—10 的最右列可以看出，在 4 项卡方贡献量中，以上午的 8.10 为最大，按 4 个时段猝死概率相等来计算，上午“应该”死亡 90 人，实际死亡 117 人，上午猝死病人偏多；同样，次最大项为下午，“应该”死亡 90 人，实际死亡 68 人，下午猝死病人偏少。结论是：心脏病病人在上午猝死的概率要比其他时段要大；心脏病病人在下午猝死的概率要比其他时段要小。医学报告显示，上午 9:00 前后是心脏病病人最容易发生猝死的时间段，下午则要好很多，心脏病病人的康复活动等要尽量躲开上午，挪至下午进行。

从 MINITAB 软件中的统计→表格→卡方拟合优度检验（单变量）入口，可得下列结果：

类别	观测	检验比率	期望	对卡方的贡献
清晨	89	0.25	90	0.011 11
上午	117	0.25	90	8.100 00
下午	68	0.25	90	5.377 78
晚上	86	0.25	90	0.177 78

N	自由度	卡方	p
360	3	13.666 7	0.003

用 MINITAB 软件还具体得出检验的 p 值为 0.003，因此应该拒绝原假设，结论与手算相同。

对例 6—14，所有步骤与例 6—13 相同。用 MINITAB 计算的结果如下：

类别	观测	比率	期望	对卡方的贡献
A	48	0.3	60	2.40
B	98	0.5	100	0.04
C	54	0.2	40	4.90
N	自由度	卡方	p	
200	2	7.34	0.025	

可以看出，最终得到检验统计量的值为 $\chi^2=7.34$，其 p 值为 0.025，因此应该拒绝"三个公司今年的销售额与市场份额无改变"的原假设，即应该认为市场份额发生了变化。其中，卡方贡献量最大者为 C 公司的 4.90，"应该"销售 40 台，实际销售 54 台，它比以往占有了更大的份额；卡方贡献量次大者为 A 公司的 2.40，"应该"销售 60 台，实际销售 48 台，它比以往占有了更小的份额；B 公司卡方贡献量几乎为 0，它独占鳌头的地位未发生大的变化。

6.4 方差分析

6.4.1 单因子方差分析

有时我们会遇到需要比较多个总体的均值问题，下面便是一个例子。

例 6—15

现有 4 条生产线生产同一种型号的垫片，为了解不同生产线的垫片的断裂强度有无明显差异，现分别从每一条生产线随机抽取 5 个垫片测定其断裂强度，数据如表 6—11 所示，试问 4 条生产线生产的垫片平均断裂强度是否相同？

表 6—11　　4 条生产线的垫片断裂强度

生产线	1	2	3	4
断裂强度	86.5	93.4	88.6	94.3
	92.0	87.9	93.2	93.3
	85.2	90.6	88.8	92.0
	87.9	85.5	92.7	89.2
	86.0	88.4	90.9	92.5

在这个问题中，我们需要比较 4 个总体的均值。这类问题可以用方差分析方法来解决。

1. 基本概念

为了以后叙述方便，这里先给出本节和以后在试验设计中经常遇到的几个概念。

(1) 因子。对指标有影响的因素称为因子，因子常用大写字母 A，B，C，D 等表示。在例 6—15 中，生产线对指标垫片的断裂强度有影响，因此生产线便是因子，记为 A。

(2) 水平。在试验中因子所处的状态称为因子的水平，用因子的字母加下标来表示，譬如因子 A 的水平用 A_1，A_2，… 表示。例 6—15 中有 4 条生产线，这便是过程这一因子的 4 个水平，分别记为 A_1，A_2，A_3，A_4。

(3) 试验条件（也称处理）。在一次试验中，每个因子总取一个特定的水平，若干因子各取一个特定的水平构成的组合，称其为一个试验条件。在例 6—15 中仅有一个因子，所以每一个水平便是一个试验条件。

(4) 指标。衡量试验条件好坏的量称为指标，用 y 表示，它是一个随机变量。在例 6—15 中垫片的断裂强度就是试验指标。

2. 单因子方差分析的模型

如果一个试验中所考察的因子只有一个，那么这是单因子试验问题。

设在一个试验中只考察一个因子 A，它有 r 个水平，在每一水平下进行 m 次重复试验，其结果用 y_{i1}，y_{i2}，…，y_{im}（$i=1$，2，…，r）表示。

记第 i 水平下的数据和为 T_i，数据均值为 $\bar{y}_i$，总的均值为 $\bar{y}$。此时共有 $n=r\times m$ 个数据。常常把数据列成表格形式，如表 6—12 所示。

表 6—12　　单因子试验数据表

水平	试验数据	和	均值
A_1	y_{11}，y_{12}，…，y_{1m}	T_1	$\bar{y}_1$
A_2	y_{21}，y_{22}，…，y_{2m}	T_2	$\bar{y}_2$
⋮	⋮	⋮	⋮
A_r	y_{r1}，y_{r2}，…，y_{rm}	T_r	$\bar{y}_r$

为了对这些数据进行统计分析，需要对数据作三个假定：

(1) 在水平 A_i 下，y_{i1}，y_{i2}，…，y_{im} 是来自正态分布 $N(\mu_i, \sigma_i^2)$ 的一个样本，其中各个 μ_i 就是要比较的对象。

(2) 在不同水平下的方差相等，即 $\sigma_1^2=\sigma_2^2=\cdots=\sigma_r^2=\sigma^2$，只要诸试验在相同条件下进行，方差相等一般可以满足。

(3) 各数据 y_{ij} 相互独立，这通常只要把试验次序随机化即可得到满足。

在上述三项假定下，诸总体均值是否相等的问题归结为一个假设检验问题，其原假设与备择假设分别为：

$$H_0: \mu_1=\mu_2=\cdots=\mu_r,\ H_1: \mu_1, \mu_2, \cdots, \mu_r \text{ 不全相等}$$

检验这一对假设的统计方法便是方差分析（analysis of variance，ANOVA）。

当 H_0 不真时，表示不同水平下指标的均值有显著差异，此时称因子 A 显著，否则称

因子 A 不显著。

如果在一个试验中所要考察的影响指标的因子有两个，那就是两因子试验的问题，数据分析可以采用两因子方差分析（two-way ANOVA）。

如果在一个试验中所要考察的影响指标的因子更多，那么试验往往要事先进行设计，以便用尽可能少的试验去获得数据，再对数据进行分析。

3. 方差分析的基本思想和步骤

（1）平方和分解。上述 n 个数据不全相等，它们的波动可以用总的离差平方和 SS_T 表示：

$$SS_T = \sum_{i=1}^{r} \sum_{j=1}^{m} (y_{ij} - \bar{y})^2$$

引起数据波动的原因不外乎如下两个：

一是由于因子 A 的水平不同，当假设 H_0 不真时，各个水平下指标的均值不同，这必然会使试验结果不同，我们可以用组间离差平方和来表示，也称因子 A 的离差平方和：

$$SS_A = \sum_{i=1}^{r} m(\bar{y}_{i\cdot} - \bar{y})^2$$

这里乘以 m 是因为每一水平下进行了 m 次试验。

二是由于存在随机误差，即使在同一水平下获得的数据之间也有差异，这是因子 A 水平以外的一切原因引起的，我们将它们归结为随机误差，可以用组内离差平方和表示：

$$SS_e = \sum_{i=1}^{r} \sum_{j=1}^{m} (y_{ij} - \bar{y}_{i\cdot})^2$$

可以证明有如下平方和分解式：

$$SS_T = SS_A + SS_e$$

（2）自由度与均方和（平均离差平方和）。上述诸平方和的大小与数据个数有关，一般情况下，数据个数越多，离差平方和会越大一些；水平数越多，因子 A 的离差平方和也会越大一些。所以为了进行比较，还需要引入自由度的概念。这里只给出自由度的计算公式。SS_T，SS_A，SS_e 的自由度分别用 df_T，df_A，df_e 表示，那么：

在 SS_T 的 $n=rm$ 个离差中有一个关系式 $\sum_{i=1}^{r} \sum_{j=1}^{m} (y_{ij} - \bar{y}) = 0$，故仅有 $n-1$ 个离差是独立的，因而总的离差平方和的自由度 $df_T = n-1$。

在 SS_A 的 r 个离差中有一个关系式 $\sum_{i=1}^{r} (\bar{y}_i - \bar{y}) = 0$，故仅有 $r-1$ 个离差是独立的，因而因子 A 的离差平方和的自由度为 $df_A = r-1$。

在 SS_e 的 $n=rm$ 个离差中有 r 个关系式 $\sum_{j=1}^{m} (y_{ij} - \bar{y}_{i\cdot}) = 0$（$i=1, 2, \cdots, r$），故仅有 $r(m-1)$ 个离差是独立的。因而 $df_e = r(m-1) = n-r$。

它们之间也有分解式 $df_T = df_A + df_e$。

我们将因子或误差的离差平方和与相应的自由度之比称为因子或误差的均方和，并分别记为 $MS_A = SS_A / df_A$，$MS_e = SS_e / df_e$。

(3) F 比与拒绝域。当原假设 H_0 成立时，诸 μ_i 间无差异，从而因子 A 的均方和较小，即 MS_A 与 MS_e 相差不大；而当 MS_A 相对于 MS_e 大得多时，则可以认为因子 A 是显著的。这一比较可以用两者的比值来表示，记为 $F = MS_A / MS_e$。

在 H_0 成立时，统计量 F 的分布为自由度是 df_A，df_e 的 F 分布。当 $F > F_{1-\alpha}(df_A, df_e)$ 时认为因子 A 是显著的，即诸均值不全相等；当 $F \leqslant F_{1-\alpha}(df_A, df_e)$ 时，认为因子 A 不显著。其中 $F_{1-\alpha}(df_A, df_e)$ 是自由度为 df_A，df_e 的 F 分布的 $1-\alpha$ 分位数。

(4) 方差分析表。以上计算过程可列成一张方差分析表（见表 6—13）。

表 6—13　　单因子方差分析表

来源	偏差平方和	自由度	均方和	F 比
因子 A	SS_A	$df_A = r-1$	$MS_A = SS_A/df_A$	$F = MS_A/MS_e$
误差 e	SS_e	$df_e = n-r$	$MS_e = SS_e/df_e$	
总计 T	SS_T	$df_T = n-1$		

在以上计算中，关键是计算各个离差平方和，通过代数运算有：

$$SS_T = \sum_{i=1}^{r}\sum_{j=1}^{m}(y_{ij} - \bar{y})^2 = \sum_{i=1}^{r}\sum_{j=1}^{m} y_{ij}^2 - \frac{T^2}{n}, \ df_T = rm - 1$$

$$SS_A = \sum_{i=1}^{r} m(\bar{y}_{i\cdot} - \bar{y})^2 = \sum_{i=1}^{r}\frac{T_i^2}{m} - \frac{T^2}{n}, \ df_A = r - 1$$

$$SS_e = SS_T - SS_A, \ df_e = rm - r$$

式中，T_i 是第 i 个水平数据的和；T 为 $n = rm$ 个数据的总和。

(5) MINITAB 软件的运算。如果采用 MINITAB 软件运算，从统计→方差分析→单因子入口，可得计算出的各项离差平方和并给出 ANOVA 表。在 ANOVA 表中若 p 值 $< \alpha$，则拒绝 H_0。

4. 方差分析的具体步骤

综上所述，进行方差分析的步骤如下：

(1) 计算因子 A 的每一水平下数据的和 T_1，T_2，…，T_r 及总和 T。

(2) 计算各类数据的平方和 $\sum_{i=1}^{r}\sum_{j=1}^{m} y_{ij}^2$，$\sum_{i=1}^{r} T_i^2$ 和总和的平方 T^2。

(3) 依次计算 SS_T，SS_A，SS_e。

(4) 填写方差分析表。

(5) 对于给定的显著性水平 α，将求得的 F 值与 F 分布表中的临界值 $F_{1-\alpha}(df_A, df_e)$ 比较，当 $F > F_{1-\alpha}(df_A, df_e)$ 时认为因子 A 是显著的，否则认为因子 A 是不显著的。

续例 6—15

对表 6—11 的数据进行方差分析，下框是利用 MINITAB 软件运算的结果：

```
单因子方差分析：断裂强度与生产线
来源    自由度     SS      MS      F      p
生产线     3    63.29   21.10   3.46  0.041
误差      16    97.50    6.09
合计      19   160.79

S=2.469，R-Sq=39.36%，R-Sq（调整）=27.99%

                                均值（基于合并标准差）的单组 95%置信区间
水平  N    均值    标准差   ---------+---------+---------+---------+
1     5   87.520   2.690   (---------*---------)
2     5   89.160   2.984          (---------*---------)
3     5   90.840   2.134               (---------*---------)
4     5   92.260   1.919                      (---------*---------)
                           ---------+---------+---------+---------+
                                  87.5      90.0      92.5      95.0

合并标准差=2.469
```

p 值为 0.041，即 $p=0.041<0.05$，所以在 $\alpha=0.05$ 水平上我们的结论是因子 A 是显著的。

我们也可以用前述公式手工计算。

(1) 计算各类和。

每一水平下的数据和为 $T_1=437.6$，$T_2=445.8$，$T_3=454.2$，$T_4=461.3$，总和为 $T=1\,798.9$。

(2) 计算各类平方和。

原始数据的平方和为 $\sum_{i=1}^{4}\sum_{j=1}^{5}y_{ij}^2=161\,962.85$，每一水平下数据和的平方和为 $\sum_{i=1}^{4}T_i^2=809\,326.73$。

(3) 计算各离差平方和。

$SS_T=160.79$，$df_T=4\times5-1=19$

$SS_A=63.29$，$df_A=4-1=3$

$SS_e=160.79-63.29=97.50$，$df_e=19-3=16$

(4) 填写方差分析表（见表 6—14）。

表 6—14　　例 6—14 的方差分析表

来源	偏差平方和	自由度	均方和	F 比
因子 A	$SS_A=63.29$	$df_A=3$	$MS_A=21.10$	$F=3.46$
误差 e	$SS_e=97.50$	$df_e=16$	$MS_e=6.09$	
总计 T	$SS_T=160.79$	$df_T=19$		

(5) 如果给定 $\alpha=0.05$，从 F 分布表查得 $F_{0.95}(3, 16)=3.24$，由于 $F>3.24$，因此在 $\alpha=0.05$ 水平上我们的结论是因子 A 是显著的。

结论：

(1) 因为因子 A 显著，表明不同生产线生产的垫片平均断裂强度有明显的差异。

(2) 当因子 A 显著时，我们还可以给出每一水平下指标均值的估计，以便找出最好的水平。在单因子试验的场合，第 i 个水平指标均值的估计为：

$$\hat{\mu}_i=\bar{y}_i,\ i=1,\ 2,\ \cdots,\ r$$

在本例中，4 条生产线生产的零件的平均强度的估计分别为：

$$\hat{\mu}_1=87.520,\ \hat{\mu}_2=89.160,\ \hat{\mu}_3=90.840,\ \hat{\mu}_4=92.260$$

各水平下的均值可以用图形表示（见图 6—9）。

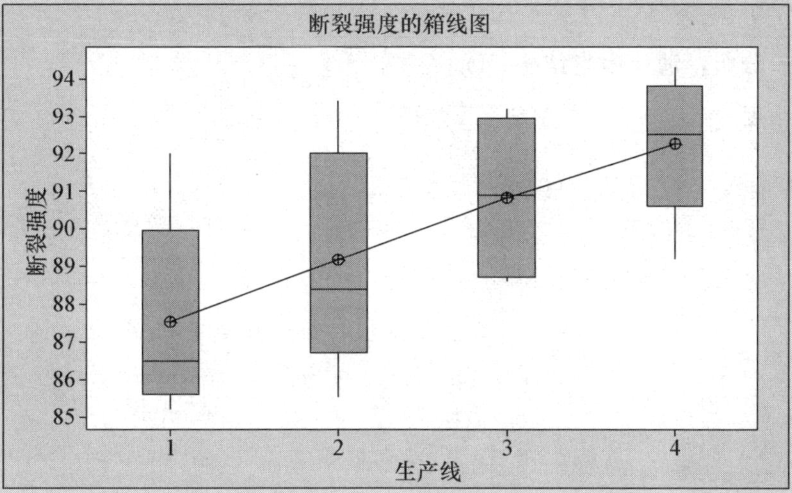

图 6—9　例 6—15 各水平的箱线图

由此可见，4 号生产线垫片的断裂强度均值最大，如果我们需要平均断裂强度大的垫片，那么 4 号生产线的为好。而从过程来讲，1 号生产线与 2 号生产线应该设法改进。

(3) 前面提到，即使是同一条生产线（过程），生产的产品特性也是有波动的，若波动用方差度量，则通过数据分析还可以给出误差方差的估计，这里方差 σ^2 的估计是 MS_e，在本例中 σ^2 的估计是 6.09，σ 的估计是 $\sqrt{6.09}=2.468$。

5. 重复数不同的单因子方差分析

若在每一水平下重复试验次数不同（假定在 A_i 水平下进行了 m_i 次试验，$i=1, 2, \cdots, r$），那么进行方差分析的步骤仍然同上，只是在计算中有两个改动：一是此时 $n=\sum_{i=1}^{r} m_i$；二是 SS_A 的计算公式改为 $SS_A=\sum_{i=1}^{r}\frac{T_i^2}{m_i}-\frac{T^2}{n}$。

如果采用 MINITAB 软件的运算，仍可从统计→方差分析→单因子入口，判断法则同样是：若 p 值 $<\alpha$，则拒绝 H_0。

例 6—16

某团队项目是在仪器制造中降低材料消耗，对各种结构的仪器分别测定其材料消耗量，数据如表 6—15 所示，现在想要了解仪器的结构（记为因子 A）对材料消耗量的影响是否显著（这里假定每一种结构下的材料消耗量服从等方差的正态分布）。

表 6—15　　不同结构仪器耗材量

水平	材料消耗量							
结构 A_1	61.0	62.8	57.6	58.3	54.7	55.5	59.3	60.3
结构 A_2	52.8	54.5	48.5	50.2				
结构 A_3	54.3	56.1	51.4	53.6				

现在对这批数据作方差分析。

单因子方差分析：消耗量与结构

```
来源  自由度     SS      MS       F       p
结构      2   155.65   77.82   11.86   0.001
误差     13    85.34    6.56
合计     15   240.98

S=2.562，R-Sq =64.59%，R-Sq（调整）=59.14%

                          均值（基于合并标准差）的单组 95% 置信区间
水平  N    均值   标准差  --------+---------+---------+---------+--
A1    8  58.688   2.742                   (------*------)
A2    4  51.500   2.670   (---------*---------)
A3    4  53.850   1.943           (---------*--------)
                          --------+---------+---------+---------+--
                                51.0      54.0      57.0      60.0

合并标准差=2.562
```

由于 $p=0.001<0.05$，故拒绝原假设，或者从 F 分布表查得 $F_{0.95}(2, 13)=3.81$，由于求得的 F 为 $11.86>3.81$ 也同样拒绝原假设。因此在 $\alpha=0.05$ 水平上，因子 A 是显著的。

结论：

(1) 因子 A 显著，这就表明不同结构生产仪器的材料消耗量有明显的差异。

(2) 我们还可以给出不同结构生产仪器的材料消耗量的估计：

$$\hat{\mu}_1=58.69，\hat{\mu}_2=51.50，\hat{\mu}_3=53.85$$

由此可见，从特性指标的角度看，结构 A_2 最理想，结构 A_3 次之，结构 A_1 最不好。

(3) 在本例中误差方差的估计为 $\hat{\sigma}^2=6.56$，标准差的估计为 $\hat{\sigma}=2.561$。

6.4.2 两因子方差分析

如果在一个试验中需要同时考察两个因子 A 与 B，并设因子 A 有 r 个水平，因子 B 有 s 个水平，这时共有 $n=rs$ 个不同的试验条件，也就是说有 n 个总体。

例 6—17

现有4条生产线生产同一种垫片，为了解不同生产线的垫片断裂强度有无明显差异，现分别用5种不同的温度进行试验，测得数据如表6—16所示。在假定不同条件下垫片的断裂强度分别服从同方差的正态分布时，分别分析不同生产线及不同温度对垫片的断裂强度均值有无显著影响，如果有影响，在什么条件下垫片的断裂强度达到最大？

表 6—16　垫片断裂强度双因子试验结果

生产线		1	2	3	4
断裂强度	温度 700℃	88.6	89.5	95.7	90.6
	温度 750℃	86.0	88.0	86.6	92.6
	温度 800℃	87.0	89.1	88.8	92.4
	温度 850℃	89.3	91.9	93.1	91.8
	温度 900℃	81.2	84.0	85.7	95.1

为进行一般数据分析，现在作如下假定：每一个总体的分布是正态分布，其均值为 μ_{ij}，它与因子 A 及 B 的水平有关，方差相同，都是 σ^2；数据相互间是独立的。数据整理成表6—17的格式。

表 6—17　两因子试验数据表（每个条件下进行一次试验）

B / A	B_1	B_2	…	B_s	行和 $T_{i\cdot}$	行平均 $\bar{y}_{i\cdot}$
A_1	y_{11}	y_{12}	…	y_{1s}	$T_{1\cdot}$	$\bar{y}_{1\cdot}$
A_2	y_{21}	y_{22}	…	y_{2s}	$T_{2\cdot}$	$\bar{y}_{2\cdot}$
⋮	⋮	⋮		⋮	⋮	⋮
A_r	y_{r1}	y_{r2}	…	y_{rs}	$T_{r\cdot}$	$\bar{y}_{r\cdot}$
列和 $T_{\cdot j}$	$T_{\cdot 1}$	$T_{\cdot 2}$	…	$T_{\cdot s}$	总和 T	
列平均 $\bar{y}_{\cdot j}$	$\bar{y}_{\cdot 1}$	$\bar{y}_{\cdot 2}$	…	$\bar{y}_{\cdot s}$		总平均 $\bar{y}$

现在需要我们去分析因子 A 的水平不同对指标的均值有无显著影响，因子 B 的水平不同对指标的均值有无显著影响，有时还需要回答两个因子不同水平的搭配对指标的均值有无显著影响，这种影响如果存在就称因子 A 与 B 有交互作用。

1. 交互作用的概念

因子 A 与 B 的交互作用可以用图形直观地表示。图6—10a表示因子 A 与 B 不存在交互作用，这时不管因子 B 取什么水平，因子 A 的效应（即 A 在高水平时指标均值与 A 在低水平时指标均值的差）总为相同值 h。在图6—10b中，当因子 B 取不同水平时，虽然因子 A 的高水平指标均值总比低水平时高，但高的程度有所不同，这表示因子 A 与因子 B

间有正向的交互作用。在图 6—10c 中，当因子 B 取低水平时，因子 A 的高水平指标均值比低水平时高，但是当因子 B 取高水平时，因子 A 的高水平指标均值却比低水平时低，这表示因子 A 与因子 B 之间有反向的交互作用。

正如图 6—10b 与 6—10c 所显示的，一个因子的效应与另一因子所处水平有关时，称为因子 A 与 B 有交互作用，记为 $A\times B$ 或 AB。

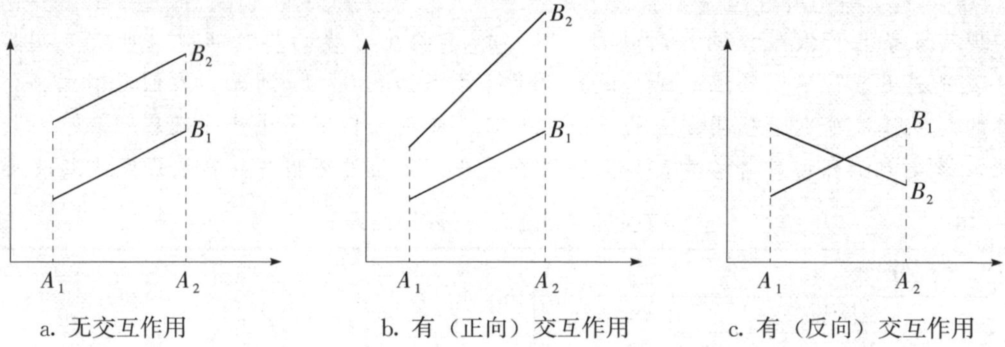

图 6—10　因子 A 与 B 的交互作用示意图

2. 无交互作用时的两因子方差分析

当凭经验和专业知识知道因子 A 与 B 不存在交互作用时，我们可以在因子 A 与 B 的每一种搭配下只进行一次试验，由此即可分析因子 A 的水平不同对指标的均值有无显著影响，因子 B 的水平不同对指标的均值有无显著影响，分析方法基本同单因子方差分析。

设在 A_i 与 B_j 条件下的试验结果用 y_{ij} 表示，它们相互独立，A_i 水平下的均值用 $\bar{y}_{i\cdot}$ 表示（即表 6—17 的行平均），B_j 水平下的均值用 $\bar{y}_{\cdot j}$ 表示（即表 6—17 的列平均），总的数据均值用 $\bar{y}$ 表示。类似于单因子方差分析，可以进行平方和分解，只是现在数据的总离差平方和 SS_T 可以分解成三项：

$$SS_T = SS_A + SS_B + SS_e,\ df_T = df_A + df_B + df_e$$

式中，SS_A，SS_B 及 SS_e 分别称为因子 A、因子 B 及误差的离差平方和，df_A，df_B 及 df_e 分别表示其相应的自由度，它们的表达式和计算公式如下：

$$SS_T = \sum_{i=1}^{r}\sum_{j=1}^{s}(y_{ij}-\bar{y})^2 = \sum_{i=1}^{r}\sum_{j=1}^{s}y_{ij}^2 - \frac{T^2}{n},\ df_T = rs-1$$

$$SS_A = \sum_{i=1}^{r}s(\bar{y}_{i\cdot}-\bar{y})^2 = \sum_{i=1}^{r}\frac{T_{i\cdot}^2}{s} - \frac{T^2}{n},\ df_A = r-1$$

$$SS_B = \sum_{j=1}^{s}r(\bar{y}_{\cdot j}-\bar{y})^2 = \sum_{j=1}^{s}\frac{T_{\cdot j}^2}{r} - \frac{T^2}{n},\ df_B = s-1$$

$$SS_e = \sum_{i=1}^{r}\sum_{j=1}^{s}(y_{ij}-\bar{y}_{i\cdot}-\bar{y}_{\cdot j}+\bar{y})^2 = SS_T - SS_A - SS_B,$$
$$df_e = df_T - df_A - df_B = (r-1)(s-1)$$

式中，$T_{i\cdot}$，$T_{\cdot j}$ 与 T 分别表示 A_i 水平下的数据和（即行和）、B_j 水平下的数据和（即列和）与数据总和。

续例 6—17

对数据进行方差分析，其步骤如下：

在 MINITAB 中，从统计→方差分析→双因子入口，由于本例中，两个因子每次搭配时都只进行了一次试验，因此这里不可能考虑两因子的交互作用，在下方小方格中（拟合可加模型）不论选择与否，计算时都将只拟合“可加模型”。其计算结果如下：

双因子方差分析：强度与生产线，温度

来源	自由度	*SS*	*MS*	*F*	*p*
生产线	3	98.134	32.711 3	4.33	0.028
温度	4	68.075	17.018 7	2.25	0.124
误差	12	90.621	7.551 8		
合计	19	256.830			

$S=2.748$，*R-Sq* =64.72%，*R-Sq*（调整）=44.13%

结论：

(1) 因子 B（生产线）的 $p=0.028<0.05$，在 $\alpha=0.05$ 水平上因子生产线对垫片的断裂强度有显著影响；因子 A（温度）的 $p=0.124>0.05$，在 $\alpha=0.05$ 水平上因子温度对垫片的断裂强度没有显著影响。

(2) 为了寻找最好的条件，需要给出不同条件下均值的估计。在没有交互作用的场合，可以认为：

$$\mu_{ij}=\mu+a_i+b_j$$

式中，μ 称为一般平均，其估计为 $\hat{\mu}=\bar{y}$；a_i 称为因子 A 的第 i 水平的效应，在 A 不显著时，它们全为 0，取任意水平均可，在 A 显著时，其估计是 $\hat{a}_i=\bar{y}_i.-\bar{y}$，此时可以从 A_i 各水平的平均值去寻找最好的水平；b_j 称为因子 B 的第 j 水平的效应，在 B 不显著时，它们全为 0，取任意水平均可，在 B 显著时，其估计是 $\hat{b}_j=\bar{y}._j-\bar{y}$，此时可以从 B_j 各水平的平均值去寻找最好的水平。最后 μ_{ij} 的估计为：

$$\hat{\mu}_{ij}=\hat{\mu}+\hat{a}_i+\hat{b}_j$$

将上述找到各自的最好水平组合起来，便是最好的条件。

在本例中，因为 B 显著，A 不显著，有

$$\hat{\mu}_{ij}=\hat{\mu}+\hat{a}_i+\hat{b}_j=\bar{y}+0+(\bar{y}._j-\bar{y})=\bar{y}._j, i=1, 2, \cdots, r, j=1, 2, \cdots, s$$

所以只要找出 B 的最好水平，便是最好的条件。从所给出的数据可见，在 4 号生产线上，垫片的平均断裂强度达到最大，此时均值的估计是 92.5。

(3) 还可以给出误差方差 σ^2 的估计 $\hat{\sigma}^2=MS_e=7.55$，标准差 σ 的估计是

$$\hat{\sigma}=\sqrt{MS_e}=2.748$$

(4) 由于因子 A 不显著，因此应该将不显著的因子 A 删去，然后再拟合一个仅含单因子 B 的 ANOVA 模型。不要以为在多因子问题中，因子个数的选择总是多多益善。实际上，把不显著的因子选入模型只会增大误差，因而还是不选入为好。单个因子的方差分析前面已作过介绍，这里不再重复。

3. 有交互作用时两因子的方差分析

当需要考察两因子 A 与 B 的交互作用时，重复试验是不可少的，在 A 与 B 的每一种搭配下都需要进行 m 次试验（注意这里重复次数是相等的，且至少两次），那么不仅可以分析因子 A 的水平不同对指标的均值有无显著影响，因子 B 的水平不同对指标的均值有无显著影响，而且还可以分析 A 与 B 的交互作用对指标均值有无显著影响。数据的一般表达形式如表 6—18 所示。

表 6—18　两因子试验数据表（每个条件下进行 m 次试验）

A \ B	B_1	…	B_s	行和 $T_{i\cdot}$	行平均 $\bar{y}_{i\cdot\cdot}$
A_1	y_{111}，…，y_{11m} （T_{11}）	…	y_{1s1}，…，y_{1sm} （T_{1s}）	$T_{1\cdot}$	$\bar{y}_{1\cdot\cdot}$
⋮	⋮	⋮	⋮	⋮	⋮
A_r	y_{r11}，…，y_{r1m} （T_{r1}）	…	y_{rs1}，…，y_{rsm} （T_{rs}）	$T_{r\cdot}$	$\bar{y}_{r\cdot\cdot}$
列和 $T_{\cdot j}$	$T_{\cdot 1}$	…	$T_{\cdot s}$	总和 T	
列平均 $\bar{y}_{\cdot j\cdot}$	$\bar{y}_{\cdot 1\cdot}$	…	$\bar{y}_{\cdot s\cdot}$		总平均 $\bar{y}$

在 A_i 与 B_j 条件下的 m 个试验结果用 y_{ij1}，y_{ij2}，…，y_{ijm} 表示，它们相互独立，$A_i B_j$ 条件下的数据均值用 $\bar{y}_{ij\cdot}$ 表示，A_i 水平下的均值用 $\bar{y}_{i\cdot\cdot}$ 表示，B_j 水平下的均值用 $\bar{y}_{\cdot j\cdot}$ 表示，总的数据均值用 $\bar{y}$ 表示。

与前面进行平方和分解类似，现在数据的总离差平方和 SS_T 可以分解成四项：

$$SS_T=SS_A+SS_B+SS_{A\times B}+SS_e,\quad df_T=df_A+df_B+df_{A\times B}+df_e$$

式中，SS_A，SS_B，$SS_{A\times B}$ 及 SS_e 分别称为因子 A、因子 B、交互作用 $A\times B$ 及误差的离差平方和，df_A，df_B，$df_{A\times B}$ 及 f_e 分别为其自由度，它们的表达式和计算公式如下：

$$SS_T=\sum_{i=1}^{r}\sum_{j=1}^{s}\sum_{k=1}^{m}(y_{ijk}-\bar{y})^2=\sum_{i=1}^{r}\sum_{j=1}^{s}\sum_{k=1}^{m}y_{ijk}^2-\frac{T^2}{n},\quad df_T=n-1=rsm-1$$

$$SS_A=\sum_{i=1}^{r}s(\bar{y}_{i\cdot\cdot}-\bar{y})^2=\sum_{i=1}^{r}\frac{T_{i\cdot}^2}{sm}-\frac{T^2}{n},\quad df_A=r-1$$

$$SS_B=\sum_{j=1}^{s}r(\bar{y}_{\cdot j\cdot}-\bar{y})^2=\sum_{i=1}^{s}\frac{T_{\cdot j}^2}{rm}-\frac{T^2}{n},\quad df_B=s-1$$

$$SS_{A\times B}=\sum_{i=1}^{r}\sum_{j=1}^{s}m(\bar{y}_{ij\cdot}-\bar{y}_{i\cdot\cdot}-\bar{y}_{\cdot j\cdot}+\bar{y})^2=\sum_{i=1}^{r}\sum_{j=1}^{s}\frac{T_{ij}^2}{m}-\frac{T^2}{n}-SS_A-SS_B,$$

$$df_{A\times B}=df_A\times df_B=(r-1)(s-1)$$

$$SS_e=\sum_{i=1}^{r}\sum_{j=1}^{s}\sum_{k=1}^{m}(y_{ijk}-\bar{y}_{ij\cdot})^2=SS_T-SS_A-SS_B-SS_{A\times B},$$

$$df_e = df_T - (df_A + df_B + df_{A \times B}) = rs(m-1)$$

式中，T_{ij}，$T_{i\cdot}$，$T_{\cdot j}$及T分别表示A_iB_j条件下的数据和，A_i水平下的数据和，B_j水平下的数据和及数据总和，$n=rsm$。方差分析表只要再增加一行交互作用项即可。

例 6—18

为了寻找最好的温度与生产线的配合，使得垫片的断裂强度达到最大，选取两因子的水平如下：

因子A（温度）有2个水平：700，800

因子B（生产线）有4个水平：1，2，3，4

在每个A_iB_j条件下各进行5次试验，所得数据如表6—19所示，试对数据进行分析，并找出使垫片的断裂强度达到最高的条件。

表 6—19　有交互作用的垫片断裂强度双因子试验数据

生产线		1	2	3	4
断裂强度	温度 700℃	88.6	89.5	95.7	90.6
		86.0	88.0	86.6	92.6
		87.0	89.1	88.8	92.4
		89.3	91.9	93.1	91.8
		81.2	84.0	85.7	95.1
断裂强度	温度 800℃	86.5	93.4	88.6	94.3
		92.0	87.9	93.2	93.3
		85.2	90.6	88.8	92.0
		87.9	85.5	92.7	89.2
		86.0	88.4	90.9	92.5

在本例中$r=2$，$s=4$，$m=5$，$n=rsm=2\times4\times5=40$。

采用MINITAB软件运算，仍然从统计→方差分析→双因子入口，注意不要选中“拟合加法模型”，则可得到下列结果：

双因子方差分析：强度与生产线，温度

来源	自由度	SS	MS	F	p
生产线	3	158.853	52.950 9	6.61	0.001
温度	1	3.540	3.540 3	0.44	0.511
交互作用	3	2.567	0.855 6	0.11	0.955
误差	32	256.200	8.006 3		
合计	39	421.160			

$S=2.830$，$R\text{-}Sq=39.17\%$，$R\text{-}Sq$(调整)$=25.86\%$

所以在$\alpha=0.05$水平上：

因子 B(生产线)$p=0.001<0.05$,显著
因子 A(温度)$p=0.511>0.05$,不显著
交互作用 $p=0.955>0.05$,不显著

由此结果可以得到的结论是：生产线因子显著、温度及交互作用 $A\times B$ 都不显著。因此，我们应先删去 $A\times B$，拟合只含 A，B 两因子可加模型。由于因子 A 仍不显著，最后拟合只含因子 B 的单因子 ANOVA 模型，得到的结论是：因子 B（生产线）的效应是显著的，使垫片的断裂强度达到最高的条件是生产线 4，其垫片的平均断裂强度可以达到 92.38。

6.5 列联表

本章前几节我们介绍了适用于连续型变量的统计分析方法，这些方法对于属性数据就不适用了。在后者的情况下，我们收集到的只是按各种方法分类的计数数据（即频数），要分析的问题是判断两种分类方式是否具有独立性。例如，想研究肺癌与吸烟之间有无关联，工艺改革与合格品率有无关联，事故与工龄有无关联等。列联表（contingency tables）就是用来分析两种方式（即两个因子）分组的数据是否独立的常用方法。

6.5.1 独立性检验的概念

我们先看一个例子，再引出一般的列联表独立性检验概念。

例 6—19

调查了 2 000 人，在 1 200 名不吸烟者中，有 1 100 人不咳嗽，有 100 人咳嗽；在 800 名吸烟者中，有 700 人不咳嗽，100 人咳嗽。将这些数据列成如下表格（见表 6—20），我们想分析吸烟是否与咳嗽有关。

表 6—20　　吸烟与咳嗽 2×2 列联表

	B_1：不咳嗽	B_2：咳嗽	行和
A_1：不吸烟	1 100	100	1 200
A_2：吸烟	700	100	800
列和	1 800	200	2 000

这张表就称为列联表，表中因子 A 表示吸烟状况，因子 B 表示咳嗽状况。

1. 列联表

一般情况下，假设对两个因子的状况进行了分类，其中因子 A 的取值有 r 类：A_1，A_2，…，A_r，因子 B 的取值有 c 类：B_1，B_2，…，B_c，从该总体中获得容量为 n 的样本，按两个变量分类的状况统计了各自的频数，将这些频数值排列成一张 r 行 c 列的表，这就是一张二维 $r\times c$ 列联表（见表 6—21）。

表 6—21　　$r\times c$ 列联表

	B_1	B_2	…	B_c	行和
A_1	n_{11}	n_{12}	…	n_{1c}	$n_{1\cdot}$
A_2	n_{21}	n_{22}	…	n_{2c}	$n_{2\cdot}$
⋮	⋮	⋮		⋮	⋮
A_r	n_{r1}	n_{r2}	…	n_{rc}	$n_{r\cdot}$
列和	$n_{\cdot 1}$	$n_{\cdot 2}$	…	$n_{\cdot c}$	总和 n

表中 n_{ij} 是因子 A 取 A_i 且因子 B 取 B_j 的样品数。行和与列和分别为：

$$n_{i\cdot} = \sum_{j=1}^{c} n_{ij}, \ i = 1, 2, \cdots, r$$

$$n_{\cdot j} = \sum_{i=1}^{r} n_{ij}, \ j = 1, 2, \cdots, c$$

式中，行和 $n_{i\cdot}$ 表示样本中 A 取 A_i 的样品数；列和 $n_{\cdot j}$ 表示样本中 B 取 B_j 的样品数。

2. 独立性假设

列联表要研究的问题是这两个因子之间是否有关联，这种关联性的研究在统计上可以描述为如下的假设检验问题：

H_0：因子 A 与因子 B 独立，H_1：因子 A 与因子 B 不独立

6.5.2　列联表的独立性检验方法

上面提到的假设问题，称为列联表的独立性检验。

令 $p_{ij}=P(A$ 取 A_i，B 取 $B_j)$，又记 $p_{i\cdot} = \sum_{j=1}^{c} p_{ij}$，$p_{\cdot j} = \sum_{i=1}^{r} p_{ij}$，则当两个因子独立时，对一切 i，j 应该有 $p_{ij}=p_{i\cdot}\, p_{\cdot j}$。

所以列联表的独立性检验可以等价地转化为检验如下的假设：

H_0：对一切 i，j，有 $p_{ij}=p_{i\cdot}\, p_{\cdot j}$

H_1：至少有一对 i，j，有 $p_{ij}\neq p_{i\cdot}\, p_{\cdot j}$

由于在实际问题中，p_{ij}，$p_{i\cdot}$，$p_{\cdot j}$ 都是未知的，因此常采用如下估计：

$$\hat{p}_{i\cdot}=\frac{n_{i\cdot}}{n}, \ i=1, 2, \cdots, r$$

$$\hat{p}_{\cdot j}=\frac{n_{\cdot j}}{n}, \ j=1, 2, \cdots, c$$

当两个因子独立时，对一切 i，j，$\hat{p}_{ij}=\hat{p}_{i\cdot}\, \hat{p}_{\cdot j}=\frac{n_{i\cdot}}{n}\times\frac{n_{\cdot j}}{n}$。

在例 6—19 中，不吸烟的比率（不管是否咳嗽）为 1 200/2 000=0.6，不咳嗽的比率（不管是否吸烟）为 1 800/2 000=0.9。因此，如果吸烟与咳嗽无关的话，则不吸烟且不咳嗽的人占总人数的比率应该 0.6×0.9=0.54，相当于应该有 2 000×0.54=1 080 人不吸烟且不咳嗽。但实际上不吸烟且不咳嗽的人有 1 100 人，这中间有 20 人的差距。当这个差距不大时，我们可以认为这是观测误差，仍可以认为吸烟与咳嗽无关；但当这个差距太大

时，我们就不能认为吸烟与咳嗽无关了。对此要有统计的检验方法。在 6.3 节末尾讨论分布拟合优度检验时曾提及，对于此类拟合检验，统计学家皮尔逊（K. Pearson）建议采用如下的检验统计量：

$$\chi^2=\sum\frac{(o_i-e_i)^2}{e_i}=\sum_{i=1}^{r}\sum_{j=1}^{c}\frac{(n_{ij}-n\hat{p}_{i\cdot}\hat{p}_{\cdot j})^2}{n\hat{p}_{i\cdot}\hat{p}_{\cdot j}}=\sum_{i=1}^{r}\sum_{j=1}^{c}\frac{(n_{ij}-\hat{n}_{i\cdot}\hat{n}_{\cdot j}/n)^2}{\hat{n}_{i\cdot}\hat{n}_{\cdot j}/n}$$

他同时证明了，在 H_0 成立的条件下，当 n 较大时，上述统计量近似服从自由度为 $(r-1)(c-1)$ 的 χ^2 分布。

由于在 H_0 为真时，对一切 i，j，观测频数 n_{ij} 与期望频数 $n\hat{p}_{ij}=n\hat{p}_{i\cdot}\hat{p}_{\cdot j}=\frac{n_{i\cdot}n_{\cdot j}}{n}$ 不应该相差很大，故当 χ^2 统计量的值偏大时，倾向于 H_0 不真，即应该拒绝 H_0。

所以在显著性水平为 α 时，拒绝域取为：

$$\{\chi^2\geqslant\chi^2_{1-\alpha}((r-1)(c-1))\}$$

如果采用 MINITAB 软件运算，对于已整理好的数据表，可以从统计→表格→卡方检验（工作表中的双向表）入口，将列联表中的各列作为响应变量输入，则可直接得到计算结果。若有 p 值 $<\alpha$，则拒绝 H_0。例 6—19 的计算结果如下：

卡方检验：不咳，咳

在实测计数下方给出的是期望计数
在期望计数下方给出的是卡方贡献

	不咳	咳	合计
1	1 100	100	1 200
	1 080.00	120.00	
	0.370	3.333	
2	700	100	800
	720.00	80.00	
	0.556	5.000	
合计	1 800	200	2 000

卡方＝9.259，$DF=1$，$p=0.002$

由于 p 值只有 0.002，因此拒绝原假设，即应认为吸烟与咳嗽有关，或说吸烟与不吸烟的咳嗽率是有显著差别的。上述 MINITAB 计算表格中，在每个格中都列出了 3 个数字，从上而下分别是实际观测值 o_i，期望值 e_i 及对卡方统计量的贡献。本例中，总卡方统计量是 9.259，其中右下角的贡献 5.000 为最大，它的含义是，若吸烟与咳嗽无关的话，在吸烟又咳嗽的这类人数应该为 80 人，而实际上，这类人达到 100 人，它远远高于应该有的人数，这说明：吸烟的人患咳嗽的人数太多了，或说吸烟的人患咳嗽的比率确实较高。

下面举例来说明列联表在多个总体比率比较中的应用。

例 6—20

国家有关部门规定，工商企业申请营业执照要在 10 个工作日内办理完毕。统计了 A，B，C 三个城市实际办理营业执照是否及时的情况，得到表 6—22。

表 6—22　营业执照办理情况数据表

城市	及时户数	不及时户数
A	205	103
B	312	113
C	150	90

试问三个城市办理营业执照的及时率有显著差异吗？

首先计算期望频数 $n\hat{p}_{i\cdot}\hat{p}_{\cdot j}=\dfrac{n_{i\cdot}n_{\cdot j}}{n}$，结果如表 6—23 所示。

表 6—23　营业执照办理期望频数表

	及时	不及时	总计
A	211.14	96.86	308
B	291.34	133.66	425
C	164.52	75.48	240
合计	667	306	973

由以上数据计算可得：

$$\chi^2=\frac{(205-211.14)^2}{211.14}+\frac{(103-96.86)^2}{96.86}+\frac{(312-291.34)^2}{291.34}+\frac{(113-133.66)^2}{133.66}+\frac{(150-164.52)^2}{164.52}+\frac{(90-75.48)^2}{75.48}=9.301$$

现在 $r=3$，$c=2$，$(r-1)(c-1)=2$，在 $\alpha=0.05$ 时，$\chi^2_{0.95}(2)=5.991$，故拒绝域为 $\{\chi^2\geqslant 5.991\}$，现在样本统计量的值落在拒绝域中，所以认为三个城市办理营业执照的及时率方面有显著差异。

用 MINITAB 计算，可得下列结果：

卡方检验：及时，不及时

在实测计数下方给出的是期望计数

在期望计数下方给出的是卡方贡献

	及时	不及时	合计
1	205	103	308
	211.14	96.86	
	0.178	0.389	
2	312	113	425
	291.34	133.66	
	1.465	3.193	

3	150	90	240
	164.52	75.48	
	1.282	2.794	
合计	667	306	973

卡方＝9.301，DF＝2，p＝0.010

从上述结果中，我们也可以看出应拒绝原假设，即三个城市办理营业执照的及时率方面有显著差异。另外，我们还可以再进行更具体的分析：在合计卡方统计量9.301中，贡献最大的是城市B的不及时一格中的3.193，如果三个城市办理营业执照的及时率方面无显著差异，则城市B不及时的"应有"133.66户，但实际上只有113户，说明城市B办事效率高，不及时的少于预期；贡献次大的是城市C的不及时一格中的2.794，如果三个城市办理营业执照的及时率方面无显著差异，则城市C不及时的"应有"75.48户，但实际上却高达90户，说明城市C办事效率太低，不及时的多于预期。城市A的贡献几乎为0，说明城市A办事效率居于中等，与三城市的平均水平没什么差距。

例6—21

对某计算机软件的质量情况进行用户调查，请他们对产品的质量情况选择回答差、一般、好。随机抽取70人，对他们进行询问，并发现其中40人接受过有关的广告宣传，另30人则不太关心这类广告，回答的结果列在表6—24中。

表6—24　　软件质量调查结果数据表

观测频数	差	一般	好	合计
听过广告宣传	11	18	11	40
未听过广告宣传	10	13	7	30
合计	21	31	18	70

试问广告与人们对产品的评价间有无联系？(取α＝0.05)

首先计算期望频数$n\hat{p}_{i\cdot}\hat{p}_{\cdot j}=\frac{n_{i\cdot}n_{\cdot j}}{n}$，结果如表6—25所示。

表6—25　　软件质量调查期望频数表

期望频数	差	一般	好	合计
听过广告宣传	12	17.7	10.3	40
未听过广告宣传	9	13.3	7.7	30
合计	21	31	18	70

由以上数据可计算得：

$$\chi^2=\frac{(11-12)^2}{12}+\frac{(10-9)^2}{9}+\frac{(18-17.7)^2}{17.7}+\frac{(13-13.3)^2}{13.3}+\frac{(11-10.3)^2}{10.3}+\frac{(7-7.7)^2}{7.7}$$
$$=0.321$$

现在$r=2$，$c=3$，$(r-1)(c-1)=2$，在$\alpha=0.05$时，$\chi^2_{0.95}(2)=5.991$，故拒绝域为$\{\chi^2\geqslant 5.991\}$，现在样本统计量的值未落在拒绝域中，所以认为广告与人们对产品的评价间无联系。

用 MINITAB 计算，可得下列结果：

卡方检验：差，一般，好

在实测计数下方给出的是期望计数
在期望计数下方给出的是卡方贡献

	差	一般	好	合计
1	11	18	11	40
	12.00	17.71	10.29	
	0.083	0.005	0.050	
2	10	13	7	30
	9.00	13.29	7.71	
	0.111	0.006	0.066	
合计	21	31	18	70

卡方=0.321，$DF=2$，$p=0.852$

要注意的是当期望频数$n\hat{p}_{ij}$过小（一般当$n\hat{p}_{ij}<5$）时，通常需要将相邻的组进行合并后再进行独立性检验。

例 6—22

某厂有3条流水线，统计每条流水线上每天生产的不合格品数，经过整理，在下面的列联表6—26给出了每条流水线在300个工作日中，每天生产的不合格品数为0个、1个、2个等的天数。

表 6—26　　**流水线不合格品数列联表**

流水线	不合格品数					合计
	0	1	2～3	4～5	≥6	
甲	230	52	12	4	2	300
乙	236	40	14	9	1	300
丙	197	67	22	11	3	300
合计	663	159	48	24	6	900

试问在显著性水平0.05上不合格品数与流水线是否有关？

首先计算期望频数$n\hat{p}_{i\cdot}\hat{p}_{\cdot j}=\frac{n_{i\cdot}n_{\cdot j}}{n}$，结果列在表6—27中。

表 6—27　　流水线不合格品数期望频数表

流水线	不合格品数					合计
	0	1	2～3	4～5	≥6	
甲	221	53	16	8	2	300
乙	221	53	16	8	2	300
丙	221	53	16	8	2	300
合计	663	159	48	24	6	900

由于不合格品数≥6 这一列的期望频数仅为 2，它小于 5，因此将该列与前一列合并，列联表修改为表 6—28。

表 6—28　　流水线不合格品数列联表（合并后）

流水线	不合格品数				合计
	0	1	2～3	≥4	
甲	230	52	12	6	300
乙	236	40	14	10	300
丙	197	67	22	14	300
合计	663	159	48	30	900

重新计算期望频数 $n\hat{p}_{i.}\hat{p}_{.j}=\frac{n_{i.}n_{.j}}{n}$，结果如表 6—29 所示。

表 6—29　　流水线不合格品数期望频数表（合并后）

流水线	不合格品数				合计
	0	1	2～3	≥4	
甲	221	53	16	10	300
乙	221	53	16	10	300
丙	221	53	16	10	300
合计	663	159	48	30	900

这里所有的期望频数都大于 5，由以上数据可计算得：

$$\chi^2=\frac{(230-221)^2}{221}+\cdots+\frac{(14-10)^2}{10}=17.597$$

现在 $r=3$，$c=4$，$(r-1)(c-1)=6$，在 $\alpha=0.05$ 时，$\chi^2_{0.95}(6)=12.592$，故拒绝域为 $\{\chi^2\geqslant 12.592\}$，由于样本统计量的值落在拒绝域中，因此认为不合格品数与流水线是有关的。

同样，通过 MINITAB 计算也可以得到同样结果，p 值为 0.007，故应拒绝原假设，即认为不合格品数与流水线有关。

卡方检验：0，1，2～3，≥4

在实测计数下方给出的是期望计数

在期望计数下方给出的是卡方贡献

	0	1	2～3	≥4	合计
1	230	52	12	6	300
	221.00	53.00	16.00	10.00	
	0.367	0.019	1.000	1.600	
2	236	40	14	10	300
	221.00	53.00	16.00	10.00	
	1.018	3.189	0.250	0.000	
3	197	67	22	14	300
	221.00	53.00	16.00	10.00	
	2.606	3.698	2.250	1.600	
合计	663	159	48	30	900

卡方＝17.597，$DF=6$，$p=0.007$

列联表的用途是很广泛的。我们常用它来进行对离散记录的分析，从中可以得到很多有意义的信息。

6.6 非参数检验

我们先介绍有关非参数检验的概念。

检验可以分为两大类：参数检验问题和非参数检验问题。对于均值的检验、对于比率的检验等，这都是关于参数的假设检验。分布的正态性检验、数据的独立性检验、两总体分布是否相同的检验等则是非参数假设检验。

我们下面所要讨论的非参数检验方法，讨论的问题仍是参数问题，特别是有关均值的检验，但使用的方法是非参数的。普通的参数检验所使用的方法常常是求平均值、标准差等统计量，但这些统计量的性质特别是分布强烈地依赖于原始数据服从正态分布这个前提条件。我们下面所用的方法只限于使用符号（sign）、秩（rank）及游程（run）等几种与原始数据分布完全无关的工具。

很显然，本章所介绍过的各种分析方法其使用条件除了要求各数据间相互独立，一定还要求数据为正态分布。如果原始数据非正态，则原来使用的 Z，t，F 及卡方检验就都不能使用了。为获得检验结果，只能使用不依赖于分布的非参数方法。

非参数方法的使用范围广泛、简便易行，但我们必须明确回答，如果一组数据符合正态分布，对这些数据使用非参数统计方法效果会如何？实际上，同组数据，同样问题用非参数检验效果不如参数方法，更准确地说，非参数检验的检出力会比参数方法稍小，或换言之，非参数检验所犯的第二类错误概率会比参数方法稍大。因此，应该在条件允许的情况下（确认分布为正态）尽量使用前面介绍过的参数方法。

6.6.1 符号检验

在统计分析中常会遇到只取两类的计数结果（例如合格与不合格、满意与不满意等），也有时会将连续数据根据某种准则分为两类（例如比中位数大与比中位数小，上升与下降等）。如何对这类数据进行统计分析呢？一种简单有效的方法就是符号检验（sign test）。例如，在通常的市场研究应用中，找 n 名顾客来调查并最后确认对诸如方便面、咖啡、软饮料和清洁剂等商品的两个品牌中喜欢哪一个，或者两个方案中赞成哪一个。这 n 个顾客对喜欢的表达是名称数据，因为顾客只需说出所喜欢商品的名称或品牌。根据这些数据，我们的目标是确定人们对于被比较的两个事物是否存在喜欢程度上的差异。符号检验就是回答这一问题的一个最简单方便的非参数统计方法。

1. 小样本情形

当 $n\leqslant 30$ 时，称为小样本情形。不同样本量的情况下使用符号检验的步骤是不同的。下面我们通过对例 6—23 进行研究，演示一下如何使用小样本符号检验法。

例 6—23

某企业生产一种在市场上名为 A 的食品。该企业的竞争对手也已开始生产一种名为 B 的食品。在一项关于消费者对这两个品牌的偏爱的研究中，给 12 个人未贴标签的每种食品样本。每个人首先品尝哪个品牌是随机挑选出来的，在品尝过两种食品之后，这些人被要求说出在两个品牌中所偏爱的那个品牌。结果是 2 人喜欢 A 品牌，10 人喜欢 B 品牌。问能否确定消费者确实偏爱两种食品中的一种。

设 p 表示消费者总体中偏爱 A 的比例，我们想检验以下假设：

$$H_0: p=0.50, H_1: p\neq 0.50$$

若无法拒绝 H_0，将没有证据表明对两种产品品牌的偏爱间存在差异。然而，若是拒绝了 H_0，可以认为消费者对两种品牌的偏爱间存在差异。在这种情况下，大多数消费者选出的品牌被认为是受欢迎的品牌。

在下面的讨论中我们将展示如何使用符号检验的小样本形式来检验这些假设，并得出有关消费者的偏好的结论。为了记录参与这项研究的 12 个人的偏好数据，我们使用加号来表示对 A 的偏好，使用减号来表示对 B 的偏好。由于数据是用加号或减号来记录的，这一非参数检验被称为符号检验。

可以看出，如果考虑加号出现的比率，则上述问题其实也可以表达为单样本的比率是否恰为 0.50 的检验问题（见本章 6.3 节），但当时我们使用的是大样本近似正态的分析方法。如果实际问题中样本量较小，又该怎样进行呢？下面所介绍的就是解决此问题的思路和具体步骤。

在 H_0 为真（$p=0.50$）的假设下，加号的个数服从 $p=0.50$ 的二项概率分布。当样本容量 $n=12$ 时，用二项分布公式可以计算出概率分布值（见表 6—30），由此可以画出

p=0.50 的二项分布的概率分布图（见图 6—11）。它显示了在 H_0 成立的假设下，加号个数的概率分布律。使用这一分布可以给出拒绝 H_0 的法则。例如，若 α=0.05，我们将把图 6—11 中分布两端各约 0.025 的部分定义为拒绝域。在此分布的低端（左端），我们发现加号个数为 0，1 或 2 的概率为 0.000 2+0.002 9+0.016 1=0.019 2。注意到我们停留在加号个数为 2 的位置上，因为加上了加号个数为 3 的概率，将使得此低端区域等于0.019 2+0.053 7=0.072 9，超过了所要求的 0.025 的区域。在此分布的高端（右端），我们发现相对于 10，11 或 12 个加号的概率同样为 0.019 2。于是，我们距离 α=0.05 最近，同时又不超过 0.019 2+0.019 2=0.038 4，所以我们采用以下的拒绝法则：若加号个数小于 3 或大于 10，则拒绝 H_0。

表 6—30　　n=12，p=0.5 的二项分布

加号个数	概率	加号个数	概率
0	0.000 2	7	0.193 4
1	0.002 9	8	0.120 8
2	0.016 1	9	0.053 7
3	0.053 7	10	0.016 1
4	0.120 8	11	0.002 9
5	0.193 4	12	0.000 1
6	0.225 6		

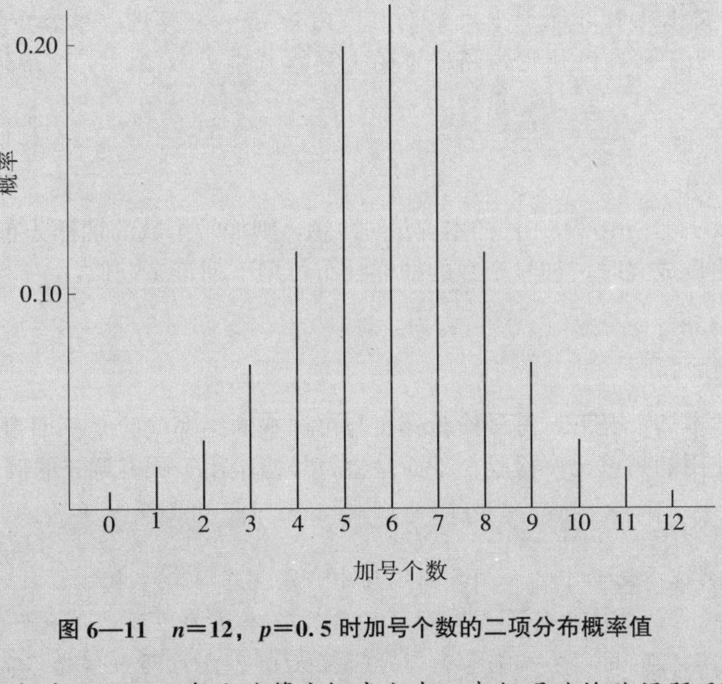

图 6—11　n=12，p=0.5 时加号个数的二项分布概率值

为了简化分析步骤，不必每次计算出概率分布。我们明确检验问题及解决步骤是这样的：

$$H_0: p=0.50,\ H_1: p\neq 0.50$$

式中，p 是出现加号的概率。

在样本观测值中，记 n_+ 为取加号个数，n_- 为取减号个数，$n=n_+ + n_-$，令 $s=\min\{n_+, n_-\}$，查本书后的附表 8 可得其下限临界值 s_α，当 $s \leqslant s_\alpha$ 时，拒绝原假设。

续例 6—23

对食品调查结果进行分析，已知：喜欢 A 者 2 人，喜欢 B 者 10 人，问消费者是否偏爱两种食品中的一种。

在本例中，$n_+=2$，$n_-=10$，$n=n_+ + n_-=12$，$s=\min\{n_+, n_-\}=\min\{2, 10\}=2$，当 $\alpha=0.05$ 时，查附表 8 可得下限临界值 $s_\alpha=2$，由于本组结果 $s \leqslant s_\alpha$，故拒绝原假设。此研究提供证据表明消费者对两种品牌的产品的偏爱确实存在差异。我们会告知该企业，消费者更喜欢对手的 B 牌产品。这个结果与我们用二项分布计算的结果完全一致。

在上述例子中，此项研究中全部的 12 个参与者都能够表述自己的偏好。在许多情况下，样本中的一个或多个个体无法表述出明确的偏爱。更一般的情况是在样本中，有些取“+”，有些取“−”，还有些取“0”。在这种情况下，取“0”者不应计入总数，也就是说应将这些样本除去不计。

附表 8 给出的临界值可用于构造样本容量小于 90 的任何符号检验的决策判断。对于原假设 $p=0.50$ 以及样本容量为 n，可建立对应于 0.01，0.05，0.10，0.25 共 4 种显著性水平的决策准则。当然，这里仅对双侧检验情况给出。若仅考虑二项概率分布的低端或高端，将上述显著性水平减半即可。附表 8 中未提供样本容量大于 90 的临界值。在这种情况下，可以使用二项概率的大样本正态近似法，下段介绍大样本的符号检验法。

2. 大样本情形

使用原假设 H_0：$p=0.50$ 且样本容量 $n>30$，则加号个数的抽样分布可用正态概率分布来近似。原假设成立时，加号个数的抽样分布可用下列正态近似：

$$\mu=0.50n$$

$$\sigma=\sqrt{0.25n}$$

由于在大样本的情况下，符号检验其实与单样本的比率检验是一回事，因此在用计算机计算时实际使用的是单比率检验。下面是将符号检验用于顾客调查的例子。

例 6—24

在近期村长选举活动中的一项民意调查中，询问了 200 名村民，目的是询问甲候选人与乙候选人中谁的政绩更好。调查结果显示，72 人认为甲候选人更好，103 人认为乙候选人更好，25 人弃权。这一民意调查是否显示出公众对两个候选人的政绩评价存在显著不同？

$$H_0: p=0.50, \quad H_1: p\neq 0.50$$

式中，p 是出现“甲候选人的政绩得到较高评价”的概率。

利用符号检验，我们看到 $n=72+103=175$，即 175 人能够指出他们所认为的具有最佳政绩的候选人。利用均值和标准差的计算结果，我们发现加号个数的抽样分布图形是像图 6—12 这样的状况。

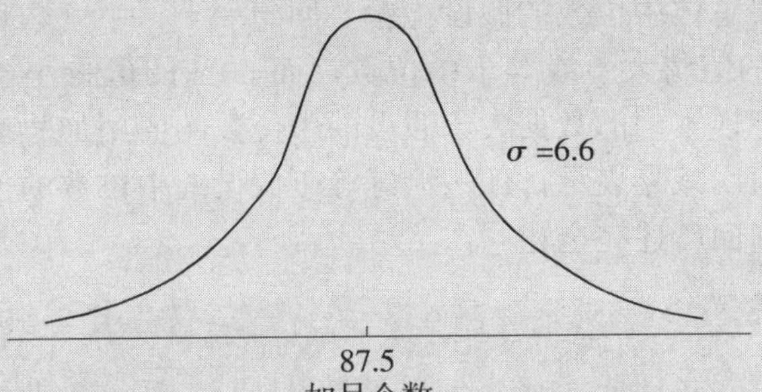

图 6—12　$n=175$ 的符号检验中加号个数的概率分布

$$\mu=0.50n=0.50\times175=87.5$$

$$\sigma=\sqrt{0.25n}=\sqrt{0.25\times175}=6.6$$

当 $n=175$ 这样大时我们当然可以认为抽样分布已近似正态分布，能使用标准正态概率分布面积表来建立此检验的拒绝法则。若 $\alpha=0.05$，这一双边检验的拒绝法则是：如果 $Z\leqslant-1.96$ 或 $Z\geqslant+1.96$，则拒绝 H_0。

用"甲候选人的政绩得到较高评价"的次数作为加号的个数（$x=72$），我们得到如下检验统计量的值。

$$Z=\frac{x-\mu}{\sigma}=\frac{72-87.5}{6.6}=-2.35$$

由于 $Z=-2.35<-1.96$，则在 0.05 的显著性水平下，我们将拒绝两位候选人的政绩无差异的假设。此项研究表明乙候选人被认为拥有更好的政绩。

利用 MINITAB 软件可以按下列步骤进行。

从统计→基本统计量→单比率入口，将次数 175 及甲（或乙）候选人的得票数 72 作为"成功"次数，在"选项"窗口选择对 $p=0.5$ 做双侧检验，可得到下列结果：

单比率检验和置信区间

$p=0.5$ 与 $p\neq0.5$ 的检验

样本	X	N	样本 p	95%置信区间	精确 p
1	72	175	0.411 429	(0.337 730，0.488 180)	0.023

p 值为 0.023，拒绝原假设，这与我们手工计算的结果完全相同。

下面我们介绍一些符号检验法的应用实例。最简单而又有用的例子是中位数的符号检验法。

我们曾阐述了怎样将假设检验用于对总体均值的推断。当总体分布可以认为是对称时，均值与中位数是重合的；当分布不能认为是对称时，均值与中位数的偏离通常也很小。因此，对于均值的检验也可以近似化为对中位数的检验。实际上，我们讨论的是怎样用符号检验来进行有关总体中位数的假设检验。回想一下，中位数将一个总体分割成为两部分，且总体中50%的值将大于或等于中位数，而50%的值将小于或等于中位数。我们可以采用符号检验，把样本中的数据大于假设的中位数的值用加号表示，把样本中的数据小于假设的中位数的值用减号表示，任一恰好等于假设的中位数的值的数据应剔除掉。符号检验的计算过程与前面所述完全相同。

例6—25

公众普遍认为A地新建住宅的价格中位数是13万元，经调查，在一个由62所新住宅组成的样本中，34所住宅的价格高于13万元，26所住宅的价格低于13万元，有两所住宅的价格恰好等于13万元。可以认为新建住宅的价格中位数是13万元吗？

H_0：中位数=13万元，H_1：中位数≠13万元

对于$n=60$所其价格不等于13万元的住宅，我们得到：

$$\mu=0.50n=0.50\times60=30$$
$$\sigma=\sqrt{0.25n}=\sqrt{0.25\times60}=3.87$$

因为加号个数$x=34$，所以检验统计量为：

$$Z=\frac{x-\mu}{\sigma}=\frac{34-30}{3.87}=1.03$$

采用双边检验以及$\alpha=0.05$的显著性水平，当Z小于等于-1.96或大于等于$+1.96$时，我们拒绝H_0。由于此检验统计量$Z=1.03$，我们不能拒绝H_0。在这些数据的基础上，我们不能拒绝A地新建独居单元的价格中位数为13万元的原假设。

用MINITAB软件，从统计→基本统计量→单比率入口，输入汇总数据，将总试验次数60，“成功”次数34输入，则可以得到下列结果：

单比率检验和置信区间

$p=0.5$与$p\neq0.5$的检验

样本	X	N	样本 p	95%置信区间	精确 p
1	34	60	0.566 667	(0.432 410，0.694 119)	0.366

由于此检验p值为0.366，我们不能拒绝H_0。

我们再举一个实际例题说明符号检验的步骤及对符号检验方法的改进途径。

例 6—26

装配车间每日完成记录仪的台数如表 6—31 所示。车间主任宣称他们的平均产量已超过日产 35 台水平，能确认他的说法吗？

表 6—31 **日装配记录仪台数记录表**

日期	1	2	3	4	5	6	7	8	9	10	11	12
产量	32	38	39	33	40	32	41	34	38	40	39	42
比较	−	+	+	−	+	−	+	−	+	+	+	+

我们所要检验的假设是：

H_0：中位数≤35，H_1：中位数>35

从数据表中很容易看出，超过 35 的为 8 个，低于 35 的为 4 个。查附表 8，看 $n=12$，$\alpha=0.10$ 的那列（双侧 0.1 相当于单侧 0.05），得临界值为 2。由于 4 大于 2，因此无法拒绝原假设，即不能认为日产量比 35 大。

用 MINITAB 软件，仍从统计→非参数→单样本符号入口，输入原始数据，可得下列结果：

中位数的符号检验：产量

中位数＝35.00 与＞35.00 的符号检验

	N	下方	相等	上方	p	中位数
产量	12	4	0	8	0.193 8	38.50

由于 p 值为 0.193 8，因此无法拒绝原假设。

符号检验简单易算，但效率不高，即不容易检验出显著差别来。对于例 6—26 我们在本节 6.6.3 威尔科克森符号秩检验中还要再算一次，由于采用了更精密的方法，我们将分析出更准确的结论。

6.6.2 曼-惠特尼-威尔科克森检验

在前面对两个总体均值间差异进行了参数检验。我们检验了下面的假设：

H_0：$\eta_1-\eta_2=0$，H_1：$\eta_1-\eta_2\neq 0$

我们使用两个样本的 t 检验法可以解决问题。但要注意，此方法的使用基于一个基本条件，即两个总体均为正态分布。如果这个条件不满足，又该如何检验呢？我们下面给出另一种可用于研究两总体间是否存在差异的非参数方法。此检验使用的条件是两个独立样本即可，其中每个样本可以来自任何类型的分布，我们通常把它称为曼-惠特尼-威尔科克森（Mann-Whitney-Wilcoxon，MWW）检验。

非参数 MWW 检验不需要上述两个假设。MWW 检验唯一的要求是两个独立随机样本中产生的数据的测度尺度至少是顺序的。MWW 检验确定两总体是否相同，而不是检验两总体均值间的差异。下面是 MWW 检验的假设：

H_0：两总体相同，H_1：两总体不相同

具体化为非参数，则用中位数作为总体位置的代表，即要检验

H_0：$\eta_1-\eta_2=0$，H_1：$\eta_1-\eta_2\neq0$

只要两个总体的样本容量皆小于或等于 10，就可以使用 MWW 检验的小样本检验法。我们将通过一个例子来演示 MWW 检验在小样本情形下的应用。

例 6—27

纱厂挡车工的操作者大部分都接受过新工艺 A 和 B 的专项培训。团队成员提出一个问题，即 A，B 两种工艺的培训在提高技术能力上是相同的吗？考虑下面的假设：

H_0：两个总体在技术能力上是相同的，H_1：两个总体在技术能力上是不同的

利用培训的记录，团队挑选了 4 名接受过 A 种工艺培训的员工组成随机样本和另一个由 5 名接受过 B 种工艺培训的员工组成随机样本。本项研究中所使用的 9 名员工现今的过程操作技术能力表现被记录下来，9 名员工在全厂挡车工中的名次排秩情况列在表 6—32 中。

MWW 检验过程的第一步是把来自两个样本的混合数据由低到高进行排序，样本中名次的最佳者（全厂排为第 8 名）的秩为 1，而样本中名次的最劣者（全厂排为第 202 名）的秩为 9。全部 9 个员工的排秩结果列在表 6—33 中。

表 6—32　　挡车工操作名次数据

A 工艺培训		B 工艺培训	
员工	全厂排名	员工	全厂排名
1	8	5	70
2	52	6	202
3	112	7	144
4	21	8	175
		9	146

下一步是分别求出每个样本的秩和。在 MWW 检验过程中原本可使用任一个样本的秩和，但我们的附录表 9 要求只对样本量较小者计算秩和。在下面的讨论中，我们使用由 4 名接受过 A 工艺培训的员工组成的样本的秩和，用 T 表示。对于本例，$T=1+2+3+5=11$。

表 6—33　　挡车工操作排秩情况

员工	工艺	全厂排名	混合样本秩
1	A	8	①
4	A	21	②
2	A	52	③

续前表

员工	工艺	全厂排名	混合样本秩
5	B	70	4
3	A	112	⑤
7	B	144	6
9	B	146	7
8	B	175	8
6	B	202	9

下面考虑A工艺的秩和的特性。由于此样本中有4名员工，则A工艺培训可能拥有了此项研究中最好的4名员工。若情况确实如此，$T=1+2+3+4=10$ 将是秩和 T 的最小可能值。相反，也可能拥有最差的4名员工，在此种情况下，$T=6+7+8+9=30$ 将是 T 的最大可能值。于是，样本的 T 值必为介于10～30之间的一个值。

两个样本容量均小于或等于10时的MWW检验的临界值列在附表9中。在此表中，n_1 代表了在此检验中样本量较小者的样本的容量，下界 T_L 的值和上界 T_U 的值可直接从此表中读出。当 T 小于等于 T_L 或大于等于 T_U 时将拒绝两总体相同的原假设。

利用附表9中双侧0.05的显著性水平，我们看到 $n_1=4$（A工艺），$n_2=5$（B工艺）的MWW检验统计量的低端临界值 $T_L=12$，高端临界值 $T_U=28$。这就是说，若第一样本（A工艺）的秩和小于等于12或大于等于28，则两个总体相同的原假设被拒绝。拒绝法则可写为：

如果 $T\leqslant 12$ 或 $T\geqslant 28$，则拒绝 H_0

我们看到本例的实际结果是 $T=1+2+3+5=11$。于是，拒绝原假设 H_0，我们可以下结论说在技术能力方面，A工艺员工总体与B工艺员工总体有显著不同。A所得到的较高的名次表明，与B工艺相比，A工艺员工做得更好。

使用MINITAB软件，从统计→非参数→Mann Whitney入口，可以直接得到下列结果：

Mann-Whitney 检验和置信区间：名次 _ A，名次 _ B

	N	中位数
名次 _ A	4	36.5
名次 _ B	5	146.0

ETA1－ETA2 的点估计为 －108.5

ETA1－ETA2 的 96.3 置信区间为（－181.0，－18.0）

$W=11.0$

在 0.037 3 上，ETA1＝ETA2 与 ETA1 $\neq$ ETA2 的检验结果显著

这里 p 值为0.037 3，因此结论同样是拒绝两总体相同的原假设。

当两总体至少有一个样本量超过 10 时，附表 9 已无法使用，这时，计算机将自动使用正态近似法进行计算，最后结尾给出的数字就是检验的 p 值，如果此值小于 0.05，则应拒绝两总体相同的原假设。

对于两总体中位数相等性的检验，除了上述的 MWW 检验，还可以使用穆德（Mood）中位数检验法。

仍以例 6—27 的数据来说明此方法。

将两组样本合并后，求出合并样本的中位数，计算两个样本各有多少个观测值比此中位数大及比此中位数小。最后，将这些数据构成列联表，用卡方检验法检验即可。此例的中位数是 112，得出比较结果列在表 6—34 中。

表 6—34　　挡车工操作的中位数检验表

	不超过中位数	大于中位数
A	4	0
B	1	4

使用 MINITAB 软件，从统计→非参数→Mood 中位数检验入口，使用卡方检验法，结果如下：

Mood 中位数检验：名次与培训方法

名次的 Mood 中位数检验

卡方=5.76，DF=1，p=0.016

```
培训                                              单组 95.0% 置信区间
方法  N<=  N>  中位数  Q3-Q1  ---------+---------+---------+-------
A       4   0      37     86  (----*-----------)
B       1   4     146     82          (-----------*---------)
                              ---------+---------+---------+-------
                                      60        120       180
```

整体中位数=112

* 观测值小于 6 的水平具有的置信度小于 95.0%

中位数（A）－中位数（B）的 95.0%置信区间：（－174，－13）

结论是拒绝两总体在技术能力上是相同的的原假设，认为两总体有较大差别。当然，在本例中由于数据太少，用卡方检验误差较大，应收集更多数据来说明问题。

6.6.3　威尔科克森符号秩检验

对于单总体均值的检验问题，我们已在 6.3 作了介绍，当标准差已知时，可以使用 Z 检验；当标准差未知时，可以使用 t 检验。当然，这两种检验法都要求总体分布必须为正态。如果分布非正态，可以使用符号检验法（见 6.6.1 节），但符号检验法太粗糙，非常容易犯第二类错误，也就是说，即使明明已有显著差异仍然不能拒绝。下面介绍效果相当好的非参数威尔科克森符号秩检验法。这种方法适用于单个总体的中位数检验（在分布对称的假定下，也就是均值等于给定值的检验），当然也适用于配对检验，因为成对或相匹配的观测值间的差异提供了两个总体间差异的信息，最终转化为单总体均值是否为0的检验。

续例6—26

装配车间每日完成记录仪的台数如下表所示。车间主任宣称他们的平均产量已超过日产35台水平，能确认他的说法吗？

我们所要检验的假设是：

H_0：中位数≤35，H_1：中位数>35

先求出各观测值与35之差（见表6—35第4行），然后按其绝对值排序，并将其秩次列在表6—35最后一行（注意观测值相同时要进行秩的修正）。容易看出减号共4项（见表6—35第5行中带圆圈者），对应减号的秩和T为1+2+4.5+4.5=12。查附表9，对应$n_1=4$，$n_2=8$的$\alpha=0.05$的T的单侧下限为16，观测值为12，故应拒绝原假设，即认为目前产量确实比日产35台有所提高。

表6—35　日装配记录仪台数的符号秩检验表

日期	1	2	3	4	5	6	7	8	9	10	11	12
产量	32	38	39	33	40	32	41	34	38	40	39	42
比较	−	+	+	−	+	−	+	−	+	+	+	+
差值	−3	3	4	−2	5	−3	6	−1	3	5	4	7
绝对值序	⓸.5 (4.5)	4.5	7.5	(2)	9.5	(4.5)	11	(1)	4.5	9.5	7.5	12

用MINITAB计算，从统计→非参数→单样本Wilcoxon入口，可以得到下列结果：

Wilcoxon符号秩检验：台数

中位数=35.00与中位数>35.00的检验

	N	检验N	Wilcoxon统计量	p	估计中位数
台数	12	12	66.0	0.019	37.25

这里计算机给出的Wilcoxon统计量为66，它计算的是对应加号观测值的秩和（因为数据总共12个，故加减号总秩和为78）。由于算出的$p=0.019$，故应拒绝原假设，即认为日产量比35有显著提高。

注意我们在前面已经用符号检验法处理过此问题，当时的结论是不能拒绝原假设。这说明符号检验法较为粗糙，不易发现显著差异，这里使用的符号秩检验法的检出效率大大提高。

当加减号中有任一组个数超过10时，附表9就不能用了，这时，计算机会自动使用正态近似方法计算之，因此不论样本量如何，对单个总体的中位数检验都可以使用效果比较灵敏的威尔科克森符号秩检验法。

配对样本的参数分析方法（配对差异的 t 检验）需要是定距类数据并假定其成对观测的差服从正态分布。在这一假定下，可以采用 t 分布来检验总体均值间无差异的原假设。若服从正态分布的假定不成立，则可使用威尔科克森符号秩检验。下面我们通过比较两种不同方法的有效性来演示这一非参数检验。

例 6—28

一家制造企业试图确定两种生产方法在完工时间上是否存在差异。选出了一个由 11 人组成的样本，且每个工人都分别使用两种生产方法完成了同样一项生产任务。每个工人首先使用哪种生产方法是随机挑选的。于是，每个工人提供了一对观测值，如表 6—36 所示。若差异为正，表明方法 1 需要更多的时间；若差异为负，则表明方法 2 需要更多的时间。请判断两种方法在完工时间上是否存在差异？

事实上，我们有两个完工时间的总体，一个总体对应于一种方法。设立下面的假设：

H_0：两总体相同，H_1：两总体不同

若不能拒绝 H_0，我们将没有证据说明两种方法的完工时间存在差异；若拒绝，我们则可以说两种方法在完工时间上存在差异。

表 6—36　　两种方法完工时间比较表

工人	方法 1	方法 2	差异
1	10.2	9.5	0.7
2	9.6	9.8	−0.2
3	9.2	8.8	0.4
4	10.6	10.1	0.5
5	9.9	10.2	−0.3
6	10.2	9.3	0.9
7	10.9	10.5	0.4
8	10.0	10.0	0.0
9	11.2	10.6	0.6
10	10.7	10.2	0.5
11	10.6	9.8	0.8

威尔科克森符号秩检验的第一步要求把两种方法间差异的绝对值进行排秩。我们将剔除一切 0 差异，接着把剩下的差异绝对值由低到高进行重排。相同的差异将被赋予它们在混合数据列中位置的平均秩。差异绝对值的排秩情况列在表 6—37 中的最右列。应注意到工人 8 的 0 差异被从排秩中剔除出去；于是最小的差异绝对值 0.2 的秩被定为 1，…，0.9 的秩被定为 10。工人 3 和 7 的相同的绝对差的秩被定为平均秩 3.5，同时工人 4 和工人 10 的相同的绝对差的秩被定为平均秩 5.5。

从表6—37可以看出，差异为负的只有2项，它们分别具有秩1和2，因此减号的秩和为1+2=3。加号的项数是8项，秩和为52。查附表9，对于$n_1=2$，$n_2=8$，双侧临界值是（3，19），我们例中对应较少项的符号为减号，其秩为3，未落入上述区间（此区间不含两侧端点），因此我们拒绝原假设，即认为二者有显著差异。

表6—37　两种方法完工时间绝对差的秩

工人	差异	差异的绝对值	秩
1	0.7	0.7	8
2	−0.2	0.2	1
3	0.4	0.4	3.5
4	0.5	0.5	5.5
5	−0.3	0.3	2
6	0.9	0.9	10
7	0.4	0.4	3.5
8	0.0	0.0	—
9	0.6	0.6	7
10	0.5	0.5	5.5
11	0.8	0.8	9
		减号秩之和	3
		加号秩之和	52

用T代表威尔科克森符号秩检验中的符号秩的和。当两个总体相同且两组数据中的至少一组个数超过10时，T的抽样分布可以认为近似于正态概率分布，计算机将直接给出近似结果的p值，利用此值就能得出检验的结论。

6.6.4　克鲁斯卡尔-沃利斯检验

MWW检验可以用于检验两个总体是否相同，而克鲁斯卡尔-沃利斯（Kruskal-Wallis）检验可以扩展到3个或更多总体的情形。$k\geqslant3$的总体克鲁斯卡尔-沃利斯检验的假设可写成如下的形式：

H_0：所有总体均相同，H_1：并非所有总体均相同

克鲁斯卡尔-沃利斯检验基于对来自k个总体中每一个总体的独立随机样本的分析。

在前面，我们表明方差分析可用于检验3个或3个以上总体的均值的相等性。方差分析过程要求的条件是：所有数据为定距或定比数据，所有总体为正态分布，且各总体的方差均相等。

非参数的克鲁斯卡尔-沃利斯检验可用于顺序数据，或是定距数据以及定比数据。而且，克鲁斯卡尔-沃利斯检验不要求参数的方差分析过程所要求的正态分布和等方差的假设。于是，当来自$k\geqslant3$的独立随机样本的数据是顺序的，或者数据为定距的但正态性假

设及等方差假设存在问题时，克鲁斯卡尔-沃利斯检验就提供了一种可用于检验总体是否相同的替代统计方法。下面我们将它应用于一项关于雇员挑选的问题，以此来演示克鲁斯卡尔-沃利斯检验。

例 6—29

公司从 3 所当地的大学聘用管理工作人员。最近，该公司的人事部收集并评出了雇员的年度表现等级，试图确定从 3 所大学招聘来的管理人员的表现是否存在差异。表现等级数据可以从由 7 名来自 A 大学的雇员，6 名来自 B 大学的雇员以及 7 名来自 C 大学的雇员组成的三个独立样本中得到。表 6—38 汇总了这些数据，每名管理人员的总体表现等级用 0～100 之间的成绩表示，其中 100 是最高的可能表现等级。

表 6—38　　20 名雇员的表现等级

A 大学	25	70	60	85	95	90	80
B 大学	60	20	30	15	40	35	
C 大学	50	70	60	80	90	70	75

假设我们想检验在表现的评价方面这三个总体间是否存在差异。克鲁斯卡尔-沃利斯检验统计量以每个样本的秩和为基础，用下列公式算出：

$$W=\frac{12}{n_T(n_T+1)}\sum_{i=1}^{k}\frac{R_i^2}{n_i}-3(n_T+1)$$

式中，k 为总体的个数；n_i 为样本 i 中的个体数；$n_T=\sum n_i$ 是所有样本的个体总数；R_i 为样本 i 的秩和。

克鲁斯卡尔和沃利斯证明了，在各总体相同的原假设下，W 抽样分布近似自由度为 $k-1$ 的卡方分布。若每个样本的容量均大于等于 5，则这一近似误差很小。

为了计算例子中的 W 统计量，必须首先对全部 20 个数据项进行排秩，来自大学 B 样本的 15 是最小数据值，其秩为 1；而来自大学 A 样本的 95 是最高数据值，其秩为 20，表 6—39 中给出了数据的值、其相应的秩以及三个样本各自的秩和。应注意到对于同分值，我们将其秩赋为秩的平均数：例如，数据值 60，70，80 和 90 都有同分值。

表 6—39　　20 名雇员的混合秩

A 大学	秩	B 大学	秩	C 大学	秩
25	3	60	9	50	7
70	12	20	2	70	12
60	9	30	4	60	9
85	17	15	1	80	15.5
95	20	40	6	90	18.5
90	18.5	35	5	70	12
80	15.5			75	14
秩和	95	秩和	27	秩和	88

样本容量为：

$$n_1=7 \qquad n_2=6 \qquad n_3=7$$

$$n_T=\sum n_i=7+6+7=20$$

计算 W 统计量：

$$W=\frac{12}{20\times 21}\left(\frac{95^2}{7}+\frac{27^2}{6}+\frac{88^2}{7}\right)-3\times(20+1)=8.92$$

卡方分布表（本书附表4）给出，在自由度为 $k-1=2$ 时，右侧的 $\alpha=0.05$ 的卡方临界值为 $\chi^2=5.991$，由于本检验的统计量 $W=8.92$，大于5.991，我们拒绝三个总体相同的原假设。作为结果，我们得出结论：来自不同大学的管理人员业绩显著不同。而且，由于表现等级最低的是大学B，所以此公司将有理由减少从大学B招聘的员工数或者至少是更深入地评价此大学的毕业生。

用 MINITAB 软件，从统计→非参数→Kruskal-Wallis 入口，可以直接得到下列结果：

Kruskal-Wallis 检验：等级与大学

在等级上的 Kruskal-Wallis 检验

大学	N	中位数	平均秩	Z
A	7	80.00	13.6	1.70
B	6	32.50	4.5	−2.97
C	7	70.00	12.6	1.15
整体	20		10.5	

$H=8.92$，$DF=2$，$p=0.012$

$H=8.98$，$DF=2$，$p=0.011$（已对结调整）

这里最后两行都是计算结果，带有已对结调整的最后一行，是在计算秩时，对于观测值过多相等情况的秩的计算作了修正。而我们通常在实际使用此计算机程序时只看最后一行就行了。

从最后一行结果中可以看出，p 值为0.011，因此拒绝原假设，即应认为各总体是不同的。

6.6.5 数据独立性的链检验

在实际工作中常常要检验观测数据是否独立。所谓数据间相互独立，是指连续观测的一些数据之间，后面的数据不受前面数据的影响。比较典型的不独立数据是股票市场上的数据，后一日的股票价格将明显受到前一日股票价格的影响。对于不能保证相互独立的数据进行统计分析是相当困难的，通常要使用时间序列分析工具。如果数据间不相互独立，则前面介绍的各种方法与结论都将失效，中心极限定理中介绍的样本均值的标准差将减小为原标准差的$\frac{1}{\sqrt{n}}$也不能成立。那么如何检验数据是否相互独立呢？这方面有很多方法，本节将只介绍最简单的链检验法，也称游程检验法。

在一串字符组成的序列中，接连相同的符号组成的一串相同字符被称为一个链。例如，一串由正负号组成的序列是这样的：

$$++++--++---+----$$

可以看出本序列中，正号一共有 7 个，负号一共有 9 个，而连在一起的正号序列有 3 个，称为有 3 个正号链；连续连在一起的负号序列也有 3 个，称为有 3 个负号链，总共有 6 个链。

如果一个序列，由 n_1 个正号和 n_2 个负号组成，记 r 为其链的总个数，那么正常情况下该有多少个链呢？在本书的附表 10 中的左上角和右上角的两个表中，分别给出了链的个数的上下界。在本书附表 11 中的下半部给出了链的长度的上界。

可以设想，如果一个序列数据相互独立时，它的链的总个数不会太多也不会太少，最长的链的长度也不应太长。如果一个序列数据不相互独立时，则它的链的总个数会不正常，其最长的链的长度也可能太长。比如，考察某月的上证指数，其月中位数为 1 300，把 26 个交易日的每日上证指数记录下来，把高于 1 300 者记为正号，把低于 1 300 者记为负号，则得到的序列为：

$$+++++++------+++++++--------$$

由于股市总有这样的特点：某天指数较高者则下一天指数也常常较高，某天指数较低者则下一天指数也常常较低，因而链的个数通常偏少，而其最长的链的长度也可能太长。数一下此序列，可以得知总的链的个数只有 4 个，最长的一个链长度为 8。这就显示数据不独立。另一种情况则正好相反，比如，为了把一个球投入筐中，如果第一次偏远，为了争取下次投掷入筐，常常会“矫枉过正”，下次会偏近，再下次又会偏远……这样一来，链的总个数会偏多。因此，对于链的检验可以从链的总个数和最长的链长两方面进行。

我们所要检验的是：

H_0：数据相互独立，H_1：数据不独立

上面的例子中，正负号各 13 个，查附表 10 的左上角，可以确定下界值为 8，查附表 10 的右上角，可以确定上界值为 20。也就是说，如果此序列的链的个数小于或等于 8 则拒绝原假设，判数据不独立；如果此序列的链的个数多于或等于 20 则同样拒绝原假设，判数据不独立。本例因样本链的个数只有 4，故应认为数据不独立。在一般数据例题中，计算链的个数本身就很麻烦，MINITAB 软件内的统计→质量工具→运行图可以自动计算出链的个数。

对于链长（即游程最大长度）可以同时进行检验，按正负号个数，查附表 11 中的下半部，可以得知链的长度的上界，如果数据中的最长链长大于或等于表中的数，则应该拒绝原假设，即应认为数据是不独立的。在本例中，最长的链长为 8，按正负号各 13 个查附表 11 中的下半部，可以得知链的长度的上界为 8，我们的链长已经达到上界，因而也能判

定数据不独立。

对于链的总数和链长的检验，只要任何一个检验结论是拒绝原假设，则我们的结论就是拒绝原假设。

第 5 章已经讲过链图，我们以第 5 章图 5—36 的链图为例，进行下列检验：

（1）链最大长度检验：序列总长度 $N=20$，链最大长度 $L=8$，查附表 11 下半部的表（$\alpha=0.05$），对应（10，10）的最大长度为 7，本例最大长度 $L=8$，故对 H_0 应予以拒绝，即认为数据并不独立。

（2）链的数目检验：序列总长度 $N=20$，链总数只有 4 个。查附表 10 的左上角（$\alpha=0.05$），对应（10，10）的下界为 6，本例链总数只有 4 个，小于下界，故对 H_0 应予以拒绝，即认为数据并不独立。

（3）趋势检验：连续下降的点达到 7 个，查附录表 8 符号检验表，对于 $N=7$，$\alpha=0.05$ 时，表中列出下界为 0，故对 H_0 应予以拒绝，即认为数据并不独立。

如果样本量超过 40 时，查表给不出临界值，这时可以使用近似正态的方法。由于软件功能的限制，我们通常要先求出中位数，再从统计→非参数→游程检验入口，以中位数为界来作链检验。计算机在求出游程总数的同时，还用正态近似法计算出 p 值，当 p 值小于 0.05 时，拒绝原假设。

6.7 相关分析与回归分析

在六西格玛管理的分析阶段中，分析问题出现的原因是至关重要的。这时，统计学中的相关分析及回归分析就是很有力的工具。

如果同时获得了两个或多个连续型变量的观测值，就可以使用相关分析和回归分析。例如，在一定的范围内，反应罐中的温度与最终的产量间，就呈现某种关系。分析并确认二者是否有关系，这就是相关分析的任务；把二者的关系用方程的形式表达出来，这就是回归分析的任务。回归分析的任务可能更复杂，影响最终产量的，除了温度，可能还有反应时间、反应罐中的压力等多个因素，因此回归分析又分单自变量的回归（称为一元回归）和多自变量的回归（称为多元回归）。除了线性回归，还可能有二次回归、三次回归等多项式回归，以及更多自变量的逐步回归等。限于篇幅，我们下面将只介绍简单线性回归分析方法。

6.7.1 相关分析

如果拥有 X 与 Y 的成对数据，则我们可以在散点图中直观地看见这种关系。X 与 Y 的关系可能是密切的，也可能是不密切的。

判断原因 X 和结果 Y 之间的相关程度，通常先从散点图可以获得一个大概的印象。我们在本章前面的内容中描述过，如果数据像在图 6—2 中展示的那样，就可以看出两个变量间是正相关、负相关，还是基本上无关。当然，只是获得些初步印象远远不够，我们要定量地对相关关系加以分析。

例 6—30

某团队在分析产品加工温度与产量之间的关系时，收集了以下数据（见表 6—40）。

表 6—40　　温度 X 与产量 Y 的数据

序号	温度 X	产量 Y
1	2	58
2	6	105
3	8	88
4	8	118
5	12	117
6	16	137
7	20	157
8	20	169
9	22	149
10	26	202

我们可以使用散点图初步分析出过程中的产量与反应温度有关。产量与反应温度的散点图如图 6—13 所示。直观上能看到存在某种关系，不过我们更希望能够量化出这种相关性的程度——究竟密切程度如何？相关分析将给出明确的结果。更进一步，如果在一定的范围内，对某个给定的温度点能够预测出产量，将更有实际用途。解决这个问题的有力工具是回归分析，它能够帮助我们确定所研究的两个或多个变量间的函数关系。我们先来讨论相关分析方法。

首先画出产量与温度的散点图（见图 6—13）。

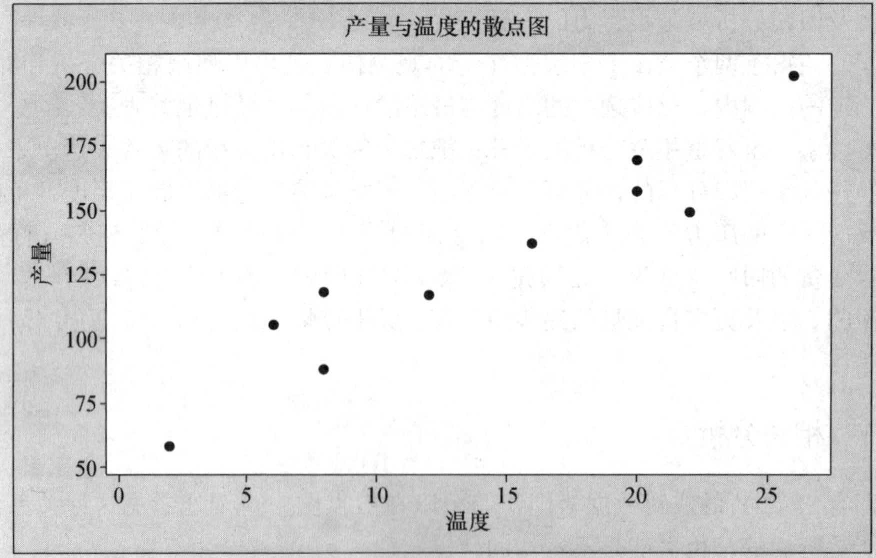

图 6—13　温度对产量的影响

从图 6—13 中可以明显地看出，随着温度的增高，产量也显著地增长。我们如何度量相关的程度？这就要引入相关系数的概念。

1. 相关系数的概念

相关系数 r（通常是指 Pearson 相关系数）是用来描述两个变量线性相关程度的一种度量。由两个变量的 n 组观测值可以画出多种不同形状的散点图，我们希望用相关系数 r 来表示出它们是正相关还是负相关，以及它们以何种程度相关。

当散点图呈现图 6—13 或图 6—2a 的形状，即随 x 的值增加时，y 有明显增加的趋势，我们应该得到一个正的相关系数，而且两者的关系越接近于一条直线，则此系数越接近于 1；反之，当散点图呈现图 6—2b 的形状，相关系数应该是个负数。因此，样本相关系数 r 被定义为：

$$r=\frac{\sum_{i=1}^{n}(x_i-\bar{x})(y_i-\bar{y})}{\sqrt{\sum_{i=1}^{n}(x_i-\bar{x})^2\cdot\sum_{i=1}^{n}(y_i-\bar{y})^2}}=\frac{L_{xy}}{\sqrt{L_{xx}L_{yy}}}$$

式中，$\bar{x}=\frac{1}{n}\sum_{i=1}^{n}x_i$，$\bar{y}=\frac{1}{n}\sum_{i=1}^{n}y_i$ 分别为变量 x 与 y 的平均值；$L_{xy}=\sum_{i=1}^{n}(x_i-\bar{x})(y_i-\bar{y})=\sum_{i=1}^{n}x_iy_i-n\bar{x}\bar{y}$ 是诸 x_i 的偏差与诸 y_i 的偏差的乘积和；$L_{xx}=\sum_{i=1}^{n}(x_i-\bar{x})^2=\sum_{i=1}^{n}x_i^2-n\bar{x}^2$ 是诸 x_i 的偏差平方和；$L_{yy}=\sum_{i=1}^{n}(y_i-\bar{y})^2=\sum_{i=1}^{n}y_i^2-n\bar{y}^2$ 是诸 y_i 的偏差平方和。

不必仔细研究如何按上述公式来具体计算相关系数，但要很清楚地了解相关系数 r 的具体意义。数学上可以证明，一定有关系式：$-1\leqslant r\leqslant 1$ 或 $|r|\leqslant 1$。因此，当 $r=\pm 1$ 时，表明 n 个点全在一条直线上，这时两个变量间完全线性相关；$|r|$ 越接近 1，则表明各个点靠近直线越近；随着 $|r|$ 的逐渐减小，各个点越来越远离直线，呈现非常分散的状况。总之，当 $r>0$ 时，称两个变量间为正相关，这时当 x 的值增加时，y 的值也有增大的趋势（见图 6—2a），r 的值越大说明二者关系越密切；当 $r<0$ 时，称两个变量间具有负相关，这时当 x 的值增加时，y 的值有减小的趋势（见图 6—2b），r 的绝对值越大说明二者关系越密切。

2. 相关系数的检验

若 x 与 y 无关，总体的相关系数 ρ 应该为 0，样本的相关系数 $|r|$ 会很小，这时，散点图上 n 个点会毫无规律地形成“乱作一团”的形状（见图 6—2c）。但是反之，如果总体的相关系数 ρ 为 0，样本的相关系数 $|r|$ 很小时，我们却不能肯定 x 与 y 无关，因为很可能二者形成某种曲线的关系（图 6—2d 所显示的是抛物线形的二次函数关系）。我们只能肯定地说：如果总体的相关系数 ρ 为 0，样本的相关系数 $|r|$ 很小时，则 x 与 y 无线性相关关系。

问题是样本相关系数大到什么程度可以认为两个变量间是确实存在相关关系呢？必须指出，判断样本相关系数是否足够大的标准与样本量有非常密切的关系，不可能有一个统一的标准。一般说来，样本量超过 9 时，只要相关系数绝对值达到 0.7，那么就应当认定两变量间是确实相关的；当样本量超过 25 时，只要相关系数绝对值达到 0.4，那么就应当认定两变量间是确实相关的。手工计算相关系数的检验方法可以查看附表 12，计算机的检验方法将在下面介绍。

下面对例 6—30 进行相关系数 r 的具体计算。

$$\bar{x}=14,\ \bar{y}=130$$

$$\sum x_i^2=2\,528,\ \sum x_i y_i=21\,040,\ \sum y_i^2=184\,730$$

$$L_{xx}=2\,528-10\times 14^2=568$$

$$L_{yy}=184\,730-10\times 130^2=15\,730$$

$$L_{xy}=21\,040-10\times 14\times 130=2\,840$$

$$r=\frac{L_{xy}}{\sqrt{L_{xx}L_{yy}}}=\frac{2\,840}{\sqrt{568\times 15\,730}}=0.950\,1$$

用 MINITAB 软件，从统计→基本统计量→相关入口，可以直接得到如下结果：

相关：温度，产量

温度和产量的 Pearson 相关系数=0.950

这里确实见到了 X 与 Y 间高度正相关的情况。

如果要对 X 与 Y 之间相关系数是否为 0 进行检验，可以记 ρ 为总体相关系数，进行假设检验。

$$H_0: \rho=0,\ H_1: \rho\neq 0$$

检验方法与一般参数检验方法是相同的。用 MINITAB 计算时，只要在上述计算过程中增加输出 p 值即可判断出结论。

相关：温度，产量

温度和产量的 Pearson 相关系数=0.950

p=0.000

当此检验得到的 p 值小于 0.05 时，则拒绝原假设，即应该认为 X 与 Y 是线性相关的。

6.7.2 一元线性回归模型

假定有两个变量，其中：

x 是自变量，其值是可以控制或精确测量的，它是非随机变量。

y 是因变量，对给定的 x 值，y 的取值事先不确定，y 是随机变量。

假设（x，y）的散点图显示有直线关系，则我们可以认为观测值 y 由两部分迭加而成：一是 y 的平均值随 x 的变化而呈线性变化的趋势，用 b_0+b_1x 表示；二是其他随机因素影响到 y 值本身会偏离平均值，其误差用 ε 表示，常设 $\varepsilon \sim N(0,\sigma^2)$，故有如下的数据结构式：

$$y_i=b_0+b_1x_i+\varepsilon_i,\ i=1,2,\cdots,n$$

1. 回归系数的最小二乘估计

按最小二乘法来估计，先定义：

$$Q(b_0, b_1)=\sum_{i=1}^{n}(y_i-b_0-b_1x_i)^2$$

若 $\hat{b}_0$ 与 $\hat{b}_1$ 满足如下等式：

$$Q(\hat{b}_0, \hat{b}_1)=\min_{b_0,b_1}Q(b_0, b_1)$$

即估计量 $\hat{b}_0$，$\hat{b}_1$ 可使 $Q(b_0, b_1)$ 达到极小，则称 $\hat{b}_0$，$\hat{b}_1$ 为 b_0，b_1 的最小二乘估计。

用求导函数的方法得：

$$\begin{cases}\dfrac{\partial Q}{\partial b_0}=-2\sum\limits_{i=1}^{n}(y_i-b_0-b_1x_i)=0\\ \dfrac{\partial Q}{\partial b_1}=-2\sum\limits_{i=1}^{n}(y_i-b_0-b_1x_i)x_i=0\end{cases}$$

解之，得

$$\begin{cases}\hat{b}_1=\dfrac{l_{xy}}{l_{xx}}\\ \hat{b}_0=\bar{y}-\hat{b}_1\bar{x}\end{cases}$$

可以验证：$\hat{b}_0$，$\hat{b}_1$确实可使 $Q(b_0, b_1)$ 达到最小，故 $\hat{b}_0$，$\hat{b}_1$为回归系数的最小二乘估计法计算结果。

2. 手工计算的步骤

（1）求出 $\sum x_i$，$\sum y_i$ 和 $\bar{x}$，$\bar{y}$。

（2）求 $\sum x_i^2$，$\sum x_iy_i$，$\sum y_i^2$。

（3）计算 $L_{xx}=\sum x_i^2-n\bar{x}^2$，$L_{xy}=\sum x_iy_i-n\bar{x}\bar{y}$，$L_{yy}=\sum y_i^2-n\bar{y}^2$。

（4）代入公式即可求出 b_0，b_1 的最小二乘估计。

续例 6—30

进行 b_0，b_1 的计算，利用 MINITAB 应用软件，由统计→回归→拟合线图入口可以直接得到回归系数的计算结果：$b_0=60$，$b_1=5$。

回归直线方程为：

$$Y=60+5X$$

式中，$R\text{-}Sq=90.3\%=r^2$

回归分析：产量与温度

回归方程为

产量＝60.00＋5.000×温度

$S=13.8293$，$R\text{-}Sq=90.3\%$，$R\text{-}Sq$（调整）＝89.1%

拟合线图窗口只对求一个自变量的回归方程有效，但它的优点是可以显示出回归直线的图形（见图 6—14）。

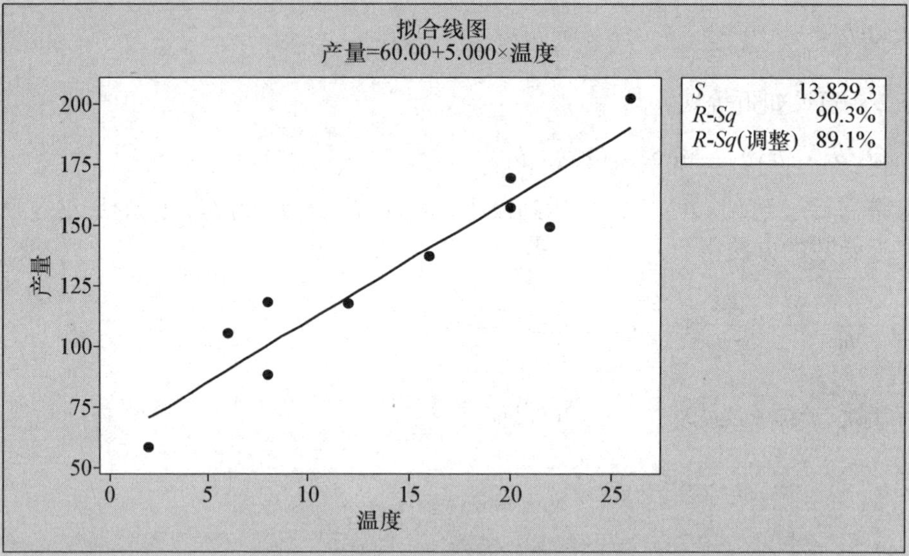

图 6—14　最小二乘拟合的回归直线图

这里特别要说明，回归系数 b_1 是有明确的物理意义的。那就是，当自变量 X 增加一个单位时，平均说来 Y 会增加 b_1 个单位。很显然，b_1 是有量纲的，它的量纲是 $[Y]/[X]$。比如本例，回归系数 $b_1=5$，说明温度每升高 1 度，平均说来，产量会增加 5 千克。另外，回归直线还有一个特点，回归直线总是会经过 $(0,\ \hat{b}_0)$ 和 $(\bar{x},\ \bar{y})$ 这两点的。这可以作为计算结果的校验使用。

3. 回归方程的显著性检验

我们建立回归方程的目的是去表达两个具有线性相关的变量间的定量关系，因此，只有当两个变量确实具有线性相关关系时所建立的回归方程才是有意义的。两个变量间是否存在线性相关关系，有两种检验方法：

方法之一是上一小段所叙述的求两个变量间的相关系数，这时我们是将自变量 X 也看做随机变量。对于给定的显著性水平 α，当相关系数 r 的绝对值大于临界值 $r_{1-\alpha}(n-2)$ 时（其数值列在附表 12 中），便认为两个变量间存在线性相关关系，所求得的回归方程是有意义的。

方法之二是用方差分析法。对给出的 n 个 y 的观测值求出其总的波动，如同方差分析中一样，用 SS_T 表示总偏差平方和：

$$SS_T = \sum (y_i - \bar{y})^2$$

造成这种波动的原因有两个：一是由于自变量 x 取值不同，当变量 y 与 x 线性相关时，x 的变化会引起 y 的变化，反映在 y 的预测值的波动上，即回归分析的效应方面；另一个是各实测 y 值与预测 y 值间的差别，即随机误差方面。我们可以用回归平方和 SS_R 与残差平方和SS_E分别表示由这两个原因引起的数据波动：

$$SS_R = \sum(\hat{y}_i - \bar{y})^2$$
$$SS_E = \sum(y_i - \hat{y}_i)^2$$

同样可以证明有平方和分解式：

$$SS_T = SS_R + SS_E$$

它们的自由度也有分解式：

$$df_T = df_R + df_E$$

式中，$df_T = n-1$，$df_R = 1$（即自变量的个数），$df_E = df_T - df_R$。

如同方差分析中一样，计算 F 比：

$$F = (SS_R/df_R)/(SS_E/df_E)$$

对给定的显著性水平 α，当 $F > F_{1-\alpha}(df_R, df_E)$ 时，认为回归方程是有意义的。

续例 6—30

下面我们利用 MINITAB 软件对回归方程的显著性进行检验。

方差分析

来源	自由度	SS	MS	F	p
回归	1	14 200	14 200.0	74.25	0.000
误差	8	1 530	191.2		
合计	9	15 730			

这里，p 值比 0.001 还小，故认为回归方程是有意义的。

用手工计算，其中方差来源：

$$SS_R = \sum(\hat{y}_i - \bar{y})^2 = 14\,200$$
$$MS_R = SS_R/df_R = 14\,200$$
$$SS_E = \sum(\hat{y}_i - y_i)^2 = 1\,530$$
$$MS_E = SS_E/df_E = 191.25$$
$$F = (SS_R/df_R)/(SS_E/df_E) = 74.25$$

在 $\alpha=0.01$ 时，$F_{0.99}(1, 8) = 11.26$，现在 $F > 11.26$，这表明在 $\alpha=0.01$ 水平上方程是有意义的。

4. 利用回归方程作预测

当求得了回归方程 $\hat{y} = \hat{b}_0 + \hat{b}_1 x$，并经检验确认回归方程是显著的，则可以将回归方程用来预测。

所谓预测，是指当$x=x_0$时对相应的y的取值y_0所作的推断。由于y是随机变量，其实际取值是无法准确预测的，我们只能对其平均取值做出估计，这便称为y的预测值。显然，如果$x=x_0$，那么y的预测值的估计值为：

$$\hat{y}_0=\hat{b}_0+\hat{b}_1x_0$$

但是，由于方程中的系数也是由样本估计出来的，因此系数本身就有波动性，这导致此估计值$\hat{y}_0$也就有波动性，即y_0的真正的理论上的预测值与$\hat{y}_0$就可能有偏离，再加上模型中本来就假设y具有围绕其均值波动的随机性，为了得到y_0的预测值，我们要求这种绝对偏差$|y_0-\hat{y}_0|$不超过某个δ的概率为$1-\alpha$，其中α是事先给定的一个比较小的数$(0<\alpha<1)$，即

$$p(|y_0-\hat{y}_0|\leqslant\delta)=1-\alpha$$

或

$$p(\hat{y}_0-\delta\leqslant y_0\leqslant\hat{y}_0+\delta)=1-\alpha$$

$(\hat{y}_0-\delta,\ \hat{y}_0+\delta)$就称为$y_0$的概率为$1-\alpha$的置信区间。其中$\delta$的表达式为：

$$\delta=\delta(x_0)=t_{1-\frac{\alpha}{2}}(n-2)\hat{\sigma}\sqrt{1+\frac{1}{n}+\frac{(x_0-\bar{x})^2}{L_{xx}}}$$

式中，$\hat{\sigma}=\sqrt{SS_E/(n-2)}$，$SS_E=\sum\limits_{i=1}^{n}(y_i-\hat{y}_i)^2=L_{yy}-\hat{b}_1^2L_{xx}$。

$t_{1-\alpha/2}(n-2)$是自由度为$n-2$的t分布的$(1-\alpha/2)$分位数，可查表给出。由上式可以看出，预测区间的长度2δ与样本量n，x的偏差平方和L_{xx}，x_0到$\bar{x}$的距离$|x_0-\bar{x}|$有关，x_0越远离$\bar{x}$，预测精度就越差。当x_0位于所有自变量观测区间之外时，预测精度可能变得很差，在这种情况下作外推，需要特别小心。

图6—15给出了在不同x值处预测区间的示意图：在$x=\bar{x}$处预测区间最短，随着离$\bar{x}$的距离越来越远，预测区间越来越宽，其图形呈喇叭状。

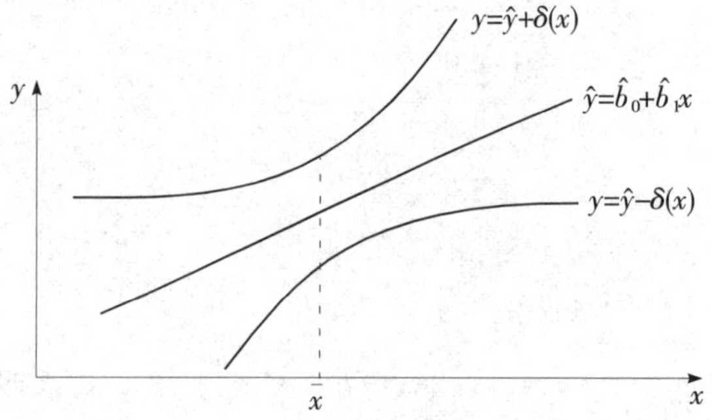

图6—15　预测区间的示意图

当n较大时（如$n>30$），t分布可以用正态分布来近似，进一步，若x_0与$\bar{x}$相差不大，δ可以近似取为：

$$\delta\approx\hat{\sigma}Z_{1-\alpha/2}$$

式中，$Z_{1-\alpha/2}$是标准正态分布的$1-\alpha/2$分位数。

续例 6—30

用手工方法计算预测区间。

如果取$x_0=10$，则得预测值为：

$$\hat{y}_0=60+5\times10=110$$

求概率为$1-\alpha$的预测区间：

(1) σ的估计$s=13.83$。

(2) 由给定的α，查t分布表的分位数$t_{1-\alpha/2}$，比如取$\alpha=0.05$，则$t_{0.975}(8)=2.306$。

(3) 按公式计算δ的值。本例中$\bar{x}=14$，$L_{xx}=568$，故

$$\delta=13.83\times2.306\times\sqrt{1+\frac{1}{10}+\frac{(10-14)^2}{568}}=33.87$$

(4) 写出预测区间（$\hat{y}_0-\delta$，$\hat{y}_0+\delta$），本例中为$110\pm33.87=(76.13，143.87)$。

如果希望计算预测区间只能使用功能更强大的另一窗口：统计→回归→回归。此窗口对于任意多个自变量都可以使用，输出的功能也更全面，缺点是没有图形的输出。为了对于新自变量值进行预测，只要在“选项”窗口内填写入自变量值10，即可得到下列结果：

新观测值的预测值

新观测值	拟合值	拟合值标准误	95% 置信区间	95%预测区间
1	110.00	4.95	(98.58，121.42)	(76.13，143.87)

新观测值的自变量值

新观测值	温度
1	10.0

在计算机显示的结果中此单个观测值的置信区间用预测区间表示。另一个置信区间考虑的是：由于回归方程中的系数也是用样本观测值估计出来的，因此系数是有波动的，在回归线上的点的值也会随之波动，预测的在该点处的理论均值也会有波动。置信区间表示的是，预测的理论均值的95%置信区间，其置信区间半长公式为下面的公式。

$$\delta_0=\delta_0(x_0)=t_{1-\alpha/2}(n-2)\,\hat{\sigma}\sqrt{\frac{1}{n}+\frac{(x_0-\bar{x})^2}{L_{xx}}}$$

5. 残差分析：证实模型假定

使用回归方程的上述统计检验可以获得有关X与Y的丰富信息，但仍然不能确定设定的回归模型是否与数据拟合得很好。为了确认拟合效果，必须采用残差分析方法来进行诊断。定义在x_i处的残差r_i是因变量的观测值（y_i）与因变量的估计值（$\hat{y}_i$）之差，即

$$r_i = y_i - \hat{y}_i$$

换言之，x_i 处的残差是利用估计的回归方程去预测 y_i 而引起的误差。对例6—30，残差的计算在表6—41中，因变量的观测值在第2列，利用估计的回归方程 $\hat{y}=60+5x$ 得到因变量的估计值在第3列，对应的残差在第4列。对这些残差进行分析将帮助我们确定，对回归模型做出的这些假定是否成立。

表6—41　　例6—30的残差

温度 x_i	产量 y_i	估计的产量 $\hat{y}=60+5x$	残差 $y_i-\hat{y}_i$
2	58	70	−12
6	105	90	15
8	88	100	−12
8	118	100	18
12	117	120	−3
16	137	140	−3
20	157	160	−3
20	169	160	9
22	149	170	−21
26	202	190	12

现在让我们重温一下上面例子的回归假定。假设简单线性回归模型为：

$$y=b_0+b_1x+\varepsilon$$

这个模型表示，假定产量（y）是温度（x）的一个线性函数加上一个误差项 ε。我们对误差项 ε 做了以下假定：

（1）$E(\varepsilon)=0$，即 ε 的均值为0。

（2）对所有的 x 值，ε 的方差 σ^2 都是相同的。

（3）ε 的值是相互独立的。

（4）误差项 ε 服从正态概率分布。

我们之所以能利用 t 检验和 F 检验去确定 x 和 y 之间的关系是否显著，并得出置信区间估计和预测区间估计，其理论上的依据皆源于上述关于误差项 ε 的几项基本假定。如果关于误差项 ε 的假定不那么可靠，那么有关回归关系的显著性假设检验和区间估计的结果也就站不住脚。

对于残差的诊断都可以通过对残差图的分析来进行。残差图的纵坐标总是残差，而横轴可能取不同的值，可以是观测时间，也可以是响应变量预测值，还可以是自变量的取值。在对残差图的结果进行解释之前，让我们首先考虑在任意一个残差图中可能观测到的正常形状。如果假定对所有的 x 值，ε 的方差都是相同的，并且假定描述变量 x 和 y 之间关系的回归模型是合理的，那么残差图给出的一个总印象就是，所有的散点都应随机地落在一条以0为中心的水平带中间。如果不是这样，就意味着这里出现了问题。我们下面详细介绍具体如何分析。我们将讨论以下几种残差图，这些图通常都是由计算机自动生成的，我们学习的重点不是如何画这些图，而是如何分析这些图。

（1）关于按观测顺序的残差图。关于按观测顺序的残差图是用水平轴表示观测顺序，用纵轴表示对应的残差值。这些残差点应在横轴（即残差为 0）上下随机波动，不应有任何上升、下降、摆动、跳跃等趋势。如果有某种趋势存在，则说明数据观测过程中受到某个未知的因素的强大的影响，应该找出此因素并加以控制，此图列在图 6—16 的右下方。

（2）关于因变量的预测值 $\hat{y}$ 的残差图。第二种残差图是在水平轴上表示因变量的预测值 $\hat{y}$ 和在纵轴上表示残差值。每个残差用图上的一个点来表示。每个点的横坐标由 $\hat{y}_i$ 给出，纵坐标由对应的第 i 个残差值 $y_i-\hat{y}_i$ 给出。对于例 6—30，利用表 6—41 的数据，对应 $\hat{y}_1=70$ 和 $y_1-\hat{y}_1=-12$，第 1 个点的坐标是（70，−12）；对应 $\hat{y}_2=90$ 和 $y_2-\hat{y}_2=15$，第 2 个点的坐标是（90，15）等，同样计算可以得到整个残差图（见图 6—16 右上方）。由于我们假定残差的标准差是个常数，它不随预测值而变化，因此，这个残差图上的点应该分布在一条水平的带子中。如果在图中有明显的“喇叭口”形状，即表明残差的标准差不是常数，而是在随预测值而变化，这提示我们原来的模型假定可能有问题。如果有“喇叭口”的形状，可以通过对 Y 作变换加以解决。在本图中没有发现任何不正常之处。

（3）残差的正态性检验。残差应该服从正态分布，我们对此可以加以检验。一方面我们可以画出残差的直方图（见图 6—16 左下方），也可以将残差画在正态概率纸上（见图 6—16 左上方）。在本图中没有发现任何不正常之处。如果对正态性有怀疑，可以直接对残差数据进行正态性检验。

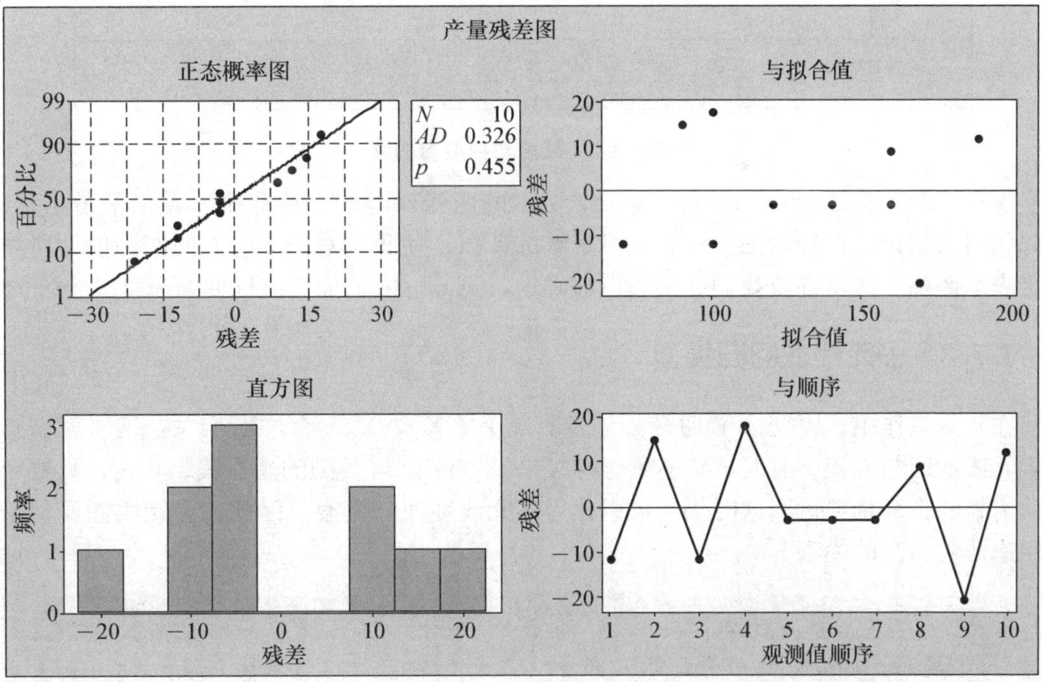

图 6—16　残差图

(4) 关于自变量 x 的值的残差图。关于自变量 x 的值的残差图是用水平轴表示自变量的值，用纵轴表示对应的残差值。每个残差用图上的一个点来表示。每个点的横坐标由 x_i 的值给出，纵坐标由对应的残差值给出。对于例 6—30，根据表 6—41 的数据可以做出关于 x 的残差图。对应 $x_1=2$ 和 $y_1-\hat{y}_1=-12$，第一个点的坐标是（2，−12）；对应 $x_2=6$ 和 $y_2-\hat{y}_2=15$，第二个点的坐标是（6，15）等。图 6—17 是得到的对自变量的残差图。对于此图分析的重点是看残差的标准差是否能保持常数（即各残差点是否有“喇叭口”）或是否有弯曲的形状。如果对 y 的预测值的残差图也不正常，首先考虑对 y 要做变换；而如果对 y 的预测值的残差图正常，这时说明在回归方程中仅有线性项不够，要增加 x 的高阶项或其他项。图 6—17 完全正常。

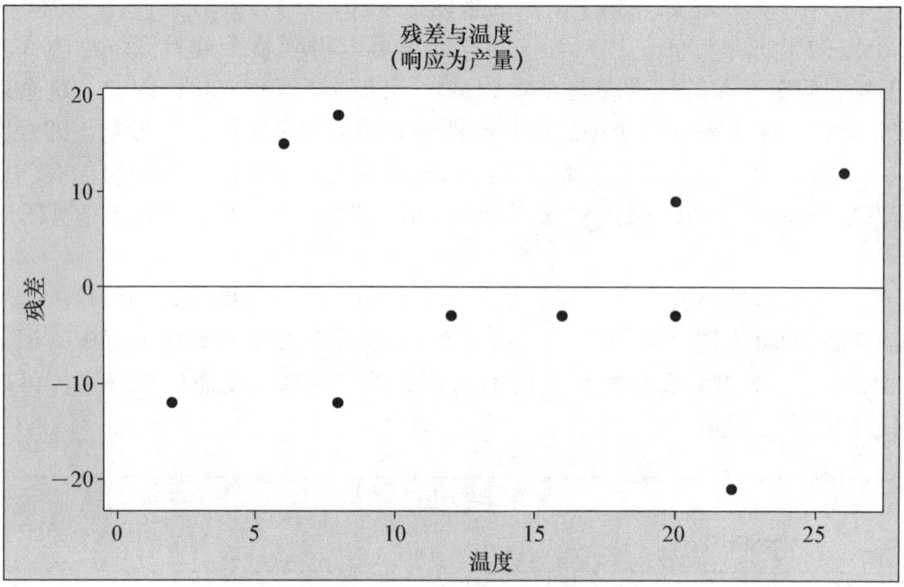

图 6—17　残差对自变量的图

现在让我们总结图 6—16 及图 6—17 所示的两张残差图。这些残差看来都是正常的。因此我们的结论是，残差图并没有提供足够的证据，使我们对例 6—30 的回归模型所做的假定表示怀疑。这将导致我们在最后能够确信，例 6—30 的简单线性回归模型是合理的。

6.7.3　多元线性回归模型

在实际工作中，因变量 Y 通常会与多个自变量 X_1，X_2，…，X_k 有关，这时就需要建立多元线性回归方程。有时，Y 还可能与 $X_1\times X_2$ 或 X_1^2 等类型的项有关，其实，只要令这些项为新的自变量项，则这时仍然可以化为多元线性回归模型。因此，多元线性模型是一种用途非常广泛的模型。

例 6—31

为了提高亚硝酸氨的产量，已知产量（以千克为单位）与温度和反应时间有关系，我们查阅到产量与温度及反应时间的数据如表 6—42 所示。

表 6—42　亚硝酸氨的产量数据表

	温度 X_1	时间 X_2	产量 Y
1	60	20	23.7
2	60	23	29.6
3	60	26	28.3
4	65	20	33.5
5	65	23	39.4
6	65	26	38.4
7	70	20	43.7
8	70	24	50.0
9	70	28	43.5
10	75	20	53.6
11	75	25	59.6
12	75	30	45.7
13	80	20	63.6
14	80	25	69.7
15	80	30	55.6

从统计→回归→回归入口，可以得到 Y 对于 X_1 和 X_2 两个自变量的回归方程。其结果汇总如下：

产量 $Y=-72.2+1.79\times$ 温度 $X_1-0.320\times$ 时间 X_2

方差分析表可以用来检验回归的总效果：

H_0：回归效果不显著，H_1：回归效果显著

从本方差分析表中的 p 值来看，它几乎为 0，应拒绝原假设，即可以认为回归的总效果是显著的。从回归系数的检验中，可以看出，温度的效应显著（p 值为 0.000），而时间的效应不显著（p 值为 0.381）。

回归方程为

产量 $Y=-72.2+1.79\times$ 温度 $X_1-0.320\times$ 时间 X_2

自变量	系数	系数标准误	t	p
常量	−72.17	13.00	−5.55	0.000
温度 X_1	1.786 5	0.172 7	10.34	0.000
时间 X_2	−0.320 4	0.352 5	−0.91	0.381

$S=4.585\ 36$，$R\text{-}Sq=90.1\%$，$R\text{-}Sq$（调整）$=88.5\%$

方差分析

来源	自由度	SS	MS	F	p
回归	2	2 309.0	1 154.5	54.91	0.000
残差误差	12	252.3	21.0		
合计	14	2 561.3			

从残差的四合一图（见图 6—18）中，粗略看一切似乎是正常的，但从对各自变量的残差分析中可以看出，残差对温度是正常的（见图 6—19），而残差对时间有明显的弯曲趋势（见图 6—20），这提示我们应该增加时间的二次项。

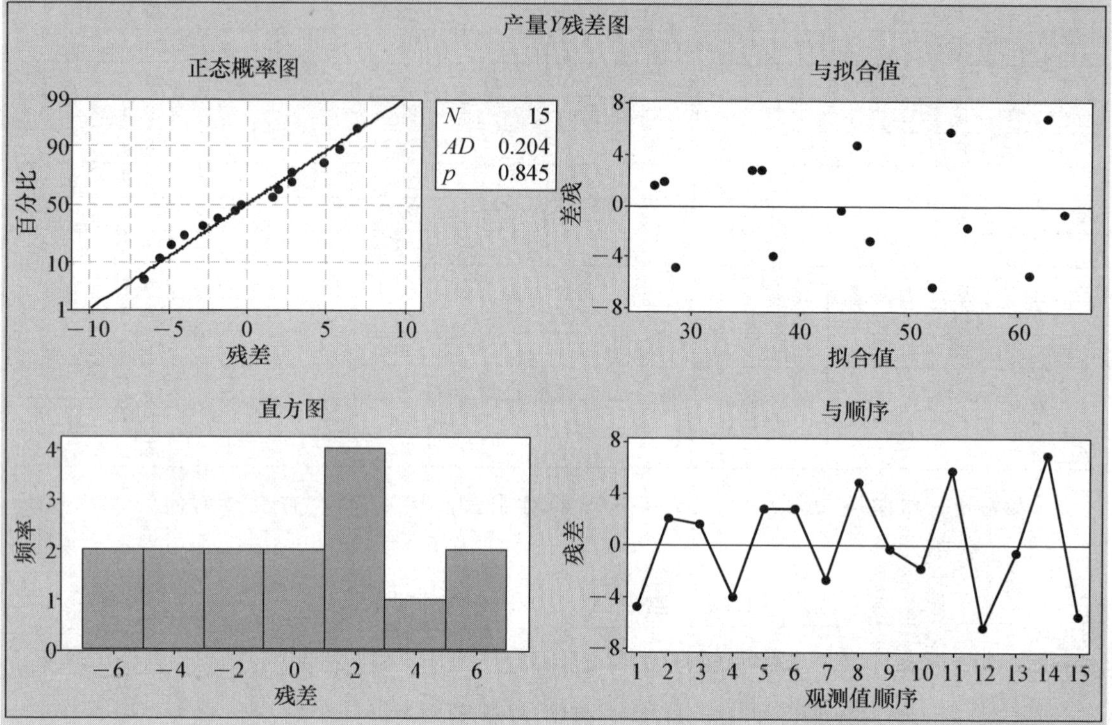

图 6—18 例 6—31 的残差四合一图

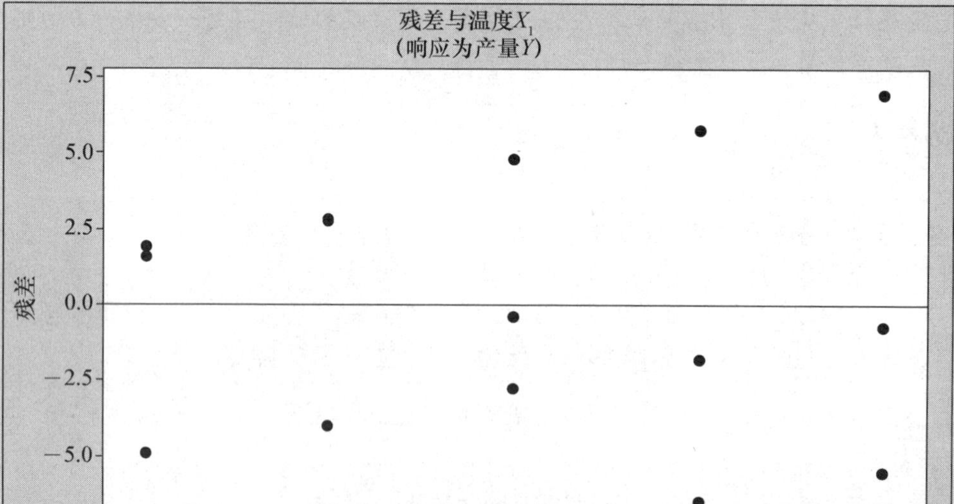

图 6—19 例 6—31 的残差与温度的散点图

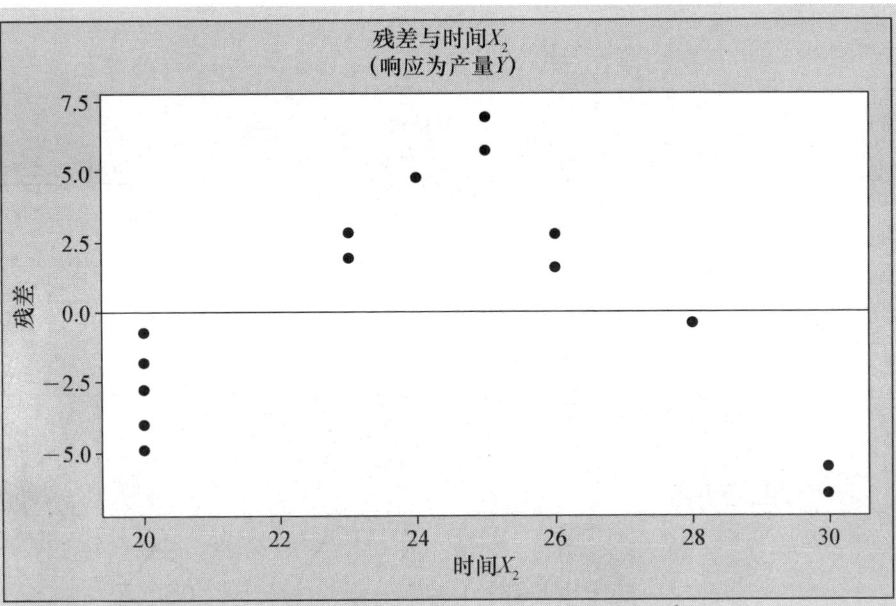

图 6—20　例 6—31 残差与时间的散点图

我们增加时间的平方项作为 X_3，再次进行回归，则可以得到下列结果。

回归分析：产量 Y 与温度 X_1，时间 X_2，X_3

回归方程为

产量 $Y=-320+2.00\times$温度 $X_1+19.1\times$时间 $X_2-0.398\times X_3$

自变量	系数	系数标准误	T	p
常量	−319.572	1.443	−221.48	0.000
温度 X_1	2.003 39	0.003 65	548.76	0.000
时间 X_2	19.113 0	0.111 7	171.07	0.000
X_3	−0.398 273	0.002 285	−174.28	0.000

$S=0.091\ 125\ 5$，$R\text{-}Sq=100.0\%$，$R\text{-}Sq$(调整)$=100.0\%$

方差分析

来源	自由度	SS	MS	F
回归	3	2 561.22	853.74	10 2812.29
残差误差	11	0.09	0.01	
合计	14	2 561.31		

此结果证明我们的模型效果是显著的，各项回归系数也都是显著的，从残差图（见图 6—21 至图 6—23）来看也都很正常，我们最终找到了合适的回归模型。

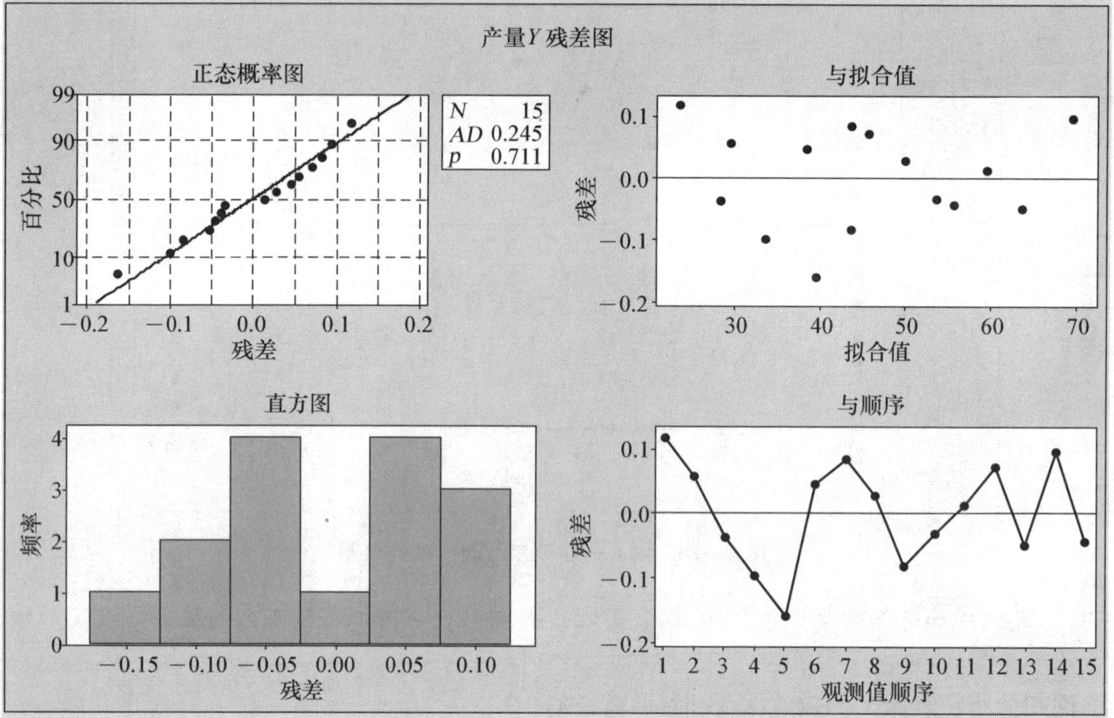

图 6—21　例 6—31 拟合二次方程的残差四合一图

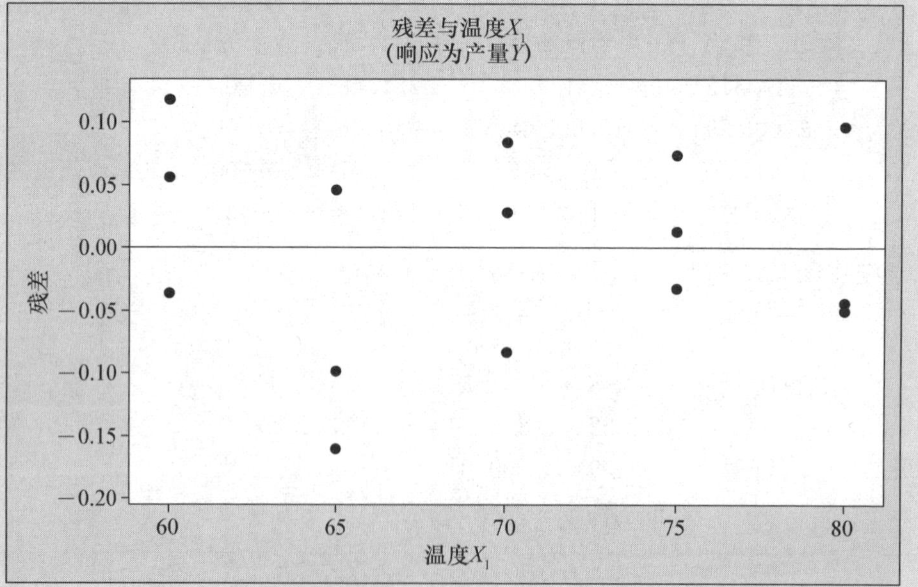

图 6—22　例 6—31 拟合二次方程的残差对于温度的散点图

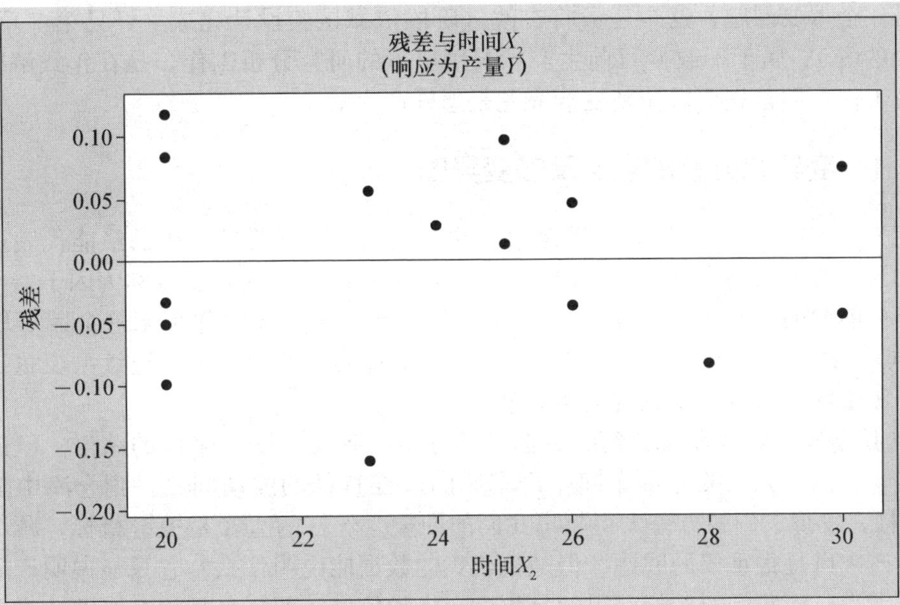

图 6—23 例 6—31 拟合二次方程的残差对于时间的散点图

6.8 变异源分析

实施六西格玛管理的一个重要目标就是减少生产过程中产品性能的变异。大家都知道，生产出的产品各项性能变异越小，则表明该过程生产出的产品性能越好。例如，生产稳压电源，希望输出电压为 220±5 伏，A 品牌生产出的稳压电源之输出电压之标准差为 2 伏，B 品牌生产出的稳压电源之输出电压之标准差为 1 伏，且两者都能保证电压均值偏离目标 220 伏小于 1 伏。很显然，B 品牌生产出的稳压电源比 A 品牌生产出的稳压电源好得多。这里，度量产品性能优劣的关键指标就是产品特征性能的波动性或变异性，其统计指标就是产品特征性能的标准差。我们实施六西格玛管理的目标就是希望生产出的产品的特性指标的标准差尽可能小。

当然，让标准差尽可能小，这可不是件简单的事，它可能涉及生产中的很多因素。在生产中产生的变异这么大，到底是哪些原因造成的？通过事先安排好的计划，有规律地去收集生产过程中的有关数据，并进行统计分析，我们不但要弄清楚变异是由哪几部分原因组成，而且要定量地给出每部分原因所产生的变异究竟在总变异中占多大的比率。换言之，我们要找出产生变异的“罪魁祸首”，并把所有对产生变异有贡献的各因素，按其对产生总变异的贡献率排队，定量地列出一个需要解决的问题的顺序清单，以便在选择攻关项目时作为参考依据。这就是通常所说的变异源分析（source of variation，SOV）。它所使用的主要统计工具就是方差分析和更深入的方差分量的计算。

如上所述，SOV 主要是分析问题，此时尚未考虑如何解决问题。有时我们希望研究那些有显著影响的因子，究竟它们处于什么状态时会使产品特征性能达到最佳。这是统计学中的另一个重要课题，这个任务将在改进阶段依靠试验设计完成（详见第 7 章），本章所要讨论的 SOV 属于不改变目前生产状况情况下的研究分析工作，是在正式解决问题之前的准备工作，即首先要搞清楚变异究竟是怎样产生的。

6.8.1 变异源分析的意义及多变异图

我们先引入一些在进行 SOV 最常用到的概念。我们把要被分析的最能代表过程特征的变量称为因变量或响应变量，而把可能产生影响的那个（些）变量称为因子。此因子在观察中所可能取的不同值称为水平。例如，有 4 台车床，我们称车床这个因子取 4 个水平。在 SOV 中，因子通常是以离散型变量形式出现的，即使原来是连续型变量，也要在取定若干固定数值后将其变成离散型变量。

SOV 是指通过对过程收集到的数据进行分析得到关于变异来源的结论。但是如何收集数据呢？比如，我们关心本车间生产车床的丝杠直径的波动问题，到仓库中随机抽取 200 根丝杠，发现它们的方差大得超出我们的期望。丝杠的直径是关键指标，减小它的波动对于生产来讲是很重要的问题。但随机收集的数据能说明什么？它只能说明产品性能的总体波动太大，而我们所希望获得的是更进一步的信息，即到底是什么原因造成了这么大的波动。为此我们必须放弃简单随机抽样，改而采用按不同因子的不同水平有计划地分层，然后再抽取样本。形象些说，我们只是对现实状况作最准确详尽的记录，并加以分析，得到各个因子在产生响应变量的变异方面的贡献率，从而确认减少变异的主攻方向。这很像选好角度给过程拍一个有很多细节的“快照”，我们当然希望快照中能准确且详细地反映出过程全部真实的状况，并不希望过程本身发生任何变化。

我们通常就是按上述方法来进行 SOV 的。为使大家有具体的了解，先看下面的例子。

例 6—32

生产车床关键部件之一的丝杠时，其最重要的指标是直径。从仓库中抽出的丝杠，直径波动很大。为了研究变异产生的原因，选了 3 个工人（他们各自拥有自己固定的车床），让他们在自己的车床上连续生产出 5 根丝杠，测量丝杠两端及中部的直径（单位：毫米），得到的结果如表 6—43 所示。

表 6—43　丝杠生产过程数据表

工人	丝杠 1			丝杠 2			丝杠 3			丝杠 4			丝杠 5		
	位置 1	位置 2	位置 3	位置 1	位置 2	位置 3	位置 1	位置 2	位置 3	位置 1	位置 2	位置 3	位置 1	位置 2	位置 3
P	44.2	44.3	44.4	44.4	44.3	44.5	44.4	44.5	44.7	44.5	44.8	44.4	44.3	44.2	44.1
Q	45.4	45.3	45.2	45.5	45.6	45.3	45.2	45.1	45.4	45.5	45.4	45.2	45.0	45.1	45.2
R	44.5	44.6	44.4	44.7	44.8	44.5	44.6	44.4	44.7	44.5	44.6	44.3	44.7	44.8	44.7

下面我们比较各丝杠直径之间的差异，思考差异产生的原因到底有哪些。容易看出：3 个工人（含车床）之间会有差异，每个工人生产的每根丝杠之间也有差异，同一根丝杠测量位置不同也会导致直径间的差异等。本来，测量系统肯定也有影响，但我们在进行变异源分析时，首先要保证测量系统是合乎要求的，即测量系统保证有足够的准

确度和精确度，测量系统所产生的偏倚及波动对于过程的波动而言已经小到可以忽略不计的程度，因此这里不讨论测量系统造成的波动。

有很多因素会影响过程波动，或者说过程输出产生的变异有很多的来源，称为变异源。进行变异源分析时，首先要全面考虑过程产生变异的可能因子（例如 6—32 中的工人、丝杠），选定相应的水平（例如选取 3 个工人，每人生产 5 根丝杠）。概括来说，变异源分析将工序质量特征值的变异分为三类：产品内变异（within piece variations/positional variation）、产品间变异（piece to piece variation）和时间变异（time to time variation ）。

（1）产品内变异：指生产出的单位产品，其质量特征值在不同位置上所存在的变异。如加工一根丝杠，在测量其直径时，分别测丝杠上不同位置时，其直径会有差异，这一变异是最基本的、不可避免且不需要再追究其原因的随机的变异，也称为组内变异，这一项是作为随机误差项来处理的，因此产品内变异并不是因子。

（2）产品间变异：如果我们对每根丝杠都测量 3 个点（两端及中部），取其均值作为这根丝杠的直径，连续抽取若干根丝杠，这若干根丝杠的直径也会有差别，这种变异称为产品间变异或组间变异。这种产品间变异的含义非常广泛，例如，部件之间的差异、人员之间的差异、原料批次之间的差异、供应商之间的差异、设备之间的差异、方法之间的差异、环境条件之间的差异等，都可以称为产品间变异。

（3）时间变异：从不同的时间点分别抽取样本，观察其在不同时间的变异，称为时间变异。常见的时间变异如早中晚三班之间的差异、每周五个工作日之间的差异、每周之间的差异、每月之间的差异、季节之间的差异等。

通过对三种变异的分析，可以发现哪种变异是最重要的变异，从而为分析和控制减小变异指明了方向。变异源分析首先要完成的是其直观的显示图，即绘制多变异图。

续例 6—32

本例要分析丝杠直径间的变异产生的原因，是按工人、丝杠这两个因子来抽样的。抽样计划通常用树状图来展示。

例 6—32 的树状图如图 6—24 所示。工人和丝杠分别为两个因子，最下层为产品内变异，即随机误差，它不能算为因子。

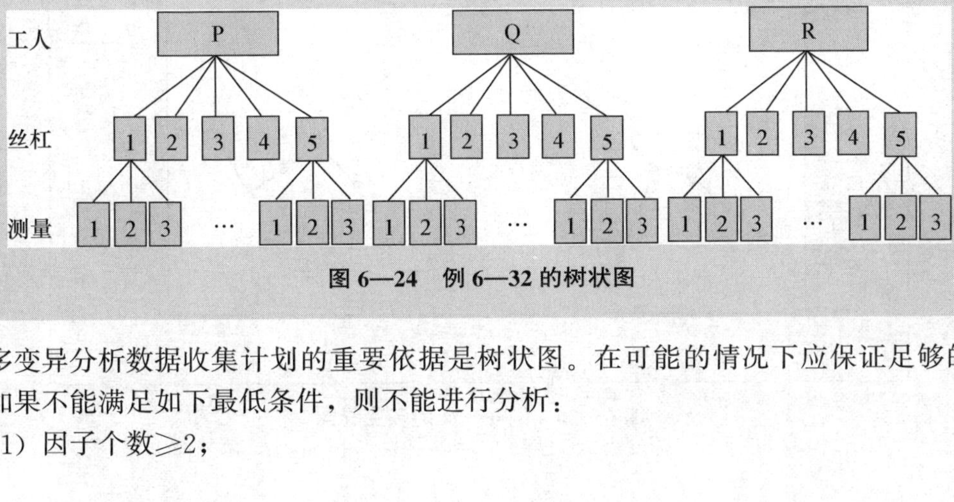

图 6—24 例 6—32 的树状图

多变异分析数据收集计划的重要依据是树状图。在可能的情况下应保证足够的样本量，如果不能满足如下最低条件，则不能进行分析：

（1）因子个数≥2；

（2）每个因子的水平数≥2；

（3）组内差测量点数≥2。

下面根据树状图显示的因子间的结构关系设计数据收集矩阵。

续例 6—32

本例的目的是分析丝杠直径间的变异产生的原因，响应量为丝杠直径（连续型），待考察因子为工人和丝杠。现在的问题是：在丝杠直径的变异中，工人和丝杠这两个因子和随机误差之间，究竟哪项最大，它们各占多少比例？

使用 MINITAB 构建多变异图（操作示意图见图 6—25），可以从统计→质量工具→多变异图入口。

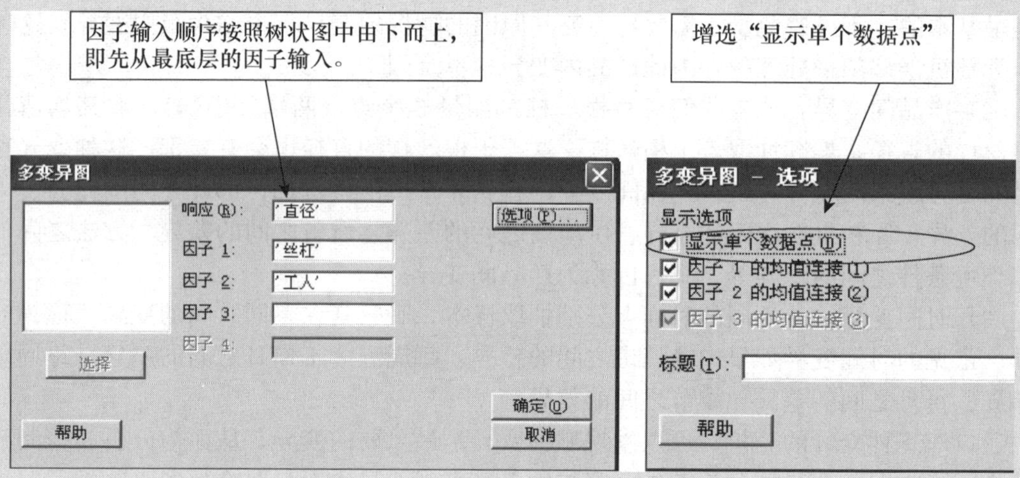

图 6—25 绘制多变异图的操作图

绘制出的多变异图如图 6—26 所示。

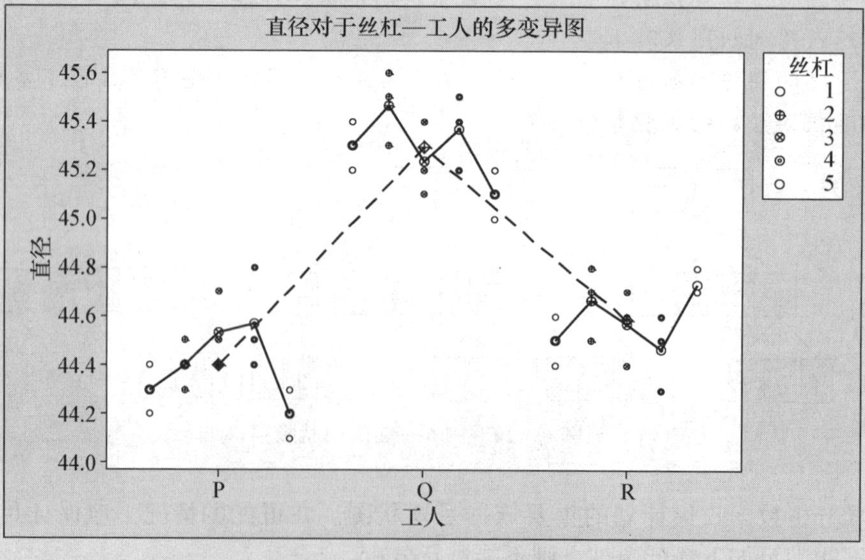

图 6—26 例 6—32 的多变异图

多变异图中显示的点、线等与选项设置有关。在上面的多变异分析图中，横轴指的是3个工人：P，Q，R，5根丝杠分别用1，2，3，4，5表示，图中竖线方向的点表示在每个时刻测量每根丝杠的两端及中部的3个点值，折线连接的点是每个工人生产的5根丝杠测量的3个位置的均值。

从图形中看出：不同工人（含车床）丝杠直径之间差别很大，即工人因子影响很显著，同一工人生产的丝杠直径间及同一根丝杠的3个测量值间也有差别，不过比工人造成的丝杠直径间差别小。

初步结论为：丝杠直径间的差异主要是由不同工人（含车床）造成的。从图6—26中也能看出，工人Q生产的丝杠直径值较工人P，R生产的丝杠直径大。

另外，确定了主要变异来源，也为进一步寻找影响变异的原因指明了方向。对于更复杂的不易确定变差成因主次的情况，一般不能从图形上看出明确结论，这时必须使用更精确的方差分析方法，进一步计算出方差分量以定量地给出每种变异的大小，下面我们就来讨论这个问题。

6.8.2 变异源分析中的方差分量计算

为了理解有关理论，我们先介绍两因子间关系和有关效应的几个概念。

1. 因子间的交叉或嵌套关系

在进行SOV时，通常要面对多个因子的状况，首先要搞清楚这些因子间的关系。多个因子间通常都是分层的，在画树状图的时候已经有所体现。而对于相邻层的两个因子，根据它们的不同关系状况，可分为嵌套或交叉关系。在绘制多变异图时，并不需要区分两种关系的不同，但对于变异源的数值分析而言，两种关系就有很大的不同，必须区分清楚。

回顾一下例6—32。在此例中我们随机选取3名工人，各自加工出5根丝杠，然后在每根丝杠的左、中、右3个部位测量其直径，共得到45个数据。将工人这个因子记为因子A，将丝杠这个因子记为因子B，那么，A与B两个因子间是什么样的关系呢？由于各工人生产的5根丝杠，是分别附属于相应工人的，即使我们将这些丝杠都编号为1到5，很明显，工人P和工人Q之下的编号皆为1的两根丝杠并不是同一件东西。这时，我们称因子B丝杠被因子A工人嵌套着（Factor B is nested with factor A）。很明显，此种情况下的两个因子所处的地位是不能颠倒的。然而，在实际情况中，两个因子间还可能存在另一种关系。例如，3名工人轮流使用共同的4台编了号的车床，每个工人都使用了车床1，2，3，4，这时，工人P和工人Q之下的编号都为1的两台车床是同一件东西。而且可以反过来说，每台车床都被3名工人使用过。这时，我们称因子B车床是与因子A工人相交叉（Factor B is crossed with factor A）。很明显，如果这时候说因子A工人与因子B车床相交叉也是同样的，它们的位置可以颠倒。这里要注意，单从树状图上是不能区分两个因子的关系是交叉还是嵌套的，只能从实际意义判断之。

下面我们再讨论一个更复杂的例子。

例 6—33

轴棒直径变异问题（3 因子）。对于随机选取的 3 名工人 P，Q，R，让他们使用同一根钢条作原料，分别使用已选好并编了号的固定的 4 台车床，各自加工出 3 根轴棒，然后在每根轴棒的两端分别测量其直径（单位：毫米），共得到 72 个数据。我们的问题是，轴棒直径间的变异究竟是怎样产生的？这里考虑了工人、车床及轴棒共 3 个因子，其数据列于表 6—44。

表 6—44　　轴棒直径数据（3 因子）

		工人 P		工人 Q		工人 R	
		直径 1	直径 2	直径 1	直径 2	直径 1	直径 2
车床 1	轴棒 1	44.1	44.3	44.7	44.6	44.1	44.2
	轴棒 2	44.0	44.4	44.6	44.5	44.3	44.1
	轴棒 3	44.1	44.3	44.8	44.7	44.4	44.2
车床 2	轴棒 1	45.6	45.5	45.9	45.8	45.6	45.5
	轴棒 2	45.7	45.8	45.9	45.7	45.4	45.5
	轴棒 3	45.5	45.6	45.9	45.8	45.3	45.5
车床 3	轴棒 1	44.6	44.8	44.9	45.0	44.4	44.6
	轴棒 2	44.9	44.8	44.5	44.9	44.4	44.5
	轴棒 3	44.4	44.5	44.8	44.6	44.6	44.4
车床 4	轴棒 1	45.1	45.3	45.5	45.4	45.0	45.1
	轴棒 2	45.2	45.3	45.0	45.3	45.2	45.3
	轴棒 3	45.1	45.2	45.6	45.7	45.2	45.4

在例 6—33 中，我们选取 3 个工人，让他们使用固定的编好号的 4 台车床，按随机顺序各自分别加工出 3 根轴棒。若将与因子 A（工人）及搭配的因子 B（车床）的每台车床编好号，则可以发现，工人 P，Q 和 R 之下的同编号的车床是相同的东西。或换言之，因子 A（工人）的每个水平（每个工人）与因子 B（车床）的每个水平（4 台车床）都恰好搭配了一次。因此，因子 A（工人）与因子 B（车床）间是交叉关系。注意，它们两因子间可以颠倒顺序，即可以反过来说，因子 B（车床）的每个值也都与因子 A（工人）的每个值搭配过。如果车床不是固定编号的车床，而是每个工人各自有固定的 4 台车床，这时因子 A（工人）与因子 B（车床）间的关系就不再是交叉关系，而是嵌套关系了。

例 6—33 讨论的是三因子问题。由于不能将轴棒之间的变异看成随机误差，因而要求将轴棒之间的变异也看成因子，即形成 3 因子问题。这里 3 个工人（因子 A），分别使用已选好并编了号的 4 台车床（因子 B），各自分别加工出 3 根轴棒（因子 C），然后对每根轴棒两端测直径（其波动算作误差）。由于因子 B 的 4 台车床是固定的，因此工人（因子 A）与车床（因子 B）之间是交叉关系，而轴棒（因子 C）则被 A 与 B 嵌套，即 3 因子是先交叉后嵌套的关系。

如果将例 6—33 的安排稍加调整为：3 个工人（因子 A），分别使用自己固定的 4 台车床（因子 B），各自加工出 3 根轴棒（因子 C），这时因子间的关系就发生了变化。这时 B 被 A 嵌套，C 被 A 和 B 嵌套，这种关系也称为全嵌套关系（fully nested）。

实际问题中可能有很多种结构，但仔细分析它们的数据就可以发现，因子间的关系无非是嵌套或交叉这两种基本类型。有时在实际问题中可能遇到的是因子个数较多，关系较复杂，这时需要仔细分析处理之。

2. 因子的固定效应与随机效应

下面我们讨论每个因子本身的效应问题。一个因子可以取若干个不同的数值，这些数值称为该因子的水平（level）。对于此因子所取的每个水平下响应变量取值均值的算术平均值，称为此因子的因子总均值。如果对于此因子所取的各个水平，响应变量取值的各水平均值与此因子的总均值有差别，则称这个差别（因子所取的各个水平下响应变量取值的均值减去此因子的总均值）为此因子在该水平上的效应（effect），即因子取此水平时会使响应变量取值的均值在本因子的总均值上产生多大改变。

这种效应有两种不同的情形：固定效应和随机效应。如果对于每个特定的水平，其效应是一个固定数，称此种效应为固定效应（fixed effect），此因子称为固定效应因子（factor with fixed effect）。比如我们在比较多个总体均值是否相等时使用的方差分析方法，那里所遇到的都是设各因子的效应是固定效应的例子。但实际生活中还有另一种类型，各因子在各水平上的效应不是固定的数值，而是一个随机变量，此种效应称为随机效应（random effect），此因子称为随机效应因子（factor with random effect）。在本章中所讨论的变异源问题一般都将各因子考虑为随机效应因子。比如例6—33，因子A（工人）有P，Q，R共3个水平，这3个水平是我们从这个因子A（工人）所有可能取值的集合中随机抽取的，它们的效应不是固定的数值，而是随机变量。这时，我们所感兴趣的焦点，不是具体分析出各自的效应是多少，而是希望得知这种效应的变化有多大，此种效应属于随机效应，因而因子A（工人）是随机效应因子。我们感兴趣且又非常重要的常量是该因子的方差σ_A^2，称之为因子A的方差分量（variance component）。

分析随机效应因子与固定效应因子是很不同的。由于ANOVA中处理的都是固定效应因子，因此我们必须在ANOVA的基础上，经过进一步的计算才能得到方差分量的值。显然，求方差分量的工作要远比ANOVA难得多。具体的计算公式不在这里详细叙述，有兴趣的读者可以参看《六西格玛管理统计指南（第二版）》，其中第10章详细介绍了变异源分析的原理、公式及计算细节。

另外一点值得注意的是，因子间的关系是嵌套或是交叉，与这些因子本身有固定效应还是随机效应没有关系。换言之，两个固定效应因子（或皆为随机效应因子）之间，或一个随机效应因子与一个固定效应因子间，既可以是嵌套关系，也可以是交叉关系。

当然，这里也要注意到另一件事：两个是交叉关系的随机效应因子除了考虑它们每个因子的主效应方差σ_A^2及σ_B^2，还应该考虑到它们之间可能存在的交互效应方差$\sigma_{A\times B}^2$。而对于两个是嵌套关系的随机效应因子，它们之间则不可能存在交互效应方差项。这是因为，如果因子B被因子A嵌套，因子B不可能取固定的各个水平，因子B所取的各个水平将依因子A的不同水平而不同，这时，它们之间没有交互作用可言。我们将只考虑因子A的效应方差σ_A^2和因子B被A决定的各个水平效应的方差$\sigma_{B(A)}^2$。根据固定效应与随机效应的定义，我们可以得知，在两因子为交叉关系时，只有两者皆为固定效应时，其交互作用才是固定效应的；只要有一个因子是随机效应的，则交互作用肯定都是随机效应的，都要考虑计算方差分量。至于有交叉关系的两个因子间，是否一定存在交互作用呢？两因子间确实可能并没有交互作用存在。对于这种情况，我们通常是先假设它们存在有交互作用，然后通过假设检验的方法，给出它们之间是否有交互作用的判断。如果它们的交互作用不显著，则可以把它们的交互作用从模型中剔除出去。

为了演示上段各项计算的含义，我们继续分析例 6—32 及例 6—33。

为了获得更准确的两个方差分量的数值结果，我们使用 MINITAB 来具体计算两个方差分量。其操作步骤如图 6—27 所示，可以从统计→方差分析→全嵌套方差分析入口：

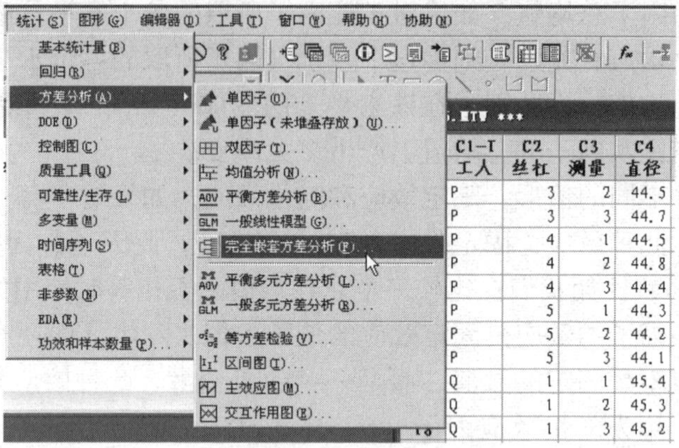

图 6—27　全嵌套方差分量计算操作（1）

注意：本操作窗口能计算的是所有因子是全嵌套时的随机效应模型，由于本例只有一个因子，当然也可以借用此窗口功能，以后我们还会使用此窗口来计算更复杂的例子。在打开的窗口中填写相应信息即可。

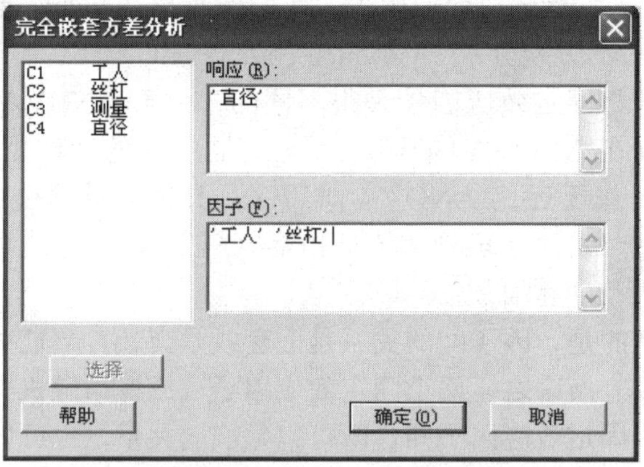

图 6—28　全嵌套方差分量计算操作（2）

计算结果如下：

嵌套方差分析：直径与工人，丝杠

直径的方差分析

来源	自由度	*SS*	*MS*	*F*	*p*
工人	2	6.661 3	3.330 7	59.952	0.000
丝杠	12	0.666 7	0.055 6	3.086	0.006
误差	30	0.540 0	0.018 0		
合计	44	7.868 0			

方差分量

来源	方差分量	总和的%	标准差
工人	0.218	87.74	0.467
丝杠	0.013	5.03	0.112
误差	0.018	7.23	0.134
合计	0.249		0.499

我们要对此进行仔细分析，搞懂每个输出的结果。

首先看输出的第一张方差分析表，本例中有 2 个因子 *A* 工人和 *B* 丝杠，其余是随机误差。方差分析显示的是因子 *A* 工人和因子 *B* 丝杠相对于误差项的显著程度，无法直接分析各项的方差分量大小。MINITAB 基于方差分解的方法给出了各个方差分量的估计结果，显示在方差分析下面的"方差分量"表中。

我们看见因子 *A* 工人和因子 *B* 丝杠方差分量分别为 0.218 及 0.013，随机误差的方差分量为 0.018；它们分别占总和 0.249 的 87.74%，5.03%及 7.23%。这就从数值上定量地给出了各项方差在总方差中所占的比率。

将方差分量结果中的前两列粘贴入原数据工作表中第 6～9 列（见图 6—29 上部），然后绘制帕累托图。从统计→质量工具→Pareto 图入口（见图 6—29 中部），选用"缺陷或属性数据在"和"频率位于"，并分别填写"来源"和"方差分量"（见图 6—29 下部）即可。

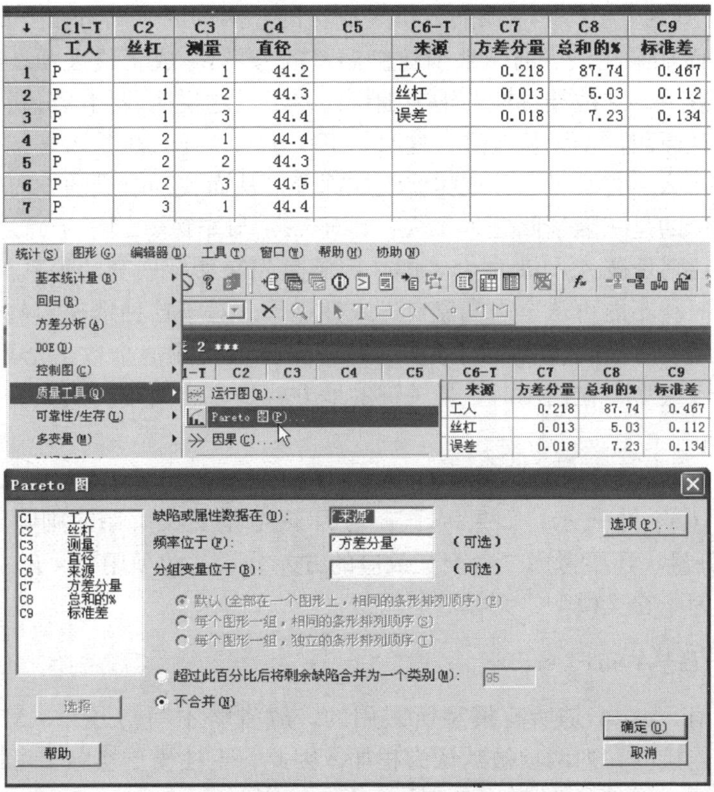

图 6—29　绘制帕累托图的操作

结果就得到了变异源分析的帕累托图（见图 6—30）。

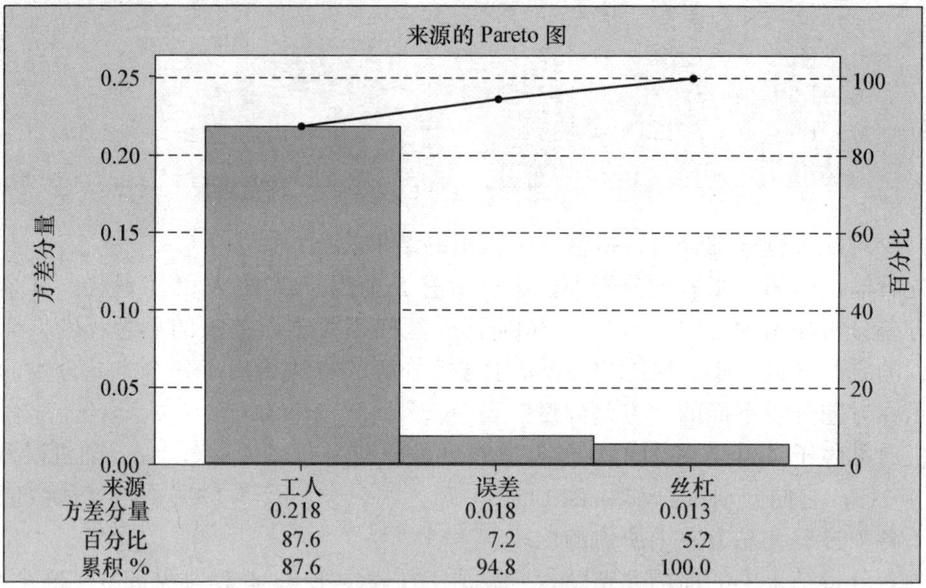

图 6—30　例 6—32 的方差分量帕累托图

从此图中可以看出，工人（含车床）间的差异确实是非常显著的，它对于总变异的贡献率高达 87.6%；丝杠间的差异较小，它对于总变异 σ_B^2 的贡献率仅为 5.2%；随机误差项的方差分量 σ_E^2 则为 0.018。本例的分析是成功的，因为因子的方差分量 σ_A^2 远大于随机误差的分量 σ_E^2。而如果在最后的结果中随机误差的分量 σ_E^2 成了最大项，则说明整个变异产生原因并未搞清楚，它被笼统地归纳为随机误差了，这说明我们的分析太粗糙，并未找出变异产生的真正原因，也无从改进。这时，下一步的工作只能是再仔细分析所谓的“随机误差”到底是什么，它又可以分成哪些组成部分，从而找到改进的方向。

例 6—33 讨论的是三因子问题，工人（因子 A）与车床（因子 B）之间是交叉关系，而轴棒（因子 C）则是被 A 与 B 嵌套，即 3 因子是先交叉后嵌套的关系。对于这种关系，使用 MINITAB 时就不能再从全嵌套窗口进入计算了。对于这种情况，甚至是更复杂的情况（例如，既有随机效应又包含固定效应、每种安排下观测值个数不全相同等），我们都可以使用一般线性模型。在使用时，最关键的地方就是写出使用的模型。按照规定，其表示方法是这样的：

如果因子 B 被因子 A 嵌套，则除了考虑因子 A 的方差分量，还要考虑因子 B 的方差分量，这项用 B（A）来表示；如果因子 B 与因子 A 是交叉关系，则除了考虑两个因子 A，B 自身方差分量，还要考虑二者交互效应的方差分量，此项用 $A*B$ 来表示。

（1）考虑二因子交叉模型，则模型可写成：

$$Y=A+B+A*B+\text{error}$$

在实际填写时，error 是所有模型所共用的，故省略不写；另外，MINITAB 软件规定，用“空格”连接的并列两项被默认为相加。因此，上述模型实际上可以写为：

$$Y=A\quad B\quad A*B$$

为了印刷上不被误解，本节中仍保留“+”号，即应该写成：

$Y=A+B+A*B$

为了简化输入格式，MINITAB 软件还规定，对于交叉因子模型可以简化为：

$Y=A|B$

（2）考虑二因子嵌套模型，B 被 A 嵌套，则模型可写成：

$Y=A+B(A)$

（3）考虑三因子嵌套模型，B 被 A 嵌套，C 被 A 和 B 嵌套，则模型可写成：

$Y=A+B(A)+C(A\quad B)$

（4）考虑三因子模型全交叉，则模型可写成：

$Y=A+B+C+A*B+A*C+B*C+A*B*C=A|B|C$

（5）考虑三因子模型，A，B 交叉，C 被 A 和 B 嵌套，则模型可写成：

$Y=A+B+A*B+C(A\quad B)=A|B+C(A\quad B)$

（6）考虑三因子模型，B 被 A 嵌套，C 与 A 和 B 交叉，则模型可写成：

$Y=A+B(A)+C+A*C+B*C$

更多的因子情况类似，在此不再赘述。

续例 6—33

这里讨论的是三因子问题，写成模型应该为：

Y=工人|车床+轴棒(工人　车床)

其操作步骤为从统计→方差分析→一般线性模型入口（见图 6—31）：

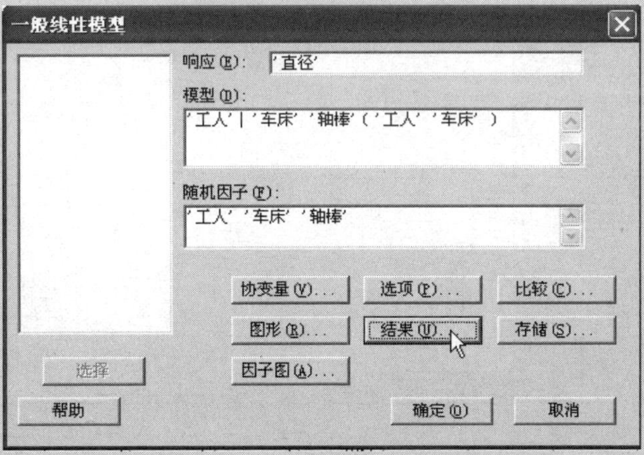

图 6—31　使用一般线性模型计算方差分量操作图（1）

在上窗口中点击“结果”窗口，得到图 6—32。

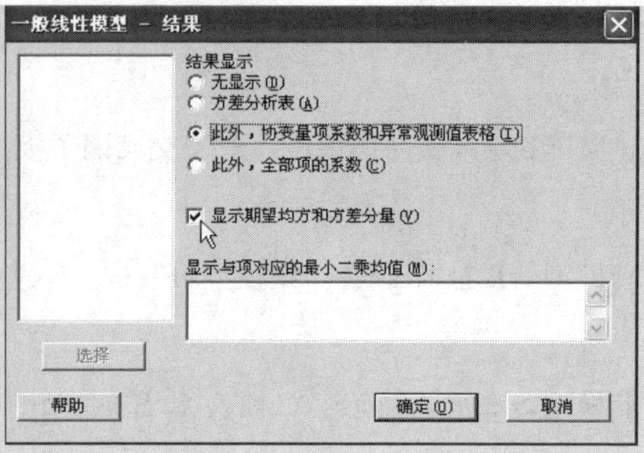

图 6—32　使用一般线性模型计算方差分量操作图 (2)

在上面窗口中，勾选“显示期望均方和方差分量”选项，则可以得到下列方差分量计算结果：

方差分量，使用调整的 *SS*

来源	估计值
工人	0.027 89
车床	0.338 51
工人×车床	0.001 46
轴棒（工人车床）	0.007 50
误差	0.015 28

与例 6—32 同样，可以得到变异原因的帕累托图（见图 6—33）。

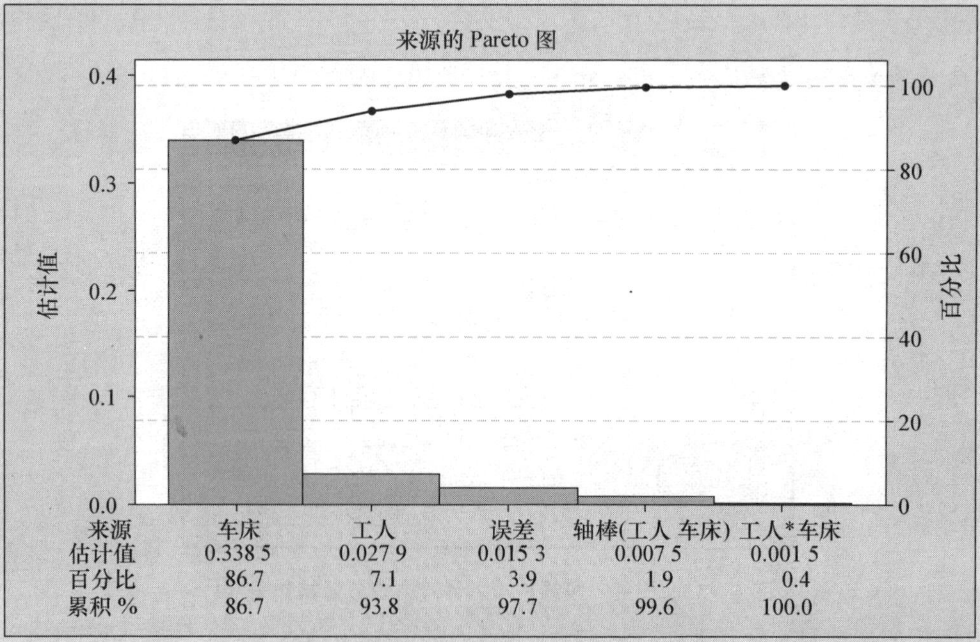

图 6—33　例 6—33 的方差分量帕累托图

这里可以看出，本例中，车床的方差分量所占比率最大（达86.7%），工人间的方差分量所占比率较小（只有7.1%）。这样一来，为了缩小轴杆长度的波动过大问题，必须先从车床间的差异为何这么大分析起，而且要设法将其尽可能缩小。获得这样的结论就是我们使用SOV的主要成果。

6.9 离散型数据分析方法

在六西格玛管理的分析阶段，所使用的数据大多是连续型的，本章前几节都是针对连续型数据的分析进行讨论的。在实际工作中，还常常会遇到离散型数据，在现代信息化时代，这些数据中相当多来自原始甚至是自动的记录，尚未进行加工。分析这些问题，挖掘出有意义的信息对于我们分析各种问题出现的原因是至关重要的。这时，离散型数据分析方法就是很有力的工具。

我们在本章前面部分介绍了回归分析，那里限定自变量 X 及因变量（或响应变量）Y 必须都是连续型变量。如果我们讨论生产二极管（只能观测出是否合格），希望研究给定的不同的工艺条件（自变量 X）如何影响二极管合格率 Y？这时，响应变量 Y 是离散型变量（合格率表面上是个带小数点的量，其实它是两个正整数之比，因而合格率应该按离散变量对待），自变量 X 可以是连续型变量，也可能包含离散型变量，这时该如何进行回归分析？这就是逻辑（Logistic）回归，我们将在6.9.1介绍。Logistic回归使用的连接函数是Logistic函数，解决同样问题也可使用另一种回归，使用的连接函数是正态函数，这时称为概率单位分析，我们将在6.9.2介绍。在本章前面的内容中介绍了两个离散型变量（各自代表一个因子）是否相关的问题，如果我们希望进一步分析二者的关系，甚至希望给出图形的直观解释，又该如何更深入地使用列联表这个处理离散型数据的重要分析工具呢？这时我们将使用对应分析的方法，这部分内容将在6.9.3介绍。

上述三段内容都需要相当高深的统计工具，全部理解这些工具可能是困难的，因此，本章主要介绍如何使用工具解决问题。如果希望对这些理论有更深入的了解，读者可以参阅高级统计学的相关内容。

6.9.1 二值Logistic回归

本节只讨论响应变量取值只有“是”或“否”两类情况，我们把这类只取两值的响应变量对于单个或多个自变量的回归问题称作二值Logistic回归分析（MINITAB称之为二进制Logistic回归分析）。更详细的介绍请参看《六西格玛管理统计指南（第二版）》。

例6—34

上海某高校研究了肥胖是否与患心血管疾病有关的问题。对于3983名参加体检者，记录了体重指数BWI（以千克为单位的体重除以以米为单位的身高的平方），统计了超重者（即 BWI 大于等于 25）患有心血管疾病的人数，具体数据列在表 6—45 中。试分析 BWI 与心血管疾病发病率的关系。

表 6—45　　BWI 与患有心血管疾病数据表

BWI	25	26	27	28	29	≥30
患有心血管疾病	68	55	66	32	21	25
未患心血管疾病	42	38	20	10	7	4
患病率 p	0.618	0.591	0.767	0.762	0.750	0.862

从表 6—45 最后一行可以看出患病率有随 BWI 增加而增长的趋势，但这是否为规律性的结果？更具体的，对于给定的 BWI，其患有心血管疾病率为多少？因此要对这种数据进行回归分析。很显然，用患病率 p 直接作为因变量 Y 效果肯定不好，因为 p 的变化范围是 0～1，拟合线性回归肯定不行，要对 p 进行变换。

定义两种结果出现的概率之比为优势比（odds ratio）或差异比，其定义为：

$$\text{优势比}=\frac{p}{1-p}$$

当事件发生概率 p 从 0 变化到 1 时，优势比从 0 变化到正无穷。当事件出现概率从不可能（$p=0$）慢慢增长时，优势比逐渐增大；当事件出现概率恰好为 1/2 时，优势比为 1，即出现和不出现的可能性相等，一旦当事件出现概率大于 1/2 时，优势比将大于 1，即出现比不出现的可能性大很多；优势比越大，表示出现比不出现的可能性大得越多，直到 $p\to 1$ 时而趋于正无穷。

求优势比的对数，则发现优势比的对数将从负无穷变化到正无穷。故定义：

$$y=\ln\frac{p}{1-p}$$

希望建立 y 与一个 x 或若干个连续自变量 x_1，x_2，…，x_k 的线性回归：

$$y=\ln\frac{p}{1-p}=a+b_1x_1+b_2x_2+\cdots+b_kx_k$$

反解上式，可得

$$p=\frac{e^y}{1+e^y}=\frac{e^{a+b_1x_1+b_2x_2+\cdots+b_kx_k}}{1+e^{a+b_1x_1+b_2x_2+\cdots+b_kx_k}}$$

特别对于只一个自变量时，

$$p=\frac{e^y}{1+e^y}=\frac{e^{a+bx}}{1+e^{a+bx}}=\frac{1}{1+e^{-(a+bx)}}$$

上式称为 Logistic 函数。当 x 从负无穷变到正无穷，y 也从负无穷变到正无穷，即它们取整个实数轴时，p 从 0 变到 1。用这种类型的函数来拟合比率的变化规律效果很好。所以，Logistic 回归对于二值回归起着关键的作用。能够实现 p 从 0 变到 1 时，y 从负无穷变到正无穷（即它们取整个实数轴）的办法有很多种，我们之前介绍的单位概率分析方法，取正态分布函数的反函数（称为 Probit 函数）来实现上述要求（其实取任何连续型随机变量分布的反函数都能实现上述要求），因此这类方法都可以用来处理离散型数据，只是 Logistic 函数和 Probit 函数应用得最广泛。

对于 Logistic 回归可以方便地使用 MINITAB 软件的二进制 Logistic 回归功能，从统计→回归→二进制回归入口，计算后可得如下结果：

二进制 Logistic 回归：是否患有心血管疾病与体重指数

连接函数：Logit

响应信息

变量	值	计数	
是否患有心血管疾病	1	267	（事件）
	0	121	
	合计	388	

Logistic 回归表

						95%置信区间	
自变量	系数	系数标准误	Z	p	优势比	下限	上限
常量	−6.032 35	2.089 29	−2.89	0.004			
体重指数	0.256 997	0.078 932 4	3.26	0.001	1.29	1.11	1.51

对数似然＝−235.051

检验所有斜率是否为零：$G=11.465$，$DF=1$，$p=0.001$

对于此表的解释：

在 Logistic 回归表项下，首先给出了回归方程：

$$\ln\frac{p}{1-p}=-6.032+0.257BWI$$

在“检验所有斜率是否为零”的一行中，得知 G 统计量的值为：$G=11.465$，自由度（自变量个数）$DF=1$，$p=0.001$，说明整个模型效果是显著的。这一段的作用与连续变量回归中的 ANOVA 作用相同，判断的是回归总效果。在各自变量效应的检验中，其系数为 0.257，这代表，体重指数每增加一级，$\ln\frac{p}{1-p}$将增加 0.257，也即优势比（患有心血管疾病比率与未患心血管疾病比率）$\frac{p}{1-p}$将增加 $e^{0.257}=1.293$ 倍。

从计算机输出“存储”结果中，可以找到相对应的患病概率，将输出的结果整理一下，可得表 6—46。

表 6—46　实际与预测患有心血管疾病比较表

BWI	25	26	27	28	29	30
患病率	0.618	0.591	0.767	0.762	0.750	0.862
预测概率	0.597	0.657	0.712	0.762	0.805	0.843

对于上述表格，如果把 BWI 作为横坐标，分别以实际患有心血管疾病比率与预测概率为纵坐标，可以画出患病率与 BWI 的关系图（见图 6—34）。例如，我们可以预测，对于 BWI 达到 29 的人，他患有心血管疾病的概率高达 80.5%。

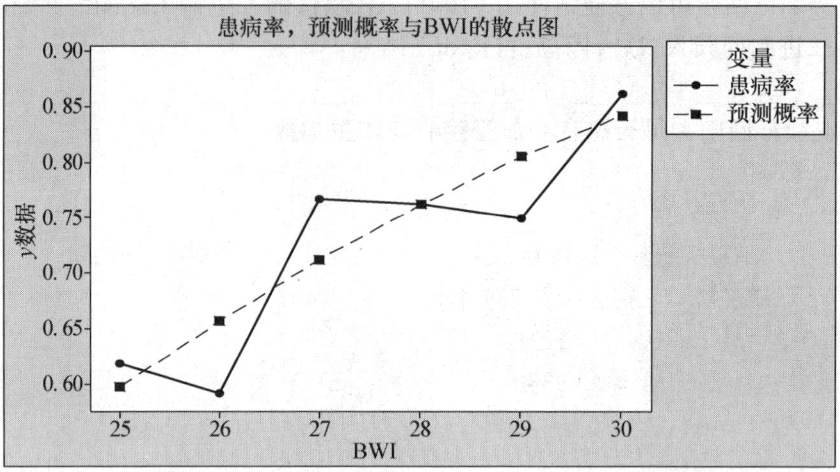

图 6—34　心血管疾病的实测患病率与预测概率对照图

本例题比较简单，连续型的自变量只有一个，如果有其他连续型自变量，可以照样列在“模型”一格中；如果影响响应变量的还有其他离散型自变量，则可以把它们同时填写在“模型”和“因子”两个窗口内。这样一来我们就可以分析含有更多自变量的情况，甚至可以比较在这些自变量中哪些自变量有作用、哪些无作用，哪些自变量的作用更大、哪些作用较小，从而分析出影响变量 y 产生变异的主要来源。下面我们介绍一个含两个自变量（其中一个为连续型，另一个为离散型）的实际问题的分析。

例 6—35

我国在 1990 年进行了第四次全国人口普查，将婚姻状况分为有配偶、丧偶、离婚和未婚四类。在过去的一年中，按年龄和婚姻状况分别统计了总数及死亡人数。上海市的数据列在表 6—47。希望分析不同婚姻状况下的死亡率与年龄之间的关系，并判断死亡率是否与年龄和婚姻状况有密切关系，哪种婚姻状况死亡率最低（对于此例更详细的介绍请参看《六西格玛管理统计指南（第二版）》）。

表 6—47　各年龄组和各类婚姻状况的居民人数表

年龄（岁）	未婚		有配偶		丧偶		离婚	
	总数	死亡数	总数	死亡数	总数	死亡数	总数	死亡数
25～29	318 869	349	973 796	417	944	4	6 165	11
30～34	135 589	329	1 495 515	878	2 738	12	16 333	26
35～39	52 427	214	1 354 019	1 269	5 383	16	17 901	26
40～44	21 781	128	926 994	1 299	9 703	32	12 343	28
45～49	9 242	69	603 685	1 357	11 666	45	7 870	26
50～54	6 441	86	562 182	2 107	24 099	130	7 191	38
55～59	5 847	99	680 892	4 255	57 015	446	9 106	77

续前表

年龄（岁）	未婚		有配偶		丧偶		离婚	
	总数	死亡数	总数	死亡数	总数	死亡数	总数	死亡数
60～64	4 343	93	536 601	5 869	89 970	1 083	8 768	118
65～69	3 423	120	377 263	7241	123 005	2 351	7 615	160
≥70	5 292	435	354 609	20271	372 391	29 842	7 820	414
总计	563 254	1 922	7 865 556	44 963	696 914	33 961	101 112	924

资料来源：王静龙、梁小筠编著：《定性数据统计分析》，161页，北京，中国统计出版社，2008。

此例题性质与例6—34完全相同，只是这里在模型中增加了一个属性自变量“婚姻状况”，计算结果如下：

Logistic 回归表

自变量	系数	系数标准误	Z	p	优势比	95%置信区间 下限	95%置信区间 上限
常量	−11.959 4	0.028 867 3	−414.29	0.000			
年龄	0.124 159	0.000 447 3	277.55	0.000	1.13	1.13	1.13
婚姻状况							
2 丧偶	0.443 364	0.007 929 7	55.91	0.000	1.56	1.53	1.58
3 离婚	0.113 344	0.033 797 6	3.35	0.001	1.12	1.05	1.20
4 未婚	1.134 22	0.024 276 1	46.72	0.000	3.11	2.96	3.26

对数似然＝−370 473.217

检验所有斜率是否为零：$G=194\ 750.423$，$DF=4$，$p=0.000$

在Logistic回归表项下，首先给出了4个回归方程：

$$\ln\frac{p}{1-p}=-11.959\ 4+0.124\ 159\times\text{年龄}+\begin{cases}0 & \text{（有配偶）}\\ +0.443\ 364 & \text{（丧偶）}\\ +0.113\ 344 & \text{（离婚）}\\ +1.134\ 22 & \text{（未婚）}\end{cases}$$

$$=0.124\ 159\times\text{年龄}+\begin{cases}-11.959\ 4 & \text{（有配偶）}\\ -11.516\ 0 & \text{（丧偶）}\\ -11.846\ 0 & \text{（离婚）}\\ -10.825\ 2 & \text{（未婚）}\end{cases}$$

我们对于婚姻状况取有配偶作为参考选项，有配偶项的截距系数−11.959 4是计算结果直接给出的，其余婚姻状况的截距系数都要自行补算。例如，丧偶项的截距系数应为−11.959 4＋0.443 364＝−11.516 0，其余类推。在“检验所有斜率是否为零”的一行中，得知G统计量的值为：$G=194\ 750$，自由度$DF=4$，$p=0.000$，说明整个模型效果是显著的。这一段的作用与连续变量回归中的ANOVA作用相同，判断的是回归总效果。在各自变量效应的检验中，年龄的p值为0.000，效应显著，说明年龄不同导致死亡率显著不同（这是大家都知道的常识）；不同婚姻状况的 p 值也都为 0.000（离婚的 p 值为 0.001），说明各种婚姻状况的死亡率与有配偶这个参考选项之寿命状况的不同也是显著的。

根据回归方程可以看出，各种婚姻状况的年龄变量之回归系数是相同的 0.124，这代表，年龄每增加 1 岁，$\ln\frac{p}{1-p}$ 将增加 0.124；年龄每增加 5 岁，$\ln\frac{p}{1-p}$ 将增加 0.620，也即优势比（死亡率与存活率的比值）$\frac{p}{1-p}$ 将增加 $e^{0.620}=1.859$ 倍。

计算结果中的死亡概率是小数格式，将数值乘以 100，并稍加整理，可以得到百分数死亡概率表（见表 6—48）。

表 6—48　　上海各年龄组和各类婚姻状况的死亡概率预测表

C17	C18	C19	C20	C21	C22	C23	C24	C25
有配偶死亡率	丧偶死亡率	离婚死亡率	未婚死亡率	年龄	有配偶死亡概率	丧偶死亡概率	离婚死亡概率	未婚死亡概率
0.042 82	0.423 73	0.178 43	0.109 45	27	0.018 28	0.028 47	0.020 47	0.056 8
0.058 71	0.438 28	0159 19	0.242 65	32	0.034 00	0.052 96	0.038 08	0.105 6
0.093 72	0.297 23	0.145 24	0.408 19	37	0.063 23	0.098 48	0.070 82	0.196 3
0.140 13	0.329 79	0.226 85	0 587 67	42	0.117 58	0.183 06	0.131 67	0.364 6
0.224 79	0.385 74	0.330 37	0.746 59	47	0.218 52	0.340 02	0.244 68	0.676 2
0.374 79	0.539 44	0.528 44	1.335 20	52	0.405 77	0.630 74	0.454 25	1.250 7
0.624 92	0.782 25	0.845 60	1.693 18	57	0.752 27	1.167 10	0.841 80	2.302 1
1.093 74	1.203 73	1.345 80	2.141 38	62	1.390 54	2.149 70	1.554 83	4.199 7
1.919 35	1.911 30	2.101 12	3.505 70	67	2.556 39	3.926 69	2.854 44	7.540 7
5.716 44	8.013 62	5.294 12	8.219 95	72	4.653 57	7.066 50	5.183 13	13.17 40

与原来直接计算的实际死亡率相比，拟合结果并不太好，但大体趋势及总的规律还是一致的。将表 6—48 数据 C21～C25 画出图来（见图 6—35），可以看出各种死亡概率预测的变化趋势。这里，有配偶的死亡概率最低；离婚、丧偶次之；未婚者死亡概率最高。这与社会科学的一般原理是吻合的。

值得注意的是，如果不考虑年龄，将表 6—48 中最后一行数字取出，笼统比较 4 种婚姻状况的死亡率，利用列联表的卡方检验，将得出结论：4 种婚姻状况的死亡率间确有显著差异，未婚者死亡率最低，有配偶、离婚者次之，丧偶者死亡率最高。而“未婚者死亡率最低”这个结论当然是错误的。比较不同婚姻状况的死亡率时，不同年龄段的人口数据是不能直接求和的，这是因为未婚者绝大多数处于死亡率很低的年轻阶段，求总和后极大地掩盖了未婚者中老年后死亡率很高这样的事实。不同婚姻状况死亡率的比较应该以比较细致的 Logistic 回归分析结果为准。

这里引申出一个很重要的观点。六西格玛管理中强调“一切结论要从数据的统计分析出发”，而统计分析时必须注意统计方法的准确性、适用性。例如这里举的人口死亡率的例子，使用简单的列联表卡方检验方法可以得出“未婚者死亡率最低”这个结论，而且在统计检验时差异是高度显著的，但这个结论并不正确。因为列联表卡方检验这种方法是较粗糙的，它没有考虑年龄这个重要因素，因而可能导致得到错误结论，这是在使用统计分析方法时特别是在自变量个数较多的情况下必须注意的。

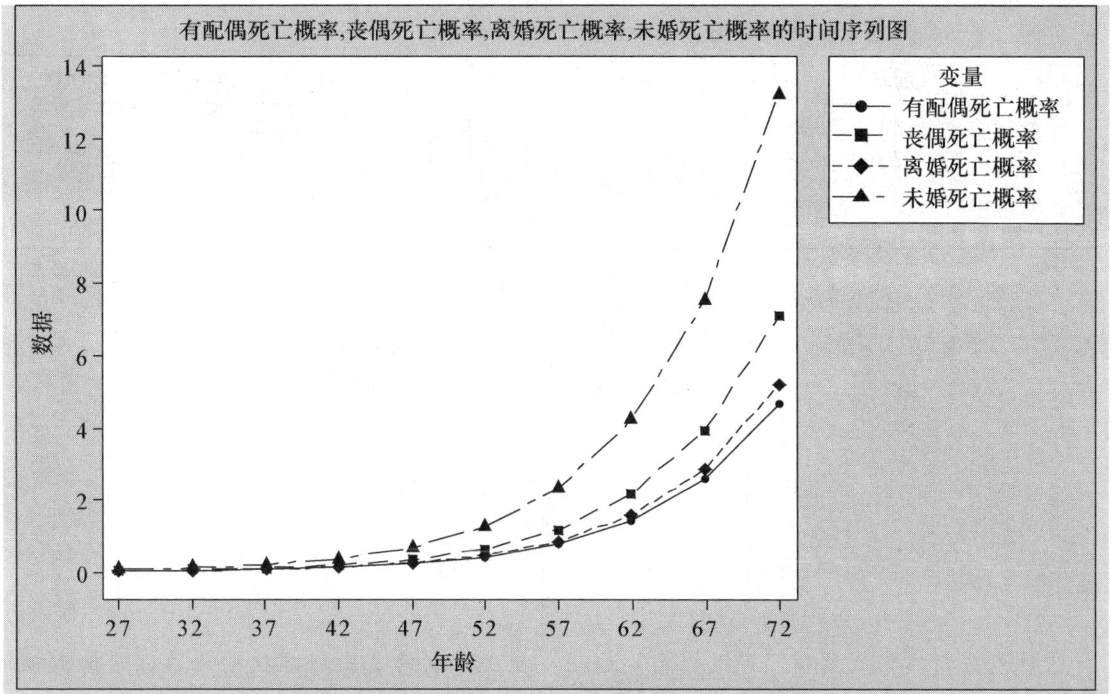

图 6—35　上海各类婚姻状况的死亡概率预测结果图

6.9.2　概率单位分析

概率单位分析与 Logistic 回归一样是在回归范围内研究定性的响应变量的方法。例如，在工程学领域，常见的试验是破坏性检验，若要检验潜艇的壳体材料承受水下爆炸的能力，则需要对这些材料施以不同的爆炸当量，然后记录壳体是否破裂；同时，预测变量（自变量）既可能是连续变量，也可能是取离散属性数值的因子。上节我们介绍了 Logistic 回归方法，在类似的方法中，可以选择不同的连接函数（link function），最常用的选择当然是 Logit 连接（即普通的 Logistic 回归），但也可以选择 Normit/Probit 连接（即概率单位分析），而一般介绍回归分析时对于这种连接很少涉及，在 MINITAB 软件中，将此段计算划归为“可靠性”计算。

例 6—36

我们希望提高正广泛使用的灭白蚁药的效果。现有两种配制方法，一种是传统的配制方法，另一种是试验性的改进配制方法。对每种配制方法给出几个不同的大剂量水平并在几组白蚁身上进行试验，24 小时后在每组白蚁身上观测是否出现致死症状。试验数据如表 6—49（事件/试验形式）所示，如果剂量为 25，求 24 小时后出现致死症状的概率。（此例更详细的介绍请参看参《基于 MINITAB 的现代实用统计（第二版）》。）

表 6—49　　灭白虱试验结果

	剂量	试验数	症状数		剂量	试验数	症状数
配制方法1	10	50	2	配制方法2	10	50	6
	20	54	14		20	47	23
	30	51	28		30	45	31
	40	41	25		40	49	40

现在我们对其进行概率单位分析。具体做法如下：首先将数据整理为下列存放方式：

RL_概率单位分析.MTW ***

↓	C1 症状数	C2 试验数	C3 剂量	C4 配制方法
1	2	50	10	1
2	14	54	20	1
3	28	51	30	1
4	25	41	40	1
5	6	50	10	2
6	23	47	20	2
7	31	45	30	2
8	40	49	40	2

注意分析我们所处理问题的性质。这里直接观察到的是出现症状的比率，可能影响此比率的一方面是剂量（连续型变量），另一方面是两种配制方法（离散型变量）。要分析的是这两个因子对出现症状的影响是否显著。

从统计→可靠性/生存→概率单位分析入口，在概率单位分析对话框中点击“估计”，在“估计下列应力值的概率”项中输入“25”。

MINITAB的会话窗口主要输出如下：

概率单位分析：症状数，试验数与剂量，配制方法

分布：对数正态

…………

回归表格

变量	系数	标准误差	Z	p
常量	−5.108 24	0.522 000	−9.79	0.000
剂量	1.495 63	0.158 454	9.44	0.000
配制方法 2	0.530 705	0.143 902	3.69	0.000
自然响应	0			

等斜率检验：卡方＝0.005 610 78，$DF=1$，$p=0.940$

对数似然＝−204.715

拟合优度检验

方法	卡方	自由度	p
Pearson	1.413 58	50.923	
偏差	1.409 01	5	0.923

配制方法=1

…………

生存概率表

		95.0%置信区间	
压力	概率	下限	上限
25	0.615 617	0.536 695	0.690 623

配制方法=2

…………

生存概率表

		95.0%置信区间	
压力	概率	下限	上限
25	0.406 439	0.327 275	0.484 665

相对效能表格

因子：配制方法

		95.0%置信区间	
比较	相对效能	下限	上限
1 VS 2	0.701 288	0.568 335	0.846 115

对这些计算结果分析如下：

从回归表格中等斜率检验的 p 值为 0.940，说明两种试验方法的公式系数 β 无显著差异，可以认为是相等的；试验剂量的 $Z=9.44$，p 值为 0.000，说明试验剂量显著地影响试验结果；由试验类别项的 $Z=3.69$，p 值为 0.000，说明试验类别（即配制方法）显著地影响试验结果，因为在第二种配制方法中 Z 值为 $3.69>0$，新配制法显著比传统配制法好。在试验剂量为 25 时，传统配制无症状率是 0.615 617，新配制无症状率是 0.406 439，这说明在试验剂量为 25 时新配制法比传统配制法要好。拟合优度检验的 p 值为 0.923 和 0.923，都表明分析方法适合本例数据。

概率单位分析与 Logistic 回归分析是同一种方法的两种不同具体选择。二者之间的比较将依赖于原始数据的分布类型，这里就不详细讨论了。

6.9.3 对应分析

众所周知，列联表分析能解决属性变量间是否有联系的判断问题，但对于它们是怎样联系的却不能给出具体结论。对应分析要研究属性变量的取值之间是怎样联系的，它把属性变量取的各个值投影成一幅“地图”上的点，距离较近的点显示关系较密切。因此可以说，对应分析是研究属性变量间关系带有直观图像展示的一种分析方法。这种方法属于多元统计分析的内容，所需要的统计知识较深，我们只通过一些例子介绍些使用方法，如果希望进一步学习有关内容，请翻阅《基于 MINITAB 的现代实用统计（第二版）》。

我们把属性变量称为属性因子，简称因子，把属性变量的值称为水平。对应分析分为简单对应分析和多重对应分析两大类。简单对应分析处理两个属性因子的分析问题；多重对应分析处理多个属性因子的分析问题。对应分析的另一个特点是将因子分析结果用平面图形来描述。下面将分两段介绍对应分析的使用方法。第一部分介绍简单对应分析的方法和实例；第二部分介绍多重对应分析的方法和实例。

1. 简单对应分析

我们先看一个讨论过的例题例 6—22，分析 3 条生产线上的不合格品数。原始数据为表 6—26，整理后的数据为表 6—28。当时我们最后得出的结论是不合格品数与流水线是有关的，但无法直观地看出各生产线上不合格品数的状况。下面我们省略所有对应分析原理的描述，直接给出操作后的结论。

简单对应分析是以列联表为基础计算的，而数据的格式有两种可能：一种是未经整理的原始数据；另一种则是整理好的列联表。这两种方式 MINITAB 都能接受。对于常用的列联表数据，将列联表数据（连同变量名）拷入工作表后，还要增加一列：列变量名，该列按照表中列水平出现顺序（从左到右），将它们从上到下安放一列中，这列通常按其含义加变量名“列名”。由于列联表中通常已包含行名称，无须另加一列输入行名。输入未经整理的原始数据后，MINITAB 会通过使用统计→表格→交叉分组表与卡方将数据转化为列联表，再进一步计算。我们下面直接从列联表开始计算。

从统计→多变量→简单对应分析入口，就能进入简单对应分析对话框。在使用列联表数据时，指定列联表的各列；在对话框的“列名”处填写列变量名称所在列，在“行名”处填写行变量名称所在列；进入“图形”框后指定“显示行和列的对称图”。

例 6—22 的计算结果将输出下列图形（见图 6—36）。

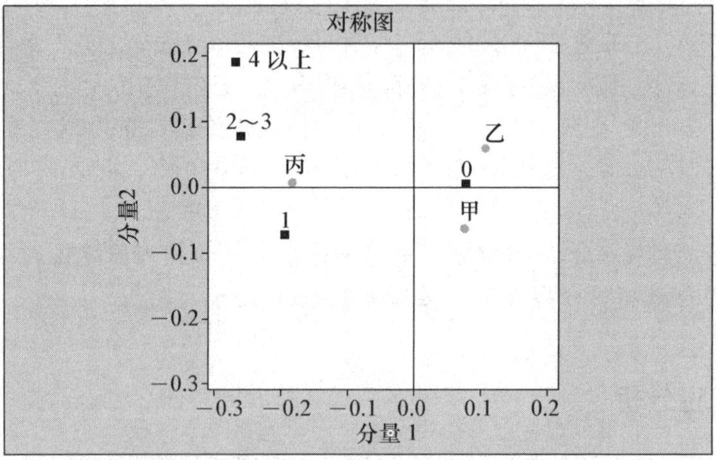

图 6—36　例 6—22 的简单对应分析的对称图

对称分析得出的其他结论我们都忽略不看，从此图中可以直观地看到，甲、乙两条生产线与“0”个不合格品距离很近；丙生产线则与更多的不合格品结论较近。这意味着：甲、乙两条生产线都较好，二者差不多；丙生产线则较差。这比当时所得出的结论清楚多了。

2. 多重对应分析

如果我们讨论的问题涉及三个因子以上，则只能使用高维列联表来讨论，这里不仔细叙述，有兴趣的读者可以参看《六西格玛管理统计指南（第二版）》。多重对应分析将给出更直观的图形结果。下面我们举例说明之。

例 6—37

某汽车销售商记录了所销售 303 辆汽车的购买者的各项状况：性别、婚姻状况、年龄、国别、尺寸、车型等，数据摘录列在表 6—50 中。

表 6—50　　汽车销售表

编号	性别	婚姻状况	年龄	国别	尺寸	车型	年轻？(<=30)
1	男	已婚	34	美国	大	家用	非年轻
2	男	未婚	36	日本	小	跑车	非年轻
3	男	已婚	23	日本	小	家用	年轻
⋮	⋮	⋮	⋮	⋮	⋮	⋮	⋮
303	男	已婚	29	日本	中	家用	年轻

试分析销售汽车之“车型”、“尺寸”、购买者“性别”、“婚姻状况”、“年轻？(<=30)”、“国别”之间有什么样的联系。

对于此例，我们可以用列联表分析方法，分别得出结论：购买的“车型”与“婚姻状况”、“年轻？(<=30)”、“国别”有关，而与“性别”无关；购买车的“尺寸”只与“国别”有关。但这些有关的具体结论并不直观。

简单对应分析处理二维的列联表中的情况，将两个因子分别作为行和列来处理，最后用二维图形方法将其直观显示出来。但多重对应分析所面对的却是高维的列联表，其因子个数大于 2，这时如果勉强将简单对应分析的功能扩展到针对更高维的列联表，只能靠“合并”的办法，即硬把两个因子合并成一个因子。例如，性别因子值为“男”、“女”，年龄因子值为“老”、“中”、“青”，合并成一个因子，取“男老”、“男中”、“男青”、“女老”、“女中”、“女青”6 个水平。但这样处理很麻烦。而且这种方法人为地将多个属性因子分成 2 组，一组处于“行”的位置，另一组处于“列”的位置，使多个属性因子的关系处于不对称状态。多重对应分析则采用一种计算技巧，同时考虑多个属性因子：不论多少个因子，一律并列为列因子，然后利用类似于简单对应分析计算过程来分析。这里数据不同的行，代表不同次的观测值，从而行变量只是观测值的随机排列，因此没有必要再计算行效应。多重对应分析的最终结果就是实施列变量的分析，输出的结果为包括列贡献、列坐标以及反映各变量间关系密切程度的列图。

从统计→多变量→多重对应分析入口，进入多重对应分析对话框，输入观测值，选定所需要分析的列，就能完成多重对应分析。这里的关键是要准备好工作表文件。在多重对应分析时，最常用的是原始数据格式，以下介绍如何对原始数据进行分析。

当原始观测资料（见表6—50）输入为MINITAB工作表后，关键是要在工作表中再增加一个命名为“列名”的新列，此列自上而下依次存放各列因子的水平名。这里需要特别强调的是，此列的排列顺序一定要与计算机内所存的各列因子的各水平名顺序完全一致，否则会得出错误的计算结果，因此在填写“列名”中每个因子的水平时，对于其排列顺序要特别小心。如果这些水平由英文字母或一位数字0～9组成，按照英文字母顺序和数字大小由上到下安排水平（即“字典序”）就行了。例如，A1在A2的上面，C2在E1的上面。如果数字有2位以上，则按数位从前往后比较，例如A11排在A2的上面，因为1和2先比，1在2的前面。如果这些水平中有汉字符号，就比较麻烦。MINITAB在读入中文汉字属性因子的观测值时，把每个水平的汉字转化为一个数字“机内码”，但对于不同的电脑、不同的汉字输入法甚至MINITAB的不同版本都有可能得到不同的顺序。详细叙述汉字排序的细节冗长且无必要，这里只介绍最简单实用的办法：先查看自己工作表中的排列顺序，再按这里的顺序依次取各名（通常是文字符）放入“列名”所在列就行了。“单变量计数”运行窗中列名顺序可以这样得到：从统计→表格→单变量计数入口，进入“单变量计数”对话框，在“变量”栏中将所有属性变量列都选入，点击“确定”后即可在运行窗中得到各列排名结果。请读者按自己电脑中排出的顺序，依次输入“列名”列。我们把常见的排名顺序存入C7“列名1”，另两种常见顺序分别存入C8“列名2”，C21“列名3”，请读者自行确认自己的列名顺序。其实这里出现的汉字排序不同结果，关键是Windows语言设置问题。采用适当办法可以将中文完全按拼音排列，这些设置的细节请参看《基于MINITAB的现代实用统计（第二版）》。

续例6—37

此汽车销售分析涉及多个因子（属性变量）关系的探讨，只能采用多重对应分析。作为准备工作，首先要确定“列名”的正确顺序，为此，先将原始数据输入，从统计→表格→单变量计数入口，进入“单变量计数”对话框，在“变量”栏中将所有属性变量列都选入，即可在运行窗中得到各列排名结果，将这些结果依次输入“列名”列。

离散变量计数：性别，婚姻状况，国别，尺寸，车型，年轻？(<=30)

性别	计数	婚姻状况	计数	国别	计数	尺寸	计数	车型	计数	年轻（<=30）	计数
男	165	未婚	107	美国	115	大	42	工作	48	非年轻	159
女	138	已婚	196	欧洲	40	小	137	家用	155	年轻	144
N=	303	N=	303	日本	148	中	124	跑车	100	N=	303
				N=	303	N=	303	N=	303		

“列名”一列的顺序是男、女、未婚、已婚、美国、欧洲、日本、大型、小型、中型、工作、家用、跑车、非年轻、年轻，这些已列在数据文件中C9“列名1”内（如果读者得到的结果与此不一致，请将“列名”列按自己计算机显示结果的顺序予以修改）。

从统计→多变量→多重对应分析入口，进入“多重对应分析”对话框，选定“类别变量”，将“性别”、“婚姻状况”、“国别”、“尺寸”、“车型”、“年轻？(<=30)”选入（由于原始的“年龄”列被化为二值变量“年轻？(<=30)”，因此不要再选入）；在“类

别名称”中选入“列名1”，在“分量数”仍保留为默认的“2”。打开“图形”窗，弹出“多重对应分析—图形”对话框，选择“显示列图”，就可以在会话区得到3张表和列图（见图6—37）。

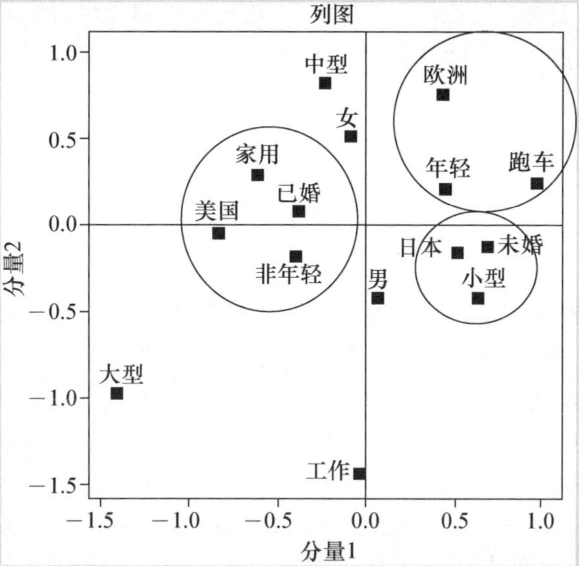

图6—37　例6—37汽车销售问题的列图

从列图中可以看出，这里出现了几个相互间有较大联系的变量组：最密切的是第一组“日本”、“小型”、“未婚”（见图6—37右侧下圈），反映日本人或未婚者喜欢小型车；次之是第二组“美国”、“非年轻”、“已婚”、“家用”（见图6—37中部偏左圈），反映美国人、已婚者、非年轻者喜欢家用车；还有较松散联系的第三组：“欧洲”、“跑车”、“年轻”（见图6—37右上圈），反映欧洲人或年轻人偏爱跑车。其余的如“男”、“女”、“工作”、“中型”、“大型”等变量很松散，几乎没有什么联系。这样的一个结果能够在一次分析中就可以获得应该说是很难得的。本例的主要不足之处是由于购车是个复杂的决策过程，不可能仅由几个定性变量就能完全确定，数据变量离散性太强，所以在本例中的分析还不够准确细致。这里应该看指示符矩阵分析的结果：

轴	惯量	比率	累积	直方图
1	0.3124	0.2082	0.2082	******************************
2	0.2049	0.1366	0.3449	*******************
3	0.1914	0.1276	0.4725	******************
4	0.1752	0.1168	0.5893	****************
5	0.1660	0.1106	0.7000	***************
6	0.1355	0.0904	0.7903	*************
7	0.1235	0.0824	0.8727	***********
8	0.1094	0.0729	0.9456	**********
9	0.0816	0.0544	1.0000	*******
合计	1.5000			

多重对应分析只是分析了从多个因子综合归纳出来的因子中，最有代表性的前两个主成分（详细内容参见《基于MINITAB的现代实用统计（第二版）》）在全体变异中所占的比率（即贡献率）。本例中，共讨论了9个因子，其中前两个累积只占了34.49%的贡献率，说服力还远远不够。如果数据能使前两个累积有70%以上的贡献率，分析将会得到更准确的结论。本例的结论仅供分析时作为参考使用。

6.10 精益分析工具

上述量化的统计分析工具对于六西格玛是至关重要的，但是有些统计工具需要较为扎实的统计学基础，学习起来有一定难度，同时收集大量的数据也要花费较高的成本。一些简单实用的精益分析工具有时非常有效。当然，融合精益工具和六西格玛工具，进行过程的深入分析，将会产生“1+1>2”的效果。如六西格玛一样，企业追求精益的过程实质上就是一个持续改进的过程，而且是一个长期的过程、一场没有终点的比赛。改善过程需要综合应用现场管理、设施布置与优化、人机工程、作业研究、质量控制与保证、流程管理与控制、现代制造技术等一系列方法与工具，因此精益生产是一个包含多种制造技术和管理技术的综合技术体系。实际上，精益生产就是工业工程技术在企业中的具体应用。

6.10.1 浪费分析

精益生产的目的就是彻底消除浪费，因为浪费提高了制造过程中的成本，吞噬了企业的利润。那么精益生产是如何定义浪费的呢？凡是不能直接创造出价值的一切活动、方法、行为和计划均视为浪费。想要有效地消除浪费，首先要能够发现浪费。找出浪费的方法有以下几种。

（1）流程法。依照流程精简与流程再造的原则，找出流程中可删除、简化、合并、重组的改善之处。

（2）价值法。从客户的角度，在创造价值的过程中找出对客户没有价值的作业。

（3）利用5S法。由5S整理、整顿的角度找出浪费的事及物然后进行改善。

（4）利用5M1E法。就是针对生产过程中的人、机、物、法、环、测等要素的现状、布局、标准、精度等方面寻找可以改善的地方。要查找问题必须遵循到现场、看现物、了解现状的原则，不能只是推想哪里出现问题。要利用5W1H反复检讨，弄清楚问题发生的真正原因，要清楚地理解并抛弃固有的观念或过去的经验想法，把那些深藏的原因呈现出来。

一般生产过程中有以下七大浪费。

1. 等待的浪费

任何的材料、零件、机器、人工等资源的等待都是浪费。在很多制造类和服务类企业，浪费现象普遍存在。造成等待的原因通常包括作业不平衡、作业安排不合理、生产批量大、间隔期长、停工待料、机器故障、设备调整、质量问题等。

2. 搬运的浪费

在产品生产的过程中，物料的流动和信息的流动贯穿始终。生产过程中的搬运，包括放置、堆积、移动、整理等活动本身并不创造任何价值。因此，如何尽可能地避免不必要的搬运，减少由于搬运而产生的各种人力和物力浪费，同时充分保证物流的顺畅和井然有序，成为一个至关重要的问题。

3. 不良品的浪费

在生产过程中，任何不良品的产生，都会造成人力、物力和时间方面的浪费，如产品报废返工、材料和人工损失、订单和市场信誉损失等。任何修补都需要付出额外的成本。精益生产方式要求实现“第一次就把事情做对”。尽可能在生产的源头就杜绝不良品，采取防错措施，防止不良原材料、半成品流入后道工序，追求零废品率。

4. 动作的浪费

动作的浪费是指任何不增加产品或服务价值的人员和设备的动作。要达到同样的作业目的，通常会有不同的动作。哪些动作是必要的，哪些是不必要的呢？是不是需要拿上、拿下如此频繁？有没有不必要的转身动作、步行动作、弯腰动作、对准动作等？动作的幅度是否过大？是否有重复的不必要的动作？若设计得好，很多不产生价值的动作皆可省掉。造成动作浪费的原因是不合理的操作方法。

5. 加工的浪费

对产品和服务不增加价值的过程或原本不需要加工的过程被当成必须加工的过程。加工质量或精度超过了客户的要求而造成资源的浪费，包括浪费了过多的工时、能源，增加了设备损耗，占用了作业空间等。通常的原因有客户的要求未确认清楚，过度检验，一次作业不彻底需修复，为配合设备运转所做的额外加工等。

6. 库存的浪费

精益生产方式认为：“库存是万恶之源”。大量的库存会产生不必要的搬运、堆积、放置、防护、寻找等浪费，日常管理、领用、盘点等也需要增加额外的时间，既占用生产空间、浪费人力物力，又占用运营资金、损失管理费用。随着存储时间增长，物品价值往往会降低，甚至变成呆料废料。有些时候，因为没有及时做整理，有些库存可能变成隐形的宝藏而被人遗忘，当使用者需要时往往因找不到而只好去重复购买。大量的库存隐藏了生产中的诸多问题，不能及时有效地解决。通常的原因如下：产品的复杂化；过分追求生产效率的制度；市场预测不准；供货商交货不稳；原料价格不稳；不能平准化生产。

7. 生产过多的浪费

精益生产方式所强调的是准时化，也就是在客户需要的时候，做出客户所需要的数量的东西，生产过多或过早同样都是浪费。但我们的企业为什么总是有很多地方会一而再、再而三地过多与过早生产呢？最大的原因在于我们不明白这是一种浪费，反而以为多做能提高效率，提早做能减少产能损失（不做白不做，机器还不是一样停着?），显然这是一种极大的误解。过量生产导致了大量的在制品，占用了生产空间，增加了中间搬运器材和管理工作量，加大了产生不良品的机会，掩盖了生产过程中的很多问题。

以上是生产过程中的七大浪费，需要持续改善。改善的原则要抛弃传统的思想和观念进行突破，不要求尽善尽美只要有改善就可做，循序渐进，改善是永无止境的。

6.10.2 价值流分析

在生产过程中，从原材料开始，经过多个工序的作业，加工成为零件、装配成组件和完整的产品。在整个工艺流程中，安排是否最合理，能否把在制品库存降至最低，非增值活动是否降到最低？这些都需要进行科学的分析，价值流图就是解决上述问题的有效工具。

1. 价值流

价值流是指产品通过其生产过程的全部活动。它包括从概念设计、产品设计、过程设计直到投产的设计流和从原材料、制造过程直到产品交到顾客手中的生产流。在企业实践中，一个典型的现象是谁也说不准增值活动占企业生产活动的比例。当一位老总或厂长被告知，他的企业的增值活动还不到所有活动的5%时（实际上大部分工厂离5%还差得远)，他会大吃一惊，甚至怀疑你可能搞错了。导致这种现象的基本原因有两种：其一，在大量生产模式下，部门按职能设置，彼此画地为牢，管理人员缺乏对企业运作的宏观了解。其二，管理人员缺乏对增值和非增值活动的认识和判别，难以运用系统的观点对企业的浪费现象进行分析和改善。对一个产品来说，以下两条主要流动路径是至关重要的：一是从概念到正式发布的产品设计流程；二是从原材料到达顾客手中的生产流程。价值流就是使一个产品通过这些主要流程所需要的全部活动，包括增值活动、必要的非增值活动和非增值活动（即浪费）三类。研究表明，企业用于增值活动的时间仅占整个流程的极小部分，大部分时间都花在非增值的活动上。

迈克尔·波特在1985年出版的《竞争优势：创造和保持卓越绩效》中提出了价值流的概念：把公司（组织）描述成“设计、营销、配送和支持产品等一系列活动的集合体”的一种方式。他想让经理理解为顾客创造价值的组织活动的序列，并强调经理必须理解他们的组织是怎样适应行业的整个价值创造活动的。价值流概念的三个特性最终把“核心过程”转变为企业管理人士关注的焦点：

(1) 价值流增强了业务活动内部的关键联系，也增大了组织成功的可能性。不同的职能部门在组织的基本目标中起着不同的作用：向顾客传递某种独特的价值，价值链的任何一个链条中断或弱化（不同职能部门之间的不协调，不增值的活动）都会影响价值传递过程。

(2) 价值流确定了职能部门的贡献率。当每个职能部门都贡献价值时，其中一些起主导作用，另一些起次要作用。核心过程的贡献率比较显著。

(3) 价值流被细化到组织的操作单位层面。因此，在精益生产中提出了价值流管理的概念。这种管理模式彻底打破了大量生产模式下的职能割据，由价值流团队对产品从供应商到顾客整个过程进行管理，实现对运作过程的系统而有效的控制，从而提高满足顾客需求的能力及反应速度。价值流经理由直接向最高管理者汇报的管理人员担任，享有改革的充分授权和自主权。价值流经理组建由跨部门成员组成的价值流团队，以顾客为导向选定产品族，并跟随其生产路径，从头到尾分析和描绘每一个工序的状态、工序间的物流、信息流和价值流，此为当前状态图。找出需要改善的地方，再描绘一个未来状态图，显示价值流改善的方向和结果。在此基础上，团队决定改善的计划和行动。整个价值流管理实行全成本核算，价值流经理对整个产品族的流程、资源配置及成本运作担负着主要领导、协调和控制的责任。

总而言之，价值流管理就是要达成链中成员的无缝连接，以团队的工作方式增值，表现为快速组装、更准确的信息、更快的反应速度和更好的服务等，以满足和超越顾客的需求和期望，为顾客创造价值和促进顾客的成功。这样，才会导致顾客满意和顾客忠诚，为价值链上的成员创造财富。组织应当通过价值链管理，来实施其战略规划，达成其战略目标，进而实现其使命和愿景。

2. 价值流图

在六西格玛管理活动中，常常采用价值流图（value stream mapping，VSM）来分析价值流中各主要过程中的非增值环节和因素，并识别改进机会。价值流图是一种帮助人们了解物料流和信息流的可视化工具，它体现了从原材料到成品，再到客户的所有活动，有助于观察和理解产品通过价值流过程时的物料流动和信息流动，以及其中的增值和非增值活动，从而发现浪费和确定需要改善的地方，为改善活动确定蓝图和方向。同时也便于员工了解企业的状态，提供参与改善的机会。价值流图研究的是生产流程，它是指将现场观察到的生产流程中物料和信息的流动情况用简图描绘下来，对其进行分析找出产生浪费的原因，然后识别改进机会或提出改进方案。

应用价值流图分析企业生产流程，意味着要从全盘看待问题，而不是集中于某个单独的过程；意味着将改变整体，而不仅仅是优化某个部分。价值流图分析可以是针对企业内部（又称“四堵墙以内”）的活动进行分析和改善，也可以针对“四堵墙以外”，即从供应商出货起到顾客收货为止的整个价值流的分析和改善。对于价值流图，需要从以下几点进行深入理解：

（1）物料流和信息流是生产过程价值流的两个不可分割的重要方面。

（2）观察研究价值流的范围可以从一个过程、一个车间、一个工厂直至整个公司、整个供应链。一般从一个车间（从进口到出口）着手，然后向下对每一个过程进行研究并采取具体的改进措施，向上扩展到整个工厂、公司直至整个供应链，改进整个系统的价值流。

（3）价值流图分析技术强调研究人员亲自到现场观察、了解、记录和画图（walk the process），而不只是凭书面资料。

价值流图分析包括的主要步骤是：

（1）了解并记录顾客的要求，如图6—38中右上角顾客要求框所示，主要应了解顾客的需求量、种类、交付频次和要求等。

（2）了解并画出工厂内材料流图，如图6—38中下部的线框所示，也是工厂内的基本生产过程，将能够连续进行的过程列入一个框内，无法连续的则在两框之间用库存三角分开。

（3）收集并记录每个生产过程的数据（数据框），在每个过程线框下记录主要数据包括生产节拍、换型时间、操作人数、有效工作时间、设备使用率、废品率等与过程改进有关的数据。注意，这些数据应是现场收集的，而不是某些资料记载的。

（4）了解库存情况，小组应对所有库存（包括线上在制品库存）进行盘点，然后记在库存三角下面。注意，是点数而非查账！

（5）原材料采购和交付的情况，如图6—38中左上角所示，了解主要供应商的供货情况。

（6）了解、记录顾客订货、生产计划、原材料订货过程的信息传递途径及信息，画出信息流，如图6—38上部所示，表示出顾客订单、材料订单和生产信息传递途径和方法。

（7）画出生产时间线和计算相关数据，将库存数量按照顾客需求节拍转化为时间，与生产过程时间数据一同画在时间线上，求出生产过程时间占整个时间的百分比。

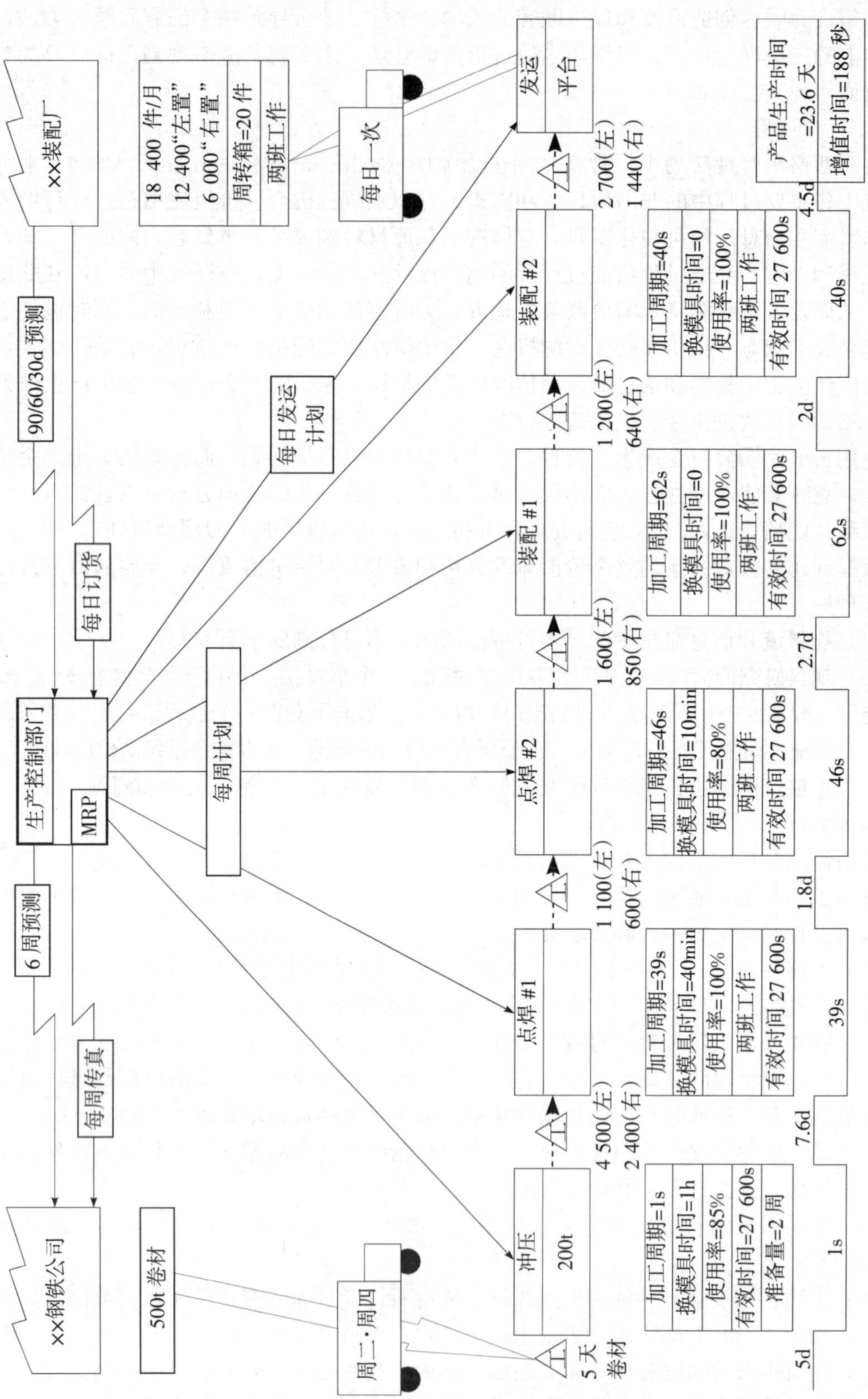

××钢铁公司
6 周预测
每周传真
生产控制部门
MRP
90/60/30d 预测
每日订货
××装配厂
18 400 件/月
12 400“左置”
6 000“右置”
周转箱=20 件
两班工作
每日一次
500t 卷材
周二·周四
每周计划
每日发运计划
冲压
200t
点焊 #1
点焊 #2
装配 #1
装配 #2
发运
平台
5 天
卷材
4 500(左)
2 400(右)
1 100(左)
600(右)
1 600(左)
850(右)
1 200(左)
640(右)
2 700(左)
1 440(右)
加工周期=1s
换模具时间=1h
使用率=85%
有效时间=27 600s
准备量=2 周
加工周期=39s
换模具时间=40min
使用率=100%
两班工作
有效时间 27 600s
加工周期=46s
换模具时间=10min
使用率=80%
两班工作
有效时间 27 600s
加工周期=62s
换模具时间=0
使用率=100%
两班工作
有效时间 27 600s
加工周期=40s
换模具时间=0
使用率=100%
两班工作
有效时间 27 600s
5d
1s
7.6d
39s
1.8d
46s
2.7d
62s
2d
40s
4.5d
产品生产时间
=23.6 天
增值时间=188 秒

图 6—38 现状价值流图

以下简要介绍现状价值流图和未来价值流图的绘制。

3. 现状价值流图

图 6—38 是一个现状价值流图的例子。这是一个生产汽车转向柱支架的工厂，转向柱分左置和右置两种，顾客是表示在右上角的汽车装配厂，供应商是表示在左上角的钢铁厂。图的下部描述物料流。每一个方框表示一个单独的过程，如冲压、点焊、装配和发运。方框的下面是数据框，如加工周期、换模时间、设备的完好率、几班制和有效工作时间等，方框左右的三角形表示库存，例如在冲压过程的前面有 5 天的原材料库存，在它和第一个电焊过程之间有 4 600 件左置和 2 400 件右置的半成品，等等。

图 6—38 的上部描述信息流。生产计划部门根据顾客 90/60/30 天的预测订单和每日送货要求，应用物料需求计划（MRP）系统制定每周生产计划，下达给每一个过程，MRP 系统按 6 周的预测数量通知钢铁工厂进行原材料生产，按每周的传真组织发货。

从现状价值流图可以看出，这个工厂当前实行的生产方式是一种按预测进行的“推动”式的批量生产。这种方式存在的显而易见的浪费是，为保证不中断对顾客的供应，过程之间不得不保持较大数量的库存。其他的浪费还有人员负荷不满、设备完好率低、换模时间长、过多的搬运、缺陷率高等。如图 6—38 最下面的数字所示，物料由进入工厂到变成产品的生产周期长达 23.6 天，而实际用在增值加工的时间仅为 188 秒。

4. 未来价值流图

为了减少（完全消除是很困难的）当前价值流中的浪费，需要应用精益生产的原理和方法，并考虑实际实施的可能性，改进小组首先应该勾画出一个未来价值流图。图 6—39 是转向柱支架工厂的未来价值流图。在勾画未来价值流图时，主要应用以下几个原理：

（1）努力实现按节拍时间生产（也许可以把作业时间分析放到前面）。在确定节拍时间时，应考虑生产节拍与销售节拍相一致，即节拍时间＝每班有效工作时间/每班顾客需求量。在本例中，节拍时间等于 27 600/460＝60 秒。

（2）在可能的地方实现连续流动。连续流动是指产品不经中间停顿从一个过程传递到下一个过程，它是消除过程间库存和提高生产效率的有效方法。例如，把原来分割为相互独立的冲压、焊接和装配过程组合成一个连续流动的过程，并实现按节拍生产。

（3）连续流动无法向上游扩展时，使用“超市”方式控制生产。实际中有些过程由于生产周期过快或过慢以及与其他的过程距离远等原因难以实现和其他过程节拍一致的连续流动生产。为了防止通过生产计划部门单独下达生产计划的管理方式，一个很好的经验方法是采用类似“超市”的拉动系统。例如在本例中，在冲压过程前、冲压过程和其他过程中间以及发货过程前设置超市系统，冲压过程按照从超市送来的“看板”指定的数量（一般为一个材料搬运箱，例如本例中的 20 件）和品种进行生产，不再有另外的库存，从而把库存减到最少。这要求冲压过程实现快速换模，以实现多品种、小批量生产。

未来价值流图是以精益思想为指导，按照企业的实际情况，为未来的运作模式指明方向，设计新的精益流程。所谓未来，也仅仅是基于当前的技术和改善水平，在一定时间内可以达到的较为理想的目标。随着生产技术和改善水平的提高，原来的目标又变得不理想了，人们又进入了一个更高层次的改善循环。如此往复，正是精益思想中“与完美竞争，永无止境”的精髓之所在。未来价值流图为制定实现精益生产方式的计划提供了基础。但是，真正实施还需要周密的计划和大量的工作。管理者的决心和支持当然是最重要的，

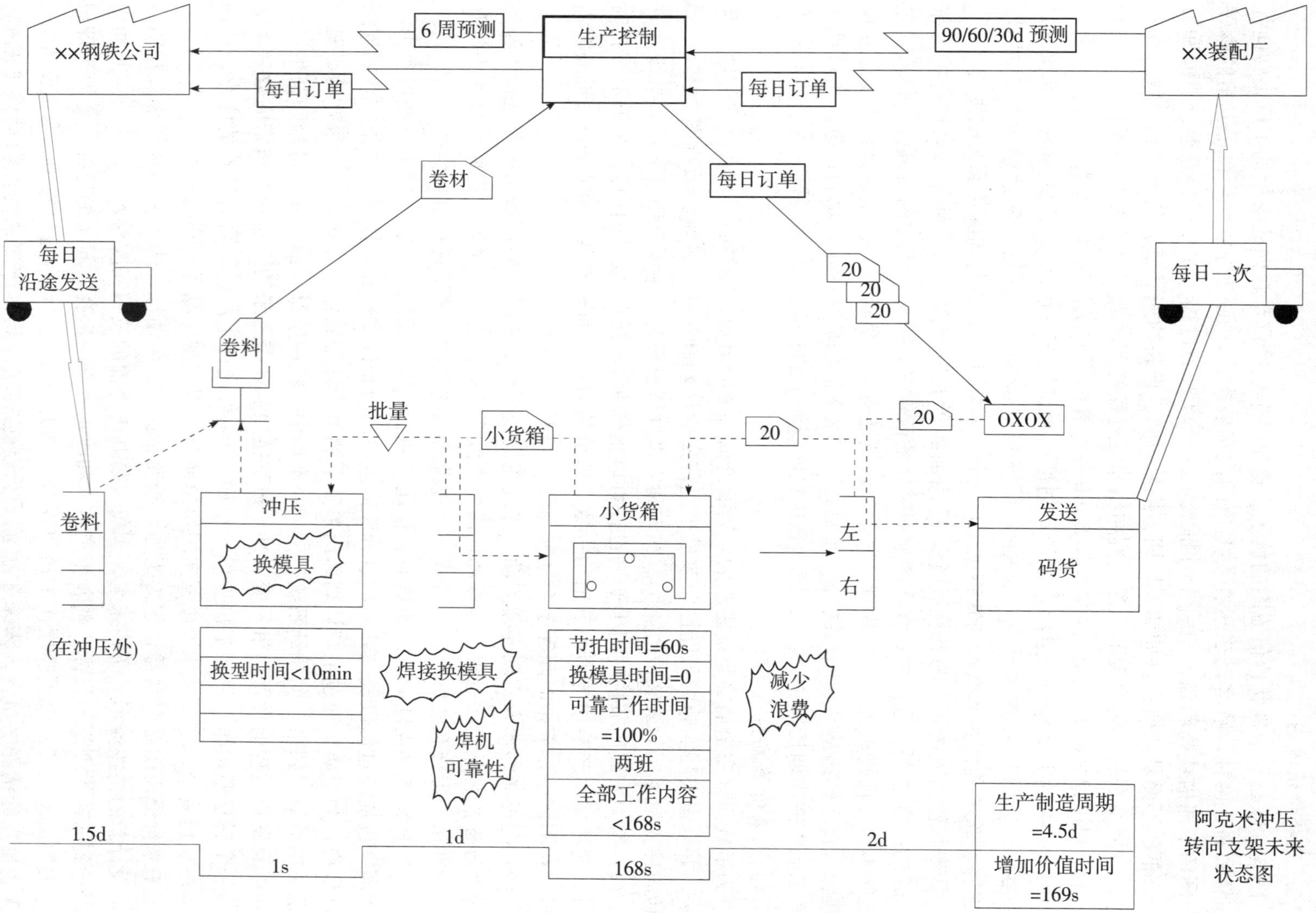
××钢铁公司
6 周预测
每日订单
生产控制
90/60/30d 预测
每日订单
××装配厂
卷材
每日订单
每日
沿途发送
20
20
20
每日一次
卷料
批量
小货箱
20
20
OXOX
卷料
冲压
换模具
小货箱
左
右
发送
码货
(在冲压处)
换型时间<10min
焊接换模具
焊机
可靠性
节拍时间=60s
换模具时间=0
可靠工作时间
=100%
两班
全部工作内容
<168s
减少
浪费
1.5d
1s
1d
168s
2d
生产制造周期
=4.5d
增加价值时间
=169s
阿克米冲压
转向支架未来
状态图

图 6—39　未来价值流图

员工的理解和参与也不可缺少，需要价值流经理和精益计划推动小组具体指导和推动计划的实施。按照合理的步骤实施计划并在适当的阶段组织评审，根据评审结果，对评审进行必要的修改和调整。

5. 价值流制图图标

价值流图中所使用的图标如表 6—51 所示。

表 6—51　　价值流图常用图标

		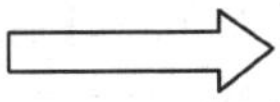	
电子信息流	先进先出	成品	观察
		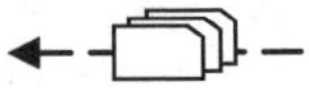	
库存	改善点	看板批量	看板箱

生产看板	看板信号	取料看板	均衡
		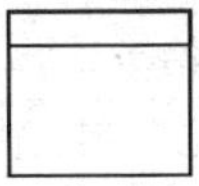	
手工信息流	操作工	过程框	拉动箭头
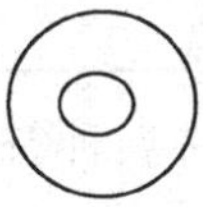		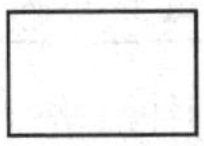	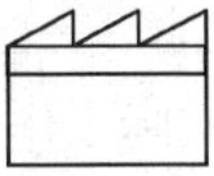
拉动圈	推动箭头	计划框	供应商
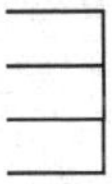			
超市	卡车运输	缓冲库存	数据框

6.10.3 流程程序分析

流程程序分析是程序分析中最基本、最重要的分析技术。它是以产品或零件的制造全过程为研究对象，把加工工艺划分为操作、检查、搬运、停放和储存等五种状态加以记录并逐项分析的方法。

流程程序分析与工艺程序分析相似，都属于对工作现场的分析，但它比工艺程序分析更具体、内容更详细。它具有如下特点：

（1）由于它比工艺程序分析更具体、更详细，因此它常常是对每一主要零件的加工制造全过程做单独研究。

（2）特别用于分析搬运距离、停放、储存等隐蔽成本的浪费。

（3）借助于各式流程程序图进行记录和分析。

流程程序图与工艺流程图的结构极为相似，其差别仅为加入了搬运、储存、停放三种符号，除了记录时间，再加上搬运距离。了解工作的概貌需用工艺程序图，而流程程序图则是进一步对生产现场的整个制造程序的详细记录，以便于对整个制造程序中的操作、检验、搬运、储存、停放作详细的研究与分析，特别是用于分析其搬运距离和暂存等“隐藏成本”的浪费。

流程程序图由操作、检验、搬运、停放、储存五种符号构成，如表 6—52 所示。此图比工艺程序图详尽且复杂，因而常对每一主要零件（或产品）单独作图，均可对其搬运、储存、检验、停放、操作进行对立研究。流程程序图依其研究的对象可分为：

（1）材料或产品流程程序图（物料型），说明生产搬运过程中材料或零件被处理的步骤。

（2）人员流程程序图（人员型），即操作人员在生产过程中一连串的活动。

表 6—52　　流程分析符号

符号	意义	说明
○	操作	直径 3/8 的圆圈。凡一件物品或目标经有意地改变其物理或化学性质，此改变性质的过程称为操作。故操作常使材料、零件或加工更进一步接近完成。当然操作包含事前准备及善后处理。
⇨	搬运	空心箭号。凡有意改变物体之位置，由一处移至另一处，即为搬运。但其移动，如为操作或检验所附带发生者，则非搬运。
□	检验	每边 3/8 之正方形，为鉴定物体（原材料、零件、半成品、成品）的性质与规格之异同，而给予试验，比较或证明其数量及品质，称为检验，检验需有标准。
D	停放	正写的大“D”字，由于预定的一次行动（如操作、搬运、检验）未马上发生，而产生的时间空当，此空当为非必要，或非控制情况之下产生者。
▽	储存	为物品的保存或维持，但此行动是在可控制的状态下，故储存行动的取消，需经制度或法定上的认可，如领出物料，需经有关人员签字。

在实际工作中，一般都使用事先设计好的流程程序图表。此种图表是将五种符号印在表格中，分析记录时，只需将各项工作按照发生的顺序用直线将符号连接起来。而表头部分则应有工作部门、工作名称、现行方法与建议方法及最后统计。表 6—53 给出了流程程序图表样式。

表 6—53　　流程程序图表样式

流程程序图表

表格编号：________	开始时间：________
工作物名称：________	结束时间：________
工作物图号：________	方　　法：________
工作部门：________	批　　量：________
研究者：________	件　　号：________
审阅者：________	

工作说明	距离（米）	时间（分钟）	符号				
			○	⇨	□	D	▽

续前表

合计				
作业内容	次数	时间	距离	备注
操作				
检验				
搬运				
储存				
停放				

绘制流程程序图表必须注意以下原则：图表上记述的内容必须是直接观察所得。图表应提供尽可能全面的信息，所有的图表都应具有有关信息的表头，其内容包括：产品、物料或设备的名称，附上图号或编号；所记录的流动程序，应明确说明起点和终点，以及该方法是现行方法还是建议的；进行操作的地点（部门、工厂、工地等）；图表查阅号、总页数、页码；记录者，审定人的姓名和记录日期；记录距离和时间的总计、人工成本、材料成本，以便对新旧方法进行比较。

流程程序分析对象是作业完成过程中的操作、检验、搬运、储存、停放等五项活动。在现场经过深入实际仔细的调查，完成图表绘制及收集相关数据，在调查的基础上，对除了那些明显暴露的问题必须加以解决，通常还采取 5W1H（或称“六何”），即 what（做何事），why（何原因），where（在何处做），when（在何时做），who（由何人做），how（用何种方法做），提问技术对各个活动进行提问和思考，以发现较深层次的问题，并采用 ECRS（即取消、合并、重排和简化）四项原则加以改进。在形成改进方案后，通常要求对改进前后的方案进行比较，列出各种活动出现的次数、物品的移动距离、活动需要的工时等数据，并进行对比，以评价改进方案的实际效果。其分析改进的重点如表 6—54 所示。

表 6—54　　流程程序分析检查表

活动事项	检查改进重点
操作（○）	● 有没有可以取消的操作活动 ● 能否通过改变生产设计和加工工艺使操作活动简化 ● 通过作业条件和布置的改变使作业容易、时间缩短
检验（□）	● 有没有可以取消的检验，能否使检验和操作结合起来进行 ● 检验工具是否适合，能否进一步改进 ● 检验方法在确保检验质量的基础上能否更加简便
搬运（⇨）	● 设置的搬运环节是否必要 ● 物料搬运路线是否最短 ● 物料搬运的器具及运输工具是否合用，是否够用
储存（▽）	● 有没有可能取消储存 ● 储存的数量是否降至最低 ● 储存时间是否过长，能否压缩
停放（D）	● 能否避免不应有的停放发生 ● 能否通过改善组织管理减少停放时间及停放次数

6.10.4 作业时间分析

作业时间分析指运用系统分析的方法把工作中不合理、不经济、混乱的因素排除掉，寻求更好、更经济、更容易的工作方法，以提高系统的生产率。其基本目标是避免浪费，包括时间、人力、物料、资金等多种形式的浪费。

提高生产率或效率的途径有多种，例如可以通过购买先进设备、提高劳动强度来实现。作业时间分析则遵循以内涵方式提高效率的原则，在既定的工作条件下，不依靠增加投资，不增加工人劳动强度，只通过重新组合生产要素、优化作业过程、改进操作方法、整顿现场秩序等方法，消除各种浪费，节约时间和资源，从而提高产出效率、增加效益、提高生产率。

1. 节拍时间

生产节拍源自德语的 takt time（T/T），原意是调节演奏的节奏，对于流水线生产而言，节拍是一个非常重要的概念。它是指流水线上连续生产出两个相同或相似产品（对于混合流水线而言，相似产品并线生产）的时间间隔。它表明流水线的生产速度的快慢或生产率的高低。其公式为：

节拍＝计划有效工作时间/计划期预计出产的产量

流水线节拍确定后，一个关键的问题是如何组织流水线上工作地的任务分工，计算最少工作地数并进行流水线的平衡。平衡的流水线是指在流水线的每个工作地上的作业时间都等于节拍时间，否则，如果工作地上的作业时间不同，必然导致工序之间的等待和在制品的产生。实际上，工作地上最长作业时间决定流水线的节拍，也称瓶颈工作地。很多针对流水线效率改进的六西格玛项目都是以平衡流水线和降低节拍为主要内容的。

流水线平衡的主要技术包括流水线组织的平衡和流水线工作地瓶颈工序的动作和时间研究。流水线组织平衡的基本思路是把需要在流水线上完成的所有工作进行详细分解成为作业单元，测量出每个作业单元的时间，并确定作业单元之间的先后顺序，用单代号网络将流水线上的所有作业单元绘制出来。采用一定的组合优化规则将不同的作业单元分配给不同的工作地，并尽量保证各工作地的作业单元时间之和与节拍相等。从理论上讲，该问题是一个组合优化问题，有关流水线组织平衡的技术可以翻阅生产管理的专业书籍。

流水线组织平衡一般适用于流水线的初始设计，一旦流水线设计完成，流水线的进一步平衡和节拍的降低就需要采用动作和时间研究对瓶颈工作地上的作业进行深入研究，通过动作研究，找出浪费或不增值的动作细节，或优化作业顺序，达到降低节拍时间的目的。

2. 动作和时间研究

动作与时间研究（motion and time study）也称工时学、工作研究或作业研究，是指用系统、科学的方法测定、分析和研究作业动作与时间，以获得最佳的工作方法。动作与时间研究对于提高工作效率、降低疲劳以及劳动工时测定与管理方面有极其重要的作用。

动作与时间研究由动作研究和时间研究两部分组成。动作研究又称方法研究或工作方法设计，其主要内容是通过各种分析手段发现、寻求最经济有效的工作方法，动作研究的主要发明者是吉尔布雷斯夫妇（F. B. Gilbreth & L. M. Gilbreth）。F. B. 吉尔布雷斯于1885年受雇于一建筑商时进行了著名的砌砖研究。在该研究中，他通过对砌砖动作进行分析和改进，使工人的砌砖效率提高了近200%。1912年，吉尔布雷斯夫妇在美国机械工程师学会会议上，首次发表了题为《细微动作研究》的论文，在文中他们首创用电影摄影机和计时器将作业动作拍摄成影片并进行分析的方法，同时通过自己的研究将人的作业动作分解成3大类共17种基本动作（命名为动素）。这些基本动作是伸手、握取、移物、装配、应用、拆卸、放手、检验、寻找、选择、计划、对准、预对、持住、休息、迟延和故延。其中前8种动作称为必需动作，中间5种动作称为辅助动作，最后4种动作称为无效动作。他们指出，提高动作效率必须尽可能地删减第2，3类动作。以后，F. B. 吉尔布雷斯又独创性地发明了灯光示迹摄影和设计灯光示迹摄影两种摄影方法，使动作分析的准确性和有效性有了很大的提高。为了缓和、消除工人对早期动作研究的抵触和不满，在富有心理学造诣的L. M. 吉尔布雷斯的帮助下，F. B. 吉尔布雷斯又逐渐地将动作研究范围扩大到工作疲劳与单调、动机及工作态度等方面。

时间研究又称作业测量或工作测量，其主要内容是通过科学方法测定工作的实际时间，以此作为制定工作定额、核算成本、计划生产以及检验工作方法效率等的基础。时间研究的主要发明者是F. W. 泰勒。他也被称为科学管理之父。F. W. 泰勒在美国伯利恒钢铁厂进行了著名的铁铲试验。在该研究中，他比较了工人铲煤与铲矿砂间的差异，对工人的铁铲进行了改进，并制定相应的劳动定额及奖励制度，从而在短短的三年半时间内，使该厂原需400～600人的工作降低到只需140人即可完成。F. W. 泰勒在时间研究上的最主要贡献之一是指出了时间研究的过程。他认为时间研究包括工作分析和工作建立两大范围。首先是工作分析，可总结成以下几个步骤：

（1）将作业动作分解成最简单的基本动作；

（2）删除无效动作；

（3）观测部分熟练工人的各项基本动作，借助秒表记下最佳及时间最短的动作方法；

（4）记录、说明、依次标出每一基本动作及恰当的动作时间；

（5）分析、记录各类宽放率或宽放时间。

其次是工作建立，由以下几个步骤组成：

（1）将经常以同样顺序在作业中出现的基本动作合并成一组，记录并标示各组动作；

（2）通过分析、比较，从所有动作组中选择适当的动作组应用于当前情境；

（3）将所有基本动作时间汇总，再加上各类宽放时间，即可估计出各类作业的工作时间。

除F. W. 泰勒和吉尔布雷斯夫妇，其他还有一些人对动作与时间研究的发展也起到了很重要的作用。如R. M. 巴恩斯提出了“动作经济原则”，A. H. 莫金逊1930年提出了“工作简化原则”，美国无线电公司的J. H. 奎克、W. J. 希尔和R. H. 考霍列夫于1935年创立了“工作因素系统”（WF）技术，西屋电气公司的H. B. 梅纳德、G. J. 斯坦杰门顿、J. L. 修瓦伯于1940年创立了“方法时间测定”（MTM）技术等。动作研究与时间研究在20世纪30年代起开始被合称为“动作与时间研究”。在我国，老一辈心理学家曾在纺织、机械及煤矿等行业中进行动作与时间研究，取得了一定的成就。

一般地说，动作与时间研究可分以下阶段进行：第一阶段是发掘问题。在实际情境中，有许多对象要求进行动作与时间研究，大至生产过程、工艺过程，小至工序或操作，选择的余地很大。为了把精力集中到最迫切、最重要的对象上，课题选择必须考虑到经济、技术、心理等因素。第二阶段是现状分析，即对所选定的研究对象进行描述和分析。在这一阶段，可利用许多具体的描述方法，如程序分析、动作分析、直接时间测定、预定动作时间研究、工作抽查等。在分析时，既可从对象、人员、地点、时间、方式、目的等方面加以考核（即 5W1H 原则，见表 6—55），也可以利用“动作经济原则”去对照、比较。第三阶段为新方法设计。利用取消、合并、重排、简化等手段将旧的工作方法进行改进，提出若干新的工作方法。第四阶段是对新方法进行评选，以经济、管理、心理等因素为依据，选择“最佳”的工作方法加以实施。为了保证新方法正确实施，要制定材料、设备、环境等标准，并赋予特定的工时定额。第五阶段是对前一阶段实施新方法的状况进行评估，以确定该项研究的效益。评估的内容包括产量、质量、成本、安全状况、士气等方面。

表 6—55　　5W1H 原则

why（为什么）	●为什么这项工作是必不可少的？ ●为什么这项工作要以这种方式这种顺序进行？ ●为什么为这项工作制定这些标准？ ●为什么完成这项工作需要这些投入？ ●为什么这项工作需要这种人员素质？	what	这项工作的目的何在？
		how	这项工作如何能更好地完成？
		who	何人为这项工作的恰当人选？
		where	何处开展这项工作更为恰当？
		when	何时开展这项工作更为恰当？

在具体应用时，动作研究可划分为程序分析与动作分析两大类。程序分析的出发点是整个工作程序或流程，或者说，是一种将整个生产或制造过程中所有操作、检验、储存、搬运、停放等事实用符号加以分析和依次排列，以供了解程序和达到改进目的的图示方法。根据目的不同，程序分析又可区分为操作程序图、流程程序图、流程图、联合程序图及操作者程序图等五种。操作程序图顺序描述操作与检验两个事实，一般适用于分析整个生产或制造过程；流程程序图包括操作、检验、储存、搬运和停放所有五个事实，适用于分析产品或原料的流动；将流程程序图画在按比例缩小的工作场区平面图上，则构成流程图，因此，流程图具有详细、直观的双重特点；联合程序图是将同一工作地上人的活动及其与机器的关系依时间标尺图示出来，可作为人、机剩余能力分析及人、机数匹配设计的工具；操作者程序图是一种特殊的程序分析方法，它将操作者左、右手或其他部位的动作按发生的时间顺序加以描述、记录，它能清楚地反映左、右手或其他身体部位的操作关系。

与程序分析相反，动作分析是从较微观的角度出发，通过对身体细微动作的记录、分析，达到消除无效动作及提高动作效率的目的。根据使用的精确性程度不同，动作分析可区分为目视动作分析、动素分析与影片分析三类。前两者均利用研究人员直接观测、记录、分析及改进作业动作，它们之间的唯一差异是作业所划分的基本动作单位不同；而后者则是指利用摄影机将作业动作拍成影片然后进行放映、分析，影片分析根据拍摄速度不同，可区分为微动作研究与微速度动作研究。如果所研究的动作单位较小，周期短，这时可用每秒 16 框的速度进行拍摄，这种速度下可拍摄到较为细微的动作变化，故称为细微动作研究。如果动作单位相对较大，则可以每秒一框（或每分100框）的较慢速度进行拍摄，这种拍摄速度可以节省大量的费用，但拍摄到的动作变化相对较大，故称为微速度动作研究。由早期影片分析发展而来的录像分析是当前动作分析的最重要、最精确和最实用的方法。

在动作分析时，经常需用到动作经济原则。动作经济原则是一组指导人们如何节约动作、如何提高动作效率的准则，它的目的是减少工作疲劳与缩短操作时间。动作经济原则可划分为3类，共22项。第1类是关于人体的使用，第2类是关于工作场所的布置，第3类是关于工具设备的设计。更综合地说，它可归纳为4点：

（1）同时使用两手，避免一手操作一手空闲；

（2）力求减少动作单位数，避免不必要的动作；

（3）尽可能减少动作距离，避免出现全身性活动；

（4）追求舒适的工作环境，减少动作难度，避免不合理的工作姿势或操作方式。

时间研究或时间测定技术，从其发展的角度出发，可依次划分为经验判断法、历史记录法和工作测量法三类。虽然前两类技术仍有某种程度的应用，但不可否认，第3类技术已成为目前最常用的时间测定技术。第3类技术是根据统计学原理，通过对工作细节内容进行分析、测定来确定标准工时的方法，它按特点的不同可区分为直接时间测定法、预定动作时间研究和工作抽查等类型。

（1）直接时间测定法。这是时间研究中唯一直接测定的方法，是所有工作测量法的基础，它的特点是在现场对工作直接进行划分与测定，因此有具体、客观、适合情境等优点。缺点是不能对设计中的工作进行研究，研究费用高。

（2）预定动作时间研究。预定动作时间研究以以往的时间研究资料为基础，即长期积累的时间资料综合考虑确定时间标准系统，将这种时间标准系统应用于当前的实际环境，因此，它具有可预测、费用少的特点，但精确性得不到保证。这一方法中最为常用、普遍的技术为MTM与WF。MTM是3位美国工程师H. B. 梅纳德、G. J. 斯坦杰门顿和J. L. 修瓦伯在综合了前人的研究基础上，通过对钻床工作场所的大量摄影分析发展起来的。该技术将人类操作动作划分为伸手、搬运、旋转、加压、转动、抓握、定位、放手、拆卸、眼动和身体动作等项，通过动作级别、动作距离、动作形态、克服的阻力和重量、动作类型或特点等变量的分析以及同时动作、合并动作、复合动作情境的考虑，实现时间的测定。MTM按动作的精确程度划分为MTM-1，MTM-2，MTM-3三种形式。与此不同，WF则将人类操作动作划分为运送、抓取、预对、装配、使用、拆卸、脑力过程和放手等8种，从身体的使用部位、运动距离、所要求的手工控制级别以及阻力或重量等4个变量进行考虑。

（3）工作抽查。也称工作抽样技术（work sampling），是利用统计抽查技术对作业动作进行随机、间断的观测、记录，它具有客观性强、费用少的双重特点，特别适用于对特定作业项目的时间或时间率测定。

直接时间测定法和工作抽查的测定工时均涉及工作速度评定（或称速度评比）的问题，而所有这三类方法都需确定宽放时间或宽放率。应该说，直接时间测定法、预定动作时间研究和工作抽查的使用与发展是相辅相成的。

6.10.5 全面生产维护

1. 基本概念

全面生产维护（TPM）中的全面包括以下含义：

(1) 全面致力于追求经济效益及利润；

(2) 全面维护系统包括维护预防、可维护性及预防性维护；

(3) 员工全面参与操作工作、维护工作及团队活动。

设备效率最大化的目标要求完全消除因机器操作产生的故障、缺陷、浪费及损失，TPM的目标是零停机及零缺陷，通过TPM的实施，一些公司报告停机只有原来的2%，过程缺陷减少了90%。

有六大损失会对设备效率带来负面影响：

(1) 设备故障：停机造成时间损失，使生产力降低，要加强预防维修工作，改变事后修理的思维方式，要求做到零故障停机。

(2) 设备调整：频繁的设备调整会带来损失，应尽量减少设备调整时间，追求无须调整。

(3) 闲置与小停顿：传感器缺陷，流水线产品卡住，由于生产线不平衡、换班、材料(零件) 供应不及时等原因造成短时间的生产中断或速度放慢，从而造成产能损失，对于这些问题，要通过加强现场管理水平和基础管理工作来保证。

(4) 速度减慢：即因设计运行速度与实际运行速度之间差异造成损失，速度减慢一般是由于机器的老化或维修、维护不到位造成的。

(5) 过程缺陷：设备出错造成废品及质量缺陷，过程缺陷造成设备工时损失，同时造成材料和人工浪费。

(6) 产出减少：因机器停机及启动造成产品损失。

如果能做到完全消除六大损失，会给工厂带来显著的改善。如果没有TPM，精益生产或精益生产系统根本不可能实现。

2. TPM指标

(1) 设备综合效率。设备综合效率（overall equipment efficiency，OEE）是衡量TPM的主要指标，它考虑了三个方面：设备的工作时间、性能和质量水平。用公式表示为：

设备综合效率＝时间开动率×性能开动率×合格率

时间开动率反映了设备的时间利用情况，性能开动率反映了设备性能的发挥情况，合格品率反映了设备的有效工作情况。其中，

时间开动率＝实际工作时间/计划工作时间

计划工作时间＝每班可用时间－计划停机时间

式中，停机时间主要包括计划性维护、晨会等所需时间。

实际工作时间＝计划工作时间－非计划停机时间

式中，非计划停机时间包括设备故障、产品换型、设备调整等消耗的时间。

例 6—38

若每班单班生产，每班工作 8 小时，每班可用时间为 480 分钟，其中有 15 分钟的换型时间，10 分钟的班前会时间，30 分钟的非计划设备故障。试问计划工作时间及时间开动率为多少？

计划工作时间＝每班可用时间－计划停机时间＝480－10＝470(分钟)
实际工作时间＝计划工作时间－非计划停机时间＝470－30－15＝425(分钟)
时间开动率＝425/470＝90.4％

(2) 性能开动率。性能开动率是指理论产出与实际产出的比值，它考虑两个方面：净开动率和速度运转率，用公式表示为：

性能开动率＝净开动率×速度运转率

净开动率用以测量设备稳定性、小停顿造成的损失、小问题及调试造成的损失。

净开动率＝(产量×实际节拍)/实际工作时间

速度运转率反映了设备由于老化或维护不良，达不到设计的或理论的节拍所造成的损失。

速度运转率＝理论节拍/实际节拍

仍采用前面的例子，若加工量是 300 件，实际节拍时间是每件 1 分钟，理论节拍时间是每件 40 秒，实际工作时间是 425 分钟，那净开动率、速度运转率和性能开动率是多少？

净开动率＝(300×1)/425＝70.59％
速度运转率＝40/60＝66.7％
性能开动率＝0.667×0.705 9＝47.08％

若质量合格率为 95％，设备综合效率是：

总体设备效率＝0.904×0.470 8×0.95＝40.4％

在这个例子中，设备综合效率很差，为 40.4％。TPM 奖获得者的设备综合效率一般大于 85％。理想的情况是：

- 工时利用率大于 90％；
- 性能开动率大于 95％；
- 质量合格率大于 99％。

3. 实施 TPM 的步骤

日本工厂维护研究所（JIPM）每年颁发预防性维护（PM）奖，评奖基于 TPM 的改进效果进行，包括：

- 生产效率提升；
- 质量提高；
- 成本降低；

● 库存降低；

● 事故降低或消除；

● 污染控制；

● 工作环境。

将 TPM 原理与公司实际有效结合将带来工人与设备利用率的提高，改进员工态度，提高员工技能，改变工作环境和提高员工士气。

(1) 实施步骤。要在几年时间内达到获得 TPM 奖的效果，建议实施如下 12 个步骤。

步骤 1：最高管理层公布进行 TPM 的承诺（报纸、公告）；

步骤 2：通过公司交流程序介绍 TPM（集中的教育课程）；

步骤 3：组织每个职能层面推行 TPM（以团队形式）；

步骤 4：制定 TPM 方针及目标；

步骤 5：制定详细的 TPM 主计划；

步骤 6：启动 TPM（开始实际工作）；

步骤 7：建立提高设备效率的项目团队（优化努力以达到最大成果）；

步骤 8：培养技能以制定自动维护程序（培训操作工日常维护要求）；

步骤 9：制定计划性维护程序（维护部门开始计划性维护活动）；

步骤 10：操作工及维护技能培训；

步骤 11：制定早期设备管理程序（确保通过对新设备的评估、验证及改进使其可用于生产）；

步骤 12：实施 TPM，追求完美。

(2) 开展 TPM 团队活动。团队活动，包括职能部门的跨职能活动，是 TPM 的核心，部门主管通常是团队组长，设备清洁、润滑、紧固、检查等活动就是团队活动。进行 TPM 的活动与时间都有监控。团队的发展过程分四个阶段：

● 自我发展：成员学习。

● 改进活动：完成团队改进活动。

● 问题解决：团队开始积极地选择问题进行解决。

● 自动管理：团队设定高层目标并独立管理工作。

(3) 面向可维护性与可用性的设备设计。在大部分设备故障维修或预防性维护时，设备的可维修性如何都会影响到时间、材料与费用。易于维护性就是影响这些因素的设计特征，当然对过去初始设计状态的修正也需要计划与成本。

设计可维护性的指导原则，将提高可维护性和可用性：

● 标准化：寻找配件的兼容性，减少系统中不同零件类型的数量，这会减少备件库存。

● 模块化：建立模块尺寸、形状的标准，使得装配及拆卸程序标准化。

● 功能包装：将同一内容所需的零件集中在一个包装中。

● 互换性：控制尺寸及功能性公差，这是指当插入式装置有故障零件时，备件可以随时进行互换，一个产品同时可以用在其他装置上。

● 可达性：有一定空间使操作者能够进行适当工作，所有零件都伸手可得。零件易拿到且易更换，不需要先将好的零件拆下后才能更换故障零件。

- 故障报警：当发生故障时用一定方法通知操作工，包括量规、仪表、灯光或声音。
- 问题隔离：错误能被追踪，这是所有维护工作里最耗时的，通过预防性维护程序、自带检测设备（BITE）、设计简化及人员培训，这个问题可降至最少。
- 标识：所有零件都有特定标识，并有记录修理及预防性维护的方法。

6.11 服务过程分析

因服务及其流程本身具备的一些特殊性，对服务过程的分析比对生产过程的分析略显困难。一些方法和工具可以对服务质量作定性和定量的分析，比较常见的有服务质量差距分析模型和四分图模型。

6.11.1 服务质量差距分析模型

在格朗鲁斯的感知服务质量模型基础上，帕拉苏拉曼（Parasuraman）、泽丝曼尔（Zeithaml）和贝瑞（Berry）于1985年提出了目前使用最广泛、最为经典的差距分析模型（gap analysis model），用来分析服务质量的形成过程。

1. 服务质量差距分析模型介绍

服务质量差距分析模型认为在服务质量形成过程中存在5个方面的差距，把顾客的感知服务和期望服务的差距定义为差距5，亦即服务质量，它是服务传递过程中其他4个差距的函数，受到这4个差距的大小和方向的影响，企业需通过消除这4个差距以缩小差距5，提升服务质量。图6—40所示即为服务质量差距分析模型。

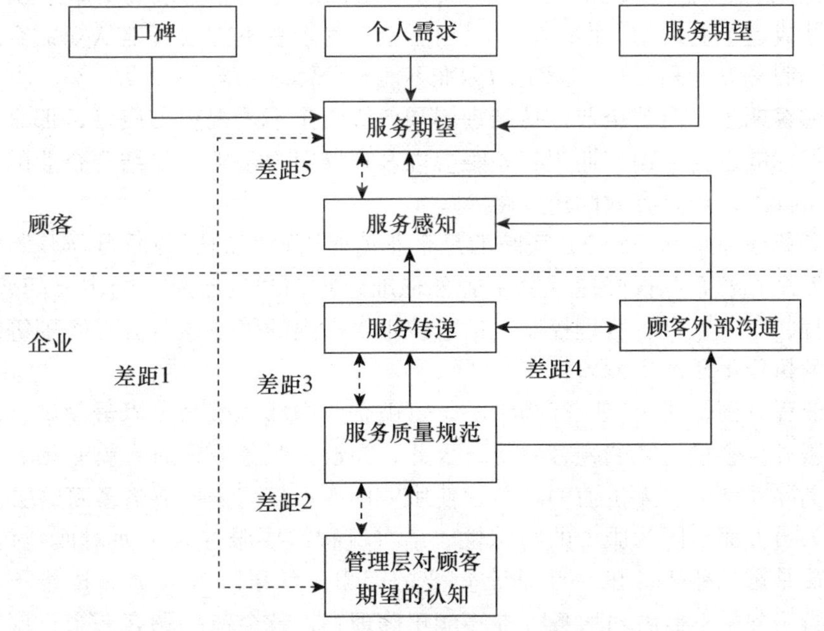

图6—40 服务质量差距分析模型

差距 1：质量感知差距。指企业管理者对顾客期望的认知与顾客期望之间的差异。

差距 2：质量标准差距。指企业管理者认知的顾客期望与企业所制定的服务标准之间的差异。

差距 3：服务传递差距。指企业提供和传递的服务质量与企业设定的服务标准之间的差异。

差距 4：市场沟通差距。指企业实际提供的质量与企业在市场宣传中承诺的质量之间的差异。

差距 5：感知服务差距。指顾客实际体验感知的服务质量与期望的服务质量之间的不一致。

2. *服务质量差距分析模型的应用*

服务质量差距分析模型揭示了服务企业与顾客之间产生的 5 种差距及其之间的关系，通过服务质量差距分析模型，可以进一步定性分析产生差距的具体原因，为改善策略提供依据。

(1) 质量感知差距（差距 1）的产生很明显是企业没有充分理解客户的期待，从而产生了认知偏差。这既说明顾客的期待在向企业管理者传递过程中可能失真，导致企业管理者获取的顾客信息往往不正确，也说明企业管理者容易犯自以为充分理解顾客需求而实际并不然的错误。

要消除这种差距，需要从两方面着手。一方面，顾客期待的产生主要来源于企业的宣传、企业形象、口碑相传、其过去的体验及个人需求等，缩小这个差距也需要继续通过营销宣传等方式影响和调节顾客感知，加大市场调研，更好地了解客户需求；另一方面，在企业内部需要建立高效的沟通机制，减少管理层级，加强管理者与员工、顾客之间的直接沟通，缩短与顾客的距离，让管理者对顾客的期望有全面正确的认知。

(2) 质量标准差距（差距 2）主要指服务质量标准与企业管理者对顾客服务期望的认知不一致。造成这个差距的原因一方面是由于企业管理者不能很好地认知顾客对服务质量的预期，影响服务设计和质量，制定的标准不能充分体现顾客的预期；另一方面，哪怕是清楚了解了顾客期望，但若企业包括管理层和各级员工不重视服务质量，那么自上而下制定的服务质量标准也会与顾客期望有差距。以客户导向为基础，并结合企业的服务能力来制定服务质量标准，可以有效缩短差距 2。

(3) 服务传递差距（差距 3）反映的是企业传递给顾客的服务质量与其制定的服务标准间存在的差距。若企业很好地克服了服务标准差距，产生差距 3 的主要问题在于执行，包括操作流程、服务人员、管理控制、信息技术等在内的服务运营流程管理等多方面都会使服务标准的执行手段产生偏差。

在操作流程方面，能否以顾客为中心，打破企业内部的壁垒，以最简洁、高效的流程为顾客提供服务，会最终影响顾客感受。因此，在设计服务流程时，就必须紧紧围绕服务质量目标，消除冗余的、无价值的环节，使服务标准不随流程环节增多而层层衰减。

在服务人员方面，因为服务的特殊性，诸多流程需要服务人员面对面地传递给顾客，因而服务人员是影响差距 3 的一个非常重要的因素。如果服务人员的技能、态度出现问题，不能执行服务标准或者对服务标准不能正确理解，就会忽略顾客需求，服务标准的传递必然会出现偏差。因此，企业需要不断努力，从员工招聘、培训、管理、激励等多个层面着手，提高员工技能和素质，调动员工积极性，提供符合甚至超越服务标准的服务。海底捞现象是一个很好的例子，其基层服务人员得到充分授权、激励和培训，极大提高了服务积极性，提供超越顾客期待的服务。

在管理控制方面，企业制定的制度和方法、质量控制政策和激励措施是否以提升服务质量为目标，是否与提升服务质量相冲突，会给服务传递过程带来很大影响。企业需要设计合理的管理制度，制定以执行和提升质量标准的控制和激励措施，可以有效地缩小差距3。

另外，信息技术在服务流程中的地位越来越重要，许多服务流程已经难以离开IT系统的支持。因此，积极应用新的科技手段，提高信息技术的应用能力，对缩小差距3将产生显著作用。

(4) 市场沟通差距（差距4）主要是企业提供的实际服务与市场宣传承诺之间的差异。该差异的产生一方面可能来自企业在市场沟通和广告宣传中的过度承诺，把顾客的期望提高到一个不现实的水平；另一方面也可能是内部沟通欠缺，使市场沟通没能真实反映实际服务能力。解决上述问题，首先需要加强服务沟通的管理，增强宣传的真实性和服务承诺的可兑现性，让顾客了解企业能做什么、不能做什么，使顾客对服务有一个合理的预期。其次需要建立服务运营和外部市场沟通的协调机制。加强营销部门与服务运营部门的沟通，在推出市场活动前考虑到服务实现的可能性，可使营销宣传中的承诺更加准确和现实。

(5) 感知服务差距（差距5）是顾客期望与实际体验到的服务质量的差距，代表了服务质量管理的最终目标，它受到多种因素的影响，特别是上述4个差距都会集中反映在差距5上。缩小差距5需要从上述4个差距着手，最终达到提供符合顾客期望的质量。

服务差距分析模型是分析服务质量的常用方法，但这种方法也有其不完善之处，特别是在接受某些专业性很强的服务时，顾客通常不清楚自己的期望是什么，因此也有学者在差距分析模型和SERVQUAL基础上提出了绩效感知服务质量模型，即SERVPERF模型。对于服务质量的其他诸多模型，本书不做进一步阐述。

6.11.2 四分图模型

四分图模型又称重要性—满意度分析方法，是一种偏于定性研究的分析方法。它首先通过调研和访谈列出企业产品和服务的绩效测量指标（或因素），顾客对每个绩效测量指标从重要度和满意度两个维度进行打分，并将这两个维度分为四个象限，将各绩效测量指标归进四个象限内，企业可按归类结果对这些绩效指标分别处理。这种方法适用于确定对顾客满意度有潜在重大影响的绩效指标，也可用来从顾客处获得服务质量改进的线索、确定质量分析和改进的优先顺序。

1. 绘制四分图

首先，可以通过头脑风暴、亲和图、需求树分解等方式确定顾客、产品及服务的绩效测量指标。其次，选择重要的顾客让他们对每个绩效测量指标从重要性和满意度两个维度进行1～5分打分，表6—56给出了分值标准。

表 6—56　　　　　　重要性—满意度分析的分值

重要性	满意度
5=很重要，必需 4=重要但不必需 3=有点重要 2=愿意得到，但不必需 1=不需要	5=大大超过期望 4=超过期望 3=正好满足 2=需提高 1=没有满足需求

接下来，再收集顾客的反馈分值，计算每项指标分值的均值或中位数。以某银行为例，它想分析哪些是影响其网点服务质量的重要因素，为此设计了一个包含 10 个因素的问卷，向 100 位目标顾客进行调查，并计算各项因素的重要性和满意度的平均值，结果如表 6—57 所示。

表 6—57　　　　　　银行网点服务重要性—满意度打分表

序号	项目	重要性	满意度
1	排队时间短	4.80	2.60
2	服务态度好	4.50	4.10
3	柜员业务熟练	4.00	3.40
4	能保护隐私	3.50	3.30
5	可满足个性化服务	3.40	2.30
6	办理速度快	3.30	3.35
7	交通方便	2.50	2.10
8	进门有人迎接指引	2.30	2.45
9	环境好	2.20	2.10
10	现场多放指示牌	2.10	3.50

最后，根据表 6—57 中的数据，把每项因素按重要性和满意度两个维度数据绘制成 4 个象限的重要性—满意度图，结果如图 6—41 所示。

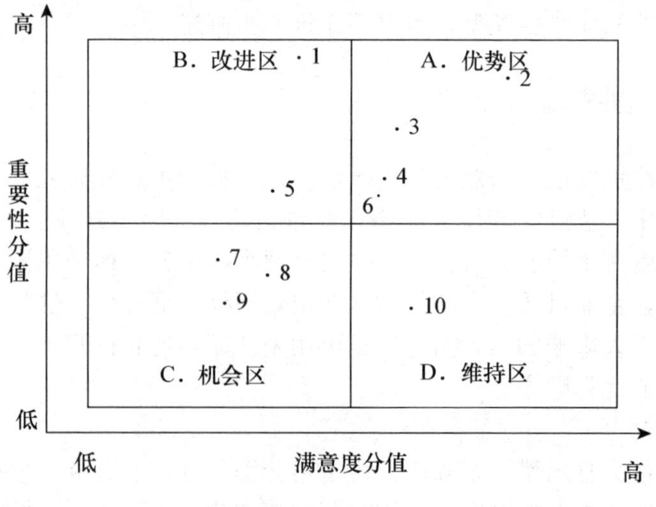

图 6—41　某银行网点服务重要性—满意度四分图

2. 四分图分析

重要性—满意度四分图模型的横轴表示顾客满意度的得分高低，纵轴表示顾客对此项因素重要性的得分高低，划分为4个象限：

(1) 象限A（高重要性、高满意度）：优势区。2，3，4，6这些因素分布在此区域，表示对顾客来说，这些是重要的关键因素，目前顾客对它们的满意度评价也较高，银行需要把这些优势因素努力保持下去，使之成为自己的优势特点。

(2) 象限B（高重要性、低满意度）：改进区。1和5这两个因素分布在此区域，表示这些因素对顾客来说是很重要的，但当前银行在这些方面的表现比较差，顾客满意度评价较低，需要重点改进，使之进入优势区。

(3) 象限C（低重要性、低满意度）：机会区。7，8，9这些因素分布在此区域，代表着这些因素对顾客来说不是最重要的，满意度评价也较低，但对银行的影响并不很大，因此不是银行现在最急需解决的问题，没有必要投入大量的精力，可以暂时将其忽略，未来作为改进机会点考虑。

(4) 象限D（低重要性、高满意度）：维持区。像10这样的因素对顾客来说不是最重要，但满意度评价较高，属次要优势。银行可以继续发挥这些因素的优势，并引导客户使之成为优势区，但其对银行当前的实际作用不大，银行不必过度投入，应该将更多的精力集中在改善其他重要指标上。

四分图模型简单明了，不需要应用太多复杂的工具和计算方式，易于掌握，便于操作，国内外企业普遍使用。

最后需要强调的是，虽然服务流程具有无形性等特点，但本质上仍具备流程特点，因此本教材中提及的关于流程的精益分析工具如浪费分析、价值流分析、流程程序分析等方法和工具仍然适合对服务流程做分析。特别是对于具体的某个服务流程来说，服务时间和效率等是非常重要的衡量指标，在这方面，精益的浪费分析和价值流程分析仍然是非常有效和实用的工具。

本章小结

分析阶段的目标或目的是收集有关现状的数据，使项目焦点更加集中在了解X和Y变量之间的关系，找出变异产生的潜在根源，减少改进阶段的变量个数，确认那些造成高风险的输入变量。其成果体现在通过假设检验、回归分析、方差分析等方法，对X变量与Y变量的关系进行统计分析，展示X与Y的因果关系图，问题产生的根本原因，对需改进的方面进行简要描述。

分析阶段需要解决的问题是：收集到的数据是否可靠？如何确认潜在原因？用什么工具收集特定的数据？哪些因素成为根本原因，或者是对问题影响最大的原因？有哪些重要的变量影响过程？已确认出哪些变量是变异的来源？如何验证这些确实是根本原因或少数关键重要变量？如何分析如此大量的数据？如何判断已经找出的原因是根本原因而不是表面现象？哪些因素需要进一步深入分析？根据什么进行这样的选择？哪些表或图能够支持你的选择？

分析阶段使用的相关工具有：过程图等图表工具；数据和过程分析、抽样技术、变异源分析、假设检验、相关和回归分析、方差分析、非参数统计等。

此外，精益生产是工业工程技术在企业中的具体应用。凡是不能直接创造出价值的一切活动、方法、行为和计划均视为浪费。精益生产的目的是彻底消除浪费，因为浪费提高了制造过程中的成本，吞噬了企业的利润。

服务过程分析的工作是通过定性和定量的分析方法，了解服务过程的能力，寻找影响服务满意度的关键因素。服务质量差距模型主要是通过对差距的分析，了解影响差距的因素，最终找到影响客户服务感知质量的主要因素。四分图模型作为一种分析服务质量的重要工具，可以根据重要性和满意度的分析，快速有效地找出服务企业的优势、改进点和维护区。

推荐阅读

1. 马逢时，周暐，刘传冰编著. 六西格玛管理统计指南（第二版）. 北京：中国人民大学出版社，2013

2. 马逢时，吴诚鸥，蔡霞编著. 基于 MINITAB 的现代实用统计（第二版）. 北京：中国人民大学出版社，2013

3. ［美］詹姆斯·A·菲茨西蒙斯，莫娜·J·菲茨西蒙斯著. 张金城，范秀成等译. 服务管理：运作、战略与信息技术. 北京：机械工业出版社，2007

4. 温碧燕. 服务质量管理. 广州：暨南大学出版社，2008

5. 苏秦. 服务质量、关系质量与顾客满意——模型、方法及应用. 北京：科学出版社，2011

第7章

改　进

通过前面三个阶段的项目工作，团队对要解决的问题以及引起该问题产生的根本原因等有了比较准确的把握，从而奠定了从根本上解决这些问题的基础。至此，项目工作进入了关键的改进阶段。

改进阶段的目标是形成针对根本原因的最佳解决方案，并且验证这些方案是有效的。一般来说，为了达到上述目的，需要完成以下方面的工作：

(1) 产生解决方案：通常这些解决方案的产生需要专业知识和对流程的认知与经验等。但是，也有一些方法和原则，将帮助绿带、黑带及其项目团队，制定出最佳解决方案。试验设计（design of experiment，DOE）是帮助团队产生最佳解决方案的强有力工具，除此之外，还有很多精益改进工具可以使用。

(2) 评价解决方案：改进方案产生后，需要对其优劣进行评价。一般将从改进方案的效果、可行性、成本投入、周期等方面，评价改进方案的优势与劣势。在许多六西格玛项目实践中，团队会产生多个改进方案，一般选用因果矩阵的评价方法，从项目综合优势上，选择出一个最好的方案加以验证实施。

当然，对改进方案的评价，不仅要从技术方法上评价，还应该考虑到这些方法的接受程度，即它们将对使用这些方法的人员（包括操作人员、管理人员等）造成什么影响，他们是否愿意接受这样的改进等。有时需要退而求其次，因为没有较高的接受程度，就不会有较好的改进效果。有时团队选用的方案不一定是技术上最佳的，而是最容易被大家接受的。

(3) 完成改进方案的风险评估：一个改进方案的实施是否会给顾客以及流程带来其他问题？这是每一个黑带和项目团队需要把握的问题。一个好的改进方案，是不能够以给顾客或企业带来较高的风险为代价的。评价改进方案的风险，并且对高风险项加以有效控制，是改进阶段项目团队必须完成的一项工作。对改进方案进行风险评估的方法比较多，但最常用的是使用 FMEA 方法。本书第 9 章会比较详细地介绍 FMEA 方法，这里不再赘述，但需要强调的是，对改进方案进行风险分析是非常必要的。而改进方案的 FMEA 结果，也将是控制阶段产生控制计划的必要基础。

(4) 改进方案有效性的验证：任何改进方案均需要验证其有效性，才能最终确认为团队将采取的方案。而其有效性必须通过量化结果加以证明。这些量化结果包括：通过对样本的测量和统计分析得到的改进方案实施效果的数据以及做出推断的置信程度；改进后缺陷率降低的情况或者改进后过程能力的评估数据等。

(5) 改进方案的实施：产生的最佳的解决方案需要实施，而在实施时要考虑如何实施以及由谁实施、实施进度、全面推广还是局部实验、纠正措施等问题，以便能够使方案有效实施，并产生好的结果。

本章首先在7.1节中讲述一些常用的创造性思维方法，创造性思维方法是突破传统思维模式，对遇到的难题进行计划、设计和改进的系统性问题解决方法。试验设计是产生解决方案的强有力工具，本章将分节详细介绍各种试验设计的方法，如因子试验设计（包括全因子试验设计及部分实施因子试验设计）、响应曲面设计和混料设计。此外，本章将在7.9节介绍用于产生解决方案的常用精益改进工具，7.10节将对约束理论进行简单的介绍。最后，将对解决方案的评价、验证的常用方法和实施时应注意的问题进行说明。

7.1 创造性思维方法

创造性思维方法激发的构思或创意越多，获得高质量的问题解决方案的可能性就越大，它是提出有效改进方案的一个强有力的工具。它帮助你预期自己需要达到的目标，并使之顺利实现。创造性思维是一种理性的思维方式，是在实践的基础上发展的，是对问题在原有的知识、经验的基础上以全新的、独创性的、新颖的方式进行的一种高水平的复杂思维活动。创造性思维有别于一般思维，主要表现在思维形式的反常性、思维过程的辩证性、思维成果的独特性和新颖性及思维主体的能动性。只有采用正确的思维方法，才可以获得成功、有效的方案。创造性思维方法主要包括下面的头脑风暴法＋亲和图法、发散性思维、随机词汇、六顶帽子思考法、五个为什么等，创造性思维方法是提出有效改进方案的一种工具，除此之外，提出有效改进方案的方法还包括横向比较、借鉴其他项目、试验设计、FMEA、防错技术、通过查找根本原因确定改进方案、变异源分析等。下面我们将重点讲述几种常用的创造性思维方法。

1. 头脑风暴法＋亲和图法

美国学者阿历克斯·奥斯本于1938年首次提出头脑风暴法。头脑风暴法的主要作用就是收集创意，在改进阶段主要是产生有效的改进方案。头脑风暴就是让与会者相互交流，进行智力碰撞，产生智慧火花，使与会者的讨论不断地集中、精化。在进行头脑风暴的过程中，所追求的就是更多的创造性构思。头脑风暴法的核心在于创造一种自由奔放的思考环境，诱发创造性思维的共振和连锁反应，产生更多的方案。

头脑风暴法的参与人数以5～10为宜，一般以会议的形式，设有一名主持人，负责主持会议，不参与提出创造性的意见。为了使头脑风暴会议的效率较高，效果较好，可在会前做一点准备工作。如收集一些资料预先发给大家参考，以便与会者了解与议题有关的背景材料和外界动态。头脑风暴法追求方案数量，越多越好，同时主张与会者独立思考、自由畅谈。过程中严禁评判，提倡在别人创意的基础上提出更好的创意。头脑风暴法一般划分为三个阶段：第一阶段关注小组创造出的方案的数量；第二阶段是审视这些方案，删除与实现目标无关的方案；第三阶段主要是对筛选出来的方案进行进一步的审视，并根据小组意见，对它们进行优先排序。

头脑风暴法强调集体思维，使信息分散在不同的人员之间，有利于以后方案的实施，使方案更容易被大家接受。

在第3章六西格玛项目管理工具中我们已经讲述了亲和图，亲和图主要用于归纳思想，认识事物。在改进阶段主要用于在头脑风暴法之后，对罗列的方案进行组织。有两种方式作亲和图：先创建分类，然后将方案分类组合；先将所有的方案按相似性分组，在组合完成后给分组命名，从而得到改进方案的亲和图。

2. 发散性思维

发散性思维，又称扩散性思维、辐射性思维、求异思维，是把问题的“点”引向“面”的思维，是围绕一个问题向不同方向、角度、全面扩散的思维方法，是对问题寻求多种解决方案的思维。其特点是限定条件，而不限定结果。它的核心是对信息尽量产生多个发散点，在改进过程中它的核心则是尽量产生多个解决方案。

通过发散性思维，可以活跃人的思路，使人的思维敏捷，在探究问题的过程中，能提出大量可供选择的方案、办法或建议，特别是能提出一些别出心裁、出人意料的新鲜方案，使问题奇迹般地得到解决，这些方案的提出有可能使人的思维方式得到改变，使问题的假设受到一定的挑战。

3. 五个为什么

五个为什么是一种通过持续提问“为什么会发生这种问题”来逐步揭示问题深层次原因的方法，如图7—1所示。

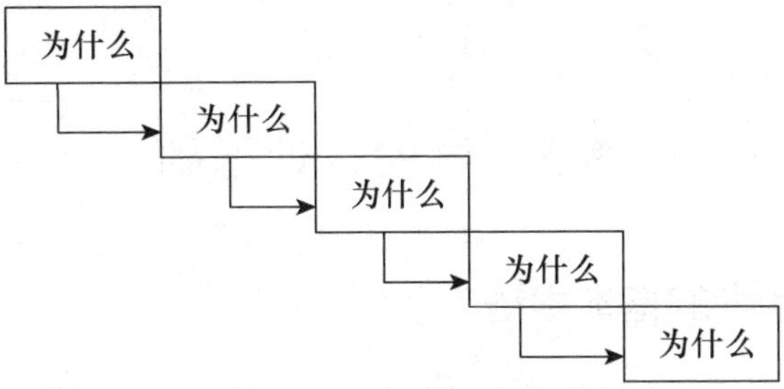

图7—1　五个为什么

一般情况下，通过五个甚至五个以内的为什么的分析，就可以发现问题产生的深层次原因，从而有利于我们提出有效的解决方案。

4. 六顶帽子思考法

六顶帽子思考法是英国学者爱德华·德·波诺（Edward de Bono）博士开发的一种思维训练模式，或者说是一个全面思考问题的模型。在面临挑战性的重大决策时，这个方式可以帮助人们进行创造性的思考。这个技巧所依据的观点认为，存在六种不同的思维类型，每一种都与某种颜色相联系。下面我们着重介绍这六种思维类型。

蓝帽子表示组织安排。我们的进展如何？现在应使用哪种颜色的帽子？接下来应该做什么？

白帽子表示信息和数据。我们现在有什么数据信息？需要什么信息？还缺少什么信息？该如何获取信息？

红帽子表示直觉、感觉、情绪以及基于直觉的想法。我们只需即时说出自己的想法、自己的感觉是什么，不需要考虑太多。

黑帽子表示谨慎、判别、系统的思考。这是不是真的？是不是可行？会不会成功？存在哪些缺陷？

黄帽子表示向好的方向进行思考。实施这种方案有什么好处？谁会得到好处？好处来自何处？这种方案为什么可以做？为什么会成功？

绿帽子表示异见、新意、创新。有没有其他解决方案？

虽然六种帽子代表了六种思维方式，不同人思维方式可能不同，但是我们在进行讨论时，六种帽子每个人都应该尽量试戴，从而全面地来看待问题，这有利于产生最佳的效果。

值得一提的是，除上述创新性思维方法，还有一些其他创新性解决问题的工具或思考模式。创新性地解决企业的问题，不仅需要恰当的工具，更重要的是需要创新文化的支撑，企业没有创新的文化氛围，创新性的工具就不可能得到有效应用。如最简单的工具——头脑风暴法，如果一个企业的员工在思考问题时瞻前顾后，害怕得罪其他部门的领导或同事，那就不可能产生创新性的思想。实施六西格玛管理本身就是帮助企业建立一种管理和技术创新的文化。当然，创新本身是一个很复杂的过程，不可能一帆风顺，企业高层领导应该容忍失败、承担风险。

除了定性的创新思维方法，一些定量的技术也可以用于复杂问题的解决，尤其是过程的输入和输出关系非常复杂，需要通过试验设计技术揭示过程的输入（X）是如何影响输出（Y）的。

7.2 试验设计基础

7.2.1 试验设计中的基本术语

实际问题都是复杂的，任何数学模型都只是它的某种抽象概括，试验设计也不例外。我们先给出一些有关试验设计的简单基本概念的描述，稍后将给出更深入的概念的定义。

1. 因子：可控因子与非可控因子

将过程模型简化为图 7—2，其中 Y_1，Y_2，…，$Y s$是我们关心的输出变量，称为响应变量（response）或指标。一般情况下，需要考虑多方面的指标，但在本书的试验设计中，我们只考虑单个响应变量的情况。如果问题中确实要同时考虑多项指标，会使问题变得非常复杂，我们常常也是设法将之转化为单指标的情形来处理。我们将影响响应变量的那些变量称为试验问题中的因子（factor）。我们假定，X_1，X_2，…，X_k是人们在试验中可以加以控制的因子（称可控因子，control factor），它们是输入变量，是影响过程最终结果的。这些变量可以是连续型的（通常是这样），也可以是离散型的。影响过程及结果的变量除了这些可控因子还可能包含一些可以记录但不可控制的非可控因子（uncontrol factor）：U_1，U_2，…，U_m，它们通常包括环境状况、操作员、材料批次等。这些变量可能取连续值，也可能只取离散值。对于这些变量，我们通常很难将它们控制在某个精确值上，实际问题中它们确实也可能取不同的值。我们把这些非可控因子称为噪声因子（noise factor），因为常把它们当作误差来处理。

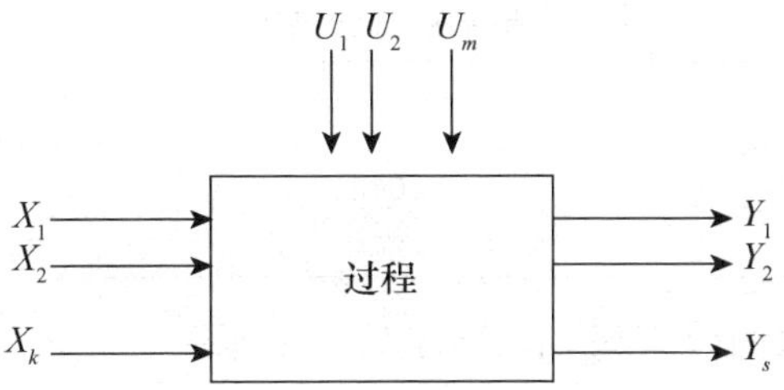

图 7—2 过程模型示意图

2. 水平及处理

为了研究因子对响应的影响，需要用到因子的两个或更多个不同的取值，这些取值称为因子的水平或设置（setting）。各因子皆选定了各自的水平后，其组合称为处理（treatment）。一个处理的含义是：按照设定的因子的水平组合，我们就能进行一次试验，可以获得一次响应变量的观测值，因此处理也可以称为一次试验（trail 或 experimental run），也简称为一次运行（run）。

3. 试验单元与试验环境

对象、材料或制品等载体，处理（即试验）应用其上的最小单位称为试验单元（experiment unit）。例如，按因子组合规定的工艺条件所生产的一件（或一批）产品，接受治疗的一个病人等。

以已知或未知的方式影响试验结果的周围条件，称为试验环境（experimental environment），通常包括温度、湿度、电压等。

4. 模型与误差

考虑到影响响应变量 Y 的可控因子是 X_1，X_2，…，X_k，在试验设计中建立的数学模型是：

$$Y=f(X_1,X_2,\cdots,X_k)+\varepsilon$$

式中，Y 是响应变量；X_1，X_2，…，X_k 是可控因子；f 是某个确定的函数关系。本式中的误差 ε 除了包含非可控因子（或噪声）所造成的试验误差（experimental error），它还可能包含失拟误差（lack of fit）。这里，失拟误差是指我们所采用的模型函数 f 与真实函数间的差异。试验误差与失拟误差这两种误差性质是不同的，分析时也要分别处理。有时为了简化，常假定函数关系 f 是准确的，从而可以忽略失拟误差。从上述概念中还可以看到，试验误差本身包含测量误差。为了不使测量误差影响分析结果，通常要在试验进行前，先进行测量系统分析，只有测量误差满足了对测量系统的最低要求后，试验才能开始进行。有关测量系统的分析在第 5 章中已作了细致的讨论。

5. 主效应和交互效应

我们曾在第 6 章讨论了交互作用的概念。下面再举一个最简单的因子设计来说明主效应和交互效应的计算。

在农田试验中，考虑两个因子，每个因子皆二水平。A：浇水。低水平：水少；高水平：水多。B：施肥。低水平：肥少；高水平：肥多。以产量 Y 为响应变量（单位：千克），列表 7—1。

表 7—1　　可加模型数据表

B \ A	水少	水多
肥少	100	120
肥多	130	150

如何分析因子 A 浇水的效应呢？由于 A 处于低水平的情况（不考虑因子 B），得到的产量的平均值是 (100+130)/2=115 千克，A 处于高水平的情况（不考虑因子 B），得到的产量的平均值是（120+150)/2=135 千克，产量由 115 千克提高到 135 千克完全是因子 A 的作用，这时，我们称因子 A 的主效应（main effect）为 135－115=20 千克。

A 的主效应=A 处于高水平时 Y 的平均值－A 处于低水平时 Y 的平均值

同样可以算出：

因子 B 的主效应=[(130+150)/2－(100+120)/2]=140－110=30(千克)

不但如此，我们还发现，当 B 处于高水平时，因子 A 的效应为 150－130=20 千克，当 B 处于低水平时，因子 A 的效应为 120－100=20 千克，二者完全相同。如果以因子 A 为横轴，以响应变量（产量）为纵轴作图（见图 7—3），可以看出两条线是平行的。

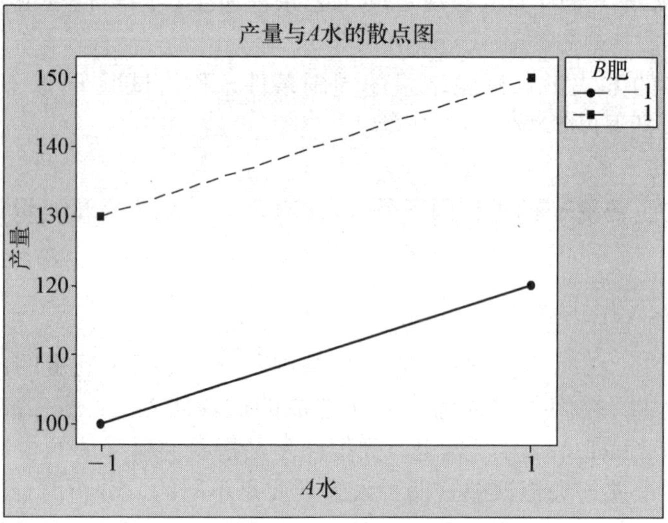

图 7—3　无交互作用时的效应图

数据换成另一组（见表 7—2)：

表 7—2　　有交互作用的数据表

B \ A	水少	水多
肥少	100	120
肥多	130	170

由于 A 处于低水平的情况时产量的平均值是 (100+130)/2=115 千克，A 处于高水平的情况时产量的平均值是 (120+170)/2=145 千克，我们称因子 A 的主效应为 145－115=30 千克。同样可以算出：

因子 B 的主效应$=[(130+170)/2-(100+120)/2]=150-110=40$(千克)

我们发现：当 B 处于高水平时，因子 A 的效应为 $170-130=40$ 千克，当 B 处于低水平时，因子 A 的效应为 $120-100=20$ 千克，二者大不相同。仍以因子 A 为横轴，以响应变量（产量）为纵轴作图（见图 7—4），可以看出，两条线是不平行的。

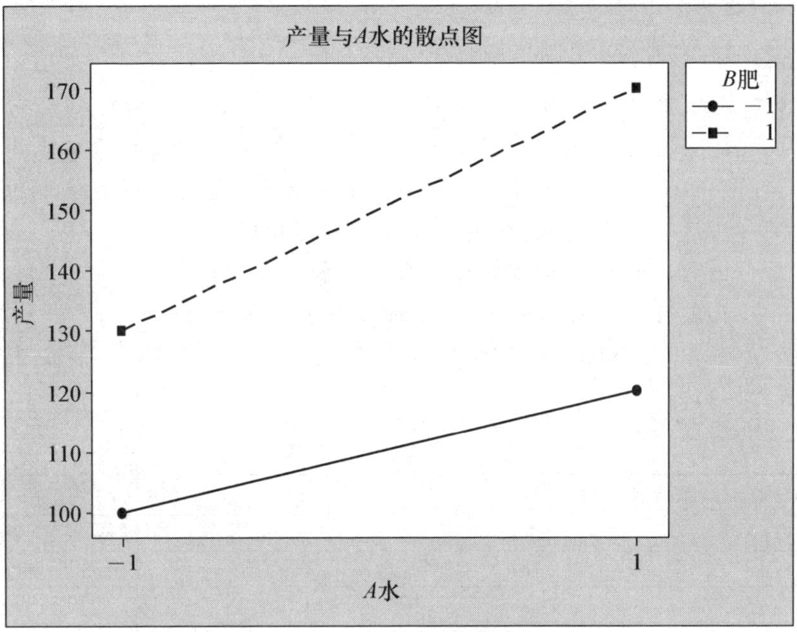

图 7—4　有交互作用时的效应图

我们定义两因子间有交互作用为：如果因子 A 的效应依赖于因子 B 所处的水平，则称 A 与 B 之间有交互作用（interaction）。

显然，在前组数据中，因子 A 与因子 B 没有交互作用。在后组数据中，因子 A 与因子 B 是有交互作用的。那么，如何度量交互作用的大小呢？如果没有交互作用，当因子 B 处于不同水平时，因子 A 的效应是固定不变的，因此我们要考虑的定义交互作用的出发点就是，当因子 B 处于不同水平时，因子 A 的效应到底差了多少。因此，我们定义交互效应（interaction effect）为下式：

AB 交互效应=(B 处于高水平时 A 的效应$-B$ 处于低水平时 A 的效应)/2

在后组数据中，AB 交互效应$=[(170-130)-(120-100)]/2=10$ 千克。同样，交换 AB 的顺序，可以得到公式：

BA 交互效应=(A 处于高水平时 B 的效应$-A$ 处于低水平时 B 的效应)/2

BA 交互效应$=[(170-120)-(130-100)]/2=10$ 千克，显然二者是相同的。以后我们不再区分 AB 或 BA。另外，我们还可以得到变形的公式：

AB 交互效应=[(A 高 B 高$+A$ 低 B 低)$-$(A 高 B 低$+A$ 低 B 高)]/2

用本例数据代入，即为 AB 交互效应$=[(170+100)-(130+120)]/2=10$ 千克。此公式可以帮助我们理解在后面讲到的从正交表中直接分析交互效应的计算公式。

需要注意的是，如果两个因子间存在显著的交互作用，就不能只用主效应大小来作为该因子是否重要的判断依据。有时一个因子主效应很小，只要某个包含它的交互作用效应显著，则这个因子就是重要的，就应予以保留。

6. 试验设计示例

为了说明试验设计有关概念，我们先研究一个简单的例子。

例 7—1

在提高合成氨纯度（%）的工艺研究中，发现有 3 个因子很重要，它们是：因子 A：温度；因子 B：压力；因子 C：反应时间。对每个因子都设定了高低两个水平。我们希望考察这 3 个因子中，哪些因子效应及交互效应是显著的。其具体取值如下：

因子 A—— 温度，低水平取 460℃，高水平取 500℃

因子 B—— 压力，低水平取 250 大气压，高水平取 270 大气压

因子 C—— 反应时间，低水平取 20 分钟，高水平取 30 分钟

如何安排试验呢？3 个因子按二水平全面搭配应该有 8 种组合。我们先看下面这张正交表（见表 7—3）：

表 7—3　　三因子正交试验代码表

	A	B	C
1	−1	−1	−1
2	1	−1	−1
3	−1	1	−1
4	1	1	−1
5	−1	−1	1
6	1	−1	1
7	−1	1	1
8	1	1	1

我们将按照此表来安排试验，具体是这样进行的：凡表中列为−1 者，试验时取低水平，凡表中列为 1 者，试验时取高水平，这样可以进行 8 次试验。

之所以称这张表为正交表（orthogonal array），是因为它有两个特点：

（1）任一列中正负号出现次数各占一半，即在试验中，每个因子取低水平、高水平次数相同，称为试验的平衡性。

（2）任两列中，＋＋，＋－，－＋，－－四种搭配出现的次数都是相等的。搭配出现次数都相等这种性质，用数学上的方法来表示，那就是两列间的乘积的和为 0，即代数上说的两列正交。这种正交性将导致对于试验结果的分析有均衡分散、整齐可比的特点，因而具有很多优良性质，而且很容易计算出相应的回归方程。这种试验设计方法常称为正交试验设计法（orthogonal experimental design）。

在本例中，3 个因子的水平都取定后，就可以用它们的组合条件来进行试验了。例如，第 1 号试验条件是 3 个因子皆取低水平，温度取 460℃，压力取 250 大气压，时间取 20 分钟，生产一反应罐合成氨，从中取一个样品，化验出它的纯度 Y_1（%）。依此类推，总计可以得到 8 个纯度，Y_1，Y_2，…，Y_8。这里的试验单元就是化学反应中使用的

“罐”，我们要分析的是 3 个因子的主效应和交互效应。

把正交试验的代码表列在表中的 2，3，4 列，分别记为 Ac，Bc，和 Cc，把各因子所取的真实值列在紧接着的 3 列中，将 8 次试验结果获得的纯度 Y（%）记录在最后一列，数据如表 7—4 所示。

表 7—4　　三因子正交试验结果表

	Ac	Bc	Cc	A	B	C	Y
1	−1	−1	−1	460	250	20	94.53
2	1	−1	−1	500	250	20	97.17
3	−1	1	−1	460	270	20	93.84
4	1	1	−1	500	270	20	95.85
5	−1	−1	1	460	250	30	94.59
6	1	−1	1	500	250	30	97.50
7	−1	1	1	460	270	30	94.17
8	1	1	1	500	270	30	96.54
$M-$	377.13	383.79	381.39				764.19
$M+$	387.06	380.40	382.80				95.52
效应	2.482 5	−0.8475	0.352 5				

从此表中很容易得到各因子的主效应。首先讨论因子 A，将 Ac 这列中对应−1 的各次试验（即第 1，3，5，7 各次）响应变量 Y 的总和计算出来，填入 $M-$行（本例，$M-=94.53+93.84+94.59+94.17=377.13$）。同样将 Ac 这列中对应+1 的各次试验（即第 2，4，6，8 各次）响应变量 Y 的总和计算出来，填入 $M+$行（本例，$M+=97.17+95.85+97.50+96.54=387.06$）。因此，可以得到，在 A 处于高水平时的平均值为 $387.06/4=96.765$，在 A 处于低水平时的平均值为 $377.13/4=94.282\,5$，因而得知，因子 A 的主效应是 $\text{Effect}(A)=96.765-94.282\,5=2.482\,5$。同样方法可得，$\text{Effect}(B)=-0.847\,5$，$\text{Effect}(C)=0.352\,5$。

具体的分析方法，我们将在 7.3 节中更详细地给出，这里不再讨论。

7.2.2　试验设计的基本原则

有三个基本原则在试验设计中必须考虑：重复试验（replication）、随机化（randomization）和区组化（blocking）。

所谓重复试验，是指一个处理施于多个试验单元。这些单元是我们在统计推断中一个处理所形成的总体的代表，它使我们可以估计试验误差的大小。通常的显著性检验都是就不同处理间形成的差别与随机误差相比较，只有当处理间这种差别比随机误差显著大时，我们才说处理间的差别是显著的。没有随机误差就无法进行任何统计推断，因此在试验设计中安排重复试验是必不可少的。需要注意的是：我们一定要进行不同单元的重复（replicate），而不能仅进行同单元的重复。换言之，我们一定要重新做试验即重复试验，而不能仅是重复观测或重复取样。比如在上例中，我们一定要用同样的工艺条件生产两罐或多罐合成氨，而不能只是从同罐合成氨中分次取不同的样品来测试纯度。显然，同罐合成氨中分次取不同的样品所测试出的纯度间差异要小，而不同罐合成氨中取不同的样品来测试的纯度间差异要大。以同单元重复得到的差异来估计随机误差将会低估试验误差，所得的结论就都是不可信的。我们在试验中一定要包含真正的重复。

随机化是第二个原则。随机化的含义是以完全随机的方式安排各次试验的顺序或所用试验单元。这样做的目的是防止那些试验者未知的但可能会对响应变量产生的某种系统的影响。在例 7—1 中，假使我们在同一天内进行的 8 次试验之顺序就按照表上所列顺序进行，会有什么问题呢？如果当天的电压有一种由高向低变化的趋势，而恰好电压的降低将导致纯度的降低，那么很明显，前 4 次试验是在电压较高的情况下进行的，后 4 次试验是在电压较低的情况下进行的，如果后 4 次纯度明显低于前 4 次，而前 4 次试验恰好是因子 C（反应时间）处于低水平（20 分钟）时进行的，而后 4 次试验恰好是因子 C（反应时间）处于高水平（30 分钟）时进行的，那么后 4 次平均值变低，究竟是因子 C 的作用还是电压的作用，是无论如何也分辨不清的。如果将这 8 次试验顺序完全打乱，就不会再出现上述问题了。随机化并没有减少试验误差本身，但随机化可以防止未知的但可能会对响应变量产生某种系统影响的误差出现。

区组化是第三个原则。各试验单元间难免会有某些差异，如果我们能按某种方式把它们分成组，而每组内可以保证差异较小，即它们具有同质齐性（homogeneous），则我们可以在很大程度上消除由于较大试验误差所带来的分析上的不利影响。一组同质齐性的试验单元称为一个区组（block），将全部试验单元划分为若干区组的方法称为分区组或区组化。通过在同一个区组内比较处理间的差异，就可以使区组效应在各处理效应的比较中得以消除，从而使对整个试验的分析更为有效。例如，假定在上（下）午时段内差异不大，而上下午差异可能较大，那我们就把上午、下午当作两个区组。这时在分析中就可以去除上下午间的差异的影响，或尽可能把试验全都安排在上午（或下午）进行。如果分区组有效，则这种方法在分析时，可以将区组与区组间的差异分离出来，这样就能大大减少可能存在的未知变量的系统影响，这就是分区组的好处。当然，在区组内还应该用随机化的方法进行试验顺序及试验单元分配的安排。什么时候用分区组，什么时候用随机化呢？我们在试验的设计中应遵照下列原则：能分区组者则分区组，不能分区组者则随机化（Block what you can and randomize what you cannot）。

7.2.3 试验设计的必要性

人类在认识自然界的过程中，持续地进行着多方面的探索。试验是构成学习过程（learning process）的一个要素。通过试验的学习是一种综合了人们的期望、需要、知识和资源的复杂过程。在试验的统计设计方法开始形成的 20 世纪 20 年代以前，科技工作者在试验中走了不少弯路。

世界最著名的发明家爱迪生一生艰苦奋斗，经历了无数次的失败之后，为人类发明了许多重要科技产品。他的座右铭是“天才靠的是百分之一的灵感和百分之九十九的汗水”。他的助手特勒撒（Nicola Telsa）于爱迪生去世后第二天在 1931 年 10 月 19 日的《纽约时报》发表纪念评论写道：“如果在爱迪生工作的黑屋中能有一支蜡烛照亮他前进的方向的话，以他蜜蜂般的勤奋，他将会获得远比他已发明的东西多得多的成果”。“我非常同情地观察到他的工作状况，但凡有一点点理论和计算能帮助他的话，将节省他百分之九十的精力”。爱迪生是靠苦干拼出来的，他是在边试验边分析后确定下次试验该怎么做的。这种方法速度太慢，而且只能从已经得到的偶然出现的好结果出发，摸索着前进，无法形成理论上的知识，无法预测何处将有更好的成果。这种凭直观猜测逐步探索的方法已经无法适应当代快速发展的需求了。

另一种在多因子分析试验中常用的方法是单因子变化法或称一次一因子法（one-factor-at-one-time）。其做法是：多个因子中，每个因子依次改变，而其他因子则保持在固定或选定的水平上。这样做肯定能比全面搭配所需要的试验次数少，但它有许多缺点：与统计试验设计方法相比，要达到同样的效应估计的精度，它需要更多的试验次数；它不能估计某些交互效应；它不能在试验区域内进行系统而全面的搜索，因而它的分析结论缺乏普遍性；它最后的结论对于固定因子的初始值的选定太敏感，因而可能错过最优的因子设置。这一方法现已弃之不用。

我们将全部因子全部水平的全部搭配都进行至少一次试验的安排方法称为全因子试验设计（full factorial design）。这是人们容易想到的一个方法，而且可以获得相当多的信息。但是，是否可以永远使用全因子试验法呢？答案是否定的，因为这样做的试验次数太多，人们无法接受。如果有 8 个因子，每个因子只取二水平，那么全因子试验要 $2^8=256$ 次；每个因子取三水平，那么全因子试验要 $3^8=6\ 561$ 次。这在实际工作中是办不到的，只能从中选择一部分来进行。那么怎样来选择条件呢？我们要寻求好的设计，就是要用最少的试验次数，获得尽可能多的信息，这就需要运用统计分析工具。如果不使用统计分析工具，即使是用全因子试验法，在拿到试验结果后，也只是从中挑选那个最优值就结束，就浪费了大量的有用信息。试验设计的统计分析方法不但能从试验结果中找到最优值，而且可以判明哪些因子影响显著，哪些因子影响不显著，还可以得到有关的变化规律，预测将要达到的最佳值是多少和这个最佳值将在什么范围内波动，而这个最佳值可能根本未在我们的选定条件中试验过，这些就是统计分析方法的威力。

7.2.4 试验设计的类型

根据不同的研究内容，可以对试验设计进行多种方法的分类。

根据试验的因子个数，可以分为单因子和多因子。根据试验的目的，可以分为因子设计和回归设计。在不考虑区组的设计中，常用的有完全随机化设计（complete randomized design）；在考虑区组的设计中，常用的有配对比较设计（paired comparison design）、随机区组设计（randomized block design）、平衡不完全区组设计（balanced incomplete block design）、部分平衡不完全区组设计（partial balanced incomplete block design）等。根据因子效应是固定效应还是随机效应可以分为两大类。在固定效应中，又可以分为单向分类（one-way layout）、双向分类（two-way layout）、多向分类（multi-way layout）。在随机效应中，主要是应用嵌套设计（nested design）或称方差分量模型（variance component modeling）。这些试验设计用到的理论和方法都比较复杂，工程师用得较少。除了单因子的单向分类试验设计将在 7.3 节介绍，其他的内容本书不再介绍。

根据试验目的不同可分为两大类：因子设计及回归设计。本章开始的叙述中已经说明，我们进行试验有两个基本目的：一是明确哪些自变量 X 显著地影响着 Y；二是找出 Y 与 X 间的关系式，从而进一步找出自变量 X 取什么值时将会使 Y 达到最佳值。第一种试验的目的是确定在相当多的自变量中，哪些自变量 X 并不显著地影响着 Y，应予以删除；哪些自变量 X 显著地影响着 Y，应予以保留；我们称其为因子筛选设计（screening design)。由于这种试验的目的是针对因子的，因此这种试验设计属于因子设计（factorial design）或称析因设计或因析设计。第二种试验的目的是确定 Y 与 X 间的关系式，找出 Y 对于 X 的回归方程。由于这种试验的目的是针对回归关系的，这种试验设计称为回归设计（regression design）。

当然，这两类设计也有相通之处：一方面，筛选因子的方法其实也是先建立一个 Y 与 X 间的简单的线性回归方程，然后根据各项系数的显著性来筛选的（详细叙述参见回归分析）。这里要注意的是，我们在试验设计中所说的线性，已经与通常数学概念中的线性有所不同：在试验设计中说的线性指的是在回归方程中除了可以包含各自变量的一次项，还允许包含有两个或多个自变量的乘积项，例如可以含有 x_1x_2，$x_1x_2x_3$ 等，而通常的数学概念中的线性是不允许包含这些项的。在建立了线性回归方程后，除了可以判断变量是否显著，对于求最大值或最小值的问题也可以求出最佳值，以及达到此最佳值的自变量的最佳设置，这在实际工作中也常常是有用的。总之，筛选变量也是通过建立回归方程来实现的。另一方面，建立了回归方程，特别是建立了含平方项的响应曲面方程后，也可以在方程中判断是否有效应不显著的因子，可以删除它们，达到筛选因子的目的。因此，因子设计和回归设计间确有相通之处：它们都要建立回归方程。但因子设计只要线性的，而这里的回归设计指的是二阶的。总的说来，筛选的要求是较粗糙的，试验次数较少；建立回归曲面方程的要求就细致多了，试验次数要大增。在因子设计中，又可以按因子水平的个数分为二水平因子设计、三水平因子设计和混合水平因子设计几类。试验实践证明：在因子设计中，使用二水平正交试验法，再加若干中心点的设计方法最简单有效，因此本书只介绍二水平试验设计。再细分，又有全因子试验设计和部分因子设计（fractional factorial design）两大类，我们将在本章的 7.4 和 7.5 两节中分别加以介绍。对于回归设计，我们也以建立二次回归方程为主要工具，介绍响应曲面方法（response surface methodology，RSM），这部分内容将在 7.6 节详细介绍。

另一类很重要的试验是寻求系统的稳健性。所谓稳健性，是指系统的抗干扰能力要强，即当系统受到难以控制的因子（或称为噪声）的严重影响时，系统输出的变异性（variation）要足够小。为做到这一点，我们尽量选择那些使系统对噪声变化不敏感的控制因子的某种水平的组合来达到目的，这就是稳健参数设计（robust parameter design）。在国内，这类设计通常称为田口参数设计方法。它在六西格玛设计中是非常重要的技术，这类问题在六西格玛改进工作中也是有重要意义的，我们将在 9.4 节介绍。

如果讨论的是配方问题，例如在橡胶、造纸、药品生产等行业中，我们研究的是在整个产品中各个分量所占的比率问题，显然，这些比率的总和应该为 100%。研究这类问题的试验设计称为混料设计（mixture design），我们将在 7.7 节中简要介绍。

有时，现有的生产条件已基本上满足要求，但是我们希望获得更好的结果，这时可以在原有生产条件的基础上稍加调整来寻求解决，这就是调优运算（evolutionary operation，EVOP），这部分内容将在 7.8 节简单介绍。

7.2.5 试验设计的策划与安排

人类认识自然界的过程是个循序渐进的过程。一般是这样的：先根据已有的知识提出某种设想，设计一个试验去验证或否定它，从试验中获得的数据帮助人们验证或修正初始的设想，然后又提出一个更新更深入的设想，再设计新的试验。这个反复的过程会一直持续下去，直到形成了较为完整的理论结果。我们进行试验也是一个学习过程，不可能一蹴而就。我们不要企图“毕其功于一役”，进行一次试验就结束战斗。一般地说，试验要进行好几批，一般采用下面几个步骤。

1. 用部分因子试验设计进行因子的筛选

最开始，情况不很清楚，考虑到影响响应变量的因子个数可能较多（大于或等于 5 ），这时应在较大的试验范围内，先进行因子的筛选（screening)，通常应使用部分因子试验设计，这样获得的结果可能较为粗糙，但试验次数可以大大减少，筛选的目的能够达到就行了。如果认为部分因子试验设计的费用仍然太昂贵，则可以使用试验次数更少的 Plackett-Burman 设计方法（详细内容见 7.5.4）来筛选因子。

2. 用全因子试验设计对因子效应和交互作用进行全面的分析

当因子的个数被筛选到少于等于 5 个之后，我们可以进一步在稍小范围内进行全因子试验设计以获得全部因子效应和交互作用的准确信息，进一步筛选因子直到因子个数不超过 3 个。

3. 用响应曲面方法确定回归关系并求出最优设置

当因子个数不超过 3 个时，我们就有条件采用更细致的响应曲面设计分析方法，在包含最优点的一个较小区域内，对响应变量拟合一个二次方程，从而得到试验区域内的最优点。

以上所说的当然是典型的步骤，在实际工作中，可能跳过某个环节，也可能在某个步骤上反复进行好几次。总之，要不断地筛选因子，不断调整试验的范围和因子水平的选择，经过几轮试验后才能最终达到试验的总目标。

7.2.6 试验设计的基本步骤

粗略地说，试验的计划与实施应该包含计划、实施及分析三阶段。

1. 计划阶段

这里又可以分为下面几个步骤：

(1) 阐述目标。所有团队成员都要投入讨论，明确目标及要求。究竟是为了筛选因子还是为了找寻关系式，最终要达到什么要求。

(2) 选择响应变量。在一个试验中若有多种响应，则要选择起关键作用的。能用连续型指标做度量的响应变量远比只有二元响应（成、败）好得多。

(3) 选择因子及水平。用流程图及因果图或鱼骨图先列出所有可能对响应变量有影响的因子清单，然后根据数据和各方面的知识进行细致分析，作初步筛选。不能确定该删除者就应该保留。对于水平的选择也要仔细处理，一般来说，各水平的设置应足够分散，这样效应才能检测出来，但也不要太分散以至于将各种其他的物理机械因素都包括进来，这会使统计建模和预测变得困难。

(4) 选择试验计划。根据试验目的，选择正确的试验类型，确定区组状况、试验次数，并按随机化原则安排好试验顺序及试验单元的分配，排好计划矩阵（planning matrix)。

2. 实施阶段

严格按计划矩阵的安排进行试验，除了记录响应变量的数据，还要详细记录试验过程的所有状况，包括环境（气温、室温、湿度、电压等）、材料、操作员等。试验中的任何非正常数据也应予以记录，以便后来分析使用。

3. 分析阶段

对数据的分析方法应与所应用的设计类型相适应。分析中应包括拟合选定模型、残差诊断、评估模型的适用性并设法改进模型等。当模型最终选定后，要对此模型所给出的结果作必要的分析、解释及推断，从而提出重要因子的最佳设置及响应变量的预测。当认定结果已经基本达到目标后，给出验证试验（confirmation run）的预测值，并做验证试验以验证最佳设置是否真的有效。关于分析阶段的具体方法和所使用的统计工具请参见以后各节的详细叙述。

7.3 单因子试验设计与分析

单因子试验在实际工作中是经常会遇到的，它比较简单，但所用到的方法和理论在多因子试验中也会遇到。

单因子试验通常有两个目的：一是想比较一下因子的几个不同设置间是否有显著差异，如果有显著差异，哪个或哪些设置较好；二是建立响应变量与自变量间的回归关系（通常是线性、二次或三次多项式），判断我们建立的回归关系是否有意义。我们下面就分别介绍这两种要求。

7.3.1 单向分类设计

我们先举一个实例。

例 7—2

希望比较 4 个车工 A，B，C，D 所加工的丝杠的直径是否相等。我们将 20 根坯料用随机序编好顺序号，再采用随机抽取方法，让每个车工选取 5 根，按顺序号在同台车床上加工，获得单向分类设计直径数据表（见表 7—5）。

表 7—5　　单向分类设计直径数据表　　单位：毫米

A	B	C	D
50.0	49.8	50.7	50.6
50.4	50.2	50.5	51.0
49.8	49.9	50.9	50.8
50.3	50.0	50.8	51.2
50.7	50.4	50.3	50.5

本试验是单因子试验，我们只有“车工”这个因子，它取 4 个水平（即 4 个车工）。这是单向分类设计，每个车工取 5 个试验值，这是重复，在安排试验时，我们采用了随机化方法，将试验单元（每根坯料加工成丝杠是一个单元）及顺序号两方面皆采用了随机化处理。我们所选取的 4 个车工是固定的，要比较的是他们各自加工的丝杠直径，这是固定效应的问题，可以直接采用单因子方差分析法。使用 MINITAB 软件可以先将数据经堆叠合并成一列，然后从统计→方差分析→单因子入口，得到下列结果：

单因子方差分析：直径与车工

来源	自由度	SS	MS	F	p
车工	3	1.844 0	0.614 7	7.66	0.002
误差	16	1.284 0	0.080 3		
合计	19	3.128 0			

我们这里要检验的假设是：

$$H_o: \mu_A = \mu_B = \mu_C = \mu_D \leftrightarrow H_1: \text{至少一对 } \mu_i \neq \mu_j$$

由 AVOVA 结果可以看出，组内差（随机误差）离差平方和为 1.284，自由度为 16；组间（操作工间差异）离差平方和为 1.844，自由度为 3，算得 F 比为 7.66，其 p 值为 0.002，显然应拒绝原假设，即应认为操作工间有显著差异。

计算中还能输出示意图（见图 7—5）。

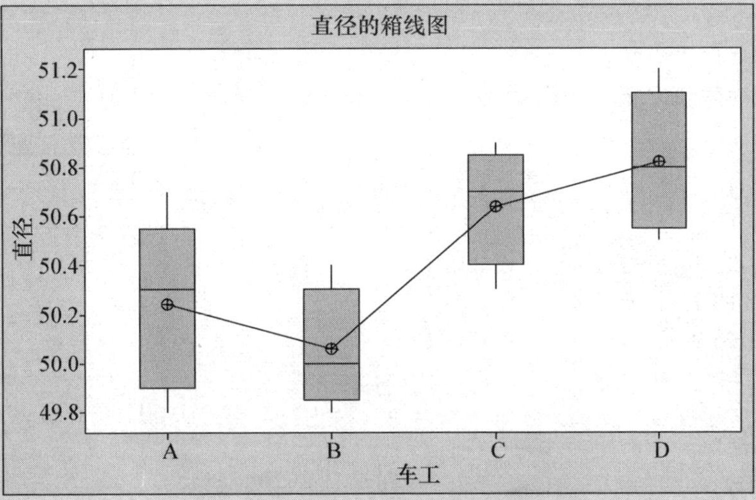

图 7—5　车工加工丝杠直径箱线图

从中也可以明显看出，4 个车工加工出的丝杠直径间有显著差异（当然不能仅凭此图得出最终结论）。

本例的分析只是方差分析法的一次运用，但在安排试验时注意到了试验设计的随机化及重复两条原则。实际上，如果我们不能假定所有 20 根坯料性能基本相同，那就必须再安排划分区组，这里不再讨论。

在断言各组间有显著差异后，一个很自然的问题就是要回答究竟哪些组间有显著差异，哪些组间没有显著差异。这就要用到统计方法多重比较（multiple comparison）。

由于我们要比较的总体共有 k 个（超过 2 个），使用比较两总体均值的 t 检验在这里是不适用的。这是因为，在原假设成立的条件下，如果我们设定误判任意两总体均值不等的犯第一类错误的概率为 α_0，则最后总的犯第一类错误的概率会变大。因为，这时要两两比较的总体个数为 $s=k(k-1)/2$，最后总的犯第一类错误的概率为 $\alpha_Z=1-(1-\alpha_0)^s$。当 k 较大时，s 也较大，α_Z 会变得很大。例如，$k=4$，$s=6$，$\alpha_0=0.05$，$\alpha_Z=1-(1-\alpha_0)^s=1-$

$(1-0.05)^6=0.265$，这当然太大了。为此，有一种较保守的方法，它可以保证最后 α_Z 不超过原来设定的 α，只要取 $\alpha_0=\frac{\alpha}{s}$ 就行了。更精确的方法是 Tukey 法，它根据最后的总的犯第一类错误的概率，再根据参加比较的总体的个数，反过来算出比较两总体时容许犯第一类错误的概率 α_0，再由此算出任意两总体均值差的置信区间。我们可以根据此区间是否包含 0，判断出两总体间是否有显著差异。

在 MINITAB 软件中，从统计→方差分析→单因子入口，点击打开“比较”窗口，选中“Tukey，整体误差率”缺省使用 5%，则可得到下列结果：

```
使用 Tukey 法对信息进行分组
车工  N     均值      分组
D     5    50.8200      A
C     5    50.6400     A B
A     5    50.2400     B C
B     5    50.0600      C
不共享字母的均值之间具有显著差异。

                                                     单组置信水平=98.87%
车工=A 减自：
车工      下限       中心      上限   ---+-----+-----+-----+-
B      -0.6931   -0.1800   0.3331       (---*---)
C      -0.1131    0.4000   0.9131          (---*---)
D       0.0669    0.5800   1.0931             (---*---)
                                      ---+-----+-----+-----+-
                                      -0.70  0.00   0.70   1.40

车工=B 减自：
车工     下限      中心      上限     ---+-----+-----+-----+-
C      0.0669    0.5800    1.0931              (---*---)
D      0.2469    0.7600    1.2731                (---*---)
                                      ---+-----+-----+-----+-
                                      -0.70  0.00   0.70   1.40

车工=C 减自：
车工      下限       中心      上限   ---+-----+-----+-----+-
D      -0.3331    0.1800    0.6931         (---*---)
                                      ---+-----+-----+-----+-
                                      -0.70  0.00   0.70   1.40
```

上述计算结果所列之数值是两总体之差的置信限。例如，总体 B 的均值－总体 A 的均值落入（−0.6931，0.3331），由于 0 落入此区间内，因此，无法拒绝两总体均值相等的原假设，即应判定两总体均值无显著差异。同样，AC 间、CD 间均值也无显著差异。总体 D 的均值－总体 A 的均值落入（0.0669，1.0931），由于 0 未落入此区间内，因此，拒绝两总体均值相等的原假设，即应判定两总体均值有显著差异，总体 D 的均值－总体 A

的均值总是正数，即总体 A 的均值小于总体 D 的均值，简记为 A<D。同样，B<C，B<D。总之，CD 间无显著差异，B 比它们显著地小，A 比 D 显著地小，而与 B，C 间均值无显著差异。从计算结果最开始部分给出的使用 Tukey 法对信息进行分组的结果也显示了这一结果。

7.3.2 多项式回归

通常单因子试验的第二个目的是希望建立响应变量与因子（自变量）间的回归关系。我们先看一个例子。

例 7—3

锻压温度显著影响锻件最终断裂强度。采用 800℃，850℃和 900℃（摄氏度），各锻造 3 根钢轴，将钢轴的断裂强度（单位：吨）记录下来，得到下列数据（见表 7—6）。

表 7—6　锻压温度与断裂强度数据表

温度	800℃	850℃	900℃
1	35.8	39.4	40.1
2	36.2	39.6	39.6
3	37.1	38.5	38.9

先进行 ANOVA，可以看出锻压温度确实显著地影响锻件的最终断裂强度。

单因子方差分析：强度与温度

来源	自由度	*SS*	*MS*	*F*	*p*
温度	2	18.002	9.001	23.48	0.001
误差	6	2.300	0.383		
合计	8	20.302			

由于 p 值为 0.001，拒绝均值相等的原假设，即判不同温度的各总体断裂强度显著不同，其示意图如图 7—6 所示。

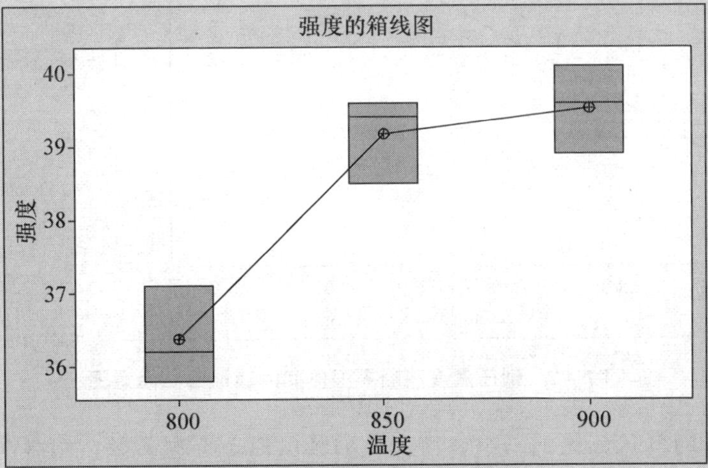

图 7—6　锻压温度与断裂强度间的关系图

那么，断裂强度与锻压温度间具有什么关系呢？我们希望建立断裂强度与锻压温度间的回归方程。将数据重新整理为下列形式（见表 7—7）：

表 7—7　　锻压温度与断裂强度数据表（计算机数据格式）

温度	强度
800	35.8
800	36.2
800	37.1
850	39.4
850	39.6
850	38.5
900	40.1
900	39.6
900	38.9

用 MINITAB 软件，先拟合线性方程，从统计→回归→拟合线图入口，设定自变量和响应变量后，选定“线性”，得图 7—7。粗略看即可知数据有弯曲趋势，因此拟合线性方程回归效果不够好。判断拟合好坏的准确方法是残差诊断。

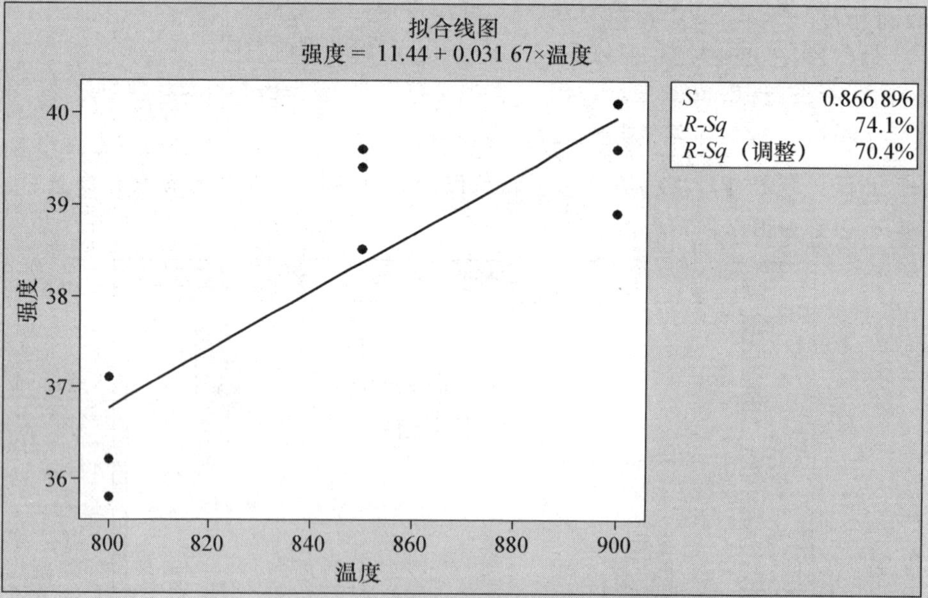

图 7—7　锻压温度与断裂强度间的线性回归示意图

由于自变量的取值已达到三个，因此我们可以拟合二次函数，同样从统计→回归→拟合线图入口，选定二次函数，可得下列结果（见图 7—8）：

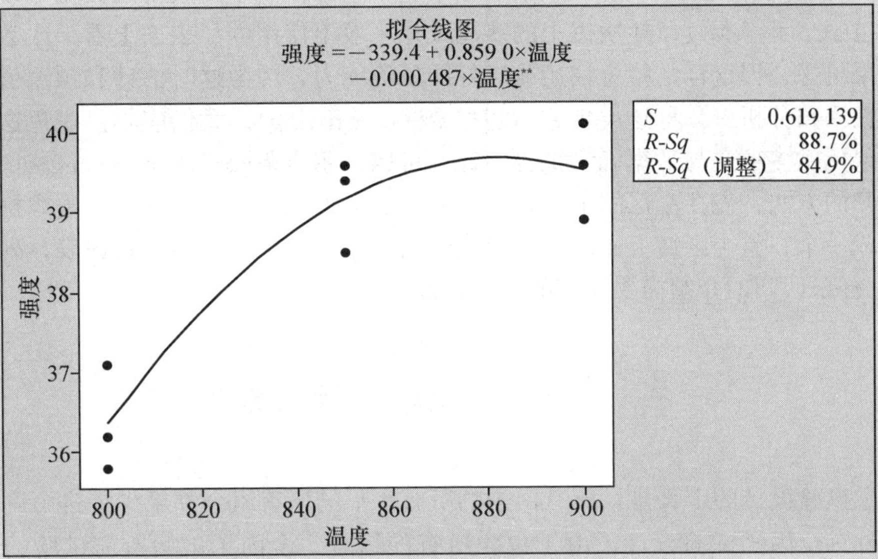

图7—8 锻压温度与断裂强度间的二次回归示意图

先看ANOVA表中的总效果。我们设立假设检验：

H_0：模型无效↔H_1：模型有效

如果对应回归项的$p<0.05$，则表明应拒绝原假设，即可以判定本模型总的说来是有效的；如果对应回归项的$p>0.05$，则表明无法拒绝原假设，即可以判定本模型总的说来是无效的。本例中，回归项的p值为0.001，可见模型是显著的。ANOVA表下方是将回归按“线性”和“二次项”分开列出的计算结果，从中可以看到：

线性项p值为0.003，可见线性趋势是显著的。

二次项p值为0.032，可见二次项趋势也是显著的。

方差分析

来源	自由度	*SS*	*MS*	*F*	*p*
回归	2	18.002 2	9.001 11	23.48	0.001
误差	6	2.300 0	0.383 33		
合计	8	20.302 2			

方差的序贯分析

来源	自由度	*SS*	*F*	*p*
线性	1	15.041 7	20.02	0.003
二次	1	2.960 6	7.72	0.032

上述方法还可以推广到更高阶的情形。为了让回归方程中的各项保持独立以便于检查各项效应的显著性，最好选用正交多项式回归（orthogonal polynomial regression）。另外，

从拟合的多项式的阶数上来说，一个因子取了 k 个水平，对于所获得的数据可以拟合一个 $k-1$ 阶多项式，但实际上，4 次以上的多项式是一般不使用的。表面上看，次数增高可以使拟合效果更好，但这样的拟合模型缺乏好的预测能力，因为这时估计和预测值的方差都变大了。在回归分析中，称这类现象为超拟合（overfitting）。我们应尽量避免这种情形的出现。如果低次多项式与数据确实拟合不好，可以采用样条回归（spline regression）或分段样条回归的方法，先在小区间上拟合最高为三次多项式，然后将这些多项式拼接修补在一起，形成一个在整个区域上光滑的函数或曲面。正交多项式的回归系数表，列在本书附表 13 中。样条回归的介绍需要专门的工具，这里不多介绍。

7.4 全因子试验设计与分析

全因子试验设计的定义是：所有因子的所有水平的所有组合都至少要进行一次试验的设计，就称为全因子试验设计。由于包含所有的组合，全因子试验所需试验的次数会较多，但它的优点是可以估计出所有的主效应和所有的各阶交互效应。所以在因子个数不太多，而且确实需要考察较多的交互作用时，常常选用全因子设计。

当因子水平超过二时，由于试验次数随因子个数的增长而呈指数速度增长，因而通常只作二水平全因子试验。如果确实需要作三水平或更多水平全因子试验时，计算机软件中也有与二水平完全相同的试验设计及分析方法，本节对此不再单独叙述。但通常认为，加上了中心点之后的二水平试验设计在工程实践中已经足够了，在相当大程度上它可以代替三水平试验设计，而且分析简明易行，现已被工程师普遍使用。

7.4.1 二水平全因子试验概述

我们将 k 个因子的二水平全因子试验记为 2^k 试验。这是整个全因子试验的记号，而不仅仅是试验次数。当然，2^k 也恰好是 k 个因子的二水平全因子试验所需要的最少试验次数。这对下节理解部分实施因子设计的记号是有用的。

1. 试验目的

什么时候需要进行 2^k 试验呢？一般地说，进行任何试验都是一个序贯的过程，一般先用部分因子试验设计进行因子的筛选，让因子个数最后不超过 5 个，然后用全因子试验设计进行因子效应和交互作用的全面分析，进一步筛选因子直到因子个数不超过 3 个，最后用响应曲面方法确定回归关系并求出最优设置。因此，部分实施因子试验通常只是为了筛选因子，可以稍粗糙些，因而试验次数也较少些；而响应曲面试验设计是为了得到包含平方项的非常精细的回归方程，试验次数最多，因而只对较少因子（个数$\leqslant$3）有实际意义。全因子试验既不像部分因子试验，也不像响应曲面试验设计，它可以兼有筛选因子和建立回归方程两方面目的，它可以分析出所有因子主效应和各因子间的各阶交互作用的效应，回归方程中将包含全部一次项和各因子的乘积项，试验次数也较适中，它可以适用于因子个数不超过 5 的情况。由于全因子试验设计方法和理论是理解部分实施因子试验方法和响应曲面试验设计方法的基础，因此本节详细介绍全因子试验设计。

2. 试验的安排、中心点的选取及随机化排序

我们在例7—1中介绍了一个三因子的全因子试验的安排，当时只是作为例题展示了基本思路，还有很多细节需要加以补充，主要是研究如何在试验设计中考虑到三个基本原则：重复试验、随机化和划分区组。

如何实现重复试验呢？一种办法就是将每一个试验条件都重复两次或更多次，这样做的好处是对于试验误差估计得更准确，但代价却是大大增加了试验次数因而大大增加了试验成本。另一种更巧妙的办法就是只在中心点处安排重复试验，通常是在中心点重复做三四次试验。

所谓中心点，在所有因子都是连续型变量时容易找到，那就是各因子皆取其高水平与低水平的平均值。如果因子全部是离散型变量时，可以选取它们各种搭配中的某一个组合作为伪中心点；如果因子中既有连续型变量又有离散型变量时，则可以对连续型变量选取其平均值，离散型变量选取某一个组合作为伪中心点（这时不必要求试验的平衡，强调的是确实要有重复）。

选取中心点并在此处安排重复试验的好处，主要是为了进行完全相同条件下的重复，因而可以估计出试验误差即随机误差。另外，由于每个连续因子的取值原来只有两个值(高水平及低水平)，现在增加到了三个值，因而增加了对于响应变量可能存在的弯曲趋势估计的能力，这也是简单全面重复所不能达到的效果。而且，在把因子点试验的顺序随机化之后，如果再把在中心点处所进行的三次或四次试验安排在全部试验的开头、中间和结尾，那么这几个点的试验结果间只应存在随机误差。如果这几个试验结果呈现非常明显的上升、下降或其他不正常的趋势，则有可能帮助我们发现在试验过程中出现的不正常状况。

总之，安排每个因子取二水平，再加上中心点，则可以构成较好的全因子试验安排。在7.5节的部分因子试验中，我们可以采用相同方法来安排中心点。

3. 代码化及其计算

无论试验的目的是筛选因子还是建立关系式，都要建立回归方程。是对原始的自变量数值进行回归分析好，还是先将这些数值进行代码化后再进行回归分析好呢？所谓代码化，就是将该因子所取的低水平设定代码值为－1，高水平设定代码值为1，中心水平定为0。经过理论上的分析后发现，将自变量代码化后有很多好处，所以我们应该对代码化的数据进行回归分析。

(1) 代码化后的回归方程中，自变量及交互作用项的各系数可以直接比较。系数绝对值大者之效应比系数绝对值小者之效应更重要、更显著。大家知道，对自变量原始数据所进行的回归方程中的回归系数是有单位的。在$Y=a+bX$内，b的单位是[Y] / [X]，显然，X更换单位后，其系数也会更换。如果自变量不止一个，多个自变量间含义不同，量纲也不同，其回归系数之间显然是不可比的。如果代码化后，每个自变量都化为无量纲的(－1，1)间的数据，这时，各自变量间具有相同的“尺寸”，各系数之间就可以比较了。

(2) 代码化后的回归方程内各项系数的估计量间是不相关的。很明显，x_1与x_1x_2之间是相关的，它们的回归系数的估计量之间也是相关的。比如，在回归方程中，保留x_1x_2项或删除此项时，x_1的回归系数肯定要发生变化，这造成了使用中的诸多不便。一旦将自变量全部代码化，则没有这个问题了，删除或增加某项，将对于其他项的回归系数不会产生任何影响。

(3) 在自变量代码化后，回归方程中的常数项（或称截距）就有了具体的物理意义。代码−1与1的中点恰好为0，而将全部自变量以0代入方程得到的响应变量预测值则恰好是截距值。因此，截距值是全部试验结果的平均值，也是全部试验范围中心点上的预测值。

用代码数据得到的回归方程是重要的，但用原始数据得到的回归方程有时也是有意义的，因此我们应该熟悉真实值与代码值间的换算。

下面举例说明之。假定，真实值的低水平是100，高水平是200，相应的代码值是−1和1。列出表格如下（见表7—8）。

表7—8　　真实值与代码值换算表

	低水平	中心	高水平
真实值	100	150	200
代码值	−1	0	1

记中心值 M=(低水平+高水平)/2，半间距 D=(高水平−低水平)/2，则有

$$代码值=\frac{真实值-M}{D}$$

或

$$真实值=M+D\times 代码值$$

在本例中，代码值$=\frac{真实值-150}{50}$，真实值$=150+50\times$代码值。

7.4.2　全因子试验设计的计划

全因子试验设计的计划中，最关键的是选定因子及确定它们的水平。我们先举例来说明。

例7—4

在压力成型塑胶板生产中，经过因子的初步筛选，最后得知，影响成型塑胶板强度的因子有3个：成型压力（pressure）、压模间距（distance）及压力角（angle）。3个因子在一定范围内可调，我们要判断哪些因子的主效应及哪些交互效应是显著的，什么生产条件下可以获得最大的成型塑胶板强度（strength）。记：

A:成型压力,低水平取300帕,高水平取400帕

B:压模间距,低水平取60毫米,高水平取70毫米

C:压力角,低水平取20度,高水平取24度

准备做全因子试验并安排4个中心点（即 2^3+4 ）的试验，应如何安排试验计划？

有了计算机的帮忙，制定试验计划就是件简单的事情了。以MINITAB软件为例，制定计划的入口是统计→DOE→因子→创建因子试验设计，虽然我们要生成的是全因子试验设计，但它实际上是部分因子试验设计中的特例。因此，在下面填写补充信息时，要选择试验次数是全因子的试验次数。

在“设计”对话框内，选中“全因子”，填入中心点个数，在“选项”对话框内，删除选项“随机化运行顺序”，这样就可以获得一个标准顺序的试验设计表格（见表7—9）。其中，最后一列是空白的。

表 7—9　　全因子试验计划表（标准顺序）

标准序	运行序	中心点	区组	压力	距离	角度	强度
1	1	1	1	300	60	20	
2	2	1	1	400	60	20	
3	3	1	1	300	70	20	
4	4	1	1	400	70	20	
5	5	1	1	300	60	24	
6	6	1	1	400	60	24	
7	7	1	1	300	70	24	
8	8	1	1	400	70	24	
9	9	0	1	350	65	22	
10	10	0	1	350	65	22	
11	11	0	1	350	65	22	
12	12	0	1	350	65	22	

下面我们要进行的是随机化试验顺序的工作。在运行序一列中产生随机数，并将最后几个中心点的试验顺序调整为大体在试验的开始、中间和结尾。然后再以“运行序”为序，将上述表格重排为计划矩阵，列表如下（见表 7—10）。在实际应用中，一般直接选择“随机化运行顺序”，计算机自动产生随机顺序的试验计划，若两个或两个以上的中心点排在一起，可以手工改变随机顺序，使中心点试验较随机地分布在试验的开始、中间和结尾。

表 7—10　　全因子试验计划矩阵

标准序	运行序	中心点	区组	压力	距离	角度	强度
10	1	0	1	350	65	22	
8	2	1	1	400	70	24	
1	3	1	1	300	60	20	
2	4	1	1	400	60	20	
12	5	0	1	350	65	22	
4	6	1	1	400	70	20	
7	7	1	1	300	70	24	
6	8	1	1	400	60	24	
9	9	0	1	350	65	22	
5	10	1	1	300	60	24	
3	11	1	1	300	70	20	
11	12	0	1	350	65	22	

按此表格安排试验就可以进入实施阶段了。

7.4.3　全因子试验设计的分析

完成实施阶段后我们获得了全部试验数据，这时就可以转入分析阶段。全因子试验设计的分析方法是一般的试验设计分析的典型代表，共有五大步骤。其流程图如图 7—9 所示。

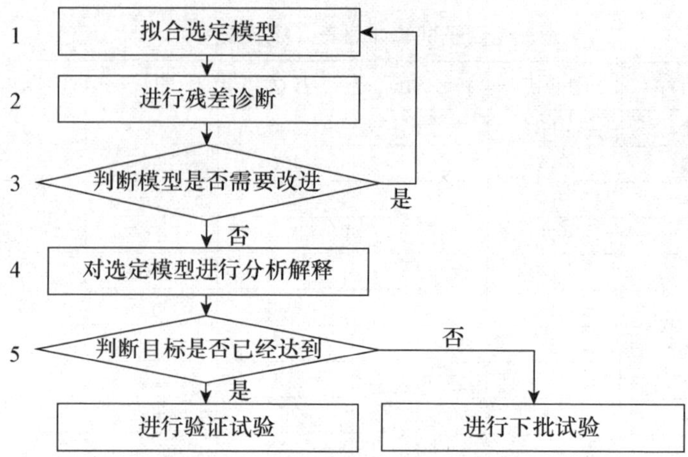

图 7—9　试验设计分析五步法流程图

这里所说的第一步拟合选定模型，其主要任务是根据整个试验的目的，选定一个数学模型。通常首先可以选定"全模型"。由于三阶及三阶以上的交互作用通常都可以忽略不计，在因子试验设计的问题中，全模型就是在模型中包含全部因子的主效应及全部因子的二阶交互作用。在经过细致分析后，如果可以断言某些主效应及某些因子的二阶交互作用是不显著的，则在下次选定模型时，只保留那些效应显著的项。

计算机的计算全部是自动进行的，通常见到的软件都会有下列一些结果输出，我们将指出分析的要点。

第一步要注意观察下面几处。这些在 MINITAB 软件中从统计→DOE→因子→分析因子设计选定全模型后，在运行窗中可以看到它们。

1. 看 ANOVA 表中的总效果

$$H_0：模型无效\leftrightarrow H_1：模型有效$$

如果对应回归项的 $p<0.05$，则表明应拒绝原假设，即可以判定本模型总的说来是有效的。如果对应回归项的 $p>0.05$，则表明无法拒绝原假设，即可以判定模型总的说来是无效的。遇见这种情况比较麻烦，这说明整个试验没有有意义的结果。造成这种情况的常见原因如下：

（1）试验误差太大。由于 ANOVA 检验的基础是将有关各项的离差平方和与随机误差的平方和相比较，取其比值形成 F 统计量。如分母的随机误差平方和太大，则将使 F 变小，从而得不到效应显著的结论。这时，应仔细分析误差产生的各项原因，是否能设法降低，这是能找到显著因子的关键措施。当然，试验误差太大也有可能是由测量系统不好造成的，这时就要设法改进测量系统。

（2）试验设计中漏掉了重要因子。漏掉了重要因子必然会使试验误差增大，这时更应仔细分析因子的选定。通常我们在试验前考虑因子时，很难有把握说某因子重要或不重要，这时候，应该宁多勿漏，而不是相反。因子多选了，删去它很容易，一旦漏掉再想找回来却很困难。

（3）有可能是模型本身有毛病。例如模型有失拟，或数据本身有较强的弯曲性，这时也可能导致判断为模型无效。下面将讨论这两方面的问题。

2. 看 ANOVA 表中的失拟现象

本行所检验的假设是：

$$H_0\text{：无失拟}\leftrightarrow H_1\text{：有失拟}$$

在 ANOVA 表中，如果失拟项的 $p>0.05$，则表明无法拒绝原假设，即可以判定，本模型并没有失拟现象；反之，就说明模型漏掉了重要的项，应该补上。本项计算的依据是：最初是以重复试验间的差异作为试验误差的估计（pure error），将缺失的项（例如高次项、高阶交互项等）所造成的误差平方和与之相比，经过 F 检验即可判明。将判明为不显著的各项都归并为随机误差项，重新计算失拟项是否显著。

3. 看 ANOVA 表中的弯曲项

本行所检验的假设是：

$$H_0\text{：无弯曲}\leftrightarrow H_A\text{：有弯曲}$$

在 ANOVA 表中，如果弯曲项的 $p>0.05$，则表明无法拒绝原假设，即可以判定模型并没有弯曲现象；反之，就说明数据呈现弯曲，而模型中并没有平方项，应该补上。本项计算的依据是：最初是以重复试验间的差异作为试验误差的估计；将高低水平的两个数据连同中心点的试验数据，构成自变量的三个不同的观测值，扣除线性项后可得二次项的平方和；将二次项平方和与试验误差相比较，经过 F 检验即可判明是否呈现弯曲。

4. 拟合的总效果多元全相关系数（multiple correlation coefficient）R^2（即 $R\text{-}Sq$）及调整的多元全相关系数（adjusted multiple correlation coefficient）R^2_{adj}（即 $R\text{-}Sq$（调整））

由回归分析中的平方和分解公式可知：

$$SS_{Total}=SS_{Model}+SS_{Error}$$

考虑 SS_{Model} 在 SS_{Total} 中的比率，定义 R^2

$$R^2=\frac{SS_{Model}}{SS_{Total}}$$

显然，此数值越接近于 1 就越好。容易看出，它有另一种写法：

$$R^2=1-\frac{SS_{Error}}{SS_{Total}}$$

如果将自变量的这种可控的普通变量数据也看成随机变量，则可以求出二者间的相关系数（correlation coefficient）。而 $R\text{-}Sq$ 恰好就是相关系数的平方。因此，它的含义是很好理解的。对于多个自变量的情况，定义不变，它被推广为多元决定系数，仍然表示 SS_{Model} 在 SS_{Total} 中的比率。但它也有一个缺点：当自变量个数增加时，例如只增加一个新自变量，不管增加的这个自变量效应是否显著，R^2 都会增加一些，因而在评价是否该增加此自变量进入回归方程时，使用 R^2 就没有价值了。为此，我们引入修正的 R^2 即 R^2_{adj}，它的定义是：

$$R^2_{adj}=1-\frac{SS_{Error}/(n-p)}{SS_{Total}/(n-1)}$$

式中，n 为观测值总个数；p 为回归方程中的总项数（包含常数项在内）。也就是说，R^2_{adj}

是扣除了回归方程中所受到的包含项数的影响的相关系数，因而可以更准确地反映模型的好坏。它同样是越接近 1 越好，而且在实际应用中，由于回归方程所含项数 p 总会大于等于 1，因而很容易看出，R^2_{adj} 总比 R^2 要稍小一些。因此，要判断两个模型的优劣可以从 $R\text{-}Sq$（调整）与 $R\text{-}Sq$ 的接近程度来判断：二者之差越小则说明模型越好。我们常常比较包含所有自变量有关项的全模型与删去所有影响不显著的项后的缩减模型，看看究竟哪个更好，如果将影响不显著的项删去之后，二者更接近，则说明删去这些项确实使模型得到改进。

5. 对于 s 值或均方误的分析

我们考虑到，所有的观测值与理论模型之间可以有误差，但总是假定，这个误差应该是以 0 为均值，以 σ^2 为方差的正态分布。在 ANOVA 表中，对应于残差误差那行中的平均离差平方和的数值则恰好是 σ^2 的无偏估计量，我们将其记为均方误（mean square of error，MSE)，而有些软件会将其平方根 s 一并输出，我们可以认为 s 值是 σ 的估计。粗略地说，在预测值的基础上，加减 2 倍 s，则可以得到预测值的 95%置信区间。因此这里的 s 在分析模型的好坏中起着关键性的作用，显然 s 值越小说明模型越好。因此，比较两个模型的优劣最关键的指标就可以选择 s 或 MSE，哪个模型能使之达到最小，哪个模型最好。

6. 各项效应的显著性

在计算结果的最开始部分，给出了各项的效应、回归系数的估计值及检验结果。这是对各项的分别检验，很可能有些项是显著的，而另一些项不显著，将来修改模型时，应该将这些不显著项删除。这里要注意的是：如果一个高阶项是显著的，则此高阶项所包含的低阶项也必须包含在模型中。例如，二阶交互作用 BC 项显著，则 B 及 C 这两个主效应项也一定要被包含在模型中，即使表面上看，这两个主效应项本身并不显著。

对于各项效应的显著性，计算机还输出一些辅助图形帮助我们判断有关结论。这里最重要的就是帕累托效应图（Pareto effect plot）及正态效应图（normal effect plot）。

帕累托效应图是将各效应的 t 检验所获得的 t 值作为纵坐标，按照绝对值的大小排列起来，根据选定的显著性水平 α，给出 t 值的临界值，绝对值超过临界值的效应将被选中。

用帕累托效应图来判断因子效应的显著性是非常直观的，但它有个重大缺点，那就是进行各效应的 t 检验时，首先要用 s^2 估计出 σ^2 来，而通常 s^2 并不一定可靠。将各因子的效应按由小到大（正负号考虑在内）排成序列，将这些效应点标在正态概率图上，这就是正态效应图。可以假定，大多数因子中只会有极少数因子效应是显著的，即效应稀疏原则（effect sparsity principle）。因此，当我们挑选位于中间的一些效应的点群拟合一条直线后，就可以判定任何一个远离该直线的点所对应的效应是显著的。因为，如果所有的效应无效，则这些点应该服从正态分布，点全在直线上；某些效应确实非零时，相应的估计效应绝对值应会偏大，且一定会远离直线。对于正效应，估计的效应将落在直线的右（上）方；对于负效应，估计的效应将落在直线的左（下）方。

经过上述各项计算，我们就完成了对数据的初步分析，即第一步拟合设定模型的任务。

DOE 分析五步法里所说的第二步是进行残差诊断。我们的主要目的是基于残差的状况来诊断模型是否合适。单纯从 ANOVA 表及回归系数的估计与检验两方面结果来分析整个结果是远远不够的。数学上可以举出这样一些例子，其 ANOVA 表及回归系数结果完全相同，但它们的真实状况相差甚远。为了弥补第一步所得结果的不足，我们要进行残差的诊断。如果数据与模型的拟合是正常的，则残差应该是正常的。

如何判断残差是否正常呢？通常假定，数据是相互独立的，且其分布为 $N(f(x), \sigma^2)$，即这些数据服从以模型为均值，以固定常数 σ^2 为方差的正态分布。我们定义的残差（residual）是观测到的响应变量数据与代入回归模型后的预测值之差，因此，应该有：$residual \sim N(0, \sigma^2)$。我们应该观察一下，残差是否真的服从这种分布。如果确实如此，则可以相信所选定的模型是正确的，否则就说明选定的模型不正确，要对模型进行某些修改。由于我们事先对选定的模型没有绝对的把握，因此，残差诊断还是很有必要的。

具体地说，残差诊断应包括下列四个步骤，观察计算机自动输出的四个图形。在MINITAB软件中可以从回归分析统计→回归→回归内或从试验设计统计→DOE→因子→分析因子设计内的对话窗“图形”中选定并得到它们。

（1）观察残差对于以观测值顺序为横轴的散点图：重点考察此散点图中，各点是否随机地在水平轴上下无规则地波动。

（2）观察残差对于以响应变量拟合预测值为横轴的散点图，重点考察此散点图中，残差是否保持等方差性，即是否有漏斗形或喇叭形。

（3）观察残差的正态性检验图，看残差是否服从正态分布。

（4）观察残差对于以各自变量为横轴的散点图，重点考察此散点图中是否有弯曲趋势。

残差诊断的四个图都应是正常的。然而，什么是最常见的情况而被认为“不正常”呢？

第一种最常见残差图不正常情况出现在第二个图中，即残差对响应变量拟合值的图中，残差未保持等方差，散点明显呈漏斗形或喇叭形，这说明对响应变量 Y 作某种变换后才会与模型拟合更好。例如，取 $y^*=\sqrt{y}$，y^2，$\frac{1}{y}$，$\frac{1}{\sqrt{y}}$，$\ln y$ 等作为新响应变量，可能会好得多。一般规则是这样的：如果从图中可以看出，残差的标准差 σ 大体上与拟合值 $\hat{y}$ 的 u 次方成正比，则可以进行Box-Cox变换：

$$y^*=\begin{cases} y^\lambda, & \lambda\neq 0 \\ \ln y, & \lambda=0 \end{cases}$$

要注意的是：虽然这里变换的形式及名称都是Box-Cox变换，但这与将非正态数据转换为正态数据的Box-Cox变换完全是两回事。

第二种最常见残差图不正常情况出现在第四个图中，即残差对自变量的散点图中。残差虽保持等方差，但散点明显呈U形或反U形弯曲，这说明对响应变量 Y 而言，对该自变量 X 仅取线性项已经不够了，增加 X 的平方项或立方项，将会使模型拟合得更好。

总之，DOE分析的第二步只是进行残差诊断，看模型是否有问题。如果确实发现了问题，又如何办呢？这就转入了第三步。

DOE分析五步法里所说的第三步是判断模型是否需要改进。我们考虑采取措施的主要依据是基于数值计算及残差诊断的两方面结果。如果残差诊断的四个图都正常，则说明模型是正常的。因此，如果残差诊断提示我们，要对响应变量 Y 作某种变换后才行，或要增加 X 的平方项或立方项才会使模型拟合更好，那就一定要修改模型。另外，基于各项效应及回归系数计算的显著性分析中可以发现，有些主效应项或交互效应项并不显著，这些项应该从模型中删除，模型的拟合要重新进行。总之，凡是发现模型需要修改时，就要返回最初的第一步，重新建立模型，再重复前面所有各步骤。

经过前三步的多次反复，可以获得一个我们认为最满意的方程，我们将它定为选定的模型。DOE 分析五步法里所说的第四步是对选定模型进行分析解释，主要是在拟合选定模型后输出更多的图形和信息，并作出有意义的解释。主要有下列三方面，而这些要求在一般的计算机软件中都会自动给出。

（1）输出各因子的主效应图和交互效应图。在 MINITAB 软件中可以从统计→DOE→因子→因子图得到它们。我们应该从主效应图、交互效应图的图形上进一步确认选中的那些主因子和交互作用项是否真的很显著，以及未选中的那些主因子和交互作用项是否真的不显著，从而更具体更直观地确认选定模型。

（2）输出等高线图、响应曲面图等。在 MINITAB 软件中可以从统计→DOE→因子→等值线/曲面图得到它们。我们应该从等高线图、响应曲面图上进一步确认，响应变量是如何受所选中的那些主因子和交互作用项的影响的，它的变化规律如何。如果我们的目标是望大（或望小或望目），那么自变量在什么设置时，将会达到响应变量最大（最小或与目标最接近）。我们要从直观上看到整个试验范围内的最佳值的位置。由于等高线图、响应曲面图都只能对两个自变量的情形给出，因此当自变量个数超过两个时，要分别对选定的某两个自变量作图。其实，MINITAB 或其他很多软件都可以自动给出所有两个自变量的组合的等值线图和响应曲面图。

（3）实现最优化。按照具体问题的望大、望小或望目，在数值上求出在整个试验范围内的最佳值。在 MINITAB 软件中可以从统计→DOE→因子→响应优化器得到它们。虽然在因子设计阶段，试验设计的主要目标是筛选变量，但实际上 DOE 分析的第一步，就已经可以判断出哪些自变量效应是显著的，哪些自变量效应是不显著的，我们可以在使用这些信息的基础上，获得最佳值。计算机提供的响应优化器（response optimizer）是个功能强大的工具，它可以自动给出最优设置。通常只要在选定响应变量后，再对最优的目标予以设定即可。

DOE 分析五步法里所说的第五步是判断目标是否已经达到。这主要是将预计的最佳值与原试验目标相比较。如果离目标尚远，则应考虑安排新一轮试验，通常是在本次获得的或预计的最佳点附近，重新选定试验的各因子及其水平，继续做因子设计 DOE 或回归设计（RSM），以获得更好的结果。如果已基本达到目标，则要做验证试验以确保将来按最佳条件生产能获得预期效果。试验设计大师博克斯有句名言："所有模型都是错的，只不过有些模型有用罢了"（All models are wrong，but some are useful ）。我们根据试验数据所建立的任何统计模型是否符合实际规律，在未验证前都是没有把握的。通常的做法是先算出在最佳点的观测值的预测值及其变动范围，然后在最佳点做若干次验证试验（ 通常要三次以上），如果验证试验结果的平均值落入事先计算好的范围，则说明一切正常，我们的模型是正确的，预测结果可信；否则就要进一步分析发生错误的原因，改进模型，再重新验证，以求得符合实际数据的统计模型。

MINITAB 软件在 DOE 栏中给出预测区间的功能较弱，我们只好借助于回归分析栏。为此，先要将所有交互作用的乘积（或将来在响应曲面方法中会出现的平方项）用计算器计算后形成为新列，然后进行回归（统计→回归→回归），在其对话窗“选项”选项内，严格按选定模型中自变量顺序，在“新观测值的预测区间（I）”处填写上最优设置的数值，并挑选输出所有补充计算的结果：预测值，预测值处的标准差，预测值处的回归结果的置信区间（输出时缩写为95% CI），预测值处的单个观测值的置信区间（输出时缩写为95% PI），则计算机将自动给出上述数值。

前一个置信区间（95.0% CI）表明的是回归方程上的点的置信区间，这是由于回归系数是以样本观测值为基础估计出来的，必然会有误差，而回归系数的误差必然导致回归方程上的预测值的误差。对此区间可以理解为，当按照此自变量的设置无限多次地重复运行下去将会获得的理论均值的95%置信范围，此值可以作为改进结果的预报写在总结报告中。后一个置信区间（95.0% PI）表明的是以上述回归方程上的点的置信区间为基础，加上观测值具有的方差为σ^2的波动而给出的置信区间。这里我们假定波动的方差为不依赖于自变量位置的常数σ^2，并已经求出其无偏估计，这里，（95.0% PI）是将来作一次验证试验时将要落入的范围，可供作验证试验时使用。

以上经回归算出的也只是无限多次平均值及单个观测值的95%置信区间，如果需要求出m个（例如$m=3$或$m=5$）观测值的95%置信区间，则只能在MINITAB条件下编写宏指令，或直接用手算。m个观测值的95%置信区间计算公式是：

$$\hat{y} \pm t_{1-\frac{\alpha}{2}}(n-p)\sqrt{(SE\ of\ Fits)^2+\frac{MSE}{m}}$$

式中，n是试验总次数；p是最终模型中所包含的项数（常数项要计算在内）；m是验证试验的次数；$SE\ of\ Fits$是在回归方程预测值时输出的拟合值的标准误；MSE是在ANOVA表中输出的误差的MS项，也就是σ^2的无偏估计量。显然，当$m=1$时，此置信区间就是95.0% PI；当m趋于无穷大时，此置信区间就是95.0% CI；当需要求出m个（例如$m=3$或$m=5$）观测值的95%置信区间时，只要代入相应的m的数值就行了。

7.4.4 全因子试验设计实例

我们对例7—4实施全因子试验试验，按计划矩阵做试验，就得到了相应数据记录，结果如表7—11所示。对于这批数据进行分析，其步骤如下。

表7—11　　压力成型塑胶板工艺条件试验结果数据表

标准序	运行序	中心点	区组	压力	距离	角度	强度
10	1	0	1	350	65	22	60.2
8	2	1	1	400	70	24	61.3
1	3	1	1	300	60	20	61.8
2	4	1	1	400	60	20	55.3
12	5	0	1	350	65	22	59.1
4	6	1	1	400	70	20	63.5
7	7	1	1	300	70	24	94.8
6	8	1	1	400	60	24	49.6
9	9	0	1	350	65	22	73.3
5	10	1	1	300	60	24	55.2
3	11	1	1	300	70	20	89.1
11	12	0	1	350	65	22	69.5

1. 第一步：拟合选定模型

我们首先将全部备选项列入模型。这里包含压力、距离、角度及它们之间的交互作用项：压力×距离，压力×角度，距离×角度。注意，我们在这里只选了全部主效应和二阶交互作用项，并不含三阶交互作用项。其计算结果如下：

拟合因子：强度与压力，距离，角度

强度的估计效应和系数（已编码单位）

项	效应	系数	系数标准误	*T*	*p*
常量		66.058	1.619	40.80	0.000
压力	−17.800	−8.900	1.983	−4.49	0.006
距离	21.700	10.850	1.983	5.47	0.003
角度	−2.200	−1.100	1.983	−0.55	0.603
压力×距离	−11.750	−5.875	1.983	−2.96	0.031
压力×角度	−1.750	−0.875	1.983	−0.44	0.677
距离×角度	3.950	1.975	1.983	1.00	0.365

S=5.608 46，*PRESS*=543.932

R-Sq=92.35%，*R-Sq*（预测）=73.54%，*R-Sq*（调整）=83.17%

强度的方差分析（已编码单位）

来源	自由度	*Seq SS*	*Adj SS*	*Adj MS*	*F*	*p*
主效应	3	1 585.14	1 585.14	528.380	16.80	0.005
压力	1	633.68	633.68	633.680	20.15	0.006
距离	1	941.78	941.78	941.780	29.94	0.003
角度	1	9.68	9.68	9.680	0.31	0.603
二因子交互作用	3	313.46	313.46	104.485	3.32	0.115
压力×距离	1	276.13	276.13	276.125	8.78	0.031
压力×角度	1	6.13	6.13	6.125	0.19	0.677
距离×角度	1	31.20	31.20	31.205	0.99	0.365
残差误差	5	157.27	157.27	31.455		
弯曲	1	1.71	1.71	1.707	0.04	0.844
失拟	1	9.68	9.68	9.680	0.20	0.686
纯误差	3	145.89	145.89	48.629		
合计	11	2 055.87				

从 ANOVA 表中可以清楚地看出，主效应项中，*p* 值为 0.005，显示我们所选定的模型总的效果是显著的、有效的。在弯曲一栏中，*p* 值为 0.844，显示这里响应变量强度没有明显的弯曲趋势。在失拟一栏中，*p* 值为 0.686，显示这里对响应变量强度的拟合没有明显的失拟。

计算机软件通常直接给出下列结果：

S=5.608 46，*R-Sq*=92.35%，*R-Sq*(调整)=83.17%

在 ANOVA 表之前得到的强度的估计效应和系数（已编码单位）是各项主效应及各交互效应的结果。从显著性来看，因子 A（压力）、B（距离）、AB（压力×距离）对应的 p 值都小于显著性水平 0.05，因此可以判定，这三项效应是显著的，而其余各项皆不显著。

另外，从因子效应的帕累托图（见图 7—10）及因子正态效应图（见图 7—11）中，也可以验证这一点。

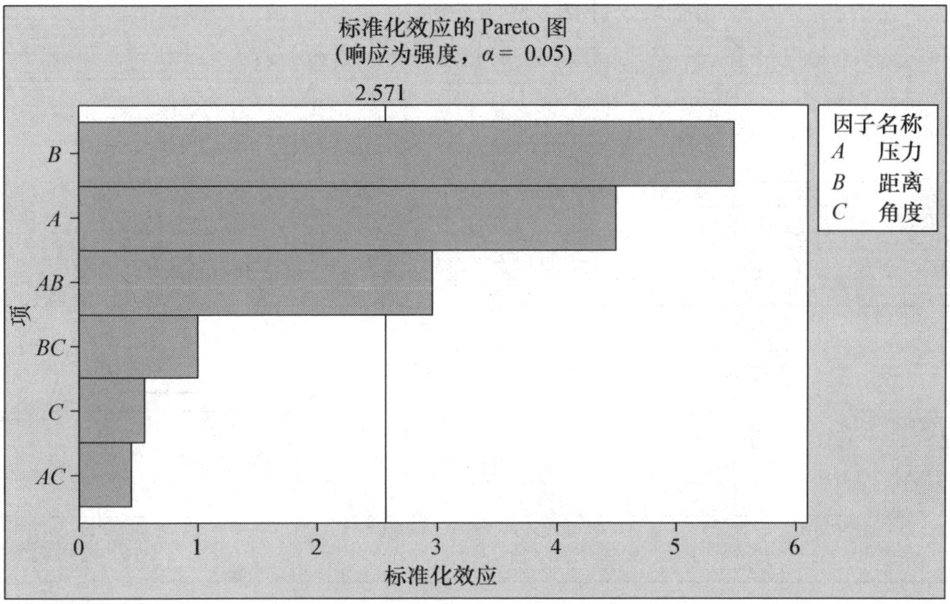

图 7—10　例 7—4 因子效应帕累托图

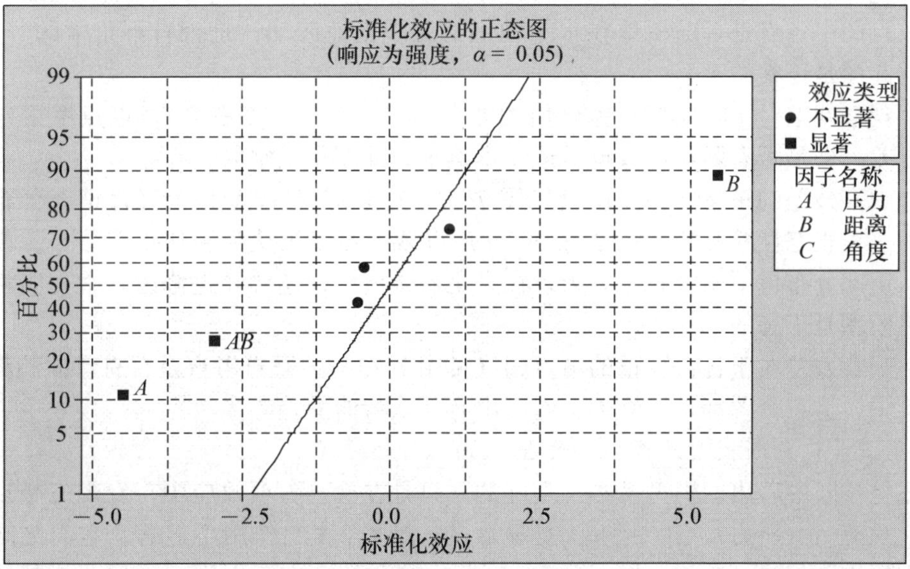

图 7—11　例 7—4 因子正态效应图

2. 第二步：进行残差诊断

按规定的四个步骤可以进行残差的分析，这些残差图都汇总在四合一的图形中（见图7—12）。

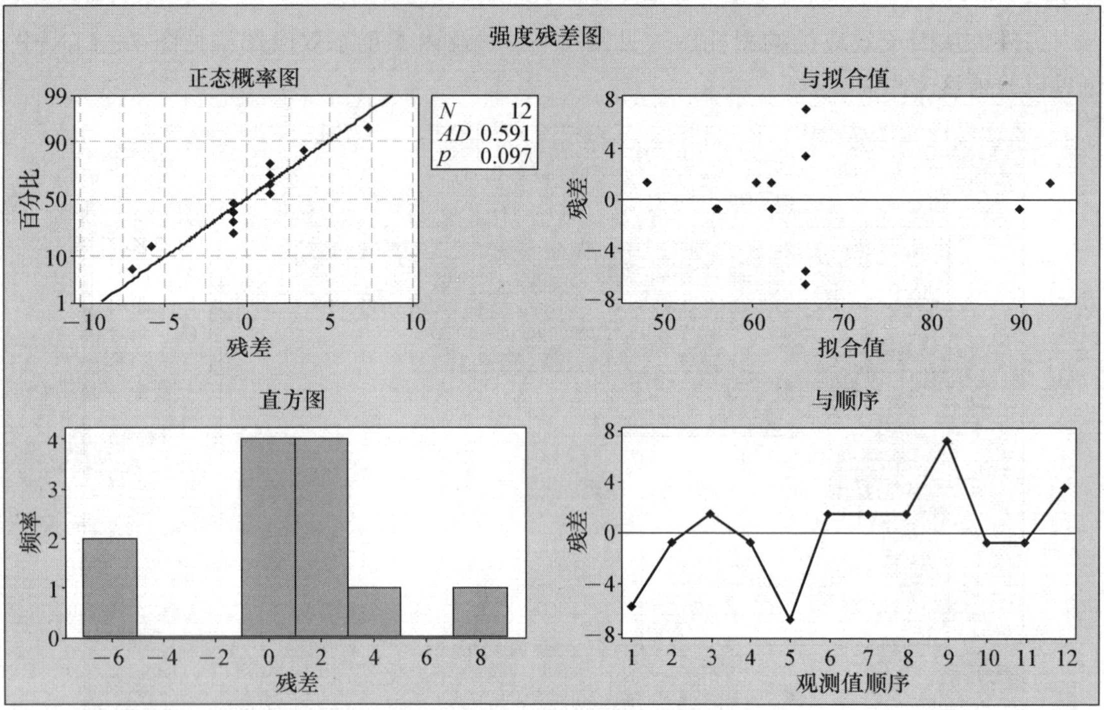

图 7—12 残差四合一图

(1) 观察残差对于以观测值顺序为横轴的散点图（见图 7—12 右下），重点考察观测顺序的散点图中各点是否随机地在水平轴上下无规则地波动，是否有不正常的升降趋势。本例中，此图是正常的。

(2) 观察残差对于响应变量拟合值的散点图（见图 7—12 右上），重点考察残差是否保持等方差，即是否有漏斗形或喇叭形。本例中，此图是正常的。

(3) 观察残差的正态性检验图（见图 7—12 左上），看残差是否符合正态分布。本例中，因为这里正态性检验的 p 值为 0.097，所以残差可以被认为服从正态分布。如果这里不能服从正态分布也不用着急，因为现在只是初步模型，还要经过修改，很可能将来残差对于最终模型是正态的。

(4) 观察残差对于各自变量的散点图（见图 7—13），重点考察是否有弯曲趋势。

本例中，这三个图都是正常的，看不出有什么弯曲的趋势。

3. 第三步：判断模型是否需要改进

从残差诊断中看出，模型基本上是好的，只是在检验各项效应中，发现三个自变量主效应中，只有 A（压力），B（距离）是显著的，C（角度）作用不显著。它们之间的三个交互作用项中，仅只 AB（压力×距离）显著，其余两个交互作用都不显著。因此修改拟合模型中的“项”，重新进行计算，即又回到第一步。

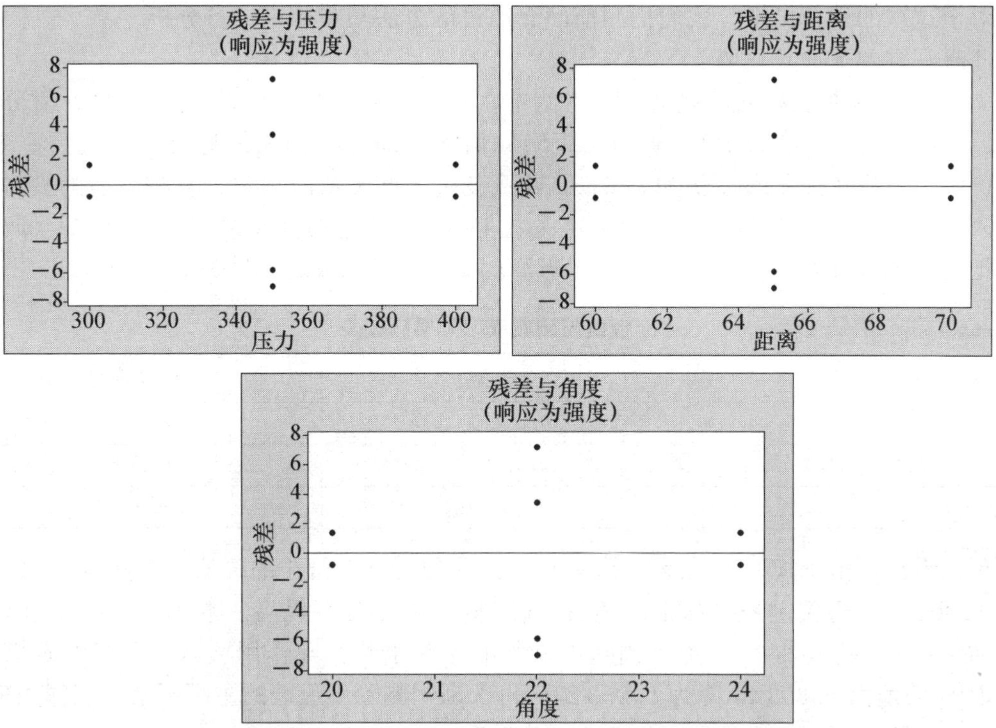

图 7—13　残差对各自变量的散点图

4. 新第一步：拟合选定模型

强度的估计效应和系数（已编码单位）

项	效应	系数	系数标准误	T	p
常量		66.058	1.459	45.28	0.000
压力	−17.800	−8.900	1.787	−4.98	0.001
距离	21.700	10.850	1.787	6.07	0.000
压力×距离	−11.750	−5.875	1.787	−3.29	0.011

S=5.053 27，$PRESS$=370.127

R-Sq=90.06%，R-Sq（预测）=82.00%，R-Sq（调整）=86.34%

强度的方差分析（已编码单位）

来源	自由度	*Seq SS*	*Adj SS*	*Adj MS*	F	p
主效应	2	1 575.46	1 575.46	787.730	30.85	0.000
压力	1	633.68	633.68	633.680	24.82	0.001
距离	1	941.78	941.78	941.780	36.88	0.000
二因子交互作用	1	276.13	276.13	276.125	10.81	0.011
压力×距离	1	276.13	276.13	276.125	10.81	0.011
残差误差	8	204.28	204.28	25.536		
弯曲	1	1.71	1.71	1.707	0.06	0.815
纯误差	7	202.58	202.58	28.940		
合计	11	2 055.87				

对于这次的计算结果，我们仍用前面介绍过的方法与步骤来进行分析。

此时观察到下面几处要点：

先看 ANOVA 表中的总效果。在本例中，对应主效应项及二阶交互项的 p 值分别为 0.000（即<0.001）和 0.011，表明应拒绝原假设，即可以判定模型总的来说是有效的。在本例中，对应弯曲项的 p 值为 0.815，响应变量强度无弯曲现象。看删减后的模型是否比原来有所改进，我们要手算多元决定系数 *R-Sq* 和调整的多元决定系数 *R-Sq*（调整），然后把两个模型计算的 *R-Sq* 和 *R-Sq*（调整）以及 *S* 汇总成表（见表 7—12）。

表 7—12　　全模型与删减模型效果比较表

	全模型	删减模型
R-Sq	0.923 5	0.900 6
R-Sq（调整）	0.831 7	0.863 4
S	5.608 46	5.053 27

可以看出，由于模型项数减少了一项，*R-Sq* 通常会有微小的降低（本例由 0.923 5 降低到 0.900 6），但关键是看修正的 *R-Sq*（调整）是否有所提高。本例中，*R-Sq*（调整）由 0.831 7 提高到 0.863 4，可见删除不显著的主因子及交互作用项后，回归的效果更好了，而 *S* 的值由 5.608 46 降为 5.053 27，再次证明删除不显著的主因子及交互作用项后，回归的效果更好了。

5. 新第二步：进行残差诊断

残差诊断仍按规定的四个步骤使用残差的四合一图（见图 7—14）进行。

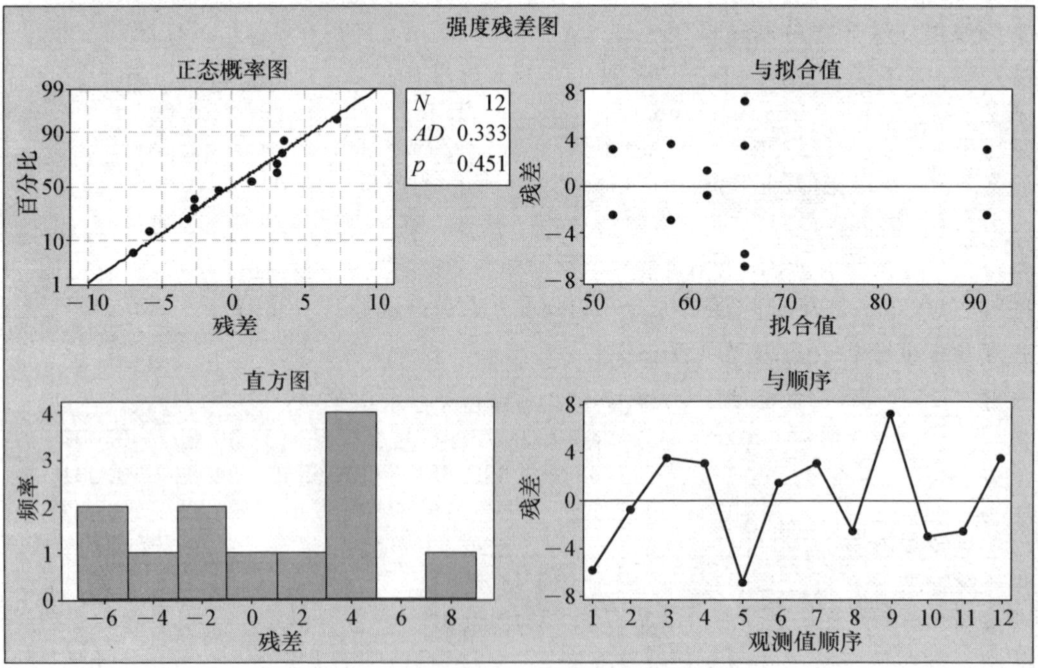

图 7—14　强度第二次拟合模型后的残差图

本例中，此四张图都是正常的。

再观察残差对于以各自变量为横轴的散点图（见图7—15），重点考察是否有弯曲趋势。

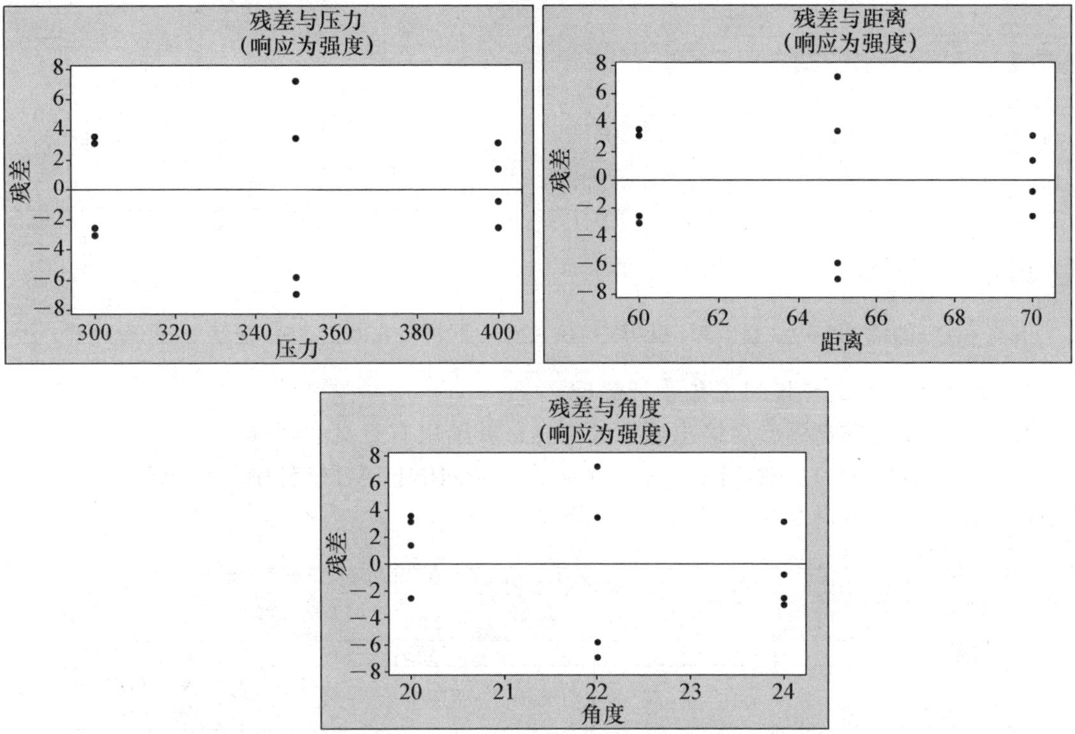

图7—15　第二次拟合后残差对各自变量的散点图

对这三张图重点考察残差是否有弯曲趋势，本例中，此三图皆属于正常，没有弯曲趋势。

6. 新第三步：判断模型是否需要改进

由上述分析，我们可以认为已经选定了最终的模型。根据计算结果提供的数值，可以看见最后确定了的代码化数据的回归方程：

项	效应	系数	系数标准误	t	p
常量		66.058	1.459	45.28	0.000
压力	−17.800	−8.900	1.787	−4.98	0.001
距离	21.700	10.850	1.787	6.07	0.000
压力×距离	−11.750	−5.875	1.787	−3.29	0.011

即代码的方程为：

$$y=66.06-8.9\times\left(\frac{压力-350}{50}\right)+10.85\times\left(\frac{距离-65}{5}\right)-5.875\times\left(\frac{压力-350}{50}\right)\times\left(\frac{距离-65}{5}\right)$$

计算机也提供最后确定了的对原始数据的回归方程：

强度的估计系数（使用未编码单位的数据）

项	系数
常量	−547.317
压力	1.349 50
距离	10.395 0
压力×距离	−0.023 500 0

即方程为：

$$y=-547.32+1.349\,5\times 压力+10.395\times 距离-0.023\,5\times(压力\times 距离)$$

7. 第四步：对选定模型进行分析解释

我们要在拟合选定模型后输出更多的信息，并给出有意义的解释。

（1）输出各因子的主效应图、交互效应图。在MINITAB软件中，从统计→DOE→因子→因子图入口，可得主效应图如下（见图7—16）：

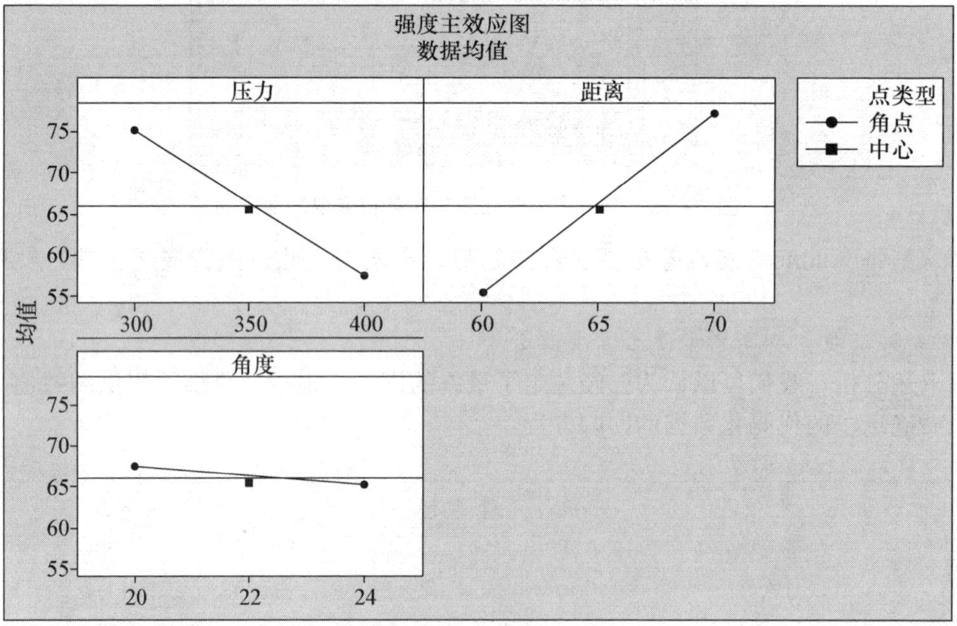

图7—16 各因子的主效应图

从图7—16中可以看出，因子A（压力）和因子B（距离）对于响应变量强度的影响确实是很显著的，而因子C（角度）对于响应变量强度的影响确实是不显著的，而且还可以看出，为使强度取值更大，应该让压力尽可能小，让距离尽可能大。

交互效应图如图7—17所示。

从图中可以看出，因子A（压力）与因子B（距离）的交互作用对于响应变量强度的

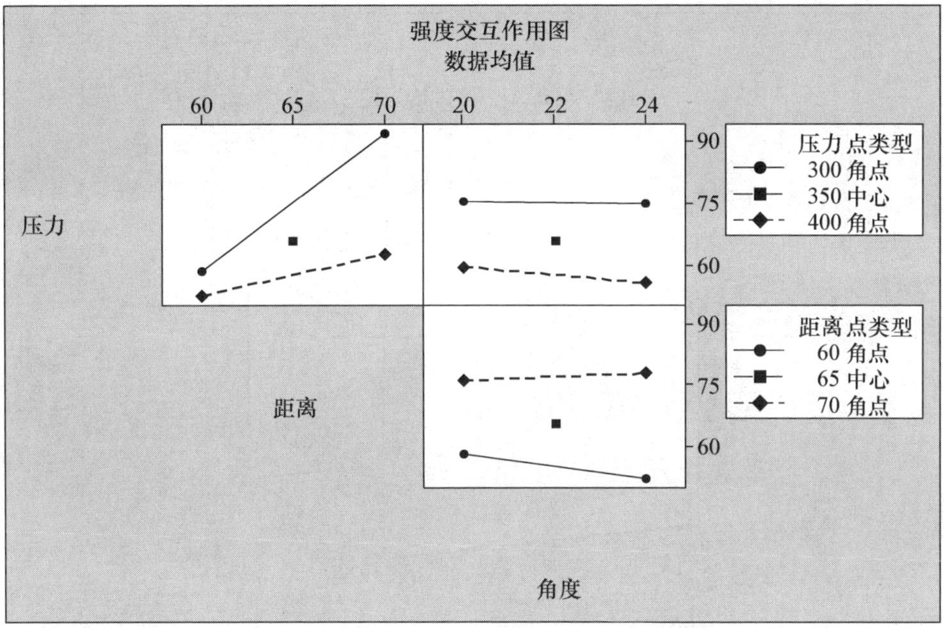

图 7—17　各因子间的交互效应图

影响确实是很显著的（两条线非常不平行），而其他交互效应对于响应变量强度的影响确实是不显著的（两条线几乎平行）。

（2）输出等高线图、响应曲面图等。在 MINITAB 软件中可以从统计→DOE→因子→等值线/曲面图得到它们（见图 7—18 及图 7—19）。

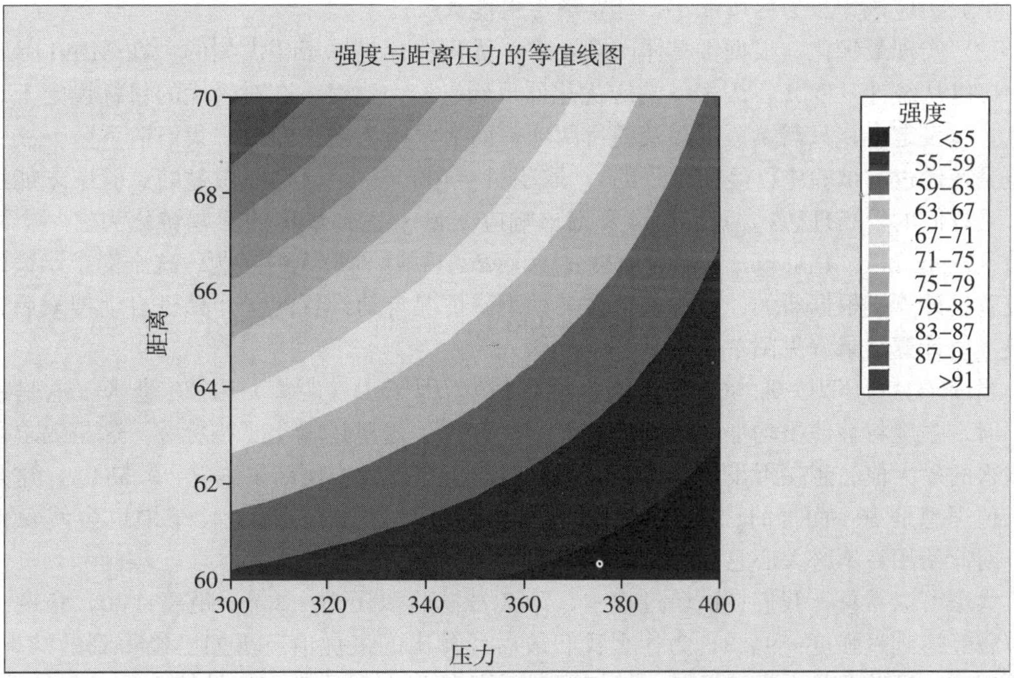

图 7—18　响应变量等值线图

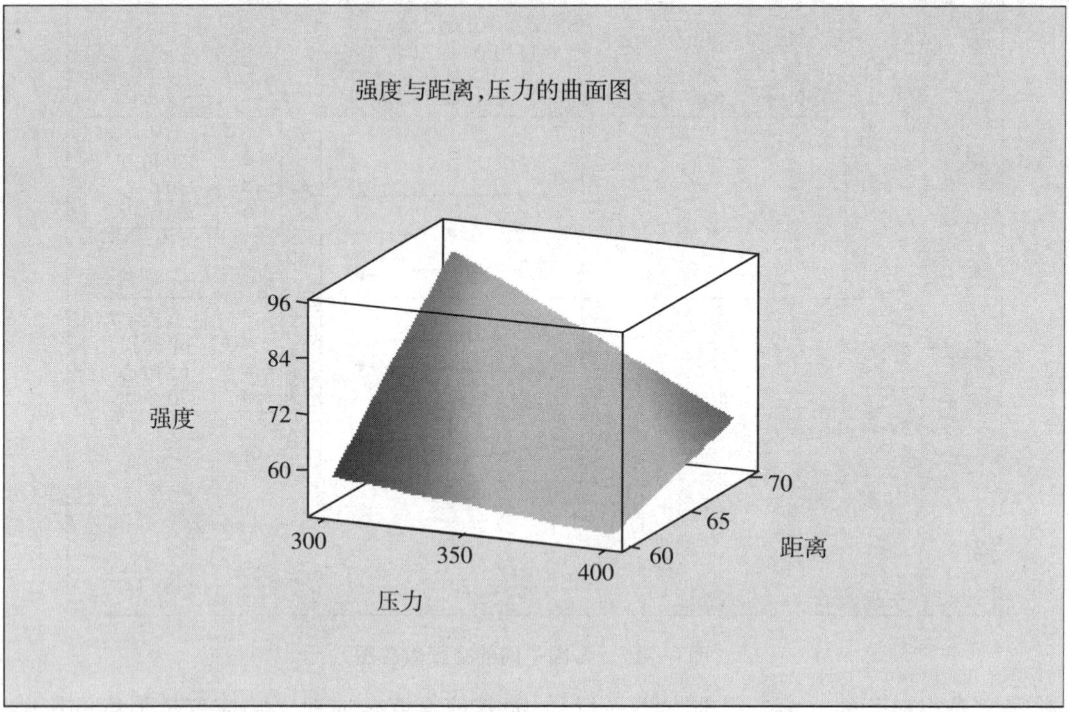

图 7—19　响应变量曲面图

从这两张图中可以看出，因子 A（压力）及因子 B（距离）主效应及其交互作用对于响应变量强度的影响确实是很显著的（等高线很弯曲，曲面偏离平面很严重），为使强度取值更大，应该让压力尽可能小，让距离尽可能大。

(3) 实现最优化。根据本具体问题要求，优化目标是属于望大型的。在 MINITAB 软件中可以从统计→DOE→因子→响应优化器得到它们。这时，在对最优的目标设定上，取望大，在设定中，只需填写下限及望目两项，而上限留为空白即可。我们取下限＝80（这个值是在做过的试验中已经实现了的），取望目＝100（这个值是在做过的试验中未能达到的，是我们的较高理想）。我们通常要把求响应变量 y 达到最优的问题转化为求一个渴求函数（desirability function ）的合意度 d（$0\leqslant d\leqslant 1$）达到最大的问题。这个渴求函数的具体设置是计算机根据望大、望小或望目三种不同情况自动设置的。计算机自动搜索后，得到最大值计算结果（见图 7—20）。

当因子 A（压力）取 300 帕（这是最小值），因子 B（距离）取 70 毫米（这是最大值）时，强度将会使平均强度达到最大值 91.683 3。这里还输出了指标 d，这是渴求函数所取得的最大值。越接近设定目标，此值就越向 1 靠拢，本例结果是 $d=0.584\,1$，这是按最大值理想是 100 而言的。最大值的设定不相同时，完全相同的最佳结果也会使 d 值不同，对此使用者不必关心它。

大家可以看见，我们在试验过程中，第 7 号试验取压力＝300，距离＝70，角度＝24 时，曾经达到过强度＝94.8，为什么我们最后计算出的最优值还不如已经得到的结果呢？这是因为，试验总是会有误差的，第 7 号试验的结果有偶然性，它是偏大的。仔细分析，还可以看见另一个结果：第 3 号试验取压力＝300，距离＝70，角度＝20 时，却只使得强

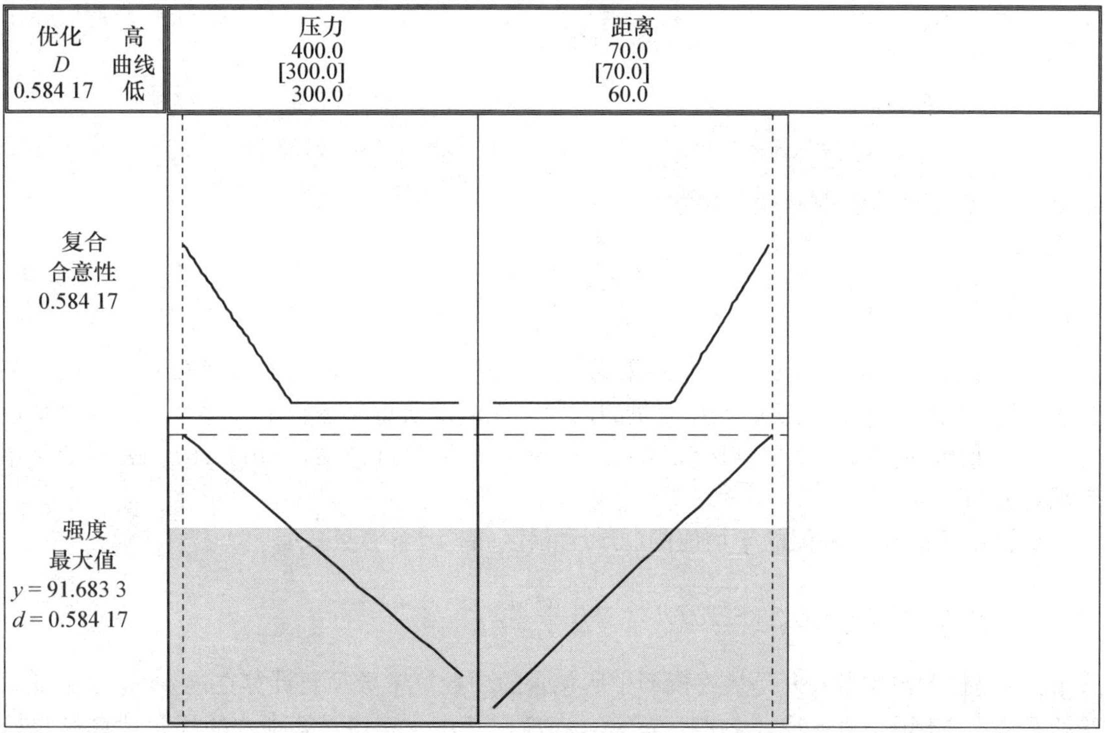

图 7—20 响应变量优化器输出结果图

度=89.1。而经过分析，因子角度效应并不显著，因此，这两个值都应考虑到。事实上，我们的最优预测值是综合了全部试验结果，仔细估计了误差状况，又考虑了显著因子的效应才计算出来的。我们大体上的估算可以取 94.8 与 89.1 的平均值（91.95），此值已经与准确的最后综合预测值 91.683 3 很接近了。

8. 第五步：判断目标是否已经达到

本例得到预计的最佳值为 91.683 3，我们应将它与试验目标相比较。如果认为离目标尚远，则需考虑安排新一轮试验，例如，可以考虑以本次获得的最佳点压力=300，距离=70 为中心，在其附近重新选定试验的各因子水平，继续试验。由于最后只有两个因子，而且根据实际经验，最优点就在附近了，因此最好选择使用响应曲面方法（RSM），其试验次数虽稍多（二因子要 13 次，三因子要 20 次 ），但结果要精细得多，这样可以获得更好的成果。关于响应曲面方法，本章 7.6 节有详细介绍。

如果认为强度达到 91.68 已基本达到目标，则可以结束试验，但此时不要忘记做验证试验，以确保将来按最佳条件生产能获得预期效果。我们在最佳点压力=300，距离=70 处做若干次验证试验（次数记为 m，通常要 3 次以上）。我们现在的任务就是计算出，将来的每一次试验结果应该落在什么范围内，进一步计算出 m 次验证试验结果的平均值应落入什么范围内，如果 m 次验证试验结果的平均值落入事先计算好的范围内，则说明一切正常，我们的模型正确，预测结果可信。

MINITAB 软件在 DOE 分析中可以很方便地给出预测值和预测区间，只要选统计→DOE→因子→分析因子设计后，点击预测选项，在因子下的空栏依次输入优化的主因子的取值，就可以在强度报告中得到预测值和预测区间。

根据该模型在新设计点处对强度的预测响应

点	拟合值	拟合值标准误	95%置信区间	95%预测区间
1	91.683 3	3.421 1	(83.794 3，99.572 4)	(77.611 2，105.755 5)

新观测值的自变量值

新观测值	压力	距离
1	300	70

前一个置信区间（95.0% CI）结果为（83.79，99.57），表明的是回归方程上的点的置信区间。它的含义是：按照此自变量的设置，无限多次重复运行下去将会获得理论均值的95%置信区间。后一个置信区间（95.0% PI）结果为（77.61，105.76），表明的是单个观测值的置信区间。

要想计算 m 个观测值的平均值的95%置信区间，其计算公式是：

$$\hat{y} \pm t_{1-\alpha/2}(n-p)\sqrt{(SE\ of\ Fits)^2+\frac{MSE}{m}}$$

式中，n 是试验总次数；p 是最终模型中所包含的项数（常数项要计算在内）；m 是验证试验的次数。本例中，$n=12$，$p=4$，$m=3$，$SE\ of\ Fit=3.42$（见刚才的回归计算结果），$MSE=25.536$（见ANOVA表）。查8个自由度的 t 分位数表可得：

$$t_{1-\alpha/2}(n-p)=t_{0.975}(8)=2.306$$

变动半径的公式如下所示：

$$\delta=t_{1-\alpha/2}(n-p)\sqrt{(SE\ of\ Fits)^2+\frac{MSE}{m}}=2.306\times\sqrt{3.42^2+\frac{25.536}{3}}=10.36$$

因此可知，三个观测值的平均值的95%置信区间为：

$$\hat{y}\pm\delta=91.68\pm10.36=(81.32,\ 102.04)$$

以上计算较复杂，使用MINITAB的宏指令可以自动完成上述计算，详细内容请参见《六西格玛管理统计指南（第二版）》，这里不再赘述。

7.5 部分因子试验

7.5.1 部分因子试验概论

首先介绍进行部分因子试验的必要性。

进行二水平全因子试验设计时，全因子试验的总试验次数将随因子个数的增加而急剧增加。例如，5个因子需要32次试验，8个因子需要256次试验。但仔细分析所获得的结果可以看出，除常数项，我们估计的主效应项有8项，二阶交互项28项，三阶交互项56项，……，八阶交互项1项，详细结果如表7—13所示。

表 7—13　　全因子试验系数分布表（8 因子）

项别	常数	1	2	3	4	5	6	7	8
项数	1	8	28	56	70	56	28	8	1

容易看出，回归方程中除了常数、一阶及二阶项，共有 219 项是三阶及三阶以上的交互作用项，而这些项实际上已无具体的物理意义了。这自然会提出一个问题：能不能少做些试验，但又照样能估计方程中的常数、一阶及二阶项系数呢？如果能够这样，那就有很重要的应用价值了。部分的因子试验就是使用这种方法，它可以用在因子个数较多（例如 5 个以上），只需要分析各因子主效应和二阶交互效应是否显著而并不需要考虑高阶交互效应时使用。

下面，我们用一个简单的例子说明部分因子试验方法的原理。

我们有 A，B，C，D 共 4 个可控的试验因子，每个因子都为二水平。如何能在 8 次试验中分析出每个因子的主效应？

方案 1：删节试验方法。假定 4 个试验因子，每个因子都为二水平，作全因子试验设计要 16 次。我们从这 16 次试验中，选出 8 次来做，希望照样能分析主效应，是否可行？如何办？

先列出全因子设计的 16 次试验的计划表（见表 7—14）。

表 7—14　　4 因子全因子试验计划表

	A	*B*	*C*	*D*	*AB*	*AC*	*AD*	*BC*	*BD*	*CD*	*ABC*	*ABD*	*ACD*	*BCD*	*ABCD*
1	−1	−1	−1	−1	1	1	1	1	1	1	−1	−1	−1	−1	1
2	1	−1	−1	−1	−1	−1	−1	1	1	1	1	1	1	−1	−1
3	−1	1	−1	−1	−1	1	1	−1	−1	1	1	1	−1	1	−1
4	1	1	−1	−1	1	−1	−1	−1	−1	1	−1	−1	1	1	1
5	−1	−1	1	−1	1	−1	1	−1	1	−1	1	−1	1	1	−1
6	1	−1	1	−1	−1	1	−1	−1	1	−1	−1	1	−1	1	1
7	−1	1	1	−1	−1	−1	1	1	−1	−1	−1	1	1	−1	1
8	1	1	1	−1	1	1	−1	1	−1	−1	1	−1	−1	−1	−1
9	−1	−1	−1	1	1	1	−1	1	−1	−1	−1	1	1	1	−1
10	1	−1	−1	1	−1	−1	1	1	−1	−1	1	−1	−1	1	1
11	−1	1	−1	1	−1	1	−1	−1	1	−1	1	−1	1	−1	1
12	1	1	−1	1	1	−1	1	−1	1	−1	−1	1	−1	−1	−1
13	−1	−1	1	1	1	−1	−1	−1	−1	1	1	1	−1	−1	1
14	1	−1	1	1	−1	1	1	−1	−1	1	−1	−1	1	−1	−1
15	−1	1	1	1	−1	−1	−1	1	1	1	−1	−1	−1	1	−1
16	1	1	1	1	1	1	1	1	1	1	1	1	1	1	1

我们先想：随机挑 8 次，行吗？显然不行。因为很可能挑成这样：某些因子在 8 次试验中，取高水平及低水平次数并不恰好相等。这时，原来正交试验的“均衡分散，整齐可比”的优点不复存在，分析方法要另搞一套才行，这当然是我们所不希望看到的。我们知道，在上述正交表中，任何一列都与另外一列正交，因此，固定将某列（比如最后一列 $ABCD$）取“1”的 8 行予以保留，而删去取“−1”的 8 行，这样可以保证，保留的 8 行表中，A，B，C，D 这 4 列中皆有 4 行 取“1”，4 行取“−1”，且各列间仍然保持“均衡分散，整齐可比”，即保持了正交性。设定取 $ABCD=1$，结果如表 7—15 所示。

表 7—15　　减半实施的 4 因子全因子试验计划表（*ABCD*=1）

	A	*B*	*C*	*D*	*AB*	*AC*	*AD*	*BC*	*BD*	*CD*	*ABC*	*ABD*	*ACD*	*BCD*	*ABCD*
1	−1	−1	−1	−1	1	1	1	1	1	1	−1	−1	−1	−1	1
4	1	1	−1	−1	1	−1	−1	−1	−1	1	−1	−1	1	1	1
6	1	−1	1	−1	−1	1	−1	−1	1	−1	−1	1	−1	1	1
7	−1	1	1	−1	−1	−1	1	1	−1	−1	−1	1	1	−1	1
10	1	−1	−1	1	−1	−1	1	1	−1	−1	1	−1	−1	1	1
11	−1	1	−1	1	−1	1	−1	−1	1	−1	1	−1	1	−1	1
13	−1	−1	1	1	1	−1	−1	−1	−1	1	1	1	−1	−1	1
16	1	1	1	1	1	1	1	1	1	1	1	1	1	1	1

仔细分析可以发现，原来的 16 行的正交表 7—14 中，15 列是完全不同的。但删去 8 行后（见表 7—15），除去一列全为 1，另 14 列中，每列都有与之成对的另一列是完全相同的。例如，*ABCD*=1 的表中，*D* 与 *ABC* 就完全相同，记为 *D*=*ABC*。完全相同的两列，在作分析时，计算出效应或计算出的回归系数结果完全相同，这两列的效应称作混杂（confounded）了。也可以换个说法：这时，*D* 与 *ABC* 互为别名（*D* is the alias of *ABC*）。

是否可以选别的条件作为删去 8 行的标准呢？选 *BCD*=1，也是可以的。这时，由于 *D*=*BC*，显然不如 *D*=*ABC* 好。经比较后，我们可知 *ABCD*=1 的这种安排方法是所有安排中效果最好的。

混杂总是坏事，能否不产生混杂呢？答案是：任何部分的因子试验，混杂是不可避免的。我们只是希望混杂安排得更好些，尽量让我们感兴趣的因子或交互作用只与更高阶的交互作用相混杂，而在通常情况下，高阶的交互作用项是可以忽略不计的，这时，我们感兴趣的因子或交互作用就都是可以估计的了。

方案 2：增补因子方法。我们设想，总计 8 次试验，由于每个因子都为二水平，做全因子试验可以安排 3 个因子，假设 *A*，*B*，*C* 这 3 个因子已安排在前 3 列了，现在有 4 个因子要安排，如何安排这新的第 4 个因子呢？此问题的描述如表 7—16 所示。

表 7—16　　3 因子全因子试验计划表

	A	*B*	*C*	*AB*	*AC*	*BC*	*ABC*	*D*
1	−1	−1	−1	1	1	1	−1	?
2	1	−1	−1	−1	−1	1	1	?
3	−1	1	−1	−1	1	−1	1	?
4	1	1	−1	1	−1	−1	−1	?
5	−1	−1	1	1	−1	−1	1	?
6	1	−1	1	−1	1	−1	−1	?
7	−1	1	1	−1	−1	1	−1	?
8	1	1	1	1	1	1	1	?

原来的这个表有 8 行 7 列，任意两列间是相互正交的。我们希望增加一列来安排因子 *D*，而且希望此列仍然能与前面各列保持正交性。能否找出一个与前 7 列不同的列而与前 3 列保持正交呢？数学上可以证明，这是不可能的。换言之，*D* 这列必然要与前面第 4，5，6，7 列中某列完全相同。权衡之下，我们认为，取 *D*=*ABC* 是最好的安排。将 *D* 取

值设定与ABC列相同，并将其前移至第4列，可以得到表7—17。

表7—17　　减半实施的4因子试验计划表

	A	B	C	D	AB	AC	BC	$D=ABC$
1	−1	−1	−1	−1	1	1	1	−1
2	1	−1	−1	1	−1	−1	1	1
3	−1	1	−1	1	−1	1	−1	1
4	1	1	−1	−1	1	−1	−1	−1
5	−1	−1	1	1	1	−1	−1	1
6	1	−1	1	−1	−1	1	−1	−1
7	−1	1	1	−1	−1	−1	1	−1
8	1	1	1	1	1	1	1	1

将$ABCD=1$的表7—15重新排序后，与表7—17完全相同。

很明显，$ABCD=1$这个约定非常重要。这将导致$A=BCD$，$B=ACD$，$C=ABD$，$AB=CD$，$AC=BD$及$AD=BC$，即某些主效应将与三阶交互效应相混杂，某些二阶交互效应将与另一些二阶交互效应相混杂。从上述结果很容易发现混杂的规律。我们可以用下列法则来表述：在$ABCD=1$这个等式两边都乘以A，由于$AA=1$，因此就能得到：$BCD=A$。同样，也可以得到$D=ABC$及$AB=CD$等。这种运算规则简单易用，相当于任何字母在等式两侧可以随意移动，只要不“无中生有”就行。这个法则对二水平的部分因子试验设计总是成立的。

如果约定改为$ABC=1$，这将导致$A=BC$，$B=AC$，$C=AB$，某些主效应将与某些二阶交互效应相混杂，这个设计$ABC=1$将比$ABCD=1$的混杂情况要差很多。在部分因子试验中，想使混杂情况尽可能地好且照顾到自己的实际需求，是要用到较多的试验设计知识和技巧的。现在，计算机已能自动提供最佳的设计供人们使用，因此，一般使用试验设计的工程师不必掌握这些烦琐的内容。但有关的概念很重要，即使直接使用计算机也要理解好概念才行。

我们先要认识一个记号：2^{k-p}。这里，k代表全部因子的个数，p代表新安排的因子个数。例如前面的例子，4个因子安排在8次试验中，此试验应记作2^{4-1}，这里4代表全部因子的个数，如果作全因子试验，8次试验只能安排3个因子，原有因子个数为3，因此新安排的因子个数为1。当然也可以这样解释：$2^{4-1}=\frac{2^4}{2}$，分子为因子个数是4时的全因子试验次数16，分母为2的1次方，表示只实行了1/2。两种理解都有意义。因此，2^{k-p}是部分因子试验设计很恰当的记号。

我们称$D=ABC$为生成元（generator），称$ABCD=1$（或写为$I=ABCD$）为定义关系（defining relation），简称字（word）。一旦给定了全部生成元（2^{k-p}中共有p个生成元），则此部分因子试验设计就完全确定了。接着，由它可以形成全部的字（2^{k-p}中全部的字共有2^p-1个）。每个字都有其字长（word length），例如，$I=ABCD$的字长为4。我们称所有的字中字长最短的那个字的长度为整个设计的分辨度（resolution）。例如，2^{4-1}设计中，若定义关系为$I=ABCD$，则这是一个分辨度为Ⅳ的设计（通常分辨度用罗马数字给出），我们记这个设计为2_{IV}^{4-1}，右下角是分辨度。一般的，分辨度为R的部分因子设计记为2_R^{k-p}。

我们有必要再详细解释一下分辨度的含义。

分辨度为Ⅲ的设计：各主效应间没有混杂，但某些主效应可能与某些二阶交互效应相混杂。

分辨度为Ⅳ的设计：各主效应间没有混杂，主效应与二阶交互效应间也没有混杂，但主效应可能与某些三阶交互效应相混杂，某些二阶交互效应可能与其他二阶交互效应相混杂。

分辨度为Ⅴ的设计：某些主效应可能与某些四阶交互效应相混杂，但不会与三阶或更低阶交互效应混杂；某些二阶交互效应可能与三阶交互效应相混杂，但各二阶交互效应之间没有混杂。

以下依此类推，但常用的到分辨度为Ⅴ的设计就可以了。

如果能够认为三阶以上的交互作用全都可以忽略不计，与三阶及以上的交互效应相混杂的因子效应或交互效应则称为是可以估计的（estimable），也称是纯净的（clear）。那么，分辨度为Ⅳ的设计中各主效应都是可以估计的，那些未相互混杂的二阶交互效应也是可以估计的；分辨度为Ⅴ的设计中，全部主效应及二阶交互效应都是可以估计的。

怎样才能根据 k 和 p 的数值确定分辨度的数值呢？这是个很难给出一般结论的困难问题，也没有简单的公式可用，我们只能查下列这张表（见表 7—18），这是我们进行部分因子试验必须熟悉的一张表。

表 7—18 中，第一行代表试验因子的个数，第一列代表试验的总次数（不含中心点），表中所列出的数值就是最佳设计所具有的分辨度值。例如，第一行选因子个数为 4，第一列选试验总次数 8（安排全因子试验可以安排 3 个因子），这就是部分因子设计 2^{4-1}。表中所列的就是最佳设计所具有的分辨度值Ⅳ，也就是说我们可以使用设计 2_{IV}^{4-1}。至于这里如何选定生成元，全部的定义关系（字）是什么，哪些效应间会产生混杂，这些都将由计算机自动给出。除非设计者有特别要求，由计算机所给定的设计通常是合用的、最好的。

表 7—18　　部分因子试验分辨度表

	2	3	4	5	6	7	8	9	10	11	12	13	14	15
4	Full	Ⅲ												
8		Full	Ⅳ	Ⅲ	Ⅲ	Ⅲ								
16			Full	Ⅴ	Ⅳ	Ⅳ	Ⅳ	Ⅲ	Ⅲ	Ⅲ	Ⅲ	Ⅲ	Ⅲ	Ⅲ
32				Full	Ⅵ	Ⅳ	Ⅳ	Ⅳ	Ⅳ	Ⅳ	Ⅳ	Ⅳ	Ⅳ	Ⅳ
64					Full	Ⅶ	V	Ⅳ	Ⅳ	Ⅳ	Ⅳ	Ⅳ	Ⅳ	Ⅳ
128						Full	Ⅷ	VI	V	V	Ⅳ	Ⅳ	Ⅳ	Ⅳ

表 7—18 还可以有更多的用途。例如，我们要考察 8 个因子，做多少次试验可以保证分辨度不低于Ⅳ？从表中对应因子数为 8 的那列，可以看到，做 16 次或 32 次试验分辨度都是 Ⅳ，做 64 次试验分辨度才能达到Ⅴ。这样一来，我们就可以决定，做 16 次试验就够了。再例如，如果条件限定我们最多做 16 次试验，如果保证分辨度不低于 Ⅳ，最多可以安排多少因子？从表中对应试验次数为 16 的那行，可以看到，安排 6，7，8 个因子都可以使分辨度为 Ⅳ，故最多可以安排 8 个因子。

7.5.2　部分因子试验的计划

我们通过一个例题来说明如何安排部分因子试验的计划。

例 7—5

在陶粒混凝土工艺条件试验中，考察影响其抗压强度的因子，并求出使抗压强度达到最大的试验条件。

共考察 6 个因子：

因子 A：水泥用量（Amt. cement），低水平取 180 千克，高水平取 200 千克

因子 B：水泥标号（St. cement），低水平取 400 号，高水平取 500 号

因子 C：陶粒用量（ceramsite），低水平取 150 千克，高水平取 170 千克

因子 D：含砂率（sand），低水平取 38%，高水平取 40%

因子 E：搅拌时间（mix），低水平取 200 秒，高水平取 300 秒

因子 F：养护时间（curing），低水平取 2 天，高水平取 3 天

要求是：包括中心点在内，不得超过 20 次试验，考察各主因子和 AB，AC，CF，DE 各二阶交互效应是否显著。

由于试验次数的限制，我们在因子点上只能做试验 16 次，另 4 次取中心点。这就是 $2^{6-2}+4$ 试验。由表 7—18 可以查得，这时 $R=\text{IV}$，可达分辨度为Ⅳ的设计。各主效应间没有混杂，主效应与二阶交互效应间也没有混杂，但某些二阶交互效应可能与其他二阶交互效应相混杂，因此，只要保证所要考察的 AB，AC，CF，DE 各二阶交互效应间没有相互混杂就行了。

下面具体生成试验设计表。以使用 MINITAB 为例，从统计→DOE→因子→创建因子设计入口即可。先选定因子个数为 6，从对话窗设计中选定 16 次试验，4 个中心点，从对话窗因子中，设定各因子名称及水平，在对话窗选项中先选定非随机化，则可生成表 7—19。

表 7—19　　例 7—5 部分因子试验设计计划表

标准序	运行序	中心点	区组	水泥用量	水泥标号	陶粒用量	含砂率	搅拌时间	养护时间
1	1	1	1	180	400	150	38	1.50	2.0
2	2	1	1	200	400	150	38	2.00	2.0
3	3	1	1	180	500	150	38	2.00	3.0
4	4	1	1	200	500	150	38	1.50	3.0
5	5	1	1	180	400	170	38	2.00	3.0
6	6	1	1	200	400	170	38	1.50	3.0
7	7	1	1	180	500	170	38	1.50	2.0
8	8	1	1	200	500	170	38	2.00	2.0
9	9	1	1	180	400	150	40	1.50	3.0
10	10	1	1	200	400	150	40	2.00	3.0
11	11	1	1	180	500	150	40	2.00	2.0
12	12	1	1	200	500	150	40	1.50	2.0
13	13	1	1	180	400	170	40	2.00	2.0
14	14	1	1	200	400	170	40	1.50	2.0
15	15	1	1	180	500	170	40	1.50	3.0
16	16	1	1	200	500	170	40	2.00	3.0
17	17	0	1	190	450	160	39	1.75	2.5

续前表

标准序	运行序	中心点	区组	水泥用量	水泥标号	陶粒用量	含砂率	搅拌时间	养护时间
18	18	0	1	190	450	160	39	1.75	2.5
19	19	0	1	190	450	160	39	1.75	2.5
20	20	0	1	190	450	160	39	1.75	2.5

在运行窗中，可以看到下列混杂情况表：

部分因子试验设计

因子：　6　基本设计：　6，16　分辨度：　Ⅳ
试验次数：　20　仿行：　1　实施部分：　1/4
区组：　1　中心点（合计）：　4

设计生成元：$E=ABC$，$F=BCD$

别名结构

$I+ABCE+ADEF+BCDF$
$A+BCE+DEF+ABCDF$
$B+ACE+CDF+ABDEF$
$C+ABE+BDF+ACDEF$
$D+AEF+BCF+ABCDE$
$E+ABC+ADF+BCDEF$
$F+ADE+BCD+ABCEF$
$AB+CE+ACDF+BDEF$
$AC+BE+ABDF+CDEF$
$AD+EF+ABCF+BCDE$
$AE+BC+DF+ABCDEF$
$AF+DE+ABCD+BCEF$
$BD+CF+ABEF+ACDE$
$BF+CD+ABDE+ACEF$
$ABD+ACF+BEF+CDE$
$ABF+ACD+BDE+CEF$

此表告诉我们，生成元是：$E=ABC$，$F=BCD$。后面的别名结构描述的是每列中互为别名的有哪些。例如，$A+BCE+DEF+ABCDF$。

混淆结构说明，A 所在的列，其实可能是 A 在起作用，同时起作用的可能还有 BCE，DEF 和 $ABCDF$。有时也可将此式写成 $A=BCE=DEF=ABCDF$，表明这些项是互为别名的，或说它们是相互混杂的。我们要检查一下所感兴趣的二阶交互作用的混杂情况。将三阶以上交互作用忽略不计，这里混杂的有：$AB=CE$，$AC=BE$，$AD=EF$，$AF=DE$，$AE=BC=DF$，$BD=CF$，$BF=CD$。本问题所要求估计的 4 个二阶交互作用 AB，AC，CF，DE 之间，没有发生混杂，因此本设计方案是可行的。如果万一“所要求的可以估计的二阶交互效应间在给定设计中出现混杂”，那么有两种情况可能出现。一种是可以自行解决的，其办法有两个：(1) 将因子名称相互交换；(2) 自行选定设计生成元（这时就要改变计算机给出的缺省的生成元，自己另行指定）。这些要用到较多的技巧，可以向统计学家咨询。也有另一种可能，那就是该问题所要求的那么多二阶交互作用都不与别的项混杂是根本办不到的。如何区分这两种情况，也只能向统计学家咨询。当然，不管遇到哪种情况，只要增加试验次数总是可以解决的。

上述试验计划表给定后，要将运行序列随机化，然后再按随机化后的 Run Order 的数值顺序将表重新排好形成计划矩阵，就可以按此表进行试验了。

7.5.3 部分因子试验的分析实例

例 7—6

在硫代硫酸钠生产中，经过头脑风暴发现，影响其杂质率的原因有很多，至少有 4 个因子：成分 A 含量、成分 B 含量、反应罐内温度及反应时间。假定因子间不存在交互作用，同时试验成本很高，研究经费只够安排 11 次试验，应如何安排试验设计？

因子 A：成分 A 含量：低水平取 12%，高水平取 16%

因子 B：成分 B 含量：低水平取 2.4%，高水平取 2.8%

因子 C：反应罐内温度：低水平取 200℃，高水平取 220℃

因子 D：反应时间：低水平取 40 分钟，高水平取 50 分钟

由于试验次数的限制，本例只能采用 $2^{4-1}+3$ 设计。由部分因子试验分辨度表（见表 7—18）可以看出，8 次试验（不包含中心点）可以实现分辨度为Ⅳ的计划。这时候，计算机自动取生成元 $D=ABC$，此时 $AB=CD$，$AC=BD$，$AD=BC$，总计将有 3 对交互作用相混杂。

安排试验计划后，严格按随机化后的试验顺序进行了试验，其结果列成表 7—20，其中杂质率（impurity）的单位是万分之一。

表 7—20　　降低产品杂质率试验结果表

标准序	运行序	中心点	区组	成分 A	成分 B	温度	时间	杂质率
1	9	1	1	12	2.4	200	40	26.9
2	10	1	1	16	2.4	200	50	27.4
3	3	1	1	12	2.8	200	50	16.9
4	7	1	1	16	2.8	200	40	38.2
5	11	1	1	12	2.4	220	50	28.3
6	6	1	1	16	2.4	220	40	39.0
7	4	1	1	12	2.8	220	40	26.8
8	2	1	1	16	2.8	220	50	36.2
9	1	0	1	14	2.6	210	45	32.1
10	5	0	1	14	2.6	210	45	28.7
11	8	0	1	14	2.6	210	45	29.8

对于部分因子试验的数据进行分析，其方法与全因子试验设计的五步分析法完全相同。其具体步骤及结果如下。

1. 第一步：拟合选定模型

在 MINITAB 软件中同样从统计→DOE→因子→分析因子设计入口，选定全模型后，在运行窗中可得到计算结果。

我们首先将全部备选项列入模型。这时，全模型也只有因子 A：成分 A 含量；因子 B：成分 B 含量；因子 C：反应罐内温度；因子 D：反应时间；共包含 6 项二阶交互作用项。

计算结果的分析与全因子试验设计相同，现列出如下：

拟合因子：杂质率与成分 A，成分 B，温度，时间

杂质率的估计效应和系数（已编码单位）

项	效应	系数	系数标准误	*t*	*p*
常量		30.027	0.431 5	69.60	0.000
成分 A	10.475	5.237	0.505 9	10.35	0.002
成分 B	−0.875	−0.437	0.505 9	−0.86	0.451
温度	5.225	2.613	0.505 9	5.16	0.014
时间	−5.525	−2.762	0.505 9	−5.46	0.012
成分 A×成分 B	4.875	2.438	0.505 9	4.82	0.017
成分 A×温度	−0.425	−0.212	0.505 9	−0.42	0.703
成分 A×时间	−1.275	−0.638	0.505 9	−1.26	0.297

S=1.430 97，*PRESS*=36.272 5

R-Sq=98.44%，*R-Sq*（预测）=90.79%，*R-Sq*（调整）=94.80%

杂质率的方差分析（已编码单位）

来源	自由度	*SeqSS*	*AdjSS*	*AdjMS*	*F*	*p*
主效应	4	336.635	336.635	84.159	41.10	0.006
成分 A	1	219.451	219.451	219.451	107.17	0.002
成分 B	1	1.531	1.531	1.531	0.75	0.451
温度	1	54.601	54.601	54.601	26.66	0.014
时间	1	61.051	61.051	61.051	29.81	0.012
二因子交互作用	3	51.144	51.144	17.048	8.33	0.058
成分 A×成分 B	1	47.531	47.531	47.531	23.21	0.017
成分 A×温度	1	0.361	0.361	0.361	0.18	0.703
成分 A×时间	1	3.251	3.251	3.251	1.59	0.297
残差误差	3	6.143	6.143	2.048		
弯曲	1	0.123	0.123	0.123	0.04	0.858
纯误差	2	6.020	6.020	3.010		
合计	10	393.922				

别名结构
I+成分 A×成分 B×温度×时间
成分 A+成分 B×温度×时间
成分 B+成分 A×温度×时间
温度+成分 A×成分 B×时间
时间+成分 A×成分 B×温度
成分 A×成分 B+温度×时间
成分 A×温度+成分 B×时间
成分 A×时间+成分 B×温度

MINITAB 计算中输出了因子帕累托图（见图 7—21）。

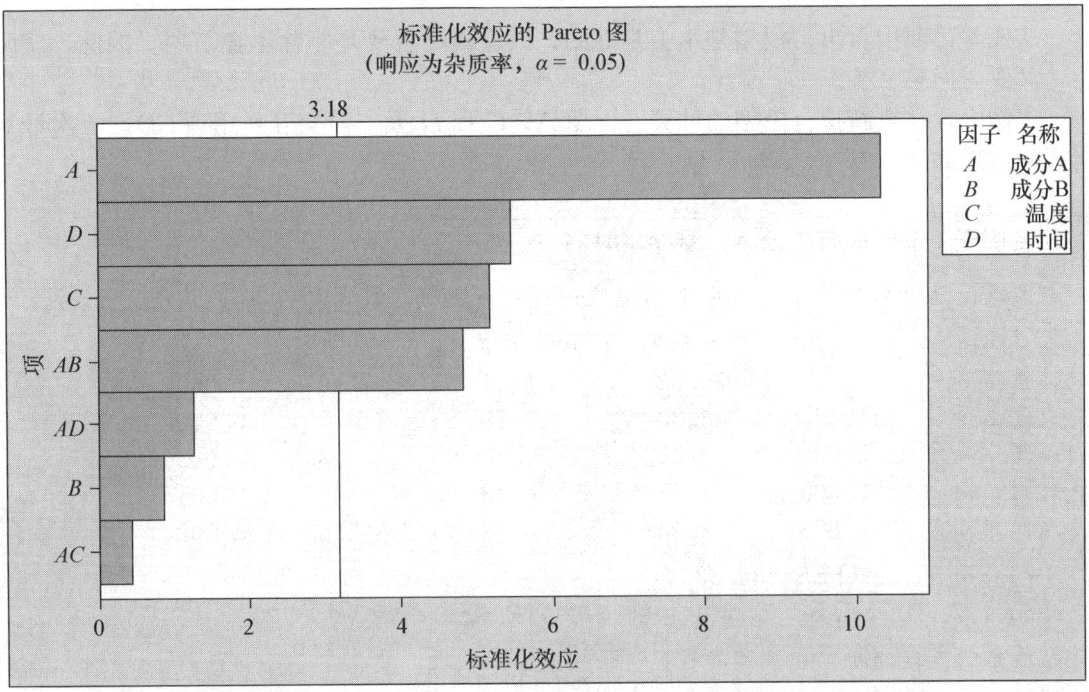

图 7—21　降低产品杂质率试验因子效应的帕累托图

(1) 先看 ANOVA 表中的总效果。在本例中，对应主效应项的 p 值为 0.006，表明本模型总的说来是有效的。

(2) 看 ANOVA 表中的弯曲项。在本例中，对应弯曲项的 p 值为 0.858，大于 0.05，则表明本批数据没有弯曲现象。

(3) 各项效应的显著性。从计算结果的最开始参数估计项中可以看出，因子 A，C，D 及 AB 是高度显著的（见图 7—21），而其余项皆不显著。仔细查看本设计的别名结构表可以看出混杂的状况。表面上看，AB 所在列的效应是显著的，但此列其实是 $AB+CD$，即 AB 与 CD 两方面效应的叠加，而由问题的背景材料分析中已经明确 AB 交互作用并不存在，因此，这个显著项只能是 CD 的作用。这样一来，我们最终将选入 A，C，D 及 CD。

部分因子试验的数据分析与全因子试验设计的数据分析，其差别只在这里。即当数据分析结果中有某些二阶交互作用效应显著时，不能仅从表面上的结果来决定取舍，要仔细分析混杂结构，查看在结构表中，此显著项是与哪个（或哪些）二阶交互作用效应相混杂的，再根据背景材料予以判断，最终决定谁入选。有时没有相关背景材料提供，这时判断确实可能有困难，只好再作进一步的试验来区分这些混杂的交互作用。有时实在没办法了，还可以“猜”一下，例如，A，C 和 D 这三个因子主效应显著，而 $AB=CD$，这时候很容易想到：B 因子并不显著，而 C，D 两因子皆显著，当然，CD 显著的可能性要比 AB 显著的可能性大得多，因此可以判 CD 显著。这当然没有绝对的把握，严格地说，必须再做进一步的试验才能予以判别。

2. 第二步：进行残差诊断

残差诊断分析法与全因子试验设计完全相同，本例残差诊断中未发现任何问题，此处从略。

3. 第三步：判断模型是否需要改进

从残差诊断中看出，模型基本上是好的，改进模型主要是删除不显著项。因此，实际上，又要返回第一步。

本例中，在重新拟合模型的计算时保留 A，C 和 D 及二阶交互作用项 CD，再次计算所得的结果如下：

拟合因子：杂质率与成分 A，温度，时间

杂质率的估计效应和系数（已编码单位）

项	效应	系数	系数标准误	t	p
常量		30.027	0.413 5	72.61	0.000
成分 A	10.475	5.237	0.484 9	10.80	0.000
温度	5.225	2.612	0.484 9	5.39	0.002
时间	−5.525	−2.762	0.484 9	−5.70	0.001
温度×时间	4.875	2.438	0.484 9	5.03	0.002

$S=1.371\,55$，$PRESS=38.328\,5$

$R\text{-}Sq=97.13\%$，$R\text{-}Sq$（预测）$=90.27\%$，$R\text{-}Sq$（调整）$=95.22\%$

杂质率的方差分析（已编码单位）

来源	自由度	*Seq SS*	*Adj SS*	*Adj MS*	F	p
主效应	3	335.104	335.104	111.701	59.38	0.000
成分 A	1	219.451	219.451	219.451	116.66	0.000
温度	1	54.601	54.601	54.601	29.03	0.002
时间	1	61.051	61.051	61.051	32.45	0.001
二因子交互作用	1	47.531	47.531	47.531	25.27	0.002
温度×时间	1	47.531	47.531	47.531	25.27	0.002
残差误差	6	11.287	11.287	1.881		
弯曲	1	0.123	0.123	0.123	0.06	0.824
失拟	3	5.144	5.144	1.715	0.57	0.687
纯误差	2	6.020	6.020	3.010		
合计	10	393.922				

对于这次的计算结果，我们仍用前面介绍过的方法与步骤来分析。

此时观察到下面几处要点：

（1）先看 ANOVA 表中的总效果。在本例中，对应主效应（main effect）项的 p 值为 0.000，表明本模型总的说来是有效的。

（2）看 ANOVA 表中的弯曲项。在本例中，对应弯曲项的 p 值为 0.824，大于 0.05，则表明本批数据并没有弯曲现象。

（3）看 ANOVA 表中的失拟项。在本例中，对应失拟项的 p 值为 0.687，大于 0.05，则表明删减模型后并没有失拟现象。

（4）各项效应的显著性。从参数估计中，可以看出，因子 A，C，D 及 CD 确实是高度显著的。而且，全模型的 $S=1.430\,97$，而删减模型中 $S=1.371\,55$，因此可以断言，删减模型效果是好的。

4. 第四步：对选定模型进行分析解释

我们要在拟合选定模型后输出更多的信息，并给出有意义的解释。

（1）输出各因子的主效应图和交互效应图。主效应图如图 7—22 所示。从图中可以看出，因子 A，C，D 对于响应变量杂质率的影响确实是很显著的，而因子 B 的影响确实是不显著的，而且还可以看出，为使杂质率取值更小，应该让 A，C 尽可能小，让 D 尽可能大。

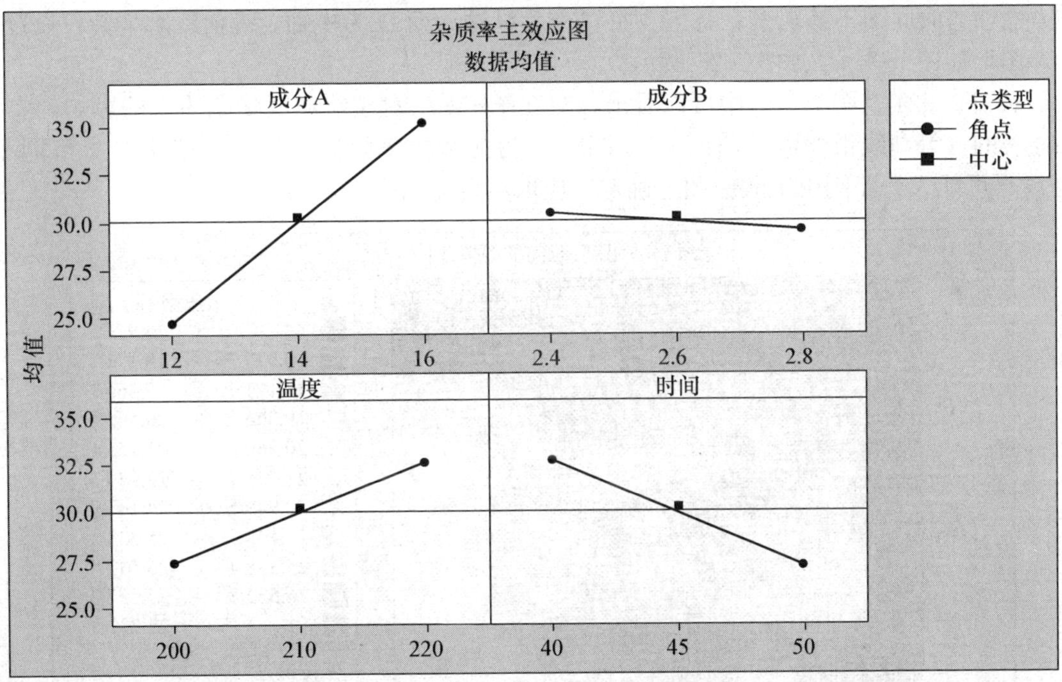

图 7—22　因子主效应图

交互效应图如图 7—23 所示。

从图 7—23 中可以看出，因子 C 与因子 D 的交互作用对于响应变量杂质率的影响确实是很显著的（两条线非常不平行），而其他交互效应对于响应变量杂质率的影响确实是不显著的（两条线几乎平行）。

（2）输出等高线图、响应曲面图等。在 MINITAB 软件中可以从统计→DOE→因子→

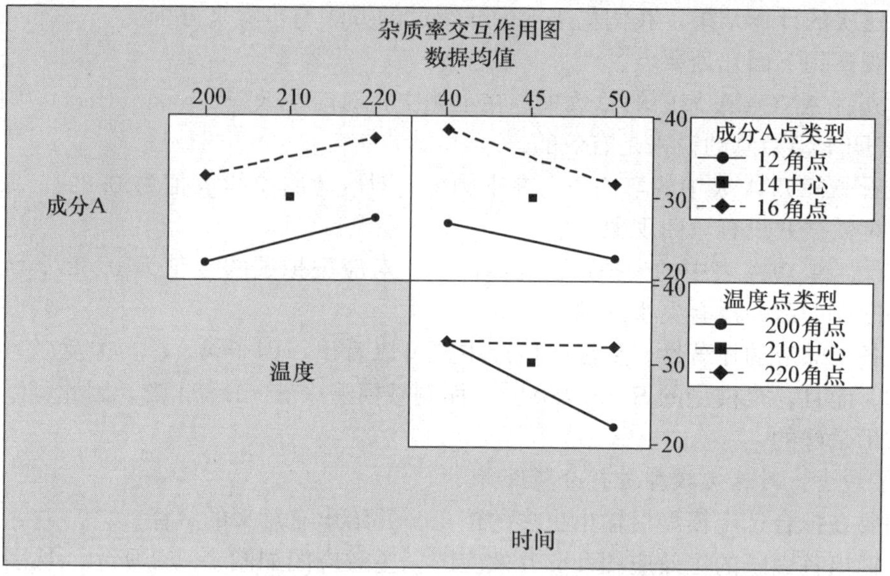

图 7—23　各因子交互效应图

等值线/曲面图得到它们。我们注意到，在选定有交互作用的 C 和 D 作为两个坐标轴时，C 为横轴的曲面图不易观察，我们改将 C 作为纵轴，而 D 为横轴，等值线水平数目设置为 10，图形如图 7—24 及图 7—25 所示。

从图 7—24 及图 7—25 中可以看出，交互作用 CD 对于响应变量杂质率的影响确实是很显著的（等高线很弯曲，曲面偏离平面），为使杂质率取值更小，应该让 C 尽可能小，让 D 尽可能大。A 则由主效应图上确定，应取尽可能的小。

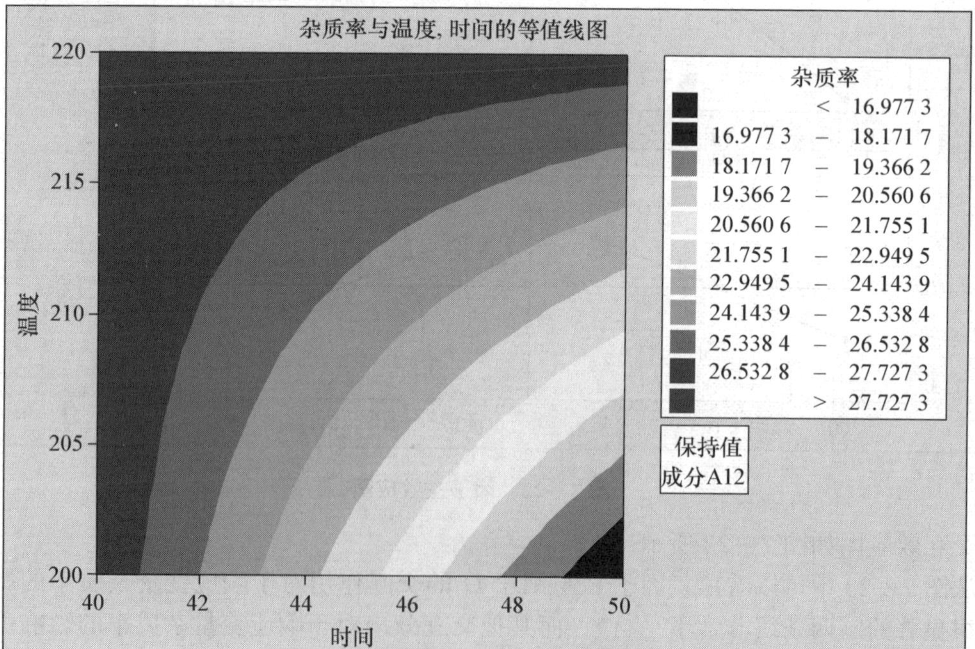

图 7—24　杂质率对于 C，D 二因子的等高线图

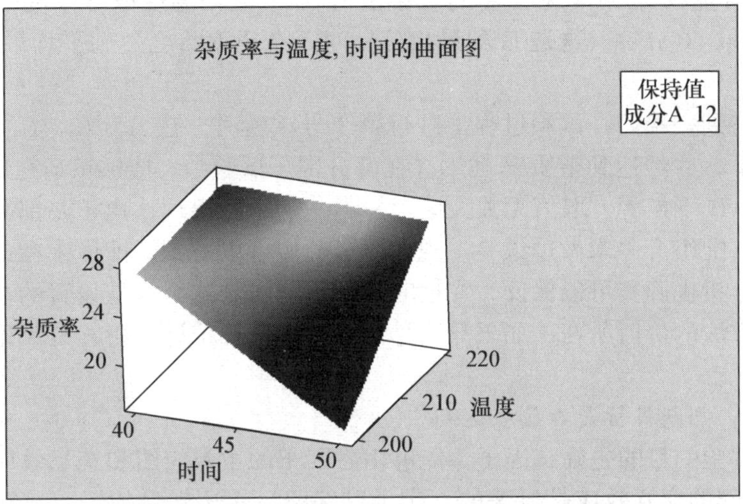

图 7—25 杂质率对于 *C*，*D* 二因子的曲面图

（3）实现最优化。本问题属于望小型。在 MINITAB 软件中可以从统计→DOE→因子→响应优化器得到最优化结果。这时，在对最优的目标选择上，取望小，在“设置”中，只需填写上限及望目两项，而下限留为空白即可。我们取上限＝25（这个值是在做过的试验中已经实现了的），取望目＝15（这个值是在做过的试验中未能达到，是我们的较高理想）。计算机自动搜索后，得到最小值计算结果如图 7—26 所示。

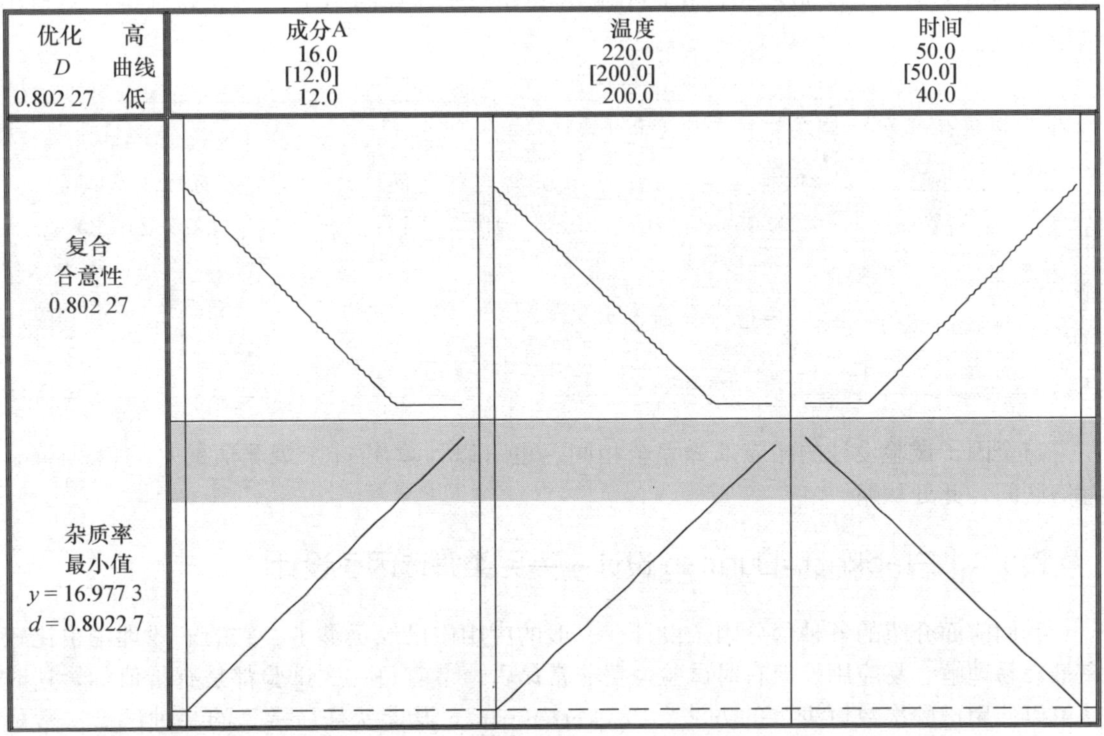

图 7—26 杂质率的最优化结果图

当成分 A 含量取 12%（这是 A 的最小值），反应罐内温度取 200 度（这是 C 的最小值），反应时间取 50 分钟（这是 D 的最大值）时，杂质率将会达到平均最小值 16.977 3/10 000。

大家可以看到，我们在试验过程中进行第 3 号试验时，在 $A=12$，$B=2.8$，$C=200$，$D=50$ 的条件下，曾经达到杂质率 16.9。在部分因子试验中，能够正巧在最优设置做过一次试验的情况（B 不显著，取值无关大局）并不一定总能出现。由于是部分因子试验，有些试验条件的搭配组合并未做过试验。现在通过分析可以看到，即使未在最优设置处做过试验，我们的分析也确实可以保证，在这时是一定能找到这个最佳设置的。这正是试验设计的统计分析方法的价值所在。如果只安排试验而不进行统计分析，是无论如何也做不到这一点的。

5. 第五步：判断目标是否已经达到

部分因子试验的目的是筛选因子，能够由各因子的主效应图和交互效应图分析出哪些因子/哪些因子间的交互效应是显著的、应予以保留，就达到目的了。通常是以这些结果为依据，选定因子并确定因子水平，进行下一轮试验。但实际上，我们还可以更充分地挖掘信息，进一步求出最佳值，甚至可以求出最佳值的预测值的置信区间。这些计算方法与全因子的相应部分完全相同，具体细节就不在这里详细叙述了。

我们借助于回归分析栏来进行计算。由于最终选定的模型中包含 A，C，D 及 CD 共 4 项，而原始数据表中没有 CD 交叉乘积项，为此，先要将 CD 项作为数据表中新的一列，然后进行回归，在其中“选项”内，严格按选定模型中自变量顺序 A，C，D 最优设置的数值为 12，200，50，并选中输出所有补充计算的结果，则计算机将自动给出结果如下：

根据该模型在新设计点处对杂质率的预测响应

点	拟合值	拟合值标准误	95%置信区间	95%预测区间
1	16.977 3	1.054 3	(14.397 5，19.557 1)	(12.744 2，21.210 3)

新观测值的自变量值

新观测值	成分 A	温度	时间
1	12	200	50

与全因子试验设计的相应部分完全相同，也可以计算出 m 个观测值的平均值的 95%置信区间，此处从略。

7.5.4 Plackett-Burman 设计——另类筛选因子设计

我们前面介绍的各种部分因子设计在一般的应用中已经足够了。它的一般理论也比较完整，易理解、易应用。但有时试验经费非常昂贵，节省每一次试验都是有价值的，这时就可以使用试验次数更少些的方法。Plackett-Burman 设计就是最常见的一种试验次数最少的方法。

如前所述，部分因子设计的试验次数都是 2 的整方幂：4，8，16，32，…。这些试验计划保证了试验安排的正交性，除中心点，任一列中正负号出现次数各占一半，任两列中，++，+-，-+，--四种搭配出现的次数都是相等的。这种正交性导致试验结果均衡分散，整齐可比。但是，保持正交性的设计其试验次数 n 是否非要 2 的整方幂呢？数学上容易看出，n 确实不一定非要是 2 的整方幂，但它一定得是 4 的整倍数。Plackett-Burman 设计就是对所有恰为 4 的整倍数的 n 的这些情况给出了设计。若此时 n 又恰为 2 的整方幂时，其结果与前面介绍的部分因子设计完全一样，因此没有讨论的必要。总之，Plackett-Burman 设计最有用的是 $n=12$，20，24，…。表 7—21 就是一个 L12 表。

表 7—21　　Plackett-Burman 设计表（n=12）

	A	B	C	D	E	F	G	H	J	K	L
1	1	−1	1	−1	−1	−1	1	1	1	−1	1
2	1	1	−1	1	−1	−1	−1	1	1	1	−1
3	−1	1	1	−1	1	−1	−1	−1	1	1	1
4	1	−1	1	1	−1	1	−1	−1	−1	1	1
5	1	1	−1	1	1	−1	1	−1	−1	−1	1
6	1	1	1	−1	1	1	−1	1	−1	−1	−1
7	−1	1	1	1	−1	1	1	−1	1	−1	−1
8	−1	−1	1	1	1	−1	1	1	−1	1	−1
9	−1	−1	−1	1	1	1	−1	1	1	−1	1
10	1	−1	−1	−1	1	1	1	−1	1	1	−1
11	−1	1	−1	−1	−1	1	1	1	−1	1	1
12	−1	−1	−1	−1	−1	−1	−1	−1	−1	−1	−1

用 Plackett-Burman 设计来安排试验的最大好处是节省试验次数。例如我们用 L12 时，用 12 次试验，可以安排最多 11 个因子。当然，这种方法的分辨度只有Ⅲ，换言之，主效应将与二阶交互效应混杂。若任何一个二阶交互效应是显著的，则将导致不能准确分析主效应。这种设计不像一般的部分因子设计还可能提供别的更多信息，它只能用于筛选因子，因此也专称 Plackett-Burman 设计是筛选试验设计。它的使用范围和条件是：因子个数较多，试验昂贵，不必考虑任何交互作用。因此，不到万不得已，此方法通常是不采用的。由于其设计及分析方法与前面介绍的部分因子设计完全相同，这里就从略了。

7.5.5　三水平部分因子试验的分析

对于全因子试验设计，本节前面只考虑了二水平试验的设计与分析。如果实际工作中确实需要考虑三水平或多水平时，我们可以自行定义一个全因子试验，计算机软件也有相应的设计与分析的功能。由于它与二水平的状况相仿，故不再加以叙述。但如果需要进行三水平的部分因子试验时，就要自己动手安排和计算。

本来，高、中、低三水平的代码可以有多种选择方法，选 1，2，3 可以，选离散的

A，B，C 也行，但以连续型变量 -1，0，1 作为代码最好。这时，可以把对因子效应的方差分析和对自变量的回归结合起来进行。

下面举例说明之。

例 7—7

为了环保，利用粉煤灰及煤矸石经碾压制成烟灰砖。为了考察如何能使其强度达到最大，要进行试验：将烟灰砖制成边长为 15 厘米的立方体后，将其压碎，以其承载力（千克）为指标 y，希望选定最优工艺条件使 y 达到最大。共有 3 个因子，选择其水平如下：

因子 A：成型水分（%）：$A_1=9$，$A_2=10$，$A_3=11$

因子 B：碾压时间（分钟）：$B_1=8$，$B_2=10$，$B_3=12$

因子 C：料重（千克/盘）：$C_1=330$，$C_2=360$，$C_3=390$

找出重要影响因子及最佳搭配，使承载力 y 达到最大。

下面我们以 MINITAB 软件为例说明整个操作过程。

在计划阶段，注意使用一般因子设计（统计→DOE→因子→创建因子设计）入口，选中“一般全因子设计”，并选定因子个数为 2（因为只进行 9 次试验），在对话窗“设计”中，填写 A，B 二因子，且水平数皆为 3。在对话窗“因子”中，填写 A，B 二因子的各水平为 -1，0，1。在对话窗“选项”中，选中非随机化。这样就可以得到含 A，B 两因子各门 3 水平的正交表。自己在表中再补充一列 C，按部分因子 3 水平正交表的第 3 列填写，3 水平仍取 -1，0，1。随机化顺序后，就得到完整的试验计划表了。

在实际试验后，将数据 y 填写在 A，B，C 之后，结果如表 7—22 所示。

表 7—22　烟灰砖强度的三水平试验结果表

标准序	运行序	区组	A	B	C	y	A_2	B_2	C_2
1	1	1	−1	−1	−1	172	1	1	1
2	2	1	−1	0	0	182	1	0	0
3	3	1	−1	1	1	180	1	1	1
4	4	1	0	−1	0	192	0	1	0
5	5	1	0	0	1	183	0	0	1
6	6	1	0	1	−1	198	0	1	1
7	7	1	1	−1	1	159	1	1	1
8	8	1	1	0	−1	160	1	0	1
9	9	1	1	1	0	181	1	1	0

在分析时，不能使用“DOE”窗，而要用统计→方差分析→一般线性模型作为入口。这时，各因子都应当作“固定效应”（因而不要填写入随机因子窗内），得到 ANOVA 结果如下：

一般线性模型：y 与 A，B，C

因子	类型	水平数	值
A	固定	3	−1，0，1
B	固定	3	−1，0，1
C	固定	3	−1，0，1

y 的方差分析，在检验中使用调整的 SS

来源	自由度	$Seq\ SS$	$Adj\ SS$	$Adj\ MS$	F	p
A	2	889.56	889.56	444.78	108.19	0.009
B	2	272.89	272.89	136.44	33.19	0.029
C	2	197.56	197.56	98.78	24.03	0.040
误差	2	8.22	8.22	4.11		
合计	8	1 368.22				

$S=2.027\,59$，$R\text{-}Sq=99.40\%$，$R\text{-}Sq$（调整）$=97.60\%$

可以得知，三个因子的效应都是显著的（显著性水平取为 0.05）。为了得到回归方程，要先在数据表中加上三个因子的平方项，然后再进行回归分析。这是因为，因子取三水平后，不单有线性效应（main effect），而且还包含二阶效应，不加入二阶项所得到的因子效应是不完全的，不准确的。从统计→回归→回归入口，选入 A，B，C 及它们的平方项共 6 项，结果如下：

回归分析：y 与 A，B，C，A_2，B_2，C_2

回归方程为：

$y=194-5.67\times A+6.00\times B-1.33\times C-18.7\times A_2+5.33\times B_2-9.67\times C_2$

自变量	系数	系数标准误	t	p
常量	193.889	1.788	108.43	0.000
A	−5.666 7	0.827 8	−6.85	0.021
B	6.000 0	0.8278	7.25	0.019
C	−1.333 3	0.8278	−1.61	0.249
A_2	−18.667	1.434	−13.02	0.006
B_2	5.333	1.434	3.72	0.065
C_2	−9.667	1.434	−6.74	0.021

$S=2.027\,59$，$R\text{-}Sq=99.4\%$，$R\text{-}Sq$（调整）$=97.6\%$

方差分析

来源	自由度	SS	MS	F	p
回归	6	1 360.00	226.67	55.14	0.018
残差误差	2	8.22	4.11		
合计	8	1 368.22			

这说明，应取 A，B，A_2，B_2（p 值为 0.065，处于边界状态，这里也视为显著项）及 C_2 共 5 项，即取 2 个主因子及全部 3 个因子平方项。

由统计→方差分析→主效应图入口，可以得到图7—27。

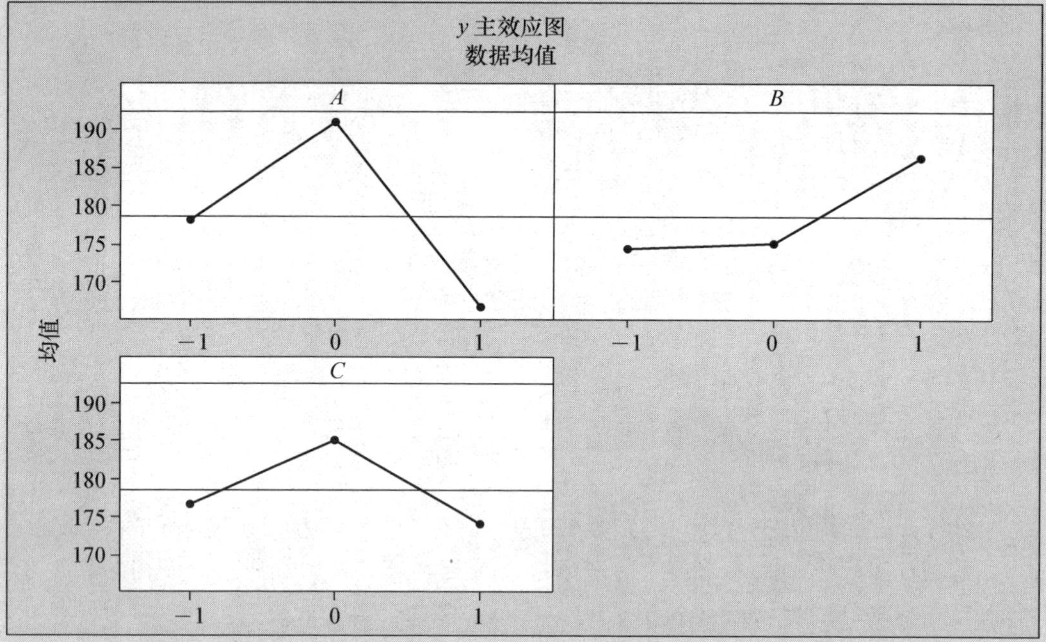

图7—27　三水平试验主效应图

由图7—27可以断言，A取中水平0，B取高水平1，C取中水平0，将使响应变量y取值最大。最后再从统计→回归→回归入口，选定A，B，A_2，B_2及C_2共5项，以0，1，0，1，1代入方程，得到最优值的预测结果。

新观测值的预测值

新观测值	拟合值	拟合值标准误	95%置信区间	95%预测区间
1	195.556	1.962	(189.313，201.798)	(185.420，205.692)

新观测值的自变量值

新观测值	A	B	A_2	B_2	C_2
1	0.00	1.00	0.00	1.00	1.00

7.6　响应曲面设计与分析

7.6.1　响应曲面设计概论

在实际工作中，常常需要研究响应变量Y究竟如何依赖于自变量，进而找到自变量的设置使得响应变量得到最佳值（望大、望小或望目）。如果自变量的个数较少（通常不超过 3 个)，则响应曲面方法是最好的方法之一。本方法特别适合于响应变量望大或望小的情形，而参数稳健设计方法则更适合于响应变量望目的情形。

我们通常的作法是这样的：先用二水平因子试验的数据，拟合一个线性的回归方程(可以含交叉乘积项)，如果发现有弯曲的趋势，则拟合一个含二次项的回归方程。其一般模型是这样的（以两个自变量为例）：

$$y=b_0+b_1x_1+b_2x_2+b_{11}x_1^2+b_{22}x_2^2+b_{12}x_1x_2+\varepsilon$$

选项比过去增加了各自变量的平方项。这样一来，原来的一些设计点的数据就不够用了，要再增补一些试验点。这种先后分几阶段完成全部试验的策略就是序贯试验的策略。适用于这种策略的方法有很多种，其中最常用的就是中心复合设计（central composite design，CCD)。

1. 中心复合设计

下面的图形就是三维空间（即三因子）中的一个中心复合设计示意图（见图 7—28)。以下叙述中给出的坐标都假定各因子已代码化。

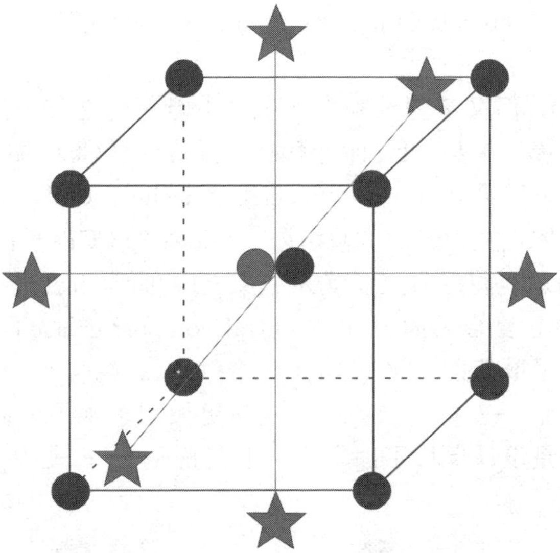

图 7—28　三因子中心复合设计布点示意图

整个试验由下面三部分试验点构成：

(1) 立方体点（cube point）或角点（corner point)，各点坐标皆为 1 或－1，这就是组成因子试验的部分。

(2) 中心点（center point）各点之三维坐标皆为 0。

(3) 星号点（star point）或轴点（axial point)。除一个坐标为$\pm\alpha$，其余坐标皆为 0。在 k 个因子情况下，共有 $2k$ 个星号点。

上述立方体点和部分中心点构成本章介绍过的一个普通的全因子试验设计，星号点和另一些中心点将其扩展为二阶设计。当然如果可以肯定试验区域已接近于最优区域，则可以不必经过序贯试验，而直接进行中心复合设计，三部分试验点同时进行。这里有三个问题需要仔细讨论：

（1）如何选择全因子试验设计部分；

（2）如何确定星号点的位置（即确定 α 的数值问题）；

（3）如何确定中心点的个数问题。

在因子试验设计部分中，我们通常都取全因子试验的安排方法，当因子个数大于 5 时才考虑部分因子试验设计，这时通常都要求设计的分辨度在Ⅴ以上。

在 α 的选取上可以有多种出发点，旋转性（rotatability）是个很有意义的考虑。所谓旋转性，指的是将来在某点处预测值的方差仅与该点到试验点中心的距离有关，而与其所在方位无关，也即响应变量的预测精度在以设计的中心为球心的球面上是相同的。可以证明，这时应取：

$$\alpha=2^{k/4}$$

当 $k=2$，$\alpha=1.414$；当 $k=3$，$\alpha=1.682$；当 $k=4$，$\alpha=2$；当 $k=5$，$\alpha=2.378$。

对于 α 值的选取不必很精确，设计只要有近似旋转性（near rotatability）就够了。按上述公式选定的 α 值来安排 CCD 是最典型的情形，它可以实现试验的序贯性，此种试验特称中心复合序贯设计（central composite circumscribed，CCC），它是 CCD 中最常用的一种。

如果要求进行 CCD，但又希望试验水平安排不能超过立方体边界时，可以有两种办法。其一是将星号点设置为 1 及 −1，而计算机会自动将原 CCD 缩小到整个立方体内，这种设计也称为中心复合有界设计（central inscribed design，CCI），但这种设计失去了序贯性，因为前一次在立方体点上做过的试验结果，在后续的 CCI 设计中已经没有用了。另一种方法就是取 $\alpha=1$。也就是将星号点设置为 1 及 −1，而原来已进行过的因子设计保持不变，这种设计也称为中心复合表面设计（central composite face-centered design，CCF）。这样做的好处是每个因子取值的水平数只有 3 个（−1，0，1），而一般的 CCD，因子取值的水平数是 5 个（$-\alpha$，−1，0，1，α），这在更换因子水平较困难的情况下是有意义的。此种方法最重要的是设计保持了序贯性，但代价是 CCF 失去了旋转性。其示意图如图 7—29 所示。

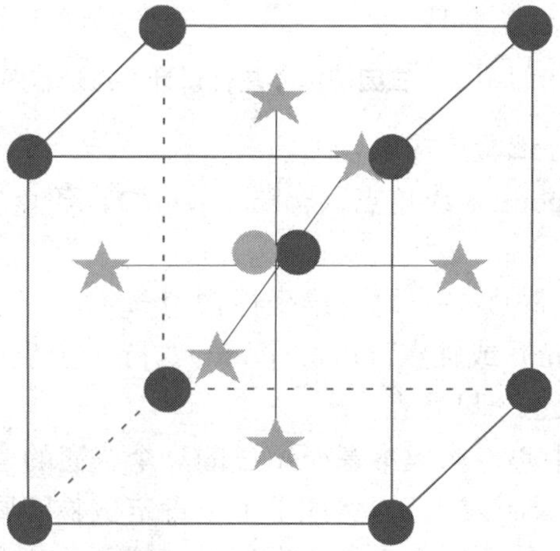

图 7—29　三因子中心复合表面设计布点示意图

带区组的 CCD 设计中，对于 α 值的选取就要从另一个角度出发了。由于我们把区组也作为一个因子（它是可控的，但又难以完全随机化）来安排，在最开始估计各项效应显著性时，要把区组作为一个因子放入回归方程以减小误差，从而增加参数估计及判定的精度；但后来在作预报时，又应将区组这个因子从回归方程中剔除。此时我们首先考虑的是，希望在保留和删除区组因子这两种不同选择下，对其他因子效应的估计要保持不变，也就是说，要保持区组因子与其他因子间效应估计的独立性或这两部分因子间的正交性。为此，我们要调整 α 值的选取标准，这时顾及不到旋转性而只能顾及正交性的要求了。具体的计算公式这里不详细叙述，计算机会自动按正交性的要求对不同的因子个数计算出相应的 α 值来。

在中心点的个数（Nc）问题上，更是有很多细节要分析。在满足旋转性的前提下，如果适当选择 Nc 则可以使在整个试验区域内的预测值都有一致均匀精度（uniform precision）。这当然是好事，特别是在试验前，我们无法预知最优点究竟位于何处，在整个试验区域内的预测值都有一致均匀精度很重要。为此，中心点的试验要重复很多次，具体次数如表 7—23 所示。但有时认为，这样做的代价太大，Nc 其实取 2 以上就够了，若中心点的选取主要是为了估计试验误差，则可能需要 Nc 取 4 以上。

下面是一致均匀精度的 CCD 设计在不同因子数的情况下，博克斯所建议的总计所需试验点的个数表（如表 7—23 所示）。

表 7—23　　　　CCD 设计试验点个数表

因子数	立方体点	星号点	中心点	总计
2	4	4	5	13
3	8	6	6	20
4	16	8	6	30
5	32	10	10	52
5	16	10	7	33

这里，因子数为 5 时，有两种选择，前一种在因子点上进行的是全因子试验 2^5，而后一种是进行的部分因子试验 2^{5-1}，相应的中心点个数要求也不同。

总之，当时间和资源条件都容许时，进行 CCD 时尽量按照表 7—23 中所给出的试验计划去安排试验，可以达到一致均匀的精度，设计结果和推测出的最佳点都比较可信。实在需要减少试验次数时，中心点至少也要 2～5 次。当因子水平更换有困难且试验水平安排不能超过立方体边界时可采用 CCF。必须要保证一致均匀精度时，只能牺牲序贯性而保持旋转性，这时可以采用 CCI。这些对于具体问题的处理原则将会在下一段响应曲面设计的计划阶段体现出来。

2. Box-Behnken 设计

响应曲面设计的另一种方法就是 Box-Behnken 设计。这种设计安排是将因子各试验点取在立方体的棱的中点上。三因子的 Box-Behnken 设计取点示意图如图 7—30 所示。

这种设计所需点数比 CCD 要少，它也具有近似旋转性，它最适应的试验区域是球形域（而不是立方体域），但其最大缺点是设计没有序贯性，上批进行过的试验结果数据几乎对下批试验没有用，每批试验都要全部重新做。因子数为 3 时，试验次数为 12＋3＝15；因子数为 4 时，试验次数为 24＋3＝27。除非极端重视试验次数，通常不采用这种设计。

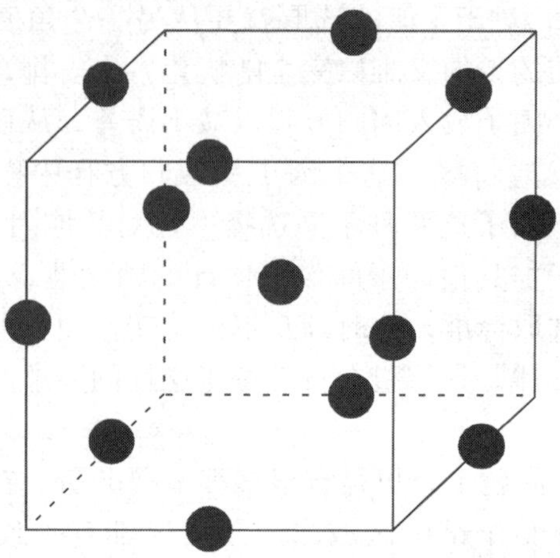

图 7—30 三因子 Box-Behnken 设计布点示意图

下面以三因子为例，给出 4 种设计的数值表（见表 7—24）。第 1 种是普通的 CCD，第 2 种是 CCI，第 3 种是 CCF，第 4 种是 Box-Behnken 设计。前 3 种试验都要 20 次，Box-Behnken 设计需要 15 次。这些设计都假定一开始就希望完成全部响应曲面设计，未作序贯设计的安排，而且表中所列数值假定已代码化。

表 7—24 三因子 4 种响应曲面设计试验点计划表

	CCD			CCI			CCF			BB		
	A	*B*	*C*	*A*	*B*	*C*	*A*	*B*	*C*	*A*	*B*	*C*
1	−1	−1	−1	−0.6	−0.6	−0.6	−1	−1	−1	−1	−1	0
2	1	−1	−1	0.6	−0.6	−0.6	1	−1	−1	1	−1	0
3	−1	1	−1	−0.6	0.6	−0.6	−1	1	−1	−1	1	0
4	1	1	−1	0.6	0.6	−0.6	1	1	−1	1	1	0
5	−1	−1	1	−0.6	−0.6	0.6	−1	−1	1	−1	0	−1
6	1	−1	1	0.6	−0.6	0.6	1	−1	1	1	0	−1
7	−1	1	1	−0.6	0.6	0.6	−1	1	1	−1	0	1
8	1	1	1	0.6	0.6	0.6	1	1	1	1	0	1
9	−1.68	0	0	−1	0	0	−1	0	0	0	−1	−1
10	1.68	0	0	1	0	0	1	0	0	0	1	−1
11	0	−1.68	0	0	−1	0	0	−1	0	0	−1	1
12	0	1.68	0	0	1	0	0	1	0	0	1	1
13	0	0	−1.68	0	0	−1	0	0	−1	0	0	0
14	0	0	1.68	0	0	1	0	0	1	0	0	0
15	0	0	0	0	0	0	0	0	0	0	0	0
16	0	0	0	0	0	0	0	0	0			
17	0	0	0	0	0	0	0	0	0			
18	0	0	0	0	0	0	0	0	0			
19	0	0	0	0	0	0	0	0	0			
20	0	0	0	0	0	0	0	0	0			

7.6.2 响应曲面设计的计划

整个响应曲面设计的计划应该包含两个阶段。

一旦识别出来的因子个数较少，就可以准备进行响应曲面分析方法。第一阶段要先考虑识别目前试验区域的状况，它是否已经接近或达到了能使响应变量达到最佳值的最优区域，还是目前仍然远离最优区域。我们以望大型（望小型完全相同）问题为例来讨论，望目型问题可以留在第9章参数稳健性设计中解决。由于通常响应变量的极大值是在有曲面的弯曲的“山顶”部分达到的，因此，我们首先要特别认真分析数据是否显示了弯曲性，或在数据拟合线性回归方程时的 ANOVA 表中的失拟现象是否显著。如果可以断言弯曲或失拟并不严重，则说明目前试验区域的位置仍然远离最优区域。就像爬山时，如果脚下虽然倾斜但仍然是较为平坦的区域，则说明此时仍然仅在半山坡上，离山顶依然遥远。这时，首要任务是先沿最陡峭的方向爬上去，当可以肯定达到山顶区域时，再建立细致的曲面方程来描述其数学规律。因此，我们可以归结响应曲面试验的两个阶段如下：

第一阶段：用最速上升法（steepest ascent search）寻找试验的最优区域。由于这时的回归方程是线性的，其等高线是些近似的平行直线，选取与等高线垂直的方向作为最速前进方向（path of steepest ascent），边沿此方向前进边做试验（对每个选定的位置只做一次即可）。若响应变量数值持续增加，则继续前进，直到响应变量数值出现了下降的情况才停下来。选定刚才已得到的其中的最高点之处作为新一批响应曲面设计的中心点，转入下面的第二阶段。

第二阶段：在已确认为最优区域的范围内，进行响应曲面试验。要根据实际条件来安排 CCD 设计或 Box-Behnken 设计，在 CCD 型设计中又有 CCC，CCI 或 CCF 等 3 种选择可能。

各计算机软件都能自动生成上述各种设计的表格，下面介绍使用 MINITAB 软件的主要步骤。

从统计→DOE→响应曲面→创建响应曲面设计入口后，首先在对话框中可以选定 CCD 或 Box-Behnken 设计，并选定因子个数。在“显示可用设计”框中可以看到不同要求下所需要的试验次数。

在“设计”对话框中选定中心点试验次数及 α 值，计算机提供缺省的试验次数选择，这是在可能情况下的最佳选择，除非资源限制使试验次数实在达不到这些要求可以自行选择，通常不要改变试验次数。在 α 值的选取上有 3 种选择：(1) 缺省，这时计算机会按因子个数、旋转性还是正交性要求自动求出最佳的 α 值；(2) 选 $\alpha=1$，即安排 CCF（中心复合表面设计）；(3) 自选 α 值。

在“因子”对话框中，除了要设定各因子的实际水平，要注意选取星号点的设置。当水平定义栏中选定“立方点”时，表示这时设定的水平作为立方体点，即这时选择的是 CCC，星号点将超出立方体。选定“轴点”时，表示这时设定的水平作为轴上的星号点，即这时选择的是 CCI，星号点将达到立方体边界而不超出，立方体点将向内收缩。

在选项对话框中选定非随机化顺序，这样我们就可以看到标准化的安排方法。其中，开始部分是因子设计点（立方体点），中间部分是星号点部分，最后是中心点。真正进行试验时，再将试验顺序随机化。这些与其他试验设计相同，不再赘述。

7.6.3 响应曲面设计的分析及实例

响应曲面设计也是试验设计的一种，其分析方法当然应该与一般的试验设计的分析步骤相同。其流程图如图 7—9 所示，也分为五大步骤。

响应曲面试验的分析方法与一般的试验设计分析的差别，就在于这里的选项。响应曲面试验设计要拟合的是二次曲面。其一般模型是这样的（以两个自变量为例）：

$$y=b_0+b_1x_1+b_2x_2+b_{11}x_1{}^2+b_{22}x_2{}^2+b_{12}x_1x_2+\varepsilon$$

选项比过去增加了各自变量的平方项。另外，在计算机的输出中，输出的表达上也有些细微的差别，在此不多加叙述，详细比较可从以下例题中看出。

例 7—8

在黏合剂生产中，经过因子的筛选最后得知，反应罐内温度及反应时间是两个关键因子。在本阶段的最初全因子试验时，因子 A 温度的低水平及高水平取为 200℃及 300℃，因子 B 时间的低水平及高水平取为 40 秒及 70 秒。在中心点处也作了 3 次试验，试验结果如表 7—25 所示。

表 7—25　　黏合剂生产条件优化问题第一批试验数据表

标准序	运行序	中心点	区组	温度	时间	黏度
1	5	1	1	200	40	23.8
2	7	1	1	300	40	34.1
3	1	1	1	200	70	31.8
4	2	1	1	300	70	42.8
5	6	0	1	250	55	48.2
6	4	0	1	250	55	46.5
7	3	0	1	250	55	49.8

对于这批数据进行分析，其结果如下：

我们首先将全部备选项列入模型，这里包含温度，时间及它们的交互作用项温度×时间。

拟合因子：黏度与温度，时间

黏度的估计效应和系数（已编码单位）

项	效应	系数	系数标准误	t	p
常量		39.571 4	4.328	9.14	0.003
温度	10.650 0	5.325 0	5.725	0.93	0.421
时间	8.350 0	4.175 0	5.725	0.73	0.519
温度×时间	0.350 0	0.175 0	5.725	0.03	0.978

S=11.450 0，$PRESS$=14 789.2

$R\text{-}Sq$=31.79%，$R\text{-}Sq$（预测）=0.00%，$R\text{-}Sq$（调整）=0.00%

黏度的方差分析（已编码单位）

来源	自由度	*Seq SS*	*Adj SS*	*Adj MS*	*F*	*p*
主效应	2	183.145	183.145	91.572	0.70	0.564
温度	1	113.422	113.422	113.422	0.87	0.421
时间	1	69.722	69.722	69.722	0.53	0.519
二因子交互作用	1	0.122	0.122	0.122	0.00	0.978
温度×时间	1	0.122	0.122	0.122	0.00	0.978
残差误差	3	393.307	393.307	131.102		
弯曲	1	387.860	387.860	387.860	142.42	0.007
纯误差	2	5.447	5.447	2.723		
合计	6	576.574				

从 ANOVA 表中可以清楚地看出，在弯曲一栏中，p 值只有 0.007，显示这里响应变量黏度有明显的弯曲趋势。另外，在残差分析中，由残差对各自变量的图（见图 7—31 及图 7—32）中也可以验证这一点。

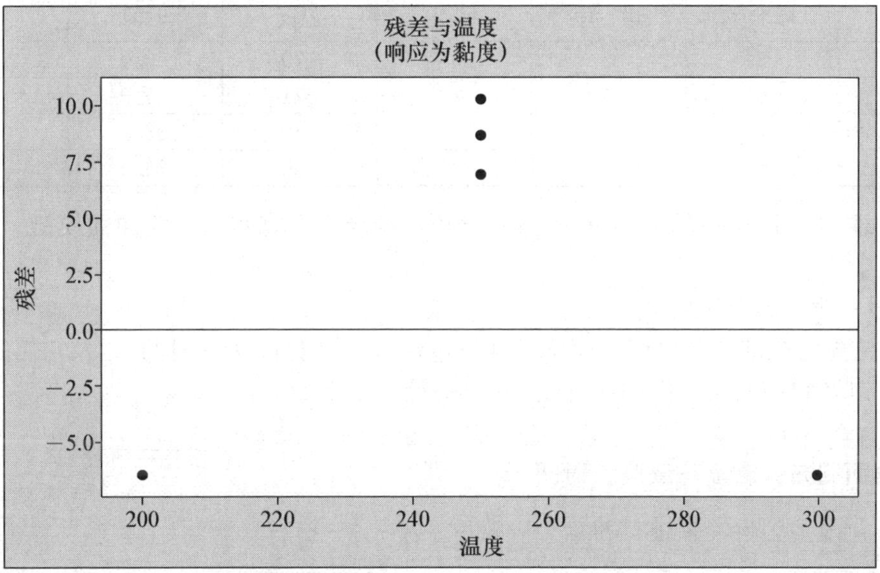

图 7—31　黏度残差对自变量温度的散点图

这些结果说明：在本问题中，试验数据有明显的弯曲，这也提示我们，现在进行的试验区域已达到响应变量的最佳区域了。这时对响应变量黏度单纯拟合一阶线性方程不够了，要再补充些星号点，构成一个完整的响应曲面设计，拟合一个含二阶项的方程就可能解决问题了。我们补做 4 次星号点上的试验，而且由于我们确信这批新做的试验，其各方面条件都与上批相同，因此直接将它们并在一起进行分析了。如果没有这种假定，两批试验应该当作两个区组来对待才能使分析更准确。补充的 4 个星号点试验结果如表 7—26 所示。

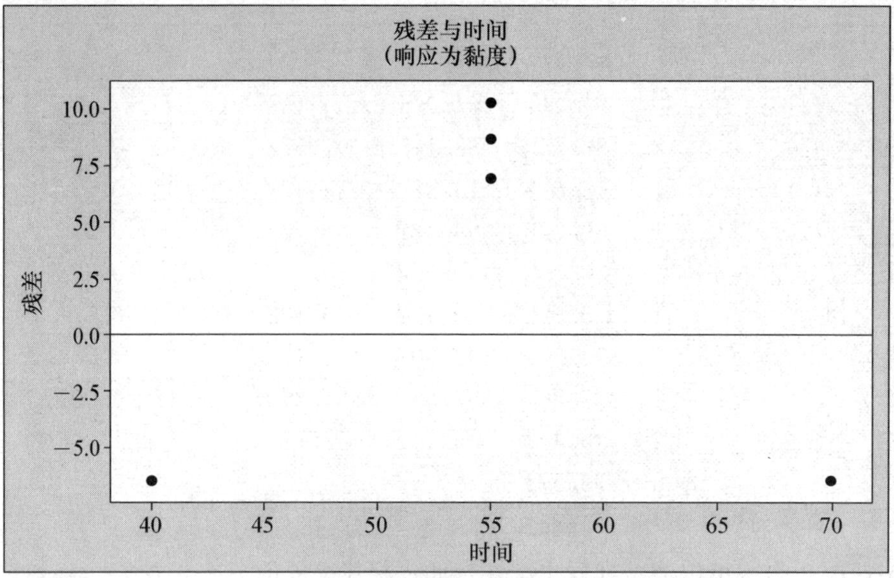

图 7—32　黏度残差对自变量时间的散点图

表 7—26　黏合剂生产条件优化问题第二批试验数据表

序号	标准序	运行序	区组	温度	时间	黏度
1	5	2	1	179	55.0	13.0
2	6	4	1	321	55.0	29.3
3	7	3	1	250	33.8	35.7
4	8	1	1	250	76.2	49.1

对全部 11 个点构成的 CCC 设计进行分析，拟合一个完整的响应曲面模型。分析结果如下：

1. 第一步：拟合选定模型

我们首先将全部备选项列入模型。这里包含 A（温度），B（时间），及它们的平方项，AA，BB 以及它们的交互作用项 AB。获得的计算结果如下：

响应曲面回归：黏度与温度，时间

分析是使用已编码单位进行的

黏度的估计回归系数

项	系数	系数标准误	t	p
常量	48.169 5	0.797 3	60.416	0.000
温度	7.857 0	0.691 9	11.356	0.000
时间	6.300 1	0.690 3	9.127	0.000
温度×温度	−26.400 6	1.164 5	−22.671	0.000
时间×时间	−5.144 8	1.162 6	−4.425	0.007
温度×时间	0.351 2	1.385 7	0.253	0.810

$S=1.380\,96$，$PRESS=41.319\,3$

$R\text{-}Sq=99.32\%$，$R\text{-}Sq$（预测）$=97.06\%$，$R\text{-}Sq$（调整）$=98.64\%$

黏度的方差分析

来源	自由度	Seq SS	Adj SS	Adj MS	*f*	*p*
回归	5	1395.95	1395.95	279.190	146.40	0.000
线性	2	404.79	404.79	202.393	106.13	0.000
温度	1	245.92	245.92	245.923	128.95	0.000
时间	1	158.86	158.86	158.863	83.30	0.000
平方	2	991.04	991.04	495.521	259.84	0.000
温度×温度	1	953.70	980.19	980.193	513.98	0.000
时间×时间	1	37.35	37.35	37.346	19.58	0.007
交互作用	1	0.12	0.12	0.122	0.06	0.810
温度×时间	1	0.12	0.12	0.122	0.06	0.810
残差误差	5	9.54	9.54	1.907		
失拟	3	4.09	4.09	1.363	0.50	0.719
纯误差	2	5.45	5.45	2.723		
合计	10	1 405.49				

在第一步要注意观察下面几处要点：

(1) 看 ANOVA 表中的总效果。在本例中，对应回归项的 p 值为 0.000（即$<$0.001），表明应拒绝原假设，即可以判定本模型总的说来是有效的。

(2) 看 ANOVA 表中的失拟现象。在本例中，失拟项的 p 值为 0.719，其数值远比临界值 0.05 大很多，表明无法拒绝原假设，即可以判定本模型并没有失拟现象。

(3) 看拟合的总效果多元全相关系数 R^2（即 $R\text{-}Sq$）及调整的多元全相关系数 R^2_{adj}（即 $R\text{-}Sq$（调整））。本例中，$R\text{-}Sq$ 为 99.3%，$R\text{-}Sq$（调整）为 98.6%，二者已经很接近了，如果将影响不显著的效应删去，二者会更接近。

(4) s 值的分析。本例中，$s=1.381$。

(5) 各项效应的显著性。在计算结果的最开始参数估计中，列出了各项效应及检验结果。可以看出，温度、时间及它们的平方项，温度×温度，时间×时间 都是高度显著的，而它们的交互作用项温度×时间则不显著，将来修改模型时，应该将此交互作用项删除。

2. 第二步：进行残差诊断

利用计算机自动输出的四合一残差图（见图 7—33）以及对于两个自变量的残差图（见图 7—34）可以很容易地进行残差诊断。

从下述两张图中可以看出，残差的状况是正常的，不再有弯曲和残差非齐性的状况。

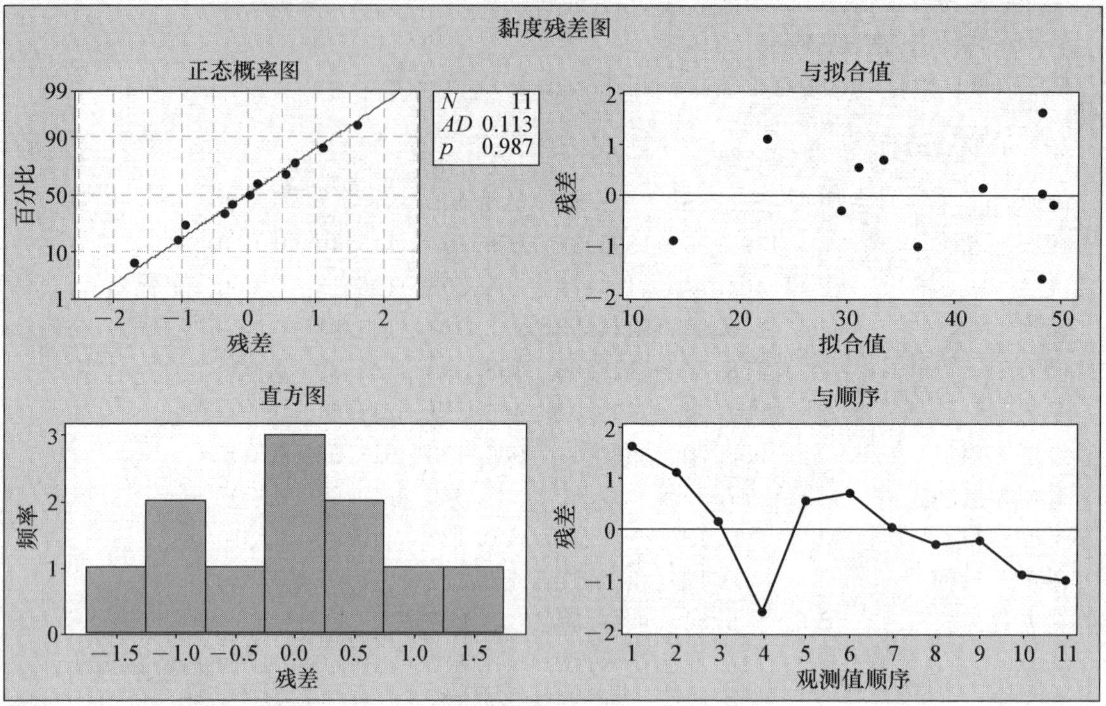

图 7—33　黏合剂响应曲面设计残差四合一图

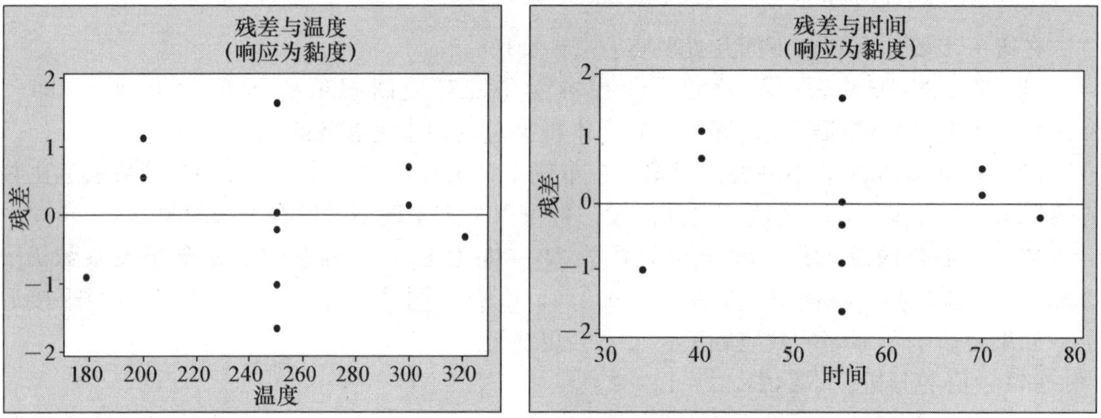

图 7—34　黏合剂响应曲面设计残差对自变量图

3．第三步：判断模型是否需要改进

从残差诊断中看出，模型基本上是好的，只是在检验各项效应中，发现两自变量间的交互作用项不显著，因而，改进模型主要是删除此不显著项。实际上，又要返回第一步。

4．新第一步：拟合选定模型

本例中，在重新拟合模型的计算时要删去交互作用项 AB，而保留温度、时间及它们的平方项，AA 和 BB。再次计算所得的结果如下：

分析是使用已编码单位进行的。

黏度的估计回归系数

项	系数	系数标准误	t	p
常量	48.170	0.732 5	65.762	0.000
温度	7.857	0.635 6	12.361	0.000
时间	6.300	0.634 2	9.935	0.000
温度×温度	−26.401	1.069 8	−24.677	0.000
时间×时间	−5.145	1.068 1	−4.817	0.003

S=1.268 71，$PRESS$=32.354 1

$R\text{-}Sq$=99.31%，$R\text{-}Sq$（预测）=97.70%，$R\text{-}Sq$（调整）=98.85%

黏度的方差分析

来源	自由度	$Seq\ SS$	$Adj\ SS$	$Adj\ MS$	F	p
回归	4	1 395.83	1 395.83	348.957	216.79	0.000
线性	2	404.79	404.79	202.393	125.74	0.000
温度	1	245.92	245.92	245.923	152.78	0.000
时间	1	158.86	158.86	158.863	98.70	0.000
平方	2	991.04	991.04	495.521	307.85	0.000
温度×温度	1	953.70	980.19	980.193	608.96	0.000
时间×时间	1	37.35	37.35	37.346	23.20	0.003
残差误差	6		9.66	9.660	1.610	
失拟	4	4.21	4.21	1.053	0.39	0.810
纯误差	2	5.45	5.45	2.723		
合计	10	1 405.49				

对于这次的计算结果，我们仍用前面介绍过的方法与步骤来进行分析。

此时观察到下面几处要点：

(1) 先看 ANOVA 表中的总效果。在本例中，对应回归项的 p 值为 0.000（即$<$0.001)，表明应拒绝原假设，即可以判定，本模型总的说来是有效的。

(2) 看 ANOVA 表中的失拟现象。在本例中，对应失拟项的 p 值为 0.810，其值远比临界值 0.05 大很多，表明无法拒绝原假设，即可以判定，本模型删去了一项，但并没有造成失拟现象。

(3) 看删减后的模型是否比原来有所改进。我们把两个模型计算的多元全相关系数、修正的多元全相关系数以及标准差的估计量 S 汇总成表 7—27。

表 7—27　全模型与删减模型效果比较表

	全模型	删减模型
$R\text{-}Sq$	0.993	0.993
$R\text{-}Sq$（调整）	0.986	0.989
S	1.381	1.269

可以看出，由于模型项数减少了一项，$R\text{-}Sq$ 通常会有微小的降低（本例由于计算的

舍入误差，未看出降低），但关键是看修正的 *R-Sq*（调整）是否有所提高（本例 *R-Sq*（调整）由 0.986 提高到 0.989），*S* 的值是否有所降低（本例 *S* 的值由 1.381 降为 1.269）。本例结果证明删除了不显著的交互作用项后，回归的效果更好了。

除了上述常用结果，为了获得更精密的数值结果，我们还可以输出更精确的对于原始数据的回归系数值。

黏度的估计回归系数，使用未编码单位的数据

项	系数
常量	−357.791
温度	2.729 25
时间	1.556 35
温度×温度	−0.005 237 18
时间×时间	−0.011 447 0

由上述数值，我们可以写出最后确定了的回归方程：

$$y=-357.79+2.729Temp+1.556Time-0.005\,237Temp^2-0.011\,447Time^2$$

5. 新第二步：进行残差诊断

没有发现任何不正常情况（详细结果从略），可以确认上述模型为我们最终选定的模型，不用再进行第三步模型修改了。

6. 第四步：对选定模型进行分析解释

本问题是希望黏度越大越好，这里两个平方项系数皆为负，又没有交叉项，可以肯定将从回归方程中（令两个偏导数为 0）求得最大值（但不能保证此最大值一定落在原来试验范围内）。在求解前，我们先看一下等高线图及曲面图（见图 7—35 和图 7—36）。从图中可以清楚地看到，在原试验范围内确实有个最大值。

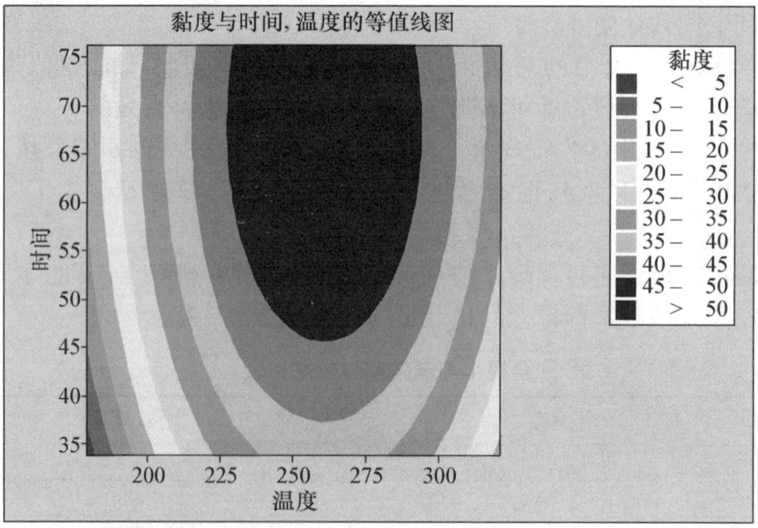

图 7—35 响应变量的等值线图

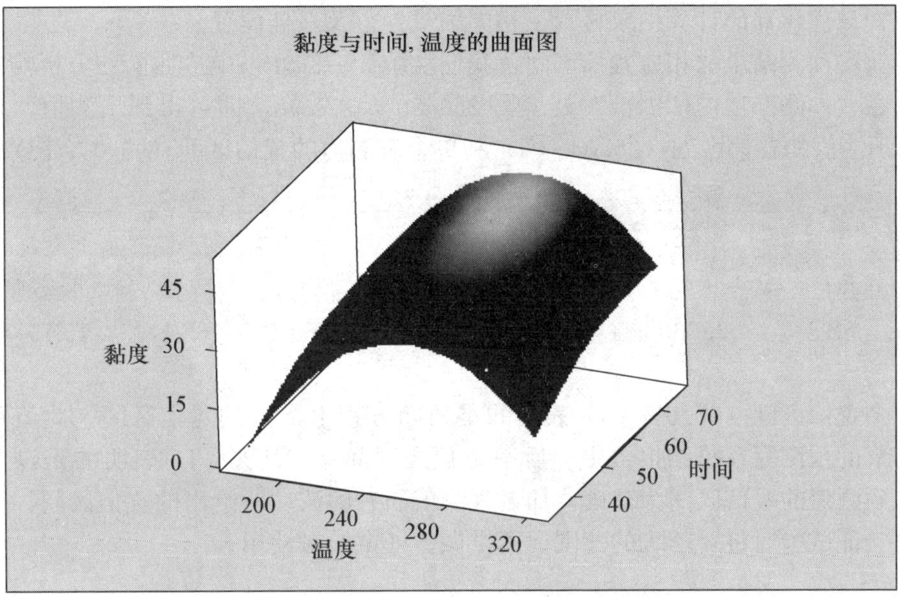

图 7—36 响应变量的曲面图

利用人工解方程的方法，也可以得到最优解：当温度＝260.56℃，时间＝67.98 秒时，所获得的黏度最高，最佳值可以达到 50.68。

计算机提供了自动求最优解的功能，利用响应优化器可以直接获得最佳点的设置及最佳值，同时还提供可以进行人机对话的界面，显示出有关图形（见图 7—37），并且可以用人工进行调整，对最优点取整等，非常方便。

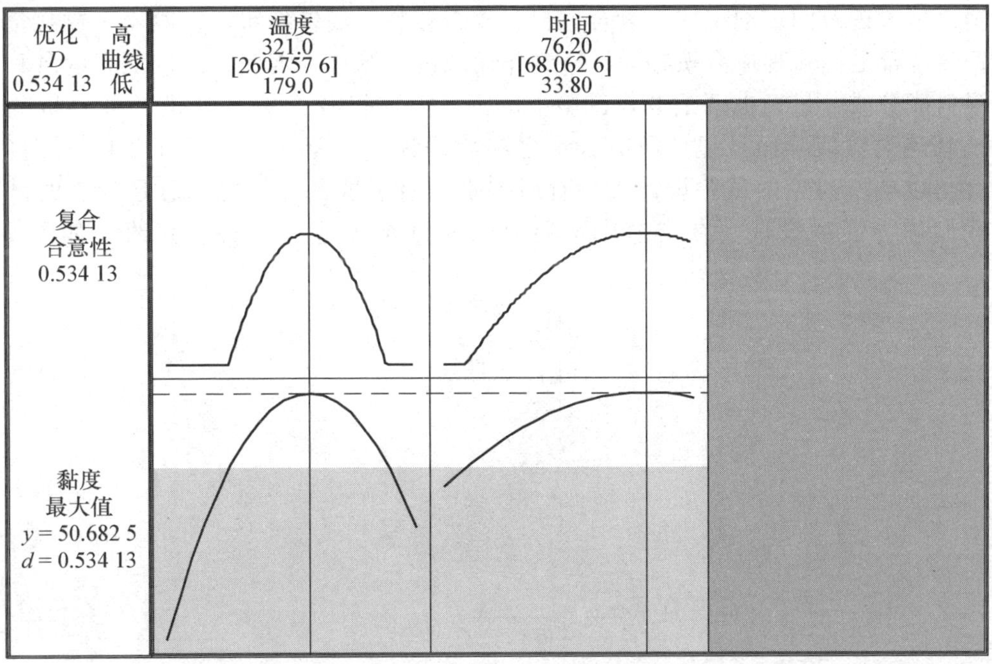

图 7—37 响应优化器输出结果图

响应变量优化器的计算结果显示了相同的最佳值及最佳设置。

为了获得预测结果的相应置信区间，我们从统计→DOE→响应曲面→分析响应曲面设计入口，在“预测”项内“因子”处填写 260.56 及 67.98，即可得到预测值、预测值的标准误、预测值的置信区间（95.0% CI）和单个观测值的置信区间（95.0% PI）。

根据该模型在新设计点处对黏度的预测响应

点	拟合值	拟合值标准误	95%置信区间	95%预测区间
1	50.682 8	0.660 281	(49.067 2, 52.298 5)	(47.183 1, 54.182 5)

前一个置信区间（95.0% CI）表明的是回归方程上的点的置信区间，此值可以作为改进的结果的预测写在总结报告中。后一个预测区间（95.0% PI）表明的是以上述回归方程上的预测值的置信区间为基础，加上观测值固有的波动所给出的置信区间，这就是将来做一次验证试验时将要落入的范围，可供做验证试验时使用。

7.7 混料设计与分析

7.7.1 混料设计概述

在实际工作中，常常需要研究一些配方配比试验问题。这种问题常出现在橡胶、化工、制药、冶金等课题中。例如不锈钢由铁、镍、铜和铬四种元素组成；闪光剂由镁、硝酸钠、硝酸锶及固定剂组成；复合燃料、复合塑料、混纺纤维、混凝土、黏接剂、药品、饲料等都是由多种成分按相应比率制作而成的，统称为混料。组成混料的各种成分称为混料成分或分量，也就是混料试验中的因子。这里我们关心的是各种分量的比例而不是其绝对数值；而且显然所有分量之和总是为 1。这里对分量的约束条件将使本节内容与以前所讨论的试验设计类型有所差别。对于这种分量之和总是为 1 的试验设计，我们称为混料设计。在本节中，混料的成分至少应有三种，其约束如图 7—38 所示。

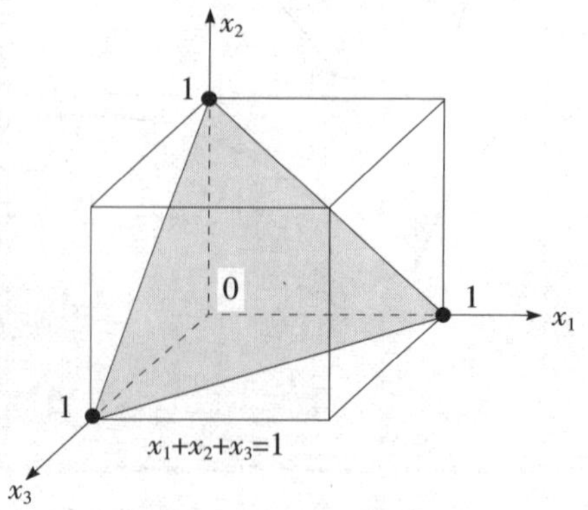

图 7—38　混料设计的约束图

为了更直观显示各分量的组成状况，我们引入三线坐标系，其原理是这样的：平面几何的知识告诉我们，等边三角形内的任何一点，到三边的（垂线）距离的和等于该三角形的高。如果把三角形的高设为1，则任何一点就可以由其到三个边的三个距离给出三个坐标。当然，这三个坐标并不独立，三者之和恒为1。三线坐标系的示意图如图7—39所示。

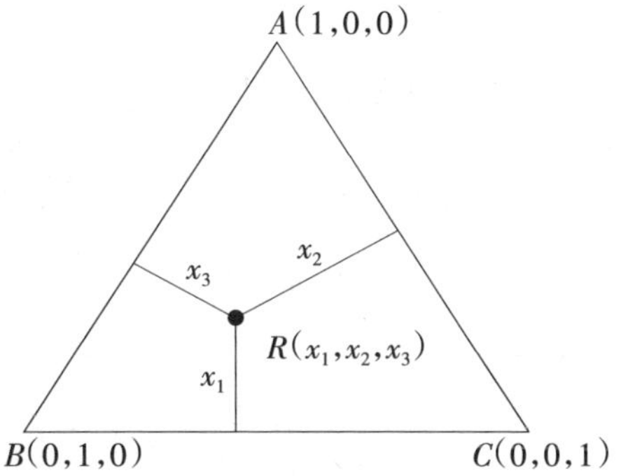

图7—39 三线坐标图

从图中可以看出：三角形的三个顶点坐标分别为 A（1，0，0），B（0，1，0）及 C（0，0，1）。三角形内任意一点都有三个坐标，可以理解为每个点到三个顶点对应边的“距离”，越靠近某个顶点，这项坐标越接近于1，越远离某个顶点，这项坐标越接近于0。如果点移到了三角形的边上时（图中未显示），则表示三种成分中缺少一种（此缺少成分的名称，在此边所对的顶点处）。三角形的重心到三顶点距离相同，所以坐标为（1/3，1/3，1/3）。图7—39只是因子个数为3的示意图，4个因子将画为正四面体，5个以上则无直观图形了。以下我们将因子个数记为 p（或称 p 维），对于设计及分析，我们将对一般的 p 值来讨论，但仍然以三因子的图作为示意。

当然，混料设计还可以有更细致的分类。第一种混料型最简单，最终结果只与各分量的比率有关；第二种混料—总量型（mixture-amounts），最终结果与各分量的比率及混料总量有关；第三种混料—过程变量型（mixture-process variable），最终结果与各分量的比率及某些过程变量有关，而这些过程变量并不是混料的一部分，但可能影响混料的搅拌性质。限于篇幅，本节只讨论第一种类型问题。

7.7.2 混料试验的计划

为了全面考察各分量对于响应变量的影响，我们要在整个试验区域内布置一些点来做试验。点的选取方法有三种。

1. 单纯形重心法

在 p 个因子的混料设计问题中，单纯形重心法的基本思想是：试验点由下列 p 批点组成。第一批是各顶点（共 p 个），第二批是上述顶点中，每两个顶点的重心（共 $p(p-1)/2$ 个），第三批是上述顶点中，每三个顶点的重心（共 $p(p-1)(p-2)/3!$ 个），……总之，p 批点总计有 2^p-1 个。

三因子单纯形重心法设计示意图如图7—40a所示。这时，试验计划表中各试验点

（总共 7 个）的坐标是这样的：

(1) (1，0，0)，(0，1，0)，(0，0，1) 顶点；

(2) (0.5，0.5，0)，(0.5，0，0.5)，(0，0.5，0.5) 两个顶点的重心；

(3) (1/3，1/3，1/3) 三个顶点的重心。

在这种类型试验结果下，将要拟合的是下列方程（以三因子为例）：

$$y=b_0+b_1x_1+b_2x_2+b_3x_3+b_{12}x_1x_2+b_{13}x_1x_3+b_{23}x_2x_3+b_{123}x_1x_2x_3$$

图 7—40 是单纯形重心法设计示意图。

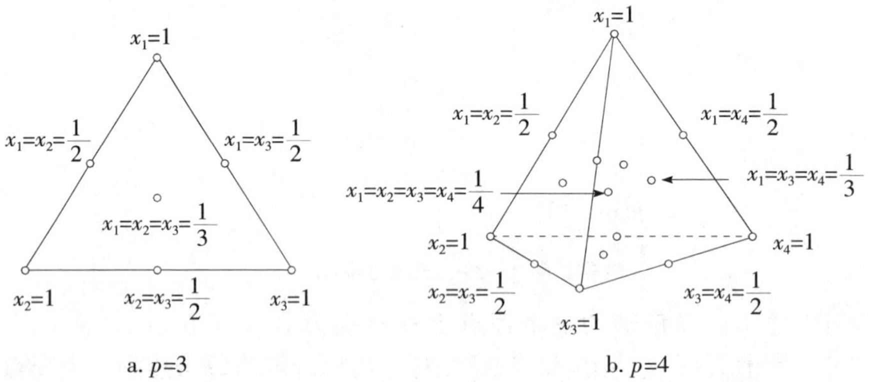

图 7—40　单纯形重心法设计示意图（三维及四维）

下面给出四因子单纯形重心法设计计划表（见表 7—28）。

表 7—28　　四因子单纯形重心法设计计划表

	x_1	x_2	x_3	x_4	
1	1	0	0	0	顶点
2	0	1	0	0	顶点
3	0	0	1	0	顶点
4	0	0	0	1	顶点
5	0.5	0.5	0	0	两顶点重心
6	0.5	0	0.5	0	两顶点重心
7	0.5	0	0	0.5	两顶点重心
8	0	0.5	0.5	0	两顶点重心
9	0	0.5	0	0.5	两顶点重心
10	0	0	0.5	0.5	两顶点重心
11	0.333	0.333	0.333	0	三顶点重心
12	0.333	0.333	0	0.333	三顶点重心
13	0.333	0	0.333	0.333	三顶点重心
14	0	0.333	0.333	0.333	三顶点重心
15	0.25	0.25	0.25	0.25	四顶点重心

2. 单纯形格点法

在 p 个因子（或称 p 维）的混料设计问题中，单纯形格点法的基本思想是将全部格子点集内每个点依次选中。格子点是由维数和阶数这两个参数给定的，此格子点集记为 $\{p, d\}$。我们仍以 $p=3$ 为例。三维一阶格子点集合（记作 {3，1}）就是三个顶点全体（见图 7—41B）。三维二阶格子点集合（记作 {3，2}）就是将三条边各二等分，由三个顶点及三边中点全体组成的集合（见图 7—41C）。三维三阶格子点集合（记作 {3，3}）就是将三条边各三等分，过各分点画与另两边平行的直线，由平行线所交而形成的格点（共 10 个）组成的集合（见图 7—41D）。依此类推，但阶数通常到三为止就够了。

{3，3} 格子点坐标如表 7—29 所示。

表 7—29　　三因子三阶单纯形格子点设计计划表

	x_1	x_2	x_3	
1	1	0	0	顶点
2	0	1	0	顶点
3	0	0	1	顶点
4	0.667	0.333	0	双混
5	0.333	0.667	0	双混
6	0.667	0	0.333	双混
7	0.333	0	0.667	双混
8	0	0.667	0.333	双混
9	0	0.333	0.667	双混
10	0.333	0.333	0.333	中心

一般来说，p 维 d 阶格子点集 $\{p, d\}$ 中，共包含 $\binom{p+d-1}{d}$ 个点（注：这是现在国际上更通行的组合数记号，是从 $p+d-1$ 个元素中取 d 个元素的组合数）。例如，$p=3$，$d=2$，$N=6$；$p=3$，$d=3$，$N=10$。

在这种类型试验结果下，将要拟合的方程与阶数还有关，这里就不详细讨论了。

这些设计方法是普通的未增广的设点方法，其示意图如图 7—41 所示。

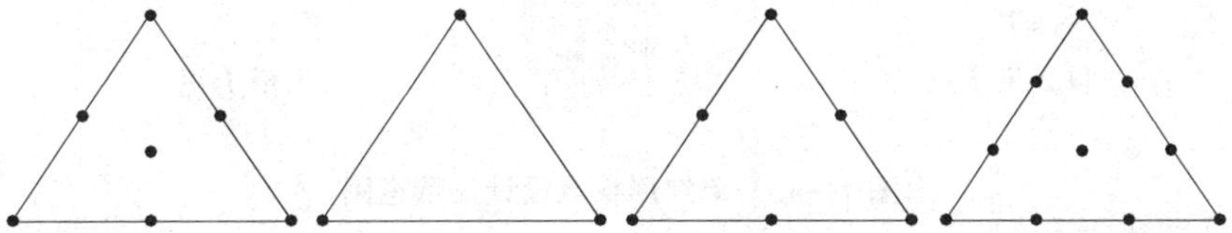

A 可拟合线性加交叉项方程　B（d=1）可拟合线性方程　C（d=2）可拟合二次方程　D（d=3）可拟合三次方程

图 7—41　单纯形重心及单纯形格点设计示意图（未增广情形）

如果有条件，可以加密些取点，从而拟合更高阶方程，我们可以使用增广设计方法，其设点的示意图如图 7—42 所示。

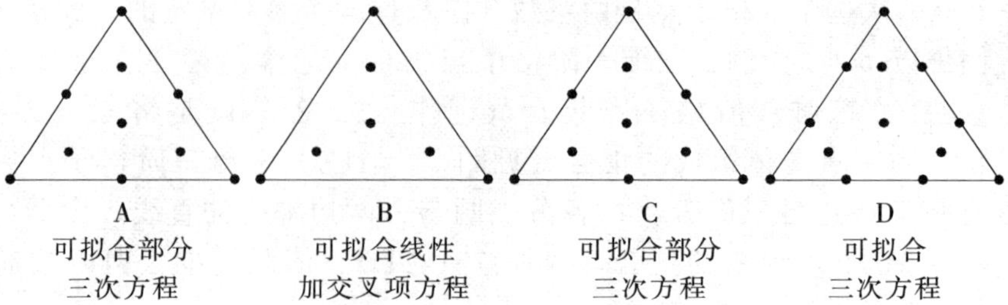

图 7—42　单纯形重心及单纯形格点设计示意图（增广情形）

为了在单纯形格点设计法中比较不同的因子数（维数）和阶数的含义，特将 4 组单纯形格点设计法的图（见图 7—43）一起列出如下：

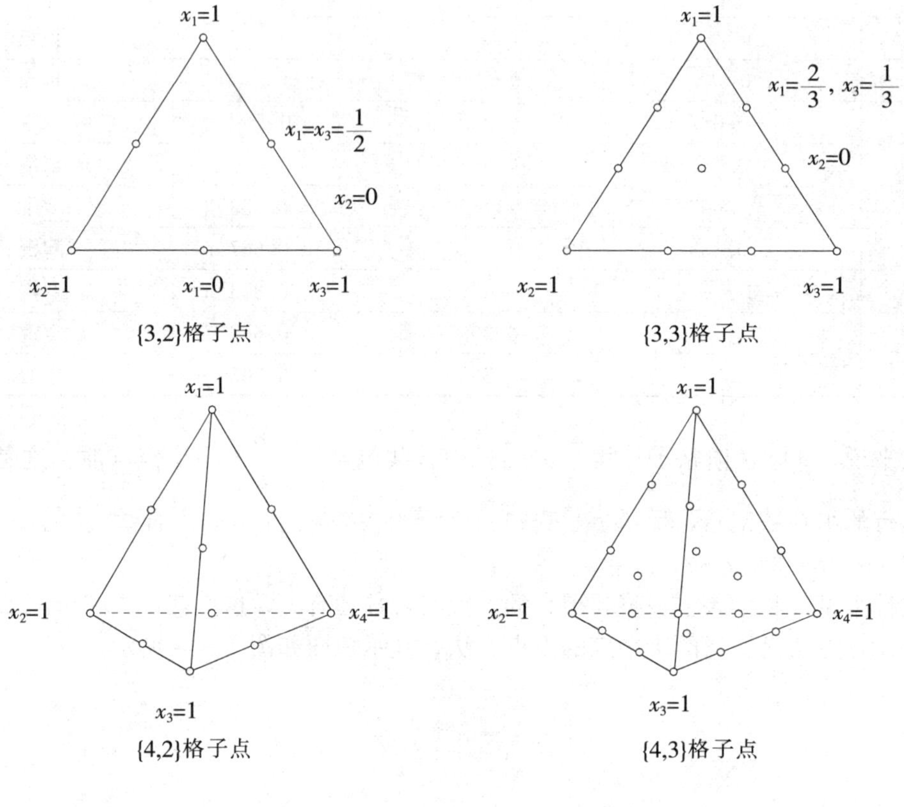

图 7—43　单纯形格点设计法示意图

3. 极端顶点设计法

在很多实际的混料设计问题中，各分量常要受到上下界的限制。对这类问题有一种最简便的极端顶点设计法（extreme vertices design）。各限制平面的交点处称为极端顶点。利用极端顶点集所构成的混料试验方案称为极端顶点设计。其示意图如图 7—44 所示。

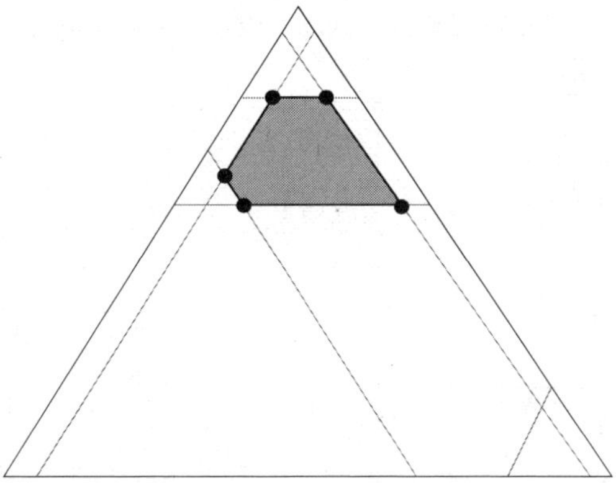

图 7—44 极端顶点设计法示意图

我们不准备讨论计算顶点的细节，因为在实际工作中，只要输入约束条件，计算机可以自动形成全部顶点坐标。

下面介绍用 MINITAB 软件对混料试验方案计划表的形成步骤。

从统计→DOE→混料→创建混料设计可以选择单纯形重心法（simplex centroid）、单纯形格点法（simplex lattice）或极端顶点法（extreme vertices）三者之一，再填写因子个数后，即可得到相应设计。

选定单纯形重心法后，在“设计”对话框中，要进一步加选“要增广”（augmented）或“不要增广”（unaugmented），并要注明在哪些类型的点上要做重复，这些类型分“顶点”（vertex）、“二阶点”（double blend）、“三阶点”（triple blend）、“中心点”（center point）等。

选定单纯形格点法后，在“设计”对话框中，要进一步指定阶数（degree lattice），加选“要增广”或“不要增广”，并要注明在哪些类型的点上要做重复，这些类型同样分“顶点”、“二阶点”、“三阶点”、“中心点”等。

选定极端顶点法后，在“设计”对话框中，也要进一步指定阶数，加选“要增广”或“不要增广”，并要注明在哪些类型的点上要做重复，这里最重要的是要在“分量”对话框中，进一步给出各分量的直接约束条件或线性约束条件不等式。

7.7.3 混料试验的分析

下面我们举例说明混料设计的计划及分析步骤。

例 7—9

在新型高强度合金冶炼技术中，关键是添加剂的配比问题。假设添加剂总量占合金总量 2%，而添加剂由 A，B，C 及 D 共四种成分构成。试安排一个混料试验设计，求出四种分量的配比使断裂强度 y 达到最大。

本问题采用四因子二阶单纯形格子点设计，共进行 10 次试验。其试验结果如表 7—30 所示。

表 7—30　新型高强度合金钢配方设计试验结果表

标准序	运行序	点类型	区组	A	B	C	D	y
1	9	1	1	1.0	0.0	0.0	0.0	142
2	6	2	1	0.5	0.5	0.0	0.0	142
3	4	2	1	0.5	0.0	0.5	0.0	138
4	2	2	1	0.5	0.0	0.0	0.5	145
5	5	1	1	0.0	1.0	0.0	0.0	136
6	10	2	1	0.0	0.5	0.5	0.0	133
7	3	2	1	0.0	0.5	0.0	0.5	135
8	1	1	1	0.0	0.0	1.0	0.0	133
9	7	2	1	0.0	0.0	0.5	0.5	133
10	8	1	1	0.0	0.0	0.0	1.0	132

利用 MINITAB 软件中混料试验分析功能，从统计→DOE→混料→分析混料设计入口，在最初的模型选项中，先选定全模型（*A*，*B*，*C*，*D* 及 6 项二阶交互项）。但实际上，由于我们只有 10 个观测值，只能刚好估计出全部效应，因而没有误差估计项。我们删除效应最小的三项 *AC*，*BD*，*CD* 后，重新拟合回归方程，得以下结果：

混料回归：*y* 与 *A*，*B*，*C*，*D*

y 的估计回归系数（分量比率）

项	系数	系数标准误	t	p	方差膨胀因子
A	142.152	0.492 2	*	*	1.450
B	136.319	0.492 2	*	*	1.450
C	133.240	0.456 0	*	*	1.244
D	132.407	0.456 0	*	*	1.244
AB	11.059	2.570 3	4.30	0.023	1.412
AD	30.882	2.556 9	12.08	0.001	1.397
BC	−7.118	2.556 9	−2.78	0.069	1.397

S=0.540 818，*PRESS*= *

R-Sq=99.55%，*R-Sq*（预测）= *%，*R-Sq*（调整）=98.64%

对于 *y* 的方差分析（分量比率）

来源	自由度	Seq SS	Adj SS	Adj MS	F	p
回归	6	192.023	192.022 5	32.003 8	109.42	0.001
线性	3	145.500	72.836 8	24.278 9	83.01	0.002
二次	3	46.523	46.522 5	15.507 5	53.02	0.004
AB	1	2.802	5.414 2	5.414 2	18.51	0.023
AD	1	41.455	42.666 4	42.666 4	145.88	0.001
BC	1	2.266	2.266 4	2.266 4	7.75	0.069
残差误差	3	0.877	0.877 5	0.292 5		
合计	9	192.900				

从上述结果可以看出，四个主效应和三项二阶交互效应都是显著的（显著水平取 0.1）。下面的图 7—45 为响应跟踪图（response trace plot），可以显示各单个因子的效应。本例题中，看出欲使 y 增大，A 应取稍大些的值（例如 0.6）。

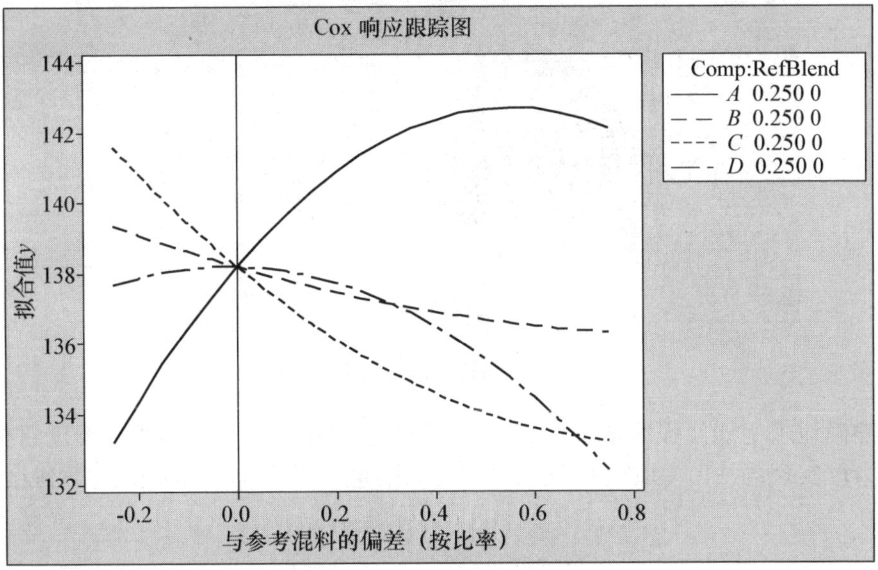

图 7—45 混料设计的响应跟踪图

从下面的等高线图（见图 7—46）及曲面图（见图 7—47）上可以看出整个变化趋势。令 $B=0$，$C=0$ 将会使 y 取最大值。

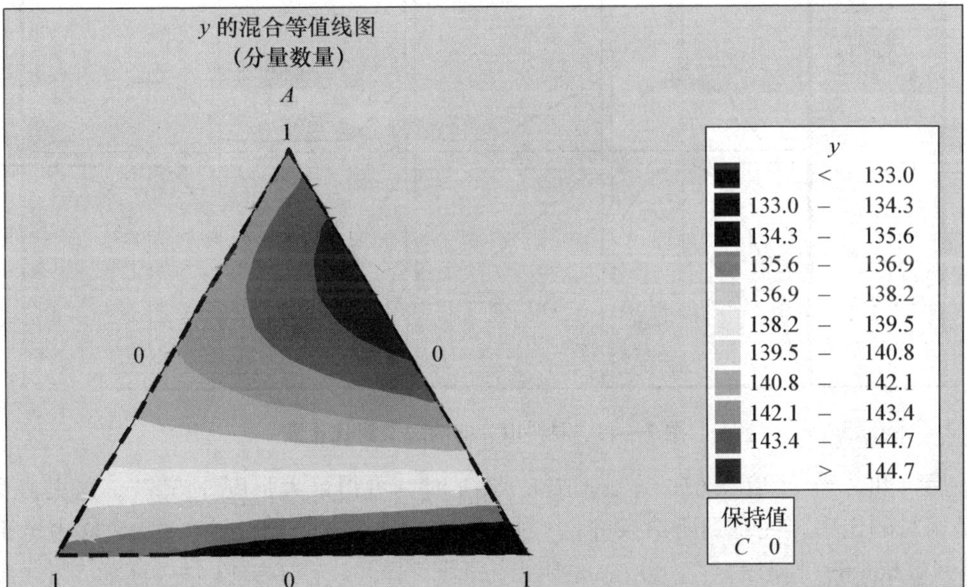

图 7—46 混料设计响应变量的等高线图

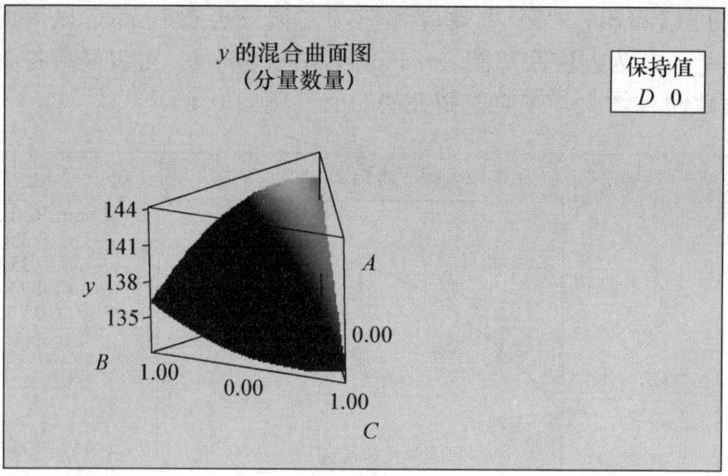

图 7—47　混料设计响应变量的曲面图

为了准确地求出能使强度最大的设置，我们使用响应变量优化器，设定目标为望大，取下限值为已实现的 140，取望目值为 160（上限值不填写），则可得到下列结果（见图 7—48）。

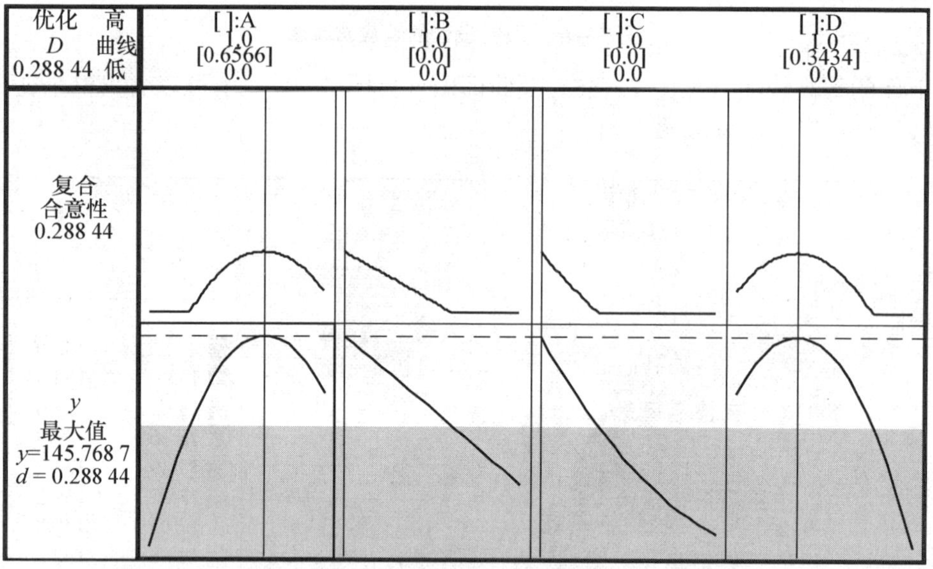

图 7—48　混料设计的响应变量优化图

最后可知，当 x_1 取 0. 656 6，x_4 取 0. 343 4 时，可得最大强度 145. 77。这里自变量的设置是相对的比率，注意到所给条件，4 种分量合计占 2%，因此，分量 x_1 应占全部原料的 2%×0. 656 6=1. 313 2%，分量 x_4 应占全部原料的 2%×0. 343 4=0. 672 8%。由于本例题中只做了 10 次试验，回归方程的阶数较低，未含各变量的二次项，区域内部无极大值。如果可以认定在内部区域内（而不是边界上）将有极大值时，应该选用更多试验点，拟合更高阶方程。

7.8 调优运算

7.8.1 调优运算概论

前几节所介绍的试验设计方法都是在新环境、新条件下安排试验的。如何在基本上不改变当前生产环境的条件下进行试验并对生产加以改进呢？试验设计大师博克斯于1957年提出一种方法——调优运算。

我们在本章前面已经介绍了响应曲面试验设计方法，它是以最有效的方式安排一些试验点，获得有关信息后，建立响应变量与重要的自变量（可控因子）之间的回归方程（通常指二阶以上）。得到响应曲面模型之后，就很容易寻求最优解了。但响应曲面试验设计通常是在对试验区域内几乎没有什么信息的情况下进行的，因而需要较多的试验点，一般是处于研发阶段或小型试验工厂中使用。如果到了大规模生产阶段，试验程序相对复杂，试验成本又高，通常不做（或最多做一次）响应曲面试验设计。这时，只要可以确认在某点上已能达到我们对生产的要求，就可以在此处安排生产，不一定要再进行响应曲面试验设计。调优运算就是以当前生产条件为中心，在周围很近的范围内（过程性能可能有微小变化，但要保证不会出现任何问题）选定并安排一批简单的重复试验，对这些试验结果进行分析。分析的结论可能有两种：或者断言对生产条件的微调会使生产有改进；或者断言在一定的精度内目前生产条件已经是最优的，从而在当前不必再进行改进生产的尝试。调优运算的目的在于使生产过程在加工出符合标准的产品的同时，也生成有关其自身的信息。过程因子只允许有小的改变，因此不需要专门试验费用和试验人员，不会对生产有任何大的干扰，因而也不会有任何风险，而这种方法又确实可以发现可能改善过程性能的因素。其方法通常是安排一个具有中心点的二水平全因子试验设计，多次重复进行，形成循环，在分析比较结果数据中，对于因子效应的显著性作出判断，将显著因子水平加以调整，使得生产获得改进；不断重复上述步骤，直至达到最优为止。

7.8.2 调优运算方法

我们所面对的问题是，在不扰乱生产秩序的情况下，如何以最小的工作量和风险来改进一个过程的性能。其步骤如下：

（1）查阅关于该过程的公司报告、工艺说明、制造商报告、专利和公开的文献、教材和技术百科全书等，研究成本、得率和生产记录等资料，在取得生产管理部门领导的同意和支持的条件下，组织黑带、绿带形成团队，并进行培训。

（2）确定响应变量，并选择2～3个对于此响应变量最具影响的可控因子。选定这些变量变化范围及水平，各变量的变化范围应充分地小，使得在此范围内的任一点都不会让响应变量值显著变坏。在此范围内选取两个水平通常是在目前生产条件两侧对称取值。

（3）进行第1周相的第1次循环：将现有生产条件作为中心点（编号为0）进行试验，将其他因子按设定水平进行一次 2^2 或 2^3 全因子试验，将结果记录在调优运算计算表中。

（4）进行第1周相的第2次循环：重复第1次循环步骤，将结果记录在调优运算计算表中，并比较两次循环的平均值、标准差，计算出主效应及交互效应，计算出均值变化（change-in-mean，CIM）效应，再计算出对平均值、效应及 CIM 的误差限。

（5）判断各效应是否显著。若有某项效应显著，则对各水平均值进行比较，选定一个更好水平作为新中心点，确定新的范围及水平，开始第 2 周相（即下一个周相）第 1 次循环；若无任何效应显著，则进行本周相下次循环：第 3 次循环、第 4 次循环，如此往复。若某次循环后出现显著效应，则选定新中心，开始新周相。若循环至 6～10 次仍无显著效应，则可认为对于所选因子而言，本中心点为最优条件，停止试验；或换选其他因子，重新进行整个步骤。总之，无显著效应就在本周相内进行下一次循环；若有显著效应就选定新中心点，开始新周相内的第 1 次循环。

由于调优运算本身并未使用任何新概念及新方法，在此就不给出更多细节了。有兴趣者可以参看有关参考书。虽然每次微小改进可能并不引人注目，但在黑带的指导下，累积改进效果可能是巨大的，而且由于每次改进都是渐进的，这保证了调优运算过程不可能会“从悬崖上跌落”。再者，黑带应帮助设立过程的调优运算流程，并且训练需要经常使用它的操作人员和监管人员。如果出现问题，也可以用周期性访问的方式提供现场支持。黑带及其团队决定在把改进的流程传授给操作人员之后，还要注意保持他们成果的方法，同时要通过研究基本的过程和变动产品设计来获得更大的改进。

7.9 常用的精益改进工具

7.9.1 看板与可视化管理、5S 以及定置管理

1. 看板与拉动生产

看板是对生产过程中的各工序生产活动进行控制的信息系统。看板通常是一种装在透明塑料袋内的卡片，它上面记载有零部件型号、取货地点、送货地点、数量等信息，以此作为生产、取货的指令。经常使用的看板主要有两种：取料看板和生产看板。取料看板标明了后道工序应领取的物料的数量等信息，生产看板则显示前道工序应生产的物品的数量等信息。精益生产以逆向“拉动”方式控制着整个生产过程即从生产终点的总装配线开始，依次由后道工序“在必要的时刻领取必要数量的必要零部件”，而前道工序则“在必要的时刻生产必要数量的必要零部件”，以补充被后道工序领取走的零部件。这样，看板就在生产过程中的各工序之间周转，从而将与取料和生产相关的时间、数量、品种等信息从生产过程的下游传递到上游，并将相对独立的工序个体联结为一个有机的整体，如图 7—49 所示。使用看板所遵循的基本原则是：

（1）不向后一道工序传送次品；

（2）在必要的时间由后一道工序来领取必要数量的必要零部件；

（3）前道工序只按后一道工序的取货量进行生产；

（4）进行均衡生产，各工序均匀地领取零部件；

（5）根据看板进行微小的调整；

（6）要使生产工序稳定化、合理化，因为看板数量越多在制品就越多，所以要不断地

减少看板数量。

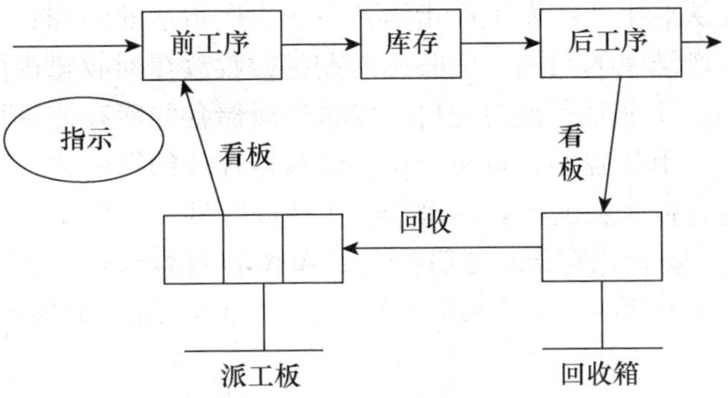

图 7—49　看板拉动生产模型

2. 看板的设置与计算

看板的设置以生产过程中的产品和零部件的搬运单位为基准，搬运的工具通常使用托板、拖车、零件箱以及专用物流器具等。

拉动生产过程中每种产品所需看板张数通常使用下述公式进行计算，式中各参数的含义和关系如图 7—50 所示。

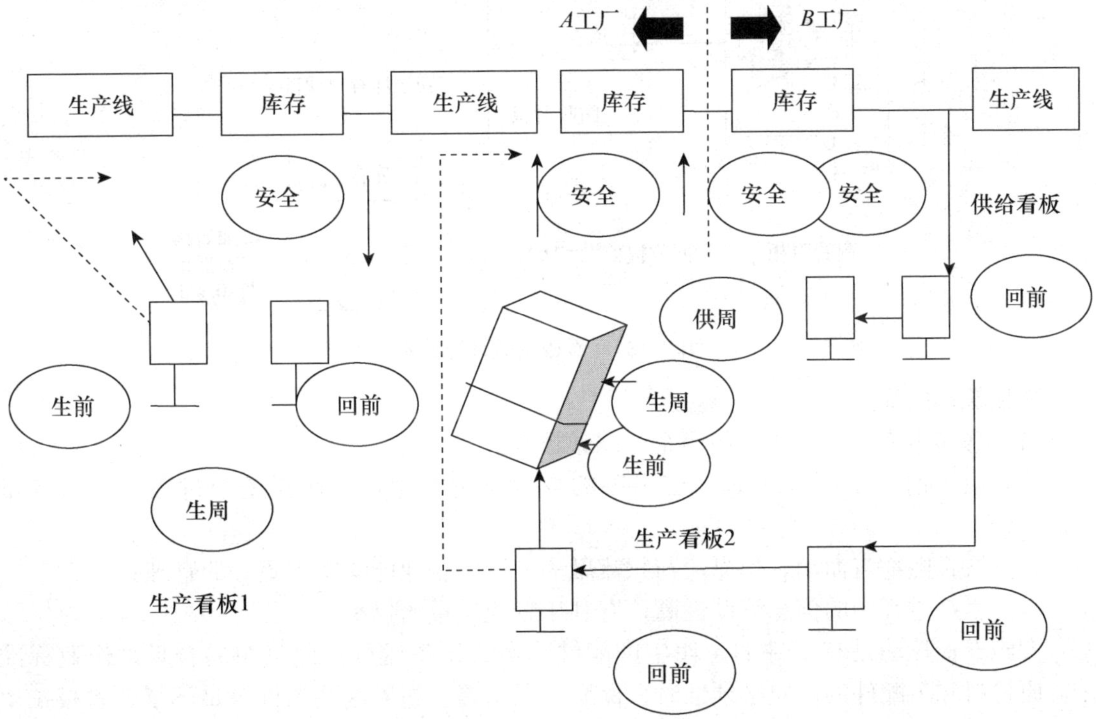

说明：安全——安全库存；生前——生产提前期；生周——生产周期；回前——回收提前期；供周——供应周期。

图 7—50　看板张数计算方法

$$看板张数=\frac{每班最大产量\times(生产间隔期+生产提前期+回收提前期+安全库存)}{单位容器容量}$$

式中，生产间隔期是从对生产线做生产指示到下次生产指示的间隔；生产提前期是从对生产线做生产指示到生产结束的间隔；回收提前期是回收放在回收箱内的看板，用来对前工序做生产指示的间隔；安全库存是为应付突发事件所储备的库存，这里用安全库存量能够维持的生产时间表示；单位容器容量是单位物流容器存放的零件数。

图7—51所示为看板张数的计算的例子，生产间隔期＝0.5日，生产提前期＝0.2日，回收提前期＝0.6日，安全库存＝0.2日产量，单位容器容量＝5个/托板。一天两班次：A产品＝100个/班，B产品＝150个/班，C产品＝150个/班。则每班产品A，B，C所需看板张数分别为：

$$A=100\times(0.5+0.2+0.6+0.2)/5=30$$
$$B=150\times(0.5+0.2+0.6+0.2)/5=45$$
$$C=150\times(0.5+0.2+0.6+0.2)/5=45$$

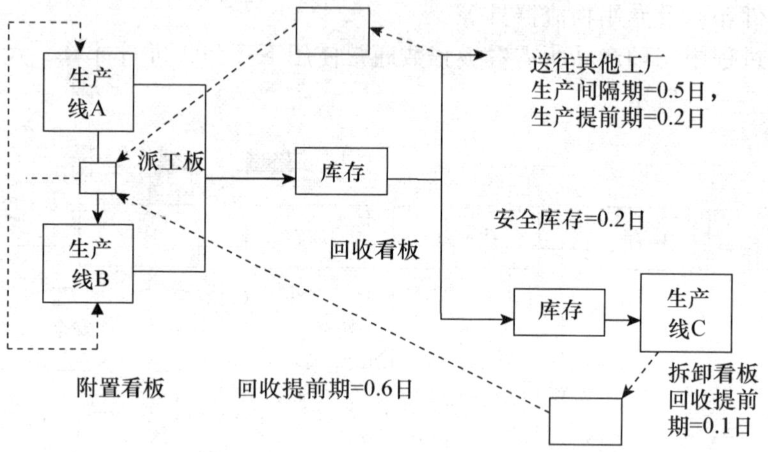

图7—51　看板张数计算比例

看板拉动的优点如下：

（1）暴露生产中的问题，使得企业越做越好；

（2）由于前道工序只按后一道工序的取货量进行生产，使得整个过程中的库存量降低；

（3）看板随物流而动，信息流与物流融为一体，企业能够实现更好的管理；

（4）生产过程中的信息流动性高，有利于企业质量的提高。

实施看板拉动是有条件的，如生产能够均衡，设备运行良好且布局合理，作业标准化，原材料和零配件的供应必须准时、保质、保量等。如果这些条件满足不了，看板拉动就不能发挥应有的作用，也就难以实现精益生产。

3. 可视化管理

可视化管理又称为目视管理，是通过视觉导致人的意识变化的一种管理方法。它是利用形象直观、色彩适宜的各种视觉感知信息来组织现场生产活动，提高劳动生产率的一种管理方式。它是以视觉信号为基本手段，以公开化为基本原则，尽可能将管理者的要求和意图让大家都看得见，借以推动自主管理、自我控制。可视化管理是一种以公开化和视觉现实为特征的管理方式，也可称为看得见的管理、目视管理。

传统的管理中，管理人员通常通过口头或文件形式安排生产、发布指令。在现场，员工难以很清楚地了解他们应该做什么、怎么做和当前的质量等问题，而目视管理正是顺应了这种需求，它利用表格、图形、信息板等形式生动地向工人传达各种信息。

目视管理的内容与形式如下：

（1）生产任务、工作任务和完成情况要公开化和图表化。公开化就是将生产、工作任务、计划指标、完成情况均按车间、班组、个人落实，并列表公布在墙上，并用作图法，使大家都能形象地看出各个指标完成中的问题和发展趋势，以便都能按期、按质、按量地完成各自的任务。

（2）与现场、办公室密切相关的规章制度和工作标准、时间标准要公布于众。与岗位工人直接相关的部分应分别展示在岗位上并始终保持完整、正确。

（3）以清晰、标准化的视觉显示信息落实定置管理。采用标准化、清晰的信息显示符号，将各种区域、通道、物品的摆放位置鲜明地标识出，机器设备和各种辅助设备器具均应有标准颜色，不得任意涂改。

（4）要采用与现场工作状况相适应的信息传导信号。为能及时地控制生产作业，生产环节和工种之间也要设立方便实用的信息传导信号，以便尽量减少工时损失，提高生产的连续性。在各质量管理点，要有质量控制图，清楚地显示质量波动信息，车间要公布不良品的统计情况，出现的废品要展示。

（5）现场、办公室的各种物品的码放和运送要标准化。在现场中，各种物品要按标准化运送及码放，以达到过目知数。

（6）统一规定现场人员着装，实行挂牌制度。

（7）现场、办公室的各种色彩运用要实现标准化，有利于人的身心健康，现场中的色彩也要标准化。

目视管理的基本要求为：

（1）统一：目视管理要实现标准化。

（2）简明：各种显示信号应易看懂，一目了然，简单明确。

（3）醒目：各种视觉显示信号要清晰、位置适宜。

（4）实用：少花钱、多办事、讲求实效。

（5）严格：严格遵守和执行各种规定。

总之，目视管理是一种有效的管理方法，形象直观，它有利于信息交流，有利于识别异常情况，有利于提高工作效率，有利于现场人员互相监督，发挥激励作用，有利于产生良好的生理和心理效应。

4. 5S

5S是精益管理的基础，它是起源于日本丰田公司的一种现场管理模式，它提出的目标简单明确，就是要为员工创造一个干净、整洁、舒适、科学合理的工作场所和空间环境，通过实施有效的5S管理，最终提升人的素质，为企业造就一个高素质的优秀群体。5S是整理（seiri）、整顿（seiton）、清扫（seiso）、清洁（seiketsu）、素养（shitsuke）五项活动的总称。所谓整理，就是把需要的东西和不需要的东西明确地分开，把不需要的东西扔掉。所谓整顿，就是把需要的物品按需要时便于使用的原则整齐地放置，明确标识，以便大家明白。所谓清扫，就是对工厂进行全面细致的打扫，保持清洁。所谓清洁，就是不断地保持整理、整顿、清扫的结果。所谓素养，就是培养员工遵守规章制度、纪律的习惯。没有5S造就的良好管理现场基础的企业实施精益生产是不可想象的。

5S是现场管理的基础，在一个没有实施5S的企业中，浪费随处可见，无论是精益生产还是MRP，ERP等信息管理系统的实施，都要求全体人员具有按规定做事的习惯，清楚地标示物品应放在哪里、数量应是多少、何时出入库等，否则再好的生产系统也无法取得良好的效果，甚至实施后效果更糟，企业内部陷入混乱。5S管理是通过现场现物的规范，明确“场所、方法、标识”，确定“定点、定容、定量”及大量使用目标管理等方法、手段，构筑一个整洁、明朗、一目了然的工作现场。5S管理能有效解决工作场所凌乱、无序的状况，能有效提升个人行动能力与素质，有效改善文件、资料、档案的管理，能有效处理工具、物品、器械的管理，使工序简洁化、人性化、标准化，节约时间，提升工作效率，有效提升团队业绩。实施5S管理不仅提高了企业形象，还能增强顾客的满意度。5S管理同时减少了生产过程中的浪费，为企业增加利润。另外，5S管理强调作业标准化，为标准化工作的推进起了重大作用。5S管理的实施创造了良好的工作环境和氛围，改善了员工的情绪，提升了员工的归属感和成就感。

近年来，有些企业将5S进一步推广，倡导7S，增加了安全（safety）和节约（save）两项内容，将安全生产和减少浪费、节约用电、节约用水、保护环境紧密地联系在一起。也有的企业加上习惯化（shiukanka）、服务（service）及坚持（shikoku），形成了10S，但是万变不离其宗，所谓7S，10S都是从5S里衍生出来的。企业的管理水平上去了，所生产的产品质量自然而然也就提高了，同时也会降低企业的生产制造成本，创造经济效益，这样不仅会增强企业的市场竞争力，也有利于企业的生存和发展。

5. 定置管理

定置管理是研究生产现场人、物、场所的结合状态，动态地掌握人、物、场所的关系，并从其内在联系上寻找改善和加强现场管理的对策和措施，使物流运行处于受控状态，使现场生产要素有效地结合，实现人、物、场所在时间和空间上的优化组合，以最少的时间、最低的成本，生产出用户满意的产品。它以物在场所的科学定置为前提，以完善的信息系统为媒介，以实现人和物的有效结合为目的，通过对生产现场的整理、整顿，把生产中不需要的物品清除掉，把需要的物品放在规定的位置，使之随手可得，促进生产现场文明化、科学化，达到高效、优质、安全的生产效果。

定置管理包括生产厂区的定置、车间定置和库房定置等内容。开展定置管理应按照以下六个步骤进行：

（1）工艺研究。工艺研究是定置管理开展的起点，通过对生产现场的加工方法、机器设备、工艺流程等分析调查以及可行性研究，从而确定生产现场产品制造的工艺路线和搬运路线。

（2）人和物结合的状态分析。人和物的结合状态分析，是开展定置管理中最关键的一个环节。定置管理的主体和本质就是人和物的结合。而要在生产中实现人、物、场所三者最佳结合，就必须对人和物的结合状态进行分析。

(3) 信息流的分析。信息媒介就是人与物、物与场所合理结合过程中起指导、控制和确认等作用的信息载体。生产中使用的物品种类不同、数量大，需要一定的信息来指导找到它们的流向和数量。因此，在定置管理中，完善而准确的信息媒介是很重要的，它影响到人、物、场所的有效结合程度。

(4) 定置管理设计。定置管理设计，就是对各种场地及物品如何科学、合理定置的统筹安排。定置管理设计主要包括定置图设计和信息媒介物设计。

(5) 定置实施。定置实施是理论付诸实践的阶段，也是定置管理工作的重点。其包括以下三个步骤：第一步，清除与生产无关之物；第二步，根据定置图实施定置；第三步，放置标准信息名牌。

(6) 定置检查与考核。定置管理的一条重要原则就是持之以恒。只有建立定置检查与考核制度，才能实现定置管理长期化、制度化和标准化。

定置管理改善了工人的操作条件和环境，有效地防止劣质产品的产生；同时减少了寻找时间，提高了工作效率，可使生产现场的人流、物流、信息流通顺流畅，使工人"看着顺眼，拿着顺手，干着顺心"，既文明整洁，又心情舒畅，从而激发出广大员工高昂的劳动热情和生产积极性，以及以厂为家的主人翁责任感。

7.9.2 设备布局改进

设备布局改进是指按照一定的原则，在设备和车间内部空间面积的约束下，对车间内各组成单元、工作地以及生产设备进行合理的布局，使它们之间的生产配合关系最优，物料运送代价最小。设备布局是否合理将直接影响到生产能力、生产成本和工作效率。良好的设备布局可以减少生产成本，减少在制品的停留时间，加快产品的生产，节省空间。设备布局就是将各个工作地内的各个设备合理安排，在满足各设备面积和位置限制条件下，使它们组合成一定的空间形式，从而有效地为企业的生产运作服务，以获得更好的效果。常见的布局形式有单行布局、多行布局、U形布局和环形布局等，其中的约束条件包括：设备不可重叠、设备不可超出工作地范围、设备之间必须满足最小间距要求等。

下面我们以丰田汽车的设备布局方式来介绍U形布局，它按零件的加工工艺要求，把功能不同的机器设备集中布置在一起组成一个个小的加工单元。这种设备布局方式可以简化物流路线，加快物流速度，减少供需之间不必要的在制品储量，减少运输成本。U形布局如图7—52所示。

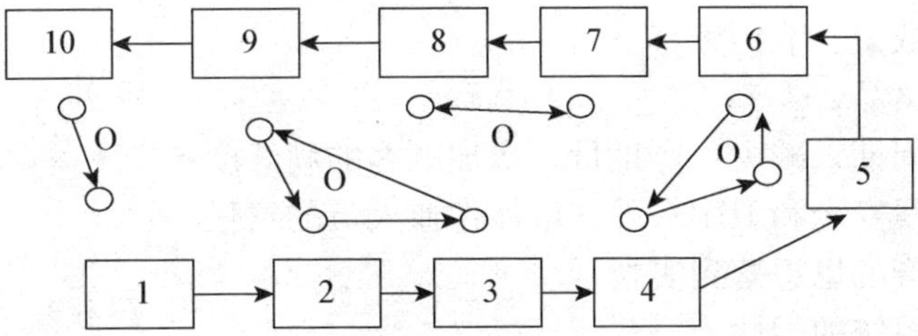

图7—52 U形生产单元

说明：其中O为作业员。

U形单元中，作业员是可以操纵多种不同工作站的多技能作业人员，所以它可以缩减人员成本和使生产线更富有弹性，同时也因为作业人员之间的距离较近，若系统中有问题产生，作业员可以很快地作出反应并可以相互配合解决问题，进而减少损失。如图 7—52 所示，U 形单元物料的投入和产出是同一作业员控制，可以有效地控制 U 形单元的生产节拍和中间在制品的数量，实现标准化作业。

7.9.3 快速换型

快速换型（single minute exchange of die，SMED）也称单分钟换模，是指通过应用工业工程的方法，将模具（现在也包括各种生产线上的工装夹具等）的更换时间、开机设置时间、生产启动时间等减少到 10 分钟以内（单分钟）的一种过程改进方法。快速换型是有必要的，国外有研究显示，在一种产品加工过程的所有操作中，只有 5%是真正能够给产品创造附加值的，其余的 95%并不能给产品增值。这 95%包括诸如以下内容：原材料缺陷、待工、返工、产品质量检查、设备停机、模具更换、库存、材料处理以及物流货运等。其中，换型时间的长短是影响企业生产率高低的一个重要因素。而目前的市场是基于多品种小批量、短交付期的产品竞争，在这种形势下，缩短模具切换时间，无疑是提高企业生产率和竞争力的一种有效措施。

快速换型的主要要领就是把设备换型调整的所有作业划分为两大部分，即外部换型调整作业和内部换型调整作业。所谓外部换型调整作业，是指那些能够在设备运转之时进行的设备调整作业；所谓内部换型调整作业，是指那些必须或者只能在设备停止运转时才能进行的换型调整作业。为了缩短换型调整时间，操作人员必须在设备运行中完成所有的外部换型调整作业，一旦设备停下来，就要集中全力于内部换型调整作业。最重要的一点就是尽可能地把内部换型调整作业转化为外部换型调整作业，并缩短两者的转换时间，以保证迅速完成换型调整作业。

为了缩短作业转换时间，重要的是事先在设备运行当中把所必需的夹具、工具、下一次使用的模具和材料准备好，然后在设备停止下来后安装上模具，设备一开始运转，就把拆下来的模具和夹具移走。作业人员在设备停止运转时，必须集中全力进行内部换型调整作业。

实现快速换型的方法主要有以下几种：（1）将外部作业转换标准化；（2）使用快速紧固件；（3）使用辅助工具；（4）推行并行作业；（5）利用机械的自动换型方式。

实现快速换型可以缩短生产线生产不同产品时的转换时间，确保在尽可能短的时间内换型成功并生产出合格产品，可促使生产者减少生产批量和降低库存水平而不影响正常的生产作业。快速换型的成功可以带来如下有益的变化：

（1）降低库存数量，节约库存空间；

（2）减少不合格品；

（3）缩短生产周期，减少生产批量，增加顾客的满意度；

（4）提高生产线安全和卫生水平，增加作业人员的责任心；

（5）使精益生产的思想落到实处；

（6）增加生产系统的柔性。

7.9.4 5W1H 提问技术和 ECRS 原则

在改进阶段，常用的精益改进工具还有方法研究和时间研究。方法研究是对现有的作业方法进行系统的记录、分解和分析，明确每一项活动或作业的价值，消除非增值作业活动或对现有作业进行优化。方法研究一般包括程序分析、操作分析和动作分析等。程序分析又包括生产流程分析、加工路线分析、物料搬运分析和管理业务流程分析。操作分析包括操作作业分析、人机作业分析等；动作分析包括动作影片分析、动素分析等。时间研究的目的是确定一项活动所需标准时间。时间研究的方法包括秒表法、预定时间制（predetermined time system，PTS）。在过程改进中，5W1H 提问技术和 ECRS 原则是常用的改进技术，通过这些方法可以减少物料、资金、时间、能源的浪费，从而降低成本；可以减轻劳动强度，充分发挥工人的潜在能力，提高劳动生产效率；可以缩短零件加工周期，从而有利于提高企业效益和建立新的方法。

5W1H 提问技术主要用于对已经记录的事实和材料进行分析提问，以便提出新的方法。为了得到更多的信息，最好按以下步骤进行提问：完成了什么？何时做？何处做？由谁做？如何做？为什么要这样做？是否必要？有无其他更好的成就？为什么要此时做？有无其他更合适的时间？为什么要在此做？有无其他更合适的地方？为什么要此人做？有无其他更合适的人？为什么要这样做？有无其他更合适的方法？5W1H 在国外又被称为 6W 技术，这是因为相应的每一提问都有字母 W。这种系统的提问技巧有利于得到更多的信息，有利于了解现行的情况，有利于提出建设性的方法。

在建立新的方法的时候要灵活应用 ECRS 原则，ECRS 原则即取消、合并、重排、简化（eliminate，combine，rearrange，simplify）。

（1）取消。在经过“完成了什么”、“是否必要”及“为什么”等问题的提问后，不能有满意答复者皆非必要，即予取消。取消为改善的最佳模式，如取消不必要的工序、操作、动作，这是不需要投资的一种改进，是改进的最佳原则。

（2）合并。对于有必要而无法取消的活动或作业，看是否能合并，以达到省时简化的目的。如合并一些工序和动作，或将由多人于不同地点从事的不同操作，改为由一人或者一台设备完成。

（3）重排。经过取消合并后，可根据“何人、何处、何时”三提问进行重排，使其能有最佳的顺序、除去重复、办事有序。

（4）简化。在经过取消、合并、重排之后，再对该项工作进行深入的分析研究，使方法和动作尽量简化，使新的工作方法效率更高，成本更低。

7.10 约束理论

约束理论（theory of constraints，TOC）是由以色列物理学家高德拉特（Eliyahu M. Goldratt）博士创立的基于“约束”的管理理论，是其在优化生产技术（optimized production technology，OPT）基础上发展起来的管理哲理。该理论提出了在制造业经营生产活动中定义和消除制约因素的一些规范化方法，以实现持续改进。它是在一个生产受到限制的过程中消除瓶颈，获得增值。要让一个改进过程有实效，管理层必须了解妨碍实现系统目标的约束条件，并对它进行消除而达到系统改善。在这种情况下，目标就是找到限制产能的系统约束。过程图是用于寻找约束的一个很好的起点。另一种方法是制作该过程的价值链图，描述目前相关产品从原材料到发运至顾客所需的所有增值及非增值的行动。

1. TOC 的基本思想

TOC 强调必须把企业看成一个系统，从整体效益出发来考虑和处理问题。TOC 的基本思想如下：

(1) 企业是一个系统，其目标是在当前和今后为企业获得更多的利润。

(2) 生产能力小于市场需求的资源，不一定为约束资源。

(3) 一切妨碍企业实现整体目标的因素都是约束。根据帕累托原理，对整个生产系统有重大影响的往往是少数几个约束。约束有各种类型，不仅有物质型的，如市场、物料、能力、资金等，而且还有非物质型的，如后勤及质量保证体系、企业文化和管理体制、规章制度、员工行为规范和工作态度等。TOC 的管理思想是首先抓重中之重，使最严重的制约因素凸现出来，从而从技术上消除避重就轻、一刀切等管理弊病发生的可能。短期的效果是抓大放小，长期的效果是大问题、小问题都没忽略，而且企业整体生产水平和管理水平日益提高。

(4) 约束资源是动态变化的，企业的管理层应动态地分析生产系统约束，寻找改进机会。因此，TOC 是使生产系统趋于完善的持续改进过程。

(5) 为了衡量实现目标的业绩和效果，TOC 打破传统的会计成本概念，提出了三项主要衡量指标，即产出、库存和运行费用。比起设备效率、设备利用率、停机时间及工厂平衡，这些方法更能体现真实的系统影响。TOC 认为只能从企业的整体来评价改进的效果，而不能只看局部。

2. TOC 常用的概念

一些常用的 TOC 概念如下：

(1) 瓶颈资源。即能力等同于或低于需求的资源。非瓶颈是指任何能力高于需求的资源。若资源本身是一个瓶颈，则必须采取行动减轻其负荷。适当的步骤可以是降低负荷以消除瓶颈或使瓶颈区只生产当前需要的产品。要注意因质量低下或返工而造成的生产损失是一种瓶颈。

(2) 平衡。根据市场需求在整个工厂平衡产品的流动，不要将能力与需求进行平衡，工厂可以有能力生产创纪录的库存及成品，这样同时也会使工厂运行系统受阻。目标是在瓶颈区进行等同于市场需求的流动。通过只生产当前市场需求的产品，我们可以在有限的条件下创造更多。有可能工厂有足够多的资源来做任何事情，但必须控制价值流。

(3) 相关。时间的关联性及统计波动很重要，后续事件依赖以前发生的事件。很多情况下，市场需求、作业时间等影响生产系统的要素不是恒定的。瓶颈会约束整理产能。

(4) 产出。系统通过销售将产品变成现金的速度，成品必须通过销售转化为现金。

(5) 库存。企业为了获得产出，在所有外购物料上投资的货币。

(6) 运行费用。系统花费的将库存转化为产出的所有资金。包括折旧、维护、报废、保管和运输成本等。

(7) 鼓—缓冲—绳法 (drum-buffer-rope approach, DBR) 和缓冲管理法 (buffer management)。TOC 把主生产计划 (master production schedule, MPS) 比喻成鼓，根据瓶颈资源和能力约束资源 (capacity constraint resources, CCR) 的可用能力来确定企业

的最大物流量，作为约束全局的鼓点，鼓点相当于指挥生产的节拍；在所有瓶颈和总装工序前要保留物料储备缓冲，以保证充分利用瓶颈资源，实现最大的有效产出。必须按照瓶颈工序的物流量来控制瓶颈工序前道工序的物料投放量。换句话说，头道工序和其他需要控制的工作中心如同用一根传递信息的绳子牵住的队伍，按同一节拍，控制在制品流量，以保持在均衡的物料流动条件下进行生产。瓶颈工序前的非制约工序可以用倒排计划，瓶颈工序用顺排计划，后续工序按瓶颈工序的节拍组织生产。

3. TOC常用的方法

约束理论的应用，使用如下五步法：

(1) 确认系统的约束。系统约束会限制公司绩效达标，所以应对约束进行确认及考虑其影响。

(2) 决定如何利用系统的约束项，恰当地管理系统中的非约束项，从而将非约束项资源提供给约束项。

(3) 一切从系统约束出发，约束会有一个极限，所以应寻找方法减少约束所产生的作用，或者寻找方法增加约束区的能力。

(4) 消除系统的约束。尝试消除约束根源，努力改善系统。

(5) 回到第一步。约束被打破后，回到起点寻找新的约束。

TOC强调了三种方法，统称为思维过程（thinking processes，TP），如表7—31所示。

表7—31　　思维过程方法

因果关系法（effect cause effect method）	为了找出要改变什么(what to change)，设定一些尽可能少的假设，通过分析和考验，逐一排除，找出造成约束的根源原因（root cause），从而找出解决要害问题的有效方法。
驱散迷雾法（evaporation cloud method）	用来处理改变的方向（what to change to）问题，该方法发展了JIT对消除无效劳动和浪费的刨根问底（fine WHYS）思想，并提出了一些指导性的规则。
苏格拉底法（Socratic method）	老师只提问，不给答案，在找出核心问题之后，发动群众对如何解决核心问题献计献策，使献计的人感到问题是由于他提出了办法才得以解决，因而产生一种参与感，更主动地投入改革活动。这种方法发展了JIT的全员参与（people involvement/emprovement）精神。

资料来源：http：//wiki. mbalib. com/wiki/%E7%BA%A6%E6%9D%9F%E7%90%86%E8%AE%BA.

约束理论的内容体系很丰富，有关详细内容和具体方法体系，请参阅本章推荐阅读的相关书籍。

7.11 方案的评价、验证与实施

7.11.1 方案的评价

改进方案产生之后，需要对其优劣进行评价。评价方案时要考虑改进方案实施的难易程度、方案的成本、接受的程度、时间方面的考虑、方案所带来的影响等因素。评价方案主要从以下几个方面来进行：(1) 方案的经济性，包括分析实施方案预计所需资源、时间，方案预计收益等；(2) 方案的可接受性，包括方案被利益相关方接受的程度；(3) 方案的风险分析，包括方案实施后对利益相关方带来的影响，尤其是方案实施不成功所带来的风险，是否存在弥补方案以及可能的后果等。下面我们将着重讲述一些常用的评价方法。

1. 鱼骨图的变形

鱼骨图是利用头脑风暴法，集思广益，来寻找影响问题的潜在原因，然后用图形的形式表示的一种有用的方法。借助鱼骨图可以将影响质量的各种原因反映到一张树状图中，它旨在寻找问题的根本原因。在鱼骨图中，问题填在图右侧的方框中，也就是我们通常所说的“鱼头”的位置，造成问题产生的原因填写在各个主分类线周围，它们构成“鱼刺”。而鱼骨图的变形是系统地思考由于一种新的方案可能造成影响的一种方法，与鱼骨图相似，它仍然采用团队头脑风暴的方式来实现，所不同的是，它是分析一种方案可能对其他因素造成的影响。在鱼骨图的变形中，方案填在图左侧的方框中，也就是我们通常所说的“鱼头”的位置，方案造成的影响填写在各个主分类线周围，它们构成“鱼刺”。

例如某企业为了提高产品的质量，打算引进一台高水平的质检机器，我们用鱼骨图的变形对此方案进行分析（见图 7—53），就是要分析实施此方案将会对市场、顾客、供应商、员工、社会和企业效益等造成的影响，譬如实施此方案将造成企业效益增加，市场份额增加，员工减少等。通过分析鱼骨图的变形，有利于我们选择最佳的方案。

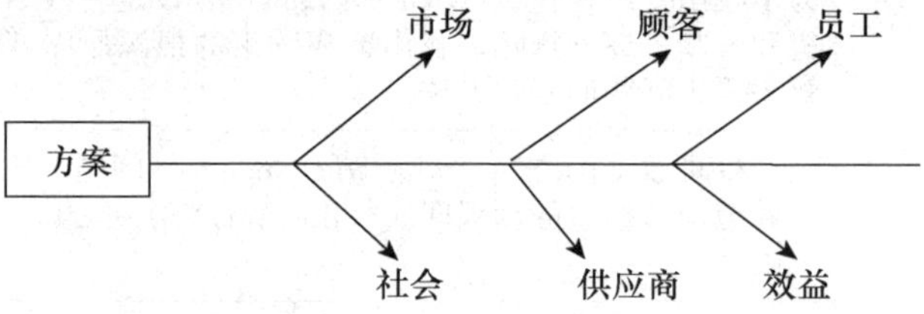

图 7—53　鱼骨图的变形

2. 力场分析法

力场分析法是 20 世纪 90 年代源于美国管理科学的“软”技术，是美国社会心理学家库尔特·勒温（Kurt Lewin）创造的一种企业管理分析方法，是他所提出的组织变革理念中的一部分，能够用于查看各种关系以及影响其变化的因素。一个组织中各种事物的当前状态被看做一种平衡状态，维持这种状态的是相反两个方向的作用力：驱动力和反驱动力。一项变革不可能在阻力大于动力时发生。增加动力无疑会促进变革的产生，而减少阻力则有可能取得更好的效果。力场分析图是建立在这些作用力与反作用力基础上的一个图表分析模型。力场分析图适用于各个不同层次的变革力量分析，如个人、项目、组织、网络等，能够帮助识别出促进或阻碍变革的各项力量。通常，拟定的变革计划总是位于力场图的最上方（见图 7—54）。此图分两栏。各驱动力位于左栏，反驱动力位于右栏。各力量作用方向均指向中间栏线。其中，箭头较长则意味着作用力也较强。

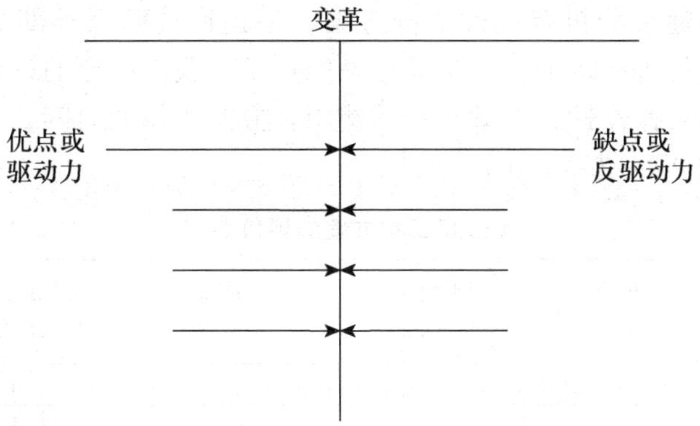

图 7—54　力场分析

改进过程中的力场分析是把变革变成方案，优点或驱动力为方案实施后产生的益处，缺点或反驱动力则是方案实施后产生的不良后果。为了使分析简单明了，下面就以某工厂为例，它的质量水平不高，为了解决这个问题，工厂打算引进设备，我们通过力场分析来对此方案进行评价。首先我们通过分析知道当前A工厂的质量水平低下，希望质量水平得到提高，如果不采取有效的行动，工厂可能要面临严重的后果，为此通过分析原因提出了引进设备的改进方法。然后我们列出了实施此方案的正面作用和负面作用，如图7—55所示。

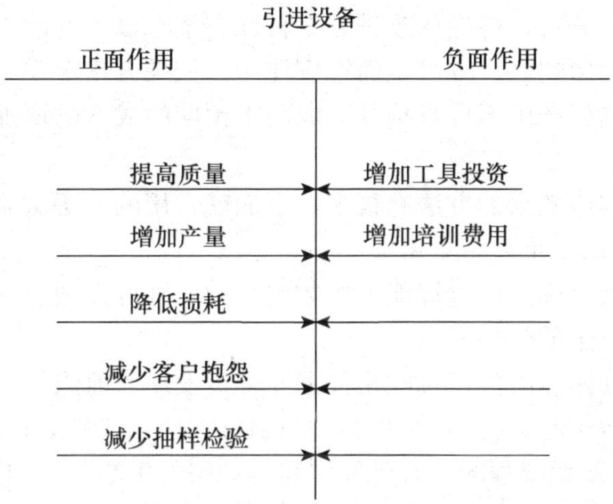

图 7—55　A工厂引进设备的力场分析

接着对正面作用和负面作用的所有力量进行分析，分析它们是否真实有效，它们能否改变，它们中的哪一些又是最为关键的，并对力量的强度进行分析。通过力量分析，可判断方案的可行性以及对其实施过程进行判别分析；通过力场分析，可评价各种方案的经济性、可接受性和风险。

3. 评价矩阵

评价矩阵是定量评价的一种方法，在对各个备选方案分析后，选取几个重要的评价要素（评价指标）并给出它们的权重，然后由专家或者小组对各个方案进行打分，最终根据计算出来的结果选择方案。为了更加清楚地了解评价矩阵，下面我们给出一个例子。A公司要进行员工培训，通过分析有三种选择方案：一是通过聘任外部的专业人士来进行培训；二是通过内部人员进行培训；三是通过录像自学。我们设定的评价指标是员工培训的效果即质量，方案的可操作性，方案花费的费用，方案所用的时间，如表 7—32 所示，各个指标的权重分别为 0.4，0.2，0.3，0.1。

表 7—32　　A 公司三种方案的评价矩阵

指标与权重 方案	质量 （0.4）	可操作性 （0.2）	成本 （0.3）	时间 （0.1）	合计
外部培训	9	3	1	1	4.6
内部培训	3	9	9	3	6.0
录像自学	1	3	9	9	4.6

外部培训的得分为 $9\times0.4+3\times0.2+1\times0.3+1\times0.1=4.6$，内部培训的得分为 $3\times0.4+9\times0.2+9\times0.3+3\times0.1=6$，录像自学的得分为 $1\times0.4+3\times0.2+9\times0.3+9\times0.1=4.6$。

通过评价矩阵方法可知，最优方案为内部培训。

7.11.2　方案的验证

在评价改进方案、制定实施计划后，需要依照计划在小范围内局部试运行改进方案，并对试运行的效果进行分析，待确认改进方案较原方案有显著的改进，且没有引起方案评价阶段预料之外的负面影响后，方可全面推广使用。如果方案对现状的改善不显著，或者会对其他工序或质量指标产生不良影响及造成高于预期的成本的增加，则需重新评价改进方案。

分析改进方案的实施效果的方法有很多，下面就常用的方法做简单的介绍。

1. 改善前后过程能力指数的变化

如果项目的基线及目标是以过程能力指数定义的，则可以通过对比改进前、改进后的过程能力指数来验证改进的效果。

例如，某项目组在测量阶段通过收集数据并分析发现当前流程 C_p 或 C_{pk} 值很低，决定把减小变异或移动流程中心，提高 C_{pk} 作为项目目标。项目实施后，收集了改善后的数据，显示 C_p 值有明显提高或者流程的中心已经转移到规格的中心，C_{pk} 得到明显改善。

2. 观察改进前后的控制图

绘制依据改善前及改善后分阶段的控制图，根据图形直观地观察改进前后指标的均值及波动等的变化，来判断改善是否显著。此方法应注意根据指标的数据属性及特点选择合适的控制图类型。

控制图虽然是一种比较直观的观察变化的方法，但是仅仅根据控制图往往无法进行统计的判断，与假设检验结合才能获得更加准确的判断结果。

例如，某企业欲通过六西格玛项目来提高某项性能指标，在确定改善方案之后，进行小批量试生产，收集了 20 个改善后的连续型数据与 20 个改善之前的相应数据，使用控制图作比较，通过比较发现改善后的数据均值有明显提高且波动明显减小，因此，改善方案是有效的，如图 7—56 所示。

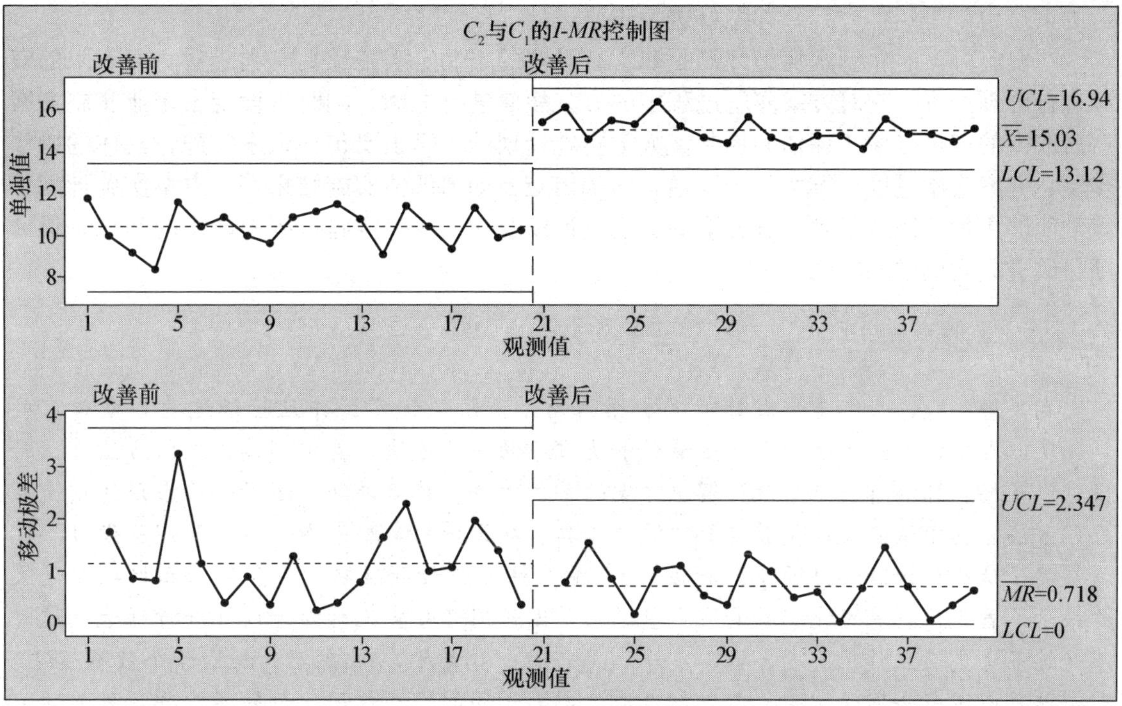

图 7—56 某项目改善前改善后分阶段的控制图

3. 假设检验

假设检验是验证改善效果的方法，要收集改善前后的数据进行分析。比较均值的变化可以使用双样本 t 检验，比较方差的变化可以使用等方差检验。假设检验也可以作为控制图验证的补充，在使用控制图看不出明显变化，或者对于微小的变化不确定改进是否显著的情况下，可以使用这种统计方法进行验证。

另外，还可以通过改善前后西格玛水平的对比、箱线图、排列图等方法来验证改善的成果，除了看得见、方便计算的硬指标，对比改善前后顾客对产品的评价同样是对改进方案的验证，具体方法需要根据项目的实际情况灵活选择。

需要注意的是，方案的验证除了要确认改进的效果，还需要在改进效果显著的情况下验证实际的财务收益，只有在有限的资金投入下实现改进效果，且能够为企业带来收益的改进方案才是成功的改进方案。

7.11.3 方案的实施

经过方案评估后，即可选择出最佳的改进方案。为了保证方案实施的成功，首先要制定实施计划，其次有必要进行一些局部试运行试验，对改进方案进行验证。通过对局部试验运行效果分析，从而为进行全面推广奠定基础，有利于全面推广的顺利进行。在改进方案推广过程中，企业内应广泛宣传推广方案，以取得企业管理层和员工的广泛认同，进一步减少改进的阻力，为方案的实施创造有利的环境；同时将改进方案落实到通俗易懂的文本资料上，以便于执行；实行连续的评估，让企业管理层和员工从评估结果中获得鼓舞和信心；任何改进方案都可能存在需要进一步改进之处，对可能出现的问题，应提前制定应对的策略也就是纠偏方案，并做好进一步改进的准备。

在实施方案时，制定实施计划是非常有必要的，制定实施计划有利于对企业有限的资源进行合理配置，它对方案实施过程中的方方面面进行考虑，同时也设定了企业实施方案后所取得的成果，便于评估和控制。方案实施计划的内容主要包括谁来实施，具体的操作步骤，方案实施进度，方案是否可逆，纠偏措施，如何评估实施结果等。方案实施计划使我们能够更加清楚地了解改进方案的实施过程以及如何解决实施过程中产生的问题，保证项目改进方案的顺利实施。

本章小结

在改进阶段，目标是形成针对根本原因的最佳解决方案，并且验证这些方案是有效的，所以在本章开始先介绍了产生最佳解决方案的一些方法，其中创造性思维方法、试验设计以及精益工具都是产生最佳解决方案的常用方法。接着详细讲述了一些常用的创造性思维方法，其中试验设计是最重要的统计工具，从设计的类型来看，有因子试验设计（包括全因子试验设计及部分因子试验设计）、响应曲面设计和混料设计。从六西格玛改进策略来看，首先应将有可能影响响应变量的大量因子用部分实施的因子设计进行筛选（这时不必过多考虑交互作用问题，取二水平加上若干中心点足够）；然后，当因子个数不超过5时，就可以进行全因子试验，以更细致地考虑因子间的交互作用。如果不能判定目前的试验区域已经达到最优区域，可以试着沿最速上升方向前进，直至达到最优区域。在此区域，用因子设计法所得到的线性回归方程可能出现失拟（即响应变量呈现明显的弯曲），应增多试验点，用响应曲面方法拟合一个二次回归方程，然后求出最优解。这对于望大或望小目标的问题特别有效。如果问题是望目特性的，则可以选用稳健参数设计方法，效果可能更好。对于混料类型问题，则应选用混料设计。已有较好基础而又不宜任意改变因子水平时，可以选用对各因子只进行微调的调优运算。接下来讲述了看板与可视化管理、5S、定置管理、设备布局改进、快速换型、5W1H提问技术和ECRS原则等一些精益工具。本章还对约束理论做了简单介绍。最后，针对产生的解决方案的评价、验证的常用方法和实施时应注意的问题进行了说明。

推荐阅读

1. 马逢时，周暐，刘传冰编著．六西格玛管理统计指南（第二版）．北京：中国人民大学出版社，2013

2. ［美］道格拉斯·C·蒙哥马利．实验设计与分析．北京：中国统计出版社，1998

3. ［美］吴建福，哈曼蒂著，张润楚等译．试验设计与分析及参数优化．北京：中国统计出版社，2003

4. ［美］约瑟夫·M·朱兰，布兰顿·戈弗雷主编，焦叔斌等译．朱兰质量手册（第五版）．北京：中国人民大学出版社，2003

5. 艾利·高德拉特，杰夫·科克斯．目标（第3版）．北京：电子工业出版社，2012

第 8 章

控　制

控制作为六西格玛 DMAIC 实施流程中的最后一个阶段，十分关键。控制阶段是项目团队固化项目改进取得成果的重要步骤。控制阶段的主要目的是对人们的工作方式形成长期影响并加以保持，避免回到旧的习惯和程序。

为了巩固项目改进的成果，需要将改进阶段对流程的修改或新的流程作业指导书加以规范，成为标准，纳入企业的文件体系，建立并完善过程控制系统。控制关键的质量特性 X，记录每个控制计划，并将修订过程移交给过程负责人。六西格玛团队控制细节应当包括：

- 建立监视过程，明确已取得的改进；
- 确定关键控制点、控制参数和控制方法；
- 制定应变方案；
- 形成新的程序文件或作业标准。

8.1 控制阶段概述

控制的目的在于保持项目取得的成效并持续改进。没有控制阶段的不懈努力，改进的成果很容易回到以前的状态，破坏团队已经实现的收益，影响团队的士气，进而对组织的六西格玛管理实施造成严重的伤害。在控制阶段有三个要素：

（1）过程改进结果的文件化；

（2）建立过程控制计划；

（3）持续的过程测量和控制。

8.1.1 过程改进成果的文件化

在许多企业里，作业程序文件没有得到有效执行，一个重要原因在于企业员工执行程序上缺乏明确的规范和纪律，过程控制无章可循。当程序文件和作业执行成为两张皮的时候，过程控制就成了一句空话。

1. 明确纪律

同样的管理模式在不同的企业往往会产生不同的结果，其原因在于企业的执行力的不同。员工能否严格按照文件、制度、标准去工作是衡量企业执行力的一个重要方面。因此，企业在员工招聘、培训、跟踪、考核评估和奖励的时候，要考虑员工是否能够严格执行纪律。要求员工执行不能仅靠空洞的说教，组织应当确定一个“过程负责人”，保证整个过程是被持续监督、研究和改进的。

要求所有员工做到严格执行制度绝非易事，除非员工都能理解监督、控制和改进的原因和益处。不理解这一点，收集数据和制作图表都将被视为不必要的烦琐工作。因此，企业在实施六西格玛时，应对员工进行六西格玛的基础培训，让员工充分了解自己履行职责的必要性。

2. 改进过程文件化

通过过程改进，组织已经取得一定的成效，这时就应当将改进成果维持下去。必须使已经改进的过程详细记录在册，并形成操作规范及固定程序，将所有新措施文件化。控制阶段的主要输出应该包括：过程控制体系、程序文件、作业标准、数据记录、控制图和失控行动方案。以下是在改进过程文件化中应当注意的问题：

（1）保持文件的简单化。用通俗易懂的表达方式对过程要求进行阐述，运用过程图、程序文件、图表、照片、录像带等形象化辅助工具。

（2）应急方案的制定。对于过程中潜在的问题要进行预警，并制定应急方案。

（3）集思广益，对复杂过程要适时进行修订。复杂过程的操作规程不宜马上全部确定，可以召集过程负责人、技术人员、操作人员一起讨论，反复论证，直到文件细化到可以准确顺利执行，并做到适时更新修订。

（4）使用者的参与。尽可能让那些将来会应用这些文件的员工参与文件的起草工作，使文件更实用。文件的草稿向所有相关人员进行展示，并请他们提出建议。

8.1.2 建立过程控制计划

要对过程实施有效的监督和控制，需要建立一套系统的过程控制计划。一个良好的过程控制计划一般包括以下内容：

（1）流程图。过程负责人需要掌握过程中各种行动和决策的细节，正确、详细的流程图必不可少。

（2）过程应变计划。过程应变计划可以清楚标明在过程中的哪些地方可以准确测量过程输入、过程操作和过程输出的关键数据。一旦过程出现问题，过程负责人会根据过程应变计划做出反应。例如，连续三个顾客的订单没有按时完成，就需要在生产线管理方面启动意外事故处理计划，如外包。

（3）紧急事件抢险。一旦发出了行动警报，应急预案或补救计划就显得十分重要。如果员工事先已经了解这些紧急操作步骤，就可以毫不犹豫、有条不紊地圆满完成相关任务。

（4）针对持续改进的计划。除了跟踪过程中发生的问题，过程应变计划也为六西格玛团队彻底检查过程的薄弱环节提供了基础。一旦建立起足够的过程应变计划，在实践中又积累了足够的经验，可以进一步发现改进机会，就有了广泛的项目资源，未来的六西格玛团队可以针对这些项目进行改进。

另一个有助于过程控制的工具是过程仪表板。大家可能熟悉那些应用于管理执行阶段的仪表板，它们汇集了大量代表过程运转状况的指示灯。在过程控制中，仪表板也是同样的原理，需要设置一些反映过程重要操作状况的指示灯。通常包括输出项的测量（例如顾客满意度)，关于生产速度或效率的测量（如周期时间)，还有一些过程质量的测量（如缺陷水平)。

8.1.3 实施持续的过程测量和控制

在六西格玛 DMAIC 的实施过程中，团队通过测量来定义问题、统计缺陷、分析变化的原因，并测量改进是否成功。在控制阶段，团队仍然要努力关注测量，必须重新明确地找出需要进行测量的关键点。不仅包括对响应变量的测量，而且往往需要扩展到对生产条件中关键输入变量的测量，项目组在寻求测量和控制时有三个关键。

1. 完善过程的 SIPOC 图

对已经改进的过程，完善其过程 SIPOC 图，其中要特别注意“顾客的需要”这个关键问题。六西格玛团队必须实时地测量过程输出是否与顾客需要相一致，要做到及时发现产品缺陷或过程变化。

2. 对过程关键变量进行控制

明确测量哪个上游的过程变量会与改进紧密相连，持续测量这个过程将可以预测中下游的结果。只有控制了过程的所有关键变量，才可以确保过程的输出能够满足要求。例如，如果“准时”是一个关键顾客需求，并且过程测量显示其中的两个关键过程步骤正变得越来越长，团队就需要在它导致结果延迟（即出现缺陷）之前寻找和评估出现这种趋势的原因。

3. 关注关键输入测量

关键输入测量能帮助预测过程关键步骤的运行和关键输出结果的质量。在控制阶段中可能会花一段时间来建立对一系列变量进行测量的测量链，这是很值得的工作，测量链最能体现过程的特征。一旦测量链建立，它就变成了计分卡的根据，任何负责改进过程的人都可以在固定的基础上（例如，天或月）用计分卡来监督。

确定最佳测量项之后，一个重要问题是如何建立过程控制方法。在六西格玛工具集里，有许多过程控制方法，其中控制图是最为常用的工具。项目组利用控制图对关键测量项的稳定性进行监控。本章 8.2 节将介绍常规控制图，8.3 节介绍几种特殊的控制图。

8.2 常规控制图

在完成绩效改进后，六西格玛团队仍然需要关注过程各方面指标的监控。关注及测量的对象不但包括过程输出的响应变量，而且包括过程中输入的关键因子，这些关键指标的监控将使得团队能更长时间地维持和管理过程。统计过程控制（statistical process control，SPC）应用统计技术对过程中的各个阶段进行评估和监控，建立并保持过程处于可接受且稳定的水平，是一种保证产品与服务符合规定要求的有效方法。

休哈特博士在美国贝尔实验室提出过程控制理论和监控过程的工具——控制图，世界上第一张控制图是休哈特在 1924 年 5 月 16 日提出 p 控制图。控制图不同于抽样检验，抽样检验是对最终产品实施质量控制，这种事后检验会造成浪费和损失。而控制图是在生产的过程中对产品采取预防策略，通常可以避免或减少浪费和损失。控制图的最大特点在于，将过程由静态控制转变为实时的动态跟踪控制，在控制图上可以方便地了解过去、分析现状与预测未来的质量状况，是一种可以在现场直接研究质量特性数据随时间变化的统计规律的动态方法。经过不断地完善和发展，控制图在控制生产或工作的工序状态、检查判断工序异常等方面逐渐得到广泛的应用，成为质量控制中的重要方法。从质量控制理论的发展史来看，休哈特可称为统计过程控制理论（statistical process control，SPC）的奠基人。

统计过程控制就是应用统计技术对过程中的各个阶段进行监控，从而达到改进与保证产品质量的目的。这里统计技术泛指任何可以应用的数理统计方法，以控制图理论为主。统计过程控制理论的研究虽是从加工过程开始的，但其研究成果适应于各种过程，如设计过程、管理过程、生产过程、服务过程。

休哈特控制图亦称为常规控制图，本节将对控制图的基本概念以及几类常见常规控制图的实现过程进行介绍。在休哈特提出的常规控制图以后，诸多控制图陆续提出，其中累积和控制图、指数加权滑动平均控制图也在实践中得到广泛应用，本章随后将予以介绍。

8.2.1 控制图的基本概念

1. *波动理论*

人们对波动有以下认识：

(1) 过程中有许多导致波动的因素存在；

(2) 每种因素的发生是随机的且无法预测，然而这些因素都影响着过程的输出，即质量特性；

(3) 质量特性有波动是正常现象，无波动是虚假现象或是测量仪器分辨力太低；

(4) 彻底消灭波动是不可能的，但减少波动是可能的；

(5) 控制过程就是要把波动限制在允许的范围内，超出范围就要设法减少波动并及时报告，迟到的报告就有可能引起损失，是失职行为。

导致质量特性波动的因素根据来源的不同，可分为人（man）、机（machine）、料（material）、法（method）、环（environment）、测（measurement）6 个方面，简称为5M1E。从对质量影响的大小来分，质量因素又可分为偶然原因（common cause）和可查明原因（assignable cause）两大类。偶然原因，简称为偶因，又称为一般原因。可查明原因，又称为特殊原因（special cause）或系统性原因，俗称异常原因，简称为异因。国家标准 GB/T 4091—2001《常规控制图》对此做了如下的解释：

> 控制图理论认为存在两种变异。第一种变异为随机变异，由“偶然原因”（又称为“一般原因”）造成。这种变异是由种种始终存在的且不易识别的原因所造成，其中每一种原因的影响只构成总变异的一个很小的分量，而且无一构成显著的分量。然而，所有这些不可识别的偶然原因的影响总和是可度量的，并假定为过程所固有。消除或纠正这些偶然原因，需要管理决策来配置资源，以改进过程和系统。
>
> 第二种变异表征过程中实际的改变。这种改变可归因于某些可识别的、非过程所固有的且至少在理论上可加以消除的原因。这些可识别的原因称为“可查明原因”或“特殊原因”。它们可以归结为原材料不均匀、工具破损、工艺或操作的问题、制造或

检测设备的性能不稳定等等。

偶然原因引起质量的偶然波动（简称偶波），异常原因引起质量的异常波动（简称异波）。偶波是不可避免的，但对质量的影响微小，故可把它看作背景噪声而听之任之。异波则不然，它对质量的影响大，且采取措施不难消除，故在过程中异波及造成异波的原因是关注的对象，一旦发生，就应该尽快找出，采取措施加以消除，并纳入标准，保证它不再出现。将质量因素区分为偶然原因与异常原因，质量波动区分为偶然波动与异常波动，并分别采取不同的处理策略，这是休哈特的贡献。

2. 控制图的基本原理

偶然波动与异常波动都是质量的波动，如何能发现异常波动的到来呢？经验与理论分析表明，当生产过程中只存在偶然波动时，质量特性值将形成某种典型分布。例如，在车制螺丝时，其直径形成正态分布。如果除去偶然波动还有异常波动，则此异常波动将迭加在偶然波动形成的典型分布上，故质量特性值的分布必将偏离原来的典型分布。因此，根据典型分布是否偏离就能判断异常波动是否发生，也即是否出现了异常因素，而典型分布的偏离可由控制图检出。

正态分布有一个事实在质量控制中经常要用到，即不论 μ 与 σ 如何取值，落在 $[\mu-3\sigma,\mu+3\sigma]$ 范围内的概率为 99.73%。这是经过严格概率计算得到的精确值，参见图 8—1。因而，落在 $[\mu-3\sigma, \mu+3\sigma]$ 范围外的概率为 1－99.73%＝0.27%，而落在大于 $(\mu+3\sigma)$ 一侧或者小于 $(\mu-3\sigma)$ 一侧的概率为 0.27%/2＝0.135% ≈1‰。休哈特就是根据正态分布的这一性质构造了休哈特控制图，亦称为常规控制图。

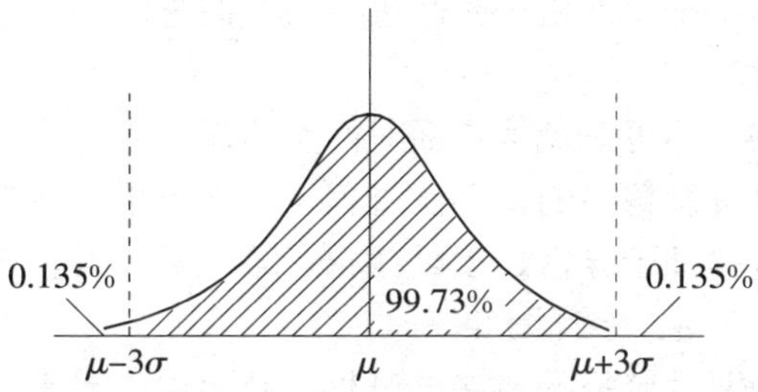

图 8—1　正态分布的性质

将图 8—1 按顺时针方向转90°，如图 8—2（a）所示。由于图中数值上小下大不符合常规，故再将图 8—2（a）上下翻转180°，成为图 8—2（b），这样就得到了一张控制图，具体说是一张单值控制图，参见图 8—3。图中的 $UCL=\mu+3\sigma$ 为上控制限，$CL=\mu$ 为中心线，$LCL=\mu-3\sigma$ 为下控制限。

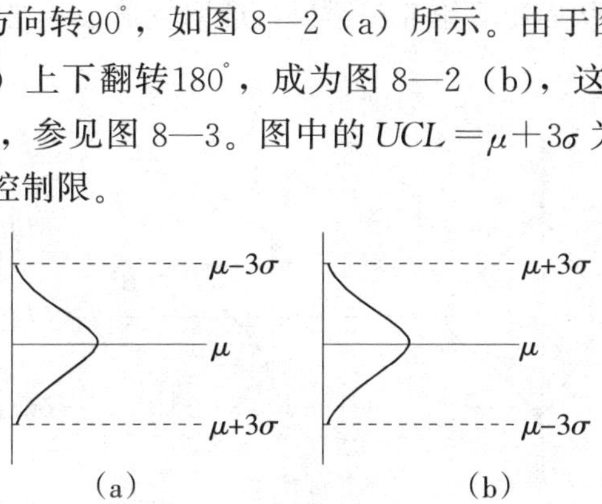

图 8—2　控制图的形成

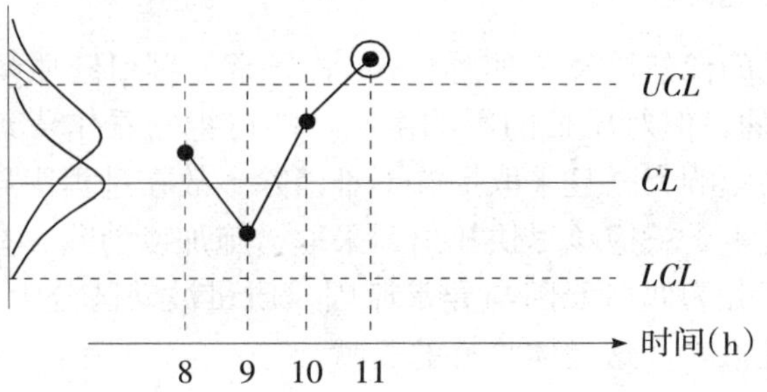

图 8—3　单值控制图

在图 8—3 所示的车制螺丝事例中，由于发生了车刀严重磨损的异常因素，导致螺丝直径的分布偏离了原来的正态分布而向上移动，于是点子超出上控制限的概率大为增加，从而点子频频出界，表明过程存在异常波动。因此，控制图的控制界限就是区分偶然波动与异常波动的科学界限。只有偶然因素没有异常因素的状态，称为统计控制状态（state in statistical control），简称稳态，是控制阶段实施过程控制所追求的目标。

谨慎！很多人认为如果过程数据保持在控制界限以内，那么就是正在为顾客生产好产品。这么想就错了！控制界限是通过过程数据计算出来的，是区分偶然波动与异常波动的科学界限，与顾客需求和产品服务的规格规范无关。例如，某汽车修理点应用控制图来监控换油时间，发现整个过程都没有发出异常信号，显示换油过程是受控的。然而，承诺顾客 30 分钟取车，而实际平均换油时间是 49 分钟。如何将换油时间稳定地控制在 30 分钟以内，达到对顾客的承诺正是六西格玛团队进行质量改进的一个目标。

3. 控制图的设计思想

利用控制图进行监控，不可避免地要面对两类错误：

第Ⅰ类错误，亦称为虚发警报的错误。过程正常而点子偶然超出控制限外，根据点出界就判异的原则，判断过程处于异常，于是就犯了第Ⅰ类错误，即虚发警报的错误。通常将犯第一种错误的概率记为 α，参见图 8—4。

第Ⅱ类错误，亦称为漏发警报的错误。过程已经出现了异常，但仍会有部分产品，其质量特性的数值会位于控制限内。如果抽取到这样的产品，点子就会落在控制限内，而不能判断过程出现了异常，从而犯了第Ⅱ类错误，即漏发警报的错误。通常犯第二种错误的概率记为 β，参见图 8—4。

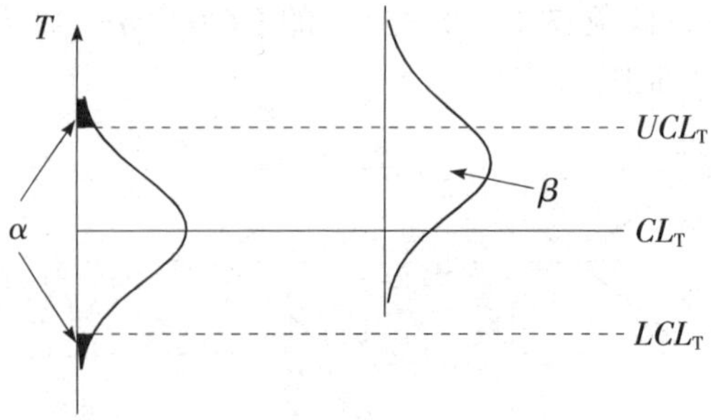

图 8—4　控制图的两类错误

一般，常规控制图的控制界限为：

$$UCL_T = \mu_T + 3\sigma_T$$
$$CL_T = \mu_T$$
$$LCL_T = \mu_T - 3\sigma_T$$

式中，μ、σ 为统计量的总体参数；下标 T 泛指某统计量。常规控制图的设计思想是先定 α，再看 β。休哈特为增强使用者的信心，把常规控制图的虚发警报概率 α 取得特别小，仅为 $\alpha=0.27\%$。优点是过程处于统计控制状态时，大约 1 000 个点子中仅有不到 3 个点子会超出控制界限。然而，缺点是漏发警报的概率会增加。因此，我们下面来讨论判断过程是否出现异常的八种模式。

4. 异常波动的判断

国家标准 GB/T 4091—2001《常规控制图》明确给出了判断异常波动的八种模式。下面对这八种模式一一进行分析。

上、下控制限分别位于中心线的上、下 3σ 距离处。为了便于应用这八种模式，将控制图分为 6 个区，每个区的宽度为 1σ，如图 8—5 所示。6 个区的标号依次为 A，B，C，C，B，A，分别位于中心线两侧，关于中心线对称。

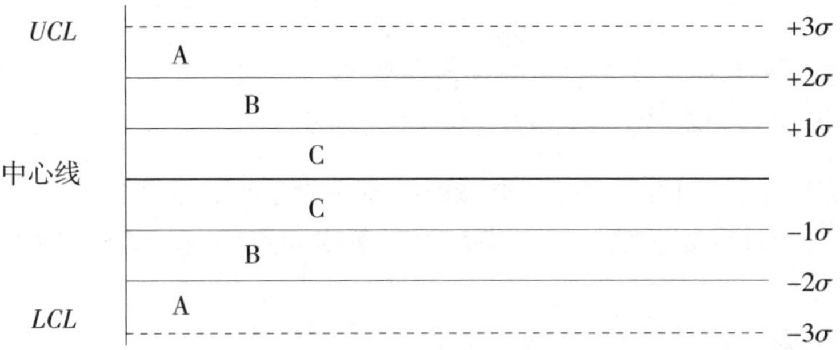

图 8—5 可查明原因的检验

(1) 模式 1。模式 1 给出了对控制图的基本解释：点出界就判异。当过程处于统计控制状态时，点子落在控制限内的概率为 99.73%，落在一侧控制限外的概率为 (1−99.73%)/2=0.135%。

(2) 模式 2。当过程处于统计控制状态时，连续 9 点落在中心线同一侧的概率为：

$$P(\text{连续 9 点落在中心线同一侧}) = 2\times(0.5)^9 = 0.003\,906 = 0.390\,6\%$$

即虚发警报的概率为 0.390 6%，第Ⅰ类错误的概率为 $\alpha=0.390\,6\%$。

在控制图中心线同一侧连续出现的点称为链，链可能位于中心线的上侧也可能位于下侧。注意：链必须由“连续”出现的点子构成。链中包含的点子数目称为链长。链长≥9，判断出现了异常。

(3) 模式 3。当过程处于统计控制状态时，连续 6 点递增或递减的概率为：

$$P(\text{连续 6 点递增或递减}) = \frac{2}{6!}\times(0.997\,3)^6 = 0.002\,733 = 0.273\,3\%$$

即虚发警报的概率为0.273 3%，第Ⅰ类错误的概率为$\alpha=0.273\,3\%$。

点子逐点上升或下降的状态称为倾向或趋势。注意，递减的下降倾向，后面的点子一定要低于或等于前面的点子，否则倾向中断，需要重新起算。递增的上升倾向也是同样。

（4）模式4。对于“连续14点中相邻点交替上下”这种模式，国家标准GB/T 4091—2001《常规控制图》的参考文献（Nelson，L. S.，Interpreting Shewhart $\overline{X}$ Control Chart，*Journal of Quality Technology*，17，No. 2，April 1985，pp. 114-116）有这样一段描述：“例如：两台设备、两只纺锤、两位操作工、两台自动售货机，它们交替使用所带来的系统影响就会引发这样的现象。在记录交替倒置的鸡蛋计时器流出的沙子的时间时，也会观察到这样的现象。因此，这种模式又名‘鸡蛋计时器效应’。点子数的选择依据蒙特卡洛（Monte Carlo）的试验结果，因为14点时虚发警报的概率（大约为0.004）与模式1基本一致。”

（5）模式5。当过程处于统计控制状态时，连续3点中有2点落在中心线同一侧的B区以外的概率为：

$$
\begin{aligned}
&P(\text{点子落在中心线一侧 B 区以外的概率})\\
&=\begin{cases} P(X>\mu+2\sigma)=1-P(X\leqslant\mu+2\sigma)=1-0.977\,2=2.28\% \\ \qquad\qquad P(X<\mu-2\sigma)=2.28\% \end{cases}\\
&P(\text{连续 3 点中有 2 点落在中心线同一侧的 B 区以外})\\
&=2\times C_3^2\times(1-0.977\,2)^2\times0.977\,2=0.304\,8\%
\end{aligned}
$$

即虚发警报的概率为0.304 8%，第Ⅰ类错误的概率为$\alpha=0.304\,8\%$。

（6）模式6。当过程处于统计控制状态时，连续5点中有4点落在中心线同一侧的C区以外的概率为：

$$
\begin{aligned}
&P(\text{点子落在中心线一侧 C 区以外的概率})\\
&=\begin{cases} P(X>\mu+\sigma)=1-P(X\leqslant\mu+\sigma)=1-0.841\,3=15.87\% \\ \qquad\qquad P(X<\mu-\sigma)=15.87\% \end{cases}\\
&P(\text{连续 5 点中有 4 点落在中心线同一侧的 C 区以外})\\
&=2\times C_5^4\times(1-0.841\,3)^4\times0.841\,3=0.533\,7\%
\end{aligned}
$$

即虚发警报的概率为0.533 7%，第Ⅰ类错误的概率为$\alpha=0.533\,7\%$。

（7）模式7。当过程处于统计控制状态时，连续15点落在中心线两侧的C区内的概率为：

$$P(\text{连续 15 点落在中心线两侧的 C 区内})=(1-0.158\,7\times2)^{15}=0.325\,5\%$$

即虚发警报的概率为0.325 5%，第Ⅰ类错误的概率为$\alpha=0.325\,5\%$。

初学者往往认为这样的点子形式看上去很不错。然而，这种“看上去不错”的点子形式依赖于所使用的缩放比例。所以，我们并不关心“看上去”的情况，而是关注这种点子形式所隐含的非随机性。蒙特卡洛试验结果也指出以连续15点为模式7的临界值，因为15点的虚发警报概率与模式1基本相等。

模式7可用于检测分层问题。为了简化，假设子组大小为2，每个子组中的一个个体来自分布 A，子组中的另一个个体来自分布 B。如果分布 A 和分布 B 有不同的均值，那么，就使得基于极差的控制限间隔非常大。因此，并不是点子的变化不大，而是控制限太宽了。因此，应该注意：模式 7 的错误是经常出现的，模式 7 所发出的警报其原因很可能是分层问题。

（8）模式 8。当过程处于统计控制状态时，连续 8 点落在中心线两侧且无一在 C 区内的概率为：

$$P(\text{连续 8 点落在中心线两侧且无一在 C 区内})=(0.158\,7\times2)^8=0.000\,103=0.010\,3\%$$

即虚发警报的概率为 0.010 3%，第Ⅰ类错误的概率为 $\alpha=0.010\,3\%$。

如果考虑模式 7 描述的两个分布，假设子组中的数据要么来自分布 A，要么来自分布 B，而不是同时来自这两个分布，那么，就会出现模式 8 所显示的情况。

5．统计控制状态的判断

国家标准 GB/T 4091—2001《常规控制图》给出了过程改进的策略，如图 8—6 所示，图中 *PCI* 为过程能力指数。

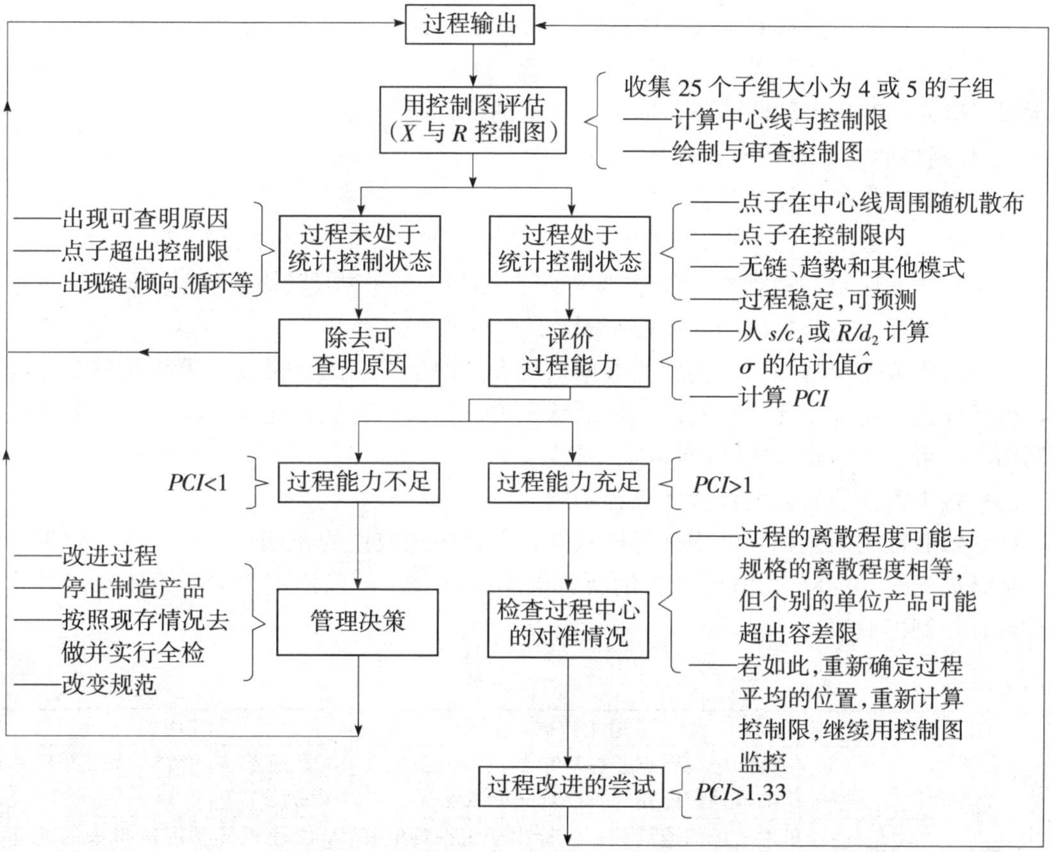

图 8—6　过程改进的策略

从图 8—6 可以看出，对数据的要求：收集 25 个子组大小为 4 或 5 的子组。

过程处于统计控制状态的条件：

● 点子在中心线周围随机散布；

- 点子在控制限内；
- 无链、趋势和其他模式；
- 过程稳定，可预测。

在下列情况下，可认为过程未处于统计控制状态：

- 出现可查明原因；
- 点子超出控制限；
- 出现链、趋势、循环等。

6. 分析用控制图与控制用控制图

控制图可分为分析用控制图与控制用控制图两个阶段。一个过程开始实施控制图时，几乎都不会恰巧处于统计控制状态，总存在着异常波动。如果就以这种状态下的参数来建立控制图，上、下控制限的间隔一定较宽，这会导致判断失误。因此，过程开始控制时，总需要将失控状态调整到统计控制状态。这就是分析用控制图的阶段。

分析用控制图阶段主要做到：

（1）调整过程，以便过程受控；

（2）使过程能力指数 C_p 或 C_{pk} 能达到顾客要求。如 $C_{pk}>1$ 或 $C_{pk}\geqslant 1.33$ 等。

一旦项目进入控制阶段，即表明过程实现了上述两点，就可延长控制限作为控制用的控制图，进入控制用控制图阶段，以保持过程的统计控制状态。

7. 控制图的设计制作基本程序

控制图的制作基本程序是：

（1）确定少数重要的关键过程测量值，参考表 8—1 和图 8—7，决定适用的控制图。根据过程数据的性质，常规控制图主要有两类控制图：一类是针对连续数据的计量控制图，另一类是针对离散数据的计数控制图。

（2）采集数据，制作简单实用的数据采集表。即使控制图是借助计算机软件制作完成的，也必须进行这个步骤。对六西格玛团队来说，如何采集数据至关重要。对于初始建立控制图，一般至少需要采集 20 组以上的样本。

（3）根据需要控制的统计量计算控制限。

（4）绘制控制图。如果使用计算机软件，务必注意数据的正确性。如果手工绘制，请预先准备高约 6～8 公分，宽度能容纳所有数据的图表。可以使用一般的绘图纸或特别的统计过程控制作业表。

表 8—1　　常规控制图

图表类型	适用数据	使用说明
I-MR 图	单件的连续数据。标出单件的观测值以及移动极差，即相邻各件观测值之差	*I* 图最容易绘制，可用于多种状况。
$\overline{X}-R$ 图与 $\overline{X}-S$ 图	单件子组的连续数据。标出子组平均值和子组极差或子组标准差。	$\overline{X}$ 图使得异常因素带来的波动更凸显。
p 图与 np 图	计件离散数据，例如：不合格品数、销售中的流失数等。	p 图：允许样本大小变化 np 图：样本大小不变
u 图与 c 图	计点离散数据，例如：缺陷点数、瑕疵数、数目较小的误差数或错误数等。	u 图：允许样本大小变化 c 图：样本大小不变

在许多时候，可借助统计软件（如 MINITAB）来做控制图。但如果是首次使用控制图，建议先手工绘制简单的控制图，以帮助团队成员了解控制图及其应用。

（5）应用控制图，利用判断异常以及统计控制状态的准则，确定过程的状态。如果使用计算机软件，控制图上会自动显示过程的状态；如果手工绘制，需要我们自己完成对过程状态的判断，确定过程是否出现了异常；如果出于控制的目的建立控制限，描点后若存在点超出控制限或点的排列有缺陷，应分析原因，找到原因后应剔除数据后，重新计算控制限。

控制图的选用流程如图 8—7 所示。

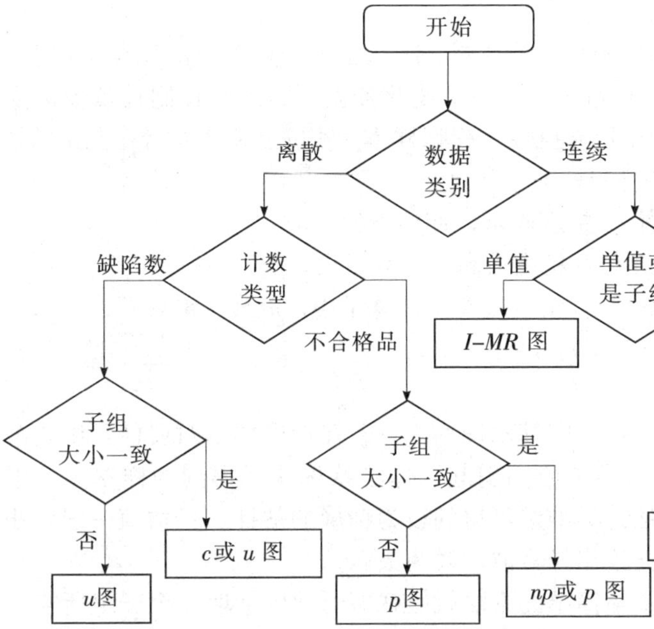

图 8—7　常规控制图的选择

8．控制图判断准则的使用

国家标准 GB/T 4091—2001《常规控制图》明确指出：判断异常波动的八种模式适用于 $\overline{X}$ 图和单值（X）图。这里假定质量特性 X 的观测值服从正态分布。

应该注意，极差和标准差的分布并不是正态的，尽管在计算控制限估计常数时，对极差和标准差的分布作了近似正态性的假设，这种假设对于经验决策程序而言还是令人满意的。因此，对于极差 R 控制图，国家标准 GB/T 4091—2001《常规控制图》指出：与控制限进行对比，检查数据点是否有失控点，或有无异常的模式或趋势。对于极差数据中关于可查明原因的每一个征兆，分析过程的运行，以便找出原因，进行纠正，并防止它再次出现。

对于不合格品率 p 控制图，国家标准 GB/T 4091—2001《常规控制图》指出，p 图用来确定在一段时间内所提交的平均不合格品百分数。该平均值的任何变化都会引起过程操作人员和管理者的注意。p 图判断过程是否处于统计控制状态的判断方法与 $\overline{X}$ 和 R 控制图相同。若所有子组点都落在试用控制限之内，并且也未呈现出可查明原因的任何迹象，则称此过程处于统计控制状态。这种情况下，取平均不合格品率 $\bar{p}$ 为不合格品率 p 的标准值，记为 p_0。

综上所述，国家标准 GB/T 4091—2001《常规控制图》给出的八种模式，对于 $\overline{X}$ 图和单值（X）控制图，完全适用；对于极差控制图和标准差控制图，因为存在极差和标准差的近似正态性假设，所以，可以近似使用；对于不合格品率 p 控制图、不合格品数 np 控制图、单位不合格数 u 控制图以及不合格数 c 控制图，同样因为存在着近似正态性假设，所以，可以近似使用八种模式，以判断异常原因是否出现以及何时出现。

8.2.2 计量控制图

计量控制图的基本假定是质量特性 X 的观测值服从正态分布 N（μ，σ^2），其中：μ 为正态分布的均值，σ 为正态分布的标准差，μ 与 σ 彼此独立。因此要控制计量值需要两张控制图：一张用于控制 μ，另一张用于控制 σ。根据样本大小 n 和用于估计 μ 与 σ 的统计量的不同，计量控制图共有四对，它们是：

（1）均值—极差图（$\overline{X}-R$ 图）：精度尚可，使用方便，$n=2\sim6$。

（2）均值—标准差图（$\overline{X}-S$ 图）：精度最高，计算量大，$n\geqslant2$。

（3）中位数—极差图（$\widetilde{X}-R$ 图）：精度较差，计算量小，$n=2\sim6$。

（4）单值—移动极差图（I-MR 图）：$n=1$。

1. 合理子组原则

合理子组原则是休哈特提出的控制图基础理论之一。在抽取样本时要使：组内波动仅由偶然原因引起；组间波动主要由异常原因引起。休哈特称这样得到的样本为“子组”。由于子组内无异常波动，故用其估计标准差可得到较为精确的估计，且估值一般较小。进而上下控制限的间隔也不大，从而检出异常波动较为灵敏。

为了实现合理子组原则，一个最简单的方法就是在短时间内抽取一个子组所需的全部个体，或者对连续生产产品进行“块抽样”。由于抽样间隔时间短，就尽可能避免了异常因素进入子组。具体可见图 8—8。

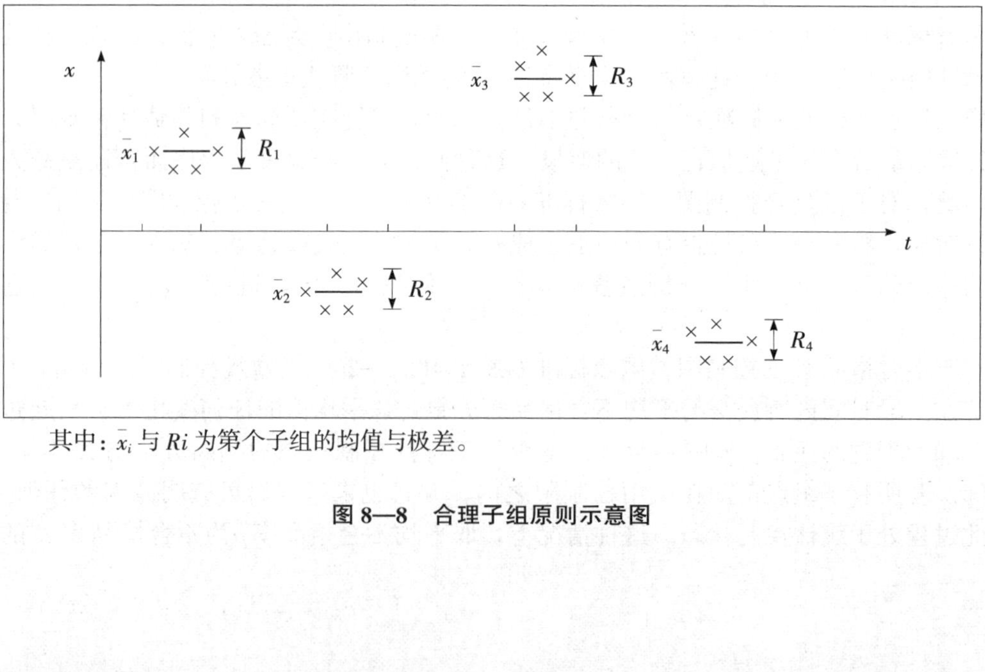

其中：$\bar{x}_i$ 与 Ri 为第个子组的均值与极差。

图 8—8 合理子组原则示意图

2. 计量控制图的控制限

计量控制图有四对，各自中心线 CL、上控制限 UCL、下控制限 LCL 的计算公式列于表8—2。其中 $\overline{X}-R$ 图最为常用。

表8—2　计量控制图的中心线和上下控制限

控制图的名称与符号		CL	UCL	LCL
均值极差控制图（$\overline{X}-R$ 图）	$\overline{X}$ 图	$\overline{\overline{x}}$	$\overline{\overline{x}}+A_2\overline{R}$	$\overline{\overline{x}}-A_2\overline{R}$
	R 图	$\overline{R}$	$D_4\overline{R}$	$D_3\overline{R}$
均值标准差控制图（$\overline{X}-S$ 图）	$\overline{X}$ 图	$\overline{\overline{x}}$	$\overline{\overline{x}}+A_3\overline{s}$	$\overline{\overline{x}}-A_3\overline{s}$
	s 图	$\overline{s}$	$B_4\overline{s}$	$B_3\overline{s}$
中位数极差控制图（$\widetilde{X}-R$ 图）	$\widetilde{X}$ 图	$\overline{Me}$	$\overline{Me}+A_4\overline{R}$	$\overline{Me}-A_4\overline{R}$
	R 图	$\overline{R}$	$D_4\overline{R}$	$D_3\overline{R}$
单值移动极差控制图（I—MR 图）	I 图	$\overline{x}$	$\overline{x}+E_2\overline{R}$	$\overline{x}-E_2\overline{R}$
	MR 图	$\overline{R}$	$D_4\overline{R}$	$D_3\overline{R}$

说明：(1) 表中 A_2，A_3，D_3，D_4，B_3，B_4 与样本量 n 有关，可在附表中查得。

(2) 表中 $E_2=3/d_2$，对于单值—移动极差控制图，由于采用移动极差，样本含量为2，$d_2=1.128$，$E_2=2.66$。

(3) 表中 A_4 的值见表8—3。

表8—3　A_4 的值

n	2	3	4	5	6	7	8	9	10
A_4	1.88	1.19	0.80	0.69	0.55	0.51	0.43	0.41	0.36

(1) $\overline{X}-R$ 图。$\overline{X}-R$ 图是应用最为广泛的一对图，其他控制图（如 $\overline{X}-S$ 图、$\widetilde{X}-R$ 图）可参照进行。

1) 以子组为单元收集数据，确定子组大小、子组个数与子组间隔。

子组大小 n：一般以4～5个为宜。

子组个数 k：一般以20～25组为宜。

子组间隔：没有统一规定，要视产量而定。譬如每小时生产10个以下产品，子组间隔可定为8小时；若每小时产量在10～19个，子组间隔可定为4小时；若每小时产量在20～49个，子组间隔可定为2小时；若每小时产量在50个以上，子组间隔可定为1小时。

按合理子组原则在生产线上抽样及测量，抽样要尽快完成，以减少对生产线的干扰。取控制图用纸（见图8—9），填写表头，记录测量数据。

计算每个子组的均值 $\overline{x}$ 和极差 R：

$$\overline{x}=\frac{x_1+x_2+\cdots+x_n}{n}$$

$$R=x_{\max}-x_{\min}$$

在 $\overline{X}$ 图和 R 图上选择合理的尺度，使点子尽量在图的中间部位。

在控制图上点出均值 $\overline{x}$ 和极差 R，然后连成折线。

计量值控制图

零件号		图号	

零件名	质量特征值	工序名称	公差
操作者	设备号	测量仪器	测量单位	零等于

		1	2	3	4	5	6	7	8	9	10	11	12	13	14	15	16	17	18	19	20	21	22	23	24	25
日期																										
次数																										
样本	1																									
	2																									
	3																									
	4																									
	5																									
合计																										
均值 $\bar{X}$																										
极差 R																										
操作者																										

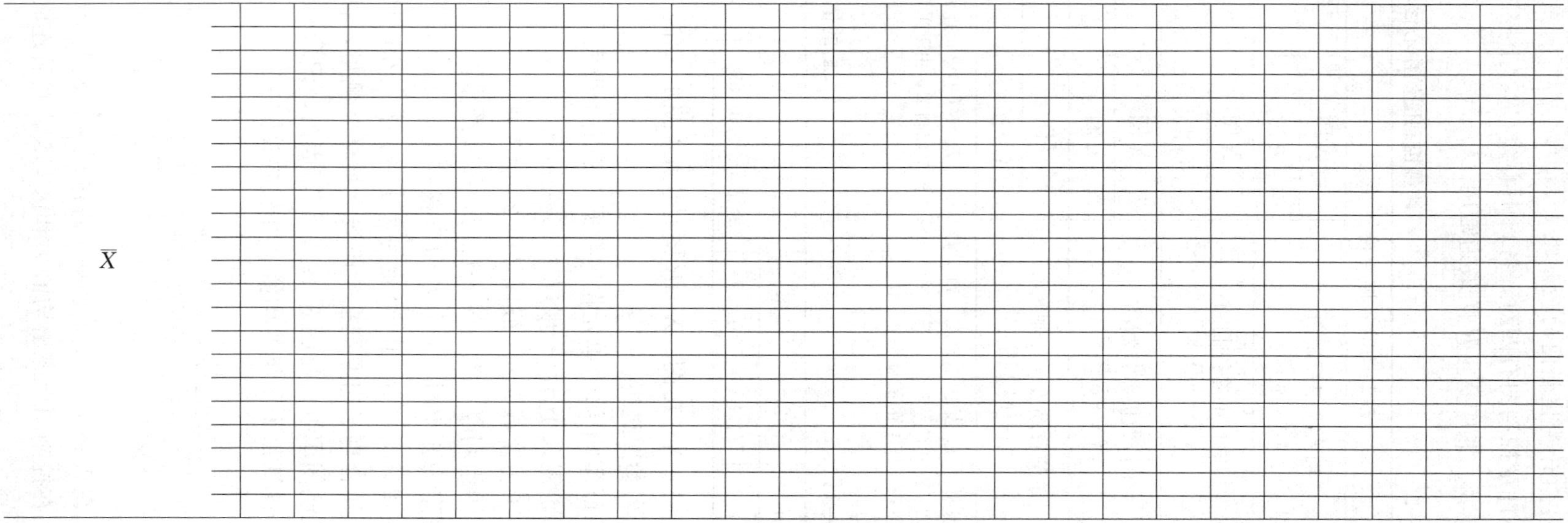

图 8—9 控制图表的一般格式

2）计算控制限。

计算 k 个子组均值的平均值 $\overline{\overline{x}}$：

$$\overline{\overline{x}}=\frac{\overline{x}_1+\overline{x}_2+\cdots+\overline{x}_k}{k}$$

作为 $\overline{X}$ 图的中心线，又称为过程平均。

计算 k 个子组极差的平均值 $\overline{R}$：

$$\overline{R}=\frac{R_1+R_2+\cdots+R_k}{k}$$

作为 R 图的中心线，又称平均极差。

计算 $\overline{X}$ 图的上、下控制限：

$$UCL_{\overline{x}}=\overline{\overline{x}}+A_2\overline{R}$$
$$LCL_{\overline{x}}=\overline{\overline{x}}-A_2\overline{R}$$

计算 R 图的上、下控制限：

$$UCL_R=D_4\overline{R}$$
$$LCL_R=D_3\overline{R}$$

完成 $\overline{X}$ 图和 R 图中的中心线（实线）与上、下控制限的绘制。

这样绘制的 $\overline{X}$ 图与 R 图供分析使用，考察过程是否受控，若过程失控，需对控制图修改或补充。

控制图上点的散布状态是对生产过程运行状况的缩影，各种波动（正常波动或异常波动）都可通过点的散布状态表现出来。应从图上判断过程是否存在异常波动，并对每个异常波动逐个分析，寻找原因，及时纠正，纳入标准，以免再发生。$\overline{X}$ 图显示子组间的波动，并表明过程的稳定性。R 图显示子组内的波动，也反映了所考察过程的波动程度。R 图的失控将会影响到 $\overline{X}$ 图，因为 $\overline{X}$ 图的上下限依赖于平均极差 $\overline{R}$。所以应先分析 R 图，后分析 $\overline{X}$ 图。

例 8—1

某团队在项目进入控制阶段时，对生产过程的工艺参数进行控制，收集数据如表 8—4 所示。

表 8—4　工艺参数数据

样本序号	观察值					样本均值 $\overline{x}_i$	样本极差 R_i
	x_{i1}	x_{i2}	x_{i3}	x_{i4}	x_{i5}		
1	3.506 5	3.508 6	3.500 9	3.514 4	3.503 0	3.506 5	0.013 5
2	3.488 2	3.508 5	3.488 4	3.525 0	3.503 1	3.502 6	0.036 8
3	3.489 7	3.489 8	3.499 5	3.513 0	3.496 9	3.497 8	0.023 3
4	3.515 3	3.512 0	3.498 9	3.490 0	3.483 7	3.500 0	0.031 6
5	3.505 9	3.511 3	3.501 1	3.477 3	3.480 1	3.495 1	0.034 0
6	3.497 7	3.496 1	3.505 0	3.501 4	3.506 0	3.501 2	0.009 9

续前表

样本序号	观察值					样本均值	样本极差
	x_{i1}	x_{i2}	x_{i3}	x_{i4}	x_{i5}	$\bar{x}_i$	R_i
7	3.491 0	3.491 3	3.497 6	3.483 1	3.504 4	3.493 5	0.021 3
8	3.499 1	3.485 3	3.483 0	3.508 3	3.509 4	3.497 0	0.026 4
9	3.509 9	3.516 2	3.522 8	3.495 8	3.500 4	3.509 0	0.027 0
10	3.488 0	3.501 5	3.509 4	3.510 2	3.514 6	3.504 7	0.026 6
11	3.488 1	3.488 7	3.514 1	3.517 5	3.486 3	3.498 9	0.031 2
12	3.504 3	3.486 7	3.496 9	3.501 8	3.478 4	3.493 2	0.025 9
13	3.504 3	3.476 9	3.494 4	3.501 4	3.490 4	3.493 5	0.027 4
14	3.500 4	3.503 0	3.508 2	3.504 5	3.523 4	3.507 9	0.023 0
15	3.484 6	3.493 8	3.506 5	3.508 9	3.501 1	3.499 0	0.024 3
16	3.514 5	3.483 2	3.518 8	3.493 5	3.498 9	3.501 8	0.035 6
17	3.500 4	3.504 2	3.495 4	3.502 0	3.488 9	3.498 2	0.015 3
18	3.495 9	3.482 3	3.496 4	3.508 2	3.487 1	3.494 0	0.025 9
19	3.487 8	3.486 4	3.496 0	3.507 0	3.498 4	3.495 1	0.020 6
20	3.496 9	3.514 4	3.505 3	3.498 5	3.488 5	3.500 7	0.025 9

利用 MINITAB 软件来做控制图，从统计→控制图→子组的变量控制图→Xbar-R 入口，填写过程变量名即可得到下列控制图（见图 8—10）：

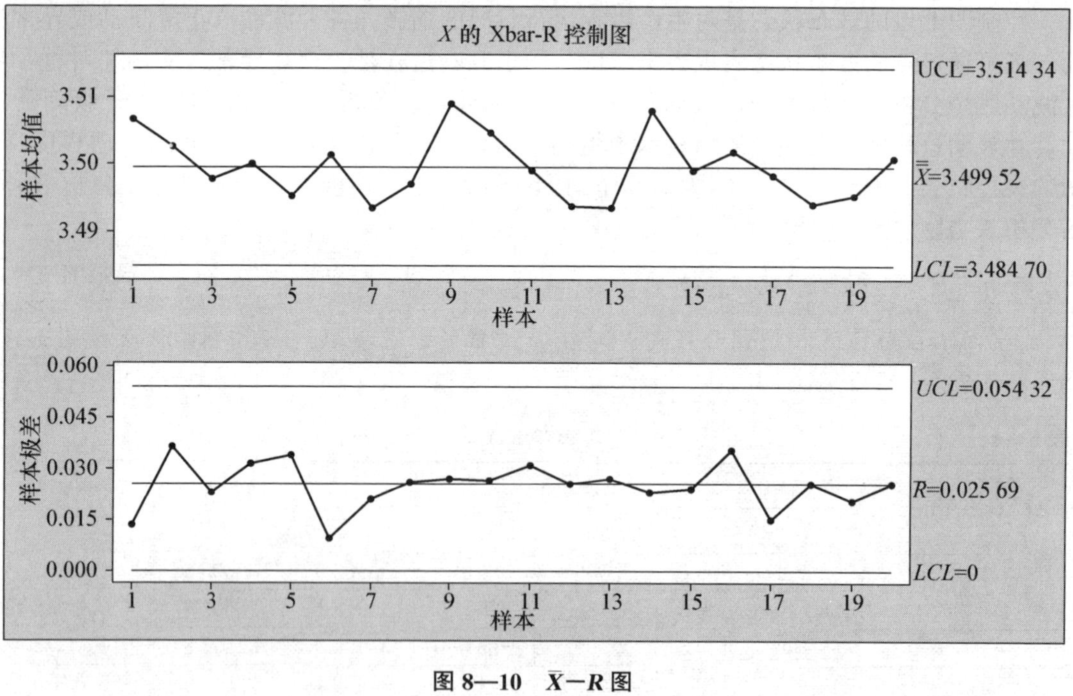

图 8—10　$\bar{X}-R$ 图

其中 $\bar{x}$ 图的上、下控制限为：

$$UCL_{\bar{x}}=\bar{\bar{x}}+A_2\bar{R}=3.514\ 34$$

$$LCL_{\bar{x}}=\bar{x}-A_2\bar{R}=3.48470$$

R 图的上、下控制限为：

$$UCL_R=D_4\bar{R}=0.05432$$
$$LCL_R=D_3\bar{R}=0$$

$\bar{x}-R$ 图上显示：过程受控。

(2) $\bar{X}-S$ 图。同样程序，可以制作 $\bar{X}-S$ 图。

在例 8—1 中，利用 MINITAB 软件来做均值标准差（$\bar{X}-S$）控制图，从统计→控制图→子组的变量控制图→Xbar-S 入口，填写过程变量名即可得到下列控制图（见图 8—11）：

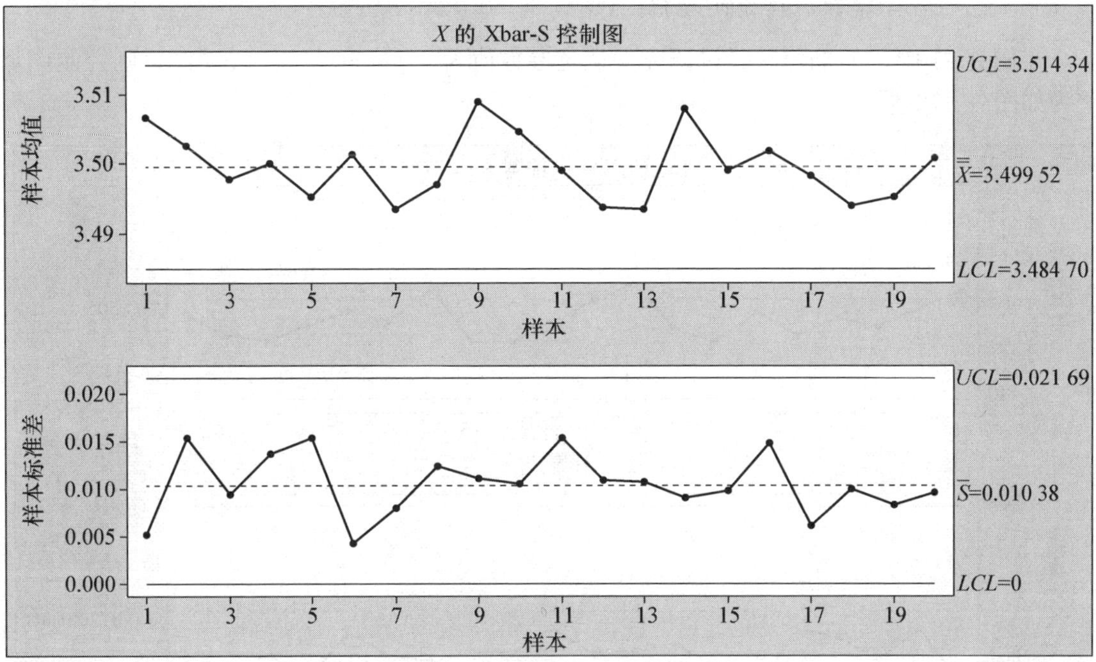

图 8—11 $\bar{X}-S$ 图

其中 $\bar{x}$ 图的上、下控制限为：

$$UCL=\bar{\bar{x}}+A_3\bar{s}=3.51434$$
$$LCL=\bar{\bar{x}}-A_3\bar{s}=3.48470$$

S 图的上、下控制限为：

$$UCL=B_4\bar{s}=0.02169$$
$$LCL_R=B_3\bar{s}=0$$

同样，$\bar{X}-S$ 图上显示：过程受控，而且精度更高些。

3. 参数值给定时计量控制图的控制限

上述控制图都是在参数值未知的情况下讨论的。如果人们对过程已有深入了解并掌握了较多信息，可以认为这些参数值给定。然而，对于不了解的过程或新过程，应从应用“参数值未知时的控制图”开始。参数值给定时，控制限的计算见表 8—5。

表 8—5　　参数值给定的计量控制图中心线和上、下控制限

控制图的名称与符号		CL	UCL	LCL
均值极差控制图（$\overline{X}-R$ 图）	$\overline{X}$ 图	X_0 或 μ	$X_0+A\sigma_0$	$X_0-A\sigma_0$
	R 图	R_0 或 $d_2\sigma_0$	$D_2\sigma_0$	$D_1\sigma_0$
均值标准差控制图（$\overline{X}-S$ 图）	$\overline{X}$ 图	X_0 或 μ	$X_0+A\sigma_0$	$X_0-A\sigma_0$
	s 图	s_0 或 $c_4\sigma_0$	$B_6\sigma_0$	$B_5\sigma_0$
单值移动极差控制图（I-MR 图）	I 图	X_0 或 μ	$X_0+3\sigma_0$	$X_0-3\sigma_0$
	MR 图	R_0 或 $d_2\sigma_0$	$D_2\sigma_0$	$D_1\sigma_0$

说明：X_0，R_0，σ_0，s_0 和 μ 为给定的参数值。系数 A，D_2，D_1，B_6，B_5 见附表 6。

在例 8—1 中，如果团队经过研究，认定参数值为 $\mu=3.505$，$\sigma_0=0.020$，则控制图调整为如图 8—12 所示。

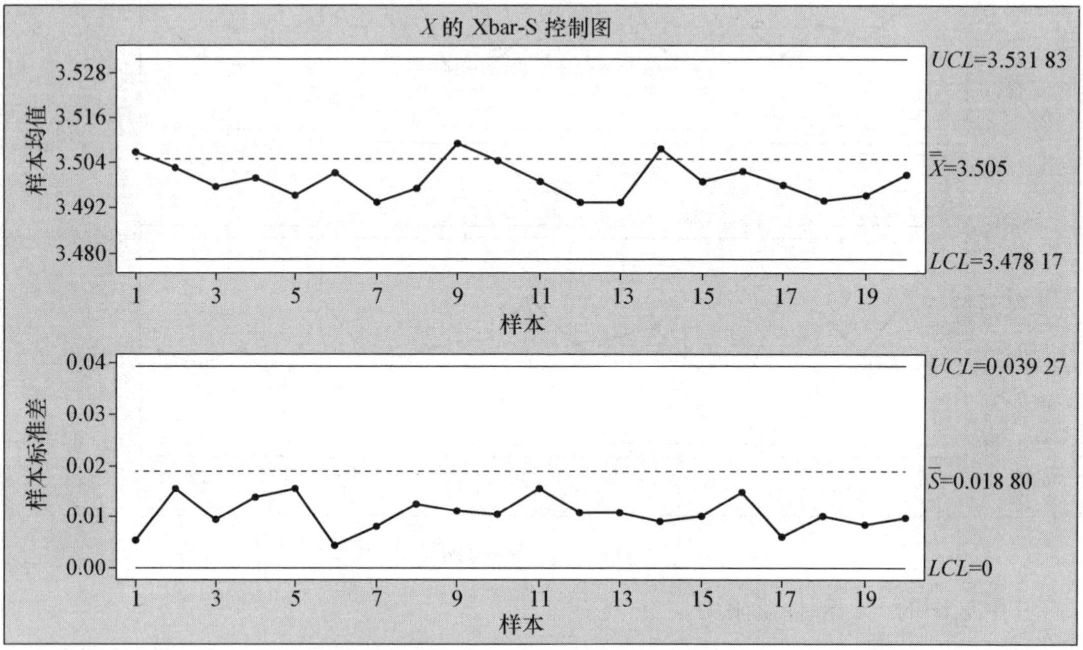

图 8—12　标准值给定的 $\overline{X}-S$ 控制图

8.2.3　计数控制图

当数据为离散数据时，控制图可采用计数控制图。计数控制图又可分为计件控制图与计点控制图。

1. 计件控制图

计件控制图的背景是二项分布 $B(n, p)$。当 n 给定时，只含一个参数 p。p 常用于表示不合格品率。控制不合格品率只需一张控制图。根据样本大小是否相同，分别是：

（1）不合格品率控制图（p 图）：样本大小一般较大，可不相等。

（2）不合格品数控制图（np 图）：样本大小相等。

计件控制图的中心线和上、下控制界限的计算如表 8—6 所示。其中：参数值未给定时，$\overline{p}=\frac{X}{n}$；参数值给定时，即 p_0 已知。如果 LCL 计算结果为负，则 $LCL=0$。

表 8—6　　计件控制图的中心线和上、下控制限

控制图的名称与符号		CL	UCL/LCL
不合格品率控制图（p 图）	标准值未给定	$\overline{p}$	$\overline{p}\pm3\sqrt{\overline{p}(1-\overline{p})/n}$
	标准值给定	p_0	$p_0\pm3\sqrt{p_0(1-p_0)/n}$
不合格品数控制图（np 图）	标准值未给定	$n\overline{p}$	$n\overline{p}\pm3\sqrt{n\overline{p}(1-\overline{p})}$
	标准值给定	np_0	$np_0\pm3\sqrt{np_0(1-p_0)}$

例 8—2

在硅片生产线上进行抽检，每日临下班时抽取 120 片，3 月份的 26 天的记录中发现不合格硅片数量如下：5，9，9，10，13，8，12，12，11，5，11，7，13，10，10，12，9，19，8，8，6，6，6，8，11，10。准备设计一个控制图来监控硅片生产中的不合格品率。

利用 MINITAB 软件制作不合格品率控制图，从统计→控制图→属性控制图→p 入口，填写过程变量名即可得到下列控制图（见图 8—13）。

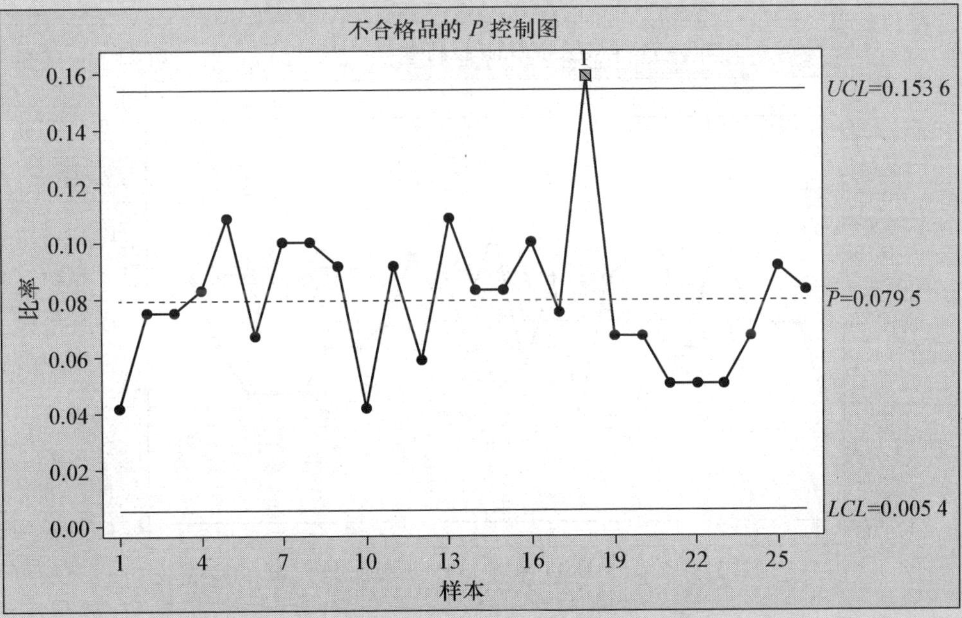

图 8—13　不合格品率 p 控制图

用同组数据做 np 控制图，从统计→控制图→属性控制图→np 入口，填写过程变量名即可得到下列控制图（见图 8—14）。

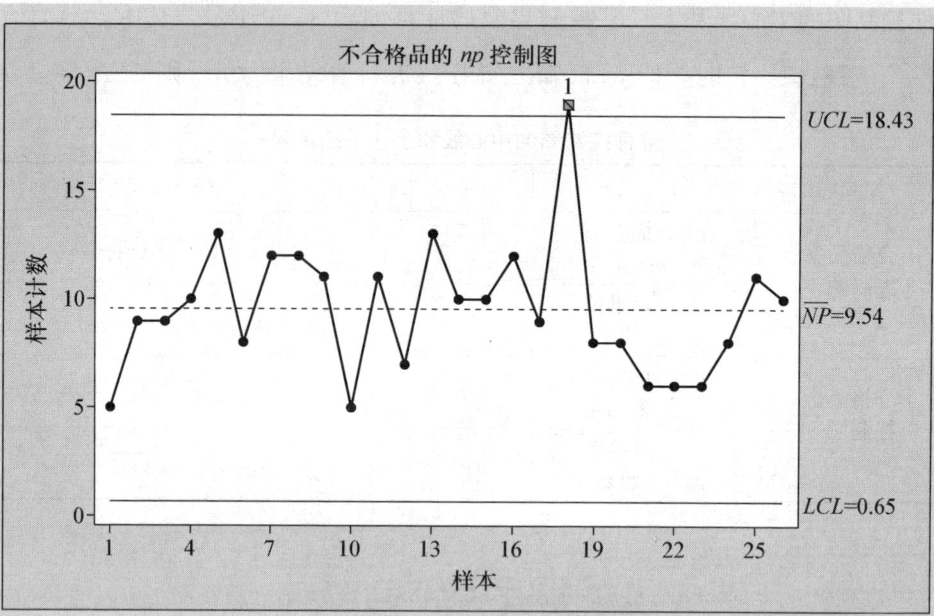

图 8—14　不合格品数 *np* 控制图

图 8—14 的图形与 p 图完全相同，只是纵坐标的度量单位不同而已。

图中明显可以看出第 18 天不正常。经检查发现，当天曾因两次停电而中断生产，后来虽然恢复工作，但破坏了正常生产过程，处于不正常状态，这天数据应删除。删除后只剩 25 个数据。得 p 控制图如下（见图 8—15）。

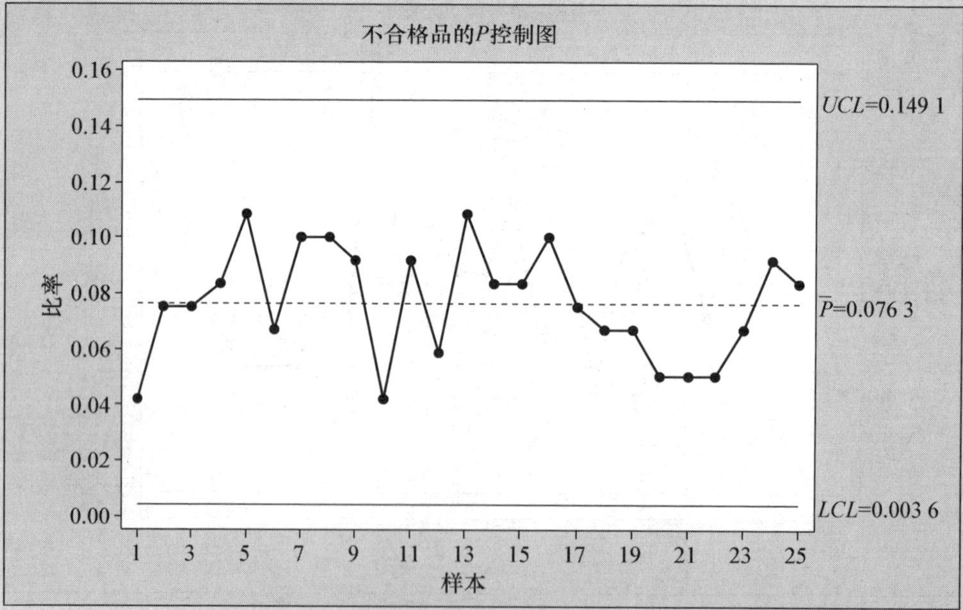

图 8—15　删除异常观测值后的 *p* 控制图

此处只给出 p 图，np 图省略。注意，这里删去了 18 号观测值，因此以后的观测值的序号提前了一号。从图中显示结果看，过程是受控的。

假如六西格玛团队希望硅片合格率控制在94.5%（$p_0=1-94.5\%=0.055$，这是标准值给定情形），再设计一个控制图来监控硅片生产。

利用MINITAB软件制作不合格品率控制图，从统计→控制图→属性控制图→p入口，在“p控制图选项”处填写p_0值，即可得到标准值给定的p控制图（见图8—16）。

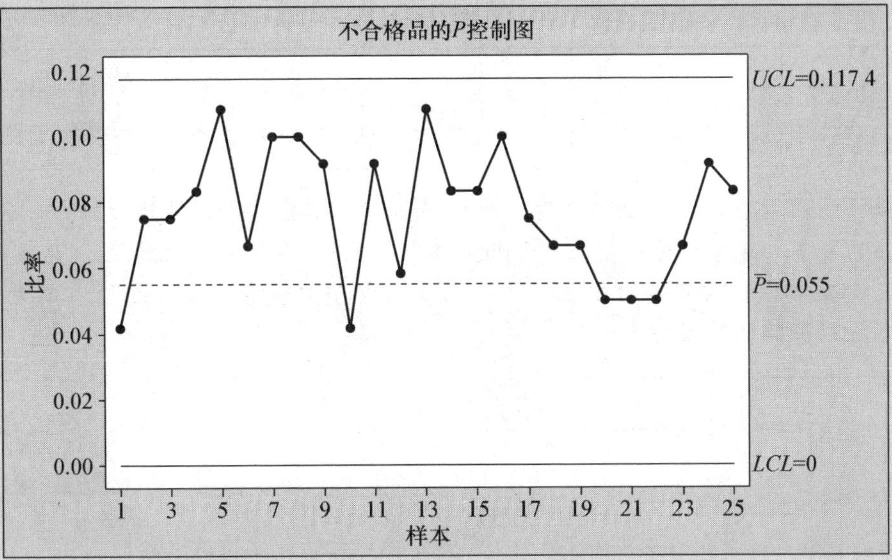

图8—16 标准值给定的p控制图

2. 计点控制图

计点控制图的背景是泊松分布$P(\lambda)$，它只含一个参数λ，λ常用于表示单位产品上的缺陷数。控制缺陷或单位产品上的缺陷只需一张控制图，根据样本大小是否相同，分别是：

（1）单位缺陷控制图（u图）：样本大小可不相等。

（2）缺陷数控制图（c图）：样本大小要相等。

计点控制图的中心线和上下控制界限的计算如表8—7所示

表8—7 计点控制图的中心线和上、下控制限

控制图的名称与符号		CL	UCL/LCL
单位缺陷数控制图（u图）	标准值未给定	$\bar{u}$	$\bar{u}\pm3\sqrt{\bar{u}/n}$
	标准值给定	u_0	$u_0\pm3\sqrt{u_0/n}$
缺陷数控制图（c图）	标准值未给定	$\bar{c}$	$\bar{c}\pm3\sqrt{\bar{c}}$
	标准值给定	c_0	$c_0\pm3\sqrt{c_0}$

例 8—3

在给硅片镀膜的生产过程中，如果硅片上有了斑点，则每个斑点都被认为是缺陷。每天检测的硅片数不全相同。设计一个控制图来监控每片硅片的平均斑点数（见表 8—8)。

表 8—8　　数据表

日期	1	2	3	4	5	6	7	8	9	10	11	12	13	14	15
缺陷数	13	14	12	6	14	23	20	15	6	4	7	13	7	4	8
检查片数	6	6	6	5	6	7	7	6	4	4	4	4	4	4	4

根据问题的叙述，这里应该使用 u 图。用 MINITAB 软件，从统计→控制图→属性控制图→u 入口，输入“变量”及“子组大小”，直接得到下列 u 控制图（见图 8—17)。由于每天检查硅片数不全相同，上、下控制限变成了“城墙”型，受检查的片数越多，则上、下控制限间的范围越窄。

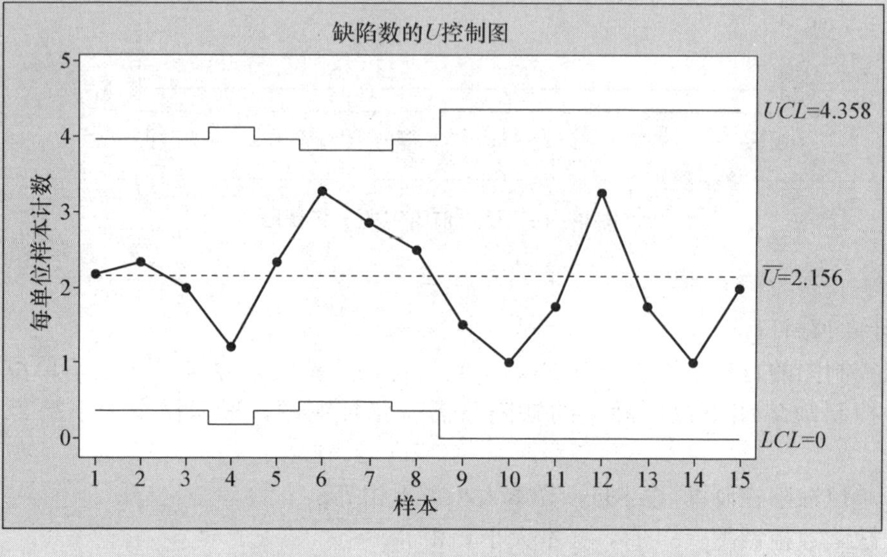

图 8—17　硅片平均斑点数的 u 控制图

8.3　特殊的控制图

8.3.1　累积和控制图

利用常规控制图进行监控，不可避免地要面对两类错误：第Ⅰ类错误，亦称为虚发警报的错误。过程正常而点子偶然超出控制限外，根据点出界就判异的原则，判断过程处于异常，于是就犯了第Ⅰ类错误，即虚发警报的错误，通常记为 α。第Ⅱ类错误，亦称为漏发警报的错误。过程已经出现了异常，但仍会有部分产品，其质量特性的数值会位于控制限内。如果抽取到这样的产品，点子就会落在控制限内，而不能判断过程出现了异常，从而犯了第Ⅱ类错误，即漏发警报的错误，通常记为β。常规控制图的设计思想是先定α，再看β。休哈特把常规控制图的虚发警报概率α取得特别小，仅为$\alpha=0.27\%$。优点是过程处于统计控制状态时，大约1 000个点子中仅有不到3个点子会超出控制界限。然而，缺点是漏发警报的概率会增加。为了克服这个缺陷，1954年人们提出了累积和（cumulative sum）控制图，简称CUSUM控制图。

累积和控制图用“平均链长”（average run length，ARL）去控制两类错误，对过程的判断是以历次观测结果为依据，对观测数据加以累积。这样可以充分利用数据所提供的信息，对发现过程的小偏移特别有效。人们正是借鉴了累积和控制图的设计思想，才逐步完善形成了常规控制图的八种检验模式。

下面以计数型数据为例，介绍累积和控制图。

1. 累积和

设被检测的质量指标为样本中的不合格品数或缺陷数时，累积和是指逐次抽取的容量为n的样本中检出的不合格品数或缺陷数对其目标值T（或参考值）的偏差之和。

$$C_{mT}=\sum_{i=1}^{m}(x_i-T)$$

当指标为不合格品数或缺陷数时，如果累积和图中的样本特性值C_{mT}的轨迹有向上的趋势，表示质量有变坏的倾向。因此，当样本特性值有向上的趋势时，要及时报告质量是否已经发生了异常。为此，在GB 4887—85《计数型累积和图》中规定了一个警戒值，称它为“参考值”，用k表示，通常要求$k>T$，再定义一个参数h，称为“决策区间”。如果图中任意一点与最后一点的垂直距离大于等于h时，那么判断过程已经发生异常。

用C_m表示对参考值k的累积和，即

$$C_m=\sum_{j=1}^{m}(x_j-k)$$

那么，决策规则可以表示如下：对任一点（i，C_i），$i=1,2,\cdots,m-1$，有$C_m-C_i\geqslant h$，即当

$$\sum_{j=i+1}^{m}(x_j-k)\geqslant h$$

判断过程发生异常。因此，一组参数（h，k）决定了一个过程的检验方案。决定（h，k）与平均链长有关。平均链长是指对给定的质量水平（譬如，不合格品率p，平均缺陷数λ，过程的均值μ等），累积和控制图从开始到发出警报为止所抽取的平均样本数。

若一个过程的质量特性用过程的不合格品率来表示，那么这便是计件的特性。下面就用计件特性来说明对两种平均链长的要求。

（1）若要求一个好的过程的不合格品率不大于p_0（即为合格质量水平AQL），那么当过程的不合格品率为p_0时表示过程处于受控状态。此时如果报警则属于误报，用L_0表示受控过程的平均链长，即在受控状态下，平均经过L_0次抽样才误发一次警报，在制作累

积和控制图时，总希望L_0大。

(2) 若规范要求过程的不合格品率不得大于p_1（即为拒收质量水平RQL），那么当过程的不合格品率为p_1（$p_1>p_0$）时表示过程已到达失控状态，应该发出警报，用L_1表示失控过程的平均链长，即平均抽取L_1个样本就发一次警报，而不发警报相当于犯第Ⅱ类错误。为及时发现失控，在制作累积和控制图时总希望L_1小。

在GB 4887—85《计数型累积和图》中，给出了两种常用的L_0与L_1的值，一是$L_0\approx$1 000，$L_1\approx10$；二是$L_0\approx200$，$L_1\approx5$。我们可由L_0与L_1制定（h，k），在国标中分别称它们为C_1方案与C_2方案（见表8—9）。

表8—9　　累积和控制图的参数

	C_1方案			C_2方案		
	参数值		特性值	参数值		特性值
目标值T_0	h	k	$\lambda_{10}/\lambda_{1\,000}$	h	k	λ_5/λ_{200}
……						
0.5	3	1.5	3.0	2	1.5	3.3
0.8	5	1.5	2.3	3.5	1.5	2.7
1.0	5	2	2.2	5	1.5	2.5
1.25	4	3	2.2	5	2	2.3
1.6	5	3	2.0	4	3	2.15
2.0	7或8	3	1.80或1.79	5	3	2.10
2.5	7	4	1.73	5	4	1.92

表中$T_0=np_0=\lambda_0$。λ_{10}（或λ_5）表示的是对应失控过程的平均缺陷数，$\lambda_{1\,000}$（或λ_{200}）表示的是对应受控过程的平均缺陷数。

2. 累积和控制图的步骤

制定计数累积和控制图的步骤如下：

(1) 给出L_0或L_1，以确定用C_1或C_2方案。通常用的$L_1\approx10$或5，前者用C_1方案，后者用C_2方案。

(2) 根据产品的规范给出两个不合格品率。确认过程受控的不合格品率p_0与过程已经失控的不合格品率p_1。在给出这两个参数时要注意p_1/p_0的值不能太大。

(3) 确定n，h，k。当用C_1方案时，根据p_1/p_0的值，从$\lambda_{10}/\lambda_{1\,000}$中找出最接近的比值，从该行对应的$T_0$值可确定样本容量n，即n$=T_0/p_0$，而该行对应的$h$与$k$即为所求的参数。

当用C_2方案时，则从λ_5/λ_{200}中找出最接近的比值，然后确定n，h，k。

例8—4

项目团队在夹具磨铣工序的过程控制中，每半小时抽检一个样本，按控制测量的要求，产品的不合格品率不应超过6%，并希望对异常的生产过程能在半天中检测出来。按此要求制定一个累积和控制方案。

按上面所述的步骤来制定累积和控制方案。

由于该工序半小时检测一次，又根据要求希望在半天内能检测出异常，则要求$L_1<8$，所以采用方案C_2；由于要求不合格品率不能超过6%，故令$p_1=5\%$，确定p_0时，应使p_1/p_0的值不至于过小，根据过去的生产所能达到的较好水平，取$p_0=2.1\%$；从C_2方案中找出与$p_1/p_0=2.38$最接近的值为2.3或2.5，取其中稍大的2.5，则$T_0=1.0$，$h=5$，$k=1.5$。则$n=T_0/p_0=48$，即每半小时抽检48个产品，记录其中的不合格品数（见表8—10）。求其对参考值k的偏差的累积和，当累积和小于0时，下一次重新计算累积和，当累积和大于h时判断过程异常，需要查找原因，加以校正。

表8—10　　检查结果及累积和方案的计算（$k=1.5$，$h=5$）

序号m	不合格品数x_m	对参考值的偏差x_m-k	偏差的累积和C_m
1	1	−0.5	−0.5*
2	2	0.5	0.5
3	2	0.5	1.0
4	0	−1.5	−0.5*
5	0	−1.5	−1.5*
6	0	−1.5	−1.5*
7	0	−1.5	−1.5*
8	2	0.5	0.5
9	0	−1.5	−1.0*
10	1	−0.5	−0.5*
11	2	0.5	0.5
12	4	2.5	3.0
13	2	0.5	3.5
14	2	0.5	4.0
15	3	1.5	5.5**

当$C_m<0$时，表示过程正常，用*表示，从下一个样本开始重新计算累积和。当$C_m>h$时，判断过程异常，发出报警信号，用**表示。

从第11号到第15号样本的局部累积和超过了判定距h，故生产过程异常，需要找原因。从第11号到第15号样本为止，这段时间生产过程的平均不合格品率为：

$$\frac{2+4+2+2+3}{40\times5}=0.065=6.5\%$$

利用MINITAB软件制作不合格品率控制图，从统计→控制图→时间加权控制图→累积和入口，输入变量名及子组个数（本例为1），在“累积和选项—计划/类型”窗口输入k和h数值，则可得到累积和控制图（见图8—18）。

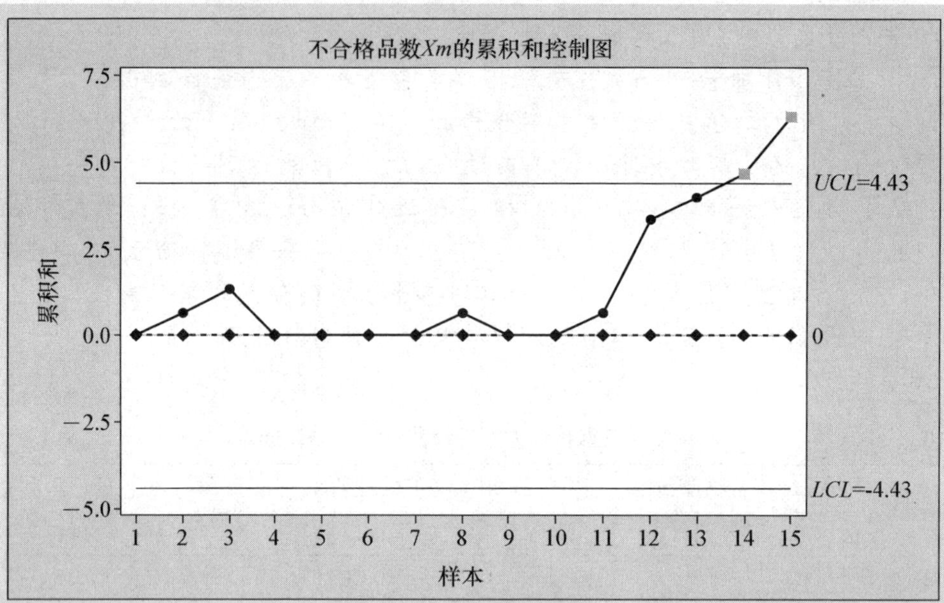

图 8—18 累积和控制图

8.3.2 指数加权滑动平均控制图

继 1954 年人们提出累积和控制图之后，1959 年又提出了另一种能够有效地控制过程小偏移的方法：指数加权滑动平均（exponentially weighted moving average，EWMA）控制图。EWMA 控制图同样充分利用所有的历史数据，而且对数据的处理更有特色。下面以单个观测值为例，介绍 EWMA 控制图。

EWMA 控制图关注的是当前值与历史数据的加权平均，即

$$Z_t=\lambda x_t+(1-\lambda)Z_{t-1}$$

式中，Z_t 为当前时刻的 EWMA 统计量；Z_{t-1} 为上一时刻的 EWMA 统计量；$Z_0=\mu$ 为 EWMA 统计量的初值；x_t 为当前时刻的观测值；λ 为权重因子。

EWMA 控制图的控制限为：

$$UCL=\hat{\mu}+3\hat{\sigma}\sqrt{\lambda/(2-\lambda)}$$

$$LCL=\hat{\mu}-3\hat{\sigma}\sqrt{\lambda/(2-\lambda)}$$

式中，$\hat{\mu}$ 和 $\hat{\sigma}$ 为观测值序列 x_t 均值和标准差的估值。

绘制 EWMA 控制图时，一般要求给定权重 λ。Montgomery（1991）推荐使用 $0.05\leqslant\lambda\leqslant0.25$。一般 λ 常取 0.08，0.10，0.15，0.2。

例 8—5

团队收集了自动车床生产的 25 根轴棍的直径数据（单位：毫米）：

18.5，20.9，20.8，19.5，20.7，21.1，19.1，19.8，20.2，20.2，19.7，21.2，20.4，21.0，19.4，20.2，21.3，20.3，22.1，21.5，20.0，20.7，21.7，22.2，22.9

试分析生产状况是否异常？

先作单值—移动极差控制图如图 8—19 所示。

最后几个点虽有上扬的趋势，但用八条判异准则，都没发现任何问题，只能判生产正常。

用 EWMA 控制图，选择 统计→控制图→时间加权控制图→EWMA，取 λ 为 0.2，即在“EWMA 权重”处填入“0.2”，对上述数据做 EWMA 控制图（见图 8—20）。从该图看到在 22 号以前，生产一直正常，但从 22 号起均值明显上扬。从 EWMA 控制图上可看出，样本点对目标值向上的明显漂移，到了 25 号点已跃出控制限，应判生产异常。

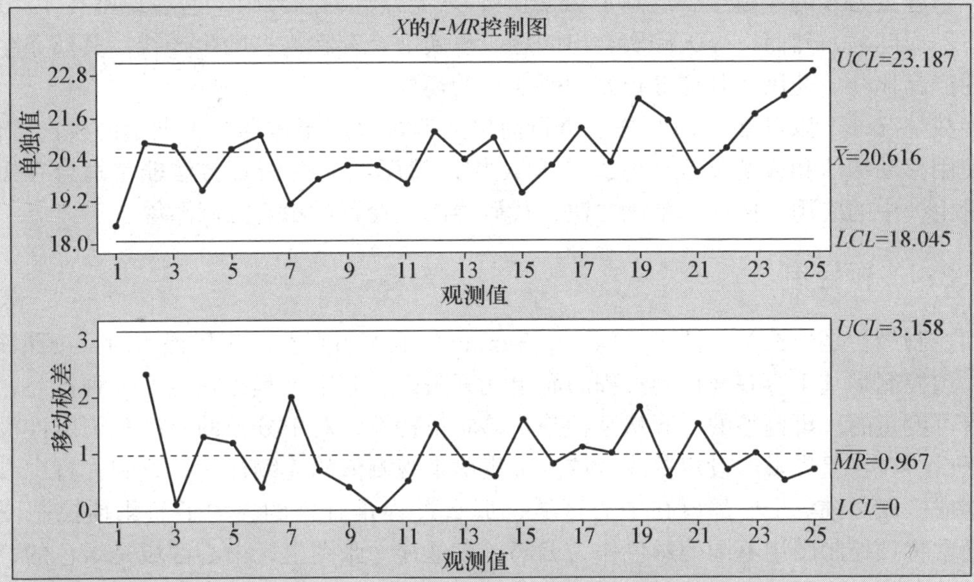

图 8—19　轴棍直径单值及滑动极差控制图

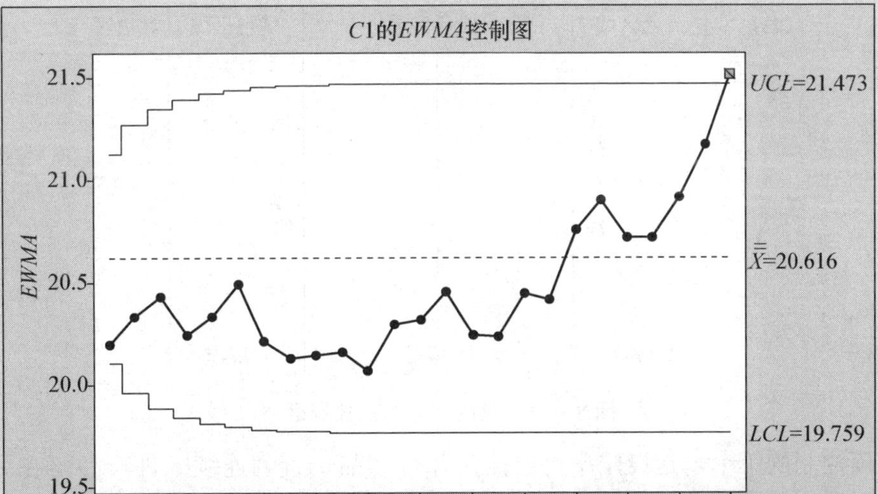

图 8—20　轴棍直径 EWMA 控制图

8.3.3 短期生产统计过程控制技术

短期生产是许多制造公司采用的生产方式。这种制造趋势已经发展为适应顾客个性化要求的小批量生产。将来，这种生产方式会更加普遍。亨利·福特的“顾客可以喜欢任何颜色，但我们只提供黑色汽车”的时代已经过去。

经典 SPC 方法，例如 $\overline{X}$ 和 R 图，诞生于大批量生产的时代。产品生产经常要持续几周、几个月甚至几年。很多当前正在使用的 SPC 规则都是在大批量生产的情况下设计的。例如，当容量为 5 的子组至少达到了 25 组时，才能计算控制界限。这项规则在 1930 年可能根本不成问题，然而，今天确实会出问题。事实上，存在许多的生产线，其整条生产线生产的产品比开始使用一张标准控制图所要求的还要少。

多数情况，可以对常规 SPC 方法进行简单的调整以用于短期、小批量的生产。例如，可以使用移动均值和移动极差来构造 $\overline{X}$ 和 R 图。然而，有些 SPC 方法非常适合在短期和小批量生产中的应用，例如，精确方法、代码值图、变量的稳定控制图等。

8.3.4 预控制

预控制最初是由杜兰·沙宁（Dorian Shainin）在 20 世纪 50 年代提出的。按照沙宁的提法，预控制是基于容差来控制过程的简单运算法则。假定过程正在生产一种产品，该产品具有可度量的、可调整的、服从某种分布的质量特性。对于分布的峰度和稳定性没有做任何假设。在容差界限内设定警戒区域。采集单个观测值的连续样本，直到一行中有 2 个落在警戒区域之前，5 个都落在中心区域，那么过程是合格的。为了简化预控制图的应用，通常将预控制图用不同的彩色作为编码。在这样一张图上，中心区域是绿色的，警戒区域是黄色的，容差范围以外的区域是红色的，如图 8—21 所示。预控制并不等于 SPC，预控图一般要求过程能力水平较高，如 $C_{pk}>2.0$，不必进行频繁、大量的抽样。

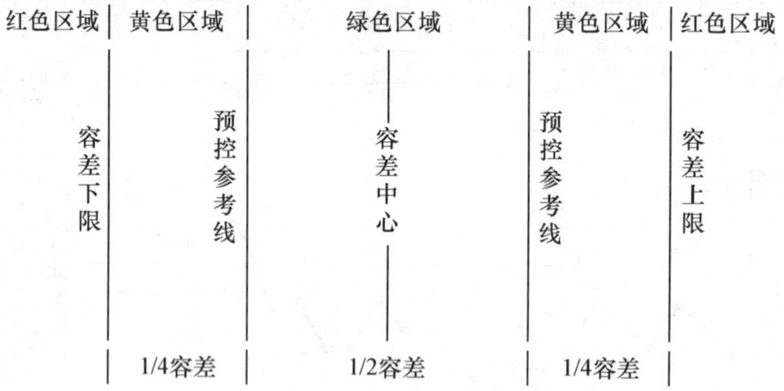

图 8—21 双侧容差的预控制区域

应用预控制的第一步是设定条件。测量每件产品，直到连续 5 件产品落在绿色区域。如果遇到 1 件产品落在黄色区域，那么重新开始计数。如果连续 2 件产品都落在黄色区域或是出现落在红色区域的情况，那么，应当对过程进行调整，然后重新开始计数。

设定条件之后，就进入了下一步：使用。周期性地测量 2 件连续的产品（A，B）。如果 2 件都落在同一侧的黄色区域，那么，应该进行调整。如果落在两侧的黄色区域，需要采取措施减小过程的变异。如果出现了落在红色区域的情况，显然，应该进行过程调整。注意：当2件产品皆落在黄色区域时，必须立刻进行调整以避免不合格品的产生。当落在红色区域时，停止过程，因为一直在生产不合格品。依照设定的程序，找出所有不合格品。

沙宁（Shainin，1988）建议对检验频率进行调整，使得在两次过程调整之间可以平均检验6对A与B，简单的计算公式如下：

两次测量之间的分钟数＝两次过程调整之间的小时数×10

8.4 精益控制工具

8.4.1 防错

在六西格玛项目产生的缺陷中，很多是由于差错造成的。这些差错可能源于：产品设计、生产制造以及使用不当。由于差错导致的缺陷可能给企业造成损失，给用户带来伤害，因此六西格玛团队在控制阶段的一大重点是如何预防差错，杜绝缺陷。

如何才能杜绝缺陷，以保证产品的制造质量和使用者的安全？经过长期探求，日本著名质量管理专家新乡重夫（Shigeo Shingo）提出“防差错”的概念。“防差错”是用以获得零缺陷，最终免除质量检验的工具，定名为Poka-Yoke。有以下几点含义：

（1）现场质量控制的核心就是杜绝缺陷；

（2）缺陷是差错的结果；

（3）如果差错无法根除，必须及时发现和立即纠正，防止差错形成缺陷。

在生产过程中，无论是主观差错还是客观差错，都是随机发生的，往往难以预测并且后果严重。鉴于此，Poka-Yoke倡导采用积极的预防措施和可靠的应对装置，Poka是疏忽错误之意，Yoke是防止的意思。通过各种差错预防装置，能够实现：

（1）寻找差错，转变检验的重点；

（2）在形成缺陷产品之前，及时制止和纠正发生的差错，“第一次即把事情做好”；

（3）尽量采用自动预防装置，实现100％检验。

Poka-Yoke方法的内容包括两个基本方面：一是检测出现的差错；二是Poka-Yoke防错装置。检测差错包括三种形式：一是后继检测，即下一道工序的生产者检查上一道工序的质量问题并立即反馈给上一道工序的生产者，让其停止生产纠正错误；二是自我检测，即生产者检查自身的工作；三是预防性检测，即在错误未发生之前发现它并采取相应措施。所有的检查都必须是100％的逐个检测，而不是抽查或其他非完全检查。

Poka-Yoke防错装置主要包括两种类型：信号型Poka-Yoke和控制型Poka-Yoke。前者是对生产失误所发出的警示，后者是对出现的错误所采取的保险性措施。如生产作业中，一个待加工零件被放在机器的一个不正确的位置，那么信号型Poka-Yoke可能是一个指示灯，提醒工人要纠正位置。而控制型Poka-Yoke则可能是连接机器电源的一个装置，它会自动关闭切断电源，使生产停止，直至零件被拿走或放于正确位置。

Poka-Yoke的设置可在发生生产失误时及时向生产者发出警告，提醒其改正错误。同时它也可以通过一定的装置或手段对失误自动采取应急措施，防止生产失误转化成产品质量问题，因而成为预防质量问题的“保险”。

Poka-Yoke 防错装置实现的主要功能有：

(1) 出现操作错误时工件无法安装；

(2) 工件出现问题时，机器无法开始加工；

(3) 出现操作错误时，机器无法开始加工；

(4) 自动修正错误操作使加工继续进行；

(5) 后道工序检查前道工序出现的问题，防止出现不良品；

(6) 丢序漏序时下一工序无法开始。

图 8—22 是切削加工时经常出现零件错装夹的情况，通过在机床上加装防错挡板（图 8—22 下图所示）防止零件错装夹；图 8—23 是焊接加工时如果漏装了工件，随焊机主轴上下移动的防错装置会及时按下停止按钮，防止错误发生。

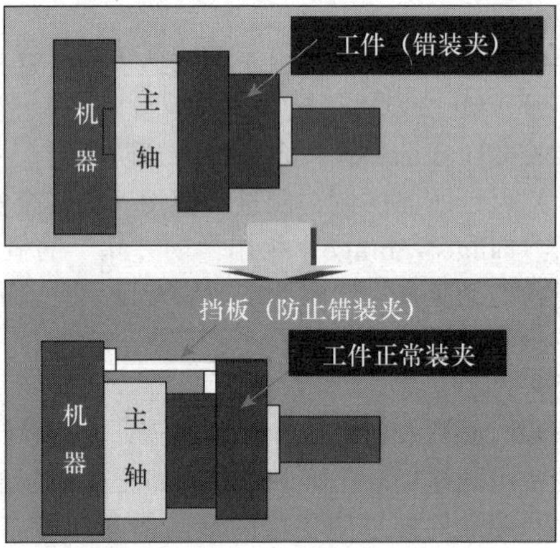

图 8—22　切削加工防错装置

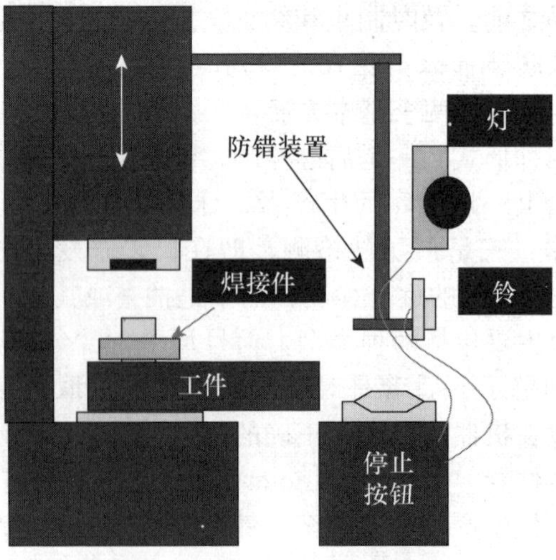

图 8—23　焊接加工防错装置

8.4.2 标准化作业

由于操作人员习惯不同、动作不规范，常常会造成同类产品之间质量特性的差异较大。为了使这些差异不影响改进效果的稳定性，需要采用相应的措施来对差异进行控制。标准化作业就是解决这类问题的有效方法。

所谓标准化作业是指把生产过程中的各种要素（人、机、料、法、环、测）进行最佳组合，按准时化生产的要求制定相应的作业标准，各类作业人员按照作业标准进行操作。作业标准既是操作者的行为规范，也是管理者检查指导工作的依据。

标准化作业对每一个工序按照能够达到的最佳效果的工作模式编制标准化作业表，把制造过程中的每一步动作予以详细描述，为每个操作工人提供相同的作业动作的信息，从而保证了无论哪一个工人，每一次都重复同样的动作。标准化作业使操作工人养成了一致的习惯，从而避免了对所加工产品一致性的不良影响，同时还能有效防止由于作业行为不当而引发的差错。

标准化作业有三个目标：第一个目标是工人操作时所遵循的作业标准顺序，称作“标准操作规程”（standard operating procedure，SOP）；第二个目标是在生产时间上，各制造过程达到平衡化；第三个目标是将半成品的标准库存量，控制在最小数量范围内。

作业标准并不是一成不变的。随着技术的发展、工艺的改进以及持续不断的改善，需要反复修订作业标准。标准化作业同时适用于很多过程，包括更换产品、文件报告、目视管理、仓储管理等。

标准作业的目的是通过必要的、最小数量的作业人员进行生产。它由下面的程序确定：

（1）确定生产节拍（循环时间）；

（2）确定一个单位产品的完成时间；

（3）确定标准作业顺序；

（4）确定在制品的标准持有量；

（5）编制标准作业组合表。

标准化作业是实现均衡化生产和单件生产、单件传送的又一重要前提。丰田公司的标准化作业主要是指每一位多技能作业员所操作的多种不同机床的作业程序，是指在标准周期时间内，把每一位多技能作业员所承担的一系列的多种作业标准化。标准化作业主要包括3个内容：标准周期时间、标准作业顺序、标准在制品存量，它们均用“标准作业组合表”来表示，如图8—24所示。

标准周期时间是指各生产单元内（或生产线上），生产一个单位的制成品所需要的时间，也称为生产线的节拍。标准周期时间可由下列公式计算出来，如图8—24，若每班产量是1 050台，则

$$标准周期时间=每班的工作时间/每班的必要产量=8\times60\times60/1\,050=27.4(秒)$$

根据标准周期时间，生产现场的管理人员就能够确定在各生产单元内生产一个单位制成品或完成产量指标所需要的作业人数，并合理配备全车间及全工厂的作业人员。

标准作业顺序是用来指示多技能作业员在同时操作多台不同机床时所应遵循的作业顺序，即作业人员拿取材料、上机加工、加工结束后取下以及再传给另一台机床的顺序，这

种顺序在作业员所操作的各种机床上连续地执行。因为所有的作业人员都必须在标准周期时间内完成自己所承担的全部作业，所以在同一个生产单元内或生产线上能够达成生产的平衡。

标准在制品存量是指在每一个生产单元内，在制品储备的最低数量，它包括仍在机器上加工的半成品。如果没有这些数量的在制品，那么生产单元内的一连串机器将无法同步作业。但是，应设法尽量减少在制品存量，使之维持在最低水平。

根据标准化作业的要求（通常用标准作业组合表表示（见图 8—24）），所有作业人员都必须在标准周期时间之内完成单位制成品所需要的全部加工作业，并以此为基础，对作业人员进行训练和对工序进行改善。

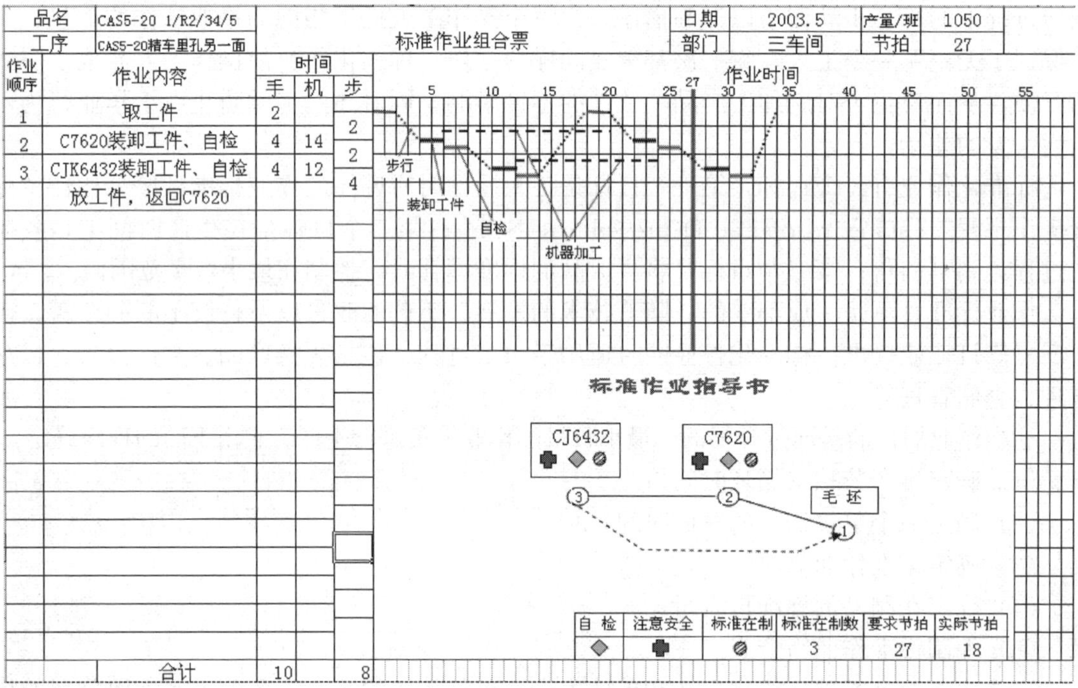

图 8—24　标准作业组合表及指导书

制定标准化作业有很多好处：可以保证提高生产效率和产品质量，保证生产节拍；通过制定标准作业顺序，达到合理运用机器设备；消除多余工序，简化流程；规范操作者的行为，减少违规操作，保障生产安全；易于寻找工具和材料，控制在制品存量，保障生产正常运行；规定了作业标准，易于发现异常。

8.5　六西格玛项目总结和成果评审

六西格玛项目总结和项目成果评审是六西格玛项目管理的最后一个过程，属于六西格玛项目管理 PDCA 循环的 A 阶段，也是实现"闭环评价和知识管理"的过程，即：通过对达到目标的项目进行文件化并予以闭环评价，将获得的实践经验和教训进行管理，以便识别新的机会，包括与其他相关部门、类似过程以及顾客、供应商、社会等利益相关方分享项目的知识成果，进而使项目的成果倍增，从而实现六西格玛项目知识资产的确认、积累和分享。

8.5.1 六西格玛项目总结

1．项目总结报告的编写

为交流和承认成果，推进六西格玛项目的持续开展，项目团队应基于项目立项表和项目文档，对活动记录进行整理归纳，撰写成果报告书。要求文字精练，条理清晰，尽量选用图表表达。一般可包括以下内容：

（1）前言。

（2）界定。项目背景、项目目标、项目计划、项目团队、流程分析等。

（3）测量。过程输出绩效的测量、过程因素分析、过程因素测量、测量系统分析等。

（4）分析。潜在失效模式与效应分析、关键过程因素与输出绩效的回归和相关分析、假设检验、方差分析等。

（5）改进。试验设计、解决方案的确定和实施等。

（6）控制。改进效果验证、收益评估（硬的和软的），控制图与过程能力分析、标准化等。

（7）经验教训、遗留问题和下一步打算等。

2．项目总结报告的审核

项目总结报告应报请业务负责人、财务总管、资深黑带（MBB）和倡导者审核。业务负责人从业务的角度，核实项目过程及效果的真实性；财务主管核实项目财务收益的计算方法和结果；资深黑带对项目全过程进行全面的核实；而倡导者更多地从公司文化和战略的宏观视角审核六西格玛项目的成果。表 8—11 是一家公司的六西格玛项目成果审核表，可供参考。

表 8—11　　六西格玛项目成果审核表

<table>
<tr><td>项目名称：</td><td>组长：</td><td>团队成员：</td></tr>
<tr><td>项目目标：</td><td>项目启动时间：</td><td>项目结束时间：</td></tr>
<tr><td>改进前后状况及数据</td><td>改进内容及设计文件</td><td>过程负责人审核</td></tr>
<tr><td>改进前：</td><td rowspan="2"></td><td rowspan="2">年　月　日</td></tr>
<tr><td>改进后：</td></tr>
<tr><td colspan="3">潜在年收益计算：
实际收益计算：
财务审核：
年　月　日</td></tr>
<tr><td>资深黑带审核
年　月　日</td><td colspan="2">倡导者审核
年　月　日</td></tr>
</table>

3. 项目移交

在项目成果得到审核确认后，项目团队应将之移交给过程所有部门或区域，由后者对项目成果进行日常监测和控制。同时，做好项目最终文档（移交给公司档案管理部门或六西格玛管理归属部门）。

8.5.2 六西格玛项目成果评审与分享

企业应当对六西格玛项目成果进行全面、科学的评价，建立符合企业自身特点的激励政策，使改进活动步入良性循环。

1. 成果发布、评审与分享

企业应根据六西格玛管理的推进情况，定期举行六西格玛项目成果发布、评审与分享会，参加者包括：评审人员、项目团队成员以及各相关过程部门的人员。

企业可建立由倡导者、资深黑带以及项目相关的业务负责人等组成的六西格玛项目评审委员会，对参与发布的成果进行无记名评分，对各评委的评分进行平均，必要时可结合进行现场核实。评价应鼓励和突出互相学习与交流，注重活动过程的有效性，倡导有特色的成果，兼顾经济、环境与社会效益。对项目成果的评价一是要科学，采用科学的评价方案，要实事求是，不能夸大项目的成果；二是要全方位的评价，不要仅局限于经济效益方面的成果，对不足之处也要指出。项目评审一般包括以下方面的内容：

（1）项目选择的合理性。

● 选项是否有意义和有价值；

● 项目目标是否具有挑战性，是否符合 SMART 原则，是否达成目标。

（2）应用六西格玛理念方法和统计技能。

● 是否正确运用六西格玛的思路、方法解决问题；

● 是否正确、合理运用统计工具和技能推进问题的解决；

● 发布资料是否完整和具有较高的质量。

（3）项目收益。

● 项目收益计算是否合理正确，是否为公司取得可观的项目收益或取得了显著的管理效果。

（4）项目范围和推广应用前景。

● 在项目涉及的范围方面，团队成员是否与项目本身所涉及的职能部门一致，并承担适宜的项目工作，是否体现跨职能合作；

● 项目是否具有推广应用价值。

（5）发布人的思辨、表达、沟通、组织协调、回答问题等软性技能的表现。

● 表述是否清晰；

● 时间掌握是否恰当；

● 回答问题是否正确；

● 团队负责人是否具备组织、领导项目组的能力。

除了在企业内部进行发布、分享外，在不泄露公司商业机密的前提下，还可以与顾客、供应商和合作伙伴，以及在行业内外发布和分享（如参加全国或地区、行业六西格玛成果发布会和六西格玛优秀项目评选，编写资料或书籍等），促进社会进步和发展。分享的目的在于进一步扩大改进和创新的效应，在更广泛的意义上降低改进的成本和提高改进的效率，扩大收益区域，为利益相关方创造更多的价值。

2. 成果激励

六西格玛成果是追求卓越绩效的体现，值得公开承认和奖赏，以增强参与员工的自尊和成就感。企业需要根据所在行业的特点以及自己的条件，制定多样化的激励方式和手段，包括物质的和精神的激励。

企业可依据项目评审的结果，设立有序六西格玛项目、六西格玛成就奖、明星黑带和绿带等各种奖项，授予项目团队和成员。

(1) 物质激励。可包括：

- 奖金；
- 奖品；
- 晋升与调薪。

要基于个人贡献的大小来评价团队成员在六西格玛团队中的绩效，进行奖金分配。

(2) 精神奖励。可包括：

- 让项目黑带或绿带有机会登台发布结果，可邀请其亲属、朋友参加；
- 高层领导签署表彰令，亲自参加成果发布会议、成果表彰仪式或宴会，授予奖状、奖章或奖牌（可刻上项目名称和黑带等团队成员姓名）；
- 将项目报告及团队成员照片刊登在公司的新闻媒介上；
- 完成六西格玛管理培训也是一种成果，因此可给完成课程的人员授予证书、徽章等。

3. 黑带与绿带认证

黑带与绿带认证也是一种激励，一种对员工职业生涯发展的激励。企业可以自行认证，也可以鼓励员工参加权威的第三方机构（如中国质量协会）组织的资格考试、项目评审和注册。

一般地，企业内部的黑带和绿带认证应具备以下条件：

- 完成黑带知识课程培训，至少完成两个项目，取得显著收益，并为通过企业内部成果评审的项目组长，予以公司内部黑带认证，发给黑带证书。
- 完成绿带知识课程培训，组织完成或参与完成年收益较显著的若干个项目（如1～2个），并通过企业内部项目成果评审，予以公司内部绿带认证，发给绿带证书。

本章小结

控制阶段的主要工作是对改进成果进行固化，将成功经验制度化、标准化、文档化，并纳入现有的管理体系，建立过程控制系统。本章主要介绍了在项目控制阶段的工作内容和常用的工具，重点介绍了控制图的原理和常规控制图（计量值控制图和计数值控制图），并介绍了其他控制方法。六西格玛团队在控制阶段还要注意使用精益控制工具。本章介绍了防错和标准化作业两种精益控制方法。另外，项目控制阶段结束后，还有必要对整个项目工作进行总结和成果评审，领导也要对项目团队的成果进行表彰和激励。项目团队还要撰写项目总结报告，总结成功的经验和存在的问题，为后续的项目积累经验。

推荐阅读

1. D. C. Montgomery. Introduction to Statistical Quality Control，6th edition. Wiley，2011

2. 孙静主编. 最新国家标准 GB/T 4091—2001《常规控制图》理解与实施. 北京：中国标准出版社，2002

3. ［日］大野耐一著，谢克俭，李颖秋译. 丰田生产方式. 北京：中国铁道出版社，2014

第3篇

六西格玛设计

第9章　六西格玛设计

第 9 章

六西格玛设计

9.1 六西格玛设计概述

9.1.1 六西格玛设计的产生和发展

六西格玛改进（DMAIC 方法）是对现有流程的改进，即针对产品/流程的缺陷产生原因采取纠正措施，通过不断改进，使流程趋于“完美”。然而通过六西格玛 DMAIC 方法对流程的改进是有极限的，即便发挥 DMAIC 方法的最大潜力，产品的质量也不会超过设计的固有质量。试想如果产品设计时并没有赋予其高的质量（六西格玛的质量），怎么可能通过 DMAIC 改进来实现六西格玛的质量呢？当然通过增加投入在一定程度上也可提高绩效，但可能得不偿失。据国外调查统计，当改进使流程水平达到约 4.8 西格玛水平时，就再难以突破，这就是我们常说的所谓“五西格玛墙”。面对“五西格玛墙”，六西格玛设计便应运而生，因为此时最明智的选择就是：对现有产品进行以六西格玛质量为目标的改进设计；对新开发的产品和业务流程，一开始就采用六西格玛设计。实践证明经过六西格玛设计的产品/流程在运行中质量波动很小，六西格玛改进工作量将会大大减少。唯有进行六西格玛设计赋予产品高的质量，才能实现真正意义上的六西格玛质量。

通用电气公司（GE）是实施六西格玛的先驱，于 1995—1998 年期间开展六西格玛改进取得了巨大成功。但是，推动这场革命的 GE 公司总裁杰克·韦尔奇则说，如果当时同步开展六西格玛设计，通用电气将会获得更加辉煌的成就。韦尔奇对六西格玛改进和六西格玛设计的理解也非常形象，他说六西格玛改进是引进了修理工，六西格玛设计则是引进了设计工程师，六西格玛设计的启动应先于六西格玛改进。1998 年 GE 宣布未来所有新产品和新业务都要采用六西格玛设计，1999 年 GE 医疗系统的利润增长达 25%，有 7 种产品应用了六西格玛设计。2000 年 GE 又有 22 种产品采用了六西格玛设计，并宣布 2001 年 50%以上销售额将来自六西格玛设计的产品。除了 GE，摩托罗拉、道化学、霍尼韦尔等世界著名公司都加入了六西格玛设计行列。2003 年初，微软也宣布，今后所有的新产品设计必须采用六西格玛设计。今天，我们高兴地看到人们用六西格玛改进来调整当前的状况，用六西格玛设计来开发高质量的产品和服务。六西格玛改进和六西格玛设计已成为企业追求卓越的左膀右臂，在企业的不同领域发挥着重要的作用。

9.1.2 六西格玛设计的重要意义

1. 技术视角

设计质量决定了产品的固有质量。从产品研发的时间序列来看，产品设计、工艺设计、生产控制等不同阶段对产品质量的影响是不同的，影响最大的是产品设计，其次是工艺设计，再次是生产控制。因为一旦产品技术规范和图纸形成，固有质量已基本形成，其后的工艺设计是为了保证设计要求的实现，生产控制则是为了达到技术规范的要求（符合性），几乎没有进一步提高产品固有质量的可能。我们目前进行的六西格玛改进活动大都集中在生产控制阶段，也就是对现有产品/流程进行测量、分析、改进并将改进成果固化（控制），以减少缺陷，达到产品的固有质量。为了真正实现六西格玛质量，必须开展六西格玛设计，只有在设计阶段就赋予产品很高的固有质量，才有可能实现六西格玛的质量目标。

2. 管理视角

朱兰博士提出的质量管理三部曲是质量策划/质量设计、质量控制、质量改进。质量策划/质量设计是三部曲中最重要的，对质量的贡献起着四两拨千金的作用，质量的理论成本也是在质量设计阶段形成的。但是企业界对质量策划/质量设计的重视远不及对质量控制、质量改进的重视。从 20 世纪 40 年代起我们在质量控制、质量改进上花了很多的力气，从休哈特的控制图到各种质量改进工具、方法，不断推出，并得到广泛应用，但主要集中在质量控制和质量改进领域（见图 9—1）。

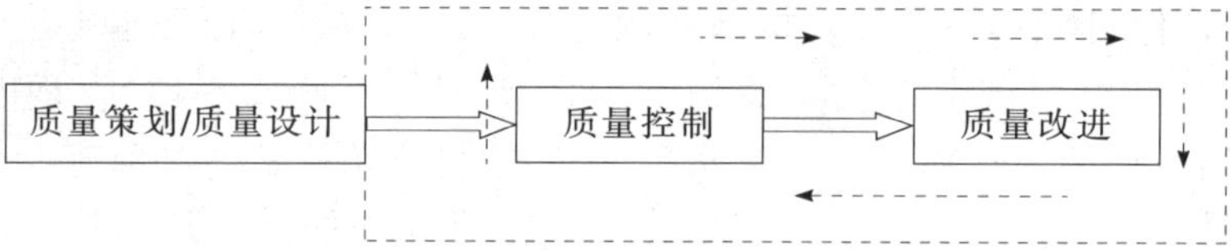

图 9—1 传统基于质量改进工作模式

随着社会生产力的发展，质量学界也开发了许多适用于设计阶段的非常有效的方法，如质量功能展开、系统设计、参数设计、容差设计、FMEA、DFX 等技术方法，但这些方法却没有像 SPC、QC 七种工具那样得到广泛应用。实际上只有把质量管理向产品的源头延伸，在设计上采用更好的方法，才能在管理上赢得主动。目前大部分企业把在现场忙于“救火”的质量人员看作企业的英雄，对产品开发的质量管理却不够重视，造成设计阶段遗留的质量问题被带到生产、使用阶段，由此埋下祸根。我们必须改变长期形成的错误的工作导向，变“救火”为“防火”。六西格玛设计正是这样的防火工程，可以减少或杜绝“失火”，根除隐患。

3. 经济视角

(1) 质量改进行动启动得越早，质量成本就降得越低。同样一个问题，发现得越早，付出的代价越小。据国外调查统计，如果某个质量问题在草图设计中被发现，采取措施进行改进的代价是 1 美元的话，那么该问题在产品生产阶段被发现，采取纠正措施进行质量改进的代价将是 100 美元；在出厂检验时被发现，采取措施的代价将要花去 10 000 美元；

在顾客使用中被发现，甚至在顾客使用时发生了严重质量事故，解决问题的代价可能要达到10万甚至100万美元。这种损失是呈几何级数增加的。六西格玛设计就是在产品/流程设计一开始就寻找潜在缺陷，将一切可能的问题消灭在萌芽状态，努力创造一个新的更好的产品/流程，这种预防性改进的效益当然是最高的。

（2）六西格玛设计为企业带来了多方面的财务收益，包括：

● 如果某产品能很好地满足顾客需求，该产品在市场上的销售量必然增加，从而为企业带来利润的增加。

● 如果产品具有魅力质量，超出了顾客的预期，企业就有提高价格的合理理由，这将为企业带来额外的利润。

● 采用六西格玛设计中的稳健设计方法将使产品实现低成本下的高质量，产品的理论成本必然下降，即原材料、制造、装配等成本下降为企业带来了直接的经济效益（见图9—2）。此外，高质量意味着产品质量稳定，质量故障等引起的不良质量成本下降，为企业带来利润也是显而易见的（见图9—3）。六西格玛改进可以降低产品的不良质量成本；而六西格玛设计则既可以降低产品的理论成本，又可以降低产品的不良质量成本。

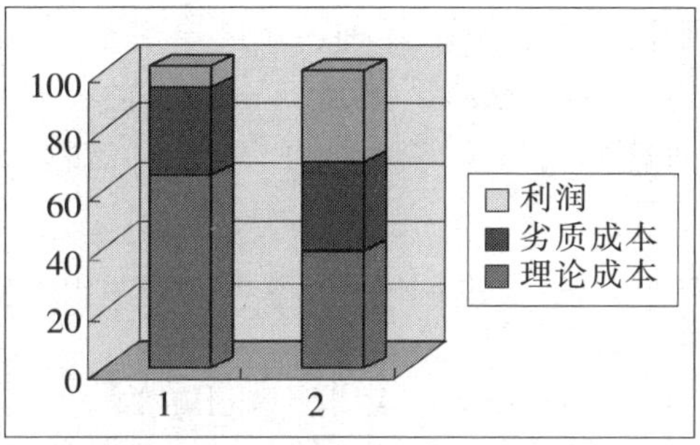

1—DFSS前　　2—DFSS后

图9—2　六西格玛设计前后理论成本变化示意图

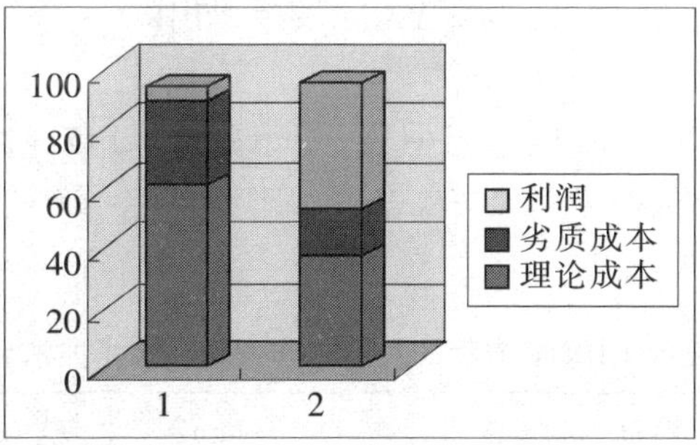

1—DFSS前　　2—DFSS后

图9—3　六西格玛设计前后不良质量成本变化示意图

● 六西格玛的稳健设计（健壮设计）还使产品具有了很高的抗干扰能力，这是稳健设计的又一显著特点，比如说同一产品不论在西藏还是在海南的环境下都能很好地实现其功能，并能长期地保持功能的稳定。产品的抗干扰能力使产品的可靠性提高，使制造企业的维修费用和使用者的运行费用同时下降，对企业有好处，对社会也有好处。

● 六西格玛设计使产品的工程修改次数减少，研发周期大大缩短，不仅使产品能及时投放市场，还为企业带来新的效益增长点，降低了产品的开发成本，一举多得。

● 开展六西格玛设计的产品在制造、装配等过程中降低了故障和缺陷的发生概率，减少了排除故障和返工的工作量，使企业质量管理工作得以进入良性循环。

9.1.3 六西格玛设计流程

1. 现有的六西格玛设计流程

六西格玛设计就是按照合理的流程，运用科学的方法准确理解和把握顾客需求，对产品/流程进行稳健设计，使产品/流程在低成本下实现六西格玛质量水平。同时使产品/流程本身具有抵抗各种干扰的能力，即便环境恶劣或操作不当，产品仍能满足顾客的需求。

六西格玛改进的DMAIC流程已经成为美国许多开展六西格玛管理企业的标准流程。与DMAIC相似，六西格玛设计也有自己的流程，但目前还没有统一模式。迄今为止，专家们提出的六西格玛设计流程主要有以下几种：

● DMADV流程，即定义（define）、测量（measure）、分析（analyze）、设计（design）、验证（verify），这种模式可以更好地利用DMAIC流程的基础，但一般只适用于现有产品或流程的局部重新设计。

● DMEDI流程，指的是定义（design）、测量（measure）、探索（explore）、研发（develop）、实现（implement）。

● IDDOV流程，即识别（identify）、定义（define）、研发（develop）、优化（optimize）、验证（verify），是由美国供应商学会（ASI）总裁乔杜里先生提出的，它更适合新产品和新流程的开发要求，但乔杜里未给出该流程可操作的详细工作内容。

● ICOV流程，即识别（identify）、特性实现（characterize）、优化（optimize）、验证（verify），是由美国维恩州立大学的Kai Yang教授提出的。

2. 六西格玛设计流程

本书借鉴ASI的IDDOV流程，将研发（development）阶段改为设计（design）阶段，并提出了IDDOV流程各个阶段的主要工作内容、技术方法和设计输出（见表9—1）。

表9—1　六西格玛设计IDDOV流程的主要工作内容、技术方法和设计输出

阶段	I（identify） 识　别	D（define） 定　义	D（design） 设　计	O（optimize） 优　化	V（verify） 验　证
主要工作内容	寻找市场机会，识别顾客需求，进行项目论证	顾客需求的确定和展开，产品总体设计方案的论证和确定	初步设计、全尺寸样机（试样）的设计、过程设计和样机的试制	产品设计的优化、过程设计的优化	设计质量的验证、制造质量的验证、产品的验证与确认

续前表

阶段	I（identify） 识 别	D（define） 定 义	D（design） 设 计	O（optimize） 优 化	V（verify） 验 证
主要技术方法	QFD 卡诺分析 新QC七种工具 风险分析	QFD 系统设计 DFX 功能FMEA 新QC七种工具 风险分析 LCC分析	系统设计 QFD FMEA DFX DOE 参数设计 容差设计 CAD/CAM 研发试验 FRACAS LCC分析 DFSS计分卡	DOE 参数设计 容差设计 DFX FMEA LCC分析 CAD/CAM 仿真 优化试验 FRACAS DFSS计分卡	仿真试验 V&V试验 可靠性试验 寿命试验 鉴定试验 小子样SPC ATP FRACAS MTBF S/N比 DFSS计分卡
主要设计输出	1. 项目可行性研究报告 2. DFSS项目特许任务书	1. 产品设计方案 2. 技术规范	1. 样机生产用图纸和工艺文件 2. 产品规范（试行稿） 3. 售后保障体系（含保障资源）设计方案初稿	1. 产品生产图纸和工艺文件 2. 产品规范 3. 售后保障体系（含保障资源）设计方案	1. 设计验证试验报告 2. 设计鉴定报告 3. 过程能力分析 4. DFSS项目绩效报告

3. IDDOV流程各阶段的工作步骤

（1）识别（I）阶段又可划分为“寻找市场机会”、“识别顾客需求”、“进行项目论证”等三个步骤，我们要应用QFD、卡诺分析、新QC七种工具、风险分析等方法寻找市场机会，识别顾客需求，论证和确定要开展六西格玛设计的项目，组织项目团队，落实人员和职责，并编制和批准六西格玛设计项目特许任务书。

（2）定义（D）阶段又可划分为“顾客需求的确定和展开”、“产品总体设计方案的论证和确定”两个步骤，我们要通过质量功能展开深入分析，将顾客需求逐层地展开为设计要求、工艺要求、生产要求，并采用系统设计（包括TRIZ）、DFX、功能FMEA、新QC七种工具、风险分析、全寿命周期费用（life cycle cost，LCC）分析等方法，通过创造性的思维和自顶向下的设计，形成一个可以实现顾客需求的总体设计方案。

（3）设计（D）阶段又可划分为“初步设计”、“全尺寸样机的设计”、“过程设计和样机的试制”等三个步骤，我们要采用系统设计、QFD、FMEA、面向X的设计（DFX）、参数设计、容差设计、CAD/CAM等方法进行产品的初步设计（技术设计）、产品各子系统、部件、设备和供应商的确定、全尺寸样机及其制造过程的设计、保障资源的设计等。

（4）优化（O）阶段又可划分为“产品设计的优化”、“过程设计的优化”两个步骤，我们要通过稳定性优化设计（DOE、参数设计、容差设计）和FMEA、DFX等方法，使产品质量特性稳定在目标附近（变异小），在使用中抗干扰，并进行过程设计的优化。

（5）验证（V）阶段又可划分为“设计质量的验证”、“制造质量的验证”、“产品的验证与确认”三个步骤，我们要通过小子样SPC、验收检验规程（acceptance testing procedure，ATP）等方法进行过程能力的分析、制造质量的验证，通过仿真试验、V&V试验、可靠性试验、寿命试验、鉴定试验等方法进行六西格玛设计产品的验证与确认，以及通过平均故障间隔时间（MTBF）和信噪比（S/N 比）的统计及六西格玛设计计分卡等来考察产品的质量可靠性水平，并请顾客试用来验证六西格玛设计是否达到了希望的目标。当然，最优化的方案还应当通过技术状态控制的方法固化下来，以保证设计的产品在后续加工过程中完全符合顾客的需求。

总之，六西格玛设计 IDDOV 是一整套不同于常规设计的方法，它以顾客需求为导向，以质量功能展开（QFD）为纽带，深入分析和展开顾客需求，综合应用系统设计（包括创造性问题解决理论 TRIZ）、试验设计、参数设计、容差设计以及普氏矩阵、FMEA 等设计分析技术，大幅度提高产品的固有质量，从而更好地满足顾客的需求。六西格玛设计还体现了激发创新能力、加快创新速度、预防为主等思想理念。六西格玛设计工作一般结束于新产品设计鉴定并投入批量生产时，在投入批生产和投放市场后出现少量不满足顾客需求的问题，还可以通过六西格玛改进 DMAIC 来解决。

9.1.4 六西格玛设计部署

1. 管理承诺

实施六西格玛设计就像实施六西格玛改进一样，关键在于从高层到中层管理者的认同。无论一个计划有多好，若没有中高层管理者的全力支持，实施起来都会极其困难。因此必须确保管理层充分认识到实施六西格玛设计的意义、价值，并且相信六西格玛设计项目绝不会对他们的职务和在公司的地位构成威胁。管理层的强有力支持会使企业的每个人都感受到高层领导实施六西格玛设计的决心。如果高层领导不仅支持而且还有政策鼓励，中层的领导也会效仿，六西格玛设计才能得到自上而下的推进。

2. 公司领导和项目团队

一旦各级组织都认同了六西格玛设计的实施办法，挑选六西格玛项目领导者（倡导者、资深黑带和黑带）就成为当务之急。倡导者在公司层面发起和支持黑带项目，资深黑带负责培训黑带，提供指导、咨询、进行管理、监督和协调。黑带在倡导者和资深黑带的指导下，界定六西格玛设计工作项目，带领团队完成项目。项目领导者必须是高效的管理者，能自我激励并激励他人，他能让别人感到有依靠，对项目的目标承担责任，敢于授权、注重细节、严格监督。简而言之，必须有一个领军人物来领导项目。组织应该确信为项目选择了合适的人物，此时应举行一个由高层、中层和项目领导参加的公开会议。项目领导应熟悉六西格玛设计项目所涉及的各种因素，对各部门工作充分了解，能够行使权力、掌握项目管理技巧等，并受人尊敬。另一个影响项目成功的重要因素就是要建立一个充分授权的、多专业的、跨部门的项目团队。六西格玛设计项目应该由市场营销、研发、工艺、生产、质量管理、售后服务等方面的人员组成跨部门的团队，团队的成员应接受绿带培训、协同工作；为确保实施的成功，组织应制定并贯彻激励机制。

3. 有效沟通

确立准确有效的沟通方式是跨部门项目团队的职责。整个组织的每一个成员对于相同的信息应具有相同的理解，公司应该提供关于六西格玛设计的词汇表，最好用人人都能明白的语言来表达。团队的成员都要理解这些概念、定义，如六西格玛设计的含义是什么？如何通过 QFD 来诠释顾客的需求？TRIZ 方法是什么？稳健设计的含义是什么？等等。让每个成员通过高效的交流渠道进行交流，一旦收到信息就能做出快速反应，准确理解信息的内容和含义。六西格玛设计要求清晰、简洁、及时的信息交流，这对团队至关重要，误会或曲解信息将导致工作绩效大大降低。

4. 教育和培训

与六西格玛改进的培训相同，六西格玛设计也应结合项目进行。分段进行培训和实践，以六西格玛设计项目为驱动，培训和项目工作交叉进行。项目训练是六西格玛教育和培训的核心，如果只在导师指导下进行课堂练习，那你掌握不了多少东西，所以在六西格玛设计每次集中培训学习时，仍要花大量时间让学员交流、参与研讨并训练他们的展示能力。六西格玛设计对培训导师也提出了更高的要求，导师的角色将变成教练，他们不仅要懂项目管理、统计技术、六西格玛设计方法，更要有丰富的工程实践经验，能胜任指导团队实现目标要求的工作。实践证明，这种理论联系实际的学习方式非常有效。

5. 整合战略

国外企业的实践证明，六西格玛设计同其他工作及 ISO 9000 体系的实施整合在一起，将会显著提高企业的绩效，否则可能带来不必要的矛盾和冲突，企业应高度重视。六西格玛设计是一种全新的思路，要固化到企业的常规业务中去，固化到质量体系文件中去。一切有效的做法都要文件化，这样既可以巩固六西格玛设计成果，又会促进企业变革。

6. 提高盈利能力

项目与盈利能力的结合会促成企业文化变革，试想当企业领导人发现应用新方法的财务数据明显比以前要好，他有什么理由不进行变革呢？六西格玛设计强调投资回报，并将其作为项目确认和项目选择流程的一部分，一直跟踪到实现项目设定的盈利能力。这种方式将会改变领导的决策心理，他们会毫不犹豫地投资支持和推动六西格玛设计项目。

六西格玛设计的组织结构、人员角色等与六西格玛改进基本相同，不赘述。

9.1.5 六西格玛设计的指导思想

1. 以顾客为关注焦点

六西格玛设计的本意是要减少产品/过程的质量波动，其隐含的前提是：设计目标值必须与顾客的要求完全一致，并且质量特性的规格限必须是顾客可以接受的。因此，开展六西格玛设计必须以顾客为关注焦点，首先采用 QFD 方法分析和确定顾客的需求（设计目标值），并初步确定质量特性的规格限。如果忽视了顾客的需求，所确定的设计目标值和规格限并不能使顾客满意，六西格玛设计也就失去了意义。

以顾客为关注焦点还意味着应满足顾客对产品全寿命期间的各种要求，如使用方便、维修服务周到、备件和耗材供应充足、寿命足够长、价格适当、不污染环境等。

2. 创新驱动

我国正在实施创新驱动发展战略，以加快转变经济发展方式，从规模扩张为主转向以提升质量和效益为主。创新也是六西格玛设计的灵魂，创新的理念和设计思维（design thinking）应贯穿 DFSS 的全过程。按照世界顶级创意公司 IDEO 的总裁蒂姆·布朗（Tim Brown）关于设计思维的理论，创新通常包括三个空间：创新的灵感、创新的构思和创新的实施；同时创新还必须满足可行性、延续性和需求性三个方面的约束。因此创新是一项系统工程，创新活动贯穿于产品全寿命周期。

产生创意只是技术创新最重要的第一步，需要把创意发展为创新的构思，形成产品的概念设计；然后还要一步步地进行创新的实施，解决结构设计、工艺设计、稳健性设计与优化、原材料质量保证、寿命和可靠性、生产制造的稳定性和一致性、创新产品的销售和售后服务等一系列问题，才能使创新的产品和服务在市场上站住脚。技术创新不同于发明，发明大体只包括创新的灵感和构思而不包括实施；技术创新则必须形成产品、服务和利润。

对于产品研发来说，技术创新也是一把双刃剑。为了提升产品核心竞争力，技术创新是必由之路，但是产品是一个矛盾的综合体，还得兼顾进度、基础技术水平、资金、质量、可靠性、成本、销售价格等一系列约束条件。可以根据所开发产品的实际约束，选择和实施不同力度的创新方式，如原始创新、集成创新、跟随创新、全面创新、系列创新、局部创新等。

3. 提高产品抗干扰能力，减少质量波动

产品的质量波动是由于使用环境的变化（外干扰）、零部件磨损（内干扰）和加工误差（产品间干扰）引起的，为了减少质量波动，最好的办法是通过六西格玛设计提高产品的抗干扰能力（稳健性）。

图 9—4 形象地表示了产品质量特性的概率密度曲线因三种干扰因素的影响而恶化的情况。$\phi(y)$ 为产品性能 Y（随机变量）的概率分布密度函数；$\phi(y,t)$ 为时刻 t 时的概率分布密度函数，μ 为 Y 的数学期望；σ 为 Y 的标准差；m 为设计目标值；S_U，S_L 分别为上、下规格限值；T_U，T_L 分别为产品失效的上、下临界值，$L(y)$ 表示质量损失。

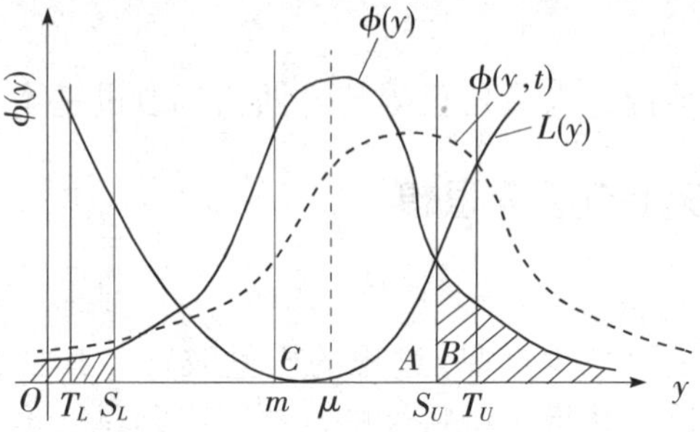

图 9—4　产品质量特性（性能）概率密度函数和质量损失函数

按传统的“门柱法”检验准则，只要产品性能在上、下规格限范围内，即为毫无区别的合格，超出规格限即为毫无区别的不合格。如产品 A 刚好在规格限内，而产品 B 刚好超出规格限（如图 9—4 中所示），两者性能几乎一样，但是 A 为合格品，B 为废品。又如图 9—4 中，产品 C 离目标值 m 很近，A 偏离目标很远，但 C 与 A 在“门柱法”检验中并无区别。六西格玛设计要求提高产品的抗干扰能力、减少质量波动，形象地说就是要减肥（减小标准差 σ）、纠偏［减小偏差（$\mu-m$）］，使质量特性的概率密度曲线很陡，且其均值尽可能靠近设计目标值。

另外，六西格玛设计还要使产品的质量损失曲线尽可能平坦，即相同的质量波动引起的产品的质量损失尽可能小。

4. 缩短周期，降低成本

脱离研发周期和产品成本来讨论产品质量是没有意义的。缩短周期和降低成本都是增加顾客满意的重要方面，实施六西格玛设计应当在提高产品质量的同时，尽可能缩短周期、降低成本，以提高企业的绩效。

9.1.6 六西格玛设计的主要工具

我们把应用于 DFSS 的主要技术工具整合为市场需求分析、系统设计、稳定性优化设计、面向 X 的设计、适用的可靠性工程和设计验证六个模块，见图 9—5 中的实线方框及流程。每个技术工具的模块中又包括若干个技术工具。图中的虚线框表示 DFSS 的相关技术。DFSS 技术与 IDDOV 五个阶段的大致对应关系也见图 9—5 所示。

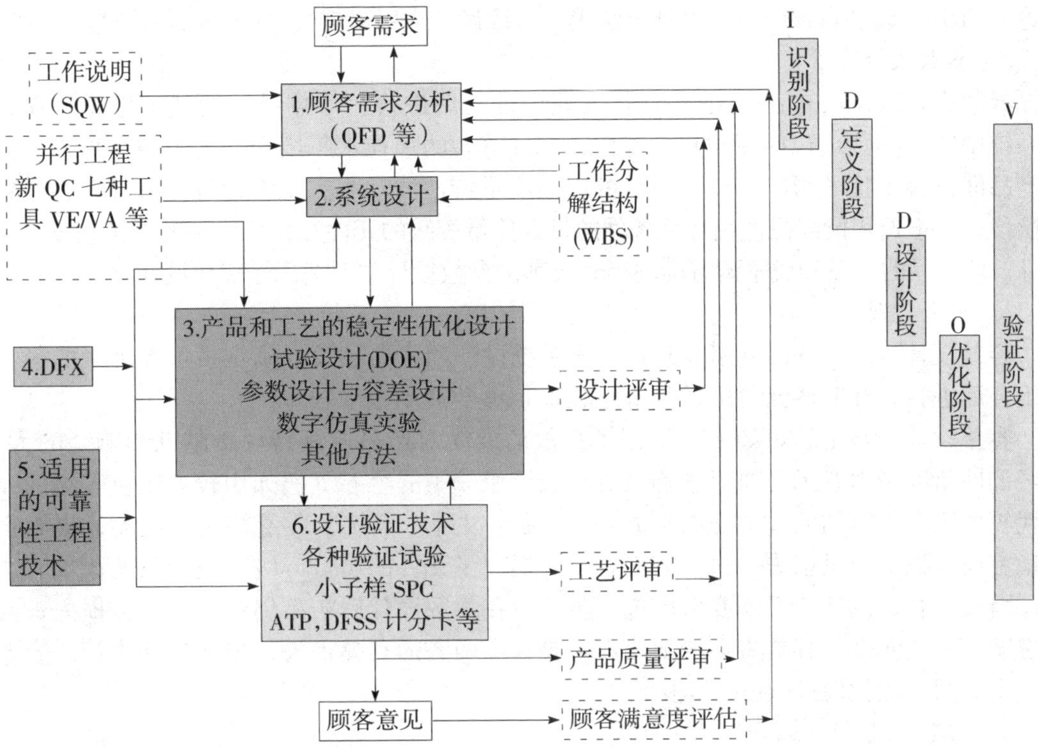

图 9—5 六西格玛设计技术与流程示意框图

需要强调的是，IDDOV 五个阶段有先后的次序，但不是串行关系；在实施中必须贯彻并行工程，在产品研发的初期就要面向市场和顾客，考虑和着手解决产品全寿命周期中可能遇到的所有问题；每个阶段都要面向后续阶段开展研发；在不同的阶段之间需要有一定的重叠，验证阶段应当是对研发全过程的分阶段的验证。贯彻并行工程有利于缩短周期、提高质量、降低成本，实现质量、成本、进度的三位一体。

六西格玛设计的主要技术工具简介如下：

1. 质量功能展开

质量功能展开是开展六西格玛设计必须应用的最重要的方法之一。为了保证设计目标值与顾客的要求完全一致，质量特性的规格限满足顾客的需求，在六西格玛设计的第一步识别（I）阶段就要采用QFD方法分析和确定顾客的需求（设计目标值），并初步确定质量特性的规格限。在定义（D）阶段，需要应用QFD技术将顾客的需求科学地转化为设计要求，并确定关键质量特性CTQ和技术瓶颈。在产品设计（D）和优化设计（O）阶段，QFD也可以发挥辅助的作用。

2. 系统设计

系统设计（system design）在六西格玛设计中有着十分重要的作用。在顾客需求明确以后，如何有针对性地开发出技术含量高、生命力强、适销对路的产品，从根本上决定了产品的质量，也将直接影响企业的成败。

近年来，在质量学界的不懈努力下，人们对系统设计的过程及其一般规律有了深入的理解，提出了一些新的方法，主要有西欧流派的理论、公理性设计原则、解决创造性问题的理论（TRIZ）以及自顶向下的设计方法等。系统设计适用于定义（D）和设计（D）阶段。

3. 参数设计

参数设计（parameter design）在系统设计之后进行。参数设计的基本思想是通过选择系统中所有参数（包括原材料、零件、元件等）的最佳水平组合，尽量减少外部、内部和产品间三种干扰的影响，使所设计的产品质量特性波动小、稳定性好。另外，在参数设计阶段，一般选用能满足使用环境条件的最低质量等级的元件和性价比高的加工精度来进行设计，使产品的质量和成本两方面均得到改善。参数设计主要适用于优化设计（O）阶段。

4. 容差设计

容差设计（tolerance design）在完成系统设计和由参数设计确定了可控因素的最佳水平组合后进行，此时各元件的质量等级较低，参数波动范围较宽。

容差设计的基本思想如下：根据各参数的波动对产品质量特性贡献（影响）的大小，从经济性角度考虑有无必要对影响大的参数给予较小的容差（例如用较高质量等级的元件替代较低质量等级的元件）。这样做，一方面可以进一步减少质量特性的波动，提高产品的稳定性，减少质量损失；另一方面，由于提高了元件的质量等级，使产品的成本有所提高。因此，容差设计阶段既要考虑进一步减少在参数设计后产品仍存在的质量损失，又要考虑缩小一些元件的容差将会增加成本，要权衡两者的利弊得失，采取最佳决策。容差设计主要适用于优化设计（O）阶段。

5. FMEA分析

通过FMEA分析，找出影响产品质量和可靠性的各种潜在的质量问题和故障模式及其危害度和原因（包括设计缺陷、工艺问题、环境因素、老化、磨损和加工误差等），经采取设计和工艺的纠正措施，提高产品的质量和抗各种干扰的能力。FMEA分析主要适用于定义（D）和设计（D）阶段。

6. 面向X的设计（DFX）

顾客对于产品全寿命周期内的特性，例如可靠性、寿命、使用维护、保修期、备件耗材的保障、不污染环境、全寿命周期的费用等均有明示的或隐含的要求。产品质量特性的实现和成本的形成也受到结构设计方案以外的许多因素如工艺、制造、装配、检验、使用维护、保障服务、研发周期、成本控制等的影响和制约。因此，为了在产品全寿命周期内增加顾客满意，必须针对有关的各种要素X，进行面向X族的设计（DFX）。所谓DFX，本质上就是面向产品全寿命周期的设计。DFX技术主要适用于定义（D）、设计（D）和优化（O）阶段。

7. 设计验证技术

主要包括设计评审、小子样SPC、仿真试验、双V试验、可靠性试验、寿命试验、鉴定试验、DFSS计分卡等。应用设计验证技术在IDDOV的定义（D）、设计（D）和优化（O）三个阶段对设计输出是否符合设计输入的要求进行验证；在设计验证（V）阶段，对样机制造的过程能力和样机的功能、性能和可靠性等进行全面的验证，以确保产品的研发质量达到预期的目标、满足顾客的要求。

9.1.7 产品全寿命周期的六西格玛解决方案

企业在实施六西格玛改进（DMAIC流程）和六西格玛设计（IDDOV流程）项目的工程实践中，经常遇到孤立地实施六西格玛改进和六西格玛设计过程中不适用的情况，例如在DMAIC流程进行到分析阶段时发现不改动设计已经无法解决问题，但整个项目又不是新产品的设计，有时只好放弃该六西格玛项目。其实，为了实现产品的六西格玛质量水平，应当根据产品寿命周期的不同阶段所遇到的实际问题，正确地选择六西格玛的方法。

我们建立了DMAIC流程和IDDOV流程之间的联系，提出了产品全寿命周期的六西格玛解决方案。图9—6为包括IDDOV和DMAIC的完整的六西格玛流程图，对于产品的全寿命周期而言，六西格玛管理始于市场需求的调研和分析，首先开展DFSS，应用IDDOV流程，进行市场机会的识别（I）、产品的定义（D）、设计（D）、优化（O）和样机的设计验证（V）。研发成功的产品投入批量生产，产品进入市场，然后收集和分析顾客的反馈。如果产品基本上能满足顾客需求，本着不断改进的原则，针对存在的质量问题和不足之处，应用DMAIC流程，进行所需改进项目的选择、定义（D）、测量（M）、分析（A），在分析过程中增加了一个决策点，判断是否必须进行产品的再设计（即局部更改设计方案）？如果回答是否定的，即不必改进设计方案，只要改进过程就能解决问题，则继续DMAIC的流程，进行过程改进（I）和控制（C）。经过验证的控制措施要贯彻落实到批生产线上。如果必须进行产品的再设计，则转而执行IDDOV流程的后三个阶段即设计（D）、优化（O）和验证（V）阶段。

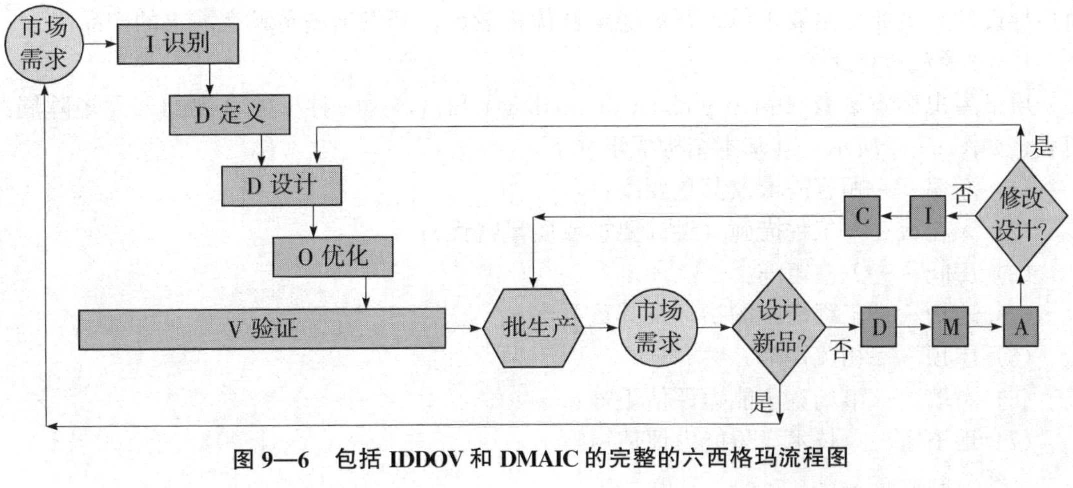

图9—6 包括IDDOV和DMAIC的完整的六西格玛流程图

这样我们通过在DMAIC的分析（A）阶段增加一个判断，将IDDOV和DMAIC流程有机地结合起来，形成了一个派生的流程DMADOV，即定义（define）、测量（measure）、分析（analyze）、设计（design）、优化（optimize）、验证（verify）。

如果在聆听顾客声音时发现由于市场需求的发展或技术的进步，或产品存在质量问题，需进行新产品的设计，则流程返回到“市场需求”分析。

9.2 质量功能展开

9.2.1 概　述

质量功能展开（QFD）是把顾客（用户、使用方）对产品的需求进行多层次的演绎分析，转化为产品的设计要求、零部件特性、工艺要求、生产要求的质量工程工具，用来指导产品的稳健设计和质量保证。QFD技术产生于日本，在美国得到进一步发展，并在世界范围内得到广泛应用。QFD产生初期，主要用于产品设计和生产的质量保证，但几十年来不断向管理、服务业等各个领域渗透，表现出广泛的适应性。

QFD体现了以市场为导向，以顾客要求为产品开发唯一依据的指导思想。在六西格玛设计方法体系中，QFD技术占有举足轻重的地位，它是开展六西格玛设计的先导步骤，通过对顾客需求的逐层展开来确定产品研发的关键质量特性（CTQ）和关键过程特性（CTP），从而为六西格玛设计的具体实施确定了重点，明确了方向。

采用QFD技术使产品的全部研发活动与满足顾客的要求紧密联系，从而增强顾客满意，提高产品的市场竞争能力，保证产品开发一次成功。根据文献报道，运用QFD方法，产品开发周期可缩短1/3，成本可减少1/2，质量大幅度提高，产能成倍增加。

9.2.2 QFD的基本方法

为了适应市场竞争，必须以顾客需求为导向进行产品开发。QFD的基本原理就是用“质量屋”（quality house）的形式，量化分析顾客需求与工程措施之间的关系，经数据分析处理后找出对满足顾客需求贡献最大的工程措施，即关键措施，或称关键质量特性，从而指导设计人员抓住主要矛盾，开展稳定性优化设计，开发出满足顾客需求的产品。

1. *质量屋的建立*

质量屋也称质量表（quality chart or quality table），是一种形象直观的二元矩阵展开图表，如图9—7所示。其基本结构要素如下：

（1）左墙——顾客需求及其重要度；

（2）天花板——工程措施（设计要求或质量特性）；

（3）房间——关系矩阵；

（4）地板——工程措施的指标及其重要度；

（5）屋顶——相关矩阵；

（6）右墙——市场竞争能力评估矩阵；

（7）地下室——技术竞争能力评估矩阵。

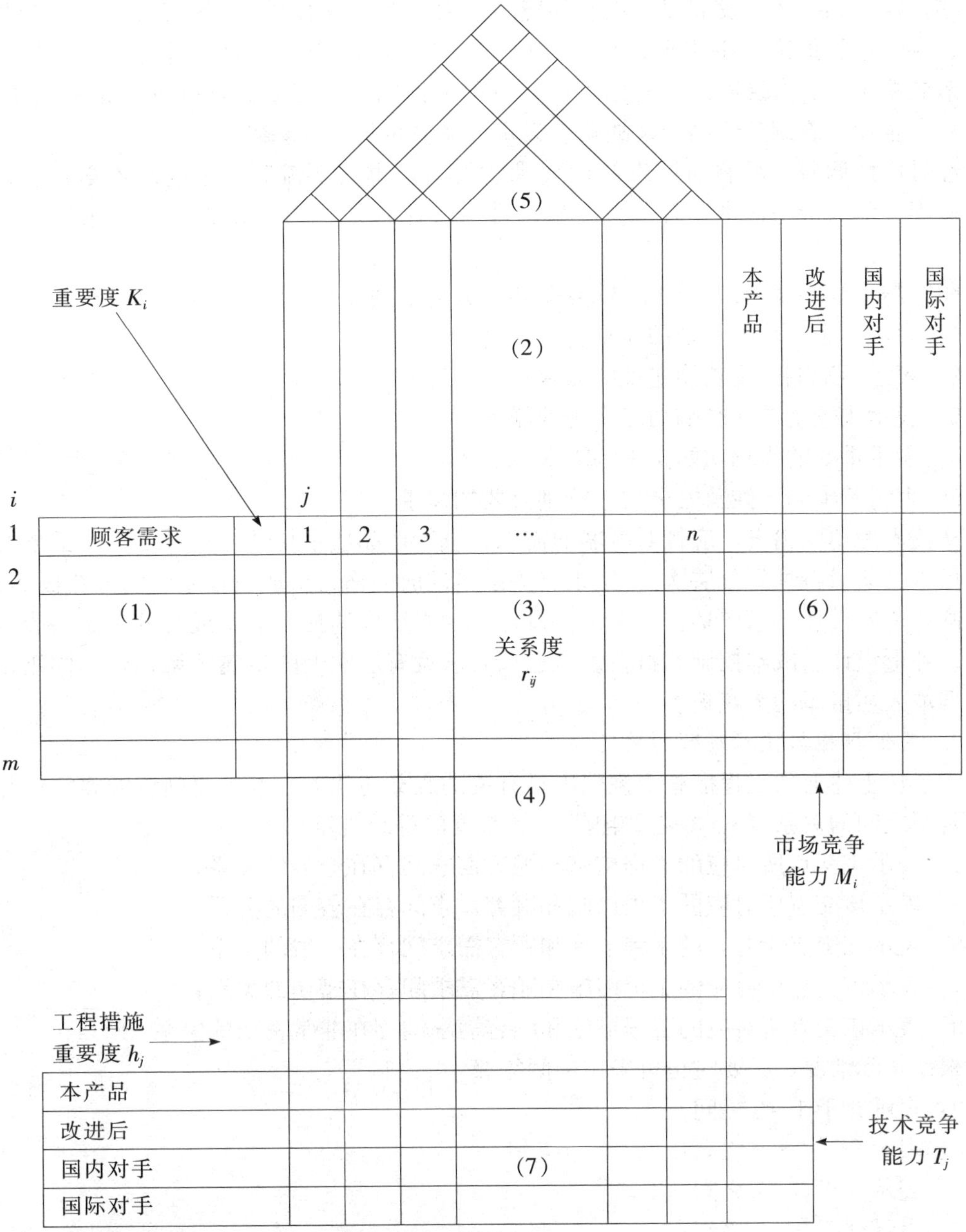

说明：在实践中，质量屋的结构可以灵活地进行剪裁或扩充。

图 9—7　质量屋的结构

质量屋的结构借用了建筑上的称谓，好懂易记，并形象地喻示 QFD 方法的结果是使顾客可以在质量大厦的庇护下，满意地享用他们所需要的产品或服务。采用质量屋的形式进行矩阵展开，不但直观易懂，具有吸引力，而且所处理和分析的信息量比 QC 老七种工具中的鱼骨图（因果图）等要大得多，在处理的深入程度和量化程度上也要好得多。

下面以圆珠笔的开发为例，使读者对 QFD 有一个初步的了解。

2. 顾客需求分析与工程措施的确定

顾客或市场的需求往往比较笼统、定性化，有些意见可能比较片面。另外，随着时间的推移，经济和技术的发展以及消费环境的变化，市场需求也是不断变化的。应当尽可能完整、及时地收集第一手市场信息。在此基础上，对这些原始信息进行整理、加工和提炼，形成系统的、有层次的、有条理的、有前瞻性的顾客需求。这项工作是极其重要的，它是一个企业正确制定产品开发战略、设定产品质量目标的基础。

经过广泛调研，顾客对圆珠笔的要求主要有：书写要流利、字迹永不褪色、外形美观、使用方便、价格适中、有适当的耐用性。将这六条整理后作为顾客需求填入质量屋左墙。

顾客需求重要度 K_i（$i=1，2，\cdots，m$）分为下列 5 个等级：

1：表示不影响功能实现的需求；

2：表示不影响主要功能实现的需求；

3：表示比较重要的影响功能实现的需求；

4：表示重要的影响功能实现的需求；

5：表示基本的、涉及安全的、特别重要的需求。

从技术的角度出发，应针对顾客的需求，进行产品质量特性（设计要求）的展开（需要时可以把质量特性划分层次），按隶属关系整理成表格，形成质量屋中的天花板部分。

圆珠笔的设计要求包括：笔尖组件设计、油墨浓度选择、油墨成分的确定、收放机构设计、外形设计、成本控制和材料。这七项要求没有层次上的隶属关系，作为同级工程措施并列填入质量屋的天花板。

3. 关键措施与技术瓶颈的确定

为了从上述七项工程措施中挑选出具有关键意义的几项，首先要确定顾客需求与工程措施两两之间的关系度 r_{ij}（关系矩阵），关系度的等级规定如下：

1：表示该交点所对应的工程措施和顾客需求间存在微弱的关系；

3：表示该交点所对应的工程措施和顾客需求间存在较弱的关系；

5：表示该交点所对应的工程措施和顾客需求间存在一般的关系；

7：表示该交点所对应的工程措施和顾客需求间存在密切的关系；

9：表示该交点所对应的工程措施和顾客需求间存在非常密切的关系。

根据实际情况，必要时也可采用中间等级：

2：表示介于 1～3 之间；

4：表示介于 3～5 之间；

6：表示介于 5～7 之间；

8：表示介于 7～9 之间；

空白即为 0，表示不存在关系。

有时，也可只采用 0，1，3，9 四个关系度等级，此时，可用符号◎表示强相关（9），○表示有些关系（3），△表示关系较弱（1），空白表示无关（0）。

加权后工程措施的重要度：

$$h_j = \sum_{i=1}^{m} k_i r_{ij} \quad (j = 1,2,\cdots,n) \tag{9—1}$$

以顾客需求的重要度作为加权系数，分别计算每项工程措施与全部顾客需求的加权关系度之和并进行比较，加权关系度之和大（亦即对满足顾客需求贡献大）的那些工程措施就是所谓的关键措施或 CTQ。我们将每项工程措施对顾客需求的加权关系度之和称作工程措施的重要度，根据该重要度明确重点，集中力量实现关键的工程措施，把好钢用在刀刃上，最大限度地发挥人力、物力的作用。

关键措施的重要度应明显高于一般工程措施的重要度。如可将重要度高于所有工程措施的平均重要度 1.25 倍以上的工程措施列为关键措施。

图 9—8 给出了开发优质圆珠笔的质量屋。通过建立质量屋进行量化评估，确定了两项关键措施：油墨成分和笔尖组件设计。

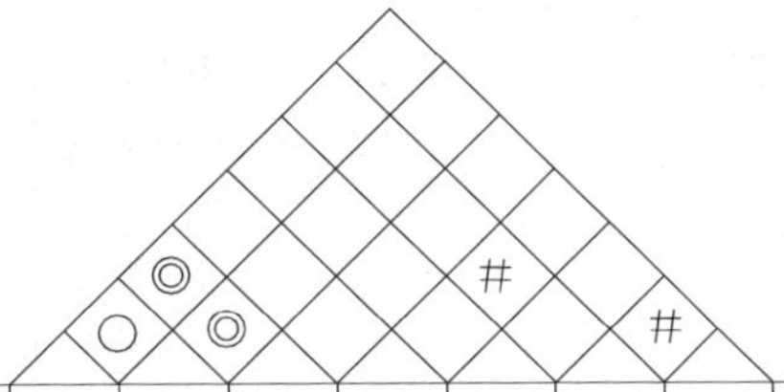

顾客需求（一级）\ 工程措施（一级）	重要度 K_i	笔尖组件设计	油墨浓度	油墨成分	收放机构	外形设计	成本控制	材料	市场竞争能力 M_i：本产品	改进后	国内对手	国外对手
书写流利	5	9	5	5			1	2	4	5	4	5
永不褪色	4		2	9			1		3	4	3	5
外形美观	3	1			3	9	1	2	4	5	4	5
使用方便	3	1			8	1			4	5	5	5
价格适中	1	1		2	2		9		4	5	4	4
适度耐用	2	2			3		1	7	5	5	5	5
		圆珠与珠座间隙适当	将浓度目标值控制在××%	选择合理的配方	收放简便，可无故障收放××次	美观大方，适合不同消费者	售价不高于1美元	选用合适的笔尖和笔杆材料	0.78	0.96	0.81	0.99
									市场竞争能力指数 M			

		笔尖组件设计	油墨浓度	油墨成分	收放机构	外形设计	成本控制	材料	技术竞争能力指数 T
工程措施重要度 h_j		56	33	63	41	30	23	30	
技术竞争能力 T_j	本产品	4	4	3	3	5	4	3	0.72
	改进后	5	4	4	5	5	5	4	0.91
	国内对手	4	4	3	4	5	4	4	0.78
	国外对手	5	5	5	5	5	4	5	0.98

图 9—8　开发优质圆珠笔一级质量屋

4．市场竞争能力和技术竞争能力的分析

在图9—8的质量屋中，对新产品预期的竞争能力（市场竞争能力和技术竞争能力）也作了分析，帮助决策者了解产品的竞争态势。

市场竞争能力：M_i（$i=1, 2, \cdots, m$）可取下列5个数值：

1：表示无竞争能力可言，产品积压，无销路；

2：表示竞争能力低下，市场占有份额递减；

3：表示可以进入市场，但并不拥有优势；

4：表示在国内市场竞争中拥有优势；

5：表示在国内市场竞争中拥有明显优势，并具有一定的国际市场竞争能力。

对市场竞争能力 M_i（$i=1, 2, \cdots, m$）进行综合后，获得产品的市场竞争能力指数 M：

$$M = \sum_{i=1}^{m} k_i M_i / (5 \sum_{i=1}^{m} k_i) \tag{9—2}$$

M 值越大越好。

技术竞争能力：T_j（$j=1, 2, \cdots, n$）表示第 j 项工程措施的技术水平。所谓技术水平包括指标本身的水平，本企业的设计水平、工艺水平、制造水平、测试检验水平等，可取下列5个数值：

1：表示技术水平低下；

2：表示技术水平一般；

3：表示技术水平达到行业先进水平；

4：表示技术水平达到国内先进水平；

5：表示技术水平达到国际先进水平。

对技术竞争能力 T_j（$j=1, 2, \cdots, n$）进行综合后，获得产品的技术竞争能力指数 T：

$$T = \sum_{j=1}^{n} h_j T_j / (5 \sum_{j=1}^{n} h_j) \tag{9—3}$$

T 值越大越好。

综合竞争能力指数是市场竞争能力指数与技术竞争能力指数的乘积：

$$C = MT \tag{9—4}$$

C 值越大越好。

我们将现有技术很难解决的技术关键称为“技术瓶颈”，在质量功能展开的过程中必须找出瓶颈，并攻克技术瓶颈。

5．工程措施之间的交互作用评估

通常用下列符号表示工程措施两两之间的交互作用或相关度：

○：正相关，表示该交点所对应的两项工程措施间存在互相加强、互相叠加的作用；

◎：强正相关，表示该交点所对应的两项工程措施间存在很强的互相叠加的作用；

×：负相关，表示该交点所对应的两项工程措施间存在互相减弱、互相抵消的作用；

♯：强负相关，表示该交点所对应的两项工程措施间的作用强烈排斥，有很大矛盾；

空白表示该交点所对应的两项工程措施间不存在交互作用。

6. 四个阶段的质量功能展开

产品开发一般要经过产品规划、零部件展开、工艺计划、生产计划四个阶段，因此有必要进行四个阶段的质量功能展开。根据下一道工序就是上一道工序的“顾客”的原理，各个开发阶段均可建立质量屋，且各阶段的质量屋内容有内在的联系。上一阶段质量屋天花板和地板的主要项目（分别为关键工程措施及其指标）将转换为下一阶段质量屋的左墙。质量屋的结构要素在各个阶段大体通用，但可根据具体情况适当剪裁和扩充。第一阶段（产品规划阶段）质量屋一般是最完整的，其他阶段的质量屋有可能将右墙、地下室等要素剪裁。对圆珠笔的开发而言，可以将“油墨成分”、“笔尖组件设计”作为下一阶段即零部件展开阶段的质量屋的左墙，进一步展开对零部件设计的分析，以便将顾客的要求深入地贯彻到产品的详细设计中去。在圆珠笔的工艺计划和生产计划阶段，也应类似地进行质量功能展开。

图 9—9 显示了四个阶段的质量功能展开。其中零部件展开阶段质量屋左墙的顾客需求应是产品规划阶段质量屋中关键的工程措施（设计要求）及其指标，天花板是为实现设计要求而提出的零（部）件特性。与此相仿，工艺计划阶段质量屋的左墙应为零件特性及其参数，天花板是工艺要求；生产阶段质量屋的左墙应为工艺要求及其参数，天花板是生产要求。

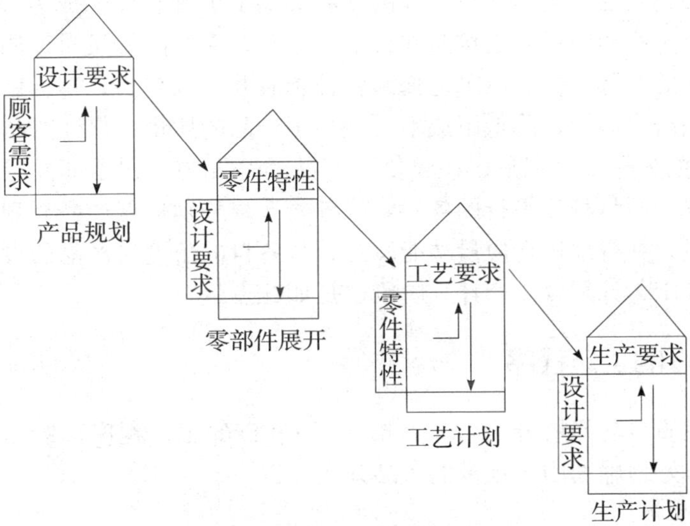

图 9—9　四个阶段的质量功能展开

并不是所有的质量功能展开都需要完整地包括上述四个阶段。根据 QFD 工作对象的复杂程度，可以按如下原则对四个阶段的质量功能展开进行剪裁或扩充：

(1) 每一阶段质量屋的工程措施应足够具体和详细，适于作为下一个阶段质量屋的顾客要求（左墙）。例如，若产品规划质量屋中关键的工程措施不够具体和详细，可能需要在进行零部件展开前增加一层质量屋；反之，若产品规划阶段工程措施对于工艺计划阶段已足够详细，则可省略零部件展开阶段。

（2）质量屋的规模不宜过大，即顾客需求和工程措施的数量不宜过多，以便于操作。一般顾客需求不应多于20项，工程措施不应多于40项。要特别指出，四个阶段的质量屋必须按照并行工程（concurrent engineering）的原理在产品方案论证阶段同步完成，以便同步地规划产品在整个开发过程中应该进行的所有工作，确保产品开发一次成功。质量功能展开是贯彻实施并行工程思想的十分有力的工具。

7. 并行工程与QFD的结合运用

并行工程的发展与市场竞争的推动和信息技术的发展密切相关。一方面，由于竞争的激化，出现了经济全球化的趋势，有实力的企业纷纷提出了全球营销战略，要求在大范围和短时间内将产品投放市场并尽可能降低成本；另一方面，随着生产和装配向自动化方向发展，计算机技术的广泛应用，CAD/CAM技术的深入发展，要求产品设计和工艺人员加强合作以改进产品的可生产性，保证产品的质量。为适应这一环境，需要对产品设计、工艺设计、制造等活动进行并行的分析和实施，研发全过程中的信息数据应在整个企业内发布并由各个部门共享，从而推动了并行工程的发展。这意味着产品设计、工艺、生产和其他研发工作并行地开展，包括使有关的、有用的和所有潜在的信息在全公司各部门间流动，在方案论证阶段即并行地考虑安排各项有关工作，在产品设计阶段充分考虑工艺、制造、运输、维修和售后服务的需要，以便最大限度地缩短产品开发周期，并保证一次成功。

由于QFD方法有效地支持了产品开发的策划工作，在组织结构上采用跨专业、多功能综合小组的形式，它的实施为并行工程的开展提供了一种载体，成为直观、形象、功能强大的工具。四个阶段的质量屋是按照并行工程原理，在产品开发早期同步完成的，规划了产品全寿命周期的全部工作，尽可能暴露各种矛盾并予以解决，这样就避免了返工和报废，缩短了产品的研发周期，降低了成本，提高了产品的质量，保证产品研制一次成功。

并行的QFD的另一个表现是，在较复杂产品的开发中，在零部件展开阶段可能不只是建立一个质量屋，而是相互平行的各专业或各子系统分别根据产品规划阶段的输出建立自己的展开质量屋，并行地进行质量功能展开，从各自的角度对产品的设计要求进行全面系统的演绎分析。工艺计划及生产计划阶段也是如此。

9.2.3 QFD的工作程序

本节以四阶段质量功能展开为背景，给出了QFD的工作程序，按本节的步骤实施质量功能展开，能很好地辅助中小规模的产品开发。

1. 顾客需求分析

顾客需求分析是六西格玛设计中识别阶段的主要工作。

（1）调查顾客需求。顾客需求的分析是质量功能展开的关键环节，必须给予充分的重视。具体内容前已述及，此处不再重复。

（2）顾客需求的整理。建立质量屋时，采用亲和图法等进行顾客需求的整理，提取前两级或前三级顾客需求即可。质量屋中顾客需求和工程措施的项数都不宜过多，否则影响工作效率。必要时，可增加质量屋的层次或划分为几个并列的质量屋加以展开；或删除一些影响轻微的顾客需求和工程措施；或将它们作一定的归并，以减小质量屋的规模。

按量化评估准则，结合顾客调查（含顾客抱怨调查）的结果，量化给出各项顾客需求的重要度。借鉴企业收集的顾客在使用同类产品时产生的抱怨，检查是否已把这些抱怨转化为相应的顾客需求，分析是否适当提高这类顾客需求的重要度，解决这些抱怨所对应的技术要求应纳入到工程措施中去。

对于工程措施，也可以采用亲和图法进行整理。

(3) 市场竞争能力分析。在需求质量展开表的基础上，对新产品在市场上的定位进行策划。方法是通过进一步征询意见，调查研究，与竞争对手的产品进行水平比较（benchmarking），策划新产品对每一项顾客需求的满足程度，并求出原产品、新产品及竞争对手产品的市场竞争能力，进行竞争能力分析。这一过程也称为计划质量的设定过程，形成了质量屋的右墙。

表 9—2 是某无线电远距操纵装置的计划质量设定表。

表 9—2　　计划质量设定表

需求质量		重要度 K_i	市场竞争能力分析				水平提高率 L_i	修正系数 α_i	权值	
第一级	第二级		本公司 现有产品	本公司 新产品	X公司	Y公司			绝对权值	相对权值
1　操作方便	1.1　携带方便	3	3	5	4	4	1.67	1.5	7.5	8.4
	1.2　操作中不感觉疲劳	3	4	5	5	4	1.25		3.8	4.3
	1.3　对操作易于理解	3	4	5	5	3	1.25	1.2	4.5	5.1
	1.4　能轻松愉快地操作	3	3	4	3	3	1.33		4.0	4.5
	1.5　能处理复杂的问题	3	4	5	4	3	1.25	1.2	4.5	5.1
……										
5　安全	5.1	4	5	5	4	4	1.0	1.5	6.0	6.8
……										
								合计	88.8	100

首先，进行市场竞争能力比较分析，评定现有同类产品和竞争对手产品的竞争力。在可能的情况下，把这些产品摆在一起，客观地评估它们对各项顾客需求的满足程度，量化打分。

然后，对新产品的市场竞争能力进行定位。方法是采用同样的评分准则，设定新产品对各项顾客需求应达到的满足程度，并给出量化分值。

最后，利用公式，求出各产品的市场竞争能力分值并加以比较和确认，若得出的新产品市场竞争能力分值不满足公司的要求，则对新产品重新进行量化评分。

在工程实践中，可对本部分的内容加以扩充如下：为明确新产品相对于现有产品的水平提高程度，可计算新产品对应于每项顾客需求的水平提高率 L_i（见表 9—2）：

$$L_i = 新产品的市场竞争能力/现有产品的市场竞争能力$$

为了取得竞争优势，可能需要在新产品的设计中突出对某项顾客需求的满足程度，使产品具有鲜明的特色，成为产品的卖点（sales points），为此引入修正系数 α_i。如果要重点突出对某项顾客需求的满足程度，可将该系数值定为 1.5；如果只是一般的突出，可将系数值定为 1.2。相应地，如果某项顾客需求被设置了修正系数，则其重要度应有所提高，为此，应对各项顾客需求的重要度进行修正，修正后重要度的绝对权值为顾客需求原重要度值 K_i、水平提高率 L_i 和修正系数 α_i 三者的乘积。相对权值是每项绝对权值占绝对权值总和的百分比。在质量屋中可以用修正后的顾客需求的权值进行圆整后代替原有的重要度值，进行质量屋的分析计算。

2. 工程措施的确定与技术瓶颈的攻关

（1）工程措施的确定。对工程措施按以下要求进行分析和确认：

1）工程措施应从产品整体着眼提出，而不是从现有产品的零件及工艺的技术要求中总结得出，以免限制产品的设计方案，影响创造力发挥。

2）同一级的工程措施应相互独立。

3）工程措施的组合应是全面系统的，可据此产生完整的设计方案。

4）对于所选择的工程措施，应有助于提出量化的指标，以便对该项工程措施的实现方法和可实现程度进行科学评估。用 QFD 辅助大型、复杂产品的开发时，对其顶层质量屋的工程措施难以量化，此时工程措施及其指标的组合应能为后续的方案开发等工作指明方向，使设计人员可据此判断设计工作是否偏离轨道。

5）在提出工程措施时，应调查同类产品在售后服务中发现的设计缺陷，检查是否有对应的工程措施进行改进，避免同类故障的发生。

确认后的工程措施可用亲和图法进行分级。

（2）质量屋要素的量化评估。按量化评估方法对各项顾客需求与对应的工程措施的相互关系进行打分，完成质量屋的房间部分——关系矩阵，计算得出各项工程措施的重要度。在关系矩阵完成后，应作如下检查：

1）若某项顾客需求与所有工程措施关系值都是 0（空白），则应重新评估，或增加可满足该顾客需求的工程措施。

2）若某项工程措施与所有顾客需求的关系值都是 0，应检查该工程措施是由哪一项顾客需求推导出来的，是否应取消。

3）若一项顾客需求与大多数工程措施有较强的关系，应分析量化分值的科学性。也可能该需求是高一级的顾客需求，此时应将其分解为几项子需求。

4）若一项工程措施与大多数顾客需求有较强的关系，应作与第 3）条类似的处理。

按 9.2.2 的准则进行技术竞争能力评估，分析现有产品及竞争对手的产品对各项工程措施的满足程度，结合售后服务调查结果，初步确定工程措施指标。由于工程措施是从技术的角度提出的，通常表示为各种具体的设计要求，因此针对某一项工程措施评估各产品达到的技术水平时，应考虑是否能找到技术上的评价标准，以提高量化评分的可信度。结合本企业的现有技术能力及技术发展策略设定新产品对每项工程措施的实现水平，用量化的分值表示，如将分值设为 4 分，表示新产品开发成功后，在该工程措施对应的技术领域应达到国内先进水平；设为 5 分，则应达到国际先进水平。因此，在设定新产品的技术竞争能力分值时，应考虑技术上的可行性，并对工程措施的指标进行相应修正，对需要进行的技术改造和技术攻关进行初步规划。完成量化评分后，计算这些产品的技术竞争能力和总体竞争能力，如得出的新产品的竞争力值不符合公司的产品发展战略，则重新设定新产品的竞争能力分值，确定相应的技术保证措施。

按 9.2.2 的要求进行工程措施的相互关系评估，完成相关矩阵（尖屋顶）。

（3）工程措施指标的确定。由于工程措施指标的确定是质量功能展开的重要一环，直接指导后续技术工作的开展，在相关矩阵完成后，应参照以下原则对工程措施指标进行必要的评估和完善：

1）如不存在成本、资源、进度等限制，可参照业界领先水平或世界领先水平取值，以开发世界领先和国内领先的产品。

2）对于重要度高或对保持企业竞争优势作用重大的工程措施取值要高标准，必要时对为此导致的成本和工作量的增加寻求管理层支持。

3）为彼此负相关或强负相关的工程措施确定技术指标时应进行权衡，因为它们对应的技术要求互相矛盾，不可能都按高标准取值。

4）如受到本企业技术条件限制，则工程措施的指标设定要实事求是，着眼于总体方案的优化。

5）对重要度不高的工程措施，应结合成本控制确定其取值。

应该指出，工程措施及指标的选择与产品技术方案的确定是相互影响的。通过工程措施的组合形成了产品的初步技术方案，应对此方案进行全面的评估与优化，并根据优化的结果对工程措施进行必要的调整。先进的系统设计方法就是辅助产品设计方案总体性、全局性优化和进行技术创新的有力工具；运用系统设计方法，还有助于将顾客需求科学地映射为功能要求、设计参数和工艺变量。

（4）关键措施与技术瓶颈的确定。工程措施重要度确定以后，根据其重要度的大小可找到关键工程措施，作为控制重点。根据工程经验，另有一部分工程措施虽然重要度不够高，但技术实现上难度较大，对此类工程措施也必须重点攻关。技术瓶颈在多个阶段的质量屋中都存在，可按下列准则加以分析确认：

1）现有技术不能实现的关键工程措施。

2）成本过高的零部件。

3）质量和可靠性过不了关的零部件。

4）新开发的工艺和原材料等。

找出关键工程措施和技术瓶颈后，应组织力量攻关，应用有关的工程技术，包括本章介绍的其他六西格玛设计方法，使技术瓶颈获得突破，使关键工程措施的设计方案实现稳定性优化，使产品开发中的技术障碍得以解决，以免延误研发周期并给产品的内在质量留下隐患。

3. 各级质量屋的建立

通常应与产品规划阶段质量屋一起，按并行工程原理协调，同步建立零部件展开，工艺计划，生产计划阶段质量屋。

产品规划阶段的 QFD 指导了产品的总体方案设计，输出了关键的设计要求或关键质量特性 CTQ 及指标，适用于六西格玛设计的定义（D）阶段。

在零部件展开阶段（对应于六西格玛设计的设计（D）和优化（O）阶段），以上一阶段输出的设计要求作为顾客需求，必要时从技术角度将这些设计要求未能覆盖的产品的功能与性能要求补充为顾客需求，运用头脑风暴法分析为满足这些顾客需求应具备的零部件特性，如技术参数、关键尺寸、材料等，形成产品的设计方案，并筛选重要的、对产品最终质量特性影响大的零部件特性，建立质量屋。在本阶段综合采用 FMEA、FTA 分析及参数设计等质量与可靠性工程方法对优化设计方案有较大的作用。本阶段的 QFD 用于指导产品详细设计和有关技术要求的制定，输出是关键的零部件特性及指标；同时，应制定出质量保证要求，其主要内容是应保证的关键零部件特性指标（相当于关键过程特性 CTP），作为制定 QC 工序表（quality control process chart）的基础。

工艺计划质量屋是从设计到生产阶段的转移，其顾客需求是上一级质量屋输出的关键零部件特性，并可根据实际需要加以补充。从顾客需求入手，推导相应的工艺变量，形成工艺方案，小组成员还要根据这些工艺变量的组合建立工艺流程图。选择重要的工艺变量作为工程措施建立质量屋，进行量化评估。为保证生产过程的稳定，应进行工艺的稳健设计，使关键的零部件特性值保持在允许的波动范围内，还需要进行过程能力指数 C_p 及 C_{pk} 分析，运用 SPC 等质量工具控制过程波动。工艺计划阶段的 QFD 指导了工艺方案的编制，本阶段的输出是重要度高的工艺变量及指标。

在最后一个阶段，生产计划阶段，顾客需求是关键的工艺参数，工程措施则是一线技术人员的制造操作要求，主要是操作程序、操作工人的培训，检验、试验，计量保证，生产设备的维护等，为防止已知故障的重复发生，还应设定预防性维护要求。本阶段 QFD 的目的是策划如何减少生产操作的成本，将生产的波动最小化，同时提高产量。一般而言，操作要求的制定应与 SPC 及质量管理体系密切协调，以便最大限度地发挥作用。根据这一级质量屋，制定 QC 工序表、操作说明书、预防性维护计划等文件，把顾客的需求落实到最底层。

工艺计划阶段和生产计划阶段的 QFD 技术应用于六西格玛设计的验证（V）阶段。应通过在线统计过程控制（SPC）来动态地记录和监控产品是否稳定地达到设定的目标水平，若发现超出产品规格限的趋势，必须采取调整工艺参数的措施，以恢复生产线的质量水平。

表 9—3 给出了 QC 工序表的主要结构。表中的控制项可根据工艺计划质量屋得出，操作说明书可从生产计划质量屋得出，控制表形式包括控制图、检查单、图表、测试数据等。

表 9—3　　QC 工序表框架

<table>
<tr><td colspan="5">部门名称 制表人：</td><td colspan="7" rowspan="2">部门经理：</td><td colspan="3" rowspan="2"></td></tr>
<tr><td colspan="5">日期：</td></tr>
<tr><td rowspan="2">零件名</td><td colspan="3">工艺流程</td><td rowspan="2">工序名</td><td rowspan="2">操作说明书编号</td><td rowspan="2">控制项</td><td colspan="5">控制方法</td><td rowspan="2">检验项目</td><td rowspan="2">检验方法</td><td rowspan="2">备注</td></tr>
<tr><td>原材料处理工序</td><td>预处理工序</td><td>主工序</td><td>控制说明书编号</td><td>控制表形式</td><td>责任人</td><td>检验人</td><td>抽样频率及测试方法</td></tr>
<tr><td></td><td></td><td></td><td></td><td></td><td></td><td></td><td></td><td></td><td></td><td></td><td></td><td></td><td></td><td></td></tr>
<tr><td></td><td></td><td></td><td></td><td></td><td></td><td></td><td></td><td></td><td></td><td></td><td></td><td></td><td></td><td></td></tr>
</table>

4. 落实关键环节的稳定性优化设计和强化控制

通过四个阶段的质量功能展开，确定了关键环节，为深入的产品开发指明了方向，对于技术瓶颈攻关及产品和工艺的稳健设计则有赖于其他质量工程工具和可靠性工具，因此，有必要将 QFD 与可靠性工程及其他质量工程工具结合使用，开发出优化的产品，根据情况可采用系统设计（如 TRIZ 等）、试验设计、参数设计与容差设计、故障模式与影响分析（FMEA）、故障树分析（FTA）、价值工程与价值分析（VE/VA）、数字仿真、以顾客为中心的可靠性设计分析等各种方法，以便实现稳定性的设计优化、工艺优化，充实和完善质量屋。对关键零部件和关键工艺，在生产制造阶段还要采用与稳健设计相适应的监控方法，如实施统计过程控制（SPC）、建立过程失控行动方案、完善质量管理体系等。

5. 质量屋的不断迭代与完善

第一轮四个阶段的质量屋大致在产品初步设计结束，技术状态冻结时完成。随着产品研发工作的深入，需要对各阶段的质量屋及时、不断地进行迭代、完善，直到产品进入市场时形成最终的四个阶段的质量屋，成为产品技术归档资料的一部分。质量屋的迭代与完善可结合设计评审、工艺评审和产品评审进行。

在新产品上市后，应继续应用 QFD 方法开展和优化售后服务，收集、研究顾客的意见，应用 QFD 方法不断改进产品，提高产品质量，推出新的款式、型号，满足市场新的需求。

6. 计算机辅助质量功能展开

质量屋的绘制、填写、量化计算和修改等工作如果用手工完成，会给 QFD 小组带来一定的负担。另外，对企业而言，不同的 QFD 小组用不同的方式编制质量屋，也会给这些资料在企业内的保存、传递及再利用带来困难。采用计算机辅助质量功能展开软件，可以帮助工程技术人员在计算机上建立产品的质量屋模型，并对其进行一系列的量化评估、迭代分析及运算比较，最终产生一套完整的质量屋，同时生成详尽的可检索调用、可保存修改的工程信息记录，有效地支持了 QFD 的工程应用，并促进了 QFD 技术的规范化。从长远看，计算机辅助 QFD 软件产生的信息将融入企业内部的产品数据和管理信息流，在网络环境支持下，实现在各部门间的传递、共享和重用。我国自行开发的商品化计算机辅助质量功能展开软件已经具备上述所有功能。

9.2.4 应用于制造业之外的 QFD

QFD 除了在硬件产品开发和改进中广泛应用外，还渗透到了制造业之外更广泛的领域。这是因为 QFD 本质上是一种用矩阵展开的方法来处理目的和手段二维关系的分析工具，在产品开发、批量生产、经营、管理、科学研究等活动中，都可以发挥它的作用。因此，质量功能展开方法将适用于各种领域和形式的工程和管理问题。

下面重点介绍 QFD 在服务业、软件开发和管理上的应用。

1. QFD 在服务业的应用

服务与产品的生产不同，是一个无形的不可逆过程。企业通过提供这一过程满足顾客的需要，获取顾客的认可，为企业带来效益。QFD 在服务业得以应用的背景是行业内竞争的激化。服务行业要在这样的条件下生存和发展，必须科学地规划自己的行为，不断提高服务的质量。

由于服务行业自身的特殊性，QFD 的运用与在制造业中也有所不同。首先，进行广泛的顾客调查，掌握顾客对服务的要求，并利用质量屋将顾客需求转换为服务的要素。然后，以服务的要素（可称为质量要素）为质量屋的左墙，以业务功能为天花板加以展开，明确为了达到顾客的要求应该开展的业务及各项业务所提供的服务的具体内容，确定重要业务，为服务的改进和提高指明方向。为了把对业务的要求贯彻到服务活动中，还应考虑进行服务过程分析，找出提供服务所需的必要技术，确定重要技术，评估竞争范围内的技术水平现状，设定企业的技术水平目标，反映到业务手册中去。要根据顾客需求的变化，及时调整业务，并开发有特色的服务。

丽思卡尔顿酒店是一家跨国公司，1992 年曾获美国鲍德里奇国家质量奖。为了向顾客提供更优质的服务，其在密歇根州的下属公司针对“房间整理”这一课题运用 QFD 进行了研究，优化服务程序，以最大限度地满足房客的要求，取得成功经验后再加以标准化，向全公司推广。图 9—10 是它针对顾客需求作的质量屋。根据这一质量屋，明确了努力的目标，经过对目标的讨论，得出问题的关键在于安排好服务的流程。最后，确定每套

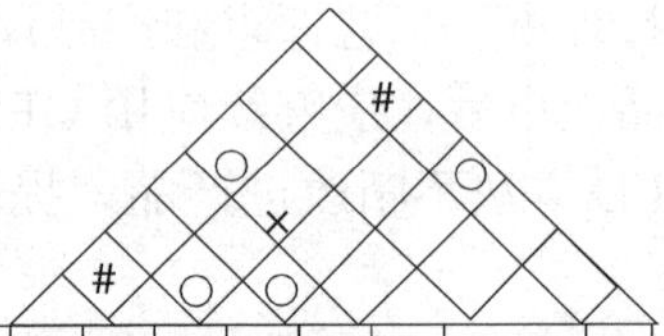

丽思的措施 / 顾客需求		重要度	失误率（随机抽样）	房间整理时间	可能的打扰次数	固定的打扰次数	优惠事项与折扣率处理	房客不在时一次打开的房间门数	房间整理效率
顾客的要求	房间供应充足	4	◎				○		
	及时服务	5	◎		○	○	○		
	打扰尽可能少	3			◎	◎			
	打扰时间尽可能短	4		◎					△
	服务质量始终如一	5	◎				○		
	房客到达时房间已准备好	5		○					○
	在房客方便时清扫房间			○		◎			○
	优惠事项准确及时兑现	5	△				◎		
	随身物品安全保险	5		△	◎			◎	
丽思的要求	减少房间整理的成本与劳力	5		◎	△				◎
目标			（ ）次失误	（ ）分钟	每日（ ）次	每日（ ）次	每千房客比率	开（ ）扇门	每人（ ）间房

图 9—10　旅店业的质量功能展开

客房由3个服务员同时整理，分工合作，其中一人兼管处理优惠卡服务事项。这一方案在降低失误率、减少对房客的打扰时间和打扰次数等方面，获得了成功。

可通过QFD将顾客的要求进行排序，与竞争对手比较，以决定如何行事。优化服务流程，以得到最大的竞争优势，并避免将有限的财力、时间和人力用于顾客并不需要的地方，或自己已经遥遥领先的地方。

在国防工业系统，美国洛克威尔公司下属的柯林斯航电与通讯部，主要负责向政府和军方提供产品。为了更好地满足顾客要求，管理层确定了一项关键服务指标——顾客设备平均定期修理时间。为更好地贯彻这一目标，其服务中心组建了QFD小组，进行综合调研，以改进自己的服务。通过QFD分析，他们发现，该指标与顾客要求无关，公司为此调整了业务，节约了大量经费。

公司内部的辅助部门，如财务部门、营销策划部门等，也可视为服务业的一部分。要充分发挥它们的作用，为公司创造效益，QFD方法也大有用武之地。惠而浦公司将QFD方法用于大型会议的组织；ABB集团将QFD用于为是否从事某项新事业提供帮助；还有一家公司将QFD用于广告和公关策划活动，节约成本20%，缩短准备时间40%。

2. QFD在管理等领域的应用

QFD在管理领域的应用方式很灵活，其中一个通用模式是：从工作环境入手确定管理的目标和要求，作为顾客需求，逐级推导各管理层应承担的职责，把责任落实到人，并确定相应的检查和验证措施，确保任务完成。图9—11给出了一个用于策略规划的QFD框架。

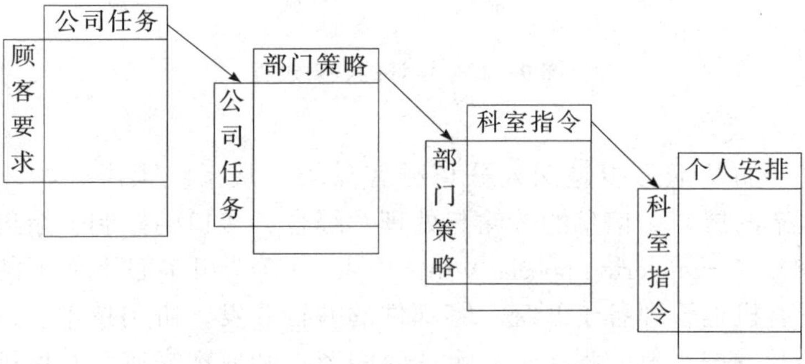

图9—11　用于策略规划的QFD框架

9.3 系统设计

系统设计主要应用于IDDOV的定义需求和研发阶段。为了达到六西格玛质量水平，首先必须论证和确定先进可行的总体设计方案，从某种意义上说，产品的成败、产品能不能达到六西格玛水平，首先取决于总体设计方案。定义和研发阶段的主要任务及需采用的主要方法：深入分析确定顾客需求（质量功能展开）、论证确定总体设计方案、攻克技术瓶颈、完成产品的结构和零部件设计并制定加工工艺等（系统设计包括TRIZ、FMEA

等）。研发阶段是开展六西格玛设计效益最高和潜力最大的阶段。系统设计的内涵包括自顶向下的设计、公理性设计和解决创造性问题的理论（TRIZ）等。

限于篇幅，本节重点介绍 TRIZ 理论，对系统设计的其他内容只作简略介绍。

9.3.1 系统设计的基本原理与方法

1. 设计是一个映射过程

在产品开发初期，由于产品工作原理与结构尚待确定，其技术方案犹如一个黑箱，设计输入通过黑箱映射（mapping）为设计输出，设计过程是使黑箱透明化的过程。能够完成这一映射的技术方案很多，系统设计的目的是找到一个优化的技术方案。公司通过对顾客或市场需求（包括潜在需求）的调查，整理出对产品的要求，形成需求规范，构成产品开发中最初的和最基本的设计输入。以此为基础，分析系统的工作环境，明确系统的基本输入和输出，确定系统的功能结构，把对产品的设计要求落实到功能要求上，实现从需求规范到功能要求的映射。然后，根据产品的功能要求确定产品的层次体系及零部件结构，完成产品的设计方案，最后，把产品的设计方案映射为对应的工艺方案（见图 9—12）。

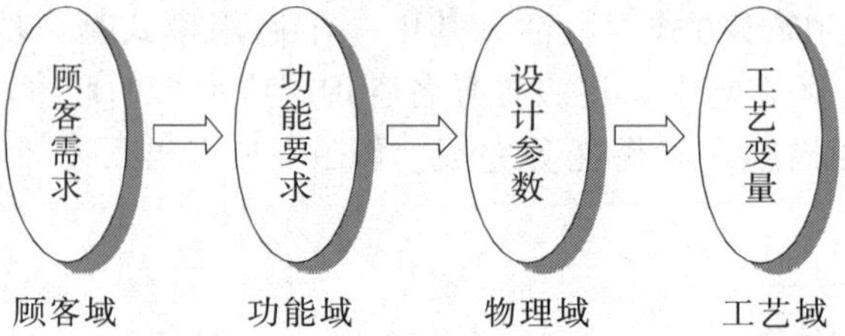

图 9—12 设计的映射过程

2. 自顶向下的设计

自顶向下设计的基本思想是深入分析顾客需求，从系统顶层开始，进行功能的分配、系统原理框架的展开、信息的传输与处理及综合、接口的控制、余度和系统重构设计、工程专业综合（engineering specialty integration）等，开展自上而下的设计和自下而上的综合。通过有机地管理各子系统、零部件的并行开发，协调技术、进度、成本的矛盾，保证产品的开发按规范的程序、规定的时间节点和成本完成，并保证产品的高质量和高可靠性。

3. 公理性设计

为优化映射过程，提出了相应的设计公理，即：

公理 1：独立公理（模块化公理）——保持功能要求的独立性。

好的设计应具有模块化的特点，特定的子系统（部件）实现特定的功能，互不干扰，最大限度地减少各功能要求之间的"耦合"。对于完全贯彻了独立公理的设计方案（无耦合设计），在为更好地实现某一功能而调整设计参数时，将不会影响其他功能的实现。这将使设计思路更加明晰，避免设计参数间复杂的交互作用带来的不确定性，有利于故障的诊断和产品的维修，也有利于产品功能的扩充和升级换代。

公理 2：信息公理（简化公理）—— 信息含量最小化。

在所有满足独立性公理的设计中，信息含量最少的设计是最好的设计，换言之，用最简单的设计参数实现所有功能的设计是最佳设计，它是用来对设计方案评价和比较的原则。根据这一公理，应尽量简化设计工作，减少设计中各种因素的影响。

4. 设计公理的推论

以上述两项设计公理为基础，推导出了七个推论，构成了系统化的设计原则，对设计实践提供指导。设计人员可以据此开展各阶段映射，并检查设计的合理性，在产品投入试制和生产前消除设计缺陷，完善设计。

9.3.2 解决创造性问题的理论

1. TRIZ 方法的基本思想

TRIZ 是“发明问题解决理论”的俄语缩写，它是由苏联发明家阿奇舒勒（G. S. Altshuller）在 1946 年创立的。TRIZ 方法的提出源于以下认识：大量发明面临的基本问题和矛盾（在 TRIZ 中称之为系统冲突和物理矛盾）是相同的，只是技术领域不同而已。同样的技术发明原则和解决方案在多年后被重新使用。将这些有关的知识进行提炼和重新组织，就可以指导后来者的创新和开发。TRIZ 体系正是基于这一思路开发的，打破了我们思考问题的心理惰性和知识面的制约，避免了创新过程中的盲目性和局限性，指出了解决问题的方向和途径，并得到了计算机辅助软件的支持。

2. 理想的技术系统

TRIZ 理论认为，对技术系统而言，重要的不在于系统本身，而在于如何更科学地实现功能。较好的技术系统应是在构造和使用维护中都消耗资源较少，而能完成同样功能的系统；理想的技术系统则是不需要用材料来构造、不耗费能量和空间、不需维护也不会损坏的系统，即它在实体上不存在（隐含在已有的技术系统中），却能完成所需要的功能。这一思想与信息公理是切合的，是 TRIZ 所追求的理想目标。现实中，理想的技术系统的状态通常是不能实现的，但这一概念为创造性问题的解决指出了努力方向，在 TRIZ 理论中有着重要的地位。为了趋近于理想技术状态的目标，可在解决问题的初始阶段，设定要努力实现的“理想最终结果”，这是后文所述“创造性问题解决步骤”的基础。在特殊的情况下，理想状态有时也能实现。假如能把应由某个系统完成的功能完全交由已经存在的子系统、高一级系统或同一层次的相邻系统去实现，就达到了理想系统状态。

例 9—1

为研究酸液与合金材料的相互作用，将合金加工成试样，放入密封的充满酸液的容器中，在各种温度与压力条件的组合下进行试验。在这种情况下，酸液不但与试样反应，还会腐蚀容器的内壁。为解决这一问题，在容器内壁敷设了玻璃层以防腐蚀，但却带来了新的问题：在某些试验中由玻璃组成的内壁很容易碎裂，需要频繁更换。

为解决这一难题，引入了“理想最终结果”的概念。首先，分析问题区域的所有部件及其功能。对该课题而言，酸液与试样的反应是主要功能，为考察它们的相互作用，两者都不能缺省，而容器的功能是把酸液维持在试样周围，提供必要的试验环境，属辅助功能。为解决容器内壁防腐蚀与抗碎裂的矛盾，根据“理想最终结果”的思想，考虑能否取消现有容器的物理实体，而同样具有容器的功能。据此开发了创造性的解决方案：

将待试验的合金试样加工成密封的容器，将酸液封闭在容器中进行试验，(见图9—13)，既保证了试验条件，又免除了对容器内壁腐蚀的担心，因为本来就要考察酸液与合金的反应情况。

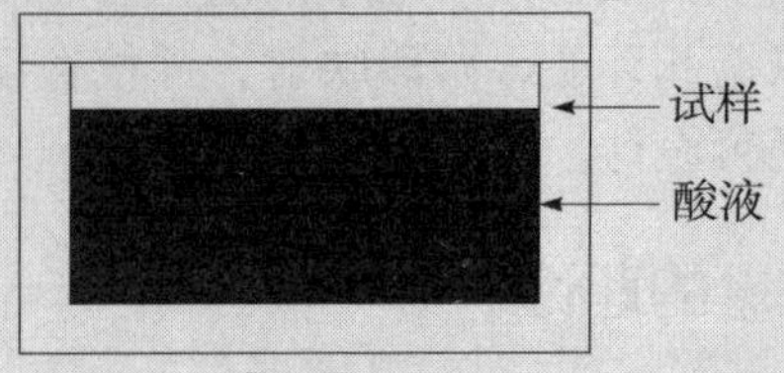

图9—13　酸液对合金腐蚀试验的优化

3. 缩小的问题与扩大的问题

在解决问题的初期，面对需要克服的缺陷，可以有很多不同的思路，例如，改变系统、改变子系统或其中某一部件、改变高一层次的系统等，都可能使问题得到解决。思路不同，所思考的问题及对应的解决方案也会有所不同。

TRIZ方法把所有的问题分为两类：缩小的问题（mini-problem）和扩大的问题（maxi-problem)。缩小的问题致力于使系统保持不变甚至简化，而消除系统的缺点，完成改进；扩大的问题则不对可选择的改变加以约束，因而可能为实现所需功能而增加零部件，甚至开发一个新的系统，使解决方案复杂化，甚至使解决问题所需的耗费与解决的效果相比得不偿失。TRIZ建议采用缩小的问题。这一思想是实现“理想技术系统”的途径。

例9—2

驱动小轿车的四缸发动机通常有很强的二阶振动，在发动机低速运转的情况下（空挡状态)，这种振动的频率较低，无法通过发动机底座加以隔离，而且某些小轿车还会产生结构的共振，影响了驾驶的舒适度，使部件的故障率及相应的保修费用提高。驾驶杆的共振就是其中的一个典型问题。

某汽车公司对此进行了调查，发现由于驾驶杆的固有频率接近于发动机空挡时的二阶谐振频率，导致驾驶杆在空挡状态下剧烈振动，即使安装了减振器，其振动情况仍使驾驶员操作时不舒适。另外，驾驶杆的抖振也和发动机的负载有关，发动机还兼有驱动液压系统、为车上的用电附件（电机、空调等）供能等任务，这些负载越高，抖振现象越厉害。公司成立了攻关组，成员包括制造这些附件及传动设备的高级工程师及车身与底盘的工程师。攻关组将这些普通小轿车与高档车作了比较，发现普通车电机与空调的效率比高档车低得多，驱动液压系统所需牵引扭矩在空挡状态比高档车大得多，车身硬度及车身与驾驶杆的固有频率则比高档车低得多，这些都是造成抖振的重要原因。攻关组回到各自相应的部门，有针对性地开发更好的系统，结构设计人员为此还造出一个加强的车身样品，并进行了测试，结果表明抖振得到了明显的改善。但这些办法工作量太大，花费太多，一时之间无法投入应用。这是一个常规的解决问题的方式，也是典型的问题扩大化的情况。

TRIZ专家参与攻关后，经过对问题背景知识的了解，提出两点建议：

(1) 如果试图不大幅改动系统而使问题得以解决，建议按缩小的问题处理，以便争取简化系统；

(2) 尽量使用已有的系统资源。

大家把注意力集中到不更改引起抖振的系统（车身和有关的附件等）而降低驾驶杆的振动程度，针对抖振本身来解决问题。在驾驶杆减振上，发现增加减振器惯性块的重量可改善减振能力。为了尽量使用已有的系统资源，大家对车内可用作惯性块的大块物体作了统计，前提是不影响它们的主要功能。这些物体有：散热器、电瓶、气囊、备用轮胎等。通过分析，把车前部防撞用的气囊兼作惯性块集成到驾驶杆的减振器上，顺利地解决了抖振问题。结果表明，采用该方法后驾驶杆的抖振比高档车还要小。

4. 系统冲突及其处理

系统冲突是TRIZ方法的一个核心概念，用于描述隐藏在问题背后的固有矛盾。如果要改进系统的某一部分属性，其他的某些属性就会恶化，就像天平一样，一端翘起，另一端必然下沉，这种问题就称作系统冲突。在飞机的结构设计中，结构的重量和强度是一对矛盾。通常，减轻结构的重量就必然削弱结构的强度；相反，要增强结构的强度则必须增加结构的重量。二者都是飞机结构的关键属性，构成了一对系统冲突。典型的系统冲突除了重量—强度冲突，还有形状—速度冲突、可靠性—复杂性冲突等。TRIZ认为，发明可视为系统冲突的解决过程。

对于属性间的彼此冲突，传统的解决办法是折中，即寻找一个可接受的平衡。如果要求一个物体既要雪白又要漆黑，传统方法是把它设定为灰色。这样的解决方案并不完美，有时还无法接受，这就需要以创造性的思维，把冲突彻底消除。

TRIZ理论的创始人阿奇舒勒对大量发明做了研究，发现虽然它们所属技术领域及所处理的问题千差万别，但隐含其中的系统冲突数量是有限的，典型的系统冲突只有1 250种。解决这些冲突所需的典型技术则更少，计40种。在此基础上产生了创造性问题的解决原则。

5. 物理矛盾及其处理

如果互相对立的属性集中于系统的同一元素上，就称为存在物理矛盾（有的文献称之为内部系统冲突）。物理矛盾的定义是：同一物体必须处于互相排斥的物理状态。也可以表述为：为实现功能 F_1，元素应有属性 P；为实现功能 F_2，元素应有对立的属性 $-P$。

根据TRIZ理论，物理矛盾可以用三种方法解决：把对立属性在时间上加以分隔、把对立属性在空间上加以分隔和把对立属性所在的系统与部件分开。

在超音速飞机的发展过程中，曾经解决了气动力上的一个难题：为了优化飞机的亚音速性能，要求采用小后掠角、大展弦比的机翼；为了满足超音速的要求，则要求采用大后掠角、小展弦比的机翼；两种要求使机翼必须处于互相排斥的物理状态。这一矛盾可以用第一种方法（即时间分隔法）解决，即采用变后掠翼设计。通过在飞行的不同阶段（不同时间）相应调整后掠角，满足了飞机在亚音速与超音速状态下的不同气动要求。

采用第一种方法的思路的还有起落架的设计。在起降过程中要求飞机有起落架，支持飞机在地面的滑行过程；在飞行中则要求不要有起落架，以免增加飞行阻力。为此设计了可收放的起落架，在起降时伸出机体外，飞行时则收回起落架舱中。

为了使煎锅很好地加热食品，要求煎锅是热的良导体；而为了避免从火上取下煎锅时烫手，又要求煎锅是热的不良导体。为了解决这一矛盾，设计了带手柄的煎锅，把对导热的不同要求分隔在锅的不同空间。这是第二种方法（即空间分隔法）的体现。

某塑料管加工工艺中，使用旋转刀具把塑料管从要求的长度尺寸处切开。为了加快工艺流程，塑料管不断向前运动，刀具在切割过程中保持随动。由于塑料管和刀具之间难以精确同步，造成塑料管被切割部位出现毛刺。管子切割系统面临的物理矛盾是：必须运动，以加快工艺流程；必须静止，以保证切割精度。为了解决这一问题，采用了第二种方法的思路，将塑料管被切割部位暂时固定，保证切割精度，管的其余部分则继续前进，因被切割部位不能移动而弯成弧形，切割完成后解除固定。在实际应用中，为了引导管的移动，还安装了导稳滚轮，保证切割过程的稳定性。

第三种方法是指把矛盾的一方置于系统层面上，另一方则置于系统所属的部件或子系统上。如双体船，单一的船身不稳定，但通过两个船身的连接，系统有较好的稳定性。

9.3.3 TRIZ 方法的结构体系

TRIZ 的结构体系可用图 9—14 表示。

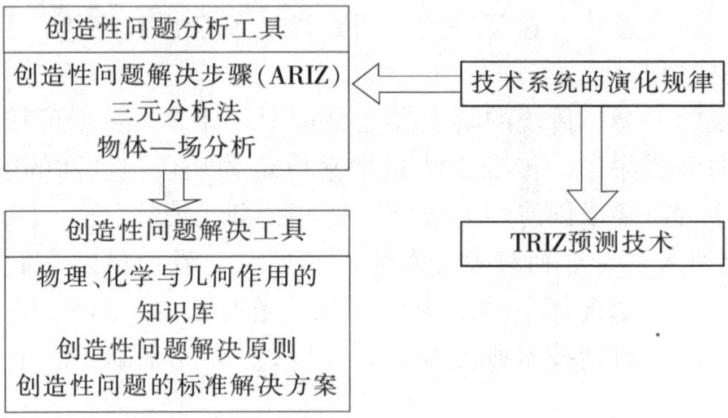

图 9—14　TRIZ 方法的结构体系

作为 TRIZ 的理论基础，技术系统的演化规律概括了不同领域产品和工艺更新换代的一般规律，如增加理想度的规律、子系统演化不一致的规律、系统向更高层次发展的规律等。原则上，可以根据这些规律指导问题的解决。但对具体的问题而言，这些规律可能显得太笼统。因此，在 TRIZ 理论中，开发了更专业化的创造性问题分析工具和问题解决工具。20 世纪 70 年代后，以技术系统的演化规律为基础，开发了 TRIZ 预测技术，指导具体问题的解决，弥补了这一缺陷。

问题分析工具是一种建模技术，包括三元分析（triads）和物体—场分析（substance-field analysis），通过分析问题中的关键因素，寻找系统内部矛盾，使工程人员把握问题的根源。

创造性问题解决步骤（algorithm for inventive problem solving，AIPS）提供了解决问题的逻辑流程。由于矛盾和冲突往往隐藏在现实问题当中，并不直接表现出来，使人无法确认在何处及如何运用 TRIZ 工具。因此，需要遵循该流程来挖掘技术问题中的固有矛盾，进行表述及解决问题。需要指出的是，对较为复杂的问题而言，正确地把握矛盾是极为重要的。虽然完整地运行 ARIZ 也可能实现问题的最终解决，但考虑到该解决步骤主要进行的是问题的分析过程，本章将其归入创造性问题的分析方法。

创造性问题的解决原则共 40 条，与各种系统冲突模式分别对应，直接指导创造者对新设计方案的开发。创造性问题的标准解决方案是对特定问题经常使用的解决方案，比解决原则更为具体，它建立在物体—场分析及对不同领域技术问题通用解决方法的研究的基础上。

为了便于工程人员学习和应用 TRIZ 方法，TRIZ 研究组开发了计算机辅助软件，其内核包括一个很大的知识库。该知识库建立在全球上百万件专利的收集、归纳和总结之上，分门别类地记载了各类物理、化学、几何作用在工程上的应用。

以上方法从不同角度为创造性问题的解决提供了指南，工程技术人员可根据需要从中选择适用的方法，开发相应的解决方案。运用 TRIZ 方法解决问题的流程如图 9—15 所示：

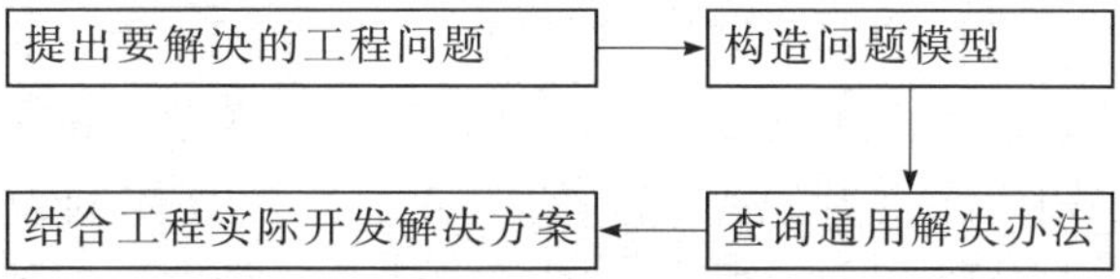

图 9—15　TRIZ 实施流程

9.3.4　创造性问题的分析方法

对于创造性问题的解决而言，技术上的辛勤攻关固然重要，对事物加以科学的分析，找出问题的突破口则更为关键。对每个试图解决科学和技术难题的人来说，首要的问题是必须决定朝哪个方向努力。什么途径使问题的解决更快、更有效？如果没有找准突破口，可能大部分时间都会花在错误的方向和错误的方法上。如果找到了解决问题的正确方向，任何任务都可完成得更快，技术方案也更出色。TRIZ 通过对发明创造规律的总结，提出了三种独特的方法，帮助创造者分析问题的本质，找出问题的着眼点，从而利用创造性问题的解决办法，事半功倍地实现产品和工艺的改进和开发。

1. 创造性问题的解决步骤

为了争取达到技术系统的理想状态，用创造性的方法解决问题，就必须用科学的方式分析问题背后隐藏的根本矛盾，即 TRIZ 所定义的系统冲突和物理矛盾，从而根据该理论总结的创造性问题的解决原则启迪思维，开创突破性的解决办法。为此，可采用创造性问题解决步骤（ARIZ），该方法提出的流程如图 9—16 所示。

按照 TRIZ 的基本观点，对同一问题的解决可能有多个不同的方案，方案的难易及可行性与对问题的描述方法息息相关。把实践中的矛盾描述为缩小的问题，将指引问题的解决者朝着理想最终结果的方向前进，从而找出既简便又有效的方法，以最小的代价使问题得到解决。创造性问题解决步骤就是为实现这一目的而开发的，它综合了 TRIZ 关于问题缩小化、理想产品及冲突与矛盾的有关观点，是一个连续的逻辑流程。考虑到现实问题通常有复杂的表象，创造者不一定在第一次分析时就能对问题作出正确的描述，该流程是一

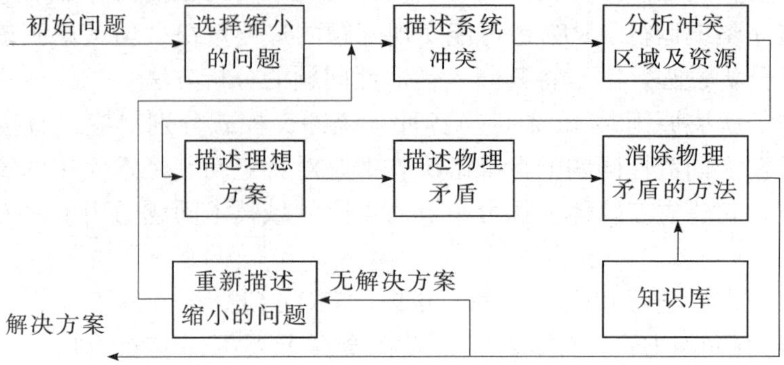

图 9—16　ARIZ 流程

个循环结构。根据流程图，首先，对问题的初始描述一般比较模糊，创造者通过对问题的深入理解，将矛盾集中到较小的层面，描述一个缩小的问题。然后，以此为着眼点分析隐藏在系统中的冲突，找出冲突发生的区域，明确区域中有哪些固有资源，建立一个对应的理想方案。一般而言，可以在冲突区域发现互相矛盾的物理属性，即物理矛盾。为此，应分析系统面临的物理矛盾，找出矛盾所在的部件，作为问题解决的关键。最后，利用创造性问题的解决方法，在知识库（专家系统）的支持下开发具体的设计方案。在不同的时间、空间或不同的层次上分隔物理矛盾，是问题的解决途径之一。为了使解决方案尽可能接近理想方案，在具体方案的策划上，要尽量利用系统已有的资源，少增加额外的资源，在对系统改动最小的情况下达到目标。

如果对一个缩小的问题作了全面的分析仍找不到解决方案，通常是因为对问题的初始描述或对缩小的问题的描述有误或不准确。因此，如果完整地进行了该流程而问题没有解决，建议回到分析的起点，进行更深入的调查研究，重新定义一个缩小的问题，再次按图 9—16 的流程寻找解决办法。

例 9—3

某纸厂用圆木作造纸原料。圆木卸在传送带上，运往切削机械进行加工。为使切削流程顺利完成，对圆木送到机器时的轴线方向作了规定。由于圆木卸下时杂乱地堆放在传送带上，所以需要在传送过程中增加一个圆木定向的工序，要求使圆木轴线方向与传送带轴线方向一致。这一操作如果由机器人完成，则结构复杂，占据大片场地，可靠性也不高。有没有简单、可靠、成本低廉的解决方案呢？对这一问题用 TRIZ 方法作了分析。

（1）缩小的问题：不对系统做主要改动，实现圆木定向。

（2）系统冲突：定向是将圆木按要求方向加以排列的机构，但这使系统复杂化。

（3）问题模式：应利用系统中已有的要素实现定向功能。

（4）冲突区域及资源分析：冲突区域是传送带表面。该区域系统的唯一资源是传送带。

（5）理想最终结果：利用传送带自身实现圆木定向。

（6）物理矛盾：为实现圆木定向，传送带表面的不同点应有不同的速度；但为传送圆木，传送带表面应以同一速度运动。

(7) 消除物理矛盾：将互相矛盾的要求分隔在不同的层面上，整个传送带以生产所需的速度向前运动，它的部件则以不同的速度运动。

工程方案：将传送带设计成三个部分。中间的主体部分以生产速度运动，把圆木送往切削机，两边的传送带则向相反的方向错动，通过摩擦力作用在圆木上，调整圆木的姿态，使其轴线方向与传送带轴向一致，达到定向的目的，见图9—17。

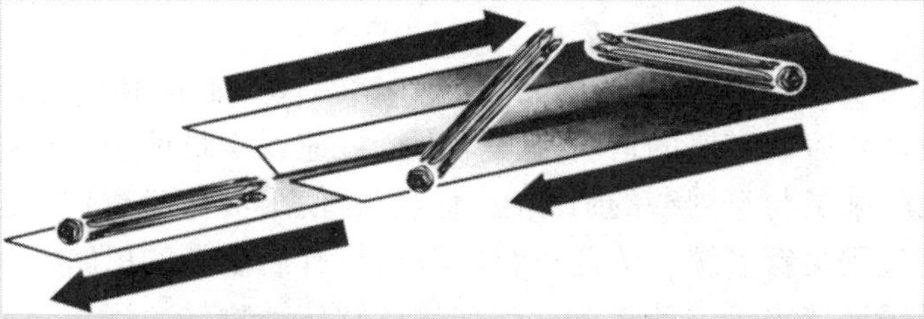

图9—17　对圆木定向的传送带

2. 三元分析法

这是一种较新的分析方法，认为所有系统功能的实现有赖于三个物体的相互作用，即主动物体、被动物体和使动物体之间的相互作用。三元分析法就是对每一具体问题找出这三个关键物体，分析它们彼此之间的关系，使工程人员明白现有系统这三者间好的与坏的作用，全面把握问题的实质，以便采取针对性的解决措施。

以汽车的气囊为例。气囊的功能是保护乘员免受突然冲撞的伤害，这一功能实施时，主动物体是空气袋，被动物体是乘员，那么使动物体是什么？考虑到使动物体在过程中的角色是使主动物体和被动物体互相作用，如没有这一物体，则作用不会发生，可知该过程中使动物体是与汽车发生撞击的冲撞物，如路旁的栏杆或另一辆车等。三者是功能得以实现的关键物体，构成了一个三角：

下面分析这一三角中的彼此关系。冲撞物使乘员产生与车座相脱离的运动，危及乘员的安全；同时冲撞物使气囊膨胀，气囊则对撞向车内壁的乘员起保护作用。现有的气囊对于乘员在大部分情况下有良好的保护作用，但在某些条件下也会对乘员带来严重伤害。如果车祸发生时，乘员正好在座位前，离气囊的位置特别近，就会被气囊击伤；又如，对小孩或矮个乘员，气囊正好撞击在头部，伤害可能是致命的。现有气囊系统面临的问题是：乘员没有得到有效的保护。

通过三元分析，对问题的现状有了较为深刻的了解，如何利用这一三角来开启问题的解决思路呢？由于三个物体间有着内在的密切联系，理论上只要改进了任两者之间的相互作用，都可以使问题得到缓解或解决，这就为解决问题提供了广阔的思路。例如，冲撞物使乘员产生与车座脱离的运动是有害的，乘员如果因此撞上车的内壁，就会造成伤害。那么有什么办法增加乘员与车内壁的距离，使乘员脱离车座到达车内壁的运动时间长一些，多给乘员一些作出反应的机会？又如，鉴于气囊在某些情况下对乘员有伤害作用，那么如何改进气囊系统，尽最大可能减小伤害？对每一个问题的解答都是一种或多种设计方案的选择与确定过程。

当然，针对乘员在冲撞中的保护问题，也可以从另一个角度进行三元分析。建立如下的三角：

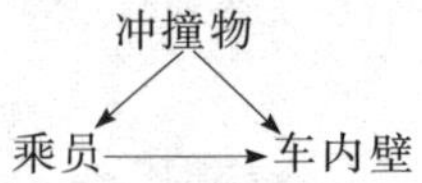

这一三角中，乘员是主动物体，车内壁是被动物体，冲撞物是使动物体。相互作用为：冲撞物使乘员产生脱离车座的运动，使车内壁减速，乘员撞击车内壁。面临的问题变为：如何减小或消除乘员与车内壁的强烈碰撞？能否使乘员作脱离运动的时间长一些？如何使车内壁的减速过程足够平缓？为此进行的分析将开启全新的思路。

可见，只要正确地选定了主动物体、被动物体和使动物体，运用三元分析法可以为问题的解决开辟广阔的空间。

3. 物体—场分析

根据 TRIZ 理论，尽管技术系统实现的功能千变万化，但都可表示为物质和能量的转换过程。有鉴于此，TRIZ 专家开发了物体—场分析这一建模技术，用于描述技术系统中物体和能量的相互作用，对技术系统的动作原理进行深入分析。

技术系统功能的实现，表现为特定的目标物体发生了特定的作用，上述圆木定向系统功能的实现，即表现为圆木改变了传送状态。功能的实现方式有两种：一种是将能量直接施加在目标物上，使作用发生，称为直接法。以汽车为例，为了使车辆行驶，必须驱使车轮转动，直接法就是把发动机产生的能量直接传递到车轮上，使之转动。这一方法有内在的缺陷，即目标物的作用过程难以控制。为了解决这一问题，可以采用另一种方式，即引入新的物体，通过它与目标物的相互作用来实现控制，称之为间接法。新引入的物体可称为工具。对汽车而言，工具就是控制车轮转向与加减速的机构。兼有能量、目标物和工具的技术系统才是完整和稳定的，三者之间构成了一个三角形。

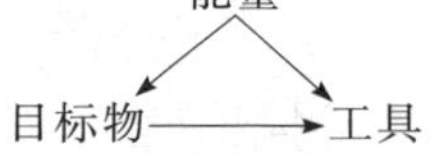

TRIZ 把这三要素分别称作物体和场。目标物和工具属于“物体”，构成所分析的技术系统的实物部分。“物体”可以是一个单独的实体，如船锚，也可以是一个由很多零部件组合而成的系统，如船。“场”则是指物体之间实现相互作用或控制所需的能量。在 TRIZ 中，上述的三角模式被描述为：

这一结构称为系统的物体—场结构。这一系统构架可以描述为最小的技术系统的模式。对任一技术系统，都可以建立其物体—场结构，区别在于，部分系统的物体—场结构是不完整的，而 TRIZ 理论根据对大量技术系统的分析，认为包含了这三要素的系

统，才是一个完整而功能稳定的系统。三要素中任一部分的缺失，都会给系统带来内在的缺陷。

该结构中的“物体”主要有13类，即固体、液体、气体、结构系统、松散类、表面属性类、机械属性类、热属性类、化学属性类、电属性类、磁属性类、光学属性类、微分子类物体。

“场”有8大类，即机械能、声场、热力场、化学能、电能、磁场、电磁辐射、核能。机械能包含11个子类：机械力、重力（与地球相关）、惯性力、摩擦力、液压、气压、固体的动能、松散物体流、液体流、气体流、机械震动。需要指出，不同的场有不同的作用模式和效果，在明确了技术系统中发挥作用的场以后，改变场的作用模式也是改进技术系统的思考方向之一。

考虑到问题的发生可以归结为特定的物体不能产生特定的作用，或产生作用的同时附带了有害的作用。如希望问题通过对物体更科学合理的控制来解决，可以在问题解决的开始阶段，建立系统的物体—场结构，分析这一三角形的完整性及各部分之间的相互作用，探求这一结构的不足之处，并有针对性地加以改变，从而使问题得到解决。这就是物体—场分析的基本原理。应用物体—场结构可对技术系统进行本质性的描述，因而可望通过物体—场分析揭示问题产生的深层的根本原因，理清事物内部复杂的相互关系，使创新者把握问题的本质，为创造性地解决问题开拓思路。这是一种通用的分析方法，在TRIZ体系中占有重要的地位。物体—场分析完成后，可用标准的解决方法来解决问题。

物体—场分析的步骤是：

（1）确认目标物 S_1；

（2）确认工具 S_2（如存在）；

（3）确认场（如存在）；

（4）描述系统当前的物体—场模型；

（5）建立系统期望的物体—场模型；

（6）开发解决方案。

对物体—场结构的改善而言，基本的规律是：结构中至少存在一个部分的缺乏表明结构需要完善。

9.3.5 创造性问题的解决方法

为了创造性地解决问题，TRIZ开发了颇具特色的解决方法，提出了系统冲突的解决原则和问题的标准解决方案，还建立了对解决问题有着重要支持作用的知识库。

1. 处理创造性问题的40个原则

前面已经介绍了系统冲突的概念。创造性问题的解决原则就是特定的系统冲突所对应的问题解决技术。典型的问题解决原则共40种，这些原则还可细分出子原则，约100项。下面列出了其中的一部分：

原则1：分割的原则。

（1）将系统划分为多个彼此独立的部件；

（2）使系统可分解；

(3) 增加系统被分割的程度。

原则 17：转移到新的维度。

(1) 将物体在一维空间的问题转移到二维空间解决，将物体在二维空间的问题转移到三维空间解决；

(2) 将层次单一的系统转变为多层次的系统；

(3) 将物体转动、倾斜；

(4) 反映到物体的相邻区域或反面上。

原则 28：向非机械系统转变。

(1) 将机械系统转变为光学、声学或嗅觉系统；

(2) 在机械系统中运用电场、磁场或电磁场；

(3) 加入铁磁粒子，运用磁场或电磁场。

原则 32：改变颜色。

(1) 改变物体或其环境的颜色；

(2) 改变物体或其环境的透明度；

(3) 使用带色添加剂，以观察难以看清的物体或过程；

(4) 若此类添加剂已经使用，则采用发光轨迹或示踪元素。

格雷戈里·叶泽尔斯基（Gregory Yezersky）是系统化研究组织的一员，他介绍了自己运用其中的一条原则（原则 5）“将相同或相似的物体结合或合并”的案例。

例 9—4

1993 年，一家著名航空公司为了改进火箭气动外形，引入了“蜂腰”结构，但发现由此带来了负面影响：这种改变将引起强烈的振动，使安装在“蜂腰”结构内壁的传感测量设备无法工作。受已有设计的限制，对问题的解决不允许在系统中进行大量更改。公司无法解决这一问题，请叶泽尔斯基应用 TRIZ 方法来加以分析和解决。

在美国专利中有一项“给薄玻璃板打圆角”的专利，内容是给一块薄玻璃板打圆角容易把玻璃振碎，可以把几块薄玻璃板临时黏合在一起，共同打圆角，就避免了问题的发生。从这一类专利中可以抽象出一条原则：如果有害作用加于系统，可将相似系统彼此结合，以加强系统的薄弱环节。

叶泽尔斯基巧妙地运用了这一原则，提出用带子把该处的设备捆在一起，结果避免了振动带来的危害，使问题得以解决。

为了直观地反映对应于每一对典型系统冲突的问题解决原则，构造了矛盾矩阵表，表 9—4 是其局部示意图。

这张表为具体问题的解决提供了重要的向导。表的上部是在问题中需改善的系统属性，左侧则是改善了这些属性后会恶化的系统属性。对具体问题进行分析，明确要改善的是表中第 j 项属性，且由此将导致表中第 i 项属性恶化，则第 i 项属性所在的行与第 j 项属性所在的列相交的格子里的数字就是对应于这一对系统冲突的问题解决原则的编号。

表 9—4　　矛盾矩阵表

改善的属性 / 恶化的属性		1 运动物体重量	2 静止物体重量	3 运动物体长度	4 静止物体长度	5 运动物体面积	…	22 能量损失	30 影响物体的有害因素	…	39 生产能力
1	运动物体重量			15,8 29,34		29,17 38,34		6,12 34,19	22,21 18,27		35,3 24,37
2	静止物体重量				10,1 29,35			18,19 28,15	2,19 22,37		1,28 15,35
3	运动物体长度	8,15 29,34				15,17 4		7,2 35,39	1,15 17,24		14,4 28,29
4	静止物体长度		35,28 40,29					6,28			30,14 7,26
5	运动物体面积	2,17 29,4		14,15 18,4				15,17 30,26			10,26 34,2
⋮											
33	操作简便性	25,2 15,13	6,13 1,25	1,17 13,12		1,17 13,16		2 19,13			15,1 28
⋮											
39	生产能力	35,26 24,37	28,27 15,3	18,4 28,38	30,7 14,26	10,26 34,31		28,10 29,35	22,35 13,24		

例 9—5

当前玻璃杯的制造工艺是将熔融状态的玻璃注入相应的模具中成形。外观带棱角的玻璃杯如果用整体模成形，模具的制造会很困难；如果模具精度不好，会影响杯子的外形。在矛盾矩阵表的指引下，怎样解决这一难题呢？

首先，分析该课题要改善的属性，本案例要改善的是玻璃杯的"形状"，是矩阵表中的第 12 项属性。其次，分析会在改进后恶化的属性，本案例中，恶化的属性为玻璃杯（模具）的"可制造性"，是表中的第 32 项属性。然后，在表中查找 TRIZ 建议的解决原则，在该表这两项属性所在的列和行的相交处，格子里的数字为：1，32，17，28。即可选用原则 1、原则 32、原则 17、原则 28 来解决问题。

根据原则 1，可将模具分成几块，增加可制造性，再组合起来供玻璃杯成形，以保证杯子形状的精度。大多数厂家采用的就是这种办法。

原则 32 似与本问题的解决无关，暂不考虑。

原则 17 的第四条为：反映到物体的相邻区域或反面上。这使技术人员换个角度思考，能否把杯子的棱角由在杯子外壁改为设计在杯子内壁，而外壁仍保持圆滑？如果这么做同样可满足顾客要求，就会带来制造上的很大方便：模具遇到的上述精度问题不复存在，只要加工一个外壁的棱角与杯子的内壁棱角一致的芯模，用来在杯子成形时保证杯子的内形即可。

原则 28 的第二条建议使用电场、磁场或电磁场，据此可考虑把模具从水平方向分割开，分为杯底和杯壁两部分，用电蚀法取代机加法加工棱角。

2. 创造性问题的标准解决方案

物体—场分析揭示了系统冲突中本质性的问题。在得出系统的物体—场结构以后，就可以利用问题的标准解决方案进行物体—场结构的综合与转换，以便解决或至少避开系统冲突。

奥特舒勒归纳了 76 项标准，下面结合其中的两项介绍用标准解决方案解决问题的过程。

标准之一：如果对系统的要求难以通过对现有物体的更改来满足，对系统引入新的物体和场也没有限制，则问题可望通过引入物体—场结构中缺少的部分，合成一个完整的结构而得以解决。

例 9—6

制造带刷毛的塑料块，传统工艺是使用定制的模子。模子是一个附有一套针形突起的金属块，针的尺寸和样式随刷毛的尺寸和样式而定。生产时，模子浸入熔化的塑料中再拉起，带动附在针上的塑料从塑料液中拉出，形成刷毛的形状，刷毛长度达到要求后，用气冷法冷却塑料，再从针的末端把塑料切下。这一工艺的缺点是会有部分塑料黏在针上，在刷毛组合不同时需要频繁清洗。

对此进行物体—场分析。将熔化的塑料定为 S_1（目标物），发现传统工艺的物体—场结构中缺少工具 S_2 与场 F，为此引入 S_2 和 F 来控制 S_1。这一变化反映在物体—场结构上为：

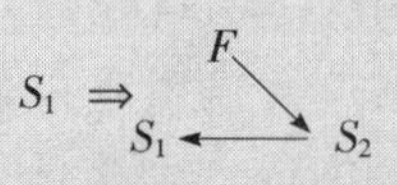

刷毛成形的过程是部分熔化的塑料受机械力而拉伸的过程。考虑到该工艺中如将 F 定为机械力则不好控制，故选用了磁场作用，S_2 则是将磁力转化为机械力的铁磁体。对应的物体—场结构为：

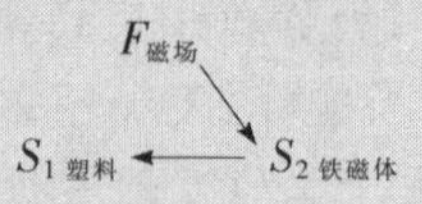

具体方案为：根据对刷毛的要求在熔化的塑料中加入磁粉，将原金属模替换为已磁化的铁磁体，置于塑料块带刷毛区的上方，磁粉在磁场作用下连同附带的塑料一起向上伸，形成刷毛。这一方法可以适应刷毛尺寸和样式的迅速改变。

标准之二：如果物体—场结构中两物体间既有好的作用又有坏的作用，而没有必要保持该两物体的直接联系，且不希望或不允许引入新的物体，则将两物体加以修正，组合成第三个物体，使问题得以解决。反映在物体—场结构上的转换为：

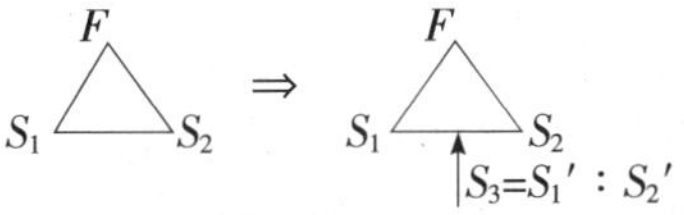

例 9—7

钢丸发送机的弯管部分是强烈磨损区，在弯管部分添加保护层的效果很有限。

对发送机进行物体—场分析，钢丸为目标物 S_1，管子为工具 S_2，F 为机械力。经分析发现，管子和钢丸间既有好的作用（管子为钢丸导向），又有坏的作用（钢丸冲击和磨损弯管部分）。采用本解决标准处理这一问题，修正物 S_3 可以是钢丸、管子或这两者。

解决方案：经过分析，选取 $S_3=S_1$，即用钢丸本身兼作保护层。实施办法为，在弯管外壁放置磁体，将飞行中的钢丸吸附在弯管内壁，形成保护层（见图 9—18）。

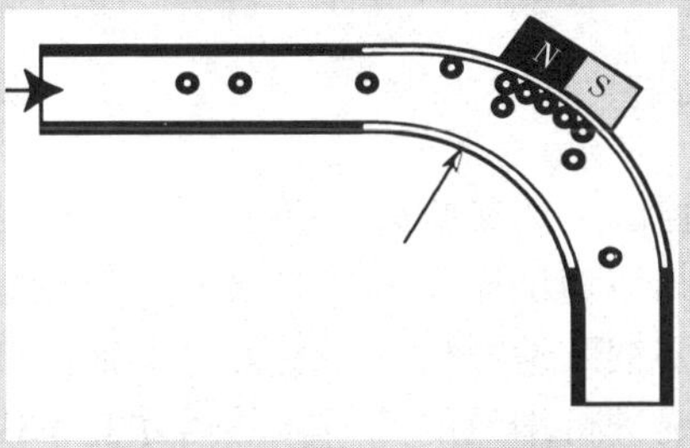

图 9—18　用钢丸自身保护弯管部分

9.4　稳健参数设计

稳健参数设计（robust parameter design）是工程实际问题中很有价值的统计方法。它通过选择可控因子的水平组合来减少一个系统（或产品、过程）对噪声变化的敏感性，从而达到减少此系统性能波动的目的。过程的输入变量（因子）有两类：可控因子（control factor）和噪声因子（noise factor）。可控因子是指其值一旦选定就保持不变的变量，它包括产品或生产过程设计中的设计参数，而噪声因子是在正常条件下难以控制的变量。我们在作参数设计时，就是把可控因子的设置当做我们研究的主要对象，与此同时让噪声因子按照设定的系统改变的方法来表示正常条件下的变化，最终按照我们预定的望大、望小或望目的目标选出最佳设置。从方法角度而言，我们可以使用乘积表（cross array）（即内外表）法和单一表（single array）（两类因子排在同一张表内）法两种方法。从建模策略而言，我们可以使用相应的位置及散度建模和响应建模两种建模策略。日本田口玄一（Genichi Taguchi）博士在参数设计方法方面贡献非常突出，他在设计中引入 SN 比（信噪比）的概念，并以此作为评价参数组合优劣的一种测度，这是很有价值的。

我们上面讨论到的响应变量都只是单个变量。在所研究的系统中，这个响应变量有特定的最佳值（望大、望小或望目），而且这个最佳值是不变的，这类响应被称为**简单响应**（simple response），这类系统被称为**简单响应系统**（simple response system）。在更复杂的系统中，响应变量显著地依赖于一个有效的信号因子，这个系统被称为**信号—响应系统**（signal-response system）。例如，研究自动车床生产质量问题，其重要指标就是加工出的零件直径的波动性。如果我们限定此零件直径是 50 mm，则可以将其生产工艺条件设计看成是望目特性的问题，波动越小越好，这里我们把生产的零件直径看成简单响应。但实际上，零件直径是由切削深度决定的，我们可以对切削深度加以控制，不同的切削深度会生产出不同直径的产品来。我们希望的是在各种直径零件情况下波动性都能很小。切削深度就是个**信号因子**（signal factor），整个生产过程就是用切削深度与零件直径间的信号—响应关系来刻画的，细致研究这种关系将比简单的望目特性研究要深入得多、复杂得多。在田口方法中，简单响应关系称为是有**静态**（static）特性的，对应的参数设计问题称为**静态参数设计**（static parameter design）。信号—响应关系称为是有**动态**（dynamic）特性的，对应的参数设计问题称为**动态参数设计**（dynamic parameter design）。本书将只讨论不含信号因子的简单响应问题，即静态情况下的参数设计问题。

9.4.1 参数设计的模型

产品性能指标除了受可控因子的影响外，还受到噪声因子的影响。一般的试验设计对误差的分析比较笼统，全都归为随机误差或试验误差。但在参数设计中，为了能达到产品或过程的稳定性优化，一定要细致地分析这些变差是如何形成的。首先要明确噪声因子的具体状况，对噪声因子的状况进行细致的分析，然后才能予以准确描述，进而设法在试验中反映这些变差，最后讨论如何通过参数设计来实现控制这些变差的目标。

1. 噪声因子的进一步分析

噪声因子（noise factor）就是在正常生产过程或使用条件下难以控制的因子，我们在本章中将不区分“噪声”与“难以控制”。噪声因子可能有很多类型，下面是一些常见的类型。

(1) 参数的变化。生产过程中的某些要素，由于在试验设计过程中并不发生设置的改变，我们就并未将它们设定为可控因子。在实际工作中，任何参数的控制都不可能完全准确，这就造成了误差。例如，反应罐中的温度很重要，如果要考虑它的变化影响，则我们可将它处理为可控因子；否则可以设定为常量，但实际上它是有波动的，因此一般情况要将温度这个参数的波动看成噪声因子。

(2) 原材料参数的变化。加工成产品的零部件有其名义值（nominal value），但是其实际值与名义值总会有偏离，这就造成了变异。由于原材料参数通常被我们选定作为可控因子，这类误差所形成的噪声因子也常称为**“内噪声”**（internal noise）。

(3) 环境的变化。环境条件对响应变量也会有直接的影响，而我们通常不将它们放入可控因子范围内。例如，手表运行快慢随温度的变化而波动，电视机的清晰度与输入电压的大小有密切关系，很多生产过程与室内条件有关，例如，温度（或湿度）、静电粒子数、输入电压等。我们要在参数设计中考虑如何使产品对这些环境的变化不敏感。我们称这种使用条件和环境条件的波动为外干扰，也称为**外噪声**（external noise）。

(4) 载荷因子。是指产品所承受的外部载荷。例如，洗衣机的设计中要考虑洗衣量的变化，汽车要考虑载重量的变化，冰箱要考虑开门次数的变化等等。

(5) 单元间差异与空间差异。原料的不同批次、操作工的不同安排、反应炉中不同位置会有不同温度等，这些差异也造成响应变量的波动。

（6）时间差异。时间差异是指一段较短的时间区间内，上下午的差异、同一周内不同的几天等产生的差异。

（7）耗损降级。耗损降级是指在一个长时期内，各种条件的缓慢衰变、元器件老化磨损、生物活性降级、材料耗损导致性能的长期变异。要让系统对此类变异的灵敏度减小。

本章前几节的试验设计中，一般是靠在单元上或在时间上进行重复试验来估计试验误差的大小，试验的最终目的还是针对响应变量本身（例如望大或望小）。而稳健参数设计则把响应变量的变差作为研究对象，寻找并识别出直接影响性能变差的变量，这比原来的要求大大深入了一步，功能也大为扩充了。

2. 试验与建模的策略

响应变量的变差如何才能减小呢？很自然的想法是，通过减小噪声的变差来实现减小响应变量的变差，但通常这要付出较高的经济代价。稳健参数设计则是更好的一种策略选择。这种策略是通过探索可控因子与噪声因子间的交互作用，从而用改变可控因子的水平组合的办法来减小响应变量的变差。因为可控因子通常易于改变，所以稳健参数设计比直接减小噪声变差更经济、更方便。

如果可控因子本身受到噪声的影响而有波动，响应变量与这个可控因子的关系是非线性的，则我们可以选择斜率较小的平坦区域从而使响应变量的变差减小。这样减小变差的方法比直接减小可控因子的噪声波动要便宜得多，其示意图可参见图9—19。一般人们是在**系统设计**（system design）选择确定了系统的构造之后，把选择参数的最佳设置以求减少响应变量变差的方法称为**参数设计**（parameter design），再进一步把如何限定可控因子的噪声波动的方法称为**容差设计**（tolerance design）。

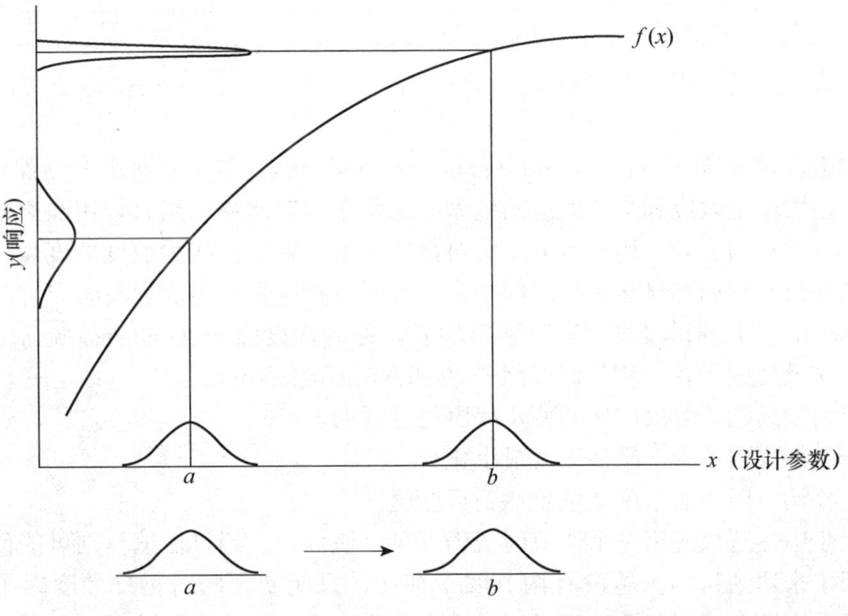

图9—19　选定平坦区域使响应变量变差减小

现在公认较好的试验与建模方法有两种：**用乘积表进行位置与散度建模及用单一表进**

行响应建模。

用乘积表进行位置与散度建模。为了考察可控因子的不同水平搭配的效果，我们要在一张**控制表**（control array）中安排这些可控因子，通常用全因子设计或部分实施的因子设计来进行。为了考察噪声因子的效应，要对控制表中每个试验条件安排一个**噪声表**（noise array）。这样做就相当于控制表中的每个水平组合与噪声表的所有组合相乘构成一个**乘积表**（cross array）[或**直积表**]。乘积表的示意见表 9—5。记 n_1 和 n_2 分别为控制表及噪声表的试验次数，则乘积表的试验次数为 $n=n_1\times n_2$。表 9—5 中，$n_1=9$，$n_2=8$，表中带“*”的地方表示一次试验，总计要进行 72 次试验。在田口设计术语中，常将乘积表称之为**内外表**（inter-outer array）。

表 9—5　　参数设计的乘积表

外表 / 内表				*d*	−	+	+	−	+	−	−	+		
				c	−	−	−	−	+	+	+	−		
				b	−	−	+	+	−	−	+	−		
				a	−	+	−	+	−	+	−	−		
					1	2	3	4	5	6	7	8		
	A	*B*	*C*	*D*	*y*1	*y*2	*y*3	*y*4	*y*5	*y*6	*y*7	*y*8	SN	*Y*bar
1	1	1	1	1	*	*	*	*	*	*	*	*		
2	1	2	2	2	*	*	*	*	*	*	*	*		
3	1	3	3	3	*	*	*	*	*	*	*	*		
4	2	1	2	3	*	*	*	*	*	*	*	*		
5	2	2	3	1	*	*	*	*	*	*	*	*		
6	2	3	1	2	*	*	*	*	*	*	*	*		
7	3	1	3	2	*	*	*	*	*	*	*	*		
8	3	2	1	3	*	*	*	*	*	*	*	*		
9	3	3	2	1	*	*	*	*	*	*	*	*		

对乘积表试验的数据该怎样建模和分析呢？一个很自然的想法就是位置和散度分别建模。

位置和散度建模法（location and dispersion modeling）就是分别建立位置和散度的度量值关于可控因子主效应和交互效应的模型。**对每个控制水平的组合**，用噪声重复试验的样本均值作为位置的度量，用样本方差的对数或样本方差本身作为散度的度量。对这两种度量，分别找出对它们有显著影响的因子来。凡对位置度量有显著影响者，称为**位置因子**（location factor）；凡对散度度量有显著影响者，称为**散度因子**（dispersion factor）；是位置因子但又非散度因子者，称为**调节因子**（adjustment factor）。

对于望目型问题，解决问题的两步程序是这样的：

（1）选择散度因子的水平使散度最小化；

（2）选择调节因子的水平使位置达到目标值。

在第二步中，若只使用一个调节因子仍不足以使位置达到目标值，则可能使用两个或多个调节因子来达到目的。若没有调节因子存在，只能使用同时仍是散度因子的位置因子，这时候，有可能当位置调整到目标时散度却增大了，这就需要重新调整散度因子，并且要在上述两步间进行迭代。如果第二步总也不能使位置达到目标值而且偏差明显时，第一步所得到的结果可能要推翻重来。甚至也有可能仅用这两步法找不到可控因子的最佳水平组合。

对于望大或望小特性问题，解决问题的两步程序是：

(1) 选择位置因子的水平使位置达到最大（小）；

(2) 选择非位置因子的散度因子的水平使散度最小化。

之所以可以使用位置—散度建模法来解决稳健参数设计问题，是因为在乘积表中，对于位置和散度的度量都是在相同的噪声表中进行的，位置（或散度）度量间的任何差异都可以归因于可控因子水平的组合。因此，乘积表的使用自然会导致用位置与散度建模法来寻求最优解。

3. 位置及散度的度量

取什么指标来作为**位置**及**散度**的度量是最好的呢？前面所说的样本均值及样本方差是常见的选择，但我们的响应变量优化的目标可能有望大、望小和望目三种形式，统一使用“信噪比”及“灵敏度”是田口提出的建议之一。粗略说来，对于望大、望小和望目三种形式，用不同的公式来定义信噪比后，我们的位置与散度建模法的优化步骤的第一步，都可以归结为信噪比极大化，第二步再根据不同的目标选不同的因子予以调节，不一定都选“灵敏度”作指标。下面给出不同特性情况下的**信噪比**（signal to noise ratio，S/N ratio）定义。

(1) 望目特性信噪比。望目特性的SN比与变异系数有着密切的关系。

设望目特性 y 为随机变量，期望值为 μ，方差为 σ^2，目标值为 m。对于望目特性 y 来说，我们希望：

1) $\mu=m$

2) σ^2越小越好

在概率论中，我们常用变异系数 $\gamma=\frac{\sigma}{|\mu|}$ 作为随机变量的离散性指标，即变异系数 γ 越小，说明随机变量（质量特性）可能值的密集程度越高。变异系数的优点是既考虑了标准差 σ 的影响，又考虑了期望值 μ 的影响。如果把标准差理解为绝对误差，则变异系数代表相对误差。

望目特性信噪比定义如下，令

$$\eta=\frac{\mu^2}{\sigma^2} \tag{9—5}$$

可见，望目特性信噪比 η 等于信号 μ^2 与噪声 σ^2 之比，也就是变异系数平方的倒数。因此，η 是随机变量的一个关于变异性的优良指标，其值越大越好。

η 的分子 μ^2 的估计 $\hat{\mu}^2$ 由 $\hat{\mu}^2=\frac{1}{n}(S_m-V_e)$ 确定，分母 σ^2 由

$$V_e=\frac{1}{n-1}\sum_{i=1}^{n}(y_i-\bar{y})^2 \tag{9—6}$$

确定，因此有

$$\hat{\eta}=\frac{\hat{\mu}^2}{\hat{\sigma}^2}=\frac{\frac{1}{n}(S_m-V_e)}{V_e} \tag{9—7}$$

在实际计算时，通常将估计 $\hat{\eta}$ 取常用对数再乘以 10，化为分贝值。在不致引起混淆的情况下，我们仍记为 η。有

$$\eta = 10\lg \frac{\frac{1}{n}(S_m - V_e)}{V_e}(\text{dB}) \tag{9—8}$$

式中：

$$\bar{y} = \frac{1}{n}\sum_{i=1}^{n} y_i$$

$$V_e = \frac{1}{n-1}\sum_{i=1}^{n}(y_i - \bar{y})^2$$

$$S_m = n\bar{y}^2$$

有时更简化为：

$$\eta = 10\lg \frac{\bar{y}^2}{V_e}(\text{dB}) \tag{9—9}$$

另一种信噪比 η 值的定义是只考虑样本的方差，定义为：

$$\eta = -10\lg V_e(\text{dB}) \tag{9—10}$$

（2）望小特性信噪比。当产品的质量特性 y 为望小特性时，一方面希望其数值越小越好，即等价于希望期望值 μ 的绝对值或 μ^2 越小越好；另一方面，希望 y 的波动越小越好，即相当于希望方差 σ^2 越小越好，也就是 $\mu^2+\sigma^2$ 越小越好，其倒数越大越好。因此，望小特性 y 的信噪比定义如下：

$$\eta = \frac{1}{\mu^2+\sigma^2} \tag{9—11}$$

注意，随机变量 y 的二阶原点矩 $E(y^2)$ 为：

$$E(y^2) = \mu^2 + \sigma^2 \tag{9—12}$$

因此，

$$\eta = \frac{1}{E(y^2)} \tag{9—13}$$

这说明望小特性 y 的信噪比 η 应取二阶原点矩 $E(y^2)$ 的倒数。

二阶原点矩 $E(y^2)$ 的无偏估计称为均方值 V_T：

$$V_T = \frac{1}{n}\sum_{i=1}^{n} y_i^2 \tag{9—14}$$

因此，η 的估计公式为：

$$\hat{\eta} = \frac{1}{V_T} = \frac{n}{\sum_{i=1}^{n} y_i^2} \tag{9—15}$$

取常用对数再乘以 10，化为分贝值，则得到望小特性信噪比的估计公式为：

$$\eta = -10\lg \frac{1}{n}\sum_{i=1}^{n} y_i^2 \text{ (dB)} \qquad (9\text{—}16)$$

(3) 望大特性信噪比。设 y 为望大特性，则$\frac{1}{y}$为望小特性。因此，将望小特性 SN 比的估计公式中 y_i 变换成$\frac{1}{y_i}$，可分别得到望大特性信噪比的估计公式：

$$\hat{\eta} = \frac{n}{\sum_{i=1}^{n} \frac{1}{y_i^2}} \qquad (9\text{—}17)$$

取常用对数再乘以 10，化为分贝值，则得到望大特性信噪比的估计公式：

$$\eta = -10\lg \frac{1}{n}\sum_{i=1}^{n} \frac{1}{y_i^2} \text{(dB)} \qquad (9\text{—}18)$$

以上我们介绍了用乘积表进行位置与散度建模的方法。这是目前最通用的做法，计算机软件也多按此思路编写程序。但是位置与散度建模方法也有其缺点，这就是用可控因子建立的位置与散度模型可能会掩盖可控因子与噪声因子之间的某些重要关系。因为建立的各项效应分析都只考虑了可控因子本身，噪声因子并没有连同可控因子一起予以考虑，特别是未能考虑二者的交互作用。另外，散度还可能并不是可控因子的线性函数，更有可能是其非线性函数，这些使建立度量散度的模型更加困难。再一点就是，乘积表所用的试验次数实在是太多了，因此提出一种全新的设想，即**用单一表直接进行响应建模**。

在这种**响应建模**（response modeling）方法中，不是计算噪声因子在重复试验上的方差，而是将响应变量 y 拟合为可控因子及噪声因子的函数，将这种拟合模型称为**响应模型**（response model）。安排试验时，也是将可控因子与噪声因子统一排在一张表中，这将大大减少试验次数。其设计及分析用到较多统计知识，本书从略。详细内容可以参看本书后所附参考文献中吴建福教授（C. F. Jeff. Wu）的著作。

9.4.2 参数设计的计划

对于实际应用问题，参数设计的主要步骤包括：

1. 制定可控因子水平表

同前几节介绍的一般的试验设计一样，首先要确定本问题中的可控因子名单，并确定它们各取多少水平。如果确实需要考虑某些因子间的交互作用，则最好选定所有因子取相同水平的**对称正交表**（symmetrical orthogonal array），这时交互效应容易得到估计，但水平数受到限制。在一般情况下，我们不应特别强调交互作用，可以选用混合水平的**非对称正交表**（asymmetrical orthogonal array），这使各因子水平数的选择有更多的考虑余地。

2. 制定控制表（或称内设计或内表）

一旦可控因子名单和它们的水平确定下来后，就可以选定控制表。全部二水平或全部三水平的全因子试验或部分实施因子试验都可以使用。例如二水平的 L4，L8，L16，L32；三水平的 L9，L27 等。如果有多种水平的混合，则可以选用 L12，L18，L36 等设计表。在稳健参数设计时，很少使用全因子试验，而多是采用部分实施而且不考虑其交互作用，因为这可以在较少次数的试验中考察相当多的因子，是很经济和有效的。

使用 MINITAB 软件可以自动形成内表。主要步骤是：从统计→DOE→田口→创建田口设计入口，根据自己选定的是对称型（各因子水平数相同）设计还是混合型设计，并考虑到可控因子个数，先可以从“显示可用设计”中观察和确认自己选定的试验次数是否可行。然后，从对话窗“设计”中，选定试验次数。注意这里的圈选框“为动态特征添加信号因子”是针对动态参数设计问题而给出的，我们在静态问题中，先不要管它。在对话窗“因子”中，选定因子名称，水平设置。如果有交互作用需要特别设定的话，注意在这里选择按键“交互作用”后，对要考虑的交互作用项名称予以设定，否则一律不考虑交互作用。全部输入完成后，即可输出设计表（即控制表，或称内表）。

3. 制定误差因子水平表

由于误差因子有很多种类型，要仔细分清每种误差的来源，并设定正确的计算公式。例如，可控因子的误差（用相对误差给出）也是应该作为误差因子来对待的，其取值的计算通常是依赖于可控因子本身的数值，而环境误差等则常取固定的设定值作为“外噪声”。

4. 制定噪声表（或称外设计或外表）

当误差因子取定后，如何安排噪声表（或称外表）是件非常重要的事。一般情况下，噪声表也采用正交表，因为它可以保证布点“均衡分散”，具有较好的均匀性，这时实施一次噪声表试验相当于在噪声变差范围内实施一次全面模拟试验。而实际上，相当于对内表的每一个试验都要安排一个全面的噪声表。

为了实现对内表的每一个试验都要安排一个全面的噪声表，要把内表（控制表）和外表（噪声表）“相乘”，相乘的方法如表 9—5 所示。内表是用 L9 安排 4 个可控因子，每个因子皆取三水平。外表是用 L8 安排 4 个误差因子，其中每个因子为二水平，按二分之一实施安排的。这样一来，搭配在一起共要做 $9\times8=72$ 次试验。

在用 MINITAB 软件进行稳健参数设计时，并不真正列出乘积表，误差表（外表）要自己另行安排，其试验结果按顺序填入响应变量的多个列中即可。

能够安排完成全面的乘积表试验当然会得到很好的结果，但噪声因子个数较多或噪声因子水平较多时，试验次数会很大，这时可以用较少次数的试验安排来代替。通常有两种方法可以解决此问题。第一种方法就是**综合误差法**，考虑在噪声表中选择少数几点（通常 3 或 4 点）能使误差达到最大的最具代表性的试验结果作为全部试验误差的代表，这就可以大大节省试验次数。第二种方法是第一种方法的特例，就是**最不利综合误差法**，在噪声表中只选两点最不利情况（一个正偏，一个负偏）作为全部试验误差的代表，这就使试验总次数更少了。具体如何选择噪声表要根据实际情况慎重确定。

安排好噪声表后，经过试验，将所有试验结果作为响应变量的多个取值并列排在试验表最右侧，这就完成了全部的试验实施及收集数据步骤。

9.4.3 参数设计实例分析

下面通过两个例子，分别说明望目和望大（小）类型问题的稳健参数设计的分析方法。

例 9—8

塑料袋口封装机封装强度分析

响应变量是封装强度，若封装强度过低，则被包装物容易脱落受损；若封装强度过高，则顾客拆解包装困难。封装强度目标定为 18kg。我们已经知道影响封装强度的因子有 3 个：温度、厚度及压力，希望能各取三水平。分析 3 个因子效应的显著性，寻求最佳搭配，以使封装强度与目标值 18kg 最为接近。为此，我们选用 L9 正交表，如表 9—6 所示。

表 9—6　　三水平正交表 L9

	A	*B*	*C*	*D*
1	1	1	1	1
2	1	2	2	2
3	1	3	3	3
4	2	1	2	3
5	2	2	3	1
6	2	3	1	2
7	3	1	3	2
8	3	2	1	3
9	3	3	2	1

将温度（取 60，75 及 90 摄氏度）、厚度（取 32，36 及 40 微米）和压力（取 1.00，1.25 及 1.50 千克）分别安排在上述表格的前 3 列，形成内表如表 9—7 所示。

表 9—7　　安排各因子的控制表（内表）

	温度	厚度	压力
1	60	32	1.00
2	60	36	1.25
3	60	40	1.50
4	75	32	1.25
5	75	36	1.50
6	75	40	1.00
7	90	32	1.50
8	90	36	1.00
9	90	40	1.25

对于误差因子，选定温度（±5%）、厚度（±10%）及压力（±5%）。

我们要用 MINITAB 软件生成田口试验计划表，其步骤如下：

从统计→DOE→田口→创建田口设计入口，控制表的 3 个因子，每个因子皆三水平，故选水平数为 3，因子数为 3。在对话窗“设计”中选定 9 次试验，在对话窗“因子”中选定因子名称，并输入各因子具体水平，这就可以形成田口设计的内表了（见表 9—8 的前 4 列）。

用综合误差法，对内表中的每行选取最不利状况，进行 2 次试验。结果列在数据文件表内（见表 9—8 的第 5，6 两列）中，表中最后 3 列是计算机自动算出的结果。

表 9—8　　封装试验结果数据表

	温度	厚度	压力	y1	y2	信噪比	标准差	均值
1	60	32	1.00	19.0	16.0	18.328 6	2.121 32	17.50
2	60	36	1.25	18.4	18.0	36.170 5	0.282 84	18.20
3	60	40	1.50	17.5	17.0	33.766 7	0.353 55	17.25
4	75	32	1.25	18.6	17.5	27.312 0	0.777 82	18.05
5	75	36	1.50	19.3	17.0	20.953 3	1.626 35	18.15
6	75	40	1.00	19.1	18.5	32.930 4	0.424 26	18.80
7	90	32	1.50	18.4	16.0	20.116 6	1.697 06	17.20
8	90	36	1.00	17.0	16.5	33.511 2	0.353 55	16.75
9	90	40	1.25	15.9	14.5	23.724 6	0.989 95	15.20

对于以上数据的分析，我们可以直接使用 MINITAB 软件来进行。

计算机软件提供了全部要用手工计算的结果，包括信噪比、均值等。用 MINITAB 的操作如下：

从统计→DOE→田口→分析田口设计入口，将两列结果（如果有多列计算方法也相同）都放入“响应变量”内。在对话窗“图形”中选定要输出信噪比、均值图形。在对话窗“存储”中选定要输出信噪比、均值、标准差数值。在对话窗“选项”中选定信噪比计算公式：对于望目者，可以选用通常信噪比$\left(\eta=10\lg\frac{\bar{y}^{2}}{V_e}\right)$，也可以单纯考虑样本方差选用（$\eta=-10\lg V_e$），本例选定$\left(\eta=10\lg\frac{\bar{y}^{2}}{V_e}\right)$。计算结果如下：

田口分析：y1，y2 与 温度，厚度，压力

信噪比响应表

望目（10 * Log10（Ybar ** 2/s ** 2））

水平	温度	厚度	压力
1	29.42	21.92	28.26
2	27.07	30.21	29.07
3	25.78	30.14	24.95
Delta	3.64	8.29	4.12
排秩	3	1	2

均值响应表

水平	温度	厚度	压力
1	17.65	17.58	17.68
2	18.33	17.70	17.15
3	16.38	17.08	17.53
Delta	1.95	0.62	0.53
排秩	1	2	3

在第一个**信噪比响应表**望目［10 * Log10（Ybar ** 2/s ** 2)］分析中，可以看到每个因子的各水平的信噪比均值和**极差**（delta），从极差的大小排序（排秩）中，可以看出在各因子对于信噪比的影响中，以因子B为最重要，因子C次之，因子A最小。

在第二个**均值响应表**分析中，可以看到各因子的各水平均值的平均值和均值的**极差**（delta）。从极差的大小排序（rank）中，可以看出在各因子对于平均值的影响中，以因子A为最重要，因子B，C都很小。

可以初步判定，因子B，C对望目特性信噪比影响最大，因而为散度因子，因子A对平均值影响最大，因而为位置因子，而且由于A对于望目特性信噪比影响很小，可以认定因子A为调节因子。

再来看有关图形（见图9—20及图9—21），也证实了上述分析结果。

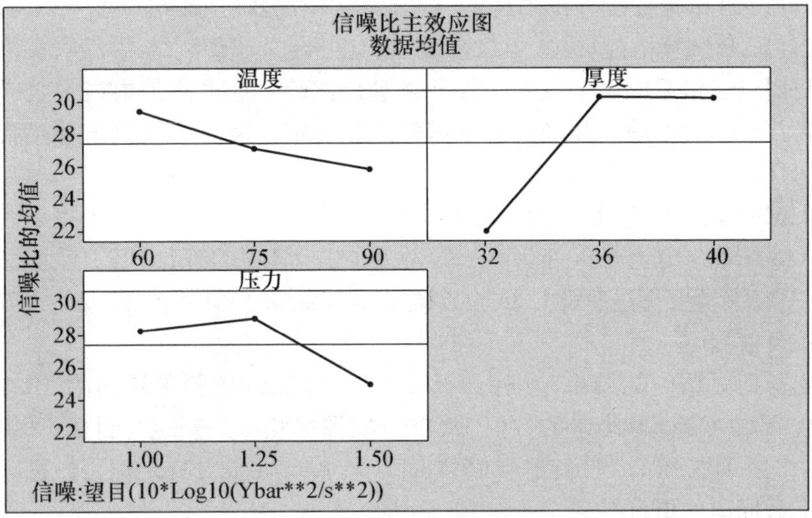

图9—20　信噪比的主效应图

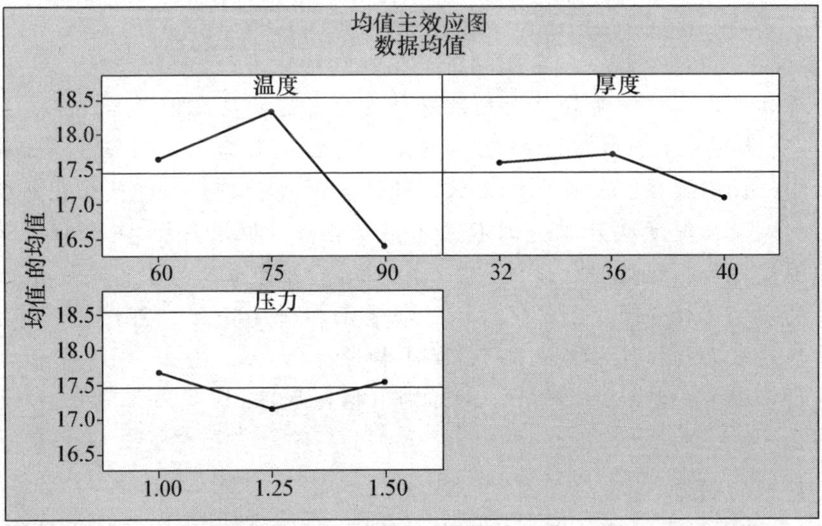

图9—21　响应变量均值的主效应图

根据对于望目特性的解决问题程序，首先选择散度因子的水平使散度最小化。在本例中，SN最佳水平应确认为：B（厚度）取二水平，C（压力）取二水平。此时试验条件为二号（A=1）：实际结果是SN=36.17，Mean=18.20。

下一步是确定均值的最佳水平及预测。对于田口试验设计的预测方法，通常是使用主效应叠加方法来计算的（因为通常在田口设计中不考虑交互作用），这样预测的结果一般还是可信的，但也有很多情况甚至与实际试验结果有较大偏离，为了更深入了解这方面的问题以及解决方法，可以参看茆诗松、马逢时和吴建福（1990）的论文。此处只给出计算结果。

（1）现有的在搭配（A1B2C2）处（温度=60）的2次实际试验结果之平均为18.20，而MINITAB根据主效应叠加方法得到的预测结果为$Y=17.5889$；

（2）MINITAB试算搭配（A2B2C2）处（温度=75），预测结果$Y=18.2722$；

（3）MINITAB试算搭配（A3B2C2）处（温度=90），预测结果$Y=16.3222$。

注意，我们对于最后的两个试验条件并未进行试验，这里只是根据主效应的叠加而得到的预测值，并不一定准确，要经过验证试验才能肯定。从上述结果来看，我们可以有下列两种最终选择：

（1）如果试验结果的数值18.20（实测平均结果）与目标18的误差可以容忍，则可以选A=60（A1），即选定生产条件为A1，B2及C2；但它的理论预测值为$Y=17.5889$，与目标18相差较大，要再进行验证试验以确认最终结果，但数值18.20是实际试验的结果，应该比较可信。

（2）希望得到更精确的结果，则由于A2，B2，C2的预测平均值为18.2722，离18较近，而A1，B2，C2试验结果的数值18.20（实测平均结果）也与目标18接近，故可以固定B，C两个因子取B2，C2，在A=60（A1）及A=75（A2）之间再做进一步试验，以寻求更接近于目标值的更好结果。

下面以钛合金磨削工艺参数的优化设计为例，说明**望小特性**的参数设计方法。

例9—9

钛合金磨削工艺参数的优化设计

钛合金以其强度高、重量轻、耐热性好和具有良好的抗腐蚀性等优点，被人们誉为“未来的钢铁”，目前已广泛应用于航空、航天、造船和化工等工业部门。但是，钛合金的导热系数小、黏附性强、抗氧化能力低，致使磨削性能极差。即使采用特制的砂轮磨削钛合金，其表面粗糙度也只能达到Ra>0.6（μm），即相当于Δ6～Δ7。为了进一步降低表面粗糙度，今用稳健参数设计方法优化钛合金磨削工艺参数。

试验目的：优化钛合金磨削工艺参数，将表面粗糙度降至0.2μm以下。

质量特性：表面粗糙度y（即Ra），望小特性。

试验指标：以望小特性选定信噪比η，则η越大越好。

1. 试验计划的制定

（1）制定可控因子水平表。据专业知识，选用对表面粗糙度影响较大的因子作为磨削工艺参数中的可控因子，即

A：工件转速

B：修整砂轮时的走刀量

C：工件纵向走刀量

D：磨削深度

为了减少试验次数，其他因子，如冷却液、磨床、磨削用量及修整用量中的其他一些参数均固定不变。选取可控因子水平见表9—9。

表9—9　钛合金磨削工艺试验的可控因子水平表

因子 / 水平	A（转/分）	B（mm/转）	C（mm/转）	D（mm）
1	112	0.03	0.82	0.005
2	160	0.06	3.30	0.002 5
3	80	0.09	1.65	0.001 25

表中因子的水平为随机排列，因子间交互作用可以忽略。选用三水平正交表，进行9次试验。

(2) 确定综合误差因子及其水平。本例质量特性表面粗糙度 y 是不可计算的，只能通过试验测出其值。为了减少试验次数，外设计采用最不利综合误差因子法。

对于望小特性，综合误差因子 N' 取如下两种水平：

N'_1：标准条件

N'_2：正侧最坏条件

本例对下表中的每号方案，分别在综合误差因子 N' 的两个水平 N'_1，N'_2 下各测得一个数据 y_{i1}，y_{i2}（$i=1$，2，…，9），全部试验结果列在表9—10中。

表9—10　钛合金磨削工艺试验结果数据表

A	B	C	D	y1	y2	SNRA1	MEAN1	STDE1
1	1	1	1	0.162	0.184	15.221 6	0.173 0	0.015 556 3
1	2	2	2	0.259	0.313	10.834 1	0.286 0	0.038 183 8
1	3	3	3	0.178	0.206	14.310 9	0.192 0	0.019 799 0
2	1	2	3	0.204	0.211	13.658 4	0.207 5	0.004 949 7
2	2	3	1	0.226	0.244	12.572 3	0.235 0	0.012 727 9
2	3	1	2	0.167	0.178	15.259 8	0.172 5	0.007 778 2
3	1	3	2	0.213	0.228	13.126 8	0.220 5	0.010 606 6
3	2	1	3	0.157	0.188	15.229 3	0.172 5	0.021 920 3
3	3	2	1	0.238	0.271	11.868 0	0.254 5	0.023 334 5

我们以MINITAB为例说明分析过程。从统计→DOE→田口→分析田口设计，将 $y1$，$y2$ 放入响应变量，注意在对话窗“选项”选中“望小”特性，即以 $\eta=-10\lg\frac{1}{n}\sum_{i=1}^{n}y_i^2$ 为

信噪比，最后可得下列结果：

田口分析：y1，y2 与 A，B，C，D

信噪比响应表

望小（—10Log10（sum（Y＊＊1）/h）

水平	A	B	C	D
1	13.46	14.00	15.24	13.22
2	13.83	12.88	12.12	13.07
3	13.41	13.81	13.34	14.40
Delta	0.42	1.12	3.12	1.33
排秩	4	3	1	2

均值响应表

水平	A	B	C	D
1	0.217 0	0.200 3	0.172 7	0.220 8
2	0.205 0	0.231 2	0.249 3	0.226 3
3	0.215 8	0.206 3	0.215 8	0.190 7
Delta	0.012 0	0.030 8	0.076 7	0.035 7
排秩	4	3	1	2

标准差响应表

水平	A	B	C	D
1	0.024 513	0.010 371	0.015 085	0.017 206
2	0.008 485	0.024 277	0.022 156	0.018 856
3	0.018 620	0.016 971	0.014 378	0.015 556
Delta	0.016 028	0.013 906	0.007 778	0.003 300
排秩	1	2	3	4

注意到对于望大或望小型问题，我们解决问题的两步程序是这样的：

（1）选择位置因子的水平使位置达到最大（小）。

（2）选择非位置因子的散度因子的水平使散度最小化。

从上述**信噪比响应表**及**均值响应表**的结果看出，这两方面的评价是一致的，即影响位置的因子顺序首先是 C，然后是 D 和 B，而 A 就次要多了。选 S/N 最大同时使平均值最小的最佳搭配是 C1 D3 B1，散度因子的顺序是 A，B，C 及 D。因此，A 是非位置因子的散度因子，它取 A2 将使散度最小。因此最佳搭配应选 A2 B1 C1 D3。

从下面的三个效应图（见图 9—22 至图 9—24）上可以得到同样结论。

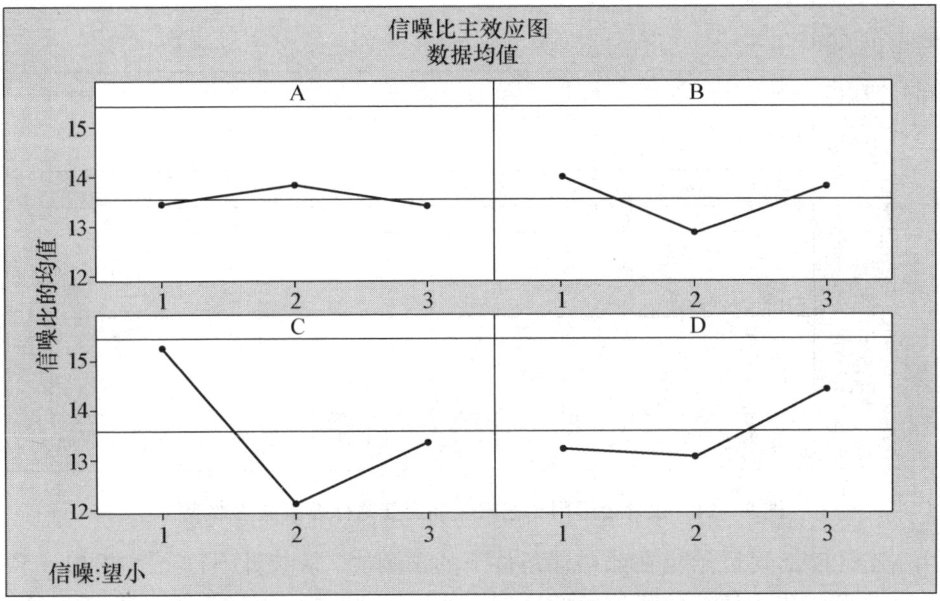

图 9—22　钛合金磨削工艺试验信噪比的主效应图

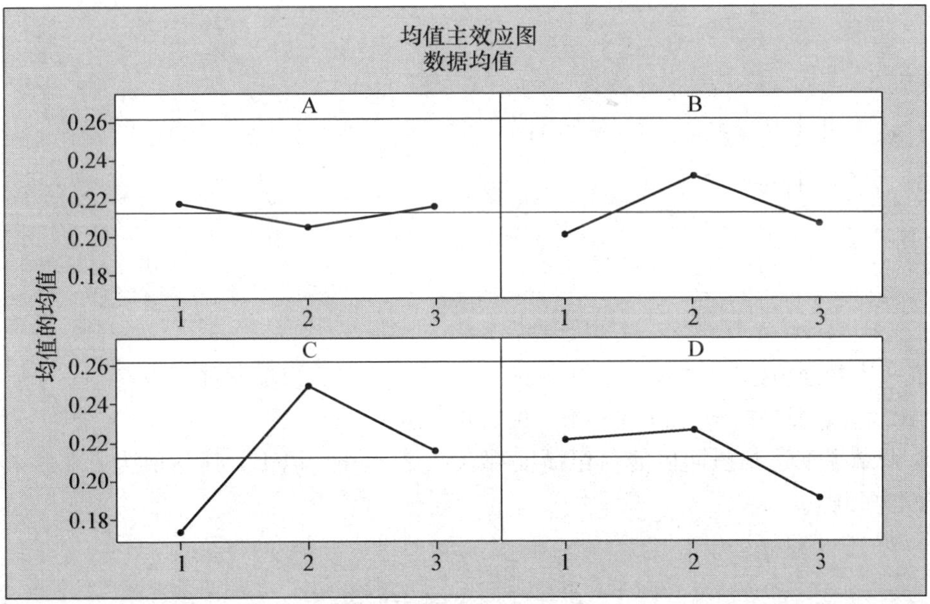

图 9—23　钛合金磨削工艺试验响应变量均值的主效应图

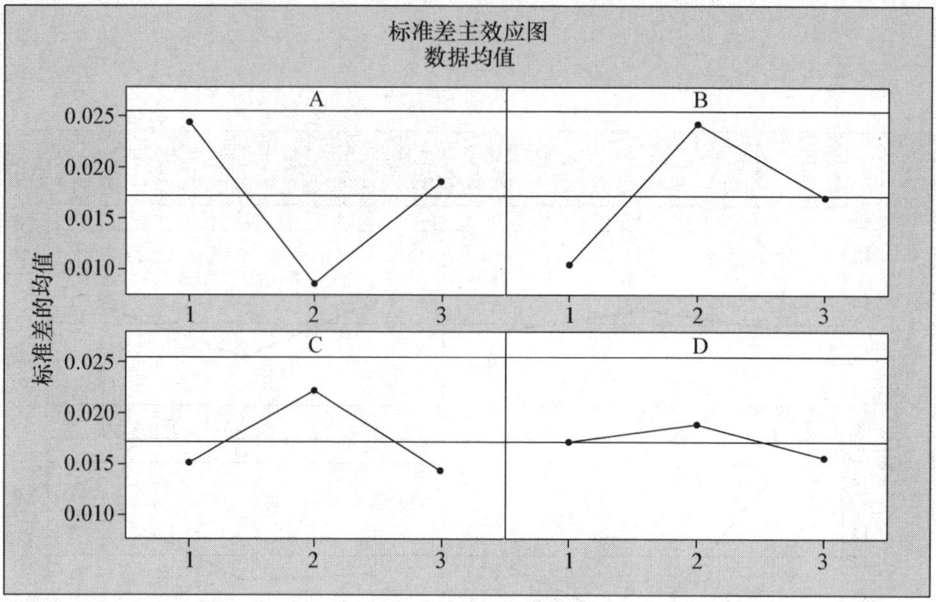

图 9—24　钛合金磨削工艺试验响应变量标准差的主效应图

利用 MINITAB 可以给出在此最佳条件下的预测值。从统计→DOE→田口→预测田口结果入口，选定输出均值，信噪比及标准差，再在“项”中选定 A，B，C，D，在“水平”中选定 A2 B1 C1 D3，即可得到下列结果：

预测值

信噪比	均值	标准差	Ln (StDev)
16.775 1	0.130 833	−0.002 121 3	−5.477 91

预测的因子水平

A	B	C	D
2	1	1	3

按工艺参数 A2B1C1D3 作 5 次验证试验，测得其表面粗糙度如下：

0.138，0.139，0.159，0.145，0.166（μm）

这 5 个结果都达到预期目的，粗糙度都在 0.2（μm）以下，其均值为 0.149（μm），η 值为 16.49（dB）。

9.5　容差设计

9.5.1　质量损失函数

按照田口提出的理论，要评价产品设计质量的好坏，只要计算损失函数就够了。本章主要介绍运用质量损失函数确定产品容差的方法。

1. 望目特性的损失函数

设产品的质量特性 y 为望目特性，m 为目标值。称下述函数为望目特性的损失函数。

$$L(y)=k(y-m)^2 \tag{9—19}$$

式中，k 为与 y 无关的常数。它可以按下述方法确定：

$$k=A_0/\Delta_0^2=A/\Delta^2 \tag{9—20}$$

式中，Δ_0为产品的功能界限；A_0为产品丧失功能时的损失；Δ 为产品的容差；A 为产品不合格的损失。

若已知质量特性 y 的 n 个观测值 y_1，y_2，…，y_n时，则产品的平均质量损失为：

$$\overline{L}(y)=k\frac{1}{n}\sum_{i=1}^{n}(y_i-m)^2=kV_T \tag{9—21}$$

式中
$$V_T=\frac{1}{n}\sum_{i=1}^{n}(y_i-m)^2 \tag{9—22}$$

2. 望小特性的损失函数

设产品的质量特性 y 为望小特性，则 y 不取负值，且理想值为零。此时，只要在式（9—19）至式（9—22）中，令 $m=0$ 便可得到望小特性的损失函数和平均质量损失。

$$L(y)=ky^2 \tag{9—23}$$

$$k=A_0/\Delta_0^2=A/\Delta^2 \tag{9—24}$$

$$\overline{L}(y)=k\frac{1}{n}\sum_{i=1}^{n}y_i^{\ 2}=kV_T \tag{9—25}$$

式中
$$V_T=\frac{1}{n}\sum_{i=1}^{n}y_i^{\ 2} \tag{9—26}$$

3. 望大特性的损失函数

设产品的质量特性 y 为望大特性，则 y 不取负值，且理想值为无限大。此时，只要将 $1/y$ 视为望小特性，便可得到望大特性的损失函数和平均质量损失。

$$L(y)=k/y^2 \tag{9—27}$$

$$k=A_0\Delta_0^2=A\Delta^2 \tag{9—28}$$

$$\overline{L}(y)=k\frac{1}{n}\sum_{i=1}^{n}\frac{1}{y_i^{\ 2}}=kV_T \tag{9—29}$$

式中
$$V_T=\frac{1}{n}\sum_{i=1}^{n}\frac{1}{y_i^2} \tag{9—30}$$

9.5.2 容差的确定方法

1. 由安全系数确定容差

本节引入的安全系数的定义是田口博士提出的，与通常工程技术中的安全系数不是完全相同的概念，应注意两者的区别。

（1）安全系数定义。设 A_0 为达到功能界限时的平均损失，主要是用户的损失；A 为不合格品时的工厂损失。则安全系数 Φ 为：

$$\Phi=\sqrt{\frac{A_0}{A}} \tag{9—31}$$

由于 $A_0>A$，因此安全系数 Φ 大于 1。安全系数 Φ 越大，说明丧失功能时的损失也越大。因此，对于要求有很高安全性的产品，相应的安全系数 Φ 比较大。一般采用安全系数 $\Phi=4\sim5$。

（2）望目、望小特性情形。望目和望小特性的容差 Δ 和丧失功能的界限 Δ_0 之间具有如下关系式：

$$\Delta=\sqrt{\frac{A}{A_0}}\Delta_0 \tag{9—32}$$

由式（9—31）和式（9—32）可知，当已知功能界限 Δ_0 和安全系数 Φ 时，则容差 Δ 为：

$$\Delta=\frac{\Delta_0}{\Phi} \tag{9—33}$$

例 9—10

设某电视机电源电路的直流输出电压的目标值 $m=120\text{V}$，功能界限 $\Delta_0=25\%\times m$，丧失功能后用户的平均损失（包括修理费及修理后电视机仍不能使用的损失等）$A_0=500$ 元，工厂内超出规格的产品，可采用改变电路中电阻值进行调整（包括电阻费用和人工费用等），$A=2$ 元，试求安全系数 Φ 和容差 Δ。

$$\Phi=\sqrt{\frac{A_0}{A}}=\sqrt{\frac{500}{2}}=15.8$$

容差 $$\Delta=\frac{\Delta_0}{\Phi}=\frac{0.25\times120}{15.8}=1.9(\text{V})$$

合格品范围

$$m\pm\Delta=120\pm1.9=(118.1\text{V},121.9\text{V})$$

（3）望大特性情形。望大特性的容差 Δ 和丧失功能的界限 Δ_0 之间具有如下关系式：

$$\Delta=\sqrt{\frac{A_0}{A}}\Delta_0 \tag{9—34}$$

由式（9—31）和式（9—34），当已知功能界限 Δ_0 和安全系数 Φ 时，则容差 Δ 为：

$$\Delta=\Phi\Delta_0 \tag{9—35}$$

例 9—11

用硬聚氯乙烯型材加工塑料门窗。当材料的拉伸强度低于 31MPa 时，门窗就会断裂，此时造成的损失 $A_0=500$ 元；而因材料不合格，工厂作报废处理的损失 $A=120$ 元，试求硬聚氯乙烯型材的安全系数 Φ 与容差 Δ。

质量特性拉伸强度为望大特性，已知 $\Delta_0=31$MPa，$A_0=500$ 元，$A=120$ 元，因此：

$$\Phi=\sqrt{\frac{A_0}{A}}=\sqrt{\frac{500}{120}}=2.04$$

$$\Delta=\Phi\Delta_0=2.04\times 31=63.24(\text{MPa})$$

因此所用型材的强度下限为 63.24MPa。

2. 下位特性容差的确定

现在让我们来看一看如何根据上位特性（结果特性）的容差或功能界限，确定下位特性的容差。

设产品的上位特性为 y，下位特性为 x，考虑最简单的情况，设当下位特性 x 变化单位量时，相应上位特性 y 的变化量为 b，即 y 与 x 之间存在如下线性关系：

$$y=a+bx \tag{9—36}$$

Δ_y 为上位特性的容差；
A_y 为上位特性的不合格损失；
Δ_{0y} 为上位特性的功能界限；
A_{0y} 为上位特性丧失功能的损失；
Δ_x 为下位特性的容差；
A_x 为下位特性的不合格损失；
m_y 为上位特性的目标值；
m_x 为下位特性的目标值；
b 为 x 每变化一个单位时，相应 y 的变化量；
a 为 $x=0$ 时，相应 y 的值。
下位特性 x 的容差 Δ_x 有以下两个计算公式：

$$\Delta_x=\sqrt{\frac{A_x}{A_y}}\times\frac{\Delta_y}{|b|} \tag{9—37}$$

$$\Delta_x=\sqrt{\frac{A_x}{A_{0y}}}\times\frac{\Delta_{0y}}{|b|} \tag{9—38}$$

例 9—12

收录机稳压电源电路的质量特性为输出电压 y，公差为 $m_0\pm1.5$V。电路中某个电阻的中心值为 m，阻值变化对输出电压的影响为 $b=0.5$V/kΩ。当输出电压超出容差，导致产品不合格的损失 $A_y=20$ 元。在组装前发现电阻不合格时，工厂损失 $A_x=0.5$ 元，求该电阻的容差 Δ_x。

已知$\Delta y=1.5\mathrm{V}$，$A_y=20$元，$A_x=0.5$元，$b=0.5\mathrm{V/k\Omega}$，由式（9—37），电阻的容差Δ_x为：

$$\Delta_x=\sqrt{\frac{A_x}{A_y}}\times\frac{\Delta_y}{|b|}=\sqrt{\frac{0.5}{20}}\times\frac{1.5}{0.5}=0.474(\mathrm{k\Omega})$$

因此，电阻的容差为0.474kΩ。

3. 老化系数容差的确定

（1）老化特性和老化系数。随时间推延而向同一倾向发生变化的特性称为老化特性（或劣化特性）。例如，电阻的阻值随着时间的延长而逐渐变大；机械零件的磨损量随时间延长越来越大；化学电池的电压随储存时间的增加渐渐降低等均为老化特性。

另外，像钟表的快慢，如在一个月内要快多少或慢多少；炮弹引信中火药延时机构的延时特性随温度高低而变化等质量特性，虽然不是老化特性，但也可以用下面提供的方法，类似老化特性来处理。

由于特性随时间推延而老化，老化量在不同截止时间是不同的，所以首先必须确定设计寿命。

为了简便起见，只讨论老化特性随时间呈线性变化的情况。设产品老化特性y的设计寿命为T，老化系数为β，α为初始值，y随时间t呈线性变化，即

$$y=\alpha-\beta t,\quad 0<t<T \tag{9—39}$$

老化系数β的容差Δ^*的含义是：在整个寿命期间，若$\beta>\Delta^*$，表示为不合格品，此时相应的损失为A^*元。

本节主要讨论当老化特性y的功能界限Δ_0、丧失功能的损失A_0和设计寿命T已知时，如何确定老化系数β的容差。下面分初始值等于目标值和不等于目标值两种情形进行讨论。

（2）初始值等于目标值的情形。设老化特性y的目标值为m，当$t=0$时，$y=m$，则式（9—39）简化为：

$$y=m-\beta t,\quad 0<t<T \tag{9—40}$$

其图形如图9—25所示。

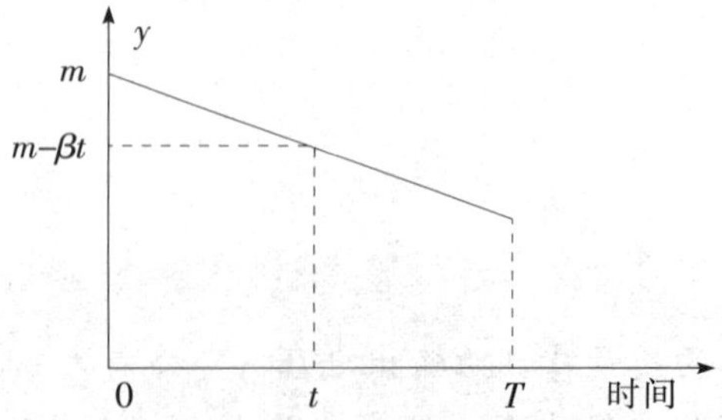

图9—25　当$y_0=m$时的老化特性

老化系数β的容差Δ^*的计算公式如下：

$$\Delta^* = \sqrt{\frac{3A^*}{A_0}} \times \frac{\Delta_0}{T} \tag{9—41}$$

例 9—13

某机械零件尺寸 y 的设计初始值为目标值 m，设计寿命 $T=10$ 年，当磨损量达到 300μm 时就不能正常使用，即功能界限 $\Delta_0=300\mu m$，此时的损失 $A_0=80$ 元。若每年平均磨损量 β 不合格，产品降级使用的损失 A^* 为=5 元，求 β 的容差 Δ^*。

$$\Delta^* = \sqrt{\frac{3A^*}{A_0}} \times \frac{\Delta_0}{T} = \sqrt{\frac{3\times 5}{80}} \times \frac{300}{10} = 13(\mu m/\text{年})$$

因此，每年平均磨损 β 的容差为 13μm/年。

（3）初始值不等于目标值的情形。设老化特性 y 的初始值为 $y_0 \neq m$。不失一般性，设 $y_0 > m$，且当 $t=T/2$ 时，$y=m$。则式（9—39）简化为：

$$y=m+\beta T/2-\beta t, \quad 0<t<T \tag{9—42}$$

其图形如图 9—26 所示。

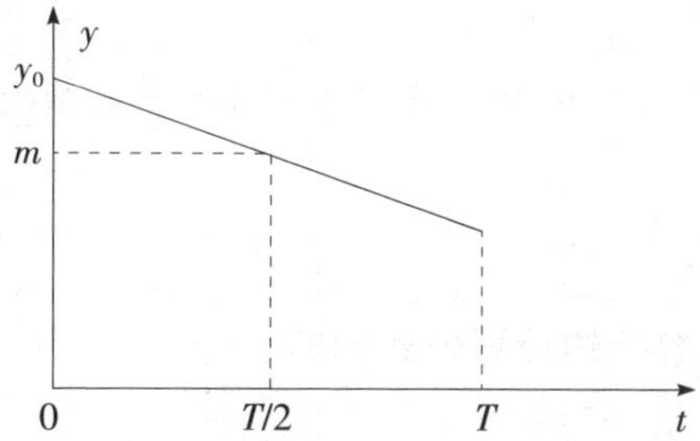

图 9—26　当 $y_0>m$ 时的老化特性

初始值不等于目标值的老化系数 β 的容差 Δ^* 的计算公式如下：

$$\Delta^* = \sqrt{\frac{12A^*}{A_0}} \times \frac{\Delta_0}{T} \tag{9—43}$$

比较式（9—41）和式（9—43）可知，初始值大于目标值情形下老化系数 β 的容差 Δ^* 较初始值等于目标值时要大。故初始值选取得比目标值大为好。

例 9—14

在例 9—13 中，设初始值 y_0 不等于目标值，当 $t=5$ 年时，零件尺寸 y 等于目标值 m，其他条件不变，求每年平均磨损 β 的容差 Δ。

$$\Delta = \sqrt{\frac{12A^*}{A_0}} \times \frac{\Delta_0}{T} = 2\sqrt{\frac{3A^*}{A_0}} \times \frac{\Delta_0}{T} = 2\,\Delta^* = 2\times 13 = 26(\mu m/\text{年})$$

因此，每年平均磨损 β 的容差为 26μm/年。

4. 下位特性的老化系数容差的确定

设产品的上位特性为 y，下位特性为 x，y 与 x 之间具有线性关系。此处介绍下位特性 x 的老化系数 β 的容差的确定方法。具体符号如下：

Δ_y 为上位特性的容差；

A_y 为上位特性的不合格损失；

m_y 为上位特性的目标值；

Δ_x 为下位特性的容差；

A_x 为下位特性的不合格损失；

m_x 为下位特性的目标值；

b 为 x 每变化一个单位时，相应 y 的变化量；

a 为 $x=0$ 时，相应 y 的值；

T 为下位特性的设计寿命；

β 为下位特性的老化系数；

Δ^* 为下位特性的老化系数的容差；

A^* 为 β 不合格时的损失。

上位特性 y 与下位特性 x 之间具有下列关系式

$$y=a+bx \tag{9—44}$$

由式（9—37）可知，下位特性 x 的初期容差 Δx 可由下式给出：

$$\Delta_x=\sqrt{\frac{A_x}{A_y}}\times\frac{\Delta_y}{|b|} \tag{9—45}$$

下位特性 x 的老化系数 β 的容差的计算公式为：

$$\Delta^*=\sqrt{\frac{3A^*}{A_y}}\times\frac{\Delta_y}{|b|T} \tag{9—46}$$

例 9—15

在车间照明中，当灯泡的照度变化 $\Delta_y=50\text{lx}$ 时，因质量方面发生故障的修理费用 $A_y=150$ 元。而当灯泡的发光强度变化 1cd（坎德拉）相应照度要变化 0.8lx，即 $b=0.8\text{lx/cd}$。灯泡的初期发光强度超出规格时可进行调整，调整费用 $A_x=3$ 元。对于老化情形，当超出规格时则报废处理，损失 $A^*=32$ 元。设计寿命为 $T=20\,000\text{h}$，试求灯泡初期发光强度的容差 Δ 及发光强度老化系数的容差 Δ^*。

初期发光强度的容差为：

$$\Delta=\sqrt{\frac{A_x}{A_y}}\times\frac{\Delta_y}{|b|}=\sqrt{\frac{3}{150}}\times\frac{50}{0.8}=8.8(\text{cd})$$

发光强度老化系数的容差为：

$$\Delta^*=\sqrt{\frac{3A^*}{A_y}}\times\frac{\Delta_y}{|b|T}=\sqrt{\frac{3\times32}{150}}\times\frac{50}{0.8\times20\,000}=0.002\,5(\text{cd/h})$$

9.5.3 望目、望小特性的容差设计

容差设计的主要工具是质量损失函数。运用质量损失函数计算产品的质量损失，并按照“使社会总损失（即质量损失与成本之和）最小”的原则来确定合适的容差。

例 9—16

设计某机械产品，其材料可从 A_1、A_2、A_3 三种材料中任选。三种材料的线性膨胀系数 b_i（温度每变化 1℃时 A_i 的延伸量）、每年磨损量 β_i 和价格 P_i 如表 9—11 所示。设产品功能界限 $\Delta_0=6\mu m$，丧失功能时的损失 $A_0=702$ 元，设计寿命 $T=20$ 年，温度标准差 $\sigma_x=15$℃，试问选择哪种材料最合适？

表 9—11　　例 9—16 数据表

i	材料	b_i（μm /℃）	β_i（μm /年）	价格 P_i（元）
1	A_1	0.08	0.15	7.02
2	A_2	0.03	0.06	13.65
3	A_2	0.01	0.05	24.57

解： 设产品在标准温度下出厂时的尺寸等于目标值，因此三种材料由于温度变化和老化引起的质量特性波动的均方偏差 V_{Ti} 为

$$V_{Ti}=b_i^2\sigma_x^2+\frac{1}{3}T^2\beta_i^2,\quad i=1,2,3 \tag{9—47}$$

而三种材料的质量水平 L_i 为：

$$L_i=\frac{A_0}{\Delta_0^2}V_{Ti}=19.5\,V_{Ti} \tag{9—48}$$

材料 A_1 的 V_{T1} 和 L_1 计算如下：

$$V_{Ti}=b_i^2\sigma_x^2+\frac{1}{3}T^2\beta_i^2=0.08^2\times15^2+\frac{20^2}{3}\times0.15^2=4.44(\mu m)$$

$$L_1=19.5V_{T1}=19.5\times4.44=86.58(\text{元})$$

可以类似计算出 V_{T2}，V_{T3}，L_2，L_3 等，具体结果见表 9—12。

表 9—12　　例 9—16 最终计算结果

i	材料	b_i（μm /℃）	β_i（μm /年）	价格 P_i（元）	V_{Ti}（μm）	质量水平 L_i（元）	总损失（元）	L_i/P_i
1	A_1	0.08	0.15	7.02	4.44	86.58	93.60	12.33
2	A_2	0.03	0.06	13.65	0.68	13.31	26.96	0.98
3	A_2	0.01	0.05	24.57	0.36	6.94	31.51	0.28

表 9—12 中，总损失为：

$$L_{Ti}=P_i+L_i,\quad i=1,2,3 \tag{9—49}$$

从表9—12中可看出，材料A_2的总损失L_{T2}最小，是最佳材料。而且采用A_2时，质量损失和成本之间达到平衡，两者之比接近1。

通过容差设计，我们得到产品的成本，即不合格品损失A为：

$$A=A_2=13.65(\text{元})$$

因此，最佳条件下的安全系数为：

$$\Phi=\sqrt{\frac{A_0}{A}}=\sqrt{\frac{702}{13.65}}=7.17$$

9.5.4 望大特性的容差设计

例9—17

某系统的设计中需选用一种树脂管，希望其强度越大越好。设树脂管的强度和价格均与管子的截面积成正比，单位截面积强度$b=80\text{N/mm}^2$，单位截面积价格$a=40$元$/\text{mm}^2$。又当应力$\Delta_0=5\,000\text{N}$时，树脂管会断裂，此时的损失$A_0=30$万元。试设计这种管子的最佳截面积。

设截面积为x，其价格$P=ax$，其强度$y=bx$，相应损失函数为：

$$L=L(y)=\frac{A_0\Delta_0^2}{y^2}=\frac{A_0\Delta_0^2}{(bx)^2} \tag{9—50}$$

因此，总损失L_T为：

$$L_T=P+L=ax+\frac{A_0\Delta_0^2}{(bx)^2} \tag{9—51}$$

因x的最佳解是使L_T达最小值，故有$\frac{\mathrm{d}L_T}{\mathrm{d}x}=0$，即

$$a=\frac{2A_0\Delta_0^2}{b^2x^3} \tag{9—52}$$

可得管子的最佳截面积为：

$$x=\left(\frac{2A_0\Delta_0^2}{ab^2}\right)^{\frac{1}{3}} \tag{9—53}$$

将$a=40$元$/\text{mm}^2$，$b=80\text{N/mm}^2$，$A_0=30$万元，$\Delta_0=5\,000\text{N}$代入式（9—53），得到

$$x=\left(\frac{2\times300\,000\times5\,000^2}{40\times80^2}\right)^{\frac{1}{3}}=388(\text{mm}^2)$$

因此，成本、质量损失和总损失分别为：

成本　$P=ax=40\times388=15\,520$（元）

质量损失 $L=L(y)=\frac{300\,000\times5\,000^2}{(80\times388)^2}=7\,784$（元）

总损失 $L_T=P+L=15\,520+7\,784=23\,304$（元）

这样就得到最佳截面积 $x=388\text{mm}^2$，它是使生产成本与质量损失之和达到最小的截面积。

最佳条件下，成本 P 等于不合格品的损失 A，因此安全系数为：

$$\Phi=\sqrt{\frac{A_0}{A}}=\sqrt{\frac{300\,000}{15\,520}}=4.4$$

从而可得到强度 y 的容差 Δ，有

$$\Delta=\Phi\Delta_0=4.4\times5\,000=22\,000(\text{N})$$

9.5.5 贡献率法

1. 单因素情况

例 9—18

设乳剂黏度 x（单位：P）与涂布厚度 y（单位：μm）之间存在线性关系。涂布厚度的目标值 $m=24\mu\text{m}$，容差 $\Delta=10\mu\text{m}$。当涂布厚度不合格时，该涂布为不合格品，此时损失为每单位面积 $A=16$ 元。现引进某种自控装置，对黏度进行自动控制，将使黏度的容差 Δ_x 减小一半。该自控装置的价格为 50 万元，每年经费（利息偿还、运转费等）占其 40%，涂布每年产量为 6 万个单位面积，问引进黏度自控装置是否可行？为了进行贡献率分析，现每隔 2 小时，把黏度为 x 的乳剂涂布一次，共涂 15 次，测得涂布厚度 y 的数据如表 9—13 所示。

表 9—13　　例 9—18 数据表

I	$X(p)$	$y(\mu\text{m})$	i	$x(p)$	$y(\mu\text{m})$	i	$x(p)$	$y(\mu\text{m})$
1	6.5	20	6	8.8	25	11	9.2	34
2	10.6	43	7	9.2	39	12	8.9	26
3	9.3	39	8	7.0	17	13	9.0	30
4	8.9	23	9	7.9	22	14	8.3	23
5	7.6	19	10	7.5	21	15	6.8	15

(1) 回归直线的确定。对表 9—13 中的数据进行计算，得

$$\begin{cases}\bar{x}=\dfrac{1}{15}\displaystyle\sum_{i=1}^{15}x_i=8.37\\ \bar{y}=\dfrac{1}{15}\displaystyle\sum_{i=1}^{15}y_i=26.4\\ L_{xx}=\displaystyle\sum_{i=1}^{15}x_i^2-\dfrac{1}{15}\Big(\sum_{i=1}^{15}x_i\Big)^2=17.77\\ L_{xy}=\displaystyle\sum_{i=1}^{15}x_iy_i-\dfrac{1}{15}\Big(\sum_{i=1}^{15}x_i\Big)\Big(\sum_{i=1}^{15}y_i\Big)=120.6\\ b=\dfrac{L_{xy}}{L_{xx}}=\dfrac{120.6}{17.77}=6.79\\ a=\bar{y}-b\bar{x}=26.4-6.79\times8.37=-30.43\end{cases}\tag{9—54}$$

因此，所求回归直线为：

$$y=a+bx=-30.43+6.79x \quad (9—55)$$

（2）试验数据的统计分析（见表 9—14）。

表 9—14　　方差分析表

来源	偏差平方和 S	自由度 f	方差 V	纯波动 S'	贡献率 ρ(%)
m	$S_m=86.4$	1	$V_m=86.4$	$S'_m=68.53$	$\rho_m=6.0$
x	$S_x=819.3$	1	$V_x=819.3$	$S'_x=801.43$	$\rho_x=70.4$
e	$S_e=232.3$	13	$V_e=17.87$	$S'_e=268.04$	$\rho_e=23.6$
T'	$S'_T=1\,138$	15	$V_T=75.87$	$S'_T=1\,138$	100

（3）系统偏差的校正。由于 $m=24\mu\text{m}$，$\bar{y}=26.4\mu\text{m}$，故存在系统偏差 $\bar{y}-m=26.4-24=2.4$（μm）

由式（9—55）式可得：

$$\bar{x}=\frac{m-a}{b}=\frac{24+30.43}{6.79}=8.02(\text{P})$$

上式说明，只要将黏度 x 的均值从原来的 $\bar{x}=8.37\text{P}$ 调整到 $\bar{x}'=8.02\text{P}$，则可望使涂布平均厚度 $\bar{y}'=m=24\mu\text{m}$，从而使贡献率 $\rho'_m=0$；

（4）损失函数与平均质量损失函数的确定。

由条件 $m=24\mu\text{m}$，$\Delta=10\mu\text{m}$，$A=16$ 元，则损失函数 $L(y)$ 和平均质量损失函数 $\bar{L}$ 分别为：

$$L(y)=\frac{A}{\Delta^2}(y-m)^2=0.16\,(y-24)^2$$

$$\bar{L}=\frac{A}{\Delta^2}\left[\frac{1}{n}\sum_{i=1}^{n}(y_i-m)^2\right]=\frac{A}{\Delta^2}V_T=0.16\times75.87=12.14(\text{元})$$

（5）容差设计。引进自控装置后 $\Delta'_x=\Delta_x/2$，又 $\rho_m=0.06$，$\rho_x=0.704$，于是新的质量水平 L_N 为：

$$L_N=\bar{L}\left\{1-\rho_m-\rho_x\left[1-\left(\frac{\Delta'_x}{\Delta_x}\right)^2\right]\right\}=12.14\times\{1-0.06-0.704\times0.75\}=5.00(\text{元})$$

可得到容差设计表（见表 9—15）。

表 9—15　　例 9—18 计算结果

方案	成本 P（元）	平均质量损失 L（元）	总损失 $L_T=P+L$（元）
原方案	0	$\bar{L}=12.14$	$L_T=12.14$
自控装置	$P'=3.33$	$L_N=5.00$	$L'_T=8.33$

说明引进自控装置后，每件产品可减少损失 3.81 元。以年产 6 万件计，年增益 22.86 万元，因此是可行方案。

2. 多因素情况

例 9—19

要设计一个电感电路，此电路由电阻 R（单位：Ω）和电感 L（单位：H）组成，线路图如图 9—27 所示。

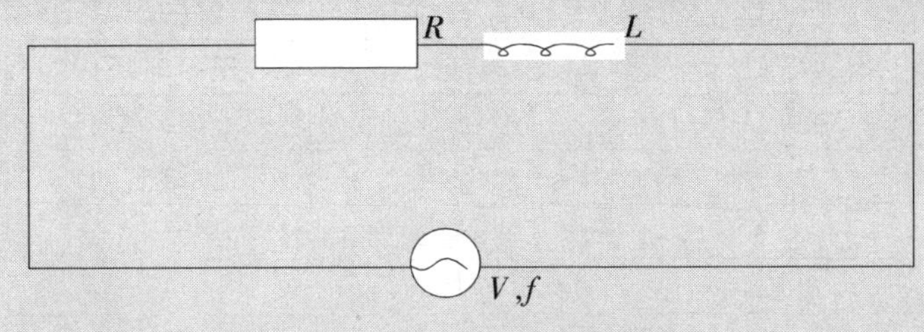

图 9—27 电感电路图

当输入交流电压为 V（单位：V）和电源频率为 f（单位：Hz）输出电流的强度为

$$y=\frac{V}{\sqrt{R^2+(2\pi fl)^2}} \tag{9—56}$$

质量特性 y 的单位为安培 A。

设质量特性 y 的目标值 $m=10$A，用户对输出电流强度的容许范围为 $m\pm4$A，即 $\Delta_0=4$A；超出此范围后的善后服务等损失为 $A_0=160$ 元。

设以最佳参数 $R=9.5\Omega$，$L=0.01$H 进行容差设计，原方案采用三级品的电阻和电感，问是否存在更好的容差设计方案？

(1) 试验方案的设计。本例有 4 个误差因素，即电源电压 V，电源频率 f，电阻 R 和电感 L。可利用正交表来设计试验方案。

误差因素都取三水平，误差因素 V 和 f 根据外界客观条件确定：

$$V_1=90\text{V},\quad V_2=100\text{V},\quad V_3=110\text{V}$$
$$f_1=50\text{Hz},\quad f_2=55\text{Hz},\quad f_3=60\text{Hz}$$

电阻 R 和电感 L 以最佳参数为第二水平，即 $R_2=9.5\Omega$，$L2=0.01$H，都采用三级品，波动范围为 ±10%，则可得到误差因素水平表 9—16。

表 9—16　　例 9—19 数据表

因素 / 水平	V(v)	f(Hz)	R(Ω)	L(H)
1	90	50	8.55	0.009
2	100	55	9.50	0.010
3	110	60	10.45	0.011

选用正交表 $L_9(3^4)$，将误差因素 V，f，R，L 顺序上列，得到试验方案见表 9—17。

表 9—17　　例 9—19 正交表

水平＼因素	V(v)	f(Hz)	R(Ω)	L(H)
1	1 (90)	1 (50)	1 (8.55)	1 (0.009)
2	1	2 (55)	2 (9.50)	2 (0.010)
3	1	3 (60)	3 (10.45)	3 (0.011)
4	2 (100)	1	2	3
5	2	2	3	1
6	2	3	1	2
7	3 (110)	1	3	2
8	3	2	2	3
9	3	3	1	1

再由式（9—56）计算表 9—17 中 1～9 号条件下的质量特性值 y，其结果见表 9—18。

表 9—18　　例 9—19 试验结果及分析

水平＼因素	V(v)	f(Hz)	R(Ω)	L(H)	y_i	$y'_i=y_i-10$
1	1 (90)	1 (50)	1 (8.55)	1 (0.009)	9.99	−0.01
2	1	2 (55)	2 (9.50)	2 (0.010)	8.90	−1.10
3	1	3 (60)	3 (10.45)	3 (0.011)	8.01	−1.99
4	2 (100)	1	2	3	9.89	−0.11
5	2	2	3	1	9.17	−0.83
6	2	3	1	2	10.70	0.70
7	3 (110)	1	3	2	10.08	0.08
8	3	2	2	3	11.76	1.76
9	3	3	1	1	10.90	0.9
T_{1j}	26.90	29.96	32.45	30.06	$T=89.4$	
T_{2j}	29.76	29.83	29.69	29.68	$T'=-0.6$	
T_{3j}	32.74	29.61	27.26	29.66		

注意，第 j 列的部分和 T_{1j}，T_{2j}，T_{3j} 是对 y_i 求和，而不是对 y'_i 求和。

（2）试验数据的统计分析。由于因素的水平是等间隔的，所以可利用正交多项式回归理论把因素引起的波动平方和分解为一次项、二次项引起的波动平方和，并求出相应的贡献率。具体步骤如下：

1）偏差平方和。

$$S'_T=\sum_{i=1}^{n}(y_i-m)^2=\sum_{i=1}^{9}(y'_i)^2$$
$$=(-0.01)^2+(-1.10)^2+\cdots+(0.90)^2=10.28\,(\mathrm{A}^2)$$

2）均值偏差平方和。

$$S_m = n(\bar{y}-10)^2 = \frac{1}{n}(\sum_{i=1}^{n} y_i')^2 = \frac{(-0.6)^2}{9} = 0.04\,(A^2)$$

3）各因素一次项、二次项引起的波动平方和。本例采用正交表 $L_9(3^4)$，总试验次数 $n=9$，水平数 $k=3$，水平重复数 $\gamma=3$。从附表正交多项式表中可查出：

$W_{11}=-1$， $W_{21}=0$， $W_{31}=1$， $\lambda_1{}^2S_1=2$，
$W_{12}=1$， $W_{22}=-2$， $W_{32}=1$， $\lambda_2{}^2S_2=6$，

因此，可算出

$$S_{vl}=\frac{(W_{11}T_{11}+W_{21}T_{21}+W_{31}T_{31})^2}{r\lambda_1^2 S_1}=\frac{(-1\times 26.90+32.74)^2}{3\times 2}=5.68(A^2)$$

$$S_{vq}=\frac{(W_{12}T_{11}+W_{22}T_{21}+W_{32}T_{31})^2}{r\lambda_2^2 S_2}=\frac{(26.9-2\times 29.76+32.74)^2}{3\times 6}=8\times 10^{-4}(A^2)$$

可类似计算 S_{fl}，S_{fq}，S_{Rl}，S_{Rq}，S_{Ll}，S_{Lq} 将这些结果整理成下面的统计分析表（见表 9—19）。

本例有 4 个误差因素，选用 L_9（3^4）时没有空列作为误差列。为了估计试验误差的方差，把方差较小的项，即 $V<0.01$ 有“Δ”记号的项合并成误差项，并得到误差平方和$S_{\bar{e}}$。

表 9—19　　例 9—19 计算结果

来源	S	f	V	S'	ρ (%)
m	0.04	1	0.04	0.036 4	0.35
V_e	5.68	1	5.68	5.676 4	55.22
ΔV_q	Δ0.000 08	Δ1	—	—	—
f_l	0.02	1	0.02	0.0164	0.16
Δf_q	Δ0.000 045	Δ1	—	—	—
R_l	4.49	1	4.49	4.486 4	43.64
ΔR_q	Δ0.006 05	Δ1	—	—	—
L_l	0.03	1	0.03	0.026 4	0.26
ΔL_q	Δ0.007 2	Δ1	—	—	—
e	0	0	—	—	—
($\bar{e}$)	(−0.014 5)	(4)	(−0.003 6)	(−0.031 1)	(−0.32)
T	10.28	9	1.14	10.28	100

（3）正交多项式回归方程的确定。从表 9—19 中可以看出，V_e和 R_l的贡献率较大，均为显著项。根据正交多项式回归理论，质量特性 y 与显著项之间的回归方程为：

$$\hat{y}=\bar{y}+b_{1v}(V-\bar{V})+b_{1R}(R-\bar{R}) \tag{9—57}$$

上式中

$$\bar{y}=\frac{1}{9}\sum_{i=1}^{n}y_i=\frac{89.4}{9}=9.93(A)$$

$$\bar{V}=100,\quad \bar{R}=9.5(\Omega)$$

回归系数

$$b_{1v}=\frac{W_{11}T_{11}+W_{21}T_{21}+W_{31}T_{31}}{\gamma\lambda_1 S_1 h_v}$$

$$b_{1R}=\frac{W_{11}T_{13}+W_{21}T_{23}+W_{31}T_{33}}{\gamma\lambda_1 S_1 h_R}$$

从附表 13“正交多项式系数表”中可查出 $\lambda_1 S_1=2$，而水平间隔 $h_v=10\text{V}$，$h_R=0.95\Omega$，因此有

$$b_{1v}=\frac{-1\times 26.90+1\times 32.74}{3\times 2\times 10}=0.097$$

$$b_{1R}=\frac{-1\times 32.45+1\times 27.26}{3\times 2\times 0.95}=-0.910$$

所以回归方程为：

$$\hat{y}=9.93+0.097(V-100)-0.910(R-9.5)$$

当 $V=100\text{V}$，$R=9.5\Omega$ 时，质量特性 y 的估计 $\hat{y}=9.93\text{A}$，它与目标值 $m=10\text{A}$ 相差不大，可以不进行调整。说明在参数设计阶段已对系统偏差进行校正。

(4) 损失函数与质量水平的确定。由已知条件 $\Delta_0=4\text{A}$，$A_0=160$ 元，$m=10\text{A}$，可得到电流强度 y 的损失函数为：

$$L(y)=\frac{A}{\Delta_0^2}(y-m)^2=\frac{160}{4^2}(y-10)^2=10\,(y-10)^2$$

n 件产品 y_1，y_2，…，y_n 的质量水平为：

$$\bar{L}=\frac{A}{\Delta_0^2}V_T=10\,V_T=10\times 1.14=11.4(\text{元})$$

说明在原方案中，当 R 和 f 都采用三级品时，每件产品的平均质量损失为 11.4 元。

(5) 容差设计。本例中只有 $\rho_{V1}=0.552\,2$，$\rho_{R1}=0.436\,3$ 较大，且电压为环境因素，不宜压缩容差。所以只考虑对电阻 R 的容差进行压缩。

现有两个容差设计方案：电阻 R 采用二级品，容差 $\Delta_R'=\Delta_R/2$，增加成本 $P'=3$ 元；电阻 R 采用一级品，容差 $\Delta_R''=\Delta_R/10$，增加成本 $P''=5$ 元。

对第一方案，其质量水平为：

$$L_N'=\bar{L}\left\{1-\rho_m-\rho_{Rl}\left[1-\left(\frac{\Delta_R'}{\Delta_R}\right)^2\right]\right\}=11.4\times\{1-0.0035-0.4364\times0.75\}=7.6(\text{元})$$

对第二方案，其质量水平为：

$$L_N''=\bar{L}\left\{1-\rho_m-\rho_{Rl}\left[1-\left(\frac{\Delta_R''}{\Delta_R}\right)^2\right]\right\}=11.4\times\{1-0.0035-0.4364\times0.99\}=6.4(\text{元})$$

于是得到容差设计表（见表 9—20）。

表 9—20　两个方案比较表

方案	成本 P（元）	平均质量损失 L（元）	总损失 $L_T=P+L$（元）
原方案 Δ_R	0	11.4	11.4
第一方案 $\Delta'_R=\Delta_R/2$	3	7.6	10.6
第二方案 $\Delta''_R=\Delta_R/10$	5	6.4	11.4

可见，第一方案为最佳容差设计方案。综上所述，我们选取电阻 R 的中心值为 9.5Ω 的二级品，电感 L 的中心值为 0.01H 的三级品，以此组装电感电路，输出电流强度的期望值为 10A，达到目标值，且总损失最少。

9.6 FMEA 分析

9.6.1 FMEA 方法的适用范围

六西格玛设计的目的是减少产品的质量波动，从而减少各种质量问题，包括故障。在产品研发和设计优化、过程优化、质量改进、售后服务等工作中，FMEA 是一种复杂度介于因果分析图（鱼刺图）法和试验设计/田口方法之间的质量问题分析方法。FMEA（failure mode effects analysis）在我国被译为“故障模式与影响分析”，迄今基本上也只应用于故障的分析。应当注意，名词“故障”来自于英文单词 failure，就英文本意而言，failure 的含义是“失败、失效、故障、事故、中断、损坏、折断、衰退、缺少、不足等”，可见 failure 的含义本不限于“故障”，而是包含了各种质量问题在内。FMEA 方法的适用范围包括产品和工艺设计中的各种质量问题的分析。在国际标准 ISO 9004：2000《质量管理体系　业绩改进指南》中，已把 FMEA 作为对“产品和过程的确认和更改”以及对“设计和开发”进行风险评估的工具。

为了不出现更多的名词，也为了充分利用 20 年来 FMEA 方法在可靠性工程中应用的经验和基础，本节仍沿用“故障模式与影响分析”的名称。在分析表格中，被分析的问题也仍称为“故障模式”，但强调本章中所称“故障”均泛指各种质量问题，“故障模式”是指质量问题模式。另外，本节介绍的 FMEA 方法实际上已包括以估算风险度（风险优先级数）RPN 为主的简化的危害性分析方法。

9.6.2 FMEA 方法的分类

1. 硬件法和功能法

当产品可按设计图纸及其他工程设计资料明确确定时，一般采用硬件法，这种分析方法适用于从零件级开始分析质量问题，再扩展到部件级、产品级、系统级，即自下而上地进行。也可从任一层次开始进行分析。硬件法 FMEA 是较为严格的。

当产品处于研发初期，设计图纸尚未形成时，一般采用功能法进行 FMEA 分析。这种方法认为产品应具备若干功能，而功能可按输出的质量特性分类，质量特性可按一定的技术指标来度量。使用功能法时，将输出的质量特性一一列出，并对其故障进行分析。

采用功能法时，一般自上而下进行分析，即从约定层次向下分析。也可在产品的任一层次开始朝任一方向进行。

2. DFMEA 和 PFMEA

FMEA 还可以划分为设计 FMEA（DFMEA）和过程 FMEA（PFMEA）。DFMEA 适用于产品设计阶段的故障模式与影响分析，PFMEA 则适用于工艺设计和生产制造过程的故障模式与影响的分析。

进行 FMEA 的目的是分析产品或过程的故障模式及其产生的影响或后果，并对可能出现的各种故障模式采取设计、工艺或操作方面的改进或补偿措施。

9.6.3 FMEA 的一般程序

1. 建立产品的框图或过程的流程图

(1) 收集分析产品（或系统，下同）的技术规范，明确产品的任务阶段及工作方式，产品的结构及功能描述，产品的工作环境及任务时间等。

(2) 根据需要建立产品的功能框图。在产品研发初期采用功能法开展 FMEA 分析或被分析的产品较复杂时，应建立产品的功能框图以表示产品及其各功能单元的工作情况和相互关系，以及产品和每个约定层次的功能逻辑顺序。

(3) DFMEA 框图。进行 DFMEA 前，应把产品分割成具有独立功能的部件，分析其余度结构，按照完成任务和满足顾客需求的要求，建立用于 DFMEA 的框图。根据需要，DFMEA 框图可以包括原材料、机器设备、环境条件、人的因素、计算机软件等与产品故障模式与影响有关的要素，这是 DFMEA 框图与可靠性框图的不同之处。

(4) 过程流程图。由于大量的过程一般都是成熟的过程，为了突出重点，在进行 PFMEA 前，应建立过程流程/风险评估图，列出所有的工序，进行风险评估，选择高风险的工序进行 PFMEA。

2. 填写 FMEA 表格

DFMEA 是以设计工程师为主的团队分析产品每一个潜在的故障模式，并确定其发生原因和机理的一种分析技术，通过填写 DFMEA 表格来完成；PFMEA 则是以制造主管工程师为主的团队分析过程的每一个潜在的故障模式，并确定其发生原因和机理的一种分析技术，通过填写 PFMEA 表格来完成。通用的故障模式与影响分析表和过程故障模式与影响分析表，分别见 9.6.4 节和 9.6.5 节。

在分析产品的某一故障模式时，一般可只考虑对于产品工作的影响，但如果某几个故障模式同时发生的概率不能忽略不计时，还应考虑这几个故障模式同时发生的情况，作为一个新的故障模式来处理。如果发现严重度 $S \geqslant 8$ 的故障模式，必须采取设计和工艺的更改措施，以消除这些故障模式或明显降低其发生的概率；对于 RPN，应规定某一临界值 C，当某一故障模式的故障原因的 $RPN \geqslant C$ 时，应采取纠正或补偿措施；C 的取值应根据组织的具体要求来定，例如可定为 120～150 以上。

DFMEA 和 PFMEA 分析应形成按技术责任制审签的技术报告，其重点是：本产品（或过程）的薄弱环节是什么？与竞争对手比较，本产品（或过程）有哪些不足？针对顾客当前的和潜在的需求，有何改进措施？必须暂时保留的 $S \geqslant 8$ 的故障模式应列出清单。

随着产品研发的进展，DFMEA 和 PFMEA 分析应不断地进行修订和迭代，FMEA 报告应与产品相符，并成为积累排故经验、不断改进产品质量的有力工具。

9.6.4 DFMEA 分析

广义质量包括产品的功能、性能、可靠性、维修性、安全性、保障性、环境适应性、价格、外观、经济性、按时交货、售后服务等所有的质量特性。从工程上具体操作而言，质量是指符合技术规范（包括产品规范、工艺规范、材料规范等）、工作说明和技术经济合同的要求，符合国家和行业的有关法规与标准，符合用户需求（含潜在需求）和参与市场竞争的要求。凡不符合这些要求的都是质量问题，在本章中，都称之为“故障”和“故障模式”。

1. DFMEA 分析用表格及填写说明

DFMEA 分析用表见表 9—21，填表说明如下：

第（1）栏（产品或部件/功能）：填写被分析产品或部件的名称，该名称应与产品图纸或技术规范一致；并填写该产品或部件的功能，包括与接口设备的相互关系。

第（2）栏（潜在的故障模式）：分析人员应根据产品技术规范和国家、行业的有关规定和标准所确定的各质量特性的指标要求，结合工程实践经验和类似产品所发生的故障，分析确定所有可能出现的故障模式。

第（3）栏（故障影响）：填写每个潜在的故障对产品使用、功能或状态所导致的后果。如果被分析的产品不是最终产品，必要时还需考虑故障对更高层次的产品直至最终产品的影响。

第（4）栏（严重度 S）：按照表 9—22 所推荐的产品故障严重度（S）评分标准确定故障模式的严重度 S。

第（5）栏（故障原因/故障机理）：确定并说明与潜在的故障有关的各种原因，包括设计缺陷、工艺缺陷、人机料法环因素、特定的物理化学过程等。必要时还应考虑相邻层次的故障原因。

第（6）栏（频度 O）：估计每个故障模式和故障起因发生的可能性，按照表 9—23 所推荐的产品故障频度（O）评分标准来确定故障模式或故障起因的频度数 O。

表 9—21 故障模式与影响分析表

初始约定层次　　　　完成部门：　　　　DFMEA 编号：　　　　第　　页共　　页

约定层次　　　　分析：　　　　审核：　　　　批准：　　　　填表日期：　　年　　月　　日

(1) 产品或部件/功能	(2) 潜在的故障模式	(3) 故障影响	(4) 严重度 S	(5) 故障原因/故障机理	(6) 频度 O	(7) 设计控制	(8) 检测难度 D	(9) 风险度 RPN	(10) 建议的改进或补偿措施	(11) 责任部门/责任人及完成日期	改进后				
											(12) 实施的改进/补偿措施和日期	(13) 严重度 S	(14) 频度 O	(15) 检测难度 D	(16) 风险度 RPN

表 9—22　　**推荐的产品故障严重度（S）评分标准**

影响	评分标准	严重度
无警告的严重危害	在没有任何预兆的情况下发生的、影响使用安全或违反有关法律法规的极其严重的故障模式。	10
有警告的严重危害	在有故障预兆的情况下发生的、影响使用安全或违反有关法律法规的极其严重的故障模式。	9
很大	产品（或系统）不能工作、丧失基本功能的严重故障模式，顾客非常不满。	8
大	产品（或系统）能工作但性能下降的故障模式，顾客不满。	7
中等	产品（或系统）能工作但司职舒适和方便的一些部件损坏，顾客感觉不便。	6
小	产品（或系统）能工作但司职舒适和方便的一些部件降级工作，顾客感觉有些不便。	5
很小	加工精细度、外观、噪声等方面不符合要求，大部分顾客能发现有缺陷。	4
轻微	加工精细度、外观、噪声等方面不符合要求，有一半顾客发现有缺陷。	3
很轻微	加工精细度、外观、噪声等方面不符合要求，但很少有顾客发现缺陷。	2
无	无影响。	1

表 9—23　　**推荐的产品故障频度（O）评分标准**

故障概率	设计寿命期内可能的故障率	频度数
很高：故障几乎不可避免	≥1/2	10
	1/3	9
高：反复发生的故障	1/8	8
	1/20	7
中等：偶尔发生的故障	1/80	6
	1/400	5
	1/2 000	4
低：相对很少发生的故障	1/15 000	3
	1/150 000	2
极低：几乎不可能发生的故障	1/1 500 000	1

第（7）栏（设计控制）：说明在现行设计方案中已经采取的设计控制措施。控制措施大致有五类：1）能阻止故障起因或故障模式的发生，或减少其发生概率。应尽可能选择此类措施；2）虽不能阻止故障模式的发生，但能有效地减轻故障影响的严重度。汽车采用的安全带和安全气囊即属此类；3）虽不能阻止故障模式的发生，但能自动检测、隔离故障，切除故障部件，使系统在降级的情况下继续工作；4）虽不能阻止故障模式的发生，但能自动检测、隔离故障并报警，以便操作人员采取防范措施；5）虽不能阻止故障模式的发生，但能自动或人工检测、隔离故障并记录有关信息，以方便维修。

第（8）栏（检测难度 D）：取决于现行设计控制措施的有效程度，可按照表 9—24 所推荐的产品故障检测难度（D）评分标准来确定故障模式或故障起因的检测难度 D，需注意设计控制措施的有效程度越低，检测难度就越高。

表 9—24　　推荐的产品故障检测难度（D）评分标准

检测可能性	利用现行设计控制方法检测故障模式的可能性	检测难度
绝对不可能	没有设计控制方法能检测故障模式。	10
很微小	利用现行设计控制方法检测故障模式的可能性很微小。	9
微小	利用现行设计控制方法检测故障模式的可能性微小。	8
很小	利用现行设计控制方法检测故障模式的可能性很小。	7
小	利用现行设计控制方法检测故障模式的可能性小。	6
中等	利用现行设计控制方法检测故障模式的可能性中等。	5
中等偏上	利用现行设计控制方法检测故障模式的可能性中等偏上。	4
高	利用现行设计控制方法检测故障模式的可能性高。	3
很高	利用现行设计控制方法检测故障模式的可能性很高。	2
几乎肯定能	利用现行设计控制方法几乎肯定能检测故障模式。	1

第（9）栏（风险度 RPN）：计算并填写表示故障模式的风险度等级的 RPN 数值：

$$RPN=S\times O\times D$$

S，O，D 的数值应由 DFMEA 小组充分讨论后确定。RPN 的引进提供了一种量化评估故障模式的风险及改进措施的有效性的手段。

第（10）栏（建议的改进或补偿措施）：首先针对 $RPN\geqslant C$ 的故障模式的起因提出纠正和预防措施，以消除该故障或降低故障发生的风险。若故障模式的根本起因不详，应通过试验设计等手段来确定主要起因。若对某一特定起因尚无纠正和预防措施，应提出设计、工艺、质控和操作上的补偿措施。若没有任何可采取的措施，在该栏填写“无”字予以明确。对于危及人员安全的故障模式，若不能消除，必须提出防护措施。

第（11）栏（责任部门/责任人及完成日期）：对于所提出的改进或补偿措施，应同时建议责任部门/责任人及完成日期。

第（12）栏（实施的改进/补偿措施和日期）：填写实际执行的改进/补偿措施和日期。

第（13）、（14）、（15）、（16）栏：参照第（4）、（6）、（8）、（9）栏分别确定并填写改进后的严重度 S、频度 O、检测难度 D 和 RPN 值，RPN 值的降低就是六西格玛设计或六西格玛改进的绩效的一种体现。

DFMEA 表头的“初始约定层次”是要进行 FMEA 的总的、完整的产品所在的层次，“约定层次”是初始约定层次下的相继层次。这些约定层次表明了从总体到局部直至较简单的组成部分的有顺序的系列。

2. DFMEA 分析的例子

例 9—20

汽车车门的 DFMEA 分析

DFMEA 分析是针对产品的约定层次来进行的，在本例中，初始约定层次是某型汽车的车体，约定层次是汽车前门组件。前门组件的潜在故障模式有很多，表 9—25 只给出了汽车车门的 DFMEA 分析表的第 1 页，该页有一个潜在故障模式“内侧底部面板被腐蚀”，从表 9—25 可以了解 DFMEA 分析的具体方法。

表 9—25

故障模式与影响分析表

初始约定层次：某型汽车车体　　完成部门：车体部/设计室　　DFMEA 编号：D-010　　第 1 页 共 1 页

约定层次：汽车前门 CT/QM-000-12　　分析：×××　　审核：×××　　批准：×××　　填表日期：××年××月 ××日

(1) 产品或部件/功能	(2) 潜在的故障模式	(3) 故障影响	(4) 严重度 S	(5) 故障原因/故障机理	(6) 频度 O	(7) 现有设计控制	(8) 检测难度 D	(9) 风险度 RPN	(10) 建议的改进或补偿措施	(11) 责任部门/责任人及完成日期	改进后 (12) 实施的改进/补偿措施和日期	改进后 (13) 严重度 S	改进后 (14) 频度 O	改进后 (15) 检测难度 D	改进后 (16) 风险度 RPN
汽车前门 CT/QM-000-12 功能： ● 进出汽车 ● 使车内人员不受天气、噪声的影响和外部冲撞的伤害 ● 承载包括镜子、门铰链、门插销和车窗调整器等金属构件 ● 使汽车美观	1. 车门内侧底部面板被腐蚀	车门寿命品质降低导致： ● 随着时间的推移，水气透过涂层使车门生锈，造成不满意的外观 ● 车门内金属构件的功能被削弱	7	内门板上的防护蜡的上缘太低	6	通用的车辆耐久试验 T-118，T-109，T-301	7	294	增加试验室加速腐蚀测试	车体部 ××年××月××日	防护蜡层上缘提高 125 mm，××年×月×日	7	2	2	28
				蜡层厚度不够	4	通用的车辆耐久试验（同上）	7	196	增加试验室加速腐蚀测试，对蜡层厚度进行 DOE	车体部 ××年××月××日	试验证明蜡层厚度够了	7	2	2	28
				使用了不合适的蜡	2	进行物理和化学试验，完成试验报告	2	28	无			7	1	3	21
				气流的作用使蜡未能进入角落/边缘地带	5	无	8	280	对生产用喷射设备和蜡进行气流作用的实验和评估	车体部 ××年××月××日	实验证明基本不存在此现象，××年××月××日	7	1	1	7
				喷涂的蜡阻塞了门的排水孔	3	最糟的喷涂状态对孔的大小进行试验室测试	1	21	无	车体部 ××年××月××日					
				门板之间未给喷头留下足够的通路	4	对于新车门设计，用计算机辅助三维空间协调的方法进行喷头通道评估	4	112	对使用辅助装配架和喷头进行团队评估	……	已评估，通路足够，××年××月××日				
	2. ……	……	…	……	…	……	…	…	……		……	…	…	…	…

9.6.5 PFMEA 分析

PFMEA 分析中使用的“故障”一词与可靠性工程中的故障定义有所差别，过程故障包括了更广的含义，例如各种情况的超差、组装错误、热处理和表面处理不合格以及环境变化所引起的过程波动等。PFMEA 的目标是：

- 确定潜在的与过程故障模式有关的产品；
- 评估过程故障对顾客的潜在影响；
- 确定引起故障的潜在的制造或装配过程原因，并确定哪一类过程故障是应该重点避免的以及相关的关键过程；
- 找到和发现一系列的过程故障模式，为今后的分析工作打下良好的基础，建立一个优选的系统。

PFMEA 最早应在可行性论证前或可行性论证时进行，先于对产品的加工，按照从单独的元部件到装配件的过程，考虑所有的加工操作。在制造计划阶段，新过程（或修改过程）的早期检查和分析可以帮助预测、解决和监控潜在的过程关键问题。在产品整个研发过程中，应适时对过程 FMEA 进行迭代完善。

1. PFMEA 分析用表格及填写说明

在进行 PFMEA 前，首先应了解“顾客”的定义，PFMEA 的“顾客”可以是最终用户，也可以是后续的制造或装配操作以及维修活动。

另外，进行 PFMEA 的过程中，应提倡团队合作精神，负责 PFMEA 的工程师希望 FMEA 尽可能地包含所有受到影响的工作范围，如设计、装配、制造、材料、质量控制、维修和供货商以及与下一步装配有关的工作。PFMEA 起到一种催化剂的作用，在各个被影响的功能之间进行权衡协调，集思广益提出解决问题的措施，从而促进团队合作。

进行 PFMEA 的前提是假定产品的设计方案均能实现，设计的目标均能达到，由于设计缺陷而产生的潜在故障，在难以判别时，可以包括在 PFMEA 中，但不是必须包括的；这些潜在故障的影响和改进措施原则上应涵盖在 DFMEA 中。

在进行 PFMEA 时，应先建立过程流程/风险评估图表，该流程图应明确每一步操作的工艺特征。

过程故障模式与影响分析表见表 9—26。

填表说明如下：

第（1）栏（过程名称、功能/要求）：填写被分析过程的名称，该名称应与工艺规程一致；并填写该过程的功能、过程操作的目的、操作要求和与其他过程的关系等。

第（2）栏（潜在的过程故障模式）：分析人员应根据工艺规程和国家、行业的有关规定和标准所确定的各质量特性的指标要求，结合工程实践经验、专业技术知识和类似过程所发生的故障，分析确定所有可能无法满足过程要求和/或设计意图的故障模式。应注意，在 FMEA 的编写中，应假设正在加工的零部件/材料是没有问题的。

第（3）栏（过程故障影响）：尽可能使用表示产品功能的词汇，将过程缺陷对部件及系统的影响提出来。故障影响是故障模式对顾客的影响，这里的顾客可以是下一过程、部件、系统、最终用户等，在进行分析时，应考虑到对所有顾客的影响，填写每个潜在的故障对过程输出以及生产线所导致的后果。

表 9—26　　**过程故障模式与影响分析表**

产品名称/型号　　完成部门：　　PFMEA 编号：　　第　页共　页

过程名称　　分析：　　审核：　　批准：　　填表日期：　年　月　日

(1) 过程名称、功能/要求	(2) 潜在的过程故障模式	(3) 过程故障影响	(4) 严重度 S	(5) 过程的故障原因/故障机理	(6) 频度 O	(7) 过程控制	(8) 检测难度 D	(9) 风险度 RPN	(10) 建议的改进或补偿措施	(11) 责任部门/责任人及完成日期	改进后				
											(12) 实施的改进/补偿措施和日期	(13) 严重度 S	(14) 频度 O	(15) 检测难度 D	(16) 风险度 RPN

第（4）栏（严重度 S）：按照表 9—27，所推荐的过程故障严重度（S）评分标准确定故障模式的严重度 S。

表 9—27　　推荐的过程故障严重度（S）评分标准

影响	评分标准	严重度
无警告的严重危害	在没有任何预兆的情况下发生的、影响操作人员和机器安全或违反有关法律法规的极其严重的故障模式。	10
有警告的严重危害	在有故障预兆的情况下发生的、影响操作人员和机器安全或违反有关法律法规的极其严重的故障模式。	9
很大	对生产线造成较大的破坏，产品可能必须 100%报废，使产品或系统丧失主要功能的故障模式，顾客非常不满。	8
大	对生产线造成较小的破坏，产品需分选，部分产品报废，导致产品或系统降级工作，顾客不满。	7
中等	对生产线造成较小的破坏，部分产品报废（但产品不需分选），司职舒适和方便的一些部件不工作，顾客感觉不方便。	6
小	对生产线造成较小的破坏，产品可能必须 100%返工，司职舒适和方便的一些部件降级工作，顾客感觉有些不满。	5
很小	对生产线造成较小的破坏，产品需分选，部分产品返工，顾客不满，加工精细度、外观、噪声等方面不符合要求，大部分顾客能发现有缺陷。	4
轻微	对生产线造成很小的破坏，部分产品站外在线返工，加工精细度、外观、噪声等方面不符合要求，有一半顾客发现有缺陷。	3
很轻微	对生产线造成很小的破坏，部分产品站内在线返工，加工精细度、外观、噪声等方面不符合要求，但很少有顾客发现缺陷。	2
无	无影响。	1

第（5）栏（过程的故障原因/故障机理）：确定并说明与潜在的故障有关的各种原因，包括过程设计的缺陷、工艺参数的量值、人机料法环因素、检验试验方法、特定的物理化学过程等。必要时还应考虑相关过程的故障原因。尽可能列出每个故障模式所对应的任何可以想得到的故障原因。故障原因的定义应详细而明确（如操作人员未安装密封垫），不能使用模糊不清的定义（如操作人员出错、机器故障等）。

第（6）栏（频度 O）：估计每个故障模式和故障起因发生的可能性，按照表 9—28 所推荐的过程故障频度（O）评分标准来确定故障模式或故障起因的频度数 O。

表 9—28　　推荐的过程故障频度（O）评分标准

故障概率	设计寿命期内可能的故障率	C_{pk}	频度数
很高：故障几乎不可避免	≥1/2	<0.33	10
	1/3	≥0.33	9
高：反复发生的故障	1/8	≥0.51	8
	1/20	≥0.67	7

续前表

故障概率	设计寿命期内可能的故障率	C_{pk}	频度数
中等：偶尔发生的故障	1/80	≥0.83	6
	1/400	≥1.00	5
	1/2 000	≥1.17	4
低：相对很少发生的故障	1/15 000	≥1.33	3
	1/150 000	≥1.50	2
极低：几乎不可能发生的故障	1/1 500 000	≥1.67	1

第（7）栏（过程控制）：说明在现行设计方案中已经采取的过程控制措施，如工作环境的控制、工序的检验、特种工序的参数控制、统计工序控制、5S管理、检测不同故障的测试装置及其检测方法等。过程控制措施的分类可参照9.6.4节中有关设计控制措施分类的说明。

第（8）栏（检测难度D）：取决于现行设计控制措施的有效程度，可按照表9—29所推荐的过程故障检测难度（D）评分标准来确定故障模式或故障起因的检测难度D，需注意过程控制措施的有效程度越低，检测难度就越高。

表9—29　　推荐的过程故障检测难度（D）评分标准

检测可能性	利用现行过程控制方法检测故障模式的可能性	检测难度
绝对不可能	没有过程控制方法能检测故障模式。	10
很微小	利用现行过程控制方法检测故障模式的可能性很微小。	9
微小	利用现行过程控制方法检测故障模式的可能性微小。	8
很小	利用现行过程控制方法检测故障模式的可能性很小。	7
小	利用现行过程控制方法检测故障模式的可能性小。	6
中等	利用现行过程控制方法检测故障模式的可能性中等。	5
中等偏上	利用现行过程控制方法检测故障模式的可能性中等偏上。	4
高	利用现行过程控制方法检测故障模式的可能性高。	3
很高	利用现行过程控制方法检测故障模式的可能性很高。	2
几乎肯定能	利用现行过程控制方法几乎肯定能检测故障模式。	1

第（9）栏（风险度RPN）：计算并填写表示过程故障模式的风险度等级的RPN数值，RPN的计算与DFMEA的相同。

第（10）、（11）、（12）栏的确定和填写与DFMEA的相同。

第（13）、（14）、（15）、（16）栏可参照表9—26第（4）、（6）、（8）、（9）栏分别确定并填写经过程改进后过程故障的严重度S、频度O、检测难度D和RPN值，RPN值的降低就是过程六西格玛设计或六西格玛改进的绩效的一种体现。

2. 过程 FMEA 分析的例子

例 9—21

某兼容磁头装置的极尖加工过程故障模式和影响分析

磁头是磁带记录仪的关键部件之一，它是一种电磁、磁电换能器，其质量直接关系到磁带机记录及重放信号的好坏。某兼容磁头装置是 IRIG 标准宽频带计测记录—重放仪的磁头，信道数为 14 道/英寸，要求在 3 米/秒带速下记录重放 400Hz～2MHz 的宽带信号。

此类磁头录放过程的特点是：工作频带宽、偏磁频率高、信号波长短、带速快、头—带压强大、对失真度和信噪比要求苛刻。其工艺复杂，制造精度要求很高。

单个磁头的结构如图 9—28 所示，根据类似磁头的加工经验，其中加工难度最大的是磁头极尖的生产加工，且从功能上进行分析，磁头极尖质量直接关系到磁头的质量以及磁带记录仪录放信号的质量。由于极尖加工难度大，极易造成报废，因此，需要进行该型兼容磁头装置加工过程的 PFMEA 分析。

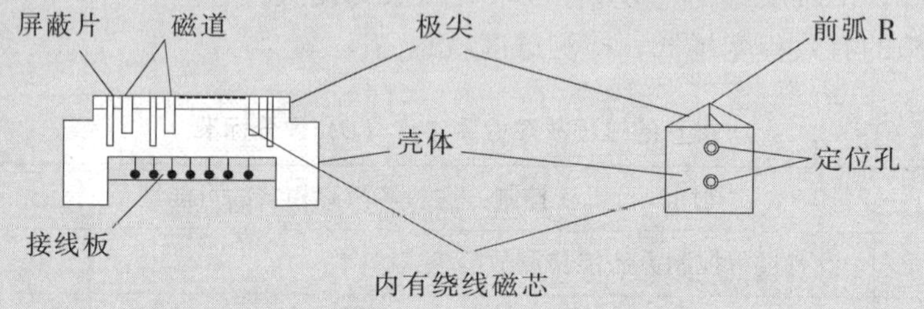

图 9—28 磁头结构示意图

首先进行过程流程和风险评估分析，结果如表 9—30 所示。

表 9—30 磁头加工过程流程/风险评估表

	过程步骤	风险评估		过程步骤	风险评估
1	磁头壳体的加工	低风险	8	磁头极尖复合面研抛	中风险
2	屏蔽片的加工	中风险	9	磁头后磁芯组复合面研抛	中风险
3	接线板的加工	低风险	10	极尖与后磁芯的复合组装	低风险
4	磁头后磁芯的加工	中风险	11	灌环氧树脂固封磁头	中风险
5	磁头后磁芯绕线	低风险	12	磁头前弧面加工	中风险
6	磁头后磁芯入壳	低风险	13	前弧 R 研抛	中风险
*7	磁头极尖的加工	高风险	14	打定位孔	中风险

对标 * 号的高风险过程“磁头极尖的加工”进行 PFMEA 分析，结果见表 9—31。

表 9—31

某兼容磁头装置过程故障模式与影响分析表

产品名称/型号　某兼容磁头装置　　完成部门：工艺室　　PFMEA 编号：P-003　　第 5 页共 17 页
过程名称　磁头极尖加工　　分析：　　审核：　　批准：　　填表日期：2003 年 5 月 8 日

(1) 过程名称、功能/要求	(2) 潜在的过程故障模式	(3) 过程故障影响	(4) 严重度 S	(5) 过程的故障原因/故障机理	(6) 频度 O	(7) 过程控制	(8) 检测难度 D	(9) 风险度 RPN	(10) 建议的改进或补偿措施	(11) 责任部门/责任人及完成日期	改进后 (12) 实施的改进/补偿措施和日期	改进后 (13) 严重度 S	改进后 (14) 频度 O	改进后 (15) 检测难度 D	改进后 (16) 风险度 RPN
磁头极尖加工；要求形成满足技术条件的高磁阻间隙	1. 缝隙开裂	极尖报废	8	1. 缝隙玻璃选用不当，粘接强度低	3	1. 目视	4	96	1. 选用满足要求的粘接玻璃	2003 年 5 月 31 日前工艺室提出改进措施及培训要求，人教处组织上岗培训。	2003 年 5 月 28 日前有关单位已实施第 10 栏所有措施，其中对磨床细磨极尖缝隙平面的措施又做了 PFMEA 分析，见修改工艺后的 PFMEA 表 008 号。	8	2	4	64
				2. 烧结工艺不合理	2		2	32	2. 改进烧结工艺				1	2	16
	2. 缝隙宽度不均匀且超差	极尖报废	8	1. 缝隙平面度不满足要求	7	2. 用高倍显微镜检测	5	280	1. 改进缝隙平面研抛工艺			8	3	5	120
				2. 缝隙中夹有杂质	2		4	64	2. 保持加工间的洁净度				1	4	32
				3. 合缝工艺问题	2		3	48	3. 改进合缝工艺				1	3	24
				4. 合缝夹具不满足要求	3		2	48	4. 修整合缝夹具				2	2	32
	3. 缝隙过大或过小	极尖报废	8	1. 膜层厚度控制不好	5	3. 用高倍显微镜检测	2	80	1. 调整膜层厚度			8	4	2	64
				2. 缝隙粗糙度不满足要求	3		5	120	2. 加强缝隙面的抛光并进行检测				2	5	80
	4. 缝隙面烧伤或裂纹	料块磁性能下降	6	1. 缝隙平面研抛加工应力偏大	4	4. 用高倍显微镜检测	7	168	1. 改进研抛加工工艺			6	2	7	84
				2. 研抛工艺操作人员技术不过关	2		5	60	2. 对操作工人进行培训				1	5	30

对表中风险度 RPN 值进行分析发现，故障模式 2（缝隙宽度不均匀且超差）的故障原因 1（缝隙平面度不满足要求）的 RPN 值最高，为 280；故障模式 4（缝隙面烧伤或裂纹）的故障原因 1（缝隙平面研抛加工应力偏大）的 RPN 值其次，为 168，均大于 150，而这两项故障原因的纠正措施均为改进缝隙平面的研抛过程，因此，再对缝隙平面研抛过程作下一层次的 PFMEA 分析。

例 9—22

某兼容磁头装置磁头极尖缝隙平面研抛过程的 PFMEA 分析。通过例 9—21 磁头极尖加工过程的 PFMEA，确定关键过程为磁头极尖缝隙平面研抛过程，现对磁头极尖缝隙平面研抛过程进行 FMEA 分析，根据分析结果，采取改进措施。

首先进行过程流程和风险评估分析，结果如表 9—32 所示。

表 9—32　　磁头极尖缝隙平面研抛过程流程/风险评估表

	过程步骤	风险评估		过程步骤	风险评估
1	用丙酮、酒精清洗待磨极尖料块	低风险	*6	用磨床细磨极尖缝隙平面	高风险
2	用 502 胶将极尖料块粘在工艺垫块上	中风险	7	从夹具上取下工艺垫块并清洗	低风险
3	在磨床上调校夹具的平行度和垂直度	低风险	8	手工精抛极尖缝隙平面	中风险
4	将工艺垫块装在夹具上	低风险	9	清洗	低风险
5	用磨床粗磨极尖缝隙平面	中风险	10	检测平面度	低风险

标 * 号的过程为高风险过程，因此，对用磨床细磨极尖缝隙平面过程进行 PFMEA 分析，结果见表 9—33。

本案例通过对极尖加工过程的 PFMEA 分析，找出影响极尖加工成品率的 4 个潜在故障模式及所有的故障原因，并采取改进设计、改进工艺、改进管理等措施，使所有 RPN 值均有所降低，全都低于 120；使磁头极尖的成品率从类似磁头极尖的 20%上升到 50%左右，并且与类似磁头相比，技术指标也明显提高，使整机顺利达到预定的技术指标要求。

表 9—33 **某兼容磁头装置过程故障模式与影响分析表**

产品名称/型号　某兼容磁头装置　完成部门：工艺室　PFMEA 编号：P-008　第 15 页共 17 页

过程名称　磁头极尖缝隙平面研抛　分析：　审核：　批准：　填表日期：2003 年 6 月 2 日

(1) 过程名称、功能/要求	(2) 潜在的过程故障模式	(3) 过程故障影响	(4) 严重度 S	(5) 过程的故障原因/故障机理	(6) 频度 O	(7) 过程控制	(8) 检测难度 D	(9) 风险度 RPN	(10) 建议的改进或补偿措施	(11) 责任部门/责任人及完成日期	改进后 (12) 实施的改进/补偿措施和日期	改进后 (13) 严重度 S	改进后 (14) 频度 O	改进后 (15) 检测难度 D	改进后 (16) 风险度 RPN
磨床细磨极尖缝隙平面；要求极尖缝隙平面具有良好的平面度和粗糙度	1. 缝隙表面烧伤	1. 影响磁头某些磁道的性能	4	1. 研磨时未按要求进行冷却	3	1. 目视	1	12	1. 加冷却并提高加工人员水平	2003 年 6 月 30 日前工艺室修改工艺；人教处组织培训	2003 年 6 月 25 日工艺室修改了工艺，人教处组织了补充培训	4	2	1	8
	2. 缝隙表面产生微裂纹	2. 影响磁头的质量和使用寿命	7	2. 砂轮进刀量偏大或未使用研磨冷却或操作人员技术问题	2	2. 用高倍显微镜检测	7	98	2. 提高加工人员加工技术水平和责任心			7	1	6	42
	3. 未达到要求的平面度（如塌边等）	3. 影响磁头某些磁道的性能	4	3. 砂轮平面度不满足要求	5	3. 平晶检测	1	20	3. 加强对砂轮平面度的检测并定期修磨砂轮			2	5	1	10
	4. 未达到要求的粗糙度	4. 造成磁头实际缝隙宽度增大，影响磁头性能	7	4. 加工时间不够或未使用规定粒度的砂轮	6	4. 目视或粗度仪检测	2	84	4. 提高加工人员加工技术水平和责任心			7	3	2	42

例 9—23

汽车车门内侧的上蜡过程故障模式与影响分析。过程流程/风险评估图表详见表 9—34。

表 9—34　　汽车车门内侧上蜡过程流程/风险评估表

过程	过程步骤	风险评估		过程步骤	风险评估
1	从支架上拿起上蜡器	低风险	5	移开上蜡器	中风险
2	打开车门	低风险	6	关上车门	低风险
*3	将上蜡器喷头插入车门并拉动启动装置 12 秒	高风险	7	将上蜡器放回支架上	低风险
4	松开启动装置等待 3 秒	中风险	8		

标*号的过程为高风险过程，需进行 FMEA 分析，结果见表 9—35。

9.7 面向 X 的设计

9.7.1 面向 X 设计的原理

设计方案的实施受到工艺、制造、装配、试验检验、环境保护、使用维护、成本、交付周期等诸多因素的制约。面向 X 的设计（design for X，DFX）是为了满足顾客对产品全寿命周期的所有要求，针对产品全寿命周期的各种要素进行设计的方法的统称，包括面向制造的设计（design for manufacturing，DFM）、面向装配的设计（design for assembly，DFA）、面向成本的设计（design for cost，DFC）、面向试验的设计（design for test，DFT）、面向可靠性和维修性的设计（design for reliability & maintainability，DFRM）、面向售后服务的设计（design for service，DFS）、面向环境的设计（design for environment，DFE），以及面向其他因素的设计等一系列面向某一需重点考虑或保证的领域的设计技术。

由于专业分工和知识面的局限，设计人员通常着重关心和着力去实现的主要是产品性能，而对于制造与装配技术、成本、开发周期、可靠性与维修性、环境保护、全寿命周期的产品保障和维护使用、售后服务以及产品的升级、产品的报废处置等缺乏深入的了解和关心，因此导致产品设计与制造、装配、成本控制、开发周期、可靠性与维修性、使用保障、售后服务、报废处置等方面不同程度的脱节。

系统工程、并行工程和价值工程的发展提供了解决上述问题的基础。系统工程是应用科学和工程技术的成就，研究、设计、实现、运转复杂系统的一门综合性工程技术。它的主要内容是：

（1）通过定义、综合、分析、设计、试验和评价等的反复迭代过程，将顾客的要求转换为对系统性能参数技术状态的描述。

（2）综合有关的技术参数，确保所有物理、功能和计划的接口间具有相容性，以便优化和确认整个系统的总体设计方案。

表 9—35 过程故障模式与影响分析表

产品名称/型号：汽车前门 CT/QM-000-1　　完成部门：车体部/装配车间　　PFMEA 编号：P-1450　　第 1 页共 1 页

过程名称：车门内侧人工上蜡过程　　分析：　　审核：　　批准：　　日期：2003 年 5 月 17 日

											改进后				
(1) 过程名称、功能/要求	(2) 潜在的过程故障模式	(3) 过程故障影响	(4) 严重度 S	(5) 过程的故障原因/故障机理	(6) 频度 O	(7) 过程控制	(8) 检测难度 D	(9) 风险度 RPN	(10) 建议的改进或补偿措施	(11) 责任部门/责任人及完成日期	(12) 实施的改进/补偿措施和日期	(13) 严重度 S	(14) 频度 O	(15) 检测难度 D	(16) 风险度 RPN
将上蜡器喷头插入车门并拉动启动装置 12 秒；要求用尽可能薄的蜡层覆盖车门内部较低位置的表面以防止腐蚀。	未能在规定的表面覆盖上足够的蜡	1. 车门寿命品质降低 2. 随着时间的推移，透过涂层产生车门生锈，造成不满意的外观 3. 车门内金属构件的功能被损害	7	1. 人工插入上蜡器喷头时插的不够深	8	1. 每班每小时目视检查薄膜厚度和覆盖层	5	280	1. 为喷射工人增加深度档块	制造工程 03.10.15	增加了档块和在线喷射器检查，2003 年 10 月 2 日	7	2	5	70
			7	2. 喷头阻塞 ● 黏度太高 ● 温度太低 ● 压力太低	5	2. 在启动时和闲置一段时间后检测喷射式样，采用预防维修方法维护喷头	3	105	2. 自动喷射 3. 对黏度、温度、压力进行试验设计	制造工程 03.12.15 制造工程 03.10.01	确定温度和压力界限并进行控制，过程受控，$C_{pk}=1.85$	7	1	3	21
			7	3. 由于碰撞造成喷头变形	2	3. 采用预防维修方法维护喷头	2	28				7	2	2	28
			7	4. 喷射时间不够	8	4. 严格按照用法说明并且大子样（10个门/班）检查临界区域的覆盖情况	7	392	4. 安装喷射计时器	维修部 03.09.15	安装自动喷射计时器；控制图显示过程受控 $C_{pk}=2.05$	7	1	7	49

(3) 将可靠性、维修性、安全性、人因工程、可生产性、使用保障、质量保证、环境工程、全寿命周期费用（LCC）等专门工程专业因素综合到整个工程中去，使费用、进度和技术性能达到总目标。系统工程所要综合的专门工程专业因素大体就是 DFX 所要考虑的因素。系统工程的目标是实现系统总体效果最优，同时实现这一目标的具体方法或途径也要求达到最优。

并行工程是集成地、并行地设计产品及其相关过程（包括制造过程和支持过程）的系统方法，这种方法要求产品研发人员将原来顺序进行的工作在时间和空间上交叉和部分重叠，在一开始就考虑产品整个寿命周期中从概念形成到产品报废的所有因素，包括质量、成本、进度计划和用户要求，以便提高产品设计质量，保证产品一次成功，缩短产品研发周期。并行工程的理论和方法为提高产品质量、降低成本、缩短产品开发周期和上市时间、更好地满足顾客的需求创造了条件。据文献报道，实施并行工程将使早期生产中工程更改次数减少 50%以上，产品研发周期缩短 40%～60%，生产成本降低 30%～40%。

价值工程是以功能分析和功能评价为手段，以最低的总成本可靠地实现产品（或劳务）的必要功能为目的而进行的一种有组织的技术经济分析综合活动。产品总成本或寿命周期成本为产品研发成本与顾客使用成本之和。价值分析时应站在顾客的立场上，努力满足顾客需要的必要功能，努力去掉不必要的、过剩的功能。对完成产品必要功能的方案设计、结构设计、材料选择、强度和安全性设计、工艺设计、生产制造、供应链管理、项目管理等各方面进行分析，努力降低总成本。

面向 X 的设计本身是一项系统工程，是追求产品研发方案最优的一个过程。在产品总体方案设计阶段，要大力贯彻质量功能展开、系统设计等先进技术，紧扣顾客的需要，运用各种系统设计技术，追求最简约、可靠、高效的设计方案。简化设计不仅减少了制造、装配的工作量，提高了产品的可靠性，缩短了研发周期，还大量节省了产品材料费、工时费，以及包装、库存、运输、维护、使用、售后服务等支持费用。在产品开发的整个过程中，应对面向 X 的设计进行补充、完善和迭代。

面向 X 的设计中需考虑的各种要素 X，可能是互相矛盾、互相制约的。在实施 DFX 时，必须进行分析权衡，以期总体上更好地满足顾客的需求和获取最高的效益。

DFX 是一种优化产品设计的方法，同时也是一种先进的设计理念。其作用方式有两种：DFX 设计准则和 DFX 分析评价工具。前者指将 X 要素方面专家的有关知识和经验整理成具体的设计准则，然后在它们的指导下进行产品设计，相当于在这些专家的直接帮助下选择设计方案，确定产品结构。后者指产品设计进行到一定程度后，通过系统分析影响产品的 X 要素的各种因素，对产品的 X 要素进行评价，在此基础上给出改进设计的建议。DFX 在产品开发过程中的作用和地位主要表现在根据顾客对产品全寿命周期的要求进行优化设计、减少零件数（从而精简产品结构）、改进可制造性和可装配性、改善使用维护和售后服务、降低产品成本等方面。

9.7.2 面向制造和装配的设计

面向制造和装配的设计（DFMA）也称作设计制造一体化，是 DFX 中最重要的部分。DFMA 的指导思想是：产品制造、装配和试验检验中的很多问题和困难源于设计不当。在产品设计阶段，工程师除了要满足性能要求外，还必须尽可能地考虑和满足可制造性、可装配性的要求。

1. DFMA 总则

(1) 简化设计。在总体方案设计中，首先应当贯彻简化设计的原则，即采用尽可能简洁的结构来实现产品的功能。方案设计的简化不仅减少了零部件的数量，节省了设计费、材料费，更节省了大量的加工费、装配费、库存费、运输费、维护保养费等，在源头采取措施将事半功倍、一本万利。必须纠正“简单的设计方案体现不出水平，先进的方案一定比较复杂”的错误思想，切忌把简单的事情复杂化。最优秀、可靠性最高、效益最高的方案是能够满足顾客需求的最简约的方案。

(2) 模块化、系列化、通用化（三化）设计。

模块化设计：在产品研发中，尽可能地将产品中功能相对独立的组成部分设计和制造成通用性很强的，可以在今后新产品研发中重复使用的模块或单元，以便在新产品的研制中根据需要直接应用通用模块（或做适应性修改后）进行结构的搭建。

系列化设计：根据顾客当前的和潜在的需求以及不同顾客群的需求，针对某类产品的基本结构和参数，选择代表性强、规格适中、结构先进、用量最大的一种牌号产品进行技术攻关和突破，形成一个可扩展的基本产品或技术平台，在此基础上进行一系列改进、改型，开发出基于某个技术平台的系列产品，以满足不同顾客群、不同应用环境的需要。

通用化设计：对各类产品中大量存在的功能相同、结构类似的零部件进行归并统一，形成可以彼此互换的标准件或标准化程度较高的通用零部件。

三化设计的推广应用，将极大地提高可制造性、可装配性，节省人力、物力和时间。

(3) 互换性设计。产品互换性设计是采用适当的尺寸公差，以便控制加工精度，实现同一种零部件不同个体之间的无条件互换。

(4) 继承性设计。尽可能采用先进的、经过使用考验的、成熟的设计，包括工作原理、计算公式、设计方案、现成的零部件、成熟的工艺、现成的工装设备和生产线、行之有效的试验检验方法等，以便最大限度地减少设计、制造、安装、维护、保障的工作量和费用，最大限度地降低产品研发的风险。

(5) 贯彻并行工程，实施团队工作法。DFMA 的实施需组织包括设计、工艺、试验检验、计划管理、质量保证、财务等部门的跨专业、跨部门的团队，自设计早期开始就全面深入地考虑与制造和装配有关的所有问题，提出解决措施，并在整个研发过程中不断完善，以保证产品的可制造性、可装配性、可靠性、维修性和保障性。

(6) 与 DFMA 有关的数字化技术。DFMA 的实施需要广博的知识和大量的数据和信息，如能应用相应的计算机辅助软件可以提高工作的效率。适用的计算机辅助软件有美国 BDI 公司的 DFMA 软件等。DFMA 软件将设计、装配、材料和加工工艺的知识集成在一起，设计者可以充分利用这些知识立刻作出合理的决策，而不必再费力去获取第一手资料或咨询专家；开发团队则可以利用 DMFA 让大家都在同一时间思考同一问题。与当前产品开发方法相比，应用 DFMA 的结果是以更低的成本和更短的时间得到了更高质量的产品，促进产品并行设计和创新设计的实现。

DFMA 的设计理念对美国工业界产生了巨大的影响，DFMA 的应用对美国制造业竞争优势的形成做出了重大的贡献。据报道，一般来说，DFMA 软件在一个项目上就可收回投资。其主要依据如下：DFMA 可以缩短产品从设计到投产的周期高达 50%，减少零件数量平均达30%～70%，减少装配时间达50%～80%。1991年，鉴于BDI公司在DFMA领域的创意、研发和市场化的杰出工作，美国总统布什曾给BDI公司创始人颁发了美国国家技术奖。

随着信息技术和CAD技术的发展，产品开发越来越多地采用数字化设计和制造技术。在产品设计阶段，应开发数字样机，进行工作仿真和维修演示，在计算机上进行空间关系和运动件的演示、协调、检查，通过虚拟设计和虚拟制造实施DFMA。

2. 面向制造的设计

DFM方法的主要内容是：在产品设计的早期阶段即考虑与制造有关的约束，指导设计师对同一零件进行不同材料和工艺的选择，提高产品的可制造性；对不同制造方案进行制造时间和成本的快速定量估计，全面比较与评价各种设计与工艺方案等。设计团队根据这些定量的反馈信息，在零件的早期设计阶段就能够及时改进设计，确定一种最满意的设计和工艺方案。

为了提高可制造性，应在保证满足设计要求的前提下尽可能选择易于加工的材料、最低的尺寸公差和形位公差要求、合适的尺寸标注基准、适当的热处理和表面处理要求、成熟的工艺方案等。

3. 面向装配的设计

DFA指在产品设计早期阶段考虑并解决装配过程中可能存在的问题，以确保零件快速、高效、低成本地进行装配。DFA是一种针对装配环节的统筹兼顾的设计思想和方法，就是在产品设计过程中利用各种技术手段如分析、评价、规划、仿真等，充分考虑产品的装配环节以及与其相关的各种因素的影响，在满足产品性能与功能的条件下改进产品的装配结构，使设计出的产品是可以装配的，并尽可能降低装配成本和产品总成本。DFA在产品开发过程中的作用和地位主要表现在减少零件数（从而精简产品结构）、改进装配性能、降低产品成本等方面。

9.7.3 面向成本的设计

1. DFC的原理

质量、进度和成本三者之间存在着永恒的矛盾，DFX技术可以帮助我们兼顾三者，寻找既能提高质量与可靠性，又能缩短周期、降低成本的先进的设计方案。如DFMA技术以及后面章节要介绍的DFRM，DFT，DFS，DFE等技术中，都要考虑成本的因素。设计、制造技术的重大进步更是大幅降低产品成本的重要途径。例如，微电子设计技术和加工工艺的突飞猛进带来计算机类产品的迅速更新换代和成本的快速下降。本节所要介绍的面向成本的设计是针对已经形成的设计方案具体地分析研究降低产品成本的方法。

DFC是指在满足用户需求的前提下，通过分析和研究产品在设计、制造、装配、试验检验、使用、维修、回收或报废的全寿命周期中各个部分的成本组成情况并进行评估后，对原设计中成本过高的部分进行修改，以降低产品成本的设计方法。

根据文献报道，产品全寿命周期成本包括设计成本（约占10%～15%）、制造成本（约占30%～35%）、使用和维修成本（约占50%～60%），以及其他成本（所占比例一般小于5%）。需要指出的是，产品设计方案将影响几乎所有的成本因素，在很大程度上决定了产品全寿命周期的成本，例如：对罗尔斯·罗伊斯公司（Rolls Royce）的调查表明，

2 000 个部件在产品设计阶段决定了最终产品成本的 80%；据通用汽车公司（General Motors）经理称卡车变速器 70%的制造成本是由设计决定的；福特汽车公司（Ford Motor）估计在设计、材料、劳动力和制造费用四个因素中，70%的生产节约源于设计的改进。因此，DFC 有广阔的用武之地。

2. DFC 的主要工作内容

（1）建立基于并行工程的全寿命周期成本模型。此模型应能在产品的不同设计阶段对成本进行相应的估算。

（2）成本数据的收集与成本估算。应建立成本数据收集与评估系统。不同的估算方法有可能产生不同的结果，怎样合理地确定估算方法是值得研究的问题。一般来说在并行工程中，由于不同的设计阶段所产生的信息的完整程度不同，所采用的成本估算方法也不同，例如，在设计的初期，可采用参数化估算方法、神经网络等方法；在详细设计阶段，可采用手册估算、详细估算等方法。而且，生产批量、产品类型、产品生命周期长短的不同在选择估算方法时也是需要考虑的因素，同时所选方法应该是灵活易用、可靠准确的。

（3）与其他 DFX 工具的集成。由于 DFC 是面向产品全寿命周期的，这就要求它必须能够与其他 DFX（如 DFM、DFA、DFT、DFS 等）工具协调一致进行工作，即需要建立不同评价标准的协调原则和方法。

（4）设计结果评价和改进设计建议的生成。这一工作需要在其他 DFX 技术的支持下进行，即不能只考虑成本一个要素，需综合考虑其他 DFX 的评价模型提供的评价结论，才能生成合理的设计建议。

（5）目标成本的确定。对于顾客有明确的价格限制要求或企业将产品的售价作为参与市场竞争的重要筹码时，应设置产品目标成本。在目前还缺乏精确方法的情况下，一般考虑市场、利润、工厂条件和生产批量等因素，利用历史资料来确定目标成本。

3. 估算制造成本的主要方法

（1）成组技术的应用：将品种繁多的机械零件，按其形状、尺寸、工艺等相似性分类归组，进行成组编码和识别，利用相似性原理进行成本估算，以便充分利用产品成本的历史信息，并增加成本信息处理时的样本量。

（2）作业成本法（activity based cost，ABC）。以作业为核算对象，通过成本动因来确认和计算作业量，进而以作业量为基础分配间接费用的成本计算方法。作业成本包括产品单位成本（如原材料、能耗、直接人工等）、生产批次成本（如工装夹具、模具、检测装置研发，产品例行试验等）、产品维持成本（如获取生产许可、生产线维护等）、工厂级成本（如生产线折旧、厂房维护等）。

4. 估算非制造成本的主要方法

非制造成本主要包括：

R&D 成本：产品预研、技术储备和样机研发等方面的费用。

设计成本：用于市场调研和顾客需求分析、可行性研究、总体方案设计、初步设计、详细设计（完成产品和保障资源的成套生产图样和技术条件）、研制试验、设计更改、鉴定试验等的费用。

销售成本：用于广告宣传、促销、包装、储存、运输以及有关税金等费用。

保修成本：在保修期内提供产品维修，包括更换零件的费用。

使用成本：用于培训、能耗、耗材、维护保养、更换备件、保修期外的维修、环境控制、操作人员等的费用。

回收报废成本：产品报废处理和再生的费用。

管理费用：用于非直接制造人员的办公和试验费用（包括设施折旧）及工资，全体人员的通信、福利、文化等方面的费用等。

非制造成本主要通过历史成本信息的收集、分析和统计获得。

5. 减少成本设计

在不改变总体设计方案的前提下，除了应用各种 DFX 技术外，还可以采用最低消耗设计，即在满足顾客需求，保证安全、强度和适当的设计裕度的原则下，采用合适的材料、最小的尺寸、最低的功耗、最低的加工精度等，以实现最低消耗设计。避免过功能、过强度、过寿命设计。

9.7.4 面向试验的设计

开展六西格玛设计的产品，其设计方案必须经过试验验证并确认达到了预期的性能和质量水平，才能投产；批生产中也必须按照设计确定的试验和检验方法才能进行验收和交付，因此，产品设计时，必须考虑设计验证、例行试验和产品检验的可行性和经济性。无法进行验证和检验的产品不能保证质量，因而不能投产。过于昂贵的验证和检验也必然会影响企业的绩效。

除了计算分析外，设计验证主要通过试验来进行，包括研发试验和鉴定试验。研制试验可以是各种仿真试验（包括半实物半仿真试验），也可以是真实条件下的实物试验；鉴定试验则是对新设计产品的性能、质量、可靠性和寿命进行真实环境下的全面考核，一般应由顾客代表和行业权威部门参加和认可。试验检验是根据设计确定的验收规程对批生产的产品进行全数或抽样的试验或检验，以获得产品的质量特性的量值，并判断合格与否。

DFT 要求在设计早期就论证和确定设计验证的方案及其设施，产品制造和装配过程中的测试、试验、检验和计量的方案及其设施。应当尽可能地应用现有的经过实际使用考验的设计验证和试验检验设施，但是对于大型复杂产品而言，现有设施往往不符合要求，需要在确定总体设计方案的同时确定设计验证和试验检验的方案并及早地启动相应设施的组建。产品设计时，还必须考虑和确定原材料、元器件、外包工序和外包部件等的验收试验或检验规范。DFT 是保持产品一致性，减少质量波动的重要方法。

DFT 必须考虑的另一个方面是故障的检测和排除。应在深入到零件一级的 FMEA 分析的基础上列出产品的所有故障模式及其症状，针对每个故障模式确定需监控的参数和故障判断逻辑，并给出检测、隔离和排除的方法，以便当产品在使用中出现故障时能迅速准确地排除。

9.7.5 面向可靠性和维修性的设计

1. 面向可靠性的设计

可靠性作为质量的时间延续特性，越来越多地受到人们的重视。如本章概论所说，六西格玛设计的核心是稳健设计（包括 QFD、系统设计、实验设计、参数设计、容差设计等方法)，其宗旨是提高产品抵御环境变化、制造误差和磨损老化等各种干扰的能力，减少产品质量波动。而实质上，稳健设计在减少产品质量波动的同时，也肯定提高了产品的可靠性。前面已介绍了稳健设计的主要技术方法，包括通常也归于稳健设计范畴的DFMEA和PFMEA分析，本节主要介绍面向可靠性的经典设计方法。

可靠性设计的目标是在顾客所要求的寿命期内不出或尽可能少出故障，即满足顾客关于寿命和平均故障间隔时间的要求并降低全寿命周期费用（LCC）。这个目标只有从产品研发开始就紧密结合产品研发深入开展可靠性设计和分析工作才有可能达到。可采用的可靠性设计方法包括可靠性指标论证与确定，可靠性分配与预计，制定和贯彻可靠性设计准则，开展简化设计、热设计、降额设计、余度设计、耐环境设计等；可采用的可靠性分析方法包括FMEA分析以及故障树分析（FTA）、事件树分析（ETA）、热分析、容差分析等。

（1）可靠性指标论证与确定。对于电子产品等偶然失效占统治地位的产品，应论证与确定平均故障间隔时间MTBF指标，对于耗损失效占统治地位的产品，应论证与确定寿命指标；对于兼有偶然失效和耗损失效的产品应论证与确定平均故障间隔时间MTBF和寿命两种指标。产品的寿命不是越长越好，应当根据顾客的需求来确定。在产品的寿命期间，平均故障间隔时间MTBF应尽可能长。

（2）可靠性分配与预计。为了保证产品能满足顾客对可靠性的指标要求，应当在设计早期自顶向下地将基本可靠性和任务可靠性指标分配到各部件和零件，并自下而上地对零部件和整机的基本可靠性和任务可靠性指标进行预计，以便评估在实现可靠性指标方面设计方案的可行性。通过可靠性预计，可以发现可靠性的薄弱环节，对这些薄弱环节应采取设计和工艺的改进措施，以提高产品的可靠性水平。

（3）可靠性设计准则。可靠性设计准则是有助于提高产品可靠性的定性设计要求的归纳总结，应制定并要求设计员贯彻可靠性设计准则，在设计评审时进行可靠性设计准则的符合性检查。

（4）经典可靠性设计方法 。

简化设计：产品的结构越简单，零部件越少，可靠性肯定越高。

降额设计：限制元器件、零部件的载荷（包括电流、电压、应力、温度 、功耗等）水平，使其低于额定值的设计方法。

冗余设计：用多于一种途径来完成一个规定功能的设计方法。

耐环境设计：采用如热设计、减振、空调、防尘、防沙、防霉菌、避光、防湿、隔噪声等局部改善环境的设计方法。

（5）可靠性分析方法

FMEA分析：(详见9.6节)。

故障树分析（FTA）：通过对可能造成产品故障的硬件、软件、环境、人为因素进行分析，画出故障树，从而确定产品故障原因的各种可能组合方式和（或）其发生概率的一种分析技术。

热分析：对电子产品及其各组成部分的温度及分布进行计算、测量和分析。

容差分析：针对元器件的容差积累进行最坏情况分析或蒙特卡罗分析的方法。

（6）故障数据管理系统的设计。制定和实施故障收集、机理分析、故障纠正、故障预防（包括举一反三）、故障统计分析、故障数据库的建立等。

2. 面向维修性的设计

维修性（maintainability）也是产品的一种质量特性，即由产品设计赋予的使其维修简便、迅速和经济的固有特性。提高维修性也是降低全寿命周期费用（LCC），以满足预期的费用和维修活动的重要途径。维修性的指导思想是：一旦产品出现故障时能迅速、经济地发现和排除。因此，维修性设计是可靠性设计的重要补充。很多情况下，维修性已经成为当今商品的重要卖点。

面向维修性的设计缩写为 DFMt，以区别于面向制造的设计 DFM，其工作主要包括：

（1）平均修复时间 MTTR 的确定和分配；

（2）维修策略；

（3）可达性设计；

（4）防错设计（参见 DFMA）；

（5）人因工程设计等；

（6）测试性设计等。

9.7.6 面向售后服务的设计

六西格玛设计的目标是在产品寿命周期内最大限度地满足顾客的需求，这就必须在设计阶段就考虑和解决售后保障和维修服务的所有问题。主要包括产品维修服务策略的确定，维修性的设计，售后保障资源的设计，质量可靠性信息系统的建立等。DFS 设计的效益在于：降低保修成本、提高顾客满意度和经济地维护对环境敏感的长寿命产品。

1. 维修服务策略的确定

产品售后维护、修理、服务的活动和费用无论对于顾客还是制造商都是很大的负担，但是归根结底产品全寿命周期的费用都是由顾客支付的，因为制造商的售后服务费用已经包括在产品售价中。精心实施 DFS 对于提高顾客满意度和为整个社会节省资源都是十分重要的。开展六西格玛设计时，需进行产品可靠性与维修性的权衡，制定维修服务策略，并进行全寿命周期费用（LCC）的估算。LCC 由两部分组成：产品研发费用和维护使用费用。提高产品可靠性会增加研发费用，但可减少维护使用费用，应通过 LCC 的分析以确定合适的可靠性和维修性水平，进而确定维修服务策略。

根据产品的可靠性水平（故障发生频率）和寿命，以及维修性（含测试性）的设计方案，进行产品的维修分析，确定产品的所有维修活动及时机，提出保障资源需求和维修服务策略：

（1）售后保障资源的方案及设计需求；

（2）免费保修的期限和保修范围；

（3）维修网络的规模；

（4）备件的需求量及供应；

（5）产品的报废处理。

2. 维修性的设计

根据可靠性与维修性权衡的结果进行面向维修性的设计。

3. 售后保障资源的设计

售后保障资源包括：

（1）随机装箱的保障资源，如使用说明书，培训资料，随机配送的附件、备件、耗材、专用工具等；

（2）维修站配备的测试和维修设备、备件、零部件、元器件、技术说明书、维护使用说明书、故障诊断和排故资料、维修人员培训资料等；

（3）远程咨询服务系统。

售后保障资源的设计是产品开发工作的重要组成部分，应当与产品的设计同步进行。

4. 质量可靠性信息系统的建立

产品的质量可靠性信息系统是收集传递顾客的意见、愿望、抱怨的主要渠道，也是产品故障信息的主要来源。应确定信息系统的组织机构，规范信息收集的内容，设计适用的表格，明确信息收集人员的职责，建立先进的信息收集、传递、统计、分析、检索、报表生成等手段，以便充分地了解顾客的意见和需求，作为改进设计、工艺和服务的依据。

9.7.7 面向环境的设计

面向环境的设计包括两方面的含义：环境保护设计和环境适应性设计。

1. 环境保护设计

随着全球性环境立法的出现，需要新的工具帮助制造商设计绿色的产品，以便在相关法律颁布以前能够顺利过渡到生产合法的产品，避免对环境的污染。

产品的设计应尽可能采用不会造成环境污染的材料和制造技术。例如，冰箱、空调制造业已经逐渐摒弃了把氟利昂作为冷却剂的传统技术。在产品制造过程中，必须考虑有害废气、废液、废渣的净化排放和操作工人的防护。在产品使用中，必须使可能产生的污染环境的噪声、闪光、电磁辐射、高温、振动、有害气体、异味等低于法定的限度。在许多国家，产品报废时的处理责任也交给了制造商，因此产品设计时，还必须考虑产品报废时对环境的影响。许多公司开始回收报废的产品，从计算机等电子产品到各种消费类产品。通过使用DFE软件对这些产品进行面向环境和成本效益的设计，制造商能够获得该产品的同业竞争优势。DFE模拟产品报废时的拆卸过程，揭示产品设计对于成本和环境的影响。这些定量的信息可以辅助设计早期的各种平衡性决策。

DFE可以与DFA软件无缝集成在一起发挥作用，初始的拆卸顺序可以由DFA软件自动生成。用户可以编辑拆卸列表以定义产品报废时不必拆卸就可以回收或处理的组件。基于拆卸的顺序，可以完成两个主要的分析：（1）拆卸、处理、再利用和回收的利益回报分析；（2）原产品制造、处理、再利用或回收所引起的环境影响分析。

利益回报分析显示了在不同拆卸阶段的利益影响。它等于每个零部件的拆卸成本与可再利用零部件价值之差，再减去产品剩余零部件的处理成本。

产品的环境影响分析可采用荷兰人研究和开发的称为MET点系（materials材料、energy能源、toxicity毒性）的价值分析模型。该模型来源于欧洲的生命周期分析项目，后来研究结果被总结成一个快速、有效的分析工具，并成为DFE软件的一部分。它使得没有专门生态知识背景的用户能够在设计中考虑环境的因素。

2. 环境适应性设计

使产品本身具有很强的抵御环境变化的能力（参见稳健设计），或改善局部工作环境，减少环境变化对产品性能和可靠性的影响（参见耐环境设计）。

9.7.8 面向其他因素的设计

根据 DFX 的原理，参照以上几种 DFX 的方法，结合工程实际需要，还可以考虑面向其他要素的设计，例如面向开发周期的设计、面向某一顾客群的设计、面向安全的设计、面向便携的设计、面向人因工程的设计等。

9.8 服务设计概述

与制造业一样，在服务业中遇到新的服务产品或服务流程，传统的 DMAIC 改进方法也不太适合。在本节中，将从服务设计定义，服务设计要素和内容，服务流程设计方法、技术和工具以及六西格玛设计在服务设计中的应用等方面进行阐述。

9.8.1 服务设计定义

对于服务设计，国内外学者给出了许多不同的定义，普遍认为服务设计是企业以顾客的某些需求为出发点，根据自身特点和运营目标，采用创造性的、以人为本的方法，确定服务内容和提供方式的过程。其核心是完整的服务包与服务传递系统的设计，包括了从概念发掘到服务实施整个设计过程中的探索性、创造性和评价性的各项活动。

服务设计有广义和狭义之分，美国学者赫斯克特（James L. Heskett）认为广义的服务设计是指企业根据顾客需求所进行的对员工的培养与发展、工作分配与组织，以及服务设施的规划和配置，它包括客户定位、服务战略设计、服务体系设计、组织运营设计等。而狭义的服务设计即指服务流程设计，菲茨西蒙斯（James A. Fitzsimmons）就把服务设计定义为“服务传递系统的设计”，即服务流程的设计，也是整个服务设计的核心。

9.8.2 服务设计要素

广义服务设计的要素可划分为结构性要素和管理要素，它们向顾客和员工传递了预期可得到的服务与实际得到服务的概貌。菲茨西蒙斯（James A. Fitzsimmons）指出，服务设计要素有以下两个方面：

1. 结构性要素

（1）传递过程设计：前台和后台、自动化、顾客参与。

（2）设施设计：大小、艺术性、布局。

（3）地点：顾客人数统计、单一或多个地点、竞争性、地点特征。

（4）能力设计：顾客等待管理、服务人员数量、一般需求和需求高峰的调节。

2. 管理要素

（1）服务情境：服务文化、激励、选择和培训员工、对员工的授权。

(2) 服务质量：评估、监控、期望和感知、服务承诺。

(3) 能力和需求管理：调整需求和控制供应战略、顾客等待的管理。

(4) 信息：竞争性资源、数据收集。

9.8.3 服务设计内容

根据上述的服务设计要素，可以把企业的服务设计分为服务产品组合、服务环境、服务体系和服务流程等几方面内容。

1. 服务产品组合

服务产品组合可以分为核心服务产品、支持服务产品和附加服务产品。

(1) 核心服务产品是指企业为顾客提供的主要服务，它是企业在市场上的立足之本。如银行的核心服务就是存贷款等金融服务，如果不能提供金融服务，银行也就失去其存在的价值。

(2) 支持服务产品是企业为了让顾客获得核心服务时提供的服务或产品。如果没有这些支持服务或产品，顾客无法获得核心服务。如顾客想在某家银行存款，那必须先在这家银行开立账户，开账户这项服务就可以看成是银行提供的支持性服务产品。

(3) 附加服务产品是企业为了向顾客提供额外利益而实施的服务和产品。与支持服务产品一样，它也是核心服务外的附加服务和产品，但他不是为了实现核心服务所必需的，而是可以增加企业所提供的服务组合的整体价值。如国外一些银行在网点提供出售咖啡和彩票等非金融服务。这些附加产品能够增强企业服务产品的整体价值，提升企业竞争力。

对企业来说，应该设计出自己的服务组合。首先要明确企业的核心服务，清楚地知道顾客需要什么、不需要什么，这是企业存在的根本理由；其次，要精心设计支持性服务和附加服务，没有支持性服务，核心服务就无法消费，而精心设计的附加服务可以让企业区别于其他竞争对手，快速提升竞争力。

2. 服务环境

服务环境是指企业向顾客提供服务所需的设备、设施以及装潢布置等各种有实际物质形态的资源。实体环境对顾客感知的服务质量有相当重要的影响，现场环境的舒适程度，设施设备的便利程度，影响着顾客的体验，同时，服务环境也会对服务质量以及服务人员的工作效率产生影响。一般来说，服务环境包含环境氛围、现场布局、符号标志等内容。

环境氛围主要是指听觉（如现场音乐）、视觉（如空间、色彩）、味觉（如现场气味）等方面的设计和布置；现场布局主要是指服务环境中的各项设备和设施的摆放和装饰；符号标志主要是指企业内部的各种符号、标志和指示引导牌等。良好的环境氛围可以增加吸引力和顾客满意度，也能够很好地提高服务人员的工作效率。

3. 服务体系

服务企业最常见的是从顾客的可视性出发，把服务体系分为前台操作系统和中后台辅助系统。

(1) 前台操作系统。前台操作系统的基本职责就是保证服务过程和结果的质量，为顾客提供优质服务。前台操作系统主要涉及顾客、服务人员、服务渠道及经营管理系统等。

● 顾客：在整个服务过程中，顾客是重要的一个环节，他们不仅是消费者、服务质量的解释和判断者，也是服务过程的参与者。在整个前台系统的设计中，首先要给顾客必要的信息提示让顾客理解整个过程中他们需要做的工作，如银行的服务提示告知顾客如何使用自助设备；其次要帮助顾客掌握必要的知识技能，如银行工作人员指导顾客填写单据，使顾客能知道如何填写；最后要让顾客能够积极参与，如银行在显著的位置放置一些自助设备，引导顾客自助使用。

● 服务人员：服务人员是服务传递者，他们的表现直接影响着顾客对服务的体验。所以在前台系统设计中，企业要重点关注服务人员的服务流程。一方面要加强对服务人员的培训和考核，让服务人员能自觉为顾客提供优质服务；另一方面又有必要授权，使服务人员根据实际情况提供个性化服务，及时灵活地处理前端发生的问题。

● 服务渠道：服务渠道是企业传递服务的途径，既影响着顾客对服务的体验，又影响着企业的服务效率。在现代技术层出不穷的今天，针对不同的顾客群体，提供全面的多种渠道的服务已经成为一个发展方向。如银行不仅通过网点柜面为顾客提供服务，还可以通过电话银行以及ATM、网银等自助渠道给顾客提供服务，现在随着技术的完善，又出现了视频银行、移动上门办理等渠道，使顾客真正体会到全方位的服务。

● 经营管理体系：前台管理体系是指经营管理规章制度、服务作业系统、服务操作程序、考核激励办法，以及必要的信息管理和质量控制系统等。一个良好的前台管理系统，可以激发服务人员的创造性和主观能动性，为顾客提供高效优质的服务。

（2）中后台辅助系统。中后台辅助系统主要是相对于前台操作系统而言的，其主要功能就是对前台操作的支持，但这些工作又是前台操作系统为顾客提供优质服务的保证。主要包括中后台职能设计、中后台人员及管理系统三部分。

● 中后台职能设计：中后台的职能设计主要包括中后台应该包含哪些内容、职责如何划分、如何协同等，一个职责清晰、高效运作的中后台必然能给前台服务带来巨大的支持，反之没有良好的中后台支持，则必然会影响前台服务质量。如果机场后勤不能及时对飞机进行检修，前台的机组人员就无法为顾客提供及时的运输服务。一般来说，中后台包括后台运营、风险控制、人事行政、财务企划、信息科技等方面职能。

● 中后台人员：主要是指中后台的管理和作业人员，他们能否树立以支持前台为唯一目标、建立良好的企业文化、为前台服务人员创造良好的工作环境是影响中后台工作的重要因素。

● 经营管理系统：主要是指中后台经营管理制度、绩效考核体系、技术支持系统、质量管理和控制等，设计良好的中后台管理系统，可以改善前台操作系统、大幅释放前台生产力、提升企业的服务效率和质量。

4. 服务流程

服务流程是服务传递的一系列活动组合，大部分的服务都是服务流程的产物，离开了服务流程，服务无法实现，因此服务流程设计是服务设计的核心。接下去将详细讨论服务流程设计的路径、方法和工具。

9.8.4 服务流程设计

1. 服务流程设计路径

服务流程设计就是根据顾客需求，确定服务产品、设计服务流程、制定相关规范和流程监控管理的过程，关于服务流程设计途径有多种方式，但其核心还是设计服务传递系统，六西格玛设计 IDDOV 的方法可以很好地阐释服务流程设计途径，如表 9—36 所示。

表 9—36　服务流程六西格玛设计 IDDOV 路径

阶段	I（identify） 识别	D（define） 定义	D（design） 设计	O（optimize） 优化	V（verify） 验证
主要工作内容	寻找市场机会，识别顾客需求，制定项目特许任务书。	顾客需求的确定和展开，服务产品和流程总体设计方案的论证和确定	概念设计，详细实施。	服务产品组合的优化，流程过程的优化。	服务设计质量（满意度）的验证，流程质量的验证。
主要设计输出	1. 项目可行性研究报告。 2. DFSS 项目特许任务书。	1. 服务产品和流程设计方案。 2. 服务规范和标准。	1. 服务产品组合。 2. 服务流程（流程标准操作手册）。 3. 服务流程规范初稿。 4. IT 业务需求。 5. 服务流程控制和管理办法。	1. 详细流程图。 2. 服务流程规范和 SOP。 3. 流程控制办法，KPI 考核指标等。 4. IT 需求文档。 5. 流程模拟。	1. 试点服务流程。 2. 设计评审报告。 3. 过程能力分析。 4. DFSS 项目绩效报告。

（1）识别（I）阶段又可划分为“寻找市场机会”、“识别顾客需求”、“制定项目特许任务书”三个步骤，可应用 QFD、卡诺分析、新 QC 七种工具、风险分析等方法寻找市场机会、识别顾客需求、论证和确定要开展六西格玛设计的项目、组织项目团队、落实人员和职责，并编制和批准六西格玛设计项目特许任务书。

（2）定义（D）阶段又可划分为“顾客需求的确定和展开”、“服务产品和流程总体设计方案的论证和确定”两个步骤，要通过质量功能展开深入分析，将顾客需求逐层地展开为功能要求、流程模块要求、服务流程要求，并采用 QFD、设计思考、TRIZ、功能 FMEA、新 QC 七种工具、风险分析、全寿命周期费用（life cycle cost，LCC）分析等方法，通过创造性的思维和自顶向下的设计，形成一个可以实现顾客需求的总体设计方案。

（3）设计（D）阶段又可划分为“概念设计”、“详细设计”两个步骤，应用生产线法、顾客参与法、顾客接触法、设计思想等方法进行服务流程的初步构想，各部门职责和服务产品以及各子系统、部件、设备和供应商的确定，系统建设或改造方案确定，并撰写 IT 需求。

（4）优化（O）阶段又可划分为“服务产品组合的优化”、“流程过程的优化”两个步骤，要通过流程图分析和 FMEA 等方法，使服务流程指标稳定在目标附近（变异小），在使用中抗干扰，并进行流程环节和 IT 系统的进一步优化。

（5）验证（V）阶段又可划分为“服务设计质量（满意度）的验证”、“流程质量的验证”两个步骤，要通过小规模试点、验收检验规程（acceptance testing procedure，ATP）等方法进行过程能力的分析、过程质量的验证，通过仿真试验等方法进行六西格玛设计服务质量的验证与确认，以及时效等顾客满意度观察，并请顾客试用来验证六西格玛设计是否达到了希望的目标。

2. 服务流程设计技术

服务流程设计的方法和技术主要有以下几种：生产线法、顾客参与法、顾客接触法。

(1) 生产线法。生产线法主要是指采取制造业中生产线方法来设计运用流程。传统的服务经常采用的是一个人直接为其他人服务的方式，但这种服务往往效率比较低。20世纪80年代，生产线方法在发达国家的服务业中兴起并迅速普及，其核心理念是应用制造业的经验来管理服务运营，应用标准化、系统化的理念，把个性化、小规模、无形的服务模式改造成为标准化、大规模、稳定性较好的服务模式，使服务效率和质量得到极大提升。

肯德基和麦当劳等快餐公司是将生产线方法应用到服务业的很好例子。所有的原材料（如调料、鸡腿等）在加工厂经过测量和预包装，各门店的员工不必为原材的多少、质量好坏而操心，各种产品的制造（如鸡腿、薯条）等有严格的标准化过程，如每次炸薯条的步骤、数量、时间等都有精确控制，这样不必担心炸出来的薯条质量不一致。国内的如小南国等大型餐饮公司，也采取了中央厨房的模式，各种菜品都预先在中央厨房经过洗切、配料等一系列自动流水线步骤包装成标准化的半成品，运输到各门店后，厨师只要进行加热处理即可加工为成品，当然，厨师的每一个动作、加工时间等都有严格规定，形成标准化的作业流程。这样，极大地提升了服务效率，也减少了对厨师的技能要求，菜品质量的稳定性也能保持很好。

生产线法的应用主要有几个特点：

● 简单化：明确的专业化分工。生产线法总体思想是把服务工作分为许多简单的工作。它既可以简化员工的工作又可以强化员工的专业技能，还可以减少对高技能的综合人员的依赖（也就是并不是每一位餐厅服务人员都需要成为厨师，也不是每一位厨师都需要会做所有的菜品），从而达到提升效率、降低成本的目的。而且，专业化分工是生产线法的基础，在此基础上把复杂操作简单化，才能进行标准化，并寻找用技术设备代替人力的机会。

● 标准化：服务标准化。服务标准化就是通过制定流程和操作规范，使服务成为一个定义明确的常规工作任务。这样，服务过程更加容易控制，服务质量更加稳定，服务效率也得到提升，顾客的流动也更加有序。服务标准化已经成为服务业提高服务质量一致性的发展方向，麦当劳这样的西式快餐标准化程度相当高，更容易扩大规模。

● 自动化：用技术代替人力。在标准化基础上，用技术设备来代替人力作业在制造业已经是一种共识，现在这种方法也被服务业广泛采用，银行ATM机就是一个很典型的例子。用技术设备代替人力时，必须考虑设备的使用范围和应用中的各环节，只有操作简单、性能稳定的设备才能被顾客接受并使运用效率有效提升。

● 规范化：员工有限的自主权。对于常规服务，在制定完明确的服务流程和操作规范后，必须对服务人员进行培训，使服务流程和操作规范得到贯彻落实，这样可以尽量减少人为影响。如果是个性化的服务，就有必要对员工进行有限授权，使他们在标准化基础上满足顾客的个性化服务要求。

生产线法具有效率高、质量稳定、规模效应、对服务人员技能要求低、服务水准提升等优点，但也存在服务个性化不足、设备产生问题时不能及时调整等问题。

(2) 顾客参与法。顾客参与法也就是我们经常提到的服务自助化。对于大部分服务来说，当顾客出现时，服务才会开始，整个服务过程中，顾客不仅仅是一个被动的消费者和旁观者，需要的时候也可以鼓励其成为一个积极的参与者，这就使服务自助化的实现成为可能。这样，不仅能提升服务效率，也可以使服务定制化，更符合顾客的偏好。如银行提供的网银功能，不仅提升了银行运营效率，更重要的是使顾客更加便捷，并满足其个性化和私密性的需求。

顾客参与法的应用主要有几个特点：

● 顾客在参与中学习。在自助化的服务系统中，要求顾客的主动参与，并且让他拥有服务的自主权和控制权。因此需要顾客能够在参与服务过程中不断学习，否则他的表现会影响到服务质量和效率。一个好的自助服务系统，不仅需要友好、简洁的人机对话界面，还要能为顾客的学习提供指南、创造条件，同时最好能采取一系列措施吸引和鼓励顾客学习、尝试自助服务。

● 顾客承担员工的部分工作。自助服务要求顾客承担企业员工的部分工作，使顾客成为服务生产的合作者和参与者。银行的 ATM 和网银就是很好的例子。随着科技的发展，自助服务不仅方便快捷，也降低了服务成本。越来越多的顾客喜欢参与服务过程，可以从中获得好处。

● 企业员工与顾客高度互动。在自助服务过程中，要随时解决顾客自助服务过程中遇到的每一个问题。这就要求企业员工有很强的问题解决能力并与顾客保持高度互动。同时员工还需要不停地研究顾客的特点和需求，据此不断完善自助服务系统。

（3）顾客接触法。顾客接触法的理论基础源于蔡斯（Rucgard Chase）的研究。他认为在顾客参与的服务活动中，可以根据顾客在过程中的接触程度把服务传递系统分为高顾客接触和低顾客接触的作业，也就是所谓的前台和后台。低接触或后台如同工厂一样运转，所有的制造业生产经营观念和自动化设施均可使用。这样就可以让顾客在前台感受到个性化的服务，同时又可以通过批量生产实现规模经济。顾客接触法是顾客参与法和生产线法的结合。

顾客接触法中需要注意的要点是：

● 准确定义服务系统中的顾客接触程度。顾客的接触程度代表了顾客在服务系统中的参与程度及其对服务过程和结果的影响程度。只有对这两者有清楚的认识，才能掌握设计要点，分别对这两部分活动进行设计，达到改进服务的效果。

● 根据前后台特点，分别设计服务操作流程。前后台特点不同，前台主要是需要与顾客直接接触，而后台可以像工厂一样封闭起来生产。这对于前后台的要求是不同的，对前台需要服务人员有较高的沟通技巧，而后台则需要像生产线那样体现大规模生产的高效、优质和低成本。因此，需要根据前后台的不同特点，采用不同的概念设计，对前后台的服务操作流程进行不同设计。

● 确保前后台的沟通协调。尽管高接触业务作业和低接触业务作业在实体上是完全分离的，但从整个流程上看是不可分离的，两者之间的衔接影响着服务体系的执行效率。只有明确两者之间的关系和界限，准确传达服务信息和要求，应用服务水平协议等管理方法，才能确保前后台之间的有效衔接和沟通。

目前，这种前后台分离，实现前台个性化服务、后台集中化工厂作业已经被越来越多的服务企业所采用。20 世纪 90 年代，国外银行如汇丰、花旗等都通过运营集中实现了后台大规模的工厂化作业。平安集团是最早建立后台运营中心的中国金融集团，平安集团历时10年的后援集中运营，创造性地完成了寿险、产险、养老险、银行等后台作业的集中工作，并在上海张江建立了后援管理中心。至2010年，平安的张江后援管理中心已经发展成为独立法人的一流金融服务外包商，为平安集团旗下的各专业公司提供专业的外包服务，并在苏州、成都、洛阳等地建立了多个分中心。

3. 服务流程设计工具

在服务流程设计过程中，有多种工具可以使用，常用的有：

（1）QFD。品质功能展开是一个很好的把顾客需求转化为服务需求，并进一步分解成流程模块和流程环节需求的工具，在服务流程设计中起到很好的作用。详细内容可以参见本章9.2.2。

（2）FMEA。FMEA是一个事前防范的有效工具，特别是设计FMEA能及早发现流程设计中的漏洞和困难点，及时补救。详细内容可以参加本章9.6节。

（3）流程图。流程图是服务流程设计最基本也最重要的工具，可以利用流程图对服务流程从高阶到低阶的端到端的逐层分解，找到流程关键环节，减少流程设计的各种浪费，采取消减、并行、前置、后移等方法，让流程设计得更合理和高效。详细内容参考5.1.1。

（4）TRIZ。TRIZ理论可以很好地解决流程设计中的矛盾冲突，详细内容可以参见本章9.3节。

（5）设计思考。服务流程设计中，最主要的是捕获顾客需求，并从顾客角度着手，以人为本地、创造性地设计服务流程，这样才能最大限度地满足顾客需求，提升服务满意度。设计思考是一个很好的以人为本的创意与设计的方法论，为各种议题寻求创新解决方案，并创造更多的可能性。IDEO设计公司总裁Tim Brown曾在《哈佛商业评论》中定义："设计思考是以人为本的设计精神与方法，考虑人的需求、行为，也考量科技或商业的可行性。"设计思考已经成为一种结构完整的思维模式，任何行业、任何公司的任何领域都可采用，而且可以产生许多有意义与建设性的产品或服务的创新设计模式，它依靠的不是设计师个人的创意，而是要透过不同专业的人，从不同的角度，共同产生创意，然后设计出一个创新的产品或服务。有关设计思考的详细内容可以参见推荐阅读的书目。

本章小结

本章介绍了六西格玛设计的产生和发展，从技术、管理、经济等方面阐述了六西格玛设计的重要意义，提出了产品全寿命周期的六西格玛解决方案，并以主要的篇幅介绍了六西格玛设计的IDDOV流程和主要技术方法。

本章首先介绍了IDDOV流程的五个阶段：识别（identify）、定义（define）、研发（design）、优化（optimize）和验证（verify），以及每个阶段的工作内容和适用的技术方法，提出了产品全寿命周期的六西格玛解决方案，并将IDDOV流程、DMAIC流程和可靠性工程有机结合，首次提出了能覆盖产品全寿命周期的完整的六西格玛解决方案。随后分别介绍了六西格玛设计的主要技术方法——质量功能展开、系统设计、参数设计、容差设计、FMEA分析和面向X的设计。本章最后介绍了服务设计的概念、要素及内容，并阐述了六西格玛设计的方法论在服务设计中的应用；在服务流程设计中经常会使用生产线法、顾客参与法和顾客接触法的技术来提升服务质量和效率；其中QFD、FMEA、流程图、TRIZ、设计思考等方法和工具都可在服务流程设计中很好地使用。

六西格玛设计的内容十分丰富，开展六西格玛设计也是当前六西格玛管理深入发展的方向。但由于本教材的重点是六西格玛改进（DMAIC），因此本章只是对于六西格玛设计的简要介绍。需要深入学习了解六西格玛设计的读者，可以阅读本书所列的推荐阅读。

推荐阅读

1. 邵家骏主编．健壮设计指南．北京：国防工业出版社，2011
2. 沈世德．TRIZ法简明教程．北京：机械工业出版社，2010
3. 蒂姆·布朗（Tim Brown），IDEO，设计改变一切．沈阳：万卷出版公司，2011
4. 胡鸿．设计思考．北京：化学工业出版社，2011

附　表

附表 1

标准正态分布函数表 $\Phi(x)$

$$\Phi(x)=\int_{-\infty}^{x}\frac{1}{\sqrt{2\pi}}e^{-\frac{x^2}{2}}dx$$

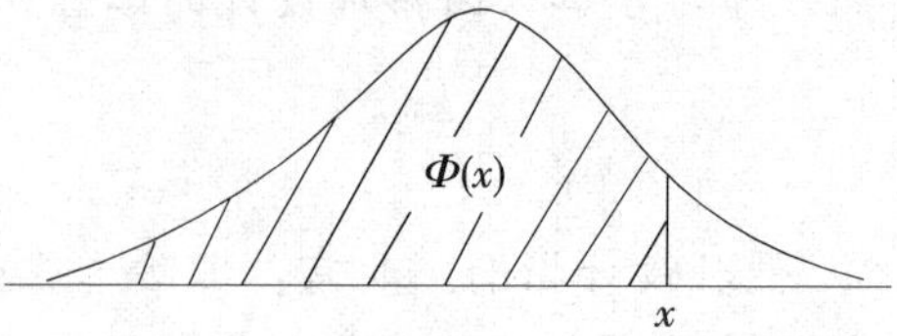

x	0.00	0.01	0.02	0.03	0.04	0.05	0.06	0.07	0.08	0.09
0.0	0.5000	0.5040	0.5080	0.5120	0.5160	0.5190	0.5239	0.5279	0.5319	0.5359
0.1	0.5398	0.5438	0.5478	0.5517	0.5557	0.5596	0.5636	0.5675	0.5714	0.5753
0.2	0.5793	0.5832	0.5871	0.5910	0.5948	0.5987	0.6026	0.6064	0.6103	0.6141
0.3	0.6179	0.6217	0.6255	0.6293	0.6331	0.6368	0.6406	0.6443	0.6480	0.6517
0.4	0.6554	0.6591	0.6628	0.6664	0.6700	0.6736	0.6772	0.6808	0.6844	0.6879
0.5	0.6915	0.6950	0.6985	0.7019	0.7054	0.7088	0.7123	0.7157	0.7190	0.7224
0.6	0.7257	0.7291	0.7324	0.7357	0.7389	0.7422	0.7454	0.7486	0.7157	0.7549
0.7	0.7580	0.7611	0.7642	0.7673	0.7703	0.7734	0.7764	0.7794	0.7823	0.7852
0.8	0.7881	0.7910	0.7939	0.7967	0.7995	0.8023	0.8051	0.8078	0.8106	0.8133
0.9	0.8159	0.8186	0.8212	0.8238	0.8264	0.8289	0.8315	0.8340	0.8365	0.8389
1.0	0.8413	0.8438	0.8461	0.8485	0.8508	0.8531	0.8554	0.8577	0.8599	0.8621
1.1	0.8643	0.8665	0.8686	0.8708	0.8729	0.8749	0.8770	0.8790	0.8810	0.8830
1.2	0.8849	0.8869	0.8888	0.8970	0.8925	0.8944	0.8962	0.8980	0.8997	0.9015
1.3	0.9032	0.9049	0.9066	0.9082	0.9099	0.9115	0.9131	0.9147	0.9162	0.9177
1.4	0.9192	0.9270	0.9222	0.9236	0.9251	0.9265	0.9278	0.9292	0.9306	0.9319
1.5	0.9332	0.9345	0.9357	0.9370	0.9382	0.9394	0.9406	0.9418	0.9430	0.9441
1.6	0.9452	0.9463	0.9474	0.9484	0.9495	0.9505	0.9515	0.9525	0.9535	0.9545
1.7	0.9554	0.9564	0.9573	0.9582	0.9591	0.9599	0.9608	0.9616	0.9625	0.9633
1.8	0.9641	0.9648	0.9656	0.9664	0.9671	0.9678	0.9686	0.9693	0.9700	0.9706
1.9	0.9713	0.9719	0.9726	0.9732	0.9738	0.9744	0.9750	0.9756	0.9762	0.9767
2.0	0.9772	0.9778	0.9783	0.9788	0.9793	0.9798	0.9803	0.9808	0.9812	0.9817
2.1	0.9821	0.9826	0.9830	0.9834	0.9838	0.9842	0.9846	0.9850	0.9854	0.9857
2.2	0.9861	0.9864	0.9868	0.9871	0.9874	0.9878	0.9881	0.9884	0.9887	0.9890
2.3	0.9893	0.9896	0.9898	0.9901	0.9904	0.9906	0.9909	0.9911	0.9913	0.9916
2.4	0.9918	0.9920	0.9922	0.9925	0.9927	0.9929	0.9931	0.9932	0.9934	0.9936
2.5	0.9938	0.9940	0.9941	0.9943	0.9945	0.9946	0.9948	0.9949	0.9951	0.9952
2.6	0.9953	0.9955	0.9956	0.9957	0.9959	0.9960	0.9961	0.9962	0.9963	0.9964
2.7	0.9965	0.9966	0.9967	0.9968	0.9969	0.9970	0.9971	0.9972	0.9973	0.9974
2.8	0.9974	0.9975	0.9976	0.9977	0.9977	0.9978	0.9979	0.9979	0.9980	0.9981
2.9	0.9981	0.9982	0.9982	0.9983	0.9984	0.9984	0.9985	0.9985	0.9986	0.9986
x	0.00	0.1	0.2	0.3	0.4	0.5	0.6	0.7	0.8	0.9
3.0	$0.9^{2}8650$	$0.9^{3}0324$	$0.9^{3}3129$	$0.9^{3}5166$	$0.9^{3}6631$	$0.9^{3}7674$	$0.9^{3}8409$	$0.9^{3}8922$	$0.9^{4}2765$	$0.9^{4}5190$
4.0	$0.9^{4}6833$	$0.9^{4}7934$	$0.9^{4}8665$	$0.9^{5}1460$	$0.9^{5}4587$	$0.9^{5}6602$	$0.9^{5}7887$	$0.9^{5}8699$	$0.9^{6}2067$	$0.9^{6}5208$
5.0	$0.9^{6}7133$	$0.9^{6}8302$	$0.9^{7}0036$	$0.9^{7}4210$	$0.9^{7}6668$	$0.9^{7}8101$	$0.9^{7}9828$	$0.9^{8}4010$	$0.9^{8}6684$	$0.9^{8}8182$
6.0	$0.9^{9}0136$									

附表 2 标准正态分布的 α 分位数表

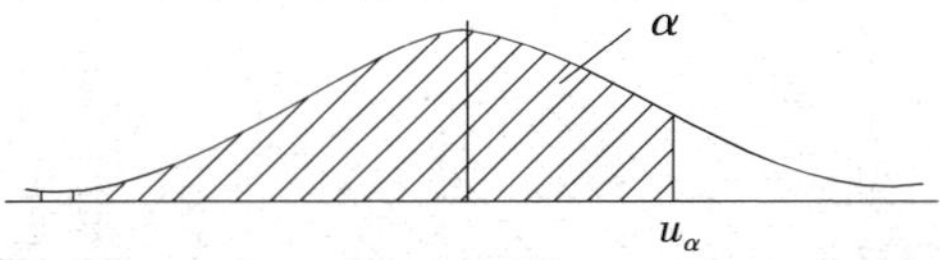

α	0.00	0.01	0.02	0.03	0.04	0.05	0.06	0.07	0.08	0.09
0.00	—	−2.33	−2.05	−1.88	−1.75	−1.64	−1.55	−1.48	−1.41	−1.34
0.10	−1.28	−1.23	−1.18	−1.13	−1.08	−1.04	−0.99	−0.95	−0.92	−0.88
0.20	−0.84	−0.81	−0.77	−0.74	−0.71	−0.67	−0.64	−0.61	−0.58	−0.55
0.30	−0.52	−0.50	−0.47	−0.44	−0.41	−0.39	−0.36	−0.33	−0.31	−0.28
0.40	−0.25	−0.23	−0.20	−0.18	−0.15	−0.13	−0.10	−0.08	−0.05	−0.03
0.50	0.00	0.03	0.05	0.08	0.10	0.13	0.15	0.18	0.20	0.23
0.60	0.25	0.28	0.31	0.33	0.36	0.39	0.41	0.44	0.47	0.50
0.70	0.52	0.55	0.58	0.61	0.64	0.67	0.71	0.74	0.77	0.81
0.80	0.84	0.88	0.92	0.95	0.99	1.04	1.08	1.13	1.18	1.23
0.90	1.28	1.34	1.41	1.48	1.55	1.64	1.75	1.88	2.05	2.33

α	0.001	0.005	0.010	0.025	0.050	0.100
u_α	−3.090	−2.576	−2.326	−1.960	−1.645	−1.282

α	0.999	0.995	0.990	0.975	0.950	0.900
u_α	3.090	2.576	2.326	1.960	1.645	1.282

附表 3

t 分布的 α 分位数表

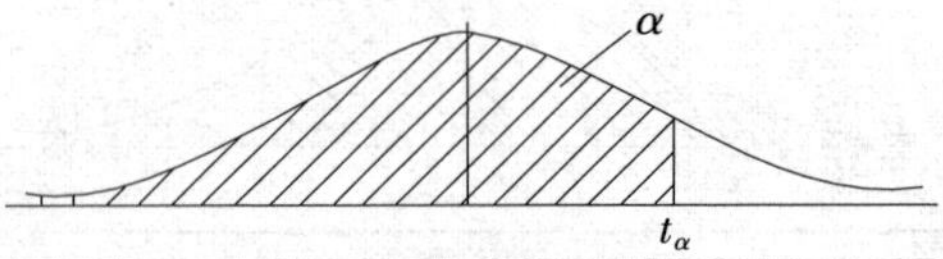

df	$t_{0.60}$	$t_{0.70}$	$t_{0.80}$	$t_{0.90}$	$t_{0.95}$	$t_{0.975}$	$t_{0.99}$	$t_{0.995}$
1	0.325	0.727	1.376	3.078	6.314	12.706	31.821	63.657
2	0.289	0.617	1.061	1.886	2.920	4.303	6.965	9.925
3	0.277	0.584	0.978	1.638	2.353	3.182	4.541	5.841
4	0.271	0.569	0.941	1.533	2.132	2.776	3.747	4.604
5	0.267	0.559	0.920	1.476	2.015	2.571	3.365	4.032
6	0.265	0.553	0.906	1.440	1.943	2.447	3.143	3.707
7	0.263	0.549	0.896	1.415	1.895	2.365	2.998	3.499
8	0.262	0.546	0.889	1.397	1.860	2.306	2.896	3.355
9	0.261	0.543	0.883	1.383	1.833	2.262	2.821	3.250
10	0.260	0.542	0.879	1.372	1.812	2.228	2.764	3.169
11	0.260	0.540	0.876	1.363	1.796	2.201	2.718	3.106
12	0.259	0.539	0.873	1.356	1.782	2.179	2.681	3.055
13	0.259	0.538	0.870	1.350	1.771	2.160	2.650	3.012
14	0.258	0.537	0.868	1.345	1.761	2.145	2.624	2.977
15	0.258	0.536	0.866	1.341	1.753	2.131	2.602	2.947
16	0.258	0.535	0.865	1.337	1.746	2.120	2.583	2.921
17	0.257	0.534	0.863	1.333	1.740	2.110	2.567	2.898
18	0.257	0.534	0.862	1.330	1.734	2.101	2.552	2.878
19	0.257	0.533	0.861	1.328	1.729	2.093	2.539	2.861
20	0.257	2.533	0.860	1.325	1.725	2.086	2.528	2.861
21	0.257	0.532	0.859	1.323	1.721	2.080	2.518	2.831
22	0.256	0.532	0.858	1.321	1.717	2.074	2.508	2.819
23	0.256	0.532	0.858	1.319	1.714	2.069	2.500	2.807
24	0.256	0.531	0.857	1.318	1.711	2.064	2.492	2.797
25	0.256	0.531	0.856	1.316	1.708	2.060	2.485	2.787
26	0.256	0.531	0.856	1.315	1.706	2.056	2.479	2.779
27	0.256	0.531	0.855	1.314	1.703	2.052	2.473	2.771
28	0.256	0.530	0.855	1.313	1.701	2.048	2.467	2.763
29	0.256	0.530	0.854	1.311	1.699	2.045	2.462	2.756
30	0.256	0.530	0.854	1.310	1.697	2.042	2.457	2.750
40	0.255	0.529	0.851	1.303	1.684	2.021	2.423	2.704
60	0.254	0.527	0.848	1.296	1.671	2.000	2.390	2.660
120	0.254	0.526	0.845	1.289	1.658	1.980	2.358	2.617
∞	0.253	0.524	0.842	1.282	1.645	1.960	2.326	2.576

附表 4

χ^2 分布的 α 分位数表

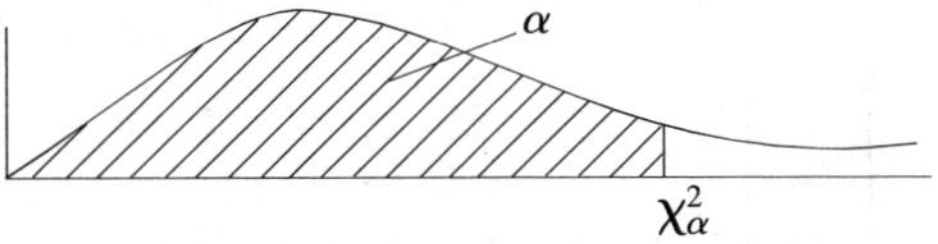

df	$\chi^2_{0.005}$	$\chi^2_{0.01}$	$\chi^2_{0.025}$	$\chi^2_{0.05}$	$\chi^2_{0.10}$	$\chi^2_{0.90}$	$\chi^2_{0.95}$	$\chi^2_{0.975}$	$\chi^2_{0.99}$	$\chi^2_{0.995}$
1	0.000039	0.00016	0.00098	0.0039	0.0158	2.71	3.84	5.02	6.63	7.88
2	0.0100	0.0201	0.0506	0.1026	0.2107	4.61	5.99	7.38	9.21	10.60
3	0.0717	0.115	0.216	0.352	0.584	6.25	7.81	9.35	11.34	12.84
4	0.207	0.297	0.484	0.711	1.064	7.78	9.49	11.14	13.28	14.86
5	0.412	0.554	0.831	1.15	1.61	9.24	11.07	12.83	15.09	16.75
6	0.676	0.872	1.24	1.64	2.20	10.64	12.59	14.45	16.81	18.55
7	0.989	1.24	1.69	2.17	2.83	12.02	14.07	16.01	18.48	20.28
8	1.34	1.65	2.18	2.73	3.49	13.36	15.51	17.53	20.09	21.96
9	1.73	2.09	2.70	3.33	4.17	14.68	16.92	19.02	21.67	23.59
10	2.16	2.56	3.25	3.94	4.87	15.99	18.31	20.48	23.21	25.19
11	2.60	3.05	3.82	4.57	5.58	17.28	19.68	21.92	24.73	26.76
12	3.07	3.57	4.40	5.23	6.30	18.55	21.03	23.34	26.22	28.30
13	3.57	4.11	5.01	5.89	7.04	19.81	22.36	24.74	27.69	29.82
14	4.07	4.66	5.63	6.57	7.79	21.06	23.68	26.12	29.14	31.32
15	4.60	5.23	6.26	7.26	8.55	22.31	25.00	27.49	30.58	32.80
16	5.14	5.81	6.91	7.96	9.31	23.54	26.30	28.85	32.00	34.27
18	6.26	7.01	8.23	9.39	10.86	25.99	28.87	31.53	34.81	37.16
20	7.43	8.26	9.59	10.85	12.44	28.41	31.41	34.17	37.57	40.00
24	9.89	10.86	12.40	13.85	15.66	33.20	36.42	39.36	42.98	45.56
30	13.79	14.95	16.79	18.49	20.60	40.26	43.77	46.98	50.89	53.67
40	20.71	22.16	24.43	26.5	29.05	51.81	55.76	59.34	63.69	66.77
60	35.53	37.48	40.48	43.19	46.46	74.40	79.08	83.30	88.38	91.95
120	83.85	86.92	91.57	95.70	100.62	140.23	146.57	152.21	158.95	163.64

附表 5

F 分布的 0.90 分位数 $F_{0.90}(n_1, n_2)$ 表

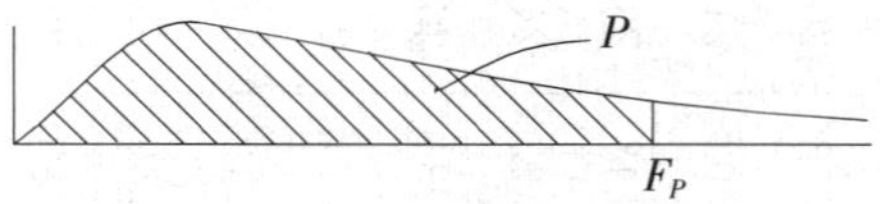

n_1＝分子的自由度，n_2＝分母的自由度

n_2 \ n_1	1	2	3	4	5	6	7	8	9	10	12	15	20	24	30	40	60	120	∞
1	39.86	49.50	53.59	55.83	57.24	58.20	58.91	59.44	59.86	60.19	60.71	61.22	61.74	62.00	62.26	62.53	62.70	63.06	63.33
2	8.53	9.00	9.16	9.24	9.29	9.33	9.35	9.37	9.38	9.39	9.41	9.42	9.44	9.45	9.46	9.47	9.47	9.48	9.49
3	5.54	5.46	5.39	5.34	5.31	5.28	5.27	5.25	5.24	5.23	5.22	5.20	5.18	5.18	5.17	5.16	5.15	5.14	5.13
4	4.54	4.32	4.19	4.11	4.05	4.01	3.98	3.95	3.94	3.92	3.90	3.87	3.84	3.83	3.82	3.80	3.79	3.78	3.76
5	4.06	3.78	3.62	3.52	3.45	3.40	3.37	3.34	3.32	3.30	3.27	3.24	3.21	3.19	3.17	3.16	3.14	3.12	3.10
6	3.78	3.46	3.29	3.18	3.11	3.05	3.01	2.98	2.96	2.94	2.90	2.87	2.84	2.82	2.80	2.78	2.76	2.74	2.72
7	3.59	3.26	3.07	2.96	2.88	2.83	2.78	2.75	2.72	2.70	2.67	2.63	2.59	2.58	2.56	2.54	2.51	2.49	2.47
8	3.46	3.11	2.92	2.81	2.73	2.67	2.62	2.59	2.56	2.50	2.50	2.46	2.42	2.40	2.38	2.36	2.34	2.32	2.29
9	3.36	3.01	2.81	2.69	2.61	2.55	2.51	2.47	2.44	2.42	2.38	2.34	2.30	2.28	2.25	2.23	2.21	2.18	2.16
10	3.29	2.92	2.73	2.61	2.52	2.46	2.41	2.38	2.35	2.32	2.28	2.24	2.20	2.18	2.16	2.13	2.11	2.08	2.06
11	3.23	2.86	2.66	2.54	2.45	2.39	2.34	2.30	2.27	2.25	2.21	2.17	2.12	2.10	2.08	2.05	2.03	2.00	1.97
12	3.18	2.81	2.61	2.48	2.39	2.33	2.28	2.24	2.21	2.19	2.15	2.10	2.06	2.04	2.01	1.99	1.96	1.93	1.90
13	3.14	2.76	2.56	2.43	2.35	2.28	2.23	2.20	2.16	2.14	2.10	2.05	2.01	1.98	1.96	1.93	1.90	1.88	1.85
14	3.10	2.73	2.52	2.39	2.31	2.24	2.19	2.15	2.12	2.10	2.05	2.01	1.96	1.94	1.91	1.89	1.86	1.83	1.80
15	3.07	2.70	2.49	2.36	2.27	2.21	2.16	2.12	2.09	2.06	2.02	1.97	1.92	1.90	1.87	1.85	1.82	1.79	1.76

续前表

n_2 \ n_1	1	2	3	4	5	6	7	8	9	10	12	15	20	24	30	40	60	120	∞
16	3.05	2.67	2.46	2.33	2.24	2.18	2.13	2.09	2.06	2.03	1.99	1.94	1.89	1.87	1.84	1.81	1.78	1.75	1.72
17	3.03	2.64	2.44	2.31	2.22	2.15	2.10	2.06	2.03	2.00	1.96	1.91	1.86	1.84	1.81	1.78	1.75	1.72	1.69
18	3.01	2.62	2.42	2.29	2.20	2.13	2.08	2.04	2.00	1.98	1.93	1.89	1.84	1.81	1.78	1.75	1.72	1.69	1.66
19	2.99	2.61	2.40	2.27	2.18	2.11	2.06	2.02	1.98	1.96	1.91	1.86	1.81	1.79	1.76	1.73	1.70	1.67	1.63
20	2.97	2.59	2.38	2.25	2.16	2.09	2.04	2.00	1.96	1.94	1.89	1.84	1.79	1.77	1.74	1.71	1.68	1.64	1.61
21	2.96	2.57	2.36	2.23	2.14	2.08	2.02	1.98	1.95	1.92	1.87	1.83	1.78	1.75	1.72	1.69	1.66	1.62	1.59
22	2.95	2.56	2.35	2.22	2.13	2.06	2.01	1.97	1.93	1.90	1.86	1.81	1.76	1.73	1.70	1.67	1.64	1.60	1.57
23	2.94	2.55	2.34	2.21	2.11	2.05	1.99	1.95	1.92	1.89	1.84	1.80	1.74	1.72	1.69	1.66	1.62	1.59	1.55
24	2.93	2.54	2.33	2.19	2.10	2.04	1.98	1.94	1.91	1.88	1.83	1.78	1.73	1.70	1.67	1.64	1.61	1.57	1.53
25	2.92	2.53	2.32	2.18	2.09	2.02	1.97	1.93	1.89	1.87	1.82	1.77	1.72	1.69	1.66	1.63	1.59	1.56	1.52
26	2.91	2.52	2.31	2.17	2.08	2.01	1.96	1.92	1.88	1.86	1.81	1.76	1.71	1.68	1.65	1.61	1.58	1.54	1.50
27	2.90	2.51	2.30	2.17	2.07	2.00	1.95	1.91	1.87	1.85	1.80	1.75	1.70	1.67	1.64	1.60	1.57	1.53	1.49
28	2.89	2.50	2.29	2.16	2.06	2.00	1.94	1.90	1.87	1.84	1.79	1.74	1.69	1.66	1.63	1.59	1.56	1.52	1.48
29	2.80	2.50	2.28	2.15	2.06	1.99	1.93	1.89	1.86	1.83	1.78	1.73	1.68	1.65	1.62	1.58	1.55	1.51	1.47
30	2.88	2.49	2.28	2.14	2.05	1.98	1.93	1.88	1.85	1.82	1.77	1.72	1.67	1.64	1.61	1.57	1.54	1.50	1.46
40	2.84	2.44	2.23	2.09	2.00	1.93	1.87	1.83	1.79	1.76	1.71	1.66	1.61	1.57	1.54	1.51	1.47	1.42	1.38
60	2.79	2.39	2.18	2.04	1.95	1.87	1.82	1.77	1.74	1.71	1.66	1.60	1.54	1.51	1.48	1.44	1.40	1.35	1.29
120	2.75	2.35	2.13	1.99	1.90	1.82	1.77	1.72	1.68	1.65	1.60	1.55	1.48	1.45	1.41	1.37	1.32	1.26	1.19
∞	2.71	2.30	2.08	1.94	1.85	1.77	1.72	1.67	1.63	1.60	1.55	1.49	1.42	1.38	1.34	1.30	1.24	1.17	1.00

F 分布的 0.95 分位数 $F_{0.95}(n_1, n_2)$ 表

n_1=分子的自由度，n_2=分母的自由度

n_2 \ n_1	1	2	3	4	5	6	7	8	9	10	12	15	20	24	30	40	60	120	∞
1	161.4	199.5	215.7	224.6	230.2	234.0	236.8	238.9	240.5	241.9	243.9	245.9	248.0	249.1	250.1	251.1	252.2	253.3	254.3
2	18.51	19.00	19.16	19.25	19.30	19.33	19.35	19.37	19.38	19.40	19.41	19.43	19.45	19.45	19.46	19.47	19.48	19.49	19.50
3	10.13	9.55	9.28	9.12	9.01	8.94	8.89	8.85	8.81	8.79	8.74	8.70	8.66	8.64	8.62	8.59	8.57	8.55	8.53
4	7.71	6.94	6.59	6.39	6.26	6.16	6.09	6.04	6.00	5.96	5.91	5.56	5.80	5.77	5.75	5.72	5.69	5.66	5.63
5	6.61	5.79	5.41	5.19	5.05	4.95	4.88	4.82	4.77	4.74	4.68	4.62	4.56	4.53	4.50	4.46	4.43	4.40	4.36
6	5.99	5.14	4.76	4.53	4.39	4.28	4.21	4.15	4.10	4.06	4.00	3.94	3.87	3.84	3.81	3.77	3.74	3.70	3.67
7	5.59	4.74	4.35	4.12	3.97	3.87	3.79	3.73	3.68	3.64	3.57	3.51	3.44	3.41	3.38	3.34	3.30	3.27	3.23
8	5.32	4.46	4.07	3.84	3.69	3.58	3.50	3.44	3.39	3.35	3.28	3.22	3.15	3.12	3.08	3.04	3.01	2.97	2.93
9	5.12	4.26	3.86	3.63	3.48	3.37	3.29	3.23	3.18	3.14	3.07	3.01	2.94	2.90	2.86	2.83	2.79	2.75	2.71
10	4.96	4.10	3.71	3.48	3.33	3.22	3.14	3.07	3.02	2.98	2.91	2.85	2.77	2.74	2.70	2.66	2.62	2.58	2.54
11	4.84	3.98	3.59	3.36	3.20	3.09	3.01	2.95	2.90	2.85	2.79	2.72	2.65	2.61	2.57	2.53	2.49	2.45	2.40
12	4.75	3.89	3.49	3.26	3.11	3.00	2.91	2.85	2.80	2.75	2.69	2.62	2.54	2.51	2.47	2.43	2.38	2.34	2.30
13	4.67	3.81	3.41	3.18	3.03	2.92	2.83	2.77	2.71	2.67	2.60	2.53	2.46	2.42	2.38	2.34	2.30	2.25	2.21
14	4.60	3.74	3.34	3.11	2.96	2.85	2.76	2.70	2.65	2.60	2.53	2.46	2.39	2.35	2.31	2.27	2.22	2.18	2.13
15	4.54	3.68	3.29	3.06	2.90	2.79	2.71	2.64	2.59	2.54	2.48	2.40	2.33	2.29	2.25	2.20	2.16	2.11	2.07
16	4.49	3.63	3.24	3.01	2.85	2.74	2.66	2.59	2.54	2.49	2.42	2.35	2.28	2.24	2.19	2.15	2.11	2.06	2.01
17	4.45	3.59	3.20	2.96	2.81	2.70	2.61	2.55	2.49	2.45	2.38	2.31	2.23	2.19	2.15	2.10	2.06	2.01	1.96
18	4.41	3.55	3.16	2.93	2.77	2.66	2.58	2.51	2.46	2.41	2.34	2.27	2.19	2.15	2.11	2.06	2.02	1.97	1.92
19	4.38	3.52	3.13	2.90	2.74	2.63	2.54	2.48	2.42	2.38	2.31	2.23	2.16	2.11	2.07	2.03	1.98	1.93	1.88
20	4.35	3.49	3.10	2.87	2.71	2.60	2.51	2.45	2.39	2.35	2.28	2.20	2.12	2.08	2.04	1.99	1.95	1.90	1.84
21	4.32	3.47	3.07	2.84	2.68	2.57	2.49	2.42	2.37	2.32	2.25	2.18	2.10	2.05	2.01	1.96	1.92	1.87	1.81
22	4.30	3.44	3.05	2.82	2.66	2.55	2.46	2.40	2.34	2.30	2.23	2.15	2.07	2.03	1.98	1.94	1.89	1.84	1.78
23	4.28	3.42	3.03	2.80	2.64	2.53	2.44	2.37	2.32	2.27	2.20	2.13	2.05	2.01	1.96	1.91	1.86	1.81	1.76

续前表

n_2 \ n_1	1	2	3	4	5	6	7	8	9	10	12	15	20	24	30	40	60	120	∞
24	4.26	3.40	3.01	2.78	2.62	2.51	2.42	2.36	2.30	2.25	2.18	2.11	2.03	1.98	1.94	1.89	1.84	1.79	1.73
25	4.24	3.39	2.99	2.76	2.60	2.49	2.40	2.34	2.28	2.24	2.16	2.09	2.01	1.96	1.92	1.87	1.82	1.77	1.71
26	4.23	3.37	2.98	2.74	2.59	2.47	2.39	2.32	2.27	2.22	2.15	2.07	1.99	1.95	1.90	1.85	1.80	1.75	1.69
27	4.21	3.35	2.96	2.73	2.57	2.46	2.37	2.31	2.25	2.20	2.13	2.06	1.97	1.93	1.88	1.84	1.79	1.73	1.67
28	4.20	3.34	2.95	2.71	2.56	2.45	2.36	2.29	2.24	2.19	2.12	2.04	1.96	1.91	1.87	1.82	1.77	1.71	1.65
29	4.18	3.33	2.93	2.70	2.55	2.43	2.35	2.28	2.22	2.18	2.10	2.03	1.94	1.90	1.85	1.81	1.75	1.70	1.64
30	4.17	3.32	2.92	2.69	2.53	2.42	2.33	2.27	2.21	2.16	2.09	2.01	1.93	1.89	1.84	1.79	1.74	1.68	1.62
40	4.08	3.23	2.84	2.61	2.45	2.34	2.25	2.18	2.12	2.08	2.00	1.92	1.84	1.79	1.74	1.69	1.64	1.58	1.51
60	4.00	3.15	2.76	2.53	2.37	2.25	2.17	2.10	2.04	1.99	1.92	1.84	1.75	1.70	1.65	1.59	1.53	1.47	1.39
120	3.92	3.07	2.68	2.45	2.29	2.17	2.09	2.02	1.96	1.91	1.83	1.75	1.66	1.61	1.55	1.50	1.43	1.35	1.25
∞	3.84	3.00	2.60	2.37	2.21	2.10	2.01	1.94	1.88	1.83	1.75	1.67	1.57	1.52	1.46	1.39	1.32	1.22	1.00

F 分布的 0.975 分位数 $F_{0.975}(n_1, n_2)$ 表

n_1＝分子的自由度，n_2＝分母的自由度

n_2 \ n_1	1	2	3	4	5	6	7	8	9	10	12	15	20	24	30	40	60	120	∞
1	647.8	799.5	864.2	899.6	921.8	937.1	948.2	956.7	963.3	968.6	976.7	984.9	993.1	997.2	1001	1006	1010	1014	1018
2	38.51	39.00	39.17	39.25	39.30	39.33	39.36	39.37	39.39	39.40	39.41	39.43	39.45	39.46	39.46	39.47	39.48	39.49	39.50
3	17.44	16.04	15.44	15.10	14.88	14.73	14.62	14.54	14.47	14.42	14.34	14.25	14.17	14.12	14.08	14.04	13.99	13.95	13.90
4	12.22	10.65	9.98	9.60	9.36	9.20	9.07	8.98	8.90	8.84	8.75	8.66	8.56	8.51	8.46	8.41	8.36	8.31	8.26
5	10.01	8.43	7.76	7.39	7.15	6.98	6.85	6.76	6.68	6.62	6.52	6.43	6.33	6.28	6.23	6.18	6.12	6.07	6.02
6	8.81	7.26	6.60	6.23	5.99	5.82	5.70	5.60	5.52	5.46	5.37	5.27	5.17	5.12	5.07	5.01	4.96	4.90	4.85
7	8.07	6.54	5.89	5.52	5.29	5.12	4.99	4.90	4.82	4.76	4.67	4.57	4.47	4.42	4.36	4.31	4.25	4.20	4.14
8	7.57	6.06	5.42	5.05	4.82	4.65	4.53	4.43	4.36	4.30	4.20	4.10	4.00	3.95	3.89	3.84	3.78	3.73	3.67
9	7.21	5.71	5.08	4.72	4.48	4.32	4.20	4.10	4.03	3.96	3.87	3.77	3.67	3.61	3.56	3.51	3.45	3.39	3.33
10	6.94	5.46	4.83	4.47	4.24	4.07	3.95	3.85	3.78	3.72	3.62	3.52	3.42	3.37	3.31	3.26	3.20	3.14	3.08
11	6.72	5.26	4.63	4.28	4.04	3.88	3.76	3.66	3.59	3.53	3.43	3.33	3.23	3.17	3.12	3.06	3.00	2.94	2.88
12	6.55	5.10	4.47	4.12	3.89	3.73	3.61	3.51	3.44	3.37	3.28	3.18	3.07	3.02	2.96	2.91	2.85	2.79	2.72
13	6.41	4.97	4.35	4.00	3.77	3.60	3.48	3.39	3.31	3.25	3.15	3.05	2.95	2.89	2.84	2.78	2.72	2.66	2.60
14	6.30	4.86	4.24	3.89	3.66	3.50	3.38	3.29	3.21	3.15	3.05	2.95	2.84	2.79	2.73	2.67	2.61	2.55	2.49
15	6.20	4.77	4.15	3.80	3.58	3.41	3.29	3.20	3.12	3.06	2.96	2.86	2.76	2.70	2.64	2.59	2.52	2.46	2.40
16	6.12	4.69	4.08	3.73	3.50	3.34	3.22	3.12	3.05	2.99	2.89	2.79	2.68	2.63	2.57	2.51	2.45	2.38	2.32
17	6.12	4.62	4.01	3.66	3.44	3.28	3.16	3.06	2.98	2.92	2.82	2.72	2.62	2.56	2.50	2.44	2.38	2.32	2.25
18	5.98	4.56	3.95	3.61	3.38	3.22	3.10	3.01	2.93	2.87	2.77	2.67	2.56	2.50	2.44	2.38	2.32	2.26	2.19
19	5.92	4.51	3.90	3.56	3.33	3.17	3.05	2.96	2.88	2.82	2.72	2.62	2.51	2.45	2.39	2.33	2.27	2.20	2.13
20	5.87	4.46	3.86	3.51	3.29	3.13	3.01	2.91	2.84	2.77	2.68	2.57	2.46	2.41	2.35	2.29	2.22	2.16	2.09
21	5.83	4.42	3.82	3.48	3.25	3.09	2.97	2.87	2.80	2.73	2.64	2.53	2.42	2.37	2.31	2.25	2.18	2.11	2.04
22	5.79	4.38	3.78	3.44	3.22	3.05	2.93	2.84	2.76	2.70	2.60	2.50	2.39	2.33	2.27	2.21	2.14	2.08	2.00
23	5.75	4.35	3.75	3.41	3.18	3.02	2.90	2.81	2.73	2.67	2.57	2.47	2.36	2.30	2.24	2.18	2.11	2.04	1.97

续前表

n_2 \ n_1	1	2	3	4	5	6	7	8	9	10	12	15	20	24	30	40	60	120	∞
24	5.72	4.32	3.72	3.38	3.15	2.99	2.87	2.78	2.70	2.64	2.54	2.44	2.33	2.27	2.21	2.15	2.08	2.01	1.94
25	5.69	4.29	3.69	3.35	3.13	2.97	2.85	2.75	2.68	2.61	2.51	2.41	2.30	2.24	2.18	2.12	2.05	1.98	1.91
26	5.66	4.27	3.67	3.33	3.10	2.94	2.82	2.73	2.65	2.59	2.49	2.39	2.28	2.22	2.16	2.09	2.03	1.95	1.88
27	5.63	4.24	3.65	3.31	3.08	2.92	2.80	2.71	2.63	2.57	2.47	2.36	2.25	2.19	2.13	2.07	2.00	1.93	1.85
28	5.61	4.22	3.63	3.29	3.06	2.90	2.78	2.69	2.61	2.55	2.45	2.34	2.23	2.17	2.11	2.05	1.98	1.91	1.83
29	5.59	4.20	3.61	3.27	3.04	2.88	2.76	2.67	2.59	2.53	2.43	2.32	2.21	2.15	2.09	2.03	1.96	1.89	1.81
30	5.57	4.18	3.59	3.25	3.03	2.87	2.75	2.65	2.57	2.51	2.41	2.31	2.20	2.14	2.07	2.01	1.94	1.87	1.79
40	5.42	4.05	3.46	3.13	2.90	2.74	2.62	2.53	2.45	2.39	2.29	2.18	2.07	2.01	1.94	1.88	1.80	1.72	1.64
60	5.29	3.93	3.34	3.01	2.79	2.63	2.51	2.41	2.33	2.27	2.17	2.06	1.94	1.88	1.82	1.74	1.67	1.58	1.48
120	5.15	3.80	3.23	2.89	2.67	2.52	2.39	2.30	2.22	2.16	2.05	1.94	1.82	1.76	1.69	1.61	1.53	1.43	1.31
∞	5.02	3.69	3.12	2.79	2.57	2.41	2.29	2.19	2.11	2.05	1.94	1.83	1.71	1.64	1.57	1.48	1.39	1.27	1.00

F 分布的 0.99 分位数 $F_{0.99}(n_1, n_2)$ 表

n_1＝分子的自由度，n_2＝分母的自由度

n_2 \ n_1	1	2	3	4	5	6	7	8	9	10	12	15	20	24	30	40	60	120	∞
1	4052	4999.5	5403	5625	5764	5859	5928	5982	6022	6056	6016	6157	6209	6235	6261	6287	6313	6339	6366
2	98.50	99.00	99.17	99.25	99.30	99.33	99.36	99.37	99.39	99.40	99.42	99.43	99.45	99.46	99.47	99.47	99.48	99.49	99.50
3	34.12	30.82	29.46	28.71	28.24	27.91	27.67	27.49	27.35	27.23	27.05	26.87	26.69	26.60	26.50	26.41	26.32	26.22	26.13
4	21.20	18.00	16.69	15.98	15.52	15.21	14.98	14.80	14.66	14.55	14.37	14.20	14.02	13.93	13.84	13.75	13.65	13.56	13.46
5	16.26	13.27	12.06	11.39	10.97	10.67	10.46	10.29	10.16	10.05	9.89	9.72	9.55	9.47	9.38	9.29	9.20	9.11	9.02
6	13.75	10.92	9.78	9.15	8.75	8.47	8.26	8.10	7.98	7.87	7.72	7.56	7.40	7.31	7.23	7.14	7.06	6.97	6.88
7	12.25	9.55	8.45	7.85	7.46	7.19	6.99	6.84	6.72	6.62	6.47	6.31	6.16	6.07	5.99	5.91	5.82	5.74	5.65
8	11.26	8.65	7.59	7.01	6.63	6.37	6.18	6.03	5.91	5.81	5.67	5.52	5.36	5.28	5.20	5.12	5.03	4.95	4.86
9	10.56	8.02	6.99	6.42	6.06	5.80	5.61	5.47	5.35	5.26	5.11	4.96	4.81	4.73	4.65	4.57	4.48	4.40	4.31
10	10.04	7.56	6.55	5.99	5.64	5.39	5.20	5.06	4.94	4.85	4.71	4.56	4.41	4.33	4.25	4.17	4.08	4.00	3.91
11	9.65	7.21	6.22	5.67	5.32	5.07	4.89	4.74	4.63	4.54	4.40	4.25	4.10	4.02	3.94	3.86	3.78	3.69	3.60
12	9.33	6.93	5.95	5.41	5.06	4.82	4.64	4.50	4.39	4.30	4.16	4.01	3.86	3.78	3.70	3.62	3.54	3.45	3.36
13	9.07	6.70	5.74	5.21	4.86	4.62	4.44	4.30	4.19	4.10	3.96	3.82	3.66	3.59	3.51	3.43	3.34	3.25	3.17
14	8.86	6.51	5.56	5.04	4.69	4.46	4.28	4.14	4.03	3.94	3.80	3.66	3.51	3.43	3.35	3.27	3.18	3.09	3.00
15	8.68	6.36	5.42	4.89	4.56	4.32	4.14	4.00	3.89	3.80	3.67	3.52	3.37	3.29	3.21	3.13	3.05	2.96	2.87
16	8.53	6.23	5.29	4.77	4.44	4.20	4.03	3.89	3.78	3.69	3.55	3.41	3.26	3.18	3.10	3.02	2.93	2.84	2.75
17	8.40	6.11	5.18	4.67	4.34	4.10	3.93	3.79	3.68	3.59	3.46	3.31	3.16	3.08	3.00	2.92	2.83	2.75	2.65
18	8.29	6.01	5.09	4.58	4.25	4.01	3.84	3.71	3.60	3.51	3.37	3.23	3.08	3.00	2.92	2.84	2.75	2.66	2.57
19	8.18	5.93	5.01	4.50	4.17	3.94	3.77	3.63	3.52	3.43	3.30	3.15	3.00	2.92	2.84	2.76	2.67	2.58	2.49
20	8.10	5.85	4.94	4.43	4.10	3.87	3.70	3.56	3.46	3.37	3.23	3.09	2.94	2.86	2.78	2.69	2.61	2.52	2.42
21	8.02	5.78	4.87	4.37	4.04	3.81	3.64	3.51	3.40	3.31	3.17	3.03	2.88	2.80	2.72	2.64	2.55	2.46	2.36
22	7.95	5.72	4.82	4.31	3.99	3.76	3.59	3.45	3.35	3.26	3.12	2.98	2.83	2.75	2.67	2.58	2.50	2.40	2.31
23	7.88	5.66	4.76	4.26	3.94	3.71	3.54	3.41	3.30	3.21	3.07	2.93	2.78	2.70	2.62	2.54	2.45	2.35	2.26

续前表

n_2 \ n_1	1	2	3	4	5	6	7	8	9	10	12	15	20	24	30	40	60	120	∞
24	7.82	5.61	4.72	4.22	3.90	3.67	3.50	3.36	3.26	3.17	3.03	2.89	2.74	2.66	2.58	2.49	2.40	2.31	2.21
25	7.77	5.57	4.68	4.18	3.85	3.63	3.46	3.32	3.22	3.13	2.99	2.85	2.70	2.62	2.54	2.45	2.36	2.27	2.17
26	7.72	5.53	4.64	4.14	3.82	3.59	3.42	3.29	3.18	3.09	2.96	2.81	2.66	2.58	2.50	2.42	2.33	2.23	2.13
27	7.68	5.49	4.60	4.11	3.78	3.56	3.39	3.26	3.15	3.06	2.93	2.78	2.63	2.55	2.47	2.38	2.29	2.20	2.10
28	7.64	5.45	4.57	4.07	3.75	3.53	3.36	3.23	3.12	3.03	2.90	2.75	2.60	2.52	2.44	2.35	2.26	2.17	2.06
29	7.60	5.42	4.54	4.04	3.73	3.50	3.33	3.20	3.09	3.00	2.87	2.73	2.57	2.49	2.41	2.33	2.23	2.14	2.03
30	7.56	5.39	4.51	4.02	3.70	3.47	3.30	3.17	3.07	2.98	2.84	2.70	2.55	2.47	2.39	2.30	2.21	2.11	2.01
40	7.31	5.18	4.31	3.83	3.51	3.29	3.12	2.99	2.89	2.80	2.66	2.52	2.37	2.29	2.20	2.11	2.02	1.92	1.80
60	7.08	4.98	4.13	3.65	3.34	3.12	2.95	2.82	2.72	2.63	2.50	2.35	2.20	2.12	2.03	1.94	1.84	1.73	1.60
120	6.85	4.79	3.95	3.48	3.17	2.96	2.79	2.66	2.56	2.47	2.34	2.19	2.03	1.95	1.86	1.76	1.66	1.53	1.38
∞	6.63	4.61	3.78	3.32	3.02	2.80	2.64	2.51	2.41	2.32	2.18	2.04	1.88	1.79	1.70	1.59	1.47	1.32	1.00

附表 6　　　　计量控制图计算控制限的系数表

子组中观测值个数 n	控制限系数											中心线系数			
	A	A_2	A_3	B_3	B_4	B_5	B_6	D_1	D_2	D_3	D_4	c_4	$1/c_4$	d_2	$1/d_2$
2	2.121	1.880	2.659	0.000	3.267	0.000	2.606	0.000	3.686	0.000	3.267	0.7979	1.2533	1.128	0.8865
3	1.732	1.023	1.954	0.000	2.568	0.000	2.276	0.000	4.358	0.000	2.574	0.8862	1.1284	1.693	0.5907
4	1.500	0.729	1.628	0.000	2.266	0.000	2.088	0.000	4.698	0.000	2.282	0.9213	1.0854	2.059	0.4857
5	1.342	0.577	1.427	0.000	2.089	0.000	1.964	0.000	4.918	0.000	2.114	0.9400	1.0638	2.326	0.4299
6	1.225	0.483	1.287	0.030	1.970	0.029	1.874	0.000	5.078	0.000	2.004	0.9515	1.0510	2.534	0.3946
7	1.134	0.419	1.182	0.118	1.882	0.113	1.806	0.204	5.204	0.076	1.924	0.9594	1.0423	2.704	0.3698
8	1.061	0.373	1.099	0.185	1.815	0.179	1.751	0.388	5.306	0.136	1.864	0.9650	1.0363	2.847	0.3512
9	1.000	0.337	1.032	0.239	1.761	0.232	1.707	0.547	5.393	0.184	1.816	0.9693	1.0317	2.970	0.3367
10	0.949	0.308	0.975	0.284	1.716	0.276	1.669	0.687	5.469	0.223	1.777	0.9727	1.0281	3.078	0.3249
11	0.905	0.285	0.927	0.321	1.679	0.313	1.637	0.811	5.535	0.256	1.744	0.9754	1.0252	3.173	0.3152
12	0.866	0.266	0.886	0.354	1.646	0.346	1.610	0.922	5.594	0.283	1.717	0.9776	1.0229	3.258	0.3069
13	0.832	0.249	0.850	0.382	1.618	0.374	1.585	1.025	5.647	0.307	1.693	0.9794	1.0210	3.336	0.2998
14	0.802	0.235	0.817	0.406	1.594	0.399	1.563	1.118	5.696	0.328	1.672	0.9810	1.0194	3.407	0.2935
15	0.775	0.223	0.789	0.428	1.572	0.421	1.544	1.203	5.741	0.347	1.653	0.9823	1.0180	3.472	0.2880
16	0.750	0.212	0.763	0.448	1.552	0.440	1.526	1.282	5.782	0.363	1.637	0.9835	1.0168	3.532	0.2831
17	0.728	0.203	0.739	0.466	1.534	0.458	1.511	1.356	5.820	0.378	1.622	0.9845	1.0157	3.588	0.2787
18	0.707	0.194	0.718	0.482	1.518	0.475	1.496	1.424	5.856	0.391	1.608	0.9854	1.0148	3.640	0.2747
19	0.688	0.187	0.698	0.497	1.503	0.490	1.483	1.487	5.891	0.403	1.597	0.9862	1.0140	3.689	0.2711
20	0.671	0.180	0.680	0.510	1.490	0.504	1.470	1.549	5.921	0.415	1.585	0.9869	1.0133	3.735	0.2677
21	0.655	0.173	0.663	0.523	1.477	0.516	1.459	1.605	5.951	0.425	1.575	0.9876	1.0216	3.778	0.2647
22	0.640	0.167	0.647	0.534	1.466	0.528	1.448	1.659	5.979	0.434	1.566	0.9882	1.0119	3.819	0.2618
23	0.626	0.162	0.633	0.545	1.455	0.539	1.438	1.710	6.006	0.443	1.557	0.9887	1.0114	3.858	0.2592
24	0.612	0.157	0.619	0.555	1.445	0.549	1.429	1.759	6.031	0.451	1.548	0.9892	1.0109	3.895	0.2567
25	0.600	0.153	0.606	0.565	1.435	0.559	1.420	1.806	6.056	0.459	1.541	0.9896	1.0105	3.931	0.2544

资料来源：ASTM，Philadelphia，PA，USA.

附表 7　　西格玛水平换算表

sigma level	Z	P	DPMO
0.000	−1.500	0.066 807 20	933 192.8
0.125	−1.375	0.084 565 72	915 434.3
0.250	−1.250	0.105 649 77	894 350.2
0.375	−1.125	0.130 294 52	869 705.5
0.500	−1.000	0.158 655 25	841 344.7
0.625	−0.875	0.190 786 95	809 213.0
0.750	−0.750	0.226 627 35	773 372.6
0.875	−0.625	0.265 985 53	734 014.5
1.000	−0.500	0.308 537 54	691 462.5
1.100	−0.400	0.344 578 26	655 421.7
1.125	−0.375	0.353 830 23	646 169.8
1.200	−0.300	0.382 088 58	617 911.4
1.250	−0.250	0.401 293 67	598 706.3
1.300	−0.200	0.420 740 29	579 259.7
1.375	−0.125	0.450 261 78	549 738.2
1.400	−0.100	0.460 172 16	539 827.8
1.500	0.000	0.500 000 00	500 000.0
1.600	0.100	0.539 827 84	460 172.2
1.625	0.125	0.549 738 22	450 261.8
1.700	0.200	0.579 259 71	420 740.3
1.750	0.250	0.598 706 33	401 293.7
1.800	0.300	0.617 911 42	382 088.6
1.875	0.375	0.646 169 77	353 830.2
1.900	0.400	0.655 421 74	344 578.3
2.000	0.500	0.691 462 46	308 537.5
2.100	0.600	0.725 746 88	274 253.1
2.200	0.700	0.758 036 35	241 963.7
2.215	0.715	0.762 695 48	237 304.5
2.250	0.750	0.773 372 65	226 627.4
2.300	0.800	0.788 144 60	211 855.4
2.375	0.875	0.809 213 05	190 787.0
2.400	0.900	0.815 939 87	184 060.1
2.500	1.000	0.841 344 75	158 655.3
2.600	1.100	0.864 333 94	135 666.1
2.625	1.125	0.869 705 48	130 294.5
2.700	1.200	0.884 930 33	115 069.7
2.750	1.250	0.894 350 23	105 649.8
2.800	1.300	0.903 199 52	96 800.5
2.875	1.375	0.915 434 28	84 565.7

续前表

sigma level	Z	P	DPMO
2.900	1.400	0.919 243 34	80 756.7
3.000	1.500	0.933 192 80	66 807.2
3.100	1.600	0.945 200 71	54 799.3
3.125	1.625	0.947 918 72	52 081.3
3.200	1.700	0.955 434 54	44 565.5
3.250	1.750	0.959 940 84	40 059.2
3.300	1.800	0.964 069 68	35 930.3
3.375	1.875	0.969 603 64	30 396.4
3.400	1.900	0.971 283 44	28 716.6
3.500	2.000	0.977 249 87	22 750.1
3.600	2.100	0.982 135 58	17 864.4
3.625	2.125	0.983 206 69	16 793.3
3.700	2.200	0.986 096 55	13 903.4
3.750	2.250	0.987 775 53	12 224.5
3.800	2.300	0.989 275 89	10 724.1
3.875	2.375	0.991 225 52	8 774.5
3.900	2.400	0.991 802 46	8 197.5
4.000	2.500	0.993 790 33	6 209.7
4.100	2.600	0.995 338 81	4 661.2
4.125	2.625	0.995 667 55	4 332.4
4.200	2.700	0.996 533 03	3 467.0
4.250	2.750	0.997 020 24	2 979.8
4.300	2.800	0.997 444 87	2 555.1
4.375	2.875	0.997 979 86	2 020.1
4.400	2.900	0.998 134 19	1 865.8
4.500	3.000	0.998 650 10	1 349.9
4.600	3.100	0.999 032 40	967.6
4.625	3.125	0.999 110 97	889.0
4.700	3.200	0.999 312 86	687.1
4.750	3.250	0.999 422 97	577.0
4.800	3.300	0.999 516 58	483.4
4.875	3.375	0.999 630 92	369.1
4.900	3.400	0.999 663 07	336.9
5.000	3.500	0.999 767 37	232.6
5.100	3.600	0.999 840 89	159.1
5.125	3.625	0.999 855 52	144.5
5.200	3.700	0.999 892 20	107.8
5.250	3.750	0.999 911 58	88.4
5.300	3.800	0.999 927 65	72.3
5.375	3.875	0.999 946 69	53.3

续前表

sigma level	Z	P	DPMO
5. 400	3. 900	0. 999 951 90	48. 1
5. 500	4. 000	0. 999 968 33	31. 7
5. 600	4. 100	0. 999 979 34	20. 7
5. 625	4. 125	0. 999 981 46	18. 5
5. 700	4. 200	0. 999 986 65	13. 3
5. 750	4. 250	0. 999 989 31	10. 7
5. 800	4. 300	0. 999 991 46	8. 5
5. 875	4. 375	0. 999 993 93	6. 1
5. 900	4. 400	0. 999 994 59	5. 4
6. 000	4. 500	0. 999 996 60	3. 4

附表 8 **符号检验表 $P(S \leqslant S_\alpha)=\alpha$**

n \ α	0.01	0.05	0.10	0.25	n \ α	0.01	0.05	0.10	0.25	n \ α	0.01	0.05	0.10	0.25	n \ α	0.01	0.05	0.10	0.25
1					24	5	6	7	8	47	14	16	17	19	69	23	25	27	29
2					25	5	7	7	9	48	14	16	17	19	70	23	26	27	29
3				0	26	6	7	8	9	49	15	17	18	19	71	24	26	28	30
4				0	27	6	7	8	10	50	15	17	18	20	72	24	27	28	30
5			0	0	28	6	8	9	10	51	15	18	19	20	73	25	27	28	31
6		0	0	1	29	7	8	9	10	52	16	18	19	21	74	25	28	29	31
7		0	0	1	30	7	9	10	11	53	16	18	20	21	75	25	28	29	32
8	0	0	1	1	31	7	9	10	11	54	17	19	20	22	76	26	28	30	32
9	0	1	1	2	32	8	9	10	12	55	17	19	20	22	77	26	29	30	32
10	0	1	1	2	33	8	10	11	12	56	17	20	21	23	78	27	29	31	33
11	0	1	2	3	34	9	10	11	13	57	18	20	21	23	79	27	30	31	33
12	1	2	2	3	35	9	11	12	13	58	18	21	22	24	80	28	30	32	34
13	1	2	3	3	36	9	11	12	14	59	19	21	22	24	81	28	31	32	34
14	1	2	3	4	37	10	12	13	14	60	19	21	23	25	82	28	31	33	35
15	2	3	3	4	38	10	12	13	14	61	20	22	23	25	83	29	32	33	35
16	2	3	4	5	39	11	12	13	15	62	20	22	24	25	84	29	32	33	36
17	2	4	4	5	40	11	13	14	15	63	20	23	24	26	85	30	32	34	36
18	3	4	5	6	41	11	13	14	16	64	21	23	24	26	86	30	33	34	37
19	3	4	5	6	42	12	14	15	16	65	21	24	25	27	87	31	33	35	37
20	3	5	5	6	43	12	14	15	17	66	22	24	25	27	88	31	34	35	38
21	4	5	6	7	44	13	15	16	17	67	22	25	26	28	89	31	34	36	38
22	4	5	6	7	45	13	15	16	18	68	22	25	26	28	90	32	35	36	39
23	4	6	7	8	46	13	15	16	18										

附表 9　　**秩和检验表　$P\ (T_1<T<T_2)\ =1-\alpha$**

n_1	n_2	α=0.025 T_1	α=0.025 T_2	α=0.05 T_1	α=0.05 T_2	n_1	n_2	α=0.025 T_1	α=0.025 T_2	α=0.05 T_1	α=0.05 T_2
2	4			3	11	5	5	18	37	19	36
	5			3	13		6	19	41	20	40
	6	3	15	4	14		7	20	45	22	43
	7	3	17	4	16		8	21	49	23	47
	8	3	19	4	18		9	22	53	25	50
	9	3	21	4	20		10	24	56	26	54
	10	4	22	5	21	6	6	26	52	28	50
3	3			6	15		7	28	56	30	54
	4	6	18	7	17		8	29	61	32	58
	5	6	21	7	20		9	31	65	33	63
	6	7	23	8	22		10	33	69	35	67
	7	8	25	9	24	7	7	37	68	39	66
	8	8	28	9	27		8	39	73	41	71
	9	9	30	10	29		9	41	78	43	76
	10	9	33	11	31		10	43	83	46	80
4	4	11	25	12	24	8	8	49	87	52	84
	5	12	28	13	27		9	51	93	54	90
	6	12	32	14	30		10	54	98	57	95
	7	13	35	15	33	9	9	63	108	66	105
	8	14	38	16	36		10	66	114	69	111
	9	15	41	17	39	10	10	79	131	83	127
	10	16	44	18	42						

附表 10 游程总数检验表

$R_{1,\alpha}$表示满足P（$R\leqslant R_1$）$\leqslant\alpha$的R_1中之最大整数

$R_{2,\alpha}$表示满足P（$R\geqslant R_2$）$\leqslant\alpha$的R_2中之最小整数

$R_{1,0.025}$

n_2 \ n_1	2	3	4	5	6	7	8	9	10	11	12	13	14	15	16	17	18	19	20
2																			
3																			
4																			
5			2	2															
6		2	2	3	3														
7		2	2	3	3	3													
8		2	3	3	3	4	4												
9		2	3	3	4	4	5	5											
10		2	3	3	4	5	5	5	6										
11		2	3	4	4	5	5	6	6	7									
12	2	2	3	4	4	5	6	6	7	7	7								
13	2	2	3	4	5	5	6	6	7	7	8	8							
14	2	2	3	4	5	5	6	7	7	8	8	9	9						
15	2	3	3	4	5	6	6	7	7	8	8	9	9	10					
16	2	3	4	4	5	6	6	7	8	8	9	9	10	10	11				
17	2	3	4	4	5	6	7	7	8	9	9	10	10	11	11	11			
18	2	3	4	5	5	6	7	8	8	9	9	10	10	11	11	12	12		
19	2	3	4	5	6	6	7	8	8	9	10	10	11	11	12	12	13	13	
20	2	3	4	5	6	6	7	8	9	9	10	10	11	12	12	13	13	13	14

$R_{2,0.025}$

n_2 \ n_1	2	3	4	5	6	7	8	9	10	11	12	13	14	15	16	17	18	19	20
2																			
3																			
4																			
5			9	10															
6			9	10	11														
7				11	12	13													
8				11	12	13	14												
9					13	14	14	15											
10					13	14	15	16	16										
11					13	14	15	16	17	17									
12					13	14	16	16	17	18	19								
13						15	16	17	18	19	19	20							
14						15	16	17	18	19	20	20	21						
15						15	16	18	18	19	20	21	22	22					
16							17	18	19	20	21	21	22	23	23				
17							17	18	19	20	21	22	23	23	24	25			
18							17	18	19	20	21	22	23	24	25	25	26		
19							17	18	20	21	22	23	23	24	25	26	26	27	
20							17	18	20	21	22	23	24	25	26	26	27	27	28

$R_{1,0.05}$

n_2 \ n_1	2	3	4	5	6	7	8	9	10	11	12	13	14	15	16	17	18	19	20
2																			
3																			
4			2																
5		2	2	3															
6		2	3	3	3														
7		2	3	3	4	4													
8	2	2	3	3	4	4	5												
9	2	2	3	4	4	5	5	6											
10	2	3	3	4	5	5	6	6	6										
11	2	3	3	4	5	5	6	6	7	7									
12	2	3	4	4	5	6	6	7	7	8	8								
13	2	3	4	4	5	6	6	7	8	8	9	9							
14	2	3	4	5	5	6	7	7	8	8	9	9	10						
15	2	3	4	5	6	6	7	8	8	9	9	10	10	11					
16	2	3	4	5	6	6	7	8	8	9	10	10	11	11	11				
17	2	3	4	5	6	7	7	8	9	9	10	10	11	11	12	12			
18	2	3	4	5	6	7	8	8	9	10	10	11	11	12	12	13	13		
19	2	3	4	5	6	7	8	8	9	10	10	11	12	12	13	13	14	14	
20	2	3	4	5	6	7	8	9	9	10	11	11	12	12	13	13	14	14	15

$R_{2,0.05}$

n_2 \ n_1	2	3	4	5	6	7	8	9	10	11	12	13	14	15	16	17	18	19	20
2																			
3																			
4		7	8																
5			9	9															
6			9	10	11														
7			9	10	11	12													
8				11	12	13	13												
9				11	12	13	14	14											
10				11	12	13	14	15	16										
11					13	14	15	15	16	17									
12					13	14	15	16	17	17	18								
13					13	14	15	16	17	18	18	19							
14					13	14	16	17	17	18	19	20	20						
15						15	16	17	18	19	19	20	21	21					
16						15	16	17	18	19	20	21	21	22	23				
17						15	16	17	18	19	20	21	22	22	23	24			
18						15	16	18	19	20	21	21	22	23	24	24	25		
19						15	16	18	19	20	21	22	23	23	24	25	25	26	
20						15	17	18	19	20	21	22	23	24	25	25	26	27	27

附表 11　　**游程最大长度检验表 $(P\{L \geqslant L\alpha\} \leqslant \alpha)$**

$\alpha = 0.01$

n_1 \ n_2	2	3	4	5	6	7	8	9	10	11	12	13	14	15	16	17	18	19	20	21	22	23	24	25
7				7	7	7																		
8				8	8	8	8																	
9			9	9	8	8	8	8																
10			10	10	9	9	8	8	8															
11			11	10	10	9	9	9	9	9														
12		12	12	11	11	10	10	9	9	9	9													
13		13	13	12	11	11	10	10	9	9	9	9												
14		14	13	13	12	11	11	10	10	10	9	9	9											
15		15	14	13	13	12	11	11	11	10	10	10	10	10										
16		16	15	14	13	13	12	11	11	11	10	10	10	10	10									
17		17	16	15	14	13	13	12	12	11	11	10	10	10	10	10								
18		18	17	15	15	14	13	13	12	12	11	11	11	10	10	10	10							
19		19	17	16	15	14	14	13	13	12	12	11	11	11	10	10	10	10						
20		19	18	17	16	15	14	14	13	13	12	12	11	11	11	11	10	10	10					
21		20	19	16	17	16	15	14	14	13	13	12	12	11	11	11	11	11	10	10				
22		21	20	18	17	16	15	15	14	14	13	13	12	12	12	11	11	11	11	11	11			
23	23	22	20	19	18	17	16	15	15	14	14	13	13	12	12	12	11	11	11	11	11	11		
24	24	23	21	20	19	18	17	16	15	15	14	13	13	13	12	12	12	11	11	11	11	11	11	
25	25	24	22	21	19	18	17	16	16	15	14	14	13	13	13	12	12	12	11	11	11	11	11	11

$\alpha = 0.05$

n_1 \ n_2	2	3	4	5	6	7	8	9	10	11	12	13	14	15	16	17	18	19	20	21	22	23	24	25
5			5	5																				
6		6	6	6	6																			
7		7	7	6	6	6																		
8		8	8	7	7	7	7																	
9		9	8	8	7	7	7	7																
10	10	10	9	8	8	7	7	7	7															
11	11	10	10	9	8	8	8	7	7	7														
12	12	11	10	10	9	9	8	8	8	8	8													
13	13	12	11	10	10	9	9	8	8	8	8	8												
14	14	13	12	11	10	10	9	9	8	8	8	8	8											
15	15	13	12	11	11	10	10	9	9	9	8	8	8	8										
16	16	14	13	12	11	11	10	10	9	9	9	8	8	8	8									
17	17	15	14	13	12	11	11	10	10	9	9	9	9	8	8	8								
18	17	16	14	13	12	12	11	11	10	10	9	9	9	9	9	9	9							
19	18	17	15	14	13	12	12	11	11	10	10	9	9	9	9	9	9	9						
20	19	17	16	15	14	13	12	11	11	10	10	10	9	9	9	9	9	9	9					
21	20	18	16	15	14	13	13	12	11	11	10	10	10	10	9	9	9	9	9	9				
22	21	19	17	16	15	14	13	12	12	11	11	10	10	10	10	9	9	9	9	9	9			
23	22	20	18	16	15	14	13	13	12	12	11	10	10	10	10	10	9	9	9	9	9	9		
24	23	20	19	17	16	15	14	14	13	12	12	11	11	10	10	10	10	9	9	9	9	9	9	
25	24	21	19	17	17	15	14	14	13	12	12	12	11	11	10	10	10	10	9	9	9	9	9	9

附表 12 相关系数检验表

$P(|r|>r_\alpha)=\alpha$

α / $n-2$	0.10	0.05	0.02	0.01	0.001	α / $n-2$
1	0.98769	0.99692	0.999507	0.999877	0.9999988	1
2	0.90000	0.95000	0.98000	0.99000	0.99900	2
3	0.8054	0.8783	0.93433	0.95873	0.99116	3
4	0.7293	0.8114	0.8822	0.91720	0.97406	4
5	0.6694	0.7545	0.8329	0.8745	0.95074	5
6	0.6215	0.7067	0.7887	0.8343	0.92493	6
7	0.5822	0.6664	0.7498	0.7977	0.8982	7
8	0.5494	0.6319	0.7155	0.7646	0.8721	8
9	0.5214	0.6021	0.6851	0.7348	0.8471	9
10	0.4973	0.5760	0.6581	0.7079	0.8233	10
11	0.4762	0.5529	0.6339	0.6835	0.8010	11
12	0.4575	0.5324	0.6120	0.6614	0.7800	12
13	0.4409	0.5139	0.5923	0.6411	0.7603	13
14	0.4259	0.4973	0.5742	0.6226	0.7420	14
15	0.4124	0.4821	0.5577	0.6055	0.7246	15
16	0.4000	0.4683	0.5425	0.5897	0.7084	16
17	0.3887	0.4555	0.5285	0.5751	0.6932	17
18	0.3783	0.4438	0.5155	0.5614	0.6787	18
19	0.3687	0.4329	0.5034	0.5487	0.6652	19
20	0.3598	0.4227	0.4921	0.5368	0.6524	20
25	0.3233	0.3809	0.4451	0.4869	0.5974	25
30	0.2960	0.3494	0.4993	0.4487	0.5541	30
35	0.2746	0.3246	0.3810	0.4182	0.5189	35
40	0.2573	0.3044	0.3573	0.4032	0.4896	40
45	0.2428	0.2875	0.3384	0.3721	0.4648	45
50	0.2306	0.2732	0.3218	0.3541	0.4433	50
60	0.2108	0.2500	0.2948	0.3248	0.4078	60
70	0.1954	0.2319	0.2737	0.3017	0.3799	70
80	0.1829	0.2172	0.2565	0.2830	0.3568	80
90	0.1726	0.2050	0.2422	0.2673	0.3375	90
100	0.1638	0.1946	0.2331	0.2540	0.3211	100

附表 13

正交多项式系数表

常用正交多项式表

n=1	n=2		n=3			n=4			
p_1	p_1	p_2	p_1	p_2	p_3	p_1	p_2	p_3	p_4
-1	-1	1	-3	1	-1	-2	2	-1	1
1	0	-2	-1	-1	3	-1	-1	2	-4
	1	1	1	-1	-3	0	-2	0	6
			3	1	1	1	-1	-2	-4
						2	2	1	1
$\frac{1}{2}$	2	$\frac{2}{3}$	5	4	$\frac{9}{5}$	10	14	$\frac{72}{5}$	$\frac{288}{35}$
2	1	3	2	1	$\frac{10}{3}$	1	1	$\frac{5}{6}$	$\frac{35}{12}$

n=6					n=7				
p_1	p_2	p_3	p_4	p_5	p_1	p_2	p_3	p_4	p_5
-5	5	-5	1	-1	-3	5	-1	3	-1
-3	-1	7	-3	5	-2	0	1	-7	4
-1	-4	4	2	-10	-1	-3	1	1	-5
1	-4	-4	2	10	0	-4	0	6	0
3	-1	-7	-3	-5	1	-3	-1	1	5
5	5	5	1	1	2	0	-1	-7	-4
					3	5	1	3	1
$\frac{35}{2}$	$\frac{112}{3}$	$\frac{324}{5}$	$\frac{567}{7}$	$\frac{400}{7}$	28	84	216	$\frac{3\,168}{7}$	$\frac{4\,800}{7}$
2	$\frac{3}{2}$	$\frac{5}{3}$	$\frac{7}{12}$	$\frac{21}{10}$	1	1	$\frac{1}{6}$	$\frac{12}{20}$	$\frac{7}{20}$

n=8					n=9				
p_1	p_2	p_3	p_4	p_5	p_1	p_2	p_3	p_4	p_5
-7	7	-7	7	-7	-4	28	-14	14	-4
-5	1	5	-13	23	-3	7	7	-21	11
-3	-3	7	-3	-17	-2	-8	13	-11	-4
-1	-5	3	9	-15	-1	-17	9	9	-9
1	-5	-3	9	15	0	-20	0	18	0
3	-3	-7	-3	17	1	-17	-9	9	9
5	1	-5	-13	-23	2	-8	-13	-11	4
7	7	7	7	7	3	7	-7	-21	-11
					4	28	14	14	4
42	168	594	$\frac{12\,672}{7}$	$\frac{31\,200}{7}$	60	308	$\frac{7\,128}{5}$	$\frac{41\,184}{7}$	20 800
2	1	$\frac{2}{3}$	$\frac{12}{7}$	$\frac{10}{7}$	1	3	$\frac{5}{6}$	$\frac{7}{12}$	$\frac{3}{20}$

续前表

$n=10$					$n=11$				
p_1	p_2	p_3	p_4	p_5	p_1	p_2	p_3	p_4	p_5
−9	6	−42	18	−6	−5	15	−30	6	−3
−7	2	14	−22	14	−4	6	6	−6	6
−5	−1	35	−17	−1	−3	−1	22	−6	1
−3	−3	31	3	−11	−2	−6	23	−1	−4
−1	−4	12	18	−6	−1	−9	14	4	−4
1	−4	−12	18	6	0	−10	0	6	0
3	−3	−31	3	11	1	−9	−14	4	4
5	−1	−35	−17	1	2	−6	−23	−1	4
7	2	−14	−22	−14	3	−1	−22	−6	−1
9	6	42	18	6	4	6	−6	−6	−6
					5	15	30	6	3
$\frac{165}{2}$	528	$\frac{15\,444}{5}$	$\frac{82\,368}{5}$	78 000	110	858	$\frac{30\,888}{5}$	41 184	249 600
2	$\frac{1}{2}$	$\frac{5}{3}$	$\frac{5}{12}$	$\frac{1}{10}$	1	1	$\frac{5}{6}$	$\frac{1}{12}$	$\frac{1}{40}$

常用六西格玛中英文名词索引

1-sample proportion test（单一样本比率检验）
1-sample t-test（单一样本 t 检验）
2-sample proportion test（双样本比率检验）
2-sample t-test（双样本 t 检验）
5S（seiri，seiton，seiso，seiketsu，shitsuke；即整理、整顿、清扫、清洁、素养）
6σ（六西格玛）
accelerated change（加速变革）
acceptable quality level，AQL（合格质量水平）
acceptance testing procedure，ATP（验收检验规程）
accuracy（准确性；准确度）
action learning（学以致用）
activity based cost，ABC（作业成本法）
adjusted multiple correlation coefficient（调整的多元全相关系数）
adjustment factor（调节因子）
advanced quality system，AQS（先进质量体系）
affinity diagram（亲和图）
algorithm for inventive problem solving，AIPS or ARIZ（创造性问题解决步骤）
alias（别名）
alias structure（别名结构）
align（整合）
alpha error（α 错误，也称第Ⅰ类错误）
alternative hypothesis（备择假设）
analysis of control chart（控制图分析）
analysis of variance，ANOVA（方差分析）
Anderson-Darlingtest（Anderson-Darling 检验，一种正态性检验方法）
artificial limits（人为界限）
asymmetrical orthogonal array（非对称正交表）
attribute measurement system analysis（属性值测量系统分析）
average quality loss（平均质量损失）
average run length，ARL（平均链长）
axiomatic design（公理性设计）

balanced scorecard，BSC（平衡计分卡）

Bartlett test（Bartlett 检验，一种检验两个或多个总体方差是否相同的方法）
benchmarking（水平对比）
beta error（β错误，也称第Ⅱ类错误）
bias（偏倚）
big Y（大 Y，指影响组织发展和生存且必须满足的关键性指标）
binomial distribution（二项分布）
black belt，BB（黑带）
blitz team（突击队，指为快速完成改进项目而成立的改进团队）
block（区组）
blocking（区组化）
bottleneck technique（技术瓶颈）
box-and-whisker plots（箱线图）
Box-Behnken design（Box-Behnken 设计）
Box-Coxtransformation（Box-Cox 转化，一种将非正态数据转化为正态的方法））
box plot（箱线图）
brainstorming（头脑风暴法）
business case（经营情况）

capability maturity model，CMM（能力成熟度模型）
cause and effect diagram（因果图）
cause and effect matrix（因果矩阵）
C chart（C 图，缺陷数控制图）
cash flow（现金流）
cause and effect diagram（因果分析图）
cause and effect matrix（因果矩阵）
CDAM，combine，delete，add，or modify（组合、删除、增加、修改；一种用于筛选、整理一系列观点的方法）
center line，CL（中心线）
center point（中心点）
central composite circumscribed design，CCC（中心复合序惯设计）
central composite design，CCD（中心复合设计）
central composite face-centered design，CCF（中心复合表面设计）
central composite inscribed design，CCI（中心复合有界设计）
central limit theorem（中心极限定理）
central tendency（数据分布中心）
champion（倡导者）
change acceleration framework（变革加速框架）
change plan（变革计划）
charter（团队或项目宪章，或称特许任务书）
check sheet（检查表）
Chisquare tests（卡方检验）
coded unit（编码单位，用－1 和 ＋1 表示的因子位级）
code of conduct（行为规范）

coding（代码化）
common cause（固有因素；通常因素）
comparative methods（比较方法）
complete randomized design（完全随机化设计）
computer simulation（计算机模拟）
concentration diagram（示意图，一种用实物的图形作为收集数据的检查表，在图形上标明出现了什么问题）
concurrent engineering（并行工程）
confidence coefficient $1-\alpha$（置信水平 $1-\alpha$）
confidence interval（置信区间）
confirmation run（验证试验）
confounded（混杂）
contingency tables（列联表）
continuous flow manufacturing，CFM（连续流生产）
control array/ inter array（控制表或称内设计/内表）
control chart（控制图）
control limits（控制界限）
control factor（可控因子）
critical to quality，CTQ（关键质量特性）
corporate responsibility（公司责任）
correlation coefficient（相关系数）
cost benefit analysis（收益成本分析）
cost of conformity（符合性质量成本）
cost of nonconformity（非符合性质量成本）
cost of poor quality，COPQ（不良质量成本或劣质成本）
cost of quality，COQ（质量成本）
critical business requirement，CBR（业务关键要求）
critical to process，CTP（关键过程特性）
critical to quality，CTQ（关键质量特性）
critical customer requirement，CCR，（关键顾客需求）
critical value（临界值）
cross array（乘积表；交叉表）
customer（顾客）
customer requirements（顾客要求）
customer value added activity（顾客增值活动）
CUSUM control chart（累积和控制图）
cycle time，CT（周期时间）
cycle-time reduction（缩短周期）

data analysis（数据分析）
defect（缺陷）
defects per million opportunity，DPMO（百万机会缺陷数）
defects per opportunity，DPO（机会缺陷率）

defects per unit（单位缺陷数）
defining relation（定义关系）
design for X，DFX（面向 X 的设计）
design failure mode and effect analysis，DFMEA（设计 FMEA）
design for assembly，DFA（面向装配的设计）
design for cost，DFC（面向成本的设计）
design for environment，DFE（面向环境的设计）
design for manufacturing，DFM（面向制造的设计）
design for reliability & maintainability，DFRM（面向可靠性和维修性的设计）
design for service，DFS（面向售后服务的设计）
design for six sigma，DFSS（六西格玛设计）
design for test，DFT（面向试验的设计）
design mapping process（设计的映射过程）
design of experiment，DOE（试验设计）
design thinking（设计思维）
detection（检测难度）
digital simulation（数字仿真）
direct costs（直接成本）
discrete data（离散数据）
discrimination ratio（分辨力）
dispersion factor（散度因子）
distribution（分布）
DMADV（define，measure，analyze，design，and verify；一种六西格玛设计流程，代表界定、测量、分析、设计和验证）
DMAIC（define，measure，analyze，improve，and control；六西格玛改进流程，代表界定、测量、分析、改进和控制
defects per million opportunities，DPMO（百万机会缺陷数）
defects per unit，DPU（单位缺陷数）
dynamic parameter design（动态参数设计）

effect sparsity principle（效应稀疏原则）
effect（效应）
engineering specialty integration（工程专业知识综合）
estimable（可以估计的）
event tree analysis（事件树分析）
evolutionary operation，EVOP（调优运算）
experiment environment（试验环境）
experiment unit（试验单元）
experimental error（试验误差）
experiment run（试验）
exponentially weighted moving average，EWMA（指数加权滑动平均）
EWMA control chart（指数加权滑动平均（EWMA）控制图）
external customers（外部顾客）

external noise（外噪声）
extreme vertices design（极端顶点设计法）

factor（因子）
factorial design（因子设计）
failure（故障；失效）
failure mode（故障模式）
failure mode and effects analysis，FMEA（失效模式与效应分析）
failure reporting，analysis and correction action system，FRACAS（故障报告、分析与纠正措施系统）
failure tree analysis，FTA（故障树分析）
families of variation（变异类别）
financial metrics（财务指标）
five why's（五个为什么）
flow chart（流程图）
flow diagram（流程图）
force field analysis（力场分析）
fractional factorial design（部分因子实施设计）
full factorial design（全因子试验设计）
F-test（*F* 检验）
functional deployment process map（跨职能流程图）

gage（测量仪器）
Gantt chart（甘特图）
generator（生成元）
goal statement（目标陈述）
goodness-of-fit test（拟合优度检验）
green belt，GB（绿带）

hidden factory（隐蔽工厂）
histogram（直方图）
hypothesis testing（假设检验）

ideal technical system（理想技术系统）
in control（受控）
independence assumption（独立性假设）
independent axiom（独立性公理）
independent sample（独立样本）
indirect costs（间接成本）
industrial engineering（工业工程）
information axiom（信息公理）
inherent process variation（过程短期波动）
input variable（输入变量）
institutionalizing（制度化）

integrated review process（全面的评审过程）
interaction（交互作用）
interaction effect（交互效应）
interim containment action，ICA（临时应急措施）
internal noise（内噪声）
internal estimate（区间估计）
internal customers（内部顾客）
interquartile range，IQR（四分位间距）
interval measurement scale（定距测量尺度）
inter-outer array（内外表）
is/is not（是非分析）
ISO 14001（环境管理的国际标准）
ISO 9000（质量管理体系国际标准）

KANO analysis（KANO 分析）
key process input variable，KPIV（关键过程输入变量）
key process output variable，KPOV（关键过程输出变量）
killer phrases（扼杀性言语）
Kruskal-Wallis test（Kruskal-Wallis 检验，一种用于多组样本数据的中位数之间是否存在差异的非参数方法）

lack of fit（失拟）
Lateral thinking（水平思考）
lean concepts（精益思想）
lean six sigma（精益六西格玛）
lean tool（精益工具）
level（水平）
level of confidence（置信水平）
Levene test（Levene 检验，一种用于分析多组数据的方差之间是否存在差异的非参数检验）
location factor（位置因子）
lower control limit，LCL（下控制限）
life cycle cost，LCC（全寿命周期费用）
linearity（线性）
location and dispersion modeling（位置和散度建模法）
logistic regression（logistic 回归）

main effect（主效应）
Mann-Whitneytest（Mann-Whitney 检验，一种分析两组独立的样本数据之间是否存在差异的非参数检验）
master black belt，MBB（资深黑带）
maxi-problem（扩大的问题）
mean（均值）
mean square of error，MSE（均方误）

mean time between failures，MTBF（平均故障间隔时间）
measure performance（测量绩效）
measurement system analysis，MSA（测量系统分析）
median（中位数）
method time measurement，MTM（方法时间测量）
milestone（里程碑）
mini-problem（缩小的问题）
mission（使命）
mistake proofing（错误预防）
mixture design（混料设计）
mixtures of distributions（分布的混合）
mixture-amounts（混料—总量型）
mixture-process variable（混料—过程变量型）
mode（众数）
multiple comparison（多重比较）
multiple correlation coefficient（多元全相关系数）
multiple regression（多元回归分析）
multi-vari chart（多变异图）
multivoting（多轮投票）
multi-way layout（多向分类）

natural limits（自然界限）
near rotatability（近似旋转性）
nested design（嵌套设计）
net present value，NPV（净现值）
noise array/outer array（噪声表或称外设计/外表）
noise factor（噪声因子）
nominal measurement scale（名义测量尺度）
non-value added activities（不增值活动）
nonparametric test（非参数检验）
normal distribution（正态分布）
normal effect plot（正态效应图）
null hypothesis（原假设或零假设）
number of distinct categories（可区分的类别数）

objective tools（客观工具）
occurrence（频度）
one-factor（单因子）
one-factor-at-a-time，OFAT（单因子试验，即每次只有一个因子改变其他因子固定不变的试验方法）
one-factor-at-one-time（单因子变化法；一次一因子法）
one-way layout（单向分类）
operational definition（作业定义）
ordinal measurement scale（定序测量尺度）

orthogonal array（正交表）
orthogonal experimental design（正交试验设计法）
orthogonal polynomial regression（正交多项式回归）
outcome indicators（输出指标）
outlier（异常值）
out of control（失控）
output requirements（输出要求）
overfitting（超拟合）

p，np，c，u control chart（p，np，c，u 控制图）
paired comparison design（配对比较设计）
paired comparison test（配对数据检验）
paired t-Test（配对 *t* 检验）
parameter design（参数设计）
Pareto effect plot（帕累托效应图）
Pareto chart（排列图；帕累托图）
partial balanced incomplete block design（部分平衡不完全区组设计）
path of steepest ascent（最速前进方向）
PDPC（过程决策程序图法）
Pearsonproduct moment correlation coefficient（皮尔逊相关系数）
percent precision to tolerance ratio，%P/T（精度/公差比率，也称作 %P/T）
percent repeatability and reproducibility，%R&R（重复性与再现性百分比，%R&R）
physical mapping（物理映射）
pilot plan（试运行计划）
Plackett-Burman design（Plackett-Burman 设计）
planning matrix（计划矩阵；实施矩阵）
point estimate（点估计）
Poisson distribution（泊松分布）
Poka-Yoke（防差错）
polynomial regression（多项式回归）
power（功效或检出力）
precision（精确性）
pre-control（预控制）
predetermined time system，PTS（预定时间制）
process control system（过程控制体系）
probability density function，PDF（概率密度函数）
problem/opportunity statement（问题/机会描述）
process（过程）
process analysis（过程分析）
process capability indices，PCI（过程能力指数）
process control plan（过程管理计划）
process failure mode and effect analysis，PFMEA（过程 FMEA）
process mapping（过程映射图）

profit and loss（P and L）（损益表，展示一段时期内净收益与亏损的会计报表）
program evaluation & review technique，PERT（计划评审技术）
project scope（项目范围）
Pugh matrix（普氏矩阵）
pull system（拉式系统）
push system（推式系统）
p-Value（p-值）

qualitative analysis（定性分析）
quality chartor quality table（质量表）
quality control circle（质量管理小组）
quality control process chart（工序表）
quality function deployment，QFD（质量功能展开）
quality house（质量屋）
quality loss function（质量损失函数）
quality system standards（质量体系标准）
quantitative data（定量数据）

random words（随机词汇）
randomization（随机化）
randomized block design（随机区组设计）
range（极差）
ratio measurement scale（定比测量尺度）
rational subgrouping（合理子组化）
real-Life Simulation（模拟现实）
region of rejection（拒绝域）
regression and correlation analysis（回归和相关分析）
regression design（回归设计）
rejectable quality level，PQL（拒收质量水平）
repeatability（重复性）
repetition（重复）
replicate（仿行，不同单元的重复）
reproducibility（再现性）
requirement mapping（需求映射）
residual diagnostic（残差诊断）
resolution（分辨度）
response model（响应模型）
response modeling（响应建模）
response surface methodology，RSM（响应曲面方法）
response（响应变量）
return on investment，ROI（投资回报率）
return on net assets，RONA（净资产回报率）
risk priority number，RPN（风险度；风险系数）

robust design（稳健设计；健壮设计）
robust parameter design（稳健参数设计；健壮参数设计）
rotatability（旋转性）
rolled throughput yield，RTY（流通合格率）
root cause（根本原因）
run chart（链图）
runs test（游程检验）

sample size（样本量）
sampling（抽样）
scatter plots（散布图）
screening design（因子筛选设计）
service requirements（服务要求）
setting（设置）
severity（严重度）
short-run SPC（小批量生产统计过程控制技术）
sigma calculation（西格玛水平计算）
sigma level（西格玛水平）
signal factor（信号因子）
signal to noise ratio（信噪比；S/N 比）
signal-response system（信号—响应系统）
sign test（符号检验）
simple linear regression（一元简单线性回归）
simple response（简单响应）
simple response system（简单响应系统）
simplex centroid（单纯形重心法）
simplex lattice（单纯形格点法）
single array（单一表）
SIPOC analysis and map（SIPOC 分析和图）
six sigma design scorecard（六西格玛设计计分卡）
single minute exchange of die，SMED（快速换型）
SMART（specific，measurable，attainable，relevant，and time bound）criteria （SMART 准则，代表具体、可衡量、可实现、相关性和时间限制）
Software Engineering Institute，SEI（卡内基梅隆大学的软件工程研究所，他们提出了评价软件开发商的软件成熟度概念框架）
sources of variation，SOV（变异源分析）
special cause（异常因素）
specification limits（规格限）
spline regression（样条回归）
sponsor（资助者）
stability（稳定性）
stakeholder（利益相关方）
standard deviation（标准差）

standard work（标准作业）
standard operating procedure，SOP（标准操作规程）
static parameter design（静态参数设计）
statistical inference（统计推断）
statistical process control，SPC（统计过程控制）
statistical quality control，SQC（统计质量控制）
statistics（统计学）
steepest ascent search（最速上升法）
stem-and-leaf plots（茎叶图）
stratified random sampling（分层随机抽样）
substance-field analysis（物体—场分析）
sum of squares（平方和，统计中指离差平方和）
supplier-input-process-output-customer map，SIPOC（SIPOC 图；高端流程图；宏观流程图）
symmetrical orthogonal array（对称正交表）
system design（系统设计）
systematic process sampling（过程系统抽样）

Taguchi design（田口设计）
Taguchi method（田口方法）
task-oriented roles（面向任务的角色）
team charter（团队宪章，或团队特许任务书）
test statistic（检验统计量）
TL 9000（电信行业的质量管理标准）
the effects of interactions between input's（输入变量间交互作用的影响）
the effects of time relationships（时间关系效应）
time study（时间研究）
tips for innovation problem solving，TRIZ（创造性问题解决理论）
theory of constrains，TOC（约束理论）
tolerance（容差）
tolerance design（容差设计）
top-Down Chart（自上而下流程图）
top-down design（自上向下的设计）
total quality control，TQC（全面质量控制）
total quality management，TQM（全面质量管理）
total productive maintenance，TPM（全面生产维护）
Toyota production system，TPS（丰田生产方式）
treatment（处理）
triads（三元分析）
TS 16949（汽车制造行业执行的一套过程管理系统，以保证产品的质量。它取代了汽车制造行业的众多国家标准）
two-sided comparison（双侧比较）
two-way ANOVA（两因子方差分析）
two-way layout（双向分类）

type I Error（第一类错误）
type Ⅱ Error（第二类错误）
type of design of experiment（试验设计类型）

unbiased（无偏的）
uncontrollable factor（非可控因子）
uniform precision（一致均匀精度）
upper control limit，UCL（上控制限）
value engineering/value analysis，VE/VA（价值工程与价值分析）
variance（方差）
variance component modeling（方差分量模型）
verification & validation testing（双 V 试验；V&V 试验）
vision（愿景）
voice of the business，VOB（公司要求）
voice of the customer，VOC（顾客的声音）

Weibull distribution（威布尔分布）
Wilcoxon rank test（Wilcoxon 秩检验）
Wilcoxon signed rank test（Wilcoxon 符号秩检验）
word（字）
word length（字长）
work study（工作研究）

X-bar and R control chart（均值—极差控制图）
X-bar and S control chart（均值—标准差控制图）

参考文献

1. Pyzdek，T. *The Complete Guide to Six Sigma* QA Publishing，L. L. C. 1999

2. Pyzdek，T. *Defining Six Sigma Projects*，Retrieved August 19，2001

3. Rath，& Strong.（2000）. *Rath & Strong's Six Sigma Pocket Guide*，Lexington，MA：Rath & Strong Management Consultants

4. Simon，K. *Sample SIPOC Diagram*，Retrieved August 19，2001

5. 全国六西格玛管理推进工作委员会等编著. 六西格玛管理评价准则. 北京：中国标准出版社，2007

6. 马林. 全国质量奖对提升我国企业国际竞争力的意义. 中国质量，2003（5）

7. [美] S·托马斯·福斯特著，何桢译. 质量管理：集成的方法. 北京：中国人民大学出版社，2005

8. [美] 弗兰克·M·格里纳著，何桢主译. 质量策划与分析. 北京：中国人民大学出版社，2006

9. 上海质量管理科学研究院编著. 六西格玛核心教程：黑带读本. 北京：中国标准出版社，2002

10. Berenson，*Basic Business Statistics*，Prentice-Hall，1999

11. 上海质量管理科学研究院编著. 六西格玛自由论坛：论文汇编 . 北京：中国标准出版社，2002

12. 全国质量专业技术人员职业资格考试办公室组织编写. 质量专业理论与实务、质量专业综合知识（中级）. 北京：中国人事出版社，2003

13. [美] 潘德（Pande，P. S.）著，王金德译. 六西格玛是什么. 北京：中国财经易文出版社，2002

14. [美] 朱兰学院著，王金德译. 六西格玛基础教程. 北京：中国财经易文出版社，2002

15. [美] 潘德（Pande，P. S.）著，王金德译. 六西格玛团队实战手册. 北京：中国财经易文出版社，2003

16. Box，G. E. P. and Draper，N. R. *Evolutionary Operation*，New York：John Wiley，1969

17. Box，G. E. P.，Hunter W. G and Hunter，J. S，*Statistics for Experiments*，New York：John Wiley，1978

18. Box，G. E. P. and Draper，N. R. *Empirical Model Building and Response Surfaces*，New York：John Wiley，1987

19. Montgomery，D. (1991). *Design and Analysis of Experiments*，John Wiley &Son，3rd Edition（中译本：实验设计与分析. 汪仁官等译. 北京：中国统计出版社，1998）

20. Wu，C. F. J. and Hamada，M（2000），*Experiments：Planning，Analysis and Parameter Design Optimization*. New York：Wiley（中译本：试验设计与分析及参数优化. 张润楚等译. 北京：中国统计出版社，2003）

21. MINITAB User's Guide 2：Data Analysis and Quality Tools，Release 13 for Windows，2000

22. 任露泉编著. 试验优化设计与分析. 长春：吉林科学技术出版社，2001

23. [美] 约瑟夫·M·朱兰，约瑟夫·A·德费欧主编，焦叔斌等译. 朱兰质量手册（第六版）. 北京：中国人民大学出版社，2004

24. 上海质量管理科学研究院编著. 六西格玛核心教程黑带读本. 北京：中国标准出版社，2002

25. 茆诗松，马逢时，吴建福. 序贯淘汰水平法——一种利用正交表的搜索方法. 应用概率统计，1990，第6卷第2期，185-204

26. 何桢，刘豹，齐二石. 基于多变异分析的工序控制方法研究. 管理工程学报，2002，Vol. 16，No. 2，1-4

27. [日] 门田安弘著，王瑞珠译. 新丰田生产方式，石家庄：河北大学出版社，2001

28. [美] 杰弗里·莱克著，李芳龄译. 丰田汽车案例14项原则. 北京：中国财政经济出版社，2005

29. [美] 詹姆斯·沃麦克，丹尼尔·琼斯等著，沈希瑾等译. 改变世界的机器. 北京：商务印书馆，1999

30. [美] 詹姆斯·沃麦克，丹尼尔·琼斯著，沈希瑾等译. 精益思想. 北京：机械工业出版社，2011

31. 何桢，魏明，周善忠. 我国企业推广六西格玛应注意的关键问题. 工程机械. 2004，35（12）：34-37

32. 何桢，车建国. 精益六西格玛：新竞争优势的来源. 天津大学学报（社科版），2005，Vol. 7，No. 5，321-325

33. 胡亚琴，何桢. 论六西格玛的本质属性. 科学学与科学技术管理，2004，25（10）：137-139

34. 何桢，张志红. 精益与六西格玛的比较研究. 工业工程，VOL. 9 No. 1，2006，1-4

35. 何桢，张志红. 基于并行质量工程的六西格玛公差设计方法应用研究. 中国机械工程，Vol. 16，No. 9，2005，827-830

36. 方海萍，魏青江译. 精益6西格玛. 北京：机械工业出版社，2003

37. 肖智军等编著. 精益生产方式JIT. 海口：海天出版社，2003

38. 魏大鹏编著. 丰田生产方式研究——准时化生产方式的技术支撑体系. 天津：天津科学技术出版社，2003

39. [美] 迈克·鲁斯，约翰·舒克著，胡师金等译. 学习观察——增加价值、消除浪费的价值流图. 北京：中国劳动社会保障出版社，2005

40. 邵家骏. 质量功能展开（卓越质量文库，六西格玛设计系列丛书之2）. 北京：机械工业出版社，2004

41. [美] 乔杜里，苏著，方海萍，魏青江译. 6西格玛设计. 北京：机械工业出版社，2003

42. [美] 坦南特，杰著，吴源俊等译. 六西格玛设计——新产品/新服务完美投放市场. 北京：电子工业出版社，2002

43. 邵家骏主编. 健壮设计手册. 北京：国防工业出版社，2002

44. 邵家骏主编. 健壮设计指南. 北京：国防工业出版社，2011

45. Chapman，Ross L. and Hunt，Robert edited，*Proceedings of the World Innovation & Strategy Conference*，University of Western Sydney，Macarthur，1998

46. Fey，Victor R. and Rivin，Eugene I.，*the Science of Innovation*，TRIZ Group，1997

47. King，Bob，*Better Design in Half the Time*，GOAL/QPC，1989

48. Mizuno，Shigeru and Akao，Yoji，*QFD：The Customer-Driven Approach to Quality Planning and Deployment*，Asian Productivity Organization，1994

49. Phadke，Madhav S.，*Quality Engineering Using Robust Design*，Prentice Hall，Englewood Cliffs，New Jersey，1989

50. Daimler Chrysler，*Potential Failure Mode and Effects Analysis*（FMEA）：*Reference Manual*（*Third Edition*），DaimlerChrysler Corporation，2001

51. Suh，Nam Pyo，*Axiomatic Design*：*Advances and Applications*，Oxford University Press，1999

52. Shao，Jiajun，and Wu，jianjun and Han，Junxian，*Product Life Cycle Six Sigma Solution*，Proceedings of The 14th International Conference on Industrial Engineering and Engineering Management（IE&EM' 2007），Oct. 2007

53. Shao，Jiajun，*Applications of QFD on Six Sigma Management*，Proceedings of the 14th International Symposium on Quality Function Deployment，Beijing，Sep. 2008

54. Taguchi，Genichi，etc.，*Taguchi's Quality Engineering*，*Hand Book*，2005

55. [美] 波士，艾伦和哈密尔顿公司，王若松、章国栋等译. 美国系统工程管理. 北京：航空工业出版社，1991

56. [英] 蒂姆·布朗著，侯婷译. IDEO，设计改变一切. 沈阳：万卷出版公司，2011

57. 韩之俊、章渭基. 质量工程学. 北京：科学出版社，1991

58. 韩之俊. 三次设计. 北京：机械工业出版社，1992

59. [英] 丹尼斯·舍伍德著，谷朝红，王雷译. 创新管理. 上海：上海远东出版社，2003

60. [美] 尤列加，威廉等著，邵家骏译. 质量功能展开概论. 北京：国防工业出版社，1991

61. 檀润华编著. 发明问题解决理论. 北京：科学出版社，2004

62. [日] 田口玄一著，中国兵器工业质量管理协会译. 开发设计阶段的质量工程学. 北京：兵器工业出版社，1990

63. 田口玄一著，魏埸禄译. 质量工程学概论. 北京：中国对外翻译出版公司，1985

64. 章渭基，韩之俊等. 质量工程学应用手册. 北京：兵器工业出版社，1993

65. 张性原主编. 设计质量工程. 北京：航空工业出版社，1999

66. 张宗斌，邵家骏. QFD技术在计算机软件改造中的应用. 世界标准化与质量管理，1998（10）

67. 邵家骏、赵胜. 系统设计的基本原理和方法. 中国质量，2001（12）

68. 航天工业总公司. "三F"技术培训教材. 1995

69. GJB 768.1～768.3-89. 故障树分析. 1989

70. GJB 1391—92. 故障模式、影响及危害性分析程序. 1992

71. 陈晓川，张暴暴，冯辛安. 面向成本的设计的关键技术及其概念模型. 大连理工大学学报. 1999

72. 邵家骏，开展六西格玛设计，创造世界一流产品. 中国质量，2005（3）

73. 刘书庆，杨水利编著. 质量管理学. 北京：机械工业出版社，2003

74. [美] 格雷格·布鲁著，柴金平译. 6西格玛经理人. 北京：机械工业出版社，2003

75. [美] W·爱德华·戴明著，钟汉清，戴永久译. 戴明论质量管理. 海口：海天出版社，2003

76. [美] 马特·巴尼，汤姆·麦卡锡著，摩托罗拉大学译. 总裁读：新六西格玛. 北京：中国人民大学出版社，2003

77. 马林，罗国英. 全面质量管理基础知识. 北京：中国经济出版社，2001

78. 彭娟. 浅谈GE质量经营战略、六西格玛与质量经营. 联想质量探索，2003（1）

79. 托马斯·派兹德克等著，吴秀云等译. 六西格玛手册. 北京：清华大学出版社，2011

80. 孙静主编. 最新国家标准GB/T 4091—2001《常规控制图》理解与实施. 北京：中国标准出版社，2002

81. [美] 罗纳德·D·斯尼，罗格·W·何瑞尔著，祝可嘉译. 领导者读六西格玛. 北京：中国人民大学出版社，2003

82. 盛骤等编. 概率论与数理统计（浙大第四版）. 北京：高等教育出版社，2010

83. 马逢时，周暐，刘传冰编著. 六西格玛管理统计指南（第二版）. 北京：中国人民大学出版社，2013

84. 马逢时，吴诚鸥，蔡霞编著. 基于MINITAB的现代实用统计（第二版）. 北京：中国人民大学出版社，2013

85. 茆诗松主编. 统计手册. 北京：科学出版社，2003

86. 谢衷洁编著. 普通统计学. 北京：北京大学出版社，2004

87. 王静龙，梁小筠编著. 定性数据统计分析. 北京：中国统计出版社，2008

88. 马逢时等编. 应用概率统计. 北京：高等教育出版社，1989

89. 陈希孺著. 数理统计学简史. 长沙：湖南教育出版社，2002

90. 吴喜之编著. 非参数统计（第二版）. 北京：中国统计出版社，2006

91. ［美］S·韦斯伯格著，王静龙等译. 应用线性回归. 北京：中国统计出版社，1998

92. 茆诗松等著. 试验设计. 北京：中国统计出版社，2004

93. ［美］詹姆斯·A·菲茨西蒙斯，莫娜·J·菲茨西蒙斯. 张金成，范秀成等译. 服务管理：运作、战略与信息技术. 北京：机械工业出版社，2007

94. 温碧燕. 服务质量管理. 广州：暨南大学出版社，2010

95. 吴贵生，王毅主编. 技术创新管理. 北京：清华大学出版社，2009

96. 秦军昌，王刊良，张金梁. 服务设计研究. 科技管理研究，2010（4）

97. 李冬，明新国，孔凡斌，王星汉，王鹏鹏. 服务设计研究初探. 机械设计与研究，2008（6）

98. Chase Richard B. "The customer contact approach to serrices theoretical bases and practical extensions." *Operations research*，1981

99. James A. Fitzsimmons，Mona J. Fitzsimmons. *Service Management*：*Operations*，*Strategy*，*and Information Technology*，McGraw Hill Education，2011

中国质量协会注册六西格玛黑带知识大纲(2014版)

Ⅰ. 六西格玛管理在组织中的开展(10)

A. 六西格玛管理、精益管理和持续改进理论概述

1. 六西格玛管理和持续改进的发展(了解)

了解六西格玛管理和持续改进的起源,六西格玛管理的概念;理解戴明、朱兰、克劳斯比等质量管理大师的质量理念;了解全面质量管理、零缺陷和六西格玛管理之间的关系。

2. 六西格玛管理的核心理念(理解)

理解六西格玛管理的核心理念。

3. 精益生产的发展史和基本理念(了解)

了解精益生产的起源和核心价值;了解精益的一些基本概念,如价值链、浪费、推/拉式系统、看板等。

4. 精益生产和六西格玛管理的整合(理解)

理解精益生产和六西格玛管理之间的关系,以及如何将六西格玛管理和精益生产整合到持续改进的基本框架中。

5. 六西格玛管理的组织和推进(应用)

了解实施六西格玛管理需要建立的基础架构和条件;了解绿带、黑带、资深黑带、倡导者、流程负责人和财务代表的职责;了解六西格玛实施的主要阶段和步骤,各阶段的特点、主要内容等。

6. 六西格玛方法论的概述(理解)

了解六西格玛方法论——六西格玛改进模式DMAIC和六西格玛设计模式DMADOV/IDDOV,以及六西格玛方法是如何帮助组织进行业务流程的改进和创新的。

B. 六西格玛领导力和战略

1. 高层管理者的作用(理解)

理解高层领导团队和六西格玛倡导者的职责,以及如何结合组织自身实际将六西格玛战略展开。

2. 六西格玛战略(理解)

了解六西格玛是如何作为战略来帮助组织实现流程改进和卓越的;了解六西格玛战略如何支持组织战略;了解组织实施六西格玛管理的目标,以及实施六西格玛管理的主要阶段。

3. 组织文化变革与变革管理(应用)

了解六西格玛文化，并分析当前的组织文化和六西格玛文化之间的差异；识别阻碍组织文化变革的壁垒，并运用适当的工具来消除壁垒。

Ⅱ．六西格玛和过程管理（7）

A. 业务流程的系统分析（理解）

从系统角度建立流程的概念；掌握过程管理的基本思想。

B. 利益相关方分析（理解）

了解流程负责人和六西格玛项目利益相关方的作用和职责，以及项目对利益相关方的影响。

C. 过程关键指标（应用）

在分析利益相关方需求的基础上确定项目关键指标；根据KPI分解，运用平衡计分卡确定项目主要和次要的业务绩效指标。

D. 水平对比（理解）

了解水平对比的目的、类别和主要步骤；使用水平对比确定改进机会。

E. 财务收益（应用）

理解一个项目的财务量度和其他益处（软的和硬的）；理解并使用基本财务模型（如NPV、ROI）；描述、应用、评估和解释质量成本的概念，包括质量成本分类、数据采集和报告表等。

Ⅲ．六西格玛项目管理（10）

A. 六西格玛项目选择（应用）

了解六西格玛项目选择的过程（包括如何识别改进机会），调整项目目标，以便与组织目标保持一致；了解如何基于多准则来选择项目；掌握选择项目的工具，如水平对比、客户调查、客户反馈、组织KPI指标、平衡计分卡等。

B. 项目立项表和计划（应用）

了解如何构建项目立项表及其作用；掌握制定项目计划的工具及其重要性。

C. 团队建设和管理（应用）

了解团队协作在六西格玛项目实施中的重要作用；掌握团队组建的过程和授权的重要性；了解团队领导和团队成员的职责；了解团队发展不同阶段的特点，团队动力的培养和绩效评估；了解团队激励的技巧和工具。

D. 项目监控（应用）

了解项目监控和评审的重要性；识别项目评审的关键节点。

E. 项目管理工具（应用）

定义、选择和使用亲和图、关联图、树图、过程决策程序图（PDPC）法、矩阵图、优先矩阵和活动网络图（CPM和PERT）等项目管理工具。

F. 项目总结、评估和激励（分析）

掌握项目成果评价的方法，建立符合组织自身特点的激励政策；分享成功案例。

G. 项目成果的保持（应用）

保持六西格玛项目成果，将六西格玛成果固化。

Ⅳ. 界定（9）

A. 项目界定

1. 顾客识别和顾客声音（应用）

掌握顾客识别和顾客细分的方法；确定项目对顾客的影响；掌握获取顾客声音的方法，如问卷调查、焦点小组、访谈、观察等；审查问题清单以确保完整性（避免偏差或模糊不清）。

2. 关键顾客需求（应用）

掌握如何界定、选择和使用合适的工具来辨别顾客需求，如自上而下的CTQ分解指标、质量功能展开（QFD）和卡诺模型。运用排列图法或其他工具来识别关键顾客需求。

3. 界定项目范围（应用）

描述如何在项目流程分析中使用SIPOC图等来识别供应商、输入、过程、输出和顾客。使用SIPOC图等来确定项目范围。

B. 项目计划书

1. 问题陈述（综合）

基于组织发展机会来制定、评估问题陈述；运用工具（如Is-Is not）优化问题陈述；明确项目对组织战略或关键顾客需求的影响。

2. 项目目标（应用）

在项目陈述和水平对比最佳实践等的基础上，建立项目目标；掌握项目目标评价的SMART原则。

3. 项目计划和绩效指标（分析）

掌握项目计划制定的方法及不同阶段的绩效度量方法。

C. 项目跟踪（综合）

根据项目计划和甘特图等确定项目评审和项目跟踪的关键节点。

Ⅴ. 测量（22）

A. 过程测量

1. 输入和输出变量（评估）

运用流程图绘制流程，识别过程变量，使用SIPOC图和其他工具来评估这些变量之间的关系；识别关键输入变量（KPIV）和关键输出变量（KPOV）。

2. C&E矩阵（应用）

绘制因果图和因果矩阵，能够使用它们分析输出变量和输入变量之间的关系。

3. 过程测量方法（评估）

掌握过程测量方法，如FMEA、价值流图等。

B. 收集和归纳数据

1. 数据类型和测量尺度（评估）

识别和区分连续型数据（计量值）和离散型数据（计数值）。定义和应用定类测量尺度、定序测量尺度、定距测量尺度和定比测量尺度，并掌握各种测量尺度的特点。

2. 数据收集方法（分析）

掌握收集数据的方法，如普查和抽样。区分总体和样本，参数值和统计值等概念。

3. 抽样要求和方法（评估）

掌握从总体中抽样的要求，如有代表性、同质、偏倚等。选择和应用合适的抽样方法以确保数据的完整，如随机抽样法、分层抽样法、系统随机抽样法等。

4. 收集数据（评估）

在考虑数据用途和用法的基础上，用5W1H法设计数据收集计划，包括识别数据的收集点、数据收集方法、检查表、编码数据、自动数据采集等。

C. 概率与数理统计基础

1. 概率论基础术语（应用）

掌握描述性统计和推断性统计的定义和区别。了解描述数据集中趋势（如均值、中位数和众数）和离散程度（如极差、方差和标准差等）的指标。

2. 描述性统计（评估）

计算、解释数据集中趋势和离散程度的指标，构建并解释频率分布和累积频率分布。

3. 图表法（评估）

通过构建、应用、解释图形和图表来诠释事物之间的关系和数据的分布状态，如箱线图、运行图、散点图、直方图、正态概率点图等。

D. 概率论与概率分布

1. 概率计算（应用）

了解概率基本概念，如独立性、互斥事件、与/或条件、逆事件概率、条件概率、联合偶然事件等。

2. 常用分布（评估）

掌握几个常用分布：如正态分布、泊松分布、二项分布、卡方分布、t分布和F分布。

3. 其他分布（应用）

应用以下分布：超几何分布、0—1分布、指数分布、对数正态分布及威布尔分布。

4. 中心极限定理（应用）

了解中心极限定理，应用其获得样本均值的分布，使用其在置信区间、控制图中做统计推断。

E. 测量系统能力

1. 测量方法（理解）

了解测量系统的概念和构成；了解连续和离散数据的测量方法；了解测量系统误差在过程管理中的影响。

2. 计量型数据测量系统分析（评估）

用重复性和再现性（R&R）、相关性、偏倚、线性、精度/容差（P/T比率）计算、分析和解释测量系统能力。用极差法和方差分析法计算R&R；了解交叉和嵌套的R&R分析。

3. 属性值数据测量系统一致性分析（评估）

了解属性值数据测量系统一致性的概念；定义和使用组间和组内操作者的一致性、已知属性值的一致性，理解Kappa值，据此进行一致性分析。

4. 计量学（理解）

了解计量体系的构成，包括检定/校准系统、基准/标准和测量仪器的控制、使用及量值的传递和溯源。

F. 过程能力

1. 过程能力指数（评估）

了解过程能力分析的目的；辨别稳定性和能力之间的关系和区别；定义、选择和计算 C_p、C_{pk} 来评价过程能力。

2. 过程绩效指标（评估）

定义、选择和计算 P_p、P_{pk}、C_{pm} 来评价过程绩效，识别过程绩效和过程能力之间，长期和短期过程能力之间的区别。

3. 非正态数据的过程能力（评估）

掌握检验数据正态性的方法，以及非正态数据的转换方法，包括 Box-Cox 方法和其他数据转换方法。

4. 属性值数据的过程能力（应用）

计算属性值数据的过程能力和西格玛水平。

5. 计算过程能力与规范（应用）

区别过程自然波动范围和规范界限的区别，计算过程绩效指标，如缺陷率、百万缺陷数（PPM）、百万机会缺陷数（DPMO）、单位缺陷数（DPU）、一次通过率（FTY）、过程西格玛水平、直通率等。

G. 服务过程测量

1. 服务质量（评估）

了解服务质量的概念和测量方法，以及 SERVQUAL 模型。

2. 顾客满意度分析（评估）

掌握问卷设计与顾客满意度的计算方法。

Ⅵ. 分析（22）

A. 过程分析和探索性数据分析

1. 过程分析（评估）

理解过程分析的目的和意义，掌握分析过程的工具。

2. 相关分析（分析）

运用散点图和相关系数来确定变量之间的相关性；计算和解释相关系数和置信区间；理解相关性和因果关系之间的区别。

3. 回归分析（评估）

建立线性回归模型，计算和解释回归分析，应用回归统计量进行假设检验并解释。使用回归模型进行估计和预测，分析估计中的不确定性，并运用残差分析来验证模型。

4. 多变异分析（分析）

建立并解释多变异图，了解产品内、产品间和时间变异的区别，并能够进行判定；设计多变异分析的抽样计划。

5. 离散数据分析（应用）

用 Logit，Probit，Logistic 回归来对离散数据进行变异源分析。

B. 假设检验

1. 术语（评估）

了解假设检验的目的；建立零假设和备择假设；定义和解释显著性水平、检出力、第一类错误和第二类错误。

2. 样本量（应用）

计算常用假设检验的样本量。(如均值和比率检验)

3. 点估计和区间估计（评估）

掌握点估计和区间估计的区别和联系；定义和区分置信区间和预测区间；定义和解释估计量的系数和偏差；计算置信区间。

4. 均值、方差和比率检验（评估）

使用和解释单样本和双样本的均值、方差和比率检验（其中关于均值和方差的假设检验需掌握正态及非正态数据，与标准比较和两个样本的比较）。

5. 方差分析（评估）

选择、计算和解释方差分析结果，包括单因子方差分析和两因子方差分析。

6. 拟合检验（评估）

描述拟合检验的目的和原理，选择和解释检验结果。

7. 列联表和卡方检验（评估）

选择、建立和使用列联表来判断统计上的显著性；解释卡方检验结果。

8. 非参数检验（评估）

掌握非参数检验的使用条件及与参数和非参数检验的区别。选择、建立和使用各种非参数检验，包括游程检验、Mood's Median、Levene's 检验、Kruskal-Wallis、Mann-Whitney 等。

C. 精益分析工具

1. 流程指标（评估）

掌握测量作业流程的指标，如节拍时间、周期时间、提前期、生产线平衡率、在制品（WIP）和周转率等。

2. 价值流图（分析）

建立和运用价值流图、工艺图、流程图来分析流程，按照增值、非增值和运营增值对过程活动分类。根据预先定义衡量指标，使用各种工具和技术（差距分析，场景策划等）来比较当前状态和未来状态。

3. 常用的原因分析方法（评估）

运用多种简单分析工具解决长期存在的问题（如 5 个为什么、排列图、故障树分析、因果图等）。

4. 作业时间分析（分析）

掌握节拍时间的概念和应用，掌握工作研究（时间和动作研究）方法和应用。

5. 全面生产维护（TPM）（理解）

掌握 TPM 的概念和应用；计算和使用 OEE 来分析并提高设备效率。

6. 浪费分析（评估）

识别七种浪费（过度生产、库存、缺陷、过度加工、等待、移动、运输）以及其他形式的浪费，如资源利用不足等。

D. 服务过程分析

1. 服务差距模型（理解）

了解服务差距模型的思想和构成。

2. 四分图模型（应用）

使用四分图模型分析服务过程。

Ⅶ. 改进（22）

A. 创造性思维工具（应用）

使用创造性思维工具（如头脑风暴法、思维导图法、水平横向思考法、六顶帽子法等）来创造新的想法。

B. 试验设计

1. 术语（理解）

了解试验设计在改进阶段的用法；掌握试验设计的基本概念，包括变量的独立性、因素和水平、响应、处理、误差等；识别试验设计的不同类型和应用条件。

2. 试验设计原理（应用）

掌握试验设计的原理，包括检出力、样本量、平衡、重复、仿行、顺序、有效性、随机化、区组、交互作用、混杂和分辨力等；理解饱和设计、投影特性和效应稀疏原理。

3. 试验计划（评估）

通过确定目标，选择因子和水平、响应和测量方法，选择适当的设计来规划、组织和评估试验。

4. 单因子试验设计（评估）

设计和实施完全随机化、随机化区组的试验设计；理解一次一因素（OFAT）试验的缺点。

5. 两水平部分因子试验设计（评估）

理解筛选设计的重要性；设计、分析和解释两水平部分因子试验，并理解由于混杂而导致的部分因子试验的局限性。

6. 全因子试验设计（评估）

设计、实施和分析全因子试验；理解当因子数量增加时，全因子试验的缺点。

7. 响应曲面设计（分析）

设计、实施和分析响应曲面设计来进行优化；理解并应用响应曲面法，包括 CCD，Box-Behnken 等；理解三种 CCD 设计（CCI，CCC，CCF）的特点；理解和使用最速上升法；理解可旋转性的概念。

8. 混料设计与调优运算（了解）

了解几种混料设计的基本方法；了解调优运算。

C. 消除浪费和精益工具（分析）

选择和运用精益工具和技术（包括拉动系统、5S、快速换型 SMED 等）来消除浪费、缩短周期时间。

D. 限制理论（TOC）（理解）

了解限制理论的概念和用途；用 TOC 来判定流程瓶颈。

E. 风险分析与对策（评估）

运用多种工具来分析和降低风险，如头脑风暴法、德尔菲法、情景分析、FMEA 等。

F. 实施计划（应用）

在风险分析的基础上，制定改进后流程的实施计划（如进行试点试验、模拟等），并对结果进行评估以选择最佳的解决方案。

Ⅷ. 控制（10）

A. 控制计划（应用）

了解控制计划的构成和控制方法。

B. 统计过程控制（SPC）

1. 目标（理解）

了解应用 SPC 的目的，监测和控制过程表现、跟踪过程趋势和运行等，减少过程中的变异；理解应何时使用 SPC 来监测过程。

2. 变量的选择（应用）

识别和选择关键特性指标进行控制图监控；识别可能的变异源以确定关键影响特性。

3. 抽样计划与合理分组（应用）

了解在控制图的抽样计划中应考虑的因素；掌握合理抽样的原则。

4. 控制图的选择（应用）

根据不同情况选择、使用以下控制图：均值—极差控制图（*X*Bar-*R*）、均值—标准差控制图（*X*Bar-*S*）、单值—移动极差控制图（*I-MR*）、p 图、np 图、c 图、u 图、小批量 SPC。

5. 控制图分析（分析）

解释控制图并利用控制图的判定准则（8 项判定准则）来分辨普通和特殊的影响因素。

6. 特殊控制图（理解）

了解累积和（CUSUM）控制图和指数加权滑动平均（EWMA）控制图。

C. 精益控制工具

1. 防错（应用）

了解防错的概念，并用该方法防止故障的发生。

2. 可视化管理（应用）

了解可视化管理的构成，运用多种可视化工具发现过程中的缺陷和问题；掌握如何应用可视化工具控制改进过程。

3. 标准化作业（应用）

了解标准化作业的概念、构成，并用该方法对过程进行控制。

D. 六西格玛总结与项目评审

1. 经验学习和知识共享（应用）

将项目实施各阶段的经验文件化，并将这些改进和经验复制、应用到组织中的其他流程中；在组织内进行知识共享。

2. 文件化和标准化（应用）

制定、修改文件（包括标准作业程序 SOP、作业指导书等）以确保能够持续改进，并在必要时将其固化到质量管理体系中。

3. 项目移交和培训计划部署（应用）

将项目成果移交给流程负责人，并提供培训；制定并实施培训计划，以确保为流程改进不断提供支持。

4. 持续评估（应用）

识别、应用工具对改进后的过程进行评估，包括监测新约束条件的出现和其他改进机会的产生等。

Ⅸ. 六西格玛设计 DFSS 导论（8）

A. 常用的 DFSS 方法（理解）

了解 DFSS 的基本思想及与 DMAIC 之间的关系；了解常用的 DFSS 方法。

B. 质量功能展开（QFD）（分析）

了解顾客需求分析的技巧，分析一个完整的质量功能展开矩阵，建立四个阶段的质量屋。

C. 创新与 TRIZ（理解）

掌握产品和流程设计的创新工具和方法，如 TRIZ、系统设计、关键参数管理和 Pugh 分析等。

D. 稳健参数设计和流程优化（应用）

理解稳健性设计的基本理念；了解稳健参数设计、容差设计和统计容差的构成。

E. 失效模式及效应分析（评估）

了解 FMEA 的目的和要素；了解严重度、频度和探测度，用 1～10 代表其等级；计算风险系数（RPN），评估流程、产品和服务的 FMEA 结果；掌握过程 FMEA（PFMEA），区分系统 FMEA（SFMEA）、设计 FMEA（DFMEA）和过程 FMEA（PFMEA），并解释分析结果。

F. 并行工程和面向 X 的设计（理解）

了解跨职能团队和产品/流程并行开发的重要性；了解设计限制，如面向成本的设计、面向可制造和可装配的设计、面向可测性的设计、面向可维护性的设计等。

G. 服务设计概述（了解）

了解服务设计的基本概念。

注：在大纲中列出了各个知识点需要掌握的程度。下面的六个层次是依据认知水平划分的不同程度的要求。

了解水平

（通常是指对知识的认识与记忆）能够记忆或认识专门的术语、定义、事实、概念、材料、模式、顺序、方法、原理等。

理解水平

能够阅读和理解所描述的内容、报告、表格、图表、说明、规则等。

应用水平

能够在实际环境中运用抽象的概念、程序、方法、公式、原理、规则等。

分析水平

能够将信息分解成小的要素，并识别各要素间的相互联系以及它们的组织方式；从一个复杂的场景中识别出次级因素或数据。

综合水平

能够将要素或组成部分整合成一个整体，并显示出之前并不明显的模式或结构；从一个复杂的集合中识别出可以深入调查的数据或信息或得出支持性的结论。

评估水平

能够对建议的解决方案、概念、方法等的价值做出判断，并使用适当的规则或标准估计精确程度、有效性、经济收益等。

中国质量协会注册六西格玛黑带考试样题

说明：此样题共120题，分单项选择（84题）和多项选择（36题），主要目的是为读者提供注册六西格玛黑带考试题目的难度和类型。

一、单选题（84道题，84分）

1. 六西格玛管理推行成功**最关键**的因素是：

A. 培训　　B. 组织结构

C. 领导支持和参与　　D. 项目计划

2. 关于六西格玛管理和零缺陷管理之间的关系，**正确**的是：

A. 零缺陷是比六西格玛质量目标要求更高的管理模式

B. 零缺陷不容忍缺陷，但是六西格玛容忍百万分之3.4的缺陷

C. 六西格玛管理所追求的目标也是零缺陷

D. 以上说法都不对

3. 精益生产追求“流动”、“拉动”和“均衡”，其中对“流动”的**正确**理解是：

A. 产品尽可能处于被增值加工的状态中

B. 产品尽可能采取流水线作业

C. 物料流动尽可能排成直线，因为直线的距离最短

D. 每个加工环节都采用FIFO先进先出的操作

4. 关于精益生产的描述，**不正确**的是：

A. 只适用于离散制造业，对连续流程生产不适用

B. 精益生产的核心是消除浪费

C. 精益生产强调要善于发现浪费现象，暴露问题

D. 精益生产的本质是持续改进

5. 下列陈述中，哪个是质量管理先驱休哈特博士的观点？

A. 取消工作定额，代之以领导职能强化

B. 单一的观测几乎不能构成客观决策的依据

C. 质量管理活动中重要的三个过程是：质量策划、质量控制和质量改进

D. 质量特征值偏离目标值导致质量损失

6. 企业推行六西格玛一般可分为四个阶段，即导入期、加速期、成长期和成熟期，对于正准备导入六西格玛管理的企业来说，下面哪个建议是**正确**的？

A. 先进行黑带或绿带培训，然后再让他们做项目

B. 先进行高层管理培训，让高层统一理念

C. 先请咨询公司为企业做项目，验证六西格玛方法是否有效

D. 先进行黑带培训，然后让黑带培养绿带

7. 情景策划是一种用来________的方法。

A. 设想将来可能会遇到的一系列问题　B. 评价组织治理水平

C. 确定战略目标和指标　D. 配备和优化资源

8. 某六西格玛小组使用质量功能展开（QFD）改进手机设计，质量屋上方的三角反映了工程措施之间的相关关系，在如何描述相关关系时，有不同的观点，下列观点哪个是**正确**的？

A. 只要根据工程经验描述出工程措施之间的关系强弱即可

B. 不仅要描述出工程措施之间的强弱关系，还要指出可能是正相关或负相关

C. 屋顶上的三角形所反映的关系并不是顾客需求和工程措施之间的关系，因此不重要

D. 没有必要考虑工程措施之间的关系

9. 某企业六西格玛小组为了获取顾客对企业提供的服务的反馈信息，建立了呼叫中心并收集顾客投诉信息。1—5 月份该企业服务的顾客为 6 000 人，而顾客投诉只有 6 人。同时该小组对此批顾客进行了分析，发现回头客只有 1%，重复购买率很低。基于这一结果，**正确**的解读是：

A. 以上数据矛盾，数据一定有问题

B. 投诉率为 0.1%，说明满意率为 99.9%

C. 顾客满意度与是否重复购买之间一定没有关系

D. 投诉率为 0.1%，不代表满意率为 99.9%

10. 某笔记本生产企业在改进笔记本设计时对现有顾客和潜在顾客进行调查，得到了大量顾客需求信息，他们准备使用 KANO 模型对顾客需求进行分类，下述哪一个需求可以看做是最典型的一元需求？

A. 安全，不出现电池爆炸或自燃现象

B. 系统运行稳定，在运行中很少出现死机或蓝屏现象

C. 电池工作时间长

D. 具有触摸屏功能

11. 一份订单上有 5 个重要信息需要准确无误地填写。在已填写的 1 000 个订单中，发现有 30 个错误。请问，订单填写过程的 DPMO 是多少？

A. 6 000　B. 30 000　C. 60 000　D. 80 000

12. 一个针对某产品开展的六西格玛项目需要投入 28 000 元改进费用和 17 000 元培训费用（假设这些费用在项目开始时投入），项目的预期收益是 5 000 元/月，且在项目开始后第 6 个月开始产生。预计该产品生产 20 个月后会退出市场，假设资金收益率（利率）为 8%，若想分析该项目是否从经济上可行，可采用什么方法？

A. 价值分析法　B. 量—本—利分析法

C. 净现值法　D. 质量成本分析法

13. 某生产线有两道工序，如下图所示，每道工序后有检验工序（用菱形表示），两

道工序本身的初检合格率分别为 90%和 92%，A 和 B 为返修工序，根据历史数据，进入返修的产品有 50%能够修好，50%需要报废，假设检验能够检出所有不合格产品，以下说法**正确**的是：

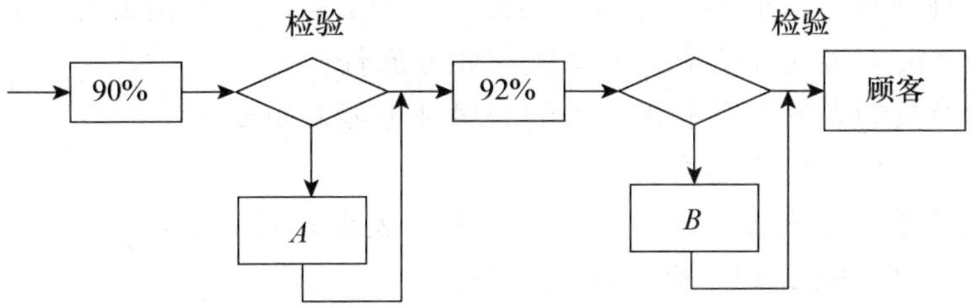

A. 整条生产线的直通率为 91.2%　　B. 整条生产线的直通率为 82.8%

C. 整条生产线的直通率为 87.4%　　D. 整条生产线的直通率为 88%

14. 某个产品有 2 个关键特性，经过检验在 500 个产品中 35 个产品出现了 40 个缺陷，其中，有 20 个产品经过返工消除了缺陷，则该过程**观察到**的 DPU 是______；直通率（FTY）是______；最终合格率（PFY）是______。

A. 92%　93%　97%　　B. 0.08　92%　97%

C. 0.08　93%　97%　　D. 8%　92%　97%

15. 下表表示某企业拟选的六西格玛项目及项目选择需要考虑的因素和权重，请根据下表，选出项目优先顺序（从高到低）的正确排序。

	对质量的影响（0.5）	对周期的影响（0.2）	对成本的影响（0.2）	对管理水平的影响（0.1）
项目 1	◎	△		△
项目 2		◎	△	○
项目 3	○	△	△	◎
项目 4	△	○	○	

◎强相关（9 分）　○较强相关（3 分）　△弱相关（1 分）

A. 项目 1、项目 3、项目 4、项目 2　　B. 项目 2、项目 4、项目 1、项目 3

C. 项目 1、项目 3、项目 2、项目 4　　D. 项目 1、项目 2、项目 3、项目 4

16. 下图是某项目计划的双代号网络图，箭线下的数据表示工序所需时间（时间单位：天），M 工序表示节点 8～10 之间的工序，基于该网络图，M 工序的最早可能开始时间是______天后；最晚必须开始时间是______天后。

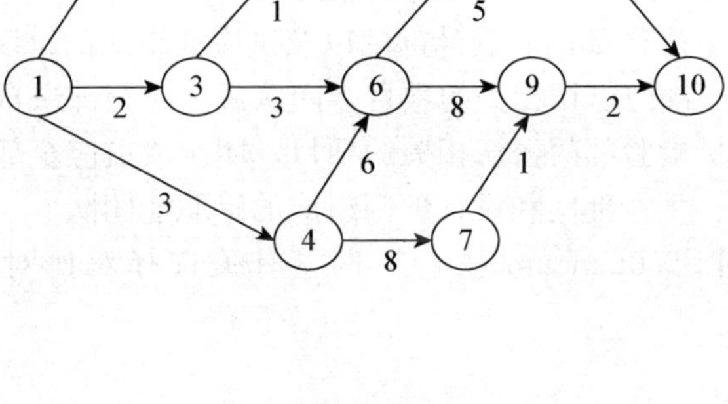

A. 14，16　　B. 4，6　　C. 14，17　　D. 10，14

17. 六西格玛项目的实施过程是一个流程变革、系统变革和文化变革的过程。对于变革管理，以下哪项说法**不正确**？

A. 变革管理的根本目的是确保项目实施成功所必需的利益相关者的支持与承诺

B. 企业全体员工接受并适应新的系统与业务流程

C. 项目所涉及的人员，其积极主动的心愿并不能带来变革

D. 变革管理工作的核心是沟通

18. 六西格玛项目进入震荡期时，一个突出的表现就是：成员对项目目标和工作方法产生分歧，如何处理分歧，以下做法**错误**的是：

A. 加强团队成员之间的沟通

B. 鼓励成员发表不同意见

C. 统一认识，不许发表与项目目标和工作方法不同的意见

D. 必要时请业务负责人或倡导人出面支持

19. 甘特图是用来安排项目计划的重要工具，有关甘特图的优点，以下说法**错误**的是：

A. 简明、形象、直观

B. 可以方便地确定关键活动

C. 可以在任何时点上分析项目正在进行的活动和所需资源

D. 可以方便地检查项目进度

20. 在项目改进阶段，团队成员就改进方案进行头脑风暴，提出了许多改进建议，项目组长需要将这些建议梳理，合并成几个方案，应该采用什么方法？

A. 亲和图　　B. 过程决策程序图（PDPC）

C. 关联图　　D. 力场分析（force field analysis）

21. 在统计质量成本时，下面哪些成本**不**应计入外部故障成本？

A. 产品责任成本　　B. 保修成本

C. 投诉处理费用　　D. 因质量达不到等级导致降级损失费用

22. 某项目团队在制定项目计划时需要对项目中的各项活动进行时间估计，由于缺乏历史资料，对A活动所需时间进行了三个估计：最乐观时间：2天，最可能时间：5天，最悲观时间：11天。那么完成A活动的期望时间是：

A. 6天　　B. 5.5天　　C. 5天　　D. 6.5天

23. 在某六西格玛项目立项之初，确定了该项目要将某产品的直通率（FTY）提高，以便缩短生产周期和降低成本。通过初步数据分析，团队发现供应商提供的塑料件外观缺陷占总缺陷的80%，而且设计部门、生产部门和质量检验部门对外观检验的程序和标准不太统一，在构建项目团队时，最佳的团队构成是：

A. 质量检验部门、生产部门和设计部门以及供应商组成的跨职能团队

B. 这是一个与生产部门密切相关的项目，团队成员应全部来自生产部门

C. 这是一个与质量检验部门密切相关的项目，团队成员应全部来自质量检验部门

D. 质量检验部门、生产部门和设计部门组成的跨职能团队

24. 在使用水平对比（benchmarking）时，有关选择对比对象的表述，以下**错误**

的是：

A. 对比对象可以是竞争性行业或非竞争性行业中职能活动的最佳实践者

B. 对比对象可以是非竞争性行业中职能活动相似的最佳实践者

C. 对比对象只能是竞争性行业中职能活动的最佳实践者

D. 对比对象不能选择竞争性行业中的一般企业

25. 下列哪些属于**好**的问题陈述？

a. 2009 年上半年，顾客反馈某产品密封不良，导致退货 12 批次，损失高达 100 万元

b. 人力资源部提出，新聘大学生工作不安分，常常在半年内就跳槽

c. 技术部开会讨论后决定 X 生产线从 45 周开始启用新夹具，预计收益 50 万元

d. 印刷工站现有产能 50K/天，无法满足 5—8 月份 65K/天的交货需求，2—8 月份延期交货 15 次，赔付延期交货款 50 万元

A. a，c，d　　B. a，b，d

C. a，d　　D. 以上都不对

26. 在绘制双代号网络图时，需要引入虚工序（dummy activity），关于虚工序的描述，**正确**的是：

A. 虚工序既不消耗时间，也不消耗资源

B. 虚工序不消耗时间，但可能消耗资源

C. 绘制网络图时虚工序越多越好

D. 虚工序肯定不会出现在关键路线上

27. 六西格玛项目小组在界定阶段绘制 SIPOC 图时，项目团队成员在如何绘制过程图（P）时意见产生分歧，以下意见**正确**的是：

A. 过程图应绘制得越细越好

B. 过程图只要粗略地表示出主要的流程即可

C. 过程图至少要表示出流程所涉及的人员的动作

D. 过程图至少要表示出价值流

28. 在立项表（项目授权书）中进行问题陈述，**最恰当**的是：

A. 公司产品装船时间比竞争对手平均长 10 天，应消除产品装船前的文件制作延误问题

B. 为了缩短停机时间，设备管理部门有必要改善业务顺序

C. 公司××产品 1—6 月份不合格率为 7%，其主要缺陷为毛刺、异物、边裂，各占 3%，2.5%，1.5%，重修和报废达 120 万元

D. 最近调查中发现 35%以上的顾客对我们的产品和服务提出或多或少的不满

29. 选择项目的 CTQ（critical to quality）是一项重要的工作，关于如何选择 CTQ，下列描述**不正确**的是：

A. CTQ 一定是计量值数据

B. CTQ 一定与顾客需求或企业关键业务指标相关

C. 当 CTQ 本身不可测或很难测量时，可以采用代用测量指标

D. 当 CTQ 数量较多时，可以采用排列图或质量成本分析确定最重要的 CTQ

30. Z_{bench}是用来衡量过程水平的一个重要指标，若已知某过程的 $Z_{bench}=2.5$，则该过程的西格玛水平（sigma level）是：

A. 2.5　　B. 1.5　　C. 6　　D. 4

31. 某工人生产了10件产品，其中3件是缺陷产品（缺陷产品需要用专门的仪器才能检测出来），由于工作疏忽，7件好品和3件坏品混在一起。现技术中心需要从10件中随机抽取2件产品进行检测，问抽到至少一件坏品的概率有多大？

A. 49/100　　B. 8/15　　C. 7/15　　D. 3/10

32. 在改善某一液晶面板生产线的质量项目中，需要加电后目测出液晶板是否有坏点，由于检测工人的技术水平、认真态度等有差异，经常出现检测结果不一致的现象。若对该检测过程的一致性进行分析，需要用到下列哪一种工具进行研究：

A. Kappa 分析　　B. 缺陷控制图

C. GRR 分析　　D. 可靠性分析

33. 有关因果图和因果矩阵的使用，下列说法**错误**的是：

A. 因果图一般只分析影响一个结果（Y）的多个可能原因

B. 因果矩阵一般只分析影响一个结果（Y）的多个可能原因

C. 因果矩阵可以帮助方便地确定关键的影响因素

D. 对于同一个问题，可以先绘制因果图，再绘制因果矩阵

34. 在进行管理流程改进时，经常要绘制跨职能流程图，有关跨职能流程图的说法，下面**错误**的是：

A. 跨职能流程图的优点是能够清晰地分析流程在各职能部门的流动情况

B. 绘制跨职能流程图时，职能部门可以水平摆放，也可以垂直轴摆放

C. 跨职能流程图不能分析流程中的活动是不是增值活动

D. 跨职能流程图上也可以标注活动所需时间

35. 近几年来居民之间年收入的差距越来越大。为了解A市B区居民年收入状况，在公安部门户口册的记录中随机抽取了1.2万户居民，记录了他们在2008年的居民年收入数额。下列哪个统计量用于描述该地区居民之间年收入的差距状况，且受异常值影响**最小**？

A. 样本中位数　　B. 样本极差

C. 样本四分位间距　　D. 样本标准差

36. 某企业在下料过程中需要从一块钢板上裁出一些边长为 X 的正方形料块，已知 X 服从正态分布。工程师关注的关键质量特性是正方形料块的面积 X^2，他们想了解料块面积的分布，有关料块面积应服从的分布，下列说法**正确**的是：

A. 料块面积一定不再是正态分布　　B. 料块面积仍是正态分布

C. 料块面积通常会是双峰分布　　D. 料块面积一定是指数分布

37. 某PCB板生产企业在检测工序检测了1 000块PCB板，在其中的5块PCB板中发现了50个缺陷，其余各块PCB板中均未发现任何缺陷。基于这一观察，请判断缺陷在PCB板上的分布情况。

A. 服从正态分布

B. 服从泊松分布

C. 不管服从何种分布，但缺陷肯定仍是随机出现的

D. 根本不能讨论缺陷的分布，因为缺陷是非随机出现的

38. 某机械企业在下料时需要把长度为 L 的钢材，截成长度为 L1 和 L2 的两段，已知 L 服从均值为 10cm，标准差为 0.4cm 的正态分布，L1 服从均值为 5cm，标准差为0.3cm 的正态分布，则关于 L2 的分布，下列说法**正确**的是：

A. 一定不是正态分布

B. 服从均值为 5cm，标准差为 0.1cm 的正态分布

C. 服从均值为 5cm，标准差为 0.5cm 的正态分布

D. 服从均值为 5cm，标准差为 0.7cm 的正态分布

39. 黑带在改进某一业务流程中确定了以下测量项，请问哪个测量指标是定序测量尺度的指标？

A. 准时交付率　　B. 人工成本

C. 人员技能等级　　D. 客户抱怨数量

40. 对某属性值数据的测量系统进行一致性分析时，要选取 30 件产品。请问**正确**选择产品的方法应该是：

A. 依据实际生产的不良率比例选择合格或不合格的样品

B. 至少 10 件合格，至少 10 件不合格，这与实际生产状态无关

C. 可以随意设定比率，因为此比率与测量系统是否合格是无关的

D. 以上都不对

41. 中国成年男子平均身高为 170 厘米，标准差为 6 厘米，如果让绝大部分（99%）男乘客能无障碍登车，公共汽车门的高度至少应为________（假设中国男子身高呈正态分布，$Z_{0.98}=2.1$，$Z_{0.99}=2.3$，$Z_{0.995}=2.6$）。

A. 182.6 厘米　　B. 183.8 厘米

C. 186.6 厘米　　D. 以上都不对

42. 下列说法**正确**的是：

A. 过程处于受控状态，则该过程生产出的产品一定能满足规格要求

B. 根据直方图能够判断过程是否处于受控状态

C. 直方图不能反映过程随时间的变化规律

D. 以上都不对

43. 某零件生产流程，客户给定了零件尺寸规格，请问该流程的标准差与西格玛水平之间的关系是：

A. 标准差越大时，西格玛水平越低，超出规格限的缺陷品越多

B. 标准差越大时，西格玛水平越低，超出规格限的缺陷品越少

C. 标准差越大时，西格玛水平越高，超出规格限的缺陷品越多

D. 标准差越大时，西格玛水平越高，超出规格限的缺陷品越少

44. 用测量工具对车床加工的若干根支撑轴之直径进行测量，测量结果存在波动，波动可看成是测量对象间的波动以及测量系统波动叠加而成。计算得到测量值的总波动的方差为 10，量具重复性方差为 3，再现性方差为 4，基于上述数据，**正确**的结论是：

A. 测量系统能力很好

B. 测量系统能力尚可，处于临界状态

C. 测量系统能力不足，必须进行改进

D. 条件不足，难以判断

45. 对测量系统进行 GRR 研究并且得出了如下的 *X*bar-*R* 图，从图中可得出下列哪个结论？

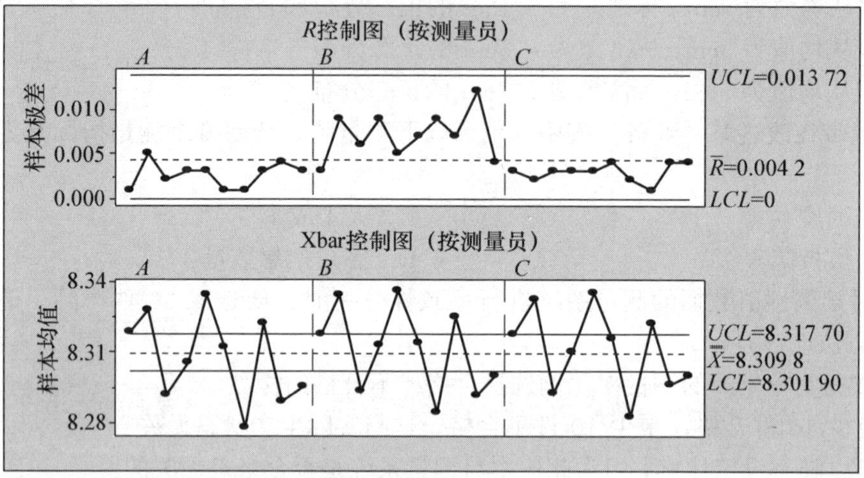

A. 由于 *X*bar 图失控了，所以测量系统不好

B. *B* 员工的重复性比其他两个员工都好

C. *R* 图上 *A*、*B*、*C* 三个员工的连线图趋势很不一样，所以再现性不好

D. 以上的描述都不对

46. 测量产品的特性指标时，不同的产品读数会有差异，造成此差异的原因是：

A. 产品间真实的差异

B. 由所使用量具造成的测量系统误差

C. 测量人员的水平不同

D. 产品间真实的差异与由所使用量具造成的测量系统误差的综合影响

47. 对同一个测量对象重复进行测量，不同测量者进行测量时测量结果的差异一般被称为：

A. 测量系统的稳定性　　B. 测量系统的重复性

C. 测量系统的再现性　　D. 测量系统的线性

48. 某工程师在对某检测仪器进行测量系统分析后发现，R&R%=50%，导致测量系统误差较大的原因是测量者和随机抽取的零件之间存在非常明显的交互效应，基于这一点，你认为他应该如何解决这一问题？

A. 重新随机抽取零件，再次进行测量系统分析，直到没有交互作用为止

B. 分析不同测量者的测量方法，找出原因，解决问题

C. 重新选择测量者，再次进行测量系统分析，直到没有交互作用为止

D. 以上说法都不对

49. 某测量系统的线性偏倚研究报告如下，选出以下**正确**的描述：

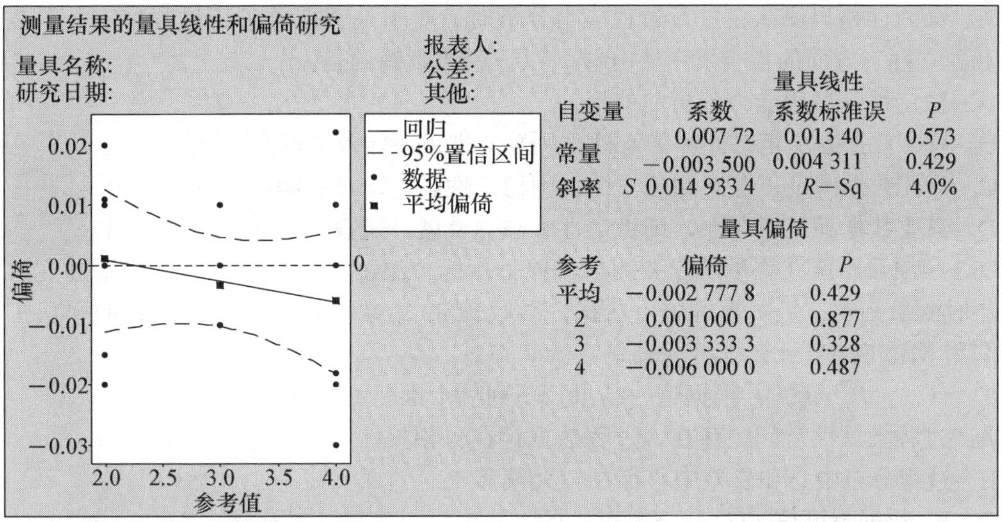

A. 斜率较大，表明线性误差显著

B. 在 4.0 处的均值严重偏离，表明偏倚误差显著

C. 从点图可看出，测量系统的变异很大，可以肯定其精度不是很好

D. 没有太大的问题，测量系统的线性和偏倚都很好

50. 在进行正态性检验时，得到如下图所示概率图，以下说法**正确**的是：

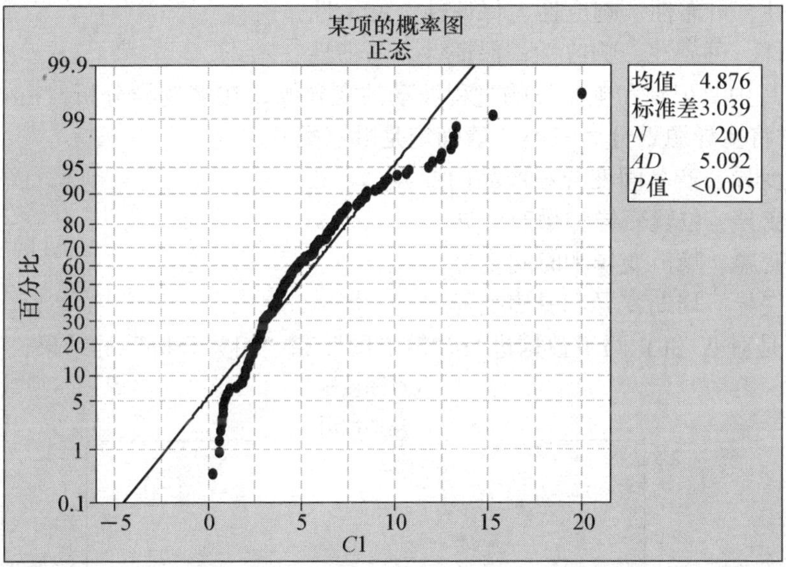

A. 概率图上标题下有“正态”字样，说明该数据是正态的

B. 从概率图上看，概率图弯曲并呈凸起状，说明该数据是非正态的

C. 因 AD 值足够小，则数据是正态的

D. P 值小于 0.05，数据是正态的

51. 设某质量特性 $X \sim N(54, 3^2)$，它的上、下规范限 $USL=65$，$LSL=35$，设定质量特性的目标值为 50，计算过程能力指数 C_{pm} 为：

A. 1.667　　B. 1.222　　C. 1　　D. 0.733

52. 某六西格玛团队在进行过程能力分析时，对于是否需要进行过程稳定性、数据正态性和独立性三方面的检查发生了分歧，以下说法**正确**的是：

A. 稳定性是过程能力分析的前提

B. 只要数据满足正态性和稳定性，则独立性就一定没有问题

C. 只要数据满足正态性和独立性，则稳定性就一定没有问题

D. 只要数据满足正态性，则稳定性和独立性就一定没有问题

53. 某项目团队在测量阶段要测量其项目指标“温度”的过程能力，收集温度数据时每半小时测量一次，每次测得 1 个数据，共收集 30 个数据，过程稳定且数据服从正态分布，采用 MINITAB 计算得出：

$C_p=1.3$，$P_p=0.4$，根据这一结果，下列哪个推断可能是**正确**的？

A. 过程独立性有问题存在，过程数据存在自相关性

B. 过程分布中心和公差中心存在较大偏移

C. P_p 数据不可信，C_p 数据是可信的

D. 以上判断都不对

54. SERVQUAL 模型是著名的服务质量评价模型，它主要从以下哪几个维度对顾客服务质量进行测量？

A. 有形性、易逝性、响应性、保证性、移情性

B. 有形性、可靠性、易逝性、保证性、移情性

C. 有形性、可靠性、响应性、保证性、移情性

D. 有形性、可靠性、响应性、保证性、易逝性

55. 在项目中要识别和确定影响过程波动的变异源，在多变异分析（multi-vari analysis）中，通常将变异源划分为三类，请确定是哪三类？

A. 时间变异、产品间变异和产品内变异

B. 时间变异、位置变异和噪声变异

C. 可控变异、噪声变异和时间变异

D. 可控变异、周期变异和噪声变异

56. 下面是对 X 和 Y 两组数据进行“散点图”和“相关分析”的结果：

散点图：

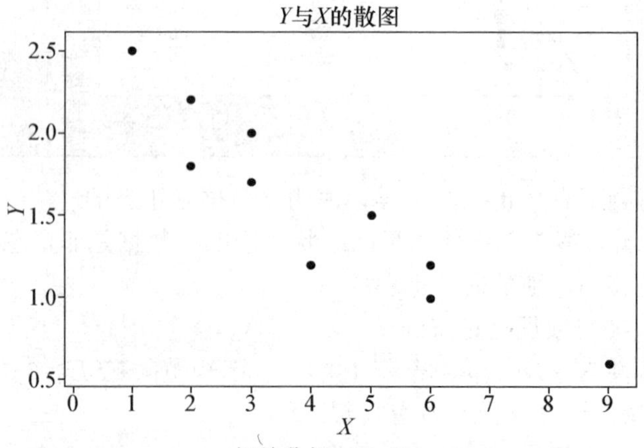

相关分析：Y，X

Y 和 X 的 Pearson 相关系数＝－0.933

P 值＝0.000

能够得出的**最确切**的结论为：

A. X 是 Y 的重要影响因素

B. X，Y 两组数据有较强的因果关系

C. 两组数据有强的相关性

D. 目前无法得出任何结论，只有进一步进行回归分析，才能进行判断

57. 从下述轴杆长度的描述性统计图中可以得出的**正确**结论是：

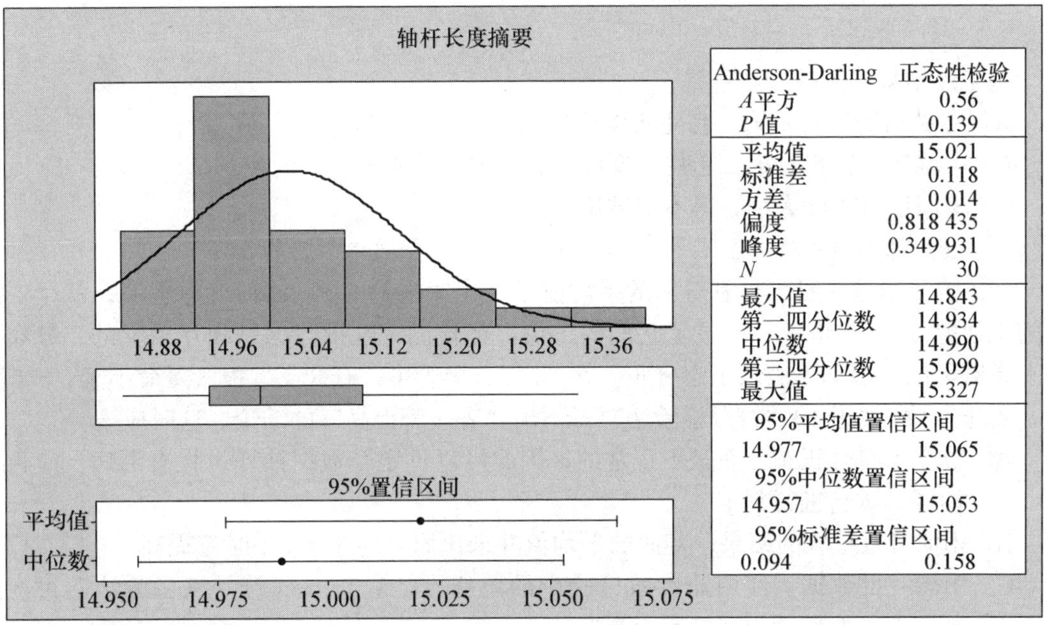

A. 长度分布明显右偏，不服从正态分布

B. 有 25％的数据大于或等于 15.099

C. 有 95％的数据落在 14.977～15.065 之间

D. 有 95％的数据落在 14.957～15.053 之间

58. 为了研究全国主要城市银行对第二套住房发放贷款宽严程度是否不同，调查了北京、上海和深圳三个城市的黄金商业区的四大银行贷款综合情况，记录了申请总数、批准数和未批准数：

城市	申请总数	获准数	未准数
北京	236	40	196
上海	230	52	178
深圳	197	67	130
总计	663	159	504

以下是使用 MINITAB 进行卡方分析的结果，

	获准数	未准数	合计
1	40	196	236
	56.60	179.40	
	4.867	1.535	
2	52	178	230
	55.16	174.84	
	0.181	0.057	
3	67	130	197
	47.24	149.76	
	8.261	2.606	
合计	159	504	663

卡方=17.508，$DF=2$，P 值=0.000

基于该结果，**正确**的解释是：

A. 三城市的银行对第二套住房发放贷款宽严程度没有什么不同

B. 三城市的银行对第二套住房发放贷款宽严程度有显著不同

C. 该问题自由度太小，得不出结论

D. 以上都不对

59. 为了检验一批二极管寿命的平均值是否比原来的 5 000 小时确有提高，从生产线上随机抽取 25 支二极管，记录了它们的寿命。经检测，这批数据是相互独立的，分布大体上是对称的，但却不服从正态分布。在 25 支二极管中，有 8 支二极管寿命小于 5 000 小时，用非参数检验中的“符号检验法”得不出“有显著提高”的结论。这时应该：

A. 数据不符合正态分布是不正常的，因此可以肯定是数据抽样过程有毛病。应再次抽样，重新进行判定

B. 相信符号检验的结果，寿命的平均值并未比原来的 5 000 小时有提高

C. 用同一批数据，使用非参数检验中的单样本“Wilcoxon 符号秩检验法”再次判断，有可能判断为“确有提高”

D. 用同一批数据，使用非参数检验中的“Mann-Whitney 检验法”再次判断，有可能判断为“确有提高”

60. M 车间的任务是将厚度为 60 毫米的厚钢板热压为厚度为 45 毫米的薄钢板，每块钢板都要大约 40 秒才能完成热压。为了检验厚钢板温度对于热压时间是否有显著影响，选定了 1 300℃，1 260℃，1 220℃三种初始温度，各热压了 10 块厚钢板，共记录了 3 组总计 30 个热压时间数据。在分析时，准备使用单因子的方差分析 ANOVA 以比较平均热压时间是否有显著差异。为此应考虑验证下列条件：

1）3 组数据都满足独立性

2）3 组数据都满足正态性

3）合并后的 30 个数据满足正态性

4）经检验，可以认为 3 组数据的方差是相等的

正确的要求是：

A. 应验证 1）2） B. 应验证 1）2）4）

C. 应验证 1）3）4） D. 应验证 1）2）3）4）

61. 在验证原因时，下列哪一种假设检验方法**不**需要先对有关数据进行正态性检验？

A. t 检验　　B. 配对 t 检验

C. Mann-Whitney 检验　　D. F 检验

62. 某工程师在对弹簧生产过程进行工艺改进后声称，改进后的工艺生产出的弹簧至少比原来的弹簧平均强度高出 50 牛顿。假设工艺改进前后生产出的弹簧强度数据均服从正态分布，且前后方差基本没有变化。问采用什么方法验证工程师的结论？

A. t 检验　　B. F 检验

C. 卡方检验　　D. 以上都不对

63. 一位工程师想知道一种压滤机完成压滤工作的平均周期时间是否大于 55 分钟，已知过程正态、独立，方差未知。最适当的假设检验方法是：

A. 单边单样本 t 检验　　B. 双边单样本 t 检验

C. 单边单样本 Z 检验　　D. 双样本 t 检验

64. 抗拉强度是 A 产品的关键质量特性之一，三条生产线同时生产 A 产品，项目组想知道三条生产线所产出的 A 产品之抗拉强度是否具有统计意义上的差异，且其中有一条生产线的数据为非正态，下面哪种分析方法更适合？

A. t 检验　　B. Mann-Whitney 检验

C. 单因子方差分析　　D. Kruskal-Wallis 检验

65. 皮肤科医生发明了一种改进配方的治疗顽固牛皮癣的外用药膏，希望验证新配方确实比老配方在杀灭癣菌上效果更好。选定 40 人双腿对称患牛皮癣的病人（假设每个病人用药前双腿上表皮癣菌相同），对每一人的双腿随机选定使用老配方和新配方，双腿皆同时涂抹了三周后，对双腿分别记录了表皮癣菌的含量。下面应该进行的检验是：

A. 双样本均值相等性检验　　B. 配对样本 t 检验

C. F 检验　　D. 方差分析

66. 收集了 3 个班组生产的薄钢板强度数据。对下列方差分析结果解释最正确的是：

单因子方差分析：强度 versus 班组

来源	自由度	SS	MS	F	P
班组	2	6.822	3.411	29.40	0.000
误差	27	3.133	0.116		
合计	29	9.954			

S=0.340 6　R-Sq=68.53%　R-Sq（调整）=66.20%

A. 班组间强度无差异

B. 每个班组之间强度都有差异

C. 至少有一个班组与其他班组之间的强度有差异

D. 无法由此结果判断班组间强度是否有显著差异

67. 感识质量被定义为：感识质量=实际质量−期望质量。基于这一公式，正确的理解为：

A. 实际质量与期望质量相等时，感识质量为零，表示顾客的感识质量很差

B. 实际质量与期望质量相等时，期望与实际相符，此时顾客会喜出望外

C. 实际质量与期望质量相等时，期望与实际相符，一般不会产生顾客抱怨

D. 实际质量与期望质量相等时，期望与实际相符，表明此时的服务质量达到了最佳状态

68. 以下对试验设计（DOE）表述**错误**的是：

A. 部分因子试验只能分析主效应，不能分析交互作用

B. 部分因子试验只做全因子试验中的部分设计点来进行分析

C. 全因子试验可以分析到全部的交互作用

D. 试验因子个数超过 5 个以上时，一般不建议使用全因子试验

69. 六西格玛团队在半导体封装某个工艺的改善过程中已经完成了三个因子的全因子试验设计，但是发现存在明显的曲性。为了优化工艺参数希望拟合出 2 阶模型，但是输入因素为“功率”（单位：mW），原先的高、低水平分别为 40 和 50，由此产生的轴向延伸试验点分别为 37.93 和 52.07，超出了设备可控制的功率设置范围［38.5，51.5］，这时，由于试验成本很高，团队希望尽量使用上次全因子设计的数据，以下哪种方法**最**适合该六西格玛团队采用？

A. 改用 Box-Behnken 设计试验方案

B. 改用三水平设计

C. 使用中心复合设计近似旋转性试验方案，轴向延伸试验点自定义改为 38.5 和 51.5，其他不变

D. 使用中心复合设计 CCI 试验方案，先确定轴向延伸试验点为 38.5 和 51.5，再反推出高、低水平试验点为 40.4 和 49.6

70. 在部分因子设计中，利用下面这张表格来制定试验计划非常重要。六西格玛团队在分析过程改进时，大家共同确认至少要考虑 9 个因子。但试验目标中，不但要考虑 9 个因子的主效应，还要求这 9 个主效应不能与任何二阶交互作用效应相混杂（confounded），试验者还想知道 9 个因子的影响是否存在弯曲性，考虑增加 4 个中心点。这时安排试验**至少**要多少次？

	2	3	4	5	6	7	8	9	10	11	12	13	14	15
4	Full	III												
8		Full	IV	III	III	III								
16			Full	V	IV	IV	IV	III	III	III	III	III	III	III
32				Full	VI	IV	IV	IV	IV	IV	IV	IV	IV	IV
64					Full	VII	V	IV	IV	IV	IV	IV	IV	IV
128						Full	VIII	VI	V	V	IV	IV	IV	IV

A. 32　　B. 36　　C. 68　　D. 132

71. 某个全因子试验运行次数（run）为 36 次，因子的水平都为 2，还知道重复次数为 2，中心点的试验数为 4，则实施此次全因子试验的因子数是多少？

A. 3　　B. 4　　C. 5　　D. 6

72. 在提高压塑板断裂强度的全因子试验中，对于因子 A（温度，两水平取为 220℃及 240℃）、因子 B（压力，两水平取为 360 帕及 400 帕）进行了含 3 个中心点共 7 次试验后，发现响应曲面有严重的弯曲现象。为此希望进行响应曲面设计，得到二阶回归方程。由于压力机最高只能取 400 帕，本试验的成本又较高，希望能在归纳出二阶回归方程的条

件下尽量减少试验次数，最好的办法是：

A. 采用 CCC（中心复合序贯设计），只再增加 4 个星号点（轴向点）试验

B. 采用 CCI（中心复合有界设计），只再增加 4 个星号点（轴向点）试验

C. 采用 CCF（中心复合表面设计），只再增加 4 个星号点（轴向点）试验

D. 采用 CCF（中心复合表面设计），除再增加 4 个星号点（轴向点）试验外，还要再加 3 个中心点试验

73. 在一个试验设计问题中，共需要考察 6 个因子 A，B，C，D，E 及 F，但经费所限最多只能进行 20 次试验（中心点在内）。此实际问题要求，除 6 个因子的主效应必须估计之外，还必须估计出 AB，BC，CE 及 DF 共 4 个二阶交互效应。问：下列哪个生成元的选择是可行的？

A. E＝ABC，F＝ABD　　B. E＝ACD，F＝BCD

C. E＝BCD，F＝ABC　　D. E＝ABD，F＝ABC

74. 在 2 水平 4 因子的全因子试验中，通过统计分析只发现因子 C 及交互作用 A∗B 是显著的，而 A、B、D 均不显著，则回归模型中应**至少**包括：

A. 因子 C 及交互作用 A∗B

B. 因子 A、B、C 及交互作用 A∗B

C. 因子 A、B、C 及交互作用 A∗B，A∗C，B∗C

D. 以上都不对

75. 以下哪项目内容**不**属于 5S 管理活动的内容？

A. 工人加工完零件后，把工装取下，放入指定位置

B. 工程师在生产线上安装报警灯，生产线一停，报警灯亮

C. 工人在交接班前把机器旁的废料、边角料等清理干净

D. 文书把不同类型的文件分类整理，做上标示，放入指定位置的文件柜

76. 绘制均值—极差（或均值—标准差）控制图时，确定合理子组的原则是：

A. 子组数量应该在 5 个以下　　B. 组内差异只由随机变异造成

C. 组内差异应大于组间差异　　D. 不存在组内差异

77. 以下是 2009 年 6 月份我国 HIN1 流感感染人数统计数据，我们可以用何种控制图监控情况是否恶化？

日期	6月1日	6月2日	6月3日	6月4日	6月5日	6月6日	6月7日	6月8日	6月9日	6月10日	6月11日
感染人数	10	4	11	8	8	3	3	16	11	11	14
日期	6月12日	6月13日	6月14日	6月15日	6月16日	6月17日	6月18日	6月19日	6月20日	6月21日	6月22日
感染人数	16	24	20	41	11	27	33	31	28	58	27

A. $\bar{X}$-R 图　　B. $\bar{X}$-S 图　　C. C 图　　D. P 图

78. 在纺纱车间生产中，对于湿度的控制非常重要。由于对于此种纤维材料的纺纱已经生产了一段时间，生产初步达到了稳定。为了监测全车间的湿度状况，每个整点时，在车间内用“田”字形矩形格记录了 9 处湿度数据。监测了 48 小时后，要根据这些数据建立控制图。这时选用下列哪种控制图效果**最**好？

A. $\bar{X}$-R 图　　B. $\bar{X}$-S 图

C. *I-MR* 图（单值移动极差控制图） D. p 或 np 图

79. 在半导体芯片生产中，要将直径 8 英寸（约合 20 厘米）的晶圆盘（wafer）切割成 3 000 粒小芯片（die）。目前由于工艺水平的限制，小芯片仍有约 1%～2%的不良率。试生产了一段时间，生产初步达到了稳定。为了监测小芯片的不良率，在两个月内每天固定抽检 5 个晶圆盘，测出不良小芯片总数。要根据这些数据建立控制图。这时应选用下列何种控制图？

A. np 图或 p 图都可以，两者效果一样 B. np 图或 p 图都可以，np 图效果更好

C. np 图或 p 图都可以，p 图效果更好 D. 以上都不对

80. 从生产线上收集到上一周的生产汇总数据如下表，如果需要实施统计过程控制，选择哪种控制图最合适？

日期	周一	周二	周三	周四	周五	周六	周日
生产量	210	245	197	228	216	236	207
不合格品数	5	7	4	3	8	10	5

A. 均值—极差控制图 B. np 控制图

C. p 控制图 D. u 控制图

81. 在质量屋的构建中，如何确定顾客需求与工程措施之间的关系是非常重要的，下列哪种方法可以应用于确定顾客需求与工程措施之间的关系？

A. 过程能力分析 B. SWOT 分析

C. 回归技术 D. 平衡计分卡（balanced scorecard）

82. 关于田口的容差设计，下述说法哪个是**正确**的？

A. 通过容差设计使容差越小越好 B. 通过容差设计使产品的质量损失最小

C. 容差大小与质量损失无关 D. 以上都不正确

83. 在进行过程 FMEA 分析时，如何确定关键过程以及是否需要进行改进时，小组有不同的意见，下列意见中**正确**的是：

A. 只根据 RPN（风险优先数）进行排序，选择 RPN 高的过程进行改进

B. 根据 RPN 排序，同时考虑故障模式的严重性（S），S 值很高的过程也一定要改进

C. 只需根据故障模式的严重性（S）进行排序，选择 S 值高的过程进行改进

D. 以上说法都不对

84. 在公理化设计中，“独立公理”也称为__________，其含义是____________。

A. 简化公理，信息含量最小化

B. 模块化公理，最大限度地减少各功能要求间的“耦合”

C. 简化公理，避免设计参数间的交互作用

D. 模块化公理，实现各子系统并行设计

二、多选题（36 道题，36 分）

85. 关于六西格玛和卓越绩效模式（Performance Excellence Model）之间的关系，**正确**的表述包括：

A. 六西格玛是实现组织卓越绩效的可操作性的手段

B. 通过采用卓越绩效准则的自我评估，可以发现六西格玛的改进方向
C. 实施了卓越绩效模式，就没有必要实施六西格玛，因此不必再考虑六西格玛
D. 企业可以同时推进卓越绩效模式和六西格玛管理

86. 关于六西格玛和 ISO 9000 之间的关系，**正确**的表述包括：
A. 六西格玛是比 ISO 9000 要求更高的质量管理体系
B. 六西格玛项目的成果，要纳入 ISO 9000 管理体系
C. 质量要求高的企业可以实施六西格玛，质量要求不高的企业实施 ISO 9000 就可以了
D. 实施好 ISO 9000，可以为实施六西格玛奠定基础

87. 在精益思想中，库存是万恶之源，这句话的真正含义包括：
A. 库存占用了企业大量流动资金　　B. 库存掩盖了生产中诸多问题和矛盾
C. 企业不该建库房　　D. 库存越高，浪费越大

88. 平衡计分卡力图平衡下述哪些方面？
A. 财务目标和非财务目标　　B. 绩效考核和战略考核
C. 领先性指标和滞后性指标　　D. 短期目标和长期目标

89. 以下属于黑带职责的是：
A. 在倡导者的指导下，界定六西格玛项目
B. 指导团队使用有效的工具和方法
C. 为项目实施配备资源
D. 确认项目的财务收益

90. 在实施六西格玛的过程中，发现改进机会是十分重要的。发现改进机会可能使用的方法，**正确**的描述是：
A. 水平对比　　B. 平衡计分卡　　C. 顾客调查　　D. 力场分析

91. 在制定项目目标时，要求目标符合 SMART 原则，其中的 R（relevant）是指：
A. 目标与企业的战略相关　　B. 目标与顾客的关键需求相关
C. 目标与实现目标的时间相关　　D. 目标与项目所涉及的部门相关

92. 为了实现魅力质量，需要做的事情有：
A. 提高产品合格率　　B. 挖掘顾客的潜在需求
C. 改进产品保修服务　　D. 利用技术创新实现产品新的功能

93. 当用净现值（NPV）评价六西格玛项目经济性时，下述哪些说法是**正确**的？
A. 净现值<0，六西格玛项目的经济性不好，项目不可行
B. 净现值>0，六西格玛项目的经济性不好，项目不可行
C. 净现值是指当前企业拥有的现金流
D. 净现值的计算与折现率有关

94. 有效的激励对六西格玛项目团队的成功是十分必要的。下述哪些技巧可用于团队激励？
A. 明确阐述项目的目的意义，让团队成员认识到他们的工作是重要且有意义的
B. 鼓励团队成员主动分析问题，为他们提供展示自己才能的机会
C. 分享团队取得的成绩和进展，使团队获得成就感

D. 通过目标管理，让团队成员按计划自主管理

95. 下列属于团队发展震荡阶段的特点的是：

A. 团队成员以个体为思考，尚未形成与他人合作协商的意愿

B. 团队成员对自己的角色和任务感到忐忑不安

C. 可能有成员退出团队

D. 团队对实现目标的最佳方案存在分歧，甚至对总目标本身也有不同看法

96. 成功的团队是需要建设的，作为六西格玛黑带，下述哪些事项在组建高效团队时是必须做到的？

A. 向每一位团队成员阐述团队的目标以及对个人的任务要求

B. 与团队一起建立团队规则

C. 为团队成员提供必要培训

D. 给团队赋权

97. 关于关联图的应用，下列说法**正确**的是：

A. 可以用于界定六西格玛项目的范围和边界

B. 当影响因素之间关系复杂、相互缠绕时，进行原因分析

C. 制定项目计划

D. 从复杂的影响关系中确定关键影响因素

98. 有关过程决策程序图（PDPC）和网络计划技术之间的关系，下面描述**正确**的是：

A. 两种方法皆可应用于制定项目计划

B. PDPC 图和双代号网络图可以通用

C. PDPC 主要应用于未来行动方案不确定的情形，网络图主要应用于活动关系确定的情形

D. PDPC 主要用于辅助过程决策，网络图主要用于活动计划安排

99. KANO 模型中把质量特性分为基本质量、一元质量和魅力质量，关于基本质量的描述，下列**正确**的是：

A. 基本质量特性差，顾客会非常不满意

B. 基本质量特性非常好，顾客也不会表现出特别满意

C. 基本质量特性非常好，顾客一定非常满意

D. 基本质量特性与产品销量往往成正比

100. 在实施六西格玛项目的过程中，需要将项目的关键质量特性（大 Y）分解成 y_1，y_2，…，y_m 等“小 y”。关于如何进行分解，下面说法**正确**的是：

A. 按部门进行分解，来自不同部门的团队成员承担不同的“小 y”

B. 可以采用树图进行分解

C. 分解时要考虑“y”之间的影响关系

D. 分解时要考虑如何测量“小 y”

101. 在项目的问题陈述时，以下哪些说法是**不正确**的？

A. 问题是客观的，通过描述缺陷，对问题产生的原因进行客观的判断

B. 问题是具体的，要将影响流程改进的部门和人员的责任具体化

C. 问题是可控的，所以要给出明确的解决方案

D. 问题是可测量的，使用量化的语言说明问题有多严重、产生了什么影响

102. 某黑带确定了影响结果的关键过程及输入变量 KPIV 后开始制定测量计划，此时需考虑的事项有：

A. 对测量项进行作业定义　　B. 考虑抽样频次、样本量

C. 测量系统分析　　D. 潜在失效模式分析

103. 对于测量系统重复性的描述**正确**的是：

A. 是指同一个操作者采用一种量具，多次重复测量同一零件的同一特征时所获得的测量值的变差

B. 是指由于不同操作者，采用相同量具，测量同一零件的同一特征所得测量结果的变差

C. 是指同一个操作者采用一种量具，多次用不同方法重复测量同一零件的同一特征时所获得的测量值的变差

D. 测量系统重复性差往往和测量仪器本身精度差有关

104. 某六西格玛团队在测量阶段对某关键检测设备进行测量系统分析前，计量部门的人说，该设备定期进行校准，不必进行测量系统分析。有关设备校准和测量系统分析之间的关系，**正确**的是：

A. 定期校准确实可以保证测量系统的有效性，因此不必专门进行测量系统分析

B. 校准可以消除或减少测量系统的偏倚（bias）

C. 定期进行 GRR 研究一般可以代替定期校准

D. 定期进行 GRR 研究不能代替定期校准

105. 某工程师想验证模具改进前后生产的注塑产品的关键尺寸的方差是否发生了变化，在对改进前后收集样本数据后，准备用 F 检验。请问，在 F 检验前，需要对数据进行哪些验证？

A. 改进前后数据都能满足独立性　　B. 改进前后数据均值必须相同

C. 改进前后数据都符合正态分布　　D. 改进前后数据合并后服从正态分布

106. 对生产部中两条同类型生产线的质量抽检发现：一号生产线生产的 800 个产品中共有 26 个不良品，二号生产线生产的 1 200 个产品中共有 48 个不良品。为了比较这两条生产线的优劣，可以运用的量化分析方法是：

A. 双样本 t 检验　　B. 双样本比率检验

C. 双样本非参数 Mann-Whitney 检验　　D. 列联表卡方检验

107. 若需要从多个可能的影响因子中筛选少数关键因子，可选的工具有：

A. 相关分析　　B. 回归分析

C. 控制图　　D. 部分因子试验设计

108. 在进行回归分析时，要对残差进行分析和诊断。这样做的目的是：

A. 通过残差的分布形态判断是否还存在其他潜在的关键 X

B. 通过残差分布的随机性，判断所选择的回归模型是否合适

C. 通过残差的分布，判断 X 对 Y 的影响是否显著

D. 通过残差的分布，判断是否有远离模型的异常观测值存在

109. 某六西格玛项目团队面临一个试验设计问题：影响因素初步估计在 10 个以上，

需要筛选出关键的影响因素，可采用的试验设计方法有：

A. 部分因子试验设计　　B. 全因子试验设计

C. 响应曲面模型　　D. Plackett-Burman 设计

110. 在进行试验设计时，由于众多不可控因素的影响，可能导致模型误差（MSE）较大。为了提高模型的效度（power），可以采用哪些方法？

A. 增加仿行（replicate）次数　　B. 尽可能进行区组化（block）设计

C. 试验顺序随机化　　D. 增加中心点次数

111. 在以下各项中，哪些内容是在控制（control）阶段实施的？

A. 对改进方案进行验证

B. 制定应变方案

C. 确定关键控制点、控制参数和控制方法

D. 形成新的程序文件或作业标准

112. 某工程需要针对 3 个因子做试验设计，由于试验成本很高，只能进行 4 次试验，找出关键主因子（不考虑 2 阶交互作用），下表给出的是一个 2^3 全因子设计，序号代表试验点，请问，它可以从中选择哪 4 次试验？

序号	A	B	C
1	−1	−1	−1
2	1	−1	−1
3	−1	1	−1
4	1	1	−1
5	−1	−1	1
6	1	−1	1
7	−1	1	1
8	1	1	1

A. 1，4，6，7　　B. 1，3，5，7

C. 2，3，5，8　　D. 2，4，6，8

113. DOE 分析过程中，发现其因子或因子的交互作用中有不显著的项，则需要改进模型，改进模型后，模型回归效果度量指标变化如下表所示：

	S	R-Sq	R-Sq（调整）	R-Sq（预测）	PRESS
改进前	12.239 2	99.46%	99.22%	89.50%	1 549.8
改进后	11.947 6	99.31%	99.26%	99.18%	984.2
变化状态	减小	减小	增大	增大	减小

则对于结果判断**正确**的是：

A. 模型改进前后 S 减小，说明模型改进后观测值与模型拟合值之间差值均值减小，模型改进有效

B. 模型改进前后 R-Sq 减小，说明模型拟合的能力变差了，模型改进无效

C. 模型改进前后 R-Sq（调整）变大，且与 R-Sq 差异变小，说明模型拟合能力变好

了，模型改进有效

D. 模型改进前后 R-Sq（预测）变大，PRESS 变小，说明改进模型后模型中的异常点减少或影响变小，模型预测结果可信度增大，改进模型有效

114. 项目小组每隔两小时收集 4 件 B 型车门，准备监控 B 型车门喷涂瑕疵数，且已知 4 件产品上的缺陷平均数在 5 个以上，他们可以考虑使用以下哪种控制图？

A. u 控制图　　B. np 控制图　　C. c 控制图　　D. p 控制图

115. 下面关于累积和控制图（CUSUM）的描述，**正确**的是：

A. 累积和控制图对发现过程的小偏移更有效

B. 累积和控制图对发现过程的变异增大更有效

C. 累积和控制图可以和常规控制图联合使用

D. 和常规控制图联合使用时，增加累积和控制图后并不会增大原来犯第一类错误的概率

116. 某电子元器件厂对产品生产过程采用 $\bar{X}$-R 控制图进行过程控制。每 1 个小时在生产现场抽取样本大小为 5 的子组。控制图显示受控，但是在所抽样的 25 组产品中发现总计居然有 10 个产品落入公差限外，针对这一现象，可能**正确**的判断是：

A. $\bar{X}$-R 控制图不好，应采用 $\bar{X}$-S 控制图

B. 该过程能力不足（C_p，C_{pk} 低）

C. 抽样间隔过长，应该改为半小时抽样一次

D. 应先对该过程进行优化和改进，然后再进行控制

117. 在某些项目中需要绘制价值流图（VSM），最先绘制的是价值流现状图，请问下述描述正确的选项是哪些？

A. 绘制价值流现状图需要项目小组成员共同讨论确定

B. 绘制价值流现状图首先要确定一个产品或产品系列

C. 绘制价值流现状图只需要确定从供应商到顾客的物料流

D. 绘制价值流现状图要仔细讨论，但一般不需要到现场即可完成

118. 在三次设计中，下列有关参数设计的描述**正确**的是：

A. 参数设计可以应用于六西格玛设计的优化阶段

B. 试验设计技术，尤其是响应曲面分析是参数设计的一个重要方法

C. 参数设计的目的是减少质量损失

D. 参数设计的目的是筛选出关键的参数

119. 下列有关并行工程的描述**正确**的是：

A. 并行工程是指产品设计和工艺设计尽量并行和集成

B. 并行工程采用跨职能的团队

C. 并行工程可以大幅度地缩短开发周期

D. 并行工程可以将很多质量问题在设计阶段解决

120. 有关 TRIZ 理论与方法，请选择下列**正确**的说法：

A. TRIZ 方法的提出源于以下认识：大量发明面临的基本问题和矛盾（系统冲突和物理矛盾）是相同的，只是技术领域不同而已

B. 按照 TRIZ 的基本观点，对同一问题的解决可能有多个不同的方案，方案的难易

及可能性与对问题的描述方法息息相关

C. TRIZ 认为，发明可以视为系统冲突的解决过程

D. TRIZ 理论认为，对于技术系统而言，重要的不在于系统本身，而在于如何更科学地实现功能

答案：

一、单选 84 分

1	2	3	4	5	6	7	8	9	10	11	12	13	14	15	16	17	18	19	20
C	C	A	A	B	B	A	B	D	C	A	C	B	C	C	C	C	C	B	A
21	22	23	24	25	26	27	28	29	30	31	32	33	34	35	36	37	38	39	40
D	B	A	C	C	A	B	C	A	D	B	A	B	C	C	A	D	C	C	B
41	42	43	44	45	46	47	48	49	50	51	52	53	54	55	56	57	58	59	60
B	C	A	C	D	D	C	B	D	B	C	A	A	C	A	C	B	B	C	B
61	62	63	64	65	66	67	68	69	70	71	72	73	74	75	76	77	78	79	80
C	A	A	D	B	C	C	A	C	B	B	C	C	B	B	B	C	B	A	C
81	82	83	84																
C	B	B	B																

二、多选 36 分

85	A	B	D		86	B	D			87	A	B	D	
88	A	C	D		89	A	B			90	A	B	C	
91	A	B			92	B	D			93	A	D		
94	A	B	C	D	95	A	C	D		96	A	B	C	D
97	A	B	D		98	A	C	D		99	A	B		
100	B	C	D		101	A	B	C		102	A	B	C	
103	A	D			104	B	D			105	A	C		
106	B	D			107	A	B	D		108	A	B	D	
109	A	D			110	A	B	D		111	B	C	D	
112	A	C			113	A	C	D		114	A	C		
115	A	C			116	B	D			117	A	B		
118	A	B			119	A	B	C	D	120	A	B	C	D

图书在版编目（CIP）数据

六西格玛管理/何桢主编；中国质量协会组织编写. —3版. —北京：中国人民大学出版社，2014.6
中国质量协会六西格玛黑带注册考试指定辅导教材
ISBN 978-7-300-19328-1

Ⅰ.①六… Ⅱ.①何…②中… Ⅲ.①企业管理-质量管理-资格考试-教材 Ⅳ.①F273.2

中国版本图书馆CIP数据核字（2014）第112148号

中国质量协会六西格玛黑带能力考试指定辅导教材
六西格玛管理（第三版）
中国质量协会组织编写
何　桢　主编

出版发行	中国人民大学出版社		
社　　址	北京中关村大街31号	**邮政编码**	100080
电　　话	010－62511242（总编室）		010－62511770（质管部）
	010－82501766（邮购部）		010－62514148（门市部）
	010－62511173（发行公司）		010－62515275（盗版举报）
网　　址	http://www.crup.com.cn		
经　　销	新华书店		
印　　刷	北京宏伟双华印刷有限公司	**版　　次**	2004年7月第1版
开　　本	787 mm×1092 mm　1/16		2014年6月第3版
印　　张	42.75 插页2	**印　　次**	2025年9月第25次印刷
字　　数	1 020 000	**定　　价**	109.00元

中国人民大学出版社　理工出版分社

教师教学服务说明

中国人民大学出版社理工出版分社以出版经典、高品质的统计学、数学、心理学、物理学、化学、计算机、电子信息、人工智能、环境科学与工程、生物工程、智能制造等领域的各层次教材为宗旨。

为了更好地为一线教师服务，理工出版分社着力建设了一批数字化、立体化的网络教学资源。教师可以通过以下方式获得免费下载教学资源的权限：

★ 在中国人民大学出版社网站 www.crup.com.cn 进行注册，注册后进入“会员中心”，在左侧点击“我的教师认证”，填写相关信息，提交后等待审核。我们将在一个工作日内为您开通相关资源的下载权限。

★ 如您急需教学资源或需要其他帮助，请加入教师 QQ 群或在工作时间与我们联络。

中国人民大学出版社　理工出版分社

教师 QQ 群：229223561(统计2组) 982483700(数据科学) 361267775(统计1组)
教师群仅限教师加入，入群请备注（学校＋姓名）

联系电话：010-62511967，62511076

电子邮箱：lgcbfs@crup.com.cn

通讯地址：北京市海淀区中关村大街 31 号中国人民大学出版社 507 室（100080）